甘肃地方志

庆城县志

庆城县地方志编纂委员会 编

张治璟 题

（1986—2012）

甘肃人民出版社

图书在版编目（ＣＩＰ）数据

庆城县志．1986—2012 / 庆城县志编纂委员会编
．--兰州 ： 甘肃人民出版社，2017.12
ISBN 978-7-226-05258-7

Ⅰ．①庆… Ⅱ．①庆… Ⅲ．①庆城县—地方志—
1986-2012 Ⅳ．① K294.24

中国版本图书馆 CIP 数据核字（2017）第 330955 号

责任编辑： 袁　尚

封面设计： 兰州国彩

庆城县志（1986—2012）

庆城县志编纂委员会 编

甘肃人民出版社出版发行

（730030　兰州市读者大道 568 号）

深圳市国际彩印有限公司印刷

开本 889 毫米 ×1194 毫米　1/16　印张 42.75　插页 43　字数 1150 千
2018 年 12 月第 1 版　　2018 年 12 月第 1 次印刷
印数：1～2 500

ISBN　978-7-226-05258-7　　　定价：360.00 元

《庆城县志（1986—2012）》编纂工作领导小组（前期）

组　　长：葛　宏

副 组 长：辛少波　刘建民　王　超

成　　员：何骁玲　张晓峰　张占利　段登云　李鹏飞　贾　麟
　　　　　张晓龙　胡永洲　郭艺峰　苟爱仁

《庆城县志（1986—2012）》编纂工作领导小组（中期）

组　　长：葛　宏

副 组 长：梁世刚　刘建民　何骁玲

成　　员：毛鸿博　姚红军　郑万年　李鹏飞　贾　麟　朱耀文
　　　　　苟爱仁　张晓龙　张同焕　郭艺峰　秦亚军　孙文江
　　　　　张乃丹　李　存

《庆城县志（1986—2012）》编纂工作领导小组（后期）

组　　长：葛　宏

副 组 长：梁世刚　苟爱仁　何骁玲

成　　员：毛鸿博　尚文斌　云晓野　朱耀文　秦亚军　姚振杰
　　　　　孙文江　张乃丹　门杜娟　徐俊智　常文洲

《庆城县志（1986—2012）》编纂委员会（前期）

《庆城县志（1986—2012）》编纂委员会（中期）

《庆城县志（1986—2012）》编纂委员会（后期）

《庆城县志（1986—2012）》编辑部

顾　　问：钱　旭　郭文奎　刘文戈

主　　修：葛　宏　梁世刚

主　　编：高文耀

副 主 编：褚　斌　闫　亮　王晓军　葛宏国

编　　辑：魏惠萍　武志鸿　米　婷　姜　冰　李富娟

　　　　　曹晓华　姜宏涛　赵　伟　翟晓楠　张芹鹤（特邀）

　　　　　冯志斐（特邀）　赵志忠（特邀）　夏辉邦（特邀）

摄　　影：文小平　俄胜平　徐治财　何文龙　王正虎

编　　务：黄　丽　贾　勇　徐治财　苏国祥　张　倩　屈双双

《庆城县志（1986—2012）》终审委员会

主　　任：朱国庆　庆阳市副市长、市地方志编纂委员会主任

副 主 任：安定祥　庆阳市政府副秘书长、市地方志编纂委员会副主任

　　　　　彭晓峰　庆阳市地方志办公室主任

委　　员：郭文奎　庆阳市人大常委会原副主任、甘肃省地方史志学会副

　　　　　　　　　会长、《庆阳县志》主编

　　　　　马　啸　陇东学院历史与地理学院院长

　　　　　潘正东　庆阳市政协文史工委原主任

　　　　　乔孝堂　华池县委党校原副校长、《庆阳市志》副主编

　　　　　王立明　正宁县地方史志办公室主任、《正宁县志》主编

庆城名片

华夏农耕文化的发祥地

原陕甘宁边区的重要组成部分

农业部确定的无公害果蔬生产基地

陇东农副产品加工贸易的旱码头

陕甘宁地区最大的石油天然气开发基地

"环江翼龙"化石的出土地

"中医鼻祖"岐伯桑梓

国家 AAAA 级旅游景区——庆阳农耕文化产业园

全国最具投资潜力的中小城市百强县

全国优秀县城

全国文物保护先进县

全国科技进步先进县

全国岐黄中医药文化名城

甘肃省历史文化名城

国家中医师承甘肃岐伯基地

编修地方志是中华民族的优秀文化传统。我国历史上尤其明清之际，地方官员非常重视这种继继绳绳的文化道统，认为修志乃"征文考献，守土者之责"。明代山西巡抚杨宗气有句名言："治天下者以史为鉴，治郡国者以志为鉴。"明人戴金将地方志的功能概括为"征治、树风、明贤、纪异"四个方面，用今天的话说，就是资政、教化、宣传、存史。诚如斯言："志已往以鉴来兹，将以观民风、定民志，存乾坤之正气，通宇宙之大观，扶世翼教，与国史相为表里。"

这种传统史观于今日仍有借鉴意义。

庆城乃陇上名郡，是医祖岐伯故里、不窋肇周圣地，自夏商周三代以降，秦设北地，隋置庆州，甘延寿在此抗击匈奴，唐高祖在此养晦韬光，范仲淹在此保境安民，民族纷争逐鹿，文化绳结交融，历史颠仆向前。近代以来，王纲解纽，天下分崩，龙蛇起自草莽，礼乐沦于大泽，尤其咸丰年间陕甘回民起义一场浩劫，使三千年饱受周文化熏陶之礼仪旧邦几乎毁于一旦。民国初建，民智始开，然官场依然昏聩，乃有刘志丹、谢子长、习仲勋诸共产党人出入军阀民团及绿林行伍之间，宣传马列主义，播撒革命火种，发动红色兵运。自"太白起义"发轫，组建南梁游击队，建立苏维埃政府，历经国民党军事剿杀、经济封锁之重重艰难险阻，终使陕甘边革命根据地能"硕果仅存"，而为党中央及各路红军长征得以落脚留下最后一块热土，足可载之史籍、彪炳千秋。所有这些，在明嘉靖间梁明翰、傅学礼所修纂之《庆阳府志》（二十卷）、清顺治间杨藻凤编修之《庆阳府志》（十四卷本）、乾隆间知府赵本植所修之《新编庆阳府志》（四十二卷本）及民国间张精义所修之《庆阳县志》，20世纪80年代郭文奎主编之《庆阳县志》中多有记载，此处不再赘述。

新中国成立后，特别是改革开放以来，以真理标准讨论为发端，拨乱反正，重归"实事求是"路线，继而借家庭联产承包之改革东风，开创农村发展新景。百舸争流，万类霜天，终于催生出社会主义市场经济的汹涌大潮。这一时期，古老的庆城经历了一场波澜壮阔的洗礼、一次亘古未有的涅槃，比如移山填沟的北区开发、敬祖文德的周祖陵建设、大办民营经济的"驿马现象"，以及新区开发、药王洞民俗文化村建设等等，皆可称发展之典范、奋进之妙笔；当然也遭遇了长庆油田机关单位搬迁、县名更改、经济调整等难题，终能走过风雨，走出迷茫，再次嬗变升华、昂然崛起，展示了这个历史文化名县的深厚底蕴和巨大张力。这些，虽然只是这个大时代的历史切片和鲜活样本，但同样应该付之楮墨、载之史籍，使之沉潜结晶，以为将来者鉴。这是编修这本县志的缘起和初衷。

此志编修以来，历时六载、九易其稿、三绝韦编，所有编修人员不避寒暑、不辞辛苦、不辍笔耕，秉承存信史的传统史观和马克思辩证唯物主义、历史唯物主义史观，坚守自由之思想、独立之精神，孜孜以求、矻矻以索，从浩瀚的资料中发微探幽，从纷繁的记录中去伪存真，不随时俯仰、不因人毁誉，以中华道统之魂魄、民族文化之精髓，一点一滴涵养厚德、赤诚、包容、创新之"庆城精神"，浇灌一方文脉、化育一方生民，厥功甚伟。在此，谨向所有为这部志书付出艰辛努力的同志们表示感谢和敬意！

新志既成，编委会的同志邀我作序，欣然命笔，写下这点文字于志书之前，是为序。

中共庆城县委书记
2017 年 9 月 16 日

　　庆城县原名庆阳县，是我青年时期求学的地方，也是我的第二故乡。县城称作"庆阳城"，也叫"凤城"，据传，为周先祖不窋带族人斩削而成，青山围郭、二水环绕、古朴典雅、安宁祥和，是历代州、府的治所，建置久远，文化厚重，被誉为"一座活着的千年古城"。南有董志塬，北有大油田，沐改革春风，产业飙进、物阜年丰；启发展征程，凤凰展翅、万马奔腾，是陇东乃至甘肃的经济大县、历史名县。县城东山的周祖陵、西塬的石马坳给我留下了无尽的遐想；普照寺大殿、周旧邦牌坊、鹅池洞、慈云寺、文庙、东城门等唐、宋、元、明、清时期的遗存，是我了解庆阳历史的好地方，我也与此结下了不解之缘。

　　离开庆阳城后，我曾辗转环县、华池、正宁、西峰等地工作，却依然十分关注这里的一切。奔波之余，也常常想起"千嶂里，长烟落日孤城闭""庆阳亦是先王地，城对东山不窋坟"等描摹这里的词句。自 1985 年以来，她经历了分县设市、长庆撤离、县名更改、"庆化"迁徙等一系列的变故。然而，全县人民在历届县委、县政府的坚强领导下，"分县不分心，改名不改志"，同心同德，顽强拼搏，深化改革，扩大开放，以人为本，科学发展，经济总量持续攀升，社会面貌极大改观，人民生活明显改善。特别是进入 21 世纪，乘"西部开发"的东风，借祖国强盛之动力，经济建设和社会发展更是突飞猛进。斗转星移，转瞬 30 余年，2015 年，我回到这里工作，看见高楼林立、车水马龙的县城和生产改善、生活富裕的乡村，不禁感慨万千。至 2015 年底，全县生产总值 88.24 亿元，名列全省 19 位；全年人均 GDP 达到 33363 元；大口径财政收入 7.73 亿元，小口径财政收入 5.06 亿元，名列全省 12 位；城镇居民人均可支配收入 23280.6 元，名列全省 20 位。有幸的是，历经几年编纂的《庆城县志》即将问世，它向人们客观真实地展示了这方土地上所发生的人间奇迹。

　　修志问道，以启未来。《庆城县志》的出版，为世人认识庆城开启了一幅全新画卷，也对我们建设家乡提供了有益的借鉴和驱动创新的源泉。旧邦新命怀周治，先忧后乐仰宋贤。站在党的十八大所指引的新起点，面向全面建成小康社会的新未来，我深信，只要我们只争朝夕、不懈努力，庆城的明天一定会更加美好。

庆城县人民政府县长
2017 年 9 月 13 日

环 县

合道

天池

1665 墩墩梁

镇

方山

老爷山 1459

蒲 河

新集

原 县

孟坝镇

1480

太平镇 S318

X008 X003 X009 X006 X005 X007 X031 G306

蔡口集（高塬）

吴城子

俄 山庄

吕塬

太白梁（冰淋岔）

柳树庄

庙山

众义

中合铺

吴家岔

贾山

1413

高山

巴山

王渠

无量山

1465

周家塬

六河湾

龙头寺

属土桥乡

虎家渠

蔡口集

王塬

合丰

土桥

西掌

南庄塬

新民

九条湾

1531

杨河

佛殿湾

北塬头

X013

X014

高庄

1469

三合湾

大滩

1407

金家川

马园

冯塬

苟家渠

小塬

曲子镇 X088

纸房

宗顾

贺旗

琵琶寨

石立庙

马岭镇

官亭

黄嶙岘

1406

岳塬

董家滩

马岭

下午

共和

路家寨

翟家河

店户狐

程家河

胡家岭

郭家岔

樊家塬

梨树渠

崇家河

大堡子

齐

万

西塬

二郎

桐川镇（党嶙岘）

郭旗

张旗

惠家庙

唐嶙岘

南极庙

安家寺

东滩

涝池

儒林

驿马镇（土关）

驿马

老庄

佛寺坳

杨湾

刘家河

彭原镇

西 县

峰

西峰区

后官寨镇

庆

G22

S202

S318

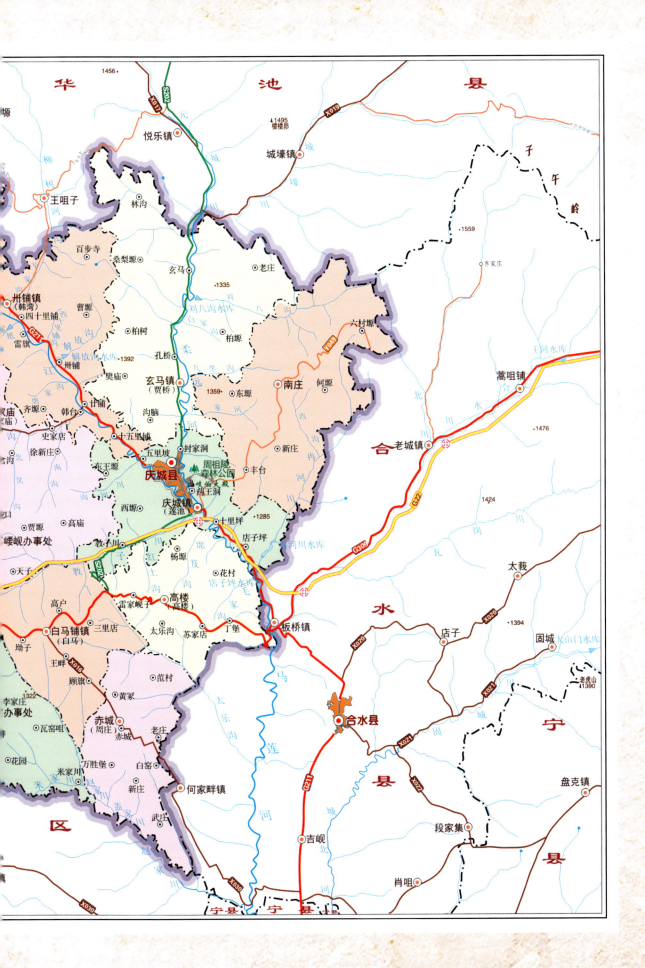

华　池　县

1456

S202
X017

华

悦乐镇

城壕镇

X019

子

午

1495
楼楼疙

岭

王咀子

林沟

1559

齐家庄

百步寺

桑梨塬

玄马

老庄

卅铺镇
(韩湾)

四十里铺

曹塬

柏树

柏塬

六村塬

X048

王河水库

蒿咀铺

雷旗

G21

解放村水库
1392
卅铺
甘铺

孔桥

玄马镇
(贾桥)

1359
东塬

南庄

何塬

1476

合

老城镇

韩台

樊庙

沟脑

1424

史家店
徐新庄

十五里铺
五里坡

封家洞

新庄

周祖陵
森林公园

丰台

G22

东王塬

庆城县

窟陇
纣王洞

庆城镇
(莲池)

西塬

十里坪

1285

店子坪

马莲河川水库

G309

水

太莪

1394

店子

固城

火山门水库

嵝岘办事处

教子川

杨塬

花村

白马铺镇
(白马)

三里店

高楼
(高楼)

雷家岘子

太乐沟

苏家店

丁堡

板桥镇

X020

X020

天子

高户

S35

宁

老虎山
1390

李家庄
1322
办事处

王畔
X016

顾旗

范村

黄冢

赤城
(周庄)

老庄

赤城

X021

X021

花园

米家川

万胜堡

白窑

新庄

何家畔镇

合水县

段家集

区

武庄

G211

X022

盘克镇

吉岘

肖咀

县

X050
宁县　宁县

县

庆城县卫星影像图

QINGCHENGXIAN WEIXINGYINGXIANGTU

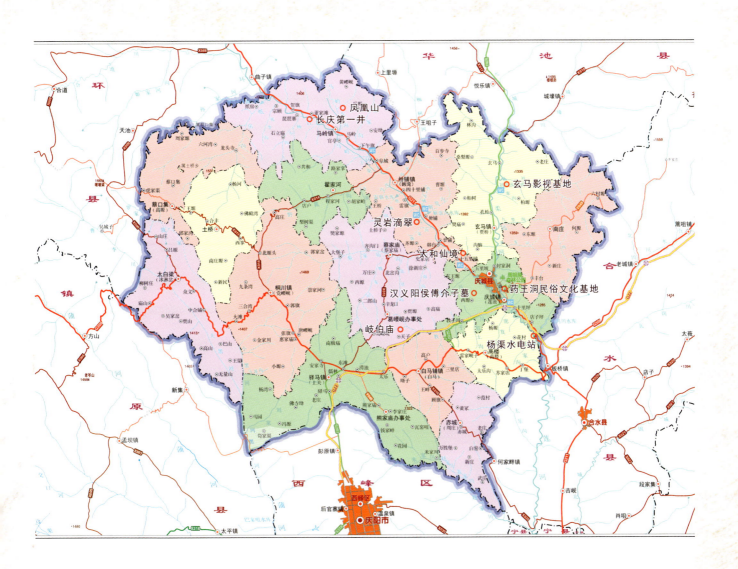

庆城县旅游景点分布图

QINGCHENGXIAN LVYOUJINGDIAN FENBUTU

庆城县城区地图
QINGCHENGXIAN CHENGQU DITU

比例尺 1:7 200

山区地貌

川区地貌

塬区地貌

文笔峰塔

庆州鼎

嘉会门

周祖陵山

周祖陵山牌坊

岐伯雕像

《黄帝内经》千家碑林

周祖陵

肇周圣祖牌坊

周祖陵大殿

周祖祭坛

鹅池洞

梦阳亭

普照寺

药王洞养生小镇

小　麦

黄花菜

乔化苹果园

矮化密植果园

蔬菜大棚

苗林培育

中盛湖羊养殖

天兆种猪养殖

采油井

炼油塔

居立门业

苹果脆片

醋头醋厂区

长荣机械厂锅炉压力容器车间

庆阳能化集团庆城天然气母站

众行电动车厂

雷西高速跨沟大桥

城区道路

民生广场

电子商务

陇东中学

长庆中学

职业中专

县人民医院

县岐伯中医院

久有凌云志，重上井冈山。千里来寻故地，旧貌变新颜。到处莺歌燕舞，更有潺潺流水，高路入云端。过了黄洋界，险处不须看。

风雷动，旌旗奋，是人寰。三十八年过去，弹指一挥间。可上九天揽月，可下五洋捉鳖，谈笑凯歌还。世上无难事，只要肯登攀。

张改琴书法

安文丽书法

道德流為輔子

文章義迥鄭興

李万春书法

孙蒋贤书法

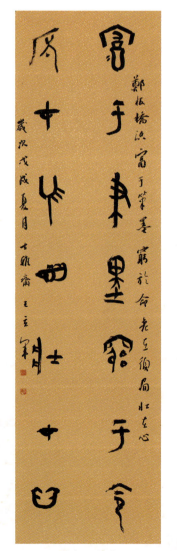

王立军书法

王辅民绘画

左文辉绘画

苏国发绘画

姜银绘画

王彦川绘画

冯华绘画

李凤翔绘画

陈东茂油画

曹伟油画

徐浩艇油画

李榕绘画

文小平摄影作品

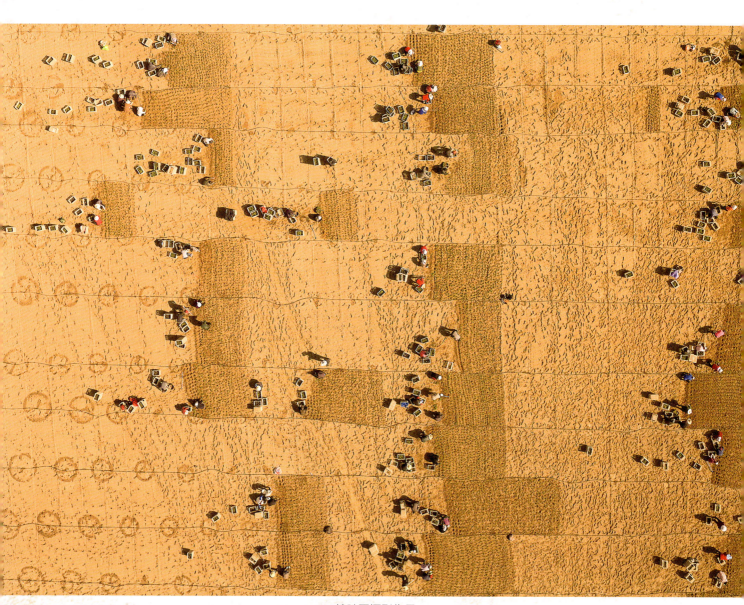

俄胜平摄影作品

王正虎摄影作品

县博物馆

汉黄釉陶钫

唐彩绘灰陶骆驼

唐彩绘天王俑

岐黄中医博物馆

岐黄论医雕像

岐黄中医药文化千米画卷

庆城县志
QINGCHENG XIANZHI

周祖农耕文化展览馆

农 具

镰 刀

香包制作

剪纸传承

徒手秧歌

陇东唢呐

正月社火

群众体育

引黄入庆工程

城区公用单车

北欧风情园

陇尚风情玫瑰庄园

村民新居

塬区新农村

川区新农村

山区新农村

八嘴凉盘

搅团

洋芋卜拉

荞面圈圈

酥盒子

油饼

土暖锅

荞面窝窝

手工臊子面

《庆城县志（1986—2012）》复审时，县委、人大、政府、政协、武装部领导及部分县级干部合影（2016年8月10日）

前排左起： 县委常委、统战部长张晓龙，县委常委、政法委书记朱耀文，县委副书记尚文斌，县委正县级干部张祖贡，县人大常委会主任刘建民，县委书记葛宏，县委副书记、县长梁世刚，县政协主席何晓玲，县委副书记毛鸿博，县委常委、纪委书记郑万年，县委常委、宣传部长苟爱仁

中排左起： 县政协副主席白云祥，县政府副县级干部王全禄，县政府副县级干部徐广林，县委副县级干部盖轲，副县长孙文江，副县长秦亚军，县人大常委会副主任杨生东，县人大常委会副主任李世杰，县政府党组成员、县政府党组区管主任赵彦文，副县长张乃丹，副县长胡小平，县政协副主席天定，县政协副主管区管委会主任袁效谦

三排左起： 陇东中学校长张勇杰，驿马工业园区管委会副主任宋治平，县法院院长徐国渊，县公安局政委段光晚，县公安局副区级干部朱治平，县政协副主席贺桂祥，县政协副县级干部曹鹏举，驿马工业园区管委会主任赵中峰，西川工业园区管委会副主任曹鹏举

庆城县志
QINGCHENG XIANZHI

《庆城县志》终审会议与会人员合影

《庆城县志（1986—2012）》终审会议与会人员合影

前排左起：乔孝堂 徐广林 刘文戈 彭晓峰 葛 宏 郭文奎 钱 旭 朱国庆 安定祥 梁世刚 毛鸿博 马 啸 潘正东
张乃丹

中排左起：姜 冰 葛宏国 朱元锁 赵 伟 闫 亮 张 静 褚 斌 王立明 任 杰 高文耀 杨 林 施 琨 张 卓
姜宏涛 米 婷 李富娟

三排左起：魏惠萍 徐治财 王晓军 张芹鹤 武志鸿 赵志忠 冯志斐

2016.9.8

凡　例

一、指导思想　本志以马列主义、毛泽东思想、邓小平理论、"三个代表"重要思想、科学发展观、习近平新时代中国特色社会主义思想为指导，遵循以人为本、实事求是、秉笔直书及详独略同、详近略远原则，较系统地记述庆城县 27 年的发展变化。

二、时段范围　本志主要以庆城县 2012 年行政区划为记述范围（2002 年 9 月前为庆阳县，2002 年 9 月后为庆城县）。

三、时间断限　本志为断代志，记事时限与 1993 年版《庆阳县志》之下限 1985 年衔接，上限起于 1986 年，为保持记事的连续性，对重要记事适当上溯；下限断至 2012 年，重大记事延至搁笔。

四、章次安排　本志首设概述，次为大事记，后按照横排门类、类为一志原则，以建置区划、自然地理、政治、经济、社会、文化为序，共设 42 章，最后为附录、后记。篇目设置为章节体。

五、体裁形式　本志采用述、记、志、传、图、表、录 7 种体裁，以志为主。图与表随文插入相关部类，彩照与彩页集中于志首。

六、语言文体　本志除引用文字和附录文献资料外，均采用规范的现代语文体。概述以叙为主，叙议结合；大事记以编年体为主，兼以纪事本末体；其余为记述文体。力求言简文丰，文字通畅。用字，以国家语言文字委员会 1986 年 10 月重新公布的《简化字总表》为准。

七、纪年方法　本志使用公元纪年，对所涉历史传统纪年，括注公元纪年；对 20 世纪年代的表述，一般直书年代。

八、人地称谓　本志以第三人称记述。人名，直书其姓名，必要时冠以职务。地名，以现代标准地名为准，涉及古地名时，括注现标准地名。政党、团体、组织、机构、会议、文件等名称，首次出现时为全称。对称谓过长者，同时括注简称，之后视需要兼用简称。

九、数据书写　本志所用数据，以统计部门为准；统计部门未有的，以业务部门为准；业务部门未有的，以调查核实的为准。数字使用以国家技术监督局 1996 年 6 月 1 日实施的《出版物上数字用法的规定》为准。计量单位，历史资料中涉及的度量衡单位，一般按原单位记载，其余均使用法定计量单位。

十、入志人物　入志人物以本籍为主，设传略、简介、表、录，坚持"生不立传"的原则。对党政军副县（团）级以上，专业技术人员副高职称以上，省部级以上劳动模范，全国人大代表、政协委员、各类专业协会会员，在当地有重要影响的社会名人、学者、烈士功臣悉数收录；在本地有重大建树者适当录入。

十一、资料来源　本志采用资料，主要由县直部门和各乡镇承编，部分来源于各级档案馆、图书馆、摄影协会以及有关史志书刊，辅以经过考订的口碑资料。

目 录 CONTENTS

概 述

　　庆城县是庆阳市辖县，历史名城，革命老区。据府、县志记载，远在秦时即在这里置县。2002年6月22日，经国务院批准，庆阳县更名为庆城县。2012年底，全县辖5镇10乡，153个村民委员会、14个社区、1053个村民小组、常住人口31万人。

　　庆城县地处鄂尔多斯盆地南缘，甘肃东部，泾河上游，属陇东黄土高原边沿沟壑区。全境东邻合水县，西与镇原县相望，北与华池、环县接壤，南与西峰区毗邻，总土地面积2692.6平方千米。海拔高程1000—1600米，地势由西北向东南倾斜，以山地居多，东部为桥山余脉，西部属太白余脉，有塬、掌、梁、峁等多种黄土高原的独特地貌。年均气温8.3℃—10.1℃，年均降水537.4毫米，日照充足，空气质量优良，适宜人类生存和植物的多样性发展。境内有粮食作物11种89个品种，豆类作物7种16个品种，油料作物8种16个品种，蔬菜作物25种64个品种。天然散生树323种，草本药用植物82种，天然牧草219种，近缘野生动植物11种，人工饲养动物30多种，野生动物40多种。全县有耕地51.25万亩，以黑垆土、黄绵土为主。西北重峦叠嶂，南部平坦肥沃，中东部川台错落。粮食作物以冬小麦为主，经济作物以苹果、牧草种植最广。境内水系发达，中东部有环江、柔远河，汇聚县城之南，为泾河支流马莲河的发端；西部有大黑河、小黑河、刘家河汇入蒲河，为庆阳市区重要水源。境内交通便捷，四通八达，国道211、省道202贯通南北，国道309横穿东西，雷西高速公路越境而过。县内石油资源储量超过10亿吨，是长庆油田的发祥地和主产区。县城世称庆阳城，先后设郡、州、路、府治，被誉为"活着的千年古城"。

　　庆城县古为禹贡雍州之地，是中医鼻祖岐伯桑梓，有岐黄论道的传说。夏太康年间，周先祖不窋"奔戎狄之间"，到此教民稼穑，开启农耕。秦设北地郡，郡置马岭镇，为初秦四郡之一。汉名郁郅县，取树木葱茏，水草丰美之意，设牧师苑，及至唐初，是官府重要的军马驯养基地。唐时，县名安化，取"安于无事之域，化于有道之乡"之意，因管窥大漠，襟带关中，为京畿要地。"安史之乱"，太子李亨两入县境，发兵讨逆。随着唐王朝的衰落和全国政治、经济、文化中心的迁移，全境沦为边塞。宋、元之际，兵戈铁马，风云变幻，金、西夏、蒙古人战乱迭起，一片河山，屡遭涂炭。范仲淹父子三人（范仲淹、范纯粹、范纯仁）四知庆州，一时间，边患肃靖，民族团结，社会安宁。明、清之际，徐达、李自成、刘宗敏、董福祥挥鞭城门外，饮马东河边，狼烟四起，民生凋零。1877年，比利时传教士在广福镇（今三十里铺）创建天主教堂，西方文明点燃烛光。1913年，易县名为庆阳。1930年，谢子长、刘志丹在县内开展兵运活动，革命星火开始燎原。1935年9月，红二十五军由驿马、高楼进入苏区。1936年12月，中央红军教导师和陕甘宁省委工作团在县城建立起革命政权。1937年10月，八路军第一二九师第三八五旅进驻庆阳城，庆城县成为陕甘宁边区的重要组成部分，为陇东的政治、经济、文化中心，被誉为"延安的西大门"。边区贸易极大发展，民主政权建设充满生机。毛泽东主席题写校名的陇东中学，吸引了来自四面八方的优秀人才，为中国革命和建设培养了大批的莘莘学子。一时间，县内军民同体，

官兵平等，政治清明，民主团结，人才荟萃，万众一心，充满了蓬勃的革命气息。新中国成立后，社会制度发生了根本变化，生产关系不断得到调整，劳动生产力不断提高和解放。20世纪50年代，国民经济迅速恢复，农业生产较快发展，西河大桥建成通车，火力发电带来光明。20世纪60年代，农业科技带来变革，农业机械投入使用，水土保持得到重视，地方工业加快推进。20世纪70年代，石油化工全面开发，工业革命一跃千里。肖华将军曾赋诗："驻车陕甘访长庆，石油酬国识英雄。陇上人歌动地诗，边区高标创业情。入夜钻机鸣远山，信是铁人呐喊声。当年延长一涓水，汇成浩荡石油军。"党的十一届三中全会后，全县以经济建设为中心，实行改革开放。1979年，"王魁包山，当年增产"在甘肃引起轰动，成为全省农村改革的先行者。20世纪80年代，农村实行家庭联产承包，农业生产焕发活力；工商企业实行承包、租赁，城市经济展现生机；个体经济不断涌现，私营企业初见端倪。1986年12月，被国务院批准为"对外国人开放地区"，成为甘肃最早向世界开放的地区。

20世纪90年代，邓小平南方谈话，更如一夜春风，全县经济、政治、社会、文化领域的改革风起云涌，催人奋进。进入新世纪，在"科学发展观"的指引下，借助西部大开发战略的实施，改革不断深化，开放持续扩大，经济高速增长，文化、教育普及繁荣，民生事业更加完善。物质文明的巨大成就，催生和培育出"厚德、赤诚、包容、创新"的新时期庆城精神。

1986年初，因分县设市，山地面积占总耕地面积的63.23%，农村贫困面达到45.46%，背负着山区县、贫困县的沉重负担。面对严峻形势，全县上下同心同德，同舟共济，开始披荆斩棘，奋力前行。"七五"期间，山区修梯田，塬区架农电，川区兴三产，工农业总产值以年均15%的速度增长。"八五"时期，引入世行贷款，治理水土流失；成立全省首个县级经济开发区，全力服务油田生产；修复周祖陵，开发皇城，为第三产业开拓发展空间；全县财政收入以年均600万元的速度递增。"九五"期间，财政收入持续增长，科技事业极大发展，农村教育实现"两基"达标，城乡交通条件、农村人饮状况得到明显改善；1998年，全县实现整体脱贫；2000年，县域经济社会综合发展指标名列全省第22位。"十五"期间，企业改革全面攻坚，县城北区进行开发和建设，苹果产业形成，高等级公路贯通，新型合作医疗惠及农村；2005年，县域经济社会综合发展指标名列全省第14位。"十一五"期间，实行土地流转，改革林权制度，强化科技服务，民营企业浴火重生，第三产业更加活跃，小城镇建设、新农村建设、农业示范园建设如火如荼，县乡公路升级改造，高速公路全线贯通；建设廉租住房，改造农村危房，人民生活条件显著改善；加强环境治理保护，巩固和扩大退耕还林成果，生态文明建设取得重大成就。全县国内生产总值以年均12.9%的速度提升，城乡社保、养老标准和新型合作医疗报销比例提高，民生改善前所未有。"十二五"时期，30多万庆城人民在中国共产党领导下，坚持科学发展，率先发展，走上实现民族复兴、全面建成小康社会的新征程。2012年，全县国内生产总值达到77.97亿元，人均29701元，位列全省第19名，小口径财政收入3.21亿元，位列全省第14名。

纵观27年的变化与发展，全县上下坚持改革开放不动摇，坚持"发展是第一要务"不懈怠，坚持经济建设、政治建设、文化建设、社会建设和生态文明建设相统一，励精图治，顽强拼搏，一幅工业强县、文化名县、生态美县、人居佳县的崭新画卷展现在世人面前。

（一）经济建设飞速发展

1986—2012 年，全县国内生产总值（GDP）以年均 13.2% 的速度增长，三次产业结构比由 1986 年的 50.4 ∶ 36.3 ∶ 13.3 调整为 2012 年的 9.9 ∶ 77.3 ∶ 12.8。农业生产关系的调整和稳固，使苹果、瓜菜、草畜、苗林逐步形成区域化生产格局，成为全县优势主导产业，被农业部确定为"无公害果蔬生产基地"。县乡工业在滚动积累、规模扩大的同时，依托当地资源成长起来的农产品加工、建材等行业有了大幅度增长，产品开发向系列化发展。驿马镇有自营出口权的农副产品加工企业 13 户，被誉为"陇东农副产品加工贸易的旱码头"。全县 15 个乡镇均有石油开采，形成马岭、白马、镇北三大作业区，年产原油 200 万吨以上，成为"陕甘宁地区最大的石油天然气开发基地"。2012 年，全县地方规模以上工业增加值达到 5.17 亿元。第三产业蓬勃兴起，服务业发展迅猛。2012 年，全县实现社会消费品零售额总额 19.39 亿元，外贸出口创汇 1100 万美元。财政收入以年均 20.7% 的速度增长，2012 年，大小口径财政收入达到 8.64 亿元。

（二）政治建设稳步推进

1986—2012 年，全县民主政治建设步入制度化、法制化轨道。首先是依法治县工作逐步加强。1991 年县委制订《关于加强依法治县的决定》、县人大制定《关于加强依法治县的决议》、县政府制订《依法治县实施方案》。之后，又相继制订了人大工作监督、法律监督、人事监督等一系列工作制度，使依法治县进程大大加快；其次是政治协商和民主监督工作逐步强化。从 1986 年开始，县委、县政府和县政协先后制订规范政治协商的一系列规定和文件。1998 年，又健全了县政协各专门委员会与县委、县政府各职能部门对口联系制度。2003 年，制订《政协庆城县一届委员会专门委员会组织通则》，使政协工作有章可循、有据可依。同时不断强化民主监督，使民主监督进一步制度化、规范化。2004 年，30 余名政协委员被行政执法部门聘为行风监督员。再次是基层民主政治建设逐步推进。1991 年制订《政务公开实施细则》，在全县各乡镇和县直部门及 120 个下属事业单位实行。1998 年出台《庆阳县村级民主管理办法》，全县基层民主政治建设由点到面、由单项突破到整体推进，提高到一个新阶段。1999 年，全县行政村普遍实行了村务公开。2004 年，县委下发《庆城县村务公开规范标准》，19 个乡镇 181 个村委会做到了逐笔逐项公开和重大收支项目公开，120 个村将村级财务按季公开改为逐月公开。同时，村民代表会和民主理财组织、村务监督组织在村务工作中能履行决策、监督职能的村达 96%，村民的民主选举、民主决策、民主管理、民主监督逐步得到落实，村民委员会由村民直接选举。第四是民主决策进入规范化、法制化轨道。历届县委认真贯彻民主集中各项制度，全力推进民主政治建设。2011 年制订《重大决策征求意见制度》，用制度规范决策程序，书记会、常委会研究重大问题都邀请人大、政协领导全程参与。同时制定了县委、县政府重大事项决策征询制度和人大代表、政协委员咨询制度。特别是在干部任用上强调公开、公正、民主选用，并提出从领导意见、群众意见、工作实绩三方面考核、选用干部原则。在全市率先公开选拔青年干部、妇女干部，率先以县委全委会形式票决乡镇长，全县形成公开、公平、公正的用人导向和树正气、讲团结、求发展的和谐政治局面。

（三）文化建设硕果丰富

1986—2012 年，全县中小学由 400 多所撤并为 70 多所，实现了规模办学。在全区率先实现"告别窑洞村学"的目标，办学条件进一步改善，中学多媒体教学与全国接轨；全县幼儿入学率、小学入学率、小学升学率逐步实现 100%，初中升学率平均保持在 98% 以上，高考入学率平均保持在 80% 以上，先后有 10 多名学生被北京大学、清华大学录取。全县取得的 200 多项科技成果中，有 5 项

达到国内领先水平、11 项达到国内先进水平，被科技部命名为"全国科技进步县"。卫生事业成绩显著，高难度的手术如开颅、开胸等都能独立进行，中医药研究和临床应用深入广泛，2002 年被评为"全国农村中医工作先进县"。文艺园地百花齐放，推陈出新，面世各类文艺著作 200 余部，1993 年被文化部命名为"中国艺术之乡"，1997 年被评为"全省文化工作先进县"。被誉为民俗文化奇葩的"香包刺绣"进入空前的繁荣时期，创办香包刺绣公司 16 家，制作专业户 480 家，年生产精品 30 多万件，实现销售收入 600 多万元；县文工团通过改组改制、创作新品，每年演出 300 余场，受到县内外观众的好评。文物发掘整理和抢救保护工作走在全国前列，馆藏文物 5000 多件，其中国家级珍贵文物 400 件，县博物馆被评为"全国文物系统先进集体"。《庆阳县志》获全国社会科学优秀成果二等奖和甘肃省社会科学优秀成果一等奖，《庆阳历史文化丛书》（九卷本）成为甘肃省最先出版的县区历史文化丛书,《范仲淹知庆州》被专家誉为"研究范仲淹和北宋历史的力作"，《庆城综合年鉴》开创了全市县区综合年鉴的先河，走在全省前列。全县建成农村文化广场 130 多个、城区中心广场 7 处，广播电视"村村通"工程惠及偏远村落，"宽带网络"工程覆盖中心村镇。历经 9 年建设的周祖陵景区，成为国家 AAAA 级旅游风景区，累计接待国内旅游者 48.46 万人次，实现旅游总收入 548 万元。

自 1987 年起，社会主义精神文明建设纳入全县经济和社会发展总体规划，持续开展的文明县城、文明行业、文明单位、文明村镇、文明家庭等创建活动，使群众性精神文明建设活动不断深入。2006 年被评为"全省精神文明先进县"。2011 年以来，全县开展的"创建优美环境，创建文明机关，争做文明市民"活动，更为精神文明建设注入了新的生机和活力。至 2012 年，全县涌现出省级文明单位 4 个，市级文明单位 30 个，文明窗口 121 个和文明家庭和个人 57643 个。

（四）社会建设和谐美好

庆城县属国家六盘山贫困片带，县内西北地区山大沟深，自然条件相对较差，贫困状况尤为严重。27 年来，历届县委、县政府矢志不渝脱贫攻坚，累计投资数十亿元，通电通路通水，造林建房修田，群众生产生活条件有了极大改变。持之以恒的技能培训，使山区群众凭借"一技之长"走出大山；因地制宜的产业开发，使山区群众转换身份，由农民变"牧民"或林业"工人"；依托异地搬迁、新农村建设项目，使山区群众告别窑洞，搬迁新居，全县农村贫困面下降到 2012 年的 4.3%。2012 年，全县农民人均纯收入由 1986 年的 193 元增长到 4287 元，城镇居民人均可支配收入 19215 元。城乡居民的生活质量与消费结构发生深刻变化。住房条件明显改善，文化娱乐与服务性消费增势强劲，居民消费恩格尔系数由 1995 年的 67.4% 下降到 2012 年的 36.9%。

随着国力增强，全县人民也更多地享受到改革开放的成果。2002 年，全县城镇居民开始实行城市最低生活保障；2004 年，庆城县被列为全省农村医疗合作试点县；2006 年，"安居工程"、"廉租房"建设启动，城镇居民特别是城市困难群众的住房问题开始改善；2007 年，农村居民享受农村最低生活保障；2009 年，城镇居民医疗保险全面展开，广大群众"看病贵"的问题得到缓解。2011 年，城乡居民养老保险制度开始实施，"老有所养"成为现实。仓廪实而知礼节。群众精神面貌有了极大改观，文明素质显著提高。文明户、遵纪守法户、五好家庭评选活动持续开展，见义勇为、孝老爱亲的事迹广泛流传，慈善活动、志愿者活动经久不衰，全社会到处呈现团结友爱、诚信向善的浓厚氛围。

（五）生态文明日趋向好

27 年来，全县坚持"种草种树,治穷致富",抢抓马莲河流域治理和"退耕还林""天然林保护""生态林建设"等重大历史机遇，生态文明建设日趋向好。全县累计完成水土流失治理面积113839公顷，各项治理措施保存面积98093公顷，占全县面积的78%。全县划定基本农田保护区1802个，规划耕地保护面积30.34万亩，对耕地实行严格的保护。大力推行滴管、渗灌等节水灌溉措施和雨水集流措施，地下水资源保持相对稳定，天上水得到有效利用；积极实施秸秆还田、旋耕深松等农业耕作技术，土壤土质得到有效保护；广泛开展节能减排和大气污染治理，城区实行集中供热，农村推广太阳灶和沼气，关闭搬迁污染企业，空气质量保持良好状态。2012年，全县林地面积88.15万亩，森林覆盖率达到22.7%。

二

庆城县各项建设取得的成就，得益于党的改革开放的政策，得益于历届县委做出的重要决策，来自于全县干部群众的苦干实干。

庆城县的发展历程，是一个主导思想和发展思路不断完善的过程。1986年，县委提出"种养为本，小字起步，发挥效益，脱贫致富"。1991年，县委提出"稳固农业基础，开发支柱产业，壮大地方工业，拓宽搞活流通，加快脱贫致富"。2000年，县委提出"兴办与农村主导产业相符的龙头企业，放手发展非公有制经济和第三产业"。2005年，县委提出"围绕发展抓项目，突出效益抓调整，深化改革抓创新"。2007年，县委提出狠抓"一个关键"（项目建设），突出"两个重点"（工业创办、基础建设），建设"三个园区"（驿马出口创汇示范园区、西川工业园区、莲池综合商贸园区），做强"四大产业"（苹果、黄花、草畜、瓜菜）。2012年，县委提出的实施"五大战略"（生态文明立县、绿色农业稳县、新兴工业强县、旅游文化兴县、商贸物流活县），加快"三化进程"（新型工业化、农业现代化、城乡一体化），建设"四大基地"（国家大型能源生产与配套服务基地、绿色农产品精深加工出口物流基地、老油区发展循环经济示范基地和旅游休闲与特色文化产业基地），推进"五项建设"（政治、经济、社会、文化和生态建设），则更加全面、科学，既强调了发展的重点，又表明了经济发展各个方面之间的作用及有机联系。

庆城县的发展历程，也是一个不断解放思想的过程。继1978年开始的"真理标准"和1980年开始的"生产力标准"大学习大讨论后，1986年前后，县委破除"务工不本，务商为奸"的偏见，号召全县干部群众树立"无工不富，无商不活"的新观念。1988年，全县开展社会主义初级阶段理论和党的基本路线大学习大讨论，明确"一个中心"与"两个基本点"的关系，各级干部和广大群众进一步加深了对党的基本路线的全面准确的理解，更加牢固地树立以经济建设为中心的思想，坚定了改革开放的信念。1992年，开展"三个有利于"的标准大讨论，澄清了计划与市场和姓"社"姓"资"的关系，确立了社会主义市场经济体制改革的目标，县委提出"解放思想，黄金万两，观念一新，遍地黄金"及"六破六立"等一系列关于解放思想的口号和理念，对更新观念、解放思想起到了积极作用。1997年，党的十五大提出"要大胆探索公有制的实现形式，肯定非公有制经济是社会主义市场经济的重要组成部分"，澄清了姓"公"与姓"私"的关系。针对改革实践中遇到的一些重大问题，如兼并、破产是不是国有资产流失，股份制、股份合作制和产权制度改革是不是"私有化"，以及发展多种经济成分和扩大对外开放的必要性、紧迫性等，先后进行了多次大学习大讨论，县委相继提出"拆除篱笆，加快开放"，"筑巢引凤，扩大开放"。2012年提出"要以项目论政绩，以发展实绩论英雄"的口号，更使全县干部群众耳目一新，思想得到空前解放，对全县的大发展、

快发展发挥了重要作用。

庆城县的发展历程，还是一个考核奖励机制不断探索发展的过程。1986年，全县开展岗位责任制试点，1988年全面推行，1989年发展为办实事责任制，1990年实行干部任期管理责任制，并制定《目标管理责任制奖惩办法》。1992年，借鉴外地经验，对奖励办法进一步补充完善。对建功立业单位，除发锦旗外，还向主要承担者颁发荣誉证书和适当奖项，同时在农村干部中树立一批有时代特征的典型。在个人奖中，增加本县工资浮动的奖项。自1997年开始，县委、县政府与乡镇和部门签订目标管理责任书。2002年开始，县委、县政府每年年初印发全年重点工作及办实事项目考核方案，年终围绕目标进行全面考核。2005年开始，实行重大项目领导包抓责任制，对全县重点项目和工程，实行县级领导包抓包办。2007年后，县委、县政府每年投入数百万元对财政增收、招商引资、工业创办、高考进线等给予奖励，奖励规模之大、范围之广，在庆城历史上还是第一次。

<h1 style="text-align:center">三</h1>

庆城县27年来的经济社会发展，给人以启示和借鉴。

启示之一：科学的发展思路是庆城发展的基础。1986年县委提出"粮油兔花（黄花）工"五大经济支柱。1991年，县委提出农村经济要夯实一个基础（粮食生产），开发四个支柱产业（草畜、林果、瓜菜、乡镇企业）；城市经济要狠抓六个群体建设（石油化工、毛纺针织、食品加工、服装鞋帽、建筑建材、包装印刷）。2000年，县委提出"扩张三个经济片带（塬区苹果、烤烟，山区油豆、杏林，川区瓜菜、软质果）"。2002年提出"开发三个区域（塬区苹果、黄花，山区杏林、草畜，川区瓜菜、梨枣），建设三大区块（驿马农副产品贸易区，西川经济协作区，庆城商贸流通区）"。2005年，提出"做强苹果、黄花、草畜等特色产业，提升驿马农副产品工贸区，优化庆城商贸旅游区，激活西川油田资产闲置区活力"。2009年提出发展"三大产业"（石油煤炭基地建设及配套产业、特色农产品基地建设及深加工业、周祖岐黄文化及旅游业），力求"五个突破"（工业兴办、果畜菜开发、城乡基础建设、民生改善、作风转变）。这些科学的发展思路体现了实事求是、因地制宜、分类指导的原则，符合商品经济发展的客观规律，反映了全县干部群众的共同要求，对全县的发展起到了积极引导、凝聚人心的作用。

启示之二：咬定目标是庆城发展的关键。1987年，县委提出"要想富，栽果树"。之后，历任领导都把林果业作为富民工程来抓，山区实行毛杏改良、酸枣接大枣，塬区推广无公害苹果栽植。2007年后，全县在塬区以每年2万亩的速度推进苹果栽植。2012年，引进西北农业大学技术人才，成立苹果工作站，开展矮化密植技术试验示范，苹果产业已成为塬区群众增收增效的根本性产业。因此，只要是科学的东西，只要是看好的目标，就应该始终不渝地抓下去，一任接着一任干，直至抓出成效、达到成功为止。

启示之三：因地制宜是庆城发展的根本。鉴于庆城"山多"，且各地情况千差万别的实际，在经济发展的指导思想上，既不能"一为主"、"单打一"，又不能"四面出击"，"打乱仗"，否则会出现"一刀切"、"一齐上"、"大呼隆"的问题。在庆城的历史上就曾有过正反两方面的经验教训。借鉴以往的经验教训，新一届县委、县政府在推行五大战略时，不搞行政命令，不强调整齐划一，而是选树了农业典型、企业典型、双文明标杆村等一大批样板。通过典型引路，推动工作开展,使广大群众看得见、摸得着、学得来、赶得上,使庆城始终保持着良性快速的发展态势。从1996年起,全县在山区开展大规模的农田基本建设,以每年5万亩的速度加快农业生产条件的改善。针对山、川、塬的不同条件,20世纪90年代,山区九乡坚持走种草、养畜、修地、增粮的路子,川区四乡镇走修水利,增投入,突出粮,抓瓜菜的路子,塬区六乡镇走以粮为主,种养并举,科技投入,综合发展的路子;凤甜公路一线和20个集镇大办乡镇企业。进入21世纪,"山区草畜,川区瓜菜,塬区苹果"的思路更加坚定,农业内部结构发生了质的改变。城市经济突出服务石油化工生产,创建西川园区;发展民营企业,创建驿马工业集中区;积极兴办第三产业,并为此开展皇城、东壕、北区、莲池、新区开发,移山填沟,改造自然,城区面积扩展。

启示之四:过硬的措施是庆城发展的保证。从庆城27年来的发展来看,主导思想在不断更新,发展思路在不断调整,同时在干部考核方面也在不断探索,激励机制不断完善。1986—1990年,县委、县政府对目标考核责任制高度重视,措施不断完善。1995年,县委专门成立干部考核委员会及其办公室。以后历年都以考核办为中心对全县部门工作进行全面系统的考核。2012年,新一届县委县政府领导,尤为重视考核工作,在考核方法上不断推陈出新。如实行末位约谈制,对突出贡献者进行重奖等,都是激励干部的有效措施。工作思路明确以后,只有通过制度创新、办法创新,才能调动全县干部群众团结奋斗的积极性,才能使县委的决策成为现实,才能促使全县经济实现跨越式的发展。

改革无止境,发展无穷期。放眼未来,一个更加富裕文明的庆城县,必将伴随着改革开放的大潮在中华大地上崛起。

大事记

1986 年

1月

12—13日　甘肃省省长陈光毅来县检查指导工作，并与随行的省政府、地委行署、县委县政府负责人深入马岭油田参观，召开座谈会，了解征求意见。

25—29日　政协庆阳县第一届委员会第三次会议在县城召开。

27—30日　庆阳县第十届人民代表大会第三次会议在县城召开。会议选举杨卫东为县人民政府县长。

是月　国务院决定撤销庆阳县的西锋镇，设立西峰市（县级）的通知，原庆阳县的彭原、后官寨、温泉、什社、董志、陈户、肖金、显胜、西峰8乡1镇划归西峰市管辖。

3月

14日　蔡家庙乡政府被省政府评为全省扶贫扶优先进集体。

4月

11日　《庆阳县城总体规划》被省环保厅批准施行。

5月

9日　南庄、蔡家庙乡被评为全省计划生育先进集体。

6月

6日　庆阳县人民武装部移交地方管理。

是月　庆阳县面粉厂被省粮食局评为全省粮食系统"先进企业"；同年被省粮油工业公司评为20年无事故先进单位，授予"安全生产有良方，二十春秋无事故"锦旗。

7月

16日　桐川乡党嶂岘清真寺新建落成。

是月，白马—桐川29千米35千伏输电线路及桐川变电站建成，西部山区5乡动力电能建设实现重大突破。

8月

7日　庆阳县教师进修学校发生集体食物中毒事件。当日12时，170名教师在学校食堂就餐，14时30分部分教师出现腹痛、腹泻，并伴随呕吐等中毒症状，共168人，其中住院治疗151人。经及时全力抢救，至11日，中毒患者全部痊愈出院。

是月　庆阳县卅铺乡团委获全省"乡乡营造青年林"竞赛活动先进单位称号。

9月

10日　庆阳县委、县政府决定从本年开始，对具有大专以上学历的教师，每人每月增发工资10元。

15日 全县民兵武器收回县武器库集中保管。

10月

11日 省军区副司令何志瑛一行到县武装部检查工作。

20—21日 政协庆阳县第一届委员会第四次会议在县城召开，会议选举周敦智为县政协主席。

11月

27—29日 中共庆阳县第九次代表大会在县城召开。会议选举李士林为县委书记，杨卫东、张仁、刘国耀、郭文允为副书记，张志新为县纪委书记。

12月

19—23日 政协庆阳县第二届委员会第一次会议在县城召开。会议选举周敦智为县政协主席，田仰宏、卢范修为副主席。

20—24日 庆阳县第十一届人民代表大会在县城召开。会议选举王生荣为县人大常委会主任，文武志、秦福寿为副主任；选举杨卫东为县人民政府县长，耿明义、刘文戈、李芝琴、卢建敏为副县长；选举李栋为县人民法院院长，范秉隆为县人民检察院检察长。

是月 国务院决定，庆阳县为对外国人开放地区。

全县首次开展"遵纪守法光荣户"评选活动，为评选出的 3120 户颁发证书。

是年 庆阳县被确定为国家重点扶持的 331 个国定贫困县之一，具体标准是：以县为单位，1985 年人均纯收入低于 150 元的县（少数民族自治县和老区县分别放宽到 200 元和 300 元），庆阳县被确定为老区贫困县。

1987 年

3月

10日晚，工商银行庆阳县支行董家滩办事处职工郑盛荣等 5 人与潜藏院内伺机作案的持枪预谋犯罪分子英勇搏斗，用鲜血保护了国家财产。5 月 8 日，省分行对董家滩办事处及郑盛荣等 5 人进行了表彰奖励。5 月 17 日，地委、行署作出决定，号召全区人民向他们学习。

是月 庆阳县县级新档案馆（库）建成。新馆位于庆城县西大街，占地面积 2062 平方米，砖混结构，投资 15 万元，建筑面积 864 平方米，使用面积 820 平方米。

4月

全县旱情持续严重，小麦大部分枯死，大秋作物无法下种。

5月

全县历时两年的整党工作结束，579 个单位 5700 余名党员参加此次活动。

8月

7日 庆阳县中医医院门诊楼在县城钟楼巷建成，建筑面积 1530 平方米，完成投资 30 万元。后更名为县岐伯中医医院。

10月

是月 桐川乡惠家庙村青年之家获 "甘肃省红旗青年之家" 奖。

12月

是月 庆阳县赤城乡工艺美术制品厂被国家文化部、财政部授予 "以文补文" 先进集体

称号，其"民美"牌刺绣壁挂"吉庆有余"系列获国家轻工部旅游产品三等奖、省工艺美术"百花奖"。

是年　庆阳县县城北大街全面整修。地下敷埋供排水工程管线，长庆石油勘探局筑路公司铺罩混凝土沥青路面。

△　庆阳县实施农业部飞播牧草项目，项目总投资126万元，完成飞播苜蓿13.45万亩，草场围栏建设14920米。实施省立草地鼠虫害防治项目，总投资12万元，完成草地鼠虫害防治面积120万亩。

△　庆阳县泰和食品有限责任公司在驿马镇成立，是本县第一家获得出口权和取得HACCP体系认证的企业。

△　全县开展反对官僚主义，整顿机关作风活动，查处官僚主义案件12起，查结10起。

△　全县开展"清账、清物、清财"工作，186个单位参与，清理各类各种经济问题的款额30.94万元，收回23.66万元。

△全县进行卫生技术人员职称改革。328名通过考核、评议和上级审查，批准副高级职称3名，中级职称36名，初级职称146名。

1988 年

1月

12日　甘肃省省长陈光毅来县看望慰问石油工人。

是月　全县17个乡镇成立乡镇农民文化技术学校，由乡镇政府主办和管理，主要开展农民技能培训和扫除中青年农民文盲等工作。

2月

29日　庆阳县人民医院谢君国"胃经静脉的实验定位及其低阻抗特性的研究"获省政府1987年度甘肃省科学技术进步一等奖。

4月

20日　长庆油田建筑公司、庆阳县面粉厂被省政府评为1987年度全省安全生产先进集体。

同日　庆城镇亨泉沟水库坝地引洪渠工程竣工，拦洪渠长943米，总计完成土（石）17650立方米，共投入劳动工日441个，工程总投资3.34万元。

5月

8日　全县遭受暴雨洪水袭击。

6月

23日　庆阳县获省政府农田基本建设先进单位三等奖。

是月，赤城乡文化站被国家财政部、文化部评为"全国以文补文先进集体"。

7月

1日　县城东河（柔远河）大桥开工修建，次年10月1日建成通车。

18日　晚，全县暴雨，造成熊家庙乡死亡7人、驿马镇死亡5人的重大自然灾害。

23日　凌晨，全县遭受冰雹、暴雨袭击，房屋倒塌，部分居民无家可归。

25日　"中国社会福利有奖募捐奖券"福利彩票首次在县内发行，面额1元，橘红色龙形图案，印有编码，先卖后摇奖，中奖号码在《陇东报》上公告。共发放奖券 3 万张，收回销售款 3 万元。

27 日　庆城镇红卫、先锋、东风和田家城行政村的大庄 4 个自然村菜农转为城镇户口。

8 月

4—7 日　陈伯希、黄汉卿、王巨洲等书画名人来县开展书画交流活动。

8 日　大雨。玄马乡吴家岭自然村西面山体滑坡，100 多米公路被埋，庆阳县至华池交通中断。

9 月

16 日　庆阳石油化工厂催裂化装置试产成功。

17—23 日　庆阳地区第二届商品交易会暨陕甘川三省十二方技术交易会在县城举行，来自陕、甘、川、宁、豫及本区近千名代表参加，商品总成交额 9900 万元。

是月　县城凤城商场建成，是全县最早投入使用，规模最大，设施最为完备的个体商品集中经营市场。

是月　马岭镇农民陈智民的绘画作品获"全国农民画展"三等奖。

是月　庆阳县文工团段晓燕主演的《白话除奸》获全省首届优秀青少年演员大奖赛二等奖，尚小丽主演的《悔路》获优秀奖。

10 月

是月，庆城—阜城 26.7 千米输电线路及白马 35 千伏变电站建成。

11 月

8 日　庆阳县人民武装部两层单面办公楼建成，共 350 平方米。

29 日　历时 5 年的全县工业普查工作结束。

是月　庆阳县马岭贺旗苦水淡化工程竣工，投资 11.5 万元，耗用劳力 7802 个工日，建淡化机房（包括设备安装）和 50 立方米蓄水池各一座。解决了 1 个行政村 3 个自然村，141 户 993 人，98 头大家畜和 529 口（只）猪羊的饮水困难。

12 月

20 日　太白梁乡、长庆石油勘探局绿化委员会被省政府评为全省绿化先进集体，南庄乡人民政府被评为全省护林防火先进集体。

24 日　庆阳地委通知，褚宪任中共庆阳县委书记。

12 月下旬至次年 1 月上旬　县委对全县党风情况进行全面检查。

全县开始发放职工高原补贴，本县为二等，每人每月 12 元。

是年　县城南大街整修。地下敷埋钢筋混凝土供排水管线，长庆石油勘探局筑路公司铺筑柏油路面。

是年　县办全民和集体企业实行招投标承包经营。

是年　由省财政厅和长庆石油勘探局投资建设的庆阳县兔毛纺纱厂投产运行，后因市场和管理不善等原因停产、倒闭。

是年　10 月至次年 6 月，县内各类商品价格涨幅较大，个别商品价格成倍增长，通货膨胀首次出现。

1989 年

1月

10—12 日　庆阳县第十一届人民代表大会第四次会议在县城召开，会议选举张仁为县人大常委会主任。

2月

19 日　全县在庆城小学等 10 所学校施行"JIP"教学改革计划。该计划是联合国教科文组织亚太地区办事处主持的一项研究亚洲教育革新和发展小学教育的地区性合作项目，旨在推动小学教育教学改革，提高小学教育质量。

3月

20 日　甘肃省委书记李子奇、副省长路明来县检查指导工作，并对长庆石油勘探局第二采油厂进行调研。

是月　庆阳县被国家计生委授予 "全国生育节育抽样调查先进县"称号。

是月　庆阳县人民政府聘请 3 名律师为常年法律顾问。

4月

26 日起　为迎接西北五省民兵、预备役军事汇报表演赛，利用 1 个月时间，选拔 108 名基干民兵、预备役人员进行半自动步枪、冲锋枪、56 式班用轻机枪的训练和比武。

5月

3 日　甘肃省军区政委温景义到县人武部检查指导工作。

6 日　全县首次在林业、工交、文教、粮食、卫生、商业局和县供销社配备正科级专职行政监察员。

18 日　甘肃省军区参谋长闫崇厚到县人武部检查指导工作。

25 日　县政府颁发《庆阳县人民政府科级干部廉洁守则》。

是月　庆阳县农机推广站首次引进地膜覆盖机在赤城、驿马两乡镇进行试验示范。

6月

1 日　县委、县政府印发《保持党政机关廉洁的规定》。

7月

15 日　庆阳县妇幼保健站被省卫生厅授予"全省文明妇幼保健站"称号。

9月

7 日　经省政府批准，赤城乡分设为赤城和白马铺乡，桐川乡分设为桐川和安家寺乡，卅铺乡更名为卅铺镇。

28 日　庆阳县教师职称评定工作开始。首批评定小学高级教师 50 名，小学一级教师 208 名，小学二级教师 258 名，小学三级教师 523 名，中学二级教师 8 名，中学三级教师 16 名。

是月　玄马乡罗坪村农民张吉清种植的 1 亩地膜高粱产粮 1146 千克，创造川水地粮食生产最高纪录。

10月

20 日　庆城镇十里坪村崭山湾治沟骨干工程竣工，工程建土坝高 25 米，库容 63.5 万立方米，淤地 128 亩，发展水浇地 600 亩，完成投资 26.9 万元。

25 日　全县自动电话设备开通，长达四五十年的磁石电话时代结束。

是月　共青团庆阳县委获 1989 年度全省培养"青年星火带头人"活动先进集体奖。

11月

1 日　白马铺至赤城 10 千米砂石公路建成通车。

10 日　长庆石油勘探局采油二厂五队党支部被省委授予"先进基层党组织"。

27—29 日　中共庆阳县第十次代表大会在县城召开。会议选举褚宪为县委书记，杨卫东、刘国耀、冯登刚、陈广锦为副书记，张祖贡为县纪委书记。

12月

17—21 日　政协庆阳县第三届委员会第一次会议在县城召开。会议选举冯登岗为县政协主席（兼），刘兴生、郑重京、张持维、卢范修为副主席。

18—21 日　庆阳县第十二届人民代表大会在县城召开。会议选举张仁为县人大常委会主任，文武志、李芝琴、张自新、秦福寿为副主任；选举杨卫东为县人民政府县长，王吉泰、刘文戈、卢建敏、张平军、原思安为副县长；选举李栋为县人民法院院长，郭广玉为县人民检察院检察长。

是月　庆阳县被农业部畜牧兽医司命名为"青贮饲草达标县"。

是年，长庆石油勘探局马岭炼油厂生产的"－20 号柴油"被国家轻工业部评为优质产品。

△　庆阳县科委被评为全省科技工作先进单位。

△　庆阳县中医医院编纂出版《凤城中医医话医案选》。

1990 年

1月

22 日　庆阳石油化工厂被省政府评为全省集资办学先进单位。

2月

17 日　庆阳县被甘肃省科委评为 1989 年度"全省科技工作先进县"。

5月

7 日　庆阳石油化工厂 14.95 万元现金被盗，经地、县（市）和石油矿区公安机关联合侦查，3 名案犯全部抓获。经审讯，又破获该团伙盗窃案件 24 起，总金额 20 多万元，追回赃款 11.6 万元和汽车、电视机等实物多件。

是月　县人民医院门诊楼建成，总投资 90 万元，建筑面积 2300 平方米。

6月

27 日　全县开展食用菌生产。

7月

1 日　全县开展第四次全国人口普查。经调查汇总，全县 1990 年总户数 60204 户，人口总数 274217 人，其中男 141636 人，占 51.65%，女 132581 人，占 48.35%。

9月

葛崾岘乡天子行政村李建郭发明的数学跳棋，经国家专利局批准，获得发明专利权。

10月

10 日　按照省委统一部署，全县开展纠正行业不正之风活动。分学习教育、自查自纠、重点抽查、

整章建制 4 个阶段，次年 3 月底结束。

是月　庆阳县被省政府评为 1989 年度农田基本建设先进县，并颁发二等奖。

11月

1 日　长庆石油勘探局、长庆局第二采油厂被省政府评为 1989 年甘肃省一级企业。

12月

1 日　全县 19 个乡镇党委开始设立纪律检查委员会，县直 15 个党支部配备专职纪检书记。

4 日　县文化馆被评为全国先进文化馆。

13 日　甘肃省省委常委、副省长王金堂来县检查指导工作，并看望公安干部和武装战士。

是月　庆阳石油化工厂生产的环江牌 0 号、－10 号轻柴油被评为省优产品。

是年　全县绝大部分小学、初小从窑洞中搬出，住进了宽敞的砖瓦房，结束了窑洞小学历史。

是年　学习通渭经验，全县开始纯女户结扎工作。

△　白马铺乡妇联获全省"三八绿色工程"活动先进集体称号。

△　全县 42 个部门分期分批进行以建立"两公开一监督"制度为主要内容的廉政建设。

△　工商银行庆阳县支行利用计算机系统进行账务处理。

△　庆阳县妇幼保健站门诊楼在县城北校巷建成，完成投资 60 万元。

1991 年

1月

21 日　桐川乡郭旗村委会、长庆石油勘探局计生委被省政府评为"甘肃省计划生育工作先进集体"。

31 日　省委书记顾金池来县检查指导工作并看望慰问石油工人。

3月

13—15 日　庆阳县第十二届人民代表大会第二次会议在县城召开。会议选举张震合为县人民政府县长。

4月

14 日　全区小学管理工作现场会在县城召开，与会代表参观指导庆城小学、驿马小学、卅铺小学教育教学管理工作。

18 日　省委、省政府、省军区授予长庆石油勘探局党委宣传部"全民国防教育先进单位"称号。

5月

1 日　庆阳县电视台正式开播。

6月

1 日　全县基本达到省普及初等义务教育标准，获得省政府颁发的普及初等义务教育合格证。

6—10 日　全县连续四次遭受特大冰雹、洪水袭击，数十万群众受灾。

7月

中共中央政治局原委员、国务院副总理兼国防部长、全国人大常委会副委员长耿飚偕夫人赵兰香，回访阔别 50 年的庆阳县。

8月

是月　庆阳县开始勘定行政区域界线工作。至次年6月相继完成庆（阳）华（池）、庆（阳）合（水）、庆（阳）镇（原）、庆（阳）环（县）边界勘定。

9月

是月起，全县集中开展党员党规党纪专题教育，活动于12月结束。

10月

7日　庆阳县徒手秧歌队代表甘肃省出席在沈阳市举行的全国秧歌大赛，获二等奖。

10日　长庆石油勘探局第二钻井工程处、庆阳县治安巡逻队、农业银行庆阳县支行被省委、省政府评为社会治安综合治理先进集体。

16日　高楼乡人民政府、长庆石油勘探局被省委、省政府评为全省造林绿化先进集体。

是月　全县农村开展社会主义思想教育工作（简称"社教"），省、市、县共下派机关干部800多名开展活动。

11月

18日　高楼乡聂家沟骨干坝加固配套工程竣工，坝高19米，库容62.3万立方米，完成工程量27490立方米，淤地64亩，拦泥43.7万立方米，完成投资12.36万元。

12月

6日晚　长庆石油公安处侯志杰盗取长庆石油勘探局公安处生产保卫科"五四"式手枪3支、"六四"式手枪2支、子弹600余发，先后在长庆石油公安处机关及家属楼、北街小学巷、长庆影剧院等处开枪打死长庆石油勘探局公安干警3名、无辜群众6人，打伤10人，本人在围捕中自毙。

13日　玄马乡刘巴沟流域天子掌骨干坝加固配套工程竣工，坝高22米，库容90立方，完成工程量49615立方米，拦泥23万立方米，保护已淤坝地100亩，完成投资14.46万元。

19日　全县乡镇企业总产值突破1亿元，受到省政府奖励，奖励支农周转金10万元，奖牌1个。

25日至次年3月20日　全县开展检查用公款请吃送礼滥发钱物问题的工作。

是年

△　庆阳县引进的冬韭菜栽培技术在庆城镇的莲池、安湾示范成功。

△　工商银行庆阳县支行开办代发工资业务。

△　马岭法庭被省高级人民法院评为全省法院系统先进集体。

△　全国政协常委王秉祥视察陇东中学。

△　庆阳职业中学通过省B级验收。

△　庆阳县社会治安综合治理工作实行县、乡、村三级责任区制度。

△　全县遭受低温、干旱、冰雹、暴雨及小麦锈病等灾害，粮食总产较上年下降16.3%。

△　庆阳县被省水利厅列为水利执法第一批试点县，对全县32个取水单位62个取水点进行取水登记并颁发许可证。

△　庆阳县投资450万元，建成乡镇电管站9个。

△　县粮食局被商业部评为"全国四无（无害虫、无变质、无鼠雀、无事故）粮仓先进单位"。庆阳县榨油厂建成，附设在庆阳县面粉厂，填补了本县空白，后因产品质量和原料不足等问题停产。

1992 年

1月

全县开展以人力潜力、物力潜力、民转军工生产潜力为主要内容的国防潜力调查。

△ 庆阳县专控商品由32种减为8种；是年末，企业各项基金从预算外资金剔除。

3月

1日　庆阳地区基层法庭建设现场会在县法院召开。

27日　长庆文联书画协会将收藏的名家作品义卖所得款5.1万元全部捐赠县博物馆。

4月

8—19日　全国政协常委王秉祥、省人大常委会副主任李文辉、副省长李萍率省党政慰问团及文艺演出队，对长庆油田进行慰问演出。此时，长庆油田在甘肃3万多人，探明油气储量800亿立方米，在甘产量90万吨，为甘肃提供商品油1335.6万吨，地方为油田提供工业用地4万余亩。

24日　庆阳县城至北京旅游车首发仪式在县城举行，50多名农民乘车赴京游览。本趟专线由庆阳经西安、太原至北京，由天津、石家庄、郑州、西安返还，每月发一趟。

5月

17日　由个体户樊兆华等联营创办的"庆阳宏达商场"在县城正式开业，这是全区首个由个体户联营创办的个体商场。

6月

庆阳县城建局被国家建设部授予"全国房屋产权登记发证先进单位"称号。

庆阳县副县长赵彩雯当选为中国共产党第十四次代表大会代表，于10月12日在北京出席中共第十四次全国代表大会。

7月

10日至1993年9月10日　按照省、地统一部署，全县开展地名补查和地名资料更新工作。

23日下午4时30分，来自华池、环县、庆阳县的长庆石油勘探局采油二厂工人近千名，乘坐29辆汽车，由马岭镇董家滩出发，到县城游行示威，县政府机关受到冲击。县城交通瘫痪，群众生产生活秩序受到影响。晚8时，经长庆局主要领导、县政府有关领导、庆阳地区公安处有关领导劝说，请愿人员陆续撤离。晚10时，县城恢复秩序。

8月

5—13日　全县普降大暴雨。冲毁农田、水利设施、农电线路、公路桥涵、学校、街道多处，直接经济损失数百万元。

20日至年底　全县开展清理干部职工超标准住房6户，公地建私房39户，公房院内建私房31户，加收房租费3744.45元，清理4名领导干部用公款送子女亲属上学，收回违纪资金6500元。

△ 庆阳县人工影响天气办公室成立，并在桐川乡建成首个高炮作业点。

9月

21日　庆阳县人民政府驻兰州办事处成立。

是月　新编《庆阳县志》由甘肃人民出版社出版发行。

10月

全县进行第一次村民委员会换届选举，每届任期三年，其成员可以连选连任。

11 月

8 日　庆阳县被省委、省政府、省军区命名为"双拥模范县"。

17—19 日　中共庆阳县第十一次代表大会在县城召开。会议选举张震合为县委书记，王吉泰、刘秉宁、陈广锦、王积聪为副书记，张祖贡为县纪委书记。

24—28 日　政协庆阳县第四届委员会第一次会议在县城召开。会议选举文武志为主席，张自新、郑重京、许志汉、卢范修为副主席。

25—27 日　庆阳县第十三届人民代表大会在县城召开。会议选举张仁为县人大常委会主任，秦福寿、李栋、高文科为副主任；选举王吉泰为县人民政府县长，张建新、原思安、赵彩雯、麻韇、范望贤为副县长。

30 日　庆阳县获省政府粮食"丰收奖"三等奖和稳产高产奖。

同日　庆阳县老区建设办公室被省政府评为"两西"建设扶贫开发先进集体。

是年，全县引进日光温室蔬菜栽培技术，并在庆城镇药王洞行政村李家后沟自然村示范成功。

△　白马铺乡妇联获全省"三八绿化先进集体"称号。

△　庆阳县自学考试委员会成立。

1993 年

1 月

历时一年的全县农村社会主义教育工作结束。

3 月

13 日　庆阳县委、县政府出台《庆阳县高初中考试奖励办法》。

4 月

1 日　全县粮油销售价全面放开。城乡粮站一律以独立核算单位定价，实行挂牌经营。

15 日　县委印发《庆阳县西川经济开发区总体方案》和《庆阳县西川经济开发区若干优惠政策》。

21 日　甘肃省庆阳石油化工厂完成 3 万吨／年催化裂化装置扩建改造，形成 7 万吨／年重油加工能力。

26 日　庆阳县西川经济开发区成立，为全省首个县级经济开发区。

7 月

17 日　撤销长庆石油勘探局公安处收审所。

9 月

16 日　全国政协原副主席马文瑞来县检查指导工作，看望陇东中学师生，并在驿马题词"发展乡镇企业是农村经济发展的必由之路"。

17 日　全县实行油区管理目标管理责任制，建立县包矿、乡包片、村包段、人包井（线）和定井（线）、定人、定职责、定奖惩的"四包四定"机制，长庆油田采油二厂分布县境内的 524 口油井和 670568 米输油管线由 5 个乡镇、26 个行政村、131 个自然村、2734 户 4894 人进行管护。

20 日　县电器研究所研制的"斜坡式降压起动器"获首届中国丝绸之路节科技成果展示交易会金奖。

10 月

7日　庆阳县人民政府出台《关于加强民办教师队伍管理和提高民办教师生活待遇的决定》。

14日　甘肃省委书记阎海旺、代省长张吾乐、省人大常委会副主任王金堂一行来县检查指导工作。

19日　庆阳县农业机械化培训学校经甘肃省教委和省农机局联合评估验收，被纳入中等学校序列。

是月　庆阳县皇城土地开发工程动工，计划开发土地 49.31 亩。

△　全县所有财政拨款单位建立住房公积金制度。

△　庆阳县人民政府作出《关于对部分卸任村干部给予生活补助的决定》，对连续任职或间断任职、工龄累计在 21 年至 30 年，年龄在 60 周岁以上的，每年补助 120 元，工龄累计在 31 年以上，年龄在 60 周岁以上的，每年补助 180 元。

12 月

是月　庆阳县被文化部命名为"中国艺术之乡"。

是年　马岭、卅铺、庆城镇办公大楼建成。

△　庆城宾馆改扩建完成投资 400 万元。

△　庆阳县实现市话自动化。

△　庆阳县实现基本扫除青壮年文盲县标准。

1994 年

1月

1日　全县实行分税制财政管理体制，分设国税局和地税局。

6日　高楼乡李崇斌、麻万奎等 15 名青年民兵，为保护群众生命财产安全，不顾个人安危，主动追击多次在雷家岘子持械抢劫的 8 名歹徒，经过激烈搏斗，将歹徒制服扭送乡公安机关。6月30日　中共甘肃省委、甘肃省人民政府、甘肃省军区奖励庆阳县高楼乡高楼村基干民兵排。同年，李崇斌、麻万奎受到中宣部、公安部和中华见义勇为基金会表彰。县委、县政府在雷家岘子建树"正气碑"，以昭示后人弘扬正气。

是月　县图书馆被评为"全国三级图书馆"。

△　全县组织开展学习《邓小平文选》活动。

4月

5日（清明节）　周祖陵森林公园举行修建奠基仪式。

是月　由世界银行提供 4000 万美元贷款、国内匹配贷款 2.3 亿元人民币计划实施 8 年的马莲河流域水土保持项目开工。

是月　县职业中学教师王光普，将其 40 多年来收藏的 4000 多件（套）民间艺术品，无偿捐赠给南京博物院。其中皮影 3000 件，剪纸、刺绣、木刻、石雕等 1000 多件（套）。

5月

31日　兰州军区司令员刘精松来县检查指导工作。

6月

3日　中国银行庆阳县支行在县城北关成立，为县内首家从事外汇业务汇兑的专业银行。

是月　庆阳石油化工厂年产 50 万吨常减压改造扩建工程建成投产，完成投资 15 亿元。年产直馏汽油 6.88 万吨、柴油 13.44 万吨、蜡油 14.48 万吨，溶剂油 2 万吨。

7 月

27 日　庆阳县公安局马岭分局成立。

9 月

20 日　长庆石油勘探局被省委、省政府评为第四届中国艺术节甘肃省先进单位。

是日　县城西河湾 35 千伏变电站建成，县城动力用电问题得到根本性解决。

10 月

是月　驿熊（驿马熊家庙）人畜饮水病区改水工程竣工。

△　县法院办公大楼落成，县法院被省高级人民法院授予"全省两庭建设先进单位"称号。

△　甘肃省"两庭"建设现场会在县法院召开，最高人民法院装备局局长蒋富康、省人大常委会副主任胡慧娥、省高级人民法院院长张树兰及陕西、宁夏、内蒙古、新疆、青海五省区高级法院领导参加会议。

12 月

2 日　庆阳县供销社县城东街施工场地出土汉代货泉 2850 枚，货布 176 枚，大布黄千 2 枚。

5 日　省委、省政府授予陇东中学、长庆局第二钻井工程处"精神文明先进单位"称号。

24 日　驿马镇发现一批西夏浮雕砖，经国家文物专家鉴定，有国家一级文物 14 件。

是年　白马铺乡通往赤城乡的平原微丘陵区三级沥青路通车。

是年　全县因干旱、冰雹、暴雨、洪水等自然灾害，粮食减产 1550 万千克，死亡 11 人，受伤 13 人，毁坏房屋窑洞 93 间（孔），直接经济损失超过 2000 多万元。中国红十字会、香港红十字会捐助面粉 2.5 万千克。

是年　全县机关事业单位实行工资制度改革，增资套改审批工作结束，新工资制度入轨运行。

△　全县推广冬小麦地膜覆盖穴播栽培技术。

△　庆阳县被国家确定为 592 个国定贫困县之一。

△　庆阳县马岭吉良黄酒荣获第四届中国艺术节金奖。

△　中共庆阳县委党校被中央党校函授学院授予"全国党校函授教育先进办学单位"称号。

△　全县共投资 500 多万元，新建、改建、维修校舍 20000 多平方米，初中危房彻底消除。

△　县中医医院编纂出版《岐伯故里医坛》。

△　按照国务院发布的《农村五保户供养工作条例》，全县有五保对象 192 人，其中男 156 人，女 36 人。

1995 年

1 月

15 日　庆阳县人民武装部收归军队建制，交接工作完成，改称为中国人民解放军甘肃省庆阳县人民武装部。

21 日　熊家庙乡被省委、省政府评为"全省计划生育先进集体"。

是月　庆阳县被省教委确定为世界银行贷款"第三个贫困地区基础教育发展"项目县。项目总

投资 1072.08 万元，用于完成 47 所学校的新建、改建和内部设施配套任务。

2月

30日　庆阳县委、县政府出台《关于加快教育改革和发展的若干规定》，对加快庆阳教育改革作出具体规定。

3月

16日　庆阳石油化工总厂50万吨常减压炼油扩建工程被省政府列为全省重点建设先进项目单位。

同日　省高级人民法院院长秦炳来县法院调研。

是月　卅铺镇小寨村被全国绿化委员会评为全国"造林绿化千佳村"。

4月

是月至8月　全县开展清理"小金库"活动，清理"小金库"14个，违纪资金30.39万元。

12日　庆阳军分区司令员王恩福到县人武部向收归军队人员授衔。

5月

22日　县政府召开新闻发布会，宣布庆阳县西川经济开发区成立。开发区南起县城，北至马岭，沿凤甜公路，长约40千米，是全省首家以乡镇企业和其他集体、个体经济为主，服务油田生产和发展的区域性经济综合体。

24日　省军区司令员梁培祯来县检查指导人民武装工作。

△　全县开展"学讲做"活动。

6月

1日　熊家庙乡被评为全省计划生育先进集体。

22日　中行庆阳县支行吸收储蓄存款3720万元，人均吸收储蓄存款310万元，居全省同行首位。

7月

1日　甘肃省省长张吾乐来县检查指导工作。

3日　赤城乡潘家崾岘饮水工程竣工，完成国家投资19.8万元。

4日　工行庆阳县支行进入全国联行电子汇兑网络，同全国3096个电子汇兑入网行同步运行。

是月　县城城区土地定级估价工作开始，城区土地划分四个等级，按级别确定"商、住、工"三类用地基准地价。

8月

9日　县委、县政府召开全县捐助"121雨水集流工程"动员大会，该工程是针对山区饮水困难群众的一项民生工程，主要帮助农户建一个雨水集流场，建两口水窖，种一亩经济作物；全县577个单位5515名干部职工捐款30.03万元。

25日　兰州军区、甘肃省军区、庆阳军分区工作组前来县人武部检查"支前"工作准备情况。

是月　庆阳县个体劳动者协会被评为"全国个协先进单位"，受到中国个体劳动者协会表彰奖励。

9月

1日　工行庆阳县支行向全社会首次公开发行"牡丹"信用卡。

4日　中国人民解放军"西部95'军事演习"参演部队途经本县；全县积极做好粮油供应，宿营服务，开展支前拥军活动。11日，四十七集团军通信团最后通过县境，前往演习预定位置。

5日　赤城、葛崾岘、安家寺、冰淋岔、蔡口集5个乡成立公安派出所，至此，庆阳县在全县19个乡镇全部建立公安派出所，并建立法律服务中心。

10月

27日　一辆小型客货两用车与一辆"长庆"牌大客车在国道309线1658千米处相撞，造成5人死亡，1人重伤。

11月

15日　庆城镇药王洞"菜篮子"工程、翟家河"菜篮子"工程竣工。

同日　庆阳石油化工总厂被确定为全省首批科学技术创新示范企业。

30日　甘肃省副省长韩修国来县检查指导工作。

12月

是月　县图书馆被省文化厅评为全省"文明图书馆"。

△　在省募委会的指导下，全县从县直各单位抽调800人，利用三天半时间，在县城北大街集中销售社会福利彩票。彩票为袋装式幸运扑克，实物兑奖，一等奖为天津大发小面包车，售出彩票400万元，为全省之最。

是年　全县建成马岭董家滩农田灌溉机井，玄马乡桐川沟门提灌、玄马乡詹庄提灌工程，新增有效灌溉面积1300亩。

是年　熊家庙乡米家川采用地膜覆盖技术试种棉花5亩，亩产100千克。

△　全县开展"科技兴县"年活动。

△　全县遭遇特大旱灾。

△　全县城镇地籍调查测绘工作结束，完成县城116宗地的权属调查和8平方千米的控制地形图31幅，总面积5.38平方千米。

△　庆阳县马岭吉良黄酒在中国第二届农业博览会上被评为优秀产品，在黄河流域九省（区）食品展销会上被评为金奖。

△　工商银行庆阳县支行被甘肃省分行授予1994年度"效益十佳行"荣誉。

1996 年

1月

2日　以马锡五为原型的电视连续剧《岁月不流逝》在县内完成拍摄。

13日　甘肃省委书记阎海旺，省人大常委会副主任、省政协副主席韩正卿，省总工会主席王新巾来县看望慰问石油工人。

3月

6—10日　张改琴书画展在中国美术馆举行。

12—14日　庆阳县第十三届人民代表大会第五次会议在县城召开。会议选举麻羁为县人大常委会主任，郭广玉为县人大常委会副主任，胡庆银为县人民检察院检察长。

4月

9日　庆阳县普法办、长庆局第二钻井工程处被省委、省政府评为全省"二五"普法先进集体。

26日　庆阳石油化工总厂厂长班文获"全国五一劳动奖章"，并受到胡锦涛等党和国家领导人的接见。

是月　县科委在熊家庙乡米家川村实施棉花种植示范。1997年示范种植55亩，平均亩产皮棉

毛 97.5 千克，亩均实现经济收入达 2340 元，纯收入 2000 元。

5月

16日　庆阳县白（马）至铁（李川）公路 10 千米油路工程经省计委、省交通厅、地计委、地交通处验收为优良工程。

6月

15日　庆阳石油化工厂年产 25 万吨灵活双效催裂化装置一次性投料试车成功，新增 90# 汽油、0# 柴油、石油液化气等产品。

是月　许兢作词、王天荣作曲的儿歌《小雨沙沙》被人民音乐出版社、蓝天出版社编入《新中国成立 50 周年"祖国万岁"歌曲选》。同时被《中国少年儿童博览》《中外童谣精选》选录。

△　全县撤销不合法公路站卡五个，公路"三乱"（乱设站卡、乱罚款、乱收费）得到遏制。

7月

15日　庆阳县第十三届人民代表大会第六次会议在县城召开。会议选举刘秉宁为县人民政府县长。

30日　全县无线寻呼（BP）进入庆阳地区联网。

是月　全县连续两次遭受暴雨、洪水自然灾害。

△　庆阳县"梨枣引进试验示范"项目被省林业厅评为"甘肃林业科学技术进步奖"一等奖。

8月

1日　县农机局首次在驿马镇、安家寺乡推广"精少量播种技术"示范试验，并取得成功。

9月

7日　甘肃省高级人民法院院长王世文来县法院视察。

10日　《庆阳县党政机构改革方案》通过省委、省政府审核。

同日　庆阳县"121 雨水集流工程"竣工，全县建成雨水集流场 1028 处，水窖 2056 眼，发展庭院经济 1028 亩，解决 5000 多人、4000 多头大家畜的饮水困难。

17—18日　陕甘宁蒙四省区毗邻县（市、旗、区）政协联谊会第九次会议在县城召开。13 个成员单位共 56 名代表出席会议，省政协主席申效曾及庆阳地委、行署、政协工委和县上四大班子领导及有关老干部应邀参加会议。

10月

9日　庆阳县实现"八五"期间财政动态扭补。

11月

10—12日　全省教育电视台管理暨电化教育实验学校工作座谈会在县城召开，省教委副主任马培芳等省、地领导参加会议，与会代表参观指导庆阳县教育电视台和庆城小学电教工作。

16日　甘肃省委副书记、代省长孙英来县检查指导工作。

21—22日　历时 3 年的皇城土地开发工程竣工，县土地局在县城举行拍卖会，共拍卖皇城开发区国有土地 26 宗，19222.1 平方米，收取资金 1300.8166 万元，平均地价 681 元／平方米，比拍卖底价 375／平方米高出 306 元／平方米，宗地最高竞价次数 114 次，最高拍卖地价 1100 元／平方米，省土地管理局局长金学友、地区行署专员李生林、副专员李铁成及全区 7 县（区）代表，县委、人大、政府、政协、人武部领导参加拍卖会。

△ 卅铺镇被甘肃省民政厅授予婚姻登记管理工作先进集体。

12月

23日 土桥乡西掌行政村人畜饮水工程竣工，完成投资22.46万元。

24日 翟家河乡王老庄、庆城镇药王洞提灌工程竣工，总计完成国家投资45.06万元，新增有效灌溉面积570亩。

是月 庆阳县少工委获"中国少年先锋队基础建设"达标先进单位奖。

是年 翟家河乡农民自购推土机10台、租赁9台修山造田，全年人均新修梯田2亩，累计人均达到2.5亩，被誉为"全区平田整地第一乡"。

△ 赤城乡万胜堡行政村坚持修山造林20年，林地面积达到7321亩，被全国绿化委员会授予"全国造林绿化千佳村"。

△ 庆阳县专项控制商品由8种改为7种，即小汽车、大轿车、摄录像设备、空气调节器、照相机和放大机及镜头、各种音响设备、无线移动电话、无线寻呼机等。

△ 庆阳县获全省"双学双比"知识竞赛活动先进协调组织奖。

△ 庆阳县地税局马岭税务所被甘肃省地方税务局授予"文明税务所"称号。

△ 全县累计搬迁窑洞小学178所，实现了班班有教室，人人有课桌凳，结束了"土台子、泥孩子"的窑洞学校历史。

△ 全县在政法干警中施行"三条警令"，即杜绝赌博，非公务活动不得进入包间舞厅，不得以任何名义收受当事人的礼品和财物。

1997年

2月

16日 马岭镇被省委、省政府评为"甘肃省社会治安综合治理先进集体"。

3月

3日 全县电话号码升为7位，统一使用长途区号0934。

26日 庆阳石油化工厂被省政府评为1996年度"学邯钢"先进企业。

4月

24日 驿马镇农机站被评为"全省一级农机服务站"。

△ 庆阳县新华书店被中国书刊发行行业协会授予"全国新华书店双优先进单位"称号。

△ 全县在183个行政村、57个县直单位、17个油田二级单位中开展三年创建"安全文明小区（村镇）"活动，截至2000年，建成安全村127个，安全单位46个，油田安全单位11个。

5月

2日 甘肃省人大常委会主任卢克俭一行来县考察工作。

28日 一辆从西峰开往环县的大客车，在卅铺镇柳树湾前弯道中与一油罐车相撞，致客车起火，造成6人死亡，6人重伤。

6月

30日 庆阳县广播电视微波联网开通8套节目信号，可直接为19个乡镇、31万人提供收转中央加密和省地9台优质信号。

是月至次年 8 月　县科委在庆城镇药王洞村李岁月家的 1 亩温室中进行"无主柱钢架结构二代温室"改造、"多功能转光保温膜""自动化卷帘器""雨雪集流""CO_2 气肥""温室滴灌"等高效节能日光温室新技术的综合试验示范取得成功。

是月　县计生委被国家计生委授予"全国人口调查先进集体"称号。

7月

11 日　庆阳县"121"天气自动答询电话开通。

8月

26 日　新编《庆阳县志》在全国第二次地方志评选活动中获二等奖。

9月

10 日　庆阳县西川经济开发区被省政府批准命名为第三批省级乡镇企业示范区。

10月

15 日　庆阳县举行国有土地出让招标大会，对皇城开发区国有土地进行公开招标出让，共出让国有土地 29 宗，面积 4.62 亩，收回土地出让金 111.7 万元，最高价 1020 元 / 平方米，比出让底价高 320 元 / 平方米。

是月　庆阳县职业中学通过省教委验收，达到省颁 A 级办学标准，进入全省重点职中行列。

△　庆阳县被甘肃省粮食局评为"四无粮仓"先进县，直至 2007 年连续 11 年均被列入"全省四无粮仓"先进县的行列。

△　庆阳县自 1987 年以来累计酸枣接大枣 1180 万株，年产大枣 356 万千克，产值 426 万元，全县农民人均收入 18.8 元。

11月

2—16 日　县产"长富 2 号"苹果在农业部举办的"97 金秋果乡果品电视品评会"上评为品系第一名，获"葫芦岛杯"奖。

17—19 日　中共庆阳县第十二次代表大会在县城召开。会议选举刘秉宁为县委书记，王积聪、石步升、马浩、郭光能为副书记，贾兴勤为纪委书记。

22—25 日　政协庆阳县第五届委员会第一次会议在县城召开。会议选举刘文戈为县政协主席，郑重京、赵克忠、刘宗福、李韵天（兼）、张文德（兼）为县政协副主席。

23—25 日　庆阳县第十四届人民代表大会第一次会议在县城召开。会议选举麻籍为县人大常委会主任，田惠萍、田宏洲、柴世广、李景阳为副主任；选举王积聪为县人民政府县长，麻新文、张正民、杨秉荣、关晓萍为副县长；选举齐进发为县人民法院院长，胡庆银为县人民检察院检察长。

25 日　马岭纸坊沟灌溉工程竣工，完成投资 66.8 万元，新建干渠 5930 米，田间配套渠道 13 条 6360 米，建筑物 286 座，新增有效灌溉面积 510 亩，恢复灌溉面积 1500 亩。

是月　庆阳县乡镇企业局被国家农业部、劳动部授予"全国乡镇企业安全生产综合治理先进集体"。

12月

18 日　庆阳县被省委、省政府、省军区命名为"甘肃省双拥模范城（县）"。

23 日晚　长庆石油勘探局采油二厂岭中作业区采油女工罗玉娥为保卫国家财产与歹徒搏斗时被 6 名不法分子残忍杀害，年仅 27 岁。1998 年先后被各级组织授予"英雄女采油工""劳动模范""全国见义勇为积极分子"等 16 项荣誉称号。

31 日　熊家庙乡党委被省委授予"全省先进乡镇党委"称号。

是年　驿马镇因违反规定向农民征收烤烟"返还税"，非法拘禁他人，该镇党委、政府主要负责人及相关人员受到党政纪律处分。

△　马岭镇马岭行政村庙台自然村岳曹思武在川水地种植的 1.5 亩地膜小麦，平均亩产 525 千克，创全县冬小麦的高产纪录。

△　熊家庙乡李庄村被命名为省级文明村镇。

1998 年

1月

8 日　高楼乡农民张海兰当选第九届全国人大代表。3 月 5 日至 19 日在北京出席全国九届人大一次会议。

3月

5 日　全县一期农网建设改造工程开工。工程由省发改委、省电力局立项，总投资 4718 万元，通过改造，使农村居民电费从 0.8 元降为 0.471 元，每年可减轻农民用电负担 305.7 万元。

4月

1 日　赤城乡获全国造林"四佳单位"称号。

5月

是月　庆城镇店子坪村冉河川给水改造工程竣工，总投资 713 万元，日供水 2000 立方米，有效缓解了县城供水紧张的问题。

6月

熊家庙乡 210 亩地膜棉花试种成功。

7月

31 日　全县第二轮土地承包工作开始。此轮承包按照"大稳定，小调整"的原则，重点解决新增人口的土地承包问题，合同期限为 30 年。

8月

18 日 6 时 30 分，长庆石油勘探局机关由县城搬迁西安市未央区。1970 年 11 月，长庆油田会战指挥部由宁县长庆桥搬迁庆阳县城县委、县政府机关驻地。

9月

是月　太白梁乡巴山村被列为全省 10 个扶贫综合开发示范点之一。

12月

31 日　马岭"吉良"牌黄酒被评为甘肃省名牌产品。

是月　县图书馆被省文化厅评为"文明图书馆"。

△　翟家河乡政府在全国第一次农业普查中被评为省级先进集体。

是年　省、地组成联合验收组，对庆阳县冰淋岔、土桥、葛崾岘 3 乡共 6 个贫困村，61 户贫困户 294 人进行抽查验收，确认庆阳县达到整体基本解决温饱的目标。

△　驿马技校获全国部门绿化四百佳。

△ 高楼乡太乐沟、赤城乡武庄、蔡口集乡、庆城镇十里坪、店子坪、翟家河乡胡家岭等人畜饮水工程竣工。共投资 208.66 万元，解决 4560 人、1217 头畜的饮水困难。

△ 庆阳县气象局被甘肃省气象局评为"1995—1997 年度双文明先进单位"。

△ 陇东中学学生张丽娜代表甘肃省参加全国皮划艇锦标赛，获得个人第 8 名。

△ 共青团庆阳县委获 1998 年度全省先进团委奖。

1999 年

1月

5 日　经省委、省政府批准，庆阳县成为全省 13 个基本解决温饱县之一，并受到省委、省政府奖励。

10 日　县城区交警队民警任旺拾到一黑色皮包，内有现金 2 万余元、手机电话一部、工程结算单若干、银行存单（余额 4.5 万元）及失主身份证等物件。任旺拾金不昧交还原主。

△ 县残联被甘肃省残联评为"全省先进残联组织"。

△ 庆阳县城市最低生活保障开始试点，当年享受低保 7 户 20 人，年发放低保救助金 4800 元。

2月

1 日　庆阳县被省委、省政府命名为甘肃省文化先进县。

3月

至当月底，全县遭受连续 150 天未降雨雪的特大旱灾。

4月

30 日　全县"148"法律服务专线开通。

6月

21—22 日　长庆油田运输处 22 号住宅楼基建工地挖掘出古墓两座，出土文物 17 类 96 件。据考证，其中，一座为清代四品诰命夫人张氏墓，出土的"红宝石""蓝宝石""金龙""金凤凰""金朝冠"等文物对研究清代命妇朝服制度及当朝葬礼风俗等具有较高研究考古价值。

8月

25 日　由香港影业协会主席邵逸夫先生捐资 50 万港币，县财政投资 326 万元人民币的逸夫小学在县城原食品厂旧址建成并投入使用。

是月　全县退耕还林（草）工程全面启动。

9月

18—19 日　省政府工作组来县验收全县教育"两基"达标工作。

10月

县政协编写的《庆阳县文史资料》第一辑出版发行。

11月

22 日　历时两年修建的国道 211 线木钵至板桥段二级公路建成通车。

是月　驿马镇夏涝池行政村至熊家庙乡政府所在地的"夏熊"公路通车。

12月

19日　庆阳县首次发售200万元大奖组彩票，采用实物兑奖，一等奖是桑塔纳轿车，当期销售153万元。

是年　庆阳县恒达建筑安装工程有限公司被省建筑业联合会评为"甘肃省建筑优秀企业"，被省政府评为"先进企业"。

△　庆阳县气象局被评为"甘肃省气象部门文明服务示范单位"。

△　庆阳县中医医院住院部建成，建筑面积2550平方米，完成投资180万元。

△　县农发行被评为中国农业发展银行甘肃省分行系统信贷管理先进单位。

2000 年

1月

14—16日　庆阳县第十四届人民代表大会第三次会议在县城召开。会议补选齐进发为庆阳县人大常委会副主任；选举许明义为庆阳县人民法院院长。

是月　国家天然林保护工程在庆阳县全面启动。

△　庆阳县被国家建设部授予"第三次全国城市环境综合整治优秀县城"称号。

△　庆阳县被列为国家农业综合开发项目县，5月，首批国家农业综合开发项目在驿马、安家寺、桐川3个乡镇5个行政村实施。

3月

18日　阜城至桐川三级公路建成通车，兴建三级公路39.1千米，完成投资1065万元。

是月　庆阳县被评为全省"巾帼建功"竞赛活动先进协调组织。

△　庆阳县少工委获甘肃省少先队信息宣传工作先进单位奖。

4月

14日　庆阳地委通知陈克恭任中共庆阳县委书记，朱治晖任庆阳县代县长。

23日　庆城基督教堂举行献堂典礼，省政协常委、基督协会会长巩光明等来庆祝贺。

同日　庆阳县委书记陈克恭在蔡家庙初中调研，就住校学生"熬米汤"问题提出改进办法和意见，被群众誉为"一把米"工程。9月28日，中央电视台《焦点访谈》节目报道庆阳县解决全县23所中学4400多名住校学生就餐问题。

29日　庆阳土产果品公司经理王维江、长庆石油勘探局油建公司电焊女工刘瑛获"全国劳动模范"称号，并在北京参加全国"五一"国际劳动节庆祝大会。

是月　春旱持续。自1999年9月以来，全县未降透雨，麦苗大部分干枯，严重减产，大秋作物无法下种。

5月

11日　庆阳县第十四届人民代表大会第四次会议在县城召开。会议选举朱治晖为庆阳县人民政府县长。

5—8月　按照中央、省委的部署，在中共庆阳县委、县人大、县政府、县政协四大班子中的县级领导干部和县纪委、组织部、宣传部、法院、检察院、公安局"六小班子"及其成员中，开展以"讲学习、讲政治、讲正气"为主要内容的全国第二批县（市、区）领导班子和领导干部"三讲"教育活动。

6月

21日　全国人大原副委员长习仲勋夫人齐心携子习远平来庆阳访问并参观陇东中学、385旅旧址等。

29日　副省长贠小苏来县检查抗旱生产、退耕还林工作。

是日，庆阳县翟家河乡程家河村发现国家二级保护动物石貂3只，被兰州动物园收养。

是月　县新华书店被国家新闻出版署评为"全国农村图书发行先进单位"。

7月

8日　庆南（庆城－南庄）公路开工建设，全长17.76千米，规划设计为4级山岭区沥青路，总投资510.99万元，次年8月5日建成投入使用。

27日　庆阳县被共青团中央评为全国"热爱儿童"工作先进县。

9月

5日　省道202线庆西（庆阳至西峰）路段开工建设，公路全长54千米，总投资1.92亿。

18日　庆阳县"北区"开发工程启动，工程总控制面积3平方千米（4500亩），搬迁农户153户，516人，计划开发国有土地2500亩。

10月

8日　庆阳县电脑福利彩票开始在县内销售，以县农业银行为主要代理商，县城设销售点5处。

9日　庆阳县"东壕"开发工程经过3年的修建，第一期土地开发基本结束，累计投入资金近千万元，搬迁机关单位及常住户34户，回填土方37万立方米，开发出连片国有土地40多亩，可供拍卖的国有土地16亩。是日，开发区国有土地使用权拍卖大会在县政法礼堂举行，共拍卖国有土地115宗，12.6亩，拍卖总金额994万多元，宗地最高价4320元／平方米。

11月

1日零时　全县开展全国第五次人口普查。普查结果显示：庆阳县总人口316922人，其中男164768人，占51.99%，女152154人，占48.01%。

12月

9日　庆阳县在县人民剧院门口搭台销售刮开式即开型彩票25万张，共50万元，兑奖全部改为现金，一等奖为10万元。

是年　全县财政收入在全区率先首次突破亿元大关，实现收入1.01亿元。

△　县居立门业有限责任公司生产的"居立"牌系列安全门取得省公安厅准产证，被公安部鉴定为A级产品，被省人民政府评为"省级名牌产品"，被省乡企局评为"省十大名牌产品"先进企业。

△　县泰膳食品有限公司生产的熟食狗肉、羊羔肉、驴肉等，荣获第十五届西部产品交易会金奖。

△　长庆油田采二岭南作业区、中国人民银行庆阳县支行被命名为省级文明单位。

△　县交通局获"全省民工建勤筑路月活动先进单位"奖。

△　全县水利人饮工程完成投资70.05万元，其中国家投资57.39万元，群众自筹12.66万元，解决人饮4023人、畜饮920头。

2001 年

1月

10日　莲池开发工作正式启动。

是月　庆阳县被省政府授予"计划生育工作基本实现三为主县"称号。

△　庆阳康源公司注册登记的"庆针牌"黄花菜，在省优质瓜果蔬菜展销会上被认定为名牌产品。

△　庆阳县熊家庙乡李家庄行政村、长庆石油勘探局马岭炼油厂被省综治委、文明委评为"省级安全示范小区"。

△　庆阳县黄河水土保持生态工程"蒲河项目"由国家黄河水利委员会批准实施。项目小流域治理总面积 71.44 平方千米。

3月

6日　省法院院长张树兰来县法院视察工作。

22日下午5时　庆城镇封家洞村赵子沟自然村中山梁发掘出唐代古墓，共清理出土文物 42 件，其中彩绘陶俑 40 件（大多残），其他 2 件，经省鉴定团鉴定，大部分为国家二、三级文物。据墓志记载，墓主人为唐代游击将军穆泰，陇西天水人，生于唐高宗显庆五年（660年），唐玄宗开元十八年（730年）2月22日卒于庆州，享年 71 岁。历任庆州洪德镇副将、灵州河润府左果毅都尉、丰安军副使、定远大使等职，例授游击将军上柱国衔。这批文物的出土，对研究唐代政治、经济、文化以及丧葬习俗均有重要的实物价值。

23日　县文化大厦工地出土一批不同年号的北宋窖藏铜币，有 30 多种品相完好，县博物馆收回 449 千克，这批铜币对研究宋代窖藏钱币具有较强的历史价值。

3月　县妇联被省妇联评为"全省先进妇联组织"。

是月　历时 10 个月的全县党员干部"三讲"（讲政治、讲学习、讲正气）教育活动结束。

4月

11日　庆阳县农村税费改革试点工作全面开始。

是月　全县对县面粉厂、粮油公司、饲料公司、榨油厂四户县属粮食企业开展"动产权、换身份"的企业改制，共处置国有粮食企业资产 1116 万元，153 名粮食企业职工置换身份。

△　县人民医院住院部大楼竣工，建筑面积 3200 平方米，完成投资 256 万元。

6月

27—28日　全县实施西部大开发工作会议在县城召开。

28日　玄马乡党委、县委党校党支部被授予"全省先进基层党组织"称号。

7月

1日　中国银行庆阳县支行被中国银行总行授予"先进基层党组织"称号。

10日　周祖陵森林公园被评定为国家 AA 级旅游景点。公园于 1993 年清明节开工修建，累计完成投资 3000 万元，建成周祖大殿、周王殿、肇周圣祖牌坊及碑亭、旅游公路等文化景观和设施，绿化荒山 3000 亩。

8月

14日　庆阳地委通知，朱治晖任中共庆阳县委书记。

15日　《清末民国初庆阳四家诗选》和《庆防记略》《续庆防记略》由县政协编辑整理并印制发行。

9月

18日　全县县属工业企业改革工作开始。这次改革，以改变企业所有制形式和职工身份为主，面向全社会公开出售全部资产。

22日　庆阳县被国家科委命名为"全国科技进步县"。

是月 全县农村"三个代表"重要思想学习教育活动开始，次年 4 月结束。

△ 县信访局被评为"全国信访系统优秀集体"。

10 月

24 日 长庆油田公司在白马铺乡坳子行政村钻探出董志塬上第一口高产油井，西峰油田开发由此开始。

31 日 省政府副省长李重庵调研全县基础教育工作。

△ 县人民检察院被省人民检察院评为"五好检察院"。

△ 庆阳县被国家农业部确定为全国首批 100 家创建无公害农产品（种植业、水果）生产示范基地县。

△ 长庆采油二处被评为全省国土绿化先进集体。

△ 中国人民银行庆阳县支行被团中央、总行授予"全国青年文明号"称号。

△ 县地税局直属征收管理分局被省地税局授予地税系统文明单位称号。

△ 县气象局被评为"甘肃省气象部门 1998—2000 年双文明建设先进单位"。

△ 全县城镇职工基本医疗保险制度开始实施。

2002 年

1 月

9 日 庆阳县汽车修配厂被交通部命名为 2000—2001 年度全国"汽车维修文明企业"。

是月 庆阳县二期农网改造工程开工。由省电力公司投资 6117 万元，新建和改建变电站 3 座，新建和改造 10 千伏及以下线路 1467.5 千米，新安装和改造配电变压器 465 台，农村行政村通电率达到 97.2%，农户通电率达到 78.5%，抄表到户率为 80.6%，每年可减轻农民用电负担 44.8 万元。

2 月

5 日 全县始于 2000 年的农村人饮 3 年解困项目全面完成。投资 1882 万元，其中国家投资 1129 万元，地方配套及群众自筹 753 万元，建成集中供水工程 23 处。

3 月

20 日 庆阳县修建岐伯胜景奠基仪式在周祖陵森林公园举行。4 月 10 日工程正式启动，被称为周祖陵森林公园二期工程。计划投资 3800 万元，建设岐伯大殿、十大名医祠、拜师论医亭、长寿鸿福台等景点，实施帝系王风牌坊、烽火台建设维修及前山公路、商业综合楼、硬化停车场等基础设施工程。

是月 经县人民政府批准，撤销驿马、熊家庙、白马铺、赤城、高楼、安家寺、庆城、玄马、卅铺、马岭 10 个乡镇土地管理所，成立卅铺、庆城、驿马、桐川 4 个中心土地管理所，实行划片管理，每所分管 4—5 个乡镇。

4 月

15 日 庆阳县非公有制经济工作会议在县城举行。会议表彰奖励了个体、私营经济模范人物，为本县 50 多年来首次。

5 月

是月 长庆油田公司第二采油厂在桐川乡开展大规模钻探作业，该乡成为庆西作业主产区。全乡建油井 260 多口，注水井 48 口，输油管线 90 多千米，形成以张旗、小塬子、金家川为主产区的镇 218 井区、九条湾为主产区的镇 28 井区，三合湾、大滩为主产区的镇 53 井区。

△ 庆阳县凤城宾馆被省旅游局评为二星级宾馆。

6月

7日　桐蔡（桐川—蔡口集）公路土桥段合丰村武家油坊湾处发生特大农机事故，致 4 人死亡、3 人重伤。

13日　卅铺镇、蔡口集乡、冰淋岔乡先后受到暴雨冰雹袭击，受灾人口达 8000 余人，直接经济损失 93.5 万元。

25日　省民政厅批准庆阳县玄马乡撤乡建镇。次年 1 月 8 日正式挂牌。

是月　县文化市场稽查队被省"扫黄打非"工作小组评为全省"扫黄打非工作"先进集体。

7月

是月　杨渠水电站、庆城镇供电网无偿归并县电力公司。

是月　县法院撤销城关、玄马、蔡家庙、土桥、太白梁 5 个乡镇人民法庭。

8月

8—15日　总投资 1.1394 亿元的庆阳县"黄土高原水土保持世行贷款一期"项目，经联合国粮农组织（FAO）项目验收团检查、验收，主要指标给予"特别满意"评价。

26日　庆阳县黄花菜产业化技术开发项目实施，主要进行新品种引进及大田高产栽培技术和保护地栽培技术示范推广。

是月　根据省教育厅《关于认真做好中小学布局调整工作的要求》精神，全县撤并学校 113 所，其中村学 107 所，小学 6 所。

9月

16日　庆阳县更名为庆城县挂牌仪式在凤城宾馆举行。

28日　中央电视台"心连心"艺术团在西峰区后官寨乡沟畎村进行慰问演出，全县组织千名干部前往观看。

是月　全县第一所私立小学——新蕾小学在卅铺镇举行开学典礼。

△ 驿马镇被甘肃省委、省政府命名为省级乡镇企业示范区，被国务院体改办批准为全国小城镇综合改革试点镇。

△ 庆城县取得"2001—2002 年全国无公害农产品（种植业）生产示范基地县达标单位"证书。

10月

9—18日　首届"中国·赤城·苹果节"在赤城乡举行。

14日　市委、行署召开全市农村税费改革试点工作电视电话会议，通报庆城县土桥乡"9·27"涉农恶性案件的调查情况和庆城县委对涉案直接责任人和负有领导责任的人员处理决定。9月 27 日，土桥乡杨河行政村村民徐治龙因对清缴历年个人税费欠账有意见，在该乡政府自服农药，经抢救无效死亡，被市委、行署通报为"9·27"恶性涉农案件。

11月

8—10日　中共庆城县第一次代表大会第一次会议在县城召开。会议选举朱治晖为县委书记，马斌、刘建民、关晓萍等 4 人为副书记，张刚宁为县纪委书记。

11—14日　政协庆城县第六届委员会第一次会议在县城召开。会议选举贾兴勤为县政协主席，

张文德、姚莉芳、张建忠、胡月望（兼），朱天罡（兼）为副主席。

12—14 日　庆城县第十五届人民代表大会第一次会议在县城召开。会议选举张祖贡为县人大常委会主任，谷含祺、李景阳、杜永俭、王仲乾、刘彩兰为副主任；选举县人民政府县长 1 人，选举田宇、王晓斌、杨生东、郭维平、陈建学、王超为副县长；选举郭旭文为县人民法院院长，岳相儒为县人民检察院检察长。

30 日　中央油区综合治理整顿领导小组来县检查验收油区专项治理工作。

12月

19 日　全县小学适龄儿童入学率 99.55%，辍学率 0.3%，15 周岁完成率 98.92%；初中入学率91.01%，辍学率 0.51%，17 周岁完成率 96.38%。通过甘肃省"两基"工作年审检查验收。

是年　全县教育体制改革取得重大进展。按照"谁聘用谁清退，谁管理谁负责"的原则，教育系统辞退不合格临时代课教师及各类临时用工 494 名。

△　县乡镇企业局被评为"全国乡镇企业系统综合管理"先进单位。

△　县看守所被评为"全国监管系统深挖余罪"先进集体。

△　长庆采油二厂被命名为省级文明单位，长庆建筑工程公司被命名为国家级文明单位。

△　中国人民银行庆城县支行被中国人民银行兰州中心支行评为货币发行工作先进集体。

△　庆城县享受城市低保 1045 户 3632 人，年发放低保救助金 206 万元。2002—2005 年由于乡村资金难以到位，农村低保工作暂停。

2003 年

1月

12 日　县委"6·10"办公室门龚景、白维权等赴赤城乡办案返回县城时，因道路结冰，途中发生车祸，因公殉职。

18 日　以长庆油田女采油工罗玉娥为原型的电视剧《极度燃烧》在马岭镇开拍。

是月起　全县对 90 岁以上农村老人每年发放高龄老人生活营养补助费 300 元。

2月

下旬　庆城县更名后，各乡镇党委、政府、县直各行政事业单位相继更名挂牌。

3月

4—6 日　省委研究室副主任白明来县开展"关于实施西部大开发战略，加快全面建设小康社会步伐"专项调研。

4月

1 日　国家黄委会黄河中上游管理局负责人检查指导冰淋岔乡蒲河流域治理工作。

8 日　全市档案工作现场会在县宾馆召开。

17 日　县委、县政府成立"庆城县非典型肺炎疫情处理领导小组"，确定县人民医院为本辖区非典型肺炎病人收治单位，县疾病控制中心开展非典型肺炎的咨询和疫情检测。21 日，全县"非典"防治工作全面展开。至全国疫情解除，县内未发生一例"非典"疫情。

5月

12—15 日　省委副书记陈学亨来县检查指导政法工作。

28日　全市项目建设、财源建设、工业突破工作会议在县城召开。

是月　县恒达建筑公司荣获甘肃省总工会"模范职工之家"称号。

6月

1日　县政府向省、市有关部门提交撤县设市报告，庆阳县更名庆城县后，社会各界反应强烈，县政府建议撤县设立"庆州市"。

7—12日　省计委国债项目资金检查组来县检查工作。

9—14日　省委副书记马西林调研全县工作。

6月中旬至8月中旬　全县开展"两个务必"作风教育活动。

30日　庆西（庆城—西峰）一级公路太乐1号、2号大桥在驿马镇太乐村建成。两桥全长1165米，其中：1号桥长198.5米，跨径115米，高度54米，建设投资2000万元；2号桥长957.5米，跨径125米，高度75米，建设投资2200万元。两座桥梁是我国首次在无基岩黄土地基上修建的大跨径拱桥，其建筑工艺载入《桥梁结构轻型化与造型艺术》，是庆阳市境内首座黄土地区大跨度拱桥，使庆城至西峰的直线距离减少近7000米。

7月

3日　省政协副主席蔚振忠检查指导县城区交通秩序和交通安全管理。

10日　桑北（玄马桑梨塬—县城北区）公路油路铺筑工程开工，翌年10月30日竣工，完成投资730万元。

11—12日　全省供销社农业产业化建设现场会与会代表参观庆城县黄花菜示范基地。

16日　省农科院院长宋尚有应邀在县委、县政府会议中心举办"现代科技与发展"知识讲座。

8月

8日　庆城县举行北区土地使用权拍卖大会，历时4年的北区土地开发基本结束。

20日　甘肃省"情系陇原"艺术团来县进行慰问演出。

22—25日　全县组织由50余人参加的党政考察团赴陕西吴旗县、内蒙古鄂尔多斯市东胜区等地对封山禁牧、退耕还草、舍饲养殖等情况进行考察学习。

25—26日　全县突降暴雨，累计降雨252.1毫米，19个乡镇不同程度受灾。一辆由环县驶往西峰的小型中巴在庆城镇七里湾处被洪水冲走，车上9人全部遇难。

26日　全省无公害水果现场会在庆城县召开。

27—29日　省政府救灾组来县查看灾情。

△　根据全省统一部署，县委决定，2003年至2005年，在全县农村实施"双培双带"工程。即把党员培养成致富带头人，把致富带头人中的先进分子培养成党员，党员带领群众共同发展，党组织带领致富能人进步。

9月

4日　副省长贠小苏调研全县农村扶贫整村推进工作和防汛救灾工作。

15日　省道202线打扮梁至庆城二级公路正式竣工通车。

17日　国家发改委、公安部、石化部等八部委油区工作组检查指导全县油区综合治理工作。

29日　癸未年万人公祭周祖陵及岐伯胜景落成典礼在周祖陵森林公园举行。本次公祭活动由庆阳市政府主办，庆城县政府承办，来自国家部委和省、市及其他县区领导约300人参加。

同日　甘肃省岐伯中医学术研讨会在庆城县召开。

10月

7日　兰州军区副司令员陈秀中将在白马铺乡、赤城乡调研。

9日　第二届"中国·赤城·苹果节"在庆城县赤城乡开幕,兰州军区副司令员陈秀等出席开幕式。

9—10日　陕甘宁三省(区)泾河流域县(市区)政协联谊会第十六次会议在县城召开。

11月

4日　经县政府常务会议研究决定,全县撤并30个村民委员会,保留153个;撤并274个村民小组,保留1053个;蔡家庙乡东王塬村整村划归庆城镇管辖。村组撤并后,全县减少村干部112名,减少村民小组长274名。

12—14日　副省长罗笑虎、省民政厅厅长黄续祖一行来县检查灾民建房、城市低保、困难群众生活安排等工作。

18日　庆城县大气监测自动气象站建成。

23日　庆西(庆城至西峰)一级公路投入运营。该公路为庆阳市第一条高等级公路。

12月

1日　全国政协委员、全国总工会原书记处书记李永海来县调研企业工会活动情况。

8—9日　省委副书记、组织部部长王宪魁来县调研经济社会发展和党建工作。

12—14日　国家公安部油区整治新闻采访团来县采访专项整治工作。

是月　曹瑞珍、冯华、王建平被中国工艺美术学会民间工艺美术委员会命名为"中国民间艺术大师"。

是年　庆城县土畜产品加工厂与湖南祁东黄花菜集团公司合资兴办的庆阳陇源食品有限公司在驿马工业园区成立,为庆阳市最大的农产品加工龙头企业。

△　庆城县被省公安厅命名为"无毒县",县公安局被授予全省优秀公安局称号。

2004 年

1月

9—13日　市委副书记陈克恭来县慰问长庆油田驻庆单位、庆化集团公司和部分特级教师、科技工作者、劳动模范及特困职工。

28日　庆城县工商银行中寨支行被中央金融工委授予"职业道德建设先进班组"称号。

是月　全市农村特困群众医疗救助工作在庆城县试点,县政府制订出台《庆城县农村特困群众医疗救助管理办法》。

2月

6—9日　市委书记吉西平到庆城县调研。

24日　省委廉政建设考核领导小组来县调研。

3月

26日　全市旅游工作会议在县城召开。

是月　按照省市要求,庆城县农村义务教育阶段学校全部实行"一费制"收费政策,即小学阶段每生每学年最高不超过150元,初中阶段每生每学年最高不超过250元,按学期收取。

4月

5日　庆城红太阳幼儿园100多名学生在食用早餐过程中发生食物中毒事件。经调查，中毒系学生食用过期牛奶所致，经抢救后全部脱离危险，当事人受到严肃处理。

14日　庆城北区举行集中供热工程奠基仪式。该工程是县政府的一项招商引资项目，由外地客商出资兴建。

26日　庆城柔远河大桥（后改称迎凤大桥）开工建设。桥长163.49米，宽9米，为四孔35米钢筋混凝土钢架拱桥，总投资350万元。2005年6月20日建成通车。

27日　副省长李膺一行来县检查指导新型农村合作医疗试点工作。

5月

3日　驿马镇冯家塬村发生特大交通事故，5人当场死亡，1人伤势过重抢救无效死亡，14人受伤。

6日　民生商贸城奠基仪式在庆城北区举行，这是县政府为安置"北区开发"失地农民而兴建的一处大型综合商贸城。

18日　庆西公路、打庆公路全线通车典礼在太乐2号大桥举行。省委第三巡视组组长王炳书等省、市领导出席并剪彩。

24日　全国劳模事迹报告会在县政法礼堂举行。

同日　全市第四次项目工作会议在县城召开。

31日　省总工会主席朱亚莉来县调研。

6月

6日　省委主要领导、副省长贠小苏一行来县检查指导北区开发、周祖陵建设等工作。

16日　国家林业局工作组来县检查指导工作。

18日　甲申年公祭周祖活动在周祖陵森林公园举行。

20日　市政府、市人大有关领导及部门主要负责人专题调研油田开发对县环境造成的污染危害，并与采油二厂负责人协商制定治理污染问题的措施。

22日　安惠玲、贺凤英、张志学、李明轩、雪秀梅被中国工艺美术学会、中国工艺美术委员会命名为"中国民间艺术大师"。

是日　庆城县逸夫小学贾利森、齐贝、王锡芳和陇东中学康彦芳等7名学生获得甘肃省青少年科技创新奖。

是月　庆城县被省政府妇儿工委评为全省实施妇女儿童发展规划示范县。

8月

12日　全国政协常委、民盟中央名誉副主席厉以宁，全国人大常委、民盟中央副主席李重庵一行考察庆城县周祖森林公园建设情况，并为周祖森林公园题词。

20日　全省地税系统定额管理工作庆城观摩点会议在县地税局召开。

是月　由省、县共同投资14万元建立的全市唯一的文化共享工程基层站在县图书馆建成。

△　国家重点公益林补偿工程在庆城县实施，全县36.3万亩重点公益林被纳入国家补偿范围。

△　最高人民法院西部讲师团来县法院为庆城全体法官进行培训讲座。

9月

3—4日　省财政厅厅长苏志希来县调研农业产业化龙头企业和种植基地建设与发展。

5—7日　省委副书记马西林、副省长冯健身、省长助理郝远带领省委、省政府有关部门负责人

来县调研农业产业化工作。

12日　省委第四巡视组组长李学舜、副组长李景亮、巡视员董晓强及第二巡视组组长刑同义一行来县调研。

14日　县人大常委会举行"庆祝全国人民代表大会成立50周年座谈会"。

16日　兰州军区原副司令员陈秀一行来县调研。

21日　县政协举行"庆祝人民政协成立55周年暨县政协成立20周年座谈会"。

24日　全县召开第一次全国经济普查动员暨培训大会。

是月　庆城县果仁食品公司通过国家食品安全卫生质量体系HACCP认证。

10月

20日　东二（驿马镇东滩至卅铺镇二十里铺）公路建设工程开工，按农村一级公路标准修建，全长31.6千米，总投资1138万元。2006年9月该路全线贯通。

23日　省政协副主席喇敏智来县调研。

26日　19时38分，中央电视台《焦点访谈》播出《免费药为谁谋福利》节目，报道县疾控中心结核病免费药品在管理和发放中存在的问题。

是月　庆阳居立门业有限责任公司生产的防盗安全门被评为甘肃省名牌产品。

11月

6日　省委副书记马西林来县检查指导工作。

7日　省人大原副主任姚文仓来县参观。

是月　庆阳华兴土特产有限公司被命名为第二批全省农业产业化重点龙头企业。

△　由县政协原主席刘文戈点校整理的民国二十年（1931年）张精义编撰的第一部《庆阳县志》出版发行。

12月

4—5日　省委组织部副部长、老干局局长咸辉来县调研老干部工作，并走访慰问部分离休老干部。

5日　卅铺镇韩湾村农民马明星、史丽萍夫妇荣获"中国公益事业发展荣誉奖章"，并参加在北京人民大会堂举行的中国公益事业促进论坛。

7日　赤城无公害苹果生产科普示范基地被甘肃省科学技术协会命名为"甘肃省科普示范基地"。

17日　市委书记黄选平来县调研。

27—29日　庆城县第十五届人民代表大会第三次会议在庆城召开，选举杨献忠为庆城县人民政府县长。

是月　翟家河乡胡家岭村党支部书记康永明一家被评为第四届全国"五好文明家庭"。

△　中央电视台制作的《周祖陵》专题片，在中央电视台国际频道连续播出。

△　全县启动实行贫困家庭学生义务教育阶段"两免一补"（即免学杂费、免书本费、逐步补助寄宿生活费）。

△　庆城县获得农业部农产品质量安全中心颁发的"无公害苹果产品"认定证书。

△　省高级人民法院院长郝洪涛来县法院视察工作。

2005 年

1月

1日　国家中医药管理局副局长房书亭到县城岐伯中医医院调研。

13日　县地方税务局庆城办税服务厅被命名为"全国巾帼文明岗"。

27日　中央电视台来县采访项目建设和民营企业情况。

△　农村特困群众医疗救助工作全面启动，当年救助大病患者56人，发放救助金19.5万元。

3月

23日　全市利用国外贷款管理工作会议在县城召开。

是月　县农机推广站引进推广洋芋播种机、洋芋收获机20台，首次在全县试验示范马铃薯机械化生产。

驿马镇总工会被中华全国总工会命名为"全国百家示范乡镇（街道）工会"。

4月

1日　县城北五里坡道路拓宽及排洪工程正式开工，7月底全面竣工。工程总投资661万元。

2日　市政府工作组到县调查处理长庆油田公司毒气泄漏事故。

7日　桐川初中12名学生集体出现脚麻、头痛、发晕等症状，市人民医院专家初诊为"群体性癔症"，至13日，患病学生达16人，中央电视台《走进科学》栏目组为此进行专题采访。《兰州晨报》《北京青年报》和《西部商报》先后报道。后经省、市专家的治疗和心理疏导，患病学生病情全部解除。

16—18日　省政协副主席喇敏智、李宇鸿一行来县调研民营企业发展和北区开发建设。

19—22日　省委常委、省政法委书记洛桑·灵智多杰来县调研政法综治工作。

25日　省政府工作组来县调研农业产业化工作。

5月

13日　省人大调研组一行到庆城县调研退耕还林工作和林业生态建设。

26日　兰州军区工作组检查县人武部近三年来党委工作情况及民兵武器仓库建设情况。

6月

3日　全国人大常委会原副委员长布赫、全国政协原副主席王文元、甘肃省政协主席仲兆隆来县参加公祭周祖庆典。布赫题词"岐伯故里"。王文元题联："德高业宏惠子孙，崇文尚武倡农耕，凤城腾飞。"

同日　周祖农耕民俗文化暨庆阳特色产品发展研讨会在县城召开。农业部总经济师姜永涛、农业部乡镇企业干部管理学院教授汪其豹等20多名专家、学者参加研讨会。

3—4日　甘肃省委原副书记李虎林来县参观。

5—6日　省长助理刘晓明来县调研。

7日　庆阳居立门业有限责任公司生产的钢制联动互锁防盗安全门控制系统（FWS）被评为国家级重点新产品。

8日　县委、县政府机关正式搬迁，入驻新建的北区统办大楼办公。办公区位于县城北区安化路1号，占地面积58215平方米，建筑面积19398.7平方米，主体办公楼为8层。这次搬迁是县委、县政府自新中国成立以来的第三次。1958年，县委、县政府分别从县城北街、东街迁至北关（今

长庆油田采油二厂机关）；1972年8月，从县城北关迁至县城北街，此次搬迁是为支持长庆油田进驻庆城。

15日　省委督导组李效栋厅长督察庆城县先进性教育活动开展情况。

24日　陇东中学学生张凌童以668分优异成绩荣获2005年甘肃省高考文科状元。市委书记黄选平向其全家致贺电，县委、县政府奖励其现金2万元。

同日　庆城县驿马粮库移交中央直属储备粮库。

中下旬　县政协《"驿马现象"解析》的调研报告引起国家、省、市媒体的高度关注。《甘肃经济日报》称之为"含金量"极高的农业产业化蓝本报告，农业部《农产品市场》周刊、新华网《焦点网谈》、省政协《民主协商报》等14家新闻媒体和报刊相继转载。中共甘肃省委以《送阅件》形式转发全省。

30日　庆城县逸夫小学学生张奎鑫、朱文超、何怡获甘肃省第二十届青少年科技创新奖。

是月　县政协原主席刘文戈与高文耀、王春等人编著的反映庆阳县历史、文化、民俗的《庆阳历史文化丛书》出版发行。

7月

7日　卫生部原副部长朱庆生来县考查新型农村合作医疗工作。

12日　省人大常委会水污染执法检查组及陇原环保世纪行追踪水污染记者团来县调查。

17日　省人大常委会副主任、省总工会主席李德奎来县调研预防未成年人犯罪工作。

28日　中央党员先进性教育活动领导小组副组长、中直机关工委常务副书记孙晓群来县调研。

8月

3日　省军区副政委刘长斌少将检查庆城县人武部工作。

9日　省人大常委会副主任丁泽生来县调研。

11日　省委常委、组织部长侯长安来县调研。

是日　甘肃省商务厅批准设立庆阳驿马农产品出口示范区。

同日　熊家庙、安家寺、葛崾岘、冰淋岔4乡完成撤并。熊家庙乡并入驿马镇，安家寺乡大部并入桐川乡，部分并入驿马镇，葛崾岘乡并入蔡家庙乡，冰淋岔乡并入太白梁乡。

同日　县委、县政府召开全县发展非公经济表彰大会。至2004年底，全县非公经济实体累计达到5381户，其中非公企业180户；资产超过百万元的78户，千万元以上的12户，年产值过千万元的16户，9户企业跻身全市百强民营企业行列。

13日　全市人口与计划生育技术服务、宣传教育、政策落实工作现场会在县城召开。

29日　全国党建研究会会长、中组部原部长张全景来县调研。

30日　庆城县地方教材《神奇的家乡》《快乐心口算》《趣味识字》首发仪式在县教育局举行，全县17所乡镇中心小学首批使用地方教材。

△　庆阳市环保局专家组到冉河川、教子川水源保护区和马岭镇贺旗村胡家坑劳、琵琶寨村李家滩、马岭村三里桥调研石油开发造成的水污染状况。

9月

1日　国家审计署工作组来县检查工作。

2日　县委召开纪念抗日战争暨世界反法西斯战争胜利60周年座谈会，史连成、麻万才等8名老干部获得省委颁发的"抗战胜利六十周年纪念章"。

3日　国家发改委工作组来县督察突发公共事件应急预案落实情况。

6日　庆城县梦阳旅行社成立，这是全县首家等级注册的旅行社。

16日　全市人武系统机关和武器库正规化建设现场会在县人武部召开，会议实况在中央七台进行了报道。

是日　省武警总队政委付永照少将来县调研。

26日　县人大、县政协办公地址乔迁。县人大机关进驻县委原办公主楼；县政协机关进驻县政府原办公主楼。1990年，县人大、县政协机关由县城北大街搬迁至县城东街新建的人大、政协综合楼。

28日　全省发展县域经济报告团在县人民剧院举行报告会。

同日　全县首次油田闲置资产管护工作专题会议在马岭镇召开。至1998年长庆石油勘探局搬迁西安后，原马岭地区油田二级单位陆续迁移，遗留大量厂房和住房，形成资产损失，也对当地社会治安造成隐患，县委、县政府授权西川园区管委会负责管护。

同日　庆城县已有6家非公企业公司及1.3万亩果园和2户企业申请注册了直接出口泰国苹果及其产品加工权。

10月

11日　省委副书记马西林率全省产业化暨小康农宅建设庆阳市现场会参会人员来县参观。

11月

3—4日　全市林业产业建设现场会与会人员参观白马铺乡、宝源果蔬公司产业开发。

4日　中央党的先进性教育第八巡视组组长、云南省政协主席杨崇汇来县检查指导工作。

15日　省委副书记陈学亨检查指导全县"四五"普法工作，并参观驿马司法所。

17日　国家发改委调研组来庆城县调研。

19—20日　团中央《知心姐姐》杂志社心理健康教育专家杜燕清先后到陇东中学、庆城中学、庆城小学，以《关注孩子的心理健康成长》为主题向广大师生、家长作报告。

25日　庆阳陇源食品有限公司举行开业庆典。总投资1.11亿元，设计加工速冻保鲜黄花菜2.2万吨/年。

26日　国家财政部监察局局长范建国一行来县检查工作。

29日　国家部际联席会议工作组检查指导庆城县整治油气田工作。

△　庆城县被国家计生委授予"全国婚育新风进万家活动"先进县。

△　县逸夫小学被评为全省未成年人思想道德建设示范学校。

△　庆城县第一个乡镇综合档案馆在玄马镇建成。

12月

1日　省军区司令员陈知庶少将来县检查人武部工作。

8日　新华网庆阳市县（区）网站开通。

21日　国家中医药管理局新闻出版处处长赵文华一行来县调研，实地考察指导岐伯圣景申报全国中医药宣传基地有关事宜。

25日　长庆油田公司与县政府签订油田闲置资产移交协议，并对长庆油田建阜城基地进行整体移交，县委、县政府确定由西川管委会负责接管。

是年　全县全面完成农村税费改革，农业各税从此彻底免除。

是年　国家食品药品监督管理局副局长任德权一行来县考察岐黄文化研究及县岐伯中医院工作，并在县宾馆召开学术研讨会。

△　县人民医院传染病大楼建成，总投资 113 万元，建筑面积 800 平方米。

△　庆城县工商银行在县内率先开通手机银行业务，开发出稳得利个人理财业务和住房按揭贷款业务。

2006 年

1月

9 日　国家开发银行副行长徐圆来县调研。

2月

7 日　全县举办首届硬笔书法展，近百件书法作品参展。

14—17 日　按照国务院总理温家宝有关批示，国家发改委经济运行局副局长朱宏任一行来县调研。

27 日　省委常委、省军区政委刘巨魁一行检查指导县人民武装工作。

2月至次年12月　全县在 14 个党总支、129 个党支部中开展"争三创四"党建主题实践活动。

3月

13—16 日　省委常委、宣传部长励小捷来县调研农村文化建设。

19 日　庆城县举行北区水岸绿苑商品房住宅小区奠基仪式。这是县政府最大的一项房地产招商引资项目，由闽商开发承建。

24 日　全市教育项目现场会在庆城县召开，与会同志参观庆华小学、赤城初中、教子川小学。

是月　自本学期起，对全县义务教育阶段学生享受国家免费提供教科书，免除学杂费，家庭困难学生享受寄宿生生活补助。

△　团县委获 2005 年度希望工程实施先进县奖。

4月

1 日　全省农产品出口现场会在驿马镇召开。

9 日　南庄乡农民李彩兰拾到一个装有 2 万元现金、身份证、驾驶证，农行金卡 2 张，32 万元农行存折等物的黑色公文皮包，她拾金不昧，主动上缴县公安局，经警方联系，最终物归原主。

13 日　省政协副主席杨镇刚检查指导全县民族宗教工作。

是日　省政协组织的免费医疗服务队来县开展白内障患者免费复明手术。在庆期间，共实施免费手术 100 多例。

19 日　国家审计署驻兰特派员姚爱然来庆城县调研。

22 日　省委副书记、省纪委书记韩忠信，中纪委五室副主任侯效岐一行来县调研。

25 日　全市农民专业合作经济组织建设现场会议在县城召开。

△　县农机局首次实施国家农机购置补贴项目，年内争取项目资金 30 万元。

△　庆城县党务公开试点工作全面启动。

5月

1日起　全县中心卫生院以上的各级非营利性医疗机构对 15 项手术实行医疗费最高限额收费。

17日　陇南市委副书记黄泽元、副市长邓生来带领陇南市考察团来县参观考察。

20日　长庆油田公司第二采油厂建厂35周年大会在长庆石油影剧院召开。自1998年，原长庆石油勘探局撤离本县后，采油二厂是县内仅存的采油企业，县内年产原油基本稳定在200万吨左右。

22日　全市先周历史文化论坛暨庆阳历史学会第三届年会的特邀专家、学者来庆城县考察。

23日　省委常委、省委统战部部长蒋文兰来县调研。

同日　"庆阳香包绣制"被国务院公布为第一批国家级非物质文化遗产。

24日　丙戌年公祭周祖大典仪式在庆城县周祖森林公园举行。全国政协常委、民族宗教事务委员会副主任任法融，总参兵种部原副军级干部孙焕明，第八、九届省人大常委会副主任姚文仓等领导和应邀参加香包节的嘉宾出席大典仪式。

31日　耿飚夫人赵兰香回县考察部分贫困女童学习生活状况，并捐资270万元在中国少年儿童基金会设立赵兰香庆阳女童教育基金，用于救助县内贫困女童。

同日　中国工商银行庆城中寨支行获"第一届全国金融系统职工职业道德建设先进班组"称号。

同日　北区商业步行街举行开业奠基仪式。

6月

2日　国家银监会合作部巡视员王珂来县调研。

11日　庆城镇鸭沟新建和十里坪维修提灌工程竣工，新增有效灌溉面积1200亩。至此，全县建成水利提灌工程142处，有效灌溉面积累计4.32万亩。

中旬　共青团甘肃省委在长庆影剧院为获得"全国青年文明号"的长庆采油二处女子焊工班颁发奖牌和奖金。

15日　全县首次牛体胚胎定殖项目试验获得成功。2005年9月，县畜牧兽医站在桐川乡引进瑞士西门达尔肉牛4头、法国利木赞2头，与本地黄牛进行胚胎杂交，受胎4头。当日，其中1头顺产首例西门达尔红白花牛犊。

23日　阜桐（阜城—桐川）公路改建工程在兰州公开招标，宁夏路桥工程股份公司中标承建，公路为四级柏油路，全长34.16千米，7月20日正式开工。

24—25日　省政府工作组来县调研农业农村工作。

25日　县城嘉会门（南门）复原改造工程竣工。县城嘉会门原为圆形门洞，后因方便油田大型运输工具出入拆毁，2005年3月动工复建，2006年5月完工，工程总投资547万元。

△　县计划生育技术服务指导站被国家人口计生委授予"全国人口计划生育科技工作先进集体"称号。

7月

19日　葛崾岘初中英语教师张锋申报的甘肃省教育科学"十五"规划课题《英语六大专题整塑学习方法》，被甘肃省教育规划办公室权威专家小组鉴定为一级科研成果。

8月

2日　上海复旦人文智慧课堂第二期学员暨各界热心人士救助庆城县贫困女童捐资仪式在县城举行。现场捐款近5万元，用于97名贫困女童的救助。

8日　全县第一所中心敬老院在桐川乡启用，原土桥、蔡口集、冰淋岔、太白梁四乡敬老院的五保对象全部搬迁入住。是年底，全县有敬老院13所，集中供养五保对象75人，县拨供养经费

11.7 万元。

12 日　国家旅游局工作组来县考察红色旅游线路。

18 日　长庆油田支持庆阳公益事业捐赠暨庆城县白马坳子希望小学奠基仪式举行，副市长付振伟主持仪式。

30 日　甘肃—上海青少年网络电视夏令营活动在陇东中学举行，上海市卢湾区五爱中学和陇东中学学生通过网络电视进行互动交流。

9月

16 日　兰州军区战斗文工团来县进行慰问演出。

22 日　中国青少年基金会希望工程义务讲学团在陇东中学举行"送教"苗圃班开班典礼。此次活动为期 5 天，1000 多名师生参加。

26 日　甘肃省首家县级公安民警教育训练基地在马岭镇建成，同日举行落成典礼暨训练成果汇报演练大会。

是月

△　庆城县农业技术推广中心王本辉编著的《蔬菜病虫害诊断与防治图解口诀》由金盾出版社出版，面向全国发行。

△　县气象局在驿马、桐川、蔡口集建成 3 个"两要素区域气象观测站"。

△　县公安局在破获镇原县农民高俊平、高社红、刘等娃 3 人 7 年前在庆城县土桥乡合丰村被害案，中央电视台 12 套节目社会与法频道天网栏目对此案作了专题报道。

10月

9 日　省劳动和社会保障厅厅长李峰到翟家河乡路家掌村开展定点扶贫。

20 日　省交通厅厅长杨咏中来县调研城乡公路建设。

是日　赵兰香庆阳女童教育基金首期救助金发放仪式举行，共发放救助资金 21.83 万元，救助贫困女生 339 名。

21 日　宝钢集团宝钢研究院党委书记丁永强一行 10 人，回访 10 年前沿长征路所援建的庆阳县宝钢希望小学，并为庆华小学捐款 2 万元。

22 日　中央纪委、中央组织部第五巡视组副组长、巡视组副部级巡视专员李德亮来县调研。

23 日　全省社会主义法治理念宣讲团在县城作宣讲报告。

同日　省长助理陈有安调研庆城县旅游产业开发工作。

25 日　国家广电总局"电视进万家工程"赠送电视机活动在县城中街广场举行，县内 101 位老红军、红军遗属、老党员、老战士、老劳模和特困户获赠电视机。

30 日　由北海舰队 92196 部队捐资 25 万元，省教育厅配套 15 万元，县自筹 77 万元的"八一希望小学"在高楼乡建成。

是月　全县 254 所中小学实现利用现代远程教育网络教学。

△　全县 17 个乡镇挂牌成立法律援助工作站，县法律援助中心被省司法厅确定为全省示范中心。

11月

13 日　庆阳石化公司原油年加工量突破百万吨大关庆祝大会在卅铺镇韩湾村召开。中石油庆阳石化搬迁改造项目奠基仪式在西峰区举行。

23日　中华国际科学交流基金会副理事长、秘书长甘静等6人来县检查"春雨工程"项目实施情况，并在庆城中学举行"春雨工程"科技援助站揭牌仪式，为庆城中学、庆城小学、庆华小学捐赠电脑61台，援建电教室3个。

29日　美国加州蒙特利公园市副市长美籍华人刘达强参观庆城县民营企业。

12月

14—15日　中共庆城县第二次代表大会在县城召开。会议选举县委书记1人，选举杨献忠、刘聪为县委副书记，王超为县纪委书记。

16—19日　政协庆城县第七届委员会第一次会议在县城召开。会议选举贾兴勤为县政协主席，贺志军、慕萍、胡月望（兼）、朱天罡（兼）、阎会成（兼）为副主席。

18—21日　庆城县第十六届人民代表大会第一次会议在县城召开。会议选举刘建民为县人大常委会主任，王仲乾、杨生东、刘彩兰、卢耀南为副主任；选举杨献忠为县人民政府县长，豆亚平、李崇暄、王晓斌、李伟、郭艺峰为副县长；选举郭旭文为县人民法院院长，岳相儒为县人民检察院检察长。

是月　庆城县果仁食品有限公司、庆阳陇源食品有限公司被命名为第三批全省农业产业化重点龙头企业。

21日　全县粮食流通体制改革动员大会在县城召开。这次改革实行政企分开，企业进入市场，国有粮食企业产权和国有职工身份双置换，推进兼并重组，转换经营机制。至2008年6月，全县15户国有粮食购销企业全部改制，135名粮食企业职工置换身份；组建庆城县汇丰粮食有限责任公司（国有独资企业），设白马、驿马、庆城和庆城军粮供应部4个分公司。

28日　庆城县被省委、省政府评为"全省精神文明建设先进县"。

是年　长庆油田公司投资5000万元，当地筹资300万元，实施陇东油区人畜饮水重点工程建设，主要解决马岭、翟家河、蔡家庙等5个乡镇18个村近3万人的吃水问题。

是年　全县黄花菜生产面积达到10万亩，年产黄花菜（干品）7500吨，黄花收入占农民人均纯收入的15%以上。

△　张秀珍、何粉莲、石丽峰、道锦萍、陈智民被中国工艺美术学会民间工艺美术委员会命名为中国民间艺术大师。

2007 年

1月

15日　周祖陵森林公园岐伯圣景区被国家中医药局确定为全国首批中医药文化宣传教育基地。

22日　庆城县教育局组织学区人员考试。选聘中心小学校长17名、学区工作人员34名，调整出原学区工作人员16人，公开招考15人，新选聘学区主任9人，保留原职8人。

23—24日　庆城县第一届文学艺术界联合会代表大会在县城召开。

2月

3日　中国治理荒漠化基金会陕甘宁办事处在驿马镇克劳沃大厦正式挂牌。

5—6日　省委组织部常务副部长刘立军来县慰问部分老红军、老干部、困难群众、城市低保

户和全国劳模。

3月

8日　省委副书记、省长刘伟平来县调研。

20日　全市油区治安管理工作会议在县城召开。

26日　县委、县政府召开全县中小学、幼儿园第三轮"四制"改革动员大会。重新聘任校（园）长209人，分流富余人员85人，落聘教师89人，辞退县聘教师43人。

同日　由省劳动保障厅捐资50万元修建的翟家河乡路家掌小学教学楼工程举行开工奠基仪式。

同日，庆城县西川中学举行成立揭牌仪式。

31日　中欧文化贸易促进会秘书长周强调研庆城县民营企业发展情况。

4月

5日　省人大常委会副主任、省总工会主席李德奎调研全县基层工会组织建设。

13日　全市民族团结进步帮扶座谈会在桐川乡召开。市政协主席张文先及有关单位领导参加会议并慰问少数民族群众。

29日　第二届全县十大青年精英表彰大会在县城北区广场举行。

是月　全县广场文化周活动在县城北区广场正式启动。

5月

15日　全县已连续60多天无有效降雨，80.58万亩旱地全部受灾，18万亩冬小麦绝收。同日，市委书记黄选平来县调研抗旱救灾。

17日　长庆采油二厂捐赠水泵20台和柴油50吨，支援全县抗旱救灾。

18—20日　省委书记、省人大常委会主任陆浩，省委常委、秘书长姜信治，省政协副主席、发改委主任邵克文率省直有关部门负责人来县调研抗旱救灾、重点项目和城市建设等工作。

25日　国家农业部种植业管理司副司长高琳一行察看全县旱灾情况。

同日　全省农村信息化建设现场会在县城召开。

30日　县职业中专120名贫困学生享受国家助学金。

同日　桐川乡举行电信春蕾女童救助暨赵金凤助学奖励仪式，30名品学兼优的贫困学生受到资助。

6月

1日　由耿飚夫人赵兰香捐资50万元修建的兰香小学在庆城镇药王洞村举行落成典礼。

2日　省妇联副主席徐亚荣在庆城县第一所"春蕾计划"示范学校马岭镇安沟小学进行调研。

12日　庆南路距城3千米处发生一起重大交通事故，致19人受伤，3人死亡。

13日　全市通村公路建设现场会在庆城县召开。

15日　丁亥年公祭周祖大典和《黄帝内经》千家碑林奠基暨名家墨书首发式在周祖陵举行。兰州军区原副司令员陈秀中将，解放军总医院政委范银瑞，国家中医药管理局政策法规司司长闫树江，兰州军区军事检察院检察长尚兆军，省旅游局正地级巡视员李方晓，省文联党组书记、副主席冯树林，省中医药管理局局长鄢卫东，定西市委副书记黄周会及市上有关领导参加。

27日　庆城镇党委政府机关由原县城北大街迁至庆城镇莲池村。

27—30日　省委常委、省军区政委刘巨魁少将来县调研全县人民武装工作。

△　庆城县公安局正式实行网上办案。

7月

18日　省委办公厅调研组来县调研党委换届后新体制下办公室职能发挥情况。

8月

6—7日　副省长咸辉调研庆城县新型农村合作医疗工作和民营企业创办。

27—28日　耿飚侄女、上海千兆商务咨询有限公司董事长耿弘一行来县参观考察。

13日　国家煤联节能委员会主任姜东升考察庆城县西川油田闲置资产开发利用工作。

18日　全县首家果汁加工企业庆阳市恒盛果汁有限公司开业。

22日　全县204所小学三年级以上全部开设英语课程。

△　桐川乡党崾岘寄宿制小学开工建设，建成后可容纳1500多名学生入住就读。

是月　全县整合教育资源，撤并小学6所、村学21所。

9月

7日　全县干部职工担保贷款发展优势产业启动仪式在县城举行。

△　庆城县气象局在赤城乡、卅铺镇建成两个"两要素区域气象观测站"。

10月

11—12日　国家环保总局西北督察中心副主任王一欧一行就落实温家宝总理陇东油区环境污染问题批示精神来县对西川人畜饮水工程、庆阳石油化工厂生产建设情况进行检查。

24—26日　省政府督察组对全县产品质量和食品安全专项整治工作进行现场检查。

是月　庆城、桐川、翟家河3乡镇1926户建成10平方米旋流布料沼气池2000口，并投入使用。

11月

5日　庆城县人民法院办公新楼落成典礼举行。县法院原址在县城北大街，1992年投资30万元，建成1000平方米办公楼一幢。新楼位于县城北区，建筑面积5923.11平方米，总投资525.23万元。

7日　杭州娃哈哈集团援建小学捐赠仪式在白马铺乡三里店村举行。

19日　省、市、县红十字协会在县城中街文化广场举行救灾物资发放仪式，为全县受灾群众捐赠面粉1913袋。

12月

4日　全市非法占井回收封堵工作座谈会在县城召开，集中收回的355口非法占井全部移交长庆油田公司第二采油厂。

18日　国家统计局庆城县调查队挂牌成立。

△　新建县档案馆库楼通过竣工验收。该工程于2006年5月6日开工建设，是甘肃省县级馆建筑面积最大的综合档案馆。

△　肖郁芳被中国工艺美术学会民间工艺美术委员会命名为中国民间艺术大师。

2008 年

1月

1日　县城举行普照寺重修揭碑暨击鼓鸣钟仪式。

4日　全市农民教育培训宣讲团来县作报告，县上领导及有关部门干部600多人聆听。

2月

26日　省委常委、组织部长侯长安在驿马镇夏涝池村调研基层组织建设工作。

3月

11日　驿马镇举行黄省三朱咀小学捐资助学签字仪式。省民建副主委、省政协常委刘芳芹代表黄卓生女士签订捐资助学协议，捐赠资金15万元。10月31日建成黄省三思源小学。

15日　陕西省委宣传部副部长、广播电影电视局局长任贤良一行，与电视剧《黄土女女》剧组人员来县考察旅游和文化产业开发工作。

4月

3日　全县科技、文化、卫生"三下乡"活动在赤城乡启动，并向贫困户赠送彩色电视机。

8日　全县投资800多万元，在县城新建垃圾填埋场1座，管理场所1处，购置垃圾清运车9辆。

9日　省纪委常委李明生来县调研廉政文化建设和城市开发建设。

17日　省检察院检察长乔汉荣检查指导全县检察工作。

24日　中国石油长庆油田（庆阳）碳汇林基地建设启动仪式在周祖陵烽火台举行。《人民日报》、人民论坛杂志社、《甘肃日报》《陇东报》等新闻媒体嘉宾出席，与会人员义务植树1700多株。

25日　全县首家村级发展互助资金协会在翟家河乡路家掌村成立，并现场为路家掌村贫困户发放贷款。

5月

12日　下午14时28分，四川汶川发生里氏8.0级地震，庆城县属地震波及区。据统计，全县受灾农户7462户，涉及群众3.1万人，倒塌房屋窑洞1763间（孔），损坏裂缝2618间（孔）；受伤32人，塌死大家畜308头（只），塌埋粮食6.5万千克，损坏水塔1处，水窖267口，24处水利工程不同程度受损；全县30%的校舍和乡镇卫生院5860平方米的房屋出现不同程度损坏；东二公路和正在新建的驿王公路多处塌方。造成直接经济损失约1.61亿元。

16日　全国人大农村农业委员会主任路明来县检查工作。

24日　省政协主席陈学亨检查全县灾后重建工作。

是月　在第三届"飞天杯"全国少儿书画摄影作文竞赛中，板康、张扬、张琪等同学分别获金、银、铜奖及优秀奖。

6月

2日　全县召开农业专项补贴资金兑付暨封山禁牧工作会议。

25日　省民政厅工作组来县检查指导抗震救灾及灾后重建工作。

28日　晚21时40分至29日凌晨4时左右，蔡口集、土桥、太白梁、南庄、赤城等5乡遭受暴雨、冰雹袭击。灾害共造成34个村24344亩小麦、玉米、油豆和黄花菜等农作物和经济作物不同程度损失。暴雨冲毁群众庄基22处，道路65千米，冲走、淹死羊33只，猪5头，直接经济损失360多万元。

△　全县首个刑释解教人员安置帮教工作基地在庆城盛达砖瓦厂建立。

△　全市社会治安综合治理现场会在庆城镇召开。

8月

18日　省委常委、宣传部长励小捷检查指导北区开发建设工作。

9月

2日　庆城县第十六届人民代表大会第三次会议在县城召开。会议选举解平为县人民政府县长，段登云、马耀文等为副县长。

9日　庆城博物馆新馆落成暨免费开放仪式在普照寺广场举行。

18日　全县开展食用三鹿牌配方奶粉患结石病住院患儿筛查、诊疗救治工作。

23日　省妇联主席韩克茵调研全县妇女儿童工作。

10月

5—8日　原庆阳地委书记黄续祖来县参观。

8日　南庄乡丰台村农民徐进仓被中共中央、国务院、中央军委联合授予全国"抗震救灾模范个人"称号，并在北京人民大会堂参加全国抗震救灾总结表彰大会。

21日　长庆油田采油二厂在庆城镇莲池小学开展金秋助学捐款仪式，向莲池小学和驿马镇韦老庄小学各捐款10万元。

11月

3日　下午7时许，庆城中学九年级学生徐某、包某因产生轻生念头，服用亚硝酸盐中毒，学校发现后立即送往县人民医院抢救治疗。但终因服量过大抢救无效死亡。次日全市整顿学校食品卫生及周边环境安全工作紧急会议在县召开。

5日　省委副秘书长、省档案局局长刘玉生检查指导全县档案工作。

同日　省政府副秘书长负建民、省交通厅厅长杨咏中率全省农村公路养护管理体制改革现场会观摩团观摩驿马至苟家渠公路养护现场。

11日　北蔡（北塬头—蔡口集）公路改建工程竣工。

12日　长庆油田公司原驿马技校基地移交本县管理。

13日　兰州军区司令员王国生中将、甘肃省军区司令员陈知庶少将检查指导人民武装工作。

15日　省政协副主席张世珍来县调研。

18日　香港苗圃行动工作组检查验收土桥王塬村中华苗圃希望小学建设。

12月

7—8日　兰州军区原副司令、省老促会会长陈秀中将来县调研绒山羊养殖和草畜产业。

2009 年

1月

14日　马岭镇石立庙村民胡某一家发生食物中毒，虽经及时全力抢救，仍有3人因食用量过大死亡。经兰州生物制品研究所鉴定为B型肉毒杆菌素，即豆豉中毒。

21日　庆城县领导干部大会在县委、县政府会议中心召开。会议宣布闫晓峰任中共庆城县委书记。

2月

9日　国家水利部水科院办公室主任马建明带领国家防总专家组指导全县抗旱救灾及春耕生产工作。

18日　庆城生活污水处理厂建设工程在庆城镇莲池村张家大滩开工奠基。

3月

6日 甘肃省军区参谋长李林来县检查指导工作。

11日 甘肃农业大学国际交流与合作处副处长、博士生导师邱慧珍教授调研全县生态资源利用和环境治理工作。

19日 西北环境保护督察中心副主任王一鸥一行调研全县人饮工程和自来水入户项目。

22—23日，国家文化部文化产业司副司长孙若风来县调研民俗文化产业发展情况。

26日 国家林业局检查组检查全县种苗工作。

30日 省农牧厅厅长武文斌、副厅长尚勋武检查全县全膜玉米种植、沼气能源建设工作。

4月

18日 市委在庆城开展农村土地流转经营情况专题调研。

27日 中央电视台《耿飚将军》摄制组到庆城拍摄外景。

5月

5日 副省长咸辉检查岐伯中医院搬迁工程和庆城镇计生服务站建设。

15日 中国华夏文化遗产基金会理事长耿莹一行到庆城镇兰香小学看望学校师生，捐赠学习用品和衣物，考察八路军一二九师三八五旅部旧址。

23日 国家农业部工作组来县检查重大动物疫病防控工作。

26日 "赵兰香庆阳女童教育基金"仪式举行，共向279名贫困女生发放25万元。

同日 县文工团组织排演的新剧《留守岁月》在县人民剧院举行首场演出。

6月

5日 中共中央办公厅警卫局、秘书局、机要局有关领导来县检查指导工作。

6日 省委书记、省人大常委会主任陆浩，省委常委、秘书长姜信治到庆城县检查工作。

7—8日 中共中央政治局常委、中央书记处书记、国家副主席、中央深入学习实践科学发展观领导小组组长习近平，中共中央政治局委员、中央书记处书记、中央组织部部长李源潮，中央政策研究室常务副主任何毅亭，国家发展和改革委员会副主任穆虹等到庆城视察调研。7日12时许，习近平副主席和随行人员抵达庆城。在宾馆餐厅，他被墙壁上的一幅当地农民作家的画所吸引。他一边凝视，一边朗读画上"那山那水那人，辘轳篱笆井绳，睡惯了的土热炕，住不塌的老窑洞，吃不够的饸饹面，唱不厌的小道情，这就是庆阳人"的文字。就餐时，习副主席饶有兴致地说，"咱们大家今天就吃饸饹面，做庆阳人！"下午2时30分，习副主席乘车前往华池县南梁等地视察。晚8时30分，久旱的县城普降小雨，天气格外清爽。习副主席结束了一天的行程后，风尘仆仆回到庆城宾馆。8日9时30分，习副主席在庆城宾馆接见庆阳市委、市人大、市政府、市政协、军分区和长庆油田公司负责人。他说："我很久就想到庆阳来，这次看到庆阳老区发生了翻天覆地的变化，感到由衷的高兴。我向老区人民致以问候，向老区人民表示感谢！现在老区还不够发达，但随着我们国家综合国力的增强，对老区的扶持将会越来越大。在庆阳工作的同志们要继续发扬老区精神，深入学习实践科学发展观，把党和全国人民交付的任务完成好，把老区的建设事业搞得更好，让老区人民过上更加美好的生活。"最后，习副主席还与市、县领导一起同宾馆工作人员合影。10时整，习副主席乘坐的面包车从庆城宾馆缓缓驶出。长达6千米的街道两旁人头攒动、接踵摩肩，人们依依不舍，热情相送。习副主席也推开车窗，向大家频频招手致意！

16日 国家原主席刘少奇的女儿刘爱琴来县参观。

21日　国务院调研组调研全县扶贫开发工作。

23日　国家档案局副局长李和平带领新农村建设档案管理工作经验交流观摩团来县参观考察。

7月

1日　全省矛盾纠纷排查调处暨信访积案化解联合督察组来县督察信访工作。

4日　庆祝新中国成立60周年"百名摄影家看陇原采风团"来县采风。

13日　中国农业大学环境科学与工程系教授陈清、陕西师范大学食品工程学院教授郭玉蓉、甘肃农业大学食品工程学院教授邱慧珍等12名专家来县调研苹果产业发展。

17日　北京中科前方生物技术研究所所长、中国科学院研究生院客座教授蒋佃水调研庆城县轻工业开发生产情况。

17—18日　省委原副书记李虎林来县参观考察。

30日　北海舰队某部支队长王宇看望慰问由他们援建的高楼"八一"爱民希望小学师生，并捐款5万元。

8月

3日　台湾慈心慈善基金会董事长谢政达和执行长温婉伶参加蔡家庙、玄马两家"慈心医院"门诊楼竣工验收典礼。

5日　中国美术学院建筑设计院院长王炜民考察县文化旅游产业。

6日　省委副书记、省长刘伟平，副省长泽巴足、省长助理夏红民来县调研旅游产业开发建设和无公害苹果生产工作。

同日　全国北方旱作农业庆阳现场会全体代表观摩驿马镇万亩全膜玉米示范点和玄马镇高标准设施瓜菜生产基地。

9日　庆阳市范仲淹研究学会成立大会暨第一届范仲淹学术研讨会在县城举行。

21日　中国工程院院士、中国水利水电科学研究院水资源所所长王浩率专家组调研庆城县水资源开发利用工作。

23—24日　全省人口计生工作创建示范典型观摩会议代表检查指导全县人口计生工作。

9月

6—7日　省教育厅厅长白继忠检查指导全县教育布局调整工作。

18日　恒睿（香港）国际投资管理有限公司副董事长兼甘肃金康源工贸有限公司董事长魏天俊，公司董事诸葛福长、陈念念等一行7人，对庆城县西川油田闲置资产进行实地考察。

18—20日　国家农业部原部长何康来县参观考察。

22日　己丑年中国·庆阳周祖陵祭奠仪式在周祖陵森林公园举行。是日，医祖岐伯揭像仪式在《黄帝内经》千家碑林广场举行。国家中医药管理局政策法规与监督司司长闫树江和县委书记闫晓峰共同为岐伯雕像揭幕。

23日　副省长咸辉调研全县文物保护工作。

28日　县委、县政府召开县城总体规划（2009—2030）初审会议。上海同济城市规划设计研究院第一所所长王颖介绍设计方案。

29日　中央综治委副主任、中央政法委副秘书长、中央综治办主任陈冀平来县调研政法综治工作。

10月

10日　省委常委、常务副省长冯健身来县调研马岭纸房沟调水工程建设。

12日　副省长郝远来县调研。

16日　庆城县入选2009年度中国最具投资潜力百强中小城市。

24—30日　中国老区建设促进会副会长、秘书长、北京军区政治部原副主任任凤杰少将和甘肃省老区建设促进会会长、兰州军区原副司令员陈秀中将，带领国家、省老促会有关成员组成的联合调研组对全县草畜产业开发和绒山羊扶贫养殖开发情况进行专题调研。

11月

2日　长庆油田原钻二基地闲置资产全面移交地方。

16—17日　全省文物普查工作现场会在县城召开。

21日　知名经济学家胡鞍钢教授来县调研考察。

12月

2日　温家宝总理对中国老促会《关于特殊支持庆阳市华池、环县、庆城贫困老区县发展绒山羊产业的请示》做出批示。

2010 年

1月

7日　省委组织部副部长张建荣带领省慰问团第二分组，来县看望慰问优抚对象马鸿财、困难劳模王养心、困难职工李志民。

同日　庆城县首次廉租房电脑摇号分配仪式举行。

13日　庆城县集体林权制度改革动员会召开。

3月

16日　县城第二所初级中学凤城初中举行开学庆典。

25日　庆城电视台成立。

4月

18日　庆城县城区供水一期工程竣工暨二期工程奠基仪式在县城举行。

同日　长庆油田教子川流域碳汇林基地建设启动仪式在庆城镇教子川举行。

5月

12日　省委副书记、省长刘伟平来县调研扶贫开发工作。

6月

23日　省军区司令员陈知庶少将来县调研扶持退伍军人创业工作。

7月

14日　庆城县见义勇为协会成立，有会员56人。

8月

6日　庆城县慈善会成立大会召开，有会员162人。

15日　国务院财政部驻甘专员办工作组检查验收庆城县教育债务工作。

17日　全国工商总局副局长钟攸平来县调研。

9月

18日　陇东中学举行建校70周年庆典。

27日　2009年度甘肃省广播影视奖、甘肃省播音与主持作品研讨会在县城召开。

同日　西雷（西峰至雷家角）高速公路开工仪式在驿马镇太乐村举行。

10月

20—22日　全市绒山羊产业化扶贫开发试点项目工作现场会在县城召开。省老促会会长、兰州军区原副司令员陈秀中将，省老促会副会长马俊、刘俊清出席会议。

12月

21日　全市平安油区创建工作现场会议在县城召开，省委第三巡视组副组长杜瑞卿出席会议。

2011 年

3月

16日　县城出现食盐抢购潮。至17日上午，各大超市、商店等营业点库存食盐被抢购一空，之后，群众纷纷涌向县盐务局，人数最多时近200人，经查，系盲目听信日本福岛核电站核泄漏引发海水污染，食盐涨价所致。

30日　省政协副主席黄选平来县调研工业园区建设。

31日　天士力集团党委书记、董事长闫希军和党委副书记、总裁吴廼峰带领天士力集团高管团队来庆城开展文化寻根活动。

4月

22—23日　全省"千台大戏送农村"启动仪式在县城普照寺广场举行。

26日　庆城县驿马镇中心卫生院被评为"一级甲等卫生院"。

5月

8日　北京军星混凝土有限责任公司庆城分公司举行开业庆典。国务院研究室工交贸易司司长唐元、建设部施工管理司处长武昌出席。

14日　庆城县城区客运出租车更换听证会举行。

6月

22日　省委常委、常务副省长刘永富来县调研。

7月

2日　民盟中央副主席、广东省副省长宋海，全国政协常委、民建甘肃省委主委宁崇瑞率广东百名企业家考察团参观考察驿马出口创汇示范园区和西川工业集中区建设。

13日　全县高考表彰奖励大会举行。县委、县政府奖励陇东中学100万元、长庆中学20万元、庆城职业中专10万元、驿马中学5万元。

17—19日　全县8个乡镇24个村不同程度地遭受特大冰雹袭击，县上下拨178万元救灾。

31日　庆城县被确定为全国首批城镇居民社会养老保险试点县。

8月

30日　辛卯年周祖公祭大典在庆城县周祖祭坛广场举行。外交部驻瑞典原大使陈明明和文化部政策法规司副司长孙若风敬献花篮。

同日　拜谒岐伯暨《黄帝内经》千家碑林竣工剪彩仪式在周祖森林公园举行，中华中医学会副

秘书长谢忠出席并讲话。

9月

14日　副省长、市委书记张晓兰来县调研。

19日　庆阳市委通知，葛宏任中共庆城县委书记；辛少波任县委副书记，提名政府县长候选人。

10月

14—16日　中共庆城县第三次代表大会在县城召开。会议选举葛宏为县委书记，辛少波等2人为副书记，何骁玲为县纪委书记。

17—20日　政协庆城县第八届委员会第一次会议在县城召开。会议选举王超为县政协主席，王仲乾、熊迎春、宋治平、朱天罡（兼）为副主席。

18—21日　庆城县第十七届人民代表大会第一次会议在县城召开。会议选举刘建民为县人大常委会主任，贺志军、杨生东、赵彦文、刘晓春（兼）为副主任；选举辛少波为县人民政府县长，段登云、胡永洲、郭艺峰、苟爱仁、王铎为副县长。

26日　庆城县南门道路拓宽改造工程、纸房沟水源工程、岐黄中医药文化博物馆开工奠基仪式举行。副省长、市委书记张晓兰，省人力资源和社会保障厅党组书记、副厅长李峰等出席。

同日　西雷高速公路驿马关1号隧道贯通。

同日　庆城县博物馆"唐代彩陶俑"获全国最佳陈列展览精品奖。

12月

31日　庆城县被国家科技部授予"全国县市科技进步考核先进县"称号。

2012 年

1月

6日　全市2012年文化科技卫生"三下乡"集中示范活动暨启动仪式在白马铺乡举行。

9日　市上领导董建镇、郭文奎、白振海来县慰问困难党员和残疾人代表。

22日　中共中央政治局常委、国务院总理温家宝由西峰经庆城赴环县看望老区干部群众。此前的庆阳大地连降小雪，山舞银蛇，原驰蜡象，银装素裹，一派北国风光。唯一通往该县的凤甜公路却因天气原因，冰雪凝结，阴冷湿滑，行车困难。获悉温家宝总理前往环县，沿途庆城县的驿马、白马铺、高楼、庆城、卅铺、马岭6乡镇10余个行政村的干部群众群情激昂，喜形于色。在村党支部和村委会的组织下，户户动员，人人参与，近万名群众积极投身扫雪除冰活动，以实际行动迎接总理的到来。高楼乡的雷岘子和庆城镇之间绵延6千米的十里坡山道，蜿蜒曲折，弯急坡陡，公路、公安和沿途群众撒盐消雪，铺土融冰。庆城县境内近80千米的路面积雪被干部群众打扫得干干净净。上午9时许，温家宝总理的车队抵近县城。李梦阳亭前，近百名县城干部群众冒着凛冽寒风，自发赶来列队欢迎温总理。看到赤诚热情的老区群众，车队减速前行，总理向大家挥手致意。下午5时许，温总理再次途经庆城，离庆回京。

26日　因路面积雪，驾驶不慎，驿马镇南极庙村发生一起车辆坠沟事故，车上5人全部遇难。

2月

27日　2012年"和谐庆城"书画展在县城举行，200多件作品参展。

28 日　省政协副主席张世珍到蔡家庙乡徐新庄村调研扶贫工作。

29 日　庆城县档案馆被国家档案局批准为国家二级档案馆并授牌，为全市首个国家二级档案馆。

3 月

17 日　西北农林科技大学林学院副院长、高级工程师吴万兴，园艺学院副院长、教授赵政阳一行来县考察指导苹果生产。

22 日　西北农林科技大学、庆阳市人民政府、庆城县人民政府共建甘肃庆城苹果试验示范站签约仪式在西北农林科技大学举行。试验示范站建在庆城县周祖农耕文化体验园内，建设苹果试验示范面积 70 亩，大樱桃试验示范面积 50 亩。

4 月

10 日　庆城县金城村镇银行开业庆典仪式举行。

16—18 日　由法国自行车联合会与北京对外友好协会、北京欧亚国际旅行社联合组织的来自比利时、法国及加拿大的 88 名外籍人员组成的"2012 北京—巴黎—伦敦自行车奥运之旅"旅行团途经本县。

25 日　国家环保部监测开发中心副巡视员张京麒来县检查指导工作。

30 日　人行庆城县支行分别被中国人民银行总行、人民银行西安分行命名为"文明单位"和"标杆职工之家"。

5 月

2—4 日　市人大常委会副主任雷沫里带领执法检查组，深入庆城义务植树点，就《甘肃省义务植树条例》贯彻实施情况进行执法检查。

23 日　全县妇女小额担保贷款集中发放仪式在县城香包生产基地举行，为 48 名香包生产户发放小额担保贷款 381 万元。

6 月

1 日　中书协副主席张改琴回县开展图书及书法作品捐赠活动。

30 日　庆城县被甘肃省确定为"省级农村劳动力转移就业工作示范县"。

7 月

9 日　国家住建部房地产业司司长沈建忠督察庆城县房地产市场管理工作。

31 日　驿马出口创汇示范园区晋升为"省级新型工业化农产品加工产业示范基地"。

8 月

7 日　国家卫生部副部长、国家中医药管理局局长王国强来县调研岐黄中医药文化建设。

31 日　庆城县委组织部副部长安世兴参加全国组织系统"讲党性、重品行、作表率"活动总结会议，并受嘉奖。

10 月

12 日　全省新建项目现场观摩团来县进行观摩考察。

16 日　全省机关党的建设理论研讨会在西峰召开，与会人员 100 余人来县考察指导。

23 日　陕西省劳动就业局局长张廷成来县考察创建创业型城市工作。

24 日　庆城县被国家农业部认定为全国农村集体"三资"管理示范县。

11 月

6日　省政府督学、西北师范大学附中党委原书记姬维多来县考察。

9日　全国人大常委、民盟中央副主席索丽生调研全县产业发展。

18日　甘肃省水利厅水利工程建设验收委员会对柔远河玄马镇孔家桥段护岸工程进行省级验收。

20日　全县农村建筑工匠地震安全技术培训班开班，130余名农村工匠参加培训。

23日　党的十八大代表、市工商局副调研员权有让来县宣讲党的十八大会议精神。

12月

7日　梅花集团总经理王爱军来县考察农产品深加工项目。

8日　县委召开常委扩大会议，学习贯彻中共中央政治局关于改进工作作风、密切联系群众八项规定。

14日　市委常委、副市长桂泽发在白马铺乡宣讲党的十八大精神。

是年　县博物馆被国家人力资源和社会保障部、国家文物局授予"全国文物系统先进集体"称号。

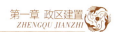

第一章　政区建置

　　庆城县因"城"而名，历史悠久，山川形胜，地理位置优越。自汉设义渠、郁郅县以来，历朝历代均有变化。中华人民共和国成立后，行政区划几经变迁，2002 年庆阳县更名为庆城县，是甘肃省唯一有"城"的县，也是全国 72 个依"城"为名的县区之一。至 2012 年，全县辖 5 镇 10 乡 2 个办事处，153 个行政村，总人口 32 万人。

第一节　位置沿革

一、地理位置

　　庆城县地处黄河中上游，鄂尔多斯盆地南端，甘肃省东部，庆阳市中北部。东与合水县接壤，南与西峰区毗邻，西濒黑河，与镇原县相望，北与华池、环县相连。介于东经 107°16′32″—108°05′49″、北纬 35°42′29″—36°17′22″之间；县境最东端为南庄乡六村塬村，最西端为蔡口集虎家渠村，东西长约 70 千米；最南端为赤城乡盖川村，最北端为马岭镇黄嵝岘村，南北宽约 56 千米。总面积 2692.6 平方千米。

　　县城设在庆城镇，距庆阳市区 60 千米，距省城兰州 540 千米，距西安市 290 千米，距延安市 270 千米，距银川 320 千米，县人民政府驻庆城镇安化路 1 号。

二、历史沿革

　　古属禹贡雍州之地，夏初为戎狄所居，夏商属北豳，殷属彭国古地，周、春秋战国属义渠戎国，秦属北地郡义渠县。

　　西汉初沿秦制，后境内分设郁郅县、马岭县（北地郡治），属北地郡。东汉末年，没入羌胡，郡治南迁，县废。

　　两晋时先后属前赵、后赵、前秦、后秦、大夏，分隶泥阳、富平两县。

　　北魏置延庆、归德、彭阳三县，俱属西北地郡。西魏改归德为恒州，改延庆为朔州。北周时废恒、朔二州，复置延庆县属之。

　　隋初置庆州（后改弘化郡）、合水县、合川县（后改弘化县），州、县治合水（今庆城县城）。先后在境内置彭原县（治所在今西峰区彭原乡）、马岭县（治所在今马岭镇）、三泉县（治所在今桐川乡）。

　　唐置庆州（后改安化郡、顺化郡，唐中后期复庆州直至后梁）总管府（后改督都府），与弘化县（后改为安化县、顺化县）、合水县同治（今庆城县城），并置白马县（后改延庆县），治今玄马镇。

　　五代后梁时，改庆州为武静郡，废马岭县。后唐庄宗时，复改武静郡为庆州。

　　北宋为庆州，中期设环庆路，北宋末改为庆阳府，改县为安化县，府、路、县同治。

　　金时为庆阳府，并设庆原路总管府，治安化县（今庆城县城）。

　　元属庆阳府，治安化县，后并安化、彭原县入府。

明洪武二年（1369 年），为庆阳府安化县，府、县治同城，直隶陕西布政司。

清康熙六年（1667 年），庆阳府、安化县改隶甘肃布政司。同治十三年（1874 年），于董志塬设置县同治一名，俗称董志分县丞（治今西峰区董志镇）。

民国二年（1913 年），废庆阳府，撤董志分县并入安化县，改安化县为庆阳县，先后隶陇东道、泾原道。

民国十六年（1927 年），废道直隶甘肃省。

民国二十三年（1934 年）2 月后，在县东北部由陕甘边区苏维埃政府设立华池县，陕甘边区政府成立。

民国二十四年（1935 年），庆阳县隶国民政府甘肃省第三区行政督察专员公署。陕甘边区苏维埃政府设曲子县，马岭、土桥区，归曲子县政府管辖。

民国二十五年（1936 年）12 月，中国工农红军教导师进驻庆阳县城，国民县政府驻地移至西峰镇（今西峰区）。

民国二十九年（1940 年）2 月，庆阳县抗日民主政府在县城成立，辖城关、高迎、三十里铺、新堡、驿马、桐川 6 个区公署 45 个乡，属陕甘宁边区陇东分区行政督察专员公署（驻庆阳县城），以驿马关为界，国共分治。俗称南为"白区"、北为"红区"。

民国三十八年（1949 年）7 月，庆阳国统区解放；8 月，成立西峰市（县级）人民政府；10 月，统称庆阳县。辖庆阳市（乡级）和高迎、新堡、三十里铺、赤城、桐川、驿马、董志、什社、彭原、六秦、政和、肖金 12 个区公署共 77 个乡，先后属陇东分区、庆阳分区、庆阳专区。1955 年 10 月，撤庆阳专区，归属平凉专区。

1958 年 4 月，华池县整体并入；12 月，合水县板桥等 5 公社及宁县瓦斜公社、镇原县肖金公社划归庆阳县；庆阳县新集、王寨公社划归镇原县。

1961 年 12 月，属庆阳专区，恢复华池县，新堡公社划归华池县；板桥等 5 个公社复归合水县，瓦斜公社复归宁县；全县时辖 28 个公社。

1985 年 5 月，经国务院批准，设立西峰市（县级）。原庆阳县的彭原、后官寨、温泉、什社、董志、陈户、肖金、显胜 8 乡划归西峰市管辖；至年底，庆阳县辖 3 镇 14 乡。

2002 年 6 月，经国务院批准，庆阳县更名为庆城县。县政府设在庆城镇。

第二节　勘界区划

一、勘界

1998 年，根据省、地安排，组建庆阳县勘界办公室。经过踏界、取证、谈判、埋设界桩、测绘建档，于 2001 年完成勘界工作。边界线总长 408.1 千米，涉及镇原、环县、华池、合水、西峰 4 县 1 区。

庆西交界线：庆城、西峰 2 县边界线总长 69.5 千米，埋设界桩 7 个（0-1-5-0 号），接壤部分涉及驿马、赤城 2 个乡（镇）12 个村及西峰区彭原、温泉、什社 3 个乡 11 个村。庆阳县管护 4-5-0 号 3 个界桩。

庆镇交界线：庆城、镇原 2 县边界线总长 42.8 千米，埋设界桩 5 个（0-1-3-0 号），接壤部分涉及太白梁、驿马 2 个乡（镇）5 个村及镇原县新集、方山 2 个乡 5 个村。庆阳县管护 3-0 号 2 个界桩。

庆环交界线：庆城、环县 2 县边界线总长 98.7 千米，埋设界桩 9 个（0-1-7-0 号），接壤部分涉及太白梁、蔡口集、马岭3个乡镇9个村及环县天池、曲子2个乡（镇）11个村。庆阳县管护5-6-7-0号4个界桩。

庆华交界线：庆城、华池2县边界线总长99.1千米，埋设界桩9个（0-1-7-0号），接壤部分涉及马岭、卅铺、玄马、南庄4个乡（镇）13个村及华池县上里塬、王咀子、悦乐、城壕4个乡（镇）6个村。庆阳县管护0-1-2-3-4号5个界桩。

庆合交界线：庆城、合水2县区边界线总长98千米，埋设界桩8个（0-1-6-0号），接壤部分涉及南庄、庆城、高楼、赤城4个乡（镇）11个村及合水县老城、板桥、何家畔3个乡（镇）5个村。庆阳县管护0-1-2-3号4个界桩。

二、行政区划

1986年1月，庆阳县辖庆城、马岭、驿马3个镇和翟家河、蔡家庙、葛崾岘、卅铺、玄马、南庄、高楼、赤城、熊家庙、桐川、土桥、蔡口集、太白梁、冰淋岔14个乡。

1989年9月，经省政府批准，赤城乡分设为赤城和白马铺乡，桐川乡分设为桐川和安家寺乡，卅铺乡改名为卅铺镇。

2000年，庆阳县辖庆城、马岭、驿马、卅铺4个镇和熊家庙、赤城、桐川、太白梁、冰淋岔、土桥、蔡口集、高楼、南庄、玄马、翟家河、蔡家庙、葛崾岘、白马铺、安家寺15个乡。

2002年8月，庆阳地区行政公署通知，庆阳县更名为庆城县。辖庆城、马岭、驿马、卅铺4个镇，熊家庙、赤城、桐川、太白梁、冰淋岔、土桥、蔡口集、高楼、南庄、玄马、翟家河、蔡家庙、葛崾岘、白马铺、安家寺15个乡。

2003年1月，经省政府批准，玄马乡撤乡建镇。

2005年8月，经省政府批准，撤销熊家庙、安家寺、冰淋岔和葛崾岘4个乡，分别并入驿马、桐川、太白梁和蔡家庙4乡镇。全县划为15个乡镇和熊家庙、葛崾岘2个办事处。

2012年，庆城县辖庆城、驿马、卅铺、玄马、马岭5镇，高楼、白马铺、南庄、桐川、翟家河、赤城、太白梁、土桥、蔡口集、蔡家庙10乡，熊家庙办、葛崾岘2个办事处。辖14个社区居民委员会（南街、北街、凤城园、田家城、凤北、庆北、莲池、驿马、东滩、贾桥、卅铺、阜城、马岭、白马铺），153个村民委员会，1053个村民小组。

附：

表1-2-1 2012年庆城县乡（镇）、村、组名表

乡（镇）	村委会	村民小组名称
庆城镇	西塬	冯家塬、胡家庄、赵家庄、牟家庄、石马坳、文家咀、柳树庄
	五里坡	七里湾、王沟门、下庄、上庄、东塬头
	封家洞	暖泉、张沟、史沟门、石家湾、俄坳子、韩家湾、屈家湾
	药王洞	崾岘、北塬、王庄、安庄、二岘子、后沟、南塬、药王洞
	十里坪	丁家沟、崭山湾、十里坪、南五里坡、鸭沟、寺咀
	店子坪	南塬、杨渠、坡子、店子洼、冉河、郭塬、霍家寺、前庄
	东王塬	吴塬、老庄、前沟、石塬、后沟、王塬
	教子川	地步河、七里铺、十里铺、十里坡、范台子、高老庄、郭庄
	莲池	大滩、岭子、园子、梁坪、陈家庄、莲池

续表 1-2-1

乡（镇）	村委会	村民小组名称
马岭镇	纸 房	王沟门、纸房、杨塬、后沟门、水泉、黑马梁
	宗 顾	宗旗、顾旗、张李沟、陈西塬
	石立庙	水沟门、张李塬、郭湾、拐沟庄、闫台、石立庙
	贺 旗	涝坝沟、贺旗塬、胡家洼、胡圪崂、铁沟、北庄、南庄
	董家滩	陈家塬、杜家塬、董家滩、王家塬、朱家河畔、三里桥、余家渠
	黄嶂岘	麻岔塬、董旗、艾旗河、老店塬、毛家庄、黄嶂岘
	岳 塬	栗寺、骆塬、赵咀、岳塬、赵塬畔、岔上、安宁、三合
	安 坳	路家掌、北庄、南塬、江湾、张庄、史嶂岘、郭坳
	下午旗	上庄、周湾、大路、南庄、寺沟门、北塬、念湾、南塬、寺沟
	官 亭	路沟门、安塬、李庄、白湾、徐家塬、安庄、李家塬
	马 岭	徐家庄、后湾、东沟、曹湾、北庄、庙台、南庄、曹沟门
	琵琶寨	北队、杨小沟、南队、安咀、安塬、宋家掌
驿马镇	驿 马	北胡同、吴庄、张楼、双庄、田城、范庄、徐亚口、徐庄
	上 关	曹家岭、南庄、龚塬、麻畔、老家、板堡、东咀、上畔、下畔、上关、西咀
	儒 林	上堎、嶂窝、肖坑、刘庄、王坑、冯庄、范庄、斗楼、牛头咀
	东 滩	当庄、上庄、北咀、北庄、堡子、地庄、厂子、东卡、闫咀、庙咀、车圈、洼子、南沟畔、岭子
	涝 池	钱畔、寺坳、吕坑、中坪、朱家咀、新庄、黄西庄、方咀、小山、刘西庄、刘洼、涝池
	太 乐	太乐、老庄、庙岭、上庄、房院、刘旗、西咀、东咀、赵庄、夏店
	老 庄	土桥、板庄、魏岭子、岳社、解咀、杨畔、东庄、景咀、老庄
	冯 塬	赵庄、嶂岘、东庄、西庄、冯塬
	苟家渠	杨壕、西咀、前庄、东庄、大庄、闫咀
	杨 湾	王湾、马渠、程塬、向河、卢山、刘河、大庄
	马 园	东坡、阴湾、北湾、慕山、染湾、陈庄
	佛寺坳	程庄、底庄、西庄、东庄、中心、上庄、北咀、闫庄
	南极庙	姬家塬、前咀、赵庄、陈庄、石家塬、贺楼、杏园、南极庙、杨山、沟畎
	安家寺	麻滩、刘咀、代畔、范滩、上畔、小寨、沈旗、安家寺
赤城乡	武 庄	嶂岘、上庄、下庄、蒋堡、沈咀、寇庄、魏庄、涂川、盖川、赵川
	万胜堡	赵咀、东庄、沟畎、西庄、倪畔、高岘、高湾、张畔
	新 庄	谈庄、吴畔、胡寨、新庄、侯咀、仇咀
	白 窑	北庄、当庄、南庄、上庄、下庄
	老 庄	庙底、苏安、东庄、西庄、东咀、老庄
	赤 城	崖窑、栲栳、南门、麻芋、赤城
	周 庄	圪垯、北门、黄庄、梯子山、地坑、周庄
	黄 家	北家庄、西庄、沟脑、南庄、老庄、新庄、黄家
	范 村	董庄、毛庄、前庄、店子、殷庄、薛庄、王庄、楼底

续表 1-2-1

乡（镇）	村委会	村民小组名称
熊家庙办事处	熊家庙	文岭、白老庄、马庄、范家沟畎、熊家庄、西庄、高老庄、高沟畔、夏咀、张庄
	李家庄	火烧坡、李庄、裴家塬、肖咀、小庄、苏圪崂
	钱家畔	上畔、殷岭、庙湾、坑崂、地庄、沙咀、钱家畔、暖泉
	花园	四王、北庄、南庄、老庄、陈洼、董洼
	米家川	倪川、梁川、陈家庄、中庄、当庄、郭崖窑、赵川
	瓦窑咀	郑庄、崖窑子、褚湾、崾岘、三王、黄渠
高楼乡	丁堡	牌楼洼、下崾岘、毛沟、上崾岘、背庄、哈口、麻沟门、张咀、马岭
	花村	河滩、李咀、北庄、宇塬、徐庄
	苏家店	北塬、王栲栳、西面庄、马寺、鲜庄、袁栲栳、左村、野咀、苏店
	太乐沟	太乐沟、惠咀、麻庄、牟山、坡畔、郑咀、封畔
	高楼	庞塬、蔡洼、郝寺、新庄、郝洼、店子庄、米曲、柏树咀、梁咀
	雷家岘子	宁洼、岘北、岘南、王塬、东畔、南庄
	杨塬	杨塬、庙花、马庄、聂庄、唐山
白马铺乡	三里店	西洼、三里店、宇咀、代渠、张畔、老庄
	顾旗	侯东庄、顾旗、西庄、南庄、老仁仓、张庄
	王畔	估庄子、当庄、老庄、鲁庄、庙咀、褚庄、上咀、苏咀、王畔
	坳子	黄崖、坳子、禹渠、雪咀、胡畔、曹崖咀、西庄、南庄、冉坳、东山、塬畔、范店、葛庄
	白马铺	兔窝、马咀、范咀、马家墼口、鸭沟、曹崖咀、老庄、贾庄、南畔、白马铺
	高户	方掌、高户、任洼、沟畎
南庄乡	六村塬	大岔山、湫沟湾、崾岘、田合咀、李小渠、老庄、前塬畔、南塬
	何塬	杨塬、杏树洼、吴塬、槐树湾、何塬、党塬、孟塬
	东塬	南庄、塬畔、谷庄、麻园子、李岽、陈寨、上岽、麻皇嘴
	新庄	北林洼、新庄、梁塬、西沟、王河、老庄、河里洼
	丰台	北洼、张坳、丰台、杨岭、大湾、高庄
蔡家庙乡	徐新庄	李庄、新庄、陈湾、姚掌、白草湾、杨塬、老庄、河塬、崾岘、封塬
	史家店	上店、刘店、南沟门、庙沟、老庄沟、史店
	北岔沟	坡头、樊店、向湾、齐咀、艾寨、塔山
	蔡家庙	东畔、石沟、前庄、魏庄、南塬、蔡家庙
	万庄	程湾、万庄、塔山、苏河
	土桥子	罗庄、吕塬、王庄、上庄、崾岘、土桥子
	齐沟门	杨掌、槐树庄、唐塬、齐家沟、齐沟门、甘沟门、任沟、薛咀、阴庄
	樊家塬	吴掌、杨咀、秦湾、湫沟塬、黄米湾、方塬、齐湾、樊塬、朱塬、张掌
	大堡子	北山、复沟门、南沟门、榆树坪、桐川沟、王坡、木瓜台、寺坪、九沟门、大堡子
	西王塬	马岽、刘家寨、李山、崾岘、王坪、王家塬

续表 1-2-1

乡（镇）	村委会	村民小组名称
葛崾岘办事处	辛龙口	冯咀、杨峁、北峁、牟洼、北庄、贾老庄、炊山
	天 子	药王洞、青龙咀、杨塬、天子、韩湾、三道湾
	葛崾岘	蒋崾岘、李寺、葛崾岘、马庄、侯崾岘、庄子洼
	二郎山	许川、二郎山、龚老庄、李梁、许洼、周老庄、王老庄、大坪、槐树湾
	贾 塬	余家湾、王庄、彭家洼、麻庄
	高 庙	齐梁、新庄、岘子、曹塬、前山、教子川、崾岘、何山、高庙、徐园子
太白梁乡	巴 山	徐家湾、梨塬、二何湾、巴山
	王 渠	小庄、崾岘、老庄、常河、唐湾、王渠、太白梁
	中合铺	油房湾、新庄、中合铺、凉水湾、吊井、大湾、庙湾
	贾 山	包梁、郭渠、拐沟、王安山、王老庄
	高 山	龙背山、糜地湾、高山
	无量山	蔡渠、无量山、田山、车山、苇子湾、烟雾塘
	山 庄	西坪、碾湾、樊岔、阴洼、高庄
	吕 塬	咀子、桥岔、马岔、吕家塬、寺殿、分岔、马渠湾、圪崂庄、干沟山
	冰淋岔	前湾、杨洼、中岔、东坡梁、二河沟、四平、曹湾、田湾
	众 义	老庄湾、杨洼庄、八合庄、曹咀子、长咀梁、小川梁
	柳树庄	碾子岔、尚庄洼、北草山、崾岘、大滩
	庙 山	西瓜梁、牛家庄、山峁庄、鹿泉沟、野王山
	吴家岔	三合庄、四合山、苇子坪、柳家新集
桐川乡	郭 旗	上塬、西畔、王安塬、嵇旗、大渠、苏塬、邢庄湾、郭旗
	郭家岔	庄子山、范梁、三合庄、宇坪、李家岔、王崾岘、郭家岔
	党崾岘	崾岘、张良、史家沟、关泉头、白家庄、方洼、刘湾、羊路口
	三合湾	辛红渠、陈家庄、赵咀、桥湾、车庄、三合湾
	大 滩	董家山、上庄河、北湾、四合岭、南湾
	九条湾	高塬、小南坡、庙湾、罗湾、九条湾
	北塬头	白草湾、何家湾、李家湾、吊咀子、十二湾、北塬头
	高 庄	塔尔坪、祁家河、潘崾岘、白草湾、罗家坪、高庄、三条硷
	崇家河	另湾、庙台、寺儿湾
	惠家庙	惠家庙、下畔、王旗、范崾岘、铁包沟畎
	张 旗	高渠、姬家洼、西庄、八虎洼、东庄
	唐崾岘	崇河、李岘子、北庄、南庄山、三里圪塔、唐崾岘、七庄
	金家川	尹坪、冉湾、半川、八条涧、东湾
	小 塬	上塬、下塬、李洼、范台子、芦子河、南湾、堡子湾、大庄、王庄

续表 1-2-1

乡（镇）	村委会	村民小组名称
翟家河	胡家岭	齐沟、核桃树湾、塔山、侯塬、曹沟、胡家岭
	梨树渠	谷家湾、庄子湾、杨嘴子、庄子山、林塬、梨树渠
	店 户	山根底、罗嶷岘、麻子沟、贾洼、店户
	程家河	九掌、赵掌、代家庄、赵家河、张沟、刘塔山、翟河
	路家掌	北山、路家掌、八亩滩、李家河、王老庄
	共 和	贺山、张湾、桑树嶷岘、寇洼、郭碥、老沟、小堡湾、郝掌、西洼梁、刘家渠、阳路湾、麻嶷岘、西掌湾
玄马镇	沟脑	贾岭、沟脑、嶷岘、宝寨、东凤、俄岘子
	樊 庙	张山、张岭、胡庄、史岭、罗庄、曹咀、樊庙、南塬、李咀、赵咀、庙山
	柏 树	柏树、高树、史关、田庄、徐塬、高岭、芋子塬
	桑梨塬	庙岭、堡子庄、三合庄、井坳、立新、君塬、杨岭、张畔
	林 沟	老庄、大庄、韩庄、王湾、拐子塬、陈河
	玄 马	九庄、何塬、店子、胡洞、山底、吴岭、延庆、玄马、太沟门
	老 庄	雷塬、樊河、上马畔、吴河、曹崞、嶷岘、张八咀、仓里、南塬、房里、老庄
	孔 桥	桐川沟门、尹桥、侯坪、齐沟门、何渠子、东台塬、新庄湾、槐树坪、郑塬
	柏塬	陈畔、郑坳、张畔、李塬、沟脑、九里沟、柏塬
	贾 桥	任塬、南塬、上坪、李园子、甫塬、贾桥、赵园子、贾店子
土桥乡	杨 河	坡店、花花掌、杨河、兰山、大丰台
	佛殿湾	财神嶷岘、九条碥、杨火湾、南庄湾、堡子湾、佛殿湾
	西 掌	西掌、土桥湾、东庄塬、大庄、付家坪、魏家山
	新 民	菊河湾、山岔砭、堡子山、李家湾、赵湾、董志塬、姚砭、白草湾
	合 丰	槐树庄、芦子山、大湾、二合渠、北沟湾
	王 塬	任塬、刘塬、鸭河、王塬、秋树梁、柳树沟、枣树庄
	南庄塬	南塬、站子渠、马畔、羊场、尖咀
蔡口集乡	周家塬	南塬、西塬、七合、庄子坪
	虎家渠	白虎掌、庙湾、崖嶷坪、张李湾、虎家渠、槐树庄
	高 塬	杨桂山、吕家塬、王嶷岘、庙坪、孙家掌、高塬
	龙头寺	刘庄、马湾、吴台、白家滩、寨子掌、龙头寺
	六河湾	王沟、杨塬、肖塬、张山
	邱家湾	背掌湾、谢庄、邱家湾
	蔡口集	白草洼、杨嶷岘、蔡口集、三合掌、城子
卅铺镇	阜 城	任小塬、边湾、李塬、康湾、谷滩、阜城、白庄
	王 桥	孙家塬、左家塬、纸房沟、西沟、念掌、罗河、麻湾、王桥
	韩 湾	夏洼、倪园、韩湾、李家塬、周家湾、西沟门
	雷 旗	碾子渠、刘坳、嶷岘、小寨、雷旗、南塬
	百步寺	上岘子、王畔、栗岘子、百步寺、南塬
	四十里铺	四十里铺、辛家塬、甘沟店、转咀子、王家庄、辛家沟、张家嶷岘、孙家塬、阎洼

续表 1-2-1

乡（镇）	村委会	村民小组名称
卅铺镇	曹塬	王塬子、安塬、曹家塬、许塬、陈老庄、王咀子
	三十里铺	土尔店、朱家沟、钟塬、黄洼、滴水沟门、北队、南队
	韩台	刘台、陈沟、韩台子、当庄、张砭
	二十里铺	刘岗子、柳树湾、二十里铺、沟门、白杨树滩
	十五里铺	杨湾、上沟、王园子、十里铺、十五里铺、石川
	齐塬	蒋庄、井坳、阳光、齐塬、崾岘

第三节　乡镇概况

庆城镇

庆城镇是全县政治经济文化中心，县委、县政府所在地。全境东依南庄乡，南接合水县板桥乡，西南邻高楼、白马铺乡，西临蔡家庙乡，北靠卅铺镇、玄马镇。国道 211、省道 202 线在莲池村交会，是南通西峰、合水，北往环县、华池的交通枢纽。环江、柔远河交汇于药王洞、莲池两村交界处，改称马莲河。2012 年底，镇辖 7 个社区 9 个村民委员会，60 个村民小组，城乡居民 20288 户，47238 人，其中农业人口 15653 人。土地面积 109.73 平方千米，其中耕地面积 3.75 万亩。平均海拔 1097 米。境内主要矿产资源是石油。

该镇地处城郊，农业生产有"三分粮、五分瓜菜、两分林果"的特点。1986 年底，全镇粮食作物总产 2634.89 吨，农民人均纯收入 338.7 元。2012 年，粮食总产 4914.46 吨，农民人均纯收入 5050 元。2012 年新建钢架大棚 52 栋，恢复瓜菜大棚 656 栋、日光温室 51 栋，种植露地蔬菜 1.01 万亩。果园面积 6376.76 亩，其中店子坪霍家寺村民小组矮化密植苹果 2060 亩。投资 1.6 亿元新建碳汇林基地，实施教子川流域生态治理工程 22 平方千米，人工造林 9867.6 亩，封山育林 5472 亩。有人工草地 1.27 万亩，天然草地 9.95 万亩。饲养肉牛 3700 头，肉绒羊 3250 只，生猪 2100 头，新增养殖户 30 户，建成规模示范点 1 处。有工业企业 35 家，个体工商户 3000 多家，基本形成石油化工、机械制造、特色农产品加工、设备维修、建筑建材、交通运输、油田技术服务等门类齐全的工业体系。

2012 年底，有镇属小学 4 所，教学点 6 个，教职工 241 人，在校学生 3200 人；镇属幼儿园 1 所，占地面积约 2000 平方米，教职员工 14 人，幼儿 189 名。有村卫生室 9 个，医护人员 32 人；新型农村合作医疗参合率达到 99%。境内有周祖陵、崭山湾、文笔峰、普照寺、鹅池洞、傅介子墓、十里坪古墓群、碧云寺等遗迹遗址。

驿马镇

驿马镇地处县西南部，是南出庆城的重要门户。全境东连白马铺乡，东南衔熊家庙办事处，西南与西峰区彭原乡隔义门沟交界，西濒黑河与镇原县新集乡相望，北靠太白梁、桐川乡、蔡家庙 3 个乡。镇政府驻地距庆阳市区 15 千米，距县城 40 千米。2012 年，镇辖 2 个社区 14 个村民委员会，123 个村民小组，城乡居民 10396 户，32789 人，其中农业人口 30154 人。土地面积 215.41 平方千米，其中耕地面积 8.2 万亩。平均海拔 1516 米。境内有向河（又名刘家河）汇入黑河；有各类油井 280 口，输油管线达 173 千米，为西峰油田主采区之一。

该镇塬面完整，地势平坦，农业生产优势明显。1986 年底，全镇粮食作物总产 5627.2 吨，农

民人均纯收入 291 元。2012 年，粮食总产 1.66 万吨，农民人均纯收入 5076 元。种草面积 5000 亩，大牲畜存栏 4980 头，羊存栏 1.99 万只，猪存栏 7335 头，兼有山鸡、獭兔等特种养殖，建成 6 个专业养殖合作社。有私营企业 929 户，其中固定资产投资 50 万元以上的企业 221 户，外向型企业 57 户，具有自营出口权企业 10 户。主要以农产品加工销售为主，形成集规模养殖、餐饮服务、机械加工、综合修理等五大类 10 多个行业全面发展的产业集群。产品有白瓜子、油葵、苹果圈、甘草酸、果脯、苦杏仁、中药材等九大类 30 多个品种。2012 年底，企业总产值 7.4 亿元，完成增加值 1.59 亿元，出口创汇 2500 万美元。镇内贸易发达，商业街、蔬菜市场、牲口市场为商贸活动集中区，被誉为陇东农副产品"旱码头"，先后被列为全国农产品加工创业基地、全省小城镇发展改革试点镇、甘肃省乡镇企业示范区、全省村镇建设重点镇、全市非公有制企业十强镇。

2012 年底，有小学 18 所，教师 170 名；97 个教学班，1839 名学生。幼儿园 5 所，其中公办 1 所，民办 4 所，入园儿童 217 人。有村图书室 14 间，藏书 14 万余册。有中心卫生院 1 所，村卫生室 14 个，药品经营门店 10 个，医疗卫生从业人员 46 名；新型农村合作医疗参合率 95%。境内有安家寺娘娘庙、佛寺坳广缘寺、三佛殿、驿马关城址、缪家老庄烽火台等遗迹遗址。

马岭镇

马岭镇地处县西北部，是北出庆城的交通咽喉。汉时为北地郡治所，隋唐置县。唐德宗贞元十三年（797 年）春，唐邠宁节度使杨朝晟在此重新筑城，范仲淹复筑，遗址尚存。全境东北与华池县上里塬乡和王咀子乡交界，东南与卅铺镇为邻，南与翟家河乡接壤，西与蔡口集乡相连，北靠环县曲子镇。镇政府驻地距县城 40 千米。2012 年，镇辖 12 个村民委员会和 1 个社区，82 个村民小组，城乡居民 9034 户 27665 人，其中农业人口 23417 人。土地面积 231.1 平方千米，其中耕地面积 5.8 万亩。平均海拔 1170 米。环江自西北顺势而下，途经纸房、宗顾、石立庙、琵琶寨、贺旗、董家滩、马岭、下午旗 8 个村，全长 30 千米。

该镇以"苹果、玉米、草畜"为特色产业。1986 年底，全镇粮食作物总产 4345 吨，农民人均纯收入 314 元。2012 年，粮食总产 8381 吨，农民人均纯收入 4630 元。种植全膜双垄沟播玉米 1 万余亩，油料作物总产 2.2 吨。果园面积 1.27 万亩，人工造林 1.09 万亩，封山育林 5562 亩。种植各类牧草 9000 多亩，肉绒羊存栏 9000 多只、生猪 3176 头、家禽 1.6 万只。规模以上民营企业 17 家，餐饮酒店 68 家，零售商铺 77 户。

该镇石油资源丰富，是长庆石油勘探局最早开发石油之地，第一个整装油田——马岭油田所在地。长庆油田第一口油井（庆一井）、高产岭九井诞生于此。境内有各类油井 600 多口，原设有长庆油田第二采油厂、第二钻井处、马岭炼油厂、轻烃厂、井下作业处、火电厂等二级企业，职工 3000 多人。

2012 年底，有学校 17 所，其中完小 13 所，村学 2 所，幼儿园、初中各 1 所，专任教师 186 人，学生 2061 人。镇文化站占地面积 592.05 平方米，设阅览室、电教室、文化娱乐室、健身房等；琵琶寨文化广场占地面积 1200 平方米，设篮球场地、羽毛球场地；董家滩文化广场占地面积 1438 平方米，设篮球场地、羽毛球场地、乒乓球台、路径健身器材等。有村级卫生服务站 13 家，专业医务人员 25 人，新型农村合作医疗参合率 98%。境内有凤凰山旅游景区 1 处。

卅铺镇

卅铺镇地处县中东部，东邻玄马镇，东南接庆城镇，南与蔡家庙乡毗邻，西与翟家河乡接壤，西北与马岭镇为邻，北与华池县王咀子乡交界。镇政府驻地距县城 28 千米。2012 年，镇辖 12 个

村民委员会和 2 个社区，75 个村民小组，城乡居民 7579 户 23346 人，其中农业人口 21239 人。土地面积 179.08 平方千米，其中耕地面积 5.5 万亩，平均海拔 1100 米。境内环江自西北顺势而下，途经阜城、韩湾、雷旗、四十里铺、三十里铺、韩台、二十里铺、十五里铺等 8 个村，长 27.6 千米。境内主要矿产资源是石油。韩湾村是原中石油庆阳石油化工集团公司所在地，阜城村是原长庆石油勘探局石油建设公司所在地。

该镇瓜菜起步早，基础好，生产优势明显。1986 年底，全乡粮食作物总产 5344.4 吨，农民人均纯收入 293 元。2012 年，粮食总产 9030.8 吨，油料总产 1090.24 吨，农民人均纯收入 5080 元。种植全膜双垄沟播玉米 4 万余亩，瓜菜生产面积 8000 亩，其中设施瓜菜 2300 亩、露地商品菜 5700 亩，总产量 2.9 万吨，年产值近 2900 万元。百步寺、曹塬、齐塬等村发展苹果种植产业，果园面积累计 5000 多亩；人工造林 8867.6 亩，封山育林 4572 亩。建有市级养殖场示范点 1 处，新增规模养殖户 106 户，规模养殖场 8 个，肉牛饲养 4500 头，肉绒羊存栏 1.2 万只，生猪 9000 头。有工业企业 126 家，工业产品 20 多个种类，形成以石油化工、建筑材料、农产品加工、交通运输、服务为主的产业体系；商贸企业 265 家，年营销 2.3 亿元，年上缴利税 245 万元。

2012 年底，有小学 5 所，村学 8 所，幼儿园 4 所（其中民办 2 所），儿童入学入园率达 98.5%。镇中心卫生院占地面积 1000 多平方米，业务用房 4200 平方米，医护人员 27 人；村卫生室 16 个，医务人员 17 人，新型农村合作医疗参合率 100%。境内有清凉寺、桃花山、三十里铺环江翼龙化石出土点、阜城三趾马化石出土点、南塬堡址、阜城墓群、滴水桥（明）等遗迹遗址。

玄马镇

玄马镇地处县东北部，东邻南庄乡，南接庆城镇，西与卅铺镇毗邻，北与华池县城壕乡、悦乐镇连接。镇政府驻地距县城 8 千米。2012 年，镇辖 10 个村民委员会和 1 个社区，82 个村民小组，城乡居民 6205 户 20844 人，其中农业人口 19991 人。土地面积 227.98 平方千米，其中耕地面积 5.6 万亩。平均海拔 1200 米。柔远河由华池县悦乐镇入境，流经玄马、孔家桥、贾家桥 3 村；刘巴沟自东向南汇入马莲河。庆华公路贯通南北。境内主要矿藏资源是石油，原长庆石油勘探局筑路工程处驻贾桥村。

该镇形成"川区瓜菜梨枣，塬区黄花苹果，山区草畜林杂"经济发展模式。1986 年底，全乡粮食作物总产 4498.41 吨，农民人均纯收入 230 元。2012 年，粮食总产 1.04 万吨，油料作物总产 668.97 吨，农民人均纯收入 4490 元。有钢架大棚 760 栋，"种、养、沼"综合利用的"三位一体"高标准日光温室 110 栋，建成瓜菜科技示范区 5 个，瓜菜播种面积 1.46 万亩。梨枣园面积 1100 多亩，"玄兴牌"梨枣享誉省内外。柏树、柏塬村栽植核桃树 6500 亩，种植中药材 800 亩，繁育苗木 650 亩，其中利用土地流转方式繁育苗木 300 多亩，千亩荒山造林点 1 处。种植紫花苜蓿 2.8 万亩，千亩种草点 1 处。有农民专业合作社 15 个，建成规模养殖小区 2 个，规模以上养殖户 189 户；大牲畜存栏 3693 头，猪存栏 2379 头，羊存栏 1.77 万只，特种动物饲养 500 头（只），家禽饲养 1.64 万只，水产品产量 2000 千克。有各类企业 29 户，年产值 2 亿元，实现利税 1000 多万元。先后荣获甘肃省级文明乡镇、生态乡镇、平安农机乡镇等称号。

2012 年底，有小学 13 所、幼儿园 1 所，教学班 58 个，专任教师 99 名，学生 1147 人。有综合文化站 1 个，文化广场 6 处，农家书屋 11 个。镇卫生院 1 个，村卫生室 12 个，医务人员 30 人，新型农村合作医疗参合率 96.08%。境内二谷塬为横岭山脉的南端，柏树塬村有百年柏树 51 棵。有新石器时代的吴家岭、胡洞、尹家桥遗址，刘巴沟有天子掌（即公刘庄）、汉延庆县城旧址，明代

柱国将军郭增寿墓及明都察院左佥都御史李希沆墓等遗迹遗址。

白马铺乡

白马铺乡地处县中南部，1989 年由赤城乡析出。东与高楼乡为邻，南和赤城乡接壤，西连驿马镇，北接蔡家庙乡。乡政府驻地距县城 25 千米。2012 年，乡辖 6 个村民委员和 1 个社区，48 个村民小组，城乡居民 4656 户 15486 人，其中农业人口 15081 人。土地面积 104.19 平方千米，其中耕地面积 3.74 万亩。平均海拔 1274 米。国道 309 线、省道 202 线交会横穿东西，县道白（马）铁（李川）公路纵贯南北。境内石油资源丰富，西峰油田第一口高产井在坳子村钻探成功，拉开西峰油田建设的序幕，是西峰油田主产区，有油田生产井 209 口。

该乡地势平坦，以种植业为主。1989 年底，全乡粮食作物总产 4216 吨，农民人均纯收入 348.1 元。2012 年，全乡粮食总产 6010.1 吨，农民人均收入 4890 元。1992 年后，苹果产业发展迅速。2012 年底，全乡苹果栽植面积 2.85 万亩，占耕地面积 76.2%，户均 7.62 亩，人均 1.98 亩；果品产量 2.04 万吨，收入 1.06 亿元，人均果品收入占农民人均纯收入 78%；有果品套袋、发泡网、气调保鲜、果品包装、加工运销等配套服务企业 16 户，苹果专业合作社 6 个，冷藏库 32 座。有各类民营企业 20 多家，其中规模以上企业 2 家，形成建材、活性炭生产、中药材加工、土特产购销、包装材料制造的产业格局；有农贸市场 1 处，占地 14 亩，商铺 120 间，商业贸易活跃。2001 年，被国家农业部确定为全国首批 100 家无公害农产品生产示范基地。

2012 年底，有小学 7 所、村学 1 所、私立幼儿园 1 所，教学班 53 个，专任教师 79 名，在园在校学生 1288 人。有村级文体广场 6 处；农家书屋 6 个，藏书 1.5 万册。乡体育健身中心绿化面积 1700 平方米，安装体育器材 120 台套。乡综合文化站占地面积 3000 平方米，建筑面积 300 平方米，设图书阅览室、文体活动室、办公室以及多功能厅等 5 间。乡卫生院 1 个，村卫生室 6 个，医务人员 23 人，新型农村合作医疗参合率 98%。

赤城乡

赤城乡地处县最南端，金太和元年（1201 年），即有此名；明嘉靖年间，参政陈其学在此修筑"赤城"。东与合水县何家畔乡接壤，南与西峰区温泉乡隔沟相望，西接驿马镇，北连白马铺乡、与高楼乡隔沟为邻。乡政府驻地距县城 40 千米，距合水县城 30 千米。2012 年，乡辖 9 个村民委员会，134 个村民小组，城乡居民 5388 户 18125 人，其中农业人口 17696 人。土地面积 104 平方千米，其中耕地面积 4.31 万亩。平均海拔 1268 米。境内有米粮川河水由西北入境，向东南流经赵川、盖川后，在武庄村魏庄组山咀下出境，流向马莲河，河道长约 5 千米。白（马）铁（连川）公路贯穿南北。

该乡素以种植业闻名，是全县种植业结构调整力度最大、步伐最快的乡。1989 年底，全乡粮食作物总产 4884 吨，农民人均纯收入 348.5 元。20 世纪 90 年代开始，由以粮食生产为主，逐步发展黄花、烤烟、苹果，尤以苹果生产驰名。2012 年，果园面积 3.95 万亩，其中，生态果园 1.7 万亩；苹果总产量 3.3 万吨，总产值 1.05 亿元，户均 2.46 万元；收入 20 万元以上农户 20 多户。建有钢架大棚 67 座，种植设施瓜菜 92.8 亩；建成规模养殖场 5 个，发展规模养殖 65 户，大牲畜存栏 2107 头，猪存栏 543 头。全乡农民人均纯收入 5500 元。乡政府所在地建成临街二层上宅下店式商住楼 57 户 344 间，万民综合服务楼 1 栋，大型超市 1 个，庭院经济型居民住宅 110 户，上宅下店式农宅 50 户。2002 年，被农业部确定为无公害农产品（水果）生产示范县中心示范区。2008 年，在中国苹果年会上获"中国优质苹果基地百强乡镇"称号。

2012 年底，学区有小学 8 所，专任教师 78 人，在校学生 2031 人；幼儿园 4 所，在园幼儿 585

人，专任教师 21 人。有乡镇卫生院 1 个，村卫生室 9 个，医务人员 18 人，新型农村合作医疗参合率 88.14%。乡综合文化站占地面积 3000 多平方米，建筑面积 310.9 平方米，收藏各类书籍、报刊 2700 份（册）；有村级文化广场 3 处，近 3000 平方米，村级"农家书屋" 9 个。乡文化站曾在全县最早开发刺绣、剪纸等文化产品，多次参加"广交会"，最早带头走"以文养文"的路子，受到国家、省、市多次奖励。境内有赤城城址、麻芋古墓群、琉璃寺、万胜堡址、储仙洞庙等遗迹遗址。

桐川乡

桐川乡地处县西北部，是县城通往西北山区交通要冲。隋义宁二年（618 年）曾在此设县，宋乾德元年（963 年）并入安化县（今庆城县），历经 346 年。全境东邻蔡家庙乡、翟家河乡，南接驿马镇，西与太白梁乡毗邻，北与土桥乡接壤。乡政府驻地距县城 55 千米。2012 年，辖 14 个村民委员会，130 个村民小组，城乡居民 4913 户 18079 人，其中农业人口 17845 人。党嵝岘村民小组住有回民，建有清真寺。土地总面积 289.76 平方千米，其中耕地面积 10.12 万亩；平均海拔 1515 米。境内有蒲河支流小黑河，北起大滩村石桥，南至小塬子，全长约 9.5 千米；环江支流野狐沟水和蔡家庙沟水发源于境。主要矿产资源是石油和天然气，建有作业区 1 个，井区 4 个，联合输油站 1 个，各类油井 330 多口。

该乡逐步形成"山区草畜，塬区苹果"旱作农业发展格局。1986 年底，全乡粮食作物总产 6540 吨，农民人均纯收入 213 元。2012 年，粮食总产 1.49 万吨，农民人均纯收入 4040 元。苹果面积 3900 亩，其中成园面积 2500 亩；张旗村流转土地 400 亩，建成优质果园示范基地 1 个。植树造林 1.5 万亩，累计退耕还林还草 4.5 万亩。大牲畜存栏 4415 头，猪存栏 2650 头，羊存栏 1.92 万只。有各类企业 15 个，以砖瓦厂、砂石厂为主，其中，康惠玫瑰公司主要从事化妆品生产。乡政府所在地临街建成两层单面商业门店 12 幢 380 间，砖混结构平房 7 幢 80 间，餐饮门店 43 家。

2012 年底，有小学 15 所，教学班 65 个，教师 89 人，学生 1199 人；幼儿园 2 所，教师 15 人，教学班 8 个，在园幼儿 204 人。有农家书屋 14 个，藏书 5.6 万册。有公立卫生院 2 所，村卫生室 14 个，医务人员 47 人，新型农村合作医疗参合率 98%。境内有李家洼墓群、北塬头、李家岔、三合湾烽火台、半川、何家山、稽旗堡遗址等历史遗存。

太白梁乡

太白梁乡地处县最西端，东接土桥、桐川乡，南和驿马镇毗邻，西连镇原、环县，北与蔡口集乡接壤。2005 年，由原太白梁乡和冰淋岔乡合并而成，是市级特困乡。乡政府驻地距县城 84 千米。2012 年，辖 13 个村民委员会，74 个村民小组，城乡居民 2803 户 10829 人，其中农业人口 10710 人。土地面积 193.87 平方千米，其中耕地面积 6.3 万亩。平均海拔 1330 米。大、小黑河分别从柳树庄村、山庄村开始往南至王渠村交汇成浦河，流入庆阳市巴家咀水库。国道 309 穿境而过，总长 22 千米，途经巴山、中合铺、冰林岔、庙山等 4 个行政村。矿产资源有石油、天然气、砂矿等，共有油井 275 口。

该乡地处山区，山地广阔，饲草丰富，养殖业是乡域经济主要支撑。1986 年底，太白梁乡粮食作物总产 1294.77 吨，农民人均纯收入 177 元；冰淋岔乡粮食作物总产 1241.65 吨，农民人均纯收入 159 元。20 世纪 90 年代，兴办"公司 + 农户"模式养殖。2012 年，全乡粮食总产 1.56 万吨，油料作物总产 525.18 吨，农民人均纯收入 2800 元。新建养殖农民专业合作社 14 个，大牲畜存栏 6413 头，羊存栏 1.53 万只，鸡存栏 2 万只。有砂厂和空心砖厂两户工业企业。乡政府所在地临街建成上宅下店的商品用房 120 间，临时用房 68 间；有综合商贸市场及畜禽交易市场；新建砖混结构 2 层政务大厅和计生服务楼 36 间，4 层派出所办公大楼 1 幢；柏油硬化道路 400 米；铺设彩砖

400 米；安装太阳能路灯 20 盏；铺设排污管道 590 米；修砌排洪渠 130 米。

2012 年底，有小学 17 所，专职教师 87 人，在校学生 555 人；幼儿园 1 所，在园幼儿 41 人，专职教师 4 人。乡文化站占地 140 平方米，有农家书屋 13 个，藏书 1.5 万册。村级休闲文化广场 5 个。乡卫生院 2 所，村卫生室 13 所，医务人员 20 人；新型农村合作医疗参合率 94.61%。境内遗迹遗址：开凿于金代的巴山石窟，现存遗迹 13 孔；始建于清光绪二十五年（1899 年）的泰伯庙（又称法云寺），占地 3.1 亩。

土桥乡

土桥乡地处县西北部，东与翟家河接壤，南与桐川乡为邻，西连太白梁乡，北接蔡口集乡。距县城 65 千米，是市级特困乡。乡政府驻地距县城 70 千米。2012 年，辖 7 个村民委员会，42 个村民小组，城乡居民 1838 户 6560 人，其中农业人口 6365 人。土地面积 143.19 平方千米，其中耕地面积 3.77 万亩。平均海拔 1540 米。环江河支流野狐沟和纸坊沟发源于该乡。主要矿藏资源是石油，有油井 160 口。

该乡山地居多，塬地稀少，土地瘠薄，气候冷凉，劳动力匮乏，农业发展艰难，经济生产以种植和养殖为主。1986 年底，全乡粮食作物总产 1384.25 吨，农民人均纯收入 184 元。2012 年，粮食总产 8500 吨，油料作物总产 507.26 吨，农民人均纯收入 2600 元。建有佛殿湾绒山羊养殖公司、杨河绒山羊繁殖公司、南庄塬养鸡场、振兴养猪场、华丰养殖场，有规模养殖户 1050 个，年末大牲畜存栏 3783 头、猪存栏 1844 口、羊存栏 1.52 万只、鸡存栏 1.18 万只。完成油松、沙棘混交工程造林 1068 亩，荒山造林 1200 亩，退耕补植 1100 亩；栽植核桃树 3300 亩；王塬、合丰、南庄塬村嫁接改造山杏 1000 亩。乡政府所在地临街改造旧门面房 56 间，新建商业门店 30 间，硬化街道 1000 平方米，铺装透水砖 800 平方米，绿化 3500 平方米，安装太阳能灯 30 盏，敷设排水管 2400 米，延伸石砌排洪渠 820 米，建公厕 3 座。

2012 年底，有小学 10 所，专任教师 61 人，学生 517 人。有农家书屋 7 个，村级文化广场 3 个，乡文化站建筑面积 150 平方米，设图书阅览室、文体活动室等 5 间。有乡卫生院 1 个，占地面积 2200 平方米，建筑面积 940 平方米，职工 7 人；村卫生室 7 个，医务人员 7 名；新型农村合作医疗参合率 98%。境内有马畔古庙、王塬堡址、赵湾烽火台、堡子山堡址、芦子山古墓群、付家坪堡址、大丰台烽火台等遗迹遗址。

蔡口集乡

蔡口集乡地处本县西北端，东依马岭镇、翟家河乡，南与土桥、太白梁乡毗邻，西北与环县天池乡接壤。乡政府驻地距县城 80 千米，是市级特困乡。2012 年，辖 7 个村民委员会，41 个村民小组，城乡居民 1695 户 6164 人，其中农业人口 5694 人。土地面积 145.14 平方千米，其中耕地面积 3.41 万亩。平均海拔 1350 米，气候冷凉。境内有纸房沟、孙家河、罗家川 3 条自然河流，有国营蔡口集林场 1 个，林地面积 1.8 万亩，有油井 20 口。

该乡沟壑纵横、梁峁起伏，属纯山区。经济发展主要以农作物种植和草畜养殖为主。1986 年底，全乡粮食作物总产 1135 吨，农民人均纯收入 160 元。2012 年，粮食总产 8597.93 吨，油料作物总产 512.89 吨；农民人均纯收入 2440 元。全乡兴修梯田 1500 亩。有林地 2.6 万亩，退耕还林 7383 亩；种草面积 4.48 万亩，其中高塬村种植紫花苜蓿、红豆草、沙打旺 300 亩，养殖专业合作社 7 个，规模养殖场 7 个，年末大牲畜存栏 4390 头，猪存栏 749 头，羊存栏 1.43 万只，鸡存栏 3.2 万只。小城镇建设在山区乡镇起步较早，建有上宅下店式商品房 28 间，商业门店 32 间，安装太阳能路灯

36盏，街道柏油沥青罩面2884平方米，有餐饮、百货、服装、水产蔬菜、农资供应等各类门店90家。

2012年底，有小学7所，专任教师48人，学生355人；幼儿园1所，在园幼儿78人，专任教师5人。有乡文化广场1个，村农家书屋6个。有卫生院1所，医务人员18名；村卫生室7个，医务人员8名；新型农村合作医疗参合率97.3%。境内有虎家渠、崖嶓坪堡址、蔡口集、肖塬烽火台、白草洼墓群、石炭城址，创修龙头寺初级小学石碑等遗迹遗址。

高楼乡

高楼乡地处县东南端，东、南与合水县板桥镇接壤，西与白马铺乡毗邻，北靠庆城镇。乡政府驻地距县城25千米。2012年，辖7个村民委员会，50个村民小组，城乡居民3608户11836人，其中农业人口11420人。土地面积108.64平方千米，其中耕地面积5万亩。平均海拔1200米。国道309线贯穿东西。水资源贫乏，主要矿产资源有煤和石油，尚未开采。

该乡以种植业为主。1986年底，全乡粮食作物总产2790.83吨，农民人均纯收入216元。20世纪90年代起，调整产业结构，大力发展苹果产业，逐步形成雷家岘子、高楼、太乐沟、苏家店村等规模片带区。2012年，粮食总产3107吨，农民人均纯收入4360元。苹果面积4万亩，其中成园2万亩，年产值4000多万元，人均收益3100多元，成为全乡农民群众脱贫致富的主导产业。人工造林9877.6亩，封山育林6434亩；发展规模养殖50户；新建高楼村、太乐村规模养殖示范点2处，饲养肉牛4375头、肉绒羊1.56万只，年末猪存栏3386头。有土畜产品加工、砖瓦生产、果品、运销等企业20余户。乡政府所在地临街有商铺50余家，涉及饮食、电器、日杂、修理、通信、农资、服装、住宿等行业，并建成商贸市场3个。

2012年底，有小学7所，村学1所，专任教师92人，学生1648人；私立幼儿园1所，教师4人，学生30人。有村级文化广场3个，农家书屋7个，藏书万余册。有乡卫生院1所，村卫生室7个，医务人员25人；新型农村合作医疗参合率达到98%。境内有花村、丁家堡、王家堡、王家塬齐天大圣殿、徐家庄庙（清代）等遗迹遗址。

南庄乡

南庄乡地处县最东端，属子午岭边缘区，东接合水县老城镇，南与高楼乡、合水县板桥镇毗邻，西靠庆城镇、玄马镇，北与华池县城壕乡接壤。乡政府驻地距县城15千米。2012年，辖5个村民委员会，35个村民小组，城乡居民3143户11318人，其中农业人口11296人。土地面积184.11平方千米，其中耕地面积3.99万亩。平均海拔1410米。境内有冉河川和刘巴沟水系2条，六村塬村有漱池2处，其中1处面积约1000平方米；主要矿藏资源是石油。

该乡以种植、养殖为主，畜牧业生产在全县知名，以羊、牛为主。1986年底，全乡粮食作物总产2837.3吨，农民人均纯收入208元。2012年，粮食总产4427吨，农民人均纯收入2990元。成立养殖合作社3个，建规模养殖场4个，年末牛存栏5100头、肉绒羊存栏3万只、猪存栏2500头、驴存栏2400头。苹果栽植面积1.07万亩，其中东塬村建2000亩示范点1处，新庄、丰台村栽植矮化密植苹果树1300亩；新庄、丰台村种植中药材1291亩，何塬村李小渠组繁育金银花药材1000亩。封山育林1.19万亩，荒山造林4500亩，栽植核桃树1070亩。建有水窖5959眼，人畜饮水工程2处；乡政府所在地有临街商用楼房168间，辟有"十字街"2处，市场2处。

2012年底，有小学9所，专任教师84人，学生910人；幼儿园1所，入园幼儿20人，专任教师3人。有乡综合文化站1处，占地面积330平方米，设图书室、阅览室、棋牌室、娱乐室等。

有乡卫生院 1 所，村卫生室 6 个，医务人员 17 名；新型农村合作医疗参合率 95%。境内有公孙荷墓、吴家塬、新庄腰岘堡址，六村塬墓群，何家洼戏楼等遗迹遗址。

蔡家庙乡

蔡家庙乡地处县中部，东与庆城镇为邻，南与葛崾岘办事处接壤，西与桐川乡毗邻，北与翟家河乡、卅铺镇相连。乡政府驻地距县城 22 千米。2012 年，辖 10 个村民委员会，73 个村民小组，城乡居民 3129 户 10655 人，其中农业人口 10441 人。土地面积 115.6 平方千米，其中耕地面积 4.1 万亩。平均海拔 1268 米。境内有蔡家庙沟、魏家河、北岔沟、南沟、川河沟 4 条水系。主要矿藏资源是石油、天然气，生产油井 45 口，天然气井 12 口。

该乡以粮食生产为主，草畜、苗林业发展较快。1986 年底，全乡粮食作物总产 2987.7 吨，农民人均纯收入 238 元。2012 年，粮食总产 7772 吨，农民人均纯收入 3050 元。2007 年起，全乡新建标准羊舍 84 座，辐射带动农民养殖 200 户。至 2012 年，建成规模养殖场 7 个，养殖小区 1 个，成立农民养殖专业合作社 6 个，发展养殖户 300 多户，年末羊存栏 1.8 万多只，大家畜存栏 1609 头。退耕还林 18275 亩，荒山造林 4170 亩；优质牧草 21405 亩。有盛裕农产品加工厂、石磨面粉厂两户农产品加工企业。乡政府驻地有农贸市场 1 处，临街商铺 53 家。

2012 年底，有小学 6 所，村学 3 个，专任教师 64 人，学生 541 人；幼儿园 1 所，专任教师 4 人，入园幼儿 76 人。有乡综合文化广场 1 处，村级体育广场 2 处，村级文化活动中心 10 个，村级图书室 10 个，藏书 2 万余册。有乡卫生院 1 所，村卫生室 6 个，医务人员 20 名；新型农村合作医疗参合率 95.72%。境内有新石器时代的王家坡、红花湾遗址，汉代的石沟墓群、上店古墓群，明代的二峁山烽火台，清代的大堡子、蒲崾岘、姬家沟、清水沟、水井沟、薛家咀堡址，民国的刘家店显圣庙等遗迹遗址。

翟家河乡

翟家河乡地处县中部，属纯山区。东与卅铺镇接壤，东南与蔡家庙乡为邻，南与桐川乡毗邻，西与土桥、蔡口集乡相连，北接马岭镇。乡政府驻地距县城 34.1 千米，是市级特困乡。2012 年，辖 6 个村民委员会，42 个村民小组，城乡居民 2003 户 7151 人，其中农业人口 7076 人。土地面积 117 平方千米，其中耕地面积 2.9 万亩。平均海拔 1240 米。境内有野狐沟河，经店户、程河向东汇入环江河，全长 11.8 千米。石油资源丰富，是长庆油田最早开发区，属马岭油田。曾有油井 170 口，现有油井 57 口。

该乡以农牧业生产为主，经济作物和养殖业优势明显。1986 年底，全乡粮食作物总产 1267.57 吨，农民人均纯收入 176 元。20 世纪 90 年代，大力实施机修农田，农业生产条件逐步改善。2012 年，粮食总产 6153.34 吨，油料作物总产 512.89 吨；农民人均纯收入 2630 元。胡家岭、梨树渠等村推广种植全膜马铃薯 1000 亩，建成 500 亩集中连片示范点 2 个。建蔬菜大棚 60 座，开始种植设施瓜菜。退耕还林 6326 亩，种植核桃 2093 亩，牧草 9.60 万亩，种植紫花苜蓿 8000 多亩，成立农民专业合作社 1 个，利用国家扶贫专项资金，实行小尾寒羊、波尔山羊、良种肉牛、绒山羊棚圈规模化养殖，年末大家畜存栏 3495 头、羊存栏 6726 只。

2012 年底，有小学 1 所，村学 6 个，专任教师 58 人，学生 614 人；幼儿园 1 所，专任教师 3 人，入园幼儿 22 人。有乡村卫生院 1 个，村卫生室 6 个，医务人员 10 名；新型农村合作医疗参合率 98%。境内有仰韶文化和齐家文化的柳树湾遗址，以及梨树渠堡址、谷家湾堡址、路家掌遗址、南山沟堡址等。

熊家庙办事处

熊家庙办事处，即原熊家庙乡，2005年合并于驿马镇，改称办事处。辖区地处县中南部，东临白马铺、赤城乡，西、南与西峰温泉乡相邻，北接驿马镇夏涝池行政村。办事处驻地距县城40千米。2012年，有6个村民委员会，42个村民小组，城乡居民2905户9650人，其中农业人口9542人。土地面积73.49平方千米，其中耕地面积2.73万亩。平均海拔1295米。有米家川、倪家川、麻沟等水系，有油井34口。

区内农业生产以种植养殖为主，苹果生产特色鲜明。1986年底，全乡粮食作物总产2176.55吨，农民人均纯收入253元。2012年，粮食总产5393.07吨，油料作物总产510.38吨，农民人均纯收入4980元。苹果种植面积1.8万亩，果品收入2400万元，人均2600元。按照"合作社+基地+农户"模式，累计投资1400万元，培育农民专业合作社10个，参社群众700多户，年经济总收入500万元以上。设施瓜菜基地411亩，其中钢架大棚300座90亩，露地蔬菜种植120亩，露地西瓜种植200亩，日光温棚2座1亩。荒山造林1500亩，退耕补植1078.3亩；牧草面积5.14万亩；年末猪存栏2600多头、绒山羊存栏6000多只、小尾寒羊存栏1480只。境内的庆城县腾阳食品有限公司被省、市评为"农业产业化重点龙头企业"；天怡有限责任公司完成投资900万元，建成果库1处，办公楼5间。

2012年底，有小学6所，教职工51人，学生649人；幼儿园2所，专任教师6人，入园幼儿46人。有卫生院1所，村卫生室6个，医务人员22人。新型农村合作医疗参合率98%。境内有仰韶文化的梁家川遗址、陈家洼墓群（宋）、三圣殿、三合寺等遗迹遗址。

葛崾岘办事处

葛崾岘办事处，即原葛崾岘乡，是中医鼻祖岐伯诞生地。2005年合并于蔡家庙乡，改称办事处。辖区地处本县中部，东邻庆城镇，南与白马铺乡毗邻，西接驿马镇，北与蔡家庙乡万家庄、徐家新庄行政村接壤。距离县城29.8千米，原是市级特困乡。2012年，有6个村民委员会，42个村民小组，城乡居民2198户7841人，其中农业人口7761人。土地面积111.45平方千米，其中耕地面积3.38万亩。平均海拔1243米。境内河流有教子川河，有油井67口。

区内农业生产以种植养殖为主。1986年底，全乡粮食作物总产1941.72吨，农民人均纯收入227元。2009年后，农业结构调整力度加大，形成全膜玉米、中药材、脱毒马铃薯、苹果、核桃等特色产业。2012年，粮食总产5413.21吨，油料总产345.3吨，农民人均纯收入2950元。辛龙口、葛崾岘村种植全膜玉米、马铃薯3000亩；高庙、天子村种植生地、丹参、甘草等药材805亩，核桃树1255亩；高庙村教子川组、天子村药王洞组种植设施蔬菜322亩。退耕还林8999.6亩；二郎山荒山造林1100亩，贾塬、天子、二郎山、葛崾岘村退耕补植1778亩。建成新庆园、宏旺育肥猪场，浩卿生猪养殖场，成立"庆城县季发养殖专业合作社"，年末大牲畜存栏2936头、羊存栏4996只、猪存栏1130头。有零售商店16家。

2012年底，有小学7所，专任教师44人，学生427人；幼儿园1所，专任教师4人，入园幼儿36人。有村级文化广场3处，村级体育中心1处，农家书屋6个，藏书1.6万册。其中葛崾岘综合文化站内设图书阅览室、多功能活动室、办公室3间。有卫生院1所，村卫生室7个，医务人员20名；新型农村合作医疗参合率92.58%。境内有青龙嘴、岐伯诞生地、药王祠、天子穴、二郎庙、高庙等遗迹遗址。

第二章　自然资源

庆城县属黄土高原残塬沟壑区，山川塬兼有，梁峁沟交错，地形地貌独特。大陆季风性气候和较为肥沃的土壤，适宜多种动植物生存生长。干旱少雨且分布不均，灾害性天气常有发生。石油资源储量大，已经多年开采；煤炭资源丰富，有待开发利用。

第一节　地质

庆城县地处陕甘宁盆地（即鄂尔多斯盆地）南部，在地槽型的太古界沉积以后，经过五台之运动使其剧烈褶皱，仅在局部低洼处沉积了下元古界的地层。这几套地层几经变质，成为坚硬的结晶基底。这里在早元古代时期，构造上为一北东向的隆起，长期遭受风化剥蚀，直至震旦亚代海浸时才接受沉积。震旦亚系地层，由白云岩及藻云岩组成，其中夹有碎屑岩和喷发岩，沉积系300—500米。蓟县造山运动使本区上升为陆，缺失了青白口系和震旦系地层的沉积。早古生代的海侵时期，又重新被海水淹没，接受了寒武系和奥陶系地层的沉积，沉积物下部以碎屑岩为主，上部以碳酸盐为主，系300米左右。

早古生代晚期由于加里东构造运动的影响，使本区又上升露出海面，遭受一亿年的风化剥蚀。晚古生代有规模不大的海侵，因此上古生界中的石灰系地层仅50米，为海陆交互的煤系地层和石灰岩组成。二叠系地层是陆相沉积，下部以煤系地层为主，含煤情况较石岩系差，层数少（1—2层），单层薄仅0.5米左右，上部为砂岩和页岩的互层，厚800米左右。

中生代继承了晚古生代的沉积环境，为湖河相的沉积环境，沉积3000米左右砂岩与黏土岩的互层，含油情况较好，其中上三叠系是生油层，中侏罗系是储油层，是马岭油田的主要油层。另外侏罗系还含有丰富的煤炭资源，较好的煤层有6层左右，最大单层厚可达8米，埋藏深一般在1700至1800米之间。

新生代地层发育良好，黄土层厚达100米以上，黄土绵而深厚，质地均一，垂直结构良好，矿质养分较为丰富，宜于作物生长，成为古代动物活动和迄今人类居住生存的良好环境。主要有：1. 中更新统离石黄土，下部以棕黄色粉质黏土为主，夹5—10层棕红—褐红色古土壤；上部为灰黄色粉质黏土夹3—4层棕红色古土壤，据区域地质资料，在黄土塬区该层总厚一般为70—100米。2. 上更新统马兰黄土，为浅灰黄色粉质黏土，夹粉土，质地均匀，土质较疏松，大孔隙发育，具有湿显性，厚14米左右。3. 全新统重力堆积物，灰黄色粉质黏土，为沟道洪积物，土质较均匀，厚0.5—5米。4. 全新统重力堆积物，以灰黄色粉质黏土为主，为滑坡崩塌等重力地质作用形成，分布于沟道两侧，厚2—10米。

本县地质构造影响较大断裂有：（1）黑河—蒲河断裂，断裂带宽4—10千米，长度大于80千米。（2）板桥—马莲河断裂，断裂带宽2—10千米，长度大于70千米。（3）驿马—盖家川断裂，是较为发育的一组断裂，断裂走向笔直，影像明显，显示左行扭动特征。（4）刘家河—米家川断裂，断裂呈北东走向，构造行迹不十分明显，一般沿走向断续出露。（5）张家沟—四沟井—温泉—染河川断裂，长度大于90千米，沿途出现明显的直沟、河流拐弯、交汇等现象。

第二节　地貌

本县地处陇东黄土高原沟壑区，地形南北略窄、东西稍长，西北高，东南低。地势大致从西北向东南倾斜。山、川、塬、梁、峁、沟、谷、台、掌兼有。按地貌特征可分为：南部黄土高原沟壑区，中部及东北部残塬河谷区，西北部黄土丘陵区。

1. 董志塬残塬区：位于县南部，以驿马、白马铺为代表，塬面较完整，面积 596.6 平方千米，占全县总土地面积的 22%。由于长期受风雨的侵蚀，河流切割，形成塬高谷深，沟壑纵横，分布有大小不等的塬、梁、峁、嵝岘与坪、川等多阶段状地貌，塬边呈犬牙状河谷。海拔 1200—1500 米。

2. 残塬河谷区：位于县中部及东北部，以庆城、马岭、卅铺、玄马、南庄为代表，面积 931 平方千米，占全县总土地面积的 34.5%。残塬沟谷纵横，土地支离破碎，崩塌、滑塌现象严重；主沟横截面呈"U"形，支边呈"V"形，坡度较大，高度落差明显。海拔 1018—1410 米。

3. 丘陵沟壑区：分布在县境西北部，以土桥、太白梁为代表，面积 1165 平方千米，占全县总土地面积的 43.5%。丘陵沟壑相间，山峁嵝岘起伏，脉系絮乱，系太白山脉及桥山山脉中的横岭山脉和太白山脉的一部分。海拔 1127—1623 米。

地貌分述

1. 塬地形（坳）：地面平坦完整，由桐川，安家寺向南随纬度减少而海拔高度依次降低，塬面南北比降低 5.24%，一般坡度小于 5 度。

2. 梁地形：特征为长条状垄岗，即从山顶通过嵝岘到山脚凸起的线状延伸部分，包括山脊、嵝岘及其两侧平缓地带，群众称之为"梁"。梁顶长度 500—1500 米之间，宽度 50—150 米，呈明显的"弓"形，沿分水岭具有较大的起伏。山梁地土壤为黄绵土，干燥、瘠薄，自然草地多于耕地。

3. 峁地形：多为圆形或椭圆形小丘，峁顶面积不大，长一般 200—300 米，宽 40—150 米。山峁多为黄绵土，由于土壤干燥、招风，所以多为草地。

4. 沟坡地形：是塬、峁、梁与河谷之间的缓坡带，从其形态和地理年代分析，可以看作是残存下来的老河谷。坡度一般在 10—30 度，向阳面多为耕地，背阴面因坡陡多为牧、荒地。

5. 河沟地形：是在原来老河谷（即沟坡）的基础上，因土壤侵蚀发育而成的新沟，多为"V"字形。该地形侵蚀剧烈、破碎，陡坡较陡，一般在 30—70 度。植被差，多为荒地。

6. 掌地形：是山地中的一种，沟头或沟坡凹下的平缓湾形地，群众称"湾掌"。其背风、向阳，多为耕地。比较大块的湾掌，多已整修为水平梯田，是山区的上等地。

7. 川地形：主要是蒲河、柔远河、环江两岸的一级阶地，一般高出河面 5—10 米。土壤为黑垆土，全部为农田用地。多有水源，且水质较好（西河除外），海拔 969—1184 米，积温高，该地形尚有生产潜力。

8. 台地形（坪）：主要是蒲河、柔远河、环江、马莲河河谷的二级阶地，一般高出河床 30—70 米，多为农田，田面比较平坦，坡度一般 5—10 度。

9. 沟台地形：主要是马莲河流域的蔡家庙沟、野狐沟等较大的河谷，谷底多为台地。多为农耕地，阳台面积大于阴台，由于水源较近，可以引水灌溉，农户乐在此集居。

第三节　山脉

本县山脉绵亘，峰峦高耸，蜿蜒百余千米，大部分山脉从北向南呈叶状分布，形成大小支脉百

余道。东北部洛河与马莲河二水间山脉均属于桥山山脉，西部从环县入境至董志塬均为太白山脉。境内属桥山山脉的山岭主要有马岭、凤凰山、太和山、寡妇山、迎凤山、崭断山等，属太白山脉的有太白梁、抚琴山、清凉山。

一、桥山山脉

马　岭　在马岭镇东，距县城40千米，又名箭括山。左右环川，相传为汉之牧地。海拔1310米。

凤凰山　在马岭东沟，距县城40千米，呈东西走向，山下有长年流水，易林牧。海拔1384米。

太和山　位于县城西北7.5千米处，属卅铺镇，呈东西走向，上建玄帝等庙几十座，号"太和仙境"，山上建筑废于20世纪60年代。海拔1263米。

寡妇山　在县城北7.5千米处，属玄马镇。据《五代史》记载："庆州北十五里有寡妇山，野鸡族局之，后周广顺二年据命，环、庆二州讨平之。"据《庆阳府志》记载："城北三十里有寡阜寨。"《一统志》以为：寡阜即寡妇之讹。今县北有寡妇桥，距城7.5千米，疑即此处。海拔1340米。

帽盒山　在县城东1.5千米处。顶上阜如帽形，民国九年（1920年）地震倾倒。山上有周祖不窋坟。海拔1257米。

崭断山　在县城东南1.5千米处，呈东西走向，马莲河穿流其中，两岸山峰本来相连，使水流受阻多发水灾，为防水患，斩山为壑，使河水畅流，故名崭断山。海拔1098米。

二谷塬　在县城北2.5千米处，又名庆塬，柔远河、环江两水环流左右，汇于城南，入马莲河。海拔1277米。

迎凤山　位于县城河东，昔日上建东山寺。海拔1329米。

二、太白山脉

太白山　在县城西北75千米处，太白梁乡境内，黑河发源于此。海拔1437米。

景　山　俗称巴家山，在县城西55千米处，太白梁乡境内。海拔1384米。

太平山　位于环江西岸宗旗，距县城50千米处，马岭境内。海拔1370米。

太白梁　在县城西60千米处，太白梁乡境内。海拔1404米。

清凉山　又名菩萨山，在县城西北20千米处环江西岸，卅铺镇境内。山势由西向东。古时为丰白和尚修禅处。海拔1309米。

栖凤山　在县城西1.5千米处，亦称西峰山，林木葱郁，昔日上建真武宫，下建圣母祠，有名泉，水甘洌，为人们游赏之区。海拔1254米。

抚琴山　在县城南1千米处，又称西河岭子，山岭腰中筑有洞，风过如琴音，故名。海拔1210米。

第四节　水系

一、地表水

县境内河流多发源于境外，依地形由北向南顺势而下，可分为马莲河和蒲河两大流域。东北部有环江（西河）和柔远河（东河），在县城南汇合后谓马莲河（因古时西河名马岭水，东河名白马水。二水相合为马连河。后人在"连"字上加草字头，故为今名），西部有大、小黑河，在太白梁南端汇合后谓蒲河。全县主河段长共计200多千米，均系泾河水系（即黄河第三级支流）。柔远河、环江、蒲河、马莲河均属山溪性河流，河床弯曲，断面窄，比降大，每逢七八月汛期到来，河水暴涨，流速大，泥沙多。在常水和枯水时，水浅、面窄，除个别地方水深岸陡外，其余地方可涉水而

73

过，结冰期一般在 3 个月左右，冰厚 30—50 厘米，人畜可通行。

（一）河流

本志以庆城县水务局水文调查记述如下：

马莲河庆城段　发源于陕西省定边县白于山，总河长 374.8 千米，流域面积 19086 平方千米，县境内河长 15.5 千米，河道平均坡降 1.45‰，流域面积 644.3 平方千米，灌溉系数 3.0。

马莲河上游东河（柔远河，又名秦川河）发源于陕西省定边县白马崾岘乡，于华池县乔川乡铁角城流入庆阳市，在玄马镇林沟口流入县境内，流域总面积 3030.85 平方千米，全长 130 千米，县境内流域面积 353.23 平方千米，多年平均径流量 8644.6 万立方米，多年平均流量每秒 2.74 立方米，灌溉系数 8.0。

马莲河上游西河（环江河）发源于宁夏回族自治区盐池县麻黄山，由马岭镇纸坊沟口流入县内，到县城南与东河汇合，全长 252 千米，流域面积 10606.5 平方千米。县境内流域面积 1159.06 平方千米。多年平均径流量 21257.3 万立方米，多年平均流量每秒 6.74 立方米，灌溉系数 2.4。

蒲河庆城县段（又名黑河）发源于环县合道乡小马塬，由西北向东南流经环县、庆城县、镇原县、西峰区，在宋家坡汇入泾河。流域总面积 786.15 平方千米，河长 62.7 千米，其中县境内流域面积 536.01 平方千米，河道平均坡降 7.6‰。根据黑河太白梁水文站多年实测资料统计，平均流量为每秒 6.67 立方米，平均径流量为 20120 万立方米，平均含沙量为立方米 236 千克，平均输沙模数为每平方千米 7700 吨。2007 年 9 月 14 日实测基流量为每秒 2.26 立方米。现状水质 V 类，矿化度每升 538 毫克，灌溉系数 23.5。

附：

表 2-4-1　2010 年全县主要河流（支沟）归属关系与自然特征调查表

单位：平方千米、千米、‰

水系	河名	沟名	河流位置		断面位置	集水面积	河长	比降
			左	右				
泾河	马莲河东川	林　沟		√	玄马镇玄马村林沟口组	43.61	10.75	17.95
		刘巴沟	√		玄马镇玄马村吴家咀组	94.61	19.25	12.52
		桐川沟		√	玄马镇玄马村桐川沟门组	27.00	9.30	20.43
		孔家沟		√	玄马镇孔桥村何渠子组	11.60	4.85	18.56
		九里沟	√		玄马镇孔桥村寺儿山组	8.00	27.68	3.90
		桥　沟		√	玄马镇贾桥村贾桥组	6.20	3.60	18.05
		刘家沟	√		玄马镇贾桥村刘沟门组	24.82	7.50	18.40
	马莲河西川	蔡家庙沟		√	卅铺镇潭台子村张家店组	320.67	22.50	11.55
		纸房沟		√	马岭镇纸房村王沟门组	147.00	18.50	18.81
		杨家小沟		√	马岭镇琵琶寨村北庄组	46.32	9.00	13.56
		安咀子沟		√	马岭镇琵琶寨安咀子组	6.10	4.12	23.72
		官亭沟		√	马岭镇官亭村芦沟门组	28.82	8.37	21.26
		马岭东沟	√		马岭镇曹湾村庙台子组	279.87	33.00	8.64

续表 2-4-1

水系	河名	沟名	河流位置		断面位置	集水面积	河长	比降
			左	右				
泾河	马莲河西川	安家沟	√		马岭镇下午旗村周湾组	33.80	10.50	18.00
		铺　沟	√		马岭镇下午旗村铺沟门组	15.92	6.25	25.60
		辛家沟	√		卅铺镇四十里铺村孙家湾组	138.91	22.50	11.33
		滴水沟	√		卅铺镇三十里铺村滴水沟门组	7.53	3.30	21.52
		解放沟	√		卅铺镇三十里铺村朱家沟组	22.05	5.80	17.24
		四十里铺沟	√		卅铺镇四十里铺村四十里铺组	0.87	5.00	12.20
		路家沟		√	马岭镇马岭村南庄组	2.47	1.90	28.95
		寺儿沟		√	马岭镇下午旗村寺沟门组	8.34	4.05	27.16
		野狐沟		√	卅铺镇阜城村白家庄组	156.42	23.75	5.43
		西　沟		√	卅铺镇韩湾村西沟门组	6.83	3.62	17.13
		纸房沟		√	二十里铺镇雷旗村雷旗组	10.02	7.12	27.25
		川河沟		√	庆城镇五里坡村王沟门组	26.14	10.05	14.10
	马莲河	教子川		√	庆城镇教子川村地步河组	140.57	25.00	11.00
		西岐沟		√	高楼乡杨塬村马庄组	17.87	7.50	26.27
		毛家沟		√	高楼乡花村毛家沟组	14.52	5.60	28.57
		鸭　沟	√		庆城镇十里坪村鸭沟组	20.37	8.37	16.01
		冉河沟	√		庆城镇店子坪村杨渠组	127.30	23.75	10.05
	蒲河	大黑河	√		太白梁乡王渠村太白梁组	347.87	47.51	8.84
		小黑河	√		太白梁乡王渠村太白梁组	288.86	31.75	11.65

（二）泉水

县境中部及川台、梁峁区的群众多在河岸、沟崖底掘泉蓄水，以供人、畜饮用。泉深 1 米左右，方圆大小不等，汛期河岸泉水被泥沙淤积，过后重新挖掘。以 65 个单泉测定，日出水量多在 10 立方米以上，最大为每日 145.84 立方米，合计日流量达 1614.94 立方米。这些泉水矿化度小于每升 1 克，动态稳定，终年不竭，是西部梁峁区人畜饮用的主要水源。

2012 年，县境内长年流水较大的清泉有：

圣水泉　在县城西北 15 千米处的清凉山（又名菩萨山）下，泉水四季清冽。

麻家暖泉　在县城北 2.5 千米柔远河西岸，泉水清甘，隆冬不结冰。

圣水塘　刘八沟口，原上有天圣庙遗址。相传沟内有洞，洞有野马，周祖捕而乘之。至此，马蹄刨泉出。今清水盈塘，涓涓不竭。泉底有蹄印，甚巨。

清水泉　在县城西栖凤山下，泉水四季澄澈，味甘。昔日城内居民多到此汲水。

龙泉　在县城西南教子川，其水甘冽，古时上有龙泉寺。

温泉　在张八沟，有三泉，隆冬时节水流里余不结冰。

二、地下水

参照甘肃省庆阳水文水资源勘测局 2010 年编制的《庆城县水资源调查评价》，县境内地下水

资源分为承压水和潜水两部分。

1. 承压水：县境内承压水主要储存于白垩系向斜盆地中，自下而上分为：宜君洛河组、华池组、环河组、罗汉洞组。出露罗汉洞组和环河组，下伏华池组和宜君洛河组，第四系发育良好，出露广泛。

（1）宜君洛河组：分布于全县，埋藏于300—1000米以下，主要含水层厚在450—750米之间，含水层岩性为棕色、灰黄色、中细砂岩、呈块状结构、富水性好，但水质差、埋藏深、开采困难，无使用价值。

（2）华池组：分布于全县，皆伏于环河组地层之下，无露头，埋藏深度由东向西逐渐增加，山、塬区顶板埋深均在400—800米以下，无法开采；在河谷川台区埋深为121.3—436.8米之间，含水层厚度在100—200米之间，由东向西变厚，含水层岩性以棕红色细砂为主，渗透系数每天0.1—0.3米，单位涌水量一般在每天10—40立方米，水头高出顶板150—350米，水质变化较大，矿化度在每升1—4.79克之间，大部分小于每升3克。已开采，只能作为工业用水，不能用于生活，此层承压水水头在川区较高，距离地表十几米到几十米，含水层厚，较稳定，断面径流量为每天0.24万—0.38万立方米，由于石油勘探和开采过程中，均揭露了白垩系承压含水层，没有进行有效的止水，使各组之间串通，下部高水头高矿化度的承压水对上部低水头承压水影响较大。因此，只有石油开采未串通的华池组层承压水适宜于农田灌溉。

（3）环河组：分布于全县，为自流水盆地的一个局部，远离补给区和排泄区，径流缓慢，含石膏较多，矿化度为每升1.5克左右，硬度为50德度，水质差，水量小，压力小，除西川、东川部分地段高出地面几米，埋藏深度一般都在200—300米，由西北向东南变浅，含水层岩性为棕红色、灰绿色泥质粉砂岩，以泥岩为主，矿化度大，无使用价值。

（4）罗汉洞组：分布于本县西部，向东逐渐侵蚀殆尽，以孔隙含水为主，在梁峁区埋深最大在200—275米以上，在黑河河谷区埋深几米到十几米，有的以上升泉形式溢出，单泉涌水量为每天616立方米，水头不高，一般只有几米，受大气降水和地表水的补给，水质好，矿化度小于每升1克，部分在每升1—3克范围内，适宜于农业用水和人畜饮水。

附：

表 2-4-2　2010 年全县境内地下承压水水资源量统计表

单位：万立方米

承压含水层	天然补给量	弹性储存量	总资源量	允许开采量
环 河 组	118.12	497.8	615.92	128.08
华 池 组	67.6	6000.25	6067.85	68.1
罗汉洞组	39.37	58.4	97.77	40.37
合　　计	225.09	6556.45	6781.54	236.55

2. 潜水：全县普遍分布有潜水，赋存于不同的岩体之中，储存空间有孔隙与裂隙两种，按照不同的地貌单元和不同的含水岩性，大体分为河谷基岩孔隙裂隙潜水、黄土塬区潜水和梁峁丘陵区潜水3种类型。

（1）河谷基岩孔隙裂隙潜水：是指在马莲河上游东河、西河，大小黑河及其主要支沟中分布的潜水。县境内基岩潜水沿河道两侧富集，分布比较稳定，埋藏较浅，一般由几米到三五十米（高

阶地中）。基岩潜水不仅在限于河谷中的带状分布，在一定的流域内呈面状分布。据庆阳水文局2009年10月调查，马莲河上游东川基岩潜水埋藏深度在11.3—45.0米之间，马莲河上游西川基岩潜水埋藏深度在5.9—30.8米之间。基岩裂隙潜水主要分布在马莲河上游东川、西川；黑河流域由于川区面积很小，河谷川区基岩裂隙潜水资源量非常小，但水质较好，是当地群众的主要生活用水水源。

（2）黄土塬区潜水：本县安家寺、高楼等残塬由于面积小，塬边被雨水冲刷分割呈树枝状的沟谷，地下水已经失去了储存的条件，补给和排泄基本均衡，储存量很小，且埋藏较深，不具备开发利用的价值。

（3）梁峁丘陵区黄土潜水：梁峁丘陵沟壑区面积为2492.01平方千米，占全县总面积的92.6%。此类潜水以不连续不均匀分布为基本特征，含水层的分布严格受地形地貌形态的控制。梁峁顶部不含水或基本不含水，梁峁较低部位及沟谷、掌形洼地中富集潜水，以坡缓低平及沟谷开阔、掌形地保存比较完整的部位含水层的厚度比较大，随着地形的变化梁峁顶部向沟底或掌地中心潜水由无到有，含水层由薄到厚，最薄可趋近于零，最厚达几十米，埋藏深度变化也较大，一般由几米到几十米不等，在掌形地前缘、沟脑、沟侧有泉水出露。

附：

表 2-4-3 2010 年全县梁峁丘陵沟壑区潜水资源量计算成果表

单位：立方米每秒、万立方米

河　　流	多年1月、12月流量平均值	梁峁丘陵沟壑区排泄量	黄土塬区			河谷基岩裂隙潜水资源量	合计地下水资源量
			补给量	排泄量	开采量		
马莲河干流	3.44	98.87	744.58	598.2	177.3		843.45
马莲河西川	0.75	263.93				39.42	303.35
马莲河东川	1.33	435.59				17.74	453.33
黑　　河	0.23	494.54					494.54
合　　计	5.75	1292.93	744.58	598.2	177.3	57.16	2094.67

第五节 气候

一、区域气候

本县位于内陆中纬度地带，距海遥远，受季风和地形影响，大致分为3个区域：塬（山）地温和半湿润区，位于县境西南部，年平均降水量525—560毫米，年平均无霜期153天。川道温暖半湿润区，位于县境北部的柔远河、环江及马莲河两岸和西南部的蒲河东岸川道地区。年平均降水量500—540毫米，无霜期157天。山地温凉湿润区，位于县境西部山区，由丘陵山地组成，也有少部残塬沟谷。年平均降水量530—580毫米。最冷月平均气温-6℃—-7℃，是全县冬季最冷地区，无霜期在150天左右。

二、四季气候

春季（3—5月）：天气回暖快，降水渐增，但较少。3月中旬大地全部解冻，河流消通。4、5月间冷暖空气交替频繁，温度变化幅度大，热时犹如盛夏，冷时近似寒冬，为一年中日较差最大的时期。风沙较多，维持时间较长。

夏季（6—8月）：酷暑炎热，雨量集中。平均气温在30.0℃以上的天数近40天，7—8月天气晴朗闷热，是暴雨、冰雹多发期。季总降水量占全年的53%。但分布不均，多集中在伏期，常以雷阵雨和局地大暴雨的形式出现。

秋季（9—11月）：初秋潮湿多阴雨，深秋雨量猛减、气温迅速下降。9月空气相对湿度大，多出现雾，中下旬雷暴终止，雨量渐少；10月初见霜，中旬后北风渐增，气温下降快，下旬多阴雨；11月太阳辐射和日照为全年最少时段，若遇长期低温则对农业生产影响较大。

冬季（12月至次年2月）：寒冷干燥，盛行偏北风，降雪稀少。大地逐渐封冻，日平均气温均在零下，多晴冷天气，元月为全年最冷月，连阴雪天气少。积雪日数最长可达91天，对农作物越冬很有利，但造成雪阻，影响交通。

三、气候要素

（一）太阳辐射能量与日照

年太阳辐射总量在每平方厘米123.5—145.6千卡。由南向北、由东向西递增，西北部年辐射总量高于每平方厘米140千卡，东南部年辐射量在每平方厘米400—500千卡。

年日照时数2420.4小时，日照时数自南向北递增，西北部多于东南部。日照夏季最多，秋季最少。最多年份2797.7小时，最少年份2134小时。作物生长期日照时数（日均温≥0℃时间）为1800—2000小时，较充足；平均气温大于10℃期间的日照时间为1253小时。全年中6月份最多，平均215小时；9月份最少，平均161.4小时。

（二）气温、地温

境内年平均气温在9.7℃。西北部丘陵沟壑区气温较低，在8℃以下；川道区在9℃以上；塬区在8℃—9℃之间。最冷年平均气温7.5℃（1964年），最热年平均气温10.9℃（2006年），温差3.4℃。极端最高气温38.1℃（1977年7月21日和2006年6月17日），极端最低气温零下25.4℃（1991年12月28日）。7月份为最热月，月平均气温为28.7℃，1月份最冷，月平均气温零下10.4℃。气温年变化的特征是冬寒，夏热，温差大。西北丘陵沟壑区和驿马镇安家寺、桐川乡党崾岘为全县低温区，年平均气温在7℃左右，最热月（7月）平均气温在20℃以上。河谷川道海拔低，气温较高，年均气温在9℃左右，7月平均气温23℃。

积温多年平均值为3466℃—3824℃。≥0℃的时间平均维持在266天左右，积温3824℃；≥10℃的时间平均维持在171天左右，积温3224.9℃；≥15℃的积温多年值在1937℃—2525℃；≥20℃的积温多年值在635℃—1363℃。川道区积温最高，塬区次之，山区较小。

年平均地面温度为9℃—12℃，比气温高2℃左右，西北部低于东南部，塬区低于川道。土壤冻结期，各地差异不大，11月上旬至翌年2月底为大地封冻期，封冻期在147天左右，最长达162天，最大冻土层达87厘米，一般在65厘米左右。北部丘陵梁、峁地区大于川塬地区。翌年2月下旬大地10厘米深处即可解冻，3月底全部解冻。

（三）风

县境内年平均风速不大，春季较大，冬季次之，夏季较小。冬、春季出现寒潮，冷锋过境时，出现6—7级偏北风，持续时间较长。春末夏初出现偏南大风，常伴有热风；夏季出现雷雨大风，时间短、风力大、破坏严重。6米/秒以上的平均风在17次以上，占全年同风速总次数的40%，7级以上的大风每年最少有2次以上，平均5次，最多年份在10次左右。大风（风速≥每秒17米）出现次数不多，最大风速每秒28米。

（四）降水

全县年平均降水量507毫米。冬季风时期干旱少雨，夏季风时期湿润多雨，降水量高度集中于7、8、9三个月，占全年降水量60%左右。4—9月降水量占全年83.4%，7月最多；10月至翌年3月降水量只占16.6%，12月最少。月降水量最多为332.6毫米（1966年7月）。年平均降水日数85—110天。小雨日数全年平均75—90天，中雨日数10—15天，大暴雨日数3—5天。大暴雨多集中在7—8月。年降水量变化在363.3—829毫米之间。多雨年降水量799.6毫米（2003年），少雨年降水量304.4毫米（1995年）。冬季降水变率为70.8%，春、秋分别为41.0%和44.2%，夏季为29.7%，全年为20.6%，与全国各地相比降水变率较大。

境内年降水量等值线大致呈东北向西南走向，降水量塬区最大，川区最小。驿马塬区年降水量在500毫米以上，而马岭、卅铺年降水量在420毫米以下，西北部地区年降水量一般在450毫米左右。

（五）蒸发和土壤水分

水蒸发量由南向北递增，多年平均蒸发量为1000毫米以上。南部塬区为1050毫米左右，西北部在1100毫米以上，最高达1951.7毫米。全县多年平均地面蒸发量为300多毫米，土桥、蔡口集西北部山区为1450毫米，驿马塬区为1590毫米。

附：

表2-5-1　1986—2012年全县各年平均气象基本情况统计表

单位：帕斯卡、毫米、米／秒

项目 年份	湿度（%）			气压	日照时数	蒸发量 小型	风速	年最多风向
	平均值	年最小值	出现时间					
1986	60	5	3.3	893.4	2550.4	1530.6	1.6	NNW
1987	60	7	8.9	893	2676.1	1791.1	1.8	SE
1988	67	1	4.18	893.5	2256.4	1268.2	1.6	NW
1989	70	12	4.3	893.2	2134.8	1283.2	1.7	NW
1990	69	10	5.5	892.8	2403.4	1381.4	1.8	SE
1991	64	9	2.2	892.8	2615.2	1456.8	2.0	SE
1992	66	3	4.23	893.3	2408.0	1416.3	1.7	NE
1993	67	5	4.23	893.4	2457.1	1458.3	1.8	NW
1994	65	7	5.16	892.9	2412.3	1664.3	1.8	NW
1995	55	5	3.19	893.4	2633.8	1951.7	1.9	NW
1996	64	5	1.7	892.9	2299.2	1445.4	1.7	NW
1997	61	3	5.31	893.1	2607.5	1840.3	1.7	SE
1998	65	9	9.26	893.1	2507.4	1602.9	1.7	NNW
1999	59	0	3.26	893.2	2574.0	1692.1	1.7	NNW
2000	60	0	3.27	892.7	2594.2	1863.2	2.0	NNW
2001	64	5	4.16	892.9	2823.0	1787.9	1.8	NW
2002	66	6	3.29	892.9	2691.4	1582.6	1.8	NW
2003	71	10	6.11	893.1	2541.8	1434.9	1.8	NW
2004	64	8	4.18	893.5	2790.3	1698.4	2.2	NW
2005	59	6	4.14	892.9	2797.7	1764.1	2.1	C

续表 2-5-1

项目 年份	湿度（%）			气压	日照时数	蒸发量 小型	风速	年最多风向
	平均值	年最小值	出现时间					
2006	62	6	3.29	892.7	2554.3	1774.4	1.9	NNW
2007	62	5	5.5	893	2545.7	1699.8	1.8	NNW
2008	61	7	4.5	893.3	2681.3	1655.2	1.9	NNW
2009	61	7	2.3	892.4	2637.9	1707.5	1.9	NNW
2010	65	7	3.8	892.6	2591.4	1513.5	2.0	NNW
2011	67	6	4.3	893.4	2402.6	1546.2	1.8	SSE
2012	68	6	12.3	892.4	2132.0	1422.4	1.9	NNW

四、灾害性天气

（一）干旱

县境内降水少而蒸发大，干旱经常发生，尤以春旱和伏旱最为严重。干旱是本县最主要的自然灾害，延续时间长、影响范围广、造成危害大。从1986—2012年资料统计频率看，春旱为63.7%，初夏旱40%，伏旱为50%，秋旱45%，冬旱为53.1%。

（二）暴雨

县境内暴雨一般出现在4—9月，7、8月是一年暴雨多发期。从1986—2012年统计资料分析，平均发生时次7月为0.2场，8月为0.3场，9月份0.1场。平均年暴雨量占年总降水量的20%—40%，年出现次数有所减少，有连年出现和连年不出现情况。

（三）冰雹

县境内冰雹一般发生在3—10月，7、8月是一年冰雹多发期。

（四）大风

县境内大风以4—5月最多，占年出现总数一半有余。年平均出现日数为6天，最多年份年可达13天。2001年4月8日至10日，全县出现有气象记录以来的最大风暴天气，最大风速达每秒14米。2010年，全年7、8级风10次；2011年17次，2012年13次。

（五）冻灾（寒潮、霜冻）

寒潮：县境内寒潮主要发生在1—5月及11—12月。24小时≥8℃强降温主要发生在2—3月，48小时≥10℃强降温主要出现在3—4月及11月。

霜冻：从1986—2012年统计资料分析，平均无霜期194天，全年最多无霜期229天，最少148天，霜冻一般发生4—5月及9月。庆城最早霜冻出现在1991年9月19日，最晚霜冻出现在1975年11月13日。最早结束日期在1999年3月25日，最迟结束日期在1979年5月18日。晚霜冻发生的概率远远大于早霜冻发生的概率，对农作物造成的危害也远远大于早霜冻。

（六）雷暴

雷暴平均年出现日数42天，最多年份可达183天，雷暴天气极为频繁，最少为14天，极为个别。一般4月中旬即可闻雷，最早3月中旬即可出现雷暴（2002年3月18日），最迟6月上旬出现雷暴（1979年6月7日）。一般9月中旬雷暴结束，最早8月中旬即可结束雷暴（2001年8月18日），最迟10月下旬结束雷暴（1997年10月25日）。

（七）沙尘暴

沙尘暴平均年出现日数为 1 天，最多年份达 4 天，沙尘暴天气极为频繁。沙尘暴多集中出现在 3—5 月，1—2 月、11—12 月出现个别沙尘暴。2005—2007 年沙尘暴高发。

（八）雾

雾全年均可出现，尤以 8—10 月出现最为频繁，约占年出现总数的 58%。平均年出现日数为 16 天，最多年份可达 33 天，最少为 4 天。冬季及春季出现雾天相对较少。根据年雾日分布图演变趋势，1990—2000 年是雾天出现较多年份。

第六节 土壤

一、土壤类型

本县地处黄土高原，广厚的第四纪黄土沉积物，奠定了土壤形成的物质基础，地形、地貌的变化导致母质类型、水热状况的差异，四季气候的变化、生物活动和人为影响推动土壤的发育。

根据县农技中心开展的第二次土壤普查，县境内土壤分为钙层和初育 2 个土纲；半干温暖钙层土和土质初育土 2 个亚纲；黑垆土、黄绵土、新积土、红黏土 4 个土类；黑垆土、黄绵土、石灰性新积土、红黏土 4 个亚类；黑垆土、覆盖黑垆土、黄绵土、坡积黄绵土、灰绵土、黄墡土、淤积土、耕种红土、荒地红土 9 个土属；黑垆土、鸡粪垆土、黄垆土、厚覆盖黑垆土、薄覆盖黑垆土、条田黑垆土、灰包黑垆土、黑板板土、锈黑垆土、梯田黄绵土、轻度侵蚀黄绵土、中度侵蚀黄绵土、强度侵蚀黄绵土、坡积黄绵土、浅灰绵土、灰绵土、暗灰绵土、黄墡土、白墡土、五花土、淤黄土、坝淤土、砂石土、砂土、耕种红土、红土，26 个土种。

二、土壤分布

县境内自河沟到塬面为第四纪黄土所沉淀。由于沉淀的时空、方式、种类的不同，耕垦迟早的差异，地形、母质、水文条件及人类活动影响，具有一定的分布规律：塬面和河谷高阶地等古老地形分布着黑垆土；河坡、梁峁分布着黄绵土；河漫滩及超河漫滩分布着淤泥土；红土则零星分布于河谷坡脚、低峁及崾岘等部位。分布概况为：南部以黑垆土为主；东北部以黄绵土、黑垆土、淤积土为主；西北部以黄绵土为主。

附：

表 2-6-1 全县耕地土壤面积分布表

单位：公顷

土类名称	土属名称	土种名称	面积	占本土类（%）	占本土属（%）	土种占耕地总面积（%）	土类占耕地总面积（%）
黑垆土	覆盖黑垆土	厚覆盖黑垆土	11103	44.17	52.70	13.77	31.17
		薄覆盖黑垆土	3401	13.53	16.14	4.22	
		条田黑垆土	6564	26.12	31.16	8.14	
	黑垆土	黑垆土	532	2.12	13.09	0.66	
		鸡粪垆土	1460	5.81	35.91	1.81	
		黄垆土	2074	8.25	51.00	2.57	

续表 2-6-1

土类名称	土属名称	土种名称	面积	占本土类（%）	占本土属（%）	土种占耕地总面积（%）	土类占耕地总面积（%）
黄绵土	黄绵土	梯田黄绵土	27556	55.96	55.96	34.17	61.07
		轻度侵蚀黄绵土	8418	17.09	17.09	10.44	
		中度侵蚀黄绵土	11794	23.95	23.95	14.63	61.07
		强度侵蚀黄绵土	1479	3.00	3.00	1.84	
新积土	淤积土	五花土	1623	27.30	27.30	2.00	7.37
		淤黄土	946	15.91	15.91	1.18	
		砂石土	3115	52.38	52.38	3.86	
		坝淤土	262	4.41	4.41	0.32	
红黏土	耕种红土	耕种红土	313	100.00	100.00	0.39	0.39
耕地面积合计			80640	100.00			100.00

注：此表来源于甘肃科学技术出版社《甘肃庆城耕地土壤》，2013 年 10 月。

三、土壤肥力

2008 年，县农技中心经过对全县 15 个乡镇、153 个行政村，采集 4000 个 0—20 厘米农田耕层土壤样品的分析测定，全县农田土壤养分平均含量每千克为：有机质 9.02 克、碱解氮 38 毫克、有效磷 14.29 毫克、速效钾 181 毫克、全氮 0.47 克、全磷 0.62 克、全钾 17.8 克、缓效钾 888 毫克、有效硫 22.2 毫克、有效铁 9.16 毫克、有效锰 8.14 毫克、有效铜 0.78 毫克、有效锌 0.71 毫克、有效硼 0.71 毫克；土壤酸碱度（pH 值）为 8.07。

第七节　植物与动物

一、植物

1986 年后，随着生态建设的加快和人民生活需求的变化，县境内植物品种明显增加，尤其是科技手段的运用，各类作物更新换代加快。2000 年后，由于退耕还林还草工程的实施，森林覆盖面积逐年增大。2012 年起，苗林产业开始兴起，苗木品种更加丰富。

县境内主要植物有：

粮食作物　小麦、玉米、高粱、谷子、糜子、红芋（甘薯）、燕麦、大麦、荞麦，洋麦（黑麦）、大豆、豇豆、豌豆、蔓豆、扁豆、绿豆、红小豆、蚕豆、黑豆、白芸豆等。

经济作物　油菜、芸芥、小茴香、芥菜、胡麻、蓖麻、芝麻、荏子、向日葵、棉花、大麻、甜菜、草莓、圣女果、烟草等。

蔬菜作物　黄花菜、韭菜、葱、大蒜、辣椒、茄子、马铃薯、菜瓜、黄瓜、冬瓜、南瓜、葫芦、莴苣、西红柿、菠菜、萝卜、芹菜、白菜、油菜、丝瓜、苦瓜、菊芋（洋姜）、螺丝菜（草食蚕）、芫荽（香菜）、桐蒿、西兰花、雪里蕻、蔓菁、甘蓝、蘑菇、小蒜、灰灰菜、苦苦菜、荠菜、扫帚苗、黑木耳、野蘑菇、羊肚菌、地软软等。

果树　苹果、桃、杏、梨、枣、核桃、葡萄、石榴、柰子（沙果）、李子、柿子、樱桃、桑、花椒、蜜果、楸子、山楂等。

用材林　白杨、旱柳、垂柳、香椿、臭椿、榆树、槐树、桐树、刺槐、洋槐、合欢、侧柏、松树、桑树、杜梨、新疆杨、云杉、刺柏、青槐、楸树、法国梧桐、雪松、枫树、银杏等。

药用植物

野生类　甘草、柴胡、黄芩、秦艽、大黄、酸枣仁、麻黄、麻黄根、远志、木贼、马勃、扁蓄、马齿苋、王不留行、白头翁、白丁香、葶苈子、瓦松、薏仁、苦参、蒲公英、老鹳草、白蒺藜、透骨草、甘遂、西河柳、紫花地丁、狼毒、防风、前胡、五加皮、益母草、茺蔚子、地椒、大蓟、小蓟、地骨皮、洋金花、茜草、败酱草、泡参、苍耳、冬花、野菊花、茵陈、青蒿、蒲黄、白茅根、野百合、韭白、知母、射干、车前子、车前草、马兜铃、地肤子、菟丝子等。

家种类　杏仁、桃仁、柏子仁、侧柏叶、椿白皮、榆白皮、枸杞、山萸、连翘、山楂、桑寄生、桑叶、桑葚、桑白皮、桑枝、核桃仁、槐米、槐花、槐实、槐枝、大枣、柿蒂、皂角、皂刺、合欢皮、花椒、椒目、竹叶、杜仲、木瓜、郁李仁、四季青；绿豆、白扁豆、薏米、赤小豆、麦芽、浮小麦、黑芝麻、大麻仁、小茴香；牡丹皮、白芍、赤勺、菊花、玫瑰花、月季花、百合、仙人掌、夹竹桃、凤仙花、急性子、牵牛子；芫荽子、莱菔子、黄瓜、辣椒、苦丁香、南瓜子、大蒜、葱白、韭菜子、丝瓜、白芥子；板蓝根、大青叶、附子、川乌、党参、黄芪、当归、紫苏、苏叶、苏子、生地、瓜蒌、天花粉、土贝母、天麻、黑木香、银耳、荆芥、牛子、红花、泽兰、艾叶、金银花等。

灌木　酸枣、枸杞、狼牙刺、沙棘、紫丁香、柠条、文冠果、马茹、山杏等。

花卉植物　牵牛花、菊花、鸡冠花、玫瑰、牡丹、月季、含羞草、木瓜、海棠、凤仙花、芍药、锦葵、属葵、石竹、百合、萱草、玉簪、大丽花、金盏花、串枝莲、绿萝、百日草、蔷薇、刺梅、紫荆、金银花、木芙蓉、虞美人、香石竹、一串红、冬珊瑚、金莲花、绣球、马蹄莲、六月雪、一品红、万年青、美人蕉、文竹、迎春花、巴西木、夜来香、十样锦、冬青、茉莉花、无花果、夹竹桃、花石榴、榆叶梅、虎刺梅、桂花、翠菊、葱兰、吊兰、君子兰、龙舌兰、虎背兰、蝴蝶兰、仙人掌、仙客来、喜林芋、令箭荷花、龟背竹、景天树、橡皮树、金钱树、发财树、平安树等。

草本植物　箭竹、冰草、索草、白草、倒生草、芦草、马牙草、紫花苜蓿、艾蒿、麻蒿、茵陈蒿、蒲公英、大针草、牛尾巴草、猫尾草、鹅冠草、披碱草、小叶锦鸡儿、野决明、野胡麻、野棉花、野豆子、白蒿、绵蓬、沙蓬、马兜铃、益母草、白草、射干、狗尾草、胖娃娃草、沙打旺、地苏木（狼怕怕苗）等。

二、动物

1986年后，随着全县产业结构的调整和农机化水平的提高，养殖业发生深刻变化。骡马数量明显减少，其他大家畜和羊存栏增加，家禽数量和品种变化较大、增长较快。2006年后，县内造林种草面积迅速增大，为野生动物的生存和繁衍创造了条件。县境内主要动物有：

野生动物　狐狸、黄鼬、獾、野兔、松鼠、黄鼠、家鼠、蝙蝠、雉鸡（野鸡）、山鸡、鸽子、啄木鸟、麻雀、燕子、布谷鸟、乌鸦、喜鹊、百灵、白头翁、黄鹏、鹰、鸿雁、金雕、秃鹫、鸢、鹛、夜莺、鹁鸪、金雀、雀鹰（鹞子）、猫头鹰、壁虎、蚯蚓、泥鳅、鲤鱼、草鱼、鲢鱼、金鱼、银鱼、龟、蛙、蛇等。

驯养动物　牛、驴、马、骡、羊、猪、狗、猫、兔、鸡、鸭、鹅、鸽等。

虫类

益虫　蜜蜂、蜘蛛、蜻蜓、瓢虫、草蛉、螳螂、蓟马、寄生蝇、寄生蜂、盲蝽等。

害虫　棉铃虫、红蜘蛛、苜蓿蚜、棉蚜、长管蚜、棉黑蚜、春尺蠖、柳毒蛾、地老虎、苹果螨、蟋蟀、菜粉蝶、斑粉蝶、食心虫、青虫、豆虫、象鼻虫、金针虫、麦二叉蚜、麦长管蚜、苜蓿蛾、棉叶蝉、盲蝽象、苍蝇、蚊子、蟑螂、臭虫、跳蚤、虱子、蛾子、鸡鳖、金龟子、蚂蚁、草鳖、牛虻、马蜂、黑蜂等。

药用虫　蝼蛄、独角金龟子、牛虻、斑蝥、土鳖子、蜈蚣、全蝎、僵蚕、地龙、蝉蜕、蛇蜕、蟾蜍等。

第八节　矿产资源

县境内矿产资源有石油、天然气、煤炭、建筑用砂、砖瓦用黏土、地下水等。油气资源主要赋存于三叠系延长组，探明储量为 10.74 亿吨。河砂储量较小，主要集中在环江及马莲河两岸。建筑用砂储量较大，资源量为 14.5 万立方米，但品质差。砖瓦用黏土储量巨大，约 434.5 亿吨。地下水允许开采量为每年 490 万立方米。

煤炭处于勘查阶段。县境内高楼、白马铺、赤城区域储量巨大，埋深 1000—1400 米，煤层平均厚度 6.35 米。其中：赤城乡初步探明储量为 39 亿吨，埋深 1200—1400 米，为优质工业用煤。

第九节　自然景观资源

一、黄土沟间地貌景观

又称黄土谷间地，包括黄土塬、梁、峁等，是黄土地貌的主要类型，是当地群众对桌状黄土高地、梁状和圆丘状黄土丘陵的俗称。黄秉维于 1953 年首先将其引入地理学文献，罗来兴于 1956 年给予科学定义。

1. 黄土塬为顶面平坦宽阔的黄土高地，又称黄土平台。其顶面平坦，边缘倾斜 3°—5°，周围为沟谷深切，它代表黄土的最高堆积面。

2. 黄土梁为长条状的黄土丘陵。梁顶平坦者为平梁，丘与鞍状交替分布的梁称为峁梁。平梁多分布在塬的外围，是黄土塬为沟谷分割生成，又称破碎塬。六盘山以西黄土梁的走向，反映了黄土下伏甘肃系地层构成的古地形面走向，其梁体宽厚，长度可达数千米至数十千米。

3. 黄土峁为沟谷分割的穹状或馒头状黄土丘，峁顶的面积不大，向四周倾斜，并逐渐过渡为峁坡。若干个峁大体排列在一条线上的为连续峁，单个的叫孤立峁。连续峁大多是河沟流域的分水岭，由黄土梁侵蚀演变而成。黄土沟谷有细沟、浅沟、切沟、悬沟，为现代侵蚀沟；冲沟、坳沟（干沟）为古代侵蚀沟。

二、黄土潜蚀地貌景观

黄土潜蚀地貌是流水由地面径流沿着黄土中的裂隙和孔隙下渗进行潜蚀，破坏了黄土的原有结构或使土粒流失、产生洞穴，引起地面崩塌所形成的景观。

1. 黄土碟，湿陷性黄土区碟形洼地。由流水下渗侵蚀黄土，在重力的影响下土层逐渐压实，引起地面沉陷而成。形状为圆形或椭圆形，深 1 米至数米，直径 10—20 米，常形成在平缓的地面上。

2. 黄土陷穴，黄土区漏陷溶洞。由流水沿黄土层节理裂隙进行潜蚀作用而成，多分布在地表

水容易汇集的沟间地边缘和谷坡。

三、谷间地侵蚀地貌景观

谷间地侵蚀地貌以暴雨径流冲刷为主，基本上没有重力侵蚀，梁峁顶部风蚀较强，下部和塬边多发生切沟和潜蚀。谷间地水力侵蚀方式和强度受自然降雨径流、地面物质组成、地貌形态、植被状况和人为因素的综合影响所形成的景观。

第十节　自然灾害

县境内气象灾害有干旱、暴雨、冰雹、大风、霜冻、雷暴、沙尘暴、寒潮、雾等。地质灾害有滑坡、崩塌、泥石流、地裂缝、不稳定斜坡等，给经济社会发展造成重大损失，给农业生产、人民群众生活带来严重影响。

一、气象灾害

1986年，受干旱、冰雹影响。全县7.27万亩粮田受灾，成灾面积5.85万亩，3300亩绝收，粮食减产155.32万千克，油料减产6000千克。因灾死亡6人，受伤25人，死亡大牲畜202头、猪羊1094头（只），倒塌房屋62间，受损房屋140间。

1987年8月10日，蔡家庙、翟家河、葛崾岘、驿马4乡镇12个行政村遭受冰雹袭击，持续时间40分钟，冲毁农田220亩，倒塌庄基6处，受灾农作物2.92万亩。8月28日，玄马乡遭受冰雹袭击，持续时间70分钟，2891人受灾，受灾农作物面积7500亩，死亡1人。

1988年，全县连续5次遭受特大暴雨和冰雹袭击。6月27日，桐川等7乡镇冰雹、暴雨长达1个多小时。冰雹如杏子大小，地面厚1寸多，小麦被打成光秆。7月18日，玄马等8乡镇遭受暴雨洪灾。7月23日，驿马、熊家庙、庆城、葛崾岘、高楼、太白梁、蔡家庙、卅铺8乡镇遭受特大暴雨，5.56万人受灾，586户庄基倒塌，其中210户庄基全毁。因灾死亡14人，其中驿马7人。8月7日至9日，马岭、土桥、太白梁、玄马、卅铺、翟家河、蔡家庙、蔡口集、冰淋岔、桐川、驿马11乡镇遭受暴雨袭击，其中玄马等8乡镇，4.86万人受灾最重，农作物受灾面积3.32万亩，水毁房屋1103间（孔），其中全毁310间（孔），冲毁乡村道路40多条、120多千米。8月17日，赤城、葛崾岘、庆城、蔡家庙、高楼、卅铺6乡镇遭受暴雨，2.11万人受灾，死亡7人，重伤1人，损坏房屋238间（孔），其中全毁33件（孔）。死亡大家畜20头，毁坏乡村道路31条、28千米。

1989年，全县局部地区先后受到风雹、干热风病虫等灾害袭击，总计减产310多万千克。10月，全县19个乡镇45.13万亩冬小麦普遍发生锈病、白粉病、蚜虫和叶蝉等多种病虫害，成灾面积18.4万亩，占全县冬小麦总面积的40.7%。

1990年，全县遭受春霜冻、条锈病、干热风、冰雹和水灾。农作物受灾面积58.01万亩，成灾面积14.45万亩，粮食减产780多万千克。倒塌房屋186处、损坏279间（孔），因灾死亡8人，冲走大耕畜5头，猪、羊92头只，损失各种农机具上百台件。

1991年，全县遭受冰雹、暴雨、霜冻、条锈病等多种自然灾害，21.7万人受灾。小麦条锈病发病早、病情重、传播快，农作物受灾面积79万亩、成灾73.5万亩。

1992年春，全县降水偏少，旱象严重。8月9日至17日，赤城、玄马等14个乡镇先后遭受暴雨袭击，1.6万人受灾。受灾面积2.4万多亩，成灾面积1.02万亩，倒塌、损坏庄基328间（孔），其中95间（孔）全毁；冲走、埋没粮食3万多千克；损坏电视机、录音机、架子车等家具1400件；

死亡大家畜 15 头，猪、羊 120 头（只）；死亡 13 人，受伤 5 人。8 月 17 日晚，蔡口集乡六合湾村村民王明科房屋倒塌，全家 5 人，4 死 1 伤。

1993 年 5 月 27 日，土桥乡遭受冰雹袭击；7 月 27 日，南庄、高楼、赤城等乡遭受龙卷风袭击；7 月 31 日，庆城镇、安家寺乡遭受冰雹、大风、雷电袭击，最大冰雹直径 25 毫米。全县累计受灾 16.7 万人次，农作物受灾面积 35.51 万亩，成灾 4.01 万亩，粮食减产 86 万千克，因灾死亡 7 人，受伤 7 人，死亡羊 53 只，倒塌房屋 47 间（孔）、损坏 55 间（孔）。

1994 年，全县遭受严重干旱、暴雨、冰雹、洪水等灾害，农作物成灾面积 58.43 万亩，损失粮食 1550 万千克，死亡 11 人，受伤 13 人，毁坏房屋、窑洞 93 间（孔）。7 月 19 日，土桥、蔡口集乡遭受暴雨洪涝，并伴有冰雹、雷电灾害；7 月 23 日，县城东、西二河同发洪水，淹没杨渠水电站、粮田近万亩、蔬菜大棚 34 个、农户 24 户。

1995 年，全县遭受 60 年不遇特大旱灾和暴雨、洪涝、冰雹等灾害。旱情自上年 10 月下旬开始，持续到当年 6 月，形成秋、冬、春、夏四季连旱，总降水量仅 28.1 毫米，占正常年份同期降水量 1/20。7 月后，局地有连降 3 次暴雨。全年农作物累计受灾面积 98.55 万亩，成灾 77.8 万亩，损失粮食 3791 万千克；暴雨致 136 间（孔）房屋倒塌损坏；因灾死亡 10 人，受伤 1 人；死亡大家畜 6 头；冲毁水利设施 5 处、农田 110 亩，淹没蔬菜大棚 4 个。

1996 年，全县遭受干旱、冰雹、暴雨袭击。5 月中旬，发生红蜘蛛和红矮病危害；7 月 10 日至 8 月 9 日，部分农田和经济作物遭受 11 次冰雹袭击；7 月 26 日至 28 日，14 个乡镇发生暴雨洪涝，降水量 126.9 毫米。累计受灾 22.63 万人，农作物受灾面积 40.23 万亩，成灾 32.14 万亩，减产粮食 2470 万千克、油料 23.5 万千克、烤烟 7.5 万千克。因灾死亡 18 人，受伤 15 人；死亡大家畜 51 头，猪、羊 393 头（只）；倒塌房屋、窑洞 112 间（孔）、损坏 789 间（孔）；毁坏烤烟炉 120 座，冲毁小麦 4.09 万千克；冲断乡村道路 145 千米、水井水窖 218 口（眼）；冲毁农田 1.4 万亩；毁坏树木 1460 棵。

1997 年，全县局部遭受霜冻、冰雹、暴雨洪涝灾害。4 月 14 日，安家寺乡遭受霜冻，地面最低温度 -1.4℃；5 月 6 日，熊家庙、赤城乡遭受冰雹；7 月 30 日至 31 日，马岭镇、葛崾岘乡遭受暴雨洪涝。累计 20.2 万人受灾，农作物受灾面积 48.75 万亩，成灾面积 27.7 万亩，减产粮食 3777 万千克；因灾受伤 1 人，死亡 1 人；损坏房屋、窑洞 57 间（孔）；冲毁道路 13 千米。

1998 年，全县 5 次遭受暴雨洪涝，10 月至次年 3 月连续干旱。5 月 20 日晚 9 时，马岭、卅铺、翟家河、庆城、玄马、高楼、太白梁 7 乡镇遭受特大暴雨袭击，2.33 万人受灾，死亡 2 人，受伤 2 人；农作物受灾面积 2.3 万亩，绝收 1.5 万亩；冲毁农贸市场 1 处、房屋窑洞 157 件（孔）、道路 334 千米、农电线路 2100 米、农田 2400 亩、提灌站 2 处、小电井 69 口、水窖 382 眼、鱼塘 24 亩、水利干渠 3 条。10 月 18 日后，持续干旱 150 天，22.9 万人受灾，农作物受灾面积 47.98 万亩，成灾 20.2 万亩，绝收 4.5 万亩，4.45 万人、7.34 万头大家畜出现饮水困难。

1999 年，春旱、暴雨、秋冬旱。7 月 9 日、22 日，全县遭受暴雨袭击，2.31 万人受灾，因灾死亡 1 人，农作物受灾面积 6.24 万亩，成灾 4.19 万亩，冲走羊 1188 只、大牲畜 6 头，冲毁住宅 210 间（孔）、道路 98 千米、梯田 4480 亩、水窖（井）85 眼、果园 13 亩。

2000 年，自上年 10 月中旬至当年 5 月底，全县遭受重干旱袭击，是有气象资料以来，最为严重的特大旱灾。春季发生 9 次大风、10 次沙尘暴，为历史所罕见。干旱造成数条河水断流，2030 眼水窖干涸，28 眼机井水位下降，7.4 万人、6.45 头牲畜饮水困难。累计 24 万农业人口全部受灾，

麦田成灾面积38.73万亩、绝收20.03万亩，冬油菜绝收2.4万亩、占总面积的48%。

2001年，全县春季遭受大风，夏季遭受冰雹，秋季局地遭受冰雹、暴雨、洪涝。4月8—10日，大风、寒潮，风速每秒14米；7月30日，赤城、卅铺、蔡家庙、葛崾岘、庆城、高楼出现冰雹大风；8月2日，马岭、南庄、太白梁遭受暴雨洪涝，并伴有冰雹、雷电，最大冰雹直径15毫米。累计受灾23.3万人，成灾10万人；农作物受灾127.5万亩，成灾69万亩，绝收45.45万亩，粮食减产4万吨；因灾死亡8人；倒塌房屋27间。

2002年，全县遭受冰雹、暴雨、洪涝袭击，3.85万人受灾。粮食作物受灾8.5万亩，成灾2.65万亩；冲毁公路34千米、水窖213眼、庄基154处、农电线路9.45千米、农田380亩，冲走粮食1500千克，因灾死亡4人、受伤1人，伤亡大牲畜6头、羊167只。7月30日晚7时和8月2日下午4时至5时，发生特大暴雨，并夹杂冰雹、大风，玄马、庆城、南庄、高楼、赤城等12个乡镇1.58万人严重受灾。农作物受灾面积2.49万亩，成灾2万亩；果园受灾0.39万亩。

2003年，全县遭受冰雹、暴雨、洪涝袭击。8月24—29日，县城、玄马、卅铺、蔡家庙、葛崾岘等乡镇暴雨洪涝；25日19时至26日凌晨3时，降雨176毫米，占年均降雨的32.59%，县城、玄马、卅铺、蔡家庙、赤城、白马、驿马、熊家庙、高楼、安家寺10乡镇20.8万人受灾，致使停水4天，停电13小时40分钟，通信中断18小时，交通局部受阻，为40年来未遇的特大暴雨。9月25—30日，阴雨连降，总降水量57.1毫米。累计农作物受灾面积4.06万亩，成灾3.6万亩，绝收1.2万亩，冲走粮食166万千克、大家畜120头、羊734只、猪127头、鸡兔8000多只，倒塌房屋窑洞2917间（孔），9人死亡、25人受伤，冲塌庄基围墙1.45万米，毁坏水库88处。

2004年，大风、霜冻、干旱、暴雨、洪涝，五灾俱全。3月2日，出现大风扬沙，风速每秒13米；4月7—11日，全县霜冻，地面最低温度-10.5℃；6月9日，局地冰雹、雷电；6月11日—7月10日，全县干旱；7月、8月、9月，局地3次遭受暴雨洪涝。累计8.6万人受灾，农作物受灾面积13.35万亩，成灾面积11.4万亩，绝收11.4万亩，死亡3人。

2005年，全县遭受干旱、暴雨洪涝。4月1日—5月10日，全县降水仅7.6毫米，特少；5月25日，局地遭受冰雹；7月19日，局地发生暴雨洪涝。累计农作物受灾面积49.64万亩，绝收13万亩，粮食减产2859.2万千克。

2006年，全县遭受春旱、霜冻、大风灾害，局地发生冰雹、暴雨洪涝。3月22日—5月10日干旱，降水仅8.8毫米；4月12—14日降温，地面最低温度-5.3℃；4月15—16日大风、扬沙，风速每秒11米；6月、7月，土桥、蔡口集、玄马、桐川、南庄、熊家庙发生冰雹和暴雨洪涝。累计16.6万人受灾，农作物受灾面积51.6万亩，成灾37.4万亩。

2007年，干旱、暴雨洪涝、冰雹、阴雨等自然灾害频发。3月21日—5月20日干旱，降水仅11.4毫米，38.24万亩冬小麦全部减产，18万亩绝收，12.13万亩冬油菜绝收5.5万亩，牧草受旱40万亩。6月29日晚10时至30日凌晨，局地暴雨洪涝。7月24—26日，连续3天雷阵雨，并伴有冰雹天气，卅铺镇冰雹降雨150毫米，十五里铺、韩台等4个行政村夏秋作物、果蔬等全部绝收。9月23日—10月12日，全县出现有气象记录以来持续时间最长的降水天气，总降水量110.9毫米。

2008年5月12日14时28分，四川省汶川县发生8.0级地震，县境内震感明显。全县153个行政村1053个自然村、21543户85841人受灾，受伤32人，倒塌房屋4408间，受损房屋19968间，死亡大家畜542头。6—8月，局地遭受冰雹和暴雨洪涝。7月19日，高楼、南庄、赤城遭受大风、雷电、洪水，果园受灾2410.5亩、绝收1483.5亩，因雷电致死1人1牛。7月28—29日，

驿马镇 333 人、15 户企业因暴雨受灾，水毁房屋窑洞 94 间（孔）、道路 10 千米。8 月 15 日 20 时至 16 日凌晨 2 时，马岭、卅铺、玄马出现暴雨天气，502 人受灾，受损房屋窑洞 54 间（孔），损坏水窖 40 眼，冲走粮食 2920 千克，摧毁砖瓦厂 1 座，死亡 2 人。

2009 年，全县发生特大干旱，持续时间和受灾程度与 1995 年特大干旱相当。自上年 10 月至当年 1 月，平均气温 1.2℃，较历年同期偏高 0.3℃，降水仅 10.7 毫米，较历年同期减少 82%，8.25 万亩小麦绝收，16.65 万亩冬油菜绝收，1.55 万人、0.92 万头牲畜饮水发生困难。3 月 1 日—4 月 30 日，45.6 万亩小麦绝收，2.65 万人、1.63 万头牲畜饮水发生困难。6 月 1—30 日，降水仅 16.8 毫米，气温 23.4℃，较历年同期特高 2.4℃。

2010 年，全县遭受干旱、低温霜冻、大风扬沙，局地遭受风雹和暴雨洪涝。3 月干旱，4.6 万人、3.8 万头牲畜饮水困难，农作物受灾 26.85 万亩。4 月 12—14 日，26.7 万亩农作物遭受霜冻；4 月 25—26 日大风，3124 人受灾，农作物受灾 2494.5 亩。8 月 7 日，玄马、南庄遭雷雨大风，致玄马镇 2 座小水坝冲毁，16 栋大棚倒塌；南庄乡 989 人受灾，冲毁道路 19.6 千米，水塔 2 座，上水工程 2 处。

2011 年，局地遭受冰雹。

2012 年，局地遭受大风、暴雨。

二、地质灾害

2003 年 7 月，县城东城墙陇辉肉类食品公司后院发生崩塌、滑坡，2 人死亡，损失生产车间 5 间。

2005 年 6 月，县城西城墙公安局看守所家属楼地基下沉。

2008 年 6 月，县城东城墙县宾馆后墙发生崩塌、滑坡，造成 14 间民房损毁；8 月，该段城墙再次发生滑坡。

2009 年 8 月，县城西城墙县水保局后院发生滑坡。

2010 年 9 月 6 日，县城东城墙县宾馆至龙海宾馆段发生崩塌、滑坡，对县人大、县政协等机关单位形成威胁。

2011 年 10 月 19 日上午 9 时 15 分，县城东城墙百佳超市段发生滑坡。

第三章　人口

1986—2012 年，随着人们婚育观念的转变，社会的发展和计划生育政策的实行，人口出生进入低生育水平阶段，人口平均寿命增加，素质提升，人口过快增长的形势得到控制。

第一节　人口总量与分布

一、人口总量

1986 年，全县总人口 243167 人。其中：农业人口 192743 人，非农业人口 50424 人。之后，全县非农业人口占总人口比重逐年上升，人口来源于大中专毕业生、农村转业军人安置、行政和事业单位所用农民合同工转非及转干、非农业干部职工家属农转非。1993 年，为扩大城镇建设规模，经省政府批准，庆阳县人民政府首次敞开向全县城镇、农村实行有价农转非，每一户口标准为 6000 元。受计划经济时期非农子女就业、升学和粮油食品供应优越的影响，当时富裕起来的农民为子女、为自己争相购买，当年非农业人口增加 4856 人，比 1986—1992 年年均增加人口多出 2842 人。2004 年 8 月经甘肃省委、省政府批准，省公安厅颁发《关于全省户籍管理制度改革的意见》，主要是打破城乡分割的农业、非农业二元户口管理结构，使农民进入城镇的门槛大大降低。是年，县公安局人口统计口径也随之改变，由原来的按户籍统计变为按实际居住地统计，分类由"农业人口和非农业人口"变为"乡村人口和城镇人口"，全县乡村人口 240319 人，城镇人口 80266 人，其中落户小城镇 37915 人。

2012 年，全县总人口 285573 人，其中乡村人口 242393 人，城镇人口 43180 人。2004—2012 年平均城镇人口比重比 1986—2003 年平均比重高出 4.3 个百分点。2012 年与 1986 年相比，总人口增加 42406 人，增长 17.44%，年均增加 1507 人，年均增长 6.46%。27 年来人口总量变化趋势是：1986—2002 年，人口逐年增加，1995 年达到 30 万人，2002 年达到 323612 人，为人口数量最大；2003—2012 年，人口总量时增时减，总体下滑，其原因是：人口控制力度大，人口自然增长率逐年下降；择业范围扩大和家庭经济水平提高，就业、学习外迁人口增多。特别是长庆油田机关及二级单位相继迁走后，油田人员户口迁往西安较多，年度间人口增加最多年份是 1996 年，比上年增加 7556 人；减少最多年份是 2005 年，比上年减少 15458 人。

二、人口分布

全县人口分布集中在县城和建制乡镇。2012 年全县城镇人口占总人口的 15.1%，全县人口密度为 106 人／平方千米，比全市平均水平低 11 人，在全市 8 县区为第 3 位，比 1986 年增加 15 人／平方千米；人口密度最高的乡镇是庆城镇，也是人口增加最快的乡镇，2012 年人口密度为 430 人／平方千米，比 1986 年每平方千米增加 100 人；驿马镇、卅铺镇、马岭镇、白马铺乡、赤城乡、高楼乡、熊家庙办事处 2012 年人口密度全部高于全县平均水平，其中，赤城为 181 人／平方千米、驿马为 152 人／平方千米、白马铺为 148 人／平方千米、熊家庙为 131 人／平方千米、卅铺为 130 人／平方千米。由此可见，全县人口在向自然条件较好、经济发达、交通便捷的乡镇（办事处）集中。

附：

表 3-1-1　1986—2012 年全县人口变化情况表

单位：户、人

年度	总户数	总人口	男	女	非农业人口	农业人口	当年出生人口	当年死亡人口
1986	49362	243167	128967	114200	50424	192743	3506	1197
1987	51337	248003	132694	115309	50618	197385	3251	1049
1988	53840	254147	134587	119560	54205	199942	3498	1050
1989	55720	259277	138030	121247	56410	202867	3607	1070
1990	59715	275461	144635	130826	60412	215049	3658	1089
1991	61036	279911	145893	134018	60344	219567	3740	1426
1992	64145	284599	147723	136876	62409	222190	3571	1454
1993	68689	291717	151219	140498	67265	224552	4323	1230
1994	67533	295294	154699	140595	68970	226324	5659	1327
1995	67951	300100	156931	143169	72262	227838	5695	1445
1996	71630	307656	160169	147547	74595	232861	3854	1336
1997	73578	312693	162600	150093	77094	235599	3162	1921
1998	82782	317571	165594	151977	79893	237678	4106	1848
1999	78079	319000	165879	153121	76620	242380	2669	1100
2000	79189	318929	165800	153129	104749	214180	3208	1570
2001	82401	321363	165884	155479	78459	242904	3875	1312
2002	84907	323612	166545	157067	80034	243578	3750	1221
2003	85939	321878	169428	152450	79070	242080	3320	1502
2004	85385	320545	170273	150272	80226	240319	3358	1487
2005	85778	305087	159414	145673	66831	238256	3328	1396
2006	84433	298855	156291	142564	60790	238065	3390	1407
2007	86223	300942	157188	143754	61091	239851	3503	1580
2008	85968	296997	154132	142865	54288	242709	3552	1838
2009	88401	299518	156442	143076	53849	245669	3380	1545
2010	86444	261898	134998	126900	68802	193096	2886	1434
2011	90272	286633	150082	136551	44692	241941	2930	1446
2012	91781	285573	149637	135936	43180	242393	2979	1471

说明：本表数据来源于统计年鉴、公安人口年报。

表 3-1-2　1986—2012 年全县若干年间乡镇（办事处）人口变化表

单位：人

乡镇名称 ＼ 年度	1986	1990	1995	2000	2005	2010	2012
庆　城	36060	41508	49102	55121	53521	50628	47238
驿　马	19881	23044	25421	24538	31720	32856	32789

续表 3-1-2   单位：人

年度 乡镇名称	1986	1990	1995	2000	2005	2010	2012
卅 铺	22074	24977	27626	30601	26180	24932	23346
马 岭	36763	42101	46613	53336	42618	29489	27665
玄 马	16988	19340	20616	21321	21282	20193	20844
白马铺	－	12553	13305	13842	14768	14986	15486
赤 城	24519	14828	15681	15628	17163	17588	18125
南 庄	8898	9934	10665	10917	11186	11295	11318
桐 川	18958	10271	10768	11278	17882	17731	18079
安家寺	－	10520	11212	11560	－	－	－
太白梁	5587	5961	6257	6447	10826	10610	10829
冰淋岔	4941	5528	5843	5835	－	－	－
土 桥	5409	5949	6302	6455	6622	6477	6560
蔡口集	4949	5517	5809	5750	6167	6110	6164
高 楼	9238	10257	10895	11133	11313	11588	11836
翟家河	5504	6331	6775	7145	7115	6937	7151
蔡家庙	9209	10045	10780	11504	9980	10324	10655
熊家庙	7520	8344	8806	8707	9193	9592	9647
葛崾岘	6633	7209	7624	7781	7551	7642	7841

说明：1986 年，白马铺乡、安家寺乡未成立，2005 年，安家寺乡、冰淋岔乡撤销。

表 3-1-3　全县部分年份乡镇（办事处）人口密度表

单位：人／平方千米

乡镇名称	2012 年	2002 年	1986 年	2012 年比 2002 年增减	2012 年比 1986 年增减
庆 城	430	508	331	−78	99
驿 马	152	177	142	−25	10
卅 铺	130	166	123	−36	7
马 岭	119	225	160	−106	−41
玄 马	91	96	74	−5	17
白马铺	148	140	－	8	－
赤 城	181	171	122	10	59
南 庄	61	60	48	1	13
桐 川	62	59	57	3	5
安家寺	－	84	－	－	－
太白梁	55	59	49	−4	6
冰淋岔	－	54	44	－	－
土 桥	45	49	39	−4	6
蔡口集	42	43	34	−1	8

续表 3-1-3

乡镇名称	2012 年	2002 年	1986 年	2012 年比 2002 年增减	2012 年比 1986 年增减
高　楼	108	107	86	1	22
翟家河	60	60	46	0	14
蔡家庙	71	78	63	-7	8
熊家庙	131	126	104	5	27
葛嵝岘	70	70	59	0	11

说明：1986 年，赤城乡包括今白马铺乡全部；2012 年，驿马镇、桐川乡包括原安家寺乡部分，太白梁乡包括原冰淋岔乡全部。

三、姓氏分布

2012 年，全县有姓氏 367 个，其中习惯用姓 300 个左右，而且绝大多数是单姓，复姓很少，有极少数的姓氏主要因婚姻、工作调动、大学毕业分配或搬迁而来。根据考证，明朝（1368—1644 年）前即一直居住在本县的主要姓氏有：姬、傅、杨、麻、田、徐、李、张、刘、韩、周、谭、温、强、黄、郑、苏、钱、俄、杜、白、齐、高、吕、路、孙、车、胡等。

全县姓氏在各村分布一般以一姓为主，在 285573 的总人口中，万人以上的姓氏有 5 个，分别是李姓 25761 人、王姓 24755 人、张姓 24285 人、刘姓 12678 人、杨姓 12173 人；5000 人以上的姓氏有 3 个，分别是赵姓 7634 人、陈姓 7059 人、贾姓 5512 人。人口数排在前 10 位的姓氏还有徐姓 4883 人、田姓 4539 人。

第二节　人口变动

一、自然变动

1986 年，全县出生人口 3506 人，出生率为 14.2‰，死亡人口 1197 人，死亡率为 4.96‰，人口自然增长率为 9.56‰，2012 年人口自然增长率为 5.28‰。人口出生率的变动决定人口自然增长率的波动。1986—2012 年，全县人口平均出生率、平均死亡率和平均自然增长率分别为 13.76‰、4.40‰、9.48‰；1994 年人口出生率为 19.61‰，人口自然增长率为 14.67‰，为 27 年间最高。1987—1996 年是新中国成立后全县第三次人口增长高峰期，不同于 1949—1959 年和 1962—1972 年的两个时期。前两个时期是鼓励生育和无政府状态下表现出来的高出生率，而这次高峰期是在实行计划生育政策下前期滞后的体现，这个时期的年平均出生率分别比前两个时期的出生率低 7.8 和 10.2 个千分点。

二、机械变动

1986 年全县迁出人口 6371 人，迁入人口 8795 人。1990 年全县迁出 5747 人，迁入 18016 人，迁入人口为全县 27 年间最高，迁入人口主要来源于长庆油田、庆阳石油化工厂及本县干部职工家属的农转非。27 年间迁入人口呈下降趋势，迁出人口呈上升趋势。2000 年后，多数年份当年迁出人口大于迁入人口，主要是外出务工、孩子进城入学、小城镇建设加快以及油田生产转移等原因。迁出人口最高年份是 2010 年，迁出 11979 人。2001 年全县迁出 5009 人，迁入 3483 人；2008 年全县迁出 11849 人，迁入 5394 人；2012 年全县迁出 5946 人，迁入 1779 人。

三、流动人口

1978年后，随着改革开放和市场经济繁荣，来县务工、经商的外来人口逐年增多。1986年全县流动人口2197人，在城区务工经商的外来人口来自浙江、四川、江苏等地，约1800人；在农村打工的外来人口来自陕北、河南，约400人。1993年，外来人口达10000人，其中约7000人来自四川、云南、贵州3省，其他人员来自浙江、安徽、江苏、河南等省。2003年，对14143名外来人口实行暂住证管理。2012年，全县有暂住人口45727人，从事的职业集中在建筑、砖窑、果园、餐饮及商贸服务等领域。

第三节　人口素质

一、自然素质

（一）平均预期寿命

根据2010年全国第六次人口普查资料推算，全县人口的平均预期寿命达到72.23岁，比1990年"四普"和2000年"五普"时分别提高4.99岁和4.76岁，比全国人口平均预期寿命低2.6岁。其中，男性平均预期寿命70.6岁，女性74.06岁。

（二）残疾人口

2012年，全县有残疾人24699人，占总人口的8.46%。其中，听力残疾4858人，占残疾人口总数的19.7%；肢体残疾7711人，占31.2%；综合残疾3299人，占13.4%；视力残疾4144人，占16.8%；智力残疾2006人，占8.1%；言语残疾753人，占3%；精神残疾1928人，占7.8%。全县有劳动能力残疾人16426人，占残疾人总数的66.5%。

二、文化素质

1986—2012年，全县扫盲、成人教育、中小学教育取得长足进步，人口文化素质明显提高。据1990年全国第四次人口普查统计，全县具有小学以上文化程度162350人，占总人口的58.9%；实有文盲62748人，到1996年基本上扫除壮年文盲。2000年全国第五次人口普查显示，全县6岁及以上人口中，各种文化程度人口占总人口的82.2%；全县文盲人口27965人，较1990年减少34783人。2010年全国第六次人口普查显示，全县6岁及以上人口为245341人，其中，各种文化程度人口占总人口的85.67%，分别比1990年、2000年提高26.77%和3.47%；全县文盲人口2000年15891人，文盲率为6.07%，分别比2000年、1990年减少2.7%和16.71%。

第四节　人口构成

一、性别构成

1986年，全县男性人口128967人，女性人口114200人，男女性别比为129∶100；1990年男女性别比为105∶100，比1986年降低24个百分点；2000年男女性别比为108∶100，比1990年上升3个百分点；2010年男女性别比为106∶100，比2000年下降2个百分点；2012年男女性别为100.7∶100，比1986年下降28.3个百分点。

二、民族构成

人口普查资料显示：全县人口以汉族为主，比重在99%以上，随着社会经济的发展，少数民族

种类和人数在逐渐增大，而且地域分布越来越广，主要是长庆油田职工民族种类多及通过务工和婚姻迁入而形成。1990年全县汉族人口274444人，少数民族人口1017人。2000年全县汉族317615人，少数民族1314人，其中，蒙古族117、回族858人、藏族49人、维吾尔族21人、苗族29人、彝族38人、壮族51人、布依族28人、朝鲜族16人、满族55人、侗族3人、瑶族1人、白族1人、土家族18人、佤族3人、土族21人、达尔族1人、塔吉克族1人、俄罗斯族1人、独龙族2人。2010年，全县常住人口中，汉族261610，占常住人口比重的99.89%，少数民族288人。截至2012年12月31日0时，全县常住人口中：汉族285632人，回族426人，满族21人，壮族19人，蒙古族18人，土家族11人，土族9人，藏族7人，侗族5人，黎族5人，哈尼族4人，布依族4人，苗族3人，仡佬族3人，彝族2人，朝鲜族2人，瑶族2人，白族2人，傣族2人，东乡族2人，羌族2人，锡伯族2人，维吾尔族1人，佤族1人，傈僳族1人。

三、年龄构成

人口普查资料显示：1990年全县0—14岁85281人，占31.09%；15—64岁180106人，占65.68%；65岁及以上8830人，占3.22%。2000年全县0—14岁87470人，占27.6%；15—64岁21742人，占68.62%；65岁及以上11980人，占3.78%。2010年，全县261898名常住人口中，0—14岁43161人，占16.48%；15—64岁200197人，占76.44%；65岁及以上18540人，占7.08%。2010年与1990年相比较，0—14岁占人口比例下降了14.61%；65岁以上人口比例上升了3.86%。

四、劳动力

1990年全县劳动年龄人口（16—64岁）180923人，占总人口的65.68%，其中男性94996人，女性85927人；农业劳动力138754人，占劳动力总数的76.7%，劳动力人口抚养系数为52.3。2000年全县劳动年龄人口218847人，占总人口的68.62%，其中男性113770人，女性105077人；农业劳动力160187人，占劳动力总数的73.2%，劳动力人口抚养系数为45.7。与1990年比较，劳动年龄人口增长20.96%，农业劳动年龄人口增长15.4个百分点。

2010年全县劳动年龄人口200197人，占总人口的76.4%，其中男性103193人，女性97004人；农业劳动力127754人，占劳动力总数的63.8%，劳动力人口抚养系数为30.82。与2000年比较，劳动年龄人口下降8.5%，农业劳动年龄人口的百分比下降了20.2个百分点。劳动力变化表明：计划生育成效开始显现，儿童抚养比呈下降趋势；失去劳动能力的老人在总人口中占的比重逐年增高，老人抚养比呈上升趋势。

第五节　人口控制

一、机构

1986年，庆阳县计划生育委员会内设人秘、统计、宣教、财务股，辖县计划生育技术服务指导站，共有职工26人。1997年7月，庆阳县计划生育委员会更名为庆阳县计划生育局。2002年9月，更名为庆城县计划生育局。2003年，成立庆城县流动人口计划生育管理办公室。2005年4月，更名为庆城县人口和计划生育局。2012年，县人口和计划生育局内设人秘、规划统计、城镇人口管理、宣教信息、财务、科技服务股，辖县流动人口计划生育管理办公室、县计划生育技术服务指导站，至年底，有职工53人。

1990年2月，各乡（镇）成立计划生育委员会，主任由乡（镇）长兼任。1995年11月，乡镇计生委设副主任 1 名。1997 年 10 月始设专职计划生育委员会主任、副主任各 1 名。2006 年，乡（镇）计生委更名为计划生育办公室，配备主任、副主任各 1 名，业务专干 2—3 名；行政村设计划生育专职副主任 1 名，村民小组设计划生育宣传员和自管小组长。

二、计划生育管理

（一）人口目标管理

1986—1998 年，全县计划生育目标管理提出将人口出生率控制在 15‰ 以内，自然增长率控制在 15‰ 以内，符合政策生育率控制在 70% 以上。2000 年被省政府评定为计划生育工作基本实现"三为主"（宣传教育为主、避孕为主、经常性工作为主）。

2000 年后，计划生育优质服务纳入人口目标管理，增加党政领导对计划生育重视程度考核，开始由注重管理逐渐向管理兼服务转变。人口自然增长率控制目标调整到 14‰ 以内，符合政策生育率调整到 80% 以上。2003 年开始，全县全面推行计划生育优先优惠政策，逐渐将计划生育优先优惠政策落实纳入人口目标管理。2005 年开始，人口自然增长率调整为 14.2‰ 以内，符合政策生育率调整为 85% 以上，性别比治理纳入人口目标管理。2006 年，全县全面建成为育龄群众提供优生优育，生殖健康，节育手术等服务的县乡计划生育服务站（所）。2012 年，全县人口目标管理形成服务管理和利益导向并重的管理模式。

（二）生育指标管理

1980 年前，全县要求一对夫妇生育子女不得超过两个孩子。1980 年后，要求"每对夫妇生育子女数，最好一个，不得超过两个"。2006 年 1 月 1 日后，再婚夫妇一方未生育也未收养子女，可以要求安排再生育。

1999 年前，全县对符合生育一胎条件的已婚育龄夫妇发放"一胎准生证"，对符合生育二胎条件的已婚育龄夫妇发放"二胎准生证"。1999—2003 年，对符合生育条件的已婚育龄夫妇，改为发放"生育证"，对符合生育条件的胎次准生证变为孩次生育证。此后不久，对一胎生育双胞胎的已婚育龄夫妇不再发放"生育证"，管理权限仍然实行地、县、乡三级管理。2003 年 5 月，全县启用"生育保健服务证"。对符合生育一孩、二孩条件的已婚育龄夫妇，均发给"生育保健服务证"，是已婚育龄妇女免费接受计生技术服务、享受生殖保健的有效证件。

（三）流动人口管理

2002 年前，流动人口计划生育由户口所在地计生委管理。2003 年，各乡镇相应成立流动人口计划生育管理工作站，村（社区）配备了流动人口计划生育专管员。流动人口计划生育服务管理以现居住地管理、户籍地合同管理和协查通报、未采取长效节育措施的流动已婚育龄妇女为主，实行分类管理。

2006 年起，全县推行流动人口计划生育"八个一"（即每月开展一次清理；每人建立一份完善规范的档案；办理一份"婚育证明"；开展一次培训；签订一份合同；明确一名联系人；每季度寄回一次检查证明；每逢节假日，计生服务人员对务工人员家庭进行走访一次）管理模式。2007 年，在流入人口较为集中的县城北区、驿马工业园区、莲池经济开发区、西川工业园区建立流动人口管理办公室，配备专职流动人口管理员。2008 年，对未办理"流动人口婚育证明"的流出育龄人口，签订计划生育合同；对流入人口建立流入人口管理服务档案，并对辖区的流入人口进行查证验证，对育龄妇女督促其环孕检。2010 年，与省内其他 63 个县区和流出人口相对较多

的西安、银川、内蒙古等地签订"流动人口双向管理协议书",流入人口和常住人口同等享受有关政策和服务。

2012年,在流动人口计生工作中开展"双百"提质工程,即"掌握百分之百信息,提供百分之百服务",建立和完善流动人口计划生育综合治理、财政投入、利益导向、社会保障等工作机制。

三、措施

(一)政策措施

1990年1月起,计划外生育第二个子女的,每年按不低于夫妻双方上年人均纯收入的30%,合计征收7年超生子女社会抚养费;计划外生育第三个子女的,每年按不低于夫妻双方上年人均纯收入的40%,合计征收14年超生子女社会抚养费。2002年,全县建立"干部职工计划生育档案"。2005年11月后,取消再生育间隔限制。

2010年1月起,依据《庆阳市晋职晋升等人员计划生育情况审核办法》,1982年3月16日前生育的二孩不予审核,不影响晋职晋升、评优选模、推选代表(委员)资格;1990年1月1日至2000年9月11日之前,违反《甘肃省计划生育条例》规定,生育第二个子女或违反《中华人民共和国收养法》收养第二个子女,已处理并经审核确认的,不影响担任现任领导职务,但不得晋升上一级领导职务,不得评优选模、推选代表(委员),3年内不得晋升。2000年9月11日至2002年3月19日,违反规定生育或者收养第二个子女的,不得担任现任领导职务和晋升上一级领导职务,不得评优选模、推选代表(委员),5年内不得晋升;3月19日后,违反规定生育或者收养第二个子女并经审核确认,一律给予开除党籍和开除公职处分。

(二)晚婚晚育

1986年前,全县提倡晚婚晚育,实际上晚婚晚育形成主要是基于生活困难等自身原因而推迟结婚生育的育龄人群,这个时期晚婚率不到10%,晚育率基本为零。1986—2000年,晚婚率接近20%,晚育率不到1%。2000年后,育龄群众的婚育观念发生转变,自觉实行晚婚晚育。至2012年,由于晚婚晚育少生约1.4万人。

(三)生育节育

全县已婚育龄人口经过宣传教育,响应政府号召,落实计划生育政策,城镇大多家庭生育一孩,农村最多生育二孩,已婚育龄妇女的自我调节生育节育意识普遍增强,自我延长生育间隔,推迟生育时间。1986年,一孩出生占总出生的65.72%,2012年上升到67.1%;多孩率由6.13%下降到0.23%;符合政策生育率由77.78%上升到93.02%。已婚育龄妇女从1986年44297人增长至2002年71307人,净增长27010人。2002年至2012年,受前期计划生育的影响显现,育龄妇女数量逐年下降,从71307人下降至54744人,净下降16563人。

1994年,全县处于第三次人口生育高峰,人口出生率高达19.16‰。2012年下降为11.44‰,人口自然增长率下降到5.28‰,下降9.39个千分点;符合政策生育率(计生率)由71.57%提高到93.02%;人口出生性别比从1986年的118.99下降到105.59,趋于正常值;持续稳定低生育水平。

附:

表 3-5-1 1986—2012 年全县户籍人口生育情况表

单位：人

年份	总出生数	性别比	出生率（‰）	政策生育率(%)	自增数	自增率（‰）
1986	3506	118.99	14.42	77.78	2309	9.56
1987	3251	112.48	13.11	82.50	2202	8.88
1988	3498	114.08	13.76	85.31	2448	9.63
1989	3607	122.38	14.00	83.31	2537	9.84
1990	3658	117.87	13.68	83.19	2569	9.61
1991	3740	116.56	13.36	83.45	2314	8.27
1992	3571	114.73	12.55	81.69	2117	7.44
1993	4323	115.61	14.82	82.35	3093	10.60
1994	5659	108.59	19.16	71.57	4332	14.67
1995	5695	105.30	18.98	71.87	4250	14.16
1996	3854	116.40	12.47	76.36	2518	8.15
1997	3162	124.57	18.16	86.75	1241	3.97
1998	4106	116.79	16.74	87.36	2258	7.14
1999	2669	111.99	12.65	95.05	1569	4.92
2000	3208	112.87	14.92	91.68	1638	5.17
2001	3875	109.91	12.17	83.23	2563	7.98
2002	3750	115.64	11.63	89.31	2529	7.81
2003	3320	108.67	10.33	85.81	1818	5.65
2004	3358	112.53	10.56	84.43	1871	5.84
2005	3328	107.87	10.22	85.91	1932	6.33
2006	3390	106.58	10.34	85.93	1983	6.64
2007	3503	108.02	10.6	87.61	1923	6.39
2008	3552	108.70	10.94	88.54	1714	5.77
2009	3380	109.03	10.85	87.69	1835	6.13
2010	2886	107.63	11.14	87.11	1452	5.02
2011	2930	105.33	11.22	89.86	1484	5.18
2012	2979	105.59	11.44	93.02	1508	5.28

（四）手术节育

1986 年，全县落实计划生育节育手术 469 例，其中输卵（精）管结扎手术 401 例，占总节育手术例数的 85.5%，综合节育率为 80.99%。1989 年，全县计划生育工作被省政府挂"黄牌"。1990 年，全县对历年的计划生育节育手术欠账进行清理，开展"平茬"活动。当年，集中实施节育手术 4496 例，其中，结扎 4337 例，占总节育手术 96.46%，综合节育率上升到 88.23%。20 世纪 90 年代，全县每年开展两次"计划生育突击月"活动，全面落实"四项"节育措施，对计划生育工作实行"一票否决"

制度。2012年，全县长效节育措施的比例下降到29.23%，更多的计划生育对象选择放置宫内节育器、口服避孕药等对身体无害的短效节育避孕措施。

　　（五）利益导向

　　1986—1989年，对男女双方晚婚的婚假延长到一个月，晚育的产假延长到150天。在产假期间领取了"独生子女证"的，产假延长到150天。其中，干部、职工工资照发，按全勤对待，从领证之年起，每年发给保健费30元，发至14周岁；农村领取"独生子女证"的在产后规定的休息期间免去夫妇当年义务工，多划自留地。1990—1999年，计生奖励范围扩大到独生子女领证户、二女节育户（以下简称"两户"）。农村独生子女户免去夫妇双方义务工，每月发给10元独生子女父母保健费，发至16周岁。1998年起，为农村二女节育户办理200元养老保险。次年增加到300元。

　　2003年，对全县所有农村"两户"养老保险提高到600元。同年，对独生子女死亡或伤残，父母要求再生育的家庭，免费提供再生育服务；农村"两户"中的贫困户和计划生育户，每年给予不低于500元的帮扶资金。

　　2004年，全县为农村计生"两户"代缴新农合自筹资金，落实看病就医免收挂号费、优先享受医疗救助政策，住院补偿实行零起付线，并提高15%—30%补偿比例；超额部分纳入大病医疗救助。农村符合生育二孩条件，但本人自愿放弃生育，并落实绝育手术的独女户，一次性奖励5000元；落实了绝育手术的二女户，一次性奖励3000元。农村独生子女领证户，领证当年一次性发放1000元教育储蓄。农村育龄夫妻的避孕节育及环孕情服务、优生优育咨询、妇女病普查一律实行免费服务。环孕情服务对象每接受一次服务，补助现金2元。农村"两户"子女在被省内大学录取时，文化课成绩加10分，县内初中升高（职）中时，文化课成绩加20分。农村年满50周岁以上，只生育一个子女或两个女孩的夫妇或按政策生育的子女死亡，无子女的夫妇，列为市级奖励扶助对象，每人每年发给奖励扶助金720元，直至亡故。60周岁后，列为国家奖励扶助对象，每人每年发给奖励扶助金960元，直至亡故。农村二女户落实绝育手术的，给予营养补助费200元，住院医疗费用全部免除。

　　2005年起，在"整村推进"项目中，对农村"两户"在其他户均基础上给予3000—5000元项目扶持，其中独女领证户5000元，独男领证户4000元，二女结扎户3000元，项目村至少培养2户"少生快富示范户"，每户在其他户均基础上再给予8000元项目扶持。在安全饮水工程中减免农村"两户"自来水入户费用和50%的义务工。土地流转、征地补偿和村集体收益分红中对农村"两户"提高补偿标准或多算1人予以补偿。8月后，对"两户"家庭中，由于子女、父母伤亡、伤残、患特殊疾病造成生活水平低于当地平均水平的实行特殊困难救助。

　　2005年1月至2009年6月，自愿领取"独生子女父母光荣证"的育龄夫妻，自领证之月起至独生子女16周岁止，每月发给20元奖励费。2009年6月后，每月发放25元。独生子女领证户有一方是国家干部职工的，在其退休时，由所在单位一次性发给1000元奖励；双方是城镇无业居民的，在女方年满49周岁时，由民政局一次性发给1000元奖励。

　　2007年3月，农村计生"两户"家庭按二类对象标准纳入低保；下岗职工中的独生子女贫困户，享受中等以上城市低保。6月开始，农村"两户"子女考入大学本科院校的，一次性奖励2000元；考入大学专科院校的，一次性奖励1000元。9月开始，事业单位招考工作人员时，农村"两户"子女笔试成绩加10分，同等条件下优先录用。

　　2008年，特别扶助制度开始实施。4月，在实施农村危旧房改造工程中对符合条件的农村计生"两户"优先安排，并给予3000—5000元资金扶持。2009年后，独生子女领证户养老储蓄调整为1200元。2010年起，实施"春蕾育才工程"，对农村"两户"子女在幼儿园、高（职）中、大学就学阶段，分别给予每生每学年500元、1000元、2000元助学金。2011年起，自愿落实绝育手术的农村二女户夫妇，次月起每人每月给予60元奖励金，直至享受全市计划生育奖励扶助。同年，农村计生"两户"全部纳入农村养老保险，县财政每人每年补贴30元。

至2012年，全县形成围绕计划生育家庭优生优育、子女成才、抵御风险、家庭致富以及养老保障体系。为农村3266户二女节育户及领取"独生子女父母光荣证"家庭落实养老储蓄；全县发放奖励扶助金4452人次、354.22万元；发放特别扶助金107人次、5.8万元；为1449户二女节育户家庭发放一次性奖励金434.7万元；县计生协会建立生育关怀基金，募集资金30万元，救助计划生育特困家庭56户。

四、技术服务

1990年前，计划生育技术服务主要由卫生部门负责落实。1990年12月，全县始有专职技术人员从事计划生育技术服务工作。1992年，开展输卵管节育术、放环、取环、人流和环孕情服务、检查服务工作。1994年，全面开展计划生育节育手术。1999年，全县19个乡镇筹建乡级计划生育技术服务所。2000年，县计生指导站配备计划生育技术服务车，开始下乡入户，为育龄妇女免费诊治妇科常见病。

2003年，全县所有乡镇计生服务所均设有门诊室、咨询室、妇检室、手术室、B超室、化验室、观察室、药房等科室和婚育学校，配备有微机，设立有会计账、出纳账、药品账、避孕药具专账和医疗器械登记册。2004年底，乡镇服务所和县服务站达到省级规范化服务所建设标准。2005年，全面实施出生缺陷干预工程，加强新婚夫妇培训宣传，免费发放出生缺陷干预药品叶酸片，降低缺陷婴儿出生比例，实现"省级计划生育优质服务县"。

2008—2009年，新建改建乡镇计生服务所17个，每所有专业技术服务人员3—6名，15个乡镇计生服务所达到国家级规范化标准要求。2009年，庆城县被命名为"全国计划生育优质服务县"；2012年，被列为国家"免费孕前健康检查项目县"，县服务站工作人员增加至30名，配备蓝氧治疗仪、微波治疗仪、全自动生化分析仪、全自动血球分析仪、化学发光仪等设备。

图3-5-1　计划生育奖牌

第四章　环境保护

20 世纪 70 年代起，境内工业污染迅速加剧；20 世纪 90 年代起，农业有害物质、交通噪声、城市生活垃圾等污染丛生蔓延，全县环境状况更趋恶化。2000 年后，加强环境监测和环境保护执法力度，加大生态环境修复，环境污染得到控制，环境质量逐渐开始好转。

第一节　机构

1982 年 4 月，庆阳县人民政府环境保护办公室成立。1983 年 12 月，与县城建科合并为庆阳县城乡建设环境保护局（以下简称"环保局"）。1986 年 10 月，成立庆阳县环境保护监测站，隶属城乡建设环境保护局。1989 年 6 月，环保、城建机构分设，成立庆阳县环境保护局，与县环保监测站合署办公。1996 年 9 月，成立庆阳县环境监理站，隶属县环保局。1997 年，撤销县环保局，组建庆阳县城乡建设环境保护局。2002 年 2 月，恢复庆阳县环境保护局。同年，更名为庆城县环境保护局。2007 年，环境监理站更名为环境监察大队。2010 年 11 月，县环保局由县政府直属事业单位调整为县政府工作部门。2012 年，内设人事秘书、财务后勤、执法监察、规划环评、污染控制兼防辐射、自然生态保护股，生态县创建等办公室，辖庆城县环境监察大队。全局职工 53 人。

第二节　环境状况

一、大气环境

庆城县环境空气质量评价执行《环境空气质量标准》（GB3095-1996）二类区标准。

境内大气污染主要来自石油化工企业、各种锅炉、窑炉、在用炉灶和机动车排放的废气，以可吸入性颗粒物、氮氧化物、二氧化硫为主，其中石油化工企业大气污染物排放量占 70% 以上。1990—2003 年，庆城县城区污染指数为 176，空气质量级别数Ⅲ级，轻度污染，污染负荷 70.7%。2004—2007 年，总悬浮微粒指数超标严重，污染负荷 82.4%。2008—2012 年，总悬浮微粒指数大幅度下降。

二、水环境

地表水环境质量　境内地表水污染物主要是工业废水、有害物质化学需氧量、悬浮物、石油类、挥发酚等。按照《地表水环境质量标准》（GB3838-2002），柔远河曾为居民的生活饮用水，20世纪80年代中后期至2012年，因上游石油开采和生活污染，只能用于灌溉，水质为Ⅳ类。环江河上游支流中有苦水河苦咸水汇入，矿化度大；沿岸分布油田企业，工业污染严重，水流不宜饮用和灌溉。据《庆阳地区（市）环境质量报告书》评价，1996—2000年，环江桥至韩家湾水质监测断面5年平均综合指数为2.68，属严重污染；2006—2010年，以劣Ⅴ类水质为主。2001—2005年，马莲河上游庆城段为劣Ⅴ类水质，有恶化趋势。2010年起，水质逐年改善，2012年监测水质为Ⅲ类。

地下水环境质量　　按照《地下水质量标准》（GB/T14848-93）对监测结果进行分析，境内山、塬区的地下水质总体变化不大，为优质饮用水。2002—2012年，塬区地下水由于大规模开采和石油钻探回注，以及塬区乡镇企业的兴起，用水量剧增，造成地下水位逐年下降，累计下降近20米。

川区地下水由于地质原因和石油开发引发的污染，水质普遍变劣，矿化度增高，个别水井的溶解性固体值达到6000毫克／升，超过国标10多倍。1996年，庆阳地区环境监测站对马岭油田区域内26口浅层土井进行调查监测，总硬度、高锰酸盐指数、氯化物普遍超标，含盐量高，有机污染较重。2002年，县卫生防疫部门对马岭油区水井水质取样化验，多项指标超过国家标准，尤其是溶解固体一项超过国家地下水标准6—10倍。2003年7月，经陇东油田开发环境现状调查监测，马岭镇琵琶寨、董家滩、下午旗和卅铺镇阜城4个村15个村民小组部分群众水井水质变差，不宜饮用。2004—2005年，经庆阳市环境监测站监测，玄马、卅铺等矿区乡镇地下饮用水溶解固体等指标超过国家标准。至2012年，地下水质没有明显改善。

饮用水源地水环境质量　　按照《地表水环境质量标准》（GB3838-2002）和《生活饮用水卫生标准》（GB5749-2006），除纸坊沟水源地水质六价铬超标外，其余均为优质生活用水。因油田开采，2010年，省政府批复教子川、冉河川水源保护区废止。由于纸房沟水源地扬黄续建工程不能按期完工，2012年5月，县人民政府办公室下发《庆城县冉河川、教子川水源地管理意见》，明确规定冉河川水源地仍为城区集中供水的补充水源地，保护范围和级别在水源地停止供水之前仍按照《甘肃省庆城县冉河川水源地保护区区划报告》划分的范围和级别，具体管理仍依照《庆城县冉河川、西川饮用水源地保护区环境管理办法》规定执行。

三、环境噪声

县域环境噪声主要来自交通、工业、建筑施工和社会生活等方面。2002年以前，城区由于电焊作业、大货车进出、歌舞厅营业以及建筑施工等高噪声，环境噪声污染比较严重。2003年6月，庆阳市环境监测站在县城布设109个监测点进行连续监测，除8条主要交通干道噪声超标1.7分贝外，其余区域的噪声值符合国家《城市区域环境噪声标准》（GB096-93）。2010—2012年，经庆阳市环境监测站连续监测，区域声环境质量良好。但是，商贩使用喇叭叫卖，又造成新的噪声污染。

第三节　环境治理

一、大气污染控制与治理

1986年，全县对11台生产、取暖锅炉，15座砖瓦窑和10台茶炉安装消烟除尘设备。1987年，县沥青厂由县城选址搬迁，对农副公司黄花熏烤炉、水电局锅炉、驿马农副站熏烤炉进行治理。1988年，县政府制订《庆阳县烟尘控制区管理办法》，建成烟尘控制区1.5平方千米。1990—1995年，城区陆续推行联片供热，废气排放有所控制。

1996—2005年，长庆第二机械厂投资24万元，安装湿法脱硫设施，开展锅炉烟气治理；长庆第一技术服务处投资70万元安装除尘和脱硫设施，开展锅炉烟气治理；庆阳石化公司投资8万元实施低压瓦斯气回收利用。城区推行集中供暖供热，淘汰不符合环保要求的小锅炉，建成烟尘控制区4.8平方千米。全县安装脱硫除尘设施33台（套），关停小锅炉23台；淘汰严重污染大气的传统楼顶防水工艺，推广新型防水材料工艺；关停取缔小炼油、土炼油厂37户，关闭马岭炼油厂和

马岭轻烃厂，年减少工业废气量33408万立方米、二氧化硫排放量155.67吨、氮氧化物排放39.74吨。2000年开始，城区推广使用型煤、石油液化气、太阳能、节能电器等环保型生活设施；农村推广节能灶、太阳能灶、沼气池和太阳能发电，公路沿线严禁焚烧秸秆。

2006—2012年，全县实施主要污染物减排计划和限期治理项目。关停砖瓦厂14家，改造锅炉3台，取缔锅炉32台，改造3户建材企业工艺技术；完成庆阳石化公司整体异地搬迁，二氧化硫年减排量320.62吨。

二、水污染控制与治理

（一）地表水污染治理

1994年，县食品厂修建三级沉淀池3个，日处理污水20多立方米。1996年，全县实施 "一控双达标"（污染总量控制，环境功能区达标，所有工业污染源排放污染物达标）工程，油田单位对采油污水经处理后回注地下采油层，减少废水中石油类排放量。1997年，关闭县城南关屠宰场。

2000年起，环江与柔远河沿线大量油田企业外迁，家属区关闭，排入两河的工业废水和生活污水减少，水中挥发酚、石油类明显下降，马莲河地面水质达标率逐年上升。

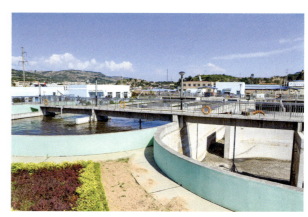

图4-3-1　县城污水处理厂

2006—2010年，开展废水中化学需氧量减排。2006年，关停土桥纸浆厂。2007年，巨力化工厂、县人民医院、县岐伯中医医院、马岭吉良黄酒厂、驿马宝源果蔬有限公司完成污水治理设施建设；取缔马岭纸浆厂，关停兴达土特产公司。2008年，贺旗电线厂、玉泉黄酒厂完成污水治理设施建设并运行。2009年，完成马岭405-1井污水处理设施建设。2010年，庆阳市恒盛果汁有限公司投资285万元建设完成污水处理站和污染源自动在线监控系统。经庆阳市环境监测站监测，曲子至韩家湾段水质由V类降低为IV类。马莲河流域庆城南河桥断面水质由IV类降低为III类，水中挥发酚、石油类明显下降，马莲河地面水质达标。2011年，县污水处理厂建成运行，日处理污水10000立方米。2012年，驿马工业集中区污水处理及中水回用工程完成可行性研究报告。至2012年，全县累计完成化学需氧量减排871.47吨。

（二）地下水污染治理

1987年，对石油矿区548口油井和213口注水井污染情况进行清查，并开始定点取样监测。2006—2010年，县政府和油田企业联手治理油田开发污染，对境内396口计关井、报废井、冒水井全部进行清理回收，对影响地下水质的冒水井、破套井进行技术封堵。

三、噪声污染控制与治理

1988年，制订《庆阳县城镇噪声管理办法》，完成1.1平方千米噪声达标一条街，区域噪声下降3个分贝。1997年，拆除有严重噪声的高音喇叭、音响、电锯、电刨床26台（件），对5家歌舞厅、3个建筑工地限制营业和施工时间。2002年，限制建筑工地10处、歌舞厅8家作业时间，关闭高噪声个体加工门店6家。2003年，编制《庆城县噪声功能区划》，制订《庆城县噪声控制及达标区建设实施方案》，对建筑施工场地、歌舞厅严格控制施工及营业时间，城区采暖锅炉要求全部安装消声装置，城区电焊部、修理部、铁制品加工部全部迁出城外；大型车及货车早8时至晚

8时限制进城。2004年，长途公共汽车站由城区迁至莲池。

庆阳市环境监测站监测，2005—2012年，县域环境噪声平均等效声级均符合《声环境质量标准》（GB3096-2008）Ⅰ类昼间标准，交通噪声平均等效声级符合《声环境质量标准》（GB3096-2008）Ⅳ类昼间标准。

四、电磁及放射性污染控制与治理

2007年，中国石油集团测井有限公司长庆事业部119个放射源，全部办理辐射安全许可证。2012年，全县医疗卫生机构有23家射线装置单位，全部办理辐射安全许可证。

五、固体废弃物污染控制与治理

境内固体废弃物主要来源是锅炉燃烧后的炉渣、建筑废渣、工业废渣、生活垃圾和医疗垃圾。2007年前，城区产生的生活垃圾，一般采取填埋方式进行处置；工业固废大多数被回收利用，剩余部分经简单固化掩埋；炉渣作为建筑和建材原料被利用；农副土产加工企业和食品行业产生的废料一般用作饲料和燃料；医疗垃圾主要采取焚烧无害化处理，其中县人民医院、长庆石油职工医院、县岐伯中医院均建有医疗垃圾焚烧炉，其余各医疗机构均有简易的医疗垃圾处理设施。2007年12月，投资1001万元，在县城北五里坡建成占地64.81亩的垃圾填埋场，日处理城区垃圾65吨。2011年，医疗垃圾全部集中收集送庆阳市医疗废物处理中心做无害化处理。2012年，全县固体废弃物年产生量20多万吨，其中工业企业产生量约4万吨，医疗垃圾年产生量约为14.78吨。各乡镇均建有垃圾填埋点，并利用荒沟对群众生活垃圾进行填埋，但废塑料包装袋、农用废地膜收集困难，白色污染治理任务仍然艰巨。

第四节　环境管理

一、环境目标责任管理

1987年，庆阳县被列为全区环境保护重点县，地区行署与县政府签订环境保护目标责任书，环境控制指标包括废气排放量、净化量，废气中污染物削减量、工业废水排放量、工业废渣产生量等10项。1991年，控制指标增加到14项。1994年起，污染治理设施运行率、建设项目环境影响评价、"三同时"（建设项目中防治污染的设施，应当与主体工程同时设计、同时施工、同时投产使用）制度执行率纳入考核目标。1999年开始，环境保护计划纳入全县国民经济和社会发展计划。2000年，责任书重点内容是"一控双达标"。2001年起，环境保护重点工作向污染治理方向转移。

2007年起，县政府对各乡镇环境保护工作实行单项考核、单项目标管理。

二、排污费征收与使用

1986年，对县属排污超标重点单位进行收费管理。1990年开始征收工业废水、废气、锅炉烟尘、废渣等排污费。1990—1995年，征收排污费34.4万元；1996—2000年，征收排污费116万元；2001—2005年，征收排污费190.6万元；2006—2012年，征收排污费1462万元。排污费使用执行"收支两条线"制度，全部用于污染治理和环保设备购置。

三、申报登记

2003年，全县推行污染物排放申报登记制度，所有排污单位必须每年向环保部门申报污染物排放状况。至2012年，全县共申报登记排污单位281家，其中工业企业41家，行政事业单位32家，"三产"行业（第三产业）208家。

四、排污许可

1998 年，地区行署下发《庆阳地区水污染物排放许可证管理暂行办法》，地区环保处对境内长庆石油勘探局采油二厂、庆阳石油化工厂等重点污染源发放临时排污许可证。2004 年，市环境保护局印发《庆阳市推行污染物排放许可证制度实施方案》。2006 年，市环保局对中油庆阳石化公司、长庆油田公司第二采油厂重点污染企业发放排污许可证。县环保局对庆阳市恒盛果汁有限公司等污染严重的地方企业发放排污许可证。2007—2012 年，庆城县全面推行排污许可证制度。对县辖区内排放废水、废气、废渣及产生噪声的工业、企业、事业、建筑施工场地、第三产业等单位，累计发放排污许可证 281 个。

五、环境污染纠纷及事故处理

1986—2000 年，环保部门调处环境污染纠纷 300 余起。其中，查处采油二厂油气大队向水体排放含油垢污水、钻井二公司向河道乱倒垃圾、采油四大队输油管破裂泄漏原油污染东河等重大事故 10 余起。2001 年，环保部门对马岭镇琵琶寨村生活水源遭油井污染事故进行调查，由采油二厂一次性支付 31 户群众 5000 元人民币作为暂时用水补偿。2002 年，开通"12369"环境保护举报热线；2005 年，制订《庆城县污染事故和纠纷查处制度》。2002—2012 年，环保部门先后查处马莲河西段水质污染、赤城乡赵家川河流污染、马岭镇贺旗村水井污染、马岭镇琵琶寨村瓦斯气污染、长乐供热公司噪声污染、高楼乡雷家岘子污水污染等重大事故 10 余起，调处环境污染纠纷 200 余起。

图4-4-1　山区一隅

第五章　中国共产党庆城县地方组织

1986—2012 年，中共庆城（庆阳）县委始终贯彻落实党在各个时期的路线方针政策；组织和带领全县人民坚持解放思想、转变观念，改革开放、搞活经济，实施政治体制改革，加强"三农"工作，推进精神文明建设，提升党的建设；完善党内民主，创新科学决策机制；为促进全县经济、政治、社会、文化、生态建设协调发展发挥了领导核心作用。

第一节　党代表大会

一、县党代表大会

（一）代表产生

中共庆阳县第九、十、十一、十二次代表大会各有 222 名、240 名、249 名、245 名正式代表；中共庆城县第一、二、三次代表大会各有 245 名、248 名、252 名正式代表。

出席各次党代表大会的正式代表由选举产生。县委按照有关规定将全县党组织划分为若干选区，以全县党代表总人数分配各选区；选区确定代表候选人（候选人数必须多于应选代表的 20% 以上），对候选人审查后报经县委原则同意；各选区召开党代表大会或党的代表会议或党员大会，采取无记名投票差额选举办法进行选举；选举出的代表结果报经县委审批后，确定为正式代表。

（二）代表构成

根据全县党员队伍实际情况，历次党代表大会出席代表均由各级干部、各类专业技术人员、各条战线先进模范人物和解放军或武警党员代表组成，比例一般分别占 60%、19%、20%、1%。在总代表比中，女性代表占 19.6%、少数民族代表占 0.8%；年龄在 45 岁及其以下代表占 52.2%。

（三）代表大会

中共庆阳县第九次代表大会于 1986 年 11 月 27—29 日在县城召开。大会主席团由李士林等30 人组成，代表资格审查委员会由 7 人组成，张仁任主任委员并兼任大会秘书长。会议审议通过李士林代表中共庆阳县第八届委员会所作的题为《加强党的建设，深入进行改革，为全县人民尽快脱贫致富而努力奋斗》工作报告及其审议决议；审议通过张自新代表上届中共庆阳县纪律检查委员会所作的工作报告及其审议决议。会议选举产生中共庆阳县第九届委员会和新一届中共庆阳县纪律检查委员会；选举李士林为县委书记，杨卫东、张仁、刘国耀、

图5-1-1　县党代表大会

郭文允为副书记，张自新为县纪委书记。

中共庆阳县第十次代表大会于 1989 年 11 月 27—29 日在县城召开。大会主席团由褚宪等 39 人组成，代表资格审查委员会由 7 人组成，冯登岗任主任委员并兼任大会秘书长。会议审议通过褚宪代表中共庆阳县第九届委员会所作的题为《坚持治理整顿，加强党的建设，为推动庆阳县各项事业的发展而奋斗》工作报告及其审议决议；审议通过张自新代表上届中共庆阳县纪律检查委员会所作的工作报告及其审议决议。会议选举产生中共庆阳县第十届委员会和新一届中共庆阳县纪律检查委员会；选举褚宪为县委书记，杨卫东、刘国耀、冯登岗、陈广锦为副书记，张祖贡为县纪委书记。

中共庆阳县第十一次代表大会于 1992 年 11 月 17—19 日在县城召开。大会主席团由张震合等 44 人组成，代表资格审查委员会由 7 人组成，刘秉宁任主任委员和大会秘书长。会议审议通过张震合代表中共庆阳县第十届委员会所作的题为《坚持党的基本路线，加快改革开放步伐，为建设文明富庶的新庆阳而努力奋斗》工作报告及其审议决议；审议通过张祖贡代表上届中共庆阳县纪律检查委员会所作的工作报告及其审议决议。选举产生中共庆阳县第十一届委员会和新一届中共庆阳县纪律检查委员会；选举张震合为县委书记，王吉泰、刘秉宁、陈广锦、王积聪为副书记，张祖贡为县纪委书记。

中共庆阳县第十二次代表大会于 1997 年 11 月 17—19 日在县城召开。大会主席团由刘秉宁等 33 人组成，代表资格审查委员会由 7 人组成，石步升任主任委员和大会秘书长。会议审议通过刘秉宁代表中共庆阳县第十一届委员会所作的题为《高举伟大旗帜，迎接新的世纪，为推进全县经济和社会事业全面发展而努力奋斗》工作报告及其审议决议；审议通过贾兴勤代表上届中共庆阳县纪律检查委员会所作的工作报告及其审议决议。会议选举产生中共庆阳县第十二届委员会和新一届中共庆阳县纪律检查委员会；选举刘秉宁为县委书记，王积聪、石步升、马浩、郭光能为副书记，贾兴勤为县纪委书记。

中共庆城县第一次代表大会于 2002 年 11 月 7—9 日在县城召开。大会主席团由朱治晖等 28 人组成，代表资格审查委员会由 7 人组成，马斌任主任委员和大会秘书长。会议审议通过朱治晖代表中共庆阳县第十二届委员会所作的题为《与时俱进，求实创新，全面推进庆城县经济和社会各项事业超常规跨越式发展》工作报告及其审议决议；审议通过张刚宁代表上届中共庆阳县纪律检查委员会所作的工作报告及其审议决议。会议选举产生中共庆城县第一届委员会和中共庆城县第一届纪律检查委员会；选举朱治晖为县委书记，马斌、刘建民、关晓萍为副书记，张刚宁为县纪委书记。

中共庆城县第二次代表大会于 2006 年 12 月 13—15 日在县城召开。大会主席团由 33 人组成，代表资格审查委员会由 7 人组成，刘聪任主任委员和大会秘书长。会议审议通过中共庆城县第一届委员会所作的题为《坚持科学发展，促进社会和谐，为"十一五"期间庆城县率先发展而努力奋斗》工作报告及其审议决议；审议通过王超代表中共庆城县第一届纪律检查委员会所作的工作报告及其审议决议。会议选举产生中共庆城县第二届委员会和中共庆城县第二届纪律检查委员会；选举县委书记 1 人，选举杨献忠、刘聪为县委副书记，王超为县纪委书记。

中共庆城县第三次代表大会于 2011 年 10 月 11—14 日在县城召开。大会主席团由葛宏等 35 人组成，代表资格审查委员会由 7 人组成。会议审议通过葛宏代表中共庆城县第二届委员会所作的题为《坚持科学发展，加快转型跨越，为谱写美好庆城新篇章而努力奋斗》工作报告及其审议决议；

审议通过何骁玲代表中共庆城县第二届纪律检查委员会所作的工作报告及其审议决议。会议选举产生中共庆城县第三届委员会和中共庆城县第三届纪律检查委员会；选举葛宏为县委书记，辛少波等2人为副书记，何骁玲为县纪委书记。

附：

表5-1-1 1986—2012年中共庆城（庆阳）县委历届书记、副书记、常委名表

届次	职务	姓名	籍贯	任职时间
中共庆阳县第九届委员会（1986年11月—1989年11月）	书记	李士林	宁县	1986.11—1988.12
		褚宪	庆城	1988.12—1989.11
	副书记	杨卫东	庆城	1986.11—1989.11
		张仁	庆城	1986.11—1988.12
		刘国耀	庆城	1986.11—1989.11
		郭文允	西峰	1986.11—1989.01
		冯登岗	合水	1989.05—1989.11
		陈广锦	西峰	1989.10—1989.11
	常务委员	李士林	宁县	1986.11—1988.12
		褚宪	庆城	1988.12—1989.11
		杨卫东	庆城	1986.11—1989.11
		张仁	庆城	1986.11—1989.11
		蒋占全	西峰	1986.11—1989.10
		刘国耀	庆城	1986.11—1989.11
		郭文允	西峰	1986.11—1989.01
		王生荣	庆城	1986.11—1988.12
		张自新	庆城	1986.11—1989.11
		田宏洲	西峰	1986.11—1989.11
		陈广锦	西峰	1989.10—1989.11
		郑重京	庆城	1987.10—1989.11
		周天佑	庆城	1987.10—1989.11
		冯登岗	合水	1989.05—1989.11
		张祖贡	庆城	1989.11—1989.11
中共庆阳县第十届委员会（1989年11月—1992年11月）	书记	褚宪	庆城	1989.11—1992.10
		张震合	正宁	1992.10—1992.11
	副书记	杨卫东	庆城	1989.11—1991.02
		张震合	正宁	1991.02—1992.10
		冯登岗	合水	1989.11—1992.10
		刘国耀	庆城	1989.11—1991.08
		陈广锦	西峰	1989.11—1992.11

续表 5-1-1

届　　次	职　务	姓　名	籍贯	任职时间
中共庆阳县第十届委员会（1989 年 11 月—1992 年 11 月）	副书记	王吉泰	宁县	1991.08—1992.11
		刘秉宁	宁县	1992.10—1992.11
		王积聪	宁县	1992.10—1992.11
	常务委员	褚　宪	庆城	1989.11—1992.10
		杨卫东	庆城	1989.11—1991.02
		张震合	正宁	1991.02—1992.11
		冯登岗	合水	1989.11—1992.10
		刘国耀	庆城	1989.11—1991.08
		陈广锦	西峰	1989.11—1992.11
		王吉泰	宁县	1989.12—1992.11
		张　仁	庆城	1989.11—1992.11
		张祖贡	庆城	1989.11—1992.11
		田宏洲	西峰	1989.11—1992.11
		周天佑	庆城	1989.11—1991.10
		卢建敏	镇原	1991.08—1992.10
		戴炳隆	庆城	1991.10—1992.10
		刘秉宁	宁县	1992.10—1992.11
		王积聪	宁县	1992.10—1992.11
		张建新	镇原	1992.10—1992.11
中共庆阳县第十一届委员会（1992 年 11 月—1997 年 11 月）	书　记	张震合	正宁	1992.11—1997.10
		刘秉宁	宁县	1997.10—1997.11
	副书记	王吉泰	宁县	1992.11—1996.06
		刘秉宁	宁县	1992.11—1997.10
		王积聪	宁县	1992.11—1997.11
		陈广锦	西峰	1992.11—1995.10
		赵彩雯（女）	环县	1995.12—1997.10
		石步升	合水	1996.05—1997.11
		马　浩	华池	1997.08—1997.11
		郭光能	西峰	1997.10—1997.11
	常务委员	张震合	正宁	1992.11—1997.10
		王吉泰	宁县	1992.11—1996.06
		刘秉宁	宁县	1992.11—1997.11
		陈广锦	西峰	1992.11—1995.10
		王积聪	宁县	1992.11—1997.11
		张　仁	庆城	1992.11—1996.03
		张建新	镇原	1992.11—1997.10
		张祖贡	庆城	1992.11—1996.06

续表 5-1-1

届　次	职　务	姓　名	籍贯	任职时间
中共庆阳县第十一届委员会（1992年11月—1997年11月）	常务委员	田宏洲	西峰	1992.11—1995.03
		张振银	华池	1995.12—1997.10
		党志明	宁夏 固原	1997.10—1997.11
		王怀珍	庆城	1995.03—1997.11
		郑满民	庆城	1996.06—1997.08
		郭文奎	西峰	1993.06—1996.06
		贾兴勤	庆城	1997.08—1997.11
		赵彩雯（女）	环县	1995.12—1997.10
		石步升	合水	1996.06—1997.11
		马 浩	华池	1997.08—1997.11
		郭光能	西峰	1997.10—1997.11
		黄耀龙	华池	1996.11—1997.11
中共庆阳县第十二届委员会（1997年11月—2002年11月）	书 记	刘秉宁	宁县	1997.11—2000.04
		陈克恭	兰州	2000.04—2001.08
		朱治晖	西峰	2001.08—2002.11
	副书记	王积聪	宁县	1997.11—2000.04
		石步升	合水	1997.11—2001.07
		马 浩	华池	1997.11—2002.06
		郭光能	西峰	1997.11—2002.10
		朱治晖	西峰	2000.04—2001.08
		麻新文	庆城	2001.07—2002.06
		章志兼	华池	2002.06—2002.10
		马 斌	西峰	2002.06—2002.11
		张刚宁	华池	2002.10—2002.11
		刘建民	正宁	2002.10—2002.11
	常务委员	刘秉宁	宁县	1997.11—2000.04
		陈克恭	兰州	2000.04—2001.08
		朱治晖	西峰	2000.04—2002.11
		王积聪	宁县	1997.11—2000.04
		石步升	合水	1997.11—2001.07
		马 浩	华池	1997.11—2002.06
		郭光能	西峰	1997.11—2002.10
		麻 韡	庆城	1997.11—2002.08
		麻新文	庆城	1997.11—2002.07
		章志兼	华池	2002.06—2002.10

续表 5-1-1

届　　次	职　　务	姓　名	籍　贯	任职时间
中共庆阳县第十二届委员会（1997年11月—2002年11月）	常务委员	马　斌	西峰	2002.06—2002.11
		贾兴勤	庆城	1997.11—2002.10
		张刚宁	华池	2002.10—2002.11
		黄耀龙	华池	1997.11—2000.04
		谷含棋	庆城	1999.01—2002.10
		田　宇	镇原	2000.04—2002.11
		党志明	宁夏　固原	1997.11—2000.06
		栾　波	辽宁	2000.06—2001.04
		张正民	正宁	2001.07—2002.11
		谢守成	环县	2002.10—2002.11
		张祖贡	庆城	2002.05—2002.10
		关晓萍（女）	正宁	2002.10—2002.11
		刘建民	正宁	2002.10—2002.11
		梁建伟	环县	2002.10—2002.11
		蔡伯珍	正宁	2002.10—2002.11
		黄建国	山西　运城	2002.10—2002.11
中共庆城县第一届委员会（2002年11月—2006年12月）	书　记	朱治晖	西峰	2002.11—2004.08
		—	合水	2004.08—2006.12
	副书记	马　斌	西峰	2002.11—2004.11
		刘建民	正宁	2002.11—2006.11
		关晓萍（女）	正宁	2002.11—2006.11
		杨献忠	华池	2004.11—2006.12
		刘　聪	西峰	2005.05—2006.12
		豆亚平	西峰	2006.03—2006.11
	常务委员	朱治晖	西峰	2002.11—2004.08
		马　斌	西峰	2002.11—2004.11
		杨献忠	华池	2004.11—2006.12
		刘　聪	西峰	2005.05—2006.12
		刘建民	正宁	2002.11—2006.11
		关晓萍（女）	正宁	2002.11—2006.11
		张刚宁	华池	2002.11—2006.11
		田　宇	镇原	2002.11—2006.11
		谢守成	环县	2002.11—2005.05
		黄建国	山西　运城	2002.11—2005.10
		乔宝全	河南	2005.10—2006.12

续表 5-1-1

届　　次	职　　务	姓　　名	籍　贯	任职时间
中共庆城县第一届委员会（2002年11月—2006年12月）	常务委员	梁建伟	环县	2002.11—2006.12
		蔡伯珍	正宁	2002.11—2004.11
		芮安善	西峰	2004.11—2006.11
		赵青峰	西峰	2006.11—2006.12
		朱润岳	镇原	2005.06—2006.12
		豆亚平	西峰	2006.03—2006.12
		刘　东	陕西 长安	2006.11—2006.12
		王　超（女）	正宁	2006.11—2006.12
		李崇暄	庆城	2006.11—2006.12
中共庆城县第二届委员会（2006年12月—2011年10月）	书记	—	合水	2006.12—2009.01
		闫晓峰	宁县	2009.01—2011.09
		葛　宏	华池	2011.09—2011.10
	副书记	杨献忠	华池	2006.12—2008.07
		刘　聪	西峰	2006.12—2008.07
		豆亚平	西峰	2006.02—2006.12
		解　平	环县	2008.07—2011.09
		辛少波（女）	静宁	2011.09—2011.10
		李崇暄	庆城	2008.08—2009.03
	常务委员	闫晓峰	宁县	2009.01—2011.09
		葛　宏	华池	2011.09—2011.10
		杨献忠	华池	2006.12—2008.07
		刘　聪	西峰	2006.12—2008.07
		豆亚平	西峰	2006.02—2008.07
		梁建伟	环县	2006.12—2011.09
		解　平	环县	2008.07—2011.09
		辛少波（女）	静宁	2011.09—2011.10
		刘　东	陕西 长安	2006.12—2008.01
		李崇暄	庆城	2006.12—2009.03
		王　超（女）	正宁	2006.12—2010.12
		何骁玲（女）	西峰	2010.12—2011.10
		乔宝全	河南	2006.12—2008.07
		张占利	陕西 佳县	2008.07—2011.10
		朱润岳	镇原	2006.12—2010.11
		赵青峰	西峰	2006.12—2008.08
		—	宁县	2008.08—2011.09
		张晓峰	合水	2008.08—2011.09

续表 5-1-1

届　　次	职　　务	姓　　名	籍　贯	任职时间
中共庆城县第二届委员会（2006年12月—2011年10月）	常务委员	段登云	环县	2008.08—2011.10
		李鹏飞	西峰	2010.11—2011.10
		贾　麟	镇原	2011.09—2011.10
		张晓龙	正宁	2011.09—2011.10
中共庆城县第三届委员会（2011年10月—）	书　记	葛　宏	华池	2011.10—
	副书记	辛少波（女）	静宁	2011.10—
		—	宁县	2011.10—
	常务委员	葛　宏	华池	2011.10—
		辛少波（女）	静宁	2011.10—
		—	宁县	2011.10—
		何骁玲（女）	西峰	2011.10—
		张晓峰	合水	2011.10—
		张占利	陕西　佳县	2011.10—
		段登云	环县	2011.10—
		李鹏飞	西峰	2011.10—
		贾　麟	镇原	2011.10—
		张晓龙	正宁	2011.10—

二、乡镇党代表大会

（一）代表的产生

代表的产生、构成和代表大会的召开，原则上与县党代表大会的方法、程序和形式一致。党员人数在400人以上的乡镇按15%确定党代表；党员人数在400人以下的乡镇按20%确定党代表。在注重推荐致富带头人、实用技术和专业技术人员的同时，基层一线党代表（指乡政府及其所属机关干部以外代表）比例不得低于60%；女性代表要有一定数量，少数民族代表应视情况而定，年龄在45岁以下代表一般不少于50%。出席乡镇党代表大会的代表由各党支部召开党员大会选举产生。选举前应将代表候选人报经乡镇党委审批。乡镇党委将召开党代表大会的时间、代表名额、选举办法、党委委员候选人（按不少于20%比例确定）报经县委审批后，再按期召开党代表大会。党代表大会结束后，要将选举结果上报县委审批。

（二）历次党代表大会

乡镇党代表大会的主要议程有三项：乡镇党委报告工作；选举产生新一届乡镇委员会及其委员；选举产生出席县党代表大会的代表。

1986—2012年，庆城、马岭、驿马、卅铺、玄马镇，南庄、高楼、赤城、蔡家庙、翟家河、桐川、土桥、蔡口集、太白梁乡，先后召开9次（第八次至十六次）党代表大会。熊家庙、葛崾岘、冰淋岔乡先后召开7次（第八次至第十四次）党代表大会。白马铺乡先后召开8次（第一至第八次）党代表大会。安家寺乡先后召开6次（第一次至第六次）党代表大会。

第二节 县委会议

县委会议主要有县委常委会、常委扩大会、县委全委会、全委扩大会、书记办公会。其中，县委全委扩大会议的召开时间及内容由县委常委会议决定，每年至少召开一次，特殊情况下，可召开几次；也可与县政府方面的会议合并召开，每年年初的县委全委扩大会议暨全县经济工作会议一般情况下是合并召开的。参加会议的人员是县委全体委员、候补委员，除此之外的全体县级领导干部，县直各局（部、委、办、室、院）和各乡镇党、政、纪检主要负责人，事业、企业单位主要负责人，村干部代表或来本县帮助工作的上级领导及其工作人员。会期多可数天，少则半天。会议主要内容是学习、传达和贯彻落实中央、省、市（地区）有关文件或会议精神；总结上年度或一个时期工作，部署本年度或一个时期工作；听取和贯彻落实县委关于全县经济社会发展规划意见等重要决策决定精神；或听取县委对某一重大事项的通报。会议具有规模大、参加人数多、讨论热烈充分、内容公开透明等特点。选摘如下：

1986 年 3 月 21 日，庆阳县委八届三次全委扩大会议暨全县经济计划工作会议在县城召开，会期 4 天。除一般全委扩大会议应参人员外，扩大到各乡镇纪检、民政、多种经营干事和政府文书，县委整党领导小组派驻各乡镇、县直各口的联络组长。会议主要内容是传达贯彻省委、地委全委扩大会议暨全省、全区经济工作会议和全省农村工作会议精神；会议总结上年度和安排本年度全县工作。

1989 年 10 月 17 日，庆阳县委第九届四次全委扩大会议在县城召开，会期 1 天。参会人员除县委全体委员、候补委员外，扩大到部分离退休党员干部。会议专题讨论决定召开中共庆阳县党代表大会事宜。

1992 年 6 月 16 日，庆阳县委第十届二次全委扩大会议在县城召开，会期 2 天。除一般全委扩大会议应参人员外，县直各单位党、政主要负责人均参加会议。会议主要内容是学习传达地委全委（扩大）会议精神，重点讨论研究《加快改革步伐，推动全县经济发展的实施意见》。

1993 年 6 月 10 日，庆阳县委第十一届二次全委扩大会议在县城召开，会期 1 天。除一般全委扩大会议应参人员外，省、地驻庆各单位、县属各事企业单位（含二级单位）党政主要负责人参加会议。会议主要分析评比、总结交流全县前 5 个月经济社会发展等各项工作，讨论部署全县后 7 个月各项工作。

1997 年 10 月 24 日，庆阳县委第十一届七次全委扩大会议在县城召开，会期半天。除县委委员、候补委员和全体县级干部参加外，县委、人大、政府、政协办公室等部门主要负责人参加。会议专题安排、讨论、审议中共庆阳县第十二届代表大会、庆阳县第十四届人民代表大会、政协庆阳县第五届委员会议召开筹备的有关事宜。

2002 年 10 月 18 日，庆阳县委第十二届八次全委扩大会议在县城召开，会期半天。除一般全委扩大会议应参人员外，延伸到乡镇经委主任、县直农口二级部门负责人和村干部代表。会议传达全市农村税费改革和减轻农民负担电视电话会议精神；通报土桥乡"9·27"涉农恶性案件。

2005 年 1 月 25 日，庆城县委第一届六次全委扩大会议在县城召开，会期半天。会议除一般全委扩大会议应参人员外，延伸到全县科级党员干部和村党支部书记。主要议题是动员安排全县开展以实践"三个代表"重要思想为主要内容的保持共产党员先进性教育活动。

2010 年 1 月 22 日，庆城县委第二届七次全委扩大会议在县城召开，会期半天。会议除一般全

委扩大会议应参人员外，延伸到全县行政、事业二级单位和部分企业单位主要负责人。会议中心议题是贯彻落实《中共庆阳市委、庆阳市人民政府关于支持庆城县加快经济社会发展的意见》。

2012年11月2日，庆城县委第三届五次全委扩大会议在县城召开，会期1天。会议除一般全委扩大会议应参人员外，延伸到省、市驻庆单位和全县企业单位主要负责人。主要议题是学习传达全省新建项目现场观摩活动和市委三届四次全委扩大会议精神；通报全县前三季度主要经济指标完成情况，讨论研究如何推动全县经济社会转型跨越发展。

第三节　重要决策

一、解放思想　转变观念

1986年起，县委以在全县开展形势和政策教育为契机，全面贯彻落实省委、省政府《关于贯彻〈中共中央、国务院关于进一步活跃农村经济的十项政策〉的意见》等精神，引导全县党员干部和群众清"左"破旧，解放思想。消除农民群众"死守农门""均贫富""红眼病"等守旧思想与顾虑，树立商品经济观念，鼓励其进城开店设坊、兴办服务产业。提倡市民和工人在不违反国家政策法令的前提下，什么有利干什么，什么经济效益好就发展什么，破除搞工业就是"不务正业"、搞商业就是"投机倒把"等极"左"思潮。

1992年开始，县委以学习邓小平南方谈话精神和贯彻《中共中央关于建立社会主义市场经济体制若干问题的决定》为统揽，县委、县政府先后下发《关于贯彻省、地〈继续解放思想，加快改革步伐意见〉的实施办法》，组织全县党员干部和群众开展"真理标准"再讨论，以"三个有利于"为标准，不在姓"资"姓"社"上搞争论、不在姓"公"姓"私"上找答案，从思想深处冲破极"左"思想的禁锢。1994年，县委办公室印发县委书记张震合《关于地委组团赴东南沿海考察学习的报告》，相继出台《庆阳县关于引进人才资金技术项目，开展对外经济技术协作的若干规定》《庆阳县放手发展个体私营经济的若干规定》，引导全县党员干部和群众树立敢拼、敢闯、敢冒、敢为人先和"发展才是硬道理"的新观念；倡导学习外地用足用活政策的做法，兴办乡镇、集体、私营、联办等多种形式的企业和个体工商户，采取"先发展、后规范，先放开、后完善，先扶持、后受益"的办法推进市场经济在全县形成与完善，把全县党员干部和群众解放思想、转变观念推向新阶段。

2002年后，县委把科学发展、与时俱进作为解放思想、转变观念的关键，引导干部群众消除"小富即安，小进则满"的保守观念，发动干部群众"跑项目，争项目"，努力实现庆城县经济社会的"大发展，快发展"。2005—2010年，县委每年组织3次以上的党政干部考察团赴外地学习参观。2012年，县委提出"厚德，赤诚，包容，创新"的新时期庆城精神，思想解放的广度深度，观念转变的程度力度达到空前。

二、改革开放　搞活经济

1986—1991年，县委根据中央、省、地关于进一步深化农村和城市经济体制改革的精神，先后出台《关于全县进一步治理整顿和深化改革的意见》《关于完善全县农村双层经营有关问题的处理意见》等一系列文件，彻底废除原"一大二公"，队为基础的人民公社体制，完善乡镇人民政府建制，推进以家庭联产承包责任为主的双层经营体制；打破"自给自足"的自然经济和"单一种粮"的传统模式，放手发展二、三产业和个体商业；打破全民所有制、地区界限和计划体制的单一和城乡分割经营模式，逐步推行双层、承包、租赁、联合、股份制等经营方式；打破商品统派购制，建立合同订购与市场收购"双轨制";打破金融"一统制",探索和完善民间借贷、集资入股和试办发行股票、债券及发展乡村合作经济组织等融资渠道。

1992年,县委下发《关于在全县继续深入学习〈中共中央关于建立社会主义市场经济体制若干问题的决定〉的意见》等一系列政策文件,出台"十一个允许"政策。即,允许工商企业一业为主多种经营;允许企业富余人员兼营多种服务行业;允许企业拍卖闲置资产;允许个体工商户开展咨询、典当、工程设计等业务;允许经营和批发国家准许的商品;允许机关单位及其干部兴办经济实体;允许农民进入流通领域开发各种市场且资产归己并可以转让和买卖;允许对新办企业有成绩人员用企业新增利润的50%进行奖励和从销售额中提取2%作为活动经费;允许在村办集体企业中支付村干部报酬和搞福利事业;允许私人企业和个体户雇工且人数不限;允许为企业提供有效益信息的县内外人员并根据效益大小支付一定报酬。1994年,由县委、县政府分管领导牵头抽调机关干部130多名,分别成立粮、油、烟、果、黄花、瓜菜、草畜、乡镇企业等系列开发领导小组。至1999年底,全县非公经济户发展到5234户,从业人员9704人,非公经济收入占据全县经济总收入的"半壁河山"。

2000—2012年,县委抓住国家西部大开发的机遇,注重全县经济布局调整和创新。县委、县政府出台《关于推动全县非公经济跨越发展的实施意见》《庆城县项目工作实施意见》《关于加快全县工业转型跨越发展的实施意见》等一系列政策文件。实行"政企分开、自负盈亏"和"双买断""双放开"的办法,对县属37户国营企业采取股份、转债、拍卖、划转等形式进行改制;采取龙头企业带动,建办农民合作组织,壮大农村支柱产业;加大招商引资力度,创建经济园区,多轮驱动发展县域经济。2012年,全县经济综合实力名列全省第16位,全市第1位。

三、政治体制改革

（一）完善民主政治制度 县委坚持和完善人民代表大会制度、政治协商和多党合作制度,充分吸取人大代表和政协委员意见,支持人大、政协工作,提高人大执法监督、政协参政议政能力。县委先后印发《关于进一步加强人大工作的决定》《关于进一步加强人民政协工作的意见》《庆城县县级领导干部联系党外人士及非公经济代表人士制度》《关于进一步加强村级民主政治建设的意见》,转发《中共庆阳市委关于进一步加强和改进人大工作的意见》《中共庆阳市委关于进一步加强和改进人民政协工作的意见》,完善人民当家做主的权利。

（二）改善党的领导方式 县委先后制订和完善《县委常委会向全委会负责报告工作和接受群众监督的暂行规定》《县级领导班子民主生活会制度实施细则》《县委常委会议议事规则》《县委全委会议议事规则》《关于理顺党群干部管理权限的通知》《关于在全县开展党务公开工作的安排意见》等文件,健全"集体领导、广泛征求、民主集中、个别酝酿、会议决定"的决策机制,使县委决策实现民主化、科学化、规范化。

（三）推进依法治县进程 1993—2012年县委先后印发《关于全县依法治县规划实施方案》《全县矛盾纠纷排查调处长效机制建设实施方案》《全县社会治安防控体系建设规划》《全县开展和谐模范油区创建活动实施方案》等文件,推行维护社会政治稳定领导责任制、公检法司"四长"联席会议制度,维护社会和谐稳定。

（四）改革行政管理体制 县委印发《庆阳县党政机构改革方案》《庆阳县机构改革和人员编制精简方案》《庆阳县乡镇机构改革方案》《庆城县机关事业单位实行实名制管理的意见》,定职责、定机构、定编制,县委机构由9个减少到5个,群团机构由9个减少到5个,县政府机构由35个减少到24个,乡镇、行政村机构分别由19个、183个减少到15个、153个。全县县直机关（不含政法机

关）行政编制由428名减少为334名，乡镇行政编制由375名减少到300名。

（五）优化干部人事制度　县委、县政府先后印发《关于全县干部管理若干规定》《关于贯彻中共中央〈关于地方党委向地方国家机关推荐领导干部的若干规定〉》《全县党政领导干部交流工作暂行办法》，打破论资排辈，将"服从型""执行型"的用人办法改为"开拓型""竞争型"选拔人才机制。

四、"三农"工作

1986年，县委提出"一办（乡镇企业）二种（粮食、油料）三养（兔、羊、牛）四栽（苹果、杏子、黄花、花椒）"的产业结构调整方案和"狠抓粮和油，南兔北羊牛，乡镇企业为突破，黄花果园户户有，庭院经济走前头"的农村经济发展思路。1988年，县委提出"山区走种草、养畜、修地、增粮的路子；川区走修水利、增投入、突出粮、抓瓜菜的路子；塬区走以粮为主、种养并举、科技投入、综合发展的路子"。20世纪90年代，县委始终把夯实粮食基础地位，力保扶贫攻坚、科技兴农两个重点，突出农田水利、服务体系、基础设施三大建设，积极开发草畜、林果、瓜菜、乡镇企业四大支柱产业作为农村经济发展的总体思路。2002年，县委确定狠抓农业生态建设，调整粮经和林牧结构，开发山区草畜、川区瓜菜梨枣、塬区苹果黄花的思路。2005年，县委提出做强苹果、黄花、草畜、瓜菜"四大特色"产业。2009年，为加强对"三农"工作的组织协调，县委恢复成立农村工作部门。2010年，按照农村经济转型跨越发展的总方略，确定开发"黑（石油）、绿（绿色农产品）、红（'红色'文化）、黄（岐黄中医药）"四大资源，强化水利、交通、生态、财政四大支撑，持续推行山区草畜、川区瓜菜、塬区苹果三大区域经济，加快新型工业化、农业产业化、城乡一体化"三化"进程的"4433"工程。

1986—2012年，历届县委把解决贫困人口问题作为全县"三农"工作的重中之重，先后出台《关于确保解决全县贫困人口温饱问题的实施意见》《庆阳县扶贫攻坚实施规划》《关于进一步加快全县扶贫开发和经济社会发展的实施意见》。先后采取基础扶贫、产业扶贫、科技扶贫、开发式扶贫和社会扶贫等措施，使全县扶贫面由1986年的45.4%下降到2012年的27.7%。2012年2月，根据省市要求，县委、县政府印发《关于在全县开展"联村联户为民富民"行动的实施意见》。是年底，有5名省市级领导、全体县级领导、140个单位联系全县53个贫困村，省、市、县、乡（镇）各级干部、企业法人和致富带头人共计3696人联系全县特困户6879户。

1993年起，县委、县政府采取科学规划、组织领导、抓点示范、分步推进和国家（省市地）扶持资金的办法实施"小康村示范点"、农业产业化工程，推进社会主义新农村建设，至2012年，全县建成小康村示范村62个，其中省、市级示范村12个；城乡一体化建设示范点2个。示范带动全县发展苹果21.5万亩、设施瓜菜1.33万亩、规模养殖户8456户，新建（修）乡村道路304千米、农村自来水入户6230户、居民小区入住98处2564户、寄宿制中小学7处、村级文化活动中心18个、村级卫生所96处、村级农民文化广场29处，培训农民15.8万人次。

五、精神文明建设

1986—1995年，县委以培育"四有"（有理想、有道德、有文化、有纪律）新人为目标，成立"庆阳县精神文明建设委员会"，印发《关于认真学习贯彻社会主义精神文明建设指导方针决议的安排意见》，组织干部群众开展"五讲四美三热爱"（讲文明、讲礼貌、讲卫生、讲秩序、讲道德；心灵美、语言美、行为美、环境美；热爱共产党、热爱祖国、热爱社会主义）和"学雷锋做好事"等活动。全县成立红白理事会，政策法规、新风新事宣讲队，妇女禁赌会，开展爱国主义、集体主义和社会主义宣传教育。开展创建驿马—马岭"精神文明建设一条线"文明单位，学习孔繁森模范事迹活动，对"县级文明单位"进行命名表彰，对精神文明建设实行考核评比。

1996—2006 年，县委印发《关于加强和改进思想政治工作的意见》《关于认真贯彻落实〈公民道德建设实施纲要〉的意见》《庆城县文明单位建设管理办法》《关于推进全县未成年人思想道德建设的重点工作方案》，开展以"讲文明树新风""十星级文明农户"与"五好文明家庭"评选为主题的公民道德教育创建活动。2003 年，全县涌现出省级文明单位 3 个，市级文明单位 19 个、文明乡镇 5 个、文明村 4 个、"十星级文明农户"5100 户；2006 年，县城管局、赤城乡周庄村等4 个单位被市委、市政府分别命名为市级文明单位、文明村。

2007—2012 年，县委、县政府印发《关于进一步加强城区综合管理创建文明城市的实施意见》《庆城县精神文明建设"十二五"规划》《关于进一步加强新形势下全县农村精神文明建设的实施意见》，进一步推进全县精神文明建设。开展"弘扬甘肃精神，再塑陇人品格""爱庆城、讲文明、树新风"、树立社会主义核心价值观等主题活动和"1336"创意宣传活动（社会主义核心价值体系建设一条主线，公民思想道德、精神文明、学习型社会三项建设，岐黄中医药养生名城、国家级历史文化名城、省级文明县城三大工程，一组庆城外宣片、一套庆城文化系列图书、一台中医药文化戏曲、一首魅力庆城歌曲、一系列文化旅游产品、一部陇东红色电影六大品牌）。2012 年，陇东中学被命名为全省爱国主义教育基地。

六、党的建设

1986—1989 年，县委印发《关于加强党的自身建设，改进工作作风的决定》《关于彻底清除腐败现象，切实改善党群关系的通知》《关于切实加强思想政治工作继续深入搞好形势教育的决定》《关于巩固和发展整党成果，加强党的经常性建设的通知》，把对党的宗旨、理想纪律、党的优良传统和形势政策教育放在首位，坚持"一个中心，两个基本点"、反对资产阶级自由化，突出加强党的作风建设。

1990—2000 年，县委印发《关于加强党的建设的决定》《关于在全县全面开展民主评议党员工作的安排意见》《关于进一步加强和改进党员教育工作的意见》《关于加强各级领导班子建设的决定》《关于进一步加强农村基层组织建设的通知》。在全县集中进行党员民主评议工作，开展农村社会主义思想和"学《决定》、抓基层、促发展"等专题活动，突出加强党的思想和组织建设。

2001—2012 年，县委印发《关于贯彻落实〈建立健全教育制度监督并重的惩治和预防腐败体系实施纲要〉的实施方案》《关于进一步加强农村基层党风廉政建设工作的意见》《关于加快全县农村专业经济合作组织建设的意见》《关于进一步加强领导班子和干部队伍建设的意见》，开展"三个代表"重要思想、保持共产党员先进性、实践科学发展观和创先争优学习教育与实践活动。制订《关于党政领导干部"五个不直接分管"和"末位表态"的制度》《庆城县廉政风险防控机制建设工作实施方案》等。全面落实中央"八项"规定，突出加强党风廉政建设。2004 年，庆城县被省委授予全省"基层党组织先进县"称号；2006 年，被评为"全省共产党员先进性教育活动先进县"。2012 年，驿马镇党委被评为"全省先进基层党组织"。

第四节 机构

一、县委

1986 年，县委设办公室（辖督察室、机要室）、组织部（与县直机关党委、老干部工作局合署办公）、

宣传部、统战部、纪律检查委员会、政法委员会、党校、农村经济工作部、报道组、保密局、档案馆、信访室、地方病防治办公室、党史办公室。

1988年，县委成立老龄工作委员会办公室（简称"老龄办"），隶属组织部；地方病防治办公室划归县政府管理。1989年，撤销农村经济工作部，成立农村政策研究室（隶属县委办）；同年10月，成立讲师组和社会治安综合治理办公室（简称"综治办"，分别隶属宣传部、政法委员会）。1990年，老干部工作局、县直机关党委从组织部析出分设。1992年，成立精神文明建设指导委员会办公室（简称"文明办"，隶属宣传部）。1993年，县监察局与纪律检查委员会合署办公。1996年，成立全民国防教育委员会办公室（简称"国防办"，隶属宣传部）。1997年，根据省、地审批的全县党政机构改革方案精神，县委设办公室（辖政策研究室、督察室、机要室、保密局）、组织部、宣传部、统战部、纪律检查委员会、政法委员会；县直机关党委更名县直机关工委；老干部工作局、工商联均改为事业单位，分别隶属组织部、统战部；档案馆与档案局合并，隶属县委办公室；撤销讲师组，职能并入党校；信访室划归县政府办管理；成立县民族宗教事务局，隶属统战部；老龄办划归县政府管理。1998年，机构编制委员会办公室列入县委序列。2002年，成立对台事务工作办公室（隶属统战部），2003年，成立县知识分子工作办公室、县电教中心、关心下一代工作委员会办公室（分别隶属组织部、老干部工作局）。2005年，成立庆城县志编纂委员会办公室，2006年更名为庆城县地方志办公室。2007年，成立庆城县考核委员会办公室（简称"县考核办"），隶属组织部；报道组更名为外宣办。2008年，县知识分子工作办公室更名县人才工作办公室，电教中心更名为电教办公室；成立防范和处理邪教问题领导小组办公室、维护社会稳定工作领导小组办公室、石油矿区治安管理领导小组办公室（隶属政法委员会）。2009年，成立县企业党建办公室；督察室由县委办析出，与考核委员会办公室合署办公。2010年，成立农村工作部，县电教办公室加挂庆城县远程教育办牌子。2012年，成立社科联（隶属宣传部）。

至2012年，县委设办公室（辖政策研究室、保密局、机要室、考核办、督察室）、纪律检查委员会（与监察局合署办公）、组织部（设人才办、电教办、企业党建办、远程教育办，辖档案局、档案馆、县直机关工委、编办、老干部工作局）、宣传部（辖外宣办、文明办、国防办、社科联）、统战部（辖工商联、对台办、民族宗教事务局）、政法委员会（辖综治办、油区办、维稳办、防教办）、农村工作部、党史办、地志办、党校10个工作机构。

二、纪律检查委员会

中共庆城县纪律检查委员会（简称"县纪委"），由同级党的代表大会选举产生，建立常务委员会制，副县级建制。1986年，设办公室、党风廉政室、宣教调研室、纪检监察室、案件审理室，有干部职工9名。全县各乡镇均配备专职纪检委员。1988年3月，成立庆阳县监察局，隶属县政府。1989年，县林业、工交、文教、卫生等8个县直部门增设并配备正科级专职行政监察员各1名。1993年5月，县监察局并入县纪委合署办公。2003年9月，中共庆阳县纪律检查委员会更名中共庆城县纪律检查委员会。同年，增设执法监察室。2007年2月，增设纪检监察信访室。2008年9月，增设县经济环境监督投诉中心。2010年6月，成立县纪委党群纪工委，为县纪委派出机构；成立县政府纠正行业不正之风办公室，挂靠县监察局；县经济环境投诉中心更名为县监察局举报中心。

至2012年底，县纪委（监察局）设办公室、党风廉政室、宣教调研室、纪检监察室、执法监察室、案件审理室、信访室、纠风办，下辖党群纪工委、监察局举报中心；核编26名。全县15个乡镇、2个办事处共配备纪委书记17名、副书记6名，监察室主任17名（兼职），纪检专干26名；

县直 42 个部门派驻纪检组，配备纪检组长（纪委书记）40 名，专兼职纪检监察员 68 名。

三、基层党委（党组、党工委）

（一）党组

1986 年，县委辖县人大、政府、政协、法院、检察院、公安局、税务局党组。1993、1994 年，县委先后撤销县公安局、税务局党组；成立县国家税务局、地方税务局党组。1998 年，县委成立县工商局党组；2001 年县委成立县质量技术监督局党组。

2012 年，县委辖县人大、政府、政协、法院、检察院、质量技术监督局、工商局、国家税务局、地方税务局党组。

（二）党委

1. 乡镇党委 1986 年，县委辖庆城、马岭、驿马镇党委，卅铺、玄马、赤城、桐川、南庄、高楼、翟家河、蔡家庙、葛崾岘、熊家庙、土桥、蔡口集、太白梁、冰淋岔乡党委。1989 年，县委成立白马铺、安家寺乡党委。2005 年，县委撤并安家寺、冰淋岔、熊家庙、葛崾岘乡党委；成立熊家庙、葛崾岘办事处党工委。2012 年，县委辖庆城、马岭、驿马、卅铺、玄马镇党委，白马铺、翟家河、蔡家庙、南庄、高楼、赤城、桐川、土桥、蔡口集、太白梁乡党委，熊家庙、葛崾岘办事处党工委。

2. 县直机关党委 1993—2012 年，县委设公安局党委。

（三）县直机关工委

1986 年，县委成立"中国共产党庆阳县直属机关委员会"（简称"机关党委"）；1997 年，更名为"中国共产党庆阳县直属机关工作委员会"；2003 年，更名为"中国共产党庆城县直属机关工作委员会（简称'机关工委'）"。

（四）县非公企业党工委

2009 年，县委成立"中国共产党庆城县非公企业工作委员会（简称'县非公企业党工委'）"，机构设在县工业局党总支；2010 年，重新成立"县非公企业党工委"，原设党组织随之撤销，机构设在县工商局党组。

第五节 纪律监察

一、党风廉政建设

中共庆城县纪律检查委员会，按照《中国共产党章程》和党中央一系列关于作风建设、反腐倡廉建设、制度建设精神，狠抓落实。采取各种形式履行监督检查职能，深入开展专项治理和纠风治乱活动。

（一）廉政宣传与文化建设

1986—1990 年，根据县委安排，县纪委每年组织全县各级党组织、纪检监察系统和党员干部开展以党性、党风、党纪为主要内容的廉政宣传教育活动。1991—1995 年，先后开展"做党的忠诚卫士""创业绩 争贡献 当排头兵 做新时期合格共产党员"的主题教育活动和"学理论 顾大局守纪律"民主集中制宣传教育活动。期间，县委授予杨积茂、任和庭"廉洁奉公好干部"荣誉称号。1996 年，下发《庆阳县机关党政干部廉政准则》手册，开展以讲学习、讲政治、讲正气、学先进为主题的"三讲一学"教育活动。1997 年，组织学习《中国共产党党员领导干部廉洁从政若干准则（试行）》《中国共产党纪律处分条例（试行）》《中华人民共和国行政监察法》。1998—2000

年，开展"高举旗帜，增强党性，艰苦创业""讲政治，讲学习，讲纪律"主题教育活动，建立县、乡两级主要领导干部定期实行党风廉政专题教育制度。2001—2005年，先后开展"树立正确的权力观地位观利益观""牢记两个务必 弘扬光荣传统"主体宣传教育活动；制订《庆城县党风廉政宣传教育工作联席会议制度》。2006年，开展以"遵守党章 执政为民"为主题的反腐倡廉宣传教育月活动。2008年，开展领导干部"艰苦奋斗 勤政廉政"专项教育活动。2010年，开展"规范从政行为 带头廉洁勤政""两勤两提升"（即勤廉执纪、勤俭办事、提升工作效率、提升机关形象）和"党旗在我心中，廉政从我做起"的主题教育活动。2011—2012年，在全县农村基层党组织和党员干部中，开展一次廉政培训、一次警示教育 、一次廉政谈话、一项公开廉政承诺、一套廉政档案"五个一"教育活动。

2007年，县纪委印发《加强廉政文化建设的意见》，创办《廉政动态》小刊。2008年，推进廉政文化进机关、进社区、进学校、进家庭、进企业、进农村活动，开通庆城县党风廉政网站。2009年，建成县博物馆、陇东中学校史馆2个县级廉政文化教育基地和驿马镇、玄马镇、县文广局、县国税局、庆华小学、驿马工商所、马岭镇董家滩村7个县级廉政文化示范点，其中庆华小学被市纪委监察局命名为全市首批廉政文化示范点。2011年，印发《庆城县"红色廉政"建设工程实施意见》，编撰红色廉政书籍4本，编排红色廉政节目6个，征集红色廉政书画作品126幅，建成机关廉政文化长廊8个、村级廉政文化图书角43个。2012年，举办"家庭助廉"座谈会，编发《家庭助廉手册》，发放"家庭助廉"倡议书，签订"家庭助廉"承诺书，编排演出"家庭助廉"文艺节目；建成县国税局市级廉政文化示范点和县、乡、村三级廉政书屋162个。

（二）落实党风廉政建设责任制

1986—1995年，县委与县纪委在全县各级党组织中，通过建立党风形势分析、工作汇报和督促检查，全面落实党风廉政建设责任制。1996—2005年，按照"谁主管、谁负责""一岗双责"和分级管理原则，成立党风廉政建设责任制工作领导小组，由县委书记任组长，县委常委、纪委书记任副组长。领导小组组长、副组长共同与各乡镇、县直各部门主要负责人签订《党风廉政建设责任书》；各级党组织成立落实党风廉政建设责任制工作领导小组，形成责任网络体系；完善《党风廉政建设责任制考核办法》，对"一岗双责"职责落实不到位的3名县直部门主要负责人及分管负责人给予党政纪处分，对不认真履行职责的61名科级干部进行责任追究。2007年，制订《县级领导干部党风廉政建设工作责任分工制度》。2008年，制订《庆城县建立健全惩治和预防腐败体系（2008—2012年）工作实施办法》，成立农村基层党风廉政建设工作协调领导小组，建立县纪委常委联片包乡镇责任制。2010年，各乡镇、县直各部门党组织主要负责人与各自所属单位主要负责人签订《廉政建设承诺书》。2011—2012年，制订《庆城县落实工作规划推进惩治和预防腐败体系建设工作意见》，对各乡镇纪委书记、县直部门纪检组长组织述职述廉，对落实党风廉政建设责任制情况实行半年考核、年终奖惩。

（三）领导干部廉洁自律

1. 落实廉洁自律规定 1986—1989年，县委与县纪委按照中纪委《关于严禁领导干部请客送礼的通知》和地区纪委《关于禁止在婚丧嫁娶中大操大办铺张浪费有关问题的通知》精神，全县狠抓领导干部廉洁自律工作。1990—1997年，县纪委先后印发《关于保持党政机关廉洁的规定》《全县科级干部廉洁守则》《关于搞好廉政制度建设的通知》《庆阳县机关单位宾客接待暂行办法》《庆阳县科级以上干部重大家事报告制度》等文件。1998—2003年，建立健全领导干部廉政谈话、诚勉谈话、重大事项报告、民主生活会等制度，对126名新提拔任用的干部进行廉政谈话与考试，对6名群众有反映的领导干部进行警示谈话，对19名有不廉洁行为的领导干部进行诫勉谈话。2004年，落实领导干部廉洁自律"四大纪律、八项要求"和"五个不许"等规定，在乡镇建立"廉政灶"，严格按标准进行公务接待。2005—2009年，先后印发《关于认真贯彻执行领导干部廉洁自律"五项要求"的通知》《关于进一步规范乡镇公务接待工作严格落实村级零接待制度的具体规定》；对新提拔的49名领导干部进行廉政谈话，安排910名领导干部进行述廉评廉。2010—2012年，县委批准印发《关于进一步落实党政机关厉行节约要求的意见》《关于规范领导干部下基层陪同接待的通知》《庆城县关于严格小车管理的规定》等文件；落实《中国共产党党员领导干部廉洁从政若干准则》《党政机关科级以上干部收入申报制度》《党政机关科级以上干部个人重大事项报告制度》。全县987名副科级以上干部申报个人收入情况、78名副科级以上干部报告个人重大家事事项，22名副科级以上干部受到责任追究。

2. 清理干部职工住房　1990—1992年，县委制订《关于严格干部职工住房管理的规定》，成立清房领导小组，领导小组办公室设在县纪委，全县共清理超面积住房234户，公地私建69户，公房院内建私房31户，累进加收房租费3744.56元。1995—1996年，根据县委《关于清理纠正干部职工建房、售房和住房方面若干问题的通知》精神，清理干部职工住房中重复多占98人（户），两半户集资建房的29人（户），集资建房超面积的30人（户），按相关规定予以处理。

3. 清理干部职工借（贷）欠公款　1987、1994、2010年，县委根据有关规定，由县纪委牵头，相关部门参与，先后对全县干部职工借欠公款和拖欠县信用社、县农行到期贷款进行清理，共清查出240名干部职工违规借欠公款28.9万元，52名干部职工拖欠到期贷款未还83.6万元，后经工作组按有关规定如数收回。

4. 清理领导干部公务用车　2010年，按照县委安排，县纪委对全县各乡镇、县直部门的公务用车配备和使用管理情况进行全面清理，查处超编制配置车辆1辆。2012年，制订《庆城县公务用车安全管理办法（试行）》，将全县各乡镇、县直各部门公务用车车牌号及监督电话号码公布社会，广泛接受监督。

（四）作风建设

1986年，县纪委重点对全县劳动人事纪律、组织纪律、财经纪律、物价纪律、保密纪律进行整顿。查出各种问题资金31.49万元，收回24.50万元；对违反一般劳动纪律的12名干部职工进行批评教育，并给予经济处罚；对严重违反劳动纪律的1名干部给予开除公职留用察看处分。1990—2000年，县委印发《关于在全县纠正行业不正之风的通知》《关于厉行节约制止奢侈浪费的决定》，集中进行纠正行业不正之风等专题教育活动。2003年，全县开展"两个务必"作风教育活动。2007年，全县开展领导干部作风建设年活动。2010年，开展机关作风整顿和"强化作风抓落实、优化环境促发展"主题活动。2012年，开展"效能风暴"行动，重点查处乡镇、县直单位、干部职工个人作风方面存在的庸懒散慢、中阻梗塞和不作为、慢作为、乱作为等问题。

（五）源头治理

1. 行政审批制度改革　2002—2012年，根据国务院及省、市有关部署，全县先后进行6轮行政审批制度改革，保留行政审批项目171项，减少609项，累计减幅78%。

2. 廉政风险防控机制建设　2011年，全县全面开展廉政风险防控机制建设工作，修订完善各类制度、规则、办法311项。在庆城镇、玄马镇和县纪委、监察局、检察院、人社局、城建局、国

土局、食药监局、国税局、地税局等单位试点，全县共排查各类廉政风险点4817个，制订防控措施4764条，绘制管理网络图109幅、防控流程图807幅。2012年，廉政风险防控机制建设延伸到全县村组和基层站所。

二、信访受理及案件查处

1990年8月，县委、县政府成立行政监察举报、信访工作领导小组，公布举报电话号码。1993年，全县各级纪检监察组织明确专人负责信访工作。1994年，制订《庆阳县信访举报奖励制度》。2003年8月，制订《庆城县信访举报工作评估制度》，成立由相关领导和单位负责人组成的案件线索评估领导小组。2005年，制订《庆城县信访举报工作责任区制度》和《庆城县信访举报督办制度》，实行跟踪督察督办。2008年6月，在庆城县党风廉政网站上开设信访举报信箱。2011年，建立《庆城县纪检监察信访举报回访工作制度》。至2012年，全县各级纪检监察组织累计受理各类信访举报件1999件。

1986—2012年，全县共查处各级各类单位和个人违法违纪案件322件，其中，涉及组织人事3件，经济174件，失职渎职43件，侵犯党员公民权利2件，严重违反社会主义道德4件，违反社会管理秩序68件，其他28件；立案涉及389人，全部查结，挽回经济损失693.13万元。

第六节　组织工作

一、组织建设

（一）组织结构

1986年，全县有基层党组织407个，其中，党委21个，党总支12个，党支部374个。1991年，全县有基层党组织439个；1997年，有基层党组织469个。2002年，全县有基层党组织466个。2008年，全县有基层党组织426个。2012年，全县有基层党组织601个，其中，党委16个，党总支29个，党支部556个。

（二）农村党建

1986年，在全县181个农村党支部中，一类班子74个、二类班子96个，三类班子11个。1989年，县委对31个软弱涣散的农村党支部进行整顿，战斗堡垒作用得到增强。1995年冬至1996年春，全县开展农村基层组织建设工作，提高党员素质，增强班子功能，促进经济建设。1996年，全县开展"好班子、好队伍、好路子、好体制、好制度"村级组织建设活动。2000—2005年，结合开展"三个代表"重要思想学习教育活动，县委印发《庆阳县"五好"标兵村党支部建设规划》《关于批转县委组织部〈庆城县"双培双带"工程实施方案〉的通知》，转发《关于在全省农村党支部班子建设中推行"两推一选"办法的意见》等文件，探索新形势下加强农村基层组织建设的新途径。2006—2012年，全县农村基层组织建设以"六化"（班子建设优秀化、党员队伍建设先进化、活动场所建设标准化、乡村管理民主化、经济发展产业化、管理考核科学化）为目标，开展以"三帮三联三增"（单位帮村组，支部联建，增强服务功能；干部帮农户，发展联动，增加农民收入；党员帮群众，和谐联创，增进党群干群关系）为主题的实践活动，实施"公推直选""万元年薪"、选派县直和乡镇干部、大学生担任"村官"的班子建设工程。

2002年，全县采取各级党费补一点、县财政拿一点、乡镇村筹一点的办法，累计筹资2000多万元，新建村部104处。2004年，提高农村阵地建设补助标准，党费补助由原来每个村最高4000元增至

5 万元，县财政补助资金由原来最高 16 万元增至 20 万元。至 2012 年底，全县 153 个村级阵地建设实现全覆盖，分别建成安架房 64 处、平顶房 40 处、楼房 49 处；每个村级阵地占地面积为 0.51 亩不等，建筑面积为 100—150 平方米的 89 个，200—400 平方米的 35 个，400 平方米以上的 29 个；95% 的村级阵地实现有党旗、有牌子、有制度、有电教设备、有档案资料、有文化室的"六有"标准。

（三）非公企业党建

1986—2008 年，全县非公企业党组织隶属各乡镇党委。2009 年 8 月，县委成立"中共庆城县非公企业工作委员会"，专职负责全县非公企业党建工作。2010 年，以工商所为基点，在全县 404 户非公企业、34 个党组织、120 名党员中，成立非公经济党建工作站 7 个。驿马工商所成为全市首个成立的乡镇非公企业党工委；县委组织部为 28 户非公企业党支部配备价值 20 多万元的电教设备；下派指导员 100 名，指导企业 133 户，创建企业党建示范点 6 个，为企业解决问题或帮办实事 275 件；发动非公企业党组织及党员先后向四川汶川、青海玉树等灾区捐款 2.53 万元，向环县洪德张嶕岘村小学建校捐款 15 万元，向县内 4 名贫困大学生捐款 4.8 万元。

至 2012 年，全县发展非公企业党组织 124 个、党员 444 名、入党积极分子 156 名。有 4 个党组织、20 名党员分别荣获全县"先进基层党组织"和"优秀共产党员"称号；3 个党组织、11 名党员分别被评为全市、全省"先进基层党组织"和"优秀共产党员"；庆阳市长荣机械设备制造有限公司被评为全国非公有制企业"先进基层党组织"。

（四）社区党建

2003 年，庆城镇成立南街、北街、凤北、庆北、北关、田家城 6 个城区社区党支部。2005—2007 年，驿马、卅铺、马岭镇和白马铺乡先后成立农村社区党支部。2012 年，北关社区党支部更名为凤城园社区党支部，被评为"全市先进基层党组织"。

（五）县直机关党建

1986 年起，县直机关工委与县委组织部合署办公，县直机关党建工作在县委组织部领导下开展。是年，辖党总支 15 个、党支部 145 个。至 2012 年，县直机关工委辖党委 1 个、党总支 15 个、支部 165 个，其中直属支部 40 个。

1990 年起，县直机关从县委组织部析出专门负责县直机关党建工作。至 2012 年，县直机关工委每年举办入党积极分子培训班 1 期，每期 5 天，共举办入党积极分子培训班 22 期，培训入党积极分子 2420 名；在培训人员中，年龄分布呈下降趋势，女性人数逐年增多，文化程度不断提高。按照"坚持标准、保证质量、改善结构、慎重发展"十六字方针发展党员，坚持"成熟一个，发展一个"的原则，累计发展党员 1855 名。按照"有牌子、有党旗、有电教设备、有基本知识装框上墙、有学习资料、有图片、有创先争优园地、有制度、有安排、有总结"的标准实施阵地建设、组织开展各项活动。2010—2012 年，先后组织县直机关党组织及党员干部开展"党旗在我心中，廉政从我做起""颂伟绩话发展、赞歌献给党""学党章、知党史、强党性""提高党建工作科学化水平"等主题演讲、诗朗诵、知识竞赛和理论研讨活动 12 次。

二、党员

（一）党员构成

1986 年后，经历整党活动，全县党员队伍更趋纯洁稳定；经过解放思想，转变观念，党员已成为推进全县改革开放，经济发展的中坚力量。2002 年后，随着基层党组织机构的完善，党员队伍逐渐壮大，结构更加合理，呈现出年轻化、知识化的特点，非公企业群众、专业技术人员入党踊

跃。2005 年，年逾八旬的原县政协副主席田仰宏正式加入中国共产党。2011 年，年逾八旬的驿马中学退休高级教师王维义正式加入中国共产党。至 2012 年，全县共有中国共产党党员 11347 名，其中女性党员 2107 名，少数民族党员 18 名。

附：

表 5-6-1　1986—2012 年全县部分年份中共党员构成一览表

单位：人

年份	党员总人数	女性	少数民族	职业			文化程度				
				在岗职工	农牧渔民	其他	大学及以上	大专	中专	高中	初中及以下
1986	7507	805	15	1913	5252	342	—	143	319	870	6175
1991	7820	834	15	2274	5161	385	—	228	410	1067	6115
1997	8490	983	12	2841	5096	553	—	578	739	1401	5772
2002	9040	1153	15	3177	5325	538	258	946	910	1555	5371
2008	9319	1328	16	3006	5704	609	748	1254	740	1601	4976
2012	11347	2107	18	3548	6482	1317	1392	1752	824	2308	5071

（二）整党工作

1985 年 5 月至 1987 年 5 月，根据中共中央精神，县委安排全县分四批进行整党。1985 年 5 月至 1986 年 2 月，全县开展第一批整党工作，参加整党的有县委、人大、政府、政协及县直部门和省地驻县单位共 60 个党组织，668 名党员。1986 年 3 月至 7 月，全县开展第二批整党工作，参加整党的有全县乡镇机关和企事业单位共 338 个党组织，1247 名党员。1986 年 8 月至 1987 年 5 月，全县相继开展第三、四批整党工作，参加整党的有 118 个村级党组织，3788 名农民党员。

这次整党的主要任务是统一思想、整顿作风、加强纪律、纯洁组织。全县共核查出受"左"倾错误影响的党员 18 人，其中给予党政纪处分 3 人，批评教育 15 人；受理各种违纪党员 39 人，经核查给予开除党籍 1 人、留党察看 3 人、党内警告与严重警告 10 人、批评教育 19 人，6 人经查无问题。同时接纳新党员 266 名，调整充实村党支部班子 69 个。

（三）党员教育与管理

全县党员教育与管理工作，由县委统揽、县委组织部全面抓，县直机关工委、各乡镇党委（工委）及其所属党组织结合实际具体抓。以《中国共产党章程》为纲，以思想、组织、作风、制度、反腐倡廉建设为本，坚持理论联系实际、正面教育、分层指导、分类施教。采取经常性学习、专题上党课与各级党校培训相结合，开展活动与阵地建设、电化教育相结合，下发资料、完善制度与处理不合格党员相结合的方法，把教育融入管理之中，在管理中加强教育。

1986—2012 年，全县在全体党员中，先后进行邓小平理论、"三个代表"重要思想、科学发展观、习近平总书记系列讲话等政治理论学习。组织开展　"我是党员我奉献""三讲"（讲学习、讲政治、讲正气）、"学教"（学习"三个代表"重要思想教育）、"争当优秀党员""双学双比"（学文化、学科学、比奉献、比纪律）和"创先争优"等活动。共组织全县党员进行集中学习 206 场次，邀请上级党建专家、学者举办专题讲座 87 场次；举办英模报告 61 场次、党建专题研讨会 32 场次；举办各种培训班、轮训班 79 场次，培训党员干部 6210 人；进修培训党员干部 1696 人次；建成远程教育终端站点 187 个，卫星模式接收点 87 个。

三、干部

（一）干部选拔任用

1. 调配调整　1987 年，县委按照"四化"（革命化、年轻化、知识化、专业化）方针和德才兼备的原则，选拔 115 名中青年干部担任领导职务，对 23 名年龄偏大、文化程度偏低、不胜任工作的干部予以调整。1989 年，选拔 157 名（含 8 名招聘干部）中青年干部担任领导职务，平均年龄 37.5 岁，高中以上文化程度占 63.9%。其中 38 名担任乡镇人大主席和计生委主任。

1990 年，县委在全县政法系统提拔任用干部 16 名，对 5 名不称职的干警调离政法系统岗位；配备乡镇计生委主任 7 名。年底，全县乡镇、县直部门领导班子平均年龄分别为 42.8 岁、44.6 岁；高中及以上文化程度的各占班子成员总数的 46.5% 和 49.8%。1992 年，全县选拔任命干部 128 名，其中，20 名招聘干部、5 名以工代干、5 名半脱产农技员提拔担任乡镇领导职务；交流领导干部 126 名。1993—1997 年，全县选拔任用干部 80 名、调整岗位 82 名。对在同一乡镇或本乡镇籍或县直单位任职时间过长的干部进行交流；选拔年轻干部担任乡镇党政主要负责人或班子成员，在驿马、马岭镇配备镇长助理；对到龄领导干部按规定予以退休；对因病或年龄偏大的干部免去职务或改任检查员。1998 年，县委出台《关于加强全县干部管理工作的暂行规定》。至 1999 年，全县调整领导干部 216 名。

2001 年，为加快领导班子年轻化进程，县委提拔年轻干部 53 名，其中年龄最小的 25 岁。2003—2007 年，建立全县党政干部人才信息库，900 名科级干部基本信息录入微机管理。2008—2010 年，县委出台《庆城县党政领导干部交流暂行办法》，先后提拔干部 284 名，其中，公开选拔少数民族干部 14 名、女性 13 名、非党 8 名、30 岁以下 18 名、大学以上文化程度 53 名；调整交流 54 名。对 58 周岁及其以上领导干部改任虚职。2012 年，全县提拔、交流干部 101 名；通过县委全委扩大会议集体讨论表决，56 周岁及其以上领导干部改任虚职。

2. 公开选拔　1999 年，县委首次对县人事劳动保障局副局长、县住房资金管理中心副主任、县公安局副局长 3 个职位进行公开选拔试点。全县近百名干部报名参选，经笔试、面试、审查、公示等环节，确定人选。是年起，对新提拔干部在任前利用电视、榜示、会议等形式实行公示。

2005 年，县委对县科协副主席、水政监察大队长进行公开选拔。2006—2008 年，对县医院副院长、种子公司副经理、文化稽查大队副队长、发改局副局长、6 个乡镇女副乡镇长、团县委副书记、部分学校团委书记等 25 个职位进行公开选拔。2010 年，县委采取"赛场选马"赢公信的办法，由县委组织部长当主考官，县上四大班子全体领导、15 个乡镇、2 个办事处和县直 72 个部门主要负责人任考官；两年公开选拔副科级干部 34 名。

2010—2012 年，县委对 4 名优秀村干部选聘为乡镇领导干部；采取"双推差选一票决"的办法任命乡镇党委书记、乡镇长 11 名。

（二）后备干部培养

1986—1990 年，县委通过群众评议、民主测评、基层推荐等形式，以品行、实绩和能力，确定培养和发展后备干部。1990 年，县委首次从县直部门选派 7 名干部到贫困村任职锻炼，开创了在基层一线培养后备干部的先河。

1999—2001 年，县委转发省委组织部印发的《关于甘肃省后备干部管理办法》，制订出台《庆

阳县科级后备干部推荐工作程序》，建立全县科级后备干部人才库，时有各类后备干部 210 名。下派 80 名脱产干部挂职任村干部；选聘 4 名优秀村干部为乡镇干部；选派党校 2 名理论教员下基层挂职锻炼。2004 年，从县直机关选派 5 名后备干部到贫困村挂职锻炼。2005 年，选派 15 名干部到企业挂职锻炼。

2010—2012 年，县委先后出台《庆城县后备干部挂职锻炼暂行办法》《庆城县百名干部帮百企》，选派 20 名后备干部在乡镇综治维稳中心、县信访接待中心挂职锻炼；选拔 40 名干部脱离原单位工作，帮扶县域民营企业 3 年；对帮扶工作成效突出的年终考核直接定为优秀等次并予奖励，连续 3 年评为优秀等次的记三等功一次，对工作特别优秀的干部可优先提拔重用；同时，考核推荐 262 名干部进入后备干部库。

（三）干部考察考核

1987 年 1 月，首次对乡科级领导干部进行民主评议，为县委全面了解干部、正确选拔使用干部，提供了科学依据。1988 年 12 月，县委组织部下发《关于民主考评干部工作的意见》，规范了民主考评干部的内容、范围、方式方法和步骤，县委组织部、劳动人事局联合下发《关于 1988 年实行目标管理岗位责任制年终评比和实施奖惩工作的通知》，将民主评议与年终总评结合起来，把执行年终目标岗位责任制情况作为评议领导干部的主要内容。1992 年 3 月，县委、县政府下发《关于乡镇两个文明建设的两个考核办法》，实行百分制考核，明确各项职能业务指标的考核分数，依据考核结果，严格落实奖罚，干部考核更具科学性和可操作性。1994 年 12 月，县委下发《关于改革干部管理机制的意见》，建立乡科级领导班子和领导干部工作目标责任制，年初确定目标任务，制订考核奖惩措施，县委、县政府与各乡镇和部门主要领导签订责任书，根据年终考核兑现奖惩。1997 年，对乡镇考核目标体系进行改革，调整考核项目，改变考核方式，加大工作力度；在领导班子实绩档次划分上，改变评价办法，突出注重实绩与群众公认相结合的办法。2000 年，对全县计划生育和社会治安综合治理工作实行一票否决。2002 年后，实行"三考合一"，即由考核委员会牵头，组织与人事部门共同参加，对各单位领导班子、领导干部、机关事业单位一般工作人员同时进行考核，各单位择优上报，由县人事局审查审批。

对于一般干部的考核主要包括德、能、勤、绩四个方面，重点考核工作实绩。国家公务员考核结果分优秀、称职、不称职三个等次。国家公务员在年度考核中被确定为优秀、称职等次的，具有晋职、晋级和晋升工资的资格，并发给一定数额的奖金。事业单位工作人员考核结果分为优秀、合格、不合格三个等次。在年度考核中被确定为合格以上等次的，根据有关规定晋升工资档次并发给奖金；连续两年以上被确定为优秀的，可以上调一级工资；专业技术人员年度考核被确定为合格以上等次的，具有续聘的资格。

（四）知识分子工作

1986—1990 年，县委按照"革命化、年轻化、知识化、专业化"方针，把"尊重知识、尊重人才"工作摆上重要议事日程，出台《庆阳县知识分子优秀人才选拔条件及管理办法》，7 名干部被树立为全县首批知识分子优秀拔尖人才，131 名知识分子加入党组织。

1991—1999 年，县委出台《全县推荐知识分子拔尖人才及优秀人才选拔管理规定》，先后从兰州、玉门油田、长庆油田引进技术人才 20 名；从知识分子中选拔各级各类领导干部 363 名；接纳 329 名优秀知识分子加入党组织；选拔 79 名优秀中青年知识分子担任各级领导；为 1728 名知识分子解决夫妻分居、子女就业、家属"农转非"、职称评定、住房等问题。

2000—2009 年，县委印发《庆城县科技功臣奖励办法》，审核通过 1285 名知识分子进入全县知识分子储备库，对全县涌现出的百名"十大青年精英人才""十大青年优秀人才""全县优秀人才"进行表彰奖励；公开选聘学区主任、初级中学校长及基层卫生院长 58 名。

2010—2012 年，县委加快推进"人才强县"战略，印发《关于进一步加强人才工作的意见》《庆城县中长期人才发展规划》，先后引进果树、水利、医疗类高层次人才 11 名；确定驿马、西川工业园区，县水务局、县医院、县苹果试验示范站为"人才特区"创新试验示范区。

（五）老干部工作

1986 年，全县新中国成立前参加革命工作老干部有 219 名。县委落实离退休干部各项政策待遇，开展各类活动，发挥老干部余热。2010 年，县老干局被省老干部局评为"全省老干部之家"。2012 年全县有离休老干部 33 名。

1. 政治待遇

1986 年起，每年为老干部订阅《甘肃日报》《参考消息》《老人》等报刊。至 2012 年，增订《陇东报》《甘肃老干部工作》《内参》等报刊 10 多种。县老干局每月组织离休干部进行一次政治理论学习，每半年向老干部通报一次县委重大决策、重要情况和重大活动。县委、县政府每年在春节期间对离退休干部开展走访慰问活动。

2. 生活待遇

(1)离休费 1986 年，全县干部离休费由原单位供给。1997 年，30 名企业离休干部的离休费转由县社保局发放。2001 年，13 名乡镇离休干部的离休费转由县老干局供给。2011 年起，全县所有老干部离休费均由县财政列入预算，全额发放。

(2)医疗费 1998 年前，门诊医药费每人每年 300 元，由原单位报销。1999 年开始，转由县老干局统一负责报销，增至 800 元。2005 年，增至 3000 元。2008 年起，增至 5000 元。每年对离休干部进行一次公费体检。

(3)护理费 2003 年，离休干部的护理费享受年龄段由原 75 岁降至 70 岁，并将护理费标准从每人每月 100 元上调到 150 元。2009 年提高到 400 元。2010 年，提高到 1000 元，其中 400 元由县财政支付。

(4)特需费 1986—2001 年，离休干部的特需费每人每年按 150 元补助，由所在单位或上级主管部门列入县财政预算。2001 年起，由县财政每年列入预算、县老干部局统一安排使用。2002 年起，提高到每人每年 500 元。

(5)公用经费 由所在单位或上级主管部门列入预算，县财政审批后统一使用。2007 年起，每人每年补助 350 元，2009 年调至 500 元。

(6)交通费 1986 年起，随工资每月发给离休干部交通费，按离休干部享受的地厅级、县处级、科级及其以下三个等次发放，每人每月分别为 40 元、25 元、15 元；2004 年起，提高到每人每月 100 元、80 元和 60 元。

(7)遗属生活费 离休干部遗属生活费分红军、抗战、解放战争三个标准段发放。至 2005 年底，红军、抗战、解放战争的离休干部遗属生活费每人每月各发放 350 元、280 元、200 元；2006 年起，分别调整为 450 元、380 元、300 元；2008 年调整为 600 元、500 元、400 元；2012 年，提高到 900 元、800 元、700 元。

3. 开展活动

1989 年 7 月，县委、县政府集资修建"老干部活动中心"一处，面积为 675 平方米。该中心设有阅览室、展览室、活动室。1990 年起，先后组织老干部赴北京、延安、井冈山等地考察学习。2010 年，老干部工作局办公大楼落成，活动中心面积增至 980 平方米；活动室增设象棋、麻将、扑克、门球等文体设施和多功能健身器材。利用"五一""七一""重阳节"等节日，组织老干部开展象棋、麻将、扑克牌、门球、太极拳、太极剑、太极扇、书法、绘画等文体比赛活动。

4. 发挥余热

2003 年 6 月，庆城县关心下一代工作委员会成立，相继开展"合力协作，老少共建和谐庆城""老手牵小手""一帮一结对子"等主题活动，老干部先后帮助 106 名沉迷网吧青少年学生重新回到课堂，与 16 名失足青少年结成对子。2011—2012 年，全县开展基层创"五好"（领导班子建设好、骨干队伍作用好、制度健全执行好、活动经常效果好、积极探索创新好）、"五老"（老干部、老模范、老教师、老战士、老专家）学先进活动。

第七节　宣传工作

一、理论宣传

（一）理论培训

1986—1991 年，全县以《政治经济学》《科学社会主义》《中国革命史》为教材，下发各类辅导材料 16000 多份，邀请专家为全县党员干部进行党的基本理论、基本路线、基本知识培训。同时，从理论上引导全县党员干部、教师牢固树立"一个中心（以经济建设为中心）两个基本点（坚持党的四项基本原则，坚持改革开放）"，肃清全盘"西化"、走资本主义道路的资产阶级自由化思潮的危害，为此在全县举办理论培训班 6 期，培训党员干部和教师 1.6 万人次。

1992—2001 年，全县先后举办学习邓小平南方谈话、《邓小平文选》第三卷、中国特色社会主义理论、党的十四大、十五大精神、"三个代表"重要思想培训班，邀请上级有关专家、选派县内理论骨干，组成宣讲团进村入户，宣讲 644 期，培训党员干部 20.46 万人次。

2002—2012 年，全县学习宣传党的十六大、十七大、十八大精神，邀请省、市领导、专家来县宣讲。开展演讲会、报告会、学习交流会，制作大型宣传牌，设置广播电视专栏，组建宣传小分队，先后组织各类宣讲 254 场次，培训党员干部 12.23 万人次。

（二）中心组学习

1986 年起，县委建立并坚持中心组学习制度。每年制订中心组学习计划，每月至少进行一次学习，每次不少于 4 小时。一般由县委书记主持，县委书记不在时，委托县委副书记主持，县委常委、委员、公检法司、县直行政一级部门主要负责人参加。县级干部每年至少主讲一课，讲课选题由县委统一命名，学习内容根据任务和要求"年年有安排，每年有更新"，重点学习领会党的基本理论、基本路线、基本知识、时事政治、法律法规、中央、省、市重大方针政策和重要文件精神。中心组成员，每人每年完成学习笔记 5 万字以上、心得体会 20 篇以上、理论文章和专题调查报告 5 篇以上。

2010 年后，中心组学习成员扩大到乡镇党委书记；学习形式和方法更加灵活，除每个县级干部每年必讲一课外，还选拔优秀基层乡镇、村干部主讲，组织集体观看优秀共产党员、模范干部先进事迹专题片和警示教育片。

二、思想宣传

1986—1989 年，县委对全县科级以上干部进行"马列主义理论正规化教育"，开展反对资产阶级自由化思潮和学习贯彻党的十三大精神等主题宣传。1990—1992 年，全县以各机关、学校、企业等为单位，组织开展毛泽东《在延安文艺座谈会上的讲话》发表 50 周年和中国共产党成立 70 周年纪念活动；对全县干部群众开展社会主义初级阶段理论、社会主义市场经济理论、中国特色社会主义理论以及邓小平南方谈话精神和"坚定正确的政治方向，开拓创新的变革意识，艰苦奋斗的创业作风，面向群众的优良传统，不怕牺牲的奉献精神"为主要内容的老区精神主题宣传。全县举办讲座、会议形式宣讲等活动 1520 期，受教育干部群众达 45.6 万人次。

1993—1997 年，在全县各级干部中开展学习《邓小平文选》、党的十五大精神、"学讲做"（学理论 讲正气 做贡献）、向党的好干部孔繁森学习、庆祝中华人民共和国成立 45 周年与"迎香港回归 颂祖国伟业"系列教育宣传活动，全县累计 1861 场次，受教育干部群众 20.1 万人次。

1998—2006 年，组织全县干部群众学习党的十六大精神，举行"改革开放二十年""改陋习树新风""弘扬老区精神 全面建设小康社会""诚信从我做起""八荣八耻"等专题宣传教育活动，全县累计 2486 场次，受教育干部群众达 46.6 万人次。

2007—2012 年，对全县干部群众开展落实党的十七大、十八大精神学习宣传活动；组织开展"继续解放思想推动科学发展""双进双入"（进乡镇、入农户，进社区、入楼院）、"弘扬甘肃精神提升陇人品格"和"厚德、赤诚、包容、创新"的新时期庆城精神等主题宣传，全县累计 2667 期，受教育干部群众达 50.3 万人次。

三、舆论宣传

（一）新闻事实宣传

全县以广播电视报刊为阵地，大力宣传县域各个时期、各条战线上涌现出的先进典型。1986—1992 年，县委报道组、广播站深入基层，采写了一大批反映改革开放成就、乡村精神风貌的新闻报道，12 篇稿件获地级以上奖励。其中，葛锋采写的《妇女禁赌协会作用大》《12 个赌徒改邪归正——缘于高塬村妇女禁赌协会》《粮丰人乐》《庆阳民间科技组织向基层迈进》《积肥走上致富路》《甘当"羊倌"》，王立平、褚斌采写的《农民杨义德雇佣推土机移山造田》等报刊稿件获省级奖励。

1993—2000 年，随着庆阳教育电视台、庆阳电视台的和庆阳人民广播电台的建立，为全县舆论宣传开辟了新的途径，17 篇稿件获省级以上新闻单位奖励。其中，褚斌采写的《凤城"不老松"》《脊梁》，葛锋采写的《群防群治保平安》，樊建勇采写的《王彦龙想包荒山搞绿化村干部推脱阻挠不应该》等报刊稿件，王立平、王来林采制的《庆阳县邀请中科院 10 位专家实施智力治县》广播电视稿件获国家级新闻单位奖励。

2001—2012 年，33 篇稿件获省级以上新闻单位奖励。其中，褚斌采写的《岳祥龙干得棒》，田治江采写的《点击南庄乡的"民情日记"》，杨旭宏采写的《群雁高飞头雁领》等报刊稿件，王立平、樊占军、王来林、李沁芳、齐伟、谭廷选等摄制的《玄马乡 13 个村民道德建设协会为民排忧解难》《莲池村一批致富带头人当上"村官"》《庆城县 21 万农民看病能报销》《玄马镇把发展权交给群众》等电视新闻、专题片获国家级新闻单位奖励。

除以上宣传外，县委宣传部等舆论宣传主管单位，还以全县各类橱窗、宣传栏、黑板报等阵地，广泛宣传党的路线、方针、政策和县委、县政府重大决策部署。

（二）树立典型宣传

1986—1990年，全县以农村致富能手、科技种田能人、企业承包负责人、遵纪守法个体户为原型，开展转变观念、加快发展典型宣传。20世纪90年代，相继开展以学习全县优秀共产党员杨积茂、任和庭，全省见义勇为积极分子李崇斌、麻万奎，全国"五四"奖章获得者张海兰，全国"五一"劳动模范王维江，带领群众发展生产的康永明等模范人物先进事迹的典型宣传。2000年后，相继开展以农民党员黄玺、驿马作风、北区速度、左思科精神为主的典型宣传活动。2008年后，全县相继开展向全国抗震救灾英雄徐进仓、用心医治幼儿患者的孙燕、爱岗敬业的吕小荣、见义勇为的张庆龙、老有所为的李世栋、传播先进文化的王维义等先进典型的宣传。

（三）网络宣传

2000年10月，县政府网站建成，设庆阳概况、领导致辞、新闻信息、发展规划、政策法规、办事指南、政府机构、投资指南、社会事业、企业之窗10个栏目。2005年6月，升级改版为"庆城公众信息网站"。2010年7月，改版更名为"中国·庆城综合门户网"，设走进庆城、领导之窗、新闻中心、投资庆城、旅游观光、公示公告、政务之窗、政策法规、乡镇导航、新农村建设、风采展示、精神文明建设、建言献策、书记信箱、县长信箱、经济社会发展、图说庆城、决策参考、市场信息、供求信息、城市生活、公众服务、公众论坛23个栏目。

2011年5月，启用"中国·庆城"综合门户网站信息报送平台。至2012年底，共整理、编辑、发布庆城要闻2127条，工作动态3302条，媒体热点563条，图片新闻178条，公示公告317项，领导讲话59篇，精神文明建设178条，政策法规808条，其他信息1978条。向上级各级各类网站报送信息787条。

四、精神文明建设

（一）思想道德建设

1. 社会公德教育

1986—2004年，全县持续开展以"五讲四美三热爱"（讲文明、讲礼貌、讲卫生、讲秩序、讲道德；心灵美、语言美、行为美、环境美；热爱共产党、热爱祖国、热爱社会主义），培育"四有"（有理想、有道德、有文化、有纪律）新人为目标的社会公德教育。通过治理"脏、乱、差"，整顿市容市貌，提升公民素质；通过在青少年中开展"红领巾心向党""我与祖国共奋进""迈入青春门，走好成人路"等活动，教育引导青少年树立正确的人生观、世界观、价值观。1998年，全县开展第一个"全民文明礼貌月"活动；2001年，在商业、服务、旅游等行业开展优质服务竞赛活动。2006年后，深入进行以"八荣八耻"（以热爱祖国为荣，以危害祖国为耻；以服务人民为荣，以背离人民为耻；以崇尚科学为荣，以愚昧无知为耻；以辛勤劳动为荣，以好逸恶劳为耻；以团结互助为荣，以损人利己为耻；以诚实守信为荣，以见利忘义为耻；以遵纪守法为荣，以违法乱纪为耻；以艰苦奋斗为荣，以骄奢淫逸为耻）为主要内容的社会主义荣辱观教育，通过开展主题演讲、做巡回报告、编印宣传手册、"感动庆城"十佳人物评选活动等形式，促进社会公德深入人心。

2. 家庭美德教育

1994年6月，在全县农村开展"评三户（致富先进户、科学文化户、遵纪守法户）"活动。1996年起，全县开展以"爱国守法，热心公益好；学习进取，爱岗敬业好；男女平等，尊老爱幼好；移风易俗，少生优育好；勤俭持家，保护环境好"为内容的"五好文明家庭"活动。至2012年，全县有232户家庭被评为"五好文明家庭"。县瓜菜蚕桑技术指导站刘晓宏、庆城镇民政助理员卢俊文、庆城县幼儿园教师王粉玲先后在全国敬老爱老助老活动中被评为"中华孝亲敬老之星"。

1999年起，全县在各乡镇进行"十星级文明户"（五爱星、守法星、致富星、和睦星、新风星、科技星、卫生星、文体星、教育星、计生星）创评。至2012年，全县评选"十星级文明农户"达12926户。

3. 主题实践教育

1986—2012年，每年3月份，全县集中开展学雷锋活动，机关单位干部、职工，中小学生走出机关和校园，清除街道垃圾，维护公共秩序，为孤寡老人、困难群众帮办实事；开展"存好心、说好话、做好事、当好人""礼貌待人、诚信服务"的行为规范活动。每年7—9月，开展"崇尚科学文明、反对迷信愚昧"活动，通过开设电视专栏，举办科学知识普及展览，使群众思想道德素质得到提高。

2011年，全县成立志愿者服务指导中心，组建青年、"红领巾"、文化、巾帼、党员、老年、法律援助、义务献血、文明交通、消防、环保、科技宣传、双拥、爱心助残服务队，依托社区、养老院等阵地，以志愿者"争当省级文明县创建先锋"活动为主要载体，组织开展"送温暖，献爱心"等志愿服务活动52次，援助残疾人家庭25个、特困家庭60个。

（二）城乡文明创建

1. 文明单位　1992—2002年，县中医院、县教育局、县卫生局、长庆石油勘探局运输处、县征稽站、县土地局、县委党校、长庆石油勘探局石油建行、中国人民银行庆城县支行、中国银行庆城县支行、县法院、县职业中学、县公路段、县水务局、长庆石油勘探局庆阳子弟总校、马岭交通征稽所、县气象局17个单位获"地级文明单位"称号；陇东中学、长庆石油勘探局第二钻井工程处、油田建设工程公司、岭南作业区4个单位获"省级文明单位"称号。

2003—2012年，县地税直属分局、县周祖森林管理所、逸夫小学、县邮政局、县粮食局、县工商局、县社保局、卅铺木板收费所、庆华小学、县人民医院、县公安消防大队、县环保局、长庆油田综合服务处、县财政局、县林业局、县文广局、县交通局、中国工商银行股份有限公司庆城县支行18个单位获"市级文明单位"；县电力局、县国税局、县地税局、县城管局、县电信局、庆城宾馆、中国移动庆城县分公司、庆阳石化公司、长庆油田公司第二采油厂、第二技术服务处、综合服务处、钻井工程公司、水电厂、第七采油厂14个单位获"省级文明单位"。

2. 文明村镇　1997—2012年，驿马镇、玄马镇被评为省级文明村镇；熊家庙乡李庄村、驿马镇太乐村被评为省级文明示范村。蔡家庙乡、卅铺镇、庆城镇、赤城乡、马岭镇、太白梁乡、高楼乡、南庄乡、蔡口集乡9个乡镇获"市（地）级文明乡镇"；马岭村、胡家岭村、巴山村、小塬子村、东滩村、东塬村、郭旗村、玄马村、周庄村、下午旗村、熊家庙村、樊家庙村、范村、高户村、雷家岘子村、二十铺村16个行政村获"市（地）级文明村"。

3. 文明社区　2006—2011年，庆城镇北街、田家城、南街、庆北、北关社区获"市级文明社区"。

第八节　统战工作

一、党外人士管理培养

（一）参政议政

1986年12月，出席庆阳县第十一届人民代表大会的党外人士代表94名，占代表总数的

41.96%。至 2012 年，在历届县人民代表大会上，先后有 399 名党外人士当选为县人大代表，13 人当选为县人大常委会委员，3 人当选为常委会副主任。

1986 年 12 月，出席庆阳县政协第二届委员会第一次会议党外人士委员 41 名，占委员总数的 60%。至 2012 年，在历届县政协会议上，先后有 264 名党外人士当选为县政协委员，52 人当选为县政协常委，7 人当选为县政协副主席。

1986 年起，每年召开全县统战界人士联谊座谈会，县委、人大、政府、政协主要领导、分管领导及民主党派、工商联、无党派、民族宗教、台属等人士参加，每次参会的各界人士 60—82 人不等，平均征求到各方面意见、建议 8 类 63 条。2011 年，县委组织开展县级领导结对联系党外人士活动，县上四大班子领导人均结对联系党外人士 3 名。至 2012 年底，县人大、县政协累计收到党外各界人士议案、提案 2399 件。

（二）干部选拔

1989 年，县委开展对党外干部选拔任用工作。1994 年，全县有非党知识分子干部 1677 名，提拔 3 名非党人士担任领导职务。2003 年，县委统战部建立党外后备干部库。至 2012 年，经县委统战部推荐，县委选拔党外科级干部 49 名。

二、民族宗教工作

（一）民族工作

1986 年，县上拨出专项经费，帮助驿马、桐川回民群众建水窖 20 眼，打水井 1 口，扶持少数民族群众专业户 9 户。1987 年，摸清少数民族经济发展现状，制订桐川乡党崾岘村回民种草养畜和驿马镇葛岭村回民栽植黄花菜的脱贫致富计划。1989 年，解决桐川党崾岘回民供电问题。1990 年，救济生活困难群众 14 户 38 人，发放救济款 1500 元，对 6 户 27 人生活困难群众解决返销粮 475 千克。同年，为离家 30 多年，在赤城乡生活的藏族妇女尕松卓玛回乡探亲，解决路费 300 元。1992 年，扶持葛岭村回民发展肉牛产业，帮助筹措发展资金，使该村成为"肉牛村"，50% 的群众成为"万元户"。1993 年，为党崾岘村 10 户回族群众投放低息贷款 3 万元，解决农资、化肥、农膜、柴油 20 吨。1995—2004 年，先后协调、联系各类支农贷款 80 多万元，投入基础建设资金 143 万元，帮助回族群众发展生产，改善生活条件。2007 年，桐川乡党崾岘村被市委统战部确定为全市重点帮扶慰问村。4 月，市委统战部在该村开展全市民族团结进步帮扶活动，为该村送慰问资金 1 万元、协调解决帮扶资金 16 万元；市教育局体委分别向该村的关泉头回民小学捐赠电视机、VCD 等电教设备和乒乓球桌等体育设施；市供销社向该村 15 户贫困户捐赠化肥 30 袋；市妇联向 14 名女童捐款 4200 元、衣服 20 套、净水宝 10 箱；市青联向 5 名贫困生捐款 1000 元、捐赠图书 2000 册。至 2012 年，全县共发放农业实用技术资料 3 万余册，举办实用技术培训班 13 场次，实施帮扶项目 26 个，开展送科技、文化、卫生"三下乡"活动 9 场次，发放慰问金 2.4 万元。

1997 年起，全县每年开展一次"民族团结进步宣传周"活动，集中宣传党的民族政策、民族团结主张，义务向少数民族群众送农业实用技术、医疗医药用品、文化娱乐节目，并开展访贫济困活动。1998 年 10 月，县委统战部、民族宗教局被评为"全省民族团结进步模范集体"。2004 年"民族团结进步宣传周"改为"民族团结进步宣传月"。2011 年，为了贯彻省市关于支持民族地区经济社会发展总体要求，启动了"1+9"民族乡村三年发展规划项目。截至 2012 年，共投资 389 万元，对桐川乡党崾岘村、驿马镇葛岭村两个回族村，重点从基础设施建设、危窑危房改造、社会事业发展、产业结构调整、民族人才培养等方面开展帮扶，已建成桐川乡党崾岘村和驿马镇葛岭村两个功能完善的回族新村。

（二）宗教工作

1986 年，全县有天主教堂 1 处，神甫 4 名，教徒 1210 人；基督教活动点 1 处，长老 1 人，教徒 34 人；清真寺 1 处，满拉 1 人，伊斯兰教徒 128 人。1987 年，县委统战部协调解决资金 3.4 万元，分别修缮桐川清真寺、庆城天主教堂福音寺、卅铺天主教堂。1989 年，全县有天主教神职人员 8 名，教徒 1628 人，分布 8 个乡镇、24 个村、46 个自然村；是年，县委统战部与相关单位妥善处理庆阳、平凉两地神甫"避静"活动和卅铺教堂房屋买卖事件；协助庆城基督教堂 7 次选址，协调有关部门退赔其房地产款 5320 元，落实政策经费 2 万元。1990 年，建成庆城基督教福音堂砖混结构平顶房 5 间。1991 年，妥善处理基督教跨区传教、乱收教徒问题。1993 年，妥善处理"门徒会"骨干分子 16 人次；扶持卅铺天主教堂、庆城基督教堂、驿马葛岭清真寺发展实业，开展"自养"，并对天主教神职人员按每月 365 元发放生活费。1994 年，取缔外来不法宗教活动 7 次 28 人，解决 3 起教民与群众矛盾纠纷，向省地县争取资金 4.5 万元，维修桐川清真寺。1996 年，在宗教界开展"四个维护"（维护法律尊严，维护人民利益，维护民族团结，维护祖国统一）为主要内容的爱国主义、社会主义教育和"做合格公民"教育活动；督促修缮卅铺天主教堂危房 43 间，恢复大殿雕像 12 幅；筹资 4 万多元，帮助卅铺天主教堂新打小电井 2 眼，解决吃水问题；打击处理侵占教堂财产、滋扰教堂正常秩序不法分子 3 名 5 人次。1999 年，增设熊家庙乡钱畔村、马岭井下两个基督教活动点；调整桐川乡党嵝岘清真寺管委会班子，整顿玄马乡刘巴沟天主教堂管委会；庆城镇莲池寺对外开放。2005 年，全县举办中华人民共和国国务院《宗教事务条例》学习培训班 3 次，妥善处理桃花山佛事活动；县政府与平凉崆峒山住持妙林法师签订协议，由其投资 600 万元，用于县城普照寺改建扩建，共同开发该寺。当年 7 月，普照寺对外开放。2009 年，新疆"七五"事件后，县委统战部组织相关单位及时向驿马、桐川回民群众宣传党的民族团结政策，讲明"七五"事件真相，号召他们不信谣、不传谣，把精力放在共同团结奋斗、共同繁荣发展上。2010 年后，坚持依法管理，创建"和谐寺观教堂"，宗教工作平稳有序开展。

三、对台及海外联谊工作

1986 年，全县有台属 3 户，为 2 户与在台亲人取得联系。1988 年，县委统战部慰问在台人员郭学礼的妹妹郭玉贞，看望在台人员胡经麟家属。1989 年，帮助熊家庙赴台人员黄振玉及其女儿、女婿回乡探亲。1990 年，帮助台胞亲属李录成前往青岛会亲；同年，台胞李先生来县投资开发庆阳民间工艺美术事业。1992 年，接待来县台商 5 人，洽谈投资项目 1 项，投资 50 万元，建成庆阳县龙腾酒店。1993 年，协助台属章益新与其去台 40 多年胞妹取得联系。1997 年，召开香港发展形势报告会、"迎香港回归 话祖国统一"专题座谈会。2001 年，在周祖陵森林公园举行"华夏故土地图"取土仪式，县上 350 多名干部和学生代表参加活动。同年 5 月，台湾国民党大陆事务部主任徐新生等来县观光。2006—2008 年，衔接香港苗圃行动出资 144.7 万元，捐建土桥乡王塬村、蔡口集乡虎家渠村和槐树庄村 3 所希望小学。2007—2009 年，联系台塑集团董事长王永庆资助 150 万元，先后建成驿马镇东滩明德小学、马岭董家滩明德小学、翟家河乡程河明德小学。2008 年，促成香港爱国女士黄卓生捐资 15 万元建成驿马镇朱咀村思源小学；台湾慈心慈善基金会捐资 30 万元，建成蔡家庙、玄马 2 家"慈心医院"；香港慈恩基金会有限公司捐赠 12 万港元，建成南庄乡东塬村荣华第十四希望小学。

2011 年，县委统战部接待"陇东——民俗艺术的摇篮"两岸记者采访团来县采访及"台湾中南

部乡镇民意代表"参访团先后参观访问。2012年，接待来县参观、访问、探亲的台、侨胞和海外友人8次242人；组织非公经济人士赴台开展考察交流活动3次102人。

四、落实党的统战政策

1986年，县委统战部为全县统战对象67人落实各种补助资金2.8万元。其中补发64人工资1.9万元（含2人生活困难补助费1000元）；补退2人被抄金银兑现人民币8258.80元；补退"文化大革命"中扣款1人572.98元；向原44人（长庆石油勘探局30人、西峰市6人、本县8人）国民党起义、投诚人员颁发证明书；对新申诉的原国民党4人起义、投诚人员进行核查，认定2人。

1987年，清退"文化大革命"中6家被抄财物，兑现人民币5319.78元，补发2人生活困难补助费900元，1人错划右派遗属丧葬与抚恤费500元。认定原国民党起义、投诚人员24人，其中副师级1人、团级2人、营级8人、连级5人、排级以下8人。对在历次运动中受过错误处理的13人给予不同平反处理，摘掉"反革命"等各种帽子的8人、撤销原判宣布无罪3人、改正错划右派1人、转外县查处1人。在政治上平反后，除一次性发给生活困难补助费外，对5人发给定期定量生活费、3人发给冤狱费、1人给予离休安置、1人恢复工作、2人已故人员家属发放抚恤费、1人已故人员子女安排工作。对认定的原回民骑兵团20人老战士，1人按二等乙级残废享受待遇，6人由县民政部门每月发给15元生活补助费、2人发给13元生活补助费，4人按离休安置、2人按退休安置。

1988年，为6人（政协委员3人，公私合营人员2人，国民党起义投诚人员1人）统战对象落实政策。其中2人发放一次性房地产补偿款7553元；1人按月发给生活费25元，1人连续计算工龄，1人恢复干部身份，1人按离休进行安置。

第九节 政法综治

一、政法工作

（一）案件指导

1986—1991年，县委政法委员会（以下简称"县委政法委"）通过召开政法委员会议，指导政法部门开展工作。1992—2004年，建立"案件周例会"制度，协调法院、检察、公安等部门，研究解决重大复杂案件。2005—2012年，主要通过主持召开政法委员会议和公检法司"四长"联席会议，协调全县重大、敏感、复杂、疑难案件，检查、督促、督办全县人民群众反映强烈的涉法涉诉信访案件。至2012年，共召开政法委员会议104次、"四长"联席会议179次，协调指导执法案件235件。其中对1986年长庆油田采油三大队职工与马岭镇下午旗村寺沟门村民小组群众打架斗殴案、1995年李某荣非法拘禁案、2009年锦北石化公司非法贮运原油案等案件，多次召开专题会议研究解决。

2009年起，县委建立健全由县委政法委牵头，信访、执法及有关部门配合的处理涉法涉诉信访问题工作机制，形成领导包案、挂牌督办、限期办理、公开办案、责任追究和信息反馈等制度，落实涉法涉诉信访救助经费10万元。至2012年，协调指导处理各类涉法涉诉信访案件249件。

（二）队伍建设

1986年，在全县政法系统开展党性、党纪、警风和职业责任、职业纪律、共产主义远大理想及组织纪律性教育。1989年，对全县政法干警进行集中教育整顿，查处违法违纪干警14名。

1993—2002 年，在全县政法系统相继开展"抓纠正行业不正之风、解决执法犯法、思想作风松散、刹住乱收滥罚、干警参与盗贩原油和赌博歪风""严守纪律、反腐倡廉、秉公执法、树立良好形象"等教育整顿活动，对 5 起渎职、违法乱纪、伤害他人等问题进行查处。国家公安部《五条禁令》、最高人民检察院《九条规定》、最高人民法院《五个严禁》颁布后，开展"规范执法行为，促进执法公正"专项整改，查处违法违纪干警 129 名。2008 年、2009 年，县委、县政府印发《关于进一步加强和改进人民法院、人民检察院工作的意见》，出台《关于加强全县政法干警管理的十条规定》。2010—2012 年，全县政法系统相继开展"发扬传统、坚定信念、执法为民""忠诚、为民、公正、廉洁"及"为民、务实、清廉"等主题教育实践活动。

（三）执法监督

2009 年，县委政法委在全市率先组织开展全县政法系统案件质量评查活动，协调指导政法各部门探索建立执法档案。县公安系统对基层 26 个执法单位和 180 名执法民警建立执法档案；县检察院建立个人执法档案 21 宗，部门执法档案 7 宗，推行"一案三卡"（廉洁自律卡、执法监督卡、案件回放卡）制度；县法院对 13 个执法部门、45 名个人建立执法档案；县司法局对 2 名公证员、4 名执业律师和公证处、法援中心及律师事务所分别建立执法档案。至 2012 年，自查案件 6880 件，集中评查案件 395 件，全部为合格案件；全县政法各部门共建立完善部门执法档案 48 宗，个人执法档案 252 宗。

二、综合治理

（一）社会治安责任制

1991 年，中共庆阳县社会治安综合治理委员会（以下简称"县综治委"）成立。与县委政法委合署办公，县委分管领导任综治委主任，县人大、政府、政协分管领导和县委政法委书记任综治委副主任，成员单位 21 个。1992 年起，县、乡镇、村层层签订社会治安综合治理目标管理责任书；每半年考核 1 次。2006 年，全县建立县综治委、纪委、组织部、监察局、人事劳动局组成的联席会议制度，每季度召开专题会议，形成社会治安责任制落实的长效机制。2007 年，县委政法委书记升格为县委常委，并兼任县综治委主任。2008 年，县综治委建立综治工作实绩档案制度，按照优秀、称职、基本称职和不称职 4 个等次进行评定，作为干部晋职晋级和提拔使用的重要依据。2009 年起，县综治委对社会治安综合治理实施季度督察、半年检查、年终综合考核，每年奖惩一次。2012 年 5 月，县综治委主任由县委书记兼任，县综治委第一副主任由县委副书记、县长兼任，县委政法委书记、县人大和县政协各 1 名副职担任县综治委副主任，成员单位增至 48 个，设 8 个专项工作组。当年底，全县各乡镇均建立由党政主要负责人组成的乡镇社会治安综合治理委员会，委员会下设办公室，与乡镇司法所合署办公；全县行政村（社区）建起综治维稳工作站、警务室和流动人口服务管理工作分站。

（二）维护稳定

1986—1997 年，县委政法委、县综治委按照上级有关精神，针对全县社会治安形势，以严惩杀人、抢劫、盗窃石油设施团伙犯罪为重点，适时组织开展各类"严打"整治活动，妥善处理非法宗教组织，维护社会治安形势好转、稳定。

1998—2005 年，全县因国企业改制、土地纠纷、农民负担、城区开发、拆迁安置、部分干部作风等引发的问题增多，使维护全县社会稳定的压力急骤增大。县委、县政府成立全县维护社会稳定工作领导小组，应对各种不稳定因素，指导公安机关对 2003 年"3·17"杨某投寄非法信件、庆

城镇药王洞村民张某制造谣言惑众、卅铺镇张某利用封建迷信制造混乱等案做了侦破和处置。建立全县矛盾纠纷排查协调制度，采取定期排查、领导包案、责任倒查、挂牌督办等措施，解决全县积累已久和涉及民生问题的涉法涉诉信访案件；按照"小事不出村（社区）、大事不出乡镇、特大事不出县"的规定和"属地管理""谁主管谁负责""分级负责归口办理"等原则，及时排查矛盾纠纷和预防群体性事件发生。

2006—2012 年，县委、县政府建立和完善《庆城县处置暴力恐怖非正常上访等突发性事件应急预案》《关于积极预防和妥善处置群体性事件的意见》《〈庆城县维护社会政治稳定领导责任制〉检查考核暂行办法》和全县维稳工作独立责任追究及目标管理等相关工作机制；组织开展"千名干部深入基层集中开展矛盾纠纷排查调处""县委书记、县长大接访""人民调解百日会战""信访积案化解年"等一系列活动，公开查处办结县城东壕等土地开发引起的 20 多年问题未妥善处理所导致的重大矛盾纠纷信访案等 64 件。

（三）群防群治

1986—2000 年，由县委政法委、综治委组织实施，以干部职工、民兵、群众联合组成护村队、护庄队、联防队、治安队，构建全县人防人治社会治安防范体系。2003—2007 年，全县各机关单位普遍落实由专职保安看护、门卫全天候值班和晚间城区交巡警大队巡逻的防范制度；居民小区落实人防、物防、技防的封闭式管理；各村、社区按照一个民警、一个调解员、一个治安员的模式建立起警务室。2009—2011 年，按照《庆城县社会治安防控体系三年工作规划》，在县城组建 147 名城区专职群防群治队伍，71 个居民小区均安装视频监控系统，在 142 辆县城区出租车安装车载移动视频监控和 GPS 卫星定位设备。在全县 17 个乡镇（办事处）、153 个村分别健全 10—20 人以上的治安联防队和村义务治安巡逻队；在 49 所中小学全部配备专职保安。至 2012 年，全县机关单位、金融机构、新闻媒体、公共场所、市场、学校、医院、交通路口等重点部位实现公共视频监控网络全覆盖。

（四）平安创建

20 世纪 90 年代，全县组织开展 "安全合格财务室""平安单位"等创建活动。至 2001 年，熊家庙办事处李家庄村、长庆石油勘探局马岭炼油厂被省综治委、文明委评为"省级安全示范小区"；马岭镇安坳村、太白梁巴山村、县人行、长庆油田职工医院被庆阳地委综治委命名为"地级安全小区"。2006 年，县委成立由县委书记任组长的全县平安创建工作领导小组，印发《关于在全县深入开展平安建设的意见》《庆城县平安乡镇、单位、村（社区）考核办法》，在全县开展"平安村（社区）""平安校园""平安油区""平安单位"创建活动。2007 年，玄马、驿马、土桥、桐川 4 乡镇和县人行、城建局、地税局、国税局、社保中心、县委县政府机关被市委、市政府分别命名为"平安乡镇"和"平安单位"。2008 年起，平安创建工作被纳入全县社会治安综合治理目标管理考核。至 2012 年，全县共创建"平安村"127 个、"平安医院"19 所、"平安社区"8 个、"平安企业"7 个、"平安机关单位"27 个、"平安校园"168 所、"平安家庭"示范户 302 户；全县实现"二无"（无治安案件、无刑事案件）和"三无"（无治安案件、无刑事案件、无重大灾害事故）安全创建目标。

（五）社会帮教

1997 年，根据省、地关于开展刑释解教人员安置帮教工作精神，县委成立全县刑释解教人员安置帮教工作领导小组（以下简称"县帮教组"），建立帮教队伍，专门从事刑释解教人员的衔接、定期排查、回访谈心、安置教育、档案管理工作。各乡镇也成立相应的组织机构。2004—2008 年，依托县盛达砖瓦厂设立全县第一个刑释解教人员过渡性安置基地，重点安置无业可从、无亲可投、无家可归的"三无"人员56人。2010—2011年，先后在卅铺镇顺发养殖场、县第二建筑公司和甘肃绿阳农业科技有限责任公司、陕西宇阳石油科技工程有限公司新建4处过渡性安置基地，安置人员154人，在全县其他集体和私营企业零星安置90人；通过县民政救助基本解决生活问题的211人。2012年，县政府印发《庆城县刑释解教人员管理办法》，推行政府、司法、家庭"三帮一"工作机制，对全县806名刑释解教人员实行等级化、动态化服务管理。

（六）油区治理

1992年，县委成立全县油田社会治安综合治理工作领导小组（以下简称"县油田综治小组"），在县综治委设办公室。1993年，对马岭、翟家河、卅铺、庆城、玄马五乡镇境内的生产油井、输油管线建立县、乡镇、村三级治安责任区，实行县包油区、乡镇包片区、村组包段区、个人包井（线）和定井（线）、定人、定职责、定奖惩的"四包四定"责任制。1994—2004年，县委、县政府把油区综合治理工作纳入全县社会治安综合治理考核内容。

2005—2008年，根据全县油气管护工作出现的新情况，县油田综治小组在全县建立"专业管护为主、政法联动、依法打击"的油区打防控一体化管护机制，形成1030人的管护队伍。先后组织开展油区专项整治和重点整治行动29次；破获涉油大案5起，查处各类涉油治安刑事案件647件，打击处理违法犯罪人员1189人；查获盗贩原油464吨；依法回收非法占井396口。2008年县委将县油田综治小组办公室调整到县委政法委，并增加成员单位，对油区综合治理工作逐步推行规范化管理。

2009年，县委、县政府成立全县石油开发项目审批工作领导小组，开展地企共创共建"和谐典范油区"活动。2012年，健全治安管护、矛盾纠纷排查调处、协作沟通、督察考核等工作机制，在全县创建"和谐典范油区"示范村28个。

第十节　其他党务工作

一、农村工作

（一）发挥参谋助手作用

1986—2012年，县委农村部按照县委、县政府对全县农业、农村工作的总体部署，会同县农牧、林业、水务等涉农部门深入农村第一线和农业工作的前沿，督导全县全膜玉米、优质苹果、设施瓜菜、良种草畜的种、栽、养等农业实用技术推广与落实情况；坚持按季度对全县农村各项经济指标进行统计，分析通报每季度农村经济运行情况。先后起草《关于加大统筹城乡发展力度进一步夯实农业农村发展基础的若干意见》《关于加快农业科技创新促进农业农村持续稳定发展的实施意见》《关于庆城县农业农村工作四条环线示范点建设实施方案》，撰写出《关于金融机构支持全县农村经济情况的分析》《关于庆城县农业基础设施建设现状及对策》《关于庆城县农业特色优势产业发展现状及对策》等调研报告。

（二）指导新农村试点建设

1993年，县委办、县政府办转发《庆阳县建设小康村实施意见》，从物质生活、精神文化生活、生活环境与社会秩序、社会发展对建设小康示范村（点）制订奋斗目标和具体内容。至2000年，在马岭镇的董家滩、琵琶寨，庆城镇的田家城、莲池，卅铺镇的阜城、韩湾，驿马镇的上关村等建立农村小康示范村（点）62个。2006—2012年，县委农村部先后指导完成省、市批复的新农村试

点建设项目 14 个。其中，省级试点村 1 个（赤城乡范村）；市级试点村 11 个（驿马镇太乐、东滩、儒林村，玄马镇樊庙、孔桥村，白马铺乡的坳子、白马、高户村，赤城乡黄冢子村，高楼乡雷家岘子村，马岭镇董家滩村），以及庆城镇、驿马镇城乡一体化发展试点镇。

试点建设以坚持"生产发展、生活宽裕、乡风文明、村容整洁、管理民主"的新农村 20 字方针和立足实际、科学规划、抓点示范、整体推进的总体目标要求。重点围绕产业开发、基础建设、社会事业、农民培训四方面进行。省级每个试点村由省级财政补助 200 万元；市级每个试点村镇由市级财政补助 60—150 万元不等。通过试点建设，14 个村的产业培育、基础建设、社会事业、村容村貌取得较大发展和改进，并探索出"川塬区产业支撑、矿区闲置资产利用、山区移民搬迁、城郊商贸带动"的新农村建设发展路子。

（三）督促惠农政策落实

2010 年 11 月，县委农村部承担全县惠农政策督察落实工作。起草印发《中共庆城县委、庆城县人民政府关于进一步加强惠农政策落实工作的意见》，印制《庆城县惠农政策宣传手册》，督促全县 17 个乡镇（办事处）、153 个村的惠农政策落实工作；会同县纪委、县财政局为每个乡镇建起政务（便民）服务大厅；健全两级评议、三榜公示、三级审定、一统发放制度，确保全县惠农政策阳光操作、安全有效落实。

二、政策研究

（一）政策宣传

1986 年 1—3 月，根据县委安排，县委政策研究室牵头，从县直 59 个部门和 19 个乡镇抽调 500 多名干部，在全县农村宣传中共中央《关于一九八六年农村工作的部署》《关于进一步活跃农村经济的十项政策》《当前农村经济政策的若干问题》和省、地、县关于深入推进以家庭联产承包责任制为主的双层经营政策。

1991 年 10 月至 1992 年 3 月，由县委组织领导，县委政策研究室具体协调落实，在全县 19 个乡镇、181 个行政村、1327 个村民小组和县直 32 户工商企业中开展农村社会主义教育活动。县上投入社教工作队员 910 名（包括省、市和长庆局派驻的 81 名）、社教积极分子 547 名。这次社教活动，使全县 1923 名基层干部和 11493 名党、团员受到一次社会主义思想教育；整顿调整充实村"两委会" 181 个；吸纳青年农民预备党员 173 名，培养入党积极分子 546 名，接收团员 1462 名；完善农村各种经营合同 14842 份；解决群众反映强烈的问题 5634 个；清理有问题资金 154.73 万元，涉及 12077 人，以退赔等方式收缴资金 150.99 万元，对未收回的资金作出按期还款计划。全县每个村建立健全财务管理、审计监督和民主理财制度，95% 以上的农户制定出脱贫致富计划。

2002—2008 年，按照县委安排，县委政策研究室牵头，开展宣传党在农村的一系列路线方针政策活动，督促检查减轻农民负担、农村税费改革和惠农补贴政策的落实情况。2009—2012 年，针对农民"有饭吃、缺钱花""吃饱了饭、看不起病、读不起书"、城乡发展失衡、城乡居民收入差距扩大等问题开展调查研究。

（二）重点调研

1986—1990 年，县委政策研究室的《小字起步，脱贫致富》《关于在全县进一步完善承包责任制，搞好土地小调整的意见》《关于全县完善农村双层经营中具体问题的处理意见》调研报告，得到县委肯定，对全县发展养兔、农村土地小调整和完善双层经营发挥了指导性作用。1991 年创办《调研通讯》。至 2002 年，开展专题调研 70 多次。其中，为促进油田开发建设，实现企地双赢，形成

《油田发展我发展，我与油田共兴衰》调研报告，得到县委采纳；起草的《庆阳县建设小康村实施意见》，得到县委同意，由县委办转发各乡镇执行；对从全县行政事业单位中分流出人员大办经济实体的情况进行调研，总结出马岭镇、县水利局、玄马镇贾桥粮管所分流人员办实体的成功经验，县委给予推广；对赤城等乡镇发展果品、烤烟、黄花菜三大支柱产业、县汽修厂、百货大楼、汽车运输公司三户企业改制的成功经验和县城北区开发等情况进行实地调研总结，形成《大力发展支柱产业，振兴全县农村经济》《庆阳县区域经济开发的思路与对策》《关于发展庆城县农业科技示范园区的意见》《庆城县北区开发的实践与思考》等调研报告，被县委决策时采纳或参考。

2003年起，围绕全县经济社会发展，开展调研活动60多次。先后对全县深化农村改革、农村实行"零税赋"、土地开发与建设、县古城遗址的保护与开发、生态环境建设的现状、第三产业的发展与现状等进行专题调研，形成《适应形势发展，转变乡镇政府职能》《加大全县土地开发力度，做大做强城市规模》《关于庆城古城遗址暨非物质文化遗产保护与开发的调查》《庆城县第三产业的发展现状存在的问题与对策》等调研报告或理论文章。

2012年，创办《政研资讯》，开展调研活动11次，形成调研报告或理论文章14篇。其中，《优化县域经济布局，促进区域协调发展》《坚定不移推进苹果产业持续健康发展》均被县委、县政府采纳；《加快推进城镇化进程，打造西部特色城市》《庆城县城乡一体化发展的现状与对策》文章，对县委、县政府确定打造全县"历史文化名城""岐黄中医药养生名城"的战略定位发挥了作用。

三、党校教育

（一）干部培训

1. 科级干部培训　1986—1996年，县委党校举办全县科级干部培训班39期，每期培训班5—40天，累计培训干部2268名。内容主要有《政治经济学》《马克思主义哲学学习纲要》《中华人民共和国行政诉讼法》、中国特色社会主义理论、邓小平南方谈话，中共十三、十四大文件精神。1997—2012年，举办县直单位党政、企事业单位主要负责人和全县全体科级干部培训班、轮训班共69期，累计参训人员4351名；每期培训班2—10天；主要内容有中共十五大、十六大、十七大、十八大精神，"三个代表"重要思想、科学发展观，党务干部工作知识，法律法规宣传和依法行政知识，社会主义市场经济知识，"富民兴陇"的产业结构调整、城乡一体化建设等。

2. 中青年干部培训　1987—2012年，县委党校举办全县中青年干部学习《哲学》《科学社会主义原理》、中国特色社会主义理论、"三个代表"重要思想、科学发展观和中共历次代表大会精神等正规化理论辅导班16期，参加学员1829名；党务干部、政工干部培训班5期，参加学员502名；入党积极分子培训班22期，参加学员2420名；中央党校函大专科、本科考前辅导班5期，参训人员330名；纪检监察干部、乡镇政法副书记、工会干部、企事业单位负责人、公务员和专业技术人员、妇女干部、大学生村官、实施"双培双带"工程、团干部、组工干部的政治业务、法律法规、WTO知识等培训班共41期，每期培训班2—7天，累计培训人员6182名。

3. 基层干部培训　1987—2012年，县委党校累计举办全县村党支部书记、村主任培训班31期，每期培训班5—20天，参训人员3413名；主要内容有中共十一届三中、七中全会精神，中共十四大、十八大精神，邓小平南方谈话，党的基本理论知识和"三个代表"重要思想、科学发展观等。

（二）学历教育

1. 函授教育　1989年9月，中央党校函授学院甘肃分院庆阳县函授辅导站在县委党校建立，由省市县三级党校联合办班，当年录取党政管理专业大专班学员64人；1992年6月底，51名在册

学员全部毕业。1993—2009 年，共招收函大专科生、本科生 1139 名，学员学完全部课程，并通过考试合格，分期毕业 970 名。2010 年 9 月，函授辅导站撤销。

2.脱产教育　1986 年,县委党校举办两年制脱产大专学历教育,15 名在职干部学员经考试合格,由甘肃广播电视大学发给毕业证书，享受国民教育学历同等待遇。此后因故停止。2006 年，县委党校与青岛博海职业技术学院签订联合办学协议，成立青岛博海职业技术学院庆城教学点。从当年秋季开始招生，实行"1+2"模式。即第一学年在县委党校学习文化基础课，第二学年在青岛博海职业技术学院学习专业课程，第三学年由青岛博海职业技术学院安排在其联系的企业带薪实习，实习期满，考试合格者，颁发中专或大专毕业证书，学员自主择业。2006—2008 年，共招收学员 18 名。此后停办。

（三）社科研究

1986—2012 年，县委党校坚持马克思主义原理，以党的路线、方针、政策为指导，开展对经济、社会发展中的重大问题，群众关心的热点、难点问题进行社会科学研究，撰写各种调研、理论文章 286 篇，交流刊登 162 篇，获奖 43 篇。其中：刘志学撰写的《贫困乡村农户返贫探析》入选中科院"改革理论与实践"丛书；黎治渊撰写的《社会主义初级阶段不能降低党员标准》获全省"双学"活动有奖征文一等奖；任文章参与编著的《油田涌金》，获全省党校系统第五届科研成果奖。

（四）党校建设

1986 年开始，县委、县政府先后改建新建县委党校办公教学楼 1 幢、面积 1900 平方米，新建多功能视频会议室 1 个、面积 30 平方米。在办公教学楼内安装并接通互联网，开通省委党校卫星远程教学网；配备小轿车、投影仪、电脑、展台及控制台等教学办公设施；配有普通教室、会议室、活动室、图书室等基本教学设施。2012 年，县委党校已成为一所可容纳 300 人，教学功能齐全、师资力量较强的县级教育培训基地。

四、督查考核工作

（一）督查

1986 年后，县委全面施行并运用督查手段来推动全县重点难点工作。至 2009 年，督查形式更为灵活，内容更加全面，所有乡镇（办事处）、县直部门和省市驻县域单位均被列为督查对象。按照"科学、合理、公正、有效、简便"的原则，主要督查内容有：县委、人大、政府、政协重大会议精神和重大决策的贯彻落实情况；全县年度目标任务落实情况；县委、县政府领导重要批示件落实情况；全县年度内经济观摩活动情况。形式和办法是：催报督查、现场督查、集中督查、明察暗访、联合督查、回访复查、观摩督查；建立并实行《全县乡镇、部门重点工作运行台账》《全县重大项目建设运行台账》。基本程序是：督查前，下发督查通知书或电话通知（跟踪督查、明察暗访督查除外）；实地查看现场、查记录、听汇报、交谈了解；对照制订的工作标准、要求进行综合分析、比较、评判打分；对督查结果，以《督查专报》或《督查通报》反馈给被督查单位。对后进的乡镇（办事处）和县直部门提出明确赶上进度要求；对在全县能起到激励和引导作用的工作，形成经验交流材料，用《工作交流》刊登下发。2009—2012 年，共下发《督查专报》72 期、《督查通报》60 期、《工作交流》40 期。

（二）考核

2009 年起，全县考核工作逐渐精准全面，由单一考核转变为综合考核，由阶段性考核转变为经常性考核，由一方考核转变为多方测评考核，尤其是对考核结果严格奖惩兑现。按照县委、县政府与市委、市政府签订的年度目标管理责任书、全县年度国民经济和社会发展主要指标计划，年初编印《庆城县××年重点工作手册》，制订《庆城县××年综合目标管理考核实施办法》，提交县委常委会讨论决定后，以"通知"文件下发；年末，县委成立全县年度综合目标管理考核领导小组。全县分乡镇（办事处）、县直项目和非项目单位三类进行考核。其中，一类单位17个、二类单位28个、三类单位49个。

2009—2012年，乡镇综合考核经济社会发展内容有农民人均纯收入、解决贫困人口、农民教育培训、新农村建设及整村推进、规模养殖、紫花苜蓿种植、全膜玉米种植、农民专业合作社、农村沼气、封山禁牧、退耕还林补植、苹果树栽植、梯田建设、农村饮水安全、小城镇建设及危旧房改造、道路建设和养管、香包生产、教育发展、国土资源管理、环境保护、公共卫生、劳动和社会保障、食品药品安全、依法行政等工作，"联村联户为民富民"行动、农业综合开发规划、农业综合示范点建设、苹果示范园管理共28项。党建及社会事业部分内容有党建、党风廉政、精神文明、政法维稳和信访、统战、人口和计划生育、安全生产工作（建设）、社会满意度调查共8项。县直项目和非项目单位有项目（资金争取）、重点突破、业务工作、党建、党风廉政、精神文明、政法维稳和信访、统战、人口和计划生育、安全生产工作（建设）、社会满意度调查共11项。综合奖计分实行"千分制"，目标管理责任书完成为600分，平时考核为200分，公众满意度测评为100分，综合评价为100分。

单项考核根据年度工作任务和工作重点确定考核内容，个别项目计入综合考核。增设财政增收突出贡献奖、中央省市驻庆单位"支持庆城发展贡献"奖、纳税明星企业奖。

2009—2012年，对因未完成某项具体工作任务，影响省对市考核或市对县考核结果的，取消其综合奖评奖资格；未完成人口和计划生育、节能工作、国土资源管理、环境保护、安全生产、食药品安全、招商引资、社会治安综合治理等单项指标的实行"一票否决"，取消其综合奖评奖资格；发生重大恶性事件、出现造成严重负面社会影响、工作被上级通报批评、班子及党风廉政建设考核结果为"差"的，取消其综合奖评奖资格。2012年，全县有5个单位被"一票否决"，取消综合奖评奖资格。

五、机构编制管理工作

（一）行政机构改革与编制

1986年，全县有党政群机构62个。其中，县委组成部门8个，县政府组成部门29个，编制387名；乡镇党委、政府19个，县人大、政协，县直工、青、妇、科协共6个，编制406名。

1997年，县直部门、乡镇全面落实省、市确定的全县机构改革方案，按照定职能、定机构、定编制"三定"要求，重点解决职能交叉重复问题，合理设置内部机构，重新审定人员编制，科学划分职责分工。至年底，全县党政群机构减少到47个，其中，县委组成部门减少3个、县政府减少6个。县直党政群机关编制增至445名，乡镇机关减少到375名。

1998—2005年，实行全县党政、乡镇机构改革，进一步精兵简政、划分职责、转变职能，对5个县直单位机构进行调整。全县乡镇由19个减少到15个，撤销冰淋岔乡并入太白梁乡；撤销熊家庙乡，设办事处，归属驿马镇；撤销葛崾岘乡，设办事处，归属蔡家庙乡；撤销安家寺乡，部分并入驿马镇，部分并入桐川乡。至2005年底，全县有党政群机构53个；编制增至1146名，其中，县直机关334名、乡镇机关310名、政法系统246名、机关后勤121名、自定义135名。

2006—2010年，根据省、市进一步加大机构改革力度精神，县委、县政府重点解决政府职能

中存在的"错位""越位""缺位"问题。保留原有县政府机构 14 个、更名 2 个、调整 5 个。至 2012 年，全县有党政群机构 57 个。其中，县委工作部门 10 个、政府工作部门 25 个，乡镇党委、政府 15 个，县共、青、妇、人大、政协、法院、检察院共 7 个。党政群机关编制增至 1158 名，其中，县直机关编制 370 名、乡镇机关 315 名、政法系统 325 名、机关后勤 148 名。

（二）事业单位机构改革与登记

1.机构改革

1996 年，按照《中央机构编制委员会关于事业单位机构改革若干问题的意见》精神，对有条件的事业单位逐步实行"一化三改五定"，即自收自支向企业化过渡，改革管理体制、管理办法、财政渠道，定性质、定职能、定机构、定编制、定人员，对全县事业单位机构改革逐步展开并不断深化。1997 年，全县确定事业单位 487 个，其中，全额 373 个、差额 88 个、自收自支 26 个；编制 3705 名。2000 年，全县确定事业单位 582 个，其中，全额 555 个、自收自支 27 个；编制 4150 名。

2005 年，全县事业单位划分为行政管理执行类、社会公益类、社会中介类和生产经营服务类。确定县文化市场稽查队（行政执法类）、县人民医院（公益类）、县种子公司（经营服务类）为全县事业单位改革试点单位。制订实施《岗位责任制》《上岗聘任合同制》《考核合格上岗制》，实行领导班子任期目标责任制、全员聘用制、干部轮岗制、职工双向选择制、新进人员公开招聘制。全县有事业单位 522 个，编制 5659 名。

2010 年，根据庆阳市政府关于《市、县（区）事业单位改革试点工作的意见》，依据职责任务、经费来源、市场化程度和发展方向等情况，按照行政执法、社会公益、经营服务，对全县医疗卫生、文化、教育行业进行分类改革试点，全县有事业单位 329 个（不含教学点），编制 5145 名。2012 年，全县有事业单位 339 个（不含教学点），编制 5145 名。

2.单位登记

1999 年，全县开始事业单位登记工作。是年，登记法人事业单位 326 个，非法人事业单位 127 个，并颁发登记证书。2004 年，全县换发事业单位法人登记证书。2005—2011 年，全县变更登记 78 个，注销登记 24 个。2012 年，全县登记法人事业单位 339 个，变更登记 14 个，注销登记 2 个。

第六章　地方人民代表大会

1986—2012 年，庆城（庆阳）县人民代表大会及其常务委员会坚持国家的根本政治制度，认真履行宪法和法律赋予的职权，保障党的各项政策和全县重大事项顺利实施；通过审议"一府两院"工作报告，评议部门工作，依法任免县政府组成人员职务，组织开展调研视察等工作，体现人民当家做主权利，对促进全县政治安定、经济发展、社会和谐，发挥重要作用。

第一节　县人大代表

一、选举委员会及人大代表的产生

按照《选举法》规定，每届县级人民代表大会换届时，县人民代表大会常务委员会（以下简称"人大常委会"）依法成立县人民代表大会选举委员会。1986 年 12 月，县第十一届人民代表大会选举委员会由王生荣任主任，杨卫东、张仁、周敦智、文武志任副主任。1989 年 12 月，县第十二届人民代表大会选举委员会由张仁任主任，杨卫东、冯登岗、周敦智、文武志、秦福寿任副主任。1992 年 11月，县第十三届人民代表大会选举委员会由张仁任主任，张震合、冯登岗任副主任。1997 年 11 月，县第十四届人民代表大会选举委员会由麻鞥任主任，王积聪、石步升任副主任。2002 年 11 月，县第十五届人民代表大会选举委员会由朱治晖任主任，麻鞥、张祖贡、马斌任副主任。2006 年 12 月，县第十六届人民代表大会选举委员会由时任县委书记任主任，张祖贡、刘建民、刘聪任副主任。2011 年10 月，县第十七届人民代表大会选举委员会由刘建民任主任，王仲乾、杨生东、卢耀南、慕萍任副主任。

县级人大代表的选举，由本级选举委员会主持。经法定程序划分选区产生选民，再由选民选出县人大代表。县第十一届人民代表大会划分选区 173 个，选举代表 224 名；县第十二届人民代表大会划分选区 157 个，选举代表 184 名；县第十三届人民代表大会划分选区 167 个，选举代表 193 名；县第十四届人民代表大会划分选区 169 个，选举代表 182 名；县第十五届人民代表大会划分选区 153 个，选举代表 182 名；县第十六届人民代表大会划分选区 161 个，选举代表 182 名；县第十七届人民代表大会划分选区 157 个，选举代表 182 名。

二、代表资格审查委员会及换届选举

根据《地方组织法》规定，县人大常委会设立代表资格审查委员会，审查新选出的下一届县级人大代表和补选本届县级人大代表的资格。

县第十一届人民代表大会第一次会议代表资格审查委员会由 5 人组成，郑重京任主任委员，贺文净任副主任委员；县第十二届人民代表大会第一次会议代表资格审查委员会由 5 人组成，张自新任主任委员，贺文净、王保民任副主任委员；县第十三届人民代表大会第一次会议代表资格审查委员会由 7 人组成，李栋任主任委员，贺文净、郭文奎任副主任委员；县第十四届人民代表大会第一次会议代表资格审查委员会由 6 人组成，李栋任主任委员，黄耀龙、谷树梁任副主任委员；第二次会议代表资格审查委员会由 6 人组成，田宏洲任主任委员，黄耀龙、谷树梁任副主任委员；县第

十五届人民代表大会第一次会议代表资格审查委员会由 5 人组成，王仲乾任主任委员，谢守成、方百江任副主任委员；县第十六届人民代表大会第一次会议代表资格审查委员会由 5 人组成，卢耀南任主任委员，朱润岳任副主任委员；县第十七届人民代表大会第一次会议代表资格审查委员会由 6 人组成，杨生东任主任委员，刘晓春任副主任委员。

县人大常委会根据《中华人民共和国地方各级人民代表大会和地方各级人民政府组织法》规定，在本届人民代表大会代表选举完成后的两个月内，召开新一届县人民代表大会第一次会议，选举出县级国家机关领导人员。

第二节　代表大会

庆阳县第十一届人民代表大会

第一次会议于 1986 年 12 月 20 至 23 日在县城召开。会议批准县人大常委会和"一府两院"工作报告，1986 全县国民经济与社会发展计划、1986 年全县财政预算执行情况的报告，并通过相应决议；会议选举产生庆阳县第十一届人大常委会，王生荣任主任，文武志、秦福寿任副主任，李杰等 14 人任委员；选举产生庆阳县第十一届人民政府组成人员，杨卫东任县长，蒋占全、刘文戈、李芝琴、卢建敏任副县长；李栋任县法院院长，郭广玉任县检察院检察长。

第二次会议于 1987 年 11 月 9 至 11 日在县城召开。会议选举刘兰亭、王富金、文武志、田仰宏、张守娴、尤恺、杨宝林为出席甘肃省第七届人民代表大会代表，补选县第十一届人大会常务委员会委员 1 名。

第三次会议于 1988 年 3 月 28 至 31 日在县城召开。会议分别听取和审议县人大常委会和"一府两院"工作报告，1987 年全县国民经济与社会发展计划执行情况及 1988 年国民经济与社会发展计划（草案）的报告，1987 年全县财政预算执行和 1988 年全县财政预算情况的报告，并通过相应决议。

第四次会议于 1989 年 1 月 10 至 12 日在县城召开。会议分别听取和审议县人大常委会和"一府两院"工作报告、1988 年全县国民经济与社会发展计划执行情况和县财政工作报告，并通过相应决议。

庆阳县第十二届人民代表大会

第一次会议于 1989 年 12 月 18 至 21 日在县城召开。会议听取和审议县人大常委会和"一府两院"工作报告，1989 年全县国民经济与社会发展计划执行与 1990 年全县国民经济与社会发展计划（草案）情况的报告，1989 年全县财政预算执行与 1990 年全县财政预算报告，并通过相关决议；选举产生庆阳县第十二届人大常委会，张仁任主任，文武志、李芝琴、秦福寿、张自新任副主任，李杰等 11 人任委员；选举产生庆阳县第十二届人民政府组成人员，杨卫东任县长，王吉泰、刘文戈、卢建敏、张平军、原思安任副县长；李栋任县法院院长，郭广玉任县检察院检察长。

第二次会议于 1991 年 3 月 13 至 15 日在县城召开。会议分别听取和审议县人大常委会和"一府两院"工作报告、全县国民经济社会发展十年规划和"八五"计划纲要预算（草案）报告，1990 年全县国民经济与社会发展计划执行及 1991 年国民经济与社会发展计划（草案）情况的报告，1990 年全县财政决算及 1991 年全县财政预算（草案）的报告，并通过相关决议；选举张震合任县政府县长。

第三次会议于 1992 年 2 月 27 至 29 日在县城召开。会议分别听取和审议县人大常委会和"一府两院"工作报告、1991 年全县国民经济与社会发展计划和全县财政工作执行情况的报告，并通过相关决议。

庆阳县第十三届人民代表大会

第一次会议于 1992 年 11 月 25 至 27 日在县城召开。会议分别听取和审议县人大常委会和"一府两院"工作报告，1992 年全县国民经济与社会发展计划执行及全县财政预算情况的报告，并通过相关决议；会议选举产生庆阳县第十三届人大常委会，张仁任主任，秦福寿、李栋、高文科任副主任，李杰等 13 人任委员；选举产生庆阳县第十三届人民政府组成人员，王吉泰任县长，张建新、原思安、赵彩雯、麻鞁、范望贤任副县长；齐进发任县法院院长，郭广玉任县检察院检察长。

第二次会议于 1994 年 2 月 26 至 28 日在县城召开。会议分别听取和审议县人大常委会和"一府两院"工作报告，1993 年全县国民经济与社会发展计划执行及 1994 年国民经济与社会发展计划（草案），1993 年全县财政决算及 1994 年全县财政预算（草案）情况的报告，并通过相关决议。

第三次会议于 1995 年 2 月 21 至 23 日在县城召开。会议分别听取和审议县人大常委会和"一府两院"工作报告，1994 年全县国民经济与社会发展计划和全县财政预算执行情况的报告，并通过相关决议。会议补选李荣辉为出席甘肃省第八届人民代表大会代表。

第四次会议于 1995 年 5 月 12 日在县城召开。会议补选田惠萍任县人大常委会副主任。

第五次会议于 1996 年 3 月 12 至 14 日在县城召开。会议分别听取和审议县人大常委会和"一府两院"工作报告、1995 年全县国民经济与社会发展计划以及全县财政预算执行情况的报告，并通过有关决议；会议选举麻鞁任县人大常委会主任，郭广玉任副主任；胡庆银任县检察院检察长。

第六次会议于 1996 年 7 月 15 日在县城召开。会议选举刘秉宁任县政府县长。

第七次会议于 1997 年 2 月 27 至 28 日在县城召开。会议分别听取和审议县人大常委会和"一府两院"工作报告、1996 年全县国民经济与社会发展计划执行情况及 1997 年国民经济与社会发展计划（草案），全县 1996 年财政决算及 1997 年财政预算（草案）的报告，并通过相关决议。

庆阳县第十四届人民代表大会

第一次会议于 1997 年 11 月 23 至 25 日在县城召开。会议分别听取和审议县人大常委会和"一府两院"工作报告，1997 年全县国民经济与社会发展计划及全县财政预算执行情况的报告，通过相关决议；选举产生庆阳县第十四届人大常委会，麻鞁任主任，田惠萍、田宏洲、柴世广、李景阳任副主任，边金箍等 14 人任委员；选举产生庆阳县第十四届人民政府组成人员，王积聪任县长，麻新文、张正民、杨秉荣、关晓萍任副县长；齐进发任县法院院长，胡庆银任县检察院检察长；选举出席甘肃省第九届人民代表大会代表。

第二次会议于 1999 年 3 月 11 至 13 日在县城召开。会议分别听取和审议县人大常委会和"一府两院"工作报告，1998 全县国民经济与社会发展计划执行情况及 1999 年国民经济与社会发展计划（草案），1998 年全县财政决算及 1999 年财政预算（草案）的报告，并通过相关决议。

第三次会议于 2000 年 1 月 14 至 16 日在县城召开。会议分别听取和审议县人大常委会和"一府两院"工作报告，1999 年全县国民经济与社会发展计划执行和全县财政预算执行情况的报告，并通过相应决议。会议补选齐进发任县人大常委会副主任，许明义任县法院院长。

第四次会议于 2000 年 5 月 11 日在县城召开。会议选举朱治晖任县政府县长。

第五次会议于 2001 年 2 月 13 至 15 日在县城召开。会议分别听取和审议县人大常委会和"一

府两院"工作报告，2000年全县国民经济与社会发展计划执行情况及2001年国民经济和社会发展计划（草案），2000年全县财政决算执行情况及2001年全县财政预算（草案）的报告，并通过相关决议。会议补选县第十四届人民代表大会常务委员会委员2名。

第六次会议于2001年9月6日在县城召开。会议选举县人民政府县长1人。

第七次会议于2002年2月25至26日在县城召开。会议分别听取和审议县人大常委会和"一府两院"工作报告，2001年全县国民经济与社会发展计划执行情况及2002年国民经济和社会发展计划（草案），2001年全县财政决算及2002年全县财政预算（草案）的报告，并通过相关决议。

庆城县第十五届人民代表大会

第一次会议于2002年11月12至14日在县城召开。会议分别听取和审议县人大常委会和"一府两院"工作报告，2002年全县国民经济与社会发展计划执行及全县财政预算执行情况的报告，并通过相关决议；选举产生庆城县第十五届人大常委会，张祖贡任主任，谷含棋、李景阳、杜永俭、王仲乾、刘彩兰任副主任，梁树恩等13人任委员；选举产生庆城县第十五届人民政府组成人员，县长1人，田宇、王晓斌、杨生东、郭维平、陈建学、王超任副县长；郭旭文任县法院院长，岳相儒任县检察院检察长；选举出席庆阳市第一届人民代表大会代表。

第二次会议于2004年2月3至4日在县城召开。会议分别听取和审议县人大常委会和"一府两院"工作报告，2003年全县国民经济与社会发展计划执行及2004年国民经济与社会发展计划（草案），2003年全县财政决算及2004年财政预算（草案）的报告，并通过相关决议。

第三次会议于2004年12月27至29日在县城召开。会议分别听取和审议县人大常委会和"一府两院"工作报告，2004年全县国民经济与社会发展计划执行和全县财政预算执行情况的报告，并通过相关决议。会议选举杨献忠任县政府县长；补选李岁来任县人大常委会副主任。

第四次会议于2005年12月26至28日在县城召开。会议分别听取和审议县人大常委会和"一府两院"工作报告，2005年全县国民经济与社会发展计划执行和全县财政预算执行情况的报告，并通过相关决议；补选卢耀南任县人大常委会副主任。

庆城县第十六届人民代表大会

第一次会议于2006年12月18至21日在县城召开。会议分别听取和审议县人大常委会和"一府两院"工作报告，2006年全县国民经济与社会发展计划和全县财政预算执行情况的报告，并通过相关决议；选举产生庆城县第十六届人大常委会，刘建民任主任，王仲乾、杨生东、刘彩兰、卢耀南任副主任，李林奎等14人任委员；选举产生庆城县第十六届人民政府组成人员，杨献忠任县长，豆亚平、李崇暄、王晓斌、李暐、郭艺峰任副县长；郭旭文任县法院院长，岳相儒任县检察院检察长；会议选举出席庆阳市第二届人民代表大会代表。

第二次会议于2007年12月27至28日在县城召开。会议分别听取和审议县人大常委会

图6-2-1　县人民代表大会

和"一府两院"工作报告，2007年全县国民经济与社会发展计划执行和全县财政预算执行情况的报告，并通过相关决议。会议补选县第十六届人大常委会委员3名。

第三次会议于2008年9月1至2日在县城召开。会议通报了全县2008年前8个月经济社会发展情况。会议选举解平任县政府县长，段登云、马耀文等任副县长。

第四次会议于2009年2月26至28日在县城召开。会议选举罗彦荣任县法院院长，郭旭文任县检察院检察长。

第五次会议于2010年2月26至28日在县城召开。会议补选慕萍任县人大常委会副主任。

第六次会议于2010年12月28至30日在县城召开，会议分别听取和审议县人大常委会和"一府两院"工作报告，2010年全县国民经济与社会发展计划和全县财政预算执行情况的报告，并通过相关决议。

庆城县第十七届人民代表大会

第一次会议于2011年10月18至21日在县城召开。会议分别听取和审议县人大常委会和"一府两院"工作报告，2010年全县国民经济与社会发展计划执行和全县财政预算执行情况的报告，并通过相关决议；选举产生庆城县第十七届人大常委会，刘建民任主任，贺志军、杨生东、赵彦文、刘晓春任副主任，李林奎等14人任委员；选举产生庆城县第十七届人民政府组成人员，辛少波任县长，段登云、胡永洲、郭艺峰、苟爱仁、王铎任副县长；刘文宪任县法院院长，郭旭文任县检察院检察长；选举出席庆阳市第三届人民代表大会代表。

附：

表6-2-1　1986—2012年庆城（庆阳）县历届人大常委会主任、副主任名表

届　序	主任	籍贯	副　主　任	籍贯	任职时间
十一届	王生荣	庆城	文武志	合水	1986.12—1989.11
			秦福寿	陕西 合阳	
十二届	张 仁	庆城	文武志	合水	1989.12—1992.10
			李芝琴（女）	镇原	
			秦福寿	陕西 合阳	
			张自新	庆城	
十三届	张 仁	庆城	秦福寿	陕西 合阳	1992.11—1997.10
			李 栋	庆城	
			高文科	环县	
			田惠萍（女）	西峰	1995.05—1997.10
	麻 靷	庆城	郭广玉	西峰	1996.03—1997.10
十四届	麻 靷	庆城	田惠萍（女）	庆城	1997.11—2002.10
			田宏洲	西峰	
			柴世广	庆城	
			李景阳	庆城	
			齐进发	庆城	2000.01—2002.10

续表 6-2-1

届　序	主　任	籍　贯	副　主　任	籍　贯	任职时间
十五届	张祖贡	庆城	谷含棋	庆城	2002.11—2006.12
			李景阳	庆城	
			杜永俭	西峰	
			王仲乾	庆城	
			刘彩兰（女）	西峰	
十六届	刘建民	正宁	王仲乾	庆城	2006.12—2010.09
			杨生东	环县	
			刘彩兰（女）	西峰	
			卢耀南	庆城	2006.12—2010.09
			慕　萍（女）	环县	2010.02—2010.09
十七届	刘建民	正宁	贺志军	庆城	2011.10—
			杨生东	环县	
			赵彦文	庆城	
			刘晓春（女）	庆城	

第三节　人大常委会工作

一、决定决议

县第十一届人大常委会期间，作出关于批准 1987 年全县国民经济和社会发展计划部分变更的决议；关于认真贯彻全国人大常委会《关于加强法制教育维护安定团结的决定》的决议；关于认真贯彻《李鹏同志在首都党政军干部大会上的讲话》精神的决议；关于尽快查处县食品厂租赁期间严重违纪问题的决定；关于加强县城古城墙保护工作的决定等。

县第十二届人大常委会期间，作出关于认真学习贯彻《中华人民共和国土地管理法》《甘肃省计划生育条例》的决议；关于责成县政府限期处理陈荣锦等人违法占地和违章建筑的决定等。

县第十三届人大常委会期间，作出关于批准《庆城县城区抗震防灾规划》的决议，《关于在全县公民中实施第三个法制宣传教育五年规划的决议》，关于接受刘秉宁辞职请求的决定等。

县第十四届人大常委会期间，作出关于县人大常委会《关于在全县公民中实施第四个法制宣传教育五年规划的决议》等。

县第十五届人大常委会期间：作出关于接受郭维平辞去县政府副县长职务请求的决定；关于杨献忠任县政府代理县长的决定；关于部分乡（镇）区划调整后有关人民代表大会选举问题的决定；关于接受李景阳辞去县人大常委会副主任的决定；关于接受袁维辉辞去县政府副县长职务请求的决定；关于进一步加强全县法制宣传教育工作的决议等。

县第十六届人大常委会期间，作出关于接受杨献忠辞去县政府县长职务请求的决定；关于接受豆亚平、李暐辞去县政府副县长职务请求的决定；关于批准将县级储备粮贷款利息、费用、差价亏损补贴纳入县级财政预算的决议；关于批准全县 2009 财政预算调整的决议；关于接受刘彩兰辞去县人民代表大会代表职务请求的决定；关于批准《庆城县城市总体规划（2010—2030 年）》的决议；关于批准县城南门宽幅道路建设项目资金有关问题的决议；关于批准全县 2010 年财政预算调整的决议；关于县人大常委会进一步加强全县法制宣传教育的决议等。

县第十七届人大常委会第一次会议期间，作出关于全县 2011 年财政预算调整的决议等。

二、执法检查监督

第十一届县人大常委会期间，组织人员对《关于加强法制宣传普及法律知识的决议》贯彻落实及全县行政执法情况进行检查，检查后形成执法调查报告，向县政府转交了审议意见书。根据省人大常委会关于《甘肃省实施选举细则（草案）及说明》征求基层意见的要求，县人大常委会提出"选举经费由省财政部门计入预算项目拨发""县人民代表大会名额基数确定为 150 人"的修改意见。

第十二届县人大常委会期间，先后对《中华人民共和国行政诉讼法》《全国人大常委会关于禁毒的决定》《甘肃省保护消费者合法权益条例》等 12 部法律法规贯彻实施情况进行检查。检查后撰写出执法调查报告，向县政府转交了审议意见书。

第十三届县人大常委会期间，先后对《中华人民共和国森林法》、国务院《农民负担费用和劳务管理条例》等 12 部法律法规贯彻实施情况进行检查。检查后，形成执法检查报告，发出审议意见书。

第十四届县人大常委会期间，先后对《中华人民共和国劳动法》《甘肃省农业承包合同管理条例》《甘肃省人民代表大会工作条例》等 14 部法律法规落实情况进行检查，针对检查中发现的问题，撰写出检查报告，并向县政府提出落实整改意见。

第十五届县人大常委会期间，先后对《中华人民共和国刑法》《甘肃省石油勘探开发生态环境保护条例》等 7 部法律法规的贯彻执行情况进行检查。同时，对县法院、县检察院办结案件和案卷归档进行评查，根据检查和评查中发现的问题，向县"一府两院"提出落实整改意见。

第十六届县人大常委会期间，先后对《中华人民共和国监督法》《中华人民共和国治安管理处罚法》等 6 部法律的贯彻实施情况进行检查，对县法院、县检察院每年的执法情况进行监督检查。

第十七届县人大常委会第一次会议期间，先后对《中华人民共和国交通安全法》《中华人民共和国安全生产法》的贯彻实施情况进行检查，并对县法院、县检察院在办案、庭审、执行等方面的工作进行评查。

三、议案建议办理

历届县人民代表大会议案审查委员会，按照有关法律规定和代表议案、建议处理办法，对各个代表团和代表提出的议案、建议逐件进行审查，并与相关单位进行讨论后，提交县人民代表大会主席团审议通过，转交县"一府两院"及相关部门办理。同时，县人大常委会建立健全办理机制、组团深入单位、赴现场督办，会同县政府联合召开专题督办会议，提出进一步办理要求，提高议案、建议办理工作时效与质量。1986—1988 年，收到代表议案 96 件，办结 88 件；1989—1992 年，收到代表议案建议 363 件，办结 341 件；1993—1997 年，收到代表议案建议 283 件，办结 242 件；1998—2002 年，收到代表议案建议 204 件，办结 196 件；2003—2006 年，收到代表议案建议 133 件，办结 123 件；2007—2012 年，收到代表议案建议 165 件，办结 160 件。

四、视察与考察

（一）代表视察

1992 年，县人大常委会组织县人大代表先后对县卫生、农牧、科技、人口等 28 个单位工作及其单位主要负责人分别进行视察评议。1996—2012 年，县人大常委会分期分批组织县人大代表对

全县基础设施建设、基层医疗机构、学前教育布局等工作进行视察调研，累计视察调研全县重点工作281项。

2006年后，省市及外县人大代表相继来县视察考察，先后有省人大常委会委员、环境资源保护委员会主任委员丁国民、省人大法工委副主任许华、省人大办公厅副巡视员王秉云、省人大常委会内务司法委员会副主任委员周盛志视察环境资源保护、民事审判和检察机关查处涉农职务犯罪等工作。省人大内务司法委员会副主任委员姚爱然、省人大常委会副主任孙效东等先后视察新农村建设、《中华人民共和国妇女权益保障法》执行及城镇化建设等工作。永靖县人大常委会、正宁县人大常委会、酒泉市人大常委会、成县各乡镇人大主席组团等考察县人大常委会及全县乡镇人大工作。

第四节　乡镇人民代表大会

一、届次与代表构成

1986—2012年，各乡镇人民代表大会共换届8次（第十一届至第十八届）。其中，1986—2005年，各乡镇每3年换届1次；2006—2012年起，每5年换届1次。第十一、十二届换届时全县为17个乡镇，第十三至第十六届换届时全县为19个乡镇，第十七至第十八届换届时全县为15个乡镇。

附：

表6-4-1　1986—2012年全县历届乡镇人大代表构成情况表

届　　次	代表人数	其　　中			
		妇女代表	非党代表	农民代表	干部代表
第十一届	666	67	136	400	63
第十二届	676	68	139	406	63
第十三届	676	71	140	416	49
第十四届	733	74	152	430	77
第十五届	738	75	154	438	71
第十六届	749	77	155	442	75
第十七届	760	78	160	450	72
第十八届	769	80	162	458	69

（二）乡镇人大及其代表活动

乡镇人大每年举行一次代表大会，听取和审议乡镇政府工作报告，审查批准乡镇财政预决算报告。落实执行代表小组联系选民制度，每个行政村为一个代表小组，乡镇所属机关单位、社区为一个代表小组。每年七、八月份召开全体代表小组会议，主要听取乡镇政府上半年经济运行及下半年工作安排；同时各乡镇人大每年组织人大代表和各代表小组负责人对本乡镇当年的重点项目或工程建设进行两次视察，并根据视察情况，再有重点的选取两个议题进行调研。调研后写出书面报告提供给乡镇党委、政府决策时参考。

第七章 地方人民政府

1986—2012年，庆城（庆阳）县人民政府坚持以经济建设为中心，坚持改革开放，深化机构改革，转变政府职能，完善决策机制，实施政务公开，推行依法行政，加快转型发展，使县域综合实力明显增强，经济社会得到快速发展，城乡面貌发生根本变化，人民生活水平显著提高。

第一节 政府组成

一、县政府机构设置

1986年，庆阳县政府组成部门有政府办公室、信访室、经济计划委员会、公安局、司法局、民政局、劳动人事局、科学技术委员会、教育局、文化局、广播电视局、卫生局、计划生育委员会、体育运动委员会、财政局、工商行政管理局、多种经营办公室、水利电力局、乡镇企业管理局、城乡建设环境保护局、审计局、统计局、商业局、物资局、粮食局、林业局、工业交通局、农业局、畜牧局、物价委员会、经济协作委员会办公室、老区建设办公室、农业机械管理局、农业区划办公室、档案局。税务局、机构编制委员会办公室不占编制。

2012年，庆城县政府组成部门有政府办公室、发展和改革局、教育局、科学技术局、工业和信息化局、公安局、民政局、司法局、财政局、人力资源和社会保障局、国土资源局、环境保护局、城乡建设局、交通运输局、水务局、农牧局、林业局、文化广播影视局、卫生局、人口和计划生育局、审计局、安全生产监督管理局、统计局、旅游局、食品药品监督管理局。监察局、扶贫开发办公室、编委办公室、国家税务局、地方税务局、工商行政管理局、西川园区管委会、驿马园区管委会均不占编制；农业机械管理局、供销社、粮食局、招商局、商务局为县政府直属事业单位；石化办、莲池开发办为县政府协调议事机构。

二、县政府换届及人员组成

1986年12月，庆阳县第十一届人民代表大会第一次会议，选举产生县政府县长1名，副县长4名；届中增选副县长1名；1989年12月，第十二届人民代表大会第一次会议，选举产生县政府县长1名，副县长5名，届中增选县长1名、副县长2名；1992年11月，第十三届人民代表大会第一次会议，选举产生县政府县长1名，副县长5名，届中增选县长1名、副县长5名；1997年11月，第十四届人民代表大会第一次会议，选举产生县政府县长1名，副县长4名，届中增选县长2名、副县长3名。

2002年11月，庆城县第十五届人民代表大会第一次会议，选举产生县政府县长1名，副县长6名，届中增选县长1名、副县长3名；2006年12月，第十六届人民代表大会第一次会议，选举产生县政府县长1名，副县长5名，届中增选县长1名、副县长8名；2011年10月，第十七届人民代表大会第一次会议，选举产生县政府县长1名，副县长5名。

表7-1-1 1986—2012年庆城（庆阳）县人民政府历届组成人员名表

届 序	职 务	姓 名	籍 贯	任职时间
庆阳县 第十一届人民政府 （1986.12—1989.11）	县 长	杨卫东	庆城	1986.12—1989.11
	副县长	蒋占全	西峰	1986.12—1989.11
		刘文戈	庆城	1986.12—1989.11
		李芝琴（女）	镇原	1986.12—1989.11
		卢建敏	镇原	1986.12—1989.11
		张平军（挂职）	武都	1988.06—1989.11
庆阳县 第十二届人民政府 （1989.12—1992.10）	县 长	杨卫东	庆城	1989.12—1991.03
		张震合	正宁	1991.03—1992.10
	副县长	王吉泰	宁县	1989.12—1991.09
		刘文戈	庆城	1989.12—1991.10
		卢建敏	镇原	1989.12—1992.10
		张平军（挂职）	武都	1989.12—1992.07
		原思安	辽宁 北票	1989.12—1992.10
		赵彩雯（女）	环县	1991.09—1992.10
		张建新	镇原	1991.11—1992.10
庆阳县 第十三届人民政府 （1992.11—1997.10）	县 长	王吉泰	宁县	1992.11—1996.07
		刘秉宁	宁县	1996.07—1997.10
	副县长	张建新	镇原	1992.11—1997.10
		原思安	辽宁 北票	1992.11—1995.04
		赵彩雯（女）	环县	1992.11—1996.01
		麻韛	庆城	1992.11—1996.03
		范望贤（挂职）	山西	1992.11—1995.04
		麻新文	庆城	1995.04—1997.10
		张正民	正宁	1995.04—1997.10
		杨秉荣	镇原	1996.01—1997.10
		李再春	环县	1996.03—1997.10
		关晓萍（女）	正宁	1997.10—1997.10
庆阳县 第十四届人民政府 （1997.11—2002.10）	县 长	王积聪	宁县	1997.11—2000.05
		朱治晖	西峰	2000.05—2001.09
		—	合水	2001.09—2002.10
	副县长	麻新文	庆城	1997.11—2001.08
		张正民	正宁	1997.11—2002.10
		杨秉荣	镇原	1997.11—2002.10
		关晓萍（女）	正宁	1997.11—2002.10
		王晓斌	镇原	2001.08—2002.10
		杨生东	环县	2002.01—2002.10
		郭维平（挂职）	兰州	2002.08—2002.10

续表 7-1-1

届 序	职 务	姓 名	籍 贯	任职时间
庆城县 第十五届人民政府 （2002.11—2016.11）	县 长	一	合水	2002.10—2004.12
		杨献忠	华池	2004.12—2006.11
	副县长	田 宇	镇原	2002.11—2006.11
		王晓斌	镇原	2002.11—2006.11
		杨生东	环县	2002.11—2006.11
		郭维平（挂职）	兰州	2002.11—2004.08
		陈建学	庆城	2002.11—2006.12
		王 超（女）	正宁	2002.11—2006.11
		袁维辉（挂职）	陕西 周至	2004.08—2006.08
		赵青峰	西峰	2004.12—2006.11
		李 暐（挂职）	甘肃	2006.08—2006.11
庆城县 第十六届人民政府 （2006.12—2011.9）	县 长	杨献忠	华池	2006.12—2008.07
		解 平	环县	2008.07—2011.09
	副县长	豆亚平	宁县	2006.12—2008.07
		李崇暄	庆城	2006.12—2008.08
		王晓斌	镇原	2006.12—2008.08
		李 暐（挂职）	甘肃	2006.12—2008.07
		郭艺峰（女）	庆城	2006.12—2011.09
		一	宁县	2008.08—2011.09
		段登云	环县	2008.08—2011.09
		马耀文	陕西 长武	2008.08—2011.09
		张宏伟（挂职）	永登	2008.10—2010.09
		苟爱仁	庆城	2010.05—2011.09
		杨东起（挂职）	辽宁	2010.07—2010.12
		王 铎（挂职）	定西	2010.11—2011.09
		贾翠艳（女）	宁县	2010.12—2011.09
庆城县 第十七届人民政府 （2011.10—　）	县 长	辛少波（女）	静宁	2011.10—
	副县长	段登云	环县	2011.10—
		胡永洲	正宁	2011.10—
		郭艺峰（女）	庆城	2011.10—
		苟爱仁	庆城	2011.10—
		王 铎（挂职）	定西	2011.10—
		崔晓祥（挂职）	永登	2012.10—

第二节　政务会议

一、县政府全体会议

县政府全体会议一般每年召开1—2次。如工作需要，由县政府常务会议研究或县长决定可以召开。会议由县长召集和主持；由副县长、政府顾问、县长助理、政府组成部门行政主要负责人参加，县政府直属事业单位和所辖乡镇政府主要负责人列席；根据需要邀请县委、人大、政协有关负责人列席会议。会议议题由县长确定，或受县长委托常务副县长确定。会议的主要任务是：传达贯彻中央、省、市和县委的重要指示、决定，以及县人民代表大会及其常务委员会决定；决定和部署县政府重要工作；通报工作情况，协调各部门工作；讨论政府工作中涉及全县的重大事项。1986—2012年，县政府共召开全体会议32次。

二、县政府常务会议

县政府常务会议一般每月召开1次，必要时由县长决定可以随时召开。会议由县长、副县长、县政府党组成员及副县级干部组成。一般由县长召集和主持，或由县长委托常务副县长召集和主持。县政府办公室、监察局、审计局、法制办主要负责人列席会议。根据议题需要可安排相关部门或直属机构（单位）主要负责人参加。会议主要任务是：研究讨论贯彻落实上级机关文件、会议精神和县委重大决策意见；讨论向市政府和县委报告请示的重要事项；讨论决定县政府重要工作；讨论研究向县委、人大、政协提交的议题、议案、提案及督办情况复审；审议政府规范性文件；讨论向县人大推荐政府部门人事任免意见或县政府权限内的人事任免决定；听取并讨论决定县政府组成部门、各乡镇人民政府、其他有关单位的重要工作汇报、请示等事项；审定县政府召开的重要会议、重要活动安排意见；审定县政府领导的重要报告、讲话，研究决定重要组团出访事项等。

1986—1990年，县政府召开常务会议61次。主要议题有：听取和讨论全县人事、土地、财政等工作；研究贯彻全省商品粮基地建设和全区财政工作会议精神意见及"农转非"工作；讨论决定全县经济计划指标、城市建设方案、农业生产发展计划和全县农业税减免、亏损企业管理、扶贫、商业体改、清理非农业用地的意见和颁发居民身份证、农村改灶、私房改造及房屋产权登记等有关问题；讨论县政府工作报告提纲和县政府下发的《关于进一步稳定和完善农村土地联产承包责任制及搞好土地小调整的意见》等文件。

1991—1995年，县政府共召开常务会议29次。主要议题有：讨论全县"九五"规划、开垦废弃地优惠政策、农村宅基地有偿使用、农村分类综合电价、军人优抚、村级干部生活补助、弃婴寄养、全县经费安排、参加全区第八届运动会等工作的意见；专题研究关于城郊经济菜篮子工程建设规划、西川经济开发区总体规划、农业税灾情减免方案、加快全县村镇建设规划、住房资金使用管理办法、修建田家城综合商场的意见；研究成立世界银行援建马莲河流域水土保持综合治理工程庆阳县规划领导小组。

1996—2000年，县政府召开常务会议43次。主要议题有：关于全县募集救灾粮、农业税灾情减免、乡镇财政管理体制、住房资金决算与预算、城乡最低生活保障金实施办法、土地征用、人事任免、国有资产管理暂行办法、城乡居民最低生活保障金统筹、梯田管理实施办法、财政预算和财政支出安排、九年义务教育工程项目实施、住房制度改革、庆南公路建设、开发县城东壕、北区实施方案；研究批准鹅池古洞与周祖陵为县级文物保护单位，成立庆阳人民广播电台、庆阳有线电视台；讨论研究全县土地征用、教子川水资源环境管理办法、实施西部大开发战略规划等事项。

2001—2005年，县政府召开常务会议66次。主要议题有：讨论研究关于全县国有企业离休人员增加养老金、城镇职工基本医疗保险制度改革、2001年农业税减免、农村小学教育体制改制、户籍制度改革、长庆油田征地、传达贯彻全区国债项目管理工作会议精神、建立中小企业信用体系、"非典"疫情防治、深化和完善农村税费改革、进一步规范全县境内石油勘探开发服务秩序、建设县内工业园区、制定城区供水方案和灾后重建工作进展的意见；听取和审定全县财政预算执行情况的报告、计划生育工作责任追究办法、全县农村税费改革试点实施方案、县城北区开发招商引资办法等事宜。

2006—2012年，县政府召开常务会议81次。主要议题有：听取和研究关于汽车修配及石油物资贸易城项目实施、创建人口和计划生育利益导向政策体系建设示范工程、社会治安技术防范体系建设、基层医药卫生体制改革、第五批取消和调整行政审批项目、油田闲置资产调拨实施意见；决定成立庆阳农耕文化产业园项目（庆城县）建设领导小组、县污水处理厂、庆城县演艺公司和庆城县广播电视网络中心、乡镇食品药品监督管理所；研究全县保障性住房建设、南门道路拓宽改造工程、县城中街一、二期开发建设。研究审定全县村级范围内筹资筹劳管理、草原承包、创建全国社会救助工作规范化管理示范县、创建全省双拥模范城市、殡葬管理改革、创建全国文明县城、创建国家卫生县城、县公立医院综合体制改革、开展全县新型农村合作医疗和自然灾害公众责任保险试点、建设生态县目标管理考核、教育事业"十二五"发展规划、失地农民养老保险实施方案等。

三、县长办公会议

县长办公会议由县长召集并主持，县政府相关领导，县直、乡镇及其他单位的主要负责人参加，可根据需要不定期召开。

1986—1995年，召开县长办公会议45次。主要议题有：讨论研究全县秋播化肥调运、城郊经济发展、粮油市场整顿、县人大和政协办公楼基建、专项资金及配套资金安排、省人大代表提案、百户住宅楼建设、长途车站改造、商业大厦筹建、城镇居民用水、部分乡镇政府办公楼建设、庆城宾馆服务楼修建招标、清欠税收、文教卫生项目、皇城开发、乡镇卫生院建设经费及世界银行Ⅵ贷款配套资金落实、县城北关通电和道路拓宽建设、周祖陵森林公园建设等事项。

1996—2000年，召开县长办公会议47次。主要议题有：研究县城供水、周祖陵森林公园通路通水、企业改制、专项资金使用、城区综合整治方案；讨论Ⅵ贷款项目落实、财税收支安排、召开春耕生产紧急会议等事宜；专题研究木板公路庆城段修建、县城二、三号住宅小区建设等事项。

2001—2012年，召开县长办公会议52次。主要议题有：讨论研究关于凤城商场改建、退耕还林还草兑现、县城北区农户及菜农户口"农转非"、以工代赈项目、安全生产、公祭周祖及周祖陵工程建设、财政税收、项目洽谈推介、北区开发建设投资洽谈及住户搬迁、北区广场建设、全县中小学幼儿园四制改革实施方案、重大信访案件处理、长庆采油二厂征用土地、国债项目建设落实及全县财源建设项目申报等相关事宜；听取和讨论全县"三支一扶""进村进社""就业援助""特设岗位教师"服务期满毕业生安置、全县普通高校毕业生安置和事业单位公开招聘急需专业人才及补发企业退休职工遗属生活费、新区开发筹划等事项。

第三节　其他政务

一、信访工作

1986—2012年，县政府始终把群众来信来访工作作为联系群众、化解矛盾、维护稳定的大事来抓，形成由县政府主要领导总抓、分管领导主抓、县信访局（室）常抓等全县信访工作格局。

受理办理　1986年起，按照突发事件、村民矛盾、劳资纠纷、干部工作方法不当和疑难积案5个类别受理信访案件。根据"分级负责、归口办理"原则，按照交办、转办、自办、督办、催办工作程序，对一般信访案件随受理随办理；对重点信访案件实行领导包案办理责任制；对因干部作风问题和疑难积案信访案件，通过建立联席会议制度或召集相关单位联合办理；对县级以上领导接待交办的案件按照《信访事项答复意见书》制度办理；对反映的社会热点、难点问题通过调查、协调、会商等办法办理，并对已办理的信访案件实行责任单位处理答复，乡镇或部门、县信访局（室）逐级复查落实情况；对于进入司法程序的信访案件，党政机关一般不再受理，须面告信访群众。至2012年底，共受理各类来信来访26625件次，办结23975件次。

领导信访接待　1986年起，县长在每月10日接待来访群众；1998年调整为每周日由县委书记、县长轮流接待来访群众；2003年起，县委书记、县长接待日调整为每月15日。2010年后，领导信访接待范围由县委书记、县长扩大到县委常委、县政府副县长，实行统一安排的轮流大接访制，并召集涉及的县直部门和乡镇主要负责人参加，使信访案件的办结率和速度进一步提高。

二、法制工作

1990年，县政府法制机构建立，政府法制工作步入规范化、经常化。1998年，全县首次开展行政执法人员培训和持证执法工作，至2008年，共组织全县行政执法人员进行综合法律知识集中轮训3次，累计培训执法人员3500人次，换发、新发《甘肃省行政执法主体资格证》238个、《甘肃省行政执法证》3348个、《甘肃省行政执法监督证》63个。至2012年底，全县确认行政执法主体61个，其中：法定行政机关54个，法律法规授权组织6个，委托执法组织1个；执行行政强制措施5种103项、履行法律权限109项；持证执法人员1108名，行政执法监督人员7名。

1990—2003年，按照省、市政府及县人大常委会安排，执法检查以综合性检查为主。2004年起，全省政府系统行政执法检查停止，年度行政执法检查按照县人大常委会安排，重点对新颁布实施的及事关广大群众利益的1—2部法律法规的贯彻执行情况进行检查，并将检查情况专题向县人大汇报，接受审议。2010年起，县政府先后制订《庆城县人民政府常务会议学法制度》《庆城县人民政府常务会议学法计划》，聘请2名专职律师作为县政府常年法律顾问。至2012年，主要围绕环保、土地、农业、卫生、教育、水务、劳动、交通等方面，对近220部法律、法规、规章和文件的贯彻执行情况开展检查，共查处、协调解决人民群众普遍关注和社会反响强烈的各类热点、难点案件和问题1800多起（件）。依据《甘肃省行政执法监督规定》，对县城建、城管、工商、食药监、道路及城区交通、卫生监督等19个重点执法部门和单位的执法情况开展行政执法现场跟踪检查100多次。共查纠处理各类违法违规问题160多件，下发督查整改意见书46份，责令限期整改。

行政复议　1991年1月1日国务院《行政复议条例》颁布施行后，县政府成立行政复议委员会。至2012年，县政府共收到行政复议申请65起，受理53起，其中维持31起，撤销8起，调解2起，变更5起，撤回申请7起，防止和挽回国家赔偿损失金额8万元。

规范性文件管理　1992年起，相继出台《庆阳县人民政府规范性文件制定发布办法》《庆城县

规范性文件制定发布办法》《庆城县规范性文件定期清理和有效期制度》，有效杜绝滥发和违法制定规范性文件现象。至2012年，县政府发布实施规范性文件240件次，未予通过38件次。同时，开展规范性文件清理工作。1998—2012年，清理规范性文件370件次，确认继续执行205件，修订34件，废止135件，自动失效1件。2011年，县人民政府法制办公室被甘肃省人民政府法制办公室评为全省规范性文件管理工作先进单位。

三、外事侨务工作

1986年，县政府制订《庆阳县外事侨务工作制度》，政府办公室内设外事侨务工作办公室。2012年8月，接待日本星火产业公司代表团一行7人来县参观考察。至2012年12月，全县有樊广锋、张廷军、景宗阳、闫炜、范马杰、李治虎、闫顺顺、闫治虎、柳桂英9人定居美国，常海燕定居日本，胡凯基定居加拿大，张霞定居韩国。

第四节　职能转变

一、依法行政

1998年5月，县政府制订《庆阳县人民政府推行部门执法责任制工作方案》。1999年，在玄马乡进行行政执法责任试点；2000年，在全县乡镇人民政府全面推行。2005年，按照国务院《全面推进依法行政实施纲要》提出的"合法行政、合理行政、程序正当、高效便民、诚实守信、权责统一"六项基本要求，县政府制订《庆城县人民政府全面推进依法行政五年规划》。2006年，整理汇编《庆城县行政执法部门执行法律法规规章目录》，全县33个行政执法部门和17个乡镇政府执行法律120件、法规227件、规章357件；实施行政许可156项、行政处罚1354项、行政征收28项、其他具体行政行为59项。2009年，县政府下发《关于进一步加强依法行政工作的意见》，调整充实全县依法行政工作领导小组，在推行原行政复议、行政执法检查、行政执法责任的基础上，实行规划部署、指导协调、监督检查、考核考评"四统一"，建立县法制办主任列席县政府常务会议制度。2010年，制订《庆城县行政执法责任制追究办法》和《庆城县行政执法评议考核办法》，依法行政工作纳入全县目标管理体系，进行单项奖励。2011年，全县梳理出行政执法事项2651项，整理编纂《庆城县行政执法机关执法依据汇编》。2012年，全县开展规范行政处罚自由裁量权工作。

二、行政审批

2003年，根据国务院《关于行政审批制度改革工作的实施意见》，县政府印发《庆城县行政审批制度改革实施方案》和《关于第一批取消调整行政审批项目目录的决定》，全县取消调整行政审批事项21项，其中审批10项、审核3项、收费4项、转移4项。2004年，县政府继续削减和调整行政审批事项，县直各单位、各乡镇的削减量达50%以上。通过削减，切实把可以通过市场机制的社会自我调节和管理职能交给社会中介组织，把群众自治范围内的事情交给群众依法办理。至2012年，县政府先后进行6轮行政审批制度改革，削减609项，减幅78%；保留171项，占总审批事项的22%。

三、政务公开

2000年，根据中共中央办公厅、国务院办公厅《关于在全国乡镇政权机关全面推行政务公开制度的通知》精神，县委、县政府成立由县委、县政府分管领导、县纪委书记任正副组长，组织、

纪检、监察、政府办、民政、工会、审计、财政等部门主要负责人为成员的全县政务公开领导小组。2001年，县政府制订全县政务公开具体实施方案，并对县直32个重点单位和所有乡镇政府的政务公开工作进行全面检查。

2002—2003年，县政府把规范公开主体、内容、程序、阵地作为政务公开的重点，利用各种会议、文件、公告、新闻媒体、公开栏对自身建设、财政收支、人事与廉政进行公开。同时，将政务公开与党风廉政建设责任制、"源头治理"、领导干部廉洁自律、密切党群干群关系相结合，查处和解决群众关心及反映强烈的热点难点问题280件，收集群众提出的各类建设性意见450条，采纳实施320条。

2006—2010年，全县15个乡镇、153个行政村、38个县直单位、25个医疗卫生单位、15个学区、316所学校及76个事业单位，均按照"公开、透明、高效、便民"的原则，普遍设立政务公开栏，全面推行公开公示制度。建立政务服务大厅，推行"一站式服务"；建立县政府门户网站，在网上推行政务公开，实行媒体、群众、制度三监督。

四、效能监察

政风行风民主评议　1998—2012年，由县监察局牵头，组织聘请评议员，采取召开座谈会、走访群众、问卷调查、设立监督举报电话与举报箱、发放民主测评表等办法进行民主评议政风行风。在县公安、工商、邮电、电力、国税、地税、卫生、人劳、民政9个部门先行试点，后逐步延伸到县直各部门与乡镇。制订《庆城县政风行风评议办法》，在全县聘请政风行风评议员51名、设立意见箱66个，在庆城公众信息网、党风廉政网和热线电话上公布政风行风评议信息；每年最少评议单位3个、最多38个；先后征求意见建议16项240条，整改212条。

重大决策落实监督　2004—2012年，围绕全县社会主义新农村建设，县政府每年对确定的重点项目实施、资金使用、县域经济投资发展环境等情况进行定期不定期督查，共受理行政不作为、乱作为等涉及经济发展环境投诉12起，对4名相关责任人给予处理，向5个单位各下发监察建议书1份。

重点工作监督检查　2004年起，县政府安排对全县安全生产、食品药品、征地拆迁、惠农政策、村级财务、民政救灾、社会低保、退耕还林、"粮食直补"、合作医疗等专项资金落实管理使用情况进行监督检查。对督查中发现的问题，采取下发监察建议书、提出整改意见等办法进行处理。2008—2012年，对灾后重建、重点项目建设、招商引资、农业结构调整和就业创业扶持资金进行监督检查，受理群众来信来访47件，查处失职干部12名，确保4.79亿元资金安全运行。

专项治理　1995年起，县政府对群众反映强烈的教育乱收费问题进行治理。组建清理工作组，对全县中小学、幼儿园的收费情况进行检查；2004年起，对农村中小学教育阶段的"一费制"、农村寄宿生生活费、公办高中"三限"（限分数、限人数、限钱数）政策、"两免一补"（免去学杂费、书本费，补助生活费）等政策落实情况进行全面督查。至2012年底，共查处乱收费学校37所，搭车乱收费单位3个，清退资金6965万元，取消和停止乱收费项目141项，依法处理责任人34名。

1994—1999年，先后3次对全县行政事业单位乱收费、乱罚款、乱摊派进行整顿治理，取消和停止乱收费45项，降低收费标准5项。1995—2012年，对公路"乱设卡、乱收费、乱罚款"进行治理，查处乱设卡收费单位2个、乱罚款事件2起，退还违规罚款1000元；县内3个收费站取消农用车、拖拉机和同类机动车辆过往收费项目。

2006—2009年，在全县医药购销、工程建设、政府采购、土地转让、交通运输、食品安全、产权交易、资源开发和经销、信贷信用体系建设、税务信用体系建设等领域开展治理商业贿赂工作。查处商业贿赂案件1起，对当事人给予党政纪处理。

2010—2012年，对全县已建、在建工程项目的实施及质量、土地使用权、矿业权、招投标情况、物资采购、资金管理及工程建设信息搜集等方面进行专项治理。查出问题162个，现场整改153个，下发专项整改通知书8个，查处违纪违法案件1个。

第五节　重要施政

一、发展特色农业

1986年起，县政府确立"塬区苹果黄花、川区瓜菜、山区草畜"的农业发展总体思路，采取政策扶持、资金激励、技术承包、土地流转等措施，持续培育支柱产业，逐步形成以苹果、黄花、瓜菜、草畜为主导的区域特色农业。

1992年后，县政府在赤城、白马铺、高楼乡，采取无偿投放苗木、鼓励技术人员开展技术承包等方式，带动塬区较快发展苹果产业，使全县形成以赤城、白马铺、高楼、驿马、熊家庙、桐川为代表的乔化密植发展模式。2010年后，县政府每年投资700万元，创建无公害苹果生产示范基地，注册"赤诚"牌无公害苹果专用商标，实施省级优质苹果"千百十"和国家农业部"苹果标准园"工程，在南庄、葛崾岘、玄马、庆城、马岭、卅铺等乡镇（办事处）形成旱地矮化密植高效栽培规模发展模式。至2012年，全县苹果面积达到30.66万亩，产量18万吨，年产品产值2.3亿元，产业产值2.8亿元；农民人均苹果收入1176元，占农民人均纯收入的27.1%。

1986—1994年，坚持政府主导、市场引导，黄花生产初见规模，全县黄花面积达19800亩，年产180万千克。2002年后，县政府出台黄花菜规模化栽植优惠政策，重点在高楼、赤城、白马、熊家庙、驿马、桐川、庆城、卅铺、玄马、蔡家庙等川塬区乡镇大力推广规模化栽植，黄花菜面积达到11.59万亩，年产500万千克。至2012年，全县黄花菜面积达到15.31万亩，年产610万千克，价格每千克上扬到30元左右。

1986—1990年，县政府立足发展城郊经济，通过投资，推广地膜蔬菜栽培技术。1991年后，在扩大地膜栽培的基础上，设施栽培蔬菜技术在全县兴起。县政府先后从辽宁、山东等地引进早春大棚、日光温室及其栽培技术。2003年后，县政府加大投资力度，配套水电设施，改进设施蔬菜建棚及栽培技术。2012年，全县建半机械化早春大棚1300个、全机械化日光温室130个、智能工厂化育苗室1处（10亩）。玄马镇孔桥村现代化四位一体日光温室工程与节水灌溉技术综合运用受到省、市领导好评，全国旱作农业现场会在该镇召开。

1986年起，县政府以南庄、太白梁、蔡口集、土桥、翟家河、桐川、蔡家庙、玄马等乡镇为重点，投入种草资金4000多万元，引进优良品种40多种、推广运用12种，完成人工草地建设61万亩、改造天然牧场89万亩。至2012年，全县牧草面积达到251.6万亩。在发展牧草的同时，县政府先后投资近亿元，不断引进改良家畜品种，发展舍饲养殖和规模养殖。至2012年，全县有各类养殖大户23户，年末全县大牲畜存栏59957头，猪存栏35703头，羊存栏188405只。

二、创办新兴工业

1986—1992年，县政府实施"工业强县"的战略决策，通过采取鼓励户办、村办、乡办、联办、个体办"五轮驱动"的措施，扶持和引导乡镇企业加快发展；同时，对县属企业实行承包、租赁等多种经营方式，全县呈现出工业较快发展的良好势头。1993—2002年，县属国营企业面临原材料紧张、资金短缺、技术落后等困难，工业发展陷入极其窘困的境地。根据中央和省市决策部署，县政府审时度势，一方面加大企业改制力度，运用破产、拍卖等经济手段，从根本上化解企业发展慢、发展难的问题；另一方面，因势利导，改革创新，聚合油田资源、人才和劳动力要素，在全省首创西川经济开发区。县政府从土地、税费、贷款、能源等方面制订一系列优惠政策，鼓励企业发展。1997年，西川经济开发区被命名为省级乡镇企业示范区。2003年后，县政府立足西北地区最大的农产品集散地优势，创立驿马农产品出口示范区，带动农副产品加工企业蓬勃发展。至2012年，形成了以装备制造、设备维修、技术服务、精细化工、建材物流为特色的西川工业集中区和以农产品加工、生物医药、机械制造、设备维修、建筑建材业为主，仓储运输、商贸服务为辅的驿马工业集中区。2012年，全县工业实现增加值56.2亿元。县属规模以上工业企业21家，完成工业总产值19.39亿元，实现增加值5.17亿元，完成全年销售产值18.05亿元，实现主营业务收入18.92亿元。外贸出口创汇1100万美元，实现出口供货7.05亿元，分别比上年增长10%和8.7%。

三、开发旅游资源

1994年起，县政府依托县城历史文化遗存，实施"旅游活县"战略方针，把开发旅游资源作为扩大开放、提振经济发展的重要手段。历届政府不懈努力，着力打造"周祖陵"旅游品牌。至2012年，累计投资5亿元，次第建成周祖文化景区、岐伯圣景区、《黄帝内经》千家碑林、岐黄文化生态园、周祖农耕文化体验园为主体的国家AAAA级周祖陵森林公园。同时，深度挖掘历史文化遗产，修复清凉山、嘉会门、普照寺、周旧邦牌坊、鹅池洞景区，建设明清一条街，创办和申办陇东中学校史馆、三八五旅旅部旧址、陇东特委纪念馆、兰香旧居，为红色旅游积淀资源。

四、改造县城

1993年始，为使"商贸富县"战略决策顺利实施，破解县城用地"瓶颈"，县政府相继实施县城皇城、东壕、北区、新区开发，拓展商贸和城区人口发展空间。1993—1996年，县政府采取"政府投资，统一组织"的办法，总投资700万元，开发皇城国有土地94.3亩，建成皇城商贸一条街，大型果品批发市场1处；1997—1999年，采取"政府开路，工程队承包"的办法，总投资960万元，开发东壕国有土地41.5亩，建成电器、卫浴、建材等综合性批发和零售市场；2001—2007年，采取"控死两规，放开一切"的原则和"政府不投一分钱，也不赚一分钱"的办法，开发北区国有土地1153亩，民间投资10.1亿元，完成重点工程70项，形成行政办公、商贸服务、民用住宅、休闲娱乐为一体的新城区。2012年，按照"先安置、后搬迁，统一规划、分步实施"的办法，规划利用3年时间，开发土地2000亩。当年投资8600万元，搬迁安置群众236户、755人，整理土地621亩。

五、基础设施建设

20世纪80年代，全县基本农田建设依靠政府组织，采取人力整修。20世纪90年代，县政府逐年加大机械整修农田力度，每年投资2000万元，采取财政补贴、农户筹资相结合的办法，以每年完成5万亩的速度修建基本农田，努力改变农业生产基本条件。2000年后，借助西部大开发建设"东风"和国家土地整理项目优惠政策，逐年增加补贴，使全县基本农田保持在 80 万亩以上。

1986 年起，县政府抢抓国家人饮病改、以工代赈、人饮解困、农村饮水安全等项目的机遇，改造、完善已有农村供水设施，大力实施承压井、沟水上塬、大中小型蓄水池、供水站（点）建设等工程，解决农村饮水安全问题。至 2012 年，全县 1053 个村民小组实现安全饮水全覆盖。

1986 年起，全县国家大电网框架工程基本形成，县政府抢抓国家多项电网建设及改造项目政策机遇，分步在全县实施农村电网建设与改造一二期工程、农网完善工程、无电地区电力建设等工程。至 2012 年，全县总投资 2.36 亿元，先后建成 35 千伏变电站 10 个，35 千伏线路 173.04 千米、10 千伏线路 1245.51 千米、0.4 千伏线路 2501.58 千米，农村用电实现全覆盖。

1988 年起，县政府紧紧把握国家扶贫开发和建设资金向西部及老、少、边地区倾斜的政策，多方争取国家及省、市投资 7288.19 万元，先后修建、改造县道 5 条、126.20 千米，乡道 2 条、43.66 千米。20 世纪 90 年代，县政府以"民工建勤、以工代赈"等办法，先后修建乡村沙砾路、柏油路 40 条 242.1 千米。2006 年，全县 15 个乡镇、2 个办事处，全部实现乡乡通柏油路、村村通沙砾路共计 220 条 1775.2 千米。2007 年始，争取国家农村道路升级改造工程资金 4 亿元，兴修农村柏油路、水泥路 86 条、576.05 千米。至 2012 年，全县已初步建成以国省道干线为骨架、县乡道路为辐射、村组道路为延伸的交通网络。

图7-5-1　政府广场

第八章　政协地方组织

中国人民政治协商会议庆城（庆阳）县委员会（以下简称"县政协"）在县委领导下，坚持中国共产党领导和多党合作的基本政治制度，充分发挥政治协商、民主监督、参政议政的重要作用，为全县经济发展、政治稳定、社会和谐、生态优化做出重要贡献。

第一节　县政协委员

一、委员产生

政协委员名额和人选以协商办法产生。政协章程规定，每届地方委员会的人选，经上届地方委员会主席会议审议同意后，由常务委员会协商决定。政协委员产生的一般步骤为：提名推荐、协商确定建议名单、会议审议通过、公布。

1986—2012 年，县政协共进行八届委员换届推荐、协商工作，政协委员由第一届第三次会议的 66 名，增加到第八届第一次会议的 149 名，爱国统一战线队伍进一步壮大。

二、委员组成

1986 年 1 月—11 月，县政协第一届第三至五次委员会有委员 66 名，代表 19 个界别。其中，中共党员 26 名、民主党派和无党派人士 40 名；妇女委员 6 名。

1986 年 12 月—1989 年 11 月，县政协第二届委员会有委员 68 名，代表 20 个界别。其中，中共党员 27 名、民主党派和无党派人士 41 名；妇女委员 7 名。

1989 年 12 月—1992 年 10 月，县政协第三届委员会有委员 75 名，代表 20 个界别。其中，中共党员 28 名、民主党派和无党派人士 47 名；妇女委员 9 名、少数民族委员 3 名。1991 年 3 月，三届二次常委会议增补委员 1 名。

1992 年 11 月—1997 年 10 月，县政协第四届委员会有委员 84 名，代表 21 个界别。其中，中共党员 33 名、民主党派和无党派人士 51 名；妇女委员 11 名、少数民族委员 2 名。本届首次吸纳非公经济界人士为委员。1995 年 5 月，四届六次常委会议增补委员 6 名。

1997 年 11 月—2002 年 10 月，县政协第五届委员会有委员 86 名，代表 23 个界别。其中，中共党员 35 名、民主党派和无党派人士 51 名；妇女委员 13 名、少数民族委员 2 名。本届首次吸纳政法界人士为委员，届内分次增补委员 6 名。

2002 年 11 月—2006 年 11 月，县政协第六届委员会有委员 93 名，代表 24 个界别。其中，中共党员 37 名、民主党派和无党派人士 56 名；妇女委员 14 名、少数民族委员 3 名。本届首次吸纳具有高、中级职称的人士为委员，届内分次增补委员 30 名。

2006 年 12 月—2011 年 9 月，县政协第七届委员会有委员 130 名，代表 24 个界别。其中，中共党员 52 名、民主党派和无党派人士 78 名；妇女委员 18 名，有高、中级职称的委员 27 名。本届内分次增补委员 24 名。

2011 年 10 月—2012 年 12 月，县政协第八届第一次委员会有委员 149 名，代表 24 个界别。其中，中共党员 59 名，民主党派和无党派人士 90 名；妇女委员 34 名。本届首次吸纳公共服务、金融行业、外引人才和新社会阶层人士为委员。

第二节　县政协会议

一、全体会议

全体会议，是由县政协全体委员参加而进行政治协商、民主监督、参政议政的会议，具有高层次的协商作用。协商的主要议题是"一府两院"工作报告以及国民经济与社会发展计划和财政预决算情况报告等事关全县经济和社会发展的重大问题。县政协原则上每年举行一次会议，也可多次。1986—2012 年，县政协共举行全体会议 32 次。

政协庆阳县第一届委员会　1986 年 1 月 25 日、7 月 31 日、10 月 20 日在县城先后召开第三、四、五次会议，会议分别审议通过《县政协常委会工作报告》《县政协提案办理情况的报告》；列席县人民代表大会，协商讨论《县政府工作报告》和其他有关报告，审议通过各项决议。一届五次会议选举周敦智为主席，田仰宏、卢范修为副主席，唐兴贵等 8 人为常务委员。一届会议共收到提案 60 件，审查立案 42 件。

政协庆阳县第二届委员会　1986 年 12 月 19 日至 23 日、1988 年 3 月 27 日、1989 年 1 月 9 日在县城先后召开第一、二、三次会议。会议分别审议通过《县政协常委会工作报告》《县政协提案办理情况的报告》，组织委员参观长庆油田企业；列席县人民代表大会，协商讨论《县政府工作报告》和其他有关报告，审议通过各项决议。二届一次会议选举周敦智为主席，田仰宏、卢范修为副主席，马献良等 8 人为常务委员。二届三次会议增选常务委员 1 名。二届会议共收到提案 170 件，审查立案 138 件。

政协庆阳县第三届委员会　1989 年 12 月 17 日至 21 日、1991 年 3 月 11 日、1992 年 2 月 26 日在县城先后召开第一、二、三次会议。会议分别审议通过《县政协常委会工作报告》《县政协提案办理情况的报告》，表彰奖励优秀政协委员；列席县人民代表大会，协商讨论《县政府工作报告》和其他有关报告，审议通过各项决议。三届一次会议选举冯登岗为主席，刘兴生、郑重京、张持维、卢范修为副主席，马献良等 12 人为常务委员。三届会议共收到提案 150 件，审查立案 92 件。

政协庆阳县第四届委员会　1992 年 11 月 24 日至 28 日、1993 年 7 月 20 日、1993 年 10 月 19 日、1994 年 2 月 25 日、1995 年 2 月 20 日、1995 年 5 月 9 日、1996 年 3 月 11 日、1997 年 2 月 26 日在县城先后召开第一至八次会议。会议分别审议通过《县政协常委会工作报告》《县政协提案办理情况的报告》；听取全县经济工作形势和反腐败斗争情况的通报；列席县人民代表大会，协商讨论《县政府工作报告》和其他有关报告，审议通过各项决议。四届一次会议选举文武志为主席，张自新、郑重京、许志汉、卢范修为副主席，张问玺等 12 人为常务委员。四届二次会议选举贾兴勤为副主席；四届三次会议选举刘文戈为副主席；四届六次会议选举赵克忠为副主席；四届八次会议选举李韵天为副主席。四届会议共收到提案 160 件，审查立案 62 件。

政协庆阳县第五届委员会　1997 年 11 月 22 日至 25 日、1999 年 3 月 10 日、2000 年 1 月 14 日、2001 年 2 月 10 日、2002 年 2 月 24 日在县城先后召开第一至五次会议。会议分别审议通过《县政协常委会工作报告》《县政协提案办理情况的报告》；各次会议安排委员代表在大会上作专题发言；

列席县人民代表大会，协商讨论《县政府工作报告》和其他有关报告；审议通过各项决议。五届一次会议选举刘文戈为主席，郑重京、赵克忠、刘宗福、李韵天、张文德为副主席，安广君等13人为常务委员，五届三次会议增选常务委员1名。五届会议共收到提案221件，审查立案105件。

政协庆城县第六届委员会　2002年11月11日至14日、2004年2月2日、2004年12月26日、2005年12月26日在县城召开第一至四次会议。会议分别审议通过《县政协常委会工作报告》《县政协提案办理情况的报告》；各次会议安排委员代表作专题发言；列席县人民代表大会，协商讨论《县政府工作报告》和其他有关报告，审议通过各项决议。六届一次会议选举贾兴勤为主席，张文德、姚莉芳、张建忠、胡月望、朱天罡为副主席，安广君等12人为常务委员。六届三次会议选举贺志军为副主席。六届会议共收到提案195件，审查立案64件。

政协庆城县第七届委员会　2006年12月16日至19日、2007年12月25日、2009年2月26日、2010年2月26日、2010年12月28日在县城召开第一至五次会议。会议分别审议通过《县政协常委会工作报告》《县政协提案办理工作情况报告》；各次会议安排委员代表作专题发言；列席县人民代表大会，协商讨论《县政府工作报告》和其他有关报告；审议通过各项决议。七届一次会议选举贾兴勤为主席，贺志军、慕萍、胡月望、朱天罡、闫会成为副主席，朱圭明等23人为常务委员。七届三次会议选举熊迎春、闫相儒为副主席；七届四次会议选举刘晓春为副主席；七届五次会议选举王超为主席。七届会议共收到提案320件，审查立案123件。

政协庆城县第八届委员会　2011年10月17日至20日在县城召开第一次会议。会议审议通过《县政协常委会工作报告》《县政协提案办理工作情况报告》；列席县人民代表大会，协商讨论《县政府工作报告》

图8-2-1　县政协八届六次委员会议

和其他有关报告；审议通过各项决议。会议选举王超为主席，王仲乾、熊迎春、宋治平、朱天罡为副主席，朱圭明等26人为常务委员。八届会议收到提案112件，审查立案24件。

附：

表8-2-1　1986—2012年政协庆城（庆阳）县历届委员会常务委员会主席、副主席名表

届　次	主　席	籍　贯	任职时间	副主席	籍　贯	任职时间
第一届	周敦智	西峰	1986.10—1986.11	周敦智	西峰	1986.01—1986.09
				田仰宏	庆城	1986.10—1986.11
				卢范修（兼）	陕西　泾阳	1986.10—1986.11
第二届	周敦智	西峰	1986.12—1989.11	田仰宏	庆城	1986.12—1989.11
				卢范修（兼）	陕西　泾阳	1986.12—1989.11
第三届	冯登岗（兼）	合水	1989.12—1992.10	刘兴生	西峰	1989.12—1992.10
				郑重京	庆城	1989.12—1992.10
				张持维	西峰	1989.12—1992.10
				卢范修（兼）	陕西　泾阳	1989.12—1992.10

续表 8-2-1

届 次	主 席	籍 贯	任职时间	副主席	籍 贯	任职时间
第四届	文武志	合水	1992.11—1997.10	张自新	庆城	1992.11—1997.10
				郑重京	庆城	1992.11—1997.10
				许志汉	环县	1992.11—1997.10
				卢范修（兼）	陕西 泾阳	1992.11—1997.10
				贾兴勤（兼）	庆城	1993.07—1997.10
第四届	文武志	合水	1992.11—1997.10	刘文戈	庆城	1993.10—1997.10
				赵克忠	庆城	1995.05—1997.10
				李韵天（兼）	庆城	1997.02—1997.10
第五届	刘文戈	庆城	1997.11—2002.10	郑重京	庆城	1997.11—2002.10
				赵克忠	庆城	1997.11—2002.10
				刘宗福	西峰	1997.11—2002.10
				李韵天（兼）	庆城	1997.11—2002.10
				张文德（兼）	西峰	1997.11—2002.10
第六届	贾兴勤	庆城	2002.11—2006.11	张文德	西峰	2002.11—2006.11
				姚莉芳	西峰	2002.11—2006.11
				张建忠	正宁	2002.11—2006.11
				胡月望（兼）	西峰	2002.11—2006.11
				朱天罡（兼）	庆城	2002.11—2006.11
				贺志军（兼）	庆城	2004.12—2006.11
第七届	贾兴勤	庆城	2006.12—2010.12	贺志军	庆城	2006.12—2011.09
				慕 萍（女）	庆城	2006.12—2011.09
				胡月望（兼）	西峰	2006.12—2011.09
				朱天罡（兼）	庆城	2006.12—2011.09
				闫会成（兼）	庆城	2006.12—2011.09
	王 超（女）	正宁	2010.12—2011.09	熊迎春	西峰	2009.02—2011.09
				闫相儒	庆城	2009.02—2011.09
				刘晓春（女、兼）	庆城	2010.02—2011.09
第八届	王 超（女）	正宁	2011.10—	王仲乾	庆城	2011.10—
				熊迎春	西峰	2011.10—
				宋治平	庆城	2011.10—
				朱天罡（兼）	庆城	2011.10—

二、常务委员会会议

  县政协常务委员会由历届县政协主席、副主席和常务委员组成，经县政协委员全体会议选举产生，主持县政协委员会会务，原则上每季度召开一次。至 2012 年，县政协共召开常务委员会会议 110 次。主要议题是学习传达中央、省、市（地）、县重要会议精神；审议通过委员界别设置与变动、

相关会议召开与内容、内部机构设置与人事任免；讨论通过年度常委会工作要点、提案、报告、相关建议案等；听取并评议全县改革开放、建设、群众关注的热点难点问题与县纪检、政法、教育、文化、卫生等部门的工作通报；协商讨论县委、县政府重大决策部署和制定的工作规划等，并提出意见建议。

三、主席会议

县政协主席会议由主席、副主席、办公室主任组成，负责处理常务委员会的日常重要工作；由主席或主席委托的副主席召集并主持，一般每月召开一次，必要时可临时召开，须在全体组成人员过半数出席时方能召开。1986—2012 年，县政协共召开主席会议 239 次。

主席会议议题由主席、副主席、办公室主任提出，由主席或主席委托的副主席确定。主要协商有关全县重大方针政策以及社会生活问题，提出建议和意见；审查以委员会或常务委员会名义向县委、县政府提出的重要建议案，拟定常务委员会会议议程，审议提交常务委员会会议文件；执行常务委员会会议的决议；审议委员会或常务委员会的工作计划、工作报告和重要活动方案；处理常务委员会的重要日常工作。

从县政协第五届一次会议开始，主席会议议事制度得到完善，协商议政范围不断拓展，即把有计划地听取党政部门情况通报与以此协商建言相结合；把商议日常工作、通报全县大事、选定议题调研与形成建议案相结合。并通过协商全县重大事项、研究建议案、聚焦社情民意等活动的开展，为县委、县政府科学决策提供翔实参考依据。

第三节　主要工作

一、政治协商

政治协商工作除对全县的规划、计划及县政府年度工作报告协商外，还对县委、县政府重要文件产生、重大项目实施、重要人事安排进行事前协商。县政协以此逐步形成全委会议集中协商、常委会议专门协商、主席会议初步协商、专题会议对口协商的协商格局，共向县委、县政府提出意见建议 816 条。2005 年，县政协首次提出并承办全市政协委员创办企业庆城现场观摩会，为企业与金融单位实现互惠双赢搭建平台，得到出席现场观摩会的时任省政协副主席喇敏智的高度称赞。

二、民主监督

县政协在履行民主监督职能中，历经循序渐进的发展过程。初期，民主监督方式主要是以单纯的群众来信来访和委员的情况反映进行。1997 年后，县政协的民主监督工作由被动变主动、由单层面变为多层面进行，其内容不仅涉及被监督单位领导班子及其工作人员的工作作风、廉政建设，而且涉及被监督单位对贯彻执行党的路线方针政策的落实情况。监督方式主要是特约监督、民主评议、反映社情民意，采取的主要方法是民主对话、听取意见、委员举报、参与检查、提出批评和建议。

特约监督　主要是县政协委员通过受聘担任行风评议的特约检察员、审计员、教育督导员、监督员开展监督工作，1998 年起，先后有 28 名县政协委员受聘担任全县政风行风评议员，对县税务、邮电、教育等 8 个部门首次进行特约监督。2006 年，受聘政协委员达到 98 名、特约监督单位 18 个。2012 年特约监督单位增加到 46 个。

民主评议　2001 年 4 月，县政协首次组织部分委员对县公安系统开展的宗旨、思想路线、法制

"三项教育"活动情况进行民主评议，提出的6条意见建议得到认真整改。至2006年，每年有98名县政协委员受邀参加全县各单位的年度"社会满意度"民主测评工作。2012年，在全县开展的"效能风暴"行动中，65名县政协委员应邀参与全县"千人评议机关效能"活动。

反映社情民意　1992年，县政协首次提出以社情民意形式履行民主监督职能。至2011年10月，县政协以工作通讯、委员发言、提案等形式反映的县城供水难、群众住房难、市容不整洁等社情民意的建议案得以解决。之后，县政协采取成立机构、印发《工作意见》、举办培训班等措施，规范委员反映社情民意工作，聘任特约信息员28名，累计向省、市政协上报社情民意建议56条，向县委、县政府报送社情民意建议12条。其中提高全县卸任村干部生活补助待遇、改善老年群体生存状况等8条建议，分别得到省、市党政领导的批示和县委、县政府主要领导的亲自督办解决。

三、参政议政

调研视察　1986年起，县政协紧紧围绕事关全县经济社会发展中带有全局性、倾向性、苗头性的问题，先后开展专题调研、视察考察149次，向县委、县政府提交书面报告124份、递交建议案120份。这些报告和建议案真知灼见，大多数被县委、县政府所采纳。五届委员会撰写的《关于积极稳妥地推进全县农业产业化进程的建议》《种植白瓜子的几点启示》《反租倒包——一种农业生产的新模式》等调查报告，为县委、县政府推进全县调整产业结构、转变经济增长方式提供了依据。2005、2008年，县政协撰写的《"驿马现象"解析》《再探"驿马现象"》调研报告，经全国、省、市政协先后组织领导、专家实地调研后，对报告提出的观点和产生的社会效应给予了充分的肯定和高度评价。2012年，县政协撰写的《庆城县特色文化传承与发展的考察报告》，为县委、县政府实施　"旅游文化兴县"战略，发挥了重要作用。

提案工作　县政协一届三次会议至八届一次会议，县政协委员共提出提案1388件，经审查立案650件，列为意见建议的208件、信访案件的8件。至2012年12月，共办理提案484件、意见建议162件、信访案件8件。其中已落实的关于"成立县岐伯中医院""在全县推广种植中药材""创办职业中学""建立北关商场""加快乡镇企业发展""加强流动人口计划生育管理""建立县有线电视台""治理县城及其周边的污水、垃圾""开发赵子沟土地为商贸用地""加快推进农业产业化进程""加快全县公路建设""建立赤城无公害苹果生产科技示范园""充分利用油田闲置资产为发展全县经济服务""加大保护和开发水资源力度，确保城区居民用水安全""积极采取有效措施加强县级财源建设""解决寄宿制学校取暖""落实农村60岁以上老人养老保险政策""提高小城镇市场管理规范化水平"等提案，体现了群众反映强烈的热点难点问题，对促进全县重大项目实施、推进全县整体事业发展具有重要意义。

四、委员活动

从五届一次会议开始，县政协把委员活动列入主要议事日程，组织和引导委员先后开展"五个一"（提出一个好建议，传递一条好信息，推荐一个好项目，办成一件实事，做出一件好事）、"三下乡"（送科技、文化、卫生下乡）、"我为政协添光彩"" 三帮一扶一救"（帮扶一个贫困户，帮助一名失业人员，帮助企业解决一件具体困难，扶助一名残疾人，救助一名困难学生）、"我为捐资助学献爱心""委员助推'双联'行动"等主题活动；积极参加和举办"陕甘宁蒙四省区市县政协联谊会"和"泾河流域市县政协联谊会"以及与陕西富县、宁夏大武口区、内蒙古海南区等10多个县（区）政协开展联谊活动，相互学习、增进友谊、开阔眼界、推介庆城。

五、文史征编

1986年起，县政协先后多方筹措资金、组织人力征集文史资料稿568篇、120多万字，编辑出版书籍7部约78万字。其中，县政协第五届委员会编印《庆阳县文史资料（第一辑）》《周祖文化与古庆阳（第二辑）》《清末民国初庆阳四家诗选（第三辑）》《庆阳县政协简史（第一、二册）》；县政协第六届委员会编印《庆阳县文史资料（第四辑）》；县政协第七届委员会编印《前进中的庆城——改革开放三十年纪实（第五辑）》《庆城金石记（第六辑）》。县政协第八届委员会编辑编印《庆城文化寻根》。

图8-3-1　中街广场

第九章　人民武装

庆城（庆阳）县地方人民武装和驻军始终坚持党对军队的绝对领导，认真做好兵役、民兵训练、拥政爱民、国防教育和军事执勤等工作，开展抢险救灾，维稳处突，军地共建等活动，为维护全县社会稳定和两个文明建设履职尽责。

第一节　机构

县人民武装部

县人民武装部接受上级军事机关和县委、县政府双重领导，正团级单位，设部长、政委、副部长各1名。1986年，"中国人民解放军甘肃省庆阳县人民武装部"（以下简称"县人武部"）改为"甘肃省庆阳县人民武装部"，退出解放军序列，归地方建制；取消县委书记兼任县人武部第一政委；设军事科、政工科、后勤科，编制28名。1987年起，县委书记兼任县人武部党委书记。1992年起，县委书记兼任县人武部党委第一书记。1994年，县人武部恢复军事建制及原名。次年，编制减少到15名，其中军官12名，士官3名。2002年，更名为"中国人民解放军甘肃省庆城县人民武装部"。2004—2012年，设有军事科、政工科、后勤科，编制现役军人7名、地方职工7名。

县人民武装委员会

1987年3月成立县人民武装委员会（以下简称"县武委会"），由县委书记或县长任主任，县人武部政委和一名县委副书记或副县长任副主任，县委办、政府办、组织部、宣传部、财政局、城建局、民政局、教育局、交通局等18个单位主要负责人为成员。委员会设办公室，办公地点设在县人武部军事科。

县国防动员委员会

1998年，县国防动员委员会（以下简称"县国防委"）成立，由县委书记任第一主任，县长任主任，县人武部部长、政委和一名副县长任副主任，县委办、政府办、组织部、宣传部、财政局、城建局、民政局、教育局、交通局等18个单位主要负责人为成员，下设"县国防动员委员会办公室""县国防动员委员会经济动员办公室""县国防动员委员会交通战备办公室"，各办公室分别设在县人武部军事科、县计划委员会、县交通局。

基层武装部

1986年，全县17个乡镇均设武装部，每个武装部定员1—2名。2000年，全县24名乡镇武装干事过渡为公务员，其中19名乡镇武装部长提拔为乡镇党委委员（副科级）。2005年，乡镇武装部减少到17个。2012年，全县乡镇编制武干34名。

附：

表 9-1-1　1986—2012 年庆城（庆阳）县人武部历任部长、政委一览表

姓　名	籍　贯	出生年月	入伍时间	职　务	军　衔	任职时间
包发堂	庆阳	1948.09	1967.02	部长	上校	1986.03—1986.10
张振银	庆阳	1949.02	1968.02	部长	中校	1986.10—1997.04
党志明	固原	1955.01	1974.12	部长	上校	1997.04—1999.03
栾　波	山东	1956.08	1973.01	部长	上校	1999.09—2001.04
魏现坤	陕西	1957.06	1975.01	部长	上校	2001.04—2001.07
朱世国	山东	1959.11	1976.01	部长	上校	2001.11—2004.03
乔保全	河南	1963.07	1981.1	部长	上校	2004.04—2008.03
文　兴	合水	1964.11	1982.1	部长	上校	2008.03—2012.12
马振琮	镇原	1945.01	1964.03	政委	上校	1983.05—1986.03
田宏洲	庆阳	1950.02	1968.03	政委	中校	1986.03—1995.03
金锡昌	浙江	1956.08	1975.01	政委	上校	1995.05—1998.03
张季平	兰州	1957.03	1977.11	政委	上校	1998.05—2000.03
黄建国	山西	1961.03	1979.11	政委	上校	2000.03—2005.03
靳科建	平凉	1964.1	1983.09	政委	上校	2005.04—2005.12
张占利	榆林	1964.08	1982.1	政委	上校	2006.02—2012.12

第二节　兵役

一、兵役登记

1986年，根据《中华人民共和国兵役法》规定，县人武部每年对本县内年满18—22周岁男性公民进行登记。2001年5月，《甘肃省征兵工作条例》实施。至2012年，凡当年12月31日前年满18—22周岁的男性公民，都要在当年6月30日前，持本人身份证、户口簿、毕业证等相关证件，到户口所在地的乡镇武装部进行兵役登记，填写《兵役登记表》。

二、兵员征集

1986—1998年，县人武部按照1984年颁布的《中华人民共和国兵役法》，新兵征集年龄一般为年满18—22周岁男性公民，特殊情况下也有17、18周岁女性公民应征入伍。1998年12月后，依照新颁布的《中华人民共和国兵役法》，为部队输送合格兵员。2002年，全县征兵方式实行改革，即由部队接兵人员全程跟踪把关改为当地兵役机关负责征集。2004年后，全县征兵工作全部实现"无退兵、无违纪、无告状，城镇兵役比例一个不突破"的目标。

1986—2012年，每年成立全县征兵工作领导小组，组长由县长担任，副组长由县委副书记或副县长、县人武部部长、政委担任，县人武部、公安局、政府办、教育、卫生、宣传、民政、财政、交通、监察等部门主要负责人为成员；下设征兵办公室，办公室主任由县人武部副部长担任。兵员征集工作一般分宣传、动员、报名、体检、政审、复查、定兵、交接、起运等步骤，起止时间为每年10至12月。

三、预备役

1986—1998年，全县实行义务兵役制为主体的义务兵与志愿兵相结合，民兵与预备役相结合的兵役制度，每年进行预备役登记。1999年后，军官退出现役（45周岁以下）转入军官预备役；士兵预备役包括经过登记服士兵预备役的35岁以下的退出现役士兵，经过登记服士兵预备役的35周岁以下地方与军事专业对口技术人员，其他编入预备役部队和预编到现役部队的28周岁以下预备役士兵；编入民兵组织的人员，其他经过登记服士兵预备役的35周岁以下的男性公民。

附：

表9-2-1 1986—2012年全县征兵情况一览表

单位：人

年份	人数	年份	人数
1986	201	2000	210
1987	190	2001	210
1988	205	2002	200
1989	190	2003	195
1990	215	2004	190
1991	140	2005	205
1992	140	2006	195
1993	150	2007	180
1994	136	2008	175
1995	156	2009	185
1996	150	2010	160
1997	165	2011	160
1998	200	2012	142
1999	200	—	—

第三节 民兵

一、组织建设

1986年，根据中共中央、国务院、中央军委关于民兵、预备役要"减少数量、提高素质，抓好重点、打好基础"的工作方针，全县民兵由原来6400名压缩到4800人（基干民兵2800人），其序列为县编团、乡镇编营、行政村编连，全县共编为1个团、17个营、181个连。1997年，全县民兵压缩到3250名；仍按县编团、乡镇编营、行政村编连的序列，全县共编为1个团、19个营、183个连。1998年全县民兵压缩到1900名，同时，由庆城、马岭、卅铺、翟家河4个乡镇120名民兵组成应急分队。2004年，由庆城、玄马、马岭、卅铺4镇125名民兵组建民兵应急连。2005—2012年，民兵改编为1个团、17个营、153个连。

二、政治教育

1986—1989年，全县民兵教育以服从和服务于经济建设和国防建设为宗旨，以《民兵工作条例》为准则，着重开展党的路线方针政策、国际国内形势、法律法规和革命光荣传统教育活动。1990—1999年，组织民兵学习《中国人民解放军政治工作条例》《民兵工作条例》，接受未来战争

多元化、复杂化、局部化发展态势的形势教育；组织开展集中体现现代民兵核心价值观的"忠诚于党、热爱人民、报效国家、献身使命、崇尚荣誉"的主题活动。

2000—2012年，采取县人武部长、政委和各乡镇武装部长亲自授课的形式，着重对民兵进行革命人生观、价值观教育，重点开展"三个代表"重要思想、科学发展观、实现"中国梦"为主的形势教育；组织开展艰苦奋斗、反腐倡廉、科技兴武为主要内容的主题活动。

三、军事训练

1986—1989年，由县人武部组织，全县每年抽调民兵骨干若干名，在莲池基地进行集中训练，掌握军事基础技能后，再由骨干回到各自的营、连组织其他民兵训练。1990—1999年，重点组织民兵开展各级各类军事大比武活动。比武的主要课目有射击、警棍术、分列式表演等。1990年，安家寺乡基干民兵田永明，在全省民兵大比武中夺得"56式半自动步枪"射击第二名。1992年5月8日，县人武部首次组织全县基干民兵在翟家河乡进行107单管火箭炮实弹射击。同年，田永明在全区民兵大比武中夺得"56式半自动步枪"射击第一名。1996年5月，全县民兵应急分队获得全区民兵大比武活动团体二等奖。

2000—2012年，县人武部重点组织民兵开展科技练兵活动。全县700名骨干民兵分为应急、专业技术、对口专业3个分队，配齐服装、警棍、盾牌和必备的通信器材，按照各分队所承担的任务开展经常性集中训练。

四、武器管理

1981年，县人武部建成"莲池武器军事管理库"，库存军事和民兵武器，是全县唯一武器管理单位，由县人武部军事科负责管理。按照中国人民解放军总参谋部颁布的《民兵武器装备报废管理规定》《民兵弹药使用管理规定》规范管理。2000年，管理库建立闭路电视报警监控系统。2008年10月，根据省军区指示，武器装备移交，统一由庆阳军分区集中管理。

第四节　拥政为民

一、参与经济建设

1986—1992年，县人武部扶持退伍军人创业，先后在桐川、南庄、蔡家庙、翟家河、马岭等乡镇投入资金6.5万元，帮助退伍军人开办手工挂面厂、木材加工厂、制钉厂、果脯加工厂、粉条厂；投资20万元，扶持1200户优抚对象发展生产，使180户致富、700户基本脱贫。1993—2003年，县人武部为29个行政村的"121"雨水集流工程和全县计划生育、农建水利、"希望工程"、周祖陵森林公园、失业下岗工人、防治"非典"等捐款4.23万元，为1332户优抚对象协调解决贴息贷款30万元，帮助420名优抚对象进入乡镇企业务工，联系帮扶全县贫困户1175户、特困户672户。组织3000个民兵组成103个帮耕帮种小组，为103个村的群众收种小麦、玉米作物660亩；帮助群众平田整地3500亩、植树造林7600亩。

2003—2011年，县人武部共组织和发动民兵4495人次，出动机具159台次，累计移动土方48.2万立方米，修建道路216千米、平田整地4408亩、植树造林3460亩、整治荒坡17562亩、修筑堤坝13处、打井（窖）544眼、建立民兵退耕还林示范点20个，累计为贫困户办实事268件，协调解决扶贫资金57.84万元；帮办经济实体68个，输出劳务390个，举办科技培训班78期3170名。2012年，县人武部为所联的南庄乡丰台村、翟家河乡胡家岭村及其20户贫困户，累计

投入帮扶资金4万元、捐物185件。

二、维护社会治安

1994年1月6日，高楼乡李崇斌、麻万奎等12名青年民兵，闻讯追击在雷家岘子持械抢劫歹徒8名，经过激烈搏斗，将歹徒全部扭送县公安部门。省、地、县党政军相继组织召开大会表彰奖励，省军区授予李崇斌、麻万奎等12名民兵"学雷锋先进集体"称号。1996年4月25日晚11时，庆城镇武装干事、民兵应急分队连长鱼长福与民兵刘亚龙、王军、亢庆红在莲池参加完训练返回县人武部途中，突然听到有人呼救，鱼长福等人挺身而出，与手持菜刀的歹徒展开搏斗，最后将歹徒制服，扭送公安机关，并将被歹徒砍伤的刘某某送往医院治疗。县人武部党委给鱼长福、王军各记三等功一次，给刘亚龙、亢庆红通令嘉奖。

三、开展抢险救灾

1993年7月，卅铺镇二十铺砖瓦厂遭暴雨袭击，正在组织民兵进行军事训练的县人武部军事科长封维国、军事参谋高文和等闻讯后，立即带领30名民兵赶赴现场，与该厂工人一起抢运物资，并打捞出被洪水冲走的电机、砖机等设备。1995年，全县遭受60年未遇旱灾，县人武部动员和组织全县所有民兵，以村为单位，投入抗旱救灾第一线，出动汽车8辆、四轮拖拉机151辆、农用三轮车235辆，拉水1200吨，点种大秋2300亩、复种小秋1700亩。1998年5月20日晚，马岭镇遭受特大暴雨侵袭，该镇武装部组织30名民兵应急小分队深入重灾户家中，连续奋战3天，抽水1800立方米，清理庄院淤泥760立方米，搬迁重灾户6户，抢救出8名孤寡老人、29名患病群众，为房屋倒塌的安海祥抢救出小麦2400千克。1999年春，全县发生特大旱灾，人武部动员和组织所有民兵，先后出动汽车16辆、四轮拖拉机120辆、农用三轮车268辆，拉水4300吨，灌溉冬小麦、油菜籽、地膜玉米等农作物9620亩。2000年1月18日晚，县人武部与县武警中队第一时间赶赴因非法生产烟花爆竹造成的事故现场，徒手挖出全部死伤人员8名。2004年12月，庆城镇十里坡路段发生货车侧翻事件，县人武部军事参谋王庭智立即赶赴救援，保护货主财产并帮助受伤司机和货主脱离危险。

第五节　国防教育

1986—2012年，县人武部会同各乡镇武装部，把国防教育列入人民武装工作的主要内容之一，按照党政干部、农村群众、企业职工、中小学生四个层次开展国防教育活动。在方法上，采取讲授与引导自学相结合，参观军事展览与观看相关文艺节目相结合，受教育面均达同行业总人数的90%以上。教育形式主要是组装宣传车、举办流动图片展、利用广播电视等媒体开展阵地教育；召开各种会议以会教育；以现役军人和复退军人的突出贡献开展先进事迹教育；征订各种军队、民兵报刊开展舆论教育。累计出动宣传车150多台次，行程2170千米；每年播放节目70余期，办板报墙报580多期，书写标语6000多条（幅）。利用"八一""国庆"等节日，邀请上级军事专家、转业和退伍军人讲军课、作报告490多场次，受教育人数达10万多人次。先后在县职业中学、马岭、卅铺、庆城、玄马、白马、驿马、周祖陵、长庆一中建立国防教育基地。每年暑假期间，义务抽调教员30名，为陇东中学、县职业中学、庆城中学、庆城小学、逸夫小学等在校学生进行军事训练，受训学生2000多名。

第六节　县武警中队

1986年，"中国人民武装警察部队庆阳县中队"（以下简称"县武警中队"）驻守县城，前身为"庆阳县武装民警中队"。2002年，更名为"中国人民武装警察部队庆城县中队"，隶属"中国人民武装警察部队甘肃省总队庆阳市支队"。至2012年，县武警中队先后被武警甘肃总队树立为基层建设标兵中队、基层建设先进中队，25名官兵分别荣立个人三等功。

一、政治教育

1986—2012年，县武警中队弘扬人民军队的优良传统和作风，以"一个班子"（党支部班子）、"三支队伍"（干部队伍、士官队伍、党员队伍）建设为重点，以培养有理想、有道德、有知识、有纪律的"四有"革命军人为目标，根据不同时期官兵的思想实际，深入进行人民军队性质宗旨、优良传统、时事政策、职能任务、遵纪守法等教育，提高官兵政治意识、责任意识、担当意识。

二、执勤保卫

1986—2012年，武警中队共出动兵力4000余人次，行程32000千米，圆满完成看守、押解、处决人犯等各项任务。1988年10月、2007年9月，先后两次共出动兵力35人次，安全押解在押犯278人前往预定地点。2006年3月，武警中队指导员孙得江率司务长王锋林等8名官兵，兵分两路，在驿马和三十里铺收费站设卡堵截，抓获"3·04"盗枪案犯。2009年6月1日凌晨，县武警中队指导员刘斌带领班长余落海等10名战士，抓获持枪犯罪嫌疑人1名，缴获64式手枪1支，子弹3发。

县武警中队或独立或配合县公安机关承担全县重大或特大警卫工作，每年平均50次左右。先后参与国务院副总理田纪云，国务院"三西"建设领导小组组长林乎加，原国防部长、全国人大常委会原副委员长耿飚，美国加州蒙特利公园市副市长美籍华人刘达强，中共中央政治局常委、书记处书记、国家副主席习近平，中共中央政治局常委、国务院总理温家宝来县或途经的安全保卫工作。

三、拥政爱民

县武警中队先后在驻地开展"希望工程""春蕾计划""121雨水集流工程"捐款捐物等活动，共为受灾群众捐款1.23万元、捐物1305件、义务植树300余亩；为陇东中学、庆城职业中学在校学生作国防知识报告10场次，进行军训10余期、120余天，受训学生7000人次；参加驻地各类抢险救灾12起，抢救交通事故伤员30余人，挽回直接经济损失70多万元。1997年4月27日，县城南街某段城墙突然塌方，4户人家被掩埋，队长赵兴昌率领防暴小分队12人迅速赶赴现场，抢救遇难群众4名。2007年4月，县城万家乐超市仓库失火，指导员孙得江率10名战士奋力扑灭大火，挽回经济损失10余万元；6月12日13时20分，周祖陵盘山公路处发生一起地方客车坠入坡底的重大交通事故，队长王峰林带领战士迅速投入救援。2011年11月25日，长庆油田采油二厂1名职工溺水遇难，指导员刘斌带领战士赶往现场，将遇难职工打捞上岸。2012年5月16日，莲池1名男子企图跳楼自杀，指导员刘斌带领战士火速赶赴现场，阻止悲剧发生。

第十章 公安

1986—2012 年，全县公安机关坚持立警为公、执法为民，根据不同时期社会治安突出问题，采取集中治理与群防群治相结合、日常管理与组织严打专项行动相结合，严厉打击各类刑事犯罪活动，全力维护社会治安稳定。

第一节　机构

1986 年，庆阳县公安局内设秘书股、政工股、政保股、内保股、治安股、预审股、技术股、消防股、刑警队、看守所、收审所；设城关、马岭、驿马、卅铺、桐川、白马铺、玄马 7 个派出所；全系统有干警及工勤人员 140 名。

1994—1995 年，先后成立马岭分局、南庄、蔡家庙、高楼、翟家河、土桥、蔡家庙、太白梁、赤城、蔡口集、安家寺、冰淋岔、葛崾岘 12 个派出所。1999 年 5 月，县公安局设指挥中心，政治工作、法制工作办公室，监察室，警务督察、政保、治安大队，消防科（武警建制）、交警大队（垂直管理）、城区交警队、刑警大队（下设城关、马岭、驿马、缉毒、机动、技术中队）；撤销预审股；设 19 个基层派出所，辖县行政拘留所、看守所。

2002 年 9 月，庆阳县公安局更名为庆城县公安局。2006 年，撤销土桥、冰淋岔、安家寺、葛崾岘派出所。2007 年 10 月，省公安厅批复，县公安局下设马岭分局，指挥中心（加挂办公室牌子，下设机要通信室、信访室），政工监督室（加挂纪委、监察室、警务督察大队牌子），警务保障室，法制办，刑事侦查大队（设城关、马岭、驿马责任区刑警队和刑事科学技术室），治安管理大队（加挂爆炸危险物品监管大队牌子，设治安管理中队、出入境管理室、公共信息网络安全监察中队、保安大队），国内安全保卫大队（加挂反邪教侦查大队牌子），禁毒大队（加挂县禁毒工作领导小组办公室牌子），经济犯罪侦查大队，交巡警大队，交通管理大队（垂直管理），消防大队（武警建制），拘留所，看守所；设 15 个基层派出所。

2012 年，县公安局内设指挥中心，法制（法制大队）、政工监督、警务保障、纪委（监察室）5 个办公室，治安管理、刑事侦查、禁毒、交巡警、国内安全保卫、经济犯罪侦查、涉油犯罪侦查、网络安全保卫大队，马岭分局、城关、驿马、马岭、卅铺、玄马、太白梁、蔡口集、桐川、南庄、蔡家庙、熊家庙、白马铺、赤城、高楼、翟家河 15 个派出所，辖县看守所、拘留所。全系统工作人员 462 名，其中，一级警督 16 人、二级警督 31 人、三级警督 68 人，一级警司 5 人、二级警司 17 人、三级警司 6 人。

第二节　打击犯罪

一、严打斗争和专项行动

1986 年，开展"打击流窜犯罪"斗争。捕获流窜犯罪和流窜作案嫌疑人 53 人，其中县籍外 31 人、

县籍内 22 人，查破刑事案件 4 起。1987 年，开展"挖团伙、端窝子、破大案"等 5 次专项斗争。挖出各类犯罪团伙 11 个，抓获团伙分子 61 人，破获刑事案件 91 起（重大案件 11 起），依法逮捕刑事犯罪分子 32 人；捕获流窜犯罪分子和流窜作案嫌疑人及违法人员 37 人；抓获赌博 6 场次 25 人，收缴赌资 1900 余元。1988 年，开展"挖团伙、反盗窃"专项斗争。挖出犯罪团伙 8 个，抓获违法犯罪人员 186 人，破获刑事案件 93 起；协助外地破获特大抢劫案 1 起 14 人，追回赃物赃款 9300 元。

1989 年，开展扫除"六害"（卖淫嫖娼、制作贩卖传播淫秽物品、拐卖妇女儿童、私种吸食贩运毒品、聚众赌博、利用封建迷信骗财害人）专项行动 6 次。破获刑事案件 96 起（重大案件 17 起），抓获违法犯罪嫌疑人 460 名；收回罚没款 2.3 万元；捣毁犯罪团伙 13 个、抓获 94 人，追回赃物赃款 9510 元。1991 年，开展"反盗窃、挖团伙、打击流氓滋扰犯罪"等专项行动 4 次。破获刑事案件 235 起（重大案件 50 起），摧毁犯罪团伙 11 个，抓获违法犯罪嫌疑人 765 人。其中破获盗窃自行车案 62 起，收回盗窃款 6.5 万余元，查获流氓鬼混 10 案 96 人，查获赌博 36 场次 275 人，没收赌资 2.4 万元。

1992 年，开展"查禁赌博""反盗窃"和"油区整治"等专项斗争。破获刑事案件 91 起，抓获犯罪嫌疑人 600 人，查结治安案件 120 起，追回赃物赃款 15.35 万元。其中，查获赌博 11 场次 71 人，收缴赌资 2500 余元，破获盗窃自行车案件 36 起，追回自行车 36 辆，破获盗贩原油案件 39 起 87 人，收回原油 190 多吨价值 9.7 万余元。1993 年，开展"反盗窃、打团伙、除六害、破大案、追逃犯"等专项斗争 3 次。其中破获盗伐公路行树案 72 起 78 人，追回被盗行树 225 棵；查获刑事案件 33 起（重大案 19 起）、治安案件 21 起，抓获违法犯罪嫌疑人 210 人，追回赃物赃款 1.2 万元。1994 年秋，开展"严打"集中行动。破获刑事案件 195 起（重特大案件 25 起），挖出犯罪团伙 58 个 332 人，查处治安案 180 起，查获毒品案 2 起，收缴海洛因 7.6 克，查获赌博 11 场次，查获流氓鬼混 7 案 14 人，破获"车匪路霸"案 32 起 42 人；追回赃物赃款 3.29 万元、收缴罚没款 17 万元、收捕违法犯罪嫌疑 980 人、收缴假银圆 295 枚、西汉新莽时期文物 108 件。1995 年，开展"反盗、打拐、追逃"取缔"门徒会"等专项行动。破获刑事案件 153 起（特大案件 59 起），查结治安案件 76 起，挖出各类违法犯罪团伙 37 个 232 人。取缔"门徒会"组织 18 个 348 人，其中依法打击骨干分子 34 人。是年，县公安局破获河南省某贸易公司经理李某，利用经济合同诈骗驿马镇一家土畜产品加工厂价值 81.773 万元羊绒案，追回款额 32 万元。1996 年，开展"百日严打"专项斗争。破获刑事案件 90 起，查处治安案件 108 起，抓获违法犯罪嫌疑人 879 人，追回赃物赃款 43.04 万元。1997 年，开展打击"车匪路霸"和"黄赌毒"等专项斗争 4 次。破获刑事案件 90 起，挖出犯罪团伙 6 个 30 人，查结治安案件 55 起，抓获违法犯罪嫌疑人 384 人。捣毁传播淫秽录像、介绍容留妇女卖淫及赌博"窝点"5 处，整顿带有色情行为的歌舞厅 4 家，抓获"黄赌毒"等违法人员 66 名，缴获淫秽录像带及书画 25 件，收缴罚款 4 万元。

1999—2001 年，先后开展"收枪治爆"和"严打"专项行动 6 次。摧毁土猎枪生产窝点 1 处、收缴非法枪支 501 支、炸药 1523 千克、雷管 1464 枚、导火索 50 米。追回上网逃犯 65 名，查处治安案件 362 起，治安处罚 468 名；端掉黑恶势力团伙 6 个，抓获团伙犯罪分子 27 名；查破涉油案 168 起 179 人。

2002 年，开展"严打"与涉油犯罪专项行动 6 次。破获刑事案件 333 起（重特大案件 5 起）；抓获犯罪嫌疑人 248 人；摧毁犯罪团伙 6 个，缴获机动车 14 辆，追回逃犯 41 名；

破获以盗窃为主的刑事案件 220 起；破获涉油刑事案件 52 起，查处治安案件 101 起，打击处理涉油违法犯罪分子 158 人；取缔土炼油炉 6 个，查封非法收油点 6 处，平填油坑 10 处。2003 年，开展"反盗抢"等专项斗争 4 次。破获刑事案件 204 起，打击处理违法犯罪嫌疑人 474 人，查处治安案件 182 起，抓获外埠批捕逃犯 2 人；破获涉油案件 112 起 123 人。摧毁犯罪团伙 6 个 23 人，追回逃犯 16 名，收缴赃款赃物总计 70 余万元。2004 年，开展严打专项整治行动 3 次。破获刑事案件 258 起，查处治安案行政案 249 起，打击处理违法犯罪嫌疑人 730 人；摧毁犯罪团伙 15 个 49 人，追回各类逃犯 26 名。2005 年，开展"百日攻坚""油区整治"等专项行动。破获刑事案件 133 起（重大案 59 起）；摧毁犯罪团伙 7 个 29 人。查处治安案件 61 起，打击处理违法犯罪嫌疑人 139 人；追回逃犯 29 人、赃物赃款 25.7 万余元。

2006—2007 年，开展"打黑除恶"与"陇原风暴"等专项行动。破获刑事案 546 起，摧毁犯罪团伙 16 个，抓获违法犯罪嫌疑人 494 人、逃犯 103 人。2008 年，开展整治"门徒会"等邪教组织专项行动。查获门徒会成员 61 人，挖出邪教会点 3 处 10 人，查获"实际神"成员 12 人；破获利用邪教组织及互联网传播邪教信息案 2 起 3 人。2009—2010 年，开展油区重点整治及严打专项行动。破获涉油刑事案件 5 起 11 人，查处取缔油区非法窝点 2 处，收缴原油 30 吨；破获刑事案件 167 起，摧毁犯罪团伙 11 个，收缴海洛因 312.73 克，查处治安案件 451 起，抓获上网逃犯 52 名。

2011—2012 年，开展"陇东利剑"和"清剿火患"等专项行动 4 次。破获刑事案 233 起，摧毁犯罪团伙窝点 12 个，收缴海洛因 279.81 克；查处治安案件 190 起，抓获上网逃犯 110 名；查出火灾隐患点 4382 处，并责令整改。

二、刑事侦查

1986 年后，全县刑事犯罪种类增多、范围增大、案情复杂、严重性加剧。1989 年，破获左某勤等 5 人持械故意伤害致死人命案、王某图财投毒杀人案和王某龙、马某奇入室盗窃案。1990 年 5 月，县公安局会同庆阳地区和长庆石油勘探局公安机关干警破获晏某某、陶某某、贾某某盗取庆阳石油化工厂财务科现金 14.59 万元的"五七"盗窃案，追回赃款 11.6 万元、汽车 1 辆、电视机 2 台。

20 世纪 90 年代，全县吸贩毒品现象死灰复燃，且呈逐年加剧之势。1993 年 10 月，全县破获白马铺乡代某夫妇贩运、销售海洛因案，追缴毒品 620 克。1999 年，成立专门机构，开展禁毒斗争。2003 年，破获贩毒案件 3 起，缴获毒品 97.38 克，抓获吸毒人员 33 人。至 2012 年，全县破获涉毒刑事案件 96 起，缴获海洛因 2209.03 克，强制戒毒 392 人。

2000 年后，公安机关利用先进侦查设备和技能，进一步加大对各类刑事犯罪活动的打击力度。2006 年 9 月，市、县公安局联合组成 22 人专案组，破获 1999 年 5 月 26 日镇原县 3 名农民在土桥乡贩卖羊绒失踪案；11 月，中央电视台"经济与法"频道"天网"栏目对此案以《死亡对证》专题节目播出。2008 年，破获长庆图博可特管道涂层有限公司庆城莲池销售点负责人唐某某被绑架案。2012 年 4 月，破获劳释人员贺某飞、李某涛、李某亿伙同慕某宁（女）绑架杀害朱某某（女）、何某某（女）焚尸案。

附：

表 10-2-1 1986—2012 年全县刑事案件立破一览表

单位：件

年份	一般刑事案件		特（重）大刑事案件	
立破案	立	破	立	破
1986	32	28	—	—
1987	36	31	26	18
1988	28	19	25	19
1989	44	42	31	24
1990	48	44	—	—
1991	42	36	48	40
1992	68	51	54	53
1993	76	70	65	61
1994	102	99	68	62
1995	51	51	66	63
1996	96	96	45	43
1997	62	62	52	50
1998	60	55	54	53
1999	158	148	—	—
2000	205	186	—	—
2001	252	172	143	53
2002	351	219	—	—
2003	349	241	66	51
2004	306	237	—	—
2005	332	272	59	55
2006	320	264	34	28
2007	307	246	35	31
2008	347	200	51	39
2009	357	240	83	55
2010	450	232	81	63
2011	516	197	54	35
2012	736	403	31	29

第三节 治安管理

一、特种行业管理

（一）旅店业

全县旅店业由各基层派出所分辖区负责管理，县公安局适时组织集中清查整顿。1988 年，县公安局制定《庆城地区旅店业管理办法》《旅客守则》，组织各基层派出所在全县 114 家旅店、12 家旧货市场集中进行宣传。1991 年，对全县 163 个国营、集体、个体旅店进行全面整顿，对无照经营、管理混乱的 6 家旅店进行处罚；对 5 家设施不齐全，不具备条件的旅店责令停业、限期整改。1997 年起，在全县旅店业中推行治安承包责任制，公安机关与业主签订《治安承包责任书》，对从业人员进行业务培训，落实《上岗证》制度。2002 年，在规模较大的宾馆、饭店实施配备保安人员，安装摄像头、防火栓等人防和技防设施。2006 年，推行在 50 张床位以上的旅店选配专职信息员，安装旅店业管理信息系统，并与辖区内的各个派出所联网，每日上报住宿旅客信息。2009 年起，在全县旅店业中强制推行安装信息管理系统，至 2012 年底，全县 111 家旅店有 96 家安装了视频监控，有 85 家使用旅店入住登记信息软件。

（二）废旧金属收购业

1986 年起，公安机关对全县非生产性废旧金属收购的个体站点及其从业人员加强管理，对非法收购、销赃窝点进行专项打击。1991 年，先后查获盗窃、破坏城市公用设施和收赃、窝赃、销赃违法犯罪分子 21 人，收缴非法收购的井盖、水篦子、垃圾桶等城市公用设施 100 余件，取缔非法收购废旧金属网点 2 处，没收非法收购生产性废旧金属 12 吨。1994 年后，凡从事废旧金属收购的个体户一律在县公安局备案，要求不得收购枪支弹药、剧毒放射、石油、电力、电信专用器材等禁止收购的废旧物品，全县取缔废旧金属收购站（点）39 家，保留 12 家。1995 年，取缔油区乡镇废旧金属收购站（点）9 家。2002 年，全县废旧金属收购站点 43 个。至 2012 年底，先后依法取缔 3 个、治安处罚或停业整顿 6 个，34 个站点依法经营。

（三）刻字业

20 世纪 90 年代起，县公安局向个体刻字摊点核发《特种行业经营许可证》，并按年度进行审验，遇有歇业、迁移、变更名称或刻字业从业人员时，须到县工商局、公安局办理变更登记手续和备案。其间，私刻、伪造和使用假印章现象一度在社会上有所抬头，县公安局对其违法犯罪行为进行严厉查处和打击，同时鼓励和提倡机关单位使用原子印章，使全县刻字行业逐渐趋于规范。至 2012 年，全县有守规守法经营的个体固定刻字摊点 6 家。

（四）其他特种行业

1986 年起，县公安局按照治安管理规定，先后将典当、开锁、复印、修理、金银首饰加工等行业纳入特种行业管理范围。至 2012 年，全县有公安机关登记备案的门店 169 家，其中，典当 6 家、开锁 3 家、印刷 9 家、打字复印 30 家、摩托车汽车修理 101 家、二手手机和电脑回收 12 家、金银首饰加工 8 家。

二、公共场所管理

1986—1993 年，公安机关组织警力开展治安巡逻，建立市场治安管理办公室，对公共复杂场所进行不定期清理整顿。1994 年，落实《甘肃省公共场所治安管理办法》，落实防范措施，通过有效审查和监督检查，消除隐患和漏洞，督促全县公共场所业主完善安全管理规定，教育引导从业人员规范经营。1997—2002 年，对 236 处公共复杂场所、文化娱乐场所清理整顿，全部换发《公共场所治安许可证》；依法取缔非法经营歌舞厅 5 家。2006—2009 年，全县共登记管理公共复杂场所 608 个、商业网点 2063 家、机关单位 546 家（重点单位 49 家）、学校 317 所。2011 年，建立以县交巡警大队为主体，各派出所参与的"棋盘式布警、网络化巡控"机制，采取机动巡逻与徒步巡逻、便衣跟踪和蹲点守候相结合，加强对城区易发案区域和重点路段及公共场所的巡逻力度和

见警率。2012年，在县城城区旅店、商场、车站、广场等公共场所共安装视频监控摄像头184个、设治安联防办公室4个。

三、危险物品管理

（一）枪支弹药

1986年，对全县公务用枪进行登记、持枪人员考察、枪支和持枪证件查验，换发《持枪证》；对县政法、邮电、金融、体育、武装及供销系统55个持有枪支、弹药、火箭筒、火炮及保管经销民用爆炸、剧毒物品单位进行检查整顿，签订安全管理责任书204份，督促4家银行购置枪柜26个。

1991年12月6日，由于长庆石油勘探局公安处生产保卫科对枪支管理不严，导致县内发生"12·6"特大持枪杀人案。1992—1997年，全县压缩配枪范围，收回党政领导和保卫干部配枪。严格控制警务用枪，为批准配枪的民警核发《中华人民共和国公务用枪持枪证》；2000年，对全县公务用枪进行弹痕检验和注册登记，实行一枪一档，网上检索，按年度进行审验。2003年后，对民警携带枪支，由警务督察部门随时进行督察和检查。至2012年，排查整改配枪单位10家，破获涉枪涉爆案件2起，捣毁非法加工、制造、贩卖枪支窝点2处，抓获嫌疑人29人，收缴各类非法枪支865支、制式子弹635发。

（二）民用爆炸物品

1986—1993年，全县公安机关以生产和经营烟花爆竹企业为重点，从生产、储存和防范三个环节实施监督管理，层层签订安全责任书。1994年起，对销售烟花爆竹实行许可审批制度，并控制许可证发放数量，为领取许可证的经营者指定进货渠道和销售品种；对非进货渠道及私人作坊加工、生产的对人体安全有危害的制品，全部予以收缴销毁。2000年1月18日23时10分许，陇东中学南侧一居民出租房，因非法私制花炮，发生爆炸事故，致4人死亡，4人受伤。2001—2005年，清理查封私自加工、非法生产烟花爆竹作坊，对直接责任人员依法处罚；对5家砂石开采场进行集中清理整治，收缴炸药2065.5千克、雷管9732枚、导火索3713米、工业导爆索4950米、自制火药243千克。2006年起，公安机关主要受理、核发"烟花爆竹道路运输许可证""焰火燃放许可证"和实施大型焰火燃放活动的监督检查及秩序维护工作。

（三）管制刀具

1983起，匕首、三棱刀（包括机械加工用的三棱刮刀）、带有自锁装置的弹簧刀（跳刀）和其他类似单刃、双刃、三棱尖刀等被列为管制刀具范围。至1987年，收缴管制刀具1821把。此后，通过专项行动，查处一批违反管制刀具管理规定的治安案件，打击和处理一批利用管制刀具行凶作案的违法犯罪分子，管制刀具对社会的危害基本禁绝。

四、查禁黄赌毒

1986年起，全县公安机关多次开展查禁"黄赌毒"专项行动，清查旅店、车站、洗浴中心、游戏厅等娱乐和公共复杂场所24122场次，抓获并处理不法人员2044人次，查封非法经营的旅馆、麻将馆、游戏厅193家，捣毁播放淫秽录像、卖淫、赌博、吸贩毒窝点305个。1992—1995年，高楼乡一度赌博活动猖獗，不法分子组织赌博，抽头盈利，参赌群众债台高筑，致使田地荒芜、孩子辍学，社会反响极大。县公安先后查破赌博18场次、抓捕聚赌人员110名，收审处罚43人，捕判5人。1997年，成立县强制戒毒所，后因硬件设施、专业队伍不达标，旋即撤销，强制戒毒人员送庆阳地区公安处戒毒所执行。2009年，在陇东中学建成300多平方米的禁毒警示教育基地，对机关单位、社会团体的干部职工和中小学校师生进行实地警示教育；筹资20万元，与华池、环县、合水等县联合建成庆城县"美沙酮"维持治疗中心。

附：

表 10-3-1 1986—2012 年全县治安案件立破统计表

单位：件、人

项目 年份	立案	查结	处理人数
1986	128	128	365
1987	156	149	420
1988	168	163	598
1989	273	271	780
1990	265	265	807
1991	258	258	835
1992	263	263	899
1993	275	275	945
1994	443	443	667
1995	214	214	752
1996	213	213	412
1997	117	117	147
1998	138	138	312
1999	198	198	357
2000	257	248	392
2001	361	342	543
2002	548	443	770
2003	546	467	595
2004	495	495	586
2005	528	501	768
2006	554	538	692
2007	548	526	639
2008	841	798	1031
2009	1134	1068	1166
2010	1658	1568	1726
2011	1792	1792	1807
2012	2549	2390	1835

五、报警服务系统

2002 年 8 月，经县政府批准并拨款 10 万元，配备民警 15 名，建立 110 报警服务台。2005—2007 年，县政府筹资 58.76 万元，设立接警大厅，新建"119、122"报警服务台，招聘协警 11 名，

配备摩托车 15 辆，"110、119、122"三台报警服务系统合并运行。至 2012 年底，"三台"共接处警 16540 起（刑事 2607 起、治安 7158 起、火警 52 起、交通肇事 455 起、公民救助 874 起、调解纠纷 859 起、谎警 3772 起、其他警情 763 起）；抓获犯罪嫌疑人 549 人、逃犯 32 人，挽回直接经济损失 82 万余元。

第四节　户政管理

一、常住户口管理

1986 年，县公安局设立户籍室，对县内常住人口实行专门管理。1988 年 12 月，户籍室改为户政股，负责全县户籍管理（含暂住人口）。1990 年，原委托乡镇政府管理的农业户籍移交各派出所管理。1993 年，派出所凭医疗卫生部门出具的《出生医学证明书》办理出生户口登记手续。1994 年，全县核发统一制式的农业户口簿。是年，由于粮本、粮票作废，办理城市户口迁移不再迁转粮食关系手续。1997 年，全县集中核户换发全国统一使用的农业和非农业户口簿；废除单位集体户口簿管理制度。

2001 年，全县统一实行人口信息微机化管理，户口簿由以前的手工填写改为电脑打印，"农转非"户口审批权限由县经计委下放县公安局。至 2004 年底，各派出所逐一配备计算机录入人口信息，实现"一所一机"信息化管理户籍。2005 年，县公安局开通"三级网"并与全国联网，各派出所对历年由于超计划生育、非婚生育、早婚早育等原因未落户的儿童据实办理户口登记。2006 年，县公安局和各派出所户籍室均配齐工作人员，统一安装和使用专用电脑、打印机、扫描仪和"第二代居民身份证"人像采集系统。2010—2012 年，开展户口清理整顿工作，集中解决县内因一些企业单位解体而导致工人集体户口遗漏、偏僻农村因历史原因及部分农民不识字出现一批无户口人员及主项信息错误偏多等问题。

二、流动人口管理

1986 年，制订《庆阳县暂住人口管理暂行办法》。次年，清理登记暂住人口 2197 人。1994 年，清理流动人口 4551 名，登记并发放《暂住证》1743 个。1995 年，发放《暂住证》1819 个，收缴暂住费 2.96 万元。2002 年起，县公安系统承担全县流动（暂住）人口管理，同年，清理整顿油区暂住人口 2242 人、出租房屋 498 家。2003 年，因"非典"疫情防治，对进入县境所有人口开展清查，限制外来人口自由流动；取消暂住人口收费规定，登记暂住人口 14143 名，发证 12230 个。2009 年，各乡镇、村组和社区设立流动人口服务和管理工作站，对全县流动人口开展调查登记工作，全县形成"领导负责、综治牵头、公安为主、部门联动、齐抓共管"的流动人口管理格局，采取"以网管人、以证管人、以业管人、以房管人"的新模式，建成县、乡镇、村（社区）三级流动人口服务工作体系。至 2012 年，全县累计登记流动人口 45727 人。

三、居民身份证

1985 年 9 月起，全县开展第一代居民身份证申办核发工作。居民填制《居民身份证申领单》，经户籍所在地派出所审核后，到指定照相馆照相，交纳工本费，逐级汇总上报，由省公安厅制证后下发至派出所，派出所分发给申领人。至 2005 年底，全县累计发放第一代居民身份证 284082 张。

2006 年初，开始换发第二代居民身份证，号码由 15 位升至 18 位。经办程序由手工操作变为网络传输。至 2012 年底，全县共发放第二代居民身份证 336915 张（含换领、补领）。

四、出入境管理

1986 年起，出入境业务办理由县公安局政保股受理。1986—1991 年，出入境主要对象是长庆油田与外国油田专家、技术人员，人次不多。1992—1997 年，外国专家、技术人员入境 271 人，长庆油田技术人员与庆城县工作人员出境 33 人。1998 年后，县内公民申请自费出入境旅游和探亲访友人数逐年增多。2002 年，受理申请出境人员 78 人，临时入境 2 人（土耳其 1 人，英国 1 人）。2003 年，印制办理"出入境手续事项说明"，简化手续。办理公民因私出境出国手续 102 人次；办理团体出境出国旅游手续 58 人次。2005 年，对出入境证照办理落实限时办结制度。2009 年，出入境管理业务归口县公安局治安部门受理。2009—2012 年，外国籍入境人数累计 148 人，申请出国护照人数累计 1685 人次，审核签注港台澳通行证人数累计 2148 人次，采录法定不批准出境人数累计 963 人次。

第五节　交通管理

一、道路交通

1987 年 8 月，县城乡道路交通安全统一划归公安机关管理，县交警部门在做好道路交通日常管理的同时，每月组织开展集中整治活动，重点整治凤甜（陕西凤口—环县甜水堡）公路沿线的交通要道、街道和农贸市场地段以及因雨水冲刷、冰冻或其他因素造成的危险路段，客运车辆超员、货运车辆超载、无证驾驶车辆、无牌行驶、不守规守法行驶等行为。1991 年，在县城开展历时 40 天交通秩序整顿，纠正违章车辆 48 台（辆），设立临时停车场，装卸车辆乱停乱放问题得到解决。1995 年，制订城区交通《管理实施细则》，划定临时停车场，对人力黄包车纳入管理限量挂牌。同时，在人群密集路段，设立交通治安岗亭 6 处，并实行领导查岗制。2002 年，庆西（庆城—西峰）公路改造，交警大队组织警力，开展道路疏通工作。2003 年后，多次开展"规范执法行为　加强文明管理""创建平安县区""严格执行交通法　创建平安畅通县"等专题活动，干线道路交通秩序逐渐好转。2006 年，对无牌无照车辆、各类违章车辆、二轮摩托车非法载客等进行查处，暂扣车辆 1200 辆，处理违章人员 1480 人。至 2012 年，纠正违章行为 21.99 万人次、吊扣驾驶证 1196 人次、记分 3.56 万人，收扣假牌证 499 个。

1997 年，城区交警大队成立，专事县城区交通治安管理。2005 年，城区交警大队针对出租车随意调头、公交车不按站点停靠、短途客车进城载客、非机动车和行人不按标线行走等问题，采取延长上下班时间、对驾驶员进行培训教育、出动宣传车、查扣违章车辆等措施，促使城区交通秩序好转。2006 年，县城区交警大队与"110"处警队合并，组建城区交巡警大队。2012 年，庆城县被评为全省平安畅通县。

二、车辆及驾驶员管理

车辆管理的主要对象和任务是对本辖区小型汽车、小型自动挡汽车、残疾人专用小型自动挡载客汽车等车辆进行注册登记，核发、换发牌证等。至 2012 年，全县累计登记各类机动车 2.52 万辆。

对驾驶员的管理主要是采取培训、考核，并对驾驶员状况进行汇总分析，建立档案，实行信息系统管理。至 2012 年，全县累计登记驾驶员 42007 人。其中，A 类驾照 11752 人，B 类驾照 10971 人，C 类驾照 19284 人。

三、交通设施

1988 年，县交警队在城区及主要干道安装警示标志牌 22 面。1991 年，在国道 211、309 线，

省道 202 线安装警示标志标牌 222 面。2001—2005 年，在国道 211、309 线、省道 202 线增设警示标志牌 28 面。2008 年，增设警示标志牌 12 面、警示标志桩 1200 个、防撞墩 88 个、指路标志 4 面。2009 年，施划交通标志线 1696.5 米，设置标志牌 80 面。

2010 年，分别在庆西公路 8—42 千米（十里坡底至驿马徐鸭口）、国道 211 线 324—341 千米（阜城街道北至三十里铺村）设置测速路段。2012 年，在国道 211 线 316 千米 650 米处、省道 202 线 67 千米 200 米处、庆西公路 8.5 千米处设固定测速点三处。

四、交通事故

1987—2012 年，全县发生交通事故 5100 起，死亡 705 人，受伤 3012 人，经济损失 845.6 万元。其中，1997 年 5 月 28 日，张某有无证驾驶大客车，行经国道 211 线 341 千米 +550 米急弯道处会车超速违章占道，与一东风罐车相撞，造成 7 人死亡、5 人重伤、12 人轻伤和两车报废的特大交通事故。2003 年 8 月 26 日，天下暴雨，贾某维驾驶中型普通客车，行经国道 211 线 346 千米 +85 米处，车辆失控侧滑，驶出路面坠入环江河洪水中，造成 9 死 1 伤特大交通事故。2004 年 5 月 3 日，徐某武无证驾驶教练车，行经驿马镇冯家塬大嶂岘段，因操作不当，车辆失控后溜，侧翻 50 米深的沟坎上，造成 6 死 14 伤的特大交通事故。

附：

表 10-5-1　1987—2012 年全县交通事故指数表

单位：起、人、万元

项目 年份	事故起数	死亡人数	受伤人数	经济损失
1987	25	6	20	3.55
1988	36	8	27	6.14
1989	33	15	13	4.85
1990	32	12	16	4.86
1991	269	35	86	22.89
1992	347	38	47	8.43
1993	185	22	22	5.10
1994	201	23	31	6.01
1995	235	11	25	6.42
1996	302	30	45	10.32
1997	265	28	43	9.64
1998	225	21	32	10.70
1999	414	25	30	8.17
2000	366	54	281	83.49
2001	448	39	338	118.98
2002	417	38	353	128.68
2003	292	36	287	71.21
2004	182	31	301	70.75

续表 10-5-1

项目 年份	事故起数	死亡人数	受伤人数	经济损失
2005	200	26	129	58.62
2006	112	28	140	36.97
2007	100	38	137	29.86
2008	85	31	126	25.58
2009	86	29	124	26.45
2010	83	27	123	25.10
2011	81	29	122	34.17
2012	79	25	114	28.66

第六节　消防管理

1986—1990 年，全县发生火灾最多的是乡村、集体单位和农户，起火原因多为农村生活用火不慎或电线老化等造成，救火措施主要以人力扑救为主。1990 年后，县内发生火灾多为油田矿区、商业网点，起火原因多为油气爆炸、车辆肇事、工作人员防火意识淡薄所致，防救措施重点依赖长庆油田消防大队，人力配合辅之。该队有专业消防人员 237 名，设勤务保障中队、大队机关各 1 个；设消防执勤中队 5 个，分别驻守庆城、马岭、华池、西峰、南梁等油区境内；机关设有战训装备、防火安全、综合管理、劳资经营股和消防监督股；共有各类车辆 59 台。其中，水罐消防车 7 台、泡沫消防车 18 台、高喷消防车 7 台、抢险救援车 2 台、干粉泡沫联用车 4 台、大功率远程供水系统 1 台、通信指挥车 1 台、供气消防车 1 台、生产指挥车及其他车辆 18 台。

1996 年起，县公安消防部门积极贯彻"隐患险于明火，防范胜于救灾，责任重于泰山"的精神，加大消防隐患排查力度。当年，全县仅发生火灾 3 起，经济损失 3460 元。2001 年，消防大队开展消防安全专项治理 8 次，审核建筑工程消防 11 项，查封无消防安全许可证歌舞厅 11 家、液化气经营摊点 3 家，检查消防列管单位 168 家（次），敦促 21 个机关单位配置灭火器 69 台，消防罚款 1.9 万元。2004 年，建立消防联席会议制度，落实消防工作逐级领导责任制，实施消防进社区、进农村试点工作，召开首届地企消防联席工作会议，为 200 家消防单位工作人员进行业务培训，消除火灾隐患 462 处。至 2012 年，全县逐渐形成以公安消防为主体，企业、群众消防为依托的有一定现代化装备的消防体系。

附：

表 10-6-1　1986—2012 年全县发生火灾及损失一览表

单位：起、万元、人

年份	火灾	经济损失	伤亡	年份	火灾	经济损失	伤亡
1986	5	0.06	伤 2	2000	5	8.5	伤 1
1987	6	0.05	伤 1	2001	6	24	伤 1
1988	6	0.16	伤 1	2002	23	48.29	伤 3 亡 1
1989	8	0.18	伤 2	2003	13	35.77	伤 2
1990	9	0.46	伤 5	2004	8	22.3	伤 1

续表 10-6-1

年份	火灾	经济损失	伤亡	年份	火灾	经济损失	伤亡
1991	6	1.05	伤 1	2005	5	95.3	伤 3
1992	7	0.67	伤 2	2006	8	18.51	伤 7
1993	7	10.86	伤 4	2007	3	94.81	伤 8
1994	5	2.98	伤 1	2008	3	3.43	伤 1
1995	4	1.11	伤 1	2009	11	47.32	伤 6
1996	3	0.35	伤 1	2010	10	30	伤 4
1997	4	27.33	伤 16 亡 6	2011	8	26.4	伤 3
1998	7	11.8	伤 1	2012	11	57	伤 5
1999	6	9.5	伤 3				

第七节　保卫

一、警卫安保

1986—2012 年，全县公安机关独立或与县武警中队联合，承担并完成党和国家领导人、省级领导来县视察的安全保卫任务。其间，圆满完成的重点警卫安保任务主要有：国务院副总理田纪云、国务院"三西"建设领导小组组长林乎加国务院原副总理兼国防部长、全国人大原副委员长耿飚，全国政协常委王秉祥，原中共中央政治局常委、组织部长宋平，中共中央政治局委员、国务委员、中央政法委书记罗干，国务院原副总理、全国人大原副委员长习仲勋夫人齐心，全国政协常委、民盟中央名誉副主席厉以宁，全国人大常委、民盟中央副主席李重庵，全国人大原副委员长布赫、全国政协原副主席王文元，中共中央政治局常委、书记处书记、国家副主席习近平，中共中央政治局常委、国务院总理温家宝来县、来经视察调研。

二、国内安保

县公安政保部门按照中央及省、市（地）有关精神，加强社情、特情调查，预防和制止民族宗教领域的各种非法活动，维护全县政治稳定。1987 年后，对县内自发的社团、刊物、嫌疑对象以及卅铺、马岭教区开展调查；对地方方言、土语、纸印品进行收集整理；对陇东中学部分师生呼应"八九政治风波"预备上街游行事件进行快速处置；先后破获驿马中学 1 名学生向境外敌对组织投递挂钩信件、庆城初中 1 名教师书写印发反动传单，准备投靠反动集团等政治案件。20 世纪 90 年代，配合统战部门，对教民逐人造册登记，取缔非法活动点和非法乱建庙宇 62 处；查处"万事复兴会"非法传教案 1 起、"门徒会"蛊惑人心案 1 起；取缔"门徒会"组织 18 个、查获成员 348 名，缴获非法宣传资料 214 份，打击骨干分子 34 人。2002 年，对全县 19 处宗教活动场所、5982 名信教群众、17 名神职人员重新摸排登记；并制订出安全保卫管理制度 43 条。

2000 年后，群体性事件增多，县公安政保部门运用各种信息，加强分析研判，提早介入预防和处置。至 2012 年，先后预防、处置阻挡庆城北区、东壕商业区及冉河川工程施工，长庆油田与当地农民土地纠纷，庆阳炼化职工阻挡销售生产，当地群众与打庆公路麻家暖泉收费站因收费发生纠纷，县工行等单位职工因身份置换上访等群体性事件 85 起，化解矛盾纠纷 2381 起，查处信访案件 424 件。

第八节　预审　监管

一、预审

1986 年，预审工作实行定案、定人、定时、定任务岗位责任制，办案质量逐年提高。至 1999 年，转捕、审结率均达到 90% 以上，退查率控制在 5% 以下。2000 年后，预审与刑侦工作合并，注重证据获取、核查、认定，坚持证据指向事实唯一性、无罪推定、保障人权的原则；对羁押未决犯统称"犯罪嫌疑人"；采取或变更强制措施执行严格审核审批程序和时效规定。至 2012 年底，全县继续实行侦审合一的预审工作模式。

二、看守　收审　拘留

1986 年，查禁在押嫌疑人文身现象。1988 年起，打击和制止"牢头狱霸"，解决其滋生闹事和监所不安全等问题。1990 年起，贯彻落实"教育、感化、挽救"方针，采取监规、法制、前途、文化劳动技能和亲属规劝等教育方法，正面教育在押人员。2002 年，深化监所工作改革，整顿狱内秩序。是年，从狱内获取各类案件线索 23 条，侦破刑事案件 24 起。县看守所被国家公安部评为"全国监管系统深挖余罪"先进集体。至 2012 年，全县收押犯罪嫌疑人 479 人，提供破案线索 146 条，深挖破案 53 起，实现 11 年看守监管工作无事故纪录。

1983 年，设立县公安局收审所，与县看守所合署办公。1986 年，为缓解看守所的压力，在县老干局院内的平房和城关派出所巷内的一崖庄院分别开办临时收审站。1992 年，县收审所单设，后协助长庆油田成立长庆公安处收审所，并派出 1 名所长负责。1996 年，县收审所随全国取消收审制度改革而撤销。

1993 年 1 月，设立庆阳县行政拘留所，执行轻微违法人员的行政拘留和司法拘留，设所之前裁定的拘留在收审所执行。

第十一章 检察

1986—2012 年，人民检察坚持"依法建院，从严治检"方针，打击危害人民群众生命财产安全的犯罪行为；查办贪污贿赂、渎职侵权等职务犯罪案件，开展民事行政检察等工作，为推进全县法治建设做出了贡献。

第一节 机构

1986 年，庆阳县人民检察院设人秘科、刑事检察科、经济检察科、监所检察科、法纪检察科，共有干部法警 38 人。1987 年，县检察院升格为副县级单位。2002 年 9 月，庆阳县人民检察院更名为庆城县人民检察院，设办公室（内设法警队）、反贪污贿赂局、侦查监督科、公诉科、渎职侵权检察科、监所检察科、民事行政检察科、控告申诉检察科、检察技术科。2004 年 6 月，增设职务犯罪预防科；2006 年 5 月，渎职侵权检察科更名为反渎职侵权局；2008 年 9 月，增设政工科；2010 年 6 月，法警队更名为司法警察大队，从办公室析出单设。2012 年底，全院设办公室、政工科、侦查监督科、公诉科、反贪污贿赂局、反渎职侵权局、民事行政检察科、监所检察科、控告申诉检察科、检察技术科、职务犯罪预防科、法警队，共有干警 52 名。其中，三级高级检察官 1 名，四级高级检察官 10 名，一级检察官 12 名，二级检察官 9 名，三级检察官 1 名，一般干警 19 名。

第二节 刑事检察

一、审查批捕

1980 年，《中华人民共和国刑法》《中华人民共和国刑事诉讼法》开始实施，1983—1986 年，在严厉打击严重危害社会治安的刑事犯罪分子的统一行动中，审查批捕工作实行"专人审查，集体讨论，检察长决定"的办案原则，即：坚持认真细致的办案作风，坚持办案程序，坚持严格划清政策法律界限，坚持"两个基本"（基本犯罪事实清楚，基本犯罪证据确实充分），坚持在审查批捕过程中深挖余罪漏犯，坚持"七类"案件优先办理，共受理公安机关提请批捕案件 458 案 899 人，经审查，批准逮捕的 388 案 769 人，不批准逮捕的 40 案 100 人，作其他处理的 30 案 30 人。

1987—1995 年，审查批捕工作坚持"从重从快"和提前介入侦查，确保打击力度。共受理公安机关提请批捕案件 653 案 1348 人，经审查，批准逮捕的 547 案 1076 人，不批准逮捕的 62 案 165 人，作其他处理的 44 案 107 人。

1996—2005 年，根据修订后的《中华人民共和国刑法》《中华人民共和国刑事诉讼法》，审查批捕工作继续坚持"严打"方针，加快办案节奏，有力地打击各类刑事犯罪。共受理公安机关和

自侦部门提请批准逮捕和决定逮捕的各类刑事犯罪案件 1275 案 2680 人。经审查，批准和决定逮捕的 1075 案 2192 人，不批准逮捕的 175 案 443 人，作其他处理的 25 案 45 人。

2006—2012 年，全县审查批捕工作在重点打击杀人、抢劫、强奸等严重暴力犯罪分子的同时，还重点打击重大盗窃、贩毒、带黑社会性质的犯罪分子和破坏油田生产、危害公共安全的团伙犯罪分子。其间，县人民检察院共受理公安机关提请批准逮捕案 1398 案。经审查，批准逮捕案 1150 案，不予逮捕案 237 案，作其他处理的 11 案。其中，2012 年，受理提请批捕案件 95 案 150 人，经审查，批准和决定逮捕 86 案 128 人。

二、审查起诉

1986 年起，县检察机关坚持"以事实为依据，以法律为准绳"的方针，对重大案件，提前介入公安机关侦查预审，提早发现和纠正案件中存在的问题，避免案件在起诉阶段往返周折，贻误时间。1987—1990 年，共受理公安机关移送审查起诉案件 212 案 427 人，经审查，决定起诉的 172 案 293 人，免予起诉和不起诉的 12 案 58 人，作其他处理的 28 案 76 人。1991—1995 年，贯彻"严格执法，狠抓办案，服务改革开放和经济建设"的指导思想，共受理公安机关移送审查起诉案件 445 案 823 人，经审查，提起公诉的 359 案 602 人，免予起诉和不起诉的 40 案 118 人，作其他处理的 46 案 103 人。1996—2000 年，按照"公正执法，加强监督，依法办案，从严治检，服务大局"的方针，严厉打击暴力犯罪和带黑社会性质的团伙犯罪，共受理公安机关和自侦部门移送审查起诉和决定起诉案件 633 案 1253 人，经审查，提起公诉的 514 案 900 人，不起诉的 59 案 175 人，作其他处理的 60 案 178 人。

2001—2005 年，共受理公安机关和自侦部门移送审查起诉和决定起诉的各类刑事犯罪案件 878 案 1679 人，经审查，提起公诉的 651 案 1244 人，不起诉的 80 案 178 人，作其他处理的 147 案 257 人。2006—2012 年，牢固树立依法打击与依法保护、监督与配合并重的司法理念，落实宽严相济的刑事司法政策，准确掌握起诉条件，严把案件质量关。共受理公安机关和自侦部门移送审查起诉和决定起诉的各类刑事犯罪案件 1429 案，经审查，提起公诉的 1182 案，不起诉的 107 案，作其他处理 140 案。其中，2012 年受理审查起诉案件 240 案 399 人，经审查提起公诉的 173 案 273 人。

三、出庭公诉

根据《中华人民共和国人民检察院组织法》和《中华人民共和国刑事诉讼法》规定，对提起公诉的案件在法院开庭审判时，派员以公诉人的身份出席法庭，支持公诉并对法庭的审判活动是否合法实行监督。1986—1990 年，出庭公诉 181 案，发表公诉词 165 篇。1991—1995 年，出席法庭支持公诉 322 案，发表诉讼词 305 篇，对人民法院在认定事实和适用法律上确有错误的判决提出抗诉 4 案 10 人，县法院均作了改判。1996—2000 年，出席法庭支持公诉 519 案。2001—2005 年，出席法庭支持公诉 322 案，发表公诉词 305 篇。其间，2003 年 3 月 14 日起，对普通程序下被告人认罪的案件简化了庭审程序。当年，对 31 案 79 人被告认罪案件进行了简化审理。2006 年起，县检察院把普通程序审理和简易、简化审理相结合，提高了工作效率。至 2012 年底，出席法庭支持公诉 1120 案，发表公诉词 1078 篇。

四、侦察活动与审判监督

1984 年，甘肃省人民检察院总结和推广县人民检察院开展的"两个监督"（侦查监督、审判监督）工作经验。1986—1990 年，县检察机关向县公安机关口头建议纠正违法 76 次，送书面违法通知书 8 份。1991—2000 年，向县公安机关口头建议纠正违法 54 次，发《检察建议书》纠正违法 65 份。

同时，对县公安机关遗漏的罪犯 49 人进行了追加批捕。其间，从 1997 年开始，对县公安机关接办的治安案件进行监督检查，共检查治安案件 489 件，要求说明不立案理由的 11 件，立案查办的 4 件。2001—2012 年，向公安机关口头建议纠正违法 874 次，发《纠正违法通知书》9 份、《检察建议书》178 份。同时，对公安机关遗漏的罪犯 167 人进行追加批捕；共检查治安案件 1698 件，通知立案 36 件，不应立案而立案被撤销的 42 件。

1986—2000 年，县检察机关对县法院判决和裁定不当的案件，依法提出抗诉 19 案 34 人，法院改判 12 案 21 人，作其他处理的 7 案 13 人。2001—2012 年，依法提出抗诉 23 案 47 人，法院改判 7 案 19 人，作其他处理的 16 案 28 人。其中，王某某申诉工资案、胡某某垫支款民事申诉案颇有影响，有力维护了当事人的经济和社会权益。

第三节　反贪污贿赂检察

1986 年，县人民检察院按照最高人民检察院关于"在绝不放松打击严重刑事犯罪的同时，把打击经济犯罪作为主要任务来抓"，开展严厉打击严重经济犯罪活动的斗争，严把定性、定罪、立案、逮捕"关口"，受理各类经济案件 14 案 19 人，立案侦查 8 案 12 人，逮捕经济犯罪分子 1 案 1 人，提请法院判处 3 案 5 人，作其他处理的 4 案 6 人，为国家挽回经济损失 13 万余元。

1987—1988 年，按照中共中央关于"深化改革，治理整顿"的战略部署，突出打击贪污犯罪，把重点放在查处数额较大，影响面广的大案要案上。落实"三优先三定一保"办案制度，即优先安排办案力量、优先安排会议讨论、优先解决办案经费，定人员、定任务、定时间，保质量。受理各类经济案件 30 案 41 人，立案侦查 10 案 17 人，逮捕经济犯罪分子 7 人，提起公诉 7 案 14 人，为国家挽回经济损失 18 万余元。

1989—1990 年，贯彻最高人民法院、最高人民检察院发布的《关于贪污、受贿、投机倒把等犯罪分子必须在限期内自首坦白的通告》和全省、全区反贪污反贿赂侦查工作会议精神，受理相关经济案件 56 案 87 人，立案侦查 32 案 61 人，其中，大要案 12 案 21 人。逮捕经济犯罪分子 15 人，提起公诉 10 案 14 人，为国家挽回经济损失 73 万元。1991—1997 年，受理各类经济案件 198 案 276 人，立案侦查 62 案 107 人，提起公诉 28 案 38 人，为国家挽回经济损失 341 万余元。其间，受理各类税务案件 9 案，维护税款 18 万元。1998 年后，随着《中华人民共和国刑法》《中华人民共和国刑事诉讼法》的修订，对检察机关自侦案件的管辖范围从主体、涉嫌罪名进一步严格限定。至 2007 年，共受理经济案件 199 案 270 人，逮捕犯罪嫌疑人 13 人，为国家挽回经济损失 765 万余元。2004 年，县反贪污贿赂局被甘肃省检察院记集体二等功。

2008 年，县人民检察院加大对退耕还林资金管理投放环节中出现的职务违法等问题的查处力度，实行分工办案制度，立案侦查贪污、挪用公款等职务犯罪案件 9 案 23 人，为国家挽回经济损失 52 万余元。2009 年后，建立与县公安机关信息资源共享机制，与县纪检监察及行政执法部门移送案件机制，与工商、税务、电信、金融部门涉案信息快速查询和公共服务行业协作执法机制；开展讯问职务犯罪嫌疑人同步录音录像工作。至 2012 年，共受理贪污贿赂犯罪案件 26 案 47 人，立案侦查 21 案 39 人，其中重大案件 7 案 23 人，判决 6 案 18 人；为国家挽回经济损失 219 万余元。

第四节 渎职侵权检察

1986 年起，县人民检察院重点加强对侵犯公民人身权利、玩忽职守、重大责任事故"三类"渎职侵权案件的查处。至 1990 年，县检察机关共受理各种法纪案件 29 件 43 人，经初查，立案侦查 10 案 20 人；侦查终结提起公诉 4 案 8 人，免于起诉 4 案 6 人，转有关单位处理 2 案 3 人，决定逮捕人犯 3 人。

1991 年，贯彻全国第二次"侵权""渎职"案件侦查工作会议精神，重点打击各类侵犯公民人身权利、民主权利的犯罪活动。至 1995 年，共受理各类法纪案件 56 件，经初查，立案侦查 12 案 18 人，侦查终结移送起诉 7 案 8 人，免于起诉 1 案 3 人，撤销案件 1 案 2 人，移交有关部门处理的 3 案 5 人。

1996—2005 年，以查办司法和行政执法工作人员徇私舞弊、刑讯逼供、非法拘禁、玩忽职守等职务犯罪案件为重点，共受理各种法纪案件 88 案 199 人，经初查，立案侦查 21 案 48 人，侦查终结移送起诉 14 案 30 人，免予起诉 3 案 3 人，撤销案件 1 案 3 人；作其他处理的 67 案 151 人。2006 年后，严格治理商业贿赂，尤其对退耕还林、土地征用等国家工作人员渎职犯罪问题，严加查处。至 2012 年，共受理各种渎职侵权案件 14 案 16 人，立案侦查 8 案 12 人。

第五节 控告申诉检察

1986—1987 年，县检察机关落实"信访、控申工作要多办实事，多解决问题"的部署，推行检察长"接待日制度"，共受理群众来信来访 140 件次。转有关单位处理 59 件，自行查办 67 件，直接答复 4 件，存查 10 件，对转办的信访，清理催办 2 次。

1988 年，在控告申诉检察科成立"经济、法纪罪案举报站"，实行受理群众控告申诉与接受经济、法纪罪案举报相结合。1995 年 1 月 1 日，《中华人民共和国国家赔偿法》施行，刑事赔偿由控告申诉检察科办理。至 1998 年，共受理控告、申诉和其他信访 514 件次，其中首次信访 444 件次，重复信访 70 件次；收到群众举报信 294 件，其中，立案侦查贪污、受贿、玩忽职守等经济、法纪犯罪案件 75 案 106 人。

1999 年起，控告申诉工作在做好信访接待处理的基础上，突出农村社会稳定和举报宣传，防止群体性上访和越级上访。至 2003 年，共受理群众来信来访 427 件次，其中，首次信访 413 件次，重复信访 14 件次；受理群众举报、投诉 228 件，其中，立案侦查贪污、受贿、玩忽职守等经济、法纪犯罪案件 32 案 49 人。

2004—2005 年，控告申诉检察工作以处理涉法涉检上访，群体性信访和突发事件，化解和减少不安定因素为重点，集中开展大接访活动。受理群众来信、来访 140 件次，其中首次信访 139 件次，重复信访 1 件；受理职务犯罪举报线索 56 件；排查清理出涉法涉检上访 8 件，其中刑事赔偿 5 件，刑事申诉 1 件，不服处罚决定 1 件，不服法院行政判决 1 件。经审查，控告申诉部门立案复查 7 件。8 件涉法上访全部办结，上访人全部罢访息诉。2006 年后，开展"下访巡访"活动，从社会各界聘任信访员，建立信访联络联系点。至 2012 年，受理群众来信来访 270 件 289 人次，其中，检察长接待来访群众 44 人次，审结刑事赔偿案 1 件 1 人，赔偿金额 12.36 万元，奖励举报有功人员 6 案 10 人。

第六节　民事行政检察

1991年，县检察机关成立民事行政检察科。1994年，开始办理民事、行政申诉案件。依照法律规定对人民法院的民事审判与行政诉讼活动进行法律监督，主要方式是依法对人民法院已经生效的民事、行政判决、裁定提出抗诉或提出检察建议。至2007年底，共审查人民法院一审民事、行政判决裁定1656件，受理申诉案件56件，经审查，立案审查30件，其中，提请上级检察院抗诉13件，建议提请抗诉1件，免于起诉的2件，终止审查14件；对不服正确裁判的87件申诉，做耐心的说服解释工作，使之服判息诉。

2008年后，重点加强对民事审判和行政诉讼的监督，畅通民事、行政案件的申诉渠道、整合信息资源，改善民事、行政检察工作环境。至2012年，共受理民事申诉案件17件，立案审查10件，提请抗诉5件，向县法院发出再审检察建议3件，向行政执法部门发出检察建议1件，发出《民事督促起诉书》2件。

第七节　职务犯罪预防

2004年6月，县人民检察院开始职务犯罪预防工作。先后在全县金融系统、国税系统、烟草系统、教育系统、电力系统开展职务犯罪预防教育活动。至2007年底，建成警示教育基地1处，共开展专题讲座16次，开展预防和警示宣传教育活动18次，受教育人数达5000多人。

2008—2012年，坚持从源头上预防、根本上治理。先后在县税务系统、食品药品监管系统、电信系统等单位开展职务犯罪预防宣传活动14场（次）；按照"一案一分析、一案一调研、一案一建议、一案一回访、一案一教育"的要求，向发案单位发出检察建议12份。在长庆水电厂、县信用联社等单位开展职务犯罪预防讲座84场次；组织长庆油田综合服务处、水电厂职工参观警示教育基地85人次；开展预防咨询90次，发现和处置职务犯罪线索6件；开展专项预防23个；完成行贿犯罪档案查询186次。

第八节　监所检察

县检察机关对监所的监督检察始于1950年，主要协助县公安机关搞好监所安全防范、促进人犯改造。1987年起，县检察院派出检察员进驻看守所，实行驻所检查制度。至1996年，对县看守所进行检查233次，给人犯讲法制课47次，进行个别谈话教育355人次，查出并收缴违禁品1172件，查处在押人犯再犯罪案件1案1人；回访考察缓刑、假释、管制、暂予监外执行、保外就医"五种人"190人次。

1997—2002年，重点对已决犯执行刑罚情况进行监督。对县看守所进行安全检查130次，专项清查3次，查出并收缴违禁品73件，解决人犯合理化要求77件，提出口头建议8条、书面建议19件，纠正违法76次，纠正超期羁押3人，办理在押人犯再犯罪案件1案2人，受理人犯申诉4件，回访考察监外执行的"五种人"178人次。

2003年后，重点对超期羁押情况进行清理清查和监督检察。至2005年，对县看守所进行安全检查67次，专项清查3次，解决人犯提出的合理化建议19件，发出检察建议21份，依法提出监督意见 18 次，纠正违法 5 次，清理并监督纠正二审审判环节超期羁押 5 案 11 人。

2006—2012 年，开展核查纠正监外罪犯脱管、漏管，超期羁押，刑事拘留后转治安处罚等专项检查活动。开展驻所安全检查 106 次、联合安全检查 5 次，召开联席会议 18 次，给人犯上法制课 38 次、个别谈话 175 人次，发出口头、书面检察建议 32 份（条），对 3 名脱管、漏管罪犯执行收监，清查超期羁押 5 案 6 人。

图11-8-1　正气碑

第十二章　审判

1986—2012年，人民法院依法开展刑事、民商、经济、行政等审判工作，严厉打击刑事犯罪、严格审判执行、严肃审判监督，依法开展民事调解，全力维护全县社会公平正义。

第一节　机构

1985年，庆阳县人民法院升格为副县级建制。1986年，县法院设办公室、刑事审判庭、民事审判庭、经济审判庭，辖驿马、马岭、桐川、白马铺、城关5个人民法庭；有干警31人。

1990年，增设行政审判庭。1993年，增设执行庭。1994年，增设玄马、蔡家庙人民法庭。1995年，增设告诉申诉庭。1997年，增设土桥、太白梁人民法庭。1998年，增设司法警察大队。2002年9月，庆阳县人民法院更名为庆城县人民法院，增设审判监督庭，撤并城关、玄马、蔡家庙、土桥、太白梁5个人民法庭，民事审判庭更名为民事审判第一庭，经济审判庭更名为民事审判第二庭，告诉申诉庭更名为立案庭。2004年，增设执行局，与执行庭合署办公；增设政工科，与办公室合署办公。2009年，增设信访室，与立案庭合署办公。2010年，政工科与办公

图12-1-1　县法院综合大楼

室、信访室与立案庭、执行局与执行庭均分设办公。2012年，增设审判管理办公室。

2012年底，县法院设办公室、政工科、刑事审判庭、民事审判第一庭、民事审判第二庭、行政审判庭、执行局、执行庭、立案庭、审判监督庭、审判管理办公室、法警大队、信访室等13个机构和驿马、马岭、白马铺、桐川4个人民法庭。全院干警107名，其中：四级高级法官2名，一级法官9名，二级法官14名，三级法官15名，四级法官15名，五级法官7名。县法院先后5次被省高级人民法院授予先进集体称号；10人被省高级人民法院授予"人民满意的好法官"、"全省法院先进工作者"称号。

第二节　审判　执行

一、刑事审判

1986—1997 年，根据《中华人民共和国刑法》和《中华人民共和国刑事诉讼法》，县法院累计受理各类刑事案件 1342 件 2198 人。此间，刑事案件呈逐年上升趋势，尤以盗窃案件居多，累计达 560 件 947 人；1991 年，成立"少年刑事审判合议庭"，对县检察院提起公诉的孔某军、宋某龙等少年团伙盗窃案作出 1 人免于刑事处分，4 人减轻处罚的判决，最大限度挽救失足青少年；探索刑事审判方式改革，推行简易程序的适用，简便审理的案件达 66% 以上，年均结案率达 98.7%。

1998—2001 年，根据修订后的《中华人民共和国刑法》和《中华人民共和国刑事诉讼法》，累计受理各类刑事案件 612 件 1123 人。其中，盗窃案 178 件 380 人，破坏易燃易爆设备案 19 案 73 人。1999 年，对多次盗割油田输油管线，盗窃原油数额巨大的黄某胜、辛某川等处以 10 年以上有期徒刑。

2002—2008 年，依法打击侵犯群众人身财产安全的抢劫、抢夺、盗窃等多发性犯罪，重点打击故意伤害、强奸等暴力犯罪和破坏电力、易燃易爆设备犯罪，共受理各类刑事案件 1321 件。2008 年，审处故意伤害、强奸、破坏电力、易燃易爆设备案件 148 件 260 人，判处 5 年以上有期徒刑 33 人，10 年以上有期徒刑 12 人，15 年以上有期徒刑 9 人。

2009 年，根据中央关于"规范裁量权，将量刑纳入法庭审理程序"改革的总体部署，从 2010 年 10 月 1 日起，交通肇事、故意伤害、强奸、非法拘禁、抢劫、盗窃、诈骗、抢夺、职务侵占、敲诈勒索、妨害公务、聚众斗殴、寻衅滋事、掩饰隐瞒犯罪所得、走私贩卖运输制造毒品等 15 类犯罪纳入规范化量刑，统一法律适用标准。至 2011 年，审处各类刑事案件 526 件。

2012 年 3 月后，县法院根据第二次修正的《中华人民共和国刑事诉讼法》，进一步完善审判程序和执行等刑事审判诉讼制度；严格区分罪与非罪，此罪与彼罪的界线，准确把握宽严相济的刑事政策，稳、重、狠地打击各类犯罪，全年共受理审结各类刑事案件 193 件。

二、民商事审判

（一）案件审理

1986—1991 年，县法院受理各类民事案件 2393 件，审结 2145 件（其中，调解结案 1565 件）；经济审判庭受理经济案件 83 件，审结 83 件（其中，调解 58 件）。1992—2001 年，县法院受理各类民事案件 6049 件，审结 6032 件。其中，审理农村土地承包经营权流转纠纷案件 176 件、侵害农民工利益纠纷案件 76 件、劳动争议纠纷案件 37 件，经济审判庭审理企业改制案件和破产案件共 22 件。2002 年，全县保留马岭、白马、驿马和桐川 4 个人民法庭，集中办理辖区内的民商事案件。2012 年 8 月后，县法院根据第二次修正的《中华人民共和国民事诉讼法》，进一步规范民商事审判。至当年底，共受理民商事案件 8858 件，结案率达 100%。

（二）诉讼调解

县法院继承和发扬"马锡五审判方式"，在各个不同的历史时期，结合社会现状和司法政策，创出了"调解六法"（典型案例对比法、成功人士引导法、真诚情感感化法、法律政策释明法、巧借外力助推法、启发换位思考法）经验。2005 年 7 月，全市法院民商事调解工作现场会在庆城召开，县法院的"调解六法"经验在大会上作了交流推广。1986—2012 年，县法院平均调解率达 90% 以上。

（三）指导民调

县法院依据2006年10月修订的《中华人民共和国人民法院组织法》，安排乡镇人民法庭负责指导辖区内人民调解工作，并逐年探索和总结出"以案讲法""现场办案"的"司法调解与人民调解相结合"工作经验，为维护农村社会稳定发挥了重要作用。2007年，驿马法庭李若斐被评为"全省指导民调工作先进个人"。

（四）司法确认

2010年至2012年，县法院共受理司法确认案件167件，审结167件。

三、行政审判

1990年，县法院受理各类行政诉讼案件5件，审结5件。1991年2月5日，马岭村村民徐某就马岭派出所对其作出的赔偿损失、负担医疗费用裁决向庆阳地区公安处申请复议，庆阳地区公安处维持了原裁决。徐某不服，遂向县法院提起行政诉讼，请求撤销两级公安机关的处罚裁决，是为全县行政诉讼第一案。经县法院合议庭评议后，提交审判委员会讨论决定，作出撤销庆阳地区公安处复查裁决书和治安行政处罚复查裁决书，并由县公安局对徐某、徐某某重新作出行政处罚的决定。判决书送达后，双方当事人均表示服判，不要求上诉。1991—2000年，行政案件类别有30余种，几乎涉及政府行政管理的所有领域，尤其是与农民切身利益密切相关的行政诉讼案件的比重逐年增加。共受理行政诉讼案件75件，审结73件，其中：涉及公安15件、土地11件、城建8件、交通10件、工商2件、乡镇20件、其他9件。在判决的行政案件中，原告的胜诉率呈逐年上升趋势，行政机关败诉的主要原因则是程序违法。

2001—2005年，共受理行政诉讼案件39件。其中，行政机关胜诉17件，原告撤诉或协调处理11件，案件审判质量高于全国同期平均水平。同时，依法受理并执行非诉行政执行案件246件，开创了行政审判工作新局面。2006—2012年，共受理行政案件19件，审结19件，持续实现行政案件零抗诉、零发改、零上访。

四、执行审判

1991年4月后，审判和执行工资分离。至1996年，共受理执行案件293件，标的额216万元；执结289件，标的额210万元。

1997年后，民事案件快速增多，移送执行的案件大幅上升，每年达到220件左右。1998—2006年，最高人民法院和中央相关部委下发文件，要求彻底解决人民法院执行难问题。县法院提出诉前保全"早"执行，注重调解"快"执行，因案设策"巧"执行，严格程序"硬"执行的工作思路，在全市率先推行"执行合议""债权凭证发放""执行时效流程管理""执行财产申报""执行举证责任、风险告知"等5项制度，有力推动执行工作的开展。至2006年底，共受理执行案件2026件，标的额5110万元，执结1991件，标的额5090万元。其间，2000年6月，县城某处违章建筑引起社会强烈反响，县城建局依法申请县法院强制执行拆除。立案后，县法院审委会全体成员现场勘查，制定执行方案，并集体同当事人谈话，要求其自行拆迁。在劝说无果的情况下，县法院抽调50余名干警，在县检察院、公安、工商、土地等部门的协助下，动用大型工程机械3台，历时8小时，依法强制拆除违章建筑14间、202平方米。

2007年1月起，县法院所有执行案件信息登录全国人民法院执行案件信息管理系统，执行工作实现网络化、信息化管理。2009年，根据最高人民法院关于在全国开展集中清理执行积案活动的部署，建立由县委政法委领导、法院主办、相关部门配合、全社会广泛参与的执行工作协调联动机制，执行历年积案453件。2010年后，县法院开展"创建无执行积案法院"和"执行规范年"

等活动，在"死案活执"上下功夫，狠抓案件执结率和执行标的到位率。至 2012 年共受理执行案件 404 件，执行案件结案 404 件。

五、审判监督

1998 年起，县法院对所有审执结的全部案件进行质量评查，并实施错案和执法过错（后统称为执法差错案件）责任追究制度。错案和执法差错案件的界定由审判委员会负责，主要对重大疑难案件进行研究把关。2002 年，首创案件运行通报制度，每月由立案庭将全院审判案件和执行案件的收案、结案情况及每个审判员、执行员每月结案情况进行通报。2003 年，实行执法差错案件点评制度，由主管院长对执法差错案件分析点评。同时，注重听取人大代表、政协委员、执法监督员对县法院工作的意见和建议，经常向社会发放征求意见函，接受社会监督。

2004 年，县法院以"审判质量年"为契机，建立案件流程管理、质量管理和社会效果管理三种机制，通过强化责任、审批督办、错案追究、讲评提高等综合措施，确保把每一起案件办成经得起历史检验的"铁案"。当年刑事案件结案率为 97.8%，上诉案件维持率为 94%，审判质量居全市法院系统前列。2009 年，按照"结案即查，一案一查，一案两卡存档"的要求，全面加强案件评查工作，案件质量优质率达 81.76%。2010、2011、2012 年案件质量优质率分别达到 97.82%、99.38%、96.82%。

第三节　立案　信访

一、立案

1986 年 1 月至 1990 年 4 月，县法院的立案由各办案庭自行负责，再审案件由原办案庭以外的人员另行组成合议庭审理；民庭以外的再审案件，一般由民庭组成合议庭审理；民庭办结的案件进入再审的，由民庭以外的其他庭审理。1990 年 4 月起，由告诉申诉庭负责信访工作和再审案件的审理，立案仍由各办案庭负责。1992 年 6 月，告诉申诉庭开始负责立案工作，全院各庭统一到告诉申诉庭立案。1994、1995 年，各庭室恢复自行立案，立案后由告诉庭办理登记。1996 年，实行"立审分立""审监分立"制度，取消各庭室自行立案，全院实行统一立案、统一收费，有效避免了"乱立案、乱收费"问题。1999 年 5 月，撤销告诉申诉庭，成立立案庭和审判监督庭，进一步完善"立审分立""审监分立"制度。同时，为方便农村当事人诉讼，从 2002 年下半年开始，实行基层法庭代为立案制度；为方便外地当事人诉讼，从 2003 年 7 月开始，实行信函立案和网上立案制度。

二、信访

1986—2002 年，县法院信访工作由告诉申诉庭负责。其间，按照"谁主管，谁负责，分级负责，归口办理"的原则，严格执行《信访条例》、领导包案制、信访责任倒查制等规定，对信访案件实行归口管理、责任到人，限期结案，共接待来信来访 2710 余人次。2003—2008 年，共接待来信来访 1530 余人次。

2009—2012 年，共受理涉诉信访件 103 件，其中，院长接待日共接待群体性上访人员 6 批 348 人次。

第十三章　司法行政

　　1986—2012 年，全县司法行政工作坚持推行普法与创新、拓展与规范法律服务相结合，夯实基层基础，加强队伍建设，充分发挥职能作用，为推进全县民主法制进程和维护社会稳定谱写出新的篇章。

第一节　机构

　　1986 年，庆阳县司法局成立，辖县第一、第二法律顾问处和公证处；7 月，县第二法律顾问处移交西峰市；9 月，全县 17 个乡镇均建立乡镇司法服务所，每所配备专职和兼职司法助理员各 1 名；至年底，局机关有职工 14 名。2002 年，庆阳县司法局更名为庆城县司法局，设人秘、法制宣传教育、基层服务 3 个股室，辖公证处、律师事务所，编制 12 名。2008 年 7 月，乡镇司法服务所由双重领导改为县司法局直属，全县司法系统核编 56 名。2011 年，县司法局增设安置帮教、社区矫正股。2012 年，县司法局设人秘、法制宣传教育、基层服务、安置帮教、社区矫正 5 个股（室），辖乡镇司法服务所 17 个、甘肃陇凤律师事务所、县公证处、县法律援助中心；全系统共有职工 91 名，其中，局机关 17 名、乡镇司法服务所 60 名、律师事务所 3 名、公证处 6 名、法律援助中心 5 名。

第二节　普法宣传

"一五"普法

　　1986—1990 年，全县开展"一五"普法活动。重点对象是工人、农民、知识分子、干部、学生、军人和城镇居民中一切有接受教育能力的公民。主要内容是中华人民共和国《宪法》《民族区域自治法》《刑法》《刑事诉讼法》《民事诉讼法》《婚姻法》《继承法》《经济合同法》《森林法》《兵役法》和国务院《治安管理处罚条例》。全县成立普法工作领导小组，定购普法教材，制订普法工作规划；乡镇和县直部门成立相应机构，确定专人负责普法工作。其间，领导小组组织开展督促检查，对 2000 多名干部进行普法测试。1990 年，经全区统一组织验收，被评为"一五普法合格县"。

"二五"普法

　　1991—1995 年，全县开展"二五"普法活动。除"一五" 普法对象外，增加企业厂长经理。内容以宪法为核心，以专业法为重点，主要有中华人民共和国《义务教育法》《行政诉讼法》《刑法》《国旗法》《土地法》《婚姻法》《集会游行法》《森林法》《统计法》《农业法》《民法通则》和国务院《计划生育条例》《治安管理处罚条例》等。其间，举办乡镇司法助理员和县直单位普法骨干培训班 2 期，县直、乡镇单位主要负责人、厂长（经理）普法培训班 4 期，其他各类法律培训班 92 期。1994 年，县委、县政府批转下发《庆阳县依法治理和民主管理乡村的实施意见》，当年在玄马、高楼、翟家河、桐川、安家寺 5 个乡开展依法治理民主管理乡村工作试点，县财政拨款 1 万多元，抽调 135 名学法普法骨干分三个组，从 3 月 9 日开始，在 5 个乡组织学法活动 521 场次，处理各类矛盾纠纷 372 件，收回拖欠公款 10.72 万元，拖欠公购粮 16.5319 吨，兑现义务工 728 个，收回超计划生育罚款 9640 元，恢复蚕食道路 38 条。1995 年，在蔡家庙、葛崾岘、熊家庙、南庄、太白梁、冰淋岔、土桥、蔡口集、赤城、庆城、驿马、马岭、川铺、白马铺 14 个乡镇开展学法活动 1480 场次，处理各类矛盾纠纷 1740 件，收回拖欠公款 12.14 万元，收回拖欠公购粮 13.4 万千克，兑现义务工 1240 个，收回超计划生育多子女费 14780 元，制定"规范化管理规定" 63 章 1089 条，建立健全规章制度 789 条，完善各类机构 64 个。至此，全县 19 个乡镇 183 个行政村得到依法治理。1995 年，经全区组织验收，被评为"二五普法合格县"。

"三五"普法

1996—2000 年，全县开展"三五"普法活动。重点对象是县处级以上领导干部、司法和行政执法人员。主要内容是中华人民共和国《宪法》《行政处罚法》等 19 部法律法规。方法是采取法制宣传教育与法制实践相结合，全面推进依法治理社会各项事业。1998 年，县委成立以县委书记任组长的全县依法治县工作领导小组；县委中心学习组安排县级、科级干部法律知识讲座 16 次；全县组织法律知识考试 4 次，参加普法考试干部职工 6000 多名，占干部职工总数的 90% 以上。2000 年，经全区组织验收，被评为"三五普法合格县"。史明叙被授予"全省三五"普法先进个人。

"四五"普法

2001—2005 年，全县开展"四五"普法活动。重点对象除"三五"普法参加人员外，增加青少年、企业管理人员。这次普法围绕实现"两个提高，两个转变"开展，即努力实现由提高全民法律意识向提高全民法律素质转变，由注重依靠行政手段管理向注重运用法律手段全面提高社会法治化管理水平转变。主要普法内容有中华人民共和国《土地法》《婚姻法》《税收征管法》《民法》《青少年权益保障法》等 21 部法律法规。其间，县依法治县办公室印发《关于进一步加强未成年人法制教育工作的通知》，对全县未成年人法制教育工作的重大意义、工作措施、组织领导等提出具体意见。2003 年重点宣传中华人民共和国《传染病防治法》《价格法》等法律法规。组织对全县 35 名副县级干部、335 名科级干部和 4890 名一般干部分别进行法律法规知识考试，并为每个考试干部健全学法档案。2005 年，通过全市普法工作验收。县司法局被评为全省"四五"普法先进集体，全县普法工作领导小组组长、县委副书记张刚宁被评为全省"四五"普法先进个人。

"五五"普法

2006—2010 年，全县开展"五五"普法活动。重点对象是全县科级干部、公务员、青少年、企业管理人员和农民。这次普法以法律进机关、进乡村、进社区、进学校、进企业、进单位的"六进"活动为载体。其间，县司法局将"五五"普法内容编成七言句，印制成《普法年历》，发放给每个普法对象，并下发"五五"普法教材 8465 册；组织 4 名专职司法干部对乡镇、村组（社区）干部进行普法专题辅导讲座 21 场次；组织全县 417 名干部参加全市政法系统读书答卷暨法律知识竞赛活动；与县教育局先后联合举办"法治和谐颂""平安校园"大型文艺晚会、法制系列讲座 32 场次；与县电视台合办《法制新时空》栏目；创办《五五普法阅读》期刊、开通庆城司法行政网站、建立手机短信普法平台。庆城县被中宣部、司法部授予"全国法制宣传教育先进县"称号；县司法局局长徐四孝、玄马镇党委书记孙文江被省委、省政府授予"全省法制宣传教育工作先进个人"称号。

"六五"普法

2011 年起，全县开展"六五"普法活动。这次普法对象是全体公民，重点是各级领导干部和

行政执法人员。县委、县政府批转县委宣传部、县司法局《关于在公民中开展法制宣传教育的第六个五年规划》，县人大作出《关于进一步加强全县法制宣传教育的决议》，将法律"六进"延伸至监所服刑人员、社区矫正和安置帮教对象。至 2012 年，全县组建县、乡普法讲师团 18 个 112 人，培训县、乡镇和村组普法骨干 1716 名，全县各学校配备法制副校长 158 名，确定驿马镇等 17 个乡镇、县国税局等 6 个县直单位、驿马中学等 6 所中小学校为全县普法工作联系点；印发《干部职工法律知识读本》7000 册、《农民法律知识读本》5 万册，创办《六五普法阅读》月刊，每期向全县免费发放 2000 份。县司法局与县妇联、县法律援助中心、县律师事务所联合开展保护妇女儿童权益和打击毒品犯罪、酒驾、保障食品安全等集中法制宣传教育专项活动 4 次。

第三节　人民调解

1986—1991 年，全县坚持"调防结合，以防为主"的方针，县、乡镇均设人民调解工作指导委员会，行政村、居委会设人民调解委员会，自然村设调解小组，共有调解委员会 205 个，调解人员 2016 名。1987 年，对农村调解委员会进行组织整顿和业务培训。1988 年，各调委会全年受理各类民事纠纷为同期法院受理民事纠纷的 6.6 倍。1991 年，县司法局编写《庆阳县基层人民调解组织培训教材》，对乡镇 205 个调委会 2016 名调解员集中进行培训。至 1991 年底，全县调解各类矛盾纠纷 14611 件，调解成功 13149 件，预防可能引起非正常死亡或激化为刑事案件的纠纷 41 件、46 人，防止民间纠纷激化引起自杀 1 件 2 人，防止民事转为刑事 8 件 11 人。

1992—1999 年，根据国务院《人民调解委员会组织条例》，举办人民调解法律知识讲座 6 场次，整顿各级调解组织，以乡镇、村为主的三级调解网络在全县逐步形成。其中，一类调委会 123 个，二类调委会 82 个。在农村推行"十户调解员"，在城镇、企业建立矛盾纠纷信息员制度，形成"横向到边，纵向到底，上下贯通，左右协调"的人民调解格局。1999 年初，根据庆阳地区《关于集中开展民间纠纷大排查的意见》，成立民间纠纷大排查领导小组，抽组人员，向每个行政村委派 1 名脱产干部指导矛盾纠纷排查处理。至 1999 年底，全县调解各类矛盾纠纷 19787 件，调解成功 17808 件，防止民间纠纷激化为刑事案件 52 件 75 人次、民间纠纷引起自杀 21 件 32 人，制止群众上访 23 次、群体性械斗 14 次，挽回经济损失 45.47 万元。

2000—2007 年，根据上级《关于进一步加强民间纠纷排查调处工作意见》精神，全县健全和完善矛盾纠纷"月排查""零报告"制度、排查调处工作协调例会制度、信息上报制度和反馈等制度，重视解决各类社会热点和难点问题。对各行业和组织聘任的人民调解员进行培训，并颁发《人民调解员证》，推行"持证上岗制"和规范调解模式。2001 年 4 月，驿马司法所被司法部评为"人民满意的司法所"，史明叙被评为"全省人民满意的司法助理员"。至 2007 年底，全县调解各类矛盾纠纷 12290 件，调解成功 11553 件。是年 8 月，县司法局被省高级人民法院、省司法厅命名为全省优秀人民调解组织。

2008—2012 年，全县调解工作坚持"以人为本、调解优先、依法处理、防止激化"的原则，建立预防、排查、包案、调处、督查、回访、报告、培训、责任追究"九个机制"，编印《庆城县深入基层集中开展矛盾纠纷调处活动案例选编》，推广抓住时机适时调、及时介入主动调、有威望者协助调、职能部门联合调、结合法规合理调、换位思考真情调、田间地头现场调、控制节奏有序调、合并处理集中调、督促履行有效调的"人民调解十法"模式。制订《庆城县人民调解、

行政调解、司法调解衔接联动工作机制实施方案》《庆城县人民调解委员会管理办法》，县财政列支 10 万元为人民调解个案补贴经费。开展"重大社会矛盾和信访积案化解攻坚行动"和"人民调解工作推进年"活动，梳理重大疑难矛盾纠纷 64 件，建立台账，按照"一个问题、一名领导、一套班子、一个方案、一包到底"的办法，由 19 名县级领导挂牌督办。至 2012 年底，全县调解各类矛盾纠纷 10391 件，调解成功 10164 件。其间，庆城镇司法所被省司法厅评为"全省人民调解先进组织"，杨春林被司法部授予"人民调解能手"称号。

第四节　法律服务

律师事务

1986 年，庆阳县第一法律顾问处为 6 个单位担任常年法律顾问，办理经济法律事务 19 件，代理参与诉讼、调节、仲裁活动，承办刑事辩护案件 6 件，代理参加民事诉讼 3 件、非诉讼案件 8 起，解答法律咨询 143 件，代写法律文书 34 件。1987 年，第一法律顾问处更名为庆阳县律师事务所。1991 年 10 月，全区政府法律顾问工作现场会在县城召开。1992 年，事务所律师宇军对延安地区中级人民法院作出的长庆油田筑路处的判决提出 10 处错误，使这起四审四决的"败诉案件"受到陕西省检察院重视，为长庆油田筑路处挽回损失 181 万元。1994 年，律师事务所为 31 家国家机关、企事业单位担任法律顾问。1987—1994 年，累计办理各类法律事务 752 件；办理刑事辩护及各项代理 428 件；书写法律文书 239 件；解答法律咨询 1781 件；挽回各类经济损失 900 多万元。

1995 年，庆阳县律师事务所更名为庆阳陇凤律师事务所。1998 年 3 月，该所被省司法厅确定为全省基层法律服务"示范窗口"。至 2005 年底，律师事务所担任政府及企事业单位常年法律顾问 25 家，基层司法所担任企事业单位常年法律顾问 10 家，累计办理各类法律事务 833 件；办理刑事辩护及各项代理 512 件；书写法律文书 596 件；解答法律咨询 2568 件；挽回各类经济损失 2000 多万元。

2006 年，庆阳陇凤律师事务所更名为甘肃陇凤律师事务所，有执业律师 3 名，该所律师吕民国被甘肃省律师协会授予省级"优秀律师"。至 2012 年底，律师事务所 3 名执业律师为 12 家政府及企事业单位担任常年法律顾问，基层司法所为 15 家企事业单位常年担任法律顾问，累计办理各类法律事务 412 件；办理刑事辩护及各项代理 316 件；书写法律文书 396 件；解答法律咨询 1758 件；挽回各类经济损失 3200 多万元。2012 年，该所被国家司法部评为"律师参与化解社会矛盾先进集体"。

公证服务

1986 年，县公证处按照"以质量求生存，以信誉求发展"原则，对全县 3150 件黄花移栽合同进行公证，办理其他公证事项 3300 件，民事权利义务公证 25 件。至 1990 年底，先后对老区建设投资、贷款、扶贫项目，教师定点培训合同、劳务输出合同、公房租赁合同、县属企业承包合同等进行公证，办理民事法律关系、权利义务、经济合同公证等公证业务 14878 件、标的总额 4000 多万元，协助县农行、基层营业所回收沉淀资金 215.3 万元，收回财政支农资金 23 万元。

1991—1999 年，一般简单合同出证由办证人员审查；千元以上经济合同、房屋租赁等合同由公证处主任审查；万元以上经济合同以及一些影响较大，有一定难度公证事项由局务会集体审查。至 2000 年底，共办理各类公证 22327 件，其中，经济合同公证 19116 件，民事权利义务公证 3211 件；接受外地委托办证 12 件；制止经济合同违法犯罪活动 67 件，涉及金额 200 万元；预防经济纠纷 156 件，挽回经济损失 1400 万元。

2000 年后，县公证处遵循真实合法、回避、保密、直接、便民、使用中文和民族文字的六项基本原则，按照由申请与受理、审查、出具公证书（出证）三个环节开展公证活动。至 2012 年，累计办理各类公证案 14199 件。其中，公证民事案 13400 件（委托 3800 件、声明 2168 件、遗嘱 36 件、证据保全 72 件、公司章程 22 件、教师离职进修 168 件、劳务合同 7134 件）；公证经济案 799 件（承包 122 件、租赁 34 件、继承 183 件、赠予 134 件、抵押借款 213 件、招投标 113 件）。

法律援助

1999 年，"148"法律服务专线开通。当年接受咨询电话 40 次，接待来访 25 人次，提供上门服务 4 次，提供法律援助 15 件，避免和挽回经济损失 14 万元，甘肃省电视台"今日聚焦"栏目做了专题采访报道。2004 年 1 月，庆城县法律援助中心成立，对符合法律援助条件的公民进行法律援助服务，与县律师事务所合署办公。2005 年 8 月，县法律援助中心与县律师事务所分设。2006 年 10 月，全县 17 个乡镇（办事处）均成立法律援助工作站，每站均聘请法律志愿者 2 名；是年，县法律援助中心被省司法厅确定为全省基层法律援助示范中心。2012 年，县法律援助中心共有法律援助员 5 名，其中执业律师 1 名；主任车满瑞被评为全省"法律援助先进个人"；累计办理各种法律援助案 1387 件，挽回直接经济损失 1000 多万元。

安置帮教

1998 年，刑释解教人员安置帮教工作由县司法局负责。是年，全县有回归刑释解教人员 181 人，其中刑释 164 人，解教 17 人。1999 年，全县建有帮教组织 102 个，帮教人员 760 人，286 名"两劳"释解人员得到妥善安置。2001 年，对 1998 年以来全县的两劳释解人员重新登记，摸排出刑满释放人员 250 名，并对刑释解教人员作出妥善安置，其中 6 人回原单位，209 人落实承包地，35 人从事个体经营或其他职业。2003 年后，定期对刑释解教人员动向进行分析排查，各乡镇逐一建立正规的帮教档案，内容包括乡镇刑释解教人员花名册、帮教底册、"三帮一"帮教组织成员名单、回访记录等，做好衔接管控。当年回归 68 人，无一人重新犯罪。

2010 年 4 月，社区矫正工作开始。县政府成立以分管副县长为组长，县司法行政系统等部门主要负责人为副组长的全县社区矫正工作领导小组，先后制订《庆城县社区矫正分类管理办法（试行）》《庆城县社区矫正对象风险评估办法》；印制"社区矫正执行通知单"，确定县盛达砖瓦厂、县顺发养殖场为社区矫正人员技能培训基地；选择庆城、驿马镇司法服务所及其社区对 77 名矫正对象先行试点。至 2012 年，全县累计接收各类矫正对象 413 人。其中，缓刑 375 人，假释 9 人，暂予监外执行 11 人，管制 17 人，剥夺政治权利 1 人。

第十四章 民主党派和社会团体

1986—2012 年，庆城县各民主党派和社会团体，积极参与全县社会发展和经济建设，开展服务基层和服务群众的一系列活动，组织广大职工和群众投身全县改革开放和现代化建设，致力于民主管理、巾帼建功、文明家庭和文化事业建设，为推进全县物质文明、政治文明和精神文明建设发挥重要作用。

第一节 民主党派

一、民盟庆城总支部委员会

20 世纪 80 年代初，本县第一个民盟小组诞生，时有盟员 3 名，隶属民盟庆阳地区支部。1990年初，成立民盟庆阳县支部，辖长庆石油勘探局机关、长庆石油勘探局第二采油厂、县属 3 个小组，由民盟甘肃省委直辖。1995—1996 年，相继成立长庆石油勘探局机关、长庆石油勘探局第二采油厂、庆城、驿马 4 个支部。1996 年 10 月，成立民盟庆阳县总支部委员会。2003 年，更名为民盟庆城总支部委员会。至 2012 年底，盟员总数 67 名。

1990—2012 年，民盟多位成员担任县政协委员、人大代表，就县域和长庆油田的政治、经济、文化、教育、卫生、科技、"三农"、精神文明、法制建设、地方和油田协作等方面提出意见和建议，许多被采纳办理。其间，在驿马中学、冰淋岔初中、韦老庄小学资助 18 名失学学生使其分别完成初、高中学业，其中 1 名考入重点高校，7 名考入普通高校，2 名考入大专。总支和各支部分别在长庆油田和县域辖区学校开展爱国主义教育和"手拉手"联谊活动，并为冰淋岔初中捐赠全套初中理化教学实验设备。

二、民进庆城总支部委员会

1987 年，中国民主促进会在庆阳县吸纳第一位会员。1997 年 12 月，民进长庆支部在长庆石油勘探局成立，会员由长庆局庆阳子弟总校 6 名教师组成。2005 年，会员人数发展到 16 人，主要分布在长庆石油勘探局长庆总校及陇东中学、庆城中学。2005 年 5 月，成立民进庆城县总支委员会，设长庆和凤城支部；2009 年 12 月，设陇东中学、庆城中学、长庆中学 3 个支部。至 2012 年 12 月，民进庆城总支部委员共有会员 39 人。

第二节 社会团体

一、县总工会

（一）基层工会

1986 年，庆阳县总工会系统有工会 13 个，乡镇工会 4 个，基层工会 62 个，工会会员 3719 名。2012 年，庆城县总工会系统有工会 27 个，乡镇工会 17 个，基层工会 402 个，会员 23802 名。其中，非公企业工会、农民工会 217 个，会员 15273 名；命名"模范职工之家"137 个。2002—2010 年，

县总工会先后 3 次被全国总工会评选为全国工会干部教育培训工作先进集体；2008 年，被省总工会评为全省五好县（区）工会。

（二）代表大会

1988 年 5 月 24 日，庆阳县总工会第五次代表大会在县城召开，出席代表 98 名，特邀代表 6 名。选举产生县总工会第五届委员会委员 9 名；选举任世儒为总工会主席，张润梅（女）为副主席，任世儒为出席甘肃省总工会第七届代表大会代表。大会提出团结和动员全县职工，为振兴庆阳，全面开创社会主义现代化建设新局面而奋斗的目标。

1993 年 6 月 8 日，庆阳县总工会第六次代表大会在县城召开，出席代表 105 名，特邀代表 8 名。选举产生庆阳县总工会第六届委员会委员 11 名，选举张润梅（女）为总工会主席，蒋秀萍（女）为副主席，张润梅（女）为出席甘肃省总工会第八次代表大会代表。大会提出要把吸引职工推动社会生产力发展和维护职工利益统一起来，实现工会工作群众化、社会化而奋斗的目标。

1998 年 6 月 9 日，庆阳县总工会第七次代表大会在县城召开，出席代表 140 名，特邀代表 20 名。选举产生庆阳县总工会第七届委员会委员 11 名，大会选举张润梅（女）为主席，文连武为副主席。大会提出全县工人阶级要为庆阳改革稳定发展而努力奋斗的目标。

2003 年 4 月 23 日，庆城县总工会第一次代表大会在县城召开，出席代表 122 名，特邀代表 19 名。选举产生庆城县总工会第一届委员会委员 13 名，选举邹满有为主席，文连武为副主席。大会提出全县各级工会要依照法律和章程创造性地开展工作，为实现做好党的群众工作而努力奋斗的目标。

2008 年 12 月 8 日，庆城县总工会第二次代表大会在县城召开，出席代表 156 名，特邀代表 20 名。选举产生庆城县总工会第二届委员会委员 13 名，选举何守福为主席，文连武、王桂丽（女）为副主席。大会提出务实创新、开拓进取，为团结和动员全县广大职工推动全县经济社会全面进步而奋斗的目标。

（三）民主管理与维权

1986 年起，在全县陆续成立的各类基层工会中落实会员大会或职工代表大会制度，每个工会每年召开一次全体会员大会，累计提交议案 1142 件，审议同意 996 件。1989 年，全县 12 户企业实行厂级、车间、班组三级民主管理制度。1996 年，28 户企业推行平等协商和集体合同制度；1999 年，37 户企业推行厂务公开制度，145 户企业签订集体合同。2000—2012 年，在全县 140 个事业单位中，推行院务、校务、所务公开制度，在 99 个企事业单位建立职工代表大会制度，在 31 户集体企业中签订集体合同；配合解决劳动争议、劳动纠纷、劳动伤害案等维权案件累计 168 起，追回职工医疗费 2.57 万元、拖欠职工工资 276.47 万元、农民工工资 87.6 万元。

（四）主要活动

帮扶慰问　1986—2012 年，采取自己筹、上级拨、职工捐、财政拿等办法，共集资 197.81 万元，累计帮扶慰问各类弱势群体和模范人物 9122 人。其中，投入帮扶资金 140.3 万元，帮扶贫困企业下岗职工、困难职工 6794 人次；投入慰问金 21.7 万元，慰问劳动模范、武警战士、交巡警干警、城镇清洁工人 833 人次；投入 32.6 万元，向特困职工、贫困大学生、复转军人、病伤工会干部、单亲和留守儿童开展 "送温暖献爱心""金秋助学"等活动 49 次，资助 423 人次；向汶川、玉树地震、舟曲泥石流和县内受灾群众发生的洪涝等自然灾害捐款 1.63 万元；向太白梁、南庄等乡镇实施修路、基础设施建设捐款 4.13 万元。

技术协作与创新　1987—1996 年，在县邮电、教育、金融等系统进行各类形式的岗位练兵、技术比武 70 项 19 次，参加职工 1686 人次。1987—2004 年，完成全县技术革新创新项目 105 项（含发明2项），创经济效益109.4万元。2005年，在全县96个工会中举办汽车驾驶、计算机、电器维修、烹饪4个工种技能创新比赛21场次，参赛职工2016人次。2011—2012年，获省、市技术创新成果一等奖2项、三等奖1项。

合理化建议与劳动竞赛 1986—2012年，组织全县职工累计提出合理化意见建议19011条，采纳实施9398条，创经济效益350.2万元。1991—2008年，以"质量、品种、效益年"为主要内容，先后组织开展万名职工岗位练兵比武竞赛活动4次。2005年，县总工会被评为全省百万职工岗位练兵比武竞赛活动先进组织单位。2009—2012年，组织72个企事业单位工会分批开展行业技能劳动竞赛活动，参赛职工8055人次。

职工教育与文体活动 1986—2012年，建立和开展"三室一场"（职工活动室、职工阅览室、职工图书室、职工体育场）活动，组织成立自学读书小组125个，参加读书职工1642名；举办各类培训班81期，参加培训34940名，其中，参加行业岗位培训取得合格证书301名；组织职工参加各级各类知识竞赛活动1649人次。1987年国庆节期间，举办职工书画展，28幅职工作品参加省、地书画作品大展赛，5幅获全区一等奖、2幅获全省二等奖。1990年春节期间，乡镇基层工会组建7个社火队，巡回演出124场次。1994年，县直系统工会1185名女职工开展"迪康杯"全国职工迎，'95世界妇女知识竞赛。2009—2012年，累计举办全县职工篮球、排球、乒乓球、象棋和田径等体育赛15场次，参赛职工18144人次；举办职工书画展、歌咏、书法和大小型演唱会等文化艺术赛11场次，参赛职工549人次。

二、共青团县委

（一）基层组织

1986年，庆阳县有基层团委35个、团总支部29个、团支部517个，有团员9934名。2012年底，庆城县有基层团委64个、团总支部13个、团支部221个，团员13034名。团县委先后被共青团甘肃省委、庆阳市委评为"全省西部计划优秀项目办""全省书信大赛优秀组织单位""全市优秀青年志愿者工作集体"。

1988年，中国少年先锋队庆阳县工作委员会（以下简称"县少工委"）成立。2009年，县少工委被团中央、全国少工委确定为县级少工委试点单位；同年10月，团县委、县少工委承办全省少年先锋队试点工作现场会，召开中国少年先锋队庆城县第一次代表大会。2012年，庆华小学少先大队、庆城小学第十三中队先后被团中央、全国少工委评为"全国优秀少先队集体"。

（二）代表大会

1987年5月15—16日，共青团庆阳县委第九次代表大会在县城召开，出席代表144名。大会听取和审议郭君琪代表共青团庆阳县第八届委员会所作的题为"坚持四项基本原则，带领青年脱贫致富，努力开创全县共青团工作新局面"的工作报告；选举15人组成共青团庆阳县第九届委员会，郭君琪为书记，王保民为副书记。

1990年6月8—9日，共青团庆阳县第十次代表大会在县城召开，出席代表175名。大会听取和审议王保民代表共青团庆阳县第九届委员会所作的题为"以老区精神为动力，以培养四有新人为目标，在振兴庆阳的伟大实践中锻炼成长"的工作报告；选举17人组成共青团庆阳县第十届委员会，王保民为书记，石振海为副书记。

1998年3月17—18日，共青团庆阳县第十一次代表大会在县城召开，出席代表184名。大会听取和审议蔡文辉代表共青团庆阳县第十届委员会所作的题为"高举旗帜，开拓进取，为实现全县

跨世纪宏伟目标而努力奋斗"的工作报告；选举 17 人组成共青团庆阳县第十一届委员会，蔡文辉为书记，王冉旭为副书记。

2003 年 4 月 26—27 日，共青团庆城县第一次代表大会在县城召开，出席代表 127 名。大会听取和审议方兴强代表共青团庆阳县第十一届委员会所作的题为"高举旗帜，实践'三个代表'，为加快庆城全面建设小康社会进程奉献青春"的工作报告；选举 17 人组成共青团庆城县第一届委员会，方兴强为书记，冯毅为副书记。

2008 年 5 月 13—14 日，共青团庆城县第二次代表大会在县城召开，出席代表 126 名。大会听取和审议屈敬超代表共青团庆城县第一届委员会所作的题为"落实科学发展观，团结广大新青年，在推进庆城经济社会又好又快发展的伟大实践中谱写新篇章"的工作报告；选举 25 人组成共青团庆城县第二届委员会，屈敬超为书记，池军为副书记。

（三）主要活动

思想教育　1986—1995 年，开展"祖国在我心中""弘扬老区精神，缅怀革命先烈"争做"四有新人"（有理想，有道德，有文化，有纪律）主题活动。邀请老红军、老干部、烈军属举办革命传统教育报告会 90 多场次，受教育青少年 58670 人次。1996—2003 年，开展"党史团情知识大赛""我爱共青团""争做敬业爱岗好青年""百年沧桑话回归""青少年与法同行"等主题活动，举办党、团知识辅导 75 场次，禁毒防艾、反邪教、青少年维权等各类讲座 150 场次。2004—2012 年，开展"学习先进理论加强能力建设做可靠后备军""举团旗学团章知团史过团日跟党走""践行社会主义荣辱观""红领巾心向党""红领巾相约中国梦""我与祖国共奋进，我与庆城同发展""十大杰出青年人才"评选表彰等主题活动，举办学习会、座谈会、培训会、演讲赛、征文、主题团课、文艺会演、体育竞赛等各类活动 138 场次，印发各类宣传资料 2.3 万份。

就业创业　1986 年开始，以"学用科学当标兵，勤劳致富当能手，种草种树当行家""青春建功新庆阳，服务经济主战场""服务万村脱贫致富奔小康行动"等实践创业活动为载体，带动农村青年普遍掌握 1 至 2 门农业实用技术，举办各类实用技术培训班 255 期、印发技术资料 42 万份，培训青年农民 2.7 万人次；建立青年科技示范村 24 个、示范乡镇 2 个，"青年之家" 2 个；涌现出李宗光、岳祥龙、刘胜利等青年星火带头人和创业致富带头人 610 名。协调金融部门，支持 3120 名农村青年投身产业开发。在县电视台、共青团网站播出工学扶贫、就业务工信息，发放《农村青年外出务工 100 问》宣传册，累计向北京、新疆、广东、山东等地输出青年劳务工 452 人；向陕西振华学院等院校输送农村"两后生"（农村初中、高中毕业后未能继续升学）384 人次，使其一边读书一边务工。

行业争创　1994 年起，组织引导全县青年立足本行业、本系统、本部门开展诚实劳动，文明从业，塑造行业和企事业单位良好形象活动，倡导遵守职业道德与文明，展现当代青年精神风貌。至 2012 年，全县共争创省、市（地）、县各级"青年文明号" 72 个，"青年岗位能手" 207 个。陇东中学团委、玄马镇团委、公安局团支部等 29 个团组织先后荣获省、市（地）团委表彰奖励。

志愿者服务　1988 年起，全县各级团组织先后成立志愿者服务小组 96 个，制作发放"孝老敬亲活动卡" 26616 份。2007 年，庆城县作为庆阳市首批大学生志愿服务"西部计划"项目试点县，先后招募来自全国各地的大学生志愿者 104 名。2009 年，庆城县志愿者协会注册成立。2012 年，庆城县志愿者指导中心挂牌成立，并组建成立庆城县青年、红领巾、环保、党员、医疗卫生、助残等 14 支志愿者服务队；累计为全县 512 户 749 名困难老革命、军优属，贫困户、残疾人、青少年和孤寡老人捐款捐物 60 余次 10.3 万元。

希望工程　至 2012 年底，救助贫困失学儿童 1244 人次，结对帮扶农民工子女 5412 人次，争取援建希望小学 8 所、爱心图书室 9 所、"西部计划大学生志愿者"爱心书屋 2 所、爱心水窖 2 眼；争取省青基会"爱心大礼包"项目为白马铺乡三里店小学配备价值 5000 元的音乐、体育器材。倡议全县团员青年、少先队员为 2 名白血病患儿募集爱心善款 13.367 万元，为汶川、玉树地震，舟曲泥石流等灾区捐款 17.78 万元。为贫困大一新生和贫困高中生争取"国酒茅台·国之栋梁""台湾顶新"、香港"苗圃行动"等助学基金 15.5 万元。

"保护母亲河"行动　2000 年起，每年在春、秋两季组织全县各学校、机关单位和乡镇团员青年、少先队员集中开展"小事做起来，保护母亲河""周祖陵千亩青年林工程""为同一条河献同一份爱"及"美化家乡植树造林"等主题实践活动，争取资金 45 万元，兴建保护母亲河青年林工程 20 处，营造青年林 7000 亩，发放宣传材料 2 万份，参与青少年达 9 万人次。

三、县妇女联合会

（一）基层组织

1986 年，庆阳县妇联辖 19 个乡镇妇联会、181 个行政村妇代会。1987 年，建立县直部门妇委会 11 个。2012 年，庆城县有乡镇（含办事处）妇联 17 个、县直部门妇委会 37 个、行政村（含社区 7 个，非公企业 12 个）妇代会 172 个，专（兼）职妇联主席 17 名、妇委会主任 37 名。

（二）代表大会

1988 年 5 月 4—5 日，庆阳县第九次妇女代表大会在县城召开，出席代表 130 人。大会讨论通过王秀玲代表庆阳县第八次妇女联合委员会所作的题为"以党的十三大精神为指针，努力开创全县妇女工作新局面"的工作报告；选举产生庆阳县第九届妇女联合委员会，王秀玲为主任，蒋秀萍、姚莉芳、慕萍为副主任。

1993 年 5 月 5—6 日，庆阳县第十次妇女代表大会在县城召开，出席代表 124 人。大会讨论通过王秀玲代表庆阳县第九次妇女联合委员会所作的题为"贯彻十四大精神，坚持改革开放，为做好全县妇女工作而努力奋斗"的工作报告，选举产生庆阳县第十届妇女联合会委员会，王秀玲为主任，姚莉芳、慕萍为副主任。

1998 年 5 月 7—8 日，庆阳县第十一次妇女代表大会在县城召开，出席代表 189 人，特邀代表 18 人。大会讨论通过王秀玲代表庆阳县第十次妇女联合委员会所作的题为"高举旗帜，迎接挑战，努力开创全县妇女工作新局面"的工作报告，选举产生庆阳县第十一届妇女联合会委员会，王秀玲为主任，慕萍、胡红丽为副主任。

2003 年 4 月 27—28 日，庆城县第一次妇女代表大会在县城召开，出席代表 160 名，特邀代表 19 名。大会讨论通过慕萍代表庆阳县第十一次妇女联合委员会所作的题为"与时俱进，开拓创新，把新时期全县妇女工作推向一个新阶段"的工作报告，选举产生庆城县第一届妇女联合委员会，并将委员会主任更名为主席，慕萍为主席，胡红丽、张君雁为副主席。

2008 年 5 月 12—13 日，庆城县第二次妇女代表大会在县城召开，出席代表 168 名，特邀代表 18 名。大会讨论通过张君雁代表庆城县第一次妇女联合委员会所作的题为"凝心聚力，求实创新，为实现庆城县经济社会又好又快发展而努力奋斗"的工作报告，选举产生庆城县第二届妇女联合委员会，张君雁为主席，李霞为副主席。

（三）主要活动

"双学双比" 1989年起，在全县各级妇女中组织开展学文化、学科技，比能力、比贡献的"双学双比"活动。至2012年，建立妇女农民技术学校17个，创建农村"妇"字号基地和妇女经济合作组织25个，培育出妇女各类致富典型46名。其间，赤城乡农民妇女周喜娥被评为全国"双学双比"能手，白马铺乡三里店村雪秀梅、蔡口集乡六河湾村孙玉莲等5名农民妇女被评为全省"双学双比"能手。

"巾帼建功" 1992年起，在全县城镇妇女中开展"巾帼建功"活动，核心是引导全县妇女做"四有"（有理想、有文化、有道德、有纪律）、"四自"（自尊、自信、自立、自强）女性，立足岗位建功立业。开展"五个一"（一次维权课、一次基层访妇情、一次帮扶贫困、一次廉政教育、一次妇女劳动技能竞赛）和"创先争优"等活动。至2012年，全县创建国家级"巾帼文明岗"1个、省级1个、市级2个、县级19个；涌现出市级"创先争优"先进集体5个、县级15个。

"五好文明家庭"创建 1996年起，全县10600个家庭参与"五好文明家庭"（爱国守法、热心公益好，学习进步、爱岗敬业好，男女平等、尊老爱幼好，移风易俗、少生优育好，勤俭持家、保护环境好）创建活动，共创建"五好文明家庭"6950户。其中，国家和省上表彰的"五好文明家庭"4户，市（地）、县表彰6946户。2006年起，以"温暖服务进农家""美德在农家"等活动为载体，教育引导广大家庭及成员弘扬尊老爱幼、男女平等、夫妻和睦、勤俭持家、邻里团结的家庭美德，倡导以德治家、以爱暖家、以学兴家、以廉守家的家庭建设理念。至2012年，先后在全县举办领导干部"廉内助"座谈会、"好妻子廉与助"巡回演讲活动261场次，与领导干部配偶签订家庭助廉承诺书3000份；创建"美德在农家"示范村38个、平安村40个、"平安家庭"户1.3万户。

妇女儿童维权 2005年，全县开通"12338"妇女维权热线，建立健全热线接听、来电处理、档案资料管理以及热线来访案件的转办、个人隐私保密等制度，建立"妇女之家"27个、"留守妇女阳光家园"2个。2009年起，在全县分别建立县、乡、村妇女儿童维权站180个，村级"妇女之家"活动阵地120个；在县法院建立"妇女儿童维权合议庭"，县妇联2名干部被聘请为人民陪审员。同时，优先安排农村单亲特困母亲、特困妇女享受国家惠农政策。至2012年，累计投资44.8万元，为全县单亲特困母亲解决住房和其他生活困难。

"大地之爱·母亲水窖"工程 2003年，争取中国妇女发展基金会投资63万元，在庆城镇药王洞村、玄马镇樊庙村修建集雨水窖380处。2008年，争取中国妇女发展基金25.35万元，在卅铺镇百步寺村修建集雨水窖115处；2011年，争取108.53万元，在庆城镇东王塬村修建集雨水窖280处。共解决775户3100人和1720头大家畜的饮水问题。

"赵兰香庆阳女童教育基金" 由国务院原副总理、全国人大原副委员长耿飚夫人赵兰香老人在中国儿童少年基金会投入350万元设立，县妇联负责落实。2005年，投资50万元兴建兰香小学，之后每年安排25万元救助全县品学兼优的贫困女童。至2012年，共发放救助资金196.83万元，救助学生2284名。其中，大学生60名、高中生533名、初中生727名、小学生964名。

妇女小额担保贷款项目 此项目从2010年起实施。至2012年，全县共发放妇女小额担保贷款3.57亿元，受益妇女家庭10580户。其中，"双联"户884户5661.36万元，妇女养殖专业户2157户1.22亿元，种植专业户3839户1.78亿元；脱贫致富3700户。全县建成妇女种植、养殖示范基地40处，以妇女为创业主体的农产品开发企业3户。

四、县工商业联合会

（一）商会建设

1988年，庆阳县工商业联合会恢复成立，时有老会员57名，吸收新会员14名。1999年，全县 19 个乡镇成立工商联分会，会员总数达 445 名。2007 年，组建黄花菜、建筑业和果业等商会，商会总数达 23 个，会员 842 名。2012 年，组建山东商会庆城分会、美容美发业等商会，年底商会总数达 40 家，会员 1056 名。

（二）代表大会

1988 年 6 月，庆阳县工商业联合会第五届会员代表大会在县城召开，会期 2 天。与会个人会员代表 46 人，集体会员代表 5 人，特邀代表 6 人，共 57 人，列席单位 9 个。会议听取庆阳第五届工商联筹备工作报告；选举产生新一届工商联领导班子；通过大会决议。会议选举县政协副主席田仰宏兼任县工商联主委。

1993 年 6 月，庆阳县工商业联合会第六届会员代表大会在县城召开，与会代表 84 人。选举陈超明为县工商联主委。此间，先后由李生芳、晋德荣担任县工商联主委。

1997 年 1 月，庆阳县工商业联合会第七届会员代表大会在县城召开，会议听取县工商联六届委员会工作报告；讨论通过县工商联第七届会员代表大会选举办法；选举产生县工商联第七届领导班子；会议选举刘世国为县工商联主委。

2002 年 7 月，庆阳县工商业联合会第八届会员代表大会在县城召开，会议选举刘世国为县工商联主委。

2007 年 4 月，庆城县工商业联合会第九届会员代表大会在县城召开，会议选举徐月梅兼任县工商联主席，杨栋任副主席。

2011 年 11 月，庆城县工商业联合会第十届会员代表大会在县城召开，会期 2 天。会议选举县工商联（民间商会）三届一次执行委员会主席、副主席、秘书长、副秘书长及出席庆阳市第三届工商联合会会员代表大会代表；选举徐月梅兼任县工商联主席，杨栋任副主席。

（三）参政议政

1988 年，1 名工商联成员担任县政协委员。1999 年，4 名工商联成员任县政协常委，1 名工商联成员任县人大代表。至 2012 年，有 43 名工商联成员，先后担任省、市、县、乡人大代表、政协委员。其中省人大代表 2 名，市人大代表 5 名、市政协委员 12 名，县人大代表、政协委员 16 人，乡镇人大代表 8 名。1989—2012 年，县工商联成员累计提出意见建议 57 条。

（四）光彩事业

1999 年 8 月，庆阳县光彩事业促进会一届一次理事会召开，全县非公经济人士及有关部门负责人共计 57 人参加会议。当年各项光彩事业捐款累计 4.49 万元，捐赠衣物 200 多件，安排就业人员 1800 多人，培训技术人员 200 多人，资助贫困学生 18 名。2000 年，赵金凤被国家工商局评为"全国光彩之星"，2004 年她投资 30 万元，在玄马镇孔桥村修建过水桥 1 座。至 2012 年底，全县参与光彩事业的非公经济人士达 60 多人，捐资助学、修路建桥、扶贫济困等捐款达 460 多万元。

（五）服务企业

2005 年，全县举办第一届非公人士培训班。2007 年，协助凤荣超市追索借款 200 万元，为县城北区步行街 31 户个体工商户落实暂缓征税。2008 年，协助开展"民营企业招聘周"活动，300 名应聘者找到工作并签订就业协议；向企业输送大中专院校毕业生 85 名。2009 年，配合县政府先后协调组建诚鑫、卓信、安信等 7 家融资机构。2010 年，协助果业商会会员追回经济损失 37 万元。2011—2012 年，协调诚鑫、安信担保公司、恒通小额贷款公司为 81 户企业和个人融资 3.36 亿元。

五、县文学艺术界联合会

（一）组织建设

2005 年 8 月，庆城县文学艺术界联合会（简称"县文联"）成立，设书法家、作家、音乐家、美术家、戏剧家、民间艺术家协会，会员 205 名。2011 年 3 月，成立摄影家协会。至 2012 年底，县文联下设 7 个协会，会员 228 名。其中：书协 60 人，有国家级会员 2 人、省级 11 人、市级 20 人、县级 26 人；作协 29 人，有市级会员 2 人、县级 27 人；音协会员 15 人全部为县级；美协 20 人，有省级会员 1 人、市级 3 人；剧协 12 人，有省级会员 1 人、县级 11 人；民协 22 人，有国家级会员 10 人、省级 2 人、县级 10 人；摄协 70 人，有省级会员 6 人、市级 30 人、县级 34 人。

（二）代表大会

2007 年 1 月 24 日，庆城县文学艺术界联合会第一次代表大会在县城召开。出席大会的代表 87 人，其中书法家协会代表 20 人，作家协会代表 6 人，音乐家协会代表 14 人，美术家协会代表 10 人，戏剧家协会代表 10 人，民间艺术家协会代表 10 人，特邀代表 17 人。大会讨论制订《庆城文联章程》，选举产生第一届文联委员会委员 17 名，选举樊治林为县文联主席；李万春为县书法家协会主席，万生琦、张建昕、孙蒋贤为副主席；田治江为县作家协会主席，韩超为副主席；王乾为县音乐家协会主席，程石宏为副主席；冯华为县美术家协会主席，王彦川、宋学斌为副主席；边琳为县戏剧家协会主席，张秉玺、王惠琴为副主席；王建平为民间艺术家协会主席，张志学为副主席。

（三）主要活动

2006 年 2—3 月，举办迎春硬笔书法展，参展作品 92 幅，17 幅作品分获一、二、三等奖。2007 年 1 月，举办"2007 少儿迎春美术展"，参展小作者 60 余人，参展作品 96 幅，69 幅作品分获一、二、三等奖；10 月，举办主题书画展，展出书法作品 76 幅、美术作品 32 幅，11 幅作品分获一、二、三等及优秀奖。2008 年 6 月，举办大型书画交流展，展出作品 180 幅，特邀西安终南书画学院及北京终南书画学院来县开展书画学术交流活动，邀请中国书协理事、评审委员会委员、培训中心主任、首都师范大学客座教授刘文化先生讲授书法艺术，2009 年，邀请各地书画家来县举办培训交流活动 10 余次。2010 年国庆节期间，举办书法美术作品展，展出作品 253 幅。2011 年 6 月，举办"浓墨颂党恩、重彩赞和谐"庆祝建党 90 周年书画展，展出书法作品 113 幅、绘画作品 67 幅，展览设学生书画作品专区。

2009 年国庆节期间，举办"见证国庆 60 周年庆城发展成就摄影图片展"活动，9 幅作品分获一、二、三等奖。2012 年 7—10 月，举办庆城县"岐黄故里行"摄影展，评选获奖作品 10 幅。2012 年，县文联创办《梦阳》文艺期刊，为县内文学交流搭建平台。

六、县残疾人联合会

（一）组织建设

1989 年 11 月，庆阳县残疾人联合会成立。1994 年，成立县残疾人工作协作委员会。2003 年，更名为庆城县残疾人联合会。1998—2011 年，县残联先后被省残联评为"全省先进残联单位"；被庆阳地区评为"全区残疾人扶贫先进集体"。2002 年 3 月，庆阳县被庆阳地区行政公署残疾人工作协调委员会评为"全区'九五'残疾人工作先进县"。

1992 年起，全县各乡镇相继建立残疾人联合会、理事会，设立理事长或残疾人专职委员。1998 年，各乡镇相继成立残疾人服务（分）社、助残志愿者联络站。2000 年，全县 181 个村委会建立村助残小组。2005 年，县域各社区居委会建立残疾人协会，配备专职委员。至 2007 年，县、乡、村残疾人工作网络化体系形成。2012年，全县乡、村、组专职委员实行实名制管理。

（二）代表大会

1989年11月22—23日，庆阳县残疾人联合会第一次代表大会在县城召开，出席大会的代表80人。大会审议通过"庆阳县残疾人联合会工作报告"、《中国残疾人联合会章程〈庆阳县实施细则〉》，会议选举陈生理为县残联执行理事会理事长，王家彦为副理事长。

1994年7月24—25日，庆阳县残疾人联合会第二次代表大会在县城召开，出席大会的代表88人。大会审议通过"庆阳县残疾人联合会工作报告"、《庆阳县残疾人联合会章程（草案）》，会议选举王家彦为县残联执行理事会理事长，刘德福为副理事长。

1998年6月9—10日，庆阳县残疾人联合会第三次代表大会在县城召开，出席大会的代表90人。大会审议通过"庆阳县残疾人联合会工作报告"，修改《庆阳县残疾人联合会章程（草案）》，会议选举王家彦为县残联执行理事会理事长，刘德福、杨玲（女）为副理事长。

2003年4月9—10日，庆城县残疾人联合会第四次代表大会在县城召开，出席大会的代表85人。大会审议通过"庆阳县残疾人联合会第三届主席团工作报告"，会议选举罗光明为县残联执行理事会理事长，周巧梅（女）为副理事长。

2007年10月30日，庆城县残疾人联合会第五次代表大会在县城召开，出席大会的代表92人。大会审议通过"庆城县残疾人联合会第四届主席团工作报告"，会议选举罗光明为县残联执行理事会理事长，刘德福、柳正龙为副理事长。2010年3月，县委任命王辉道为县残联执行理事会理事长。

（三）主要工作

残疾人就业 1986—1998年，全县残疾人就业采取以扶持个体就业为主、集中与分散就业为辅的方式进行。县残联扶持残疾人创办盲人按摩、机动车修理、美容美发及老年娱乐中心等经营项目，协商县税务、工商、城管等部门减免残疾人个体户管理费、税，并在经营场地方面优先照顾，累计扶持个体就业462户。先后创、改办县社会福利工艺刺绣品厂、县社会福利凯勒工艺美术装潢（装修）中心、县残联福利砖瓦厂、县白马福利土畜产品购销站等社会福利企业，累计集中就业残疾人145人。1999年起，对未安排残疾人就业或就业人员未达比例单位开始收缴残疾人就业保障金。是年，全县安置残疾人就业360人，其中集中就业26人，按比例就业46人，收缴保障金6200元。2004年，组织有劳动能力的农村残疾人从事栽种养就业14061名。2008年，采用财政代扣方式，向县财政拨款单位收缴残疾人就业保障金。2011年9月，采取财政代扣、地税代征方式征收残疾人就业保障金。2007—2012年，县残联累计收缴残疾人就业保障金267.68万元。

扶贫解困 1993年12月，县残联制订《庆阳县关于对残疾人优惠照顾办法》，采取"帮、包、带、扶"措施，为残疾人送信息、送技术、送物资，开展扶贫解困工作。1998年，县政府成立"县残疾人扶贫解困领导小组"，制订《庆阳县残疾人扶贫解困规划（1998—2000年）》；增补残联理事长为"县扶贫开发领导小组"和"县小额信贷扶贫工作领导小组"成员，在赤城乡12个残疾贫困户进行小额信贷扶贫试点。2000年后，县政府先后制订《庆阳县残疾人扶贫开发规划（2001—2010）》《庆城县残疾人优惠待遇暂行规定》《庆城县扶助残疾人规定》。2006年，残疾人扶贫纳入全县整村推进项目，优先安排贫困残疾人户修建沼气池、牛棚、猪圈及水窖。2010年起，实施农村贫困残疾人危房改造工作，补助资金来源于各级政府及彩票公益金。2011年，残疾人临时救助金列入县财政预算。至2012年，全县农村贫困残疾人累计危房改造240户；发放临时救助19.6万元，为1100名70岁以上残疾老人和1530名重度残疾人发放生活补贴和居家安养补

贴 96 万元，为 740 名残疾人发放燃油补贴 19 万元。全县 2647 户 3012 名贫困残疾人基本解决温饱，占全县贫困残疾户 56.7%，占全县残疾人 49.4%。

残疾人康复　1993 年，全县有精神病患者 530 人，被全国康复工作办公室确定为全国精神病防治康复工作试点县，防治经费列入全县财政预算。1996 年，长庆石油医院建成低视力康复点。1997 年，成立县社区康复技术指导站，设址县人民医院。1998 年，启动"视觉第一中国行动"项目，实施白内障复明手术 84 例，其中省送光明扶贫医疗队 47 例，长庆石油医院 37 例。1999 年，香港长江集团李嘉诚捐资 10 万元、地县配套 20 万元，建成县残疾人综合服务中心，占地 572.88 平方米。2004 年后，实施"彭年光明行动""彩票公益金救助""蓝天行动""兰香基金"等项目。全县 226 名低视力患者配戴助视器，安装假肢 133 例，实施脑瘫儿童矫治手术 8 例，肢残人康复训练 172 人，聋儿语训 42 名，为 969 名瘫痪病人配发轮椅。至 2012 年底，全县精神病人 1928 名，监护率 94.6%，明显好转率 64.7%，参与社会率 54.8%；完成白内障复明 1809 人，小儿麻痹后遗症矫治手术 95 例，聋儿语训康复 42 人。

七、县科学技术协会

（一）组织建设

1979 年 4 月，庆阳县科学技术协会（以下简称"县科协"）成立。1986 年，与庆阳县科学技术委员会合署办公；1988 年分设。20 世纪 90 年代中期，有乡（镇）科协组织 17 个，设专职或兼职科协副主席，配备专职科技专干。2002 年，县科协与县科技局合署办公。2003 年并随县更名。2010 年 7 月分设，独立办公，纳入群团组织管理。

1988 年，全县有专业学（协）会 7 个，同年注销。1992 年始，学（协）会组织日渐活跃，至 2012 年，全县县级协会有县反邪教协会、县老科技工作者协会；基层协会有县中药材研究协会、县果业协会、县德旺养殖协会、县金凤养殖协会、驿马镇果业协会、高楼乡果业协会、桐川乡果业协会、驿马养鸡协会，会员 2280 人。

（二）代表大会

1986 年，庆阳县科学技术协会第二次代表大会在县城召开，通过《庆阳县科学技术委员会章程》《庆阳县基层科学普及协会章程》《庆阳县自然科学专门学会组织通则》，选举郭锦翰为县科协主席，邹满有为副主席。

1999 年，庆阳县科学技术协会第三次代表大会在县城召开，会议审议通过"团结广大科技工作者，为实现我县跨世纪宏伟目标而努力奋斗"的工作报告和《庆阳县科学技术协会章程》，选举邹满有为县科协主席，文本德为副主席。之后，县科协主席、副主席由县委任命。至 2012 年底宋治平、郭怀礼、朱天罡先后任主席，安吉祥、兰锐、李振刚先后任副主席。

（三）主要活动

科普宣传　1986 年后，全县科普宣传主要通过制作宣传横幅、标语，办黑板报、广播电视栏目，组装宣传车，聘请专家、技术人员举办科技培训班等形式进行，科普宣传教育活动趋于制度化、经常化。1986—2012 年，年均举办各类实用技术培训班 45 期，培训群众 3.5 万人次以上，其中举办骨干培训 20 期左右，培训骨干 2000 人以上。其间，2003 年，建成庆城县科技（科协）网站，至 2012 年累计发布科普信息 4000 多条；2004 年，组建"甘肃省文献中心庆城县分站"，省情报中心捐赠 80 多万元科技图书及文献资料 10 万多册，在县图书馆建立科技科普图书室。2006 年，启动实施《全民科学素质行动计划纲要》。

科普活动 1986—2012年，实施"一十百"（科普示范乡镇1个，示范村10个，示范户100户）科普示范工程。至2012年底，全县创建驿马、马岭、玄马、赤城、卅铺、高楼、太白梁、南庄8个重点科普示范乡镇，80个示范村，881个科技示范户。建成省级科普示范基地1个、市级2个，1人获国家级科普奖励，11人获省级科普奖励，47人获市级科普奖励。

1986年开始，在全县开展"发现一个人才、掌握一门技术、办起一个项目、带动一片富起来"的"四一"燎原科技致富活动，1989年底完成。共培养科技能人964人，推广先进适用技术15项，帮扶8674户贫困户

1988年起，开展"科普之春"活动。至2012年，共开展活动20多次，受教育群众达14.1万人次。

2001年开始，每年5月第三周开展"科技周"活动。至2012年，先后特邀原省农科院副院长、省老科协农学分会会长、研究员孟铁男，原省农科院蔬菜研究所所长、研究员邱仲华等省内外专家、技术人员54人次，举办专题研讨会3次，举办各类科技培训18班（次），开展实用技术讲座8次，受训人员4137人次。

2003年6月29日，开展以"科学普及，你我共同参与"为主题的首届全国"科普日"活动。至2012年举办"科普日"活动10届，先后组织科技人员654人设摊开展科技咨询活动，接受咨询群众17.8万人次，接受技术服务510人次，展出科技挂图42类、396张，下发科普资料32类，17.2万份册。

学术交流 1992年后，全县学术交流活动日渐增多，县畜牧兽医学会、护理学会、园艺学会、农学学会、林果学会、医学学会及各学校成立的研究会，共有会员1196人，每年都举行学术讨论或学术报告会，不定期出版学术交流刊物，开展交流活动。2002年后，有194篇论文参加甘肃省学术年会交流，46篇获奖。2011年，开展"话科技、强队伍"有奖征文活动，征集论文38篇，提出建议46条，11篇论文获奖，并刊发文集。

科普项目 1986年起，实施县列科技项目，进行技术、良种的引进、试验和推广。至2012年，共实施县列科技项目7项。2006年后，开始实施全国科普惠农项目，县果业协会、高楼乡果业生产基地、玄马现代农业示范基地、驿马镇果业协会和科普工作先进个人岳祥龙先后获中国科协"科普惠农兴村计划"项目资助共85万元。2012年，中国科协和华硕科普集团在驿马镇果业协会共同建立"华硕科普图书室"。

科技创新 2000年后，组织青少年参加各级各类科技大赛活动。2006年，在全国第二十一届青少年科技大赛活动中，庆城县上报的29件创新作品有11件在省、市受奖，其中省级5项。庆城小学贾天威同学《吃垃圾的船》荣获省级二等奖，文慧信老师被省科协、省科技厅授予全省优秀科技教师，县科协分别获得全省和全国青少年科技创新大赛优秀组织奖。至2012年，共参加国家、省、市青少年科技创新大赛活动13次，获省级奖项22项、市级59项，获优秀组织奖7项。其中，获省级创新大赛成果奖3次，科学幻想绘画奖2项，优秀组织奖1项；获市级创新大赛成果奖5项，科学幻想绘画奖4项，优秀组织奖1项。参加省、市"智力七巧板"科普活动3届，获省级奖励9项、市级18项。参加中国儿童威盛中国芯计算机表演赛7次，获省级奖项8人次。各协会组织青少年科技兴趣活动32次，主要内容有种植、饲养、小制作等，参加青少年达1.4万人次。

八、县计划生育协会

（一）组织建设

1990年8月，庆阳县计划生育协会（以下简称"县计生协会"）成立，2002年9月更名为庆城县计划生育协会。2012年底，全县有乡（镇）计生协会17个，社区协会10个，村级协会153个，

企业和市场计生协会 23 个，会员 2.8 万人。

（二）代表大会

1990 年 9 月，庆阳县计划生育协会第一次代表大会在县城召开，会议选举县委副书记陈广锦兼任会长，选举常务理事 21 人，制订常务理事会学习例会制度，确定每季度末月 25 日为常务理事学习例会日。

2006 年 4 月，庆城县计划生育协会会员代表大会在县城召开，通过《庆城县计划生育协会章程》，选举史纪锐为县计生协会会长，栗凤琴（女）为协会副会长。之后，会长、副会长由县委任命。王天福、包怡文先后任会长，包怡文、王渊红先后任副会长。

（三）主要活动

宣传教育 1990—2000 年，县计生协会印制宣传单、乡镇组织社火队，走乡入村，巡回演出，宣传计划生育"少生孩子""晚婚晚育"政策。1997 年，县计生协会把婚育学校作为基层宣传阵地，逐步实现计划生育政策、基础知识到户到人。2005 年 6 月，建成庆城县人口和计划生育协会网站；2006 年，庆城县被评为全省"婚育新风进万家"先进县。2007 年后，结合科技、文化、卫生"三下乡"活动，组装宣传车，开展人口与计划生育宣传；在边远山区，以悬挂横幅、发放宣传品、避孕药具、送春联、图书，解答疑难问题等形式进行集中宣传；县广播电台、电视台开设"人口与计划生育专题栏目"，每周播出节目 1 期；每年组织干部职工进行计划生育法规知识竞赛 1 次。2011 年 5 月，全县"生殖健康进家庭"活动在驿马镇启动；县计划生育协会被评为全国人口与计划生育基层宣传先进集体。2012 年，实施"155"工程，即在长甜公路建成新型人口文化"一条线"；制作大型宣传牌 5 面；在太乐、高户、莲池、四十铺、董家滩建成 5 个村级计划生育宣传服务阵地，配置设备，建起人口文化广场，设立人口文化书屋和会员活动之家。

生育关怀 1990 年，全县开展向节育对象"送温暖、送感情"活动，共捐款 1.1 万元、衣物 597 件、食品 3200 袋，为生产有困难的结扎纯女户解决化肥 391 袋，帮助 1800 多个手术户耕种、收割、打碾。2000 年后，每年的"母亲节""5·29 会员活动日""7·11 世界人口日"，组织开展宣传服务和免费义诊等活动。至 2012 年底，全县各级计生协会开展"救助计划生育困难家庭""关注留守家庭"等主题活动 62 期，捐赠衣物、生活用品、资金共计 70 多万元；帮助成立各类产业合作组织 22 个。

群众自治 2012 年，庆城县被列入全省计划生育群众自治示范村（居）创建单位。全县 138 个自治村建立村民计划生育自治公约，90% 行政村年底通过省级验收。庆城镇莲池村、卅铺镇雷旗村、葛崾岘办事处辛龙口村、熊家庙办事处钱畔村被国家计划生育协会命名为"全国计划生育基层群众自治示范村"。

九、县红十字会

1986 年，县卫生局设红十字会办公室。1991 年 5 月 2—3 日，庆阳县红十字会第二次理事会在县城召开，出席大会的代表 24 人，确定县人民医院为"红十字会医院"。2002 年 9 月，庆阳县红十字会更名为庆城县红十字会。2012 年 1 月，庆城县红十字会与县卫生局分设，职工 3 人。

2012 年，制订《庆城县红十字会突发公共事件人道救助应急预案》，建成庆城县兰香小学红十字会，发展庆城县妇产医院为团体会员，建成备灾物资仓库。全县红十字志愿服务者达 30 名、红十字青少年达 220 名，志愿服务者开展助学、助困、助医等救助活动。同时，县红十字会利用"2012 年小天使基金彩票公益金项目"资助先天性心脏病患儿、白血病患儿各 1 名，每人资助 3 万元；资助"奥丝蓝黛"助学金学生 1 名，发放助学金 0.1 万元。

第十五章　农业

　　庆城县是周祖陵农耕文化发祥地，农业生产经久不衰。1986—2012年，全县推行家庭联产承包责任制，建立和完善农业服务体系，调整农业种植结构，增加资金投入，加大农田及其他农业基础设施建设，推广良种新型农艺，同时，大力推广建成一批有一定规模的生产基地，初步形成种植业产、供、销相衔接，储、运、加相结合，农、工、贸一体化格局。

第一节　机构

庆城县农牧局

　　1986年，庆阳县农牧局内设人秘股、农业股、畜牧股、财务股，辖农业技术推广站（以下简称"农技站"）、畜牧兽医站、种子公司、甘肃农业广播电视学校庆阳分校（以下简称"农广校"）、农村合作经济经营管理站（以下简称"农经站"），全系统职工72人。1987年1月，县农牧局分设，成立县农业局。1988年12月，成立庆阳县瓜菜蚕桑技术指导站（以下简称"瓜菜站"）。1992年12月，撤销县农技站，成立庆阳县农业技术推广服务中心（以下简称"农技中心"）。1996年，成立庆阳县种子管理站，与种子公司合署办公。1997年1月，撤销县畜牧局，成立县畜牧中心。1999年，县农业局与畜牧中心合并，成立县农牧局。2002年，更名为庆城县农牧局。2003年7月，成立庆城县农村能源建设办公室（以下简称"能源办"）。2007年，撤销县种子公司保留种子管理站。2010年4月，县农村合作经济经营管理站更名为县农村合作经济经营管理局。2011年8月，成立庆城县农业行政综合执法大队。至2012年，县农牧局内设人秘股、业务股、计财股，辖县农技中心、种子管理站、兽医局（动物疫控中心、动物监督所）、农经局、农广校、能源办、瓜菜站、农业行政综合执法大队、畜牧站、草原站10个科级事业单位，全系统职工197人。

第二节　经营体制

一、农业生产责任制

　　1981年秋，全县普遍推行家庭联产承包责任制。1988年，完善双层经营。1999年1月1日，实行土地二轮承包。全县签订二轮土地承包合同52652户，实现承包面积、承包合同、承包经营权证书、承包地块、土地确权"五到户"。2007年，乡镇成立土地流转服务站，配备土地流转信息员。全县农村围绕苹果、草畜、瓜菜"三大主导产业"和蓖麻、中药材等特色产业开发，采取土地转包、租赁、入股等形式，签订土地流转合同有序合理开展土地流转。至2012年底，全县建立乡级土地流转服务站7个，村级土地流转服务点8个，累计流转土地9.12万亩。马岭、玄马等乡镇依托种植业专业合作社进行土地流转，集中连片种植蓖麻2630亩；赤城、南庄两乡分别集中连片种植中药材1000亩。

二、村级财务管理

2003年1月,全县19个乡镇,181个行政村,105个会计核算单位全面实行村钱乡管,村账乡记"双代管"的农村税费改革制度。同时,县上制订《庆城县村级财务管理办法》《庆城县村级范围内筹资筹劳管理办法》《庆城县村民代表会议议事规划》《庆城县村组干部报酬管理暂行办法》《庆城县村会计代理办法》《庆城县村级规范化管理办法》等配套制度。

2011年9月下旬,县上建立农村集体"三资(资金、资产、资源)"定期清查机制,统一设置《资产登记簿》和《土地台账》。通过清查,全县农村集体资金资产总额1.036亿元,农村集体土地860.62万亩,其中耕地102万亩,林业用地234.5万亩,天然草场251.59万亩,"四荒地"等其他土地272.53万亩。2012年10月,庆城县被农业部认定为全国农村集体"三资"管理示范县。

三、农村税费改革

2001年4月,全县成立农村税费改革试点工作领导小组,各乡镇进行税改数据测算和上报方案准备。5月,税改数据测算基本完成。全县农业人口23.21万人,税费收入1352.04万元,人均负担58.25元。2002年7月,全县农村税费改革试点工作的数据测算和上报方案得到省税改办批准,各乡镇方案得到县政府批准。是年,全县只对农民征收农业税正税及附加、农业特产税正税及附加、牧业税正税及附加,三项费用815.62万元,人均负担35.14元。当年减少农民负担536.43万元,比税改前人均减负23.11元,减负率39.7%;劳均负担"两工"(农村义务工和劳动积累工)17个。

2003年,取消农业特产税正税及附加33.26万元,上级税改部门核减税改后增负农户负担6.33万元,全年累计减轻农民负担39.59万元。"两工"减少为劳均14个。2004年,取消牧业税正税及附加68.65万元,减少农业税正税及附加101.05万元,减轻农民负担169.70万元;"两工"减少为劳均10个。2005年,国家全面取消农业税正税及附加,取消"两工"。

四、农村劳动力分布及其转移

1986年,全县农村劳动力24032人,1990年69201人,主要从事家庭经营。第一产业劳动力占全部劳动力99%,乡村出现专业户、经济联合体,农村劳动力"就近务工"。1995年农村劳动力74300人,2000年78238人,2005年11.94万人,2010年12.78万人,农村劳动力逐步呈现增长趋势,从事家庭经营劳动力有所减少,二、三产业人数增加,"外出务工""进城务工"是这一时期农村劳动力转移趋向。

五、农民专业合作社

2007年12月,庆城县祥龙果业专业合作社注册成立,为全县首家农民专业合作社。此后,合作社涵盖林果、草畜、瓜菜、药材等多种产业,涉及生产、加工、流通等各个领域。合作社初步形成"农超对接""社企挂钩"等优势效益。2012年底,全县累计组建各类农民专业合作社228家,其中种植业96家、养殖业108家、其他类型24家。合作社入社社员2.55万人,带动农户1.85万户,注册资金4.45亿元,形成各级各类示范合作社34家,其中,县级16家,市级8家,省级6家。熊家庙丰园黄花菜产销专业合作社、驿兴养殖专业合作社、庆安果业专业合作社、益农果业专业合作社为国家级示范合作社。

第三节　种植业

一、农作物品种

全县农作物品种多样,随着耕作制度改革,气候变暖,栽培技术提高等因素,农作物品种更新

换代步伐加快，优良品种不断引进推广。

（一）粮食作物

1. 冬小麦　是县域主要粮食作物，1955 年引进碧蚂 1 号，随后引进品种不断增加，品种更新换代逐年加快，20 世纪 90 年代，发展成强筋型和普通型两大类型。

2. 燕麦　品质好，产量低，山区少量种植，只作羔羊饲料。

3. 玉米　20 世纪 60 年代中后期，开始引用杂交种，以普通型杂交种为主，种植普遍，塑料大棚、地膜种植效益好。2000 年起，有水果型甜玉米、糯玉米杂交种种植。

4. 高粱　20 世纪 70 年代起，以种植海南高产杂交种为主，常规品种米高粱和柴高粱也有种植。2000 年后，仅有零星种植。

5. 糜子　县内有硬糜子、软糜子两种，分黑、黄、红三色；按生育期长短，又分大糜子（春季种植，生育期长，因春茬无地种植而淘汰），二汉糜子（塬区冬油菜茬复种，川区麦茬复种），小日月糜子，又叫六十天糜子（塬区麦茬复种）。

6. 谷子　20 世纪 80 年代初，引进晋谷系品种。20 世纪 80 年代中期引进御谷，也叫珍珠谷，谷秆粗壮，株型高似高粱，产量高于谷子，品质差，秸秆和种子皆作饲草料。

7. 荞麦　县内食用型荞麦有步荞和麦荞，步荞是大日月品种，春季种植，品质佳，生育期长，种植少；麦荞生育期短，为麦茬复种品种。饲用型荞麦有甜苦荞和苦苦荞，甜苦荞可食用。苦荞一年可种两茬，茎秆产量高，其茎秆和种子均是良好的饲草料。20 世纪 80 年代中后期，县种子公司引进日本北海道白花苦荞。

8. 豆类　豆类种类多，用途各异，是境内重要作物，以大豆（含白豆、黄豆、绿豆、花色豆、褐色豆等）为主，也有绿小豆、菜豆、红小豆、蛮豆、豇豆、鹰嘴豆、水豆、豌豆、马牙豌豆、香豌豆、蚕豆等。

（二）油料作物

县内油料作物有十多个品种，油菜籽、胡麻、荏子等食用油料品种大面积种植，其他品种种植面积小。

1. 冬油菜　境内种植白菜型冬油菜。

2. 胡麻　境内原种植地方品种。20 世纪 60 年代初，引进雁农 1 号、奥拉依耐津。20 世纪 80 年代起，引进蒙选 198、天亚系列品种。

3. 荠蓝一号　2007 年，县农技中心自北京引进，抗干旱、耐瘠薄，属高产优质油料品种。

4. 油葵　2006 年，引进多个中外油葵品种进行栽培试验，大部分表现为适应性强、产量高、油品芳香，但不易繁殖，且易受鸟、鼠危害，不宜大面积种植。

5. 蓖麻　仅作工业原料生产。20 世纪 90 年代初，进行开发性生产，引进红秆塔穗杂交一代优良品种，后零星种植。2012 年，全县种植面积近万亩。

6. 芝麻　有黑、白两个类型，品质好，味芳香，种植极少，当佐料用。

7. 荏　一年生草本植物，茎方形，叶椭圆形，有锯齿，开白色小花，种子通称"苏子"，也称"白苏"，生可吃，气味香，可榨油；嫩叶可食。县内素有种植习惯，因产量低种植范围逐年减少。

（三）薯类作物

20 世纪 80 年代初，推广茎尖培养脱毒种薯高原 4 号、牛头、中薯系列品种。20 世纪 90 年代随着品种更新换代需要，引进大量优良品种。2006 年，引进推广新大坪、宁薯 8 号马铃薯。

（四）烟草

20 世纪 80 年代末 90 年代初，全县多次实施烟草开发项目，但均未成功。

（五）棉花

1998 年，县科委引进棉花新品种，利用地膜覆盖技术在熊家庙乡米家川村示范，后未推广应用。

（六）蔬菜作物

1. 茄果类

番茄　又称西红柿，有红、黄、紫、粉红各色品种。还有专供鲜食果类小番茄、圣女果、观赏番茄等。

辣椒　有甜椒、辣椒之分。辣椒有羊角类、线椒类、尖椒类、彩椒类等。

茄子　有罐茄、牛心茄、圆茄、线茄、彩色茄多种，种群繁多，更新换代快。

2. 瓜菜类

黄瓜　原有白皮瓜、黄皮瓜、绿皮瓜、黄皮绿条纹黄瓜，后引进瓜型短小，表面光滑无刺，瓜条流畅，果皮薄，心室数少，瓜码密，产量高，肉质较脆，口味偏甜品种。

南瓜　境内有南瓜、番瓜、倭瓜、饭瓜等，分红、黄、绿、墨绿各色，厚皮、薄皮，磨盘形、高墩形、牛腿形、十棱形、灯笼形等多种。

西葫芦　长蔓型叫西葫芦，短蔓型叫小西葫芦。西葫芦嫩时食菜，老熟果皮作饲料，种子为白瓜子，品质佳。小西葫芦嫩瓜生长迅速，花后 10—15 天即可采收，产量高，是主栽蔬菜之一。

丝瓜　有普通丝瓜和有棱丝瓜两个栽培种。嫩果食菜，老熟蜕皮取丝瓜络入药或作抹布。

苦瓜　别名凉瓜，20 世纪 80 年代引进，后作为名优或小品种蔬菜种植。

户瓜　别名扁蒲、蒲瓜，根据果实形状分瓠子、长颈葫芦、大葫芦、细腰葫芦、观赏药葫芦 5 个品种。嫩瓜、嫩苗可做菜，也可用做西瓜砧木，与西瓜接穗嫁接，可防治枯萎病。

蛇瓜　2000 年，县瓜菜蚕桑站引进，嫩时食菜，亦作观赏。

3. 夹豆类

有菜豆、豇豆、刀豆、豌豆等多个种，黄、绿、紫各色。

4. 叶菜类

白菜类　有大白菜（卷心白菜）、黄芽菜（小黄油菜）、白菜（散叶型的普通白菜）、青菜（深绿色的油菜）等。

甘蓝类　有结球甘蓝，也叫包菜，分大、中、小日月 3 个类型；还有紫甘蓝，花椰菜（有绿、紫红色二种），球茎甘蓝（又叫苤蓝，有绿、紫二色品种）。

芥菜类　有叶芥菜，包括花叶芥（境内叫芥辣子菜）、雪里蕻。

萝卜　白萝卜，有白皮、青皮、紫皮、绿皮、红皮、红心；水萝卜，为红色，有长棒形、圆球形，还有樱桃水萝卜。

5. 茎菜与花菜类

芹菜　分中国种（有实心、空心 2 个类型）和西芹（西洋芹菜）两种。西芹质地脆嫩、纤维少，味清香微甜，叶柄肥厚，单株重量大，产量高。菜用外，还可制成"芹菜奶"。

茴香　有大、小茴香两种。

胡萝卜　有黄、红两色品种。

芫荽　又叫香菜。

6. 根菜类

莴苣　境内有长叶莴苣（又称散叶莴苣），皱叶莴苣两类。长叶莴苣变异出油麦菜，皱叶莴苣

变异出生菜、花叶生菜。

莴笋　别名茎用莴苣、莴苣笋、青笋等，由莴苣演化而来。

菊芋　别名洋姜。

茼蒿　别名蓬蒿、春蒿、蒿子秆，以嫩茎叶为食。

苦苣　别名苦苦菜，以嫩叶为食。

7. 调味类

薄荷　别名蕃荷菜，以嫩茎为食。

草石蚕　别名螺丝菜、宝塔菜，亦叫地溜子，主要用来制作蜜饯或腌渍品。

8. 葱蒜类

韭菜　有线韭和马蔺韭两类，均为地方品种。引进品种有汉中冬韭和791雪韭，产量高，品质好。

大葱　有线葱、大白葱、鸡腿葱等。

洋葱　有粉红色和浅黄色两类。

大蒜　别名蒜、胡蒜等，境内有白皮、紫皮两类。

9. 野菜类　有小蒜、苦苣、荠菜、灰条条、地软软、野蘑菇、黑木耳、羊肚菌、马齿苋、野韭菜等。

10. 食用菌类　有蘑菇、平菇、香菇、金针菇等。

二、农作物生产

（一）小麦

庆城县属北方冬小麦区中、北部晚熟的泾河上游冬麦区。20世纪80年代中后期到90年代中期，全县小麦种植面积保持45万亩，平均亩产77.6千克，总产徘徊在4.4万吨左右。

1995年，境内小麦生产开始应用现代农业新技术。县农技中心研发出适应塬区和山、川区的仪耕牌小麦专用肥。利用农药、肥料混合，进行小麦种子包衣拌种，防止地下害虫，控制苗期病虫害。示范种植地膜小麦，先后应用2.4滴丁酯、燕麦畏、苯磺隆、氯磺隆、巨星等除草剂，对麦田杂草进行防除。1997年，马岭镇马岭村庙台组农民岳曹思武1.5亩川台地亩产525千克。

2000年后，小麦面积由45万多亩逐年下降。2012年，全县小麦种植32.71万亩，单产201千克，总产6.57万吨。境内所产小麦不能满足需求，每年尚需从外地调进。

（二）玉米

20世纪80年代初，农民迫于解决吃粮问题，小麦种植面积扩大，玉米面积下降，连续多年种植不到5万亩。1989年，全县开始推广地膜玉米。20世纪90年代，全县实行玉米全覆盖，推广应用复合肥，选用中单2号为主栽品种，合理密植，川塬区每亩4000—4300株，山地梯田每亩3500—3800株。1999年，全县玉米种植面积11万亩，亩产400千克以上。

2000—2012年，全县使用亿耕牌玉米专用复合肥，推广应用掖单13号、掖单2号、金穗系、豫玉系、正大系等优良品种，种子包衣，调整播种密度，川塬区每亩3300—3700株，山地梯田每亩2800—3000株。2012年，全县玉米种植面积20万亩，平均亩产600千克，最高亩产900千克，亩收入800—1300元。

（三）高粱

20世纪70年代，全县高粱"种遍"，80年代起，高粱种植面积连年下降。1986年，全县种植高粱40210亩，1990年为38718亩，1995年为9000亩，2002年为10000亩。2012年，全县种植高粱仅有6000多亩。

（四）豆类

20世纪80年代中后期，时任卅铺乡农技员黄治中，首次在冬油菜茬复种汾豆17号成功。全县迅速推广，大豆面积由三四万亩增加到五六万亩。到90年代，纯种大豆面积增加，农民将大豆作为经济作物种植，面积突破10万亩，亩产由50—75千克，增加到150千克，高者为200—250千克。2000年起，大豆面积稳定在8万—10万亩，总产900万—1000万千克。

20世纪80年代末，山区开始种植红小豆。至20世纪90年代中期，种植面积达万亩。2000年起，面积相对稳定，产量100万—150万千克。小绿豆种植一般在3000—5000亩。豇豆、蛮豆等有零星种植。

（五）谷子

1986年，全县谷子种植2.41万亩，总产191万千克，至2012年，种植面积一直稳定在万亩左右，总产150万—200万千克。

（六）糜子

山区和塬区冬油菜茬复种二汉糜子，麦茬复种小糜子；川区麦茬复种二汉糜子。一般亩产175—100千克。20世纪90年代中期，种植陇糜5号、陇糜6号，一般亩产150千克左右，高者可达225千克。全县糜子多年种植面积5万亩左右，总产量400万—500万千克。在小麦严重减产年份，糜子种植面积出现过10万—15万亩。

（七）荞麦

境内荞麦是麦茬复种作物，多年沿用地方品种，亩产50千克左右，也可达100—150千克。20世纪80年代中后期，始种日本北海道白花荞麦，常年种植在5万亩左右，总产量500万—600万千克。苦荞有零星种植，用作饲料。

（八）薯类

马铃薯　县内素有种植习惯，但种植面积不大，多年均在三五万亩，一般亩产100—150千克。农谚说："大蒜喜绵，洋芋喜软。"马铃薯多种在阴山土壤疏松的旮旯地，也有与玉米、高粱带状种植的。20世纪90年代起，县种子公司、农技中心、瓜菜蚕桑站连续自庄浪县、定西市种薯繁育中心调进马铃薯新品种，进行示范推广。2006年，实施马铃薯新品种引进及地膜覆盖高产多栽培技术示范推广项目，将地膜覆盖、无公害化生产管理技术有机结合，推广应用新大坪、宁薯8号品种，扩大塬区驿马镇安家寺村、东滩村、涝池村，桐川乡南部的郭旗村种植面积。是年，全县种植马铃薯6.03万亩，总产7178吨。

红薯　原在县内种植较少。20世纪80年代中期，县农技站在玄马乡贾桥村罗坪试验成功地膜覆盖红薯种植技术，在全县迅速推广，农家普遍种植。红薯越冬贮藏技术过关，春季本地可以育苗。一般亩产都在150千克，有的亩产可达200—250千克，红薯产量高于马铃薯。

（九）油料作物

冬油菜　20世纪80年代初，引进冬油菜"四改一防"（改带种为纯种，改撒播为条播，改早播为适期播种，改粗放管理为精细管理，防治病虫害）栽培技术，进行花期喷硼。蔡家庙乡人均种植冬油菜1亩多，亩产达200—225千克，最高出现250千克的地块。1990年起，冬油菜播种面积在4万亩左右。2000年后，冬油菜播种面积增加，年种植10万亩左右。

胡麻　胡麻在塬区和二阴山区种植产量较高。其种植面积取决于头年冬油菜面积，以及冬油菜越冬、返青状况。如果头年冬油菜种植面积大，越冬、返青良好，收成有望，胡麻种植面积就小，否则面积就大。20世纪80年代，推广山西省神池县胡麻生产经验，全县种植面积6万—8万亩，推广

天亚 4 号、天亚 5 号等品种，增施肥料，合理密植，适期早播，播后镇磨，改变过去播后斜楼的习惯，防治胡麻萎蔫病、漏油虫等病虫害，胡麻产量显著提高。塬区驿马、安家寺、桐川、熊家庙等乡镇，平均亩产达到 96 千克，增产 25%—30%。20 世纪 90 年代至 2005 年前后，胡麻面积在 6 万—8 万亩之间徘徊，亩产量仍是 50 千克上下。2005 年以后，胡麻面积下降到 3 万—5 万亩，单产也没有多大增加。

荏　20 世纪 80 年代后期至 90 年代，面积有所增加。90 年代中期，引进正宁县、宁县春季育苗，麦后移栽技术，面积上升较快。2010—2011 年，县种子管理站实施麦荏一年两熟栽培技术试验示范项目，利用地膜小麦荏移栽荏，平均亩产 152.5 千克。2012 年，种植面积 2.5 万亩，总产 400 万千克。

附：

表 15-3-1　1986—2012 年全县粮食、油料作物面积产量统计表

单位：万亩、万吨

年份	粮　食		油　料	
	面积	产量	面积	产量
1986	67.45	5.44	6.91	0.31
1987	75.97	9.3	7.68	0.43
1988	77.2	12.34	7.17	0.32
1989	77.18	6.99	7.5	0.36
1990	81.29	7.42	8.45	0.39
1991	82.49	6.51	8.99	0.41
1992	95.53	7.41	9.03	0.42
1993	79.91	8.34	8.96	0.58
1994	83.36	8.47	9.31	0.64
1995	100.97	7.25	6.5	0.28
1996	93.17	9.33	11.72	0.64
1997	82.17	9.36	11.77	0.7
1998	87.71	10.24	11.18	0.84
1999	95.49	9.65	13.13	0.71
2000	95.58	7.98	4.6	0.17
2001	83.49	8.81	16.96	0.78
2002	82.41	10.37	18.63	1.27
2003	79.91	8.34	8.96	0.58
2004	70.77	9.89	15.58	1.25
2005	77.62	9.71	11.21	1.2
2006	75.13	8.32	15.16	1.03
2007	83.95	6.88	14.4	0.81
2008	84.63	11.13	12.59	1.11
2009	81.28	12.31	14.4	1.34
2010	77.28	13.36	13.12	0.82
2011	79.74	12.48	15.53	0.97
2012	81.33	14.99	14.7	0.98

三、农业技术推广

（一）农业技术推广体系建设

20 世纪 80 年代，乡镇农技站建成。科技咨询服务部，农民植保机防队等民营科技组织向农民传递农业科技信息，解答农民生产中遇到的问题，销售农药、化肥、种子。全县有农民植保机防队19 个，植保队员 192 名；机动喷雾器 400 台，手动喷雾器 5000 架。植保机防队采取"统一收费、统一购药、统一质量标准、统一防治"的方法，及时有效控制农作物病虫害。县级农技推广部门兴办经济实体，经营化肥、农药、塑料薄膜、种子、种苗等，开展项目技术承包、技术培训、技术咨询等多种形式服务。

20 世纪 90 年代中期，乡镇农技站人事管理权、财务权交归乡镇管理。随着农村体制改革，农业产业结构调整，农业产业化开发，为之服务的"民办、民营、民受益"的民间合作经济组织开始创建。至 2012 年底，全县建成各类农民专业合作社 228 个，建成县级区域农业农经服务中心 17 个。

（二）耕作改制

提高复种　复种方式有冬油菜茬复种黄豆、糜子、药材、生育期短的玉米；冬小麦茬移栽茬子、高粱、甜椒；冬小麦茬复种小糜子、荞麦等。2012 年，全县复种指数达到 130%。

合理轮作　围绕冬小麦种植开展轮作倒茬，实现种地养地，能形成上等茬口的瓜类、薯类、豆类等作物面积逐步扩大，特别是 20 世纪 80 年代推广的麦—油—豆轮作倒茬，已成为新的耕作制度沿袭应用。

集约耕作　全县总结出地膜小麦套种地膜玉米、地膜玉米套种地膜洋芋、麦茬复种蔬菜、带状种植、立体种植等多种集约耕作的典型模式。1995 年，驿马镇韦老庄村岭子自然村，地膜玉米套种地膜洋芋实现"双八百"记录（亩产粮食 800 斤，经济作物收入 800 元）。干旱山区尤以粮食作物、果树、油料作物与黄花菜带状种植面积最大。2005 年后，黄豆田、糜谷、荞麦田撒播防风、柴胡、小防风等药材，得到大面积推广。

（三）农业技术推广

1. 旱作农业技术

平田整地　20 世纪 80 年代末期，以山区为主的平田整地开始，实行围庄造田。20 世纪 90 年代，机械平田整地每年以 2 万亩速度推进。机械平田整地：以夏季高温期为最佳时间，整后及时深耕，晒垡土壤，充分接纳雨水，促进土壤熟化；增施肥料，多施草木灰，农家肥以圈肥为主，亩施 3000—4000 千克，磷肥亩施 50 千克，氮肥亩施 10—15 千克；选用抗旱耐瘠薄品种，以蓝天5 号为主，搭配陇鉴 196。

地膜覆盖　1980 年，庆城镇十里坪村崾山湾组首次使用地膜覆盖技术。1983 年，该村农民麻岗使用地膜覆盖种植蔬菜、甜瓜和西瓜。此后，地膜覆盖在瓜菜生产中得到推广应用。1986 年，全县示范种植地膜玉米 500 亩。1988 年突破万亩。1998 年达 10.51 万亩，亩产 430 千克，总产4343 万千克，占当年粮食总产 42.4%。2005 年，庆城县在庆阳市率先引进玉米全膜双垄沟播技术。至 2012 年，省、市、县政府每年拿出约 700 万元资金用于地膜补贴，推广面积稳定在 20 万亩左右，平均亩产量 650 千克，最高亩产量 920 千克，总产量达到 13 万吨。

1994 年，实施冬小麦地膜覆盖穴播栽培技术示范项目，当年示范 5 亩，1995 年示范 540 亩，1996 年 2 万亩，平均亩产 325.4 千克，较露地对照田平均增产 121.4 千克。1997 年，中央电视台《农业科技》栏目对此进行报道采访。之后，冬小麦膜侧沟播、全膜覆土穴播小麦、渗水地膜等多个小

麦地膜覆盖项目相继推广运用。

山地水平沟种植 1983 年，自陕西省延安地区引进。在 25° 以下坡耕地上，沿等高线耕作，能以垄拦截径流，一般用山地犁自上而下，沿等高线开沟，然后再在沟内侧耕一次形成水平沟垄，深 20—27 厘米，沟距 40—60 厘米。再采用三肥垫底，氮、磷配合，集中施于沟底，肥料施后用空耧顺沟冲一次，使肥土混合，随后沿水平沟用单、双腿耧或用专用水平播种机播种，播后立即覆土镇压（覆土深度 5—7 厘米），一次完成。该方法能够集中施肥，蓄水保墒，增产幅度在 30% 以上，是旱作农业的一项有效技术措施，全县最高推广面积 10 万亩。

化学抗旱剂应用 先后示范应用旱地龙 -FA、多功能蓄水保水剂。旱作农业技术推广应用中，还实施过作物秸秆覆盖、根茬覆盖、压砂田等技术措施，均收到良好效果。

2. 土壤改良

1986 年，全县完成第二次土壤普查工作，编写出版《庆阳县土壤志》。本次普查基本查清全县主要土壤类型、障碍因素和养分状况，并绘制县乡土壤图、土壤养分图和土壤改良利用图。2012 年，县农技中心对全县 2000 个土样进行化验分析，县境内土壤养分较第二次土壤普查时期有所提高。耕地土壤大致划分为三大养分区，即南部塬面黑垆土高肥力区，东部残塬河谷黄绵土中肥力区，西北部丘陵沟壑黄绵土低肥力区。规范划分出农田高、中、低产量指标，全县 74.30% 的耕地面积为中低产田。

1986—2005 年，全县完成中低产田改造面积 45 万亩。主要技术措施是：深耕改土，蓄水保墒；广开肥源，重施农肥；增施磷肥，配方施肥；高茬收割，秸秆还田；青草沤肥，种植绿肥；合理轮作，种地养地。县农技中心 2006 年调查测试，耕层土壤养分水解氮 48.13ppm，速效磷 13.25ppm，速效钾 190.33ppm，有机质 1.09%。扩大牧草种植：在耕地中扩大种植紫花苜蓿、草木樨、红豆草等牧草；改良培肥土壤，并为家畜提供优质鲜草和干草。合理轮作倒茬：20 世纪 80 年代，推广了麦—油—豆轮作倒茬的典型模式，以后又提倡扩大种植薯类作物、豆类作物面积，并推广豆类刈割保留根瘤菌的做法。2000 年起，推广玉米根茬还田，收到良好效果。

3. 肥料

农家肥 以厩肥、人粪尿、草木灰为主，后来开始应用沤肥。20 世纪 90 年代中后期，绝大部分家庭不养大家畜，养猪户已不到 30%，城里的大粪也没人拉，农家肥施用量逐年减少。

化肥 1993 年后，化肥种类增加，二元复合肥、三元复合肥、专用肥、稀土、生物菌肥、植物生长调节剂等广泛应用，尤以磷酸二氢钾在作物叶面喷施效果最为显著，一般增产幅度都在 10%—15%，最高达 20%。硼肥在冬油菜花期喷施，提高坐果率，增加千粒重和产量。冬小麦初级配方施肥，氮磷比为 1∶0.5 或 1∶0.75。同时，总结出增施磷肥能够提高作物抗旱能力，起到以肥调水作用。20 世纪 90 年代后，化学肥料成为农业最大依赖。2012 年，按照"增氮稳磷控钾，补微加曲活土"的原则，依据"看地量雨配方施肥"的思路大力推广优化配方施肥，全县使用化肥 4.53 万吨。

4. 植保植检

县内植物种群复杂，种类繁多，是典型的杂粮区，易受多种病虫害流传浸染。20 世纪 80 年代中期，全县建立病虫草鼠害监测预报制度。对重大病虫害进行普查、会商，发布《病虫情报》。据监测，20 世纪 80 年代，全县农作物病虫草鼠害面积发生 150 万亩次。2000 年起，上升到 446 万亩次，造成危害的主要病虫害种类由 20 世纪 80 年代的 1300 余种，常发 240 多种，增加到 2012 年的

1800 余种，常发 400 多种。每年不同程度发生面积约 280 万亩次，其中以冬小麦、玉米、冬油菜、马铃薯、果树和瓜类蔬菜受损为多。

冬小麦病虫害　主要是麦蚜、叶蝉、红蜘蛛，病害有条锈病、根腐病、全蚀病、红矮病、黄矮病等。虫害重于病害，塬区重于山区，山区重于川区，后期重于前期。一般年份均为中度偏轻发生，年均发生面积 91.2 万亩次，其中虫害发生面积 52.5 万亩次，防治面积 49.3 万亩次；病害发生面积 38.7 万亩次，防治面积 31.5 万亩次。

玉米病虫害　主要有玉米大、小斑病，顶腐病，玉米瘤黑粉病，锈病，褐斑病，玉米黏虫等。病害重于虫害，后期重于前期。总体中度偏轻发生，年均发生面积 56.54 万亩次，其中虫害发生面积 21.5 万亩次，防治面积 27.75 万亩次；病害发生面积 35.04 万亩次，防治面积 38.6 万亩次。

蔬菜瓜类病虫害　总体中度偏轻发生，年均发生面积 17 万亩次。虫害大于病害，前期重于后期。病害主要以黄瓜霜霉病、番茄晚疫病、辣椒病毒病、辣椒白粉病、辣椒疫病、瓜类枯萎病、甜瓜叶枯病、瓜类霜霉病、白菜霜霉病等为主，发生面积 3.4 万亩，防治 6.5 万亩次；虫害主要以菜蚜、白粉虱、小菜蛾、菜青虫、红蜘蛛、斑潜蝇等为主，发生面积 13.6 万亩，防治 26.5 万亩次。斑潜蝇原来只有豌豆潜叶蝇，危害不大。至 20 世纪 90 年代中期，瓜菜引种中带进美洲斑潜蝇。20 世纪 90 年代中后期，白粉虱成为重点害虫，温室、早春棚易发，大田瓜菜及多种作物都易发生，甚至城镇居民养的花卉也多有发生。

地下害虫　1986 年起，连续多年土壤处理、农药拌种，以及推广应用小麦、玉米等多种作物包衣种子，使地下害虫得到有效控制。2000 年起，常年地下害虫总体为轻度发生，年均发生面积 10 万亩次，以蛴螬、金针虫发生为主，年累计防治面积 12.5 万亩次。

农田杂草　农田恶性杂草有野燕麦、稗子草、冰草、倒生、芦草、狗尾草、铁角牛、灰条条、茵陈蒿、青蒿、苦苣菜、苦荬菜、小蓟、苦豆子、蒿蓄、荠菜、马齿苋、菟丝子、播娘蒿（米蒿蒿）、打碗花等。20 世纪 80 年代中期至 90 年代末期，农田杂草为中度偏轻发生，年均发生面积 78 万亩次，其中麦田发生面积 28 万亩次，油料、秋田作物、果树、蔬菜发生面积 50 万亩次，年累计防治面积 80 万亩次。2000 年起，农田杂草呈重度发生乃至严重发生趋势。2011—2012 年最为突出，年杂草发生面积在百万亩以上。20 世纪 80 年代，开始推广草甘膦，防除深根系杂草及多种灌丛植物如酸枣、枸杞子、榆树、椿树等。20 世纪 90 年代，开始应用绿磺隆、甲磺隆、苯磺隆、巨星、百草枯等除草剂。2000 年起，新增乙草胺、灭草松、莠去津、双氟磺草胺等除草剂。

鼠害　主要是中华鼢鼠、姬鼠、兔鼠、松鼠、家鼠，山区尤以中华鼢鼠为最。20 世纪 80 年代中后期至 90 年代中期鼠害猖獗，90 年代中后期到 2000 年初鼠害减轻。农田鼠害总体为中度偏轻发生，年均发生面积 7.5 万亩次，平均百亩有鼠 1.7 头，综合防治面积 10 万亩次。全县推广应用磷化锌、毒鼠磷、溴代鼠磷等灭鼠药。2007 年起，实行农业生态环境保护，降低使用鼠药，禁用二次中毒鼠药，推广生物灭鼠。

植保新技术　包括生态调控技术、生物防治技术、现代诱控技术、科学用药技术。县内推广应用高效、低毒、低残留农药，优化集成农药轮换使用、交替使用、精准使用、安全使用等配套技术。2012 年，全县有手动喷雾器 45000 架，背负式动力机动喷雾（喷粉）机 2200 台，中小型动力喷雾机 110 台，手持电动喷雾器 800 架。

植物检疫　20 世纪 80 年代开始，主要对调出的农作物种子、种苗进行检疫。同时，对瓜类果

斑病、大豆疫霉病、苜蓿黄萎病、黄瓜黑星病、向日葵列当、加拿大一枝黄花、毒麦、菟丝子、红火蚁、葡萄根瘤蚜、苹果蠹蛾、马铃薯甲虫等多种植检对象进行重点普查，累计调查面积52万亩，详查面积12万亩。未发现农业植物检疫性有害生物。2000年起，依照《农业植物疫情发布和管理办法》规定上报疫情，实行疫情月报制。

四、农作物种子

（一）主要农作物品种换代

1. 冬小麦 1986—2012年，更新换代9次，先后有西峰16号、庆丰1号、西峰18号、庄浪6号、庆农2号、陇鉴46号、陇鉴64号、西峰20号、西峰22号、陇原934、陇原935、陇原936、兰天16号、陇原993号、西峰27号、西峰28号、陇鉴301号、陇鉴386号、陇鉴385号、陇原061号、蓝天10号、庆农9号、西峰28号、陇原061号、陇育3号、陇育4号、西峰28号、陇育5号等。

2. 大豆 1986—2012年，品种更新换代5次，先后有晋豆1号、汾豆17号、美国黄豆、日本尖叶豆、晋豆23号、晋大53号、晋大72号、东大1号、东大2号、东大3号、锦豆35号、中贡22号、早熟1号、汾豆17号、铁丰29号、开育12号、中贡30号等。

3. 玉米 1986—2012年，品种更新换代4次，先后有中单2号、掖单13号、掖单2号、金穗系列品种、豫玉22号、酒试20号、吉单261号、金凯3号、豫玉22号、承单20号、先玉335号、沈单16号、正大12号、东单13号、富农1号、屯玉50号等。

4. 高粱 1986—2012年，品种更新换代3次，先后有晋杂5号、晋杂6号、晋杂11号、抗4号、抗7号、晋杂12号等。

5. 糜谷 1986—2012年，品种更新换代2次，先后有陇糜3号、陇糜4号、晋谷14号、晋谷15号、陇谷5号、陇谷6号等。

6. 荞麦 1986—2012年，品种更新换代3次。先后有甘荞1号、北海道1号、榆荞3号、榆荞4号、榆荞1号、日本信农1号、加拿大温莎荞麦等。

7. 冬油菜 1986—2012年，品种更新换代4次，先后有晋油2号、门源、延油1号、延油2号、天油4号、天油5号、陇油8号等。

8. 胡麻 1986—2012年，品种更新换代3次，先后有天亚4号、天亚5号、陇亚7号、陇亚8号、宁亚11号、宁亚20号等。

9. 马铃薯 1986—2012年，品种换代2次，先后有青海552号、渭会2号、临薯8号、武薯1号、陇薯3号 、陇薯6号、庄薯3号、克新1号、新大坪等。

（二）种子包衣拌种

20世纪90年代中期，开始示范推广冬小麦、玉米包衣拌种技术。小麦种子包衣剂选用多菌灵、福美双及一定数量微肥，拌磷、三唑醇与增效剂吡虫啉，以预防小麦根腐病黑穗病为主。玉米种子包衣剂选用农菌剂中菌唑、苯酰胺，杀虫剂选用菊酯类、吡虫啉、克百威有机磷，以预防地下害虫、幼苗期害虫及丝黑穗病为主。1997—2008年，县种子公司开展种子包衣拌种，共推广应用冬小麦包衣拌种种子1764.75万千克，玉米包衣拌种种子176.07万千克。

五、特种作物生产

（一）黄花菜

县内黄花菜蕾条长，个头整齐，色泽黄亮，肉厚味醇。经化验分析，每百克干菜中含蛋白质

14.1克、脂肪0.5克、粗纤维6.7克，VA 1.54毫克、VB 1.2毫克、VC 1.08毫克、钙154.78毫克、磷104毫克。农户利用庄前屋后、田间地埂，均有种植。1984年，县内生产的"蓓蕾牌"金针菜被国家外贸部誉为"西北特级金针菜"，并颁发出口证书。1990年起，黄花菜被列为全县主导产业，川塬区种植面积增大。1992年获中国首届农业博览会银质奖。2000年，成立县黄花菜研究所，黄花菜产量及商品率有所提高。2001年，庆阳康源公司注册登记的"庆针牌"黄花菜在甘肃省优质瓜果蔬菜展销会上被认定为名牌产品。

附：

表 15-3-2　1988—2012 年全县黄花菜面积、产量统计表

单位：万亩、万吨

年份	面积	产量
1988	1.98	0.18
1989	0.88	0.09
1990	0.95	0.08
1991	0.74	0.07
1992	0.48	0.05
1993	0.88	0.34
1994	1.24	0.45
1995	4.5	0.34
1996	1.39	0.50
1997	5.39	0.51
1998	1.95	0.45
1999	1.73	0.40
2000	3.05	0.46
2001	3.45	0.25
2002	8.11	0.33
2003	7.82	0.30
2004	10.37	0.39
2005	11.02	0.43
2006	11.59	0.50
2007	13	0.53
2008	13.99	0.50
2009	14.6	0.54
2010	14.8	0.54
2011	13.66	0.49
2012	15.31	0.61

（二）设施瓜菜

20世纪80年代中期，县内建成1500亩蔬菜基地。庆城镇形成"一村一品""一品一优"特

色蔬菜商品化生产，其中：莲池菠菜、西红柿，文家塬韭菜，王沟门芹菜，安湾水萝卜，崞山湾黄瓜，封家塬头大葱驰名域内外。蔬菜生产主要采取病虫害防治，引进新品种，推广应用蔬菜育苗，地膜覆盖栽培技术等。

1991 年，引进"三膜"冬韭菜栽培技术，在庆城镇莲池、安湾示范成功，并引进推广汉中冬韭、791 雪韭两个优质高产品种。1992 年，引进日光温室蔬菜栽培技术，在庆城镇药王洞村李家后沟自然村示范成功，配套推广黄瓜优良新品种长春密刺、新泰密刺，并应用黄瓜嫁接技术增加效益。1994 年，将日光温室跨度由 5 米改为 6 米，面积增大，光能提高，当年黄瓜亩收入 1.3 万元。1997 年，日光温室蔬菜技术在全县推广，共建棚 606 座，面积 303 亩。1999 年，日光温室蔬菜栽培技术在干旱山区太白梁乡巴家山村示范成功，建棚 45 栋，占地面积 22.5 亩。日光温室经历"水泥竹木结构—水泥钢架结构—改进型双后坡水泥钢架无立柱结构" 3 个阶段。栽培技术不断规范，种植品种以起初的叶菜，发展到黄瓜、番茄、辣椒、菜豆、草莓、水果玉米等多个品种，以及瓜菜育苗。

2003 年，全县建有日光温室 183 栋、183 亩，塑料大棚 9827 栋、3300 亩。2007 年，全县建有日光温室 75 栋、36.5 亩，塑料大棚 2098 栋、1154 亩，设施瓜菜生产进入低谷，2009 年，全县建有日光温室 115 栋、115 亩，塑料大棚 4270 栋、1281 亩，设施瓜菜生产出现恢复性增长。2010 年，全县建有日光温室 285 栋、285 亩，塑料大棚 19088 栋、7830.8 亩。2011 年，全县建有日光温室 331 栋、331 亩，塑料大棚 21254 栋、8387.7 亩。

2012 年，全县设施瓜菜种植面积 0.87 万亩，总产量 2493.5 万千克，产值 8647.3 万元。全县形成以卅铺镇二十里铺村、玄马镇孔桥村为主的设施瓜菜生产基地。

（三）西瓜、甜瓜

20 世纪 80 年代，全县引进优良品种，采用合理密植，改进整枝技术，示范种植地膜西瓜、甜瓜，产量和效益明显增加。20 世纪 90 年代，相继示范成功日光温室、早春大棚西瓜、甜瓜种植技术，尤以熊家庙的米家川村，玄马乡、卅铺镇，庆城镇大棚西瓜、甜瓜种植面积较大。2006 年，全县早春大棚种植西瓜、甜瓜 1238 棚，折合面积 619 亩。早春大棚种植西瓜、甜瓜的经济效益是种植同等面积粮食作物效益的 5—7 倍。

2008 年，开始示范推广大棚西瓜嫁接栽培技术，至 2010 年，在玄马镇贾桥村、卅铺镇韩台子村 30 栋 10 亩面积的早春大棚，用青砧金甲、雪铁龙作砧木，嫁接西瓜 4.2 亩，用青萌砧木 1 号、甜瓜王子 2 号嫁接甜瓜 4.8 亩，均取得成功。玄马生产的甜瓜获得国家无公害产品产地认证，注册"马莲河"牌无公害甜瓜生产商标。

1986—2006 年，县域种植西瓜品种有 P2（后定名金花宝）、特大 P2、金城 8 号、郑杂 5 号、新红宝、嘉优 1 号、西农 8 号、早佳龙、京兴 1 号、霸龙 103 号、特大景龙宝等。

1986—2012 年，甜瓜种植品种先后有甘黄金、盛开花、华南 108 号、运蜜 1 号、红城脆、甘甜 1 号、越妃、绿皮类、白皮类、网纹皮类等，典型品种有永大 3 号、永甜 3 号、京甜 1 号、改良盛开花、泽甜 4 号、泽甜佳美、雪城春光、塞北甜雪、红城 7 号、绿博特等。

附：

表 15-3-4　1989—2012 年全县西（甜）瓜生产情况统计表

单位：亩、吨、万元

年份	总面积	总产量	总产值
1989	6748	1098.06	549.03
1990	9071	1308.91	654.46
1991	10672	1551.34	775.67
年份	总面积	总产量	总产值
1992	10853	1319.05	659.52
1993	10881	2266.00	1133.00
1994	14008	2605.95	1302.97
1995	21621	3275.30	1965.18
1996	22186	2645.27	1587.16
1997	21000	3781.43	2268.86
1998	23987	4976.90	2986.14
1999	23230	3994	2396.40
2000	17545	2818.62	1691.17
2001	15434	1698.82	1019.29
2002	20438	2434.30	1460.58
2003	21340	3200.99	3841.20
2004	20500	3075	3690
2005	20728	6425.68	4497.98
2006	21900	2420	3022
2007	20800	4300	3976
2008	20280	4247	3397.60
2009	20500	6270	5016
2010	24800	6415	6415
2011	18000	7390	6048
2012	30000	6900	8970

（四）草莓

1986 年，引进哈尼、群星、早红光、拉瑞特、鸡冠、戈雷拉、春香等草莓品种，筛选出适应县域发展的哈尼、群星、早红光 3 个优良品种，并在庆城镇莲池、崭山湾，卅铺乡白杨树滩建立种苗繁殖基地，开始推广栽植。20 世纪 80 年代末，以庆城镇、卅铺镇、马岭镇、玄马乡为主的川区

草莓面积达到 800 亩，经济收入 120 万元，并开始示范推广塑料大棚草莓生产。1995 年，塑料大棚草莓面积达到 500 亩，其中崭山湾集中连片建塑料大棚 98 个，面积 25 亩，产值 10 万元。2012 年，全县草莓种植 411 亩，产量 290 吨，产值 1060 万元。

（五）中药材

县域中药材主要品种 300 多个。驰名品种有甘草、柴胡、板蓝根、酸枣仁、秦艽（辫子芃）、穿山龙、黄芪、黄芩、远志、牛子、丹参、大黄、小防风（地方名）等 10 多种。20 世纪 80 年代末至 90 年代中期，县内中药材种植形成一定规模，2000 年，总面积 2 万亩，产值 2000 多万元，驿马农副产品集散地，年调出中药材 2000 多吨。2012 年，全县成立中药材种植专业合作社 2 个，种植中药材 23 个品种，其中：南庄乡、蔡家庙乡、赤城乡、葛崾岘办事处引进种植中药材 11 个品种，种植面积 2135 亩，年产量 120 万千克，产值 130 万元，逐步形成规模种植。

第四节　农业行政管理

一、农产品质量安全监督管理

（一）专项治理

2002 年起，农业行政部门围绕农民种植专业合作社、瓜菜设施基地、蔬菜批发市场、超市等，采取例行抽检、突击检查等方式，开展种植业产品专项整治行动。以规模养殖场（户）、畜禽养殖小区、农民养殖专业合作社、生猪定点屠宰场、肉品批发市场、超市等为重点，通过肉品检疫检验、肉品"瘦肉精"监测等，保障肉类产品质量安全；公布检测结果，出具检验报告，抽检平均合格率 99%。

（二）农业标准化建设

至 2012 年底，全县申报认定无公害农产品种植面积 8.2 万亩，认证认定无公害生产生猪 2 万头，申报登记庆阳黄花菜、庆阳苹果、庆阳驴 3 个地理标志农产品，建成无公害农产品标准化生产示范点 24 个；完成无公害农产品复查换证 2 个，创建甘肃天兆猪业公司、百信养鸡合作社、驿兴养殖合作社、驿马玉米高产示范区、太白梁玉米高产示范区、赤城优质苹果示范区、高楼优质苹果示范区、玄马无公害瓜菜示范区、卅铺镇无公害瓜菜示范区等 9 个标准化生产示范区。

二、农业行政综合执法

2002 年起，农业行政部门每年开展开展春、秋两季农资打假专项治理行动及农资领域市场执法活动，打击非法经营销售假冒伪劣农资行为。2011—2012 年，县农业行政综合执法大队查出无照非法经营农资门市 8 家，取缔无照种子摊贩 13 家；备案登记玉米品种 21 个，冬小麦品种 9 个，油菜品种 6 个，高粱品种 2 个；确定冬油菜、冬小麦种子由庆阳市陇丰瓜菜研究所、裕丰种业有限公司、天地源种业有限公司统一供给，建立健全农资进、销台账，规范农资市场管理秩序；开通投诉电话和"12316"三农服务热线，受理投诉案件 8 起，涉案种子数量 76.5 千克，涉案面积 21.2 亩。涉案种子品种有冬油菜天油 7 号、冬小麦蓝天 28 号、陇鉴 386 号、陇育 4 号。经过协商，农资经营户给予农户适当赔偿。

第五节 农村新能源建设与农民技术培训

一、农村新能源建设

2000年，县内农村新能源建设工作启动。至2012年，全县建成户用沼气池15660座，推广安装太阳能热水器15280台，太阳灶7074台；推广生物质能节柴炉5608台，安装太阳能路灯800基，同时，探索出以"畜—沼—菜""畜—沼—果"为主的循环利用综合发展的能源开发新路子。

二、农民技术培训

1986—2002年，全县农民技术培训实行分散管理。农口各个部门依据行业要求和标准开展普通技能培训，县农广校开展农业技能知识和农业管理知识培训，乡镇农技站利用农闲开展集中培训。1995年3月，县农广校被省农业厅授予"科教兴农先进学校"称号。2004年，县农广校加挂农民科技培训中心牌子，开展"绿色证书""阳光工程""农村劳动力转移""创业计划"等多项培训工作，编发刊印《新型农民科技培训读本》《农民教育培训基础读本》等大量种、养、加、销教课书籍、讲义，以及相关的法律法规教材。至2012年，全县举办培训班500余期，培训人数2万多人次。

第六节 农业综合开发

2000年1月，庆阳县被列为国家农业综合开发项目县。至2012年，累计投入农业综合开发财政资金3858万元，完成中低产田改造项目13个、生态工程项目2个、产业化经营项目7个，涉及驿马、桐川、白马铺、赤城、卅铺、玄马、熊家庙7个乡镇（办事处）45个行政村，32832户，7个龙头企业，2个农民专业合作社。

一、中低产田改造

项目总投资7219.8万元，治理土地12.23万亩。项目区新建提灌站3座，沟水上塬工程2处；新打、维修机电井185眼，新建蓄水窖1150眼，配套输变电线路72.8千米，埋设低压输水管道155.57千米，配套喷灌4949亩、集雨节灌1000亩、微灌2308亩、滴灌5008亩；改良土壤12.95万亩，建优质粮食基地12000亩、良种基地2620亩、良种仓库250平方米、良种晒场2000平方米，种植良种2000亩，购良种12.95万千克，购置选种加工设备8台（套）、农业机械及农机具197台（套）、植保机械330台（套）、测试设备10台，修筑机耕路318.5千米，推广旱作农业1800亩，扶持农民专业合作经济组织1个；营造农田防护林5948亩；技术培训25460人次，示范推广抗旱保水剂、转盘育苗技术、保护性耕作等新技术13项19184亩。

二、生态工程项目

2002年，实施桐川乡郭旗村生态综合治理项目，总投资120万元。营造水土保持林2000亩，新建苗圃20亩；种草及草场改良1000亩；改良土壤1000亩，新修梯田埂20千米，拓宽整修机耕路2条4千米；技术培训400人次，示范推广项目2个。

2010年，实施庆城镇药王洞村小流域治理项目，完成投资194.32万元。栽植水土保持林1490亩，其中：油松300亩、油松纸钵苗290亩、侧柏300亩、国槐600亩，栽植经济林1600亩，其中：曹杏700亩、山楂400亩、文冠果500亩。

三、产业化经营项目

2004年，实施2.2万吨速冻保鲜黄花菜生产线项目，投资200万元，其中：无偿40万元，有偿160万元，建成年产2.2万吨速冻保鲜黄花菜（蔬菜系列）生产线1条，生产车间、冷冻库房、辅助设施等建筑物2.3万平方米，安装制冷、速冻和烘干等设备144台套。2006年，实施膨化苹果脆片生产线项目，完成投资200万元，其中无偿40万元，有偿160万元。新建生产车间574平方米、成品及材料库600平方米，购置膨化设备2台，微波机1套，包装及其他设备20台套，水、电、供气及循环水系统4套。2008年，实施10000吨浓缩苹果汁改（扩）建项目，完成投资426万元，其中：无偿129万元，有偿297万元，新建污水处理间72平方米，购置苹果汁超滤、带式压滤机、化验等设备18台套。

2007年、2009年、2010年、2011年，2012年，先后投入贴息资金374万元，用于农产品加工企业改（扩）建工程及流动资金。

2011年，财政补贴资金56万元，新建400亩标准化苹果示范园；投资113.8万元，完成测土施肥405亩，人工平整土地221亩，铁丝围栏2510米，建30立方米水塔1座，埋设输水管道3300米，购置仪器92台（套），引进优良新品种2.96万株。2012年，财政补贴资金56万元，改（扩）建200亩标准化苹果园；投资130.8万元，建成标准化果园50亩，改建果园150亩，搭建防雹网40亩，埋设输水管道2.7千米，滴灌田200亩，建培训室、检测室450平方米，购置桌椅60套、电教设备1套、农药残留检测仪1台。

图15-6-1　农技专家讲解小麦病虫害发生及防控

第十六章　林果业

1986年起，全县先后实施国家"三北"防护林、天然林保护、退耕还林等项目造林工程，坚持乔灌结合，封造并举，持之以恒开展义务植树活动。2000年后，苹果生产迅速兴起，成为主导产业。2012年，全县森林覆盖率达到22.7%，绿色发展初见端倪，生态文明建设效益显现。

第一节　机构

1986年，庆阳县林业局内设办公室、人秘股、造林股、园艺股，辖林业技术工作站、国营蔡口集林场、马岭苗圃，全系统职工41人。1987年4月，成立庆阳县林业科学研究所（后更名为太白梁林业科学技术研究所），县园艺工作站由农牧局归属林业局。2002年，庆阳县林业局更名为庆城县林业局。是年7月，县绿化委员会办公室、护林防火指挥部办公室批转为林业局二级事业单位。2003年，成立庆城县退耕还林（草）办公室、庆阳市森林公安局庆城县派出所。2007年1月，成立庆城县天然林保护工程办公室。2010年4月，成立庆城县林业生态发展亚洲开发银行贷款项目办公室。2011年11月，县园艺站更名为果业局。2012年底，县林业局内设办公室，辖县林业技术工作站、退耕还林（草）办公室、蔡口集林场、马岭苗圃、护林防火指挥部办公室、太白梁林业科学技术研究所、绿化委员会办公室、林业生态发展亚洲银行贷款项目办公室、天然林保护工程办公室、果业局、庆阳市森林公安局庆城县派出所，全系统职工94人。

第二节　森林资源

一、林地

2012年底，全县林地面积88.15万亩，比1986年增加32.96万亩。其中：防护林73.45万亩，占有林地83.3%；经济林10万亩，占有林地11.4%；用材林2.3万亩，占有林地2.6%；薪炭林2.1万亩，占有林地2.4%；特用林0.2万亩，占有林地0.2%；"四旁"植树16.8万株（折合0.1万亩），占有林地0.1%。

二、活立木蓄积

2012年底，全县活立木总蓄积量为66.66万立方米，其中：林分蓄积量48.80万立方米，占总蓄积量的73.21%；疏林地蓄积量13.25万立方米，占总蓄积量19.88%；"四旁"树蓄积量3.28万立方米，占总蓄积量4.93%；散生木蓄积量1.33万立方米，占总蓄积量1.98%。年生长量3.52万立方米，年生长率8.01%。

三、树种结构及林木分布

2012年底，全县林分优势树种面积为：刺槐46.35万亩，占有林地52.8%；杏树27.1万亩，占有林地30.8%；苹果树8.9万亩，占有林地10.1%；杨树2.16万亩，占有林地2.4%；油松1.03

万亩，占有林地 1.1%；枣树 1.1 万亩，占有林地 1.2%；其他林分树种 1.51 万亩，占有林地 1.6%。

全县引进树种主要有白榆、垂背柳、杨树陕林 1 号、杨树陕林 2 号、北京 8 号、泡桐无性系 7606-6、8000 号、7606-8 等。兰考泡桐在赤城、熊家庙等塬区大面积栽植，川区零星分布。全县森林多与农牧业用地交错穿插，或随地形变化呈片状、团状和块状零星分布。

表 16-2-1　2012 年全县各乡镇林地面积统计表

单位：万亩

乡镇 项目	林业用地	其中					宜林地
		有林地（人工林）	疏林地	灌木林地	未成造林地	苗圃地	
全　县	234.53	88.15	20.6	1.48	23.4	0.30	100.6
驿　马	15.29	6.39	1.1	—	1.08		7.28
熊家庙	9.21	3.97	0.53	0.02	0.91		3.78
赤　城	10.03	4.90	0.90	—	1.17		3.07
白　马	9.13	4.54	0.97	0.06	1.38		4.17
桐　川	20.08	7.64	2.05	0.03	1.53		10.24
太白梁	20.43	8.49	2.87	0.34	2.90		7.82
土　桥	12.37	5.18	0.94	0.22	1.14		4.90
蔡口集	10.78	3.20	1.10	0.17	1.04		5.27
高　楼	10.67	4.14	0.70	—	0.63		5.19
南　庄	12.10	5.54	0.95	0.50	1.14		3.97
玄　马	15.05	4.20	1.08	0.02	1.05	0.10	8.59
卅　铺	16.50	5.35	1.53	—	1.96		7.66
马　岭	16.57	5.04	1.65	—	2.60	0.10	7.18
翟家河	13.21	5.27	—		—	—	—
蔡家庙	13.92	5.24	0.86	0.07	1.78	—	5.96
葛崾岘	10.37	3.93	0.47		0.88		5.09
庆　城	9.54	3.93	1.23	0.03	0.73		5.61
国　营	1.3	1.2	—	—	—	0.10	—

四、古树

境内百年以上古树以柳树居多，次为核桃树、油松、侧柏。主要有：太白梁乡庙山村柳树，树高 25 米，胸径 100 厘米，平均冠幅 5 米，估测树龄 100 多年；庆城镇西塬村漱沟柳树，树高 28 米，胸径 160 厘米，平均冠幅 8 米，估测树龄 160 年；玄马镇柏塬村柳树，树高 30 米，胸径 200 厘米，平均冠幅 5 米，估测树龄 140 年；高楼乡太乐村核桃树，树高 30 米，胸径 150 厘米，平均冠幅 18 米，估测树龄 160 年；高楼乡太乐村核桃树，树高 30 米，胸径 100 厘米，平均冠幅 15 米，估测树龄 100 年；南庄乡吴家塬村油松，树高 30 米，胸径 120 厘米，平均冠幅 14 米，估测树龄 160 年；南庄乡吴家塬村油松，树高 30 米，胸径 170 厘米，平均冠幅 8 米，估测树龄 230 年；玄马镇柏树村侧柏，树

高30米，胸径90厘米，平均冠幅6米，共50多株，估测树龄130年。

五、名木及特稀树种

境内传统名木有红椿、青槐、玉杨木、木瓜树，引进名木有银杏、雪松、华山松。特稀树种有五角枫、火炬树、法国梧桐、合欢树等。

第三节　林业工程

一、"三北（东北、西北、华北）"防护林工程

一期工程　自1985年开始，至1989年结束。封山育林748公顷。主要分布在南庄乡吴家塬、何家塬、田胡咀村，翟家河乡梨树渠、西掌村，土桥乡杨河、佛殿湾村，太白梁乡中合铺村，蔡口集乡龙头寺村。工程区内成林面积648公顷，其中针阔混交林38.9公顷，主要树种为杨树、油松；纯灌木林67公顷，乔灌混交林642.5公顷，主要树种为杨树、沙棘、狼牙刺、杏树、刺槐。

图16-3-1　苗木培育基地

二期工程　自1986年开始，至1995年结束。全县造林20540公顷，人工造林20021公顷，以乔木型为主。其中：防护林11642公顷，用材林1904公顷，薪炭林383公顷，经济林6056公顷（干果林1391公顷，鲜果林4664公顷），特用林36公顷。封山育林519公顷。零星植树993万株，折合面积4136公顷。建成苗圃4处17.3公顷，出苗5200万株。建立种子园2处13.3公顷，生产种子4万千克。建立母树林、采穗圃11处，25公顷，共采接穗350万枝。建良种基地2处7.3公顷，生产良种苗1110万株。

三期工程　自1996年开始，至2000年结束。全县造林8180.7公顷，其中人工造林7780.7公顷。其中：防护林5124.7公顷，用材林568.3公顷，经济林1886.4公顷，薪炭林68公顷，特用林133.3公顷。封山育林400公顷。零星植树8.3万株，折合1.99公顷。新建标准化苗圃1处，新增育苗面积3.4公顷，出苗800万株。

四期工程　自2001年开始，至2012年底，全县人工造林3801公顷，封山育林833公顷。其中：2007年，投资63万元，人工造林3000亩；2008年，投资208万元，油松造林8000亩；2009年，投资260万元，油松造林10000亩。

二、退耕还林工程

图16-3-2　退耕还林一隅

1999年起，全县实施国家退耕还林（草）工程建设。县上成立退耕还林（草）指挥部，按照"退耕还林（草），封山绿化，以粮代赈，个体承包"的方针，协调、检查、督促、落实退耕还林（草）各项任务；各乡镇成立办事机构，实行规模治理，连片经营。是年，翟家河乡抽调3200多个劳力，在米家湾、塔山进行连片治理，退耕还林2632亩；冰淋岔乡抽调1800多个劳力，在冰淋岔、众义进行连片治理，退耕还林2708

亩。全县 3549 个农户退耕还林 20414.4 亩，兑现粮食 160.954 万千克，现金 32.1908 万元。

2002 年，全县建立完善"退耕还林（草）管理卡""荒山造林协议书""退耕还林（草）情况分布表""全县退耕还林（草）情况验收图""全县作业设计图"，制发"退耕还林（草）补助粮款供应证"。当年，全县 3156 个农户退耕还林 66905.2 亩，其中：协议宜林荒山造林 31000 亩，兑现粮食 560.608 万千克，现金 112.1216 万元。

2003 年 1 月 20 日，国务院《退耕还林条例》正式实施。按照"严管林，慎用钱，质为先"的方针和"谁退耕，谁管护，谁受益"原则，实行一造就封、一封就管，退一片田，造一片林，配备 1—2 名专职管护人员，签订管护合同，划定管护区域，落实管护报酬，全面实行封山禁牧。对退耕还林专项资金，实行单独建账，单独核算，专项管理，专户储存，专款专用。2004 年，更加突出工程质量，严把"规划、整地、苗木、栽植"关，突出组织领导、技术指导、跟踪检查"三到位"。2005 年，停止退耕还林粮食补助，实行现金补助。

2006 年，全县退耕还林以城镇面山、公路沿线荒山荒坡和水土流失较为严重的区域生态治理为重点。同年，对 1999—2005 年全县退耕还林留存情况进行自查，全县保存面积 349495.4 亩，面积保存率 100%，株数保存率达 95.7% 以上，以刺槐造林面积最大。

2009 年，对退耕还林资金发放实行供应证、户口簿、身份证、花名册、管理卡"五对口"。并对 1999 年以来退耕还林工程进行普查。对成活率达不到要求的，退耕地由农户进行补植，荒山及重点退耕区由县上供苗，乡村组织补造。

至 2012 年，全县退耕还林工程涉及 29378 个农户，完成退耕还林工程总面积 40.35 万亩，其中：退耕地还林 20.05 万亩，宜林荒山荒地造林 19.6 万亩，封山育林 0.7 万亩。全县退耕地还林工程累计向群众兑现退耕还林补助资金 2.81 亿元，发放林权证 29378 本。2007 年，被评为全省退耕还林先进县。

三、天然林保护工程

2000 年，全县天然林保护工程启动。按照《甘肃省天然林资源保护工程管理办法》，停止木材采伐，实施封山育林，开展模拟飞播造林。工程区涉及 5 镇 12 乡 153 个村和 1 个国营林场。

2000—2001 年，在冰淋岔、太白梁、白马铺、赤城、马岭 5 乡镇封山育林 15000 亩，飞播造林 4200 亩。2002 年，以杏树截杆栽植为主。在赤城、太白梁、土桥、蔡口集、南庄、葛崾岘 6 乡镇封山育林 15000 亩，在冰淋岔、马岭镇、太白梁、安家寺、高楼 5 乡镇飞播造林 3500 亩。2003 年，在翟家河、驿马、白马铺、庆城、桐川、土桥 6 乡镇封山育林 17000 亩，在冰淋岔、马岭、驿马、蔡口集、玄马 5 乡镇飞播造林 3600 亩，修建标志牌 28 个，机械围栏 7500 米，建护林房 15 间 225 平方米。新建油松母树林 1000 亩，种子园 200 亩，500 亩以上技术繁育苗圃 3 处。全县实施管护面积 50.3 万亩。2004 年，国家下达天然林保护工程国债资金 96 万元，其中中央财政专项资金 23.1 万元；熊家庙、蔡家庙、卅铺、驿马、蔡口集、玄马、高楼、马岭、南庄、安家寺、太白梁 11 个乡镇封山育林 15000 亩，卅铺、马岭镇飞播造林 3000 亩；修建森林防火道路 30 千米，建立防火隔离带 50 千米，落实管护面积 87.5 万亩。2005 年，熊家庙、高楼、桐川、葛崾岘、驿马 5 乡镇封山育林 5000 亩，马岭、高楼 2 乡镇飞播造林 2000 亩。2006 年，按照"谁造林，谁所有，谁管护，谁受益"的原则，实行定员定额报酬管护责任制。国家下达天然林保护国债资金 11.2 万元，在赤城乡封山育林 2000 亩，每年每亩补助 70 元。2007 年，驿马、桐川、高楼、南庄 4 乡镇封山育林 3000 亩。2008 年，驿马、桐川、高楼、南庄 4 乡镇封山育林 5000 亩。每亩补助 260 元。

2011 年，南庄乡、庆城镇封山育林 5000 亩。2012 年，蔡家庙乡、驿马镇封山育林 5000 亩。

至 2012 年底，封山育林 8.7 万亩，模拟飞播造林 1.63 万亩。工程区分流安置富余职工 35 人。确定专职护林员 139 人，按照乡、村、组现有林木面积大小进行常年巡护，落实管护面积 87.5 万亩。

四、公益林建设工程

2004 年起，全县公益林建设建立生态效益补偿机制，由中央及省市县筹资，落实乡村护林员报酬及补植造林资金。是年底，全县确定公益林总面积 88.29 万亩。全县公益林补植造林 4350 亩，其中驿马镇东滩村 470 亩，卅铺镇齐家塬村 510 亩，桐川乡郭家岔村 300 亩，高楼乡雷岘子村 225 亩，南庄乡何塬村 332 亩，马岭镇纸房村 60 亩。

2005 年，补植补造 4350 亩，其中熊家庙乡瓦窑咀村 777 亩，白马铺乡高户村 267 亩，太白梁乡中合铺村 140 亩，蔡口集乡高塬村 177 亩，南庄乡丰台村 998 亩，玄马镇贾桥村 470 亩，翟家河乡西掌村 228 亩。2006 年，补植补造 5410 亩，其中蔡口集乡六合湾村 660 亩，土桥乡佛殿湾村 400 亩。2007 年后，公益林建设以乡为重点全面展开。至 2012 年，全县公益林补植补造 4.7 万亩，树种以刺槐、油松为主。

第四节　义务植树与城乡绿化

一、义务植树

1986—2012 年，全县每年组织群众开展义务植树造林活动。乡镇以村为单位，以集体林场、荒山荒沟或荒滩为重点，集体组织开展。县城建立"义务植树登记卡"，以机关单位为主，在春秋两季集中 3—5 天时间开展活动，先后在东山、西塬、教子川、封家洞等周边区域进行。2008 年后，对机关单位实行"包区域、包成活、包管护，一定十年"，保证了活动的持续开展。至 2012 年，全县参加义务植树活动人数累计达 500 万人（次），植树 1000 余万株，年成活率 85%，造林面积达 5 万亩。

二、县城绿化

1986—2002 年，在县城主要出入口、水系、道路、公园、广场、游园等关键点，采取规划建绿、建景增绿、见缝插绿、拆墙透绿、拆建还绿等措施。2005 年后，按照《庆城县绿地系统规划》，先后实施北区广场、中街广场、三角花园、莲池开发区等 10 处大中小型公园绿化。其中：2005 年，完成中街广场绿化，栽植雪松、国槐、合欢、油松、刺柏等 2198 棵；2006 年，完成北区中心广场绿化，栽植雪松、油松、合欢、国槐、碧桃、栾树、樱花、沙地柏、刺柏等 3654 棵；2008 年，完成北区路口三角花园绿化，栽植油松、国槐、雪松、银杏、红叶李、樱花、刺柏等 921 棵；2011 年，完成莲池开发区绿化，栽植法桐、油松等 971 棵。完成县城街道绿化 3900 米，栽植国槐、法桐、樱花、红叶李、刺柏绿篱等行道树 2990 株；2010 年，栽植米径 15 厘米、高度 2.5 米以上的国槐 65 株，米径 12 厘米、高度 2.5 米的法桐 263 株，米径 8—10 厘米的樱花 345 株；2011 年，莲池开发区道路两旁新栽法桐 365 株，油松 672 株，其他树木 1280 株。完成居民小区绿化 568.5 亩，主要栽植塔柏、雪松、刺柏、月季、金叶女贞等。单位绿化折合面积 649.5 亩。至 2012 年，县城建成各类绿地 256.6 公顷，绿化覆盖 281 公顷，城区绿化覆盖率 38.5%，绿地率 35.2%，人均公共绿地 11.02 平方米，60% 以上单位庭院和居住区绿化率达到 31.8%。

三、乡村绿化

四旁植树 乡村绿化按照"一乡一片，一村一块"的要求，以四旁绿化为重点，全面规划，逐年推进。农村群众围庄植树，主要栽植杨树、油松、柳树、刺槐、国槐等树种。1986—1992年，年均植树约200万株；1993—2003年，年均植树约60万株；2004—2012年，年均植树约80万株。累计达到1735.62万株。

集体林场 实行农村联产承包责任制后，全县大部分乡村林场遭到破坏。1987年，全县有林场249处，10.47万亩，有林面积7.57万亩，其中国营林场1处，经营面积10261亩，有林面积7645亩；乡、村、队和个人林场248处，其中乡属林场4处，经营面积4200亩，村属林场120处，经营面积6.7万亩；小村办林场24处，4809亩；户办林场95处8512亩。乡村林场以杏树为主，其次为杨树、刺槐、白榆、苹果、沙棘、杜梨、桃树等。经营方式：折价归户89处，保本分成3处，比例分成1处，大包干7处，承包期限3年以下的10处，4—8年的22处，4—14年的20处，无人经营的1处。95处户办林场全部办在自留山上。1991年，全县仅存34处集体林场。1992年，兴办乡村集体林场90处，自然村林场25处。2005年，全县集体造林保存面积96万亩。至2012年底，全县建成绿化模范乡镇5个，绿化示范村32个，乡镇建成休闲绿地广场133处，村组绿化覆盖率达到30.2%。

绿色通道 2004年后，乡村绿化以"绿色通道"工程为重点，集中在国道、省道及县乡公路两旁开展。是年，县内国道211线、309线绿化149.5千米，省道202庆西路、打庆路绿化64.5千米，主要栽植国槐、杨树、金丝柳等。至2006年，县道绿化164千米，乡村道路绿化189.8千米，主要栽植国槐、侧柏、柳树、油松、刺柏、杨树。2007—2012年，乡村道路绿化572.5千米，主要栽植国槐、柏树、红叶李、刺柏、柳树、杨树、侧柏、刺槐、金丝柳、白蜡、楸树、新疆杨、速生杨。2012年，青兰高速庆城段绿化40千米，主要栽植油松、红叶李、红叶杨、木槿、红花锦带等。县内公路绿化达到95%以上。

第五节　林业资源保护

一、有害生物防治

县域内主要森林病害有腐烂病、溃疡病、早期落叶病、褐斑病、锈病、白粉病等20余种。主要虫害有天牛、杨大透刺蛾、尺蠖、食心虫、介壳虫、红蜘蛛、卷叶虫等50余种。主要鼠害为中华鼢鼠。病虫鼠害发生面积约占森林总面积55%以上。

1995年，县内发生大面积黄斑星天牛危害，危害面积75600亩，占杨树面积的31.6%，马岭、卅铺等乡镇危害严重。全县采取生物、化学和人工防治措施，对受虫害严重的杨树进行采伐焚烧。

2003年6月，南庄乡东原村老虎岘子发生油松林松针小卷蛾危害，虫情呈团块状分布，发生面积600余亩，感虫株率33.3%。2004年7月，县内油松中幼龄林普遍发生松针小卷蛾危害，发生面积达3000亩以上。防治面积1000亩，灾情得到控制。

2012年，全县发生各类林业有害生物面积9.96万亩，其中：松针小卷蛾0.61万亩，松落针病0.6万亩，杨柳树烂皮病0.88万亩，杨树蛀干天牛0.69万亩，刺槐尺蠖4.09万亩，杨树腐烂病0.45万亩，全部防治。

二、护林防火

1986—1999 年，护林防火工作由县林业局承担，乡村组建义务扑火队 17 个，486 人。2000 年后，随着退耕还林等工程的实施，林木管护和防火工作日益加强，县上成立护林防火指挥部，乡、村防火机构相继完善，防火工作纳入同级政府管理之中。2004 年修建森林防火通道 30 千米，建防火隔离带 50 千米，2007 年，县林业局成立护林防火指挥中心和专业灭火队，配备消防车和其他消防器材。各乡（镇）、村组建机动灭火队。建立健全县、乡、村林火信息和指挥网络，并设立森林防火报警电话。

至 2012 年，全县修建森林防火道路 40 千米，建立防火隔离带 60 千米，配备森林防火设备 1 套，配备防火车辆 2 辆，警车 2 辆，修建护林房 24 处，修建封山围栏 3 处 8660 米。

第六节　林政管理

一、林业行政执法
（一）林木采伐管理

1986 年，林木采伐由林木所有者自主决定。1987 年起，实行限额采伐制度。1987—2010 年，国家下达庆城县限额采伐指标 17.08 万立方米，全县实际采伐 0.57 万立方米，其间，1988、1990、1991、1993、1994、1999 至 2004 年，全县实现零采伐。2011 年，全县办理防护林、公益林抚育采伐 3 起，采伐株数 219 株，采伐蓄积 78.49 立方米，出材量 33.32 立方米，采伐树种有杨树、刺槐、桐树、国槐。2012 年，办理水土保持林抚育更新采伐 1 起，采伐株数 75 株，采伐蓄积 58.33 立方米，出材量 28.9 立方米，采伐树种为杨树、柳树 2 种。

（二）征占用林地管理

2001 年，国家林业局发布《征占用林地审批管理办法》。2009 年 1 月《甘肃省林地保护条列》实施。征占用林地实行分级审批，永久性征占用林地由甘肃省林业厅审批，临时占用 30 亩以下由县林业局审批。2007—2008 年，由甘肃省林业厅审批井场及道路征占集体用林地 177.96 亩。2011 年，由国家林业局审批雷西高速公路征占用林地 482.1 亩。2012 年，由甘肃省林业厅审批县城新区填沟造地征占用林地 422.5 亩，正鑫汽贸有限责任公司汽车销售与维修中心征占用林地 10.7 亩。

（三）毁林案件查处

1993—2012 年，全县查处毁林案件 237 起，无证运输 3 起，处罚毁林人员 44 人，收回盗伐木材 6 立方米，追回被盗树木 491 株，补栽幼树 5340 株。

二、封山禁牧

2003 年 5 月，县委、县政府制订《庆城县封山禁牧实施办法》，全县实行封山禁牧。办法规定：县域内林业用地均属封山禁牧范围，凡在封禁区内砍伐、放牧、采石、取土、挖药、狩猎等毁林行为和一切返耕行为一律停止。县人民政府组织领导全县封山禁牧工作。实施封山禁牧后，严禁在封禁区内乱采乱伐，严禁在封禁区内放牧。鼓励公民、法人和其他经济组织承包、租赁、购买县境内所有宜林地、荒沟、荒滩进行植树造林；对境内坡度在 25°以上耕地，林业部门有计划组织退耕还林。凡封禁区域地块，原来颁发的林权证仍然有效。严格控制封禁区征占用林地，经批准征占用林地的单位或个人，应向所有权单位、集体或个人支付林地补偿费、林木补偿费和安置补助费，并向县林业主管部门缴纳森林植被恢复费。在大面积的封禁区，制作护林设施。严格木材市场管理，实行凭

证运输，凭证经营加工制度。严禁收购没有采伐许可证或没有合法来源证明的木材。规定每年 11 月 1 日至次年 5 月 31 日为森林防火期，严禁在封禁区内取暖、烧荒、垦地、丢火种、积肥、烧炭、烧地埂、烧秸秆、野炊、玩火、狩猎、上坟烧纸、点火把照明行路。各封山禁牧区实行护林员责任制，坚持定期考核，定期奖优罚劣。

第七节　果业生产

一、苹果业

秦汉时，境内就有绵苹果（小苹果）栽培记载。1942 年，三十里铺天主教堂引进西洋苹果（大苹果）栽培技术。中华人民共和国成立后，全县苹果生产先后经历 1955—1958 年、1973—1978 年、1987—1990 年、1992—1996 年和 2005—2010 年 5 次发展高峰。栽植面积逐步增大，产量品质逐步提高，渐由农村支柱产业发展成为主导产业。

1987 年，全县 6000 亩 10 万株低产苹果园改造被列为省列科技承包项目。经改造，低改园产量由上年 170 万斤增加到 270 万斤，亩产增加 170 千克，平均增产 160 多千克。建成乡级样板园 10 个 190 亩。1988 年，全县承担国家星火项目的 4000 亩优质苹果园开发建设项目。县上成立以主管副县长为组长的领导小组，从陕西宝鸡引进新红星 7000 株，金矮生 3000 株，从中国果树研究所引进新红星、金矮生、首红、超红、艳红、魁红等接穗 1600 枝，在驿马镇夏涝池村和赤城乡万胜堡村分别建起一级样板园 54 亩和 47 亩，亩栽 83 株。至 1990 年，全县苹果园 4.8 万亩，比 1986 年增加 3.36 万亩。主要品种有元帅系、富士系、秦冠系、金冠系。

1991 年，县委、县政府制订林业优惠政策。对新建果园，挂果前 3 年可免征农林特产税；建园合格者，允许公粮交代金；优先给建园户苗木贷款；优先提供平价生产资料；群众拿出好地，发展果园不受限制；苗木确定最低保护价；科技人员搞技术承包，以总收入中拿出 10% 作为报酬；推销提供信息者，可拿总收入 5%。是年，全县新栽苹果树 6560 亩，以果致富的"万元户" 96 户。

1992—1996 年，引进苹果优良品种，改进管理技术，完善配套设施，全县新栽苹果树 6.03 万亩。1992 年，赤城乡 1300 户群众自筹资金，从山东购回良种苹果苗 38 万株，采用开沟埋草施肥办法，建园 4100 亩，占全县当年新栽苹果树面积的 60.8%。1993 年，引进短枝富士、新乔纳金、华冠、华帅等品种，开始推广果园疏花疏果、拉枝、扭枝、环刮等管理技术。新栽苹果树千亩以上乡镇 3 个，500 亩以上村 7 个，10 亩以上农户 14 户。是年，建成苹果储藏窖 114 个，贮藏增值 60 多万元。1994 年，实施低产果园改造，高接换头 100 万株。长富 6 号、长富 2 号、红元帅、新红星 4 个果品在全区第二届"富陇杯"果品大赛上分别获奖。1995 年，赤城乡确立"果扎根，经促粮"的立体发展模式，全乡苹果树面积达万亩，连片百亩以上自然村 16 个，20 亩果园农户 10 户，15 亩果园农户 16 户，10 亩果园农户 80 户，挂果树 6500 亩，苹果总产 2300 吨，占全县苹果总产 10%。1996 年，全县优质红富士面积发展到 3.25 万亩，占全县果园面积 38%。塬区大面积推广果实套袋管理技术，引进苹果无毒苗繁育技术，对红玉、味津、国光、黄元帅等品种进行高接换头，对果园实施水窖、小电井、滴管、渗灌等配套建设。

1997—2004 年，全县果品质量不断提升。1997 年，长富 2 号富士苹果在全国'97 金秋果乡果品电视综艺品评会上获"葫芦岛杯"优质产品。2001 年，长富 6 号、新红星获"甘肃省首届林果

产品展览交易会"金、银奖。长富6号苹果被认定为2001年甘肃省优质瓜果蔬菜展销会名牌产品。5月，被国家农业部确定为全国首批100家创建无公害农产品（种植业·水果）生产示范基地县。2002年4月，创建无公害苹果基地中心示范区1000亩，创建进出口基地6个、1.3万亩。2003年3月，申请注册"赤诚"牌无公害苹果专用商标。8月，全省无公害水果示范基地县建设现场验收观摩会在县内召开。2004年10月，庆城县被农业部评为全国无公害农产品（种植业·水果）生产示范基地创建先进单位，无公害苹果产品获农业部农产品质量安全中心颁发的认证证书，创建经验在《世界农业》杂志进行红榜展示。赤城乡周庄村、驿马镇涝池村开始推广"果—畜—沼"生态型果园建设。

2005—2010年，全县苹果树以每年5万亩速度在塬区推广。其间，赤城乡赤城果园、白马乡顾旗果园等6家果园1.3万亩和庆城县宝源果蔬有限公司、庆城县金华果品运销有限责任公司2个企业申请注册直接出口泰国苹果及其加工品权。引进早红大嘎啦、信浓红等早熟新品种苹果，并推广栽培。2008年，完成苹果千亩栽植示范点7个1.3万亩。2009年，苹果树栽植实行以奖代补，对集中连片栽植10亩以上，成活率85%以上，按每亩60元标准予以奖励补助；对庆西公路、309国道、夏熊公路沿线以每亩50元予以奖励补助。驿马镇沿庆西路和309国道建成5000亩连片栽植示范点1个，熊家庙办事处沿夏熊公路建成1000亩示范点1个，白马铺乡沿庆西公路建成500亩示范点1个，桐川乡沿309国道建成3000亩示范点1个，高楼乡沿309国道建成1000亩示范点1个。赤城乡实现无空白栽植。2010年，全县投资46万元，在塬区6乡镇和南庄乡重点推行拉枝刻芽、阳光树形改造、果园生草、铺设黑色地膜、穴贮肥水、人工辅助授粉、SOD奶蜜苹果生产示范和悬挂杀虫灯、粘虫板、诱虫带等病虫害防治技术。全年苹果套袋2.6亿枚，赤城老庄盛产果园、驿马南极庙幼龄园、驿马涝池新建园分别获庆阳市2010年度优质苹果"千百十"工程科技示范园建设一、二、三等奖。至此，南部塬区赤城、白马铺、高楼、驿马、熊家庙、桐川等6乡镇实现乔化密植苹果生产全覆盖。

2011年5月，创建高楼乡太乐村省级标准园1处500亩。8月，创建赤城乡周庄村农业部苹果标准园1200亩。10月，在南庄乡新庄村推广矮化栽培模式，在赤城乡周庄推广间伐改造新技术，在蔡家庙乡蔡家庙村魏家庄组开始建设育苗基地。是年，成立西北农林科技大学甘肃庆城苹果试验示范站，引进俄矮、阿斯、天汪一号、栽培二号、瓦里、宫岐短枝、奥登堡、红盖露、秦阳、金世纪、柱状、爵士等12个品种。苹果年产品产值2.3亿元，产业产值（包括贮藏、加工、运销、劳务等）2.8亿元，农民人均苹果收入1176元，占农民人均纯收入的27.9%，占塬区6乡镇（办事处）农民人均纯收入的70%以上。苹果收入20万元以上5户，10万元以上360多户，5万元以上2100多户。

2012年，南庄、庆城、玄马、葛崾岘、马岭、卅铺等乡镇办事处开始推广以矮化中间砧苗木为主的旱地矮化密植高效栽培技术。至年底，全县栽植苹果树21.44万亩，占果园面积的69.4%。引进红富士、嘎啦、短枝红元帅等系列苹果新品种38个。实施并完成国家、省、市县列项目42个，获奖20个。建成宝源果蔬有限公司和恒盛果汁厂以及纸箱厂1个，发泡网工厂2个，机械冷藏库13个，窑窖库760多座，总贮量3.9万吨，果品合作组织22个，产供销服务体系基本建成。

二、其他果业

杏生产　境内杏树栽植面积较大，以山区为主。1986年后，面积曾一度扩大，品种有所改善和增加，出现桐川乡党崾岘、三合湾等杏树村，新建南庄乡肖塬村月亮山杏树工程、葛崾岘辛龙口

村包家山曹杏工程。1990年，实施毛杏改造高楼项目，引进双仁杏、兰州大接杏、唐汪川大接杏接穗2万株。1991年，熊家庙乡参加省林业技术推广站主持的"全省十万亩经济林整乡承包协作项目"，建成杏树示范园150亩。1993年，高楼乡苏店村建成优质标准杏园150亩。1995年，毛杏改造40万株，是最多的年份。1996年，建立良种基地；1997年，引进美国仁用杏；1999年，引进曹杏。2000—2012年，全县每年平均以1万亩的速度补植补造，年均改造毛杏20万株。受山区劳动力、果品保鲜期和加工条件限制，未能形成产业化。

　　枣生产　　境内野生酸枣资源丰富，有着天然的潜在优势。1987年，熊家庙乡米家川村群众探索出酸枣接大枣最佳嫁接期和根接为枝接技术，全村嫁接大枣45840株。之后，此项技术在全县逐步推开，通过资金扶持，进行大面积改造。1994年，全县酸枣接大枣285万株，并在全区目标管理考核中获支柱产业奖。1995—2006年，全县酸枣接大枣累计1231万株。1992年，玄马乡农民技术员张永顺引进山西梨枣生产技术，4亩枣园收入10000元，获得显著经济效益。20世纪90年代后期，梨枣生产技术在马岭、卅铺、庆城、玄马4乡镇开始推广。1999年，引进雪枣、长红、赞皇、晋六、建园等枣品种。2001年，梨枣在"甘肃省首届林果产品展览交易会"上荣获铜奖，并被认定为2001年甘肃省优质瓜果蔬菜展销会名牌产品。2002年，梨枣开始大面积栽培，玄马镇贾桥村建成优质梨枣园基地，实施梨枣保鲜技术研究。2005年，全县梨枣栽培专业户60多户，年均每户产鲜枣1000千克以上，销售收入4000元以上。至2012年，全县梨枣面积达2万亩。

　　其他果生产　　梨、葡萄、桃子、柿子、山楂、核桃、李子等在县内均有栽植，但品种多、面积小，多以自食为主。其中，桃子、葡萄、李子得益于项目支持，一度有所发展。1986年，引进山西山楂成品苗；1987年，山区开展"杏桃围庄、杏桃绕山"活动；1988年，建成山楂树样板园3处、122亩、12700株，山楂育苗14万株；1990年，引进雪桃1000株；1993年，引进油桃岗山阜生桃、熊岳大李子；1996年，引进腾捻、玫瑰葡萄等3个葡萄品种；1999年，引进红提、黑提、红光、圣保葡萄品种，黑宝石、黑牛心等李子品种；2000年，引进桃、葡萄、李子、核桃优良品种26个；2003年，卅铺镇四十铺村群众筹资31万元，栽植桃、李、枣等优质杂果园560亩；马岭村民投资33万元，引进优质核桃40500株；2011年，建成梨、桃、李子、核桃、葡萄等产业园7个、130余亩；2012年，栽植早实核桃1.9万亩。至2012年底，全县其他果园面积9.472万亩，产量1.613万吨。

　　附：

<h2 style="color:orange">表 16-7-1　1991—2012 年全县水果产量统计表</h2>

单位：万亩、万吨

年份	苹果		杏		桃		梨		葡萄		枣		其他	
	面积	产量	面积	产量	面积	产量	面积	产量	面积	产量	面积	产量	面积	产量
1991	5.26	0.86	—	—	—	—	0.05	0.10	0.01	0.01	—	0.02	0.03	—
1992	5.85	1.08	—	—	—	—	0.06	0.09	0.01	0.01	—	0.02	—	—
1993	7.07	1.50	—	—	—	—	0.07	0.09	0.01	0.01	—	0.02	—	—
1994	7.74	1.82	—	—	—	—	0.07	0.12	0.01	0.01	—	0.02	—	—
1995	8.56	2.09	—	—	—	—	0.06	0.11	0.02	0.01	—	0.06	—	—
1996	8.13	2.49	0.69	—	—	0.14	0.09	—	0.05	0.02	—	0.07	1.53	—
1997	8.46	2.76	—	—	0.05	—	0.09	0.14	0.05	0.03	—	0.08	1.55	0.13

续表 16-7-1

年份	苹果		杏		桃		梨		葡萄		枣		其他	
	面积	产量	面积	产量	面积	产量	面积	产量	面积	产量	面积	产量	面积	产量
1998	8.73	2.77	0.74	0.78	0.43	0.09	0.10	0.24	0.05	0.03	0.07	0.15	0.47	0.17
1999	8.99	2.71	1.64	0.05	0.42	0.14	0.12	0.18	0.05	0.04	0.05	0.09	0.64	0.20
2000	3.06	2.29	0.32	0.93	0.07	0.32	0.02	0.17	0.04	0.07	0.02	0.07	0.02	0.06
2001	4.06	2.87	1.01	0.04	0.99	—	0.02	0.05	0.01	0.05	0.07	0.34	—	0.72
2002	7.42	3.24	4.60	0.47	0.13	0.03	0.06	0.03	0.07	0.02	1.89	0.04	—	0.71
2003	5.61	2.80	0.31	0.66	0.13	0.10	0.06	0.06	0.22	0.01	1.43	1.43	0.95	0.17
2004	7.42	3.24	4.60	0.47	0.13	0.03	0.06	0.03	0.21	0.02	1.88	0.04	0.96	0.71
2005	9.18	3.50	4.60	0.42	0.14	0.11	0.05	0.06	0.22	0.02	1.89	0.03	0.95	0.48
2006	16.21	3.81	5.99	0.50	0.14	0.01	0.06	0.01	0.23	0.01	2.01	0.18	1.05	0.45
2007	21.44	4.80	6.00	0.48	0.14	0.01	0.06	0.01	0.23	0.01	2.01	0.03	1.05	0.45
2008	26.97	8.00	6.00	0.65	0.14	0.02	0.05	0.03	0.21	0.02	2.01	0.02	1.05	0.28
2009	21.44	10.01	6.00	0.58	0.23	0.11	0.06	0.03	2.01	0.12	5.99	0.45	1.05	0.32
2010	21.44	8.40	6.00	0.02	0.14	0.10	0.05	0.02	0.22	0.12	2.01	0.45	1.05	0.42
2011	21.44	9.60	6.00	0.60	0.14	0.10	0.05	0.02	0.22	0.10	2.01	0.14	1.05	0.42
2012	21.44	10.01	6.00	0.74	0.14	0.10	0.06	0.03	0.23	0.10	2.01	0.15	1.04	0.49

第十七章 畜牧业

庆城县山地面积广阔，牧草资源丰富，适宜种草养畜。1986 年后，随着农业体制改革，产业结构调整，服务体系的健全与完善，畜牧业生产由传统的"散养"走向规模化、舍饲化科学养殖。受市场变化和农机化程度提高的影响，畜群结构显著变化，羊产业已成为全县的支柱性产业之一。

第一节 机构

1986 年，全县畜牧业由县农牧局管理。1987 年 1 月，畜牧局分设，内设人秘股、业务股、财务股，辖畜牧兽医工作站、种草工作站，职工 21 人。1989 年 12 月，成立庆阳县草原监理站，同种草工作站合署办公。1997 年 1 月，撤销畜牧局，成立畜牧中心。1999 年，畜牧中心与县农业局合并，成立农牧局。2007 年 10 月，成立庆城县畜牧站、兽医局，隶属县农牧局管理。兽医局下设动物卫生监督所、动物疫病防控中心，辖 20 个乡镇畜牧兽医站。2012 年，全县畜牧系统职工 62 人。

第二节 畜禽品种

一、当地品种

早胜牛 具有役肉兼用特征，在省内外作为地方良种推广。全县均有分布，2012 年，存栏量约 3 万头。

庆阳驴 由本地小型驴种与关中驴杂交，经过长期自群繁育、选育而形成的中型驴品种。2012 年，全县存栏约 4500 头。

子午岭黑山羊 体格中等，体质结实，以拧角居多，蹄质呈灰黑色，被毛以黑色为主。成年羊平均产绒 150 克，产毛 250 克，一般集中在冬春两季产羔。肉质细嫩，膻味轻，为当地肉食的主要来源，亦为重要的出口物资。2012 年，县境内几无纯种子午岭黑山羊。

二、引进品种

马 县内多次引入内蒙古三河马、甘南河曲马和新疆伊犁马。2012 年，全县马匹存栏已不足千匹，品种为三河马和河曲马。

猪 1986 年，开始引入美国杜洛克和汉普夏等瘦肉型猪。2012 年，全县年末存栏 3.57 万头，绝大多数为杜洛克、丹麦长白、英国约克夏及其二元、三元杂交后裔。

羊 本县多次引入甘肃高山细毛羊及其他省育成的细毛羊。山羊品种引进辽宁盖县绒山羊、内蒙古绒山羊、宁夏中卫沙毛山羊。2000 年后，引进多胎性能好的小尾寒羊，肉用性能好的萨福克、无角陶赛特、特克赛尔、杜泊等国外肉用绵羊品种，以及原产南非的肉用型布尔山羊。2012 年，全县羊存栏 18.8 万只，饲养量依次为：辽宁绒山羊、小尾寒羊、布尔山羊、肉用绵羊、奶山羊。

牛　　1986—2010年，全县每年购买利木赞、西门塔尔、安格斯、夏洛来、德国黄牛等国外肉牛冻精进行纯种授配和杂交改良。边远山区农户所养母牛基本为早胜牛，民桩户以秦川牛、早胜公牛本交授配繁殖。2012年，全县存栏各类纯种及改良牛4万多头。

家禽　　20世纪80年代，引入星杂288、希赛斯、新布罗、苏禽三号、罗斯、伊沙褐、明星鸡、尼古拉、贝蒂那火鸡。2000年后，大量引入国内外蛋鸡品种京红1号、罗曼、海兰等；肉鸡品种安卡红、索萨、澳洲黑鸡等；另外因市场需求，也引进大批太湖乌鸡。

兔　　1986年后，引入肉兔有新西兰白兔、加利福

图17-2-1　西门塔尔牛

尼亚兔、法国公羊兔、比利时兔、法比兔等。皮肉兼用兔有青紫兰、日本大耳白、德国花巨、丹麦白兔等。皮用兔有各色力克斯（即獭兔）。毛用兔有英、法、日、丹麦、德各系安哥拉长毛兔，特别以西德系安哥拉长毛兔引入为多。2000年后，主要引入獭兔，全县进行规模养殖。2012年，各种兔存栏3.28万只。

第三节　牧草资源与草产业

一、牧草资源

境内有天然草地251.59万亩，可利用天然草原面积222.5万亩，人工种草面积63.68万亩，其中：多年生人工种草面积61万亩，一年生人工种草面积3.68万亩。人工草地鲜草总产量91.8万吨，折合干草约22.95万吨。多年生人工草地以紫花苜蓿、红豆草、三叶草、老芒麦、披碱草等为主，一年生牧草以饲料玉米、苏丹草、燕麦等为主。

全县可利用天然草原分4个类型：干草原草场、灌木丛草场、疏林草场、荒漠化草原草场。其中：干草原草场197.98万亩，占全县草场总面积78.6%；灌木丛草场27.75万亩，占11.03%；疏林草场7.05万亩，占2.8%；荒漠化草原草场18.82万亩，占7.48%。

境内有天然牧草品种219种，人工牧草8种，农作物秸秆7种。天然草场每平方米有牧草5—14种，大部分草地有8种左右，牧草植被以菊科最多，其次是禾本科，再次是豆科，另有蔷薇科等杂类草。一般情况下，阴山优势草种为莎草、冰草；亚优势草为白草、黄蒿；显著伴生草种有芝蔓、野豆角、地椒等。蒿类高度在30—45厘米之间，莎草与冰草高度一般7—18厘米，覆盖度40%—80%不等。阳山以白草和蒿草为优势草种，白蒿草高10—15厘米，蒿草高20—25厘米；亚优势草为苦草、老羊草、麻苦苦等，覆盖度15%—45%。在多年未耕种的二荒地里多生黄蒿，田埂地边多生铁秆蒿、冰草。据测定，阴坡草场每亩年产青草约206千克，阳坡每亩产鲜草153千克。

饲草资源除天然草原和人工草地外，畜禽所需的精饲料、粗饲料主要来源于各类农作物收获的籽实及其加工副产品、各类农作物秸秆，主要有小麦、玉米、高粱、谷子、糜子、小豆、蛮豆等及加工后的麸皮、油渣、谷糠、醋糟、酒糟；全县每年用作精饲料的农作物籽实及其加工副产品1093.7万千克，用作饲草的农作物秸秆12.87万吨，占秸秆总量37.14%。

二、草产业

本县草产业起步较晚，由于封山禁牧，扶持农户发展舍饲养殖，草产业顺势发展。全县引进优良牧草品种 40 多种，选育推广应用 12 种，完成优良人工草地建设 61 万亩，改造天然草场 89 万亩。争取国家草原建设资金 4000 多万元，推广应用牧草种植、饲草加工新技术 5 项。1987—1991 年，先后在蔡口集、土桥乡完成沙打旺人工模拟飞播种草 2 万亩，在太白梁、冰淋岔播区完成飞机作业播种沙打旺 1.7 万亩，在桐川乡北塬头村完成飞机作业播种沙打旺 2 万亩；2006 年，在太白梁、蔡口集完成人工模拟飞播苜蓿 1.98 万亩。实施红豆草、鲁梅克斯、加拿大苜蓿、半叶松、香草、新疆大叶苜蓿等 18 个多年生品种，墨西哥玉米、燕麦草、苏丹草 3 个一年生品种引种试验。加工调制饲草 5.8 万吨，创产值 1938 万元。先后获农业部、甘肃省农牧厅"飞播先进县""青贮达标先进县"等奖励 7 项。

2000 年，庆阳市克劳沃草业公司在驿马镇成立，成为全市首家具有一定规模的草产品生产加工企业。同时，各个养殖场、养殖合作社自购加工设备，生产加工草产品。主要有：苜蓿草捆、颗粒饲料、青贮微贮氨化草捆、塑包青贮料、塑包微贮料、塑包麦草氨化饲料等，全县年加工量为 8000 多吨。2000—2012 年，累计饲草加工 2000 多万吨，产品不但满足县内养殖需要，而且远销宁夏固原、吴忠及环县等周边地区。

三、草业管理

1989 年后，草业管理逐步走上法治轨道。至 2012 年，草场承包到户 222.5 万亩，颁发草原使用权证 154 本、草原承包证 52950 本。查处破坏草原的各类案件 57 件，累计征收草原植被恢复费 200 多万元，恢复草场植被 3 万多亩。完成基本草原划定和禁牧工作，编制完成草原资源保护建设规划和年度利用计划。

第四节 畜禽生产

一、畜种改良

黄牛改良 20世纪80年代，全县大面积应用国外肉牛冷冻精液进行人工授精改良本地黄牛试验示范技术，先后建立冻配点12个。引进国外肉用牛品种西门达尔、利木赞等，每年授配黄牛1500多头，繁殖成活改良牛1200多头。2000年初，全县黄牛实现良种化繁育。

肉牛胚胎移植 2005年，县畜牧兽医站在桐川乡实施肉牛胚胎移植项目。引进国外肉牛胚胎，对6头本地黄牛进行移植，繁活纯种肉牛4头，成功率达到66.7%。

绵羊改良 1987—1989年，全县实施省列《河东百万细毛羊杂交改良技术承包》项目。该项目在1986年绵羊杂种化基础上，引进新疆细毛羊、甘肃高山细毛羊，以及本地高代杂种细毛羊进行杂交改良本地土种绵羊，提高绵羊的生产性能和杂种化比例。1989年末，引进细毛羊7513只，完成任务的102.9%。细毛羊及改良羊只均产毛量由1986年的2千克增到3.2千克，至1989年末，绵羊存栏94468只。全县羊群结构明显改善，养羊水平普遍提高，细毛羊生产基地初具规模。

子午岭黑山羊杂交改良 1987年，县上在南庄乡实施《子午岭黑山羊杂交改良技术推广》项目。至1989年，杂种羊从原来的3.094万只，增加到31.074万只，增长9.04倍。杂种羊平均增绒124克，成年羊平均春季活重增加1.72千克，累计新增总产值1320.32万元。

绒山羊杂交改良 1989年，在南庄、土桥等乡实施以辽宁白绒山羊为主及少量内蒙古绒山羊为

父本，与子午岭黑山羊进行杂交改良，提高本地山羊的产绒性能。其中，子午岭黑山羊杂交改良技术推广授配母羊81280只，完成任务的147.8%，繁活细杂羔羊39958只。经杂交改良，杂种白绒山羊存栏10.2万只，杂种羊均增绒124克，新增总产值1320.32万元。

瘦肉型猪引进推广　1984年，从外地引进推广瘦肉型猪杂交改良，提高本地猪的生产性能。杂种猪生长快、适应性强、瘦肉率高、饲养周期短、饲养成本低、经济效益显著。至2006年，全县猪良种化程度达到95%。

长毛兔、獭兔引进推广　1986年，引进西德长毛兔，由于兔毛价格好，数量激增，年终存栏达5万多只；1988年，兔毛价格下跌，存栏量明显减少。1990年后，引进推广皮用獭兔。至2012年底，獭兔存栏数量8万只，长毛兔存栏3万只。

蛋、肉鸡引进推广　20世纪80年代，引进推广鸡新品种。1990年后，引进推广肉蛋、肉杂等品种，每年引进良种鸡30多万羽。至2012年，境内鸡的良种化程度达98%。

二、规模养殖

至2012年底，全县共有各类养殖场（大户）23个，其中：养猪场（大户）13个，养牛大户1个，养羊场（大户）2个，牛羊综合养殖场（大户）2个，养兔场（大户）5个，养殖小区6个。

聚丰养猪场　1996年建成，投资116万元，场址设卅铺镇二十铺村柳树湾自然村，业主王仲序。占地面积28亩，建筑面积7000平方米，圈舍6栋165间。养猪数量1374只，年出栏2400只。

树发养殖场　2002年2月建成，投资165万元，场址设在蔡口集乡蔡口集村蔡口集自然村，业主杨树发。占地面积6亩，建筑面积750平方米，圈舍6栋48间。饲养早胜牛128头，杂种肉羊428只，绒山羊222只。年出栏牛45头、羊300只，年出售绒毛9600千克。

獭兔养殖场　2004年5月建成，投资0.6万元，场址设在马岭镇石立庙村石立庙自然村，业主史文奎。占地500平方米，建筑面积300平方米，圈舍2栋11间。饲养獭兔520只，年出栏种兔1800只。

绒山羊养殖小区　南庄乡六寸塬村是全县绒山羊改良示范村，全村绒山羊饲养量9129只，占全乡总饲养量61.5%，户均34只，人均7.7只。其中：养羊200只以上的5户，100只以上的51户，50只以上的88户。

附：

表 17-4-1　1986—2012 年全县大牲畜存栏统计表

单位：头

年份	牛	马	驴	骡	合计
1986	26796	3067	23053	246	53162
1987	34390	2949	24728	2549	64616
1988	35443	2405	26283	2924	67055
1989	36842	2617	26207	2854	68520
1990	38822	2250	26819	2814	70705
1991	39643	2609	26680	2715	71647
1992	40810	2068	25907	2743	71528
1993	44684	1793	25746	2971	75194
1994	50087	3165	24596	2959	80807

续表 17-4-1

年份	牛	马	驴	骡	合计
1995	52784	2930	24332	2400	82446
1996	55792	2135	23579	2648	84154
1997	60831	1859	21248	2560	86498
1998	38284	528	14590	1988	55390
1999	40216	760	14232	2221	57429
2000	44406	572	14351	1844	61173
2001	44463	479	13330	1621	59893
2002	47032	998	14085	896	63011
2003	48200	329	12507	1764	62800
2004	50047	518	16883	1580	69028
2005	54012	601	15012	1577	71202
2006	64809	488	13301	1536	79834
2007	69100	500	13500	1500	84600
2008	36302	380	12302	1377	50361
2009	39901	522	12610	1285	54318
2010	43900	522	12510	1205	58137
2011	45533	487	12683	1097	59800
2012	44924	495	13429	1109	59957

第五节　动物疫病防治与卫生监督

一、动物疫病防治体系

（一）动物疫情测报

1999 年，农业部下达庆阳县动物疫情测报站建设项目。2001 年，通过省上组织验收。全县设3 个乡级疫情测报点，确定 41 名疫情测报员，对规定的 22 种动物疫病和县内常发的动物疫病每年进行 12 次流行病学调查和 2 次实验室监测工作。2006—2009 年，全县先后投资 208.2 万元，建设马岭、驿马、卅铺、赤城、蔡家庙、蔡口集、太白梁、土桥、熊家庙、玄马、翟家河、桐川、白马铺、南庄、高楼、庆城 16 个乡镇兽医站，配套日常检疫、监测设备。2007—2012 年，共调查散养农户 19806 个（次），规模养殖场 814 个（次），调查各类动物 161152 头只（次），监测和调查出动物疫病 15 种。

（二）兽医实验室监测

兽医实验室总面积 300 平方米，设置接样室、样品保存室、血清学检测室、细菌学检验室、无菌室、洗涤消毒室、档案资料室、病理学检验室、解剖室 9 个功能室，有各类仪器设备 96 台，配备专业技术人员 4 名。实验室能成功开展鸡新城疫、禽流感、鸡传染性支气管炎、鸡传染性喉气管炎、鸡白痢、口蹄疫、猪繁殖性呼吸综合征、细小病毒、伪狂犬病、猪萎缩性鼻炎、乙脑、猪肺炎衣原体病、圆环病毒病、布氏杆菌病、牛结核、马传贫、马鼻疽、炭疽、羊衣原体、弓形虫、猪囊虫、球虫病、旋毛虫、肠道寄生虫等 27 种动物疫病监测。内部设施和环境符合生物安全二级实验室要求。

2010 年 3 月，通过省专家组考核认证。2012 年，全面开展重大动物疫病监测工作。2007—2012 年，共监测动物疫病 48 种（次），监测动物血样 21323 份。

（三）重大动物疫病物资贮备

1986 年，全县重大动物疫病物资储备库始建。2007 年后进行改建，建成应急物资储备库 30 多平方米，疫苗冷藏窖 60 多立方米。储备应急物资 10 类 98 种，消毒药品 12 种，消毒器械 30 台套，防护用品 3347 件套，库存疫（菌）苗 21 种 32 万头份（毫升）。物资供应实行"购置有计划、监管有制度、保管有设施、进出有台账、领用有记载、免疫有档案、报废有审批"。

二、动物疫病防治

20 世纪 80 年代末期到 90 年代末，畜禽疫病防治坚持"因病设防，突出重点、科学免疫、综合防治、分级负责、协同作战、规范管理、讲求实效"的原则，推广以"计划免疫为主、辅之以疫情监测"，检疫捕杀病畜的综合性防治措施。深化防疫改革。2000—2012 年，动物防疫以口蹄疫、禽流感、蓝耳病、猪瘟、新城疫等重大动物疫病为主。2007—2012 年，全县免疫各类动物 768.25 万头（只）。

附：

表 17-5-1　2007—2012 年庆城县动物防疫情况

单位：万头、万只

年份	口蹄疫免疫	禽流感免疫	猪蓝耳免疫	鸡新城疫免疫	猪瘟免疫	兔瘟免疫	羊痘免疫	羊四防苗免疫	合计
2007	29.65	41.72	1.78	33.89	3.31	2.53	12.44	3.38	128.7
2008	16.8	21.58	2.59	19.2	2.49	2.38	5.73	2.88	73.65
2009	30.78	39.22	6.45	39.68	6.52	8.24	11.72	2.42	145.03
2010	32.33	36.47	7.35	36.12	7.42	6.39	8.92	3.49	138.49
2011	33.88	34.93	5.69	33.95	5.72	6.07	10.16	4.27	134.67
2012	39.72	34.96	6.22	34.47	6.33	7.46	15.28	3.27	147.71
合计	183.16	208.88	30.08	197.31	31.79	33.07	64.25	19.71	768.25

疫病特例：

口蹄疫　1999 年 6 月，庆城镇封家洞村赵子沟自然村发生猪口蹄疫疫情 1 起，发病 29 头，死亡 23 头，同群猪 43 头，扑杀 59 头。至 2012 年，全县再未发生口蹄疫病。

猪瘟　2007—2009 年，玄马、驿马、庆城、马岭、卅铺、葛崾岘、桐川等 7 乡镇发生疫情 11 起，发病 120 头，死亡 57 头，发病率和死亡率分别为 18.9% 和 47.5%。

新城疫　2007—2012 年，太白梁、马岭、白马铺、南庄、熊家庙、桐川等 6 乡镇发生疫情 9 起，发病 628 只，死亡 132 只，发病率和死亡率分别为 24.3% 和 21%。

羊痘　俗称"羊天花"或"羊出花"。2007—2012 年，太白梁、葛崾岘、蔡家庙、南庄、驿马、桐川、赤城、熊家庙、马岭等 9 乡镇发生疫情 104 起，发病 1275 只，死亡 189 只，发病率和死亡率分别为 19.5% 和 14.8%。

羊肠毒血症　2007—2012 年，太白梁、蔡家庙、南庄、驿马、熊家庙、马岭等 6 乡镇发生疫情 27 起，发病 518 只，死亡 231 只。

犬瘟热　2007—2010 年，太白梁、驿马、马岭等 3 乡镇发生疫情 18 起，发病 24 条，死亡 7 条，发病率和死亡率分别为 88.9% 和 29.2%。

传染性支气管炎　2007—2010年，赤城、驿马、马岭等3乡镇发生疫情12起，发病1101只，死亡149只，发病率和死亡率分别为32.8%和13.5%。

布鲁氏杆菌病　2007—2012年，全县监测家畜21228头（只），监测出阳性畜157只（均为羊），扑杀157只。其间，2010年，南庄、高楼2乡镇检出人感染布鲁氏杆菌病患者17人。

羊寄生线虫　20世纪80年代初至2012年，陆续引进左旋咪唑、抗蠕效虫克星等高效、广普、低毒新药，数年大面积驱虫，疫情得到控制。

暴发性羊疥癣病　1986年起，推广使用20%林丹乳油进行防治，发病率由43%下降为1.02%，未出现暴发与流行。

牛瑟氏泰勒焦虫　1985年从陕西传入本县。通过疫苗注射、特效药物"贝尼尔"治疗与检疫净化等防治措施，1989年发病停止。

熏治羊鼻蝇幼虫病　1986年，推广熏驱新技术，熏治3万只，杀灭一期蛆虫率达100%。

羊多头蚴病　1995—1997年，采用综合防治技术措施，采用吡喹酮给羊、犬驱虫，禁用病死羊头喂犬，处理粪便等综合措施，羊只发病率由7.1%下降为1.7%，死亡率由5.15%下降为0.94%。

三、动物卫生监督

全县建立县、乡、村三级检疫工作机制，落实"分片包干、蹲点技术指导"区域监管责任，健全动物饲养场（养殖小区）《动物养殖档案》和《动物养殖场兽药饲料购销台账》管理制度。2009—2010年，投资44万元，实施《庆城县动物检疫监督建设项目》，改造工作场所13间350平方米，建成物资储备室、留样室、检疫室、实验室、听证室、档案室。购置执法监督车、检疫采样车各1辆，其他仪器设备193台（套）。2010年5月，通过省级验收。2008—2012年，检疫各类畜禽103.9万头（匹、只），检出病害畜禽0.23万头（匹、只）；检疫各类肉品1606.9万千克，检出病害肉1.3万千克；检疫皮张3.7万张。对检出的染疫畜禽，通过扑杀深埋、高温消毒等无害化处理进行处置。查处动物卫生违法案件25起，审核发放"动物防疫合格证"1430个，"兽药经营许可证"140个，"动物诊疗许可证"90个。审核兽医从业人员80人。

第十八章 农机

农业的根本出路在于机械化。1986年以来,随着农民收入的提高和农机补贴政策的落实,全县农业机械的种类和数量明显增加,所有制结构发生明显变化,劳动生产力得到极大地解放和发展。

第一节 机构

1986年,庆阳县农业机械局更名为庆阳县农业机械管理局,内设办公室,辖农机监理站、农机培训学校、农机技术推广站和17个乡镇农机管理服务站,全系统职工32人。2002年,更名为庆城县农业机械管理局,乡镇农机管理服务站撤并。2007年,农机监理站升格为副科级单位。2012年底,局机关内设人秘股、业务股、培训股,辖农机监理站、农机培训学校、农机技术推广站,全系统职工38人。

第二节 农机装备

1986—2012年,全县购置、引进使用农业机械9大类30小类。至2012年底,拖拉机拥有量达到3843台,其中大中轮式1034台,小型轮式979台,履带式28台,小型手扶拖拉机1778台,联合收割机24台,果园微耕机1511台,配套农机具8735台(件)。

耕作机械　动力机械有:轮式、手扶、履带式拖拉机,微耕机,田园管理机。配套耕地机械有:铧式犁、翻转犁、旋耕机、深松机等。普遍使用的大中型拖拉机有:履带式东方红-70型、东方红-802型、东方红-902型、东方红-904型;轮式福田雷沃-254型、福田雷沃-300型、福田雷沃-550型、福田雷沃-950型、福田雷沃-1104型、泰山-350型、上海纽荷兰-550型、东风-550型、黄海金马-250型、黄海金马-300型、泰鸿-404型、奇瑞-300型、东方红-554型、东方红-354型等。小型拖拉机有:小四轮式东方红-200型、福田好帮手-200型、东方洛科-200型,手扶式拖拉机沭河-SH121型、沭河-SH151型、常发CF-101型、常发CF-151型、鸿发HF-101型。配套大中型拖拉机农机具有机引犁2748部,深松机10部,耙245台,镇压器50台,旋耕机1051台。配套小型拖拉机农机具有机引犁1305部,耙220台,镇压器1300台,旋耕机160台,谷物播种机1222台,穴播机86台,铺膜机300台。

排灌机械　各类排灌机械有1548台,其中动力机械(电动机)147台,深井、潜水、多级、农用水泵1401台。

收获机械　1986年,首次引进推广160型堆放式小麦割晒机。2005年,玄马镇农民齐兆永自筹资金10万元,购进首台自走式大型联合收割机1台。至2012年底,全县拥有小麦联合收割机6台,玉米联合收割机11台,各种收获机械累计1146台。

植保机械　有担架式、背负式两种机型,通常以汽油机作动力,普遍用于果园、菜棚、粮食、油料等经济作物病虫害防治和高效肥喷洒作业。2012年底,全县有植保机械1593台。

畜牧机械 有电动饲草（料）粉碎机、铡草机。2005年，在安家寺乡、桐川乡推广牧草种植机械5台，收获机1台，翻晒机1台，打捆机10台。2012年底，全县饲草（料）粉碎机、铡草机累计203台。

农产品加工机械 20世纪80年代后期，石磨、石碾等粮食加工工具逐步淘汰。20世纪90年代，相继购置辊式面粉加工机201台，碾米机220台，油料加工机械229台。2012年底，全县有农产品加工机械2245台。

运输机械 1989—2005年，全县累计购回农用三轮车6088辆，按农业人口计算，平均每10户人拥有1辆，成为农作物脱粒、碾场和城乡物资交流的主要工具。至2012年，全县农业运输机械达到6967 台（辆）。

农田基本建设机械 1993—1997年，县财政拨款购进东方红-802型、TX-70型拖拉机、东方红-60型推土机21台，群众集资购买东方红-70型推土机19台。2003年，群众集资购买挖掘机2台，装载机8台。至2012年底，全县累计111台。

播种机及半机械化农具 1990年，全县引进推广陕西省乾县农机厂生产的山地水平沟小麦播种机和正宁农机厂生产的2BX-3型山地畜力播种机。1994年，推广庆阳县火凤凰厂生产的人力穴播铺膜机851台。同年，推广人力铺膜机206台，手掌式玉米点播器5833件，人力喷粉喷雾器22375件。2010—2011年，推广电动玉米脱粒机548台。至2012年，全县共推广播种机及半机械化农具60485台。

第三节　农机作业

1986—2012年，全县农机总作业量累计完成19246.65万标准亩，年均完成740.26万标准亩，投入农田作业的农用拖拉机5344台。农业机械由统一的耕、播、运拓展到机收、机械耙、耱、镇压、平田整地、铺膜、植保、脱粒碾场、灌溉、农产品加工、饲料加工、农业运输、非农业运输、修路筑路等作业内容。

机耕 1986年，全县机耕面积20.95万亩。1991—1993年"伏耕"期间，突出秋水春用防旱措施，采取"定任务、定机具、定时间、定地块、统一组织领导、统一调度机具、统一供油、统一质量检查验收"办法，每年至少机耕30万亩，为粮食增产发挥了关键作用。2012年，全县机耕面积达到42万亩。1986—2012年，全县累计投入机耕的大、中、小型拖拉机27000台次，完成机械耕地607.82万亩，年均30.4万亩，占山、川、塬应机耕面积90%以上，占总耕地面积的30%以上。

机播 1986年，全县机播8.86万亩。1987年，山区乡镇推广2BX-3三行畜力播种获得成功。1988年，沟播机种植小麦推广成功。此机采用一次性开沟施肥、下籽、镇压为一体的种植方式，比平播亩增产30%以上。2000年，机械播种马铃薯、玉米、牧草等农作物试播成功。机播作物每年达40万亩以上，比1986年增加了5倍。至2012年，全县广泛运用的7行、9行、11行平播机达1425台；四沟8行、五沟10行免耕施肥沟播机达到45台，年平均机械播种29万亩。

机收 1986年，首次使用160型堆放式小麦机收技术。2000年，全国实行小麦跨区机械联合收割，外省区来县参加收割小麦的大型联合收割机达100台以上。机收小麦7.08万亩。1986—2012年，全县机收小麦154.5万亩，年均机收小麦5万亩以上，收割时间缩短到10天左右，比手工收割提

前20天结束。

机械施肥　1980年，采用拖拉机牵引七行播种机进行机械追肥，山区仍用畜力木耧为冬小麦追肥。1990年起，实行化肥机械深施。1986—2012年，全县累计机械深施化肥352.33万亩，年均13.55万亩。

机械镇压　1986—2005年，全县共完成机械镇压面积330.09万亩，年均16.5万亩。机械镇压有助于夯实土壤耕层紧密度，提高土壤含水量，减少小麦越冬死亡。

机械平田整地　1994年起，全县大规模开展机械平田整地，每年投入平田整地的大型履带式拖拉机100台以上，推土机、挖掘机、装载机投入使用。至2012年，全县累计完成机械平田整地29.07万亩。

机械覆膜　1996年起，全县推广机械铺膜技术，以解决缺水干旱，雨养农业问题。是年，白马铺乡白马铺村种植地膜穴播小麦示范田1万亩，每亩增产36%以上。至2012年底，全县累计完成机械铺膜112.63万亩，年均完成4万亩以上。

机械植保　1986—2012年，全县累计完成机械植保面积650.16万亩，平均每年25万亩。该作业能对粮食作物和果园、菜园的病虫害进行防治和消灭，保证作物的正常生长。

机械脱粒碾场　1986—2012年，全县累计完成机械脱粒碾场85.14万吨，年均3.15万吨。除薯类外，全县所有粮食作物基本实现机械脱粒，彻底淘汰了畜力拉碌碡碾场脱粒方式。

农产品机械加工　20世纪80年代，乡、镇、村、组开始在人口集中地方安装中小型面粉机、碾米机、榨油机等。2000年后，小型设备被逐步替代，面粉加工厂在人口聚集地区应运而生。至2012年底，全县机械加工农产品78.72吨，年均3.6万吨。

饲料加工　1986—2012年，全县累计加工各种饲料、饲草451837吨，年加工2.3万吨，初步实现饲料、饲草加工机械化。

农业运输　1986—2012年，全县农业运输机械累计运输各类农用物资28121.32万吨千米，年均达到1400万吨千米以上，农业运输量占整个社会运输量的83%以上。

第四节　农机监理与培训

一、农机监理

牌证管理　实行到期换牌换证和年度检审验相结合的办法。从1986年开始，农机号牌每6年更换一次，1996年，启用换发九二式拖拉机号牌2004年为甘MJ12XXXXX黄牌，2010年为甘12XXXXX绿牌，每年必须办理年度检验手续。驾驶证审验换证每6年1次。按照国务院规范和取消行政收费项目和标准的要求，取消了逐年审验手续费、报户建档费和喷号费，减轻机手经济负担20多万元。2004年5月1日，《中华人民共和国道路交通安全法》颁布实施，农用运输车管理权由农机部门移交公安部门。2006年7月，农机监理站农用运输车管理职权全部向公安部门移交结束。2012年底，全县累计注册报户农机2128台，在册驾驶员2078人，新增报户率、驾驶人持证率每年以10%的速度递增，检审验率年均达到85%以上。

安全监管　坚持"安全第一，预防为主，综合治理"的方针，加强源头管理、执法监督、宣传教育三大防线建设，开展"打非治违"、隐患排查、安全检查等活动，有效地防范和遏制了重特大农机事故的发生。2007年起，采取先行试点、逐步推开的办法，先后创建驿马、卅铺、马岭、

庆城、南庄、桐川、太白梁、白马铺、赤城、玄马、高楼、蔡家庙、翟家河13个省级"平安农机乡（镇）"，并被省农牧厅、省安监局命名挂牌；省级"平安农机"村、户分别达到116个，1235户。2011年，庆城县被省农牧厅、省安监局命名为"省级平安农机县（区）"。

二、农机培训

1989年12月，庆阳县农机培训学校通过省农机局评估。1995年5月，取得甘肃省拖拉机培训机构资格。2005年，通过省农机局和省教委评估验收，纳入成人中等教育序列，被农业部农机化司授予"四有"（有规范管理、有服务规模、有良好信誉、有综合效益）农机校。2008年，取得"阳光工程"培训资质。

农机培训实行集中授课，统一考试，考试合格后颁发结业证书。1986—1994年，培训各类农机人员1111人。1995—1999年，举办培训班15期，晋等升级培训2800人；开展送教下乡，培训农机人员1220人。2008—2012年，"阳光工程"培训650人。2010—2012年，培训各类农机人员1680人，职业技能鉴定培训153人，培训农机管理人1730人，农机驾驶人员586人。

第五节　农机推广

一、机具推广

1986年，庆阳县农业机械公司成立，主营农业机械及配件等农机产品销售业务。同年，县农机局方永琳研制出割晒机、堆放机获国家专利并批量生产。1995年，引进小麦穴播机。1997年，引进小麦膜侧机。1999年，引进第一台1SO-340型全方位深松机。2006年，国家实行农机具购置补贴政策，农民自购机械的积极性提高，全县农机具推广速度加快。2008年，引进全膜双垄沟播机械。2009年，熊家庙农民刘永成引进第一台博远4YZ-3玉米联合收获机。2012年9月，在驿马镇儒林村举办玉米机收现场演示会。参加演示的玉米联合收割机有3大类7台，完成玉米一次性摘穗、剥皮、茎秆切碎还田、灭茬等作业。推广河北博远4YZ-4B、福田雷沃4YZ-4B、洛阳中收4YZ-4B自走式玉米联合收获机。至2012年，全县有农机供销及维修网点53家，熊家庙乡永成、马岭镇永兴、卅铺镇绿洋和白马铺乡驰骋4家农机专业合作社。

附：

表 15-10-1　2006—2012 年全县农机补贴资金实施情况统计表

单位：万元；台（套）

年度	分配资金	国补资金	省补资金	市补资金	受益农户	农户自筹	机具总数	大中型拖拉机	手扶拖拉机	玉米收获机	农机具
2006	35.38	30	—	5.38	27	97.03	54	27	—	—	27
2007	100.08	90	—	10.08	592	333.38	661	36	485	—	140
2008	181	150	15	16	844	430	1026	69	613	—	344
2009	257	240	5	12	924	543	1079	77	546	2	—
2010	330.6	280	5	45.6	785	698	951	136	372	3	—
2011	321	250	20	51	1079	750	1512	61	832	2	—
2012	577	480	40	57	1120	1120	2567	202	892	5	—
合计	1802.06	1520	85	197.06	5371	3971.41	7850	608	3740	12	511

二、技术推广

20世纪80年代，小麦施返青肥采用拖拉机牵引七行播种机进行。1987年起，推广化肥机械深施技术，化肥深施在6厘米以下，具有抢时，抢墒，施肥均匀，深浅一致，节约肥料，不易挥发，肥效保持时间长等特点，作物增产明显。1999年起，使用天津市振兴机械制造有限公司ISO-340型全方位深松机，实施甘肃省"营造土壤水库"机械深松及免耕播种项目。2000年起，实施国家农业综合开发保护性耕作项目，每年深松700亩、免耕播种300亩。2001年，实施农业部保护性耕作项目《机械化旱作蓄水保墒技术》。2005年，在驿马镇夏涝池村、太乐村，桐川乡安家寺村、郭旗村，卅铺镇韩湾村进行保护性耕作技术的试验、示范和技术模式的对照试验。2006年，庆城县被列为省级保护性耕作示范县。

图18-5-1　传统犁地

图18-5-2　机械收割

第十九章 水利水保

1986年起，面对水资源短缺、水土流失等问题，水利建设不断顺应县域经济社会发展对水资源配置的新要求，以解决人畜饮水、发展灌溉和区域水利治理为重点，逐步满足全县生产、生活之需。水土保持工作坚持工程措施与生物措施相统一，以固沟保塬为重点，加强骨干工程建设，水土流失得到有效遏制。

第一节 机构

庆城县水务局 前身为庆阳县水利局。2002年6月更名为庆阳县水务局，同年9月更名为庆城县水务局。2012年，县水务局内设人事秘书股、水利股、水政股，辖县水政监察大队、抗旱防汛指挥部办公室、西川供水管理站、水利工作队、驿马供水工程管理站、杨渠水电站、自来水公司。全系统职工190名。

庆城县水土保持管理局 1986年1月，庆阳县水土保持工作站成立。1994年1月，庆阳县马莲河水土保持项目指挥部成立，下设办公室，与县水土保持工作站合署办公。2003年9月，庆阳县水土保持工作站更名为庆城县水土保持管理局（以下简称"县水保局"）。2012年，县水保持局内设办公室、财务股、农建办、规划股、工程股、治理股、监测站，辖县水土保持预防监督监测站、亨泉沟水土保持工作站。全局职工66名。

第二节 农村人畜饮水工程

1984年8月，驿马至熊家庙引水工程竣工，水质改造工程启动。至1994年，累计完成投资193万元，新建机井2眼、蓄水池19座、供水房50间、管理房48间，铺设供水主管道3条、支管道21条，管线长度92.04千米，解决塬区驿马、赤城、熊家庙、白马铺及葛崾岘等5乡镇10260户、45400人以及12100头大家畜的饮水困难。

20世纪90年代，全县相继完成马岭贺旗苦水淡化工程，土桥西掌、赤城乡武庄、蔡口集乡高原、安家寺乡庙咀、白马铺、高楼乡、马渠人饮工程，翟家河乡胡家岭、桐川乡人畜饮水工程，高楼乡太乐沟、庆城镇十里坪、店子坪供水工程，驿马镇儒林、马畔机井工程等，解决39878人、20797头（只）家畜饮水问题。1995—1998年，全县广泛开展"121雨水集流工程建设"，即户均建成100平方米左右的集流场，打两口水窖，发展一亩以上庭院经济，山区群众人畜饮水问题得到基本解决。

2000—2006年，实施人饮解困项目工程，共建集雨蓄水窖2679眼、小电井2637口、集中供水工程66处。其中：一期工程投资1821.22万元，建集雨蓄水窖2679眼、小电井2537口；建成南庄乡麻黄咀、驿马镇冯家塬、庆城镇十里坪、太白梁乡中合铺、土桥乡罗圈庄、蔡家庙乡史家店泵站扬水工程；建成安家寺乡阴庄、驿马镇夏家涝池、韦家老庄、冯家塬、赤城、卅铺甘沟店机井

工程；建成安家寺乡刘咀、安家寺唐嶟岘、熊家庙乡三甲王、白马铺乡三里店、白马铺乡至赤城、葛嶟岘天子、桐川北塬头、高楼乡、南庄乡、庆城镇封家洞、莲池集中供水工程23处，解决11215户、50113人的饮水困难问题。二期工程投资1409.85万元，建小电井100口，建成葛嶟岘乡高庙、庆城镇安塬、赤城乡、高楼乡丁堡、驿马镇南门、朱家咀、白马铺乡唐川、庆城镇张家大滩、药王洞、安家寺乡杏园、赤城乡殷庄、桐川乡郭旗、熊家庙乡东咀引水工程，建成蔡家庙乡东畔、蔡口集乡六合湾、土桥乡新民、玄马镇郑家坳泵站扬水工程，建成太白梁乡无量山、熊家庙乡钱畔、赤城乡武庄、蔡口集乡周家塬、土桥乡佛殿湾、冰淋岔乡小河咀、桐川乡张旗、安家寺乡南湾、桐川乡金家川、葛嶟岘乡、庆城镇鸭沟等集中供水工程43处，解决8877户、38002人的饮水问题。

2006年，农村饮水安全应急项目启动，至2012年底，共建集雨蓄水窖149眼，实施西川、东川供水工程，驿熊农村饮水安全工程，建成南庄乡槐树庄、玄马镇九庄、贾桥、蔡家庙乡黄草塬泵站扬水工程，建成赤城乡周庄、翟家河乡西掌、蔡家庙乡樊家塬、白马铺乡南畔机井工程，建成桐川乡郭旗、驿马镇佛寺坳、东庄、高楼乡雷家岘子、赤城乡当庄、驿马镇东滩、玄马乡沟脑、熊家庙乡、葛嶟岘二郎山、玄马镇老庄、高楼乡高楼、土桥乡新民、桐川乡大滩、金家川、翟家河乡梨树渠、太白梁乡引水工程等集中供水工程27处，农村学校供水工程39处，解决87283人的饮水不安全问题。

第三节　水利专项建设

一、灌溉工程

1986年，马岭二干渠渠首建成。坝高11米，蓄水84万立方米，控制有效灌溉面积8070亩，其中提灌1200亩，1987年，续建马岭二干渠。投资9.26万元，建设马岭镇纸坊、东沟、翟家河乡野狐沟、卅铺镇孙家湾子、白杨树滩5个千亩灌区和玄马庞家洼子、玄马湾、尹家桥、贾桥4个提灌工程，修建干、支、斗渠77条，38.49千米，配套建筑物630座。至1988年底，全县累计建成各类水利工程168项，其中水库6座，塘坝3座，机井3口，提灌站14处，千米以上渠道4条，千米以下渠道3条，小片水田1处，发展有效灌溉面积16630亩，保灌面积14904亩。1989年，投资30.5万元，续建马岭二干渠，完成干渠衬砌2.49千米，田间支斗渠12条5.97千米，浇灌水泥561

图19-3-1　马岭镇二干水利工程

立方米，新增有效灌溉面积1500亩，累计18130亩。同年10月，崭山湾治沟骨干工程竣工。工程建土坝高25米，库容63.5万立方米，淤地128亩，发展水浇地600亩，总造价26.9万元。

1990—2000年，建成庆城镇十里坪二级上水提灌，建成玄马詹庄、翟家河王老庄、庆城镇药王洞、马岭镇贺旗、太白梁乡巴山、玄马镇侯家坪、白马铺乡坳子、赤城乡林咀、庆城镇杨渠、高楼乡花村、赤城乡范村、卅铺镇北胡同、庆城镇梁坪、石家湾提灌，马岭镇董家滩、白马铺乡冉坳、卅铺镇四十里铺农田灌溉机井，马岭镇庙台渠道衬砌等工程，发展灌溉面积6220亩。

2001—2007年，建成翟家河乡胡家岭塔山、曹沟，马岭镇安沟、白马铺乡顾旗、冰淋岔乡众义、翟家河乡米家湾、卅铺镇石窑、庆城镇十里坪提灌，完成蔡家庙乡魏家沟塘坝维修，卅铺镇四十里铺大口井，庆城镇店子坪、太白梁乡中合铺灌溉工程，发展有效灌溉面积1200亩，恢复灌溉面积1500亩。

2008年，投资180.15万元，其中群众自筹90.15万元，完成马岭镇纸房沟灌区维修改造工程。纸房灌区建于1966年，工程涉及2个大队，3个生产队，以自流方式灌溉，有溢流坝1座，干、支渠道12.8千米，渠系建筑物34座，控制灌溉面积1500亩。工程采取在沟口修建提灌取水方式，新建支渠2.7千米，200立方米地下潜池1座，铺设DN250钢管250米，维修干渠3.2千米，支渠2.2千米，修建各类渠系建筑物577座，安装250QJ100-36潜水泵2台。

2009年，投资336万元，其中群众自筹126万元，实施东川小型提灌工程。新建玄马镇延庆、孔沟和蔡家坪提灌工程3处，维修玄马镇玄马湾、吴家岭子、孔家桥、何渠子、侯家坪、贾桥和刘沟门提灌工程7处，发展灌溉面积1500亩，恢复灌溉面积2050亩。同年，投资100万元，其中群众自筹75万元，清淤卅铺镇白家庄渠道2.1千米，衬砌1.5千米，安装160管道500米，建泄水建筑物20座。

2010—2011年，完成川台区小型灌溉工程建设。2011年投资220.37万元，其中县财政配套及群众自筹110.37万元，新建玄马贾桥朱家咀、何湾子、孔桥，蔡家庙薛家咀、齐沟门提灌工程，维修卅铺倪园子水池和四十里铺机井灌区工程，新增有效灌溉面积2220亩，恢复灌溉面积260亩。投资240.83万元，其中县财政及群众自筹120.83万元，新建蔡家庙任家沟、魏家庄和庆城镇安塬提灌工程，新增灌溉面积1920亩。

2012年，投资760万元，实施卅铺镇二十里铺蔬菜基地水利配套项目，建提灌站2处，50立方米高位水塔2座，1000立方米蓄水池1座，安装节水灌溉设施300套，净化设备1套，U型槽6000多米，铺设供水管线20.8千米，配套灌溉面积380亩。

二、水库除险加固

解放沟水库　1971年建成，2002年被核定为三类病险坝，2009年4月实施除险加固。投资407万元，2010年5月竣工。工程主要对主坝从迎水坡加高、培厚，坝顶加宽，副坝从背水坡加高、加宽，溢洪道上游开引水槽1条，建交通桥1座，浆砌块石护坡240米，建管理站1处。

冉河川水库　1976年建成，2003年被核定为三类病险库，2010年3月实施除险加固。投资295万元，同年9月竣工。工程主要对大坝坝体进行加固，上游设1米高C15砼防浪墙，坝顶铺设0.2米厚沙砾路面。下游坝坡设纵横排水沟7条、踏步1道。溢洪道底板在原衬砌面上采用C20钢筋砼护面，侧墙加固加厚，陡槽底板、侧墙在原衬砌面上加厚护面。

刘巴沟水库　1974年建成，2003年被核定为三类病险库，2009年4月实施除险加固。核定投资442万元，2010年9月竣工。主要对大坝上、下游进行培厚加高，增设1米高防浪墙，改建溢洪道，扩大过水断面，安装泄洪闸3孔，输水闸1孔，启闭机4台，修建公路桥1座，改建上坝公路1条，修建水库管理所1处，架设输电线路1.2千米，增设水库观测设施等。

雷旗水库　1969年建成，2011年被核定为病险库，2012年3月，实施除险加固。投资297万元，同年10月竣工。工程主要对下游坝坡进行培厚处理，在大坝上游建防浪墙高0.9米，排水沟2条，坝脚做贴坡式排水体1座，对溢洪道进行改建，增设引水槽1条，建竖井1座，制作安装平板泄洪钢闸门3孔，平板输水钢闸门1孔，安装螺杆启闭机4台。

三、中小河流治理

2011 年 5 月，柔远河县城段护岸工程开工，年底竣工，投资 799.7 万元。工程位于庆城镇封家洞村，修建护岸 6 千米，其中左岸 4 千米，右岸 2 千米；按 20 年一遇洪水标准设计，设计洪峰流量 3266 立方米／秒。两岸河宽保持 62.5 米，堤岸平均高度 10.67 米，保护耕地 0.6 万亩，解决 0.35 万人防洪安全问题。同年，修建环江孙家湾子段护岸 1 千米，保护 462 人和 310 亩耕地防洪安全。

2012 年 3 月，柔远河孔家桥段护岸工程开工，10 月底竣工，投资 881 万元。工程位于玄马镇孔桥村，疏理河道 5.7 千米，新建护岸 3.85 千米，按 10 年一遇的洪水标准设计，设计洪峰流量 2219 立方米／秒。两岸河宽保持 64 米以上，堤岸平均高度 9.66 米，保护耕地 0.8 万亩，解决 0.4 万人防洪安全问题。

四、山洪灾害非工程措施

2011 年 6 月开工建设，10 月竣工，建成自动雨量站 62 个，简易雨量站 16 个，自动水位站 2 个，县级监测预警平台 1 处，覆盖防治区 13 个乡镇、46 个村，安装无线预警广播 61 套，配置手摇报警器、铜锣等村级预警设施，编制完善 1 个县级、6 个乡镇级、16 个村级山洪灾害防御预案。

第四节　水政管理

一、水源地保护

（一）饮用水源地保护区

教子川饮用水源保护区　1995 年，由庆阳县人民政府确立。2003 年，经庆阳市人民政府批准设立，甘肃省环境地质研究所编制完成《甘肃省庆城县教子川水源地保护区区划报告》，面积 146 平方千米，划分为Ⅰ级、Ⅱ级和准保护区三个级别保护范围。2009 年，为支持长庆油田产能建设，退出保护区，允许油田进入，教子川水源停用。

冉河川饮用水源保护区　2004 年，甘肃省水文地质工程勘察院完成《甘肃省庆城县冉河川水源地保护区区划报告》。2005 年，由庆阳市人民政府批准设立。面积 132 平方千米，其中县内 79 平方千米，分Ⅰ级、Ⅱ级和准保护区三个级别，是本县城区主要生活饮用水来源。

纸房沟饮用水源保护区　2009 年，由庆阳市人民政府批准设立。2010 年，由甘肃省水文地质工程勘察院完成《庆城县纸坊沟饮用水源保护区划分技术报告》。总面积 149.78 平方千米，划分为Ⅰ级和Ⅱ级保护区。水质除六价铬超标外，其余均符合《地表水环境质量标准》（GB3838-2002），可以作为生活饮用水源。

西川饮用水源保护区　2007 年，由庆阳市人民政府批准设立。同年，甘肃省水文地质勘查院完成《庆城县西川饮用水源保护区划分技术报告》。总面积 97.65 平方千米，分为Ⅰ级、Ⅱ级、Ⅲ级和准保护区四个级别，水质符合《地表水环境质量标准》（GB3838-2002），是马岭石油矿区最重要的饮用水源。

驿熊人饮工程开采黄土孔隙地下水，东川人饮工程利用未受油田污染的河道水，水质良好。

（二）饮用水源地保护措施

全县按照饮用水源保护区管理办法，禁止油田单位一切对水源有影响和污染的生产活动，对油田单位的井位进行审查，对所有水利工程进行保护，制止影响和污染水源的生产活动。在饮用水源保护区，组织专门人员到水源地进行经常轮流巡查，制止爆破、放牧、排污、洗衣服等对水源有污染的行为。2011 年，投资 60 多万元成立水质化验中心，定期对重点河流河段、饮用水源地的水质进行检测，其中城区供水水源水、出厂水、末梢水月检测 2 次，农村集中供水工程水源、乡政府生活用水、分散工程及水窖水 3 个月检测 1 次，河道灌溉水半年检测 1 次。每次检测完毕后，出具检测报告，对不达标水样分析原因，提出处理意见和建议，并存档保留水样，若发现对人体有危害的不达标指标，及时采取措施，防止不安全事故发生。

二、水利设施管理

2010 年 7 月至 2012 年 12 月，县内开展第一次全国水利普查工作，对全县水利工程、经济社会用水、河湖开发治理保护、水土保持、灌区、行业能力建设、地下水取水井 7 个专项进行普查，完成 350 个对象空间数据采集及标绘，清查对象 9936 个，普查对象 79146 个，台账对象 213 个，形成系统的县级基础水信息数据库。

经普查，至 2011 年底，全县有水库工程 5 座，水电站 1 座，泵站工程 3 座，堤防工程 4 条，农村饮水工程 38814 处，塘坝 2 处，窖池 30423 处。机电井 8215 个，人力井 1231 眼。城镇居民生活用水人均日用水量 76.8 升，乡村居民生活用水人均用水量 44.3 升。绿地灌溉用水量 0.4 万立方米，环卫用水量 0.14 万立方米。

（一）灌溉管理

至 2012 年底，全县有引水灌区 46 个，总灌溉面积 1.31 万亩；纯井灌区 12 个，总灌溉面积 304 亩。全县以灌溉工程的规模确定管理方式，分乡镇、村组、用水户协会管理和个人经营 4 种；对较大型灌溉工程以所在乡镇管理为主，对于中型灌溉工程以村组和用水户管理为主，对于小型灌溉工程以个人经营管理为主。全县 157 处灌溉工程中，乡镇管理 133 处，用水户协会管理 9 处，个人经营管理 15 处。

（二）河道管理

河道监管　全县有流域面积 100 平方千米以上河段 15 条，河段总长 413.4 千米。至 2012 年底，全县建立和实施日常巡查和举报专查相结合的工作机制，按照"谁许可、谁负责"的原则，每月至少开展 3 次河道执法巡查，累计查处河道违法案件 100 多起。

河道采砂管理　2010 年，县水务部门编制完成《庆城县河流采砂规划报告》，提出规划期内各河段禁采区、可采区、保留区规划，年度采砂控制总量及分配规划，至 2012 年，共批准砂石厂 3 处，其中西河二十里铺段 1 处，马莲河十里坪段 2 处，年度许可采砂 5 万立方米，实际平均开采 1.1 万立方米。

三、取水许可

全县执行取水许可制度和建设项目水资源论证制度。至 2012 年底，全县有河湖取水口 83 个，共办理取水许可证 180 套，其中地下水 167 套，地表水 13 套。许可取水量 691.1 万立方米，其中地下水 513.6 万立方米，地表水 177.5 万立方米。

四、水资源费征收

征收范围　凡是在县域内直接从地下、江河、湖泊取水的单位或个人，实行取水许可和水资源有偿使用制度。县内工业、城镇生活年取水量在 100 万立方米以下，2000 立方米以上的单位，由县上征收水资源费（农业用水暂未征收）。年取水量在 100 万立方米以上，200 万立方米以下的长庆油田公司第二采油厂、综合服务处、超低渗第四项目部、水电厂，由市上征收。

征收标准　1991—1996 年，根据《庆阳县水资源费征收和使用管理（暂行）办法》，引、提地表水、地下水，用于工业每立方米按 20 厘计收，生活用水每立方米按 10 厘计收，农业用水按每立

方米1厘计收。1997年10月起，根据《甘肃省水资源费征收和使用管理暂行办法》，工业用水地表水每立方米0.03—0.05元，地下水每立方米0.04—0.06元；城镇生活用水地表水、地下水每立方米0.03元；除上述以外的其他取水：地表水、地下水每立方米0.04元。2004年1月开始，工业、经营（含建筑业）用水地表水0.10元每立方米，地下水0.15元每立方米；城镇生活用地表水0.10元每立方米，地下水0.15元每立方米；农业灌溉用地下水0.01元每立方米。2010年5月起，工业用水地表水0.10元每立方米，地下水0.15元每立方米。石油生产用地表水0.25元每立方米，地下水0.40元每立方米；城镇生活用地表水0.10元每立方米，地下水0.15元每立方米。

征费使用 全县坚持水资源有偿使用制度，落实水资源费征收各项工作措施，依法收费、应征尽征、足额征收。收费凭据管理，实行专票专用，所收费用统一存入财政专户。

第五节　水土保持

一、水土流失治理

1986年，庆阳县累计治理水土流失85877公顷，其中水保林27900公顷，经济林7870公顷，人工种草24323公顷，梯田22097公顷，封山禁牧3687公顷。保存74885公顷，其中水保林24830公顷，经济林4523公顷，人工种草19845公顷，梯田22000公顷，治理程度为31.68%，林草覆盖率为20.81%。

至2012年底，全县累计完成水土流失治理113839公顷，其中梯田40699公顷，主要分布在驿马、赤城、白马铺、高楼等南部塬区乡镇和其他乡镇的山坡地；水保林34140公顷，主要分布在土桥、蔡口集、太白梁等北部山区乡；经济林15120公顷，以苹果树和沙棘为主，苹果主要分布在南部塬区乡镇，沙棘主要分布在北部山区；种草22380公顷，主要分布在蔡口集、土桥、太白梁3个乡；淤地坝125座，淤地面积130公顷，主要分布在庆城镇的教子川、蔡家庙的魏家沟和翟家河乡的野狐沟流域；小型水土保持工程以水窖为主，共有5664眼，主要分布在山区。治沟骨干工程共60处，控制面积241.6平方千米，总库容4153.3万立方米。治理保存98093公顷，治理程度36.4%，林草覆盖率21.4%。减少土壤侵蚀量514.86万吨，降低土壤侵蚀模数每平方千米每年0.191万吨，控制水土流失面积1138.39平方千米，提高水资源涵蓄量1932.22万平方米。

二、小流域综合治理

1986—1994年，全县以梯田建设、人工造林、人工种草、沟道工程建设为主，先后进行义门沟、三合湾、詹家沟、杨湾、崭山湾、榆木沟、炊家沟、亨泉沟、刘巴沟、西岐沟、鸭沟、潜水沟、教子川、米家湾、涝坝湾、上畔、庙湾、跑马岭、姚家沟、柳树沟、张湾、刘家沟和史家沟23条省列小流域综合治理，其中三合湾、詹家沟、杨湾、崭山湾、榆木沟和炊家沟等小流域，1989年通过省、地联合验收，治理程度达到70%以上；义门沟被列为黄河中上游试点小流域，为全省9条实验流域之一，总面积61平方千米，总投资31.68万元，1990年通过黄河上中游管理局及省、地联合验收，治理程度77.37%。

三、黄土高原水土保持世行贷款项目

一期项目 1994年10月至2002年9月，实施黄土高原水土保持世行贷款一期项目，总投资11394万元，其中，世界银行贷款6555万元。完成治理面积327.75平方千米，惠及驿马、熊家庙、赤城、白马铺、安家寺、桐川、土桥、翟家河、卅铺、蔡家庙、高楼、庆城、葛崾岘13个乡镇，71个村，620

个村小组，1.72万户、8.25万人，总面积982平方千米，占全县总土地面积的26.6%。2002年9月，联合国粮农组织（FAO）验收团，对该项目进行检查与验收，主要指标均给予"特别满意"评价。

　　附：

表 19-5-1　全县黄土高原水土保持世行贷款一期项目完成情况表

单位：公顷、座、个、头

小流域名称	完成治理措施									
	梯田	坝地	果园	造林	种草	苗圃	骨干坝	淤地坝	果库	养畜
合　计	5500.3	154	2305	15462	9353.3	7	10	19	40	447
清水沟	278.2		145.8	633.4	474.2				2	237
榆木沟	81.9		51.2	231.1	265.6	7			30	
跑马岭	116		84.3	191.3	211.5					
安家寺	301		207.7	841	661.6					110
史家沟	275		140.5	947	431.9					
北岔沟	141.2	32	74.8	1003.1	310		1	4		
塘坊沟	34.4		15.3	120.1	124					
教子川	411.9	44	90.5	1280.9	482.5			5		
葛岭沟	313.2		114.9	938.9	470					
炊家沟	70.7		14.2	76.3	327.3					100
西岐沟	80.9	24	55.8	240.4	239.4			3		
麻子沟	322.3		46.1	509.8	215.8					
程家河	1100.8	48	144.4	1417.5	805.1		9	6		
王　桥	196	6	10.4	220.8	357.5			1		
黄土湾	135.5		33.5	342	361					
齐沟门	176.8		53.9	368.7	430.9					
大堡子	163.3		53	562.7	547					
郭旗沟	220.3		67.1	848.9	456.3					
天子沟	160		51.4	593.4	300.7					
高户沟	47.1		57.8	729.9	206.6					
小关桥	149.4		165.4	721.5	391.9					
马家沟	93.4		59.7	468.7	173.3					
林家沟	211.8		197.1	1117.3	395.5					
万胜堡	251.3		275.6	751.8	394.4				8	
太乐沟	167.6		94.6	304.9	319.3					

二期项目 2000—2004年，实施黄土高原水土保持世行贷款二期项目，总投资5438万元，其中，世行贷款342万元。完成治理面积148.16平方千米，惠及驿马、安家寺、桐川、土桥、冰淋岔、太白梁、蔡口集7乡镇，36个村。

附：

表19-5-2 全县黄土高原水土保持世行贷款二期项目完成情况表

单位：公顷、座、个、头

小流域名称	完成治理措施									
	梯田	坝地	果园	造林	种草	苗圃	骨干坝	淤地坝	果库	养畜
合　计	2660.02	29	1353.11	9174.36	1399.94	7	5	3	3	730
南河山	368		86	486	55	7			3	60
刘家河	389		131	550	131					75
芦子河	305	4	162	843	161		1			75
金家川	296		147	933	155.94					70
九条湾	100		80	573	80					35
三合湾	177		147	968	146					70
鸭　河	124	9	122	804	141		2	1		60
小黑河	162		81	528	80					40
孙家掌	85		73	642.1	66					30
吊　井	104	8	66	647	62			1		35
常家河	118.02		48	536	53					40
向阳河	149		107	781.26	118		1			60
俄家河	283	8	103.11	883	151		1	1		80

四、冰淋岔小流域治理

2001年2月，国家黄委会批准实施黄河水土保持生态工程蒲河项目。蒲河项目冰淋岔小流域总面积71.44平方千米，总投资745.13万元，涉及吴家岔、庙山、柳树庄、稽家湾、吕家塬和山庄6个村、28个村小组、800户、3744人。至2005年底，治理面积20平方千米，其中新修梯田251公顷，人工造林989公顷，新建果园100公顷，人工种草660公顷，新建骨干坝5座、淤地坝20座、谷坊407道、涝池21处、水窖50眼，道路28千米。治理程度达到45%。生物措施和工程措施减沙量由治理前4.86万吨提高到11.84万吨，减沙效益由治理前的9.7%提高到23.7%，林草覆盖率由治理前的10.7%提高到24.5%，林草保存率达80%以上，林草措施保水量达24.85万立方米，保土量达1.09万吨。

五、坝系工程建设

2005年开始，实施野狐沟流域和教子川流域坝系工程项目，项目建设期5年，涉及土桥、桐川、翟家河、庆城、高楼、白马铺、驿马和葛崾岘8个乡镇（办事处），25个村、1.7万人。至2007年底，投资2650万元，建成骨干坝24座，中小型淤地坝25座。2008年后，部分剩余项目未实施。

附：

表 19-5-3　全县坝系工程建设项目设计与完成情况表

单位：平方千米、万立方米、年、米

项目名称	工程名称	类型	坝控面积	总库容	滞洪库容	淤积年限	总坝高	竣工时间	所在乡镇	村
教子川坝系	岘子沟1#	骨	5.7	80.7	45.6	10	23	2007-7	白马铺乡	高户
	前山沟	骨	6.58	97.18	52.64	11	24.5	2008-10	白马铺乡	高户
	红土沟1#	骨	4.5	63.69	36	10	22	2006-9	高楼乡	雷家岘子
	高庙沟	骨	6.5	92	52	10	21.5	2009-7	葛崾岘办事处	贾家塬
	宁洼沟	骨	3.1	53.45	24.8	15	25.5	2008-6	庆城镇	教子川
	蔡洼沟	骨	3.2	51.2	25.6	13	24	2008-7	庆城镇	教子川
	红土沟2#	骨	6.5	92	52	10	29.5	2007-6	庆城镇	教子川
	苜蓿沟	骨	4.2	67.2	33.6	13	24	2009-7	庆城镇	教子川
	岘子沟2#	骨	5.1	72.19	40.8	10	21	2009-7	庆城镇	教子川
	鲁家山沟	小	1.3	5.9	1.2	6	14	2009-7	白马铺乡	高户
	南山沟	小	1.2	6.23	1.8	6	13.5	2008-7	庆城镇	教子川
	唐家沟	小	0.9	3.9	1.3	5	14	2009-7	庆城镇	教子川
	新庄沟	小	1.3	6	2	5	10	2008-7	庆城镇	教子川
	西庄沟	小	1.2	5.49	1.8	5	13.5	2006-11	庆城镇	教子川
	北头沟	小	1.0	5.2	1.5	6	15	2006-11	庆城镇	教子川
	刘洼沟	小	1.1	5.18	1.8	6	11.5	2007-6	庆城镇	教子川
	方洼沟	中	1.8	12.5	3.65	8	12	2008-7	白马铺乡	三里店
	张家梁沟	中	2.2	14.4	3.84	8	16	2009-7	白马铺乡	高户
	西山沟	中	1.6	10.74	2.86	8	13.5	2009-7	白马铺乡	高户
	范家咀沟	中	2.2	14.83	4	8	14.5	2009-7	白马铺乡	高户
	何梁沟	中	2.1	13.3	2.96	10	17	2007-6	高楼乡	雷岘
	西梁沟	中	1.8	12	3.14	8	16	2008-7	葛崾岘办事处	天子
	堡子沟	中	1.4	10.4	2.03	10	15.5	2007-6	庆城镇	教子川
	槐树沟	中	2.2	10.6	2.48	6	23.5	2006-11	庆城镇	教子川
野狐沟坝系	前梁沟	骨	4.72	127.95	69.86	20	34	2006-10	桐川乡	高庄
	谢家沟1#	骨	3.46	75.88	43.94	15	27.5	2006-10	桐川乡	高庄
	谢家沟2#	骨	4.55	99.79	57.79	15	25.5	2007-10	桐川乡	高庄
	谢家沟3#	骨	3	65.79	38.1	15	28	2007-10	桐川乡	高庄
	张子洼3#	骨	3.26	71.49	41.4	15	29	2007-10	桐川乡	高庄
	北沟	骨	3.28	71.94	41.66	15	31	2009-7	桐川乡	高庄
	小沟	骨	3.26	71.49	41.4	15	25.5	2009-7	桐川乡	高庄
	涝坝塘	骨	6.3	170.78	93.24	20	23	2009-7	桐川乡	高庄
	庙山沟	骨	3.9	85.53	49.53	15	29.5	2006-10	土桥乡	佛殿湾

项目名称	工程名称	类型	坝控面积	总库容	滞洪库容	淤积年限	总坝高	竣工时间	所在乡镇	村
野狐沟坝系	张家洼沟	骨	3.01	66.01	38.23	15	29.5	2007-10	土桥乡	佛殿湾
	梢子沟	骨	3	65.79	38.1	15	31.5	2006-10	土桥乡	佛殿湾
	张子洼1#	骨	3.24	71.06	41.15	15	32	2007-10	土桥乡	佛殿湾
	张子洼2#	骨	3.01	66.01	38.23	15	30	2007-10	土桥乡	佛殿湾
	麻子沟1#	骨	4.28	93.87	54.36	15	29	2009-7	翟家河乡	店 户
	麻子沟2#	骨	3.7	81.14	46.99	15	25	2009-7	翟家河乡	店 户
	庙嘴子沟	小	0.8	7.34	4.88	5	15	2008-7	桐川乡	高 庄
	罗家坪沟	小	0.54	4.95	3.29	5	13.5	2008-7	桐川乡	高 庄
	堡子沟	小	1.4	10.4	2.03	5	15.5	2007-5	土桥乡	佛殿湾
	阳合湾沟	小	0.52	5.1	3.22	5	12.5	2008-7	土桥乡	佛殿湾
	王坪沟	小	0.92	8.45	5.62	5	16	2008-7	翟家河乡	店 户
	张岭沟	中	1.2	13.43	9	6	21.5	2007-6	桐川乡	高 庄
	谢庄沟	中	1.4	15.57	10.4	6	22	2009-7	桐川乡	高 庄
	权家沟	中	1.5	16.34	10.95	6	22.5	2009-7	桐川乡	高 庄
	罗圈沟	中	2.0	22.83	15.3	6	23.5	2009-7	桐川乡	高 庄
	庙 沟	中	0.9	10.52	7.05	6	22	2009-7	翟家河乡	店 户

六、梯田建设

2009年，甘肃省委、省政府启动实施新增500万亩梯田建设工程。县委、县政府制订《庆城县梯田建设管理办法》，组织专业技术人员选址定点、落实梯田建设区域。是年，全县完成省发改委、国土资源厅、水利厅、扶贫办、农发办下达的梯田建设任务2777.33公顷。2010年，完成省上下达梯田建设任务2440公顷。2011年，完成省上下达梯田建设任务1380公顷。至2012年底，全县梯田建设工程累计9204公顷。

七、水土保持预防监督

1990年，全县确定水保监察员51名，划定北部马岭镇石油矿区、翟家河乡野狐沟及卅铺镇阜城村为重点监督区，东北部的南庄乡封山育林区为重点保护区，19条小流域为治理保护区。1991年，县政府制订《庆阳县水土保持预防监督试点工作方案》，印发《庆阳县水土保持管护暂行办法》。1994—1995年，全县开展"水土保持治理年"活动，1995年，全县通过全国水土保持执法试点验收。

1994—2004年，完成马莲河世界银行贷款一、二期项目工程验收、监测评价工作。2001—2004年，完成蒲河项目冰淋岔小流域治理项目的验收、监测评价工作。

1994—2012年，审批完成水土保持方案425件，收缴水土流失补偿费、防治费600多万元，返还治理经费200多万元，生态恢复治理面积123公顷。

第二十章　工业

　　1986—2012 年，全县地方工业历经承包、重组、改制等改革，所有制结构、产品门类、营销方式发生了根本性变化，由国营企业为主体变为民营企业为主体，建筑建材加工、石油设备生产与加工企业成为全县工业发展的主体，规模逐渐壮大，管理渐趋完善。至 2012 年，全县规模以上工业企业 21 户，实现工业增加值 5.17 亿元，经营收入 18.92 亿元，产品产销率 93.08%。

第一节　机构

　　庆城县工业和信息化管理局　1986年，县属企业由庆阳县工业交通局管理，内设人秘股、统计计划股、企业股、财务股等股室，职工28人。1991年6月，成立县经济委员会，主管预算内工业企业。1997年7月，撤销县经济委员会、工业交通局，组建县经济贸易委员会。2001年10月，撤销经济贸易委员会，成立庆阳县经济贸易局。2002年，更名为庆城县经济贸易局。2008年10月，撤销县经贸局，成立县工业局，加挂县乡镇企业管理局、县中小企业局牌子。2011年4月，更名为县工业和信息化管理局（以下简称"工信局"）。至2012年，工信局内设人秘股、体改股、技术改造股、经济运行股，职工16人。

　　庆城县乡镇企业管理局　1986年，全县乡镇企业由县乡镇企业管理局管理。2001年10月，组建县非公有制经济管理局，与县乡镇企业管理局合署办公。2002年，更名为庆城县乡镇企业管理局。2006年底加挂庆城县中小企业局牌子。2008年10月，乡镇企业管理局、中小企业局与工业局合署办公。

第二节　体制改革

　　1986 年，县属工业企业推行厂长负责制和目标管理制。1987 年起，县委、县政府把全面承包作为深化企业改革突破口，实行"三步走"：第一步是"看准包一年"，年初和各企业签订经济责任书，企业内部分层承包；第二步是"试行包三年"，在县印刷厂先行试点；第三步是"全面推行三年承包"，承包人可以为企业原班子，也可以为企业内部职工或者社会上有德有才之人。年底，通过招标答辩、组织考察、民意测评等方式，对 8 户县属国有、集体企业实行承包，并颁发县人民政府委托承包经营证书。其中：县砖瓦厂、印刷厂、汽修厂 3 户国有企业实行"上缴利润基数包干，超收分成"；县皮鞋厂实行"微利企业上缴利润定额包干"；县机械厂、沥青厂、服装厂、马岭砖瓦厂 4 户集体企业实行"利润基数包干，超收分成"。1988 年，县属企业全面推行承包经营，企业内部进行劳动用工合同制和分配制度改革，全县新增合同制工人 225 名。1990 年，大部分企业首轮承包到期。在对首轮承包进行总结的基础上，进行二轮和三轮承包经营，这次承包坚持"三不变、一不收"，即承包经营责任制不变，厂长负责制不变，企业改革的基本政策不变，下放给企业的权

利不收；企业内部推行全员风险抵押，将责、权、利紧密结合。1992年3月，县政府对县印刷厂、饲料公司进行"五自主"（自主经营、自主用工、自主分配、自主定价、自主发展）试点，对劳动用工、收入分配、生产经营、产品价格、技术改造进行改革。企业内部实行岗位技能工资制、干部聘任制、全员劳动合同制，建立和完善职工养老、失业保险费用全社会统筹。

1994年起，全县企业进行股份合作制改革。兔毛纱厂、皮鞋厂、印刷厂、电器厂进行租赁、剥离搞活、先售后股、兼并、破产的试点。兔毛纱厂实行"拨改贷""贷改投"，银行贷款挂账停息，将厂房、设备租赁给优势企业经营；皮鞋厂实行原贷款挂账停息，职工入股，组建股份合作制企业；印刷厂按组建股份合作制企业；电器厂先申请破产，再由汽修厂兼并。1996年10月，县体改委批复同意县汽修厂组建为股份合作制企业，设法人股、企业共有股、职工基本股、职工个人股4种股权，形成股金81.21万元，折成8120个股份。1997年10月，县委、县政府出台《关于继续深化县属企业改革的实施意见》，以产权制度改革为重点，以股份合作制为主要形式，实行"双买断，双放开"。"双买断"即整体买断工龄，变国家职工为企业员工；整体买断产权，变职工为企业产权的所有者。"双放开"即放开改制形式，由企业职工自主选择；放开企业领导者的选拔任命，由职工民主选举。县砖瓦厂、马岭砖瓦厂实行工龄买断后组建股份合作制企业；县第二砖瓦厂实行股份制改组；县机械厂竞价拍卖或买断重组；皮鞋厂、电器厂依法申请破产。1998年，县机械厂、食品厂议价出售，职工买断工龄。至2000年，多数企业仍在讨论制定和完善落实改制方案，改革在艰难中前行。

2001年9月，县委、县政府出台《关于进一步深化企业改革的实施意见》，按照"动产权、转机制、变身份、增效益"的思路，坚持以产权制度改革和劳动人事制度改革为重点，以企业产权出让，国有、集体资产退出竞争性行业为主要内容，加大经济结构调整力度，实现生产要素优化组合。除县电力局、自来水公司、杨渠水电站外的所有县属企业，通过产权转让，置换国有、集体企业所有制性质，解除企业对政府的依赖关系，让企业真正成为市场活动的主体；通过一次性补偿，置换企业职工身份，解除职工对企业的依赖关系，让职工进入市场自由择业；通过完善和落实养老、失业、医疗保障政策，使所有企业职工都进入社会保障体系，解除职工后顾之忧。职工身份按基数加工龄，以每个职工2000元为基数，每年工龄500—1000元，最高不超过3万元为标准置换。在13户县属工业企业中，复合肥厂、二砖厂、马岭砖瓦厂产权为原企业职工整体购买，债务也由职工整体承担，职工身份整体置换；县砖瓦厂实行企业内部竞价拍卖；县沥青厂、汽修厂、面粉厂、服装厂、皮革厂、饲料公司议价出售；印刷厂、兔毛纱厂通过政府部门收购、银行抵债等方式终止解散；县皮鞋厂依法实施破产。至2005年，县属工业企业全部完成产权制度改革。

第三节　所有制结构

一、国有工业

1986年，县属国有企业有自来水公司、面粉厂、食品厂、饲料加工厂、皮鞋服装厂、印刷厂、杨渠水电站、电业管理所、砖瓦厂、电器厂10户，职工总数572人，工业总产值706.4万元，工业净产值157.48万元，利税总额44.73万元。当年主要工业产品为汽油27.75吨，发电量152万度，配合饲料1500吨，服装9.3万件，皮鞋2.5万双，砖2600万块，瓦54万页，电流互感器622台，电焊机16台，售电量444万度，印刷品1030万印，糕点101.35吨，味醋

499.6吨，酱油106.4吨，水果糖29.75吨，面粉10300吨。1987年，新建庆阳县汽修厂，皮鞋厂与被服厂分设。1990年，在驿马镇投资兴建县复合肥厂。1991年，县沥青厂由集体企业改制为国有企业。县电业管理所改制为庆阳县电力局。1992年，县运输公司砖厂由集体企业改建为国有企业，更名为庆阳县第二砖瓦厂。1996—2000年，汽修厂兼并电器厂，接收其大部分职工；皮鞋厂剥离分立皮革制品厂后申请破产；复合肥厂停产；沥青厂被国家政策性关闭。2001年后，除电力局、杨渠水电站和自来水公司继续保留国企性质外，其余企业通过转产权、换身份，进行资产重组，建立民营企业。

二、集体工业

县属集体工业　1986年，全县有沥青厂、马岭砖瓦厂、机械厂3户集体所有制工业企业，职工总数208人。工业总产值143.59万元，利税总额9.69万元。主要产品有汽油18吨，柴油252吨，家具0.15万件，砖770万块，中小农具0.24万件，铁皮制品53吨，取暖制品9吨。1987年后，相继兴办被服厂、皮鞋厂、凤城罐头厂、兔毛纺纱厂、运输公司砖厂、工艺刺绣厂、农副公司罐头厂、太乐农副产品加工厂、陇东中学印制厂、庆城中学印刷厂。1989年，凤城罐头厂倒闭；工艺刺绣厂解散。1993年，兔毛纱厂停产；机械厂半停产。1999年4月，服装厂关闭。2001年，县属集体企业进行产权制度改革和人事制度改革，实现产权民营化，劳动力市场化，企业自主化。

乡（镇）村集体工业　1986年，全县有乡镇办集体工业企业30户，工业总产值300.58万元；村办集体工业企业11户，工业总产值199.70万元。1995年，全县乡镇集体工业企业89户，从业人员5100人，工业总产值5980万元；村办集体工业企业27户，从业人员1700人，工业总产值524万元。1996—1999年，乡村集体企业在市场竞争中优胜劣汰，数量减少，形成了一批骨干型企业。至2000年，全县乡镇集体工业企业41户，村办集体企业6户。2002年后，经过经营责任制和产权制度改革，个体独资企业、私营企业、股份合作制企业、股份有限公司、有限责任公司逐步取代乡（镇）村集体工业企业。

三、混合经济工业

外商投资工业　2003年1月，经省人民政府批准，省工商局注册的全县第一家外商投资企业——甘肃泰和食品有限公司成立。该公司由美国投资商杰森投资，后因经营不善，亏损严重，于2008年初关闭。

股份制和股份合作制工业　1996年10月，经县体改委批准，县汽修厂改组成为全县第一家股份合作制企业。2002年后，全县国有、集体所有制工业企业进行产权制度改革，组建股份制企业、有限责任公司。至2012年，全县有股份制企业115户，有限责任公司37户。

四、民营工业

1986年后，全县贯彻国家开放搞活方针，推行家庭办、联户办、村办、乡办、城乡联营办等方式，实行经营放开，资源放开，流通放开，引进放开，并从政策、信贷、税收等方面扶持，私营企业有了突破性发展。当年全县有农村合作经营企业39户，城镇合作经营企业9户，农村个体企业167户，城镇个体企业32户，工业总产值251.30万元。1998年，有私营工业企业1907户，工业总产值36429万元。2000年后，县属国有、集体企业的产权制度改革，使部分资产、技术、人才等加入私营企业中，私营企业实力得以壮大，新产品、新项目不断引进，企业向驿马和西川两个工业园区集中，发展空间和领域得到扩展。至2012年，全县有私营工业企业225

户，其中，年销售收入2000万元以上规模企业21户，从业人员7515人，资产总额25.35亿元，固定资产15.40亿元；全县工业销售收入22.08亿元，工业增加值7.10亿元，实现利润3.94亿元，上缴税金7529.89万元。

第四节　工业行业

1986—2012年，全县形成以电力、石油、化学、机械、金属制品、建材、食品、缝纫、皮革、印刷、家具制造、饲料、自来水生产和供应等为主体的工业行业。

一、电力工业

水力发电　1970年，以公办民助方式开工修建县杨渠水电站。1975年10月，建成投产。工程总投资262.2万元，装机容量800千瓦，年发电量150万千瓦时。1988年，电站实行承包经营，承包期3年。1990年，恢复国营，庆城至杨渠、高楼供电区域移交杨渠电站经营管理，电站形成从单一发电到发、供、售电的生产经营体系。1999年，固定资产增至62万元。2002年8月，电站供电营业区收归县电力局，成为单纯的县级电力生产单位，以每千瓦时0.2元的价格将其发电量全部输入国家电网。至2012年，发电量累计6000万千瓦时，职工20名。

火力发电　20世纪70年代，长庆油田第一座燃油发电厂在马岭贺旗建成。1985年6月停产，1990年恢复生产，1994年并网发电。1997年停运，1998年拆除。

燃气发电　2006年9月，长庆油田第二采油厂投资3000余万元，在驿马镇太乐村建成西峰油田大明燃气发电厂，占地12亩。总装机容量7000千瓦，日发电量达9000千瓦时，生产的电能由庆阳供电公司购买后并入国家电网运行。

2007年，长庆油田第二采油厂在太白梁乡王渠村投资建成燃气发电厂，总装机容量2000千瓦，为附近的油田生产提供电能。

二、建材工业

砖瓦　1986年，全县有砖瓦厂11户，年产砖2600.60万块，瓦54万页。其中县属砖瓦厂2户，年产砖2360万块；乡镇办砖瓦厂6户，年产砖1360万块，瓦17万页；村办砖瓦厂1户，年产砖45万块，瓦29万页；联户办及个体砖瓦厂2户，年产砖425万块，瓦8万页。随着城乡建设的需要，砖瓦企业迅猛发展，生产技术不断提高。1990年，轮窑烧制工艺引入，手工砖逐步被机制砖代替，砖瓦产量倍增，砖瓦企业发展到38户，当年生产砖13469万块，瓦377万页。1996年，砖产量上升到36045万块，瓦产量上升到27213万页。此后，随着保护土地力度加大和建筑墙体改革政策出台，空心砖、机制瓦、挂瓦、钢瓦等进入境内建筑市场，砖瓦产量开始下降。2000年，部分小型砖瓦厂政策性关闭。至2012年，全县有砖瓦厂25户，总资产11359.5万元，固定资产5397万元，从业人员1350人，年生产实心砖19300万块、空心砖400万块、瓦400万页。销售收入6062万元，工业增加值1877.5万元，利税总额1322万元。

沙石　1986年，县内建筑所用黄沙主要由巴家咀沙场供给；石子主要从东西二川的河道中采掘。1990年，翟家河乡沙石厂和太白梁乡沙场建成，当年生产沙石2800吨。至2012年，全县有沙石厂7户，总资产1105万元，固定资产633万元，从业人员69人，生产沙子、石子19.3万立方米，实现销售收入2015万元，工业增加值725万元，利税总额395万元。

水泥制品　1986年，全县水泥制品企业仅有庆城镇水泥预制品厂1户，预制楼板1250吨，完成

工业总产值25万元。1990年，增加到4户，年产水泥预制品6450吨，完成工业总产值114.50万元。1993年后，水泥制品随着城镇化和农村建房量的快速发展而增加。至2012年，全县大型水泥制品企业有庆阳军星混凝土有限责任公司、庆阳环能建材有限公司等5户，年产值6598.90万元。

三、加工工业

蔬菜、坚果加工　1987年，熊家庙乡农民自办全县第一家农产品加工企业，主要收购、加工黄花菜、苦杏仁、白瓜子等。2003年，迁址驿马并创建庆阳泰和食品有限公司。年加工黄花菜、苦杏仁、白瓜子等6000多吨，产值7000多万元，实现利润580万元，上缴税金57万元，出口创汇920万美元。2012年，全县有农副产品加工、贮存企业58户，总资产72995万元，固定资产33.53亿元，从业人员1928人，年加工黄花菜、白瓜子、苦杏仁、葵花籽仁等各类农副产品46000多吨，销售收入6.43万元，工业增加值2.06万元，实现利润8628万元，上缴税金229.66万元。

果汁加工　2003年，庆阳市恒盛果汁有限公司成立，位于驿马工业园区。2012年，生产果汁5500吨，主要出口欧美等10多个国家和地区。

食品加工　1986年，全县有食品加工企业17户，其中县属国有企业1户，乡镇16户，年产面包、饼干、糕点等101.35吨，水果糖29.75吨，食醋449.60吨，酱油106.40吨。1988年，兴建县属企业凤城罐头厂，当年生产杏肉罐头84吨；乡镇企业生产杏肉罐头、杏脯45吨。20世纪90年代，食品加工企业逐步萎缩。1997年，糕点生产量降到6吨，食醋64吨，酱油31吨，水果罐头40吨，水果糖停产。1998年，县食品厂议价出售。2002年3月，在马岭镇建成庆阳泰膳食品有限公司，主产熟食狗肉、羊羔肉、驴肉等，年加工各类肉食品500多吨，2006年因亏损关闭。

粮油加工　1986年，庆阳县共有粮油加工企业179户，其中县属国有企业1户（县面粉厂），乡镇村及个体办178户；粮食加工企业171户，植物油加工企业8户。当年加工面粉1.03万吨，食用植物油235吨。1989年，加工小麦面粉4.36万吨，食用植物油100吨。1997年后，粮食市场全面放开，县面粉厂加工量下降，市场占有率不到20%。2001年后，县面粉厂议价出售，乡镇粮油加工企业渐次倒闭，小型私营粮油加工点遍布城乡。2006年后，小型面粉加工点逐步被大型私营面粉加工企业所取代。

四、制造工业

酒类制造　1986年，县马岭黄酒厂建成投产，当年生产黄酒10吨，主要销售到县城及周边地区。1990年，生产黄酒180吨。1995年，投资200多万元进行技术改造。2001年，组建庆阳县马岭"吉良"黄酒有限公司。2003年，更名为马岭"吉良"黄酒有限公司，总资产380万元，员工20人，年生产黄酒1000吨。同时，周边黄酒制造业兴起，冲击市场。2012年，全县有较大的黄酒生产企业3户，年产黄酒300吨，销售收入240万元，工业增加值79万元，实现利润48万元，上缴税金1.8万元。

农具、家具制造　1986年，县机械厂和6个乡镇木器厂、修理厂共生产中小农具4.18万件，家具0.26万件，工业总产值24.59万元。20世纪90年代，随着农业机械化和人民生活水平的不断提高，现代化农具和新型家具进入市场，本地中小农具及家具生产日趋萎缩，乡镇木器厂、修理厂关停，2001年，县机械厂议价出售。

金属门窗制造　1987年，县机械厂是唯一的县属金属门窗制造企业。1990年，生产金属门窗300吨；1996年，生产3692吨。1998年8月，庆阳县居立门业创办。2002年1月，组建居立门业有限公司，年生产能力3万多套。2012年，生产各类防盗门15000套。

锅炉设备制造　2005年，创办全县第一家锅炉设备制造企业——庆阳长荣机械设备制造有限公司，当年生产锅炉200台（套）。2009年，生产锅炉840台（套）；2012年，生产960台（套）。

中药制造　1988年，庆阳县驿马甘草酸铵厂创建。1994年7月，更名为庆阳保元药材有限公司，是以药用植物研发和提纯为主的民营企业，年产甘草酸铵、甘草酸单铵盐、甘草酸甲盐等产品共25吨。2012年，加工甘草制品60吨。

2003年，创办庆阳市自强中药材有限公司，位于驿马工业园区，总资产1.75亿元，员工14人。年整理加工中药材饮片1000吨，销售收入650万元，工业增加值156万元，实现利税196万元。

电气机械制造　1986年，庆阳县电器厂生产电流互感器622台，电焊机16台。1987年，增加生产行程开关1248台。1990年，生产电流互感器100台，电焊机21台，行程开关318台。1991年，因产品滞销而停产关闭。

五、机械维修工业

1986年，全县有驿马镇、土桥乡2户农机维修企业，主要维修大中型农机具，工业总产值10.44万元。1987年倒闭。同年6月，庆阳县汽车修理厂在庆城中街建成，当年维修各类汽车352辆，工业总产值22.3万元。1990年，维修各类汽车1785辆。完成工业总产值76.2万元。其间，汽修厂通过加大技术改造，新上自动化喷漆、烤漆等先进维修设备，强化技术培训，招聘维修技术专家等，引领汽修行业发展，获省级"双优"企业称号。2000年，完成总产值244.5万元，利税总额19.8万元。2001年，在企业改制中议价出售。至2012年，县内有机械维修企业14户，营业收入8000多万元，工业增加值2000万元，实现利税1900多万元。

六、缝纫工业

1986年，全县缝纫工业企业11户，含县皮鞋服装厂和10户乡村集体服装厂，生产各类服装9.30万件，完成工业总产值22万元。1987年，县被服厂与皮鞋厂分立。1996年后，地方服装企业日渐萧条。1999年4月，县被服厂关闭；2001年议价出售。10户乡村集体服装企业逐渐被淘汰。至2012年，全县有私营服装、刺绣企业14户，年加工服装3.5万件，制作绣花布鞋70万双，刺绣香包等工艺品3万余件，畅销欧美、日本、东南亚等国家和地区，销售收入4195万元，实现利税1091万元。

七、印刷工业

1986年，全县有印刷企业3户，其中国有企业1户，乡镇集体企业2户，印制印刷品1030万令，练习本15.20万本，工业总产值25.29万元。1990年印制印刷品10.62万令，工业总产值40.50万元。20世纪90年代后期，印刷术从铅印、胶印发展到电脑排版、自动印刷，个体印刷企业、打印部、复印部蜂拥而起，县印刷厂独家统揽县城印刷生产的局面被打破，印刷量逐步下降，职工纷纷下岗，企业难以为继，濒临倒闭。2001年，企业产权制度改革中被县政府收购。至2012年，全县有私营印刷企业10户，总资产3650万元，固定资产2475万元，从业人员85人，实现销售收入2717万元，工业增加值758.1万元，利润总额311万元，上缴税金72.8万元。

八、石油加工业

1986年，县沥青厂是县属唯一的石油加工企业，主要利用长庆油田废原油和庆阳石油化工厂废油渣，进行加工提炼，当年生产汽油27.25吨，柴油387.04吨，工业总产值146.25万元。1990年，生产汽油100吨，柴油1700吨，燃料油1800吨，沥青600吨，完成工业总产值317万元。1991年10月，易地扩建，厂址由庆城镇莲池迁到三十铺镇柳树湾村，征地57.1亩，投资754万元。

1994年上半年建成投产，年生产能力及产品：常减压渣油1万吨／年，汽油288吨／年，10#轻质柴油3870吨／年，重柴油1846吨／年（副产品），残油3875吨／年（副产品）。1999年4月，政策性关闭。2001年议价出售。

附：

表 20-4-1　庆城县 1986—2012 年工业总产值一览表

单位：万元

年份	工业总产值			
	不变价	现价	占全市（%）	列全市（名次）
1986	1513.95	—	8.7	4
1987	1590.72	—	6.3	5
1988	2370	—	6.1	5
1989	3100.4	—	6.9	5
1990	3419.3	3604	10.1	4
1991	5477.8	4910.8	7.7	5
1992	6282.86	6638.03	8.9	5
1993	—	5286	2.8	5
1994	115167	284987	69.3	1
1995	139039.2	421555	—	—
1996	159554.08	232076	69.6	1
1997	210145	299125	73	1
1998	246832	273163	73.1	1
1999	50338	313485	76.5	1
2000	46682	439700	77.8	—
2001	43587.6	84917	—	—
2002	31821.5	83009.8	13.8	1
2003	42941.7	154602	22	1
2004	—	190906.6	—	—
2005	—	329352.2	—	—
2006	—	468845	—	—
2007	—	501405.4	—	—
2008	—	585787.4	—	—
2009	—	677094.9	—	—
2010	—	963649.7	—	—
2011	—	132624.3	—	—
2012	—	193939.9	—	—

注：1994年庆化厂值列入统计，1997年长庆采油二厂产值列入统计，表中空白处因资料缺失或计算方法改变未记入。

第五节　企业管理

一、计划管理

1986—2000 年，县属工业和乡镇工业分别由县工交局、各主管局与乡镇企业局实施管理，具体指导企业生产，由县经济计划委员会编制工业生产计划，下达工业总产值、工业净产值、利润总额、税费总额、产品产量等指标，全面负责全县工业计划的审核、考核、统计等工作，同时提出落实计划的措施。计划实施依靠统计监督，建立月、季进度统计报告制度，及时了解和掌握工业生产进度和情况。县经委每年召开两次工业工作会议，总结交流，分析局势，发现问题，及时解决。2001 年后，工业主管部门参与制订全县工业生产计划和中长期发展规划，协调指导、检查督促计划执行情况。

二、质量管理

1986—1989 年，全县工业企业产品质量实行标准化管理，生产有图纸，工艺有规程，质量有考核，检测有记录，优劣有奖罚。1990 年后，广泛开展"质量、品种、效益年"活动。建立健全质量管理机构，设置质量检验科室和专业质检人员，严把产品质量关。鼓励引进新技术，开发新产品，先后有县豆制品厂机制豆腐皮、赤城民间工艺美术厂"二驴抬轿"手工艺品、庆城镇涂料厂 OT 型干粉涂料、县皮鞋厂"榔头"牌牛皮胶粘男鞋获省优产品。赤城民间工艺美术厂手工麻片绣艺术壁挂获旅游产品省优秀设计奖。庆城镇涂料厂干粉内墙涂料获地优产品。县皮鞋厂开发的童鞋获地区新产品开发奖。1995 年，马岭生产的"吉良"黄酒，在中国第二届农业博览会上被评为优秀奖，在黄河流域九省区食品展销会上被评为金奖；1999 年，被评为甘肃省名牌产品。2000 年后，企业普遍重视产品质量，加大科研投入，与大专院校和科研机构加强合作研发新产品，改进产品质量，争取产品质量认证。2004 年，庆阳泰膳食品有限公司生产的熟食狗肉、羊肉、驴肉等产品，获第十五届西部产品交易会金奖；该公司被甘肃省质监局授予"企业质量管理 A 级单位"。居立门业有限公司生产的"居立牌"防盗门，被公安部鉴定为 A 级产品，评为省名牌产品。2005 年，该公司生产的钢质联动互锁防盗安全门控制系统（FWS）被评为国家级重点新产品。至 2012 年，果仁食品有限公司、恒盛果汁有限公司等一批农产品加工企业取得了 HACCP 质量体系认证以及绿色食品认证。

第六节　企业选介

庆阳保元药材有限公司　1994 年 7 月创建于驿马镇，属民营企业，法定代表人常益林，注册资金 100 万元，主要从事药用植物的研发、生产、加工及销售。产品有甘草酸铵、甘草酸单铵盐、甘草酸甲盐等。同年，投资 2138 万元，改扩建苦参总碱生产线，产能达到 100 吨。2012 年，完成产品销售收入 2100 万元，工业增加值 462 万元，实现利税 634.6 万元。

庆阳鑫昕机械维修有限公司　2009 年 6 月始建，10 月投产。位于玄马镇贾桥村上坪组，属天津立林集团的子公司，法定代表人王树来。公司占地 15 亩，项目总投资 1500 万元，建成钢架结构生产车间 1006 平方米，拆装维修生产线 1 条。主要从事石油钻具、钻头、各种螺杆泵等生产。2012 年，公司总资产 2500 万元，实现产值 3000 万元，创利税 600 万元。

庆城县伊佳博新型节能建材有限公司　2009 年 4 月成立，位于卅铺镇阜城村，占地面积约 130

亩，法定代表人赵传大。公司总资产1497万元，拥有复合板、EPS苯板、涂料、彩色压型单板及C型钢等生产线5条。管理人员8人，生产工人42人。公司主要开展钢结构、防腐保温工程制作安装，聚苯乙烯夹芯复合板、聚苯乙烯泡沫板、彩钢板、C型钢、塑钢门窗、高级建筑涂料、艺术围栏等新型节能建筑材料的生产业务和煤炭销售。2012年，实现销售收入2250万元，工业增加值495万元，利税454.3万元。

庆阳环能建材有限公司　　位于驿马镇，是全市唯一一户粉煤灰混凝土加气块生产企业，法定代表人虎建奋。公司占地1.3万平方米，总资产1800万元，员工40名。2012年，完成产品销售收入2100万元，工业增加值514万元，实现利税331万元。

庆阳同济技术服务有限公司　　1994年3月创办于马岭镇马岭村，法人代表岳曹思武，注册资金5000万元，员工110人。主要从事油田试油、修井、压裂、酸化等业务。公司拥有2个压裂队、40多台压裂车辆，4个修井队、1个大修队，主要在陕北、内蒙古和庆阳三大区块作业。2010年3月，利用油田闲置资产创办庆阳同济石油助剂公司，主要产品有黏土稳定剂、破乳助排剂、杀菌剂、胶油剂等石油压裂化工助剂。2012年，公司资产5000万元，实现产值7800万元，完成营业收入2500万元、工业增加值1364万元、利润1500万元，上缴税金157万元。

甘肃居立门业有限公司　　1998年8月创建于驿马镇驿马村，法定代表人张海龙，总资产4390万元，占地18亩，建筑面积7200平方米。公司内设4个生产车间，6个职能部（室），共有各类生产设备126台（套），企业管理人员26名，专业技术人员52名，生产工人156名，年设计生产能力30000多樘，是西北五省机械加工设备最全最先进、模具数量最多、生产规模最大的防盗门生产基地。公司已通过ISO9001：2000质量管理体系认证，在全国设有120多家销售网点和代理商。主要产品有"居立"牌系列防盗门、单元电控门、别墅异形门、银行专用钢质联动互锁安全门、民用门和地埋式垃圾箱等6大类70多个品种，产品远销全国10多个省区。2012年，生产"居立"牌各类防盗门等15000多樘，实现销售收入4832万元，创利税437万元。

北强铝业有限公司　　2006年2月，创办于西川工业集中区，法定代表人王勇。企业占地76亩，建筑面积12000平方米，总资产2935万元。公司引进两条国内先进生产线，注册"强强"牌商标，主要生产工业铝型材和建筑铝型材两大类30多个品种，广泛应用于设备制造、电子、汽车等行业领域，年生产能力4000吨，产品销往北京、西安、银川等地。2011年生产铝型材1600多吨，完成产值3272万元，实现利税220万元。2012年，公司投资3500万元，在原有2条生产线的基础上，增加电泳静电喷涂等6条生产线，年产16000吨，产值突破亿元。

庆阳长荣机械设备制造有限公司　　创建于2005年，是一户锅炉制造、维修企业，设有庆城镇崭山湾、十里坪两个厂区，占地45.68亩，法定代表人赵树森。公司总资产7011万元，员工302人，有各种机械加工及试验检测设备200余台（套），年生产能力1200台（套）。公司开发的可抽式燃气锅炉以石油伴生气为燃料，取代传统燃煤型锅炉，节能环保。2012年，完成产值8000万元，工业增加值1398万元，实现利税680万元。

庆阳军星混凝土有限责任公司　　2012年，创办于卅铺镇阜城村，法定代表人张明富。该公司是一户专门从事商品混凝土搅拌、运输、销售的企业，具有二级专业资质，注册资金2010万元，占地75亩，总资产7100万元。公司拥有智能混凝土搅拌机组二套，碎石生产线两条，混凝土运输车35辆，泵车6台，产品主要销往庆城、华池、环县、西峰等地。至年底，公司生产商品混凝土12万方，碎石5万方，实现销售收入9000万元，上缴税金33万元。

庆阳兴乾工程技术服务有限公司　2011年3月，成立于马岭镇琵琶寨村，法定代表人陈春池，注册资金2000万元，总资产3000万元。公司有两个压裂队和两个试油队，特种作业车辆28台，职工52人。主要从事钻井、试油、压裂井下作业等项目。2012年，完成压裂井150口，实现营业收入3800万元，工业增加值1040万元，利税293万元。

庆阳君昌石油钻采设备有限公司　始建于2007年1月，位于庆城镇北五里坡村，是维修石油钻采设备的民营企业，法定代表人岳学军。注册资金1050万元，占地5336平方米，总资产2928万元，职工56人，主要从事190型柴油机、钻机和泥浆泵等石油设备的维修。2012年，维修石油钻具200多台，完成营业收入2100万元，工业增加值514万元，实现利税360万元。

图20-6-1　果仁分拣车间

第二十一章　石油化工

庆城县石油储藏丰富，是长庆油田发祥地。1970年11月下旬，"长庆油田会战指挥部"正式成立；1983年9月更名为"长庆石油勘探局"，大部分机关及部分下属二级单位进驻本县，相继探明和建成马岭、白马等主要产区。原长庆石油勘探局第二采油厂为境内主要石油生产企业，庆阳石化厂为境内主要石油加工企业，石油化工享有盛名。

第一节　油田作业区

一、马岭油田

马岭油田是长庆石油勘探局最早探明和开发的油田，境内主要有中区、南区、玄26井区三个含油区。

（一）中区　　地处马岭镇，分中一、中二、中三3个开发区块。探明含油面积42.8平方千米、石油储量2030.3万吨。油层平均有效厚度7.6米，埋深1480米。其中：中一区探明含油面积32.7平方千米、石油储量1817.902万吨；中二区探明含油面积5.7平方千米、石油储量453万吨；中三区落实迭合面积2.67平方千米，探明石油储量98.1万吨。

（二）南区　　地处阜城、野狐沟、蔡家庙一带，分南一、南二、南三、试验4个开发区块。探明含油面积70.7平方千米、石油储量3073万吨，平均埋深1430米。其中：南一区探明含油面积9.2平方千米、石油储量462万吨；南二区探明含油面积40平方千米、石油储量1951万吨；南三区探明含油面积10.4平方千米、石油储量611万吨。

（三）玄26井区　　地处卅铺镇境内。1996年底，有钻井16口，探明含油面积3.9平方千米、石油储量209万吨。1997年全面投产，建成年产2.3万吨的原油生产能力。

2009年底，马岭油田有采油井478口、注水井177口、供水井8口，拉油站12座、计量站8座、接转站13座、集中处理站3座、配水间38座、稳流阀组3座、注水站9座、供水站1座、变电所6座，集油管线32条80千米、输油管线31条114.6千米、注水管线102条223.2千米、供水管线8条9.6千米，10千伏供电线路34条243.51千米，35千伏供电线路11条103.5千米，通信线路256千米、油区道路78条590千米。年产原油18.8万吨，累计生产原油1821.28万吨。

二、白马作业区

白马中、白马南、白马北位于本县境内，是西峰油田的主力开发区。2002年，动用探明含油面积8.5平方千米、石油储量553万吨，建采油井41口，注水井11口，单井日产油6.6吨，建成年产9万吨原油生产能力。2003年，动用探明含油面积32平方千米、石油储量1920万吨，建采油井145口，注水井45口，单井日产油6.5吨，建成年产31万吨原油生产能力。2004年，集中建设白马南区，动用探明含油面积40.4平方千米、石油储量3305万吨，建采油井290口，注水井104口，单井日产油2.1吨，建成年产50.5万吨原油生产能力，当年产油76.01万吨。2005年，动用探明含油面积39.6平方千米、石油储量1985万吨，建采油井213口，注水井89

口，单井日产油 2.8 吨，建成年产 17.9 万吨原油生产能力。

至 2009 年底，境内还有城壕油田玄马产区，镇北油田太白梁产区等。

第二节　石油生产

长庆油田公司第二采油厂（以下简称"第二采油厂"），是一个以原油生产为主、兼有项目管理和技术研究职能的大型石油生产企业。其前身为 1971 年 3 月组建的长庆油田会战指挥部第十五团，驻马岭镇董家滩村。1984 年 4 月，改称长庆油田第二采油厂。1985 年 6 月，与第四采油厂合并，仍称第二采油厂。1998 年 9 月，厂机关搬迁至庆阳县城（原长庆石油勘探局机关所在地）。1999 年 10 月，第二采油厂分离为长庆油田公司第二采油厂和长庆石油勘探局第二采油技术服务处。2009 年 8 月，部分区块和人员划出，组建超低渗透油藏第四项目部。至 2012 年底，第二采油厂设有机关科及附属部门 23 个，生产单位 12 个，科研单位 3 个，生产辅助单位 7 个，实行"厂—作业区—井区—班站—岗位"四级管理（西峰油田及华池作业区实行"厂—采油区—岗位"）的劳动组织模式。员工 5860 人，业务外包用工 2042 人。

1986 年初，第二采油厂建成采油井 663 口，联合处理站、计量站等 101 座，敷设集输、输油管线 1052.7 千米。建有马岭油田中一区、北区原油稳定装置 2 套、原油脱水装置 5 套、原油加工装置 3 套。建成注水井 222 口、注水站 11 座、配水间 51 座，敷设注水管线 495 千米；供水井 33 口、供水站 20 座、敷设供水管线 107 千米；油田污水处理站 2 座，敷设污水处理管线 25 千米；原油储罐 95 座，总容量 160.3 万立方米，以及相应的供电、通信、道路等工程。形成年产 125 万吨的原油生产能力、年注水能力 300 万立方米、年供水能力 450 万立方米、年污水处理能力 223 万立方米、年输油能力 3000 万吨。1993 年原油产量突破 100 万吨，占当时长庆石油勘探局年产量的一半以上，成为长庆石油勘探局第一个年产百万吨的采油厂。

2001 年 3 月，在白马区部署探井 7 口，6 口获得工业油流。其中西 17 井获得日产 34.7 吨纯工业油流，开创了西峰油田的建设。2002 年 9 月，白马作业区成立，西峰油田正式开发。2004 年，西峰油田被中国石油天然气股份有限公司确定为"中国石油对外企业形象展示点"。2005 年，西峰油田配套建成"数字、绿色、人文、和谐"的现代化示范油田，成为中国石油的第一个百万吨级整装油田。2007 年，第二采油厂被中国石油天然气股份有限公司命名为"0.3MD 开发试验基地"。

至 2009 年底，第二采油厂拥有油水系统各类站点 335 座；输油管线 121 条 702 千米、集油管线 1500 条 3000 千米、配注管线 1300 条 2011.9 千米、供水管线 103 条 139.1 千米；采油井 3403 口，开井 2755 口，日产油水平 5327 吨；注水井 1236 口，开井 1025 口，日注水 29005 立方米；供水井 100 口，当年生产原油 195 万吨。2012 年生产原油 226.2 万吨。

第二采油技术服务处，亦称超低渗透油藏第二项目部，简称"采油二处"，是一个以超低渗油田开发、产能建设、服务保障为主的综合性石油生产企业。1999 年 9 月，从第二采油厂分离组建，时称长庆石油勘探局第二采油技术服务处。2008 年 2 月整合到长庆油田公司。是年 8 月，长庆油田公司划出相对独立的超低渗透油藏区块，由采油技术服务处建设和开发，其原所承担的修井业务移交采油厂，科研业务移交超低渗透油藏开发中心，实行由技术服务向采油业务的整体转型，处机关设庆城县城，下设机关科室 14 个、机关附属单位 8 个、基层单位 17 个，用工总量 2435 人。

2009 年底，动用探明含油面积 77.99 平方千米、石油储量 4672.03 万吨，拥有采油井 1276 口、

注水井 395 口、供水井 48 口、联合站 3 座、注水站 11 座、变电所 1 座、集油管线 643.47 千米、注水管线 119.74 千米、供水管线 59 千米、35 千伏供电线路 41.8 千米、10 千伏供电线路 241.38 千米、通信线路 150 千米，形成年产 90.4 万吨原油生产能力，当年生产原油 40.32 万吨。

至 2012 年底，采油二处共管护矿权面积 5513.4 平方千米，探明石油地质储量 3.41 亿吨，潜在地质储量 2.87 亿吨，动用储量 1.988 亿吨，探明未动用储量 1.422 亿吨。当年生产原油 91 万吨。

第三节　其他油田单位

第二钻井公司　1979 年，成立第二钻井指挥部，主要承担油田钻井业务，驻马岭镇下午旗村，下设 3 个钻井大队 38 个钻井队。1984 年，改称第二钻井工程公司。1990 年 1 月更名为第二钻井工程处。2001 年被整合为长庆石油勘探局钻井工程总公司，机关设西安市。

测井工程处　1971 年成立长庆油田会战指挥部测井站，机关设在本县县城。1978 年，改称测井总站。1984 年更名为长庆石油勘探局测井工程公司。1992 年更名为测井工程处，1998 年搬迁西安市。

井下作业处　1973 年组建井下作业指挥部，主要承担陇东地区试油任务，驻驿马镇。1976 年，迁驻马岭镇贺旗村。1984 年，更名为长庆石油勘探局井下作业公司。1989 年更名为井下作业处，主要承担包括试油、试气、压裂、酸化和井下特殊作业，是长庆油田唯一的压裂酸化队伍。2004 年搬迁西安市。

油建工程处　1971 年迁驻卅铺镇阜城村，时称长庆油田会战指挥部十六团。1974 年改称油建工程处。1979 年改为油建指挥部。1984 年更名为长庆石油勘探局油建工程公司。1986—1987 年，开始立足油田、走向社会、投标承包工程。1990 年更名为油建工程处。1998 年参与苏丹石油开发项目。2001 年 8 月，与筑路总公司整合为长庆石油勘探局建设工程总公司，搬迁西安市。

筑路总公司　前身为长庆油田会战指挥部工程团，驻驿马镇。1974 年迁驻玄马镇贾桥村。主要以修筑钻前道路、油区干线公路为主。1979 年引进美国、日本、西德筑路设备 72 台（件），初步实现路基、路面的机械化施工，由修筑砂石路面发展到修筑沥青路面，并能建设跨度 30 米左右的中型桥梁。1984 年更名为长庆石油勘探局筑路公司。1990 年改名为筑路集团公司，机关移驻西安市。

第二机械厂　1971 年 5 月，迁至庆阳县城。1984 年，更名为"长庆石油勘探局第二机械厂"。2000 年，该厂成为生产石油固控、钻采设备的专业机械制造厂。机关设科室 5 个、附属单位 3 个、基层单位 8 个，职工 576 人。主要设备 300 多台，产品有以钻井液振动筛为主的泥浆固控系统、曲杆泵系列、抽油机系列、中低压阀门系列、钻采设备大修理等 28 大类 72 个品种。

水电厂　1971 年 3 月组建，驻县城田家城。1974 年，在贺旗村建成长庆油田第一座燃油发电厂，装机容量 1.65 万千伏安。1975 年 5 月迁至马岭镇贺旗村。1978 年 12 月更名为指挥部水电厂。1983 年更名为长庆石油勘探局水电厂。1995 年建成马岭 110 千伏变电所。1998 年 9 月厂部由贺旗迁回县城。2008 年 2 月重组整合到长庆油田公司。至 2009 年底，用工 1700 多人。厂直属科级单位 11 个，改制单位 1 个，机关科室及机关附属部门 15 个。具有自备发电站 5 座、35—110 千伏变电所 55 座、6—110 千伏输（送）电线路 360 条 4968 千米、供水站 24 座、水源井 216 口、供水管线 527 千米（含租赁资产）；年供电能力 1756 万度，年供水能力 1500 万立方米。

运输处　1971 年 5 月，由宁县长庆桥迁至庆阳县城，时称长庆油田会战指挥部第十七团。1984 年 3 月，改称长庆石油勘探局运输公司。1985 年 11 月，为支援东部油田建设，运输一大队和汽修厂整建制调往胜利油田。1990 年 1 月，改称运输处。2008 年 2 月底，整体重组到川庆钻探工程公司。

第四节　石油加工

中国石油庆阳石化分公司（以下简称庆化），创建于 1971 年 9 月，位于卅铺镇韩湾村，是甘肃东部唯一的石油炼制企业。其前身为甘肃省庆阳石油化工厂，隶属原庆阳地区行政公署；1984 年 5 月，划归甘肃省原石油化学工业厅管辖；1995 年 5 月，更名为甘肃省庆阳石油化工总厂，为国家大型一档企业；1997 年 5 月，改制为甘肃庆化集团有限责任公司；2001 年 8 月，整体划转中国石油天然气集团公司，更名为中国石油集团庆阳炼油化工有限责任公司；2005 年 3 月，更名为中国石油天然气股份有限公司庆阳石化分公司。机关设管理部门 9 个，附属单位 3 个，直属部门 8 个，二级单位 9 个。员工 1512 名。2010 年 10 月，庆阳石油化工公司迁至西峰区。

2005 年底，庆化公司资产总额 129034 万元，固定资产原值 72411 万元，净值 44076 万元。资产负债率 43.29%。建筑面积 180804 平方米。原油一次加工能力 150 万吨／年，二次加工能力 60 万吨／年。有 150 万吨／年常压分馏、60 万吨／年重油催化裂化、10 万吨／年直馏汽油异构化装置等 10 套炼油化工生产装置以及 100 吨／年甘草甜素系列产品生产、精细化工系列产品生产、150 万条／年编织袋生产线、3 万吨／年冷榨脱蜡、1.25 吨／小时纯净水生产等三产生产装置。主要产品有 93#、90# 车用汽油，+5#、0#、-10#、-20# 车用柴油，石脑油，石油液化气，丙烯，聚丙烯，氧气。辅助产品有活性炭、防冻液、破乳剂、中和剂、原油脱盐剂、杀菌灭藻剂、絮凝剂、洗洁剂、系列洗发液、纯净水、甘草甜素系列产品及塑钢门窗。2010 年 10 月 27 日，庆阳石油化工公司实施的 300 万吨炼油改造项目完工并实现当年投产。

化肥生产　1974 年 4 月，化肥装置土建动工，1976 年 10 月开始安装，1981 年试车，1984 年实现全面投产。是年，生产合成氨 11199 吨，硝酸铵 21234 吨。1986 年，投资 879 万元，完成化肥装置 26 个项目的配套及 9 项公用工程改造。1995 年化肥生产线关停。

原油加工　1976 年 3 月，6 万吨／年常减压分馏装置土建开始，7 月开始安装，1979 年 11 月试车投产。至 1984 年底，累计加工原油 318146 吨；生产轻质油 139121 吨，其中汽油 48697 吨，灯用煤油 6962 吨，柴油 83460 吨，重油 1680.72 吨，轻质油平均收率 45%。1988 年 4 月，10 万吨／年原油常压分馏装置开始安装。1989 年 4 月竣工，形成 20 万吨／年原油加工能力。

1986 年 3 月，3 万吨／年重油同轴催化裂化扩建工程动工。1988 年 3 月工程竣工，重油加工能力提高到 5 万吨／年，轻质油收率提高到 80%。至 1992 年底，完成销售收入 46777 万元，实现利润 2666 万元。

1994 年 9 月，投资 6184 万元，建成 50 万吨／年常减压炼油装置。同年，组建销售总公司，在陕、甘、宁、内蒙古、晋、鄂、云、贵、川等省区组建分公司 26 个。1996 年，投资 1.2 亿元，建成 25 万吨／年灵活双效催化裂化装置。至 1996 年底，完成销售收入 95302 万元，实现利润 3278 万元。1997 年，完成销售收入 61566 万元，实现利润 1002 万元。

1998 年 5 月，投资 1.1 亿元的气分、聚合、MTBE 三联合装置投产。1999—2003 年，企业出现亏损。2004 年起，先后投资 3.6 亿元，建成 150 万吨／年常压扩能改造、60 万吨／年催化改造、三机组项目、150 万吨／年原油集输管线、8 万吨／年轻汽油醚化装置、炼厂尾气回收气柜、发油发气台、开工锅炉和化水站项目、器材采供站及重大风险源削减等工程，原油年加工能力突破百万吨，二次加工能力达到 60 万吨。2005 年纳税 1.82 亿元，占庆阳市财政收入的 12%，累计上缴税金 9.63 亿元。

附：

表 21-4-1　1986—2010 年中国石油庆阳石化公司石油化工产品产量统计表

单位：万吨

年度	原油加工	化肥	成品油	液化气	聚丙烯
1986—1990	38.56	4.79	20.66	0.21	—
1991—1995	71.49	6.47	49.19	1.71	—
1996—2000	160.37	—	128.02	7.36	0.06
2001	27.15	—	21.27	1.72	—
2002	39.26	—	32.23	2.23	—
2004	60.01	—	48.70	4.48	0.84
2005	92.83	—	72.92	5.77	1.01
2006	113.04	—	93.46	6.53	0.99
2007	115.26	—	95.96	6.17	1.15
2008	115.01	—	96.02	6.55	1.35
2009	123.80	—	103.95	6.85	1.38
2010	150.65	—	123.97	9.28	1.37

　　马岭炼油厂　位于马岭镇董家滩村，1972年3月建成，占地面积15万平方米，是以生产燃料油为主的炼油化工企业。原属长庆油田会战指挥部第二采油指挥部。1986年12月分立。2001年6月更名为长庆油田公司第一助剂厂。厂部设机关科室11个、附属单位5个、基层单位4个，在册员工611人。年加工能力为4万吨。至2003年底，该厂有年加工能力50万吨的常压、年加工能力25万吨的重油催化裂化、9万吨的催化汽油醚化、6万吨直馏汽油芳构化、4.5万吨柴油精制、3万吨重柴油非临氢降凝等6套炼油装置及年产5000吨油气田助剂、年产300吨石蜡、年产500吨油漆、年产5000吨特种油品和年产1万吨润滑基础油等化工设施，当年加工原油33.15万吨。2004年11月因政策限制而关闭。

图21-4-1　驿马太乐联合站

第二十二章　开放开发

庆城县是甘肃省最早对外国人开放的地区，在全省最早建立经济开发区。为破解县域经济发展资金短缺，人才匮乏难题，县委、县政府不断适应新形势，拆除樊篱，外引内联，开展多种招商引资活动，"人人是招商环境"和亲商、爱商、护商观念蔚然成风。

1993 年起，依托资源和区位优势，先后创办西川、莲池、驿马经济开发区。2006 年后，西川、驿马开发区相继晋等升级，区内经济总量实现跨越式增长。

第一节　机构

1986—2001 年，全县招商引资工作由县经济协作委员会（以下简称"县经协委"）负责。2002 年，庆阳县经协委更名为庆城县招商局，隶属县经济贸易管理局。2004 年，与县乡镇企业管理局合署办公。2005 年 8 月，从县乡镇企业管理局析出，独立办公，正科级事业单位，编制 6 名。2012 年底，县招商局内设人秘股、招商引资股、信息项目股，编制 10 名。

1993 年，成立庆阳县西川经济开发区管理委员会办公室（以下简称"西川办"）。1997 年，被省政府命名为省级乡镇企业示范区。1998 年，经庆阳地委批准，成立庆阳县西川经济开发区、庆阳县西川乡镇企业示范区，设庆阳县西川经济开发区管理委员会，加挂庆阳县西川乡镇企业示范区管委会牌子，正县级建制，隶属庆阳县人民政府。2002 年随县更名。2006 年，更名为庆阳市庆城西川经济示范园区。2012 年，更名为庆阳市庆城西川工业集中区，集中区管理委员会设办公室、规划建设科、监督管理科、企业管理科工作人员 30 名。

2005 年 8 月，甘肃省商务厅批准设立庆阳驿马农产品出口示范区。2006 年 2 月，成立庆阳市驿马出口创汇示范园区管委会，正县级事业单位，编制 15 名，隶属庆城县人民政府。管委会下设办公室、规划建设科、项目管理科、外贸发展科。2012 年，更名为庆阳市庆城驿马工业集中区管理委员会，工作人员 32 名。

第二节　招商政策

1989 年，县政府制订《关于大力开展横向联合办企业的有关规定》，共 6 条，对提供办厂地址和土地管理费收取、利润分成、联营方式、享受待遇、科技成果利用、奖励等作出规定。

1993 年 5 月，县委、县政府制订《庆阳县西川经济开发区若干优惠政策》，共 11 条，对在实行"资金自筹、项目自定、企业自管、法人自选、工人自招、报酬自定、产品自销、原料自找、盈亏自负"（以下简称"九自"）的前提下，对入驻该区企业给予特殊优惠。

1995 年 4 月，县委、县政府制订《庆阳县西川乡镇企业工业示范区优惠政策》，共 24 条，在

实行"九自"前提下，对入驻企业给予土地、税收、贷款、能源等方面的协调服务和支持。

1996年8月，县委、县政府制订《庆阳县西川乡镇企业工业示范区优惠政策的规定》，共22条，对在实行"九自"的前提下，给予企业税收、土地、费用等政策优惠。

1999年9月，县委、县政府印发《庆阳县招商引资优惠政策规定》，共6节18条53款，对投资企业税收、费用实行优惠，对引进客商直接投资的中介组织和个人给予奖励。

2003年5月，按照"优势互补，互惠互利，共同发展"原则，县委、县政府制订《庆城县招商引资优惠政策》，共8章53条，对土地使用、税收减免、引资奖励、服务管理、投资保护等给予政策优惠。

2010年4月，县政府印发《庆城县驿马工业集中区招商引资优惠政策》；5月，县政府印发《庆城县西川工业集中区招商引资优惠政策》。

2012年5月，按照"依据政策、灵活调整、更加优惠"原则，修订2003年出台的《庆城县招商引资优惠政策》，以县政府第4号令发布，2012年6月实施。节选如下：

1.土地使用　县上对投资强度不低于2000万元/公顷（不含无偿提供的房地产）重点招商引资项目用地，优先从年度供地计划指标中解决，优先上报审批；对符合《甘肃省优先发展目录》和《农产品初加工项目目录》且用地集约的工业项目，在确定土地出让底价时，可按不低于所在地土地等别相对应《工业用地出让最低价标准》的70%执行；对在驿马、西川两个工业园区以外的其他乡镇兴办固定资产投资在5000万元以上和3000万元以上（含3000万元）的生产性项目，分别可以享受该项目土地出让金县本级可支配部分30%和20%的基础设施建设补贴；对进入西川工业园区，利用油田移交的土地、建筑及设施兴办各类工业企业的，保证供水、供电、通讯、有线电视、道路硬化到厂区围墙，先无偿提供土地和房产，经审核入驻企业完成固定资产投资并正式投产运营两年后，可申请办理土地使用权证和房产所有权证。固定资产投资上亿元的项目，土地实行"零"成本；对在驿马工业园区建设的投资项目，固定资产投资达到亿元以上且安置当地失地农民就业的，投资项目所用土地实行"零"成本；对固定资产投资达到3000万元以上且安置当地失地农民就业的，投资项目所用土地成本由县政府返还30%（实行先收后返的办法，除投资项目征用土地上缴的各种税金、规费外，其他征地费用从企业建成投产后年上缴税金地方财政留成部分逐年返还，返清为止）。企业进驻时扣一定保证金，开工建设返还1/3，设备进场返还1/3，首批产品生产完成返还1/3。

2.税收优惠　投资者可以享受国家和甘肃省关于西部大开发政策以及其他政策规定中对企业的各种税收优惠政策；对属于国家重点扶持类的高新技术企业，拥有核心自主知识产权，符合科技部、财政部、国家税务总局《高新技术企业认定管理办法》规定条件的企业，经报批后，减按15%的税率征收企业所得税，所有税收应免尽免。

3.资金扶持　对于符合国家产业政策、行业发展规划和全县工业结构调整方向，能够促进全县工业布局优化、带动作用明显，并且投资在5000万元以上的工业项目和投资2000万元以上的农业优势主导产业、区域特色龙头企业以及特色产业基地建设项目，优先申报争取国家和省市扶持企业发展各项政策性资金，及时兑现给企业；对县外重点招商引资项目建设资金不足，项目经营中周转资金有困难的，经评估确属有还贷能力的项目，县上可以协调担保公司和金融机构为其融资提供担保；凡来我县新办的各类企业，属国家和甘肃省规定的服务性、行政事业性收费，有下限标准的一律执行下限标准；县上组建投融资公司，注入一定资金尽快建设运行，对在驿马、西川两个工业园

区落户的企业，免征县上有权规定收取的建设费、配套费等各种规费；投资者办理工商企业注册，只收注册登记费，不再收取其他费用。

4.服务保障　实行"一条龙"限时帮办服务制度。审批（或核准、备案）权在本县的，20个工作日内全部办结；审批权属于上级的，5个工作日内办理所有上报手续。对属招商引资项目，明确一名县级领导和所属乡镇或县直单位跟踪服务，协调解决项目建设过程中的有关问题；固定资产总投入在500万元以上的工业项目和3000万元以上的经营性项目，投资人子女义务教育阶段就学可在我县辖区内就近择校；企业一旦入住，在立项、报批等方面全程服务，水电路保证到厂区门前；对在我县落户的招商引资企业，一次性所需员工超过30人以上，县政府安排相关培训部门在当地免费进行培训；凡重大招商引资工业企业，未尽事宜可按一事一议的原则，由投资者与县政府平等协商，在尽可能的情况下，给予投资者最优惠的待遇。在销路和市场上，再扶持向前走一步，竭尽全力支持。如果产品当地可用，本县公益领域的需求县上与客商签订合同，优先选用。

5.奖励激励　对纳税额较大的投资客商，可以授予荣誉市民、县委或县政府经济顾问及其他政治荣誉。

第三节　招商活动

1986—2001年，招商引资重点在于开展横向经济联合，运用中心城市和国营企业的辐射力，引进技术、人才、资金和新产品，开展经济技术协作。2002年后，招商活动形式多样，更趋规范。

一、招商宣传

2003—2006年，定期制作《庆城招商指南》，设有县情、优惠政策、城市建设、投资产业、资源优势、园区建设、投资流程，并制作宣传光盘。2007—2012年，编制中英版《庆城——投资兴业的热土》《庆城县招商指南》《庆城招商引资项目册》等推介图册，年印数3000余册。2006—2009年，在庆城公众信息网开辟招商专栏，定期编发《庆城招商信息》。2009年后，独设庆城招商网站，发布重点招商项目83个。

二、会议招商

2005年5月，在广东珠海召开项目推介会；6月，组织10个项目参加全市第四届香包节招商引资项目集中签约，在凤城宾馆举行庆城县项目推介暨签约仪式，推介项目37个，签约项目12个；8月，在厦门市举办招商引资项目推介会；9月，在四川绵阳举行项目推介会。

2006年，在上海、山西太原召开项目推介会。

2007年6月，在上海虹桥迎宾馆举办招商引资重点项目推介会，与上海千兆商务咨询有限公司董事长耿弘、人力资源报社社长史忠正分别签订绿色有机食品基地建设合作协议书和合作开发人力资源备忘录；8月，在厦门市举办招商引资项目推介会。

2009年10月，赴北京参加全国最具投资潜力"百强县"结果发布会暨第六届中国中小城市科学发展高峰论坛会议，推介招商引资项目。最具投资潜力中小城市奖。

三、组团招商

1994年，县上成立项目考察领导小组，组织人员赴全国10多个省市考察论证项目50个。至

2004 年，县上每年组织人员外出招商，考察论证项目 326 个。

2005 年，县上先后组团赴青岛、上海、广州招商，参加第十三届兰州投资贸易洽谈会、第十七届中国西部（四川绵阳）商品交易会、第二届（广西南宁）中国—东盟博览会。

2006 年，先后参加第十届（西安）中国东西部合作与投资贸易洽谈会、上海国际农业产业化博览会、天津全国商品交易会暨投资洽谈会、湖南长沙首届中国中部贸易投资博览会、四川巴中第十八届中国西部商品交易会。

2007 年，先后参加天津第十四届津洽会、第十三届兰州投资贸易洽谈会。

2008 年，先后参加西安曲江第十二届西洽会、第十三届中国东西部合作与投资贸易洽谈会、天津第十五届津洽会。

2009 年，先后参加中国天津第十六届投资贸易洽谈会、第十五届中国兰州投资贸易洽谈会、福建厦门第十三届中国国际投资贸易洽谈会、陕甘宁毗邻地区经济联合会主办的"第二十届中国西部商品交易会"。

2010 年，先后参加由省政府组织的赴广东省东莞市专题招商引资活动、西安曲江第十四届中国东西部合作与投资贸易洽谈会、2010 中国·青海绿色经济投资贸易洽谈会、第十七届天津投资贸易洽谈会、第十五届中国兰州投资贸易洽谈会、四川广元第二十一届中国西部商品交易会、四川成都第十一届中国西部国际贸易博览会。

2011 年，先后赴北京汇源果汁、河北承德露露、山东鲁西化工、中国范仲淹研究会、江苏泰州申视塑料公司和华信塑胶公司推介招商。参加宁夏银川第二届宁蒙陕甘毗邻地区经济技术合作洽谈会、天水第二十二届中国西部商品交易会、第十七届中国兰州投资贸易洽谈会。

2012 年，先后赴中国大唐集团公司、军星混凝土北京总公司、北京小汤山现代农业科技示范园、中国航空规划建设发展有限公司、天津天士力集团有限公司、山东聊城中通客车、山东东阿阿胶股份有限公司、山东茌平信发集团、山东高唐泉林集团、时风集团、河北廊坊梅花集团推介招商，参加第十八届中国兰州投资贸易洽谈会。

第四节　招商实绩

1987 年，庆城镇封家洞村农民封怀义，从西安引进建筑材料生产技术，创办建村企业；卅铺乡和宝鸡宁王乡联办砖厂，总投资 19 万元。全县引进技术 25 项，引进资金 67 万元，引进各类技术人员 35 人。1992 年，熊家庙干鲜果品厂与港商签订核桃仁加工合同；县农副产品工业公司与深圳新陇食品开发有限公司签订核桃仁加工合同；驿马镇经委与长庆局二机厂联合开发苟家渠砂石厂；县政府在新疆伊宁市开设与独联体进行贸易的窗口。1994 年，全县引进千万元以上项目 2 个，百万元以上项目 5 个，百万元以下项目 43 个，实际到位资金 955 万元。至 2002 年，全县引进项目 172 个，到位资金 13.56 亿元。2005—2012 年，全县引进实施项目 324 个，到位资金 58.48 亿元，启动民营资金实施项目 1141 个，到位资金 71.75 亿元。全县引进规模以上企业 67 个，投资总额 28.72 亿元。

附：

表 22-4-1　2005—2012 年全县引进规模以上企业统计表

单位：万元

引进年份	项目名称	投资总额
2005	天姿工贸有限公司商贸楼	200
2005	天天乐庆城购物广场	900
2005	利通油井服务公司	500
2005	庆城县德瑞果仁有限公司	600
2005	泰安燃气有限公司	1000
2005	莲池家私城	800
2005	陇源黄花食品有限公司	8114
2006	兴庆大厦	1100
2006	北区商业步行街	5000
2006	百盛福利苹果气调库	500
2006	百强铝业	2500
2006	常庆钢杆照明	750
2006	甘肃康尔饮业有限公司	1200
2006	三利公司冷蜡项目	1080
2006	鑫顺钻采服务有限公司	1500
2007	步行街综合住宅楼	1300
2007	工业用氧、二氧化碳及溶解乙炔生产项目	500
2007	立康活性炭项目	200
2007	东坡酒业	1200
2007	新世界大厦	3000
2007	德盛果业有限公司	300
2007	腾达包装有限公司	800
2008	庆城财富广场	5000
2008	长荣机械设备制造有限公司	1200
2008	恒通土特产有限公司扩建	1500
2008	泰膳食品有限公司扩建	2591
2008	通达建材公司	460
2008	恒丰养殖公司	600
2009	铭辰石油物资配套供应公司	4000
2009	信海商贸有限责任公司	5500
2009	川庆钻探工程有限公司长庆生产基地	500
2009	驿马镇金顺牧业有限公司	540
2009	恒盛果汁扩建	1200
2009	庆阳鑫昕机械维修有限公司	4500
2009	伊佳博新型节能建材有限公司一期工程	5000

续表 22-4-1

引进年份	项目名称	投资总额
2009	庆城县君德利钻修公司	1800
2010	北区娱乐城	2000
2010	盘锦安石钻采服务有限公司	7500
2010	甘肃祥生绿化环保工程有限责任公司	8240
2010	北京军星混凝土有限公司	7222
2010	甘肃圣言环保节能开发工程有限公司	4000
2010	长荣机械厂扩建项目	1480
2010	华祥广场三期工程	5000
2010	西安奥德石油工程技术公司	2800
2010	甘肃阿尔康生物工程有限公司	18000
2010	中汇机动车检测中心	1420
2010	巨鑫农贸有限公司	3000
2011	虹洋管业一期工程	11200
2011	伊佳博改扩建项目	7000
2011	中街改造一期工程	35000
2011	义顺园大厦	8000
2011	西安长江石油工程有限公司	1800
2011	石油井下作业用料加工项目	2200
2011	庆阳金耘生物科技有限公司西北农产品精深加工中试与孵化中心建设	5200
2012	庆阳市庆春香包绣制开发有限责任公司	1200
2012	庆城县益民中草药加工生产基地建设	1000
2012	甘肃天兆猪业科技有限公司驿马核心种猪场建设	4980
2012	庆城县驿马建材物流中心建设	26000
2012	阜城商业中心建设	9800
2012	年新增 600 台可抽式节能燃气锅炉生产线改扩建	8900
2012	高新技术产业化 LED 照明系列产品项目	9800
2012	废旧橡胶颗粒橡胶粉及体育配套产业生产项目	4500
2012	亨阳土特产有限公司中药材饮片加工改扩建	3010
2012	庆阳陇凤缘鞋业有限公司建设	1000
2012	甘肃昊泰瑞绿色果品有限公司	12000

第五节　西川工业集中区

庆阳市庆城西川工业集中区位于庆城县西北川区，是全市装备制造产业园，庆阳市重点工业集中区之一。

一、规划布局

1993 年，西川经济开发区包括庆城、卅铺、马岭 3 镇及其沿川道的行政村，南北长约 55 千米，

东西宽约 0.5 千米。驻有长庆局及 19 个二级企业、科研所和庆阳石油化工厂，设庆城、贺旗、董家滩、马岭、阜城、韩湾 6 个开发点。

1997 年，开发区规划范围进行调整。南起卅铺韩湾村，北至马岭贺旗村，南北长约 22 千米，东西宽约 1 千米。沿国道 211 线分布，核心区面积 4.41 平方千米。主要依托油、气等资源开发，重点发展装备制造、设备维修、技术服务、精细化工、建材物流等产业。

二、基础设施建设

2006—2012 年，先后投资 4 亿多元，对原有基础设施进行维修改造，安装太阳能路灯 200 多盏，疏通、维修排水渠道 10 多千米，维修道路 15 千米，平整建设用地 1000 多亩，建成标准化厂房 3.36 万平方米，形成厂房、车间、办公楼、职工宿舍、住宅楼、学校、影剧院、垃圾处理厂等配套设施相对完备的现代化工业园区雏形。

三、闲置资产管理

2005 年 12 月起，经县委、县政府授权，西川管委会正式接收、管护川区油田单位移交的闲置资产。

图22-5-1　北强铝业有限公司

陆续接管原贺旗水电厂基地北区、井下化工厂、井下陇东酸站、井下 205 井、井下临时家属区、采二特修公司、采二石油新村、马岭炼油厂、钻二马岭基地、长庆运输二大队、油建阜城基地、岭南作业区、长庆运输三大队等 13 个区块的闲置资产，占地面积 3300 多亩，建筑面积约 60 万平方米。至 2012 年，通过搬迁机关单位和兴办公益事业、无偿提供、招商引资创办地方企业等形式，累计利用土地 2600 亩，利用建筑房产 30 万平方米。

四、经济规模

至 2012 年，园区入驻虹洋管业、圣言环保、西川药业、奥德石油助剂、庆新石油助剂、通剂化工、程翔技术服务、宇丰公司、北强铝业、伊佳博节能建材、陇唐矿业、军星商砼、联创体育、辰光照明等各类企业 108 户，其中工业企业 42 户。形成贺旗—董家滩石油综合配套服务业、马岭能源开发机械设备制造业、阜城—韩湾新型建材、农业机械设备加工及化工的工业格局。

附：

表 22-5-1　2006—2012 年西川工业集中区经济指标发展汇总表

单位：万元

项目＼年份	2006	2007	2008	2009	2010	2011	2012
总产值	26280	27475	31046	30772	108259	115137	115500
总产值增加值	2018	8010	8955	9880	32480	34543	35458
销售收入	21000	25277	27476	29900	82900	88167	85617
工业增加值	2018	2180	2479	2760	24790	26365	26825
实现利润	1536	1616	1759	1980	7461	7935	7996
上缴税金	940	1132	1254	1400	2487	2645	2895

第六节 驿马工业集中区

驿马工业集中区位于驿马镇东北部，南距庆阳市区13千米，北距庆城县城40千米，国道309线、省道202线和西雷高速穿境而过。集中区先后被国家农业部公布为全国农产品加工创业基地、全国农产品加工示范基地；省农业产业化领导小组确定为省级农业产业化示范基地；省工信委认定为省级新型工业化农产品加工产业示范基地。

一、规划布局

规划区东起东滩村三岔路口，南到儒林村斗楼自然村，西至上关村原石油公司油库前砂石路，北至309国道与安家寺村砂石路交叉口，南北长4千米、东西宽2.05千米，规划面积8.2平方千米。设置农产品精深加工、循环经济示范、现代物流、综合服务、人文居住及生态蓄水六个功能区块，涉及驿马镇5个村21个自然村。

二、基础建设

（一）道路工程

2009年10月至2011年6月，完成长454.4米、宽22米的经一南路；长602米、宽24米的经二南路；长556.3米、宽24米的经五南路；长889.3米、宽24米的纬六路；长298.3米、宽26米的上关新村路5条2.8千米排水管网及道路建设。

2011年6月至2012年底，实施长2468米、宽22米的纬七路建设工程，完成路基拓宽整理、泄洪槽修建、排水管道开挖、基础处理等工程。

2012年4月至2012年底，实施长2154米、宽22米的经一北路建设工程，完成路基拓宽整理、排水、排污管道开挖、基础处理和管线压埋安装工程。

（二）基础配套工程

2010年5月，架设4条2.7千米10千伏工业供电线路。

2011年4月，实施经一南路、经二南路、经五南路、纬六路绿化工程，栽植白蜡树1086棵，楸树1060棵。

2011年9月，实施经一南路、经二南路、经五南路、纬六路亮化工程，安装太阳能LED路灯106盏；2012年10月，实施7.2千米道路亮化工程，安装太阳能LED路灯240盏。

三、经济规模

2009年6月19日，省经济委员会同意将庆阳市驿马工业集中区列为全省循环经济试点园区。庆阳市恒盛果汁有限公司、宝源果蔬有限公司、庆阳环能建材有限公司、庆阳裕星生物有限责任公司、驿马陇原特产公司、庆阳华兴土特产公司被确定为循环经济示范企业。至2012年底，区内入驻各类企业26户，主要涉及农产品加工、生物医药、机械制造、设备维修、建筑建材、果品储运、商贸服务等行业，年产值4亿多元，从业人员2000多人，其中以白瓜子、油葵、苹果等农产品加工为主的外向型企业14户，有自营进出口权企业3户，年加工销售各类农产品10万吨以上，出口创汇1000多万美元。

图22-6-1 陇源公司

附：

表 22-6-1　2006—2012 年驿马出口创汇示范园区各项经济指标发展汇总表

单位：万元

年　份	工业总产值	工业增加值	利　税	出口供货总额	出口创汇总额
2006	36500	9830	3360	25800	2030
2007	37500	11100	3626	32300	2700
2008	39800	10500	3282	30500	2800
2009	43000	11200	3500	33000	1050
2010	45000	11500	3745	58000	1250
2011	46500	11700	3860	65400	1350
2012	48000	11900	3920	70500	1150

第七节　莲池开发区

2001 年 1 月，县政府批复由西川管委会实施莲池综合市场开发建设工作，莲池开发正式启动。莲池开发区位于县城南 2 千米 211 国道和 202 省道交会处，交通、区位优势明显。东至汽车南站和蔬菜批发市场，南至教子川河道，西至原县砖瓦厂，北至庆西公路。规划面积 31.51 万平方米，其中商业仓储用地 12.12 万平方米，居住用地 3.67 万平方米。规划区定位为区域商贸物流中心，以商业、仓储用地为主，居住用地为辅。2006 年 1 月，县政府批准设立庆城县莲池开发区，成立庆城县莲池开发区管理委员会，编制 9 人。

一、基础建设

2009 年 10 月至 2010 年 7 月，投资 141.6 万元，完成长 272.3 米经一路道路及 428 米排水管道工程。2010 年 6—7 月，投资 54.4 万元，完成 123.5 米中新街道路及 360 米排水管道工程。2010 年 10 月至 2011 年 6 月，投资 144.1 万元，完成滨河路（西段）256 米道路及 537 米排水管道工程；投资 120 万元，完成 230 米新正街道路及 460 米排水管道工程；同期，投资 118 万元，完成 161.9 米安化路道路及 323.8 米排水管道工程。

2007—2012 年，先后实施中新街、安化路、新正路、经一路、滨河路（西段）供水工程；安化路、中新街、新正街供电工程；主干道的绿化亮化工程，栽植法桐 466 棵，油松 600 棵，安装单臂路灯 21 基，双臂路灯 17 基，预埋路灯线 720 米。

二、开发实绩

2007 年，陕西亨星集团总公司投资 150 万元，完成县汽车南站建设工程。2009 年，川庆固井公司入驻开发区，投资 8600 万元，占地 15 亩，建筑面积 10005 平方米。2011 年，投资 2500 万元，完成石油物资商业街建设，建成吉雄办公楼、秋叶、晋博、鸿瑞等商住楼。至 2012 年底，区内入驻各类企业 129 户，主要涉及住宿餐饮、建筑建材、石油物资配件、汽车维修、商贸服务等行业，从业人员 532 人。

第二十三章　城乡基本建设

　　1986 年起，随着县域经济发展和投融资体制的健全完善，城乡建设步伐加快。先后实施皇城、东壕、北区及新区开发，城区面貌明显改观；小城镇建设快速推进，乡村面貌日新月异。至 2012 年，新城区、中心镇、集镇、新农村建设多极化发展，城乡一体化格局初步形成。

第一节　机构

　　1983 年 12 月，县政府城建科与环境保护办公室合并成立庆阳县城乡建设环境保护局。1989 年 6 月分设，成立庆阳县城乡建设局，职工 22 人。1997 年 7 月，合并成立庆阳县城乡建设环境保护局。2002 年 6 月分设，成立庆阳县城乡建设局。同年 10 月更名为庆城县城乡建设局。2011 年 4 月，更名为庆城县住房和城乡建设局，内设人秘股、财务股、建设股、村镇股、招标办，辖城乡规划局、房地产业管理局、建筑工程质量安全监督站、城建监察大队、市政建设管理工作站、污水处理厂、长乐供热公司。2012 年，职工 62 人。

第二节　城镇规划

一、县域规划

　　2010 年，编制完成县域总体规划纲要（2010—2030）。规划结构为"一心两带、一轴四区"。即以县城为核心，包括庆城镇和玄马镇部分，沿兰青（西雷段）高速公路、庆城—吴旗高速公路和沿甜庆（甜水—庆城）高速公路、211 国道的城镇产业发展带；沿庆城至环县快速道路沿线城镇发展轴和西北部发展片区、南部发展片区、西部保护发展片区、东部保护发展片区的城乡建设结构布局。县域分为中心服务业集聚区、北部工业发展区、南部农产品加工和东西部绿色农业发展区。

　　规划县域土地资源分为禁止建设区 712 平方千米、限制建设区 1825 平方千米和适宜建设区 155 平方千米。全县对外交通以庆城镇（莲池）为中心。快速主干线包括国道、省道和重要县道，形成了一个快捷的交通网络。高速公路有兰青、庆城—吴旗和甜水—庆城等三条，兰青高速在驿马镇、白马铺乡、庆城镇设置三个出入口，庆城—吴旗高速公路在玄马镇南设置一个出入口。另外，规划银西高铁在卅铺镇十五里铺村设火车站一处。

二、县城规划

　　1984 年 4 月至 1985 年 3 月，县政府委托省城乡建设环境保护厅、省煤矿设计院、长庆石油勘探局共同编制完成《庆阳县城总体规划（1981—2000）》，由庆阳地区行政公署、省城乡建设环境保护厅批准实施。城市性质定位为农工商结合、农副产品加工为主的山区城镇，区域性政治、经济、文化中心。1990 年人口规模 3.9 万人，2000 年人口规模 5.1 万人，规划建设用地 487.12 公顷，人均 95.85 平方米。规划范围：包括郊区规划范围，北至五里坡，南到莲池、教子川，东

连封家洞、药王洞至十里坪，西接梁坪至西塬，共 43.78 平方千米。城镇规划面积 8.42 平方千米。规划分为三圈：第一圈主要是皇城、凤城，以公共建设用地为主；人民路西头规划为文教卫生、科研中心；育才路以北至田城交界处，规划商业服务中心；人民路东头，北大街北头规划为文化娱乐、科技活动中心；西城壕及麻湾规划为体育用地和公共绿地；南北大街主要规划为商业服务、文化活动中心及机关单位驻地。第二圈是生活居住中心，主要分布在田城、皇城边沿、西道坡、南关和张家大滩，并兼有少量的商业服务、文化活动场所。第三圈是生产活动中心，主要在田城西北和封家洞、药王洞，安排工业及仓库用地。

1996 年，县政府委托陕西省城乡规划设计研究院编制完成《庆阳县县城总体规划（1996—2010）》。1997 年，由庆阳地区行政公署批准实施。城市性质定位为全县政治、经济、文化中心，长庆油田的区域性指挥和服务基地，以发展食品加工和商贸服务业为主的省级历史文化名城。近期人口规模 4.5 万人，远期 6 万人，规划建设用地 519.5 公顷，人均 83.26 平方米。规划范围：南到莲池加油站，北至庆城镇预制厂北约 300 米处，东西到山根底，同时包含周祖陵森林公园及自来水厂。规划按"带状组团"布局，将县城分为"一个中心"和"三个组团"，即北吊桥中心区和老城区十字的行政生活组团、皇城开发区的油田生活组团、封家洞工业开发新区组团。城区道路路网采用方格网加环状结构，分为主干道、次干道、支道，规划红线分别为 30 米、24 米、16 米。

2009—2010 年，县政府委托上海同济大学城市规划院编制完成《庆城县县城总体规划（2010—2030）》，由庆阳市政府批准实施。规划区总面积 173 平方千米，包括庆城镇全部，玄马镇沟垴村、贾桥村，高楼乡杨塬村、花村。中心城区规划面积 41.2 平方千米，东至周祖陵山底，南至十里坪，西至西山根，北至二谷塬山根底（含七里湾和贾桥），其中重点规划区域 24.51 平方千米。城市性质定位为以岐黄、周祖和红色文化为特色的历史文化名城，陇东地区重要的经济中心城市，人文历史与自然生态相融合的山水宜居城市。2015 年，县域常住人口规模 35 万人，城镇人口 14.7 万人，城镇化水平 42%。中心城区人口规模规划控制在 10 万人，建设用地规模控制在 11.4 平方千米，人均建设用地控制在 113.9 平方米。2030 年，规划向东、向南、向东北拓展，以柔远河、马莲河、202 省道和东滨河路为主轴线建设带状组团滨水城市，总体布局为"一城三片、三轴七组团"（一城指中心城区，三片指主城片区、玄马片区和十里坪片区，三轴指东部城市功能拓展轴、中部城市中心景观轴、西部城市职能联系轴，七组团指凤城、田城、莲池、城东、贾桥、封家洞、十里坪组团）。2010—2015 年，中心城区重点开发西北五里坡、城东组团及莲池组团；城东组团新开发行政办公用地，用于凤城组团原有行政办公用地的置换；以北区商业街为依托，重点打造县城商业服务核心区，建设莲池市场群；完成北区岐伯中医院建设，在西北新建设一处综合性医院；在田城组团和城东组团建设两大居住区，用以容纳新增城镇人口以及历史城区改造的迁出人口；同时，加快建材北路西北段安湾小村以北以及贾桥南部的经济适用房建设。恢复部分城墙，对城墙沿线 20 米内进行严格控制；对小南门巷进行历史街区改造；修缮改造鹅池洞、普照寺、慈云寺等历史景点，建设西滨河路（快速通道）、东滨河路、景观大道，对主城区南北大街、人民路、建材路进行改造；打通人民路东西出口及西大街西出口；建设东河双桥以及西河大桥；实施凤头区域标志、斩山湾及迎风桥景观坝、385 旅纪念馆建设及文笔峰的恢复等。

三、村镇规划

集镇规划 20世纪80年代中期，全县先后完成乡镇、中心村、基层村的总体规划、建设规划和详细规划。规划要求今后群众修庄建房，集体、机关单位建设均要按规划实施，不允许自行其是。20世纪90年代，庆阳地区建设处直接完成玄马、赤城、高楼、熊家庙、桐川等集镇规划；县规划局负责修编完成其他乡镇集镇规划。2007—2009年，编制完成17个乡镇（办事处）的集镇规划。三轮集镇规划思路：积极引导人口和产业向中心城集聚，形成中心极化的城镇形态和县域经济发展主轴线，带动整个县域各片区发展。乡镇性质定位庆城镇为综合型服务中心，辐射带动全县经济发展；驿马镇以农副产品加工为主；马岭、卅铺以石油工业为主，其他乡镇以草畜业和养殖业为主导产业。

中心村规划　1997—1999年，全县投入专项资金14.45万元，地、县及乡村配套资金11.45万元，完成97个村789个村小组的村庄规划修编，完成村庄现状图、建设规划图、村庄公用工程规划图621份，编写村庄规划说明书97份。全县执行《村庄和集镇规划建设管理条例》《甘肃省实施〈村庄和集镇规划建设管理条例〉办法》《庆阳地区村庄和集镇建设管理暂行规定》，村庄建设规划经村民会议讨论同意，由乡级人民政府报县级人民政府批准实施。1999年6月，马岭镇马岭村被列为全区村镇建设乡级试点示范村。

2007—2010年，先后委托西北综合勘察设计研究院、陕西中昇规划设计研究院按照城乡统筹、合理布局、节约土地、集约发展的原则和"生产发展、生活富裕、乡风文明、村容整洁、管理民主"的要求，对全县农村建设重新进行规划。规划设计方案包括鸟瞰图、区位图、村庄现状图、村域规划图、中心村总体规划图、土地利用规划图、农宅户型效果图、农宅设计方案图及编制说明书。2010年3月，县政府批准实施驿马镇驿马村等59个村庄规划。2011年2月，县政府集中实施驿马镇上关村等94个村庄规划，全县实现村庄规划全覆盖。

四、专项规划

县城道路详细规划　1988年10—12月底完成，测量县城3条主干道横断路面，测绘道路长度23.21千米、面积55.69万平方米，计算出道路中心线的曲线半径、交叉点、转折点的坐标、标高等，编制道路规划说明书。

城区抗震防灾规划　1995年完成，编写说明书7章20余节，抗震防灾应急预案1份，编制规划图5份，10月规划通过省、地评审。1996年批准实施。

"两街四楼"规划　2010年4月，委托山西运城市建筑设计研究院武汉分院编制完成，对钟楼巷、小南门巷、镇朔楼、安远门、永春门、平安门及鹅池洞、文笔峰等历史街景进行规划。

南北大街仿古规划　2010年5月，委托山西运城市建筑设计研究院武汉分院编制完成。内容包括：主要建筑单体方案设计、人行道街景及前期100米段施工图设计。规划范围南起嘉会门，北至北吊桥南侧，全长1.7千米。规划在沿街原有建筑基础上采取"穿靴戴帽"等方式，改造沿街建筑的立面色彩、街道设施以及绿化景观等。

县城控制性详细规划　2011年2月编制完成。规划总面积21.15平方千米，东起周祖陵山（包括周祖陵塬面），南起十里坪，西至西山脚，北至二谷塬山根底（包括七里湾和贾桥），其中城市建设用地16.21平方千米。

县城绿地系统规划　2011年11月编制完成。

县城新区开发规划　2012年2月，由长安大学规划设计研究院编制完成。规划土地面积约2.38平方千米。东起长庆器材总库西界，西至李家坪哨马胡同，南起五里坡公路北水沟沿，北至墩台塬山根底。建设期限10年，按照"先安置，后搬迁，统一规划，分步实施"的办法由南向北分三期实施：一期（2012—2013年）完成开发区域内总体规划、拆迁安置、土地收储、移山填沟及基础建设

等工作，完成土地整理600亩；启动水、电、路、通信等市政基础设施建设和部分机关单位建设项目。二期（2014—2016年）向北延伸完成土地整理600亩；完成道路、供热、给排水、电力电信等工程。三期（2017—2021年）完成土地整理面积670.79亩和各项开发建设任务，使该区域初步具备新型城市服务功能。

县城道路专项规划　2012年，委托兰州交通大学交通规划研究所和兰州有色冶金设计研究院联合编制完成。

第三节　县城建设

一、市政设施

（一）道路

至2012年底，县城道路总长27.58千米，面积66万平方米，均为混凝土沥青路面。路网密度2.9千米／平方千米，人均道路面积18平方米。

1. 干道

南大街　南起西河大桥，北至十字街，全长1383.4米、宽14米，与北大街相连。

北大街　南起十字街，北至商业大厦，全长1025.39米，宽12米。

东大街　东起安远门，西至十字街，全长119.44米，宽9米。

西大街　东起十字街，西至城墙边，全长856.51米，宽9米。

人民路　东起商业大厦，西至长庆石油运输处后门，全长1026.84千米，宽16米。

育才路　南起人民路西口，北至皇城路西口，全长430米，宽14米。

皇城路　西起皇城西口，东至长庆路，全长800米，宽9米。

长庆路　南起人民路，北与211国道交会，全长3146米，宽14米。其中长庆总校至211国道段长1732.38米，宽18米。

兴庆路　南起步行街西口，北与庆阳路交会，全长761.02米，宽16米。

新华街　东起庆华路，西与兴庆路交会，全长294.8米，宽16米。

庆华路　南起新华路，北与东环路交会，全长1563.42米，宽16米。

定远路　南起步行街东口，北与梦阳路交会，全长1382.83米，宽9米。

2. 支道

安化路　南起庆阳路，北与梦阳路交会，全长828.62米，宽9米。

庆阳路　南起新华街，北至财政局，全长1238.23米，宽16米。

丹凤路　西起兴庆路，东至卫计局，全长361.83米，宽7米。

朝阳路　西起兴庆路，东至定远路，全长363.41米，宽9米。

安宁路　东起定远路，西至长庆消防队，全长942.77米，宽9米。

金凤环路　沿金凤苑小区环绕，全长1063.2米，宽6米。

岐伯路　东起安化路，西至定远路，全长388.02米，宽16米。

梦阳路　西起安化路北端，东至定远路北端，全长242.84米，宽9米。

民生路　东起供热公司，西与庆华路交会，全长247.38米，宽7米。

3. 巷道

钟楼巷　东起南大街，西至慈云寺，长300米，红线宽度9米，路面宽6米，人行道各宽1.5米，沥青路面。

兴隆巷（北校巷）　东起北大街，西至幼儿园，长50米，宽6米，沥青路面。

逸夫小学巷（食品巷）　西起南大街，东至城墙，长220米，宽5米，预制块铺装路面。

小南门巷　西起南大街，东至城墙，长200米，宽4米，沥青路面。

派出所巷　东起北大街，西至烈士陵园，长260米，宽5.5米，预制块铺装路面。

面粉厂巷　东起长庆路，西至康馨丽都，长300米，宽7米，沥青路面。

长庆水电厂巷　东起建材路，西至城墙，长500米，宽8米，沥青路面。

（二）桥梁

西河大桥　位于县城南凤甜公路126千米380米处，横跨环江河。1954年8月竣工通车。1979年，西河大桥吊梁支座发生裂缝，停止车辆通行。2009年7月，实施大桥维修改造工程，仅供行人通行。

1980年，在西河大桥东侧300米处修建5孔20米的钢筋混凝土T型桥，全长105.5米，宽11米，桥面净宽9米，两侧人行道各宽1米，车辆荷载为汽－20，拖－100。1982年5月竣工通车。

南门环江河大桥　与1980年修建的西河大桥并列，属南门道路拓宽改造工程的一部分，为5×20米预应力钢筋混凝土箱梁桥，全长106米，桥面宽18米，东侧有人行道1.5米，投资1756万元。2011年8月始建，2013年5月通车。

东河大桥　位于县城东南，西起东环路，东接药王洞，横跨柔远河，是原国道211线（银西线）上的一座桥梁。1989年11月建成通车。桥长148米，桥面宽11米，两侧人行道各1.5米，钢筋混凝土结构，设计荷载汽－20、拖－100。

迎凤大桥　位于县城东侧，周祖陵山下。西与省道202相交，东连周祖陵公路，横贯柔远河。总投资482万元，为4孔35米钢架拱桥，全长163.49米，桥面净宽7米。2005年6月建成通车。

崭山湾大桥　位于县城东南，东连崭山湾，西接莲池，属马莲河跨河大桥。全长127.1米，桥面净宽12米，为4孔30米T型梁桥。1997年始建，1999年10月通车。

五里坡大桥　位于县城西北，南接西环路，北至五里坡，属环江跨河公路大桥。全长127.1米，桥面净宽12米，为4孔30米T型梁桥。1998年始建，2008年8月通车。

北吊桥　原名"起凤桥"，俗称"北吊桥"。位于县城北关，土筑，石头外砌，是连接凤城与北关的唯一通道。两侧为壕沟，被称为东壕和西壕，壕底至吊桥路面最大落差17.2米。1997年，实施东壕开发工程，将东壕筑土垫起，与桥面平面持平；西壕仍保持原貌；同时，对北吊桥进行加固拓宽，桥面全长230米，净宽16米，西侧人行道1米，东侧人行道4米，为混凝土沥青路面。

（三）排水

县城排水设施与县城道路同时、同步建设。1996年起，县城排水设施拆除原砖箍排水明渠，敷设钢筋混凝土管；改造雨污合流制为雨污分流制。至2010年底，县城共敷设排水管道17千米，污水排放总量376万立方米。县域有与道路同行11条排水系统。

南大街排水系统　排水干管北起十字街，南至西河大桥，全长1.45千米，管径400—600毫米，钢筋混凝土管。汇集南大街两侧雨、污水及南大街、食品厂巷、钟楼巷排水，由北向南流入环江排水口。

北大街排水系统　排水干管北起北吊桥，南至十字街，全长1.25千米，管径500毫米，砖石砌管道，汇集北大街两侧、派出所巷支管雨、污水，由南向北及由北向南相向流入北吊桥南排水口，向西排入环江。

東大街排水系統　排水干管西起十字街，東至安遠門，全長0.95千米，管徑600毫米，石砌管道，匯集東大街兩側雨、污水，由東向西流入南大街排水系統，排入環江。

西大街排水系統　排水干管東起十字街，西至看守所門前，全長1.94千米，管徑600毫米，鋼筋混凝土管，匯集西大街兩側雨、污水，由東向西流入西道坡排水口，排入環江河。

人民路排水系統　排水干管西起育才路，東至縣工商樓側，全長0.92千米，管徑500—800毫米，鋼筋混凝土管，匯集人民路兩側雨、污水，由西向東流入北大街排水系統，排入環江。

新一路排水系統　排水管、渠東起建材路，西至田家城西壕，干管全長0.6千米，管徑400—600毫米，鋼筋混凝土管，與700米石砌暗渠相接，匯集新一路雨、污水，排入環江。

育才南路排水系統　排水干管北起石油運輸處後門，南至器材處後西壕北城牆邊，全長0.36千米，管徑1000毫米，鋼筋混凝土管，匯集育才南路兩側及菜市場雨、污水，由北向南排入環江。

育才中路排水系統　排水干管北起皇城新一路西口，南至人民路西口，全長0.715千米，管徑800毫米，鋼筋混凝土管，匯集育才中路兩側雨、污水，由北向南匯入育才路南路排水系統。

建材南路排水系統　排水干管南起人民路，北至北區步行街口，全長0.3千米，管徑600毫米，匯集建材南路兩側雨、污水，由北向南匯入原趙子溝排水系統，排入柔遠河。

建材北路排水系統　排水干管北起長慶總校，南至北區長慶路南口，全長1千米，管徑600毫米，鋼筋混凝土管，匯集建材北路兩側雨、污水，由北向南匯入原趙子溝排水系統，排入柔遠河。

北五里坡道路排水系統　排水干管北起211國道與交匯處，南至長慶總校北側巷口，敷設1#管涵內徑2000毫米涵管18米，築石砌集流槽20米，2#石砌拱形涵洞28.8米，總校至總庫敷設內徑800毫米鋼筋混凝土管520米，磚砌檢查井13座，現澆混凝土排水渠2.53千米。

2012年4月至10月，城區集中實施污水管網改造工程，總投資1500萬元，總長度為7.036千米，管材採用E雙壁波紋管，管徑300—600毫米，新建北區中途提升泵房1處，建築面積133.46平方米。

（四）照明

1986年起，隨著縣城建設的快速發展，路燈安裝幾經更新，數量不斷增加。至2012年，城區主干道多以雙側交叉方式布燈，安裝雙頭路燈；支路及居住區道路多以單側布燈，安裝單頭路燈。普照寺巷安裝景觀燈4基，石油影劇院人行道路安裝七彩燈7基，朝陽路安裝雙鳳燈11基，新華街、安定路安裝螺旋燈35基。南門寬幅路以雙側布燈方式，安裝仿古燈55基，環江大橋兩側安裝景觀燈12基，高杆燈3基。全城共安裝路燈2370基，景觀燈312基，敷設電纜97.5千米，年照明用電400萬千瓦時，亮化率97%。

（五）供熱

20世紀80年代，縣城機關、單位採用小鍋爐分散供熱，長慶石油勘探局實行集中供熱。20世紀90年代，縣城一、二、三號南住宅區、縣政府機關至慶城賓館南實行集中供熱。

2005年，甘肅金牛鍋爐製造有限責任公司投資建成北區供熱站，開始對北區機關單位、學校、居民、商業網點集中供熱取暖。2009年10月，縣政府投資800萬元，回購北區供熱站，成立慶城縣長樂供熱有限責任公司，負責北區供熱。

2008年12月，實施老城區集中供熱工程。總投資5743萬元，供熱面積70萬平方米，供熱範圍東至柔遠河、南至教子川、西至西環路、北至皇城開發區南側，輻射區域3.5平方千米。熱源廠位於慶城鎮蓮池村張家大灘，佔地36畝，2012年3月完成。

（六）燃氣

20 世纪 70 年代中期，长庆石油勘探局在马岭炼油厂建立液化石油气站，县城机关、企事业单位开始使用液化石油气。20 世纪 80 年代起，庆阳石油化工厂建立液化石油气站，向居民供应液化石油气，县城居民用气率 15%。2005 年，建成庆城县天隆液化气站，位于庆城镇田家城社区张家堡子，为城区部分居民提供燃气。2012 年，供气总量 5.2 万立方米，居民用气量 4.8 万立方米，居民用气率达 80%。

2011 年 5 月，庆城县陇桥汽车加气有限公司成立，厂址位于西环路中段，占地 1.23 万平方米，总投资 2190 万元，设计能力年对外售气 500 万立方米。2012 年 4 月运行。

（七）广场

北区广场　位于北区中心地带，占地 1.74 万平方米。2002 年 10 月建成，总投资 220 万元。中心舞台呈半圆形，高 1.2 米，面积 921.33 平方米。广场硬化面积 5391 平方米，绿化面积 1.2 万平方米，安装各种灯具 11 种 99 组，有丹凤朝阳城雕 1 座。

普照寺广场　位于中街东侧，北临县政协办公大楼，东依博物馆展览大楼。2005 年 6 月，在县政府机关旧址兴建，2006 年 5 月建成。总投资 260 万元，广场南北宽 76 米，东西长 150 米，绿化面积 1100 平方米，广场建有舞台、华表，含博物园区、普照寺、休闲健身区。

（八）绿化

1986 年起，在拓宽、改建和新建道路旁全部栽植国槐。2002 年开始，在路旁、机关、学校、单位和居住区栽植刺柏、油松、雪松、冬青等观赏风景树 20 多种，绿化面积 5 万平方米。至 2012 年，城区公共绿地面积 5 万平方米，公园绿地面积 1.3 万平方米。

二、基础设施建设

（一）城区开发

皇城开发　1993 年 5 月，县委、县政府决定开始创建皇城商贸一条街。1996 年 11 月竣工，搬迁机关单位、常住户及临时住户 43 个（户），调动劳动力 5.2 万人次，投入机械 6500 多台（班），移动土方 38 万立方米，实压垫方 34 万立方米，工程历时 3 年，投资 700 多万元，开发连片国有土地 94.3 亩，新修长 800 米，宽 14 米混凝土沥青硬化街道一条；拍卖国有土地 49.31 亩，其中定向拍卖 18.71 亩，公开拍卖 30.6 亩。

东壕开发　东壕为古县城护城河沟，壕深 17.2 米。1997 年开发建设，2000 年 9 月基本结束，动迁常住居民 36 户，机关单位 4 个，投资 1962 万元，回填土方 36.85 万平方米，开发连片国有土地 41.5 亩，其中拍卖国有土地 115 宗 12.6 亩，建商贸楼 12 幢 19386 平方米，混凝土沥青硬化道路 4958 平方米。

北区开发　2001 年 3 月开工建设，2007 年底基本完成。工程区动迁原赵子沟、封家洞村小组群众 153 户 516 人及长庆局建筑安装工程公司、汽修厂等单位，挖掉 7 座大山，填平 6 条大沟，移动土方 500 万立方米，开发土地 1153 亩。至 2007 年底，总投资 10.1 亿元，完成供排水、电、道路、电信、供暖及小学等公用设施与配套工程，县委、县政府统办大楼，金凤苑、兴隆苑、水岸绿苑住宅区，民生商贸城、集中供热站及县农行、工商局、国税局、国土资源局、疾控中心办公楼、法院审判大楼、教育大厦、凤城初中、岐伯中医院、交通大厦、卫生大厦等重点工程 70 多项，建成住宅、商业和办公用房 32 万平方米。

新区开发　2012 年 7 月开工建设，动迁凤北社区及五里坡村上庄组、下庄组 236 户 755 人；征收土地 2708.14 亩，年底整理土地 621 亩。

（二）旧城改造

普照寺建筑群　工程是在原县政府旧址上开辟的一处集市政建设、文化产业建设和旅游开发三位一体的综合性仿古建筑群，2005 年建成。东部为博物园区，投资 460 万元，建筑面积 4015 平方米；中部是普照寺，投资 630 余万元，占地 3800 平方米；西部为普照寺广场。

南城门改造工程　2005 年 3 月始建，2006 年 5 月竣工。投资 547 万元，恢复城墙 105 米，砌筑石护坡 3600 平方米，新建城台、城楼、东西角台、角楼等建筑物。

北出口畅通工程　2005 年 3 月，北五里坡道路始拓宽改建，7 月底竣工。投资 661 万元，挖填土方 14.43 万立方米，建成全长 1.62 千米，宽 18 米的主干道，混凝土沥青路面。南起长庆总校北侧巷口，北与 211 国道交会。

古城墙加固工程　县城古城墙全长 4930 米，平均高度 24.5 米，塌陷较多，损毁严重。2008 年 6 月，投资 1800 余万元，对南门及两侧城墙、宾馆段、水保局段进行抢救加固。2012 年 5 月完成立项，投资 738.87 万元，对位于东环路、柔远河以西的百佳超市段，医药公司西侧、陇东中学以东的百草医药公司段，原被服厂段古城墙进行加固。

南门道路拓宽改造工程　规划建设城市三级主干道，主路双向六车道，南起斩山湾大桥西桥头，北至县城嘉会门，长 1335.5 米，红线宽度分别为 40 米和 50 米道路。投资 1.99 亿元，拆迁机关单位、商业门店 1.88 万平方米。2011 年始建。

中街改造（凤城国际）　东临北大街、西至批发商城西界、南至县影剧院南墙、北至西壕南畔。至 2012 年底，凤城国际是县内最大的房地产投资项目。投资 4 亿元，占地 26.5 亩，建成主体 28 层高规格商住两用区域标志性建筑 2 幢，建筑面积 7.6 万平方米。

第四节　村镇建设

一、小城镇建设

20 世纪 80 年代末到 90 年代中后期，县域内集镇街道多呈"一"或"T"字形，过境主、干公路多穿街而过。集镇区驻有党、政机关，办有中、小学校，设有卫生院（所）、银行营业所、信用社、税务所、工商管理所、供销社、公安派出所、农副产品收购站（组）、粮管所、剧场、农贸市场、商业饮食服务业个体工商户。2002 年始，驿马镇、白马铺乡拆除临街旧房，新建二层商用房。此后赤城乡、太白梁乡、卅铺镇、桐川乡、玄马镇、土桥乡、蔡口集乡、蔡家庙乡、熊家庙办事处、葛崾岘办事处、高楼乡、南庄乡相继启动小城镇建设工程，对沿街旧房进行拆除改造，新建临街商业用房。至 2012 年，乡镇建成各类专业市场 10 处，开辟街道 11 条，新修给排水工程及公厕，安装路灯，小城镇功能基本完善，非农业人口增加到 10207 人。驿马、马岭、卅铺、玄马等镇开辟专业市场，以路为市、占道经营的问题得到有效缓解。同时，驿马、翟家河、玄马、卅铺等乡镇还开辟了通往县城及周边村镇的公交专线。

二、乡镇建设

驿马镇　1986—2007 年，镇政府驻驿马村。1994 年，投资 53.98 万元，建成 1150.9 平方米、砖混三层办公楼 1 幢。1996—2012 年，先后融资 1.96 亿元，完成大型工程 61 处。总长 2.28 千米的主街道由原来的 8 米拓宽到 24 米，完成柏油罩面、人行道硬化、供排水管道敷设等工程，建成二层以上商贸楼 143 栋，街道 4 条，专业市场 4 处，安装路灯 43 基，购置公交车 10 辆，开通线路 7 条 104 千米。

街道实现水、电、信息、通信畅通。2008年，镇政府迁驻上关村，投资196万元，建成2832.74平方米、砖混五层办公楼1幢。2012年底，镇域面积发展到5.5平方千米，有商贸经营网点681户，新增住宅2.9万平方米，城镇居住人口1.8万人。

1986年，镇域村庄住宅面积37.56万平方米，以窑洞和土坯房为主，人均15平方米。2012年底，镇域房屋住宅建筑面积56.9万平方米，其中村庄住宅面积41.5万平方米，75%为砖混结构房屋，25%为土坯房和窑洞，人均29.5平方米。

马岭镇 镇政府驻马岭村。1996年底，建筑面积22968平方米，南北街长1000多米，宽8米，柏油路面。2004年，投资48万元，建成1096平方米、砖混四层镇政府办公楼1幢。2009年起，新建临街二层商贸楼132间，铺设人行道彩砖2400平方米，安装球型变焦红外线摄像头2个。至2012年底，镇政府驻地建筑面积3.45万平方米，内有群众住宅4746平方米。南北街长2000多米，宽12米，柏油路面。

1986年，全镇房屋住宅建筑面积117.94万平方米，内有村庄住宅面积48.8万平方米，人均26.6平方米。2012年底，镇域房屋住宅建筑面积176.91万平方米，其中村庄住宅面积97.6万平方米，人均39平方米。

卅铺镇 1986—2006年，镇政府驻三十里铺村。1996年建镇政府办公楼1幢。街道长500米。临街建筑1.35万平方米。2006年6月，镇政府迁至阜城村，利用原长庆油田油建公司综合楼办公。2010年底，建成临街二层商贸楼125间，新建农贸市场、瓜果市场、牲畜市场各1处。2011年8月，镇政府迁至韩家湾村，机关驻原庆阳石油化工厂宾馆楼办公。

1986年，镇域房屋住宅建筑面积44.72万平方米，其中村庄住宅25.65万平方米，人均15平方米。2012年底，镇域房屋住宅建筑面积达80.49万平方米，其中村庄住宅46.17万平方米，人均31平方米。

玄马镇 镇政府驻贾桥村。1995年，投资47.47万元，建成1010平方米、砖混三层（局部四层）乡政府办公楼1幢。1996年底，街道长2000米，宽8米，沥青路面。临街建筑1.55万平方米。2004年起，相继建成上宅下店式门店76间，开通贾桥什字街道，建成体育广场1处，瓜菜市场1处。2010年，维修改造长庆油田筑路工程处闲置家属楼336套，完成给排水、供暖等配套附属工程。镇政府驻地建筑面积增至2.32万平方米，街长4000米。同年，镇政府机关迁至原长庆筑路工程处办公楼。

1986年，全镇房屋住宅面积40.41万平方米，其中有村庄住宅面积38.86万平方米。2012年底，全镇房屋住宅面积60.61万平方米，其中村庄住宅面积58.29万平方米，人均33平方米。

白马铺乡 乡政府驻白马铺村。1996年，有房屋240间，住宅面积4320平方米。街道为T字形。2008年，建成两层上宅下店式小康住宅15户，临街两层门面商品房208间，商贸市场1处。2012年，有房屋480间，住宅面积8640平方米。东西街道长1000米，宽10米；南北街道长2200米，宽16米。是年，投资729.1万元，开工建设4248.1平方米、框架五层乡政府机关办公楼1幢。

1996年，乡域房屋住宅面积14.4万平方米，其中村庄住宅14.2万平方米，人均占有29.8平方米。2012年底，乡域房屋住宅建筑面积28.8万平方米，其中村庄住宅28.4万平方米，人均占有59.6平方米。

桐川乡 乡政府驻党崾岘村。1986年，有房屋650间，住宅面积2.03万平方米。街道长3000米，宽6米，柏油路面。2002年，投资60万元，建成900平方米、砖混三层乡政府机关办公楼1幢。

2012年，有房屋1300间，住宅面积4.06万平方米。街道长4000米，宽10米。

1986年，乡域房屋住宅面积75.8万平方米，其中村庄住宅73万平方米，人均40.04平方米。2012年底，乡域房屋住宅面积114.2万平方米，其中村庄住宅109.5万平方米，人均60.06平方米。

赤城乡　乡政府驻赤城村。1986年，有房屋1230间，住宅面积2.46万平方米。2002年起，延伸主街道570米，开发商业街3条，形成"井"字形街道，建成二层商业门店316间。2003年，投资68.88万元，建成1234.47平方米、砖混三层乡政府机关办公楼1幢。2012年底，有房屋2460间，住宅面积4.92万平方米。

1986年，乡域房屋住宅面积57.02万平方米，其中村庄住宅面积54.52万平方米，人均22.8平方米。2012年底，乡域房屋住宅面积86.87万平方米，其中村庄住宅面积81.78万平方米，人均34.2平方米。

高楼乡　乡政府驻高楼村。1986年，有房屋8488平方米。街道长2000多米，宽8米，柏油路面。2012年底，有房屋2.39万平方米。街道长4000多米，宽12米。

1986年底，乡域房屋住宅面积27.54万平方米，其中村庄住宅26.22万平方米，人均29平方米。2012年底，乡域房屋住宅面积41.81万平方米，其中村庄住宅39.33万平方米，人均43.5平方米。

南庄乡　乡政府驻东塬村。1986年底，有房屋426间，建筑面积8520平方米。南北街长500多米，柏油路面。2009年，投资234.19万元，建成1954.15平方米、砖混四层乡政府机关办公楼1幢。2012年底，乡政府驻地有房屋956间，建筑面积23900平方米。南北街长1000多米，宽10米柏油路面。

1986年底，乡域房屋住宅建筑面积26.28万平方米，其中有住宅26.08万平方米，人均30.04平方米。2012年底，乡域房屋住宅建筑面积39.42万平方米，内有住宅39.12万平方米，人均45平方米。

蔡家庙乡　乡政府驻蔡家庙村。1986年，有房屋710间，建筑面积1.43万平方米。街道长1000多米，宽8米，柏油路面。2002年，投资42万元，建成800平方米、砖混三层乡政府机关办公楼1幢。2012年，有房屋1420间，建筑面积2.15万平方米。街道长2000多米，宽12米。

1986年，乡域房屋住宅面积24.3万平方米，其中村庄住宅22.8万平方米，人均25.6平方米。2012年，住宅面积36.65万平方米，其中村庄住宅34.2万平方米，人均38.4平方米。

翟家河乡　乡政府驻程家河村。1986年，有房屋194间，住宅面积3492平方米。街道长1000多米，柏油路面。2003年，投资48万元，建成900平方米、砖混三层乡政府机关办公楼1幢。2012年，有房屋291间，住宅面积1.05万平方米，街道长2000多米，宽10米，柏油罩面。

1986年，乡域房屋住宅面积13.46万平方米，其中石油单位建房4578平方米，村庄住宅12.68万平方米，人均13平方米。2012年，乡域房屋住宅面积20.19万平方米，其中石油单位建房6867平方米，村庄住宅19.02万平方米，人均19.5平方米。

土桥乡　乡政府驻南庄塬村。1986年，有房屋460间，住宅面积8200平方米。街道长500米，柏油路面。2012年，有房屋690间，住宅面积1.23万平方米，街道长1000米，宽10米，柏油路面。

1986年，乡域房屋住宅面积20.66万平方米，其中村庄住宅19.78万平方米，人均38.66平方米。2012年，乡域房屋住宅面积30.99万平方米，其中村庄住宅29.67万平方米，人均57.9平方米。

太白梁乡　乡政府先后驻中合铺村、冰淋岔村。1986年，有房屋300间，住宅面积6760平方米。2006年，投资98.2万元，在冰淋岔村建成1604.44平方米、砖混四层乡政府机关办公楼1幢。

2012年，有房屋900间，住宅面积2.03万平方米，街道长2000米，宽12米，柏油路面。

1986年，乡域房屋住宅面积17.6万平方米，其中村庄住宅16.3万平方米，人均29.8平方米。2012年，乡域房屋住宅面积35.2万平方米，其中村庄住宅32.6万平方米，人均59.6平方米。

蔡口集乡　政府先后驻蔡口集村、高塬村。1986年，有房屋24间，住宅面积480平方米。1997年，投资60万元，在高塬村建成829.72平方米、砖混三层乡政府机关办公楼1幢。2012年，有房屋108间，住宅面积2160平方米。街道长1000米，宽12米，柏油路面。

1986年，乡域房屋住宅面积10.2万平方米，其中村庄住宅9.2万平方米，人均18.5平方米。2012年，乡域房屋住宅面积18.9万平方米，其中村庄住宅18.7万平方米，人均30.5平方米。

三、新农村示范建设

2006年，全县开始新农村示范建设。至2012年底，累计完成投资6.32亿元，其中省财政扶贫资金200万元，市级财政补助资金1652万元，县财政配套资金1622.5万元，部门整合9592.3万元，社会帮扶19.5万元，群众自筹50076万元，新增农村自来水入户3923户，硬化乡村道路185千米，建成户用沼气池15641座，新建"小康别墅型、前宅后院经济型、上宅下店经营型、闲置资产利用型、住宅楼集聚型"居民小区98处2564户。

图23-4-1　农村新居

2006—2008年，赤城乡范村被列为全省第一轮第一批省级示范村，建成前宅后院庭院经济型小康农宅4处40户，果业信息服务中心、农民休闲广场、文化活动中心、农资综合服务社、村卫生所各1处。

2006—2012年，全县建成市级示范村11个。其中：驿马镇太乐村建成小康农宅17户，村卫生所、剧场、中心村活动室、图书室各1处；儒林村建成农村居民小区2个202户，配套建成供排水、农电入户、小区绿化和硬化、村文化活动中心、农民文化广场、小区供热公司各1处；东滩村建成二层砖混结构住宅楼16栋176户，上宅下店经营性楼房9栋352间，村文化活动中心综合办公楼1栋及农民文化广场。玄马镇樊庙村建成小康农宅52户，建起了农民文化广场、休闲广场、农资综合服务社、标准化卫生所、文化活动中心、图书室；孔桥村建成二层别墅式农民小康农宅84户，配套水电路、村文化活动中心、综合文化广场、休闲垂钓中心、花卉苗木基地、瓜菜批发市场、垃圾处理厂、公墓区、公厕等基础设施。白马铺乡坳子村建成小康农宅50户，农民文化广场、农资综合服务社、标准卫生所、垃圾处理场、村文化活动中心各1处；白马铺村建成居民小区4处192户，村文化活动中心大楼1栋21间，文化广场1处，六角亭1座，配套安装15吨锅炉1台；高户村建成居民小区1处63户，村文化活动中心、农民文化广场、标准化卫生所各1处，图书阅览室、游艺室6间。赤城乡黄家子村建成上宅下店式、庭院经济型农宅110户，文化活动楼1栋16间，生态休闲广场、文化广场各1处。高楼乡雷家岘子村建成居民小区1处36户，农资综合服务社、标准化村级卫生所、农民文化广场、图书室、科技培训中心、垃圾填埋场各1处。马岭镇董家滩村维修改造油田闲置住宅楼208户，建成农民培训中心、农民党校、娱乐室、农家书屋为一体的村级活动中心1处，寄宿制小学、标准化卫生所、农民文化广场、休闲广场、农贸市场、垃圾填埋场各1处。

2010—2012 年，庆城镇、驿马镇被列为市级城乡一体化发展试点镇。庆城镇建成农村居民小区 4 个 240 户，综合服务中心 5 处，文化活动中心 6 处，农民文化广场 1 处，天然气加气站 1 处，城郊宾馆 1 家。驿马镇建成居民住宅楼 2 处 16 栋 175 户，村文化活动中心大楼、卫生所、公厕各 1 处，综合服务楼 3 处，农民文化广场 2 处，灯光球场 1 处，配套实施了绿化、硬化、亮化工程。

第五节　城乡建设管理

一、规划管理

1986—1990 年，全县规划区域各项基本建设按照规划要求报审、放线，规划管理工作初步走上遵循规划、依法办事轨道。其间，县政府制订《庆阳县规划和建筑管理暂行办法》，先后对城区 67 处违规建筑提出停建和限期拆建处理意见，其中 6 处被法院强行拆除，保证了县城南大街、东西街、钟楼巷及北校巷道路拓宽等工程的顺利实施。

1991 年起，执行《城市规划法》和《甘肃省实施城市规划法办法》，全县规划管理工作纳入法制轨道。1992 年，全县核发选址意见书 10 份、建设用地规划许可证 10 份、建设工程规划许可证 67 份，依法清查违章建筑 14 起，处理 12 起，拆除违章建房 12 间、120 平方米，在县城制作 60 平方米永久性城市规划宣传牌两面。1993 年 4 月，成立"庆阳县城建管理监察队"。1994 年，规划、公安、法院、检察院等部门联合执法，强制拆除皇城违法建筑 2 处。1996 年，县城重新规划蔬菜、干果、熟食、成衣、百货等专业市场 10 个，停车场 3 处，设置禁令标志 59 个。

1997—2008 年，全县办理选址意见书 284 份，建设用地规划许可证 463 份，建设工程规划许可证 489 份。发出拆除通知书 47 份，工程停建通知书 60 份，罚款 25019 元。2009 年，成立县城乡规划建设领导小组。政府县长任组长，分管规划工作的县委、政府领导任副组长，16 个相关部门为成员；一切规划方案由领导小组会议审定。是年，全县办理建设项目选址意见书 125 份，建设用地规划许可证 100 份，建设工程规划许可证 110 份，处理各项违法违规建设 40 起，下发违法建设"停工通知书" 23 份，"拆除决定书" 4 份，"整改通知书" 6 份，"处罚决定书" 7 份。2010—2012 年，全县办理建设项目选址意见书 300 份、建设用地规划许可证 191 份、建设工程规划许可证 199 份、规划设计条件通知书 122 份。建设工程设计方案核定通知书 27 份。

二、市容管理

1986 年，县城北吊桥以南市容环境卫生由县建设局环卫队负责，县城北吊桥以北环境卫生由长庆油田负责。1992 年移交县建设局市政站统一负责管理。2003 年 3 月，成立城镇市容环境管理局，负责县城市容市貌、环境卫生、园林绿化、县城照明和公共交通管理工作。县城建设以硬化、绿化、亮化、净化、美化等为主要内容，坚持政府组织、部门负责、群众参与、条块结合，集中开展整治活动；加强划行归市力度，增加环卫设施投入，落实"门前三包"责任制，做到全天候保洁。2007 年，县城被省建委、省爱卫会授予"甘肃省卫生先进县城"称号。至 2012 年底，县城管局有专用车辆 14 台，干部职工 54 人，协管人员 33 名，环卫工人 209 名，负责县城 65 万平方米道路清扫保洁和日产 90 吨垃圾清运与 25 座公厕管理工作。

第二十四章　建筑业　房地产业

庆城县建筑业技艺精湛，民间素有"石头垒墙墙不倒"的技能，唐宋建筑迄今保存完好。1986年后，全县建筑企业质量意识不断加强，施工水平逐年提高，经营管理日臻完善，高层建筑拔地而起。房地产业异军突起，开发销售势头强劲，对拉动县域经济发展，改善城区居民住房条件发挥了重要作用。

第一节　建筑业

一、建筑企业

（一）二级建筑企业

庆城县恒达建筑安装工程有限责任公司　1998年8月注册成立，注册资金2008万元，是集建筑安装、建材经销与房地产开发为一体化的施工总承包二级资质建筑施工企业。公司下设生产安全科、技术质量科、设备材料科、计划经营科、办公室等部门。2002年5月，通过ISO9001-2000标准国际质量管理体系认证。固定资产5700万元，流动资金1480万元，施工机械设备314台（件）。公司主要承建：陕西靖边燃气发电厂、马岭110KV变电所、内蒙古乌审旗净化厂、庆阳县广电局播控楼、长庆局采二处凤乔苑4#职工住宅楼、长城综贸商业大厦、长庆总校综合服务楼、陕西杏河燃气发电厂、西一联合站、庆阳县光彩大厦、采油二厂15#职工住宅楼、水电厂3#职工住宅楼、长庆局测井处3#住宅楼、庆阳县检察院职工住宅楼、广电局职工住宅楼、长庆局采油服务二处凤乔苑4#住宅楼、庆城县委、县政府统办大楼、长庆油田西二联合站、庆咸输油首站等。公司先后被评为"甘肃省优秀建筑业企业""全省发展非公有制经济先进企业""省级守合同、重信誉企业""甘肃省建筑业诚信企业"。

庆城县第二建筑公司　始建于1982年，注册资金2116万元，固定资产1526万元，流动资金1656万元，各类施工机械设备224台（件）。下设计划财务部、技术质量部、生产安全部、经营部、人秘办公室等19个项目部。2002年11月，公司通过ISO9001-2000质量管理体系认证，拥有房屋建筑工程施工总承包二级企业资质，可承担28层和单跨跨度36米以下房屋建筑工程，高度120米以下构筑物，建筑面积12万平方米以下住宅小区或建筑群体工程建筑施工。主要承建人寿保险公司综合楼，庆城县明珠大厦，县财政局、国土资源管理局办公楼等。至2012年，公司累计完成施工产值5.49亿元，建安工作量59.8万平方米，上缴国家利税2396万元。获市优工程8项，省优工程2项，创文明工地2处。公司先后被省、市、县授予"重合同、守信用"单位、"优秀施工企业""质量效益A级企业""全省文明乡镇企业"。1994—2004年连续11年被授予全市（区）"明星乡镇企业"。

庆阳天泰建筑安装工程有限公司　前身为庆阳县第一建筑公司，始建于1969年。2000年注册成立，注册资金2021万元，拥有资产总值2718万元，流动资金1858万元，机械270台（件）。

主项资质等级为房屋建筑工程施工总承包二级、园林古建筑工程专业承包三级。主要承建县就业培训中心大楼、凤城商城营业楼、新华书店办公楼、三号住宅小区住宅楼、县公路段住宅楼、长庆井下作业处 57 号住宅楼等。2003—2008 年，被连续授予全省"重合同、守信用"单位。

庆城县市政建筑工程有限责任公司　1998 年 12 月始建，公司拥有资产总额 3238 万元，净资产 2872 万元；各种机械设备 242 台（件）。拥有房屋建筑工程施工总承包二级企业资质，可承担 14 层以下，跨度为 24 米以下的房屋建筑工程，高度 70 米以下的构筑物，建筑面积 6 万平方米以下住宅小区或建筑群体施工。主要承建县医药公司住宅楼，县幼儿园、计生委办公楼、县政法委住宅楼，克劳沃大厦，华池环保局住宅楼，华池县文化商贸步行街商住楼，庆城县中街广场、北区集中供热站锅炉房、赵子沟排水改造、北区供水、宾馆仿古建筑、城墙加固、财富广场、镇原县南街商贸楼等工程 50 多项，优良工程 20 项。累计上缴利税 1117 万元。

（二）劳务分包企业

1986 年，全县注册为四级以下建筑企业有：庆阳县防腐保温工程有限公司、贺旗建筑安装有限责任公司、卅铺建筑安装有限责任公司、玄马乡老庄村建筑工程队、卅铺阜城村建筑工程队、马岭镇安坳村建筑工程队、卅铺鸿祥建筑工程有限责任公司，实行"乡办县管"。2000 年后，建筑施工企业实行新资质评审，改注册管理为资质管理，四级以下为劳务分包企业。

二、建筑施工

1986 年后，建筑结构由传统的砖木结构逐步发展为砖混、钢筋混凝土结构，由单层向多层、高层发展，施工机具、施工技术、检测技术亦不断向现代化发展。自国家建设部制定《建筑企业资质管理规定》《项目经理资质管理规定》后，各建筑企业为适应建筑结构向高层次、大跨度发展的需求，增加建筑施工设备的投入，恒达建筑公司、天泰建筑公司等建筑企业分别购置液压吊车、30 米塔吊、35 米塔吊、挖掘机、推土机等大型设备，机械化作业程度不断提高。混凝土搅拌机、砂浆搅拌机、振捣棒、平板振荡器、打夯机、钢筋加工机械等施工机械得到广泛运用。

随着大型机械设备广泛应用，施工技术不断提高。2002 年，在建设县委、县政府统办楼时，采用钢筋混凝土扩底基础墩，其特点是结构锚固性能好，承载能力高。国土资源管理局办公楼主体工程为现浇钢筋混凝土梁板结构。民房建设中预制空心板和现浇筑钢筋混凝土梁板结构逐步得到推广，建筑物普遍采用塑钢、铝合金门窗，地面由现浇水磨石发展到地板砖、彩绘水泥地板砖、橡塑地面，外墙装饰多用干粘石、瓷砖、马赛克、大理石贴面、涂料等。建筑给水、排水、卫生、暖气和电照工程一般由专业安装队承担。

2006 年，建成庆城宾馆贵宾楼 13 层，总建筑面积 10022.86 平方米；明珠大厦 12 层，总建筑面积 12184 平方米。2012 年，在建凤城国际 28 层商住楼，总建筑面积 7.6 万平方米。

三、建筑管理

招、投标管理　1996 年，城建局成立建设股，办理建设工程招投标具体工作，较大建设项目招投标在庆阳地区建设处招标办进行。1999 年 9 月后，50 万元以上建设项目进入有形建筑市场进行公开交易。2007 年 4 月，设立建筑工程招投标专家库。2010 年 10 月，建筑工程招投标管理办公室成立，主要负责调解交易过程中发生的纠纷，保存建设工程交易活动中产生的备案资料、原始记录等，制定、查询和保密等管理措施，审查招标人资质，确定工程项目发包方式，为招标人编制招标文件、评标办法进行技术指导和信息服务，审查招标文件，对投标人进行资质审查，确定评标成员，成立评标委员会以及施工合同审查。

附:

表 24-1-1　2002—2012 年全县建筑工程招标情况统计表

单位：平方米、万元

年度	项	招标率（%）	中标面积	概算投资	中标价
2002	14	80	38552.28	3180.75	3040.75
2003	14	89.5	43310.02	2954.2	2884.17
2004	8	90	14913.36	1259.83	1199.54
2005	9	91.2	15244.25	1302.97	1279.67
2006	8	92.3	19633.8	1495.46	1441.1
2007	8	97.8	12849.28	1246.72	1073.86
2008	9	98	4823.12	756.12	737.65
2009	21	100	7184.43	889.62	739.38
2010	26	100	6481.86	1872.32	1755.24
2011	14	100	3179.03	604.86	546.01
2012	18	100	13031.11	1744.35	1697.79

工程质量　1986—1990年，质量检查实行企业自检为主，政府集中监督，采用在施工过程中定期检查、不定期检查、交工预验和竣工验收等方式实施。全县建筑行业创建1项地区优质工程。1991—2012年，全县累计监督工程692项，建筑面积200.45万平方米，造价25.78亿元，未发生过重大质量安全事故，工程质量水平逐年稳步提升。其间，全县有3项工程获甘肃省建设工程"飞天奖"，6项工程获省级"文明工地奖"，6项工程获庆阳市建设工程"古象奖"，5项工程获市级"施工现场管理奖"。

建筑节能　2006—2012年，生产新型墙材7115万块标砖，各类建筑砌块6.3万立方米，推广应用6356万块，节约生产能耗4411.3吨，节约土地117.4亩，建筑面积47.65万平方米。城区新建工程节能标准设计阶段执行率达到100%，施工阶段执行率达到90%，禁实达标率100%（城市规划区域内）。2012年，全县有《甘肃省新型墙体材料产品质量资格认可证》企业1家，生产以烧结土空心制品、各类砌块、各类轻质板材为代表的新型墙材产品。

表 24-1-2　1986—2012 年全县建设工程获奖项目情况表

年份	工程名称	结构层次	建设单位	施工单位	奖项名称
1990	建行营业楼（十字街）	砖混三层	县建行	庆城县第二建筑公司	地区优质
1994	农行五里坡综合楼	砖混五层	县农行	庆城县第二建筑公司	地区优质
1998	人寿保险公司综合楼	框架五层	县人寿保险公司	庆城县第二建筑公司	地区优质
2000	新华书店营业楼	框架四层	新华书店	庆城县建筑公司	地区优质
2001	粮食局职工住宅楼	砖混六层	粮食局	庆城县第二建筑公司	古象奖
2003	煤炭公司职工住宅楼	砖混六层	煤炭公司	庆城县第二建筑公司	省级文明工地

续表 24-1-2

年份	工程名称	结构层次	建设单位	施工单位	奖项名称
2005	庆城县委政府统办楼	框架八层	县政府	庆城县恒达建筑公司	省级文明工地
2005	庆城县委政府统办楼	框架八层	县政府	庆城县恒达建筑公司	飞天奖
2005	陇东中学综合科技楼	框架五层	陇东中学	庆阳市中元建筑公司	古象奖
2005	农行职工住宅楼	砖混六层	农行	庆阳市中元建筑公司	飞天奖
2006	国税局办公楼	框架四层	国税局	庆阳市建筑公司	市级施工现场管理奖
2007	农行办公楼	框架四层	农行	庆阳市中元建筑公司	古象奖
2007	庆城县人民法院审判庭	混合四、五层	县人民法院	庆阳市建筑公司	省级文明工地
2008	庆城县人民检察院办案技术楼	砖混五层	县人民检察院	庆阳市建筑公司	古象奖
2009	庆城县城区污水处理工程	10000 立方米/日	县城建局	庆阳市建筑公司	省级文明工地
2010	庆城县法院审判庭	混合四、五层	县人民法院	庆阳市建筑公司	古象奖
2010	庆城县法院审判庭	混合四、五层	县人民法院	庆阳市建筑公司	飞天奖
2010	庆城县交通局运输综合服务楼	框架六层	县交通局	庆阳市中元建筑公司	市级施工现场管理奖
2010	庆城县广播电影电视综合业务楼	框架四层	县广电局	庆阳市华晨建筑公司	市级施工现场管理奖
2010	庆城县岐伯中医院门诊住院楼	框架十二层	岐伯中医院	庆阳天泰建筑公司	市级施工现场管理奖
2011	庆城县岐伯中医院门诊住院楼	框架十二层	岐伯中医院	庆阳天泰建筑公司	市级优质结构示范工程奖
2011	庆城县就业和社会保障服务中心	框架五层	县人劳局	庆阳市建筑公司	省级文明工地
2012	庆城县城区污水处理工程	10000 立方米/日	县城建局	庆阳市建筑公司	古象奖
2012	庆城县电力小区经济适用房	框剪十六层	县电力局	庆阳市华晨建筑公司	省级文明工地
2012	庆城县电力小区经济适用房	框剪十六层	县电力局	庆阳市华晨建筑公司	市级施工现场管理奖
2012	庆阳岐黄中医药文化博物馆	框架二层	县卫生局	庆阳天泰建筑公司	市级优质结构示范工程奖

第二节 房地产业

一、开发企业

1998 年,成立庆城县恒达房地产开发有限公司,位于县城建材北路 202 号,法定代表人徐治平,三级资质,注册资金 1600 万元。2006 年,成立庆城县明珠房地产开发有限公司,位于县城北区开发区,法定代表人张世宪,四级资质,注册资金 1000 万元。

二、商品房建设

县城商品房开发始于 2004 年。至 2012 年相继建成"金凤苑""水岸绿苑""金帝苑""明珠大厦""二建家园""锦苑小区""康馨丽都""卿华名苑"等商住小区,共 100 栋 3365 套及休闲娱乐美食城等商用区。

附:

表 24-2-1　2005—2012 年全县商品房开发情况表

单位：平方米、元 / 平方米

项目　　工程名称	开发单位	栋数	总建筑面积	套数	开竣工日期	平均售价
水岸绿苑（一二三期）	庆阳中闽房地产开发有限公司	12	35979	300	2006.4.11 2007.12.4	1276
		8	39232	296	2010.8.23 2011.8.30	3017
金凤苑（住宅）	庆城县宏达房地产开发有限公司	13	66596	540	2005.6.3 2006.8.18	1042
休闲娱乐美食城（商业）	甘肃宇丰房地产开发有限公司	7	9195	103	2007.4.23	2482
明珠大厦（综合）	庆城县明珠房地产开发有限责任公司	1	12184	63	2006.3.3	1672
金帝苑（综合）	庆城县恒达房地产开发有限责任公司	A 区 5	25249	139	2007.8.13 2008.12.25	1454
		B 区 5	30000	230	2007.11.10 2008.12.25	
		C 区 5	4000	54	2007.11.10 2008.12.25	
		东区 7	29968	213	2010.3.15 2010.11.30	2380
		西区 5	15482	115	2010.3.15 2010.11.30	
二建家园（综合）	庆城县明珠房地产开发有限责任公司	3	13000	165	2007.4.6	1050
		2	8000	66	2007.6.18 2008.5.17	
锦苑小区（住宅）	庆城县明珠房地产开发有限责任公司	2	7182	60	2009.5.25	1615
康馨丽都（住宅）	庆阳市振兴房地产开发有限公司	3	16662	144	2008.7.17	1500
	庆阳市恒泰房地产开发有限公司	5	18374	142	2009.8.25	1660
财富广场（综合）	甘肃亨星交通运输集团庆阳房地产开发有限公司	5	14585	150	2009.8.19	一期 12000 元 二期 7300 元
卿华名苑 A 区	庆阳市恒泰房地产开发有限公司	5	38132.19	274	2010.8.15 2011.8.5	2802
卿华名苑 B 区	庆城县恒达房地产开发有限责任公司	6	39738.32	271	2010.9.15 2012.5.30	3725
聚鑫源	庆城县明珠房地产开发有限公司	1	5843.47	40	2011.3.15 2012.7.15	3297

三、住房制度改革

（一）住房商品化

1993—1997 年，先后三次提高住房租金。月租提高到安架房（砖木结构平房）每平方米 0.80 元，楼房每平方米 1.20 元。其间，县直管和单位公房开始向职工个人出售。1999 年，停止住房实物分配，实行住房分配货币化，以小区经济适用住房为主的住房供应新体系逐步建立，全县 77 个单位或个人新建住宅楼 3448 套，总建筑面积 334737 平方米；新建竣工经济适用住房小区 5 个，共建楼房 1282 套，总建筑面积 139750 平方米，在建小区 1 个，已建成竣工楼房 170 套，建筑面积 21000 平方米。培育和规范住房交易市场，以标准价向职工出售的公房，可按成本价补交一定数额差价款后，由部分产权过渡到全部产权；成本价、微利价购房的可享受 100% 的房屋产权。至 2006 年，先后以标准价、成本价、微利价出售县管公房（楼房）178 套 10973 平方米；对 41 个单位，52 幢 1308 套

104370平方米私有住房进行确权登记。此后，住房全部实行商品化。

（二）住房公积金

公积金归集　1993年10月开始，全县政府机关、国有企事业及省地驻庆107个单位，4622名在职职工缴纳住房公积金，当年归集金额29万元。1993—2008年，个人缴纳比例为职工月基本工资7%；2009年为月工资总额的2.5%；2010年为月工资总额的4%；2011年为月工资总额的5%；2012年为月工资总额的7%。财政拨款单位和个人缴存比例相等，企业与省、市驻庆单位缴存比例和个人缴存比例不相等，但总体均未高于12%。至2012年12月，累计缴存10899人，归集公积金19647.01万元，归集余额13637.05万元。

附：

表24-2-2　1993—2012年全县住房公积金归集情况统计表

单位：万元

年度	当年归集金额	当年支取金额	年末公积金余额
1993	29	0	29
1994	30.4	0	59.4
1995	194.24	1.94	194.86
1996	199.75	0.17	394.44
1997	222.7	17.62	599.52
1998	266.18	115.19	750.51
1999	531.41	142.5	1139.42
2000	644.74	172.15	1612.01
2001	606.76	207.34	2011.43
2002	715.84	448.53	2278.74
2003	648.79	562.1	2365.43
2004	673.39	297.41	2741.41
2005	705.55	471.27	2975.69
2006	728.1	687.5	3016.29
2007	859.29	555.32	3320.26
2008	971.35	214.33	4077.28
2009	1519.19	247.03	5349.44
2010	2355.94	338.45	7366.93
2011	3272.63	725.81	9913.75
2012	4528.6	805.3	13637.05

公积金使用　职工所缴纳的住房公积金，除购房、离退休提取外，主要用于个人住房贷款。1994—1999年，投资687.6万元，开发建造公积金经济适用住房5幢6层住宅楼（2号小区），11个单元，132套住房，建筑面积10560平方米。1996—2012年，发放住房贷款5215户23182.87万元，贷款余额8637.30万元。

四、住宅建设

（一）集资房和房改房

20 世纪 80 年代末期，对县城所建干打垒和土坯房开始进行拆除改造，至 2005 年，改造修建公房 8 处 220 间 7249.96 平方米，窑洞 18 孔 360 平方米；集资建房 4 处 358 套 3.38 万平方米；房改房 69 个单位或小区 2255 套 21.11 万平方米。

附：

表 24-2-3　1986—2005 年全县集资房和房改房建设情况统计表

单位：平方米、套

单位名称	总面积	总套数	房屋性质	竣工年份及房价
房管局 2、3、4、5 楼	3470	60	房改房	1983 年、1987 年
长庆建行住宅楼	11040	138	房改房	1990 年 /492 元
地税局住宅楼	3840	48	房改房	1992 年 /450 元
一号住宅区（百户楼）	6492	104	房改房	1993 年 /380 元
县建筑公司住宅楼	1440	18	房改房	1994 年 /519 元
土地局（旧）住宅楼	1440	18	房改房	1994 年 /519 元
二号住宅区	10560	132	房改房	1995 年 /520 元 1998 年 /680 元
电力局住宅楼	6000	60	房改房	1995 年、2005 年
三号住宅区	22263	258	集资房	1997 年 /550 元
人寿保险住宅楼	2870	34	房改房	1997 年 /492 元
粮油公司住宅楼	1800	20	房改房	1997 年 /586 元
交警大队住宅楼	1360	17	房改房	1997 年 /627 元
公路段住宅楼	2800	35	房改房	1997 年 /495 元
工行住宅楼	7540	86	房改房	1997 年 /509 元
市政公司住宅楼	2453	17	房改房	1997 年
粮食局北仓住宅楼	2585	40	房改房	1997 年
新华书店住宅楼	2163	21	房改房	1998 年 /520 元
种子公司住宅楼	1280	16	房改房	1998 年 /623 元
邮政局住宅楼	2560	34	房改房	1998 年 /529 元
电信局住宅楼	3544	24	房改房	1998 年
中行住宅楼	2100	21	房改房	1999 年 /520 元
汽修厂住宅楼	1280	16	房改房	1999 年 /638 元
人行住宅楼	2720	34	房改房	2000 年 /559 元
信用社住宅楼	3600	24	房改房	2000 年 /620 元
招待所住宅楼	2080	26	房改房	2000 年 /780 元
陇东中学住宅楼	3687	36	集资房	2000 年
农发行住宅楼	3976	25	房改房	2001 年 /692 元
检察院住宅楼	5356	48	房改房	2001 年

单位名称	总面积	总套数	房屋性质	竣工年份及房价
法院住宅楼	3960	36	房改房	2001 年
煤炭公司住宅楼	4771	42	房改房	2001 年
农牧局住宅楼	6240	78	房改房	2001 年
邮政局（新）住宅楼	2160	24	房改房	2001 年
劳动就业局住宅楼	1536	12	房改房	2002 年
百草医药公司住宅楼	5040	42	房改房	2002 年
粮食局住宅楼	4170	36	房改房	2002 年
房管局公房改造	2741	22	集资房	2003 年
国税局住宅楼	3570	42	房改房	2003 年
商业局住宅楼	3177	27	房改房	2003 年
老区办住宅楼	1440	10	房改房	2003 年 /710 元
县政府（新）住宅楼	5836	48	房改房	2005 年 /1050 元
县委（新）住宅楼	2786	24	房改房	2005 年 /1050 元
政法委住宅楼	2640	24	房改房	2005 年 /1050 元
人劳局住宅楼	1320	12	房改房	2005 年 /1050 元
水保局住宅楼	2640	24	房改房	2005 年 /1050 元
教育局住宅楼	6710	60	房改房	2005 年 /1050 元
土地局（新）住宅楼	3960	36	房改房	2005 年
县委（旧）住宅楼	3919	57	房改房	不详
县政府（旧）住宅楼	1989	30	房改房	不详
财政局住宅楼	2203	28	房改房	不详
医药公司住宅楼	3274	28	房改房	不详
人武部住宅楼	3858	30	房改房	不详
公安局住宅楼	3584	28	房改房	不详
服装厂住宅楼	2161	24	房改房	不详
劳保公司住宅楼	160	2	房改房	不详
广电局住宅楼	5128	42	集资房	不详
交电公司住宅楼	720	4	房改房	不详
民政局住宅楼	1695	20	房改房	不详
面粉厂住宅楼	1602	20	房改房	不详
气象局住宅楼	720	5	房改房	不详
糖酒公司住宅楼	520	8	房改房	不详
老区办住宅楼	836	10	房改房	不详
地矿局住宅楼	2064	18	房改房	不详
龙凤丝毯厂住宅楼	2743	24	房改房	不详
环保局住宅楼	1908	18	房改房	不详
印刷厂住宅楼	1220	12	房改房	不详

护机械队、养护工区 2 个驻县单位，开展油路修补、处治沉陷、修复砼边沟等日常养护工作。

县、乡、村道路由县交通运输局负责养护管理。1986—1990 年，每年对列入养护的 169.04 千米路段进行养护维修。1990 年开始，对 109 千米重点养护路段，设专职养护员进行养护。1991 年，治理路面翻浆 94 处 860 平方米，清理塌方 1500 立方米，疏通边沟 40 千米，平整路面 97 千米。1992—1995 年，全县重点路线好路率达 58.5%，综合值达 68.78；主要路段平均好路率 54.1%，综合值达 72.52。1996 年 7 月，庆板路、桐蔡路、庆南路 4 处水毁中断，抢修路基 384 处 36.8 万立方米，混凝土边沟 218 处 11400 米，涵洞 16 道 180 米。

1997 年，采备砂石 4586 立方米，修复水毁 9.3 万立方米 /57 米，完成白铁路 16 千米改建工程的路产档案建立，制止、拆除违章建筑 12 处 310 平方米，收回占用赔偿费 42600 元。1998 年，采备砂石 3474 立方米，修复水毁 19.3 万立方米 /157 米，制止在公路上挖沟引水 14 起，界定路产纠纷 5 起，拆除违章建筑 48 平方米，查处损坏路面、路基 11 起 152 平方米，收回公路占用费 1417 元。

2000 年，开展春、夏、秋三次农村公路养护专项整治，修复水毁土方 102 处 53600 立方米、水毁砼排水渠 1325 米，新栽公路行道树 10 千米 15000 棵，拆除违章建筑 3 处 150 平方米。2003 年，修复路面 96 处 24700 平方米、水毁路基塌方 184 处 187300 立方米、涵洞 101 米 /10 道、混凝土边沟 2914 米、桥梁护坡 300 立方米。

2007 年，县上成立养护站，15 个乡镇成立公路养管所，各行政村设立村道养管小组。所有农村公路均按照分段承包养护办法，划段承包到公路沿线农户。全县乡村公路基本做到有路必养。2008 年，县政府出台《庆城县农村公路建设养护管理办法》，县交通局制订养护质量评定标准、技术规范、操作规程以及检查评定办法等多项配套管理办法，各乡镇政府建立健全农村公路管理养护规章制度。

2009—2012 年，每年开展春秋两季农村公路养护专项整治活动，重点进行县乡油路、通村砂路整修维护和行道树补植，共投入养护资金 2000 多万元。乡镇配备专职协管员 2 名，行政村养管站聘请群众路政信息员 1 名，全县有群众养管员 227 名，签订农民个人承包养护合同 1000 多份，实现农村公路路政管理无缝隙覆盖。其间，共查处侵害公路违法案件 40 起，清除公路乱堆乱占 117 处 18000 平方米，制止违法设立广告牌 56 起，拆除建筑控制区内违章建筑 15 处，路产完好率达 97%。

第五节　汽车运输

一、客运

长途客运　1986 年，全县有客运线路 13 条。从县城到西峰、环县、华池，开始县内自主经营。1990 年，国家放开客运市场，大量个体客运户加入客运行列中，但仅限短途客运。1995 年后，客运市场进一步放开，个体经营者、联营户取代国营公司。全县拥有大、小客车 258 辆，个体客运班车 15 分钟始发一次，客车线路 26 条 2920 千米。2012 年，全县有各类营运线路 37 条 3840 千米，发往西峰、合水、华池、正宁、宁县、环县及县内短途每天约 180 个班次；跨省（区）线路主要有：庆城至北京、天津、西安、兰州、银川、延安、宝鸡、吴忠、志丹、定边等地长途班次 28 个；发往鄂尔多斯、乌海、棋盘井、银川、神木等地长途过往班次 24 个。日发放班次 280 余次，年客运量 464 万人（次），客运周转量 17889 万人千米。

城区客运　1995 年，县运输公司和城建局运输车队购进小型中巴车 22 辆，从事城区公交运输。

城区公交线路从南门外始发，途经南大街、北大街、人民路、育才路、皇城路、长庆路，至北五里坡头。2001 年，城区公交公司新购进 25 辆大型中巴进行换代。2005 年城区公交起点移至莲池，原城区公交线路命名为 1 路，终点移至北五里坡底；同时开通 2 路公交线路，途经南大街、北大街、人民路、长庆路、兴庆路、安化路，至凤城初中。2012 年，先后开通庆城周边 3、4 路公交车 10 辆。其中，3 路起点在庆华路南端，途经东环路，至周祖陵；4 路起点在庆华南路南端，途经西环路、莲池，至店子坪。

2002 年，县运输公司与县运输服务中心联合投放 123 辆吉利小轿车，从事城区出租业务，主要线路是城区的各个街道，南至莲池开发区、北至北五里坡底。2011 年，更换城区出租车为现代小轿车。公交汽车和出租汽车日平均客运量 6850 人次，客运周转量 58660 人／千米。

二、货运

1986 年，全县有货车 102 辆，年货运量 12.58 万吨，货物周转量 80.6 万吨千米。1990 年后，除国家机关和长庆油田外，私人大量购进各类汽车，整个县域内外客货周转均为个体运营户承揽。车型由 20 世纪 80 年代的东风 140 型、解放 141 型、北京吉普等老牌车辆向大吨位、高速度、多功能现代化车型转变。

农村主要的交通运输机具有大、中、小型拖拉机、手扶拖拉机、三轮农用车（俗称"蹦蹦车"），均从外地购进，20 世纪 90 年代普及至户均 1 辆。2000 年后，农用汽车投入使用。

附：

表 25-5-1 1987—2012 年全县客、货运输情况统计表

单位：万人、万人／千米、万吨、万吨／千米、辆

项目 时间	客运量	客运周转量	货运量	货运周转量	客车数	货车数
1987	25.62	2622	25.19	2518.71	139	815
1988	29.8	3049	29.29	2928.8	139	876
1989	34.00	3545	34.00	3405.0	141	940
1990	40.3	4123	39.6	3960	143	1103
1991	41.9	4102	43.5	3810.5	143	1103
1992	42.5	4183	46.7	3738.6	147	1385
1993	43.62	4210	49.5	3712.37	150	1396
1994	45.5	4530	50.48	3808.94	151	1413
1995	46.8	4267	58.7	4429.54	156	1482
1996	47.9	4396	58.9	4356.26	156	1472
1997	48.5	5012	65.3	5125.1	162	1493
1998	53.2	5369	68.6	5432.5	162	1510
1999	51.3	5210	69.7	6315.6	164	1523
2000	50.3	4987	67.4	5830	164	1597
2001	51.34	5067	68.4	5421.6	168	1483
2002	53.85	5473	68.7	5487.5	173	1519
2003	54.23	5873	59.1	4372.6	173	1623

续表 25-5-1

时间 \ 项目	客运量	客运周转量	货运量	货运周转量	客车数	货车数
2004	56.1	6937	65.8	5371.5	175	15
2005	68.2	—	—	—	186	—
2006	60.1	5462	73.2	6340	186	1613
2007	89.1	7879	137.25	1787.4	176	1792
2009	239.3	1354.6	287.4	4158.6	173	1978
2010	3104.5	1437.8	43.9	18763.3	175	2735
2011	399.04	15369.28	580.19	21366.25	159	3183
2012	464	17889	674.62	26937.27	159	3419

图25-5-1　正在建设中的银西高铁

第二十六章　邮政 电信

1986年起，全县邮电经营体制改革深化，邮路建设拓展，社会服务功能和水平逐年提高。1998年后，全县邮电分营。邮政业务、邮政储蓄步入良性发展轨道；电子通信技术实现电话交换程控化、传输数字化，移动通信实现普及，宽带网络遍布城乡。

第一节　机构

庆城县邮政局　1986年，庆阳县邮电局内设办公室、人事教育股、计划财务股、政工股、审计检查股、业务股、综合管理股，辖基层分支机构12个，全系统职工178人。1998年9月，邮政、电信分营，撤销庆阳县邮电局，成立庆阳县邮政局。2002年，庆阳县邮政局更名为庆城县邮政局。至2012年，县邮政局内设综合办公室、经营服务部，辖马岭、阜城、驿马、庆城北关4个支局；蔡家庙、玄马、南庄、白马、桐川、土桥6个邮政所；北关支局、北区邮政所、县局营业部及南大街邮政支行4个邮政储蓄网点；邮政报刊图书销售点2处、集邮品销售点1处；邮政信报箱群12处、邮政妥投点78处。全系统职工88人。

中国电信庆城县分公司　1998年9月，成立庆阳县电信局，辖电信分支机构11处，职工76人。2002年10月，更名为庆城县电信局；是年底，改称中国电信庆城县分公司。2012年，公司内设综合办公室、大商客户中心、公众客户中心、维护中心，职工70人；辖基层农话支局6个，31个交换点，代办点98个。

庆城县移动通信公司　1999年，移动通信与电信剥离，成立庆阳县移动通信公司，时有营业厅1个，员工10人。至2006年，公司营业网点增加到30个，自办和合作营业厅15个，特许营业厅31个，授权代理点179个，员工50人。2010年，公司有5个片区营销公司，22个自办营业厅，80个指定专营店，员工105人。至2012年，公司内设综合部、市场部、集团客户部、建维部，辖9个自办营业厅、5个片区公司、57个合作营业厅和306处代办点，职工86人。

庆城县联通公司　2003年9月，成立庆城县联通公司，前身为甘肃国信寻呼有限责任公司庆阳市分公司庆城县支公司，内设综合办公室、市场经营部，辖十字街、北关、董家滩、阜城营业部，职工21人。2007年，新建合作厅网点5处，新增自办营业厅2个。至2012年，公司陆续撤销董家滩、阜城、北关、十字街和汽车站营业厅；内设综合部、市场部、集团客户部、网络维护部，辖县城营业厅，职工22人。

第二节　邮路及设施

一、干线邮路

1986年11月，平环二级邮路调整为环形邮路。邮车从平凉出发，经长武到西峰后折返，过宁县，夜住合水，次日经本县至环县再折返西峰。是年，开通华池至庆阳二级自办汽车邮路。

1989 年 10 月，平环二级邮路再次调整，改 3 日 3 台车为 4 日 4 台车运营，增加庆阳至华池邮件投递。

1998 年 3 月，平环邮路调整为：平凉—西峰—庆阳—环县—华池—正宁，二级干线邮路总长度由 585 千米增至 640 千米。2005、2007 年又两次优化平环二级干线邮路，庆阳县局实现收寄特快邮件当日出口。至 2012 年，全县省内干线邮路 2 条，自办邮路 4 条，单程 139 千米。

二、投递线路

1986 年，全县邮政农村投递邮路总长度 1018 千米。1998 年，农村投递路线 42 条，总长度 1572 千米，投递点 98 处。至 2012 年，农村投递线路总长度 1821 千米，线路 42 条，妥投点 78 处。县城设投递线路 6 条，单程 56 千米。

三、邮政编码

1980 年 7 月，全国推行邮政编码制度，庆阳县邮政编码为 745100。庆城 745101，南庄 745102，桐川 745107，太白梁 745108，土桥 745109，白马铺 745110，蔡家庙 745111，卅铺 745112，马岭 745113，玄马 745114，阜城 745115，驿马 745116。至 2012 年，邮政编码未变动。

四、邮政设施

20 世纪 70 年代起，全县基层邮电支局（所）开始陆续新建。1984 年，建成驿马支局，1991 年 5 月进行扩建，建筑面积 260 平方米；同年，重新装修南庄、土桥、桐川、卅铺、太白梁邮电所；1999 年 7 月，扩建马岭邮政支局，建筑面积 643 平方米；2005 年 3 月，太白梁邮政所迁至冰淋岔乡政府所在地，租房营业。2001 年 11 月，修建邮政生产综合办公大楼，建筑面积 3672 平方米，营业地点由县城十字街迁至南街。2002 年 8 月，建成北关邮政支局综合办公楼，建筑面积 2234 平方米。

1982 年，城区开始设置信筒信箱；1986 年，全县设置信箱信筒 51 个；2012 年，有邮政信筒信箱 22 个。1986 年，全系统有专邮摩托车 8 辆。1998 年，配备小型邮政运输车 5 辆。2012 年，有邮政汽车 2 辆。

第三节　邮政业务及资费

一、函件业务

1986—2012 年，办理的邮政函件业务主要有平信、明信片、印刷品、特种挂号、带收货价等 10 余种。1986—1991 年，信函资费 0.08 元；1992 年调整为 0.2 元；1997 年调整为 0.5 元；2000 年调整为 0.8 元。2006—2012 年，信函资费首重 100 克以内，每重 20 克由本埠 0.6 元调整为 0.8 元，外埠 0.8 元调整到 1.2 元，明信片资费由 0.6 元调整为 0.8 元。

二、包裹业务

1986—1997 年，全县包裹业务发展处于增长期，年均包裹量 1.9 万余件。1997 年后，由于油田单位持续搬迁，包裹业务下降。2001 年起，开通普通、快递、特快专递包裹业务。至 2012 年，全县包裹业务量稳定在年均 1.2 万件左右。

1986—1996 年，包裹寄递资费按里程核定，每 500 克为一计费单位。1996 年 7 月后，在原费率基础上上调 50%，并取消挂号费。至 2012 年，普通包裹，每件计收挂号费 3 元，邮费按距离计算，

500—6000 千米，分 10 个档次，首重 1000 克，500 千米及以内 5 元，6000 千米以上 20 元；超重 500 克及不足加 2 元或 9 元。

三、汇兑业务

1986 年初，开发汇票 69160 张。1987—1997 年，年开发汇票稳定在 7 万张左右。1997 年后，年开发汇票量持续下降。2001 年 10 月，取消电报汇款业务，开办邮政电子汇款业务；2003 年 5 月，开办邮政电子实时汇款业务；2004 年 12 月，蔡家庙、土桥、太白梁 3 个邮政代办所停办收汇业务。2000—2012 年，年均开发汇票 2.4 万张。

四、报刊业务

1986 年初，各类报刊发行 529.66 万份。1995 年 5 月，代发《甘肃农业科技》杂志。1997 年，全县邮政报刊发行实现微机全省联网。1998 年，各类报刊发行 526 万份。此后，报刊业务量大幅减少。2005 年，定销 276 万份；2006 年开始，重点开发党报党刊征订，当年定销 310 万份。2007—2012 年，年均定销 320 万份。

五、集邮业务

1982 年，县邮电局设集邮台，专营集邮业务。1988 年，长庆石油勘探局青少年集邮协会在县城成立，举办邮展，历时 8 天，展出邮集 27 部，参观者达 3000 多人次。 1991 年 8 月，成立县集邮协会，召开集邮爱好者第一次代表大会，发行纪念封一枚。1993 年，庆阳石油化工厂集邮协会成立。1997 年 5 月，县集邮公司成立。2009 年，开发《新驿马·走向辉煌》《印象庆城》等具有地方经济文化特色的政府形象邮册。2010 年，开发《和谐赤城》政府形象邮册 300 册，县电力局、县农业银行形象年册 500 册。2012 年，开发县电力局形象年册 400 册，销售票品 47.18 万元。

六、其他业务

1995 年，开办特快专递。2000 年，开办邮政礼仪业务。2002 年，开发移动、电信、联通、保险等代理业务；同年，开设"利果美"等农资产品配送、个性化邮票、邮资信封、中邮广告等特色服务。2003 年，建成县城北关灯箱一条街，代发商品广告 130 面。是年，相继开办居民身份证、驾证、录取通知书、生日鲜花礼仪、法律文书、"思乡月"月饼配送，代收货款、EMS、"亲情粽"等服务。2004 年开始进行物流配送。2008 年起，开发邮政短信业务。2009 年，推出缴费一站通、自由一族等多项新代理业务。至 2012 年，邮政特色和代理业务 40 余种。

第四节　邮政储蓄

1986 年，恢复开办邮政储蓄业务，全县仅有县城 1 个营业点。1987 年 8 月，县城北关支局开办。1988 年 9 月，驿马支局开办。20 世纪 90 年代起，马岭等支局开办邮政储蓄业务。2002 年，全县邮政储蓄网点 7 处。2004 年 11 月，全县邮政储蓄网点实现全国范围内及与部分国际金融业务的跨行交易。2005 年 6 月，实现全国联网。2006 年，建成短信系统、支付网系统、电子稽查和事后监督系统。2007 年，县局、北关、马岭、阜城、驿马、中街 6 个储蓄所实现业务令牌授权功能。2008 年，完成邮政储蓄信贷、信用卡、个人理财、对公结算等系统建设。是年 7 月，邮政、储蓄业务分营，驿马支局、北关支局储蓄业务余额划归县邮政储蓄支行，邮政局保留马岭、阜城支局，北区营业所，南大街 4 个储蓄点储蓄业务。至 2012 年，建成网银系统、金融理财等网上交易系统。

1986—2006 年，全县邮政储蓄主要办理居民存取款业务。储蓄种类有 3 个月、6 个月、1 年、3 年、

5年、8年定期,定活两便,活期,通知存款4种,执行中国人民银行制定的全国统一利率标准。1986年,全县邮政储蓄余额2.57万元;1990年,储蓄余额179万元;2002年余额突破亿元。2006年7月起,开始办理银行卡、代理发行、兑付政府债券、网上银行、银行和农村信用、小额质押贷款。2008年,存款余额7300万元;2012年,存款余额达2.09亿元。

第五节　电报　电话

一、电报

1986年,全县有短波发报机2部,业务种类有普通、新闻、挂号等9类。1988年,载波报路被电传和自动转报电路代替。1992年,普通电报资费由每字0.07元调为0.13元,新闻电报由每字0.02元调为0.05元,电报挂号登记使用费由每年30元调为60元,更改名址费由3元调为5元。1993年,有载波报机1台、电传机6部,自动发报机6部;庆阳—兰州、庆阳—西峰电传自动转报报路2条,西峰—马岭长庆油田专用、人工自动转报报路1条。1998年底,由于电报业务量下降,全县仅有庆阳—兰州1条电报线路,与地区及各县市之间电报业务用中继线方式进行传输。1999年起,电报业务主要用于吉庆、吊唁等。2002年后,专用电报设备逐渐被淘汰,电报被传真业务取代。

二、长途电话

1986—1991年,全县长途电话使用人工交换设备,有共电交换机10门,年通话量73672次。1992年,部分长途电话实现自动交换,人工接续量减少。1993年,与各县区之间长途自动设备开通,实现直拨。1997年,长途人工接续传输方式结束,通话量突破百万次。1998年,全区本地电话网建成,县区之间长途区号废除,统一使用区号0934。是年起,各种信息传递全部采用光缆数字电路,实现传输数字化,通话量逐年增加。至2012年,全县电话交换机总容量7.1万余门,电信电路786路,电缆总长度235.43皮长千米。

1996年12月起,省内长途电话计费标准为:500千米以内,0.60元/分钟;500—800千米,0.80元/分钟;800千米以上,1.00元/分钟。省外长途电话计费标准为:800千米以内,0.80元/分钟;800千米以上,1.00元/分钟。2002年,国家对长途电话资费进行调整:国际电话0.80元/6秒;香港、澳门、台湾电话0.20元/6秒;国内长途电话0.07元/6秒;每天00:00—07:00,国内长话0.04元/6秒,国际电话0.48元/6秒。

三、市内电话

1986—1989年,全县市话自动化建设工程完成,安装纵横制自动交换机500门,用户324户。1992年增容1000门。1994年7月,安装开通程控交换机,容量3072门。1996年,市话号码升为7位,本县为3******。1997—2000年,先后两次进行市话更新扩容,容量增至7008门,用户7429户。至2012年,市内电话交换机总容量13000门,电缆长度244.15皮长千米,用户69500户。

2000年6月,本县开通无线市话小灵通,用户1310户。至2005年,全县无线接入号段有:"331****、361****、332****、391****、334****",用户22928户。资费标准:区内通话0.20元/3分钟;区间通话0.20元/分钟;长途电话与固定电话相同。2006年后,业务量逐渐下降。2012年,完全退出市场。

四、农村电话

1986 年，全县各乡（镇）政府全部通电话。1994 年，县—乡（镇）—村之间通话主要靠磁石总机和磁石单机进行人工交换接续，传输以明线电路和部分载波电路为主。1995—1996 年，农话"摇把子"扩容更新为程控自动电话，农话总容量达 770 门。1997 年，全县农话通信设备开始接通光缆，安装数字终端设备。2000 年，建成柳树湾、翟家河、安家寺、葛崾岘、蔡口集 5 个村级交换点，安装电话 5788 户。2005 年，全县 17 个乡镇接通光缆，部分乡镇接通互联网；"村村通"网络始建，用户达 3161 户。2006 年，全县建设"村村通"基站 5 台，用户增至 7000 户，号段为："341****、3468***、3469***"。至 2012 年，全县有基层农话支局 6 个，交换点 31 个，交换机总容量 12000 门。

第六节 移动通信

一、模拟移动通信

1994 年，模拟移动电话业务在县域首次开通，设立基站 1 个，容量 650 路。1996 年，信道增至 20 个，用户 100 户。1998 年，全县开通 GSM 数字移动通信网，建成基站 1 个，信道 24 个，用户 858 户，模拟和数字移动电话同时运行。1999 年 2 月，移动通信业务与中国电信剥离，归属中国移动。

二、CDMA 移动通信

2008 年 10 月起，中国联通庆城县支公司 CDMA 网络转由庆城县电信公司经营，号段有 133、153。承接后，庆城电信对 CDMA 网络进行全面优化扩容、改造升级，当年，C 网用户 5341 户，至 2012 年，用户超过 2 万户，增加 180、189、177 号段。

三、移动通信

1999 年，庆阳县移动公司建成基站 2 座，移动信号覆盖县城城区及庆阳石油化工厂。2003 年，基站增至 35 座，信号覆盖全县乡镇及主要公路沿线。2008 年，基站增至 152 座，信号覆盖全县所有村组。至 2012 年底，基站增至 189 个，其中 3G 基站 143 座。

2000—2012 年，先后推出"全球通""神州行""动感地带"三大客户品牌，主要经营移动虚拟号码、号簿管家、彩话、来电显示、呼叫转移、亲情号码、语音信箱、呼叫等待与保持、移动公话、全球呼、呼叫限制、三方通话等语音业务；移动飞信、手机投注、彩信相册、语音杂志、移动沙龙、手机邮箱、随 e 行、GPRS、百宝箱、IP 电话、移动气象站、IP 直通车、话费信使、12580、手机杂志、梦视界、农信通、彩铃、手机上网、彩信、短信、国际短信、移动证券、集团客户业务、集团 e 网等数据业务；缴费卡；国际漫游、香港漫游、台湾漫游、澳门漫游等港澳台及国际漫游业务。

开通 135、136、137、138、139、150、151、152、183 等号段和客户服务热线、业务受理、咨询、话费查询等业务。网络覆盖率达 98%。

四、联合网络通信

2003 年，联通庆城公司建有基站 7 个，覆盖公路沿线乡镇。2004—2007 年，新建基站 33 个，网络覆盖全县所有乡镇。2008 年，与中国移动庆阳市分公司签订通信基础设施共建共享协议，建共享基站 17 个、共享杆路 18 千米。至 2012 年底，累计建 2G 基站 112 个、3G 基站 56 个。

2003 年 12 月，GSM 数字移动电话开始放号。至 2004 年底，GSM 电话用户 1326 户。2005 年 2

月，CDMA 移动电话放号。至 2007 年底，GSM 移动电话用户 12932 户，CDMA 移动电话用户 12704 户。2008 年 10 月，CDMA 网络划归中国电信经营。2010 年，新建 3G 技术——WCDMA 网络，覆盖县城及交通公路沿线；开通国际漫游业务，推出移动办公、手机网银等 19 个 3G 行业应用产品。2011 年，全县联通网络覆盖率 72%，建成接入网项目 12 个。至 2012 年底，新增 2G 用户 19802 户，3G 用户 715 户，号段有 130、131、132、155、156、185、186；有网上用户 22905 户，宽带用户 1568 户。

第七节 其他业务

一、无线寻呼业务

1993 年，本县安装无线寻呼发射机 1 部，寻呼终端机 2 台，无线寻呼用户 5 户。1994 年，增加发射机 1 部，用户增至 28 户。1996 年，新建基站 1 个、发射机 2 台、终端机 2 台，用户增至 1771 户。1998 年，无线寻呼通信业务与电信剥离，划归中国联通独立经营，全县用户 2201 户。2002 年，无线寻呼业务停止。

二、数据业务

1996 年，县内开始安装数据通信设备，分组交换设备 1 部，PAO 端口 32 个，数据机容量 37 户，用户 2 户。1998 年，开通电话拨号上网，用户 325 户。2000 年，拥有分组交换、数字数据网、多媒体、互联网、自动声讯等通信手段，分组交换用户 27 户，因特网用户 310 户。2002 年 9 月，开通宽带 ADSL 拨号上网。2005 年后，庆城电信推出商务领航、号码百事通、我的 e 家、3G、121 气象、网上银行等转型服务。2006 年，马岭镇寺沟门村建成全省第一个"宽带村"。2007—2011 年，通信业务逐步涵盖话音、数据、文字、图像、智能网、互联网、远程教育、视频点播等。至 2012 年，全县 153 个村全部开通互联网，用户 11748 户。

三、专用通讯

1986 年，长庆通讯总站辖庆阳、马岭和贺旗 3 个通讯站。1998 年后，马岭、贺旗通讯站先后撤销。至 2012 年，仅有庆城通讯站继续运转。

第二十七章　供水 供电

　　1986年，驿熊供水工程全面竣工，农村集中供水实现突破；1995年，城区供水新辟水源，用水趋紧问题得到改善。至2012年，相继实施山区雨水集流、西川人饮、驿熊二期和新旧城分区供水等工程，城区全部实现自来水入户，农村实现集中供水和自来水入户相结合，城镇居民人均日生活用水量76.8升，农村居民人均日用水量44.3升，城乡居民安全饮水得到基本保障。

　　1986年起，35千伏送变电工程及所属10千伏配套工程陆续开工建设，电力供应逐步向山村延伸。1999年后，农村电网改造升级工程相继实施，电力基础设施发生根本性改善，有力保障了全县经济和社会发展的电力需要。

第一节　机构

一、县自来水公司

　　1984年4月，庆阳县自来水供应公司成立，隶属县城乡建设局。2002年，更名为庆城县自来水公司。2003年，由县城乡建设局划归县水务局管理。2012年，公司内设人秘股、财务股、供水管理股和维修股，辖教子川上水站、冉河川上水站、陈家庄净水厂，有职工82人。固定资产2852万元，供水管线全长36.35千米，管网覆盖面约4.8平方千米，输水距离16.5千米，供水几何扬程444米，日供水量为2800—3200立方米。

　　教子川上水站　1980年，由庆阳县政府和长庆石油勘探局共同集资建成。主要设施包括提水泵站、2800立方米沉淀池、斜管沉淀池、过滤池、二氧化氯消毒室、变频泵房、西山高位水池和供水管道等，为三级上水，提水几何扬程240米。2012年，改为城区供水二级泵站，有职工20人。

　　冉河川上水站　1998年建成，为省列以工代赈工程。建有溢流坝1座，加压泵房1座，200立方米清水池1座，100立方米前池1座。2004年，建成王家庄蓄水枢纽工程，作为县城供水的调蓄水库。2007年，修建冉河川3万立方米蓄水池，年可调蓄水量70万立方米。水站经二级泵站远程输运至教子川上水站后，经过处理进入城区管网，输水距离10.4千米，几何扬程444米。2012年，安装水源远程监控系统。每年供水100万立方米，为县城的主水源地。

　　陈家庄净水厂　2010年开工建设，2012年建成。设计日处理能力1.3万立方米，建有综合楼1栋，斜管沉淀池、气浮滤池、反渗透处理设备，200立方米进水集水池1座，1000立方米清水贮水池2座，加氯间、变配电间、综合泵房及相关的自动化控制等。

二、驿马供水工程管理站

　　1986年成立，有职工27名，主要负责驿熊工程的建设、管理和运行，解决驿马、白马铺、熊家庙、赤城、桐川、葛崾岘、蔡家庙、高楼等乡镇，23978户、95599人，27070头大家畜的饮水困难。2003年，更名为庆城县驿马供水工程管理站。至2012年，服务工商用户4800多户，用水人口近10万人。

　　高楼水管站　属驿马供水站分站，负责高楼人饮工程的运行、管理。该工程1998年6月始建，1999年6月建成。建有重力砌石溢流坝1座，蓄水池6座，泵站3处，各类建筑物43座（处），架设高低压线路2.783千米，为三级泵站上水。

三、西川供水管理站

　　1990年，成立庆阳县西川水利管理所。2007年更名为庆城县西川供水管理站。主要负责马岭、卅铺、蔡家庙、翟家河、庆城镇、南庄6乡镇供水工程管理、维修、农田灌溉等工作。内设综合办公室、巡查维修队，辖马岭泵站和南庄泵站。

四、庆城县电力局

　　1986年，庆阳县庆城电业管理所更名为庆阳县电业管理所，隶属县水利电力局。1991年撤销庆阳县水利电力局，成立庆阳县电力局，内设办公室、财务股、物资股、用电股和生计股。1995年，县电力局移交地区电力局管理。同年底，全县8个乡镇电管站改制为供电所。2012年底，局机关内设人力资源部、营销部、生产技术部、财务部、农网改造办公室等；辖检修、维护2个工区，调度控制中心，桐川、驿马、白马铺、玄马、庆城、南庄、熊家庙、卅铺、马岭9个供电所和庆城县垠力电力工程有限责任公司。全系统职工277人。

第二节　供水管网

一、城区管网

　　20世纪80年代，以城南教子川地表水为水源，经净水厂处理，通过直上直供方式送入城市管网，配水干管为钢管。20世纪90年代，累计投资1300多万元，实施县城上水站建设、给水管网改造、冉河川水源、高位蓄水池等工程，日供水能力扩大到3500立方米，比1986年增加2500立方米。

图27-2-1　净水厂一角

　　2000年，投资951.52万元，进行净水厂改造、输水管线和城市管网工程建设。新建构筑物840平方米，改建输配水管网18.3千米，日供水能力增至4000立方米，南区配水系统由柱状管网调整为环状布置。2004年，投资210万元，建成王家庄蓄水枢纽工程，调蓄库容6万立方米。2006年，投资117万元，完成教子川上水站变频泵安装工程，老城区由高位水池自流改为变频泵供水，北区仍由高位水池供水。2007年，投资519万元，在冉河川上水站修建30000立方米蓄水池1座，月可调蓄水量70万立方米，日供水能力达到5000立方米。2008年，投资460万元，对冉河川跨马莲河管道、教子川水厂、张家大滩跨河管线和北校巷管道进行维修更新。

　　2010—2012年，投资2768.53万元，更新城区供水主、支管道48.5千米，铺设入户管道90千米，新建水表井、阀门井360座。按照"一户一表，水表出户"原则对旧城区所有用户进行更新改造，楼房住户采取单管引水出户，平房用户及零散住户管道由用户自行铺设入井，统一集中安装水表，累计完成用户出户改造4160户。

二、农村管网

（一）驿马供水管网

以大型蓄水厂为基点，采用水源井高位水池直供和大型蓄水池调供办法。北至桐川乡北塬头村，南至熊家庙办事处两条塬边咀梢，西至驿马镇苟家渠村，东至白马铺乡三里店村，各乡镇（办事处）均铺设供水主管道。高楼乡以当地太乐沟殷家河水为水源，由三级泵站提水上塬。至 2012 年，驿马供水管网建有机井 8 眼，其中：承压井 1 眼，沟水上塬工程 1 处，加压泵站 5 处，水源

图27-2-2　农村供水塔

蓄水地 1 处，各类蓄水池 38 座，水塔 7 座，闸阀井 447 座，供水管理房 220 间，供水主、支管道 40 多条、370 多千米。日供水能力 5000 立方米，实际日供水量 500—1000 立方米。

（二）西川供水管网

马岭供水管网　2003 年，投资 2006.8 万元，实施西川人饮工程，着重解决马岭、卅铺、翟家河、蔡家庙等乡镇地下水源污染问题，设计日供水 2676 立方米，输水主管线沿环江布设，供水面积 80 平方千米。水源由马岭东沟、卅铺任家沟等 5 处独立水源组成，其中渗流槽 4 处，地表水源 1 处。管线北至马岭镇贺旗村，南至庆城镇北五里坡，西跨越环江引至蔡家庙、翟家河两乡。至 2012 年底，建有 1000 立方米高位水池 2 座，500 立方米蓄水池 2 座，200 立方米蓄水池 3 座，30 立方米蓄水池 2 座。敷设输水钢管 8.5 千米；供配水管道 231.551 千米，其中：主干管 49.91 千米，支管 76.28 千米，自来水入户支管 105.361 千米；架设输电线路 4.8 千米；设立供水点 98 处；各种闸阀井 140 座，日供水量 2676 立方米，解决了马岭、卅铺、蔡家庙、翟家河、庆城 5 个乡镇、18 个行政村 3 万人的饮水困难，自来水入户 1539 户。

南庄供水管网　以何塬村李小渠地表水为水源，建有泵站扬水工程 2 处，150 立方米蓄水池 2 座，100 立方米蓄水池 1 座，50 立方米水池 2 座，30 立方米水池 1 座，工作井 39 座，供水管理房 38 间，铺设上水管道 2 条 17.3 千米、供水管道 121.5 千米，架设高低压线路 2.96 千米，安装变压器 5 台，水泵 4 台。日上水量 280 立方米，解决南庄乡、庆城镇 6 个村、34 个自然村、9815 人饮水困难。

第三节　用水

一、水质监测

2011 年，投资 60 余万元，建成县水质监测中心，有实验室 4 间，专业实验人员 3 人。采用滴定法和仪器快速检测的方法，检测指标 22 项。对冉河川河道水、3 万方调蓄水池水、教子川上水站入口水、城区居民生活饮用水（北区、中街、南街 3 个点），马岭东沟渗流槽水、堡子沟渗流槽水、庙台子渗流槽水、南庄供水站水、驿马供水站所辖机井水、高楼供水站水、其他乡镇机井和集中供水工程水、农村水窖水、灌溉用水实行重点监测。

二、生活与工业用水

（一）城区生活与工业用水

1986 年，城区生活用水（包括机关单位）14.66 万吨，工业用水 1.63 万吨。2000 年，生活用

水 40.81 万吨，工业用水 7.2 万吨。之后，随着城市人口的增加和工业化进程的加快，城区生活与工业用水呈现快速增长势头。2007 年，生活用水突破 50 万吨，工业用水 8.83 万吨。2011 年，生活用水 60.27 万吨，工业用水 10.64 万吨。至 2012 年，城区累计生活用水 1008.41 万吨，工业用水 233.61 万吨。

（二）农村生活与工业用水

全县农村生活用水为集中供水和分散利用两种形式，年用水总量约 17 万吨。其中：塬区主要是地下水，年生活用水 10.8 万吨；川区以地表水为主，年生活用水 2.7 万吨；山区用水来源于水窖、小电井或机井上水，年生活用水约 3.5 万吨。工业用水主要集中在驿马和西川工业园区，有各类企业近千户，年用水总量达 3 万吨以上。

三、水价

1986—2012 年，全县用水在成本核算基础上核定价格，执行物价部门制订的价格标准。城区水价经历 7 次调整，驿熊供水区水价经历 5 次调整。至 2012 年，城区执行 2008 年价格标准，驿熊供水区执行 2009 年价格标准；西川供水区农户用水 4 元／立方米，机关事业单位用水 5 元／立方米，工商企业用水 6 元／立方米。

附：

表 27-3-1 1986—2012 年全县城区水价变化一览表

单位：元／吨

年份 \ 类型	原居民生活水价	原机关单位水价	工商、基建水价	调后居民生活水价	调后机关单位水价	调后工商基建水价
1986	0.2	0.3	0.3	0.4	0.53	0.53
1989	0.4	0.53	0.53	0.7	0.7	0.9
1993	0.5	0.7	0.9	0.7	0.9	1.3
1995	0.7	0.9	1.3	1.00	1.2	2.00
1998	1.00	1.2	2.00	1.5	1.2	3.85
2004	1.5	1.2	3.85	2.00	3.50	4.50
2008	2.00	3.50	4.50	2.9	5.00	6.00

表 27-3-2 1986—2012 年全县农村供水区水价变化一览表

单位：元／立方米

年份	区域	生活用水	工商企业生产用水
1986	驿熊供水	0.8	1.25
1993	驿熊供水	2.8	3.2
1996	桐川安家寺葛嵋岘供水	3	3.4
2000	高楼分站供水	3.5	3.7
2009	全区域供水	4	6

第四节　电网建设

一、农网改造

1986—1989年，全县19个乡镇、90个村、1.3万户农户通电，通电用户占全县农户的28%。1999—2012年，对农村电网进行改造。2012年，通电用户占全县农户的99.7%。

一期农网建设与改造工程　1999年7月至2003年12月，投资4476.93万元，新建、改造35千伏线路86.67千米、62.18千米；新建、改造35千伏变电站分别5座；新建、改造10千伏线路310.5千米；新建、改造0.4千伏线路分别为370.60千米、243.70千米；新建配变台区197台/9465千伏安，改造配变台区142台/5527千伏安。为白马铺、熊家庙、驿马等乡镇开发建设和农副产品加工提供了电力保障。

二期农网建设与改造工程　2003年3月至2006年12月。投资6043.64万元，新建改造35千伏线路33.12千米；新建改造35千伏变电站3座；新建改造10千伏线路386.4千米；新建改造0.4千伏线路1098.36千米；新建配变台区324台，改造配变台区172台。

城网改造工程　2003年，在县城北区架设线路20.08千米。2007年，投资953.9万元，对老城区原供电线路进行全面改造，完成10千伏架空线路9.92千米、10千伏电缆线路1.45千米，改造10千伏线路11.486千米；完成0.4千伏线路8.96千米，改造0.4千伏线路18.59千米；支装SH15-315/10配变12台、SH15-200/10配变4台；安装10千伏真空开关12台；户表改造3691户，敷设PVC管25317米，钢管928根，实现城区居民"一户一表"到户管理。

"户户通电"工程　2007年3—9月，投资1872.2万元，新建10千伏线路91千米，0.4千伏线路202.415千米；安装配电台区121台/3220千伏安、10千伏真空开关14台、10千伏调压器8台、10千伏无功补偿器18台/1350千乏、电压监测仪20台，涉及16个乡镇、66个行政村、207个自然村，解决2763户无电户用电问题。是年，省人民政府授予县电力局"户户通电工程"先进集体称号

农网完善工程　2007—2008年，投资569.99万元，新建10千伏线路32.1千米、0.4千伏线路38.42千米，安装配变器60台2280千伏安、ZW8-12/630-16柱上真空断路器4台、10千伏无功补偿装置2台60千乏，改造户表614户。2008年9月至11月，投资162.14万元，实施35千伏白马变电站改造工程，更换6300千伏安有载调压变压器2台、电流互感器12台。

2008—2009年，投资340.04万元，新建10千伏线路18千米，0.4千伏线路30千米，安装配变13台390千伏安、10千伏真空开关12台，户表改造471户。在马岭镇马岭村庙台自然村新建35千伏变电站1座，解决马岭镇、翟家河乡和卅铺镇部分村群众因油田单位搬迁造成的用电难问题。

无电地区电力建设工程　2009—2010年，投资1081.22万元，完成35千伏土桥送变电工程。安装SZ9-3150/35±3×2.5%/10.5千伏有载调压变压器两台，架设35千伏线路29千米、地线1.5千米、10千伏线路15.3千米；投资1099.73万元，新建10千伏线路75千米，0.4千伏线路113千米，安装配变22台680千伏安，改造户表1228户。

农网完善改造建设工程　2009—2010年，投资2757万元，新建10千伏线路150.85千米、0.4千伏线路245.33千米、配电变压器台区124台6220千伏安，移动箱变1台200千伏安，10千伏开关19台，10千伏调压器3台，电压检测仪24台，改造户表2359户；完成35千伏熊家庙变电站改造工程，更换安装2×6300千伏安有载调压变压器、35千伏断路器3台、10千伏并联电容器1组1200千乏、10

千伏电流互感器13台，扩建10千伏出线间隔2回，新增微机五防闭锁装置1套。

农网改造升级工程 2010—2011年，投资325.02万元，完成35千伏庆城变增容改造工程。更换安装8000千伏安变压器2台以及断路器、刀闸、电压互感器、避雷器、无功补偿装置等配套设施。投资822万元，完成10千伏及以下工程，新建10千伏线路53.71千米、0.4千伏线路63.38千米，安装配电变压器28台/1510千伏安，10千伏线路调压器2台/1000千伏安、电容器2台/120千乏、分断器12台，改造户表826户。

2011—2012年，投资402.57万元，完成35千伏白马至庆城送电线路工程，新建线路14.011千米，解决了县城双电源环网供电"瓶颈"问题。投资762万元，新建10千伏线路30.08千米，0.4千伏及以下线路25.44千米，安装配变25台2710千伏安，低压无功补偿25台272千乏，10千伏跌落式分段器4台，改造户表620户。解决了白马铺、太白梁、马岭、驿马、冰淋岔、卅铺、桐川等7个乡镇新农村建设、偏远山区农村饮水和整村推进工程电力配套，油田转供区断电户用电，驿马工业园区10千伏主网架改造升级等问题。

2012年，投资780.00万元，新建10千伏线路35.23千米、0.4千伏线路43.39千米，安装配电变压器12台1280千伏安、高压跌落式分段器10台、10千伏柱上真空断路器16台，改造户表883户。解决了桐川、玄马、蔡口集、翟家河、马岭、庆城、驿马等7个乡镇新农村、高速公路建设电力配套，油田转供区断电户用电以及10千伏主网架改造升级问题。

二、供电线路

1982年，全县国家大电网框架工程基本形成。20世纪90年代后期，庆城县电网建设快速发展，先后建成35千伏线路137.3千米，10千伏线路419.1千米，0.4千伏线路1042.22千米，安装配电变压器541台，总容量22082.8千伏安。

2007年，全县大电网供电电源点有庆阳供电公司管理的110千伏西城变电站、彭原变电站和阜城变电站。至2012年，全县35千伏输电线路12条186.14千米，10千伏配电线路38条1524.95千米，0.4千伏线路3520.9千米，配电变压器2224台，容量15.4万千伏安。

图27-4-1 变电站一角

三、变电站

庆城变电站 1981年11月始建，位于县城南门外，1982年1月建成，是全县首座35千伏变电站。1992年，迁址县城西大街丁家湾17号，占地8亩，建筑面积225.32平方米。属中间变电站，电源来自110千伏阜城变电站和35千伏白马变电站，担负庆城镇、南庄乡、高楼乡和玄马镇部分村组的供电业务。

桐川变电站 1986年12月建。设址桐川乡街道，占地4.86亩，建筑面积342平方米。属中间变电站，电源来自35千伏白马变电站，担负桐川、土桥、蔡口集、太白梁4个乡的供电业务。

白马变电站 1988年9月建。设址白马铺乡街道，占地6.06亩，建筑面积112平方米。属枢纽变电站，电源来自35千伏熊家庙变电站，担负白马铺乡、赤城乡及部分油田作业区的供电业务。

驿马变电站　　1993年10月建。设址驿马镇南街，占地4.36亩，建筑面积253.5平方米。属中间变电站，电源来自110千伏西峰彭原变电站，担负驿马镇的供电业务及3512驿白线转供35千伏桐川变电站的用电负荷。

柳树湾变电站　　2000年12月建。设址卅铺镇柳树湾村，占地2.98亩，建筑面积331.1平方米。属中间变电站，电源来自110千伏阜城变电站，担负卅铺镇、蔡家庙乡和庆城镇北五里坡村的供电业务。

熊家庙变电站　　2004年1月建。设址熊家庙乡街道，占地3.2亩，建筑面积347.2平方米。属中间变电站，电源来自110千伏西城变电站，担负熊家庙乡和西峰油田的部分供电业务。

玄马变电站　　2004年2月建。设址玄马镇何渠村，占地2.36亩，建筑面积235.95平方米。属终端变电站，电源来自柳树湾35千伏变电站，担负玄马镇供电业务。

凤城变电站　　2004年6月建。设址县城北区庆华小学北侧，占地8.49亩，建筑面积178.41平方米。属综合自动化终端变电站，电源来自110千伏阜城变电站，担负县城北区供电业务。

马岭变电站　　2008年12月建。设址马岭镇马岭村，占地9.5亩。属综合自动化中间变电站，电源来自110千伏阜城变电站，担负马岭镇和部分油田单位供电业务。

土桥变电站　　2010年6月建。设址土桥乡街道，占地5.1亩。属综合自动化终端变电站，电源来自35千伏马岭变电站，担负土桥乡和部分油田单位供电业务。

第五节　用电

一、企业用电

1986—2012年，县内用电企业主要有油田产业辅助生产单位、零散油井、农副产品加工企业、食品加工和日化企业等。1986年，全县企业用电229万千瓦时；1998年，用电量突破千万千瓦时。2009年，企业用电增加到10026万千瓦时。2010—2012年，长庆油田零散油井和县内乡镇企业、民营企业增加，用电量大幅上升。2012年，企业用电达17396万千瓦时。

二、农村用电

1986年，全县农村用电136万千瓦时。1998年，农村用电430万千瓦时。2003年，经过一期农网改造，农村用电量达876万千瓦时，比改造前翻了一番。2007年后，由于实施"户户通电"、农网完善、改造升级等工程，农村用电量大幅度提升，到2010年，全县农村用电量增加到2838万千瓦时。至2012年，农业生产领域的不断拓宽和农民生活水平的快速提升，农村用电量急剧上升，达3618万千瓦时。

三、城镇用电

1986年，全县城镇用电80万千瓦时。2000年后，随着北区开发和城镇化建设的发展，至2009年，城镇用电量达1327万千瓦时。2010年后，城乡一体化进程加快，城镇人口大量增加，居民生活水平大幅提高，至2012年，全县城镇用电达2356万千瓦时，年增长率14.64%。

附：

表 27-5-1　1986—2012 年全县企业、农村、城镇用电量统计表

单位：万千瓦时

年度	企业用电	农村用电	城镇用电	售电量合计
1986	229	135	80	444
1987	281	159	94	534
1988	423	232	136	791
1989	480	251	148	879
1990	585	294	174	1053
1991	657	317	187	1161
1992	784	363	214	1361
1993	822	365	216	1403
1994	831	354	210	1395
1995	825	337	199	1361
1996	890	348	206	1444
1997	996	374	222	1592
1998	1194	430	255	1879
1999	1322	455	270	2047
2000	1447	475	283	2205
2001	1635	515	307	2457
2002	2098	630	376	3104
2003	3056	876	524	4456
2004	4688	1282	768	6738
2005	5980	1557	935	8472
2006	6607	1638	986	9231
2007	7882	1858	1120	10860
2008	9093	2170	1290	12553
2009	10026	2282	1327	13635
2010	12514	2838	1815	17167
2011	16659	3209	2033	21901
2012	17396	3618	2356	23370

四、电价

1986—1990 年，全县照明用电 0.20 元／千瓦时，农村用户还承担配电变压器和低压线路损耗费用；农业生产用电 0.055—0.06 元／千瓦时。1997 年，全县照明用电 0.8 元／千瓦时，农村用户连同承担的配电变压器和低压线路损耗费用计算在内每千瓦时在 1 元以上。1998—2002 年，农村居民生活用电电价由 0.80 元／千瓦时降为 0.61 元／千瓦时。

2003 年 1 月 1 日起，实行城乡居民生活用电同网同价。农村居民生活用电电价由 0.61 元／千瓦时降为 0.47 元／千瓦时，与城市居民用电同价，2006 年 7 月 20 日起，实行非居民照明用电、

商业用电同网同价。2008 年 7 月 1 日起，实行非普工业用电同网同价。2012 年 7 月 1 日起，执行居民生活用电阶梯电价。一户一表居民用户用电 0—160 千瓦时 0.51 元／千瓦时，161—240 千瓦时 0.56 元／千瓦时，241 千瓦时及以上 0.81 元／千瓦时；合表居民、非居民用户用电 0.525 元／千瓦时。

　　附：

表 27-5-2　2003—2012 年全县电价变化情况一览表

单位：元

名称	电度电价							综合电价					
年度	居民生活用电	非居民照明用电	商业用电	非普工业用电	大工业用电	农业生产用电	农业排灌用电	居民生活用电	非居民照明用电	商业用电	非普工业用电	农业生产用电	农业排灌用电
2003	0.47	0.56	0.71	0.48	0.33	0.39	0.19	0.47	0.76	0.90	0.67	0.58	0.32
2004	0.47	0.65	0.79	0.55	0.34	0.39	0.19	0.47	0.85	0.98	0.75	0.58	0.32
2005	0.49	0.66	0.80	0.57	0.38	0.39	0.19	0.49	0.86	0.99	0.77	0.58	0.32
2006	0.49	0.75	0.88	0.58	0.39	0.40	0.19	0.49	0.75	0.88	0.78	0.59	0.33
2007	0.49	0.75	0.88	0.58	0.39	0.40	0.19	0.49	0.75	0.88	0.78	0.59	0.33
2008	0.51	0.78	0.74	0.74	0.42	0.40	0.19	0.51	0.78	0.74	0.74	0.53	0.34
2009	0.51	0.80	0.77	0.77	0.44	0.41	0.20	0.51	0.80	0.77	0.77	0.54	0.35
2010	0.51	0.80	0.77	0.77	0.44	0.41	0.20	0.51	0.80	0.77	0.77	0.54	0.35
2011	0.51	0.81	0.78	0.78	0.45	0.42	0.21	0.51	0.81	0.78	0.78	0.55	0.36
2012	0.51	0.84	0.81	0.81	0.47	0.45	0.23	0.51	0.84	0.81	0.81	0.57	0.38

第二十八章 商贸流通

1986 年后，随着改革开放政策的深化和经济体制改革的实施，全县商品经济由计划分配、统购统销、定量供应模式，逐步过渡到大部分物资和商品实现市场调节、放开经营，多种商业管理机构陆续退出政府序列，商业企业逐步发展成为自主经营、自负盈亏的经营实体。至 2012 年，全县商业经营体制多元化发展，新型商业业态应运而生，民营商业成为各类商业经营主体，全县商贸服务业步入繁荣兴旺时期。

第一节 国有商业

1986 年，国有商业系统由商业局管辖的食品公司、五金公司、饮食服务公司、百货公司、糖酒公司、百货大楼等企业组成，承担国家计划商品流通、分配、销售、供应，主要控制猪肉、食盐、红糖、白糖、铁丝、原钉、卷烟、酒类等计划商品。是年，国有商业社会商品零售总额 1398.4 万元。1990 年后，个体私营商业发展壮大，计划经济时期三级批发流通体制被打破，市场竞争更为激烈，国有商业面临巨大的压力和挑战。到 2006 年，8 户国有商业企业通过产权制度改革，全部转换成股份制企业，职工身份置换为社会自由人，即买断工龄。仅留由原县糖业烟酒公司分离出的烟草公司，因专卖政策而由国家继续经营。

一、百货购销

1986 年，国营百货供销单位有百货公司、百货大楼。百货公司位于县城南街，经营面积 4000 多平方米，固定资产 12 万元。1986 年，内设人秘、业务、计财股，有批零门市 12 个，职工 60 人。1987 年，公司领导班子集体承包经营，一定三年不变，按 11.2% 上缴包干。1988 年，实行效益工资，各经营摊点定任务、定人员，层层落实风险抵押制度，销售额 827 万元，利税 60 万元。1989 年，优化劳动组合，人员层层聘任。1993 年，推行"国有民营"，百货针织、服装鞋帽、劳保、缝纫机等经营班组进行承包经营。1996 年，实施母体裂变，公司一分为二，组建劳保公司，盘活固定资产 300 万元，恢复 3 个门店业务经营。2003 年，被职工整体购买。职工身份置换，买断工龄。

百货大楼位于县城中街，经营面积 3460 平方米，为三层戴帽砖混结构。大楼主要经营针织纺织、服装、五金家电、钟表、副食、文具等，分 7 个班组，有柜台 200 多个、职工 40 人，是县城乃至全区最大的百货销售场所。1986 年，社会商品纯购进 860 万元，社会商品纯销售 822 万元，实现利税 42 万元。1992 年，试行"国有民营"，柜台全部承包给个人经营。是年，社会商品纯购进 1200 万元，社会商品纯销售 1107 万元。2002 年，百货大楼整体转卖。职工身份置换。

二、五金交电化工购销

1986 年，五金交电化工经销业务分五金、交通、电料、化工、家电，经营品种 40 多个，年销

售额 600 多万元。以咸阳地区五金二级站购进为主，辅以兰州、平凉等地五金站。国营庆阳县五金交电化工公司是三级批发站，供应基层供销社、各企业用户，主要经营品种为 20 英寸以下电视机、自行车、单缸洗衣机、收音机、照明材料等。

五金交电化工公司成立于 1962 年，由百货公司分设而来，营业地点位于钟楼巷东口，1986 年有职工 29 人，固定资产 28 万元，经营面积 1000 平方米。年销售额 340 万元，实现利润 5 万元。1987 年，五金交电化工公司实行领导班子集体承包经营。1996 年，推行国有民营，承包核算至个人。在激烈市场竞争中，企业经营每况愈下，1997 年，剥离重组为五金公司、交电公司、化工公司、鸿源公司。2002 年，4 户公司进行改制。职工身份置换，自谋职业。

三、糖酒副食购销

国营糖酒副食购销由糖酒公司、食品公司承担。糖酒公司原名糖业烟酒公司，位于县城中街，国营百货大楼北侧，占地面积 4 亩。1987 年 11 月，全国实行烟草专卖政策，分设烟草公司，糖业烟酒公司更名为糖酒公司，共有职工 25 人，固定资产 13 万元。下设公司业务部，北关、南街、驿马、马岭 4 个批发部，西街、北关、南街 3 个零售门店，主要经营糖酒、副食、调料。食品公司位于县城西街，建筑面积 9385 平方米。1986 年，辖驿马、庆城、马岭等 5 个收购站，太白梁、土桥、南庄、高楼等 15 个收购组，4 个肉食门市，职工 146 人。

四、定点屠宰

1996 年 5 月，在县城进行试点，开始"放活千杆秤，管住一把刀"的生猪定点屠宰。1997 年，本着"就近屠宰，方便经营"的原则，在驿马、太白梁、赤城、马岭、南庄、玄马 6 个乡镇设立定点屠宰场，由畜牧部门派员驻场检疫，并出具统一检疫证明。是年 12 月，国务院颁布《生猪屠宰管理条例》，规定县级以上地方人民政府商品流通行政主管部门负责本行政区域内生猪屠宰活动的监督管理。2000 年，县政府发布通告，在城区推行生猪宰前静养和机械化屠宰，取缔定点厂随到随宰，自宰剥皮原始落后的屠宰方式。2004 年，建成庆城县生猪定点屠宰有限责任公司，厂房占地 3.6 亩，固定资产 420 万元，有猪、牛屠宰车间 3 个，职工 10 人。

第二节　粮油购销

1986 年，农村居民口粮自给自足，城镇非农户居民粮油由国营粮食部门定量供应，通过"价格倒挂"（销售价低于收购价），国家财政对城镇非农户居民粮油消费进行"暗补"，当时，中等小麦定购收购价格每千克 0.49 元，标准面粉供应价每千克只有 0.31 元。县粮食局是全县粮油管理和经营部门，下设县粮油公司、饲料公司、面粉加工厂，11 个基层粮管所，9 个粮站，承担定购粮油的收购、销售、调拨、存储、加工和议价粮油购销，并进行多种经营和食品生产。粮食流通实行国家合同定购和议购议销"双轨制"，原粮定购、成品粮供应价格由国家确定。1987 年实行定购"三挂钩"政策，按销售的小麦、玉米、油料数量挂钩供应化肥、柴油和预付定金。1988 年，全县粮食工作推行产量、收购、销售、调拨、财务"五包干"制度，包干一定三年，三年统算。1992 年，国务院决定适当提高粮食购销价格，实行粮食购销同价，价格基本放开，国营粮食企业平价粮食进价成本一律改按提高后的国家定购价格核算，粮食购销价格倒挂现象宣告终结。

1993 年，取消非农户口粮定量供应，粮票作废，粮食购销"双轨制"结束，粮食市场更加活跃。农村出现粮食经纪人和粮食商贩，农民完成国家定购任务后，余粮或家庭存储或议价出售，商业、供销、用粮企业纷纷进入粮食市场，形成竞争局面。1998 年，进行粮食流通体制改革，除国有粮食系统外，任何单位和个人禁止直接从农民手中收购粮食。1999 年，允许部分企业收购自用粮。2004 年，国务院《粮食流通管理条例》颁布实施，粮食收购环节实施收购资格准入制度。至 2012 年底，全县具备粮食收购资格的经营主体 32 户，其中个体经营 17 户。

1986 年，城镇居民定量供应的主要品种是面粉、小米、玉米面，逢年过节调剂一些大米。随着粮食产量连年增加，粮食市场品种不断增加。1993 年取消非农户定量供应后，粮店承包经营，面粉、大米、豇豆、绿豆等粮食品种供应充足，并兼营挂面、馒头、点心等食品。2012 年，全县粮食储备量为 34000 吨，市场粮源充足，品种繁多。居民粮食消费转向购买馒头、面条等成品。

一、粮油收购

1986—1997 年，粮食工作在计划经济体制下运行，粮油收购实行合同定购，累计征（定）购粮食 41603 吨。期间，县粮食局、乡镇政府每年秋季组织村委会与村民签订收购合同，合同中明确应交售粮食的品种和数量；村民按合同任务向粮库交售粮食；粮站严格按照国家政策，除农业税以外，不代扣任何款项。部分弃农经商或在农田种植经济作物，没有粮食可交的农户，向粮食部门交差价款，差价款由当年的定购价格和当时的市价确定，农民交差价款后，由粮站购进议价粮，弥补当年的购粮任务亏缺，合同定购以内的粮食，按定购价收购，定购任务以外的粮食，由粮站按照随行就市，略低于市场的原则收购。

1998 年，进行粮食流通体制改革，取消粮食定购，粮食执行按保护价收购政策。粮食系统选定 17 家粮食企业为收储企业，坚持常年、常时、挂牌、按保护价敞开收购农民余粮。当年粮食年度（3 月至次年 3 月）累计收购小麦 8401 吨，其中定购 4000 吨，保护价收购 4401 吨。此后，每年新粮上市前，由省政府规定小麦和玉米保护价。2000 年后，个体私营企业纷纷参与粮食收购，但国营粮食部门仍然是主渠道。

二、粮食销售

1986—1993 年，国家实行粮食供、销、调包干政策。1986—1992 年，上级粮食部门核定全县每年调入粮食 11978 吨，销售指标为 8901 吨，累计调入 83846 吨，销售 71209 吨。销售对象主要是城镇非农户口粮供应和食品酿造业、饲料企业用粮，核定非农户口粮销售 2694 吨，定量标准：机关事业人员每人每月 14 千克，体力劳动和特殊岗位略高。定量供应的普通面粉每千克 0.34 元，优质面粉 0.48 元；平价食用油每千克 1.56 元，半平价 4.08 元。

议价粮按照议购价格，加合理费用和适当利润，确定销售价格。在粮食账目和保管上严格分开。议价粮销售主要有 3 个渠道，一是由上级粮食部门批准，核定数量，就地搞议转平，弥补定购粮的不足；二是由各粮站自由购销，调剂余缺；三是供应面粉厂、饲料厂等加工单位自用。1996 年，取消城镇居民的定量供应，市场粮价一度上涨，面粉每千克 1.98 元。政府一方面保证粮食市场供应，另一方面整顿粮食市场，国营粮店统一挂牌限价销售，平抑粮价，粮价上涨得到抑制。

1998 年，按保护价收购、销售。居民口粮供应逐渐由股份制企业和个体粮油店承担。市场上粮食品种繁多、数量充盈，2012 年，标准面粉销售价格为每千克 3.92 元。

附：

表 28-2-1　1986—2012 年全县粮食购销统计表

表 28-2-1　　　　　　　　　　　　　　　　　　　　　　　　　　　　　　　　　单位：吨

年度	收购	销售	年度	收购	销售
1986	2791	16363	2000	2620	2376
1987	1317	16294	2001	5963	5500
1988	4419	11074	2002	16636	15324
1989	3583	11552	2003	18682	31824
1990	3550	10152	2004	20125	22802
1991	3556	23199	2005	19763	22250
1992	3312	9498	2006	11640	16710
1993	6401	2704	2007	36682	28836
1994	9645	8395	2008	21000	19000
1995	3503	15639	2009	19190	22730
1996	6948	8718	2010	22444	24723
1997	8825	2939	2011	26410	24861
1998	8401	3117	2012	26894	26299
1999	4394	5186	—	—	—

三、粮油仓储

1986 年，全县粮食系统有各类仓房 37 座，总仓容量 22760 吨。2006 年，有各类仓房 36 座，总仓容量 15997 吨。2007 年 1 月，组建庆城县汇丰粮食有限责任公司，为国有独资。2009 年 8 月，公司更名为庆城县地方粮食储备库，有各类仓房 13 座，总仓容量 9000 吨。

全县粮食储存安全贯彻"以防为主，综合防治"方针，实现"四无"（无害虫、霉变、鼠雀、事故）粮仓目标。1986 年，完善和健全仓容档案，按仓廒实行卡片制，一仓一卡、仓卡相符，仓容管理走向规范化和科学化。1988 年，全县各种储粮和油品全部安全储存，粮仓保管损耗降低到 2‰ 以内。1991 年 12 月，庆阳县被国家商业部评为全国粮油安全保管工作先进单位；1997 年 10 月，被省粮食局评为"四无"粮仓先进县。至 2012 年，连续 15 年被省粮食局列入"四无"粮仓一类县。

第三节　物资流通

1986 年，物资流通主渠道是国营物资总公司。其中：煤炭、沥青等由煤炭公司经营，钢材、水泥、木材、生铁、焦炭、烧碱、纯碱等指令性计划内原材料由物资公司经营，计划外原材料由县物资贸易中心和物资公司共同经营，废旧金属由物资公司及其委托的供销社负责回收，交由物资公司串换钢材。

1986—1988 年，物资系统经营的主要生产资料价格实行"双轨制"，一部分由国家分配并统一定价，另一部分按市场行情自行定价。国家分配定价部分由物资部门负责采购，落实分配到各使用企业和单位，每年分配钢材 2000 吨、木材 800 立方（油田单位除外）。1989—1990 年，非农生产资料由实物分配改为资金补助，即企业所需物资列出计划，报县计委、物资部门批准后，自行到市场上采购，年终由物资部门给予适当补助，两年补偿企业15万余元。随着流通体制改革不断深入，国家通过指令性计划调拨的物资品种、数量逐年减少，指导性计划和市场调节的范围不断扩大，物资企业从独家经营、条块分割、渠道单一的封闭体制，向横向联合多渠道少环节开放式的体制转变；从单一的物资调拨发展为包括资金、信息、技术、人才、管理、改革等全面合作，政企职责分开，自主经营、自负盈亏的企业。1990年后，物资企业转换经营机制，实行承包责任制，各专业公司打破专业界限，开展多种经营，实行股份制改造，但由于体制和经营管理等各方面的原因，国有物资企业利润连年下降，亏损额逐年上升，毛利率连年走低，费用率逐年上升。1993年，物资总公司旗下企业均已资不抵债。

1995年后，物资流通以市场经营为主渠道，全县经营钢材企业15家，经营木材企业10家，煤炭企业4家，水泥企业6家。1997年，物资总公司破产，煤炭公司整体出让。至2012年，全县经营钢材企业20家，木材企业15家，煤炭企业8家，水泥企业10家，形成稳定的物资流通体系。

附：

表 28-3-1　1986—2012 年庆城县若干年份主要生产资料经营情况表

单位：吨、立方

项目 销售量 年份	钢材	木材	水泥	煤炭
1986	3500	2700	3000	77000
1990	4500	3000	2800	100000
1995	5000	4000	5000	250000
2012	12000	6000	15000	1300000

一、成品油购销

1986年，成品油经销主要由县石油公司负责，石油公司是独立的成品油经销企业，归甘肃省石油公司庆阳地区分公司领导。价格"双轨制"体制下，农用柴油销售由县农机管理局和供销社负责，各基层供销社设有售油点。由于售油点较少，机关、企业多建有油品库，将由石油公司购进的油品，盛放在油桶或储油罐中，随用随加。20世纪90年代后，个体加油站不断增加。2012年，全县有加油站6个，年销售成品油3万多吨。

二、物资交流大会

20世纪80年代初，大规模的物资交流活动得以恢复。流通领域的开放搞活，满足了人民群众物质生活需要，促进了市场繁荣。物资交流大会多在秋季进行，城区每年举办1—2次。1988年9月17日至23日，庆阳地区第二届商品交易大会在县城举行，成交额9900万元。

驿马、马岭、桐川、蔡口集、赤城等农村传统物资集散中心也先后举办物资交流大会。物资交流大会期间，商贾云集，在指定地点搭棚设点，销售商品。商品种类繁多，有服装布匹、家用电器等货物数千种，日聚上万人，物资交流大会经久不衰，对促进商品流通起到了积极作用。

第四节　供销合作

　　1986年，县供销系统由11个基层供销社，2个直属单位，20个分销社组成，负责全县城乡物资交流、农副产品销售收购、生产资料供应。全县农村均设销售点，农民生产的农副产品的收购，农村生活必需品主要由供销系统提供保障。随着国家改革农产品统购制度、全面开放农产品政策的实施，供销社服务领域和服务效能已不能适应农村商品生产的要求。1987年，国务院批转国家体改委商业部、财政部《关于深化国营商业体制和供销合作社体制改革意见》，所属经销公司和供销社实行抵押招标承包责任制，由中标者自主经营，自负盈亏，按承包期向县供销联合社缴纳承包金。1995年，中共中央、国务院作出《关于深化供销合作社改革的决定》，明确把供销合作社办成农民经济合作组织的改革方向。但随着农业生产资料等专营商品市场逐步放开，供销社部分商品的垄断经营地位在多元化经营及竞争中陷入困境，出现资金紧张、业务萎缩、人才流失、效益滑坡现象。1996年，县供销社进行人事、分配、劳动三项制度改革，精简机构，裁减冗员，全面推行岗位技能工资和全员劳动合同制。1997年，全县基层供销社采取抽资租赁办法，进行第二轮承包。2000年后，供销系统进行企业产权制度改革，农副公司、驿马土畜站、贸易公司整体拍卖，生资公司、日杂公司议价出售，驿马农副公司、马岭物资回收公司破产。2012年，供销系统有基层供销社6户，村级综合服务站71个，从业人员100多人。

一、农业生产资料购销

　　1993年前，农业生产资料采取统一计划、统一分配调拨的计划体制、经营方式。化肥由庆阳地区生产资料公司按计划调拨到县农业生产资料公司，再分配到基层供销社，销售给农民；农药、农用地膜、中小农机具实行按需订购，由县生产资料公司进货经营，农资商品销售价格统一由物价部门审核定价。

　　1993年，农资市场放开，实行多口经营，化肥价格上涨，假冒伪劣农资商品一度泛滥。1994年，国家恢复农资专营，市场渐趋稳定。2000年后，组建农资配送中心，实行连锁配送，较好地解决了假冒伪劣农资坑农害农现象。

　　附：

表28-4-1　1986—2012年县供销社农业生产资料销售量统计表

单位：吨

种类 年份	氮肥	磷肥	复合肥	农药	农膜
1986	3691	2259	561	23.29	6.80
1987	5257	3115	554	8.47	32.98
1988	5421	3489	664	17.66	0.63
1989	4753	5905	562	19.25	45.24
1990	6376	4861	513	13.84	32.55
1991	7935	4087	401	21.13	84.99
1992	6895	4377	945	3.87	98.40
1993	2896	3986	473	2.18	50.24
1994	2398	3529	213	1.45	26

续表 28-4-1

年份 \ 种类	氮肥	磷肥	复合肥	农药	农膜
1995	2976	3394	201	2.18	133
1996	3393	3721	360	6.70	64
1997	4637	5483	329	3.16	35.04
1998	3552	6141	347	5	26
1999	1024	2145	160	2	42
2000	2476	3803	560	5	25
2001	3695	3530	397	2	59
2002	3860	1700	1456	9	22
2003	3830	3102	620	8	50
2004	3291	3814	1595	24	141
2005	3112	3641	1418	25	146
2006	3020	3822	1950	3	279
2007	9935	9980	3970	15	189
2008	10100	6550	6190	20	140
2009	12550	13200	9410	40	126
2010	6000	4700	4200	55	130
2011	8400	8400	410	71	173
2012	8946	7854	1091	75	189

二、日用工业品销售

1986 年，供销社经营日用工业品的企业有供销贸易公司、日用杂货公司及各基层供销社，经营品类为手表、电视机、自行车、缝纫机、针织品、文化用品等。所有企业均由集体经营，县联社对商品统一管理，按指令性计划调拨和定价。全年日用消费品销售总额862万元。1993年，日用消费品市场全部放开，由经营企业和班组承包人进行商品采购，自行定价销售。供销系统经营日用工业品的企业与生产厂家签订合同，采用总经销、总代理方式开展经营活动，商品品种日益丰富，销售额增加。2012年，全县日用工业品销售总额达22493万元，是1986年的26.1倍。

附：

表 28-4-2 1986—2012 若干年份县供销系统日用工业品销售情况统计表

单位：辆、架、台

年度	自行车	电视机	缝纫机	洗衣机	电冰箱
1986	12000	4500	5000	1015	—
1990	25000	6420	6500	2253	262
1995	18500	12862	7650	4967	2231
2000	20000	18431	3200	5820	3649
2005	15000	31500	1620	5804	5060
2012	3018	28063	—	5025	5780

三、农副土特产品收购

20 世纪 80 年代，农副土特产品经营主要通过供销渠道销往外地。20 世纪 90 年代，个体户兴办公司增多，外地客商也设点或委托他人经营，出现多家竞购局面。20 世纪 90 年代中期，供销社购销下滑。2000 年后，基层供销社农副土特产品购销逐步恢复。

附：

表 28-4-3　1986—2012 年县供销社主要农副产品收购量统计表

单位：吨

年份	黄花菜	杏核	杏干	小杂粮	羊绒	羊毛
1986	581.31	101.63	357.30	500	4.08	151.51
1987	503.75	124.07	536.39	600	2.88	136.74
1988	877.54	237.10	1188.75	550	0.89	151.29
1989	766.11	347.85	676.32	517	3.49	101.44
1990	1050.09	127.47	258.47	612	1.91	249.98
1991	1012.56	105.74	250.82	632	0.72	245.13
1992	835.8	244.40	762.27	513	1.43	101.56
1993	823.8	264.39	782.14	470	0.3	101.32
1994	788.43	171.64	338.12	536	—	15.79
1995	680.97	181.43	390.98	571	—	9.83
1996	891	344.11	397.23	546	0.05	11.34
1997	11.45	163.73	309.22	610	0.2	4
1998	575.2	50	102.2	550	0.3	6
1999	156.5	75.1	120.5	603	0.4	105
2000	76.2	72.3	66.1	509	0.1	140
2001	87.8	92.7	79.6	572	0.3	130
2002	55	480	310	506	0.3	80
2003	634	526	360	517	0.4	70
2004	513	510	130	508	0.5	55
2005	564.8	1420	502	582	0.3	47
2006	1360	280	200	571	0.6	67
2007	830	600	600	100	0.7	63
2008	1200	900	1000	500	0.5	60
2009	950	600	600	500	0.4	61
2010	700	150	50	1500	0.5	120
2011	600	200	100	600	0.4	63
2012	650	150	150	600	0.5	61

四、日用消费品经营

日用消费品是供销社长期经营项目，主要包括棉纺针织、百货文具、五交电化、烟酒糖茶、副食杂品等 10 多个大类，一直在各项经营中占主导地位。1990 年后，个体、民营企业增加，供销社网点减少，销售额下降。

五、废旧物资收购

1985 年，成立庆城县废旧物资回收公司，通过延伸经营网点，组建废旧物资交易市场，配合公安规范行业行为等措施，取得较好成效。1992 年起，将回收重点放在废旧物资上，逐步发展成为个体经营。2012 年底，全县有废旧收购企业和网点 65 家。

附：

表 28-4-4　1986—2012 年全县若干年份废旧物资回收统计表

单位：吨

年份 品名	1986	1990	1992	1998	2000	2003	2005	2012
钢铁	950	1200	1540	1860	2200	2260	2910	3000
有色金属	30	35	47	52	53	65	70	71
废胶	13	21	12	24	26	23	24	22
废塑料	18	19	23	24	27	26	22	21
废纸	15	17	18	21	20	23	25	24

第五节　专营专卖

1986—2012 年，陆续实现专营专卖的商品有烟、酒、食盐、烟花爆竹。

一、酒类专卖

1986 年，酒类由县糖业烟酒公司负责销售。20 世纪 90 年代，酒品供应逐步转为市场供应，全县除白酒消费外，啤酒销量也在逐年增加。1997 年后，酒类商品普遍实行"总经销""总代理"经营方式，来源更加清楚，质量得到保证。2005 年，成立县酒类商品经营管理局，实行酒类商品专营管理，监管酒品销售市场，实行酒类商品经营备案登记，酒类商品流通随附单制度。至 2012 年底，全县备案登记 1000 多户酒品经营企业和单位。

附：

表 28-5-1　1986—2012 年全县若干年份酒类商品销售量统计表

单位：吨

年份 品名	1986	1990	1995	2000	2004	2010	2012
白酒	200	880	1200	800	732	520	366
红酒	20	25	26	29	32	35	34
啤酒	280	561	2846	971	1265	2327	2463
合计	500	1466	4072	1800	2029	2882	2863

二、烟草专卖

1986 年，烟草批发业务由县商业局糖业烟酒公司负责，零售业务由商业、供销系统的基层商业网点和个体商户经营。1987 年，成立庆阳烟草分公司庆阳县批发部、庆阳县烟草专卖局，

从糖业烟酒公司划分出来，单独设立，隶属县政府，负责全县烟草市场管理和卷烟批发供应，在县城西街中段建有烟草批发专用仓储设施，卷烟实行政府专卖专营，设有城关、驿马 2 个城乡批发网点。

1991 年 6 月，《中华人民共和国烟草专卖法》公布实施，卷烟实行国家专卖专营。同年，县批发部更名为县烟草公司，与县烟草专卖局合署办公，脱离地方，划归为中央直属企业，隶属于省烟草公司，烟草批发业务由县烟草公司所设的城乡批发网点负责，其他单位和个人不得从事烟草批发业务。烟草制品运输实行《准运证》，生产、批发、零售实行行政许可证制度，同时完善卷烟计划调拨管理，到 1997 年，全县烟草批发网点扩大到 4 个，经营面积 774 平方米，送货车 2 辆。2005 年，推行城网"访送分离，集中配送"新模式。2006 年 5 月，撤销甘肃省烟草公司庆城县公司，成立庆阳市烟草公司庆城营销部，保留庆城县烟草专卖局。至 2012 年，全面普及网上订货业务，全年销售卷烟 9006.67 箱，其中地产烟 4671.1 箱，卷烟单箱销售额 21605.2 元。

烟草专卖局经常检查卷烟市场，查处卷烟制假售假活动。1989 年，卷烟专卖市场稽查人员配发全国统一制式的《烟草专卖检查证》。1988—2012 年，全县没收走私、假冒卷烟 142 箱，查处贩藏假冒珍品"兰州"卷烟及假冒防伪标识案 1 起，查获假冒防伪标识 210 张，25410 枚；查处无证运输烟叶案 1 起，涉案烟叶 7.78 吨，案值 11.68 万元。

附：

表 28-5-2　1987—2006 年全县卷烟销售数量统计表

单位：箱

年份	销售量	年份	销售量
1987	2190.3	1997	3858
1988	3353.3	1998	4248.8
1989	3663.6	1999	4029
1990	3720	2000	3601
1991	3887.8	2001	4480
1992	3603.6	2002	6266.8
1993	3056.8	2003	7160.5
1994	3247.6	2004	7892.1
1995	3622.8	2005	9058.8
1996	4154.6	2006	8655.1

三、食盐专营

1986 年，庆阳县盐务管理站成立，负责各零售门店食盐供应，隶属县商业局。食盐销售由陕西咸阳二级批发站提供食盐货源，省物价局统一定价。1992 年 1 月开始，食盐由原来的散装变为 1000 克小包装盐。1994 年 1 月起，部分袋装食盐内加入"碘"。1996 年，国务院《食盐专营办法》颁布，食盐开始实行专营。2002 年 5 月，县盐务管理站更名为甘肃省庆城县盐务管理局，隶属省盐务管理局管理，负责县内盐业市场监管、行政管理、行政执法，发放食盐批发、零售许可证。2006 年 5 月后，经营品种由单一的精致碘盐陆续扩大到竹盐、菇盐、"绿色食品"加碘精制盐、

海藻碘盐等多品种营养盐。至 2012 年底，全县有盐业公司批发部 1 个，下设驿马库区，零售门店 500 多户，全部实行送销上门服务。全年销售食盐 1282.3 吨。

1986—2012 年，全县查处重大盐业非法案件 152 起，查获违法盐产品 296 吨。

附：

表 28-5-3　1986—2012 年全县食盐销售及稽查统计表

单位：吨、万元

年度	销售数量	年度	销售数量
1986	600	2000	880
1987	650	2001	1040
1988	700	2002	1102
1989	750	2003	1197
1990	730	2004	1146
1991	710	2005	1417
1992	720	2006	1186
1993	730	2007	1302
1994	750	2008	950.6
1995	760	2009	898.2
1996	780	2010	1084.4
1997	810	2011	1308.4
1998	860	2012	1282.3
1999	870	—	—

四、烟花爆竹专营

1986 年，烟花爆竹销售由土产公司内部的一个烟花经营班组负责，个体私营土产日杂商店也广泛经营。1999 年 10 月，根据国家对烟花爆竹实行专营的要求，烟花爆竹从土产公司分离出来，组建烟花爆竹专营公司，禁止其他个体和私营企业经营烟花爆竹业务。2012 年，全县有烟花爆竹专业经营门店 21 个，季节性临时网店 70 多个，年销售总额 120 万元。

第六节　个体私营商业

20 世纪 80 年代初，出于落实政策和安排生计考虑，开始允许一批原个体工商业者重操旧业，允许城市无业人员从事个体商业经营。个体经济首先出现在餐饮业、修理业（自行车修理，黑、白铁加工等）和零售商业，地点集中在县城北关、汽车站、十字街和西街。私营经济发展最突出的领域是零售商业，以卖水果、蔬菜、炒货的小贩，烟酒副食零售商店为主。1986 年，全县登记个体工商户 135 户，从业人员 271 人，注册资金 9.6 万元，营业额 814.5 万元。1987 年，县政府划拨县招待所停车场土地 6676.6 平方米，建设凤城商场，农民开始入城经商。20 世纪 90 年代，县委、县政府号召临街机关单位"破墙建店"，并制订一系列鼓励、扶持个体私营经济发展的优惠政策，坚持解放思想，放宽政策，简化办事程序，使全县个体私营经济得以较快发展。1991 年，全县个

体工商户 826 户，从业人员 1806 人，注册资金 296 万元。1999 年，全县个体工商户 2426 户，从业人员 4852 人，注册资金 558 万元。

2000 年后，随着县城中街商场、批发市场、商业大厦以及驿马、马岭等地兴建的一大批专业市场落成，全县个体私营商业有了宽广的发展空间，个体私营经济进入第三次发展高峰。2012 年，全县个体工商户 7167 户，从业人员 16793 人，注册资金 44420.5 万元

附：

表 28-6-1　1986—2012 年全县个体工商业发展统计表

单位：户、人、万元

年份	户数	从业人员	注册资金
1986	135	271	9.6
1987	188	318	13.4
1988	249	435	22.3
1989	356	549	28.6
1990	567	893	170
1991	826	1806	296
1992	1038	2387	344
1993	1267	2787	380
1994	1545	3399	452.5
1995	1892	3784	473
1996	2019	4038	504.7
1997	2237	4474	514.5
1998	2361	4722	543
1999	2426	4852	558
2000	2512	4982	596
2001	2591	5182	648
2002	2646	5292	662
2003	2676	5352	695.8
2004	2693	5386	727
2005	2702	7860	2193
2006	3339	9217	4967
2007	3259	7095	7131
2008	4128	8850	13584.1
2009	4762	9768	17907.6
2010	5699	11529	25358
2011	6782	15615	32498.8
2012	7167	16793	44420.5

第七节　专业市场

1986年，全县有集市和各类专业市场12个，经营小商品批发、皮毛、玩具、蔬菜果品、建材、大牲畜等各类商品。20世纪90年代，全县累计投资775.4万元，先后在一些商品贸易发达的地方建起了固定的交易场所，既解决了占道交易，沿街叫卖的问题，又促进了商品流通。陆续建成凤城商场、皇城农贸市场、育才路蔬菜市场、庆城镇批发市场、赤城乡牲畜市场、高楼乡牲畜市场、玄马镇农贸牲畜市场、马岭镇牲畜市场、卅铺镇牲畜市场、阜城村农贸牲畜市场、钻二农贸市场、董家滩村农贸市场和韩家湾村农贸市场，总占地6096.9平方米，其中：年成交额百万以上2处，50万元以上11处。

市场选介

巨鑫农贸市场　位于白马铺乡白马村，2011年建成使用，占地面积7637.15平方米，主要经营农副土特产、包装材料等，总投资985万元，摊位160个，固定摊位60个，零散摊位100个，从业人员325人。

北区蔬菜市场　位于县城北区，2008年建成使用，占地面积3000平方米，主要经营蔬菜、肉类等，总投资320万元，摊位84个，固定摊位54个，零散摊位30个，从业人员256人。

阜城集贸中心　位于卅铺镇阜城村，2012年建成使用，占地面积36018平方米，主要经营农副土特产、餐饮住宿、日用百货等，总投资9800万元，摊位430个，固定摊位189个，零散摊位241个，从业人员865人。

运输处农产品批发市场　位于县城建材路，2008年建成使用，占地面积1700平方米，主要经营鲜活农产品、蔬菜、肉类等，总投资700万元，摊位84个，固定摊位56个，零散摊位28个，从业人员251人。

商业步行街　位于县城北区，2003年由温州商会开发建设，总建筑面积为12000平方米，有商业门面100多家，主要经营服装及百货日用品。

百佳超市　位于县城北吊桥北100米处，2008年创办，总投资612万元，主要经营日用百货、食品粮油，生鲜蔬果等10多个大类，近万种商品，经营面积3000平方米，员工150人。

联华超市　位于县城北区，由庆阳市联华商贸有限责任公司投资经营，2005年7月营业，总投资368万元，员工80人，营业面积1600平方米，主要经营日用百货、烟酒副食、粮油水产、蔬菜水果、干果调料、生鲜熟食、金银珠宝、通信器材等。

天天乐超市　位于县城北吊桥南100米处，2005年3月开业，营业面积2600平方米，主要经营日用百货、烟酒副食、五金交电、金银首饰、床上用品、日杂用品、粮油肉食等，2012年转营，更名为武商购物广场。

百货副食采购供应站　位于县城中街，1989年2月成立，下设庆城县万家乐购物超市和庆城县百货副食采购供应站名烟名酒城两个销售网点，营业面积2800平方米。2012年，资产总额600万元，员工102人。

商品配送中心　位于县城庆华路北段，总投资2100万元，占地面积10亩，建筑面积4300平方米，有商品仓储房95间。2010年10月投入使用，2012年，扩建仓储房2000平方米。商品配送面辐射庆城、华池30多个乡镇760个配送网点，配送半径162千米以上，配送大类2900类、单品4700个，年配送总额6800多万元，带动新增或改造农家店10个、新增营业面积880平方米、投资121万元，就业702人。

第八节　对外贸易

　　全县商品出口贸易始于1990年。当年原庆阳县驿马甘草酸铵厂生产的甘草酸铵粉出口日本、韩国、港、澳等国家和地区，出口创汇23.5万美元，以后逐年发展壮大。2001年，甘肃泰和绿色食品有限公司实现创汇20万美元。2007年，全县具有自营出口权的企业14户，间接出口供货企业达到50多户，出口创汇额2800万美元。2012年，全县外贸企业达23户，其中资产上千万元的企业5户，具有自营进出口权企业5户。

外向型企业选介

庆阳市恒盛果汁有限公司　　2003年3月成立，原名庆城县恒盛土特产贸易有限公司，法定代表人夏殿邦。位于庆阳市驿马出口创汇示范园区，建筑面积11872.25平方米，其中生产贮藏车间9752.25平方米，各类生产设备200多台（件），总资产5500万元。2007年8月，取得省商务备案、海关登记、商检卫生注册等证书和自营进出权。是年，收购加工苹果45000吨，生产浓缩果汁6150吨，实现产值6033万元，上缴税金180万元，出口创汇955万美元。2012年，生产果汁5500吨，实现产值7258万元，上缴税金60万元，出口创汇562万美元。

庆城县果仁食品有限公司　　创建于1997年8月，位于驿马出口创汇示范园区，占地面积17亩，建筑面积5800平方米，是一户拥有自营出口权的股份制民营企业，法定代表人闫会成，主要从事农产品收购、加工、出口。总资产8913万元，辖加工厂2处，设有兰州、天津、青岛对外销售办事处，常年生产工人600多人。有程控自动化色选机3台（套）、自动化清洗去石机2台（套）、杏仁生产线一条及其他自动化设备65台（套），年加工白瓜子4700吨、杏核2000吨、葵花子10000吨，出口创汇650万美元，实现收入4500万元，产品销往美国、欧盟及东南亚等国家和地区。先后被外商协会授予"最佳供货商"，甘肃省"重合同，守信誉"企业，甘肃省银行协会"诚心客户"，庆阳市委、市政府"出口创汇先进企业""先进民营企业""农业产业化重点龙头企业""庆阳市十强企业"等称号。2012年，加工白瓜子3100吨、油葵7100吨，完成销售收入5200万元，工业增加值1684万元，出口创汇360万美元，实现利税789.5万元。

宝源果蔬食品公司　　2002年成立，位于驿马出口创汇示范园区，为股份合作制企业，法定代表人范守仁。占地24亩，总资产2100万元，其中固定资产1600万元，有各类生产设备60多台（套），常年生产工人220人。先后开发出膨化苹果脆片、苹果丁和杏脯、桃脯等食品20多种，产品大部分远销欧美、东南亚等国际市场。企业被确定为全市"科技创新"和"农业产业化"龙头企业。至2012年，累计出口创汇420万美元。

庆阳亨阳土产有限公司　　2003年4月成立，位于白马铺乡新北环路旁，占地9800平方米，建筑面积7500平方米，法定代表人史雄英。主要经营杏仁、光板瓜子仁、葵花子仁、无壳瓜子、黄花菜、小杂粮等农副土特产品，总资产7549万元，常年生产工人508人。2003年6月，取得自营进出口经营权，产品主要销往荷兰、德国、英国、加拿大、乌克兰、泰国、中国香港等国家和地区。先后被评为农行甘肃省分行"AAA"级信用企业、庆阳市农业产业化"重点龙头企业"、庆阳市骨干工业企业、庆阳市非公有制经济"十佳企业""甘肃省农业产业化重点龙头企业"。2012年，加工各类农产品4500吨，完成销售收入9500万元，工业增加值3077万元，出口创汇85万美元，实现利税980万元。

庆城县腾阳食品有限公司　　2002年4月成立，位于庆城县驿马镇熊家庙乡，占地面积9000平方米，总资产2200万元，员工150人，法定代表人王维仓。主要经营白瓜子、葵花子仁、小杂粮、脱水果蔬、果脯等农副土特产品的收购、加工和销售，主要产品有白瓜子仁、葵花子仁、脱水黄花菜、脱水杏仁、脱水苹果圈、脱水苹果粒、杏脯、桃脯、梨脯等，年生产能力2000吨以上，主要以直接出口和间接出口的方式销往欧洲、美国和东南亚等地。2008年，被庆阳市确定为农业产业化重点龙头企业。2012年，实现产值7731万元，完成销售收入4800万元，实现利税310万元，出口创汇7万美元。

庆城县宝蕾农副贸易有限公司　2004年3月成立，位于驿马镇工业园区，法定代表人麻秀，注册资金100万元，总资产1314万元，占地面积5300平方米，建筑面积3600平方米。拥有各类生产设备12台（件），白瓜子生产线2条，季节性生产工人100多人。主要经营南瓜子仁、杏仁等农副产品，产品远销美国、德国、英国、日本等国家和地区。2012年，加工白瓜子仁、杏仁等农副产品2000吨，完成销售收入2100万元，工业增加值680万元，实现利润184万元。

庆阳市嘉利土特产有限公司　2004年12月，创办于驿马镇工业园区，法定代表人范德广。公司集购、产、销为一体，注册资金200万元，总资产2717万元。公司拥有管理人员35人，下设办公室、财务部、采供部、质检部、商务部、生产部；拥有南瓜子仁生产设备17台（套），油葵子仁生产线2条。生产的光板南瓜子、雪白南瓜子、光板南瓜子仁、无壳南瓜子仁、油葵仁、杏核、杏仁、黄花菜、杂粮等产品远销北京、上海、天津、广州等大中城市。2012年，加工各类白瓜子1200吨，完成产值7630万元，实现营业收入3142万元，工业增加值1017万元，净利润376万元。

第九节　服务业

1986年，除批发、零售商业外，服务业主要行业有餐饮、旅店、理发、照相等，从业人员2860人。随着社会经济的发展和人民生活水平的提高，服务行业领域不断拓宽，陆续出现洗浴、洗染、洗车、家电维修、家政服务、物流和二手车交易等行业。至2012年，全县服务行业从业人员13000人，餐饮、旅店、理发、照相等服务业在质量、服务、经营理念、规模、档次等方面，都发生了巨大变化。

一、餐饮业

1986年，全县有餐饮企业52户，从业人员346人。随着国有、集体企业的改制，个体企业的勃然兴起，餐饮业高、中、低档次齐全，主、副食品种繁多，质量不断提高，营业时间灵活多变。2001年，全县餐饮企业达到800多户，从业人员3200多人，年营业收入3100多万元。由于油田单位搬迁，餐饮业一度萎缩，至2007年，全县有315户，从业人员为1620人，营业收入为2070万元。2012年，全县餐饮业从业人员4000多人，限额以上餐饮企业有盛馨源大酒店、乡老坎餐饮有限责任公司、庆城宾馆、阿关鲍翅酒楼、凯悦大酒店、重庆美食城、驿兴大酒店等18户。传统的两片席、三角席、八拷五被川菜八凉八热所代替；传统的面食有饸饹面、手工擀面、扯面、剁面、拉面、饺子，小吃有煎饼、卟啦、洋芋筋筋、凉皮、凉粉、油煎黏面、酥合子、油糕、馓子、搅团等。臊子饸饹面被中国第四届美食协会评为"甘肃名小吃"，庆城宾馆制作的"庆城岐黄养生宴"、酥合子被评为"甘肃名宴"和"甘肃名点"。

二、旅店业

1986年，全县有各类旅店60多户，主要分布在县城、石油矿区和乡镇政府所在地，年收入160—170万元。2002年后，个体旅店快速发展。2012年，庆城宾馆发展成为拥有资产近亿元，设

有豪华总统间、单间、标准间，床位 400 多张的三星级政府指定接待饭店。是年底，全县床位在 50 张以上的商务宾馆 50 多家，个体小旅馆 100 多家，规模较大的有新世界商务宾馆、长庆一招、金融饭店等，营业收入 6505 万元。

三、理发业

1986 年，全县有国有、集体、个体理发店 30 多家，服务项目比较单一，男剃头、刮胡子、理短发，女剪发，一个经营门店从业人员为 1—2 人，最多不超过 7 人。随着人们生活水平的不断提高和对美好生活的追求，理发服务发生了很大的变化，由此衍生出新的美容美发行业。2012 年，全县有理发馆、发艺工作室 170 多家，其中美发美容院 18 家，理发美容行业收入达到 5000 多万元，其服务的项目已由原来的几项发展到护发、吹、剪、烫、焗、染、盘头等十多种服务项目，有的经营门店从业人员达到 20—30 人，已具备成套的服务设施，其服务价格已由原来几元钱到几百元，甚至上千元。

四、照相业

1986 年，全县有照相馆 6 家，总收入 1.8 万元。当时都用大胶片排版照相，满后统一冲洗，彩色照片用 135 彩色相机照，一卷用完后统一冲洗，个人家庭用 120（海鸥）黑白照相机，每卷只照 12 张照片，135 彩色相机多为日本进口的，每卷能照 31—33 张，最流行的胶卷有富士、柯尼卡、柯达、索尼、乐凯（国产）等。随着人们消费水平的不断提升，照相业迅速发展，从普通照相馆到接纳婚纱摄影、个人写真等较大型的高档影楼、影城。2012 年，全县照相馆、婚纱摄影楼有庆城县东风照相馆、蒙娜莉莎婚纱摄影楼、台北新娘婚纱影楼、薇薇新娘视觉婚纱摄影室、新星娘婚纱写真馆、祥瑞摄影制作中心等 24 家，年营业收入 1600 万元。

五、洗浴业

1986 年底，全县拥有大众澡堂 7 家，其中两户为油田单位职工澡堂，大众洗浴每人每次 0.2 元。2012 年，全县发展具有休闲、娱乐、养生为一体的洗浴中心 10 多家，其消费水平每人每次几十元到几百元不等；大众澡堂 10 余家，适合普通人群消费。随着生活水平的提高，宾馆、个人家庭都不同程度地安装有洗浴设备，热水来源也由原来单一的锅炉、茶炉供水，发展到节能茶炉、太阳能、电热淋浴器、煤气淋浴等多种形式。

六、洗染

1986 年，全县有洗衣店 4 家。2012 年达 30 多家，其中，较有规模的洗染门店有：蓝梦洗涤店、张丽洁丰干洗店、韩春梅洗衣店、微利洗染缝补店、依莎洗染店。服务项目由过去单一干洗，变为干洗、水洗、熨烫、织补等。

七、家政服务

21 世纪初，随着人们生活水平的不断提高和家庭生活的需要，家政服务业应运而生。2012 年，全县拥有家政服务公司 18 家，主要从事楼房内外水、热、电、管道维修，更换设施，屋面处理，家教，家庭保姆，小型货物运送等服务项目。注册的有庆城县路路通家政服务中心 1 家。

八、洗车业

21 世纪汽车进入寻常百姓家，由此洗车行业进而产生了，2012 年底，全县有专业洗车、汽车美容店 30 多家，年收入 2800 多万元。

九、家电维修业

20 世纪 80 年代，随着家用电器的普及，家电维修行业逐步发展壮大。2008 年后，电子产品更新换代加快，家电维修业呈萎缩状态。2012 年底，全县有家电维修业 20 多家，其中注册的有建元家电维修中心、天鑫家电门市部、文盛家电制冷维修部、如意家电技术服务中心等 11 家。

十、物流业

2010 年，全县商贸物流业开始出现，主要以个体经营为主，多以第三方周转为其主要特点。至 2012 年，县内有物流企业和物流个体工商户 7 个，在建大型物流基地 1 处。主要有鹏发货运部、腾达货运物流有限公司、鑫陇物流货运有限责任公司、飞驼货运部、鼎丰物流服务部、高盛物流中心等。

十一、二手车交易业

2000 年后，县内汽车数量增加，更新速度加快，二手汽车交易业兴起。至 2012 年底，全县注册的二手车交易企业有鑫陇商贸、锦衡、星誉、庆阳振安运输有限责任公司等 6 家，年交易 1500 多台辆，贸易额 5000 万元以上。

十二、其他服务业

2002 年后，由于科学技术的日新月异和人民生活的多样化，计算机、评估检测、法律公证、广告、职业中介、租赁、物业及其他新型服务业日趋繁荣。

第十节　流通体制改革

一、国有商业体制改革

1984 年 9 月，以放开搞活为宗旨，全县将小型零售、饮食、服务企业改为集体经营，照章纳税，自负盈亏；直接转为集体所有制；租赁给经营者个人 3 种形式改革，简称"改、转、租"。1986 年，对"改、转、租"企业实行"经营自主、盈亏自负、干部自选、分配自定"政策。是年底，实行集体经营的商业企业 3 户，由国有转为集体所有制的 2 户，租赁给个人经营的 1 户。1987 年，全县有 3 户小型企业实行租赁经营。1988 年，5 户企业由国有转为集体企业，实行目标管理。同年，根据庆阳地委行署批转《庆阳地区企业承包经营责任制》试行方案。全县 1 户中型商业企业通过公开招标、答辩和组织审查，进行承包经营。

1992 年 5 月，县上确定 1 户企业（门店）试行"放开经营、放开价格、放开分配、放开用工"商业改革。12 月，全县推行"四放开"经营。

1993 年，对国有小型商业企业（门店、柜组）实行"国有民营"改革。年底，全县有 120 多个门店、柜组进行改革，参改职工 180 人。1996 年，全县实行"国有民营"商业网点、柜组 150 个，占总数 98%，参改职工 200 人，占全县商业职工总数 95%。

1996 年 7 月，全县在 3 户企业实行股份制改革试点。1997 年，进行产权制度改革，负债较低的企业进行股份制改造，资不抵债的企业实行破产。

2001 年 7 月，全县实行"企业置换产权，职工置换身份"的"两个置换"改革。至 2002 年底，县属国有、集体商贸流通企业全部完成改制。

附：

表 28-10-1　全县商业企业改制情况一览表

单位：万元、人

企业名称	改制形式	总资产	总负债	净资产	置换人数
劳保公司	整体购买	268.8	181.9	86.9	26
百货公司	整体购买	448.8	415	33.8	12
食品有限公司	议价出售	148.5	29.6	118.9	47
五金公司	议价出售	75.5	392.7	-317.2	10
化工公司	公开拍卖	204.4	105.3	99.1	27
交电公司	公开拍卖	132.9	12.1	120.8	21
鸿源公司	议价出售	76.1	16.7	59.4	8
商业大厦	整体购买	905.1	738.3	166.8	86
饮食服务公司	整体购买	296.3	33.7	262.6	23
糖酒公司	整体购买	226.9	155.5	71.4	23
百货大楼	公开拍卖	280.3	156	124.3	51
食品公司	分块出售	59.1	164.6	-105.5	1

二、粮油体制改革

1986—2007 年，全县粮油体制发生根本性变化，由国家定购、合同定购发展为按保护价敞开收购，由粮食部门统购统销发展到国营、股份、个体、用粮单位共同参与流通，完成计划经济到市场经济的转变。

1986 年，粮食统购改为合同定购，在农村，实行发放预约定金和紧俏柴油、化肥三挂钩合同定购政策；在城市，改平价粮油为议价。1988 年，实行粮食产、购、销、调、财务五包干政策。2001 年后，对非购销企业按照"动产权、转机制、变身份、增效益"原则进行改革。是年，县面粉加工厂整体拍卖，职工身份实行置换。2002 年，国有粮食购销企业实行以工作量定岗、定编、定员、定工资和减员增效的"四定一增"改革。2004 年，依据国务院《关于深化粮食流通体制改革的意见》文件精神和《粮食流通管理条例》规定，全面放开粮食收购和销售市场，实行多渠道经营和严格市场准入相结合的原则，对粮食收购依法进行准入资格管理。是年，全县粮食实行保护价收购，农民随行就市卖粮。2005 年开始审核办理"粮食收购许可证"，企业可直接入市收购粮食。2006 年底，全县对购销企业产权制度和劳动用工制度进行改革，12 户基层粮管所资产面向社会公开拍卖、转让，职工实行聘用、自谋职业、买断工龄、社保部门安置等形式。国营、股份、个体、用粮单位多渠道参与粮食流通，市场化粮食流通体制基本形成。

2007 年 1 月，成立庆城县白马地方粮食储备库，属国有独资粮食购销企业。至 2012 年底，全县审核发放"粮食收购许可证"企业 32 户，其中个体经营者 17 户。

三、供销体制改革

1988 年起，供销经营开始滑坡，亏损加剧。县供销系统加大改革力度，推行并完成以产权变更和身份置换为核心，以资产整体转让和破产重组为主要形式的企业改制，逐步建立起适应市场经济发展的经营模式和管理体制。1988—2000 年，完善企业内部经营机制，实行承包经营、租赁经营、股份经营；个别长期亏损的企业、门店、基层社进行拍卖、破产重组、整体转让。2000 年后，

进行以股份制、股份合作制、整体转让为主要内容的产权制度改革，培育新型合作组织。

（一）县级社改革

1988年12月，县供销社实施"机构自定、经理自任、人员自招、经营自主、自负盈亏"的"五自"改革。1999年8月，县供销社按照"两年改革、三年盈利、五年发展"目标，理顺组织管理体制，实行政社分开、社企分开、逐步分离行业管理和行政管理职能。2000年4月，恢复县供销社机关工作人员和退休退职人员财政全额供给制度。2002年7月，县供销社开始指导全县农村合作经济和供销合作社改革发展、管理运营本级社社有资产、参与农业产业化经营。

（二）直属企业改革

1996年，县供销系统县属企业开始划小核算单位，剥离分立，减员增效，实施股份合作经营或破产。2001年9月，推行"动产权、转机制、变身份、增效益"改革。至2005年，完成以产权变更和身份置换为核心，以资产整体转让和破产重组为主要形式的企业改制，职工分流到县内其他基层社和社属企业。

附：

表 28-10-2 全县供销企业改制情况一览表

单位：万元

企业名称	改制形式	总资产	总负债
县农副公司	转为民营	617.09	404.58
县供销贸易公司	整体解散	519.26	335.51
县日用杂品有限责任公司	转为民营	329.72	158.04
县农业生产资料公司	转为民营	171.50	85.43
驿马农副产品综合购销站	破 产	—	230
驿马土畜产品购销站	转为民营	157.38	100.63
县再生资源企业回收公司	破 产	15.70	55.21
宁夏磷肥厂庆阳分厂	破 产	149.42	237.82

（三）基层供销社改制

1986年，全县供销系统有基层社11个，分销社20个，零售门店59个，批发门店6个，收购门店31个，加工店组6个，修理门店2个，食堂2处，旅社3处，理发店1个，双代点62个，职工343人。1989年，基层供销社经营滑坡，出现亏损。1993年，全县基层供销社进行"社有自营"改革，对工业品经营门店、饮食、服务、理发、加工及边远山区分销社采取"企业核定承包费、配给铺底商品、一脚蹬到底"办法，实行自主经营，自负盈亏。但由于管理失控，承包费收不上，伪劣商品充盈门面，到1996年，出现多数门店"负盈"不"负亏"现象，基层供销社大面积亏损。

1997年后，全县基层供销社采取"抽资租赁"办法进行第二轮承包，除驿马、马岭、卅铺等3户基层社的生资、农副产品部分门店保留集体经营或股份合作制经营外，其余全部实行"证照自办、税费自纳、费用自理、资金自筹、经营自主、盈亏自负、风险自担"的个人全风险"抽资租赁"经营。其间，允许基层社职工一次性买断工龄。2000年，全县基层供销社止住亏损，包袱减轻。

2001年后，供销商业全面实行以股份制、股份合作制为主要形式的企业产权制度改革。采取

股份制、股份合作制、分立重组、破产、拍卖、整体解散等多种形式进行改制。2008年，全系统有344名企业职工享受市、县财政补贴政策。至2009年底，全县基层供销社基本实现企业产权和职工身份两个置换。

（四）新型合作组织

2001年起，按照中共中央、国务院《关于深化供销合作社改革的决定》，要求把供销合作社真正办成农民群众的合作经济组织。县供销社在新型合作组织建设中，按照"先挂牌占领阵地，后完善逐步提高，再规划达到标准"的思路，开展专业协会、专业合作社、村级综合服务站、龙头企业的创办、新建和恢复重建基层供销社。至2012年底，县供销系统先后创办县黄花菜产业、农业生产资料2个专业协会，中寨消费、盛宝黄花菜、熊家庙丰园黄花菜产销等12个专业合作社，裕兴生物、福源农贸有限责任公司，腾阳食品、金诚果业有限公司4户龙头企业；恢复重建桐川、玄马、阜城、驿马、马岭、蔡家庙6个基层社，发展村级综合服务站51个。

图28 10 1　县城商业街

第二十九章 财政 税务

1986—2012年，全县深化财税体制改革，积极培育新型财源，坚持严格管理，依法治税，财政收入大幅较快增长。压缩一般性支出，扩大社会事业支出，全力保障民生改善，适应社会主义市场经济的财税体系基本形成。全县税收收入近一半以上划解中央及省级财政，为支援国家建设做出了重大贡献。

第一节 机构

庆城县财政局 1986年，庆阳县财政局内设人秘股、预算股、行财股、企业股、农财股，辖驿马、桐川、太白梁、土桥、马岭、卅铺、翟家河、玄马、南庄、城关、白马铺农财所，职工25人。1989年10月，增设赤城、熊家庙、安家寺、葛崾岘农财所。1994年8月，财政、税务机构分设，增设冰淋岔、蔡口集、高楼、蔡家庙农财所。1996年12月，乡镇农财所更名为财政所。2002年随县更名为庆城县财政局。2005年8月，撤并安家寺、冰淋岔财政所。至2012年底，县财政局内设人秘、预算、国库、行财、农财、社保、经建、综合、税政等股室，辖会计核算中心、政府采购中心、政府采购办公室、基建管理中心、非税收入管理局、经济发展投资有限公司、财经监督检查办公室等事业单位及17个乡、镇（办事处）财政所，归口管理国有资产管理局和农业综合开发办公室。全系统职工64名。

庆城县国家税务局 1986年，庆阳县税务局内设人秘股、税政股、会计股、征管股、监察股，职工95人。1994年7月，撤销庆阳县税务局，成立庆阳县国家税务局，内设办公室、人教监察股、综合业务股、计财股、稽查分局，辖马岭、驿马、白马铺、城关、南庄、卅铺、蔡家庙、桐川、土桥、太白梁、玄马税务所，编制68人。2002年，随县更名为庆城县国家税务局。至2012年，局机关内设办公室、政策法规股、征收管理股、收入核算股、人事教育股、监察室、纳税服务股、办税服务厅，辖稽查局，信息中心，第一、第二、马岭、驿马税务分局。全系统职工62人。

庆城县地方税务局 1994年7月庆阳县地方税务局成立，内设办公室、人事教育监察股、计划财务股、征收管理股、税政股、农税股，辖地方税务稽查队和驿马、白马铺、桐川、玄马、马岭、卅铺、城关税务所。职工34人。2002年，随县更名为庆城县地方税务局，内设办公室、人事教育监察科、计划财务科、税政科、征管科，辖稽查局、征收管理分局、基金征收管理分局、发票管理所和马岭、卅铺、驿马、玄马、白马铺、桐川税务所，职工63人。至2012年，局机关内设办公室、人事教育监察科、税政科、计划财务科、征收和纳税服务科；辖稽查局、发票管理分局、社会保险费管理分局、征收分局、北区管理分局、南区管理分局、人民路管理分局、卅铺税务所、驿马税务所。全系统职工67人。

第二节　财政

一、财政收支

（一）财政收入

1986—1993 年，县财政收入主要来源于工商税收类、农牧业税类、国营企业所得税类、国营企业计划亏损补贴类、其他收入类。1994 年，实行分税制，重整税收结构。1997 年，将政府性基金纳入预算管理，实行收支两条线，收入全额上缴国库，先收后支，专款专用；在预算上单独编列，自求平衡，结余结转。2000 年，全县财政收入首次突破亿元。

2005 年，农业税全部取消，上级转移支付开始逐年增加。2006 年后，全县财政收入的近 50% 上划中央和省级财政，同时财力性转移支付少，工资性转移支付低，财政收支平衡压力增加。至 2012 年，新型财源不断增加，全县财政总收入 54256 万元，地方财政收入 32061 万元，占预算收入的 118.74%，其中：税收收入完成 21103 万元，非税收入完成 10958 万元。基金收入 833 万元。

附：

图29-2-1

表 29-2-1　1986—2012 年全县财政收入情况统计表

单位：万元

| 年份 | 大口径财政收入 | | | | | | | | | | 基金收入 |
| | 小计 | 中央收入 | 省级收入 | 小口径财政收入 | | | | | | | |
				小计	工商各税	农业各税	企业所得税	国有企业上缴利润	其他收入	专项收入	
1986	458	—	—	458	346	67	7	-7	45	—	—
1987	690	—	—	690	586	52	10	3	39	—	—
1988	733	—	—	733	718	104	37	-148	21	1	—
1989	1143	—	—	1143	961	110	47	-199	222	2	—
1990	1165	—	—	1166	1141	112	70	-224	54	12	—
1991	1478	—	—	1478	1321	114	52	-195	40	146	—
1992	1781	—	—	1781	1559	169	59	-118	85	27	—
1993	3036	—	—	3036	2631	274	49	-47	84	45	—
1994	3687	642	124	2921	1890	330	14	189	447	51	—
1995	4707	1026	167	3514	2147	306	295	—	694	72	—
1996	5737	1291	211	4235	2808	432	295	—	570	130	—
1997	7327	1604	227	5496	3577	465	401	3	825	225	215
1998	8338	1870	376	6092	4225	568	459	—	655	185	34

续表 29-2-1

年份	大口径财政收入										基金收入
	小计	中央收入	省级收入	小口径财政收入							
				小计	工商各税	农业各税	企业所得税	国有企业上缴利润	其他收入	专项收入	
1999	9166	2038	473	6655	4939	690	457	—	371	198	31
2000	10127	2170	593	7364	5606	565	339	—	636	218	36
2001	11132	2952	717	7463	6279	460	441	—	2	281	17
2002	13825	5002	764	8059	6791	711	175	—	95	287	55
2003	17320	7412	1582	8326	6728	563	173	—	502	360	72
2004	20163	8500	1619	10044	7632	815	83	—	1232	282	66
2005	22678	9129	2159	11390	8886	283	180	—	1705	336	119
2006	25512	10471	1806	13235	11123	264	221	—	1198	429	317
2007	28808	11862	2065	14881	12547	304	189	—	1363	478	413
2008	31176	11409	2657	17110	13525	322	144	—	2685	434	310
2009	31251	10789	2891	17571	14294	649	170	—	1828	630	1216
2010	34845	10843	4243	19759	15392	689	214	—	2268	1196	479
2011	43444	13432	5410	24602	16546	782	180	—	6177	917	1209
2012	54256	15985	6210	32061	18941	1653	509	—	9990	968	833

（二）财政支出

1986—2006 年，全县财政以建设型为主，财政支出主要包括基本建设、企业挖掘改造资金、科技三项费、农业、林业、水利和气象支出等。其中基本建设累计支出 9700 万元，占总支出 4.59%；企业挖掘改造资金支出 1421 万元，占总支出的 0.67%；农业支出 13795 万元，占总支出的 6.53%；工业交通部门支出 1340 万元，占总支出 0.63%；文体广播事业费 9464 万元，占总支出 4.48%；教育支出 48600 万元，占总支出 22.99%；科学支出 323 万元，占总支出 0.15%；医疗卫生支出 10899 万元，占总支出 5.16%；抚恤和社会福利救济支出 6102 万元，占总支出 2.89%；社会保障支出 2295 万元，占总支出 1.09%；城市维护费支出 6545 万元，占总支出的 3.1%；其他支出 13290 万元，占总支出 6.29%。

2007 年，政府支出科目改革，科目类项均为公共服务内容。2007—2012 年，一般公共服务累计支出 96411 万元，占总支出 16.82%；农林水事务支出 77919 万元，占总支出 13.59%；城乡社区事务支出 24967 万元，占总支出 4.35%；社会保障和就业支出 78115 万元，占总支出 13.62%；科学技术支出 3355 万元，占总支出 0.59%；文化体育与传媒支出 12109 万元，占总支出 2.11%；其他支出 1730 万元，占总支出的 0.3%。

附：

表29-2-2　1986—2006年全县财政支出统计表

单位：万元

年份	小计	一般预算支出																								基金支出
		基本建设支出	企业挖潜改造资金	科技三项费用	农业支出	林业支出	水利和气象支出	工业交通等部门的事业费	流通部门事业费	文体广播事业费	教育支出	科学支出	医疗卫生支出	其他部门事业费	抚恤和社会福利救济	行政事业单位离退休支出	社会保障补助支出	国防支出	行政管理费	公检法司法支出	城市维护费	政策性补贴支出	支援不发达地区支出	专项支出	其他支出	
1986	1715	45	3	1	130	25	16	9	—	102	304	—	87	42	140	—	—	—	296	49	19	150	—	8	289	—
1987	2014	161	4	1	187	7	26	7	2	132	322	1	59	56	138	—	—	—	318	—	95	195	—	3	300	—
1988	2270	26	11	2	220	9	27	23	—	166	393	8	69	83	142	—	—	—	369	113	60	295	193	—	61	—
1989	2494	31	8	5	178	12	38	28	—	133	496	5	88	116	114	—	—	—	427	102	83	387	106	2	135	—
1990	2666	57	2	6	268	12	33	19	—	170	498	5	102	79	106	—	—	—	439	110	65	379	136	13	167	—
1991	2870	62	2	10	227	16	38	57	1	191	534	8	120	125	83	—	—	—	550	118	98	368	121	25	106	—
1992	2950	125	96	11	260	20	49	19	2	210	616	9	117	138	104	—	—	—	532	153	121	208	42	25	93	—
1993	3800	57	93	12	306	26	59	72	2	146	769	8	269	229	106	—	—	—	787	197	124	19	—	47	472	—
1994	4228	111	11	15	365	34	67	40	2	352	1090	9	222	125	121	—	—	—	969	335	220	—	—	47	93	—
1995	5446	133	253	20	479	37	89	37	—	338	1391	9	298	145	185	—	—	—	1156	359	184	29	—	78	226	—
1996	6424	83	64	35	474	46	119	54	—	272	1483	15	441	200	235	—	—	—	1550	477	262	28	428	102	56	27
1997	8027	82	174	30	499	47	115	52	2	314	1793	10	451	203	196	254	—	33	1629	500	318	114	818	—	393	278
1998	8698	131	31	26	672	63	132	67	1	323	1850	17	558	255	167	450	43	16	1493	480	446	112	819	212	334	83
1999	10685	110	57	40	545	85	280	89	—	417	2763	22	701	189	195	635	88	16	1588	626	310	102	1053	209	565	34
2000	11403	177	40	37	774	62	232	92	—	361	2959	15	726	181	211	745	98	25	1667	634	400	103	1067	206	591	223
2001	14069	570	—	50	1126	99	212	90	—	546	3795	23	940	264	241	953	93	17	2046	740	516	—	859	273	616	25
2002	16095	782	72	124	907	129	304	101	—	622	4641	23	689	284	392	1102	230	32	2356	679	322	6	1079	352	867	10
2003	19100	860	180	60	818	378	370	103	—	920	4658	26	1142	344	724	1482	292	43	2956	781	481	5	836	413	1228	72
2004	22959	1872	145	81	1371	415	379	109	—	858	5010	26	1013	406	512	1643	419	29	3261	982	440	3	1643	362	1980	90
2005	25692	659	108	109	1653	840	368	125	10	1268	5789	40	1172	379	868	1763	391	28	4576	1216	874	8	956	487	2005	167
2006	37759	3566	67	257	2336	742	705	147	—	1623	7446	44	1635	436	1122	2062	631	35	6864	1682	1107	67	1162	1310	2713	167

附：

表29-2-3 2007—2012年全县财政支出统计表

单位：万元

年份	小计	一般预算支出																			基金支出		
		一般公共服务	国防	公共安全	教育	科学技术	文化体育与传媒	社会保障和就业	医疗卫生	节能环保	城乡社区事务	农林水事务	交通运输	资源勘探电力信息等事务	商业服务业等事务	金融监管等事务	地震灾后重建支出	国土资源气象等事务	住房保障支出	粮油物资储备管理事务	国债还本付息	其他支出基金支出	基金支出
2007	44381	8057	41	2797	9833	331	835	5578	3106	746	3051	4974	3230	—	748	—	—	—	—	—	—	1054	474
2008	67205	9706	54	2735	16859	438	1138	8712	4842	3432	4089	8032	3158	—	1439	—	2330	—	—	—	—	205	731
2009	80653	13599	—	4314	17394	476	1598	10439	7405	3257	3202	8911	1914	542	—	—	5166	—	—	2010	—	426	2899
2010	105553	16106	—	4463	17659	625	2033	12336	8519	3302	4767	15808	5015	478	4479	—	5903	1787	2015	213	—	45	1070
2011	127716	20469	—	5509	20710	524	2315	19419	12000	5169	5889	20018	5518	1525	3061	243	—	1166	2799	352	1030	—	3440
2012	147841	28474	—	6639	29041	961	4190	21631	14161	4274	3969	20176	2920	1638	961	463	—	859	4546	285	2653	—	3938

（三）预算收支管理

县级财政　1986—1992年，坚持"管好收支，促进生产，运筹资金，积极服务"的指导思想，帮助企业发展，实现增收节支。1993年，落实"量力而行，收支平衡"的原则，支持农业发展。1994—1997年，划分中央与地方收入返还制度，实行"划分税种、补缴包干、超收全留、超支不补"的预算管理体制。

1998年，制订《庆阳县实施"三保一挂"责任制试行办法》，至2001年，实行保证财政收入稳定增长，重点支出到位，财政收支平衡的办法，完成情况与奖惩政策挂钩。

2002年，推行综合财政预算，会计集中核算，乡镇零户管理，工资统发，政府采购，部门预算试点，事业单位供给方式，国库单一账户支付，国有资产管理为内容的财政管理改革。2003—2012年，取消单位会计岗位和银行账户，财务全部纳入会计核算中心统一核算管理。除卫生系统差额单位外，其他行政事业单位全部推行工资统发制度。

附：

表29-2-4 1986—2012年全县一般预算财政收支决算统计表

单位：万元

年份	收入								支出							年终结余
	本年一般预算收入	上级补助收入	上年结余	调入资金	社会保险基金收入	国债转贷收入	国债转贷上年结余	其他	本年一般预算支出	上解支出	地方财政借给中央财政借款	社会保险基金支出	社会保险基金支出结余	国债转贷安排支出	国债转贷资金结余	
1986	458	1246	45	—	—	—	—	—	1715	—	—	—	—	—	—	34
1987	690	1498	34	—	—	—	—	30	2014	86	41	—	—	—	—	111
1988	733	1401	111	—	—	—	—	20	2270	73	—	—	—	—	—	-78
1989	1143	1464	-78	—	—	—	—	—	2494	9	—	—	—	—	—	26
1990	1165	1340	26	167	—	—	—	—	2666	21	—	—	—	—	—	11
1991	1478	1419	11	83	—	—	—	—	2870	19	—	—	—	—	—	102
1992	1781	1110	11	86	236	—	—	—	2950	47	—	236	—	—	—	-9
1993	3036	916	-9	22	202	—	—	—	3800	55	—	202	—	—	—	110
1994	2921	1595	110	—	706	—	—	—	4228	62	—	706	—	—	—	336
1995	3514	2016	336	1	766	—	—	—	5446	88	—	193	573	—	—	333
1996	4235	2110	333	—	961	—	—	—	6424	28	—	487	474	—	—	226
1997	5496	3152	179	8	841	—	—	—	8027	28	—	319	522	—	—	780
1998	6092	3058	806	—	—	—	—	—	8698	10	—	—	—	—	—	1248
1999	6655	3131	1248	900	—	10	—	—	10685	6	—	—	—	10	—	1243
2000	7364	4356	1243	100	—	—	—	—	11403	37	—	—	—	—	—	1623
2001	7463	5777	1623	850	—	—	—	—	14069	54	—	—	—	—	—	1590
2002	8059	8822	1590	223	—	—	—	—	16095	64	—	—	—	—	—	2535
2003	8326	10540	2535	774	—	400	—	—	19100	62	—	—	—	—	400	3013
2004	10044	11854	3013	10	—	—	400	—	22959	65	—	—	—	400	—	1897

续表 29-2-4

年份	收入								支出							年终结余
	本年一般预算收入	上级补助收入	上年结余	调入资金	社会保险基金收入	国债转贷收入	国债转贷上年结余	其他	本年一般预算支出	上解支出	地方财政借给中央财政借款	社会保险基金支出	社会保险基金支出结余	国债转贷安排支出	国债转贷资金结余	
2005	11390	15760	1897	12	—	410	—	—	25692	69	—	—	—	—	410	3298
2006	13235	22266	3298	15	—	—	—	—	37759	74	—	—	—	—	—	981
2007	14881	30874	981	17	—	—	—	—	44381	79	—	—	—	—	—	2293
2008	17110	49223	2293	18	—	—	—	—	67205	86	—	—	—	—	—	1353
2009	17571	68108	1353	19	—	500	—	—	80653	67	—	—	—	—	—	6831
2010	19759	80657	6831	1	—	600	—	—	105553	50	—	—	—	—	—	2245
2011	24602	102345	2245	4594	—	—	—	—	127716	63	—	—	—	—	—	6007
2012	32061	117756	6007	—	—	200	—	—	147841	58	—	—	—	500	—	7625

乡镇财政 1985—1996 年，由乡镇农财所管理本级财政收支。1997 年，全面推行"乡（镇）财乡（镇）管"，在全县各乡镇实行"划分收支，核定基数，定额上解或补助，超收全留，短收不补，一定三年"的管理体制。按照一级财政设立一级国库原则，在全县各乡镇设立"庆阳县支库XX乡（镇）代办处"，其业务均由信用社代理。

2000 年，乡镇教育系统经费收归教育局统管，县财政供给。2003 年，各乡镇所属财政供给单位全部取消会计岗位，撤销银行账户，账务纳入财政所统一核算管理，实现会计电算化。至 2012 年，实行乡财县管财政管理体制。

二、管理监督

（一）管理体制

1986 年，实行"划分税种、核定收支、分级包干"体制。1988 年，实行"核定收支、分级包干、收入上缴、支出下拨、超收分成、结余留用、超支不补、一年一定"管理体制。1994 年实行分税制财政体制，将全部收入划分为中央、地方固定收入和分享收入，分成比例为中央 75%，地方25%。2000 年，在 4 个乡镇和 15 个县直单位试行会计委派制度。2002—2005 年，实行农业税费改革。2009 年，本县被列为省直管县财政管理体制改革试点县，各项收入划分以 2008 年决算数为依据；实行"核定基数、全额定补、划分税源、分级预算、协征分成、超收全留、乡支县管、一年一定"的县乡镇财政管理体制。2010 年，实施"乡（镇）财县管""村财乡（镇）管""校财局管"的管理体制；成立全县"会计核算中心""政府采购中心""乡镇农财中心"，实行收支两条线管理。2012 年，省财政按各税种上下相划后的总收入基数进行考核，完不成总收入基数的，按短收数额相应扣减财力补助。

（二）支农周转金

财政支农周转金扶持对象是实行独立经济核算的农村合作经济组织、乡（镇）村集体企业、其他农村合作经济组织、国营农业（包括农业、农垦、畜牧、水产，下同）、农机、水利、气象等企、事业单位。1986—1999 年，累计借用支农周转金 1520.5 万元，收回支农周转金 1077.5 万元。1999 年开始，财政支农周转金实行只收不贷，支农周转金不再编制决算报表。2000—2007 年，累

计收回支农周转金 30 万元。2008 年后，未发生业务。

（三）预算外资金

1986—1995 年，预算外资金实行"自收自支、自行管理"。主要有农村"三提五统"、乡镇自筹、企业主管部门集中等收入。县财政重点管理国库券和劳动"两金"。其间，预算外资金收入 4777.6 万元，支出 4509 万元。1995 年，实现以票控费，票款同步的源头控管举措，结束"据"出多门状况，加强对预算外资金的管理。

1996—2003 年，实行"统一开户、统一核算、统一管理、统一拨款程序"的收支两条线管理。依据《庆阳县实行罚款决定与罚款收缴分离管理办法》，在各金融机构设立"收（罚）缴分离代收服务点"。至 2003 年底，"预算内资金进金库、预算外资金进专户"和"预算内外资金统一核算、综合平衡"的财政管理体制在全县确立。其间，预算外资金收入 17642.4 万元，支出 16694.2 万元。

2004 年 7 月，财政部下发《关于加强政府非税收入管理的通知》。2006 年 1 月，县非税收入管理局成立。2004—2012 年，非税收入 4119.7 万元，在县本级财政收入中比例逐年增加，支出 3843.1 万元。

（四）控购　采购

控购管理　1986 年，国家控购商品增至 32 种，并规范省、地、县控购办审批权限，确定了控购商品专店范围。1987—1988 年，相继制定"违控"处理暂行办法。1992 年 1 月，专控商品由 32 种减为 8 种。1996 年 12 月起，专控商品又改为小汽车、大轿车、摄录像设备、空气调节器、照相机、放大机、镜头、各种音响设备、无线移动电话和无线寻呼机共 7 种。1997 年后，公务用车、计算机等大宗控购商品逐步纳入政府采购范围。

政府采购　2002 年，县政府采购中心成立，政府采购涵盖简单办公耗材、一般设备等。至 2006 年底，全县累计完成政府采购 386 万元。2007 年，政府采购实行"管采分离"，先后出台《庆城县政府采购实施细则》《庆城县行政事业单位政府采购资金支付管理办法》《庆城县政府采购运行规程及时限》《庆城县政府采购供应商准入管理办法》《庆城县政府采购信息发布制度》等文件，纳入政府采购品目逐步增加，规模逐步扩大，从办公自动化设备、耗材扩展到汽车保险、救灾物资、医疗设备等领域。2007—2012 年，县政府累计采购金额 2.1 亿元，节约财政资金 1760 多万元。

（五）会计管理

会计人员　1986—1995 年，依托中华会计函授学校庆城分校和庆城职业中专进行会计人员继续教育和培训，以财会基础知识和会计证考前辅导为主。其间，1992 年开始对会计从业人员发放《会计证》。1996 后，以任职资格考试、会计工作规范、会计法和会计电算化等为主要内容对会计人员进行继续教育和培训，电算化培训后换发《会计证》。2001 年，换发为《会计从业资格书》。2011 年起，继续教育改为网上学习、考试，实行全省统一管理，发放全省统一制式的《会计从业资格书》394 本。至 2012 年，累计培训会计人员 1800 余人次，销售学习卡 598 张。

集中核算　2002 年，县直 30 多个机关事业单位进行会计集中核算改革试点。2006 年，全县实施"集中管理，统一开户，分户核算"办法，制订《会计集中核算办法》《报账员工作规则》《资金安全管理制度》等规章制度，规范会计集中核算工作。会计核算中心保持预算单位预算管理体制，在资金所有权、使用权、审批权和财务自主权不变前提下，实行凭证审核和支出审核。当年县直 98 个全额供给行政事业单位全部纳入会计集中核算，撤销 134 个银行账户，减少会计人员 90 多名，办理资金收支 37073 万元，处理会计业务 3896 笔，拒付各类违规支出 139 笔 172 万元，退回各类违规票据 893 张 664 万元。至 2012 年，全县纳入集中核算单位 148 个，累计办理资金收支 482283 万元。

（六）资金使用

1989 年，成立全县税收、财务、物价大检查办公室，办公室设在县财政局。开始对全县行政、事业、国营和集体企业进行检查，查出各类违纪资金 93.3 万元，补交入库 63.9 万元。1999 年，按照国家财政部要求，停止一年一度的财税物价大检查。累计查处各种违纪资金 432.65 万元，财政入库 363.78 万元。

2000 年后，实行会计委派制度，财务资金使用的监督管理得到加强。至 2008 年，对预算外资金未全额缴入财政专户、多头开户、罚没收入解缴不及时、挪用专项资金等问题的单位进行清查。清查行政事业单位 104 户，清理 18 户，清理应缴财政代管资金 88.7 万元，清理收缴资金 70.5 万元。

2009—2012 年，全县进行"小金库"治理，查处"小金库"13 个，涉及单位 12 个，金额 170.87 万元。其中：调账处理"小金库"资金 146.57 万元，上缴财政 24.3 万元。同时，对 17 个乡镇（办事处）、县直 50% 以上部门单位（部门）进行各类检查，查处违规资金 59.94 万元，涉及 6 个乡镇（办事处）及 13 个县直部门。

三、国有资产管理

（一）基础管理

资产核批　全县各类国有资产的出让、调拨和报废，由县国有资产管理局依据国有资产管理法规、规章制度进行审核、审批；房屋、土地、大型设备等资产的调拨提交县政府常务会议研究决定。1998—2012 年，累计出让资产 591.8 万元，调拨资产 992.94 万元，报废 1196.2 万元。

经营性资产　主要是行政事业单位出租、出借的房地产。1986—2006 年，经营收益纳入单位预算外资金进行管理。2007 年，由县国有资产管理部门审核、审批，收益全额上缴县非税收入管理部门，进行"收支两条线"管理。是年，全县经营收入 40.86 万元。至 2012 年，累计收入 380.46 万元。

资产统计　1997—2000 年，开展行政事业、企业国有资产统计年报。2001 年，只对行政事业单位进行统计。2002—2009 年，只统计固定资产情况。2010 年，全县开始行政事业单位国有资产年报统计。

（二）清产核资

1998 年，对县属 44 户集体企业进行清产核资。清核流动资产 5417 万元，长期投资 722 万元，固定资产 4802 万元，其中：土地资产 978 万元、房屋 2501 万元、机器设备 1982 万元，流动负债 6052 万元，长期负债 3146 万元，国有资产总额 2406 万元、国家所有者权益 2149 万元。

2007 年，对全县 182 户行政事业单位的基本情况、财务状况、资产状况进行全面清理，对其中 104 个单位的资产清查结果进行专项审计。清核国有资产 41211.53 万元，其中：固定资产 31642.96 万元，固定资产盘盈 1108.81 元，负债总额 3976.61 万元，净资产 35791.16 万元。

（三）产权管理

登记、评估　2001 年，对全县 182 户行政事业单位审核换发国有资产产权登记证书。2008 年，对全县 353 户行政事业单位审核、换发国有资产产权登记证书。2002 年，根据《国务院办公厅转发财政部关于改革国有资产评估行政管理方式加强资产评估监督管理工作意见的通知》精神，取消全县政府部门对国有资产评估项目的立项确认审批制度，实行核准制和备案制。至 2012 年，批准

立项评估 122 个，确认评估项目 105 个，评估资产 30.6 亿元。

产权交易　2001—2012 年，遵循公开、公平、公正的原则，公开竞价出让企业资产 6 户，成交额 794.33 万元；议价出让企业资产 24 户，成交额 2407.89 万元。2009 年 12 月，委托甘肃诚信拍卖公司，对县百货公司西峰百货批发站房地产进行公开拍卖，资产评估值 365 万元，拍卖金额 955 万元。

2010 年 4 月，委托甘肃国际商品拍卖公司，对长庆油田移交的第二钻井队基地部分废旧资产设备进行公开拍卖，拍卖资金 945.56 万元，增值 39%；同年 9 月，委托甘肃天宇拍卖公司，对驿马镇原办公旧址、土桥供销社及 4 辆公务用车进行公开拍卖，资产评估值 206.55 万元，拍卖资金 208.94 万元。2011 年 12 月，委托甘肃天宇拍卖公司，对长庆油田移交的第二钻井队基地部分废旧资产设备和 3 辆公务用车进行公开拍卖，资产评估值 83.95 万元，拍卖资金 178.69 万元。

第三节　税务

一、税收征收制度改革

（一）利改税及税种改革

1984—1989 年，全县进行第二步利改税。取消工商税税种，将原工商税分解为产品税、增值税、营业税、盐税，对工业产品除列出 12 个税目的产品实行增值税外，其他工业产品和规定的农产品实行产品税，商业经营和服务业实行营业税，并设立资源税、城市维护建设税、房产税、城镇土地使用税、车船使用税等新税种；国营企业所得税税率按企业不同情况分别核定。

1994—2004 年，进行全面税制改革。改革流转税，对外资企业取消工商统一税，实行新的流转税：对商品交易和进口征收增值税，部分商品交叉征收消费税；对不实行增值税的劳务交易和第三产业征收营业税。改革企业所得税，将原有国有企业、集体企业、私营企业所得税，合并为企业所得税；取消国有企业调节税和国有企业"两金"（能源交通重点建设基金和预算调节基金）；规范还贷制度和应纳税所得额。改革个人所得税，将原有个人所得税、个人收入调节税、城乡个体工商户所得税统一为个人所得税。同时，改革城市维护建设税；开征土地增值税、证券交易税、遗产税；兼并盐税、烧油特别税；取消集市交易税。

2005 年，全面取消农业税。

（二）征管制度改革

1994 年，国税、地税机构分设，形成以流转税为主体税，其他税为辅助税的税制结构。全县逐步构成工商、农业两大税系，税种由 31 个减少为 24 个。工商税系有 19 种，由税务机关征收；农业税系有 5 种，由各级财政部门征收。农业税取消后，财政部门不再有税收征管职能。

二、税种税率

（一）税改前税种税率

营业税　1984 年 10 月开征。征收范围和税率为：交通运输业、建筑业、邮电通信业、文化体育业 3%，金融保险业、服务业、转让无形资产、销售不动产 5%，娱乐业 20%。计缴金额 = 营业收入 × 适用税率。

个人所得税　1985 年 1 月开征。征收范围和税率：工资薪金所得，每月超过 800 元的部分纳税，适用七级超额累进税率，税率为 3% 至 45%。劳务报酬所得，特许权使用费所得，利息、股息、红利所得，财产租赁所得和其他所得，适用比例税率，税率为20%。劳务报酬、特许权使用费、财产租赁所得，每次收入不满4000元的减除费用800元；4000元以上的减除20%费用，然后就其余额纳税。利息、股息、红利和其他所得，按每次收入额纳税。

契税　1952年开征。征收范围和税率为：买卖契、赠予契6%，典当、交换契按相等价外差额3%，分割契2%。在土地房屋买卖、典当、赠予或交换时，由当事人双方订立契约，同时纳税。

印花税　1950年开征，1958年并入工商统一税。征收范围和税率为：购销合同按其金额万分之三，加工承揽合同按其收入万分之五，财产租赁合同按金额千分之一（税额不足1元按1元计算），货物运输合同按运费万分之五，仓储保管合同按费用千分之一，借款合同按金额万分之零点五，财产保险合同按保险费金额千分之一，技术合同、产权转移书据所载金额分别为万分之三和万分之五，营业账（按记载金额），以实收资本和资本公积的两项合计金额的万分之五，其他账及权利、许可证照按件贴花5元。

屠宰税　1950年开征。以羊、猪、牛、驴为征税对象。后以宰杀猪、牛、羊3种牲畜为征税对象，按宰后实际重量从价计征，税率4%。

车船使用牌照税　1956年开征。实行从量定额征收。

耕地占用税　1987年开征。征收范围和税率为：占用国家和集体所有的耕地时征收。实行地区差别税率，以县为单位，分4个档次：人均耕地在1亩以下（含1亩），每平方米为2—10元；人均耕地在1—2亩（含2亩），每平方米为1.6—8元；人均耕地在2—3亩（含3亩），每平方米为1.3—6.5元；人均耕地在3亩以上，每平方米为1—5元。农村居民占用耕地新建住宅，按上述规定税额减半征收。

城镇土地使用税　1988年10月开征，以纳税人实际占用的土地面积为课税对象，每平方米按0.2元征收。

房产税　1986年4月开征，依照房产余值（原值一次减除30%）和租金收入为计税依据，按年度计算缴纳，税率分别为1.2%和12%。房产部门和个人出租或自营的房产税按月缴纳。

城市维护建设税　1985年7月开征，是对缴纳增值税、消费税、营业税（简称"三税"）的单位和个人就其缴纳的税额为计税依据而征收的一种附加税。税率：县城、镇5%，其他地区1%。代扣代缴"三税"，按受托方所在地税率计征；流动经营按经营地税率计征。

固定资产投资方向调节税　1991年5月开征。对县境内用于固定资产投资的各种资金征收，实行差别税率，分0%、5%、10%、15%、30%五个档次。

农业税　1950年开征，俗称"公粮"。税率为常年产量的13.5%，计算公式：农业税（正税依率计征税额）＝计税土地面积（亩数）×每亩常年产量×税率。若有减免税，应征税额＝依率计征税额－减免税额。

农林特产税　1989年开征。按上解省30%一分到底办法分成。1992年调整为按任务计算上解30%，超收部分全部县留。

牧业税　1962年开征。对从事畜牧业生产的单位和个人征收，税率3%。

增值税　1983年1月开征。采用"扣额法"计算征收，即：产品销售收入－产品销售成本－包装物等成本后的余额作为应税金额计征。

交易税　分牲畜交易税与集市交易税2种。1951年开征牲畜交易税，以猪、羊、牛、驴、骡、马等为征收范围，税率为5%，起征点为1头，以买方为纳税义务人从价征收。1953年12月，停征

猪、羊交易税。1984 年 8 月，猪、羊又划归集市交易税。牲畜交易税的品目仍为牛、驴、骡、马。1962 年 4 月开征集市交易税，征收的产品为：活猪、活羊、家畜生肉（油）等 3 种，税率为 5%。梨子、苹果、黑白瓜子、大麻、干辣椒（面）、花椒、蜂蜜、西瓜、各种甜瓜、旧表、旧自行车等 11 种，税率为 10%。集市交易税的起征点为 10 元，销售收入不满 10 元不征收。1994 年停征。

国营企业奖金税　1984 年开征。以企业每年所发的奖金为计税依据，1 年征收 1 次。按超额累进办法计征，分级税率为：全年发放奖金税额不超过标准工资 2.5 月的免征；超过标准工资 2.5—4 个月的部分为 30%；超过标准工资 4—6 个月的部分为 100%；超过标准工资 6 个月的部分为 300%。企业职工每人平均标准工资不足 50 元者按 50 元计算。1994 年停征。

集体企业奖金税　1986 年开征。以职工奖励基金、分红基金和超过标准所发放的各种形式的工资、津贴、补贴、劳动分红、股金分红等为依据，均计征奖金税，每年征收 1 次。实行超额累进税率，分级税率为：全年发放奖金总额人均不超过 4 个月标准工资的免征；超过 4—5 个月标准工资的部分为 30%；超过 5—6 个月标准工资的部分为 100%；超过 6 个月标准工资的部分为 300%。标准工资统一按每月 60 元计算。1994 年停征。

事业单位奖金税　1986 年开征，比照国营企业，按超额累进税率征收。全年发放奖金总额超过规定免税限额 1 个月基本工资以内的部分，税率为 30%；1—2 个月基本工资的部分，税率为 100%；2 个月基本工资以上的部分，税率为 300%。1994 年停征。

国家能源交通重点建设基金　1983 年 1 月开征。征收范围和对象为县内一切国营企业、事业单位、机关团体、部队和地方政府的各项预算外资金及所属城镇集体企业缴纳所得税后的利润，征收率为当年收入的 10%。1983 年 7 月提高到 15%。同年 9 月，改按全年数额的 12.5% 计征。1984 年 1 月起按 15% 计征。

国家预算调节基金　1989 年 1 月开征。征收范围是有预算外收入的一切国营企业事业单位、机关团体、部队、各级政府和所有集体企业事业单位、私营企业、个体工商户。按税后利润 10% 征收。

教育费附加　1986 年 7 月施行，教育费附加是指销售货物和提供加工、修理修配以及转让无形资产、销售不动产、提供应税劳务的单位和个人，以其实际缴纳的"三税"税额为计税依据。1986 年附加率为 1%，1990 年为 2%。

烧油特别税　1982 年 7 月起，对锅炉和工业窑炉作燃料用的原油、重油征收烧油特别税。采用从量定额计征。长庆油田原油单位税额每吨 40 元，页岩原油每吨 20—30 元，重油每吨 70 元。

建筑税　1983 年 10 月起，对各单位和个体工商户进行的基本建设按投资额开征建筑税，税率 10%；对更新改造项目和新增建筑面积超过该项目全部投资 20% 和新增建筑面积超过原有面积的，按项目全部投资额计征。1994 年停征。

产品税　1984 年开征，征收范围涉及工业品 21 类，税目 122 个；农、林、牧、水产品 1 类，税目 6 个。所有应税产品全部实行比利税率。1994 年停征。

筵席税　1988 年 9 月开征，对在本县境内设立的饭店、酒店、宾馆、招待所以及其他饮食营业场所举办筵席的单位和个人征收，按次从价计征，税率为 15%—20%。

工商所得税　1958 年 9 月开征，对以营利为目的之工商业征收。1980 年 10 月起，实行 8 级超额累进税率计征，1994 年，统一为企业所得税。

国营企业所得税　1983 年 5 月起，对凡从事工业、商业、交通运输业、建筑安装业、金融保险业、饮食服务业及文教卫生、物资供销、城市公用和其他行业的国营企业（另有规定者除外），均征收国营企业所得税。分比例税率和超额累进税率 2 种。大中型企业采用比例税率，税率为 55%；饮食服务行业，营业性的宾馆、饭店、招待所税率为 15%；小型企业及县以上供销社，采用 8 级超额累进税率，税率为 10%—55%。1994 年，统一为企业所得税。

国营企业调节税　1984 年 10 月起，对从事生产经营的国营大中型企业在交纳所得税后征收，以纳税人在纳税年度应纳所得额为计税依据。1994 年统一为企业所得税。

企业所得税　1994 年 1 月起施行，由原国营企业所得税、集体企业所得税和私营企业所得税合并而成。其征税范围包括来自国内外的一切生产经营所得和其他所得，采用 33% 的比例税率。应纳税所得额在 3 万元以下小型企业，按 18% 的税率征收；对年应纳税所得额在 3 万元至 10 万元（含 10 万元）的企业，按 27% 的税率征收。

个人收入调节税　1986 年 10 月开征，对个人工资、薪金、承包、转包、劳务报酬、财产转让收入等按超倍累进税率征收。对专利权转让、投稿、翻译、利息、股息、红利收入等，按比例税率征收。其税率为每次收入不满 4000 元的，减除费用 800 元；10000 元以上的，减除 20% 的费用，然后按金额比例税率 20% 征税。利息、股息、红利收入，每次就收入额按比例税率 20% 征税。1994 年，统一为个人所得税。

（二）税改后税种税率

1.国税税种税率

增值税　1994 年起，采用比例税率计征，税率分别为 17%、13% 和零税率 3 档，征收率 4% 和 6%。2009 年 1 月至 2012 年底征收率为 3%。

消费税　1994 年开征，设置 11 个税目，14 档税率，税率分比例税率和定额税率两种。粮食白酒税率 25%，薯类白酒税率 15%，其他酒类税率 10%，汽油税率 0.2 元 / 升，柴油税率 0.1 元 / 升，金银首饰（自 1995 年 1 月 1 日起改为在销售环节征收）税率 5%，鞭炮税率 15%；金融、保险企业交纳的营业税按 3% 征收，外商投资企业和外国企业所得税按 20% 征收。

企业所得税　1994 年，县内国企所得税、地方金融企业所得税由国税部门征收，税率 25%。2001—2010 年，内资企业减按 15% 的税率征收。

利息收入所得税　1999 年重新开征，征税对象为有利息收入的企事业单位和个人，实行比例税率，税率为 20%。

车辆购置税　2005 年 1 月开征，税率为 10%。2009 年税率为 5%；2010 为 7.5%；2011—2012 年税率为 10%。

2.地税税种税率

营业税　1994 年起，按每次取得收入 500 元以上（含 500 元），按月收入 3 万元以上（含 3 万元）征收。税率为：交通运输业、建筑业、邮电通信业、文化体育业 3%，金融保险业、服务业、转让无形资产、销售不动产 5%，娱乐业 20%。

个人所得税　1994 年，个人所得税、个人收入调节税、城乡个体工商户所得税统一为个人所得税。工资薪金免征额自 2006 年 1 月起提高到 1600 元，2008 年 3 月起提高到 2000 元，2011 年 9 月起提高到 3500 元。

契税　2000 年停征，2011 年重新开征，税率为 3%。

屠宰税　1998 年 1 月起，实行定额征收，不分屠宰、收购，猪 10 元 / 头，羊 5 元 / 只，马、牛、驴、骡各 20 元 / 头（匹）。2002 年 12 月停征。

耕地占用税　2000 年停征，2011 年重新开征。详见"税改前税种税率·耕地占用税"。

土地增值税　2008 年开征，以转让房地产的增值额为征收对象，采用 4 级超额累进税率，即：增值额在扣除项目金额 50% 以下为 30%，50%—100% 以下为 40%，100%—200% 以下为 50%，200% 以上为 60%。

城镇土地使用税　2011 年，县城按 2 元／平方米、建制镇按 1 元／平方米计算征收。

资源税　2005 年开征，以开采或收购未税的原油为课税对象，按照从价定率或从量定率办法征收。

农业税　1999 年逐步实行减免，每年减免 5%，2005 年全部取消。农林特产税、固定资产投资方向调节税 2000 年停征。牧业税 2001 停征。

印花税、房产税、城市维护建设税、车船使用税、企业所得税，详见本节"税改前税种税率"。

三、税收收入

1986—1993 年，全县税收收入主要来源于工商各税、农业五税和企业所得税，其中工商各税占整个税收收入的 80% 左右，农业税收入占 15% 左右，企业所得税占 5% 左右。

附：

表 29-3-1　1986—1993 年全县税收收入一览表

单位：万元

年份	收入	年份	收入
1986	1980.7	1990	3203.8
1987	2068	1991	3949.6
1988	2323.9	1992	3733.38
1989	3077.3	1993	6023.2

1994—2012 年，全县国税收入主要来源于为油田服务的第三产业线路安装、输变电线路架设、修井、防腐保温、修理修配企业，以及地方商业零售、工业制造、交通运输、邮电通信、现代服务、农副产品加工、养殖等行业。地方税收收入主要来源于营业税、个人所得税、企业所得税。其中营业税从 1994 年的 950 万元增长到 2012 年的 14045 万元，增长 14 倍；个人所得税从 1994 年的 6 万元到 2012 年的 4234 万元，增长 705 倍；企业所得税从 1994 年的 288 万元增长到 2012 年的 2232 万元，增长 7 倍。房产税、车船税、印花税等税种，呈逐年稳定增长趋势。土地增值税由 2008 年的 14 万增长到 2012 年 74 万，增长 5.3 倍。资源税由 2005 年的 2 万元增长到 2012 年 18 万元，增长 7 倍。

1994—2012 年，第二产业税收呈逐年上升趋势，主要以油田税收为主，建筑业税收随着房地产市场规范逐年上升；第三产业中的服务业税收在整个税收中所占的比重增长较快。随着企业经营模式的多元化，在整个地方税收收入比重中，国有企业变化不大，整体稳步增长；集体企业有明显下降，股份公司收入比重从 1994 年的 4% 增长到 2012 年的 50%；外商投资企业、个体经营税收收入也呈增长趋势。

全县农业税、农林特产税、牧业税、耕地占用税、契税停征后，全县地方税收收入年减少约 600 万元。固定资产投资方向调节税停征后，地方税收每年减少 10 万元。屠宰税停征后，地方税收每年减少 1 万元。

1994—2012 年，重点税源企业从最初的几户发展到 2012 年的 23 户，主要以油田企业为主。

油田企业缴纳地方各税 7249 万元，占税收总收入的 26.17%。2012 年，全县 100 万元以上重点税源企业有咸阳川庆鑫源工程技术有限公司庆阳分公司、庆阳长庆巨力实业有限责任公司、庆阳长庆水电工程有限责任公司、庆城县电力局、庆阳长庆井下油田助剂有限责任公司、西安长庆化工集团有限公司庆阳分公司、庆阳长庆工程检测有限责任公司、庆阳长庆精华实业有限责任公司、庆阳长荣机械设备制造有限公司、甘肃省庆阳长庆昌源油田作业有限公司、中国石油天然气股份有限公司甘肃庆阳销售分公司庆阳经营部 11 户，入库税款 10676 万元。

附：

表 29-3-2 1994—2012 年全县税收收入总额分年统计表

单位：万元

年份	国税收入	地税收入	年份	国税收入	地税收入
1994	995	2308	2004	22929	8622
1995	1409	2702	2005	28993	10088
1996	1728	3569	2006	29186	11788
1997	2335	4572	2007	29937	13914
1998	2709	5350	2008	30422	16232
1999	3033	6249	2009	113769	18962
2000	3579	6176	2010	10183	20802
2001	6917	7012	2011	13075	24729
2002	13127	7246	2012	17391	28175
2003	17810	7903	合计	349527	206399

四、税务征管

（一）国家税务征管

1.税务登记

1986—1993 年，全县纳税义务人和税源点比较分散，管理困难，税务登记工作不规范，遗登漏登户较多。1994 年后，登记管理工作开始规范，一般经过申请、审查、核准发证程序。从事生产、经营的单位和组织，包括国有企业、集体企业、私营企业、股份制企业、中外合资、合作企业、外商独资企业等；企业在外地的分支机构、在外地设立的不能独立承担民事责任的生产、经营场所门市部、分店、支店、柜台、生产、经营小组、生产车间、分厂、产品经销处、维修服务部、产品加工点、分公司等进行业务活动的固定场所或设施都是登记对象。自身负有缴税义务的纳税人领取税务登记证，负有代收代缴义务的纳税人领取代扣代缴证书。1994—2012 年底，全县国税税务登记户数由 1994 户增加到 4320 户。

2.发票管理

普通发票 1987 年，税务机关根据各单位发票库存情况，确定盖章使用或造册封存；根据各用票单位性质，财务制度是否健全及发票用量和管理情况，确定其实行自印发票管理或统一发票管理；根据各行业发票种类，确定发票统一式样。全县统一发票主要有"批发扣税专用发票""统一发票""服装加工统一发票""摄影冲印统一发票""旅社统一发票""缝纫业统一发票"和"委托加工扣税专用发票"等。全县实行发票由公司或主管部门统一印制管理，1988 年开始使用新发票，

由通用型改为一税一票。

1993—1994年，完善发票印、领、用、存管理制度，税收完税票证式样达20余种。1997年起，在城区开始使用计算机通用完税证和交款书。1998年3月起，执行国家税务总局《税收票证管理办法》。2002年，实施"以票控税"，推行发票审核制度，在餐饮、娱乐行业使用定额"刮奖"发票。2006年，在全县范围内开始使用计算机填开发票。2007年，简并各类企业衔头发票。2008年，取消"发票领购资格审核""进销货登记簿或者使用税控装置审批""拆本使用发票审批""使用计算机开具发票审批"和"跨规定的使用区域携带、邮寄、运输空白发票的审批"5类普通发票行政审批项目。

增值税专用发票　1996年1月起，取消百万元、千万元专用发票。销售额达到百万元的，纳入防伪税控系统，开具电脑版发票；对未纳入的企业，一律不再发售大面额版专用发票，对已购领的，限期收缴；企业使用10万元版专用发票，销售金额必须达到所限面额最高一位，否则，其抵扣联不得作为抵扣凭证。2005年1月起，停止使用非防伪税控系统为纳税人代开增值税专用发票。2010年，代开增值税专用发票单份最高开票限额不得超过10万元；限额超过10万元的，须按规定程序，申请增值税一般纳税人资格认定。

3.稽查管理

1986—1993年，采取抽检盘点、坐店监销、进货登记、核实营业额等办法核定税款；改善征收办法，制定统一的账目和会计科目，个体户按月向税务机关报送申报报表，按账定期交纳税款；驿马设立临时检查站，采取查、挡、管、控办法，堵塞跑、冒、漏；对工商个体户进行税务登记和验证工作。

1994年起，实行征、管、查"三分离"，实施以加强增值税管理为主要目标的"金税"工程。1996—1999年，实行以计算机网络为依托，集中征收，重点稽查的征管模式。2000年起，实现网上报税、银行终端报税、电话报税。2003年后，推行"金税"三期工程，逐步形成"多元申报、集中征收、分类管理、一级稽查"征管格局。至2012年，县国税局共组织检查纳税户210户，查补入库税款390.59万元。

纳税信用等级评估　2002年，全市纳税评估工作在本县试点，通过对纳税大户的申报资料、财务会计报表以及经营信息的整理和分析，采取举证说明、约谈等方式，查找征管漏洞。2005年，建立以行业税负率和应纳税额变动率为主控指标，以销售额变动率、进项抵扣率、成本毛利率、销售毛利率为辅控指标的指标体系，将企业分为A、B两类，确立合适的评估方式。2008年，全县税务系统开始应用纳税评估软件。2009年，在评估单位统一设置综合岗、评估岗和审定岗3个岗位；建立县、所（分局）两级纳税评估体系，对评估对象实施分类评估；将税收分析结果应用到纳税评估工作中，筛选重点评估行业，形成以税收分析指导税源监控、纳税评估体系。至2012年，根据评估行业特点和生产工艺流程，确定各行业信息采集规范和行业敏感指标，进行整理、归纳、补充和完善，建立信息采集模板，确定评估指标体系。

（二）地方税务征管

1.税务登记

1994年7月，地方税务登记纳税人1130户，其中单位纳税人225户，个体工商户865户，代扣代缴行政事业单位40户。至2012年底，税务登记纳税人3830户，其中单位纳税人607户，个体工商户3148户，代扣代缴行政事业单位75户，税务登记户数增加2700户。

2.票证管理

1994 年，全县地方税收完税票证式样达 20 余种。1997 年起，在城区开始使用计算机通用完税证和交款书。1998 年 3 月起，执行国家税务总局《税收票证管理办法》，票证管理严把"领用、审核、缴销、保管"4 个环节，并经常进行检查。2006—2012 年，全县范围内使用机用填开发票。

3. 税务稽查

1994 年 7 月，县地税部门集中开展打击偷税、漏税活动。1997 年 3 月，实行"征收、管理、稽查"三分离征管改革。2010 年，全市地税部门统一安装"内网控制系统"。2012 年，形成"以纳税申报和优化服务为基础，以计算机网络为依托，集中征收，重点稽查"模式。1994—2012 年底，全县组织检查纳税户 1081 户，查补入库地方各税 3855 万元，罚款 190 万元，加收滞纳金 30 万元。

4. 纳税信用等级评定

2009 年开始，依据纳税人信用等级，将纳税人设置为 A、B、C、D 四类，实施分类管理。A 级纳税信用等级实行申报评定制，B、C、D 级纳税信用等级实行审核评定制。对 A 级纳税人，两年内可以免除税收检查；对 B 级纳税人，重点加强日常涉税政策辅导、咨询和宣传等纳税服务工作，提升纳税信用等级；对 C 级纳税人，列入重点检查对象，并严肃追究违法行为的有关责任，责令限期改正；对 D 级纳税人，除采取 C 类纳税人的监管措施外，列为重点监控对象，强化日常管理。至 2012 年，对 300 户单位纳税人实施分类管理，其中 A 级纳税人 5 户、B 级纳税人 295 户。

图29-3-1 国税服务厅

图29-3-2 地税服务厅

第三十章　金融业

　　20 世纪 80 年代后，在石油、化工等大中型企业支撑和带动下，全县金融业得到快速发展。20 世纪 90 年代，逐步确立人民银行调控，国有商业银行为主体，政策性金融与商业性金融分离，全县形成多种金融机构、多种融资渠道并存，功能互补和协调发展的金融体系。全县金融机构网点达百余处，从业人员一千多人。2000 年后，全县金融业平稳发展，对经济社会发展的保障作用进一步发挥。至 2012 年末，全县各项存款余额 72.06 亿元，贷款余额 28.11 亿元，当年净投放现金 27.11 亿元，经营收益 1.13 亿元，实现中间业务收入 868 万元，金融机构营业网点 62 个，从业人员 1020 人。

第一节　机构

中国人民银行庆城县支行

　　1986 年，中国人民银行庆阳县支行成立。内设人秘股、综合业务股、会计股、国库股、金管稽核股和发行股，职工 27 人。2003 年，更名为中国人民银行庆城县支行，内设人秘股、综合业务股、金管稽核股、信用合作监管股、货币金银股、会计国库股、保卫股和纪检监察室。2012 年，内设办公室、纪检监察审计室、国库会计股、综合业务股、货币发行股和保卫股。职工 31 人。

中国工商银行股份有限公司庆城县支行

　　1984 年 7 月，中国工商银行庆阳县支行成立，内设人秘股、计划股、信贷股、会计股、出纳股、储蓄股、稽核股和保卫股，辖马岭、董家滩、中寨、阜城、田家城、驿马、化工厂 7 个办事处，中街、北关、上街、井下、水电厂、马岭炼厂 6 个储蓄所，员工 147 人。2006 年，更名为中国工商银行股份有限公司庆城县支行。2012 年末，内设办公室、经营管理部，辖支行营业室、北关支行、田城支行、北区支行 4 个营业点，员工 50 人。

中国农业银行股份有限公司庆城县支行

　　1979 年，中国农业银行庆阳县支行成立，内设人秘股、计划会计股、企业信贷股、农业信贷股、农村金融股和存款股，辖营业室、北街储蓄所和城关、驿马、白马、桐川、土桥、太白梁、贾桥、三十里铺、蔡家庙、南庄、马岭 11 个营业所，员工 79 人。2002 年，更名为中国农业银行股份有限公司庆城县支行。2012 年末，内设综合办公室、风险资产管理部、计划财会部、信贷管理部和客户经理部，辖营业室、西街支行、北关支行、城关营业所、驿马营业所和韩湾分理处，员工 78 人。

中国建设银行股份有限公司庆城县支行

　　1978 年，中国建设银行庆阳县支行成立，内设人秘股、业务股和营业室，辖商场、阜城、南街储蓄所和人民路、化工厂分理处，职工 38 人。1994 年，更名为中国建设银行股份有限公司庆阳县支行。2004 年 9 月，更名为中国建设银行股份有限公司庆城县支行。2005 年支行撤销，业务和人员整体移交长庆建行。2012 年，县支行为网点型支行架构，有员工 13 人。

中国银行股份有限公司庆城县支行

1994年，中国银行庆阳县支行成立，设营业部、办公室、报社分理处，员工10人。2003年，更名为中国银行庆城县支行。2005年，更名为中国银行股份有限公司庆城县支行。2012年，辖营业部，员工14人。

中国农业发展银行庆城县支行

1996年，中国农业发展银行庆阳县支行成立，内设办公室、计划信贷部、财务会计部和营业部，职工20人。2002年，更名为中国农业发展银行庆城县支行。2012年，职工21人。

中国建设银行股份有限公司长庆支行

1989年，中国人民建设银行长庆石油专业支行成立，为省建设银行直接管辖的一级支行。内设人事科、会计科、保卫科、计划投资科、筹资科、办公室和电脑室，辖营业部、阜城、马岭、贺旗、贾桥、西峰5个办事处，三里桥、油建二大队、运输三大队、总库、田家城、测井、人民路、机关、庆城、城壕、五大队、驿马、运输二大队、阜城二大队14个分理处。1994年，更名为中国建设银行长庆石油专业支行。2002年，将西峰办事处及其下辖的西街和南街储蓄所整体移交建设银行庆阳分行，办事处全部更名为支行。2004年，更名为中国建设银行股份有限公司长庆支行。2005年，划归建行庆阳分行管辖。2012年，内设综合业务部和办公室，辖营业部以及贺旗、庆城、北关和田家城4个支行，职工81人。

庆城县农村信用合作联社

1989年，县农村信用合作联社隶属县农业银行管理，内设人事教育股、业务股、稽核股、信贷股、安全保卫股，辖驿马、熊庙、葛崾岘、桐川、太白良、冰淋岔、土桥、蔡口集、赤城、高楼、南庄、城关、蔡庙、卅铺、玄马、马岭和翟河17个信用社、安寺和阜城2个分社以及中寨储蓄所，职工78人。1996年12月，隶属县人民银行管理，更名为庆阳县农村信用社联合社。1999年，隶属庆阳地区农村金融体制改革办公室管理。2001年，隶属庆阳地区联社筹建办管理。2002年，隶属庆阳银监分局管理，更名为庆城县农村信用合作社联合社。2006年12月，隶属甘肃省农村信用社联合社管理，更名为庆城县农村信用合作联社。2012年，内设综合管理、安全保卫、计核、市场发展、风险管理、计划财务6个股室，辖26个网点，员工188人。

中国邮政储蓄银行庆阳市分行庆城县支行

2008年5月，中国邮政储蓄银行庆阳市分行庆城县支行成立，内设办公室和业务部，下辖营业部和驿马支行，员工24名。2012年，员工28人。

庆城县金城村镇银行

2012年4月成立，内设办公室、计财部、客户部、风险部、营业部。年末员工30人。

中国人民保险公司庆阳县支公司

1985年1月恢复成立。1989年，内设人秘股、业务股和理赔股，员工13人。1992年，内设综合管理科、财务科、人险科、财险科和车险科，下辖城关、马岭、阜城和驿马4个保险服务所，员工24人。1996年6月整体撤销。

中国人民财产保险股份有限公司庆城县支公司

1996年，中国人民财产保险股份有限公司庆阳县支公司成立，内设综合办公室、运工险科和财险科。2003年更名为中国人民财产保险股份有限公司庆城县支公司。2012年，内设综合办公室、直销业务部、客户服务部、营销业务部和油田业务部，辖驿马、马岭和南街营销服务所，员工42人。

中国人寿保险股份有限公司庆城县支公司

1996 年，中国人寿保险股份有限公司庆阳县支公司成立，内设综合管理科和业务科，辖城关、马岭、阜城和驿马营业所。2003 年更名为中国人寿保险股份有限公司庆城县支公司。2012 年，内设综合管理科和业务科，辖城关、马岭、白马、阜城和驿马营销服务部，员工 254 人。

第二节　存贷款业务

1986—1990 年，全县执行"从紧从严，紧中求活"信贷政策，控制企业和职工消费需求过快增长。1989 年，清理收回工商业流动资金到逾期贷款 199.7 万元，清理拖欠 129.8 万元，查处积压物资贷款 35.3 万元，工业企业挤占挪用贷款 274.2 万元，商业企业挤占挪用贷款 287.1 万元。1990 年，县人民银行向长庆建行发放年度性再贷款 4300 万元，支持油田企业发展。全县发放基本建设贷款 4393 万元、固定资产储备贷款 2965 万元、流动资金贷款 500 万元、农副产品及农户贷款 378 万元、专项技术改造贷款 200 万元。

1991—1995 年，按照"保证重点，压缩一般"的信贷政策，加强企业信贷资金管理，支持重点企业和农业发展。1991—1993 年，县人民银行向长庆建行发放年度性再贷款 9335.6 万元，农业银行和工商银行累计发放季节性再贷款 2300 万元，支持油田建设和农业生产；全县银行向长庆油田和庆化厂发放基本建设贷款 27580 万元，县沥青厂发放基建设备贷款 410 万元；清理"三角债"13000 万元。发放国营商业贷款 2789 万元，农副产品收购贷款 1865 万元；向县汽修厂和电器厂等地方企业发放贷款 146 万元，支持企业扩大规模。1993—1995 年，累计向石油化工企业发放流动资金贷款 29334 万元，基本建设贷款 146838 万元（包括代理国家开发银行贷款 103950 万元），技术改造贷款 1500 万元，支持石油企业扩大生产能力；向粮食企业发放粮油及农副产品收购贷款 2100 万元，支持农民增收致富。

1996—2000 年，信贷资金向石油化工、基础设施建设和农业生产领域倾斜。其间，全县银行累计向长庆油田、庆化厂和油田三产企业发放贷款 168659 万元，农户发放贷款 1567 万元，粮食购销企业贷款 2100 万元，农副产品收购企业贷款 1200 万元。2000 年，全县银行累计向县城北区开发企业发放贷款 1350 万元，支持县城基础设施建设。是年，参与改制企业 45 户，涉及金融机构贷款 2053 万元，利息 1727 万元，悬空银行债务 2745 万元。

2001—2002 年，长庆油田、庆化集团贷款萎缩，民营企业信贷资金缺口增加，县人民银行累计向农村信用社发放支农再贷款 10500 万元。2004 年，银行贷款出现恢复性增长。是年，全县银行向煤炭、烟草、农副产品收购及加工企业发放贷款 15900 万元；县城北区基础设施建设撬动银行信贷投入 16000 万元；全县银行累计发放扶贫贴息贷款 7200 万元，支持机械平田、共青团 1+1 工程、残疾人康复等 24 个专业扶贫项目；累计发放农业贷款 3600 万元，支持莲池、驿马、白马、熊家庙、马岭等小城镇建设；累计发放小额农户贷款 84589 万元，满足农户种养业资金需求。2005 年末，全县各项存款余额较 2001 年初增长 23.4%，其中：储蓄存款余额增长 26.5%，各项贷款余额增长 21.8%。

2006—2012 年，国有商业银行农村信贷业务继续收缩，农村信用社和邮政储蓄业务迅猛扩张，农村金融供给不足的现状初步得到缓解。其间，全县居民储蓄存款呈现徘徊性增长态势，2006 年居民储蓄存款达到 30.22 亿元。2007 年，基金投资踊跃，全县累计销售基金 3.25 亿元，导致储蓄

存款分流，年末居民储蓄存款余额 30.15 亿元，较上年下降 673 万元，首次出现下降。2008 年股市持续低迷，储蓄存款回流明显，年末储蓄存款余额达到 34.65 亿元，较上年增加 4.50 亿元，增长 14.9%，信贷资金结构调整步伐加快。2006—2008 年，全县累计发放贷款 5.6 亿元，支持驿马、白马铺两个乡镇开办农副产品加工企业 50 多户，年产值达到 9.8 亿元。发放流动资金贷款 3.2 亿元，支持居立门业、胜利筑路公司、百强铝业等民营企业扩大生产。发放基础设施建设贷款 3.85 亿元，支持木板公路、庆打公路、农村广电宽带网等工程如期完成。县人民银行累计发放支农再贷款 3000 万元，农村信用社累计发放农户贷款 4.66 亿元，支持农村规模种养业和新农村建设。累计发放个人住房按揭贷款 2.85 亿元，改善居民住房条件。2008 年末，各项贷款余额 13.63 亿元，较 2006 年初下降 1.80 亿元，下降 11.7%。2009 年后，存贷款增长态势明显，至 2012 年，各项存款余额 62.91 亿元，贷款余额 20.41 亿元。

　　附：

表 30-2-1 1986—2012 年全县银行存贷款余额统计表

单位：万元

年份	各项存款余额	各项贷款余额	年份	各项存款余额	各项贷款余额
1986	10341	5049	2000	280040	126708
1987	12909	8029	2001	315890	146779
1988	18274	8167	2002	324087	128667
1989	18275	7480	2003	342996	142268
1990	24379	19354	2004	326274	148477
1991	27119	27689	2005	345598	154296
1992	46667	42537	2006	373259	150282
1993	51268	66789	2007	381944	170574
1994	70929	87518	2008	433215	136316
1995	113397	83002	2009	475321	143894
1996	170776	108605	2010	577678	204139
1997	222043	137683	2011	629134	222104
1998	258953	527624	2012	720601	281123
1999	243329	495207	—	—	—

第三节　银行其他业务

　　20 世纪 80 年代后期，建设银行庆阳县支行开办代发工资、代发债券等业务。

　　1990—1995 年，工商银行庆阳县支行开始利用计算机系统进行账务处理，投产代发工资业务，推出牡丹信用卡业务；建设银行庆阳县支行开办代收水电煤暖等费用、代保管有价证券、代办个人保险、证券代理等业务，发行龙卡借记卡。

　　1996 年，县人民银行卫星小站建成运行，正式并入全国大网实现了"天地对接"；县农业发展银行承办粮油收购和扶贫贴息贷款等政策性业务。1997 年，全县农村信用社开始代理乡镇国库业务。1998 年，县人民银行对银行"缴来一般存款"和"备付金存款"两个账户进行合并，为各

家专业银行设立"准备金存款"账户，对金融机构财政性存款和法人金融机构的法定存款准备金缴存情况进行监督管理。县工商银行投产牡丹灵通卡业务，县建设银行实现龙卡借记卡异地使用。1999年，县农村信用合作联社开办牡丹灵通卡业务，县建设银行开办个人外汇买卖业务。2000年，全县银行对个人存款账户实行实名制。同年4月，县工商银行开通全省活期储蓄异地通存通兑业务。是年，工商银行为华亭煤业集团和华能公司办理票据融资业务，融通资金200万元。

2001—2005年，县人民银行会计处理上收一级，会计核算实行"集中核算、集中事后监督、集中查询查复、集中档案管理"的管理模式。各商业银行开始在城区主要网点部署ATM（自动取款）机，在成品油销售网点、超市和品牌商品专卖店部署POS机，提高结算速度和非现金交易比重。其间，县工商银行投产网上银行、电话银行、汇款直通车、代收话费业务，推出理财金账户、代理基金、手机银行、稳得利个人理财、住房按揭贷款等业务；县建设银行推出"汇得盈"外币理财产品、"利得盈"人民币理财产品和"建行理财卡"，陆续开办个人结售汇、个人国际速汇、外币通存通兑、网银结售汇、个人黄金、个人理财等业务，代理人身保险业务；县农业银行开办代收、代付、电话银行查询、保险兼业代理、外汇和代理销售基金等业务；县信用联社开办代收话费业务。

2006年，县人民银行开始为庆城、华池和合水3县同时办理现金出入库业务。是年，全县现金投放突破8亿元；县中国银行推出个人黄金买卖业务；县农村信用联社一级法人治理结构改革结束，成功兑付1000万元央行专项票据。2007年5月，县邮政储蓄小额质押贷款开始试点。2008年10月，县农村信用社发行飞天卡，实现全国范围内通存通兑。是年，农业银行股份制改革正式启动，县农业银行剥离不良贷款23400万元。至2012年，县工商银行推出代理"如意金"品牌黄金销售和账户贵金属业务；县建设银行发行PBOC2.0标准金融IC卡，推出移动支付产品，将基于PBOC标准的金融IC卡账户写入SD卡中，实现线上线下整合，此外，支付宝龙卡、八一龙卡、联名借记卡等10余款联名卡相继问世；县农村信用社发行飞天福农卡和飞天白金卡，开办POS收单业务、三农自助服务业务，开通个人网银和企业网银业务；县邮政储蓄银行开办代发工资、手机短信通知、理财金账户、代理基金、代理保险、POS收单、商易通转账、信用卡、贵金属、住房按揭贷款、网上银行和手机银行等业务；县农业银行也开办电子银行类、信用卡和理财业务。

至2012年底，全县配置ATM机30台，POS机240台，代理销售基金34265万元；代理保险9635.6万元；办理"纸黄金"交易6.13千克；代理发行凭证式国债63598万元；代售移动卡交费126.7万元；新增牡丹灵通卡和e时代灵通卡发卡12064张；发行信用卡3532张；发行银行借记卡32269张，"邮政绿卡"25000余张，电话银行个人客户3246户，电话银行企业客户86户；网上银行个人客户8274户，交易量17564万元；手机银行个人客户6032户；办理票据贴现业务82笔，金额7265万元。

第四节　保险业务

1986—1990年，全县开办简易人身保险、机动车辆保险、家庭财产保险和学生幼儿意外伤害保险4个险种，累计实现保费收入935.26万元，赔款支出387.84万元，赔付率为41.46%。1991—1995年，新增企业财产、公路货物运输、建筑工程、驾驶员意外伤害、乘客意外伤害和子女备用金等11个险种，险种达到15个，累计实现保费收入3677万元，赔付支出1446万元，赔付率为39.3%。至1995年，县保险公司累计缴纳税金228.9万元。

1996—2000 年，财、寿险分业经营，保险业竞争加剧，业务逐步向石油矿区拓展。2001—2005 年，保险业积极推行代管员制度，保费收入大幅增加。2006—2012 年，实施"村村通"工程，将保险业务延伸到村到户，产品由单一保障型向保障与投资相结合的复合型发展。其间，中国大地财产保险股份有限公司庆城支公司、中国人民人寿保险股份有限公司庆城支公司等保险公司相继成立，开办业务，全县保险业呈多元化发展态势。

附：

表 30-4-1 1986—1995 年中国人民保险公司庆阳县支公司保险业务统计表

单位：万元

年度	保费收入	赔款支出
1986	76.07	30.33
1987	105.02	72.75
1988	200.01	66.63
1989	236.70	94.70
1990	317.46	123.43
1991	482.27	163.19
1992	621.87	230.68
1993	1002.74	246.88
1994	1278.64	382.51
1995	1298.40	406.80
合计	12718.22	4385.8

表 30-4-2 1996—2012 年全县人保财险、人寿保险公司保险业务统计表

单位：万元

年度	人保财险		人寿保险	
	保费收入	理赔支出	保费收入	理赔支出
1996	1452	747	640	42
1997	1554	560	1130	58
1998	1840	691	1360	62.7
1999	1951	918	1435.8	80.05
2000	2048.9	1231	1630	91.2
2001	2173	1458	1800	64
2002	2190.4	1450	5658	358
2003	2306.4	1766	5310	262
2004	2506.5	1848	3399	116
2005	2170	1233	3217	142
2006	2162	1143	3148	121.3

续表 30-4-2

年度	人保财险		人寿保险	
	保费收入	理赔支出	保费收入	理赔支出
2007	2335	1120	3218	152
2008	2065	1540	4353.89	143.6
2009	2224.85	1100	4269.08	161
2010	2727.07	1546	4143.8	151.63
2011	3174	1727.69	4510	166
2012	3493	1718.85	4347.15	238.5
合计	38373.12	21797.54	53569.72	2409.98

图30-4-1　农业银行外景

第三十一章 经济综合管理

1986年后，经济管理中市场调节比重不断扩大，指令性计划大幅减少，全县认真落实各项改革措施，逐步建立起适应社会主义市场经济要求的经济综合管理职能机构，开始综合运用计划、统计、标准、计量、物价、工商行政、审计等手段，依法对各种经济行为进行规范、监督和管理。

第一节　计划项目管理

一、机构

1986年，庆阳县经济计划委员会内设人秘、综合、农业、工交等股室，编制12人。1991年6月，撤销经济计划委员会，分别成立经济委员会、计划委员会。2002年，庆阳县计划委员会更名为庆城县发展计划局。2003年2月，成立庆城县项目管理办公室，编制10人，隶属县发展计划局。2005年7月，县发展计划局更名为庆城县发展和改革局（简称"县发改局"），国防经济动员委员会办公室挂靠县发改局。2012年，全局职工20人。

二、五年计划编制与执行

（一）第七个五年计划（1986—1990）

"七五"期间，全县经济工作的主要任务和目标：推进改革，理顺经济关系，加强农业基础，启动工业化进程，突破乡镇工业，强化企业管理，加快技术进步，努力提高经济效益。至"七五"末，全县计划实现工农业总产值9419.6万元，年均增长9.3%，其中工业总产值3419.30万元，年均增长25%；农业总产值6000.30万元，年均增长4.3%。期末实现财政收入1331.50万元，年均增长38.2%；社会消费品零售总额7290万元，年均增长2.6%。至1990年底，全县工农业总产值11653.6万元，年均增长12.61%；其中农业总产值6000.30万元，年均增长4.03%；工业生产总值5653.3万元，年均增长30.14%；乡镇企业总产值8503万元，年均增长22.92%；财政收入1165万元，年均增长30.8%；农民人均纯收入363.61元，年均增长7.86%；社会商品零售总额7290万元，粮食总产7.42万吨。

（二）第八个五年计划（1991—1995）

"八五"计划提出"一饱、一平、一减"奋斗目标，即：稳定解决温饱、财政收支平衡、减少粮食调进。到1995年工农业总产值达到1.1亿元，其中农业总产值达到7922万元，工业总产值达到3123万元；乡镇企业总产值达到14327万元；财政收入达到1800万元，粮食总产达到4.96万吨，社会消费品零售总额达到11268万元，农民人均纯收入达到514元。1994年底提前完成。1995年，全县国民生产总值（现价）11.15亿元，其中工业总产值（现价）42.16亿元，财政收入4707万元，农业总产值2.03亿元，乡镇企业总产值突破3亿元，社会消费品零售总额2.46亿元，粮食总产7.25万吨，农民人均纯收入842.4元。

（三）第九个五年计划（1996—2000）

"九五"期间，以"改革、发展、稳定"为总基调，围绕富民富县目标，重点实施"888"工程，即走好8条路子，建成8个商品基地，实施80个项目，推动全县经济持续、快速、健康发展。到2000年末，实现"双千、三翻、奔小康"目标，即2000年农民人均纯收入1500元，人均产粮1000斤，工业总产值、财政收入、乡镇企业总产值3项指标分别比"八五"末翻1.6番、1番和1.5番，使全县10万人生活达到小康水平。

至2000年底，全县国民生产总值5.17亿元，人均GDP2974.4元，高出庆阳地区平均水平2113.7元；财政总收入10127万元，高出庆阳地区平均水平245.5元；农民人均纯收入1509.39元，比庆阳地区的平均水平高出129.39元。全县人均产粮达到744千克，粮食总产量比1995年增长24.32%，年均增长5.59%。综合经济实力位居全省86个县（市）第16位。

（四）第十个五年计划（2001—2005）

"十五"期间，全县提出"农业稳县、工业富县、三产活县、科教兴县；调整结构、深化改革，扩大开放，促进发展"总体思路，到2005年，全县国内生产总值达到7.76亿元，年均递增7%；地方财政收入达到1.4亿元，年均递增7.3%；农民人均纯收入达到2000元，年均递增4.8%。实现"一绿、二完善、三提高、四化、五通"的社会发展目标。

至2005年底，全县国民生产总值达8.8亿元，年均增长11.22%，其中：第一产业达到3.38亿元，年均增长19.93%，第二产业达到1.98亿元，年均增长18.28%，第三产业达到3.44亿元，年均增长10.02%；固定资产投资完成6.24亿元，年均增长32.71%；财政收入完成2.27亿元，年均增长20.74%；农民人均纯收入1788元，社会消费品零售总额5.68亿元。其中财政收入、固定资产投资提前两年完成计划任务。全县60%的荒地实现绿化；社会主义市场经济体制和人才引进机制进一步完善；人均基本农田、科技覆盖率、非公有制经济占国民经济的比重均有提高；工业化、城市化、信息化、结构优化的雏形初步形成；村村通路、通水、通电、通广播、通电视的目标基本实现。

（五）第十一个五年计划（2006—2010）

"十一五"期间，全县提出"推进新型工业化、高效农业规模化、服务业现代化、城乡一体化纵深发展"的总体思路。奋斗目标是：国民经济继续保持两位数增长，生产总值在2005年基础上翻一番，城镇居民人均可支配收入超过1万元，农民人均纯收入达到2600元以上，经济总量和发展水平在全省位次前移。

至2010年底，全县国民生产总值完成89.34亿元（剔除油田部分），年递增12.98，社会固定资产投资完成34.1亿元，年递增28.4%；地方规模以上工业增加值完成2.31亿元，年递增31%，大口径财政收入完成3.48亿元，年递增8.9%，小口径财政收入完成1.98%，年递增11.6%；社会消费品零售总额14.1亿元，年递增17.3%，城镇居民人均可支配收入达12912元，年递增13.3%，农民人均纯收入达3173元，年递增12.2%。全县初步形成包括现代农业、现代工业和现代服务业在内的具有庆城特色的现代产业体系。石油开采为主导的采矿业占全部工业增加值的82.99%；地方工业企业达212户，其中19户拥有自主出口权，白瓜子加工出口占全国70%以上。全县初步建成紫花苜蓿、肉牛、肉绒羊、苹果、瓜菜、全膜玉米六大基地；交通、电力、水利取得重大进展；教育、卫生、文化、旅游事业取得重大突破。

（六）第十二个五年计划（2011—2015）

"十二五"时期，以科学发展观为指导，坚持调整经济结构与转变发展方式相结合，资源开发与生态保护相结合、经济社会发展与生态文明建设相结合，实施"生态文明立县、新型工业强县、

绿色农业稳县、民俗文化名县和商贸物流活县"的总体发展战略，实现"绿色庆城、富强庆城、活力庆城、和谐庆城和诚信庆城"的富民强县目标。到 2015 年，全县国民生产总值达到 120 亿元，较 2010 年翻一番，年均增长 13%（其中地方 GDP 达到 35 亿元，年均增长 17%），人均 GDP 达到 35610 元，年均增长 11%（其中地方人均 GDP 达到 10386 元，年均增长 15%）。大口径财政收入达到 6.5 亿元，年均增长 15%；小口径财政收入达到 4 亿元，年均增长 15%。全社会固定资产投资突破 90 亿元，年均增长 21%。社会消费品零售额达到 35 亿元，年均增长 20%。出口供货总值达到 10.5 亿元，年均增长 12%，出口创汇完成 2100 万美元，年均增长 12%。单位 GDP 能耗比 2010 年下降 20%、水耗比 2010 年下降 20%、碳排放量比 2010 年下降 20%，单位工业增加值废水排放量比 2010 年下降 20%。基本农田保护率达到 84%，共伴生矿综合利用率达到 60%，农村新能源利用普及率达到 40%。污水集中处理率达到 80%，城市生活垃圾无害化处理率达到 90%，工业固体废弃物综合利用率达到 95%；森林覆盖率达到 30%，水土流失治理率达到 49.7%；建成区绿化覆盖率达到 30%，城市人均公共绿地面积达到 12 平方米，环保投入占 GDP 的比重达到 1.5%。全县总人口达到 33 万人，人口自然增长率控制在 7‰ 以内，城市化水平达到 40%；科技进步对经济增长的贡献率达到 60%，研发投入占 GDP 的比重提升到 1.5%，义务教育阶段学生入学率达到 95%，高中阶段专任教师学历合格率达到 85%。广播电视覆盖率达到 90%，有线数字电视入户率达到 90%，移动用户普及率达到 80%。城市居民人均可支配收入达到 22000 元，农民人均纯收入达到 6000 元，城乡居民最低生活保障覆盖率达到 15%。社区卫生服务覆盖率达到 100%，农村合作医疗人口覆盖率达到 95%，大病统筹覆盖率达到 50%。廉租房面积达到 2.5 万平方米，保障性住房面积达到 7.5 万平方米。城镇登记失业率控制在 4% 以下，贫困人口占农业人口比率降低到 9% 以下，高校毕业生就业率达到 85%。

2012 年底，全县实现国民生产总值 77.97 亿元，占规划目标的 65%。全社会固定资产投资总额 66.1 亿元，占规划目标的 73.4%。大口径财政收入完成 5.43 亿元，占规划目标的 84%；小口径财政收入完成 3.21 亿元，占规划目标 81%。社会消费品零售总额完成 19.39 亿元，占规划目标的 55.4%。出口供货总值完成 7.13 亿元，占规划目标的 68%；出口创汇完成 1100 万美元，占规划目标的 53%。城镇居民可支配收入完成 18639 元，占规划目标的 84.7%；农民人均纯收入完成 4287 元，占规划目标的 71.4%。森林覆盖率完成 22.01%，占规划目标的 73.4%。耕地保有量完成 7.18 万公顷，占规划目标的 104.02%。城镇化率完成 37.5%，占规划目标的 93.8%。常住人口 26.32 万人，占规划目标的 96.7%；人口自然增长率控制在 7‰ 以内；人均受教育年限达到 8.5 年，高中阶段毛入学率达到 82.7%。单位国内生产总值能耗控制在目标之内。粮食总产量完成 15 万吨，占规划目标的 115.4%。实施 500 万元以上项目 465 个，完成投资 133 亿元，增加 103.6 亿元。城镇化率达到 37.5%，提高 4.7 个百分点。提前实现全县所有乡镇通油路、80% 的行政村通油路或水泥路目标。高校毕业生就业率达 80%，城镇新增就业 8071 人，城镇登记失业率控制在 4% 以内。养老、医疗、失业、工伤、生育等社会保险参保率均达 95% 以上。

三、以工代赈

1984—2006 年，全县先后实施 7 个批次的以工代赈建设。其中：1984—1987 年实施第一批次，主要是粮、棉、布以工代赈建设，重点是交通建设。民工赈济标准为：1 个工日折合 1 元（按粮食 4.5 斤，棉花 1 两，棉布 6 寸计算），国家投入多少，县上折实多少。1989 年 4 月至 1991 年 3 月实施第二批次，主要是续修道路和人畜饮水工程。1990 年 10 月至 1992 年实施第三批次，主要解决人畜饮水和水土保持。1991—1995 年实施第四批次，主要是"三田"建设、中低产田改造，以及配

合农业综合区域开发有关的乡村道路、河流治理、小水电人畜饮水、植树造林、种草等农业服务体系等基础设施建设。1992年实施第五批次，重点是水土流失治理和塘坝等水利工程。1993年实施第六批次，重点是人畜饮水、县乡公路骨干工程、小型桥梁、中低产田改造、人工节能温室、优质农产品基地建设、农村电话、林果业、农村集市贸易、畜牧业等。1994年实施第七批次，重点是县乡公路和人畜饮水工程建设。2006年底，全县以工代赈项目全部结束。

1986—2006年，省上累计下达全县以工代赈资金8959.13万元。其中：以工代赈资金5674.73万元，省财政配套资金612万元，省小水电资金配套46万元，省养路费配套资金370.03万元，发展资金2.2万元，能源资金39万元，市县配套44万元，粮食补贴23.17万元，自筹2148万元。资金拨付实行"三三制"：开工前预拨1/3，工程完成70%后加拨1/3，竣工验收合格后再拨1/3。资金使用由实施单位提出申请，县计划部门审核后，由县上分管领导签拨。

四、重点项目建设管理

1986—2002年，全县项目管理主要由各行业主管部门负责实施，计划部门负责督查统计。2003年后，全县实施项目带动战略，成立项目管理办公室，对50万元以上项目实行集中管理，随时督查，年终考核。2003—2010年，全县实施50万元以上建设项目1767个，总投资191.48亿元，完成投资116.24亿元。

2011年，重点项目管理办法和统计口径变化，只对500万元以上项目进行管理、统计。当年全县实施500万元以上建设项目161个，总投资115.3亿元，完成投资45.6亿元。2012年，500万元以上项目304个，总投资156.3亿元，完成投资87.4亿元。其中：农业项目70个，总投资28.9亿元，完成投资19.4亿元；工业项目76个，总投资29.9亿元，完成投资19.8亿元；交通能源项目29个，总投资28.3亿元，完成投资10.3亿元；城市基础设施项目69个，总投资47.3亿元，完成投资23.8亿元；社会事业项目33个，总投资8.3亿元，完成投资6.3亿元；商贸流通及其他项目27个，总投资13.6亿元，完成投资7.8亿元。

五、固定资产投资管理

（一）审查和批准权限

1986年，小型项目中重工业和水利项目投资在500万元以上，轻工业和其他项目投资在300万元以上，化纤、棉纺、毛纺及3000吨生产能力以上啤酒厂由地区计委审批。其他小型项目、自筹资金项目、集体所有制单位项目，凡不需要综合平衡的，均按隶属关系分别由主管部门和县上自行审批。资金、原材料需由省上平衡的500万元以上重工业和水利项目、300万元以上轻工业及其他工业项目、100万元以上一般性农业项目和非生产性项目，由行业主管部门提出审查意见，报省上审批。1993年后，限额以下更新改造项目由县上自行审批。2010年后，自筹资金项目由县上投资主管部门审批、备案。

（二）基本建设资金管理

1985年起，凡是由国家预算安排的基本建设投资全部由财政拨款改为贷款，（简称"拨改贷"），由中央和地方财政预算拨付。建设银行收回贷款，按原拨款分别上交中央和地方财政部门；对没有还款能力的建设项目，不采用"拨改贷"方式，仍以拨款对待。国家预算内拨款投资和国家预算内"拨改贷"投资，在资金渠道上分别管理，分别核算，互不混淆、挪用。全县用拨款投资安排的基本建设项目限于农林水牧气方面非经营性建设、国防科研、文化教育卫生项目、机关职工宿舍、防洪防涝工程、市政工程、邮电通信工程及国家财政拨款的事业单位、无还款能力项目等。财政部门

拨给各部门、各单位的基本建设资金均在建设银行开设账户。其余建设项目仍实行"拨改贷"办法。1995年，全县基本建设投资来源形成多种渠道，含国家预算内基本建设投资、向国外借款和吸收外商直接投资、银行贷款、地方自筹资金、合资建设项目中的集体、个体投资，以及无偿捐赠等资金。

第二节　统计管理

一、机构

1980年7月，由庆阳县经济计划委员会析设庆阳县统计局，编制5人。1984年，成立庆阳县农村抽样调查队，隶属县统计局。1986年，在19个乡镇设立乡镇统计工作站。2002年，更名为庆城县统计局（简称"县统计局"），编制12人。至2012年，全局职工14人。

二、统计项目

（一）国民经济核算统计（GDP）

1986—1993年，全县国民经济核算处于物质产品平衡表体系（MPS）与国民账户体系（SNA）并存局面。报表制度包括MPS的国民收入、SNA的国民生产总值和社会经济效益统计。1989年，在以分配法为主计算国民生产总值基础上，增加按支出法计算国民生产总值项目。1992年，对全年度国内生产总值进行测算。1993年起，从分配法、生产法和支出法3方面开展国民经济生产总值核算，取消社会经济效益统计。

2001年后，建立国内生产总值数据质量评估制度，全县国内生产总值资料在地区统计处评估认定后发布。2003年3月起，执行《中国国民经济核算体系（2002）》，取消MPS核算，调整表式和指标设置。2005年，市统计局制订《庆阳市主要统计数据评估办法》，评估内容涵盖国内生产总值、工业增加值、全社会固定资产投资总额、农民人均纯收入、粮食总产量、农业增加值、城镇居民人均可支配收入、社会消费品零售总额等8项指标。评估方法包括逻辑合理性评估、交叉验证评估、专家会议评估。2006年，建立国内生产总值数据质量评估制度，开始对国内生产总值数据实行"下管一级"，并按季开展国内生产总值数据质量评估工作。至2012年，全县国民经济核算除GDP外，还承担单位GDP能耗核算。

（二）农村经济社会统计

1986年，农村经济社会统计报表有种草情况、农业产值、农业净产值、农业物质消耗统计表、新经济联合体、专业户生产经营基本情况表等。1988年，实行农村社会经济指标体系报表制度。"农业总产值""农业商品产值""农业物质消耗""农业净产值""农业社会总产值""农村社会净产值及国民生产总值""农村社会经济综合效益指标""农村第一产业"由乡镇和业务部门填报，统计指标编有代码，县统计部门对基层报表用微机汇总，并按规定程序计算出反映价值和效益的综合报表。1990—1998年，报表和统计指标进行多次调整。1999年，国家统计局推行以数据处理电算化为主的农村统计一套表制度。2002年，县、乡、村社会基本情况纳入统计。至2012年，农村统计主要包括农村经济社会全面统计、农村全面小康监测和县、乡、村社会基本情况统计等指标体系。

（三）工业统计

1986年，全县工业统计分为乡及乡以上、乡以下两部分。1992年，工业统计建立月度工业增加值统计、工业经济效益评价指标体系、工业销售产值月度统计。1995年开始，工业统计分国有及年销售500万元以上非国有工业（规模以上）和年销售500万元以下非国有工业（规模以下）两

部分。1998 年，规模以下工业统计采用全面统计方法。1999 年起，规模以下工业统计采用抽样调查方法，规模以上工业统计仍采用企业直报、超级汇总统计方法。2002 年，长庆油田公司（原长庆石油勘探局）、长庆资本营运部（原长庆集体经济管理处）、川庆钻探公司分别向市、县统计局按月报送原油、天然气及工业性作业产值报表。2007 年起，县统计局按季（年）报送"规模以下工业总产值"报表。法人企业按季报送报表，县统计局建立台账。个体工业按季采用抽样调查方法推算，县统计局建立抽样调查推算台账。

至 2012 年，县统计部门汇总的月、季工业统计报表有"工业产品产量及产值""主要经济指标"和"主要产品销售量与库存量"表，基层填报的有"工业产品生产、销售、库存""财务状况"月、季报表。

（四）商贸统计

1982—1992 年，先后增设城镇集体所有制商业商品购、销、存，工业部门商品零售额和主要产品零售量，城镇集体所有制商业商品购、销、存年报及社会商品购买力，非农业居民货币收支平衡等年（月）报。1993 年，商业年（月）报改为"批发零售贸易商品销售、库存总额""批发零售贸易业商品销售、库存数量"及"社会消费品零售总额"表。其后，增设"批发零售贸易业商品销售、库存类值"和"个体零售贸易业网点、人员"年报表。1993 年，商业统计范围扩展到除乡镇企业以外的各种类型独立核算法人批发零售贸易、餐饮企业、附营商业饮食单位。1994 年，统计范围扩大到乡镇企业和所有外资企业。2001 年起，贸易餐饮业统计对限额以上企业（批发企业年销售额 2000 万元以上、零售企业年销售额 500 万元以上、餐饮企业年销售额 200 万元以上）实施全面调查；对限额以下贸易、餐饮业、个体户实施抽样调查。

2010—2012 年，全县开展批发零售贸易餐饮业（含企业、单位基本情况）统计、批发零售业及住宿餐饮业经营情况统计、批发零售业及住宿餐饮业企业财务状况统计、社会消费品零售总额统计、商品交易市场成交情况统计、批发零售业及住宿餐饮业连锁经营情况等统计。

（五）固定资产投资统计

1986 年，设"农村固定资产投资""农村私人建房""城镇集体单位固定资产投资""城镇和工矿区私人建房情况"年报表；更新改造措施增加新增生产能力和节约效益报表。实行块块统计方法，域内中央、省、地单位基建年报，按系统上报的同时报送县统计部门。1993 年，实行新国民经济核算体系一套表，月报有"固定资产投资统计基层标准表"，半年报有"城镇工矿区私人建房"，年报有"固定资产投资统计基层标准表""农村个人私人建房""农村集体固定资产投资"表。

2009 年 1 月开始，全县建立固定资产投资项目管理信息抄送制度，县发展和改革部门以"随办随抄"方式向县统计部门抄送固定资产投资项目；县城建局每月 1 日前向县统计局抄送上月"建设行政主管部门工程施工许可证发放情况表"。2011 年，全县工业和信息化固定资产投资季报分析制度建立。统计行业含石化、煤炭、电力、中小企业（新建技术改造）、工业集中区建设。统计范围含总投资 50 万元及以上工业基本建设项目和更新改造项目。总投资在 500 万元以上工业项目填报"县区季度工业固定资产投资汇总表"。

（六）劳动工资统计

1986—1992 年，劳动工资统计制度与指标体系基本稳定，主要有全民所有制单位全部职工人数和工资、全部职工工资总额构成，城镇集体所有制全部职工人数、工资和个体劳动者人数等报表。1993—1995 年，劳动工资统计由专业统计改为行业统计，由集中分布改为分散布置，范围由职工统计扩大为从业人员统计。2002 年后，劳动工资统计报表执行按季报送制度，统计范围包括国有、城镇、集体及其他企业、事业、机关，分行业统计从业人员及在岗职工人员和劳动报酬等。2007 年，劳动工资统计报表减少，年报、定期报表仅限于单位从业人员、劳动报酬情况、单位从业人员变动情况、城乡劳动力资源配置情况等。至 2012 年，建立城镇私营单位工资统计制度，全县开展城镇私营单位工资统计，对工资数据评估分析。

（七）物资统计

1986—1992 年，物资统计年报有全民所有制单位主要物资消费量、集体所有制单位主要物资消费量等报表。1993、1995 年进一步合并，报表含"主要物资消费库存电讯月报"和"产品销售与库存电讯月报"两种，年报增加"新机电设备、库存与使用情况"。启报单位为各生产企业及有关消费单位。2002 年，物资统计报表取消。

（八）能源统计

2010 年，单位 GDP 能耗指标纳入县政府考核内容。县统计部门自本年起，建立季度、年度能源消费总量和单位 GDP 能耗核算制度，制订能耗数据质量评估办法；对能耗指标数据质量进行监测，建立能源统计监测体系，实现对万元 GDP 能耗按季度监测，对规模以上工业和重点企业能耗按月监测。

三、专项普查与调查

（一）专项普查

1.人口普查

第四次人口普查 1990 年 7 月 1 日零时为标准时点。普查结果：全县总户数 60204 户，人口总数 274217 人，其中：男性 141636 人，占 51.65%，女性 132581 人，占 48.35%，性别比 106.83。1990 年全县出生人口 4079 人，出生率 14.90‰，死亡人数 1408 人，死亡率 5.13‰，人口自然增长率 9.74‰。

第五次人口普查 2000 年 11 月 1 日零时为标准时点。普查结果：全县总户数 79189 户，人口总数 316922 人，其中：男性 164768 人，占 51.99%，女性 152154 人，占 48.01%，性别比 108.29。2000 年全县出生人口 4518 人，出生率 14.92‰，死亡人数 1570 人，死亡率 5.80‰，人口自然增长率 9.12‰。

第六次人口普查 2010 年 11 月 1 日零时为标准时点。普查结果：全县总户数 89387 户，人口总数 288978 人，其中：男性 151429 人，占 52.40%，女性 137549 人，占 47.60%，性别比 110.09。2010 年全县出生人口 4975 人，出生率 11.14‰，死亡人数 1694 人，死亡率 5.53‰，人口自然增长率 5.60‰。

2.第三产业普查

1993 年，全县首次开展第三产业普查。普查范围是从事第三产业的所有单位，普查年度为 1991 年、1992 年。采取由基层普查员填报普查表的方法，对全县从事第三产业的所有单位进行调查。2003 年，开展第二次第三产业普查。普查对象是县内从事第三产业的全部法人单位、产业活动单位和个体工商户。普查主要内容包括单位标志、从业人员、财务收支、资产状况等。普查年度为 2003 年，标准时点为 2003 年 12 月 31 日。普查结果均未公布。

3.工业普查

1995 年，对乡及乡以上独立核算工业企业和附营工业单位及产品销售收入（营业收入）在 100

万元以上村办工业、私营工业、合作经营工业、个体工业和生产单位，采取直接发放普查表方式调查；对年产品销售收入（营业收入）不足 100 万元村办工业、私营工业、合作经营工业、个体工业和生产单位，采取布置简易卡片或列一览表形式，由地、县工业普查机构按全国工业普查办公室统一要求上报综合数据，结果未公布。

4. 基本单位普查

1996 年，开展第一次全国基本单位普查。本县普查结果：1996 年末，全县法人单位 586 个，其中：行政法人单位 143 个，事业法人单位 109 个。

2001 年，开展第二次全国基本单位普查。本县普查结果：2001 年末，全县基本单位（法人单位与产业活动单位）2235 个，其中：法人单位 677 个（单产业法人单位 438 个、多产业法人单位 239 个），产业活动单位 1558 个。法人单位按类别分组：企业法人 214 个、事业法人 121 个、机关法人 149 个、社团法人 7 个、其他法人 186 个（居委会 2 个、村委会 184 个，民办非企业单位 0 个）。产业活动单位按类别分组：生产经营性单位 339 个、非生产经营性单位 1219 个。

5. 农业普查

1996 年，开展第一次全国农业普查。本县普查结果：1996 年末，全县耕地面积 83.2 万亩；园地面积 9.70 万亩，其中：果园面积 8.05 万亩，林地面积 51.94 万亩，牧草地面积 50.93 万亩。全县从事生产经营活动农村住户 5.01 万户，其中主要收入来源于农业的 4.76 万户，主要收入来源于非农业的 0.25 万户。全县非农村住户类农业生产经营单位 72 个，其中：国有 56 个，集体 16 个；以种植业为主的 59 个，以畜牧业为主的 6 个，以林业为主的 8 个，以渔业为主的 0 个。农村住户和非农村住户类农业生产经营单位共种植农作物 120.54 万亩，其中：粮食 100.97 万亩；油料 6.50 万亩；烟叶 0.48 万亩；蔬菜 2.17 万亩；其他 7.63 万亩。年末大牲畜存栏 8.52 万头，其中：牛存栏 5.46 万头。年末羊存栏 18.49 万只，猪存栏 5.89 万头。农村从业 10.26 万人，其中：农业从业 9.87 万人，非农业从业 0.39 万人；农村科技人员 126 人。全县拥有大中型拖拉机、小型拖拉机、联合收割机、机动脱粒机、农用运输车 1978 台辆，每万名农业从业人员拥有 196.5 台。

2006 年，开展第二次全国农业普查。本县普查结果：2006 年末，全县有农业生产经营户 5.06 万户，农业生产经营单位 84 个。农业技术人员 176 人。大中型拖拉机 162 台（配套农具 139 台），小型拖拉机 1760 台（配套农具 601 台），联合收割机 12 台。全县 17 个乡镇中，5 个乡镇地域内有二级以上公路通过，11 个乡镇有邮电所，15 个乡镇有储蓄所，2 个乡镇有公园，11 个乡镇有广播和电视接收站，95% 有综合市场，33% 有专业市场，20% 有职业技术学校，100% 有医院和卫生院，27% 有敬老院。

6. 经济普查

2004 年，开展第一次全国经济普查。本县普查结果：2004 年末，全县共有产业活动单位 1143 个。从事第二、三产业法人单位 915 个，其中：企业法人单位 231 个，机关、事业法人单位 497 个，社会团体法人单位 12 个，其他法人单位 175 个；个体经营户 6883 户，其中：第二产业 684 户，第三产业 6199 户；第二产业就业 19212 人，第三产业就业 1998 人；就业人员中，单位就业 28767 人，占 73.4%，个体经营人员 10431 人，占 26.6%。

2008 年，开展第二次全国经济普查。本县普查结果：全县全部法人单位及产业活动单位 2179 个，其中：法人单位 948 个，产业活动单位 1231 个；个体户 7015 户；法人及产业活动单位从业 2.84 万人，其中：长庆油田公司在庆法人单位及产业活动单位从业 1.15 万人，个体户从业 10782 人。

全县 GDP 为 68.83 亿元。

（二）专项调查

1. 农村经济调查

农产量调查　农产量抽样调查主要内容有农作物播种面积、农作物产量、农业生产形式调查等，调查中核实面积并预计产量，先抽选调查地块，丈量面积，再实割实测，最后推算实测作物产量。全县农产量抽样调查点分别于 1990、1995、2000、2005、2010 年进行样本轮换。2012 年，农产量抽样调查表主要有夏粮、秋粮农产量预计表，夏粮、秋粮实测表。

农村住户调查　全县农村住户调查点于 1990、1995、2000、2005、2010 年进行 5 次样本轮换。2004 年，执行《乡村社会经济调查方案》，在全县所有行政村进行村级基本情况统计调查，向省局上报调查情况。至 2012 年，全县设农村住户调查点 60 户，调查主要内容有农民人均纯收入、农村居民家庭基本情况、农村居民家庭收入与支出、农村劳动力就业与流动情况、农村居民家庭现金收支日记账、农村居民家庭实物收支账、农村住户劳动力就业与外出从业情况等。

2. 城市住户调查

2002 年，全县开始城市住户调查工作。2008 年 4 月，全县开展城镇住户基本情况抽样调查，包括一次性大样本抽样调查和常规调查样本轮换。至 2012 年，全县设城市住户调查点 30 户，调查内容有城市居民家庭基本情况表、住房情况表、就业情况表、主要耐用品拥有情况表、现金收支情况表、食品消费支出情况表、非食品类消费支出情况表、非现金（实物及服务）收入情况表、可支配收入和消费性支出排序表等。

3. 抽样调查

1993—1994 年，全县开展服务业抽样调查。1995 年，开展 1% 人口抽样调查工作。2001 年，开展规模以下工业抽样调查工作。2005 年，开展 1% 人口抽样调查工作。2007 年，开展车辆问卷调查、文化产业调查。2008 年，实施国内旅客抽样调查。2009 年 7 月，开展干部选拔任用工作群众满意度抽样问卷调查。

（三）其他调查

1. 农村贫困监测调查

1996 年，全县建立农村贫困监测系统。监测点记账户平时记"现金日记账"和"实物账"。"现金日记账"有工资性收入、家庭经营性收入、财产性收入、转移性收入四项收入和生产费用支出、税费支出、生活消费支出、财产性支出、转移性支出五项支出。2004 年，全县确定 6 个贫困监测调查点。2009—2012 年，每年开展农村贫困监测调查。

2. 企业景气调查

1998 年，全县开始企业景气调查工作，采取问卷调查形式。抽选样本采用重点调查和抽样调查相结合方法，对大型企业采用全面调查，对中小型企业采用抽样调查。此项调查，每年进行 4 次，至 2012 年，开展 60 余次。

3. 农情监测调查

2000 年，开展农情监测工作。根据山、川、塬和好、中、差不同地貌选取 4 个调查点，每个调查点由地区统计处直接聘用一名辅助调查员，经统一培训，按季直接向地区统计处报送粮食产量、农村住户收入、畜牧业生产情况、粮食价格等资料。财政部门每年给每位辅助调查员补助 350 元调

查津贴。2002年，全县抽选4个村小组作为全市农村社会经济运行情况调查点进行定点农情监测，年内全县进行6次定期监测调查。

4.农村小康监测调查

2002年，开展农村小康监测调查。具体标准为农民年人均纯收入1100元；年人均动物性食品消费量以乡计30千克、以村计35千克；砖土木、砖木、钢混结构住房比重乡85%、村90%；电视机普及率乡85台/百户、村90台/百户；劳动力平均受教育年限乡村8年；安全饮用水普及率乡90%、村95%；享受"五保户"人口比重乡村95%；已通汽车行政村比重乡90%；人均纯收入达到1100元的户所占比重乡90%、村95%。

四、统计监督与服务

（一）统计监督

1983年开始，通过统计报表、统计分析等手段，对国民经济和社会发展水平、结构、态势等进行客观反映，对经济运行热点、难点、焦点问题进行分析。1990年，开展对计划执行情况监督。2000年后，在分析、预测经济运行态势基础上，对计划执行情况进行监测，及时将计划执行过程中存在的问题向当地政府汇报，弥补计划检查方面不足，以促进经济平稳运行。2002年后，注重对经济运行进行形势研究判断和态势把握，为地方经济社会发展及时提供预警服务。

（二）统计服务

1995年，县统计局首次向社会发布《关于1995年全县国民经济和社会发展的统计公报》，此后，每年2月均向社会发布上年全县"统计公报"。1986年，县统计局开始编印《庆阳县统计年鉴》，为64开，分综合、农业、农村经济调查、工业交通邮电等10部分。1997年改为32开，2002年改为16开，沿用至2012年，每年下半年出版发行上一年度《庆城统计年鉴》。

（三）基础建设

2004年，全县19个乡镇统计站得到完善，153个行政村全部建立统计组。各乡镇均由乡镇长兼任统计站站长，由一名党政副职分管统计工作。至2012年底，全县形成"乡有站、村有组、组有人"农村统计网络体系。

1988年后，县统计部门利用计算机进行主要专业报表数据处理，传输介质以软盘为主。2002年，全县建成局域网。2005年，开通网站，连通省、市、县三级广域网络，实现统计工作过程网络化。省、市、县区三级导航连接。2008年，与市级统计机构联网。至2012年，全县统计系统及乡镇统计站均配齐专用计算机。

1989年，全县首次开展统计执法大检查。之后，连续开展对统计违法行为的查处活动。2002年，成立统计执法检查队，配备统计执法人员2名。2003年，全县统一制订《统计报表催报单》《统计检查查询书》《统计检查通知书》《统计执法现场检查记录》《立案审查表》《行政处罚决定书》等统计法规文书。2005年，实行数据市县联审、专业联动、下管一级的评估体系。2007年，与市统计局签订"消除无案县区""消除无案专业"目标责任书，统计执法列入年度考核。2011年，全县29户企业纳入国家"企业一套表"试点网上直报。2012年，对17个乡镇、15家企业就人员配备、网上直报运行、规范化建设、原始记录进行督查。

第三节 审计监督

一、机构

1983年11月，庆阳县审计局成立，编制7人。2002年，更名为庆城县审计局（以下简称"县审计局"）。2004年4月，成立县经济责任审计办公室，隶属县审计局。至2012年，县审计局内设人秘股、综合法制股、财政社保审计股、基建投资审计股、农业环保审计股，辖经济责任审计办公室，职工17人。

二、国家审计

乡（镇）级财政审计 1995年，对3个单位进行了审计，查出漏税现象。1998年，对3个乡镇财政决算进行审计，查处违规资金115.1万元，其中：挤占挪用专项资金54.8万元，截留应交县财政资金60.3万元。

县本级财政预算执行审计 1997年，首次开展县本级财政预算执行审计，重点审计直接组织预算执行的财政、税务等单位，延伸审计具体执行预算行政事业单位40个，审计资金总额12017万元，查处违纪违规资金390.85万元。1998—2000年，重点审计88个一级预算单位，延伸审计48户行政企事业单位，查出虚列预算支出、挤占挪用专项资金、偷税漏税、截留应交财政预算资金等违纪、违规资金752.7万元。

2001—2004年，审计延伸检查52户纳税单位和48个一级预算单位，发现预算执行中存在追加预算支出未经县人大常委会批准、财政资金暂付较大、农业税收短收造成乡镇财政决算不实、虚列干部培训费支出、虚报预算支出、多头开户、预算外资金坐收坐支、挤占挪用专项资金、拖欠税款数额大等违纪违规问题，查处违纪资金总额2424.79万元，收缴财政资金284.8万元，提出改进财政资金管理使用的意见和建议10条。2005—2012年，审计和延伸审计100个财政资金使用单位及30多个纳税户，查出违规资金6497.52万元，提出改进政府财政工作合理化建议21条。

金融审计 1988年，对保险公司进行审计，查出违规资金3.16万元。1991年，审计建设银行，查出违纪资金6万元，其中：虚列房租费挤占成本，减少利润3.22万元，违反规定随意扣收预提应付定期储蓄存款利息6453元，多摊成本2.12万元。1992年，对县人民银行、县保险公司的财务收支开展审计，查处违纪资金24.5万元。1993年，审计县工商银行、农业银行、建设银行，查纠了超标准乱发钱物、违章拆借资金、挤占信贷资金和变相提高利率问题，查出漏交税款6.40万元，挤占信贷资金27.50万元。1994年，对县工行和县保险公司财务收支进行审计，查处虚列决算3.14万元，挤占挪用信贷资金4.35万元，并对县工行形成的771万元的呆滞死账作了分析，提出审计建议。1995年，审计县建设银行，查处虚列支出13.11万元，挤占成本2.84万元，转移收入2.81万元，"小金库"11万元，依据有关财经法规给予收缴资金、罚款和调整账务处理。1996年，查出县农行违纪资金19.46万元，给予罚款1.94万元的处理；查出保险公司隐瞒保费收入172万元，乱列成本3万元，漏缴税金9.5万元，给予罚款17.51万元的处理。1999年，对县工行、建行及城关信用社1998年资产、负债、损益进行全面审计。

行政机关事业单位审计 1987年，对10个行政事业单位开展定期审计，查处违规资金12.37万元，上缴入库9.1万元。审计发现，部分单位存在挤占挪用专项资金、截留应缴国家收入、划预算内收入为预算外收入等违纪问题。1988年，对农业专项资金和教育、卫生专项事业费，以及民政救灾款、扶贫资金发放、使用情况进行审计。审计发现违纪资金1.76万元。1990年，对32个行

政事业单位实行定期审计，查出违纪金额7.91万元，应缴财政1.1万元。1991年，审计34个单位，查出违纪金额32.6万元，其中：收缴财政资金10.09万元，移交监察机关处理1人，罚款处理1人。1992年，主要对16个有资金分配权，有预算外收入，有专项资金和违纪问题多的行政事业单位进行重点审计，查出违纪单位6个，纠正不合理开支16.24万元。1993年，审计15个单位，查出违纪资金15.23万元，纠正不合理开支1.86万元，对违纪较为严重的5个单位或责任人员作了处理。1994年，审计8个单位，查出违纪单位4个，违纪金额38.64万元。1995年，审计13个单位，查处违纪资金127.60万元。1996年，重点审计15个单位，同时安排30个行政事业单位预算外资金和县财政统管的预算资金审计调查，查出各类违纪资金103.3万元。1997年，重点审计8个行政事业单位，查处违纪资金54.45万元，纠正不合理支出14.5万元，清欠罚没款52万元。1998年，审计14个单位，并对"罚缴分离"、预算外资金收支两条线、专户存储情况进行专项检查。

企业审计　1986年，对县砖瓦厂、物资公司、食品公司、文工团等单位进行专案审计。发现企业应收款不及时，占用比例较大，影响资金周转，财务制度不健全，内控手续不严密，"规费"上缴不及时，挤占挪用等问题，查处违纪资金66.86万元。1988年，对县百货公司和工业企业进行审计调查，发现部分企业存在隐瞒销售收入、对企业潜亏因素估计不足等问题。1989年，审计6户承包企业，发现违规资金8.98万元。1990年，对24户承包企业进行审计，查出乱挤成本费、截留应缴国家各项收入、挤占挪用专项资金等违纪金额45.75万元。全县14户预算企业中都有不同程度违纪问题，电器厂承包期亏损29万元（承包前10万元）；皮鞋厂欠贷款120多万元，潜亏29万元；物资系统5个单位少列费用、虚列利润及其他违纪资金28.23万元，出现亏损22.8万元，其他违纪支出1.37万元。1991年，审计承包企业7户，查出隐瞒截留应上交国家税利，滥发钱物等违纪资金40.61万元，查出损失浪费金额10.37万元。1992年，审计企业8户，查出违纪违规资金85.66万元，损失浪费金额15.7万元，虚报盈利3.63万元。1993年，审计企业6户，查出漏交税款5.55万元，给企业乱摊派0.90万元，资产损失4万元，经济往来呆账26万元，累计亏损112.47万元。1994年，审计企业5户，查出煤炭公司虚报亏损14.84万元，乱挤成本费用6.55万元，拖欠"两金"1.79万元，固定资产账实不符6.23万元。1995年，审计石油化工、建材、物资、供销企业4户，查出乱挤成本费用、财务成果不实28.7万元，拖欠税款85万元。1996年，审计企业30户，查出并纠正县粮油公司成本不实41万元。1997年，对3户企业进行资产、负债、损益审计，帮助1户企业提出改制方案。1999年，对县印刷厂、百货大楼进行审计，查出损益不真实，漏缴税款等问题，对查出的问题作了相应处理，上缴财政资金1万余元。

基本建设工程审计　1988年，对文工团宿舍、办公楼建设费，县中医院开办费，县档案馆基建补助费进行审计，总投资12.5万元，资金来源正当，安排使用合理。1990年，对7个自筹基建项目进行开工前和竣工后审计。1991年，审计基建项目3个，总投资103万元，查出违纪资金18.45万元。1992年，完成6个基建项目审计，查出超投资172万元，超面积1096平方米。1993年，查出超计划投资182万元，挪用基建资金垫付其他房屋维修费超支24.89万元，损失浪费金额2.45万元。通过审计减少工程拨款11万元，核减决算0.92万元。1994年，审计单位30户，其中竣工决算审计2户，在建项目期中审计3户，开工前审计25户。发现挪用专项经费、拖欠工程款、超预算建设等违纪资金94.05万元。1995年，对2项工程进行决算审计，查出随意超规模、超投资和弄虚作假、多报决算等问题资金43.57万元。1996年，审计基建项目8个发现超计划投资9.31万元。1997—2012年，审计基建项目58个，总投资9000多万元，查处超标准、超规模、超预算等违纪资金245.17万元，出具审计报告2项，提出审计建议34条。

经济责任审计　1986年，对县工艺美术公司经理进行经济责任审计。1987年，全县试行厂长（经理）离任经济责任审计。审计部门制定审计方案，实行就地审计。当年对县五金公司原任经理任职期间经济责任进行审计。1998年，对6个单位领导干部离任进行审计。2000年，对某乡领导干部进行离任审计，5名相关责任人受到处分。2001—2010年，对201个单位和部门负责人进行离任审计，查出乡镇财务多头管理、预算外资金管理不规范等问题，涉及违规违纪资金3587.17万元，提出审计建议29条。2011年，完成经济责任审计项目4个，查出管理不规范资金173万元，上缴财政资金1.5万元。2012年，完成经济责任审计项目10个，其中离任审计7个，任中审计3个，查出大额现金支付、原始票据不符合规定和白条入账等问题9个，提出审计建议10条，采纳10条。

专项资金审计　1989—1995年，先后对庆城、马岭、桐川等10个乡镇和30个部门的扶贫专项资金、农业专项资金、发展粮食生产资金、城市维护费、支农周转金、教育费附加、发展基础教育的世行贷款、结核病防治世行贷款、妇女儿童发展基金世行贷款、国际援款等进行审计，累计查处决策失误、挤占挪用、虚列转移、乱发补助等违纪资金140.93万元。

1996—2000年，对国有土地出让金、养老和待业保险基金、"121"雨水集流工程、防疫站结核病防治外资运用、农资系统化肥经营体制和价格政策执行情况、城市建设维护费、粮食生产发展专项、以工代赈、扶贫贴息、水利专项资金、林业生态资金、综合妇幼保健、退耕还林等18个项目进行审计，累计查处挤占挪用、资金拖欠闲置、损失浪费、胡支乱花等违纪资金109.98万元。

2001—2010年，组织开展财政支农、退耕还林（草）、普教经费、外资项目、国债资金、"非典"专项资金、土地补偿费、教育乱收费、社保资金、农村计划生育扶助奖励资金、农村合作医疗基金、土地开发、农业综合开发、扶贫开发整村推进、住房公积金、教育经费和校舍安全、灾后重建资金、扩大内需资金、政府性债务、"普九"债务资金等60多个项目进行审计，涉及金额6亿多元，查处挤占挪用、滞留、虚列支出、改变资金用途、管理不规范等违纪资金1719.66万元，追回资金16.19万元，归还资金原渠道34.79万元，限期纠改资金39.18万元，罚款10万元；提出审计建议27条，处理科级干部1人，村干部3人。2012年，对社会保障资金进行全面审计监督。同时，完成污水处理、校安工程和保障性安居工程跟踪审计等专项投资审计项目13个。

审计调查　1991年，对37个单位和部门实行经费包干执行、教育集资和教育费附加管理制度及使用效益、工业企业税后留利分配使用的合规性、一次性削价商品损失等情况进行调查，完成审计调查项目5个，形成综合调查报告7篇。1992年，完成审计调查3个，针对大部分单位年终突击花钱现象严重和全县供销系统经营亏损大，乡镇企业经营普遍差等问题进行专题审计调查，形成调查报告3份。1994年，完成审计调查项目2个，发现粮油加工厂榨油车间长期闲置，贷款利息累计支付近40万元；县砖瓦厂未打破"大锅饭""铁饭碗"模式，经济效益不佳。1997年，重点对农民负担，计划生育收费，民政扶贫资金，行政事业单位预算外资金及银行账户设立等项目进行调查，形成调查报告5份，其中1项被政府批转。2008年，对全县社会保障资金、住房公积金、整村推进资金、沼气池工程建设资金等进行专项审计调查，查出管理不规范资金14万元。

三、内部审计

1989年9月，举办全县首届内部审计培训班，县工交局、粮食局、教育局、供销社、商业局、人民银行等单位相继成立内审机构，其他部门、单位内部审计事务由单位会计兼任。1990年，全县

有内审机构 9 个，兼职内审人员 9 名，全年内审下属单位 25 个，纠正违纪金额 69.30 万元。1991 年，内审机构 10 个，内审人员 12 人，全年审计 18 个单位，纠正违纪资金 71.56 万元。1993—1998 年，完成审计项目 185 个，查处损失浪费资金 50.05 万元，违纪违规资金 37.02 万元，帮助企业减少损失 53 万元，促进增收节支金额 39 万元，提合理化建议 104 条。1999—2012 年，内审工作主要采取稳定机构、配备人员、下达任务等措施，加强业务指导。2012 年，全县有内审机构 16 个，专（兼）职内审人员 24 人，全年开展内审 52 次，审计资金总额 1.36 亿元。

四、社会审计

1993 年，省审计局批准成立"庆阳县审计事务所"，有注册会计师 3 人，当年办理验资项目 21 个，账务收支审计 4 个，承包离任审计 5 个。1994 年，办理验资 37 项，基建预决算审计 3 个，咨询建账建制 1 个，承包离任审计 1 个，核减虚假注册资金 3.5 万元，挽回经济损失 1.38 万元。1995 年，办理验资 19 项，基建预决算审计 4 项，审计咨询及纠正错账 1 项，承包离任审计 4 项，挽回经济损失 0.49 万元，财务收支审计 3 项，经济纠纷鉴证 3 项，向检察机关移送经济案件 1 起。1996 年，完成企业承包离任及财务收支审计 13 项，验资 35 项，基建工程审计 1 项，实现业务收费 11957 元。1997 年，完成各类服务项目 53 项，其中：验资 38 项，纠纷鉴定 2 项，基本建设工程预算 5 项，财务收支审计 4 项，离任审计 2 项，其他 2 项。1998 年，完成各类委托项目 20 个，其中：验资 13 个，经济责任纠纷 1 个，基本建设工程决算 3 个，财务收支审计 3 个，核减虚假注册资金 140 万元，核减基建预决算资金 13 万元。1999 年，经省财政厅批准在原"庆阳县审计事务所"基础上成立"庆阳嘉庆（联合）会计师事务所"。2009 年，撤并到庆阳恒业会计师事务所。

第四节　土地管理

一、机构

1986 年，土地管理由县城乡建设环境保护局负责。1988 年 2 月，庆阳县土地管理局成立，和庆阳县城乡环境建设局合署办公。6 月，庆阳县土地管理局从庆阳县城乡环境建设局析出独立办公。2002 年，撤销庆阳县土地管理局、地质矿产管理局，合并成立庆城县国土资源局（简称"县国土局"）。至 2012 年底，县国土资源局内设人秘、耕地保护、地籍、财务、矿产 5 个股室，辖国土资源执法监察大队、土地收购储备中心、土地开发整理中心、测绘管理办公室、地质环境监测站、庆城、驿马、桐川和卅铺土管所 9 个事业单位，职工 82 人。

二、土地利用与保护

（一）土地调查

1984—1986 年，根据农业部安排，全县进行第一次土地利用现状概查。概查结果：土地面积 403.73 万亩，耕地面积 126.42 万亩，人均土地面积 12.73 亩，人均耕地面积 3.98 亩。1986 年，依据国家颁发的《土地利用现状调查地（市、县）级汇总技术规则》，对全县土地进行详查。自 1994 年 10 月 20 日开始至 1996 年底，全县进行第一次城镇地籍调查。

2000 年，按照国土资源部制定的《西部大开发土地资源调查评价项目技术规定》和《甘肃省土地资源调查评价项目实施方案》，组织开展坡耕地调查评价。调查结果显示：全县有 15—25 度的坡耕地 57.63 万亩，大于 25 度的坡耕地 3.40 万亩。2007 年 10 月至 2008 年 8 月，全县进行第二次土地利用现状普查，建立和完善全县土地调查、土地统计和土地登记制度，建成庆城县土地利

用数据库。

（二）土地利用规划

1996 年 3—9 月，全县通过预测土地供需趋势，制订《庆阳县土地利用总体规划（1997—2010年）》。确定全县耕地面积稳定在 126.46 万亩以内，建设用地占用耕地不突破 6200 亩，耕地净减量控制在 100 亩以内；发展园地 7.0 万亩，新增林地 15.35 万亩，治理小流域 75.4 万亩，土地开发复垦不少于 1.3 万亩，补充耕地量不少于 1.1 万亩。农用地由 3429536 亩调整到 3446436 亩，增长 0.4%；建设用地由 219983 亩调整到 233483 亩，增长 0.4%；未利用土地由 387862 亩调整到357462 亩，降低 0.8%。实施后，在合理利用土地资源，加强政府对土地利用的宏观调控和统一管理城乡土地方面，起到较好的作用。2009 年，全县农用地 3830298 亩，建设用地 186780.6 亩，其他土地 17989.8 亩。

2010 年编制《庆城县土地利用总体规划（2010—2020）》，明确提出保护耕地和耕地总量动态平衡指导思想，控制建设用地发展规模，严格控制建设占用耕地，达到耕地占补平衡；到 2020 年，农用地调整到 3787721.25 亩，建设用地调整到 229977.75 亩，其他土地调整到17369.4 亩。

（三）基本农田保护与复垦

基本农田保护 1991 年 10 月，在白马乡进行重点农田保护试点。1992 年，制订《庆阳县实施甘肃省重点农田保护办法的具体规定》，发布《庆阳县人民政府重点农田保护管理公告》，在川塬区乡镇划定重点农田保护区块 1802 块，保护面积 303370.4 亩，占总耕地面积 46.8%。1996年，新开垦的旱涝保收田划入重点保护范围，当年，新增保护区块 76 块，1254 亩。至年底，全县划定重点保护区块 1372 块，3644031.1 亩，占全县耕地面积的 58.2%。1998 年，在划定的连片保护区树立保护碑 196 座，新增保护区块 2033 块，17.09 万亩，占全县耕地面积的 67.43%。至 2000 年，全县累计划定基本农田 707997.6 亩，占耕地总面积的 85.6%，树立重点农田保护碑累计 527 座。

2009 年，划分基本农田保护片（块）6837 个，图斑 10120 个，基本农田面积 919638.6 亩，保护率 86%。2011 年，全县划定永久基本农田图斑 4844 个，保护片块 4321 块，面积 866250 亩。签订保护责任书 32657 份，发放保护明白卡 32485 份，树立永久基本农田保护碑 54 座，完成基本农田数据库。

土地零星开发复垦 2002 年，全县开始土地零星开发复垦工作。2005 年制订《庆城县土地开发复垦实施办法》。规定"谁开发、谁使用、谁受益"，对 2 亩以上的（含 2 亩）每亩补助经费 70 元，补助经费从土地开垦费中专项列支。至 2012 年底，全县零星开发复垦耕地 14947.879 亩，补助资金 57.9 万元。

三、土地使用管理

（一）用地费

1. **土地登记费** 主要有土地权属调查、地籍测绘和土地注册登记、发证等费用，均按宗地一次性收取。其中土地登记费、地籍调查费为：（1）党政机关团体土地使用面积在 2000 平方米（含）之内，每宗地收 200 元，每超过 1 至 500 平方米，加收 25 元，最高不超过 700 元；（2）企业土地使用面积在 1000 平方米（含）之内，每宗地收 100 元，每超过 1 至 500 平方米，加收 40 元，最高不超过 4 万元；（3）全额预算管理事业单位用地执行党政机关、团体收费标准。自收自支预

算管理事业单位用地执行企业收费标准。差额预算管理事业单位土地使用面积在 5000 平方米（含）之内，每宗地收 300 元，每超过 1 至 500 平方米，加收 25 元，最高不超过 1 万元；（4）城镇居民住房用地土地使用面积在 100 平方米（含）之内，每宗地收 13 元，每超过 1 至 50 平方米，加收 5 元，最高不超过 30 元；（5）农村集体经济组织的公共建筑用地、农村居民生活用地面积在 200 平方米（含）之内，每宗地收 5 元，200 平方米以上的每宗地收 10 元；（6）利用土地详查成果资料进行登记的村农民集体所有土地和国营农、林、牧、养殖场等，每宗地以图幅为单位收 10 元图件编绘复制费，免收土地权属调查及地籍测绘费；（7）学校、福利院、敬老院、孤儿院、免税残疾人企业、无收入的教堂、寺庙、监狱等用地，免收土地权属调查费及地籍测绘费。土地注册、发证费为个人每证 5 元，单位每证 10 元，"三资（外资、独资、合资）"企业和其他用国家特制证书的，每证 20 元。

2. 土地管理费　按照《甘肃省实施土地管理法办法》规定的收费项目征收。费用按征地费总额（土地补偿费、安置补助费、青苗补偿费、新菜地开发基金、地上附着物）的 4% 收取。所收款额上交省 10%，市留 15%，县留 75%。1991—1996 年为县级财政预算外管理；1997—2012 年统一纳入县财政预算内管理。

3. 土地出让金　1991—1992 年，多按介于 10% 至 20% 之间额度征收。1993 年开始按省物价局、财政局、土管局文件规定执行。划拨土地使用权依法转让、出租、抵押的，按土地成交总额 30% 以内的额度补收。

4. 耕地开垦费　1999 年 1 月起征收。凡省内经规划许可批准的非农业建设项目占用一级基本农田的，按每平方米 10—20 元的标准征收耕地造地费；占用二级基本农田的，按每平方米 5—15 元的标准征收耕地造地费；占用基本农田以外其他耕地的，按每平方米 1—10 元的标准征收耕地造地费。1999—2012 年，由省土地管理局在审批新增建设用地时统一收取，所收费用按省 30%、地 20%、县 50% 的比例分成，专款用于开垦新的耕地。

5. 新增建设用地使用费　1999—2006 年，按 8 元 / 平方米征收。2006 年 11 月，调整为 16 元 / 平方米。

6. 临时用地管理费　1992—2012 年，非农业建设临时占用土地的，按补偿费的 4% 收取。

7. 征地管理费　2000—2005 年，执行甘肃省统一标准，按征地总额的 2.8% 收取。2006—2012 年，执行庆阳市标准，按征地总额的 1.05%—2.8% 收取。

8. 油田非农业建设用地项目统征包干、临时用地不可预见费　1994—2012 年，分别按征地总额、补偿费总额的 4.5% 收取。

（二）征地补偿费

1987—1992 年，全县土地补偿和安置补偿标准，按区域分为：征用规划范围内的土地包括塬地、川台地、水地、山地、菜地，补偿费按年产值（457—800 元）的 6 倍予以补偿，款额在 2742—4800 元之间，安置费人均土地 1 亩以下按年产值的 14 倍发放，人均土地 2 亩以下按年产值的 13 倍发放。

1993—2007 年，征地费和安置费补助标准，在 1987 年所定指导价的基础上分别按一定比例予以上调。同时，向征地单位收取标准为地价 3%—4% 的不可预见费。2008—2012 年，庆城县执行全市新标准。塬地、川台地、水地按年产值 1080、1160、1300 元的 28 倍发放，山地按年产值 800 元的 22 倍发放，牧草地按年产值 550 元的 16 倍发放。

（三）登记发证

1988—1990 年，全县开展国有土地使用权、集体土地所有权和农村集体土地建设用地使用权 3 项土地登记。1990 年，开展农村集体土地建设用地使用权登记发证工作。1994 年，全县首次在赤城乡开展农村土地变更登记试点。1995 年至 1998 年 6 月，全县开展土地证书核验和查验工作。2003—2007 年，全县开展集体土地使用权年检换证工作，年检证书 41372 本，其中注销 1365 本。同时，对新批集体建设用地和农村居民点宅基地进行审查发证，颁发证书 3632 本。2012 年 5 月，启动农村宅基地确权登记发证工作，对农村集体土地进行现场指界、实地测量，颁发 153 个行政村集体土地使用权证。至 2012 年底，全县完成土地登记 55894 宗，其中：国有土地使用权 9247 宗，集体土地所有权 153 宗，集体建设用地 198 宗，宅基地使用权 46170 宗。

四、土地执法监察

（一）土地清查清理

1989 年，全县查处违法占地 42 起 22.88 亩。其中：乡办和村办企业各 1 处，占地 10.2 亩；未经审批抢占耕地修庄建房案件 28 起 5.59 亩；虽经批准，但不在指定地址，影响公益事业建设修庄 1 处，占地 0.5 亩。1990—2012 年，清理违法占地案件 562 起。对未经审批，抢占耕地修庄建房的，每处罚款 100—300 元；对未按审批标准，超占面积在 1 分以下的，超占部分每分地罚款 50—200 元，超占耕地在 1 分以上的，处以破墙退地；对未经申报批准的乡、村企业，视情况予以处罚；在建的立即停建，建成后未安装设备的立即停工补办手续，对责任人处以 100 元罚款；建成即将投产的，且花资巨大，按占地面积处以企业罚款，责任人罚款 150—300 元。

1992—1995 年，开展"三项用地（国有、城镇集体、农村集体土地）"清理工作。查出未批先用修庄建房 305 户，处理 304 户，收回土地 47.93 亩；违法占地案件 86 起 14.95 亩；依法申请县人民法院强制拆除房屋 14 间，建筑面积 1241.7 平方米，收缴罚款 2.98 万元。

1992—2012 年，以清理整顿隐形市场为主，开展城镇国有土地清理整顿工作。查处 58 个单位、195 户未经批准居民，私下交易国有土地 253 宗，交易国有土地面积 51739.1 平方米，总金额 191.62 万元，国有资产流失 7.7 万元。

（二）土地矿产卫片执法检查

2009 年，全县开始土地卫片执法检查工作，卫星遥感监测图斑 11 宗 125.7 亩，增补图斑 1 宗 32.1 亩；实地伪变化的图斑 2 宗 15.6 亩；新增建设用地 10 宗 142.2 亩，其中，合法用地 9 宗 128.7 亩，违法用地 1 宗 13.5 亩。

2010 年，国土资源部移交监测疑问图斑 229 个，经逐宗实地核查，批建的 223 个，疑似新增建设用地 6 个，合并分割后为 254 个。其中，合法用地 181 宗 627.96 亩，实地伪变化 60 宗 333.59 亩；临时用地 12 宗 185.05 亩；违法用地 1 宗 11.2 亩，属未供即用，拆除复垦。

2011 年，通过卫星遥感监测，全县疑似图斑 652 宗，经现场核查合并后为 357 个，共占地 4575.3 亩，其中：耕地 3023.4 亩，其他农用地及未利用地 1551.9 亩。核查出合法用地 356 宗，违法用地 1 宗，问题图斑 1 宗，属未供即用。

2012 年，通过卫星遥感监测，全县疑似图斑 173 宗，经现场核查合并后为 122 个，其中，合法用地 118 宗 739.13 亩（含耕地面积 502.24 亩）；违法用地 4 宗 37.12 亩（其中耕地面积 10.87 亩）。其中：3 宗已结案，1 宗申请县人民法院强制执行。

第五节 工商行政管理

一、机构

1986年，庆阳县工商行政管理局内设企业个体股、市场监督管理股、人秘股，辖城关、驿马、白马铺、桐川、玄马、卅铺、马岭工商管理所。全系统职工73人。1998年11月，划归省工商行政管理局垂直管理。2002年，更名为庆城县工商行政管理局（以下简称"县工商局"）。2012年，局机关内设办公室、登记注册股、市场监督管理股、消费者权益保护股、法规股、财务股、非公有制经济管理办公室，辖凤城分局、田城、马岭、卅铺、驿马、白马铺、桐川工商所，直属经济检查分局，挂靠个体劳动者协会、私营企业协会和消费者协会。全系统职工140人。

二、注册登记管理

（一）内资企业登记注册

1986年，全县有企业87户，从业人员1145人，注册资金1223.68万元。1989年，治理整顿公司，对全县74家企业进行重新审核，换发新版营业执照。至2012年底，全县登记注册内资企业183户，注册资金1.11亿元。其中国有企业43户，注册资金660万元；集体企业58户，注册资金1139万元；其他企业82户，注册资金9301万元。

（二）个体户与私营企业登记注册

1986年，全县核准登记个体工商户135户，从业人员271人，注册资金9.6万元。1986—1989年，按照"积极引导、鼓励发展、加强管理、兴利抑弊、促其健康发展"原则，发展个体工商户567户，从业人员893人，注册资金170万元。1991年，全县第一家私营企业庆阳县汽车出租有限责任公司成立，企业负责人文春来，注册资金1.3万元。1992年始，企业登记管理本着"放宽经营范围、注册资金数额、行业界限，增加经营项目，先进入后规范"的原则，简化办事流程，简便注册手续，最大限度方便个体工商户和私营企业登记注册。1998年，向社会公开承诺"三放开、六不限"（放开经营主体、经营范围、经营方式，不限经营方式、经营规模、组织形式、从业人员和雇用人数、籍贯地域、收入分配）。是年，国营企业改制，私营企业增至35户，注册资金超过1385.7万元。至2012年，全县有私营企业566户、从业人员9209人、注册资金104587.7万元；个体工商户7167户，从业人员16793人，注册资金44420.5万元。

附：

表31-5-1 1986—2012年全县个体私营经济发展统计表

单位：户、人、万元

年份	个体工商户			私营企业		
	户数	人员	资金	户数	人员	资金
1986	135	271	9.6	—	—	—
1987	188	318	13.4	—	—	—
1988	249	435	22.3	—	—	—
1989	356	549	28.6	—	—	—
1990	567	893	170	—	—	—
1991	823	1806	296	1	8	1.3
1992	1038	2387	344	3	25	21.3

续表 31-5-1

年份	个体工商户			私营企业		
	户数	人员	资金	户数	人员	资金
1993	1267	2787	380	5	75	87.9
1994	1545	3399	452.5	8	128	134.4
1995	1892	3784	473	16	179	292.2
1996	2019	4038	504.7	25	245	722
1997	2237	4474	514.5	29	279	1133.7
1998	2361	4722	543	35	344	1385.7
1999	2426	4852	558	43	448	1676.2
2000	2512	4982	596	56	762	2356.4
2001	2591	5182	648	70	992	3394.3
2002	2646	5292	662	114	2529	5406.7
2003	2676	5352	695.8	153	3400	10192.3
2004	2693	5386	727	164	3064	12888.6
2005	2702	7860	2193	185	3378	18218.1
2006	3339	9217	4967	203	5338	29913.4
2007	3259	7095	7131	250	6396	33526.7
2008	4128	8850	13584.1	289	8084	48399.9
2009	4762	9768	17907.6	397	8254	51679.4
2010	5699	11529	25358	472	8792	65739.1
2011	6782	15615	32498.8	529	9102	87690.7
2012	7167	16793	44420.5	566	9209	104587.7

三、市场管理

（一）城乡集市贸易管理

20 世纪 80 年代，随着县内石油工业大发展、县内人流量增多和个体私营经济发展壮大，逐渐设立马岭、钻二、董家滩、贺旗、阜城、卅铺玄马、土桥、熊家庙等处集市。20 世纪 90 年代，先后建成各类市场 11 处。1993 年起，凤城商场、董家滩农贸市场、钻二农贸市场、驿马集贸市场、阜城集贸市场连续多年被评为"省级文明市场"和"县级文明市场"。

2001 年 12 月，凤城商场、皇城农贸市场等 13 处市场全部与工商部门脱钩。其中：凤城商场、皇城农贸市场、育才路蔬菜市场、庆城批发市场移交县国资局主管；赤城、高楼、玄马、马岭、卅铺、阜城牲畜市场和钻二、董家滩、韩家湾农贸市场移交所在乡镇管理。

（二）市场登记管理

1994 年 3 月，县工商局开始对各类市场进行登记管理。至 2001 年底，全县有 13 个市场登记。2004 年 9 月停止市场登记，市场主体纳入企业法人登记或者营业登记管理范围，根据不同的经济类型由注册登记机构归口登记。

（三）整顿市场秩序

1986—1990年，以"治理经济环境、整顿经济秩序"为重点，整顿市场经济秩序。其间，1988年11月至1990年6月，全县对48户各类公司进行清理整顿，撤销4户，降格5户，保留39户，并对保留的公司完善章程，修订制度和管理办法，配齐财务和管理人员，使其依法经营。1995—1997年，开展专项行动，取缔22家无资金、无场所、无经营机构的企业。

1994—2000年，对生产资料、农资、木材、成品油、粮食、消费品、农副产品、药品、文化、食品饮料等各类市场进行监督管理，先后查处假冒伪劣商品102个品种，价值120余万元。2002年后，相继开展"百日打假"、食品生产销售经营、校园周边环境安全整治、农资市场秩序、虚假违法广告等专项治理。检查各类店面、门面1300多个，物品2700余件，罚没80余万元。

（四）经济合同管理

1. 签证与登记　1986—2012年，工商部门签订合同2287份，合同金额18022.7万元，跟踪监督合同履行270份，避免经济损失638万元。

1996年1月起，根据《中华人民共和国担保法》，开展企业动产抵押登记。1997年，县政府授权县工商管理局对城市房地产及乡（镇）村企业的厂房等建筑物办理抵押登记。至2012年末，受理企业动产抵押登记801件，主债权金额18675.1万元，抵押物金额2.84亿元。

2. 仲裁与检查　1982年，经济合同仲裁委员会成立。至1993年，共受理合同纠纷案件32起，签约金额124.9万元，其中争议金额28.82万元。结案8起，13.5万元。1994年8月，《中华人民共和国仲裁法》实施，县级不再设仲裁委员会，原县级及其基层仲裁机构自行撤销。1994年后，开展经济合同纠纷行政调解工作，至2012年，受理行政调解案85起，调解金额118.32万元。

1986—2012年，检查企业经济合同6817份，合同金额12.2亿元。办理企业合同纠纷案件236起，挽回经济损失561万元。

3. "重合同、守信用"活动　1991年，全县始开展"重合同、守信用"活动，首批3家企业获"重合同、守信用"称号。1992年，县农副公司、医药公司被授予庆阳地区"重合同、守信用"单位。2003年甘肃省工商局将"重合同、守信用"更改为"守合同、重信用"。至2012年底，全县累计有中国石油总公司长庆油田分公司第一助剂厂等5家企业，庆城县恒达建筑安装工程有限责任公司、庆城县驿马土特产购销站等13家（次）企业，甘肃泰膳食品有限公司、庆阳亨阳土产有限公司、庆城县白马福利土畜产购销站等13家（次）企业，庆城县百货副食采购供应站、中兴金店、桐川农村信用合作社、马岭村砖瓦厂等67家（次）企业分别获得国家、省、市、县级"守合同、重信用"企业。

四、商标广告管理

（一）商标管理

1986—2012年，全县注册商标49件，其中"宝源"果蔬获甘肃省著名商标，"居立"门业获中国驰名商标。

1984年，核定县印刷厂为商标印刷定点单位。1990年10月，对承接印制商标的单位，重新进行资格审查和登记，核定县印刷厂、第二印刷厂为商标定点印制单位。1990—2012年，对全县印刷行业进行检查整顿，建立联络员和业务承接登记制度；对个别印刷厂未经工商部门核准擅自承印糖纸商标和酒标等违法行为进行查处，维护商标印制秩序。至2012年，查处商标违法案件1件，商标侵权案14件，违法广告案40件，罚没金额4.2万元。

（二）广告管理

1995 年，工商部门开始对户外广告开展登记备案管理。2005 年，县工商部门根据《广告经营许可证管理办法》，核准县广播电视局有线电视台为从事广告经营的合法单位。2006 年 3 月起，按照"属地监管，就近登记"原则，户外广告由基层工商所登记管理。至 2012 年，登记备案户外广告 12413 条。

1994 年始，依照《中华人民共和国广告法》，对广告制作、宣传、发布等进行整顿。2002 年，对有损市容、市貌的户外广告进行全面清理。2003 年，重点整治"电线杆子"广告和虚假广告。至 2012 年，累计审查各类广告 450 条，拆除违法广告牌 43 个，查处违章广告案件 53 起，责令停止发布违法广告案件 11 起，限期改正 36 起，收缴非法印刷品广告 10650 份。

五、经济检查

1986—2012 年，开展专项打"假"活动 96 次，出动车辆 256 次，出动执法人员 3900 人次，制作发放识别假冒商品手册 16000 余册，在县城广场举行假冒伪劣商品展览 12 次，销毁假冒伪劣商品标值近 90 万元。其中，2000 年，查获假冒伪劣商品 14 大类，320 多个品种，标值 11.9 万元。2001—2005 年，抽查各类企业 3218 户次，抽查个体工商户 25475 户次，查缴假冒伪劣商品 67 大类，1000 余品种，标值 53.36 万元。立案查处假冒伪劣商品案件 62 起，罚没款 12.8 万元。2006—2012 年，查获假冒伪劣商品 16 大类，410 多个品种，标值 23.7 万元。

1986—2012 年，全县查处投机倒把、侵害消费者权益、传销案件、变相传销案件及其他经济违法违章案件 2694 件，罚没金额 245.63 万元。1994 年后，依据《中华人民共和国反不正当竞争法》，在全县范围内开展反不正当竞争行为的市场整治。至 2012 年，查处不正当竞争案 75 件，案值金额 94.3 万元，罚没款 42496 元。

六、消费者权益保护

1986 年 12 月，县消费者协会成立。2004 年 8 月，庆城县 12315 申诉举报网络中心成立。2005—2006 年，全县推广、普及"一会两站"（消费者协会分会，消费者投诉站和 12315 联络站），建立消费纠纷和解机制。在千人以上行政村建立"两站"，千人以下行政村建立联络投诉点。全县建立"红盾护农服务站""12315 维权联络站"153 个。至 2012 年，12315 维权站（点）进超市、商店 97 处。

1986—2012 年，县消协每年举行"3·15"国际消费者权益日纪念活动，利用各类新闻媒体和形式进行宣传，开展消费现场咨询活动，当场受理消费者投诉等。共接待消费者来访、咨询 73129 人次，受理消费投诉 2759 件，其中现场投诉 2435 件，12315 投诉 324 件，解决 2713 件，解决办结率 98.3%，为消费者挽回经济损失 179 万元。

第六节　物价管理

一、机构

1983 年 11 月，庆阳县物价委员会成立，编制 6 人。1984 年 7 月，成立庆阳县物价检查所，与县物价委员会合署办公。1997 年 10 月，庆阳县物价委员会改称庆阳县物价局，归口县计划委员会管理。2002 年，更名为庆城县物价局（以下简称"县物价局"）。2010 年 11 月，在庆城县发展和改革局加挂庆城县物价局牌子。至 2012 年底，局所共有职工 16 人。

二、主要商品价格

（一）农畜产品

1. 粮油　1986年，粮油实行合同定购。粮食按"倒三七"（三成按原统购价，七成按原超购价）固定比例计价，油料按"倒四六"比例计价，供应农村食用油实行购销同价。1991年，调整粮油统销价格，提高城镇居民的口粮销价，适当给予提价补贴。1992年，粮油定购和统销价格同时调整，实现粮食购销同价。次年，油料退出计划定购。

1994年，每50千克定购价小麦49元、玉米38元；销售每50千克标准面粉59元、特二粉86元、特一粉98元、胡麻150—200元。1995年，对议购小麦、玉米、菜籽油、胡麻油实行差率控制。1996年，粮食价格体制改革后，定购价每50千克小麦71元、玉米57元；销售价每50千克标准粉123元、特二粉133元、特一粉143元，胡麻130—150元。1998年，定购价小麦每50千克一等72元、二等70元、三等（标准品）68元、四等66元、五等64元；最低保护价，每50千克小麦一等68元、二等66元、三等（标准品）64元、四等62元、五等60元，玉米52元；销售价每50千克特一粉96—110元，大米100—120元，胡麻150元左右，胡麻油450—500元。1999年，实行粮食定购价和保护价并轨。2000年，适当缩小保护价收购的范围，粮食收购价稳中略降。

2003年10月至11月，粮食价格出现波动。2004年小麦（标准品）最低收购价每50千克67元，2005年68元，2006年69元，2007年69元，2008年72元，2009年83元，2010年86元，2011年93元，2012年102元。

2. 肉食品　1986年，肉食品价格放开，实行产销见面，协商作价，国家只下达控制性购销、调拨价格。1986—1989年，每千克猪肉2.10—2.70元，牛肉2.00—2.60元，羊肉2.40—2.80元。1990年后，肉食放开销售。1998年猪肉销售分部位作价，统货每千克7—9元，纯瘦肉12—14元；羊肉9—14元，牛肉8—10元。2006年，猪肉统货每千克9—10元，纯瘦肉16—20元；羊肉22—26元，牛肉18—20元。2007年始，牛羊肉价格连年攀升，熟羊肉每千克66元、熟牛肉120元。2012年，猪肉统货每千克36—38元，牛羊肉价格基本稳定。

3. 鲜蛋　1986年，鲜蛋退出派购，国家指导收购价每千克1.76—2.08元，集市销售价格每千克2.40元。1989年，收购价格每千克2—3元，销售价格每千克2.5—3.5元。2000年销售价每千克6.50—9.50元，2004年4.8—7元，2006年5—6.20元，2010年8—9元，2012年9—10元。

（二）农业生产资料

1. 化肥　20世纪80年代，国家对化肥价格实行双轨制，推行综合平均销售价，由各地制定。1992年，化肥价格管理权限进行调整，计划内统配化肥的出厂价格平均每吨提高54.5元，涨幅13.7%，销售价格平均每吨提高94元，涨幅18.16%。1993年，计划内农业生产资料执行国家定价，计划外农业生产资料实行最高限价。1994年，化肥等农资价格大幅度上涨，涨幅高达21.6%。1996年，尿素零售价格每吨2198元；1997年后，每吨1000—1400元。2004年，尿素每吨1583元，碳铵484元，磷酸二铵2175元，过磷酸钙407元。2006—2012年，尿素每吨零售价格1850元、磷酸二铵2900元、碳铵550元、过磷酸钙550元。

2. 农膜　1986—2001年，全县棚膜平均价格为每千克4.5元，地膜6.0元。2002年，棚膜每千克9.00元，地膜8.50元；2006年，棚膜每千克10—11元，地膜9.00元；2012年，棚膜每千克14.00元，地膜9.00元。

（三）工业品

1. 煤 1990 年，县内混煤每吨 150 元；2000 年 220 元；2005 年 270 元；2009 年 350 元；2010 年 485 元；2011 年 550 元；2012 年 460 元。

2. 成品油 1998 年以前，成品油品质较低，价格一直处于低油价时代。1998 年 6 月，国家制定《原油成品油价格改革方案》，县内 70 # 汽油 1.7 元 / 升。2000 年 6 月后，油价与国际市场接轨阶段，调整频繁，调价周期由原来的 22 个工作日缩至 10 个工作日。至 2012 年 12 月，油价共调整 25 次。以 90 # 汽油记，2002 年 8 月 2.65 元 / 升；2003 年 12 月 2.85 元 / 升；2004 年 6 月 3.44 元 / 升；2005 年 6 月 3.96 元 / 升；2006 年 6 月 5.09 元 / 升；2007 年 11 月 5.34 元 / 升；2008 年 12 月 5.44 元 / 升；2009 年 6 月 5.89 元 / 升；2010 年 6 月 6.74 元 / 升；2011 年 6 月 7.45 元 / 升；2012 年 3 月 8.33 元 / 升，12 月 7.81 元 / 升。

3. 砖瓦 1986 年，县内机砖每块 0.05 元，小机瓦每页 0.10 元。1990 年，机砖每块 0.10 元，小机瓦每页 0.18 元。2000 年，机砖每块 0.15 元，大瓦每页 0.60 元。2007 年底，机砖每块 0.18—0.20 元，机瓦每页 0.70 元。2008 年，机砖每块 0.32 元，机瓦每页 0.90 元。2012 年，机砖每块 0.30—0.32 元，机瓦每页 1.00 元，精陶瓷彩瓦（琉璃瓦）每页 2.30 元。

4. 水泥 1986—1989 年，县内水泥平均价格为每吨 90 元。1990 年，县内每吨 130 元，1996 年每吨 160 元。2006 年，325 # 水泥每吨 330 元，425 # 水泥每吨 360 元；2008 年，325 # 水泥每吨 360 元，425 # 每吨水泥 390—400 元；2012 年，325 # 水泥每吨 320—330 元，425 # 水泥每吨 350—360 元。

5. 钢材 1986—1989 年，县内钢材平均每吨 2100 元。1990 年，县内每吨 3000 元；2006 年，每吨 4600 元；2012 年底，每吨 3200 元。

6. 酒 1986 年，散装西峰白酒每斤 2.00 元、瓶装每斤 4.00 元，金徽酒每瓶 4.50 元，绿豆大曲 4.00 元，双沟、洋河等白酒价格相对较高，均在 6.00 元以上。20 世纪 90 年代中后期，价格大幅上涨。1997 年，简装彭阳春每瓶 10.00 元，精装分 18.00 元和 20.00 元两种，香山春银牌 15.00 元、金牌 20.00 元，河套老窖、老榆林等品牌酒，价格在 20.00 元左右。2000 年后，白酒品牌不断翻新，价格呈多样化趋势发展。

7. 食盐 1986 年，食盐零售价每 500 克 0.15 元。1989 年，食盐零售价格提高到每 500 克 0.23 元。1996 年，食盐零售价格（单膜小包装）每 500 克 0.60—0.70 元。2002 年，复合膜包装食盐零售价格每 500 克 0.90 元。2003 年 1.00 元。2006 年 1.20 元。2008 年 5 月，由于受社会传谣影响，广大市民抢购食盐，不法商贩从中牟利，食盐市场销售价格出现异常波动，最高达 8 元 1 袋，县上采取措施，平息风波，食盐销售市场恢复正常。2009 年，零售价每 500 克 1.50 元。2010 年始，市场销售食盐以 400 克深井海藻盐为主，零售价格 1 袋 1.80 元；2012 年 1 袋 2.00 元。

（四）客运

1. 长途 20 世纪 80 年代末，票价实行政府定价，庆阳—西峰为 2.6 元；1995 年庆阳—西峰调整为 3.50 元，庆阳—兰州为 28 元；2000 年，庆阳—西峰为 5.00 元，庆阳—兰州为 45 元；2006 年，庆城—西峰为 8.00 元，庆城—兰州为 90 元；2008 年，庆城—西峰为 10.00 元，庆城—兰州为 110 元；2012 年，庆城—西峰为 15 元，庆城—兰州为 170 元。2007 年，庆城—西峰轿车专线开通运营，票价为 15 元，2010 年调整为 20 元，2012 年为 25 元。

2. 出租车 2003 年 8 月，城区出租车票价为 5 千米以内每车次 3 元，5 千米以上每千米加收 1 元。2011 年 8 月，调整为 4 元 / 次，起步里程调整为 3 千米，超过 3 千米每千米加收 1 元。

3. 城区公交 1997 年，城区公交核定票价为 0.5 元 / 人次。2007 年，调整为 1 元 / 人次，学生实行半价。2011 年，调整为 1.2 米以上乘车人员一律购买全票，1.2 米以下儿童免票。

（五）药品

1986—1991 年，国家对药品实行计划价格管理。1992—1996 年，国家放开药品价格，药品价格出现既高且乱现象。1998 年起，各级价格主管部门分期分批对药品进行降价，先后降低 1000 多种药品的零售价格。2000 年，药品价格按照《政府定价药品目录》开始管理。2001 年，在政府定价中引入市场机制，制定和推广药品集中招标采购制度，对列入政府定价的品种，以中标价为基础顺加 15% 的差率，制定医疗机构的中标零售价。2011 年，全县乡镇卫生院实行药品零差率销售，由县财政按照销售药品金额给予 15% 补贴。2012 年，全县县级医疗机构全面实行零差率销售药品，由县财政以药物理事费资金给予销售药品金额 15% 的补贴。

（六）服务收费

1. 理发沐浴 20 世纪 80 年代，理发、沐浴价格实行政府指导价，1986 年，普通理发 0.50 元，1990 年 1.00 元。1992 年后，理发、沐浴价格放开。1992 年普通理发 2.00 元，1997 年 4.00 元，2000 年 5.00 元；2004 年，县城吊桥以北 10.00 元，以南 7.00 元；2012 年，普通理发 10—15 元不等。沐浴价格，20 世纪 90 年代初，长庆浴池对外界开放，洗澡票一张 1.00 元，1993 年上涨为 2.00 元。2000 年，县城始有个体经营公共浴池，普通沐浴每人次 4.00 元；2003 年 5.00 元；2008 年 8.00 元；2012 年 10.00 元。

2. 供热 1998 年前，取暖由单位供给并核算收取费用。1999 年，核批 2 号供热站供热价格为每月每平方米 2.8 元。2001 年，核定县医院供热价格为 3.15，2 号供热站供热价格为居民 3.40 元、非居民为 3.70 元。2004 年核定北区供热站供热价格为居民 3.50 元，非居民为 3.60 元。2007 年，核定城管局、公安局供热站供热价格为居民 3.80 元、非居民 4.10 元。2008 年，实行全城统一热价，按采暖期 120 天核供定热价，居民 24 元，非居民 28 元。2009 年，居民 17 元，非居民 21 元。2010 年，居民 19 元、非居民 27.5 元，2011 年、2012 年未作调整。

3. 物业服务 2010 年前，县域内无物业服务企业，物业服务仅限于打扫卫生、清运垃圾，县上对 2 号住宅小区和县委家属院核批物业费标准为 0.12 元 / 平方米·月。至 2012 年底，先后注册成立金凤苑、恒通、天瑞、华祥 4 家三级资质物业服务企业，在成本审核测算基础上，核批物业收费标准，住宅用房 0.30 元 / 平方米·月，办公用房 0.60 元，商业用房 0.90 元，地下室 0.21 元，业主自有车库 0.15 元，二次供电管理费 0.05 元 / 千瓦时，二次供水运行费 0.10 元 / 方。

（七）主要农副产品

1. 黄花 1986 年，黄花实行议购议销。1988—1989 年，中等每千克收购价 8.00 元。1997 年，每千克 16.00 元。1998—2000 年，每千克 10.00 元左右。2006 年，每千克 7.60—9.00 元。2009 年，每千克 20—24 元。2012 年，每千克 25 元左右。

2. 杏干（即杏皮） 1986 年，每千克收购价 1.20 元。1988—1989 年，甲等每千克 2.40 元、乙等 2.00 元、丙等 1.60 元。1991—2000 年，每千克 1.20—1.60 元。2001—2006 年，每千克 1.20—1.80 元。2012 年，每千克 4 元左右。

3. 杏核 1986 年，每千克收购价 0.70 元；1987 年 1.00 元；1989 年 2.00 元。1990—2000 年 2.00—2.20 元；2003 年 3.20—3.30 元；2004 年 1.60 元；2012 年 3.00 元左右。

三、监督检查与服务

(一)监督检查

1986—1990 年,价格监督检查的重点为:工农业产品价格、交通运输价格,非商品收费和物资管理费等,检查的对象是工业、商业、对外贸易、物资供应、交通邮电、修理服务、文教卫生、旅游等各级业务主管部门和企业、事业单位。主要以税收、财务、物价大检查形式进行,检查的单位和个体工商户数量较多,违价金额较少。

1991—1997 年,受国际国内市场影响,县内农副产品价格一度波动较大,爆发"羊毛大战""黄花大战""杏胡、杏干大战""烤烟大战"。1997 年后,价格监督检查重心转向"清费、治乱、减负",治理乱收费、乱摊派、乱集资问题。检查重点是农资供应、水利物资供应、农机产品供应、成品油供应等重要物资供应单位和教育、卫生、电力等部门。1997—1999 年,以专项检查、重点检查、市场检查为主。突出对人民基本生活必需品价格监督,保持"米袋子""菜篮子"价格基本稳定;治理乱收费;开展市场价格检查,打击牟取暴利、价格垄断和价格欺诈等违价行为;检查农业生产资料价格、农村各项收费、农村日用工业消费品价格、农产品收购价格和农民负担情况。

2000 年起,价格监督检查重点转向涉农价格和收费,依法解决民生问题,服务新农村及和谐社会建设。至 2006 年,全县检查单位及个体户 1548 户,行政处罚 290 户。2007—2011 年,主要围绕涉农、涉企等民生价格开展。共查处价格违法案件 116 起,行政处罚 50 万元,实施经济制裁 35 万元。2012 年,对教育、医疗收费采取交叉检查,全年处罚单位 13 家(含交叉检查处理 4 家),收回罚没款项 101 万元。

2001 年,开通"12358"价格举报电话,开始受理价格举报投诉。至 2012 年,累计受理各种价格举报案件 218 件次,接受群众咨询 800 多人次。

(二)实施临时干预

2008 年 1 月,国家发改委公布《关于对部分重要商品及服务实行临时干预措施的实施办法》。本县启动实施对规模生产和经营企业实行提价申报、备案制度的临时价格干预措施,县城 3 家大型超市确定为提价申报和备案企业。对金龙鱼食用油、国军胡麻油、奥龙纯正菜油等 6 类 9 个品种的食用油实施提价申报和备案登记。对钢材、水泥、砖、瓦、沙、石、玻璃、帐篷、木料等重要建设物资实行差率控制,钢材不超过 3%,沙、石、玻璃不超过 10%,水泥及其他不超过 5%。是年,重点对各类百货零售门店、超市、服装专卖店和餐饮服务、休闲娱乐行业的明码标价和价格执行情况进行检查,共检查各类门店 200 多家,限期纠改 3 家,实施经济处罚 5000 多元;联合印发《客运价格政策提醒、告诫书》,查处出租车、公路客车经营者擅自提高价格行为 300 余起;检查治理农资、医疗服务和药品、城区用水等价格,检查单位、门店 80 多家,收回罚没款项 15.92 万元;开展群众生活必需品和抗震救灾物资、国家支农农机具发放、小麦收购最低保护价等专项检查。

同年,市政府颁布《庆阳市价格调节基金征收管理办法》,县政府成立价格调节基金领导小组。征收标准为:经营性收费按收入的 0.2% 征收;石油化工、煤炭、金融、保险、证券、邮政通信、烟草、电力按经营收入的 0.2% 征收;其他工商业按经营收入的 0.1% 征收;文化娱乐、旅游及参观点(不含城市公园)、餐饮洗浴按经营额和门票收入的 0.3% 征收;商业性质的开发用地,新增的按照征地费的 1% 征收,拆迁改造的按照执行地价的 0.5% 征收;营运性机动车辆征收按:大客车 8 元 / 月·车,出租小客车(含定线面包车)3 元 / 月·车,货车 2 元 / 月·车;机动车修理业按照经营收入的 0.2% 征收;个体工商户按照 2 元 / 月·户征收;社会中介机构按照经营收入的 0.2% 征收。由县地税局代征。2009 年开始征收,至 2011 年,累计征收 316 万元。2012 年起,按照行政区域内

缴纳增值税、营业税和消费税税额的1%同时缴纳价调基金，由地税部门负责代征，国税部门配合，分别按2：4：4比例缴入省、市、县级国库。2012年省级入库29万元，市县级各入库59万元。是年，开始尝试使用价调基金，市级安排基金资金补贴15万元，县级配套7.5万元，建立店面不小于30平方米，蔬菜品种不低于30个，销售的蔬菜价格低于当地市场价15%的蔬菜直销店2个。

（三）价格服务

1.认证鉴定与评估

1992年，庆阳县价格事务所成立，开始受理价格认证业务，接受各类市场主体及公民的委托，为其提供市场价格政策咨询、市场行情调查预测、担任常年价格顾问及涉案物品价格鉴证等服务。至2012年底，共受理各种价格认证业务450多起，评估物资、物品标的2000多件，价值2161万元。

2.公共信息服务

成本监审　主要对供水、公交、出租车运营票价、供热、民办教育机构办学成本、物业服务等《定价目录》内商品及服务价格进行成本审核，出具价格批文。至2012年，先后组织召开城区供水、供暖、公交票价价格听证会7次。

成本调查　主要每年对小麦生产成本与收益、生猪规模养殖成本与收益、农户存售粮、农资购买及种植意向进行调查，按期上报各种数据报表、报告。

价格监测　主要对居民生活必需品、部分建材价格进行监测，每月上报两次。2012年，在各乡镇设立农产品价格监测点，确定专职监测员。

其他服务　1991年，县物价部门编印《现行商品作价办法汇编》。2003年，县物价部门制作《庆城县涉农价格和收费公示项目及标准表》。2004年，整理编印《庆城县行政事业性收费项目、标准汇编》。

第七节　质量技术监督

一、机构

1986年1月，庆阳县标准计量管理所成立，隶属县经济计划委员会，职工4人。1990年12月，庆阳县标准计量局成立，与县标准计量管理所合署办公。1991年，更名为庆阳县技术监督局（所）。1998年9月，更名为庆阳县质量技术监督局（以下简称"县质检局"）。2001年，隶属甘肃省庆阳地区质量技术监督局。2002年更名为甘肃省庆城县质量技术监督局。2012年底，局机关内设办公室、业务办、代码办、稽查队、质量食品股，辖质量技术监督检测所，职工21人。

二、标准化监督管理

（一）工业标准化

1986年，全县有县面粉厂、电器厂、皮鞋服装厂、饲料加工厂、挂面厂、印刷厂、副食厂、砖瓦厂、沥青厂等9户企业自订产品标准。1989年4月，《中华人民共和国标准化法》施行。当年县办14个企业中采用国际标准1户，国家标准8户，专业标准5户。1990年，副食厂、长庆饮料厂、长庆副食厂等20户企业生产的74种产品执行各级标准的有52种，产品标准覆盖率70%。1992年，企业按标准实行分类登记，执行各级标准的产品有78种，产品标准覆盖率为77%。1994年，全县工业产品的平均标准覆盖率提高至95%。1996年，全县初步建立标准化资料备案，消灭无标生产县试点通过庆阳地区验收；1999年4月通过国家质量技术监督局验收。2008年，县内128户工业加工企业采用国际标准 1 户，国家标准 75 户，部标 23 户，行业标准 10 户，企业标准 19 户。至 2012 年，生产企业执行国际标准 8 户，国家标准 39 户，行业标准 16 户，企业标准 13 户；全县制定、修订企业产品技术标准 44 项。

（二）农业标准化

2004 年，成立农业标准化技术指导小组，县质监局制订《庆城县支柱产业黄花菜种植加工标准实施方案》。2005 年，会同农牧部门制订《庆城县十万亩黄花菜特色产业项目实施方案》，修订 7 项农业技术操作规程，1 项标准。2008 年，制订《黄花菜和无公害苹果农业标准化示范区项目实施方案》。2010 年，黄花菜农业标准化示范区项目通过国家级验收，"赤诚"无公害苹果农业标准化示范区项目通过省级验收。

（三）组织机构代码申办受理

1993 年 8 月，开始受理代码工作，当年全县机构代码办证 820 本。1994 年 5 月，全县统一代码标识制度颁证首发式发证 580 本，年底办发证 1026 本。1995 年，建成庆阳县组织机构代码数据库。2003 年 3 月，原行政区划代码庆阳县 622821 改为行政区划代码庆城县 621021。至 2012 年底，全县受理申办、更换组织机构代码证 3984 份，年检 3542 户，平均更新率 77%。

（四）产品标准监督

1989 年起，按照标准化法制管理要求，开展对工业产品标准实施监督。检查的重点是县工业企业中执行强制性国家标准、行业标准和地方标准，以及国家纳入"生产许可证"和庆阳县实行"准入证"制度管理的产品。1991 年，推行实施"国家机关公文格式""发文稿纸格式""文书档案案卷格式"3 项标准。

1992 年，实施食用标签通用标准检查，重点查处制售危及人身健康和生命财产安全、不符合强制性标准肉类、食盐、粮油等产品及无证照生产经营的食品。2001 年起，化妆品标签通用标准检查并入，主要检查流通领域中的批发门店及经营专柜中化妆品的标签、标准文号、产品卫生指标及包装物的标准执行情况。

三、计量监督管理

（一）法定计量单位推广应用

1986 年，在全县推行国家计量法定单位。受技术所限，除血压计、压力表、标准器于 1988 年暂委托庆阳地区标准局改制之外，其余木杆秤，各种台、案、地秤，标尺刻度片相继完成改制。1989 年，全县推行法定计量单位普及率 90%，改制血压计、表 50 台（块）、压力表 300 块，改制台、案秤刻度片 24 个单位 100 台，废除市斤秤推行千克秤近万支，米尺使用率 100%。1991 年 1 月，完成国家法定计量单位统一使用。

（二）计量管理

1. 强制检定　1986 年，开始对全县计量标准器具及用于贸易结算、安全防护、医疗卫生、环境监测等计量器具施行强制检定。1987 年初建立计量器具技术档案。至 1991 年，全县共有各种强检计量器具 27 项 40 种 35278 台件，其中地方 34962 台件，油田 316 台件；用于贸易结算 34368 台（件），安全防护 183 台（件），医疗卫生 700 台（件），环境监测 27 台（件）；电能表 25183 块。1992—1996 年，强制检定各种计量器具 15609 台件。2001—2012 年，强制检定各种计量器具 24440 台件。

2. 生产维修　1986 年，全县计量器具生产主要是个体衡工制作的木杆秤，由个体衡工向县标

准计量管理所提出申请，经计量审查核准后进入市场销售。当年检定 361 杆，要求重修 5 支，没收 6 支，合格 350 杆，合格率 97%。1986—1990 年，利用集日在庆城镇北街农贸市场、桥头、中街、马岭、驿马等主要市场检定个体衡工销售的杆秤，逐步完成法定计量单位过渡。1992 年后，对生产、修理计量器具个体户实行生产、修理"许可证"管理，产品每月监督检定一次。

3. 标准器具　1986 年，计量标准器由省局无偿分配。1987 年，建立计量器具技术档案。1988 年，建成计量标准测试室，有合格计量标准器 4 项 7 种。1989 年，通过签订执法责任书对企事业单位计量标准器具实行监督管理，当年发放计量器具使用证 835 本。1991 年，计量标准器有四等标准砝码 1 吨、四等组合砝码 3 套、标准血压计 1 台、竹木直尺检定器 2 架、标准量提 2 套、5 千克天平 1 架，县电管所有电能表检定装置 2 台，自来水公司有水表检定装置 1 台。1992 年，发放企事业单位计量标准器具使用证 965 本。至 2012 年，全县社会公用计量标准器具涉及的计量门类主要有几何量计量、力学计量（包括"质量"，通常叫"称重"）、电磁计量、温度计量、几何量计量中的"微米"计量及力学计量中的"流量"计量等。

4. 定级考评　1987 年 7 月，根据《甘肃省工业企业计量工作定级、升级考核评审办法（试行）》，对县面粉厂、机械厂、电器厂、副食厂、皮鞋厂进行计量定级，县面粉厂通过三级计量定级验收合格。1991 年，8 家县属企业先后通过计量定级验收，5 家企业复核换证。2006 年，通过计量合格认证企业 1 户，通过 C 标志认证企业 1 户。2007—2012 年，完成计量合格确认 5 户，C 标志评价 7 户。

（三）计量监督检查

1986—1990 年，重点开展法定计量单位实施情况的检查，检查各种计量器具 4661 台（件），合格 4045 台（件），合格率 87%。1991—2003 年，重点开展袋装食品、调味品、小吃摊点等专项计量检查，抽检各类实物 49664 件，合格率 97%，处理计量违法案件 58 起，罚款 12410 元。2004 年，计量监督实行动态管理，开展定量包装检测。2008 年，开始免费检定市场计量器具。2011 年，县城经销户统一配备电子计价秤，废止使用度盘弹簧秤。

四、质量监督管理

（一）生产许可证管理

1988 年，7 种县属企业产品通过检验鉴定，取得产品合格证书。1989 年，3 种产品取得产品合格证书。2004 年，3 户食品生产企业通过市场准入初验，5 种产品获甘肃名牌。2006 年，实行食品质量市场准入制，6 户食品饮料加工企业通过初审。2008 年，马岭吉良黄酒、庆化环江牌汽油、柴油，居立牌防盗门，长庆八达公司劳动用品防护厂的劳保皮鞋，长庆水电工程公司的节能变压器获省级名牌产品。至 2012 年，全县共有 7 家企业 10 项产品获省部级名牌产品。

（二）质量认证

1986 年，全县开始对工业企业产品进行质量鉴定认证。2004 年，全县开展"质量兴县"活动，居立门业等 4 户企业通过 ISO9000 质量体系认证。2007 年，果仁公司、泰和食品、亨阳公司、宝源果蔬、泰膳食品等 10 户企业通过质量认证。至 2012 年，有 15 家企事业单位取得 GB/TI9000-ISO9000 国际标准的质量体系认证证书，主要涉及有工业企业、工程建设、服务性企业、医疗卫生等。

（三）质量监督

1. 监督检查　1986—1990 年，对全县食品、粮油、饮料、罐头、皮鞋、化妆、家电等 22 种商品进行质量监督检查，检查合格率 70%。1991—1996 年，对皮鞋、眼镜、小家电、食品、汽车配件、低压电器、化肥、农药、种子、一次性输液器等 11 类产商品进行质量监督检查，合格率 92%。

2001—2007年，对食品、面粉、食用油、酱油、醋及化肥、农药、钢材等商品实施质量监督定期检查。2004年，处理群众投诉，浙江吉利控股有限责任公司"吉利"牌轿车质量案，捣毁售假窝点。2008—2012年，抽检产商品1750组，合格率96%。

2. **物价、计量、商品质量信得过活动** 1986年，全县开展"物价、计量"信得过活动。1987年，糖酒公司一门市被评为"物价计量信得过"单位。1992年，流通领域开展"争创商品质量信得过单位"竞赛活动，县农副公司、五金公司等9户企业达到省验标准，被授予"商品质量信得过单位"。1993—1996年，开展"商品质量信得过活动"，庆城新时代家具店等14户企业被授予全省"商品质量信得过单位"称号。2003年，县上开展人民路争创"质量信得过、用户满意一条街"活动。至2007年，评选出凤荣超市、三业酒店、天明牙科、阿关鲍翅楼、寿春堂大药房等8家企业、门店为"质量信得过、用户满意"门店，授予流动红旗并在人民路树立永久性质量标志牌。

五、特种设备管理

2002年前，特种设备监督管理职能由县劳动人事局行使。2002年，划转县质量技术监督局。当年普查锅炉94台、特种设备56台件。2004年，组织5次安全监察和2次专项整治。2006年，对357台特种设备分类建立台卡账，特种设备注册登记率、操作人员持证上岗率95%。2008年，清查全县各类特种设备624台，其中锅炉96台（常压62台，承压34台），压力管道273米，电梯5台，起重机械105台，厂内机动车辆18台，危险化学气体充装站6户气瓶400只，特种设备作业人员154人（证）。2012年，检查锅炉109台（含常压热水锅炉），压力容器39台（座），起重机械88台，压力管道273米，厂内机动车辆15台（辆），对27台（座）存在安全隐患的设施和无证上岗的下发整改意见书，查出安全隐患25项，整改率100%。

第八节　安全生产监管

一、机构

1986年，庆阳县安全生产委员会成立，办公室设在县劳动人事局。2002年12月，成立庆城县安全生产监督管理局（以下简称"县安监局"），编制5人，与县安委办合署办公，隶属县经贸局。2005年6月，纳入县政府组成部门，编制7人，加挂"庆城县安全生产委员会办公室"牌子。2007年2月，成立庆城县安全生产执法大队，隶属县安监局。2012年，职工12人。

二、安全生产监管

（一）直接监管

1. 非煤矿山 2003年，对全县25家砖瓦企业和20家小型水泥预制企业开展专项检查，填发《限期整改指令书》6份，对存在隐患企业实行跟踪检查。2004年，县安监局制订《庆城县深化非煤矿山安全专项整治工作实施意见》，对全县31户非煤矿山企业开展人员安全资格培训和企业安全评价，排查安全隐患18处，现场整改17处，填发"限期整改指令书"1份。2005年，对全县31家非煤矿山企业进行安全生产专项整治，查出安全隐患136处，现场整改132处，签发《限期整改指令书》4份。并对所有砖瓦黏土企业进行安全综合评估，确定董家滩村砖瓦厂为安全质量标准化试点企业。2006年，关闭3家未取得"安全生产许可证"、不具备安全生产条件的企业。2007—2012年，对全县所有非煤矿山企业、砖瓦厂、采砂场开展安全生产检查，查出安全隐患198处，现场整改180处，签发《限期整改指令书》《责令改正指令书》8份，关闭停产7家，申

办"安全生产许可证"3户。

2. **危险化学品和烟花爆竹**　2003年，对境内15家重大危险源单位和32户农药、油漆门店进行安全生产大检查，查出安全隐患25处，下发《整改指令书》7份。"非典"期间，对农药市场和过氧乙酸等消毒剂的储存、包装、使用开展专项整治。2004年，培训危险化学品经营单位负责人、安全管理人员和从业人员10人，落实整改安全隐患20处，填发《限期整改指令书》5份，依法查封取缔非法加油站（点）13处。2005年，查处、取缔危险化学品非法经销点12处，办理危险化学品"经营许可证"10户。2006年，为3户危险化学品经营企业和1户农药、油漆经营户办理经营许可证。2007年，检查危化企业17家，查出安全隐患120处，现场整改113处，签发《限期整改指令书》7份。核发"烟花爆竹经营许可证"94份，取缔非法经营户10户，查扣销毁劣质烟花爆竹108箱。2008年，评价复证"危险化学品乙种经营许可证"35家，新办门店取证15家，重新登记建档重大危险源15个，关闭卅铺鑫柳加油站，取缔烟花爆竹非法经营户5户。2009—2012年，对重大危险源实行动态监控。培训烟花爆竹经营户187户，374人次，取缔18家无证和跨县经营户，收缴非法销售假冒伪劣烟花爆竹228件，经营许可53户烟花爆竹经营门店，完成三级达标的危险化学品企业3户。

（二）综合监管

2004年，全县有安全机构（小组）82个，安全管理人员356人，形成县、乡、村和部门、企业、车间三级安全生产网络。制订《庆城县重特大安全生产事故应急救援预案》《庆城县危险化学品经营安全事故应急救援预案》。2005年，建立全县安全生产责任制度和控制指标考核体系，将安全生产责任考核纳入全县"三位一体"考核之中，实行"一票否决"；对全县12家交通运输企业开展安全质量标准化评估检查，评出3家A级企业和9家B级企业。2006年，庆化宾馆、凤城宾馆、周祖森林公园被评估为三星级安全单位，确定甘肃陇运三力运输集团有限公司等3户企业为安全质量标准化试点单位，县第二建筑公司为建筑行业试点企业，财政局、土地局办公楼工程为示范现场。2007年，完善乡镇安全生产委员会的议事和例会制度，下发《安全生产管理制度选编》和各类安全监管执法标准和格式、制作安全生产管理制度责任牌。2008年，安委会成员单位由31个增加到38个，在社区和村组设立安全联络员。2010年，制订《庆城县安全生产五项制度》《庆城县2010年安全生产责任明细册》《庆城县安全生产事故隐患排查整治工作机制》。

2011年，累计排查企业单位（摊点）1617家（次），查出一般隐患2409条，整改2377条，整改率达到98.7%。全县灭火救援以法律责任方式委托长庆油田采油二厂消防支队承担。2012年，选配65名工作人员担任乡镇专职道路交通安全管理员，30名工作人员充实县交警大队。亿元GDP死亡率、万车死亡率等纳入全县国民经济和社会发展统计公报。开展道路交通安全"百日"集中整治专项行动，对农村"五小"（轻便摩托车、摩托车、三轮农用机动车、小四轮农用机动车、四轮农用机动车）车辆加强重点管控；投资137万元，为各中心小学及幼儿园安装电子监控设施，组建校园巡逻队；投资830万元，对驿马镇北胡洞沟、翟家河乡路家掌至胡家岭村道高崖、县城城墙灾害点进行治理。全年检查生产经营单位599户（次），查处隐患和问题1478条，整改1462条，整改率为98.9%。

　　附：

表 31-8-1　1987—2012 年全县安全生产事故统计表

单位：起、人、万元

年份	事故起数	死亡人数	受伤人数	经济损失
1987	25	6	20	3.55
1988	36	8	27	6.14
1989	33	15	13	4.85
1990	32	12	16	4.86
1991	269	35	86	22.89
1992	347	38	47	8.43
1993	185	22	22	5.10
1994	201	23	31	6.01
1995	235	11	25	6.42
1996	302	30	45	10.32
1997	265	28	43	9.64
1998	225	21	32	10.69
1999	414	25	30	8.17
2000	366	54	281	83.49
2001	448	39	338	118.90
2002	417	38	353	128.67
2003	292	36	287	71.21
2004	182	31	301	70.75
2005	119	34	142	49.75
2006	112	30	142	77.57
2007	100	36	130	46.82
2008	90	31	130	30.33
2009	86	30	126	26.25
2010	84	28	124	26.01
2011	81	29	122	34.17
2012	79	25	114	28.66

第九节　食品药品监督管理

一、机构

2001 年 12 月，庆阳地区药品监督管理局庆阳县分局成立，为地区药品监督管理局的派出机构，实行省以下垂直管理。2005 年 7 月，更名为庆城县食品药品监督管理局（以下简称"县食药监局"），增加食品综合监管、重大食品安全事故的查处职能。内设办公室、食品安全协调股、市场监管股。2009 年 8 月移交县政府管理，为县政府职能部门。2011 年 5 月，成立庆城县食品药品稽查队，编制 7 人。2012 年，县食品药品监督管理局内设食品安全监管股、药械安全监管股、保化安全监管股、

人秘股、政务受理股，辖县食品药品稽查队，有干部职工 29 人。

2006 年，各乡镇成立食品药品监督管理协管办公室，以加强农村食品药品安全监管，县政府聘任食品药品监督员 4 名，协管员 51 名，信息员 161 名。2012 年 6 月，全县 17 个乡镇（办事处）成立乡镇食品药品监管所，为科级事业单位，受县食品药品监督管理局和乡镇政府双重管理，每所设业务主办 1 名，专职监管员 3 名；每个行政村设信息员 1 名。

二、食品安全监管

1986—2004 年，食品监督管理工作由县卫生部门负责，主要依据《食品卫生法》监管食品。2006 年，成立以县政府分管领导任主任，工商、卫生、质监、农业、药监等 10 部门为成员的食品安全委员会，下设办公室，办公地点设在县食品药品监督管理局。制定《食品安全委员会议事规则》《庆城县重大食品安全事件应急预案》等规章制度；联合工商、质监、卫生、动物检疫、广电等部门进行食品安全执法大检查，开展食品放心工程宣传活动，在县电视台公布举报投诉电话，接受社会和群众的举报和投诉。

2007 年开始实行食品安全目标管理，2008 年列入全县综合目标考核内容。2009 年 6 月《食品安全法》颁布实施，县食品药品监督管理部门开始行使食品餐饮环节的食品许可及保健食品、化妆品监督管理职能，发放《餐饮服务经营许可证》。工商部门在食品流通环节发放《食品流通许可证》；质监部门在食品生产环节发放《食品生产许可证》，从此《食品卫生许可证》废弃。当年，开展辖区餐饮单位从业人员上岗前培训，发放《餐饮服务许可证》51 户，逐步对餐饮环节进行监管。2010 年实行食品安全省市考核一票否决制。当年，年检《食品卫生许可证》558 个；检查餐饮服务单位 720 户，发出《监督意见书》273 份，责令停业整顿 4 户；对全县 75 所学校（幼儿园）食堂进行拉网式检查。2011 年，年检《餐饮服务许可证》《食品卫生许可证》173 个；新发《餐饮服务许可证》218 个；检查餐饮服务单位 513 户次，发出《监督意见书》382 份，责令停业整顿 6 户，行政处罚 22 户，抽检食品 36 份送省检验机构检验。

2012 年，开展餐饮服务食品安全示范街、示范店创建活动，创建示范街 1 条、示范店 31 户。同时推行餐饮服务食品安全量化分级管理，评选优秀等级 20 户，良好 79 户，一般 410 户。当年，先后在县城和桐川乡举办"全县餐饮服务食品安全知识培训班""全县学校食堂食品安全工作会暨食品安全知识培训班"，编印教材 2550 本，培训人员 2510 人次；利用 1 月时间，在县电视台播出食品药品安全知识、法律法规 15 期；编发简报 35 期；开展"3·15""6·1""6·26"食品安全宣传周等宣传日活动 6 次；制作大型宣传牌 6 幅 10 面，刷写墙体标语 110 条，悬挂横幅 30 余条，制作宣传纸杯 6 万个。当年，被省商务厅、省食品药品监督管理局命名为"省级餐饮服务食品安全示范县"。

附：

重大食品安全事件处置

1. 安徽阜阳劣质奶粉事件的波及和处置

2004 年，安徽阜阳市劣质奶粉事件发生后，在甘肃省人民政府的统一安排部署下，县工商、质监、农牧、卫生等部门出动执法人员 820 人（次），检查奶粉经营企业 151 户（次），对辖区内的奶粉市场进行清查整治，未清查出问题奶粉。

2. "三鹿牌"婴幼儿配方奶粉事件的波及和处置

2008 年 9 月，"三鹿牌"婴幼儿配方奶粉食品安全事件发生后，全县启动重大食品安全事件应急预案，开展"三鹿牌"奶粉事件处置工作，至11月底，出动各类执法人员3578人次，检查食品经营户5732户次，查封、封存、下架停止销售"三鹿牌"等问题奶粉1437袋（桶），其他问题奶粉3884.375千克。累计接诊患儿4330名，确诊治疗患儿140名，其中：住院治疗46例、门诊治疗94例，无死亡病例发生。

三、药品安全监管

1986—1997年，药品安全监督管理工作由县卫生局负责。1988年，县药品检验所成立，隶属县卫生局，有专职干部1名，兼职监督员2名，有分析天平、aBe折射仪、酸度计等设备，主要对辖区药品质量进行分析、检验，2001年12月撤销。

1998年4月，庆阳县医药管理局成立，与县卫生局共同负责全县药品安全监管工作，主要对药品经营市场进行管理。2002—2008年，县药品安全监管工作由庆阳市药品监督管理局庆城县分局管理。2009年后，由庆城县食品药品监督管理局管理。至2012年，全县先后举办"全县药品两员、药械从业人员""保健食品、化妆品从业人员""乡镇以上医疗机构药房负责人（质管员）等培训班，加强药品从业人员对药品管理法律法规的学习，提高业务素质和自觉守法意识，确保全县药械市场秩序规范和群众用药用械安全。当年，被命名为"省级药品安全示范县"。

图31-9-1 庆城工商

第三十二章 民政

1986—2012 年，民政工作以"上为政府分忧，下为百姓解愁"为宗旨，充分发挥促进社会稳定的作用，在城乡居民自治、拥军优属、社会救济、社会福利、军转安置，社会团体、婚姻登记、殡葬管理等方面有了长足发展。特别是在建立社会主义市场经济的过程中，通过对社会收入的再分配，在帮助社会弱势群体解决生活困难，化解社会矛盾方面，发挥着重要作用。

第一节 机构

1986 年，庆阳县民政局设综合办公室、县退伍军人安置办公室（以下简称"县安置办"）、区划地名股、救灾股，辖县烈士陵园、收容遣送站，有工作人员 8 名。1987 年，成立县拥军优属、拥政爱民办公室（以下简称"县双拥办"），1989 年，成立县社会福利服务公司，县残疾人联合会（以下简称"县残联"）归口县民政局。1990 年，撤销县收容遣送站，业务移交庆阳地区收容遣送站；1991 年，设民间组织管理股。2002 年，县老龄委员会办公室（以下简称"县老龄办"）归口县民政局；县社会福利服务公司破产停业；庆阳县民政局更名为庆城县民政局（以下简称"县民政局"）。2003、2004 年成立庆城县城乡居民最低生活保障办公室（以下简称"县低保办"），庆城县桐川中心敬老院。2011 年，撤销县低保办，成立县社会救助工作管理局（以下简称"县救助局"），增设县社会福利服务中心。

2012 年，庆城县民政局设综合办公室、安置办、区划地名股、救灾股、民间组织管理股；辖县双拥办，救助局，社会福利服务中心，烈士陵园，桐川中心敬老院；归口管理县残联，老龄办。局机关有工作人员 37 名。

第二节 基层自治组织建设

一、村民委员会

1987 年 11 月，《中华人民共和国村民委员会组织法（试行）》颁布。1992 年，全县首次开展村民委员会换届选举工作，此后，每三年换届选举一次。全县各村民委员会主任、副主任和委员，采用选民 5 人以上联名推荐初步候选人，村民代表会议无记名投票选举确定正式候选人，再由选民从正式候选人中，以无记名投票方式选举产生村民委员会。1995 年，地县民政部门在熊家庙乡李家庄村进行村委会换届选举试点，为全区全面开展村委会换届选举工作总结经验。

1998 年，《中华人民共和国村民委员会组织法》正式实施。全县第三、四、五、六、七届村民委员会换届选举中，村民委员会主任、副主任和委员由村民直接选举产生。村民委员会换届选举须经宣传动员，开展准备；选民登记，张榜公布；民主提名，产生候选人；整章建制，制订计划；检查验收，总结选举五个阶段。其间，由组织、民政等部门的负责人进行检查指导。各乡镇为当选

村干部颁发证书，填写村干部卡片，对连任两届村主任颁发荣誉证。

2010—2011 年，全县进行第七次村民委员会换届选举。选举结果简述如下：

驿马镇选举村委会主任 14 名，其中，中共党员 12 名，31 至 40 岁 5 名，高中（中专）文化程度 12 名，连任 11 名；选举村委会副主任及委员 64 名，其中，女性 14 名，中共党员 44 名，30 岁以下 5 名，51 岁以上 14 名，初中以下文化程度 43 名，兼任村党支部委员 22 名，连任 32 名。

庆城镇选举村委会主任 9 名，其中，中共党员 7 名，31 至 40 岁 1 名，高中（中专）文化程度 4 名，兼任村党支部书记 5 名，连任 4 名；选举村委会副主任及委员 45 名，其中，女性 7 名，中共党员 29 名，51 岁以上 13 名，初中以下文化程度 18 名，兼任村党支部委员 23 名，连任 26 名。

白马铺乡选举村委会主任 6 名，其中，中共党员 5 名，高中（中专）文化程度 2 名，兼任村党支部书记 1 名，连任 6 名；选举村委会副主任及委员 22 名，其中，女性 7 名，中共党员 1 名。

南庄乡选举村委会主任 5 名，其中，中共党员 5 名，31 至 40 岁 1 名，高中（中专）文化程度 3 名，连任 4 名；选举村委会副主任及委员 32 名，其中，女性 4 名，中共党员 26 名，30 岁以下 4 名，51 岁以上 4 名，初中以下文化程度 2 名，连任 21 名。

土桥乡选举村委会主任 7 名，其中，中共党员 6 名，31 至 40 岁 1 名，高中（中专）文化程度 6 名，连任 6 名；选举村委会副主任及委员 35 名，其中，女性 6 名，中共党员 21 名，30 岁以下 4 名，51 岁以上 3 名，初中以下文化程度 18 名，兼任村党支部委员 7 名，连任 28 名。

玄马镇选举村委会主任 10 名，其中，中共党员 7 名，31 至 40 岁 2 名，高中（中专）文化程度 3 名，兼任村党支部书记 2 名，连任 6 名；选举村委会副主任及委员 50 名，其中，女性 10 名，中共党员 35 名，30 岁以下 3 名，51 岁以上 8 名，初中以下文化程度 35 名，兼任村党支部委员 25 名，连任 31 名。

蔡口集乡选举村委会主任 7 名，其中，中共党员 7 名，31 至 40 岁 4 名，高中（中专）文化程度 1 名，连任 5 名；选举村委会副主任及委员 35 名，其中，女性 7 名，中共党员 22 名，30 岁以下 4 名，51 岁以上 2 名，初中以下文化程度 19 名，兼任村党支部委员 17 名，连任 15 名。

马岭镇选举村委会主任 12 名，其中，中共党员 11 名，31 至 40 岁 3 名，高中（中专）文化程度 7 名，连任 10 名；兼任村党支部副书记 1 名；选举村委会副主任及委员 53 名，其中，女性 9 名，中共党员 34 名，30 岁以下 3 名，51 岁以上 10 名，初中以下文化程度 33 名，兼任村党支部委员 15 名，连任 18 名。

卅铺镇选举村委会主任 12 名，其中，中共党员 11 名，高中（中专）文化程度 5 名，连任 9 名；选举村委会副主任及委员 50 名，其中，女性 8 名，中共党员 40 名，30 岁以下 1 名，51 岁以上 13 名，初中以下文化程度 30 名，兼任村党支部委员 43 名，连任 35 名。

高楼乡选举村委会主任 7 名，其中，中共党员 7 名，31 至 40 岁 1 名，高中（中专）文化程度 3 名，兼任村党支部书记 2 名，连任 2 名；选举村委会副主任及委员 28 名，其中，女性 7 名，中共党员 21 名，30 岁以下 3 名，51 岁以上 7 名，初中以下文化程度 22 名，兼任村党支部委员 10 名，连任 16 名。

太白梁乡选举村委会主任 13 名，其中，中共党员 13 名，31 至 40 岁 2 名，高中（中专）文化程度 7 名，兼任村党支部书记 2 名，连任 8 名；罢免村委会主任 3 名；选举村委会副主任及委员 52 名，其中，女性 10 名，中共党员 36 名，30 岁以下 3 名，初中以下文化程度 30 名，兼任村党支部委员 17 名，连任 24 名。

翟家河乡选举村委会主任 6 名，其中，中共党员 4 名，31 至 40 岁 1 名，高中（中专）文化程度 3 名，兼任村党支部书记 1 名，连任 4 名；选举村委会副主任及委员 30 名，其中，女性 7 名，中共党员 21 名，

30 岁以下 7 名，51 岁以上 6 名，初中以下文化程度 11 名，兼任村党支部委员 18 名，连任 19 名。

蔡家庙乡选举村委会主任 10 名，其中，中共党员 10 名，31 至 40 岁 3 名，高中（中专）文化程度 5 名，连任 5 名；选举村委会副主任及委员 55 名，其中，女性 11 名，中共党员 33 名，30 岁以下 5 名，51 岁以上 3 名，初中以下文化程度 34 名，兼任村党支部委员 14 名，连任 17 名。

赤城乡选举村委会主任 9 名，其中，中共党员 7 名，31 至 40 岁 5 名，高中（中专）文化程度 7 名，兼任村党支部书记 1 名，连任 7 名；选举村委会副主任及委员 41 名，其中，女性 8 名，中共党员 10 名，30 岁以下 6 名，51 岁以上 20 名，初中以下文化程度 1 名，兼任村党支部委员 11 名，连任 9 名。

桐川乡选举村委会主任 14 名，其中，少数民族 1 名，中共党员 13 名，31 至 40 岁 2 名，高中（中专）文化程度 6 名，连任 10 名；选举村委会副主任及委员 70 名，其中，女性 12 名，少数民族 1 名，中共党员 38 名，30 岁以下 2 名，51 岁以上 14 名，初中以下文化程度 49 名，兼任村党支部委员 22 名，连任 45 名。

熊家庙办事处选举村委会主任 6 名，其中，中共党员 6 名，31 至 40 岁 1 名，高中（中专）文化程度 3 名，兼任村党支部书记 1 名，连任 2 名；选举村委会副主任及委员 33 名，其中，女性 7 名，30 岁以下 2 名，51 岁以上 6 名，初中以下文化程度 18 名，兼任村党支部委员 9 名，连任 20 名。

葛嵝岘办事处选举村委会主任 6 名，其中，中共党员 6 名，31 至 40 岁 1 名，高中（中专）文化程度 4 名，连任 4 名；选举村委会副主任及委员 40 名，其中，女性 11 名，中共党员 20 名，30 岁以下 11 名，51 岁以上 5 名，初中以下文化程度 24 名，连任 13 名。

二、居民委员会

1990 年，全县有田家城、北关、采二、钻二、井下、水电厂 6 个油田居民委员会，庆阳石油化工厂居民委员会，县城有南街、北街、西街、上街、城关 5 个居民委员会，马岭、驿马、三十里铺 3 个居民委员会。

2003 年底，采二和水电厂居委会搬至庆城镇，钻二、井下驻原址，其余油田居委会均随油田单位迁往西安。地方有居委会 9 个，其中，庆城镇有南街、北街、北关、田家城、庆北、凤北 6 个社区居委会，马岭、驿马、卅铺镇 3 个居民委员会。2006 年起，全县开展"文明社区"创建活动。2007 年 6 月，成立驿马、马岭、白马铺、三十里铺 4 个农村社区居委会。2009 年 8 月，成立庆城镇莲池、驿马镇东滩、玄马镇贾桥、卅铺镇阜城 4 个农村社区居委会。

2012 年 1 月，庆城镇北关社区更名为凤城园社区，撤销钻二、井下、庆化居委会。至年底，全县有庆城镇南街、北街、凤城园、田家城、凤北、庆北 6 个城市社区居委会；有莲池、驿马、东滩、白马铺、贾桥、马岭、三十里铺、阜城 8 个农村社区居委会。其中，市级文明社区 5 个、县级文明社区 3 个。

第三节　拥军优抚

一、拥军

1986—1993 年，全县拥军活动以看望和慰问参加对越自卫反击战的战士和家属为主。1986 年春节期间，走访慰问 245 名赴云南前线，执行作战任务的指战员家属，解决优抚、救济、救灾款 3692 元；"八一"建军节前夕，向云南前线的庆阳籍指战员写慰问信 1665 封，赠送笔记本、手帕、背心等物品 219 件；全年为参战军属发放优抚、救济、救灾款 3312 元，为 101 户困难军属解决回

销粮 19345 千克。1987 年，为老山前线执行任务的 228 名战士兑付荣获战功奖励优待金 5000 余元，为 210 名军人家属解决优抚、救济、救灾款 6.43 万元、回销粮 5.035 万千克；为 61 户家庭困难的军属划拨庄基地、解决房屋维修费 1700 多元、安排住房 21 间、解决农转非 7 名；10 月，在县城召开"戍边战士庆功会"，为立功人员献花授奖。1991 年，熊家庙、安家寺、太白梁、高楼、葛崾岘建成"双拥"模范乡，68 个村建成"双拥"模范村。1993 年，为 13 名部队立功战士，按立功等级拨发奖金 7000 元。

1995 年 8 月下旬到 10 月中旬,中国人民解放军84870部队官兵赴宁夏贺兰山地区军演途经本县。沿途 6 个乡镇组装大型彩门 16 处，悬挂横幅 47 条，张贴大小标语 2500 条，组织宣传队 13 个，编排文艺节目 37 个。全县为过境部队提供宿营地 13 处，停车场地 19 处，粮油供应点 8 处，贮备面粉、大米各 1.5 万千克、食用油 1500 千克、鸡蛋 2000 千克。设军车加油站 17 处，修车点 16 处。部队过境期间，为部队抢修车辆 24 台。设支前拥军医疗服务点 9 个，为官兵检查治疗 167 人次。完善刷新道路标志 7 处，平整铺砂路面 9 千米。抽调公安干警 282 名、民兵 382 名，设置执勤哨 271 处。9 月 6 日，县上五大班子和地区领导带领文艺队到庆城中学操场召开慰问大会，向子弟兵赠送苹果 500 千克，鸡蛋 150 千克，鞋垫、毛巾、手帕等 1372 件；工人和农民代表赠送各种蔬菜 1250 千克，干部代表赠送毛巾、背心 440 件；军地离休老干部田硅章、李春显，老红军战士张养仕，原陕甘宁边区支前拥军模范、电影《刘巧儿》原型华池县封芝琴，带着月饼、鸡蛋、苹果等礼品亲临现场慰问官兵。12 月，中共庆阳县委、庆阳县人民政府、庆阳县人民武装部对在这次支前拥军活动中做出突出贡献的庆城镇、工交局、马岭公安分局、庆城小学等 19 个先进单位和夏志刚、韩相鹏、高文耀、刘建国等 44 名先进个人予以通报表彰。1996 年 9 月，中共甘肃省委、甘肃省人民政府、甘肃省军区授予庆阳县"双拥模范县"。1997 年 7 月，中共庆阳地委、庆阳地区行政公署、庆阳军分区授予庆阳县"双拥先进单位"。

2001 年，县委、县政府决定把每年 1 月定为"拥军优属宣传月"，每年 8 月上旬的第一周定为拥军优属活动宣传周；对军车免收过路费和停车费，依法重点保护军事设施；每年"八一"和春节期间，县上四大班子领导组织慰问驻军，协调解决部队建设和军事训练中的困难。2002 年，投资 1.4 万元在县城主要街道建成双拥宣传龙门 1 座，灯箱 40 个，在乡村建立宣传牌 5 面。至 2012 年，县委、县政府先后拨款 75.4 万元，为县民兵应急分队购置装备；为县武警中队修建营房大楼；为县人武部维修民兵武器库、人武部办公楼，建设战士宿舍，更换添置办公设备、安装锅炉。

二、优抚

（一）优抚对象

1986 年，全县有中国人民解放军现役军人、服役或退役的残疾军人以及复员军人、退伍军人、烈士遗属、因公牺牲军人遗属、病故军人遗属、现役军人家属 735 户、2778 名。1987 年，全县有优抚对象 3528 户、17640 名。1988 年，全县有优抚对象 19037 名。1990 年后，逐步规范优抚对象管理，全县乡镇、村均建立优抚档案。乡镇有五簿，即《优抚对象登记簿》《抚恤定补人员登记簿》《现役军属群众登记簿》《两用人才开发登记簿》《优抚组织登记簿》；村有五册，即《服务组织登记册》《优抚活动登记册》《贫困户优抚对象登记册》《现役军人登记册》《优抚对象登记册》。1995 年，全县有老红军、红军失散人员、伤残军人、"三属"、复员军人等优抚对象 858 名，1997 年有 756 名，1998 年有 1033 名，1999 年有 718 名。2002 年，全县有享受抚恤、定补、定救优抚对象 955 名。2012 年底，全县重点优抚对象 1144 名，其中残疾军人 178 名，烈士遗属、因公牺牲军人遗属、病

故军人遗属（以下简称"三属"）44名，红军失散人员1名，在乡复员军人195名，"两参（参战参试军人）"人员347名，原8023部队退役人员28名，60岁以上农村籍退役士兵313名，部分60岁以上农村籍烈士子女38名。

（二）优抚金补助金发放

1986年起，全县对烈属、因公牺牲军人家属、病故军人家属（以下简称"三属"）、在乡伤残军人等优抚对象实行国家定期抚恤补助，对在乡老复员军人实行定期定量补助。是年，对符合条件的5名新中国成立前参军回乡的复员军人给予定补，对365名复员军人提高定补标准。1989年，对35名伤残军人、56名红军失散人员、18名红军老战士、344名复员退伍军人发给生活困难补助费；对1949年10月1日至1954年10月31日期间入伍的生活困难的在乡复员军人发给定期定量补助。1990年，对89名1954年11月1日前入伍复员军人实行定期定量补助，两名老红军战士遗属发放生活费，819名享受定期定量补助、救济的优抚对象全部发放优抚金。

1996年，全县享受定期抚恤金、补助费的418名复员军人月标准达到25—45元；47名"三属"月标准达到60—70元；47名红军失散人员月达到70—75元；8名退伍在乡红军老战士月达到300元，加上其他补贴，每人每月享受347.5元。1997年，对新中国成立前服役超过10年的按每5年划段，每段增加5元，包括"三属"在内的，每人增加5元。1998年，提高136名"三属""三红"、在乡伤残军人抚恤标准，一等伤残军人护理标准达到月144元。1999年，为540人提高抚恤标准。2006年，为70名20世纪60年代精简武警提高定期定量补助标准，由原来每月10元提高到60元；对532名残疾军人、老复员军人、"三属三红"人员提高定补标准。

1986—2012年，全县共计发放优抚对象优抚金、补助金2668.23万元。

（三）优待金发放

1986年，全县为732户农村籍服役战士家属落实优待金7.99万元，户均109.2元。1987年，全县对532户农村籍战士落实优待金，户均220元；1990年，全县为513户农村籍战士落实优待金11.3万元，户均220元。1991年，全县为530户在役军人家庭落实优待金，每户最高300元，最低220元。

1992年，县政府制订出台《庆阳县关于贯彻〈甘肃省军人抚恤优待条例实施办法〉的实施细则》，农村义务兵家属优待金不得低于所在乡镇上年人均纯收入水平，农村义务兵家属不承担村提留、摊派、义务工。1993年，全县优待金实现乡镇统筹。1994年，对491户现役军人家属发放优待金28.7万元，户均584.52元。1995年，对595户现役军人家属发放优待金30.06万元，户均505.21元。1998年，享受群众优待金的现役军属521户，发放优待金29.18万元，户均560.08元。1999年，县政府制订《庆阳县义务兵家属优待金社会统筹暂行办法》，全年为525户现役军人家属户均兑现优待金1040元。2000年，为145户现役军人家属户均发放优待金800元。

2001年后，全县农村现役军人家属优待金逐年有所增加，2005年户均达到1020元，2008年户均达到1500元，2009年户均达到2696元。2011年12月起，义务兵家属优待金统一改为退役士兵兵役优待补助金，按上年度全省城镇居民可支配收入2倍的标准发放，当年标准为26396元。2012年，全县退役士兵兵役优待补助金标准为29976元。

三、退伍军人、转业干部安置

全县复员退伍军人安置按照"从哪里来，回哪里去"的原则，农业户口退伍军人回乡参加农业生产、经济建设；城镇户口退伍军人实行"按系统分配任务、包干安置"。1986—1992年，全县

接收符合城镇安置条件退伍军人 832 名。其中：照顾性安置 1984 年以前退伍、年龄在 30 周岁以下的 23 名农村籍伤残军人；对赴云南前线参加对越作战荣立三等功以上的 206 名复退军人。1994 年，接收安置退伍义务兵、专业志愿兵 218 名，其中，城镇安置 184 名，农村安置 34 名。1995 年，接收安置退伍义务兵、专业志愿兵 143 名，其中，城镇安置 96 名，农村安置 47 名。1996—1998 年，共接收安置退伍军人 98 名，全部安排到行政事业单位工作。2001 年，在行政事业单位安置 1998 年至 1999 年退伍士兵 51 名。2003 年安置 43 名。2009 年通过考试形式安置退伍军人 14 名。2010 年至 2012 年，共安置 107 名。

1986—2003 年，全县安置军队转业干部 25 名，专业基本对口，职务对应，级别保留。

四、烈士陵园

庆城县烈士陵园位于县城北关平安巷，占地 14889 平方米。内有"烈士纪念碑""抗日阵亡烈士纪念塔"、假山各一座，"烈士骨灰堂"一处，凉亭廊架、六角亭各两座，烈士事迹陈列室、阅览室 9 间 207 平方米，烈士墓 144 座，墓碑 22 座，院内植有青松、翠柏、花草，是全县人民缅怀英烈，接受革命教育和爱国主义教育的重要场所。1995 年 4 月被庆阳地委确定为地级爱国主义教育基地。每年清明节，社会各界人士在这里举行纪念活动，清扫陵园，为烈士敬献花圈。"烈士骨灰堂"建于 1967 年，建筑面积 100 多平方米。内置在武山国防施工中牺牲的 13 名革命烈士骨灰。1985 年扩建。2000 年 5 月，投资 26 万元进行修复。

2012 年，维修改造烈士陵园。建成仿古大门 1 处、门房、办公室及职工宿舍 9 间 222.75 平方米、双层六角亭 2 座，人造假山 1 座、廊架 2 处、水冲式厕所 1 处，敷设给、排水管道 276 米，设雨水口 20 个，敷设电线 418 米，安装景观照明灯 20 个，维修烈士骨灰堂 1100 平方米、刷新"革命烈士纪念碑"和"抗日阵亡烈士纪念塔"，硬化陵园院坪 1560 平方米，拓展"抗日阵亡烈士纪念塔"广场 820 平方米，维修、绿化烈士陵墓，铺设林间小道 562 米，新砌砖围墙 800 米，绿化亮化 8760 平方米，栽植柏树、冬青、雪松、百日红、法国梧桐、银杏、红梅、蜡梅等常绿树木，内铺卵石小径，集纪念、观光、展览为一体。

第四节　社会救济

一、农村困难救济

（一）贫困户救济

1986—1995 年，农村困难户救济以发放各类扶贫资金，帮助群众开展多种经营为主。同时，积极兴办各类扶贫企业实施救济。

1986 年，全县投放扶贫贷款 180.92 万元，扶持 7554 个特殊困难户发展经济，其中，脱贫 2017 户，致富 359 户。庆城镇农民蔡小琴以养兔实现家庭收入 3306 元，人均收入现金 826．5 元，出席在北京召开的全国"双扶"工作经验交流会。同年，全县筹资 9.47 万元，先后在南庄、翟家河、蔡庙、赤城乡新建和扩建复退军人挂面厂、杏脯厂、钉子厂、民间工艺美术制品厂。至 1988 年底，全县累计投放各类扶贫资金 220 多万元，共扶持 8808 户 44040 人，使 3415 户 5367 人脱贫，453 户 2219 人致富。县政府投资 17 万多元，兴办庆城玻璃钢工艺制品厂和庆城综合服务公司；回收扶贫资金 85 万元。1989 年，全县扶持特困户 8080 户，累计脱贫 5357 户；投资 13 万元，兴办县社会福利工艺刺绣厂、社会福利综合服务公司和桐川乡党崾岘福利厂；社会福利企业实现产值 74.5 万元，

实现利润 8.19 万元，安排残疾人 43 人、贫困户 181 人；收回扶贫款 22.4 万元。

1990 年，全县建立 19 个乡镇扶贫周转金管理委员会，筹资 24.13 万元；建立村民互助储金会 14 个，每会会员集资 3000 元左右，县上给每个储金会拨付垫底资金 1000 元。全年扶持贫困户 60 户 240 人，脱贫 31 户 126 人。桐川、葛崾岘两乡利用扶贫资金，开展酸枣嫁接大枣 3 万多株，成活率 95%。是年，全县有社会福利企业 7 个，其中 4 个经省民政厅福利企业处检查验收合格。全年实现产值 146 万元，实现利税 15.42 万元。1991 年，全县社会福利企业达到 10 个，实现产值 174 万元。1995 年，全县福利企业 5 个，职工 109 人，其中，残疾人 33 名、贫困户 44 名，总产值 296 万元，实现利税 32.56 万元。之后，针对贫困户的困难救济转为其他方式进行；福利企业由于产品销路不畅等原因，逐渐被市场淘汰。

（二）农村临时救助

1986 年，全县发放和使用临时救助资金 116.1 万元。1987 年，改革城乡临时救助资金发放管理。改过去由"个人申请、群众评议、大队审查、乡镇审批、层层下拨"的办法为乡镇干部实地查看、征求村委会意见、进行初审，提交乡镇政府行政会议审批，民政助理员统一填写"三联单"通知到户，救济户持三联单直接到营业所或信用社领款；发放口粮款实行"钱跟粮走，一次评定，钱转粮库，直接打粮"。1991 年，全县为 142 户优抚对象中的特困户下拨临时救助资金 3.9 万元、回销粮 2.1 万千克。

1994 年，救灾救济款实行"三不发、四优先、五不准"，即：非灾区不发，灾情不明不发，有自救能力不发；无自救能力重灾户优先，受灾特困户优先，受灾五保户和残疾人优先，生活能力差的优抚对象优先；不准私自使用，不准截留挪用，不准平均分配，不准优亲厚友，不准贪污私分。是年，对在乡复员军人、老烈属临时救助 6.5 万元。1995 年，向老复员军人临时救助 2.26 万元。

2006 年，救助流浪乞讨人员 56 人次，其中，县内 47 人次，外地 9 人次。2010 年 10 月，县政府制订《庆城县城乡居民临时救助试行办法》，对因突发性、临时性原因造成基本生活暂时困难的家庭给予不定期、不定量的生活救助，一次性救助标准为 300—3000 元不等，每户原则上每年救助一次，特殊情况救助不超过两次；按照个人申请、村委会初审、乡镇审核、县民政局审批的操作程序组织实施。2010—2012 年，全县救助 4231 户、16924 人次，发放临时救助资金 371.28 万元。

（三）农村最低生活保障

1999 年 1 月 1 日，县政府出台《庆阳县城乡居民最低生活保障实施办法》。全县农村居民保障标准线为每人每年 500 元，确定对象 311 户、1152 人，县、乡、村按 5：3：2 的比例承担，实际发放农村低保金 2.66 万元。2000 年，农村居民最低保障线提高到 555 元，保障对象 746 户、2798 人。2001 年，农村低保对象 1369 户、5353 人，县财政拨付低保专项资金 15 万元。

2006 年，按照"小范围、低标准、先启动、后扩大"的思路，全县农村居民最低生活保障试点工作在南庄乡进行，确定保障对象 289 户、1017 人，发放保障金 11.41 万元。次年，县政府出台《庆城县农村居民最低生活保障制度施行办法》，全县农村保障户 15488 户、52000 人。2012 年底，农村最低生活保障基本覆盖全县农村困难群众，初步实现了"应保尽保、应退必退、分类施保"的目标，全县享受农村最低保障户 49265 户、138964 人，低保标准为 1907 元每年。2006—2012 年，全县累计发放农村最低保障金 11086.43 万元。

二、城镇帮困救济

（一）定期帮困

1986 年起，全县为城市五保、苏区老干部、投诚起义人员、20 世纪 60 年代精简退职人员和其

他城市生活困难人员，实行定期、定量救助救济。至 1990 年底，累计救助 580 人次，发放救济款 7 万余元。

1991—1996 年，全县社会定期、定量救助救济 500 名，发放救济款 7.52 万元。其中，苏区干部和离退军人 223 名 3.52 万元；高龄老人 50 名 0.6 万元；20 世纪 60 年代精简退职人员 24 名 0.7 万元；村级卸任干部 203 名 2.7 万元。2006 年，社会定救人员 442 名 6.86 万元。

2012 年，全县社会定救人员 231 名，发放救济款 3.72 万元。其中，苏区干部 7 名、1.01 万元，离退军人 14 名、2088 元，20 世纪 60 年代精简退职人员 20 名、1.8 万元，村级卸任干部 357 名、5.34 万元，其他定救人员 11 名、2.74 万元。

（二）城镇最低生活保障

1999 年 5 月，县政府制订《庆城县城乡居民最低生活保障实施办法》。当年，享受城市最低生活保障 7 户 20 名，发放低保金 4800 元。2000 年，城市低保对象 79 户 290 名，发放低保资金 13.15 万元。

2001 年，驻庆企业低保对象纳入全县低保范围，并对低保对象每月审查一次。当年，全县城市低保对象 435 户 1085 名，发放低保资金 33.5 万元。2004 年，全县健全"政府领导、民政主管、部门配合、基层落实"的低保组织管理体系，建立"专户封闭运行、资金及时发放"低保运作模式，取消 31 户不符合条件的低保户资格，降低 12 户低保标准；全年城市低保对象 1660 户 4249 名，发放低保资金 300 万元。2005 年，全县低保标准提高到每人每月 132 元，有低保对象 1888 户 5105 名。

2006 年，县政府制订《庆城县城市低保工作责任追究办法》《庆城县城乡居民最低生活保障实施细则》。全年新增低保对象 143 户 429 名，清理出因收入增加不符合条件的 47 户 134 名；城镇低保对象 2156 户 5593 名，其中，待安置的城镇退役士兵和转业士官 141 名、下岗职工 821 名、失业人员 316 名、"三无"人员 50 名、其他人员 3071 名。2007 年 1 月至 2009 年 2 月，城市低保金标准提高到每人每月 160 元。2009 年 3 月至 12 月提高到每人每月 176 元。2010 年 1 月至 12 月，城市低保金标准为每人每月 193 元。2011 年 1 月至 12 月，城市低保金标准为每人每月 213 元。2012 年 1 月起，全县城市低保金标准提高到每人每月 246 元，低保对象 2361 户 6130 名，发放低保资金 1550 万元。

三、县内自然灾害救助

1986 年，全县下拨救灾款 10.9 万元；接受省石化厅捐赠人民币 8099 元，粮票 55478 斤，各种衣被、袜子、鞋帽、手套等 27858 件。1987 年，全县下发救灾款 83 万元，回销粮 1100 多万斤。1988 年，发放救灾款 70 万元；接受干部职工捐款 1.45 万元，粮票 3750 千克，衣服 1300 件，生活用具（品）640 件。1989 年，投放救灾款 39 万元，捐助衣物 800 件。

1990—1999 年，全县累计下拨救灾资金 810.8 万元，下放回销粮 200 万斤、衣物 18000 件。其中，1995 年，下拨救灾救济款 256.23 万元。

2000—2009 年，全县累计下拨救灾款 4725 万元，接受干部职工个人捐款 144.86 万元，下发救灾帐篷 100 顶，衣物 5900 件套，面粉 478.45 吨。仅 2008 年，发放救灾款 3285 万元，下放面粉 465.95 吨、奶粉 720 件 5405 千克、棉被及毛毯 2880 床（条），帐篷 80 顶，矿泉水 119 吨。

2010—2012 年，全县下拨救灾资金 2210.25 万元，其中，灾后重建款 928 万元。

四、医疗救助

2005 年，县政府制订《庆城县城市低保人员医疗救助管理暂行办法》《庆城县农村医疗救助

管理办法》，全县医疗救助全面启动，全年为183名重大疾病患者报销医疗费用87.3万元。2009年，《庆城县城乡医疗救助实施办法》实施。救助资金通过金融机构实行社会化发放。县民政部门对医疗救助申请实行定期集中讨论审批，编制全县医疗救助发放花名册，将医疗救助金从财政专户拨付到代发金融机构，存入救助对象账户，救助对象持有效证件和银行存折（卡）领取救助金。至2012年，全县共救助6848名，发放救助资金3053.16万元。其中：救助农村居民6348名，发放救助资金2634.65万元。

第五节　社会福利

一、福利院

2009年9月，庆城县社会福利服务中心开工建设，利用原长庆油田油建阜城基地职工住宅区进行改扩建，集五保供养、孤儿抚养、康复医疗为一体，占地22.5亩，总建筑面积2.09万平方米，改建总面积1.25万平方米，设计床位400张，初设床位192张，总投资1156万元。按福利院标准化建设要求，投资11万元，配有办公桌椅、办公用品和麻将桌椅、象棋桌、音像设备、理发用具、医务室医疗器械和医务用品、茶水炉、各类厨用设备及其他室内外健身器材。

图32-5-1　县社会福利院

2011年入住孤残儿童27名，集中供养五保对象88名。2012年8月，福利中心设立儿童部，实行分区管理，入住重残儿童37名。

二、敬老院

1986年，全县有五保老人211名，乡敬老院2个。1990年后，相继建成卅铺、白马铺、翟家河、蔡家庙、高楼、玄马、南庄、驿马、熊家庙、马岭等乡镇敬老院11个。1991年，全县13个敬老院入住五保老人46名，所有入院老人进行人身保险。1994年，县政府对五保老人供养提出标准，即，每位五保老人年人均口粮250千克，食用油3千克，每年一套单衣、两年一套棉衣，月零用钱不少于10元，切实做到保吃、保穿、保住、保医、保葬。1996年，全县敬老院达18所，占地35.5亩，有床位149张，集中供养五保老人82名，其中，女7名。1997年，全县敬老院在管理上实现"四有"，即：每所敬老院有专职院长、炊事员、财务伙管员和兼职护理员，有"工作人员岗位责任制"和"考核奖惩制度"，有基本生活用品，有文化娱乐活动室。

2006年，桐川中心敬老院建成，位于桐川街道西侧，占地2.4亩，为二层单面楼，入住桐川、土桥、太白梁、蔡口集4乡五保老人32名，由县民政局直接管理。是年，全县有五保对象1089人，其中敬老院集中供养344人，每人每年1560元，下拨生活补助款44.3万元；农村分散供养五保老人每人每年960元。2010年，全县农村五保老人集中供养生活补助费提高到每人每年1800元，分散供养五保老人生活补助费提高到每人每年1600元。

2012年，撤销乡镇敬老院，五保老人全部纳入福利中心供养，县财政年拨付经费65万元，用于集中供养对象生活补助。农村"五保"集中供养标准为2800元每年。同年，部分乡镇敬老院改

建为互助老人幸福院，至年底，全县建成翟家河乡路家掌、卅铺镇阜城、高楼乡高楼、白马铺乡坳子、南庄乡东塬、玄马镇贾桥、太白梁乡巴山、熊家庙办事处李家庄、葛崾岘办事处辛龙口农村互助老人幸福院 9 所，总建筑面积 1781 平方米，床位 326 张，入住五保老人 181 名。

三、福利彩票销售

1988 年，全县开始福利彩票发售工作。是年，以摊派方式发售社会福利彩票 3 万张，收回销售款 3 万元。1990 年进行有奖彩票募捐，完成销售 1.5 万元。1991 年销售福利奖券 3.25 万张、6.5 万元。1993—1994 年，在县城北关、驿马、阜城等处销售面值为 2 元和 5 元的福利彩票，以毛毯、石英钟等实物兑奖，两年销售 22 万元。1994 年全县开始销售奖组彩票。1995 年 12 月全县抽调数百名干部作为彩票销售员，3 天销售 400 万元，筹集福利资金 84 万元。1998 年 12 月 29 日，全县举办大型福利（赈灾）彩票发售活动，销售彩票 400 万元，募集赈灾款 52 万元。

2000 年，全县设立开通 5 个投注站，开始甘、青、宁三省的"黄河风彩"电脑福利彩票发行工作。2001 年，全县建成电脑福利彩票点 9 个，完成福利彩票销售 190 万元，代销"中华风彩"福利彩票 5 万元。2002 年，建成电脑彩票销售点 14 个，完成销售额 600 多万元。2003—2012 年，建立福利彩票投注站点 50 多个，累计完成福利彩票销售 1.1 亿元。

第六节　民间组织

一、社会团体

1991 年，县民政局设立民间组织管理股，负责管理全县民间组织工作。当年，全县有各类社团 127 个，其中跨地市 1 个，县级社团 25 个，跨乡镇社团 1 个，乡镇级社团 100 个。依据法律程序确定法人代表社团 2 个，经审查合格发证县级社团 7 个，暂缓登记 119 个。1997 年，全县有各类社团 44 个，依据《社团登记管理条例》保留 40 个，撤销 4 个。2012 年，全县登记注册的社会团体 68 个，其中，联合性团体 3 个，专业性团体 65 个，会员 5085 名。县民政局每年对登记的社团进行年检。

二、民办非企业单位

2007 年，县民政局依据国务院《民办非企业单位登记管理暂行条例》和国家民政部《民办非企业单位登记暂行办法》，全县第一个民办非企业单位"庆城县剑桥少儿英语学校"予以登记成立。至 2012 年底，全县共依法登记民办非企业 30 个，从业人数 267 名。

第七节　婚姻登记　收养登记

一、婚姻登记

1986 年 3 月起，按照国家民政部发布的《婚姻登记办法》，县城区婚姻登记由庆城镇人民政府办理，农村由各乡（镇）人民政府办理，全县有乡镇设婚姻登记机关 17 个。1989 年，县民政局制订《庆阳县婚姻登记管理十条规定》，各乡镇建立以乡镇长、文书、民政助理员、司法助理员等参加的婚姻登记审查小组；全县婚姻登记机构增至 19 个；是年，南庄乡招婚入赘 110 多户。1990 年，全县查处违法婚姻登记 20 对，宣布废除婚姻关系，责令分居 13 对，经济处罚 7 对。1991 年，

对全县 1987 年后已登记婚姻进行清理清查。共查出早婚 129 对、私婚 359 对，其中补办手续 288 对，解除婚姻关系 70 对，罚款 130 对。

2003 年 10 月 1 日起，依照国务院《婚姻登记条例》，全县婚姻登记仍然由各乡镇实施。2012 年 6 月 28 日起，各乡镇婚姻登记转由县民政局办理，县民政局开设婚姻登记大厅集中办理，除公布办理的具体时间、地点、乘坐交通车路线外，还公布电话号码和网址，可以查询和预约。当年，全县共办理婚姻登记 1000 对，其中结婚 907 对，离婚 93 对。

附：

表 32-7-1　1986 年—2012 年全县婚姻登记一览表

年份	结婚	离婚	复婚
1986	2381	—	—
1987	2410	—	—
1988	1912	79	3
1989	1338	55	2
1990	507	14	0
1991	847	31	0
1992	1218	24	0
1993	997	15	0
1994	1572	34	12
1995	1836	78	16
1996	1241	52	0
1997	1920	0	0
1998	1540	55	0
1999	2100	1	0
2000	1597	1	0
2001	2100	48	0
2002	1317	0	0
2003	1468	15	0
2004	1000	69	0
2005	2568	143	0
2006	3560	530	0
2007	1560	130	0
2008	3043	177	0
2009	1200	132	0
2010	2310	76	0
2011	3026	206	0
2012	907	93	0

二、收养登记

1990 年，全县开始实行收养登记。2012 年开始实行信息化管理，至 2012 年底，县民政局累计登记 23 例。

第八节　殡葬管理

1986—2012 年，全县丧葬方式主要是土葬，县城逝者多在附近购买土地安葬。1995 年，县民政局与庆城镇在教子川村二合山新建经营性公墓 1 处，占地 210 亩，建管护房 74 平方米；1999 年，建成吊唁厅 5 间。2008 年，县医院殡仪馆建成。2009 年，县民政局批准开发商王郁兴在庆城镇十里坪村东平山修建公墓区 1 处，占地 200 亩。至 2012 年，庆城镇十里坪公墓区建成管护房 3 间 66 平方米、殡仪馆 500 平方米、群墓历史碑 1 座、牌坊楼 1 座、停车位 55 个，栽植松树、柏树 12 万株。之后，县民政局批准修建驿马镇落乐湾公墓、佛寺坳太平公墓，占地 170 亩。修建大型公墓，占荒山地 500 亩。

2011 年后，根据《甘肃省民政厅关于全面清理整顿非法墓地的通知》，县政府印发《关于开展殡葬管理改革和集中整治工作的通告》，县委、县政府办公室印发《关于加强全县公墓建设的通知》《庆城县殡葬服务设施建设规划》，规划建设农村公益性公墓和集中安葬区。

第三十三章 人事 劳动与社会保障

从 1986 年开始，全县劳动就业制度和干部人事制度历经数次改革。劳动用工由计划经济时期政府统招统配，转变为市场经济体制下的全员劳动合同制。在市场经济确立的过程中，国有、集体企业为适应经济发展要求，陆续改制，部分企业职工下岗失业。县委、县政府制订措施，拓宽就业再就业领域，疏通就业再就业渠道，到 2012 年，失业率控制在 3.8% 以内。

通过机构改革，干部队伍得到精简，公务员各司其职，工作效率明显提高。干部选拔任用、日常监督管理等制度更为科学、合理，干部素质不断提高，干部队伍向年轻化、知识化方向发展。养老保险、失业保险、工伤保险、医疗保险、生育保险不断加强，社会保障水平不断提高。

第一节 机构

1986 年，庆阳县劳动人事局设办公室、劳动股、人事股、安全生产委员会办公室、劳动仲裁委员会办公室，辖庆阳县社会劳动保险局、机构编制委员会办公室。局机关有干部职工 9 人。1993 年成立县劳动市场服务中心、县人才交流服务中心。1996 年成立县劳动监察大队。1998 年庆阳县劳动人事局更名为庆阳县人事劳动局；机构编制委员会办公室列入县委序列。2002 年庆阳县人事劳动局更名为庆城县人事劳动保障局（以下简称"县人劳局"）。2004 年安全生产委员办公室析出。2005 年成立县人民政府劳务工作办公室。2008 年成立县城乡就业服务局、县人才市场管理办公室。2010 年成立县就业再就业小额贷款担保中心。2011 年，庆阳县人事劳动保障局更名为庆城县人力资源和社会保障局（以下简称"县人社局"）。2012 年成立县城乡居民社会养老保险局。是年底，县人力资源和社会保障局设综合办公室、人事工资职称办公室、社会保险就业办公室、人才办公室、档案室、信息中心办公室，辖县社会保险局、县劳动仲裁委员会办公室、县劳动监察大队、县城乡就业服务局、县城乡居民社会养老保险局、县就业再就业小额贷款担保中心、县人才市场管理办公室、乡镇（社区）劳动保障事务所（站）；全系统有干部职工 126 人。

第二节 人事管理

一、干部队伍
（一）人员与构成

1986 年底，全县有干部 2299 人。其中，大专以上文化程度 237 人、中专文化程度 718 人、高中文化程度 529 人、初中以下文化程度 815 人。1991 年底，全县有干部 2771 人，其中，党政群机关 1037 人、事业单位 1564 人、企业单位 170 人，专业技术干部 1504 人。1995 年底，全县有干部 3535 人，其中大专以上文化程度 833 人、中专文化程度 1338 人，30 岁以下的 1197 人、31—40 岁的 995 人； 2012 年，全县行政事业单位共有干部工人 7020 人，学历以本科、大专居多。

1986 年后，随着干部人事制度的改革，全县逐步形成"有进有退"的干部合理流动机制。1998 年全县退休一般干部 123 人，2007 年退休一般干部 133 人，2010 年退休一般干部 195 人。27 年间累计退休一般干部 1805 人。

（二）来源

全县干部主要来源于大中专院校毕业分配和复转军人，面向社会招考及从基层招聘干部中选拔。1987—1989 年，全县在基层干部和回乡知识青年中招考干部 194 人。1991 年吸收录用干部 34 人，其中，乡镇招聘优秀干部 4 人，政法系统以工代干人员 6 人，高级知识分子子女 1 人，国家机关、事业单位以工代干人员 23 人。1995 年录聘用干部 25 人。

1. 大中专毕业生分配　1986—2000 年，全县大中专毕业生实行统一分配。其中：1988 年接收分配大中专毕业生 39 人。1989 年接收大中专毕业生 36 人。1991 年接收非师范类毕业生 50 人；吸收录用非在职五大毕业生（指通过自考、电大、夜大、职大、函授五种非全日制取得的学历文凭）5 人、90 届师范类自费大专毕业生 13 人、代培大专毕业生 4 人。1995 年接收非师范类大中专毕业生 120 人。

2001 年停止指令性分配，实行统一招考录用分配，逐步实现社会选择、竞争上岗。至 2012 年，安置大中专毕业生 3064 人，其中研究生 4 人，本科生 1261 人，大专生 1437 人，中专生 362 人。是年，招考录取并安置 189 名工作人员到乡镇教育、卫生、农牧、社会保障、文化等事业单位工作，落实县内私营企业见习生 50 人

2. 复退军人安置　1986—2005 年，复退军人全部以工人身份安置到机关企事业单位。2005 年起，复退军人以岗位合同制工人身份安置到机关事业单位。安置的复退军人主要是城镇户籍退役士官和士兵。1986—2012 年，全县安置军队转业干部 10 人、退役士（官）兵 559 人。

二、公务员管理

（一）录用　1994 年，《国家公务员暂行条例》和《国家公务员考试录用暂行办法》颁布，全县符合条件的在职干部通过考试，实行过渡，完成公务员初级发证 1021 人。2006 年 1 月 1 日起，《中华人民共和国公务员法》施行。至 2012 年，全县通过国家公务员考试录用 56 人。

（二）考核　1994 年起，实行领导与群众相结合，平时与定期相结合，定性与定量相结合方法对公务员进行考核，考核结果划分为优秀、称职、基本称职和不称职四个等次。至 2012 年，考核行政机关公务员 9327 人次，有 1393 人评定为优秀等次。

（三）培训　1993 年 8 月起，对所有公务员及参照管理单位工作人员进行培训，培训内容主要包括公务员基础知识、计算机操作、WTO 知识、法律法规、依法行政等方面，每年组织集中培训一次。2010—2012 年，全县共培训公务员 3457 人次。

三、事业单位管理

（一）日常管理　全县事业单位主要集中于教育、卫生、文化、农牧等部门，日常管理包括人员录用、聘任、考核等。为改善事业单位人才缺乏问题，建立相关奖励机制并根据需要，每年到各大高校引进紧缺急需专业技术人才，补充到教育、卫生等事业单位。

（二）岗位设置管理　2008 年，全县开展事业单位岗位设置、岗位等级认定和合同签订工作。是年，全县共有事业单位 139 个，核定编制 4894 个，实有人员 4850 人。设置并认定管理岗位 453 个，其中：五级职员岗位 1 个，六级职员岗位 5 个，七级职员岗位 34 个，八级职员岗位 115 个，九级职员岗位 271 个，十级职员岗位 27 个。设置专业技术岗位 3573 个，其中：高级岗位 102 个（五级岗位 5

个、六级岗位11个、七级岗位86个），中级岗位1026个（八级岗位102个、九级岗位134个、十级岗位790个），初级岗位2445个（十一级岗位1227个、十二级岗位1218个）；认定专业技术岗位3573个，其中：高级岗位102个（五级岗位5个，六级岗位8个，七级岗位89个），中级岗位1026个（八级岗位42个，九级岗位103个，十级岗位881个），初级岗位2445个（十一级岗位659个，十二级岗位938个，十三级岗位848个），兼任岗位54个。设置并认定工勤岗位527个，其中：工勤二级岗位3个，工勤三级岗位132个，工勤四级岗位248个，工勤五级岗位109个，普工岗位35个。

2012年底，全县有事业单位268个（含参公管理事业单位65个），事业单位编制数量5548人，从业人员5427人。

（三）专业技术人员管理

1. 职称评审　1987年成立县职称改革领导小组，全面恢复专业技术职称评定工作。至1989年底，首次评聘工作结束，评定各类专业技术职称1450人，其中高级20人，中级298人，初级1132人。1992年起，职称评审在每年8—12月份进行。至2012年底，全县有专业技术人员4086人，其中高级175人，中级职称1121人，初级职称2790人。

2. 人员培训　2002年起，全县开展专业技术人员继续教育培训。是年，举办各类专业培训班3期、培训专业技术人员2966余人，选送教育、卫生等系统专业技术人员156人到庆阳师专、庆阳市第一人民医院等单位参加专业培训。2003年起，由市继续教育培训中心统一组织实施。对各类人才举办英语、计算机操作、种植、养殖等多门类多学科的技术培训班。至2012年，全县参加培训专业技术人员38522人次。

四、工资福利

（一）工资改革　1985年全县有76个行政单位、59个事业单位，4960人列入工资改革范围，工改后全县月增资10.06万元。1993年，全县85个行政单位、67个事业单位，5618人列入工资改革，参加正常套改工资3724人。其中，机关单位1588人，人均月增资127.74元；事业单位2136人，人均月增资128.74元。离退休人员266人，人均月增加离退休费136.60元。

1997、1999、2001、2003年，根据国务院、省政府决定，对机关事业单位工作人员工资标准进行五次调整，对离退休人员离退休费进行相应增加。

2006年，对全县938名公务员人均月增资325元，237名机关工人人均月增资306元；对860名事业管理人员人均月增资299元，3669名事业专业技术人员人均月增资299元，826名事业单位工人人均月增资268元；对16名机关离休人员人均月增加离休费622元，27名事业单位离休人员人均月增加离休费544元；对324名机关退休人员人均月增加退休费312元，109名事业单位退休人员人均月增加退休费287元，360名事业单位退休专业技术人员人均月增加退休费235元，59名机关退休工人人均月增加退休费210元，158名事业单位退休工人人均月增加退休费199元。

2009年1月1日起，义务教育学校实施绩效工资；2009年10月1日起，公共卫生与基层医疗卫生事业单位实施绩效工资；2010年1月1日起，其他事业单位实施绩效工资。

（二）津贴、补贴　2007年后，对全县在职及离退休人员津贴、补贴进行规范，确定合理水平，实行统一发放。至2012年底，全县职工或部分行业职工享受的津贴、补贴项目有：警衔津贴、人民警察值勤岗位津贴、人民警察法定工作日之外加班补贴、检察官检察津贴、人民检察院办案人员岗位津贴、法官审判津贴、人民法院办案人员岗位津贴、司法助理员岗位津贴、信访工作人员岗位津贴、审计人员工作补贴、纪检监察办案人员补贴、卫生防疫津贴、特教津贴、密码人员岗位津贴、兽医医疗卫生津贴、税务征收津贴、环境保护监测津贴、安全生产监管监察岗位津贴、艰苦边远地区津贴、夏季防暑降温补助、住房公积金、离退休干部交通费、高原补贴、保留补贴、应休未休年休假补贴、离退休人员高龄补贴、工资区类差、教（护）龄津贴、离休干部护理费、地方性补贴等。

（三）奖金　1986年后，全县机关、事业单位的奖金种类有晋级奖励、年终一次性奖励、公务员奖励等。1997年起，对年度考核连续三年评为优秀等次的机关工作人员，晋升一级级别工资。2000年起，对年度考核连续三年优秀的机关工作人员，改为一次性发给相当于本人现行级别工资与上一级别工资级差的24个月工资。2001年起，对机关事业单位在职正式职工、年度考核称职（合格）以上的人员，按本人当年12月份的基本工资计发年终一次性奖金。2008年起，对机关（参照）公务员年终考核优秀实行一次性奖励800元；对连续三年年终考核优秀人员，记三等功一次并奖励1500元。

（四）福利　全县国家机关、事业单位干部职工享受的福利待遇主要有休假待遇、职工死亡后一次性抚恤金、职工遗属生活困难补助等。

1. 休假　按国家规定，全县机关、事业单位工作人员享受国家法定休假日、休息日、假期（探亲假、婚丧假、产假）、带薪年休假。未婚干部探望父母的，每年一次探亲假，每次20天；已婚干部探望父母的4年一次，每次20天；探望配偶的，每年一次，每次30天。干部结婚假一般为7天，符合晚婚条件的可准假1个月。女干部产假为90天，难产的，增加产假15天。晚育者100天。在产假期间领了《独生子女证》的，产假可延长至150天。干部的直系亲属去世，可准假7天。2008年1月1日起，实施机关事业单位工作人员带薪年休假办法。累计工作已满1年不满10年的，年休假5天；已满10年不满20年的，年休假10天；已满20年的，年休假15天；对应享受带薪年休假，因工作需要无法安排年休假的工作人员，按本人应休年休假当年日工资收入的200%支付年休假补贴。休假期间工资照发。干部、职工因病因事请假，按照国家有关规定执行。

2. 职工遗属生活困难补助　1987—2006年，对遗属生活困难补助条件和标准、离休干部遗属生活困难补助标准、离休干部配偶（无固定收入）生活困难补助标准先后6次进行调整。自2008年起，补助标准为：（1）配偶、父母城市户口的，每月补助290元；农村户口的，每月补助270元。（2）子女、弟妹城市户口的，每月补助250元，农村户口的，每月补助230元。（3）已故离休干部配偶生活困难补助标准为：红军时期的每月600元，抗战时期的每月500元，解放战争时期的每月400元。（4）已故离休干部父母、子女、兄妹生活困难补助标准调整为：城市的每月提高到350元，农村的每月提高到250元。2012年，已故离休干部配偶生活困难补助标准为：红军时期的每月提高到900元，抗战时期的每月提高到800元，解放战争时期的每月提高到700元。已故离休干部父母、子女、兄妹生活困难补助标准为：城市的每月提高到500元，农村的每月提高到400元。

3. 一次性抚恤金　1986—2006年，对机关事业单位在职及离退休人员死亡一次性抚恤金补助标准先后4次进行调整。自2011年8月1日起，国家机关工作人员及离退休人员死亡，一次性抚恤金发放标准为：烈士和因公牺牲的，为上一年度全国城镇居民人均可支配收入的20倍加本人生前40个月基本工资或基本离退休费，病故的为上一年度全国城镇居民人均可支配收入的2倍加本人生前40个月基本工资或基本离退休费。

第三节 劳动 就业

一、劳动用工制度改革

（一）全员劳动合同制   1986年7月，国务院颁布《国营企业实行劳动合同制暂行规定》，规定企业不论招用长期工、短期工和定期轮换工，统一实行劳动合同制。按照新的用工制度，全县当年招收劳动合同制工人89人，至年底，全县有工人1960人。1993年，全县实行全员劳动合同制的企业47家，职工1870余人；1995年，县属企业职工全部订立劳动合同。1998年后，县劳动部门对企业用工实行全员劳动合同制，不再统计。

（二）集体合同制   2004年5月起，根据《中华人民共和国劳动法》及国家劳动和社会保障部颁布的《集体合同规定》，全县逐步推行签订集体合同制度。至2012年底，全县有194家企业建立集体合同制度，涉及职工 12228 人；171家企业签订工资性集体合同，涉及职工 10920人。

二、劳动监察

2008 年起，县劳动监察部门依据《中华人民共和国劳动合同法》，督促用人单位规范用工、合法用工，提高劳动合同签订率，全县在建设领域率先实行农民工工资支付保障金制度。2010 年，建立用人单位、社区、乡镇、县共享劳动用工备案数据库，实现就业失业登记、工伤保险缴费的信息联动管理和劳动关系实时动态预警；实行劳动关系"网络化、网格化"管理，在村和社区建立劳动保障服务站，配备劳动保障协管员 173 名。至 2012 年底，全县查处各类劳动违法案件 267 件，为劳动者追发工资 2000 多万元。其中，查处拖欠农民工工资案件 172 件，为 916 名农民工追发工资 1600 多万元。

三、劳动争议仲裁

1996 年 11 月，县劳动争议仲裁委员会受理第一起违反劳动合同争议案件。此后，各类劳动争议案件数量逐年递增。2011 年，县劳动人事争议仲裁委员会被评为甘肃省人力资源和社会保障系统"优质服务窗口"。至 2012 年底，全县受理工资、保险福利、劳动合同等各类劳动争议案件912 件，涉及劳动者 24137 人，其中，集体劳动争议案件 53 起，涉及职工 1447 人；调解结案 21 件，裁决结案 97 件，非立案处理 794 件。

四、就业再就业

（一）安置就业   1986—1995年，实行招工、兴办集体企业和自谋职业"三结合"就业方针，按照"先培训、后就业"原则，全县安置城镇待业青年2368人，其中，招录合同制工人987人，招收集体工352人，技校招生、临时安置、参军1029人。1996年后，随着社会主义市场经济体制的完善，城镇待业青年就业门路拓宽，多以自主择业、自谋职业为主。2012年，全县城镇新增就业8017人。

（二）再就业   1997年，再就业工程开始在全县推开。再就业工程的实施对象是失业6个月以上并有求职要求的失业职工和6个月以上无基本生活收入的企业富余职工。2002年后，根据国务院《关于进一步做好下岗失业人员再就业工作的通知》精神，全县通过引导下岗失业职工自谋出路、开发公益性岗位等形式，帮助1354名困难职工再就业。2012年，在机关事业单位新开发后勤保障等公益性岗位73个，安置就业困难人员73人，公益性岗位累计安置人员334人。

1. 就业培训   1998—2000 年，按照国家"三年千万"再就业培训计划目标，全县对下岗职工提供职业指导和职业培训服务，重点进行职业技能和创业能力培训。至 2006 年，通过举办加工修理、缝纫裁剪、装饰装修等各类技能培训班 30 多场次，培训再就业人员 27021 人次。2007 年后，县政府加大职业技能培训投入力度，依托专业培训资源，适应新型产业发展需要，以服务业、信息、民俗文化产业为导向，至 2012 年，全县举办各类职业技能培训班 60 期，培训 70245 人次。

2. 职业介绍　2007 年，全县职业介绍工作开始，每年通过开展"春风行动""民营企业招聘周""就业援助月"等常规性工作，为城乡富余劳动力务工搭建平台。2009 年 6 月始，全县启用《就业失业登记证》，1669 名企业下岗职工凭证享受再就业等优惠政策。至 2012 年，举办招聘活动 80 多场次，完成职业介绍 7 万人次。

（三）创业服务

1995 年，全县开展企业富余职工创业培训，培训专业 4 个 223 人。2012 年，全县登记返乡创业人员 500 人。是年，县财政安排创业扶持资金 300 万元，实行专户存储管理；专设信用社、邮政银行服务大厅就业再就业、妇女小额担保贷款服务办理窗口，新增发放小额担保贷款 3.77 亿元，吸纳带动就业 3 万多人；建立"甘肃·庆城就业创业信息网站"；开展高校毕业生创业培训班 3 期，培训 418 人，公开征集"创业金点子"信息 218 条；完成香包刺绣城、玄马循环农业示范园、西川工业园区 3 个创业孵化基地，新建周祖农耕文化创业园。

五、劳务输转

（一）富余劳动力输出　1986 年后，全县农村富余劳动力逐年增多，县政府把劳务输转作为农村脱贫致富的一种重要途径，积极宣传，广泛发动，设立机构，合理引导。1987—1993 年，县政府建立深圳劳务工作站，组织输转劳务人员 400 多人次。1994—1995 年，为单位及个人办理临时务工许可证 1985 人次，向外地组织输出劳务工 1200 多人次，向县内乡镇企业及中央、省、地单位输出劳动力 2.05 万人次。

2000—2005 年，县政府相继开辟上海、北京、广州、新疆、内蒙古、银川、青海等 20 个劳务基地。至 2006 年，全县输转城乡富余劳动力 17 万人次，就地转移 6.8 万人次，累计实现劳务收入 3.5 亿元。2007—2012 年，全县建立劳务基地 43 个，输转城乡富余劳动力 26.6 万人次，其中，有组织输出 4.68 万人次，完成境外劳务输出 259 人，就地转移 9.1 万人次，累计实现劳务收入 19.65 亿元。2011 年，县就业局被评为甘肃省劳务经济工作"先进单位"。

（二）职业技能开发　2007—2009 年，全县完成农村劳务输转人员技能培训 13 期 17561 人。2010 年 2 月，县人事劳动保障局组织学员参加餐饮从业人员职业技能培训和鉴定，培训 266 人，其中，服务员 182 人、厨师 84 人，技能鉴定 84 人次，取得职业技能资格证书 84 人。2010—2011 年，投资 95.4 万元，完成农村实用技术、电工、电焊、钳工、计算机基础、香包刺绣、餐饮服务等培训 40 期 5525 人。投资 30 万元，完成农村实用技术、香包、拖鞋刺绣、焊工钳工、保安员、厨师服务员、酒品加工等培训 14 期 1750 人。2012 年，县人力资源和社会保障局举办各类职业技能培训班 50 期，培训 7024 人。其中，城乡劳动力转移就业培训 38 期 5656 人，职业技能培训12 期 1368 人。

第四节　社会保险

一、养老保险

（一）覆盖范围　1987 年，全县启动养老保险工作，参保范围为县属国有企业和机关事业单位劳动合同制工人，参保人数 660 人。1991 年，国有企业固定职工纳入养老保险，全县参保人数 3540

人。1993年，开展补充性养老保险和储蓄性养老保险，全县参保人数5911人。1996年起，集体企业纳入养老保险，全县参保人数3183人。1997年，个体工商户纳入养老保险，全县参保人数3573人。2002年，原县国有企业从事特殊岗位工作依法解除劳动关系的职工，以城镇个体工商户的形式由个人接续养老保险。2009年，原县供销社系统701名职工和遗漏的县国有企业职工纳入养老保险保障范围，全县参保人数3602人。2012年，全县村干部和被征地农民纳入养老保险，原县集体企业职工中未参加而符合条件的补费参加。是年底，全县参保人数为4724人。

（二）征缴基金　1987年，养老保险金征缴由国家、企业、个人三方负担，筹资比例为单位按职工工资总额17%缴纳，个人按工资总额3%缴纳；全县征缴基金13.24万元。1994年底，养老保险实行全省统筹。1997年，建立个人账户，按全省统一标准划转。1998年调整为单位按职工工资总额的20%缴纳，个人缴费比例为4%，当年完成养老金征缴258.5万元。2006年1月1日起，全省统一调整基本养老保险个人账户规模，由本人缴费工资11%调整为8%，单位缴费标准不变；城镇个体工商户和灵活就业人员，缴费比例为上年度全省职工平均工资的20%；是年，全县完成养老金征缴333万元。至2012年底，全县基本养老保险累计征缴资金4264万元，其中，当年征缴1503万元。

（三）养老金发放　1993年，全县参加基本养老保险离退休人员212人，年发放固定工离退休工资194人、47万元，月均养老金为每人200元。2005年，月均养老金每人679元。2012年调整为每人每月1590元。

二、失业保险

1987年，全县开始实行待业保险，对象为国营企业及机关事业单位劳动合同制工人，参保人数660人。1991年，改称待业保险为失业保险，固定纳入保险范围。当年，全县70个国营企业、行政事业单位30847名职工参加基金统筹。1992年，国营企业单位固定职工统筹由县级过渡到地级。1996年，集体企业失业职工纳入失业保险。2004年起失业保险实行市级统筹，参保人数4150人。2012年，全县参保人数5144人。

失业保险金由县社保机构核算、地税征缴、市（地）级统筹拨付和管理。1987年，全县失业保险基金统筹2.46万元。1992年统筹32.7万元。1993年之后，企业按全部工资总额2%缴纳，机关事业单位按照本单位集体职工工资总额1%缴纳，个人每月缴纳1元；当年统筹41.7万元。2003年起，企业与机关事业单位按照本单位全部职工工资总额2%核定，职工个人按照本人工资1%核定缴费；下岗职工按3%比例由县财政代扣代缴，个人不缴费；当年统筹52.2万元。2012年，全县失业保险基金统筹236万元。

失业金最长支付时间2年。1995年，开始支付失业基金；当年支付110人、13.16万元，月人均99.6元。2005年失业金增加到月人均190元；2010年增加到月人均315元。2012年增加到月人均605元。

三、职工医疗保险

（一）参保对象　2002年起，改公费医疗制度为职工基本医疗保险制度；当年参保行政事业单位和各类企业175户，职工7013人。2007年，城镇灵活就业人员纳入职工医疗保险，参加职工医疗保险人数8333人。2009年，地方关闭破产国企退休人员纳入职工医疗保险，参保人数9391人。2012年，企业退休职工纳入职工基本医疗保险，全县参保人数13694人。

（二）征缴基金　职工基本医疗保险费由单位和个人共同缴纳。2002年，建立个人账户，全县征缴职工基本医疗保险基金71万元。2003年，筹资比例为职工工资总额2%，征缴职工基本医疗保险基金386万元。2008年起，职工个人缴纳的基本医疗保险费全部计入个人账户；筹资比例提高到8%，其中，单位缴纳额为上年年底个人工资总额的6%，个人缴纳额为上年年底个人工资总额的2%；征缴职工基本医疗保险基金1018万元。2009年，职工基本医疗保险实行市级统筹。2012年，全县征缴职工基本医疗保险基金1849万元。

（三）基本医疗保险支付 2006年，全县开始支付基本医疗保险基金，当年支付403万元。2008年，住院费用5000元以下的按65%比例支付，一年累计最高支付2万元。2009年，住院支付比例提高到84%，最高支付3万元。2011年起，住院费用2万元以下的按90%支付，最高支付5万元。2012年，职工基本医疗保险支付住院费用807万元，支付门诊费用962万元。

（四）大病医疗互助保险 大病医疗互助保险是职工基本医疗保险的补充，由国家、单位、个人三方筹资。2009年，全县开始实行，当年参保人数8657人，统筹标准为每人每年180元，其中个人缴费60元。在基本医疗保险支付完后，大病医疗互助保险按70%—85%比例支付，最高支付20万元。2012年，全县参保人数9982人，22人得到救助。

（五）特殊门诊病人补助 2003年起，对冠心病、高血压3期、糖尿病、肝硬化等门诊特殊疾病，实行补助，补助额度每人每年500元。2011年起，提高到每人每年3000元。2012年救助特殊门诊病人196人。

四、工伤保险

2004年，全县启动工伤保险，对象为各类企业及有雇工的个体工商户，参保人数500人。2005年起，全县工伤保险实行全市统筹，工伤保险参保人数600人。2006年，参保人数1166人，征缴基金6万元。2008年，全县农民工纳入工伤保险，参保人数2848人，征缴基金62万元。2009年，全县事业单位工作人员纳入工伤保险。工伤保险费根据行业类别及风险系数，征缴比例分别为0.5%、1%、2%，参保人数3900人，征缴基金57万元。2012年，全县参保人数9648人，征缴基金184万元。

五、城镇居民医疗保险

2007年，城镇居民医疗保险在全县推开，对象覆盖城镇职工以外所有城镇居民、低保人员及学生等，参保人数20228人，征缴基金70.8万元。2009年实现市级统筹，基金上解市财政专户，统一缴费标准、统一待遇水平、统一经办程序、统一基金管理。城镇居民医疗保险缴费由中央、省、市、县补助及个人缴费组成，个人缴费每人每年60元，其中个人账户划转20元。当年参保人数25273人，征缴基金94万元。2012年，个人缴费提高到每人每年80元，个人账户取消，参保人数24788人，征缴基金76万元。

城镇居民医疗保险执行大病统筹与医疗救助相结合的原则，按照"分段累计、累加支付"办法支付。2007年，住院最高支付2.5万元，其中大病最高支付1.5万元。2009年住院最高支付3万元，其中大病最高支付2万元。2012年，住院最高支付6万元，其中大病支付4万元。当年1307人得到救助，支付金额545万元；同时实行个人慢性病门诊报销，报销比例为票据的50%，一年最高支付500元。

六、城镇职工生育保险

2008年5月，全县启动生育保险，保险基金按照"以支定收、收支平衡"原则统筹，个人不缴费，单位按照职工上年度平均工资总额0.5%一次性缴纳，参保范围包括机关事业单位、企业、城镇个体工商户等，当年参保人数7637人，征缴基金29万元，当年支付8万元。2010年，参保人数7899人，征缴基金20万元，支付生育保险基金24万元。2012年，参保人数8848人，征缴基金47万元，支付生育保险基金31万元。

第三十四章　扶贫开发

1986 年，庆阳县被确定为国家老区贫困县。历届县委、县政府运用扶持、开发、参与方式，持之以恒进行扶贫开发。全县由整体基本解决温饱向扶贫攻坚不断推进，扶贫产业逐步形成，贫困人口逐年减少，贫困面貌极大改变。然而，受自然状况等条件制约，"脱贫难，返贫易"的矛盾依然突出，全县进入精准扶贫新时期。

第一节　机构

1986—1993 年，全县扶贫开发工作由县老区建设领导小组组织领导。领导小组组长、副组长分别由县委、县政府分管领导担任。1994 年 5 月，成立庆阳县扶贫开发领导小组，组长由县长担任，副组长由县委分管副书记、县政府常务副县长、县农委、老区办主任担任。领导小组办公室设在县农业委员会办公室。

2002 年 1 月，成立庆阳县扶贫开发办公室，与县农业委员会、县老区建设办公室合署办公。同年，更名为庆城县扶贫开发办公室（简称"县扶贫办"）。2009 年 12 月，县扶贫开发办公室析出，为县政府直属事业单位。2012 年底，县扶贫开发办公室有职工 8 人。

第二节　贫困状况

1986 年，全县农民人均纯收入 300 元以下贫困家庭 17851 户、8.73 万人，占全县农业总人口的 45.4%，被确定为国家重点扶持的老区贫困县。

1994 年，全县农村贫困人口 2.53 万人，占全县农业总人口的 11.4%，被确定为国家重点扶持的贫困县之一。1995 年，甘肃省扶贫攻坚计划确定高楼、南庄、安家寺、桐川、蔡家庙、翟家河、葛崾岘、土桥、蔡口集、冰淋岔、太白梁 11 乡为省级重点贫困乡；土桥、蔡口集、冰淋岔、太白梁 4 乡所有村及花村、杨塬、六寸塬、东塬、小塬子、杏园子、金家川、唐崾岘、大滩、苏家塬、崇家河、九条湾、北塬头、樊塬、西王塬、北岔沟、新庄、梨树渠、西掌、徐园子、二郎山、赵家坪、范村、孙家塬、辛家塬、教子川、米粮川、葛岭、苟家渠、纸坊、石立庙、安沟、柏家塬、老庄、柏树、林沟等 64 个村为省级贫困村。是年，全县农民人均纯收入 530 元以下贫困家庭 13699 户、62800 人。1997 年，经庆阳地区行政公署测定，高楼、桐川、安家寺、南庄 4 乡基本解决温饱。1998 年，经省地联合组抽查验收，太白梁、冰淋岔、土桥、蔡口集、翟家河、葛崾岘、蔡家庙 7 乡基本解决温饱。至此，全县省列的 11 个贫困乡基本解决温饱。

2000 年底，依据全国贫困县标准，全县农民人均纯收入 625 元以下绝对贫困人口 2.62 万人，人均纯收入 625—865 元的低收入人口 8.31 万人。全县农村贫困人口 10.93 万人，占全县农业总人口的 46.7%。

2002年，省政府确定蔡口集、土桥、翟家河和冰淋岔4乡33个行政村为省级扶贫开发工作重点乡（村）。是年底，全县农民人均纯收入627元以下绝对贫困人口2.6万人，627—872元低收入人口7.77万人，贫困总人口10.37万人。2007年，按照全省农民人均纯收入1067元标准，确定农村贫困人口6.9万人。

2011年，国家确定农村贫困人口标准为人均纯收入2300元以下。全县有贫困人口8.62万人，农村人口贫困面为35.5%，被纳入国家六盘山特困片区。

2012年底，全县人均纯收入2300元以下贫困人口6.72万人，农村人口贫困面为27.7%。

第三节　扶贫措施

一、基础扶贫

1986—1990年，全县扶贫开发工作重在实施"温饱工程"和兴办经济实体。1986年，全县投资285.5万元，安排种植、养殖、农村能源、乡镇企业和智力投资项目33个，重点扶持10245个贫困农户。扶持和补助的数量、标准是：建果园1亩以上户每亩补40元，曹杏每亩补8元，黄花菜每亩补100元，蔬菜1亩以上补100元，种瓜1亩以上每亩补50元，养牛每头补300—500元，奶牛每头补2000—2800元，养猪每口补20—50元，养羊户均每只补20—100元，养鱼户均每亩补300元，薪炭林1亩以上每亩补7.5元；10千伏农电线路每千米补0.7万元。1990年，投资57万元，实施小麦"温饱工程"3.47万亩，其中，太白梁、冰淋岔、土桥、蔡口集、翟家河、葛崾岘6个特困乡种植1.5万亩，亩均增产55千克；扶持1500个贫困户种植地膜玉米3000亩，亩均增产230千克。投资115.5万元，新建扩建扶贫经济实体13个、家庭工副业加工点8处，安排贫困户488人，每人每年平均收入500元以上。

1991年，全县完成扶贫投资331万元、开发项目36个，扶持贫困户1900户。1992年，扶贫开发突出以水、电、路为主的基础设施建设，以牛羊、黄花、苹果、食用菌、山杏、大枣、瓜菜为主的基地建设和畜牧、林果、建筑建材、民间工艺品等系列开发项目。全年落实扶贫资金306万元，扶持贫困户4000户，当年脱贫2000户。1994年，全县安排扶贫资金304万元，加大对太白梁、冰淋岔、土桥、蔡口集、翟家河、葛崾岘6个特困乡的资金、技术投入，实行规模扶持，联片开发。扶持贫困户3250户，实现脱贫3205户。

1995年，全县实施粮食地膜覆盖、"121"雨水集流、农田基本建设工程，分类进行扶贫开发。1996年，全县安排扶贫资金259万元，投入种植、养殖、农田水利、农电线路、科技推广、乡镇企业等16个项目。扶持贫困户种植地膜玉米4500亩、烤烟2000亩，养牛110头、养羊2200只，机械平田整地1000亩，架设10千伏农电线路50千米，扶持改造乡镇企业3个、粮油加工点20个。是年，全县有9个贫困村4220户1.89万人基本解决温饱。

二、产业扶贫

1997—1999年，产业扶贫成为扶贫的创新措施。全县以实施"五个二"（户均2亩基本农田、2亩地膜粮食作物、2亩经济作物、2口水窖、年均出栏2头商品畜）工程项目为重点。累计安排扶贫资金3859.8万元，兴修梯田3.22万亩、年户均5.02亩，种植地膜玉米7.34万亩、年户均3.82

亩，新建果园或种植其他经济作物12.47万亩、年户均6.48亩，新建蓄水窖3.08万口、年户均4.8口，养羊养牛45.01万头（只）、年户均出栏15头（只）。1999年，开展扶贫综合开发试点，完成省列太白梁巴山扶贫综合开发一期工程和桐川白家庄、北塬头集雨节灌综合试点项目。

2000年，全县安排扶贫资金992.8万元，新建维修小型水利工程7处，为贫困户投放抗旱扶贫器械90台（件）、玉米脱粒器3万个，新建水窖1033口；在22个贫困村开展小额信贷扶贫试点，落实资金100万元，扶持746个贫困户实施种植、养殖、农产品加工等项目。

2001—2005年，全县安排扶贫资金3856万元，扶持贫困户种植地膜粮食作物6.86万亩，新修梯田2.21万亩，兴修水利工程14处，新建蓄水窖3168口、机井5眼，建暖棚牛舍20座，养牛养羊1924头（只），新栽黄花菜1583.4亩、种草2000亩、栽植无公害苹果1.49万亩。

2009—2011年，全县重点实施绒山羊养殖扶贫开发项目。3年共投入专项资金2087万元，引进辽宁盖州绒山羊3.61万只，投放太白梁、蔡口集、蔡家庙、翟家河、土桥、卅铺、桐川、玄马、马岭、南庄、葛崾岘等乡镇92个行政村7990个贫困户，户均4.52只。至2012年，繁育绒山羊9.53万只，出栏8.58万只，贫困户年户均增收6297元。

三、科技扶贫

1988年起，全县试行科技能人承包贫困户的脱贫模式。包扶对象为：上年人均产粮250千克以下、人均纯收入200元以下群众公认的贫困户或确因天灾人祸返贫的困难户。当年，200名科技工作者和农村致富能人通过推广科技种田、栽植养殖和试验示范等措施，帮扶1500户贫困户全部实现脱贫。1989年，建立脱贫标准及奖金制度，由县老区办与承包人签订《贫困户脱贫承包合同》。脱贫与奖励标准是：贫困户年人均产粮350千克、人均纯收入300元以上，每户掌握1—2门实用技术；每脱贫一户发给承包人奖金20元。至1992年，全县300名科技工作者、农村能人承包贫困户8000户，全部实现稳定脱贫。

1994—1999年，建立健全县乡两级农技农经、畜牧兽医、林果园艺服务站，每村建有农技、畜牧技术服务队。其间，部分扶贫资金投放到县、乡科技服务单位和团体，每年分别培训贫困农民200名。全县相继在山区实施"酸枣接大枣"、川区实施"日光温室"、塬区实施"无毒苹果"项目建设以及推广绒山羊杂交改良、地膜小麦播种技术等，解决温饱贫困户达3600余户。

2000年起，科技扶贫转入村级培训中心建设和就近集中开展技能培训。至2012年，全县建成科技培训中心39处195间，举办贫困户沼气使用、设施瓜菜生产技术、计算机、电子电工、苹果产业、劳务输转、香包刺绣等技能培训5.8万人次。其间，2007年开始，在贫困户家庭中招收初中毕业未考入高中、高中毕业未考入大专以上院校的"两后生"1330人，第一学年资助学费1500元，第二学年资助学费1000元；2012年，按照"一村一名大学生"要求，在贫困村选拔30名青年进入大学学习，每学年资助学费1500元，连续资助两年。

四、开发式扶贫

2001年起，为从根本上改善贫困群众生产生活条件，完善基础设施建设、发展社会公益事业，加快全县脱贫致富步伐，采取整合资源、集中投入、分批实施、逐村验收的办法，对贫困村实施整村推进的开发式扶贫，为全省扶贫创出了新路子。当年，投资170万元，实施安家寺乡小塬子、冰淋岔乡众义、赤城乡范村3个整村推进项目。兴修梯田9200亩，新打蓄水窖1078口、蓄水池513座、机井5眼、提灌站3处、延伸管道9千米，架设农电线路3.36千米，村组道路9千米。种植地膜粮食2.8万亩，栽植黄花841.2亩、苹果树1984.5亩，种草1697.5亩。

2002年，投资140万元，实施庆城镇西塬、桐川乡苏塬2个整村推进项目。修梯田50118亩，修建蓄水窖1045口、人畜饮水工程2处、机井10处、提灌站8处、延伸管道4处，架设10千伏农电线路3.36千米，村组道路2条16千米。种植地膜粮食2.5万亩，栽植黄花2206亩，栽植苹果树3154亩、青槐4000株，种草5000亩，建暖棚牛舍160座、养牛485头，建暖棚羊舍30座、养羊150只，退耕还林1500亩，荒山造林400亩，栽植杏树25万株。

2003年，投资210万元，实施南庄乡何塬、蔡口集乡邱家湾、土桥乡西掌3个整村推进项目。兴修梯田1.36万亩，修建蓄水窖1045口、人畜饮水工程2处、蓄水池30座、机井2处，架设农电线路449.18千米，安装变压器159台，修村组道路11条75千米。种植地膜粮食1.56万亩，栽植黄花1750亩、苹果树800亩、优质杂果500亩，酸枣接大枣15万株，种草9600亩，新建牛舍120座、羊舍52座，购回布尔山羊162只，种植中药材1280亩、黄豆200亩。

2004年，投资300万元，实施驿马镇冯塬、葛崾岘乡二郎山、翟家河乡路家掌、蔡家庙乡大堡子、高楼乡苏店5个整村推进项目。修梯田1905亩，修建蓄水窖354口、机井4眼、提灌工程2处、输水排砂洞工程1处、延伸管道2千米，架设农电线路1.8千米、安装变压器2台，修村组道路29.4千米。栽植黄花3523.5亩、苹果树15550亩、仁用杏树650亩，种草2000亩，养羊800只，建牛舍400座，购回良种牛200头，养殖獭兔200只。

2005年，投资432万元，实施蔡口集乡周家塬、太白梁乡吴家岔、卅铺镇辛家塬、土桥乡新民、太白梁乡中合铺、翟家河乡程家河6个整村推进项目。修梯田6350亩，修建蓄水窖550口、供水工程5处、水塔1座、蓄水池5座、供水房2间、打机井1眼、埋设引水钢管4.5千米、延伸供水管道10千米，架设高压线路13.7千米、低压线路34千米、购置电杆500根、安装30KVA变压器1台，修村组道路76.2千米，建过水桥2座。栽黄花3550亩、苹果1700亩，种植紫花苜蓿17000亩，建黄牛改良冻配点10处、牛舍20座，购良种牛2505头，养羊1200只。

2006年，投资690万元，实施太白梁乡小河咀、翟家河乡店户、蔡口集乡高塬、土桥乡南庄塬及王塬村、南庄乡六寸塬、桐川乡郭家岔、庆城镇十里坪及教子川村、驿马镇马园村10个整村推进项目。修梯田11750亩，修建蓄水窖455口、供水工程2处、蓄水池6座、打机井3眼、小电井272眼、铺设供水管道14.5千米、建沼气池234座，架设高低压农电线路26.7千米、安装变压器10台，修村组砂石道路82.5千米、土基路19千米，修建漫水桥2座。种草1.25万亩，养牛1944头，栽植黄花菜400亩，建钢架大棚110座，购置太阳能灶90座，建牛舍100座。

2007年，投资476万元，实施太白梁乡柳树庄、蔡家庙乡史家店、葛崾岘办事处贾塬、翟家河乡梨树渠、土桥乡合丰、驿马镇杨湾、桐川乡北塬头8个整村推进项目。修梯田5350亩，修建蓄水窖75口、发展集雨节灌面积650亩、上水工程5处、蓄水池5座、水塔2座、铺设供水管道36.2千米，建沼气池130座，修村组砂石道路8条75.5千米，架设漫水桥1座。种植紫花苜蓿600亩，建牛棚717座，养牛6755头，引进布尔山羊200只。

2008年，投资483万元，实施蔡口集乡龙头寺、高楼乡高楼、土桥乡杨河、桐川乡党崾岘、玄马镇桑梨塬、葛崾岘办事处葛崾岘6个整村推进项目。修梯田2560亩，打蓄水窖240口，蓄水池1座，建水塔1座，供水房15间，铺设供水管道24千米，建沼气池400座，修砂石道路5条18.5千米，修建漫水桥1座。种草600亩，建牛舍24座，养良种牛185头，栽植苹果树450亩。

2009年，投资435万元，实施翟家河乡西掌及共和、蔡口集乡六合湾、土桥乡佛殿湾、马岭镇黄崾岘、太白梁乡冰淋岔和嵇家湾村7个整村推进项目。修梯田1600亩，修建蓄水窖220眼、

发展集雨节灌面积 1240 亩、机井 1 眼、提灌工程 1 处、水塔 1 座、供水管道 3.44 千米、修村组道路 56 千米，完成危窑房改造 22 户。种草 600 亩，购良种牛 40 头，建牛羊舍 205 座，引进投放辽宁绒山羊 3000 只。

2010 年，投资 531 万元，实施蔡口集乡蔡口集村和槐树庄村，翟家河乡胡家岭，土桥乡兰山、姚堡村，太白梁乡山庄、庙山、吕家塬 8 个整村推进项目。修梯田 3088 亩，建沼气池 435 座，打小电井 80 眼，建成村组道路 42.2 千米。种植全膜玉米 4 万亩，种草 6.5 万亩，购良种牛 20 头。

2011 年，投资 755 万元，实施玄马镇林沟、马岭镇石立庙、桐川乡崇家河、南庄乡东塬、太白梁乡柳树庄、蔡家庙乡樊塬村 6 个整村推进项目。同时实施土桥乡整乡推进和太白梁王渠、无量山和高山村连片开发项目。兴修梯田 5550 亩，修建蓄水窖 40 眼、机井 3 眼、小电井 30 眼、提灌工程 1 处，铺设供水管道 8 千米，改造低压线路 5 千米，修村组道路 42.6 千米。建羊棚 80 座，购回良种绒山羊 1920 只、小尾寒羊 3883 只、良种牛 228 头，栽植苹果 400 亩。

2012 年，投资 900 万元，实施桐川乡金家川、马岭镇岳塬村、蔡家庙乡北岔沟、驿马镇南极庙、太白梁乡贾山、卅铺镇百步寺村 6 个整村推进项目。同时实施蔡家庙乡整乡推进，太白梁冰淋岔、吕家塬、众义连片开发项目。修梯田 2200 亩，修建蓄水窖 30 口、机井 8 眼、蓄水池 1 座、延伸供水管道 21 千米、维修上水工程 1 处，修村组道路 64.6 千米，建过水桥 4 座。种植地膜玉米 51500 亩、中药材 300 亩，栽植核桃 300 亩，引进小尾寒羊 7047 只。

第四节　社会力量扶贫

1990 年起，全县实行部门及干部联乡扶贫制度。是年，县直 64 个部门和县委、人大、政府、政协负责人同 64 个贫困村建立扶贫联系点，抽调 100 名干部开展蹲点扶贫。

1995 年，县委、县政府印发《关于加快扶贫攻坚步伐的决定》，对贫困片区实行 11 项优惠政策：（1）扶贫攻坚列入财政预算，将每年县财政增收部分的 3%—5% 追加到贫困乡扶贫项目中；对地县分配的扶贫资金，保证 70% 投向 11 个贫困乡和 20 个插花贫困村。（2）贫困户打水窖 2 口、蓄水 30 立方米以上，县财政每口补助 150 元，每眼小电井补助 300 元。（3）贫困乡村在县内外进行异地开发，兴办乡镇企业，企业产值利润计入贫困乡，三年内免征企业所得税。（4）对扶贫经济实体组织能人承包的项目可以统贷统还扶贫资金；贫困户种养业贷款最高限额放宽到 2000 元，贷款期限一般为 3—5 年，5 年内收回的可用于周转，并实行优惠利率，不得新贷抵还旧贷。（5）贫困乡村兴办的股份合作制企业，允许扶贫资金折股到户，以资代劳，参股分红。（6）扶贫项目建设用地放宽，"四荒"地可采用有偿承包、租赁经营和拍卖使用权等方式，由单位和个人经营。凡采取承包方式经营的，三年内免交土地承包费；三年期满，按当地耕地承包费最低标准的 30% 收取。（7）对贫困乡新办的乡镇企业和私营、个体企业，可以先开业，后登记办理有关证照并免收或减半征收工商管理费。（8）鼓励党政机关干部职工或科技人员到贫困乡村领办乡镇企业，2—3 年内，本人在原单位的编制不变、工资福利待遇不变。如本人愿意与单位脱钩的，要给予鼓励和支持。（9）长期在 6 个特困乡工作的干部，从 1994 年 7 月 1 日起，每人每月增加 15 元补助；其他 5 个贫困乡干部每人每月补助 10 元。对在贫困乡工作的干部，其家属农转非、子女就业和住房等方面优先予以照顾。（10）娱乐业营业税的 1/3 专用扶贫。在贫困乡征收的工商管理费，以 1993 年为基数，每年新增部分的 90% 用于市场建设。（11）鼓励各级党政组织和个人从各种渠道争取资金。在正常渠道外争取的资金，按总额的 2% 提取个人奖金；对引进外资的有功人员，提取投资总额的 1% 奖给个人。

1996 年起，实行甘肃省领导干部和部门帮扶"四到五定"责任制。即：省领导联系到县，地县领导和帮扶单位责任到村，帮扶工作落实到户，企业帮扶到扶贫开发项目；定人员、定任务、定资金、定措施、定责任。1997—2000 年，省石化厅等省直部门和地、县抽调干部 309 名，对全县 55 个贫困村开展对口帮扶。为贫困群众兴办实事 293 件，帮扶项目 87 个，引进协调资金 367.98 万元，捐助资金 87.46 万元。

2002 年，甘肃省人力资源和社会保障厅、社会科学院、银行业监督管理局，长庆油田前线指挥部、地直 11 个部门和县上 81 个单位抽调干部 192 名，对全县 92 个贫困村开展对口帮扶，协调投入各类资金 35.5 万元，其中，捐款 12.5 万元、扶贫物资折合 5.6 万元，单位投入 17.4 万元。2003—2011 年，帮扶单位直接投入各类资金 92.6 万元，投入扶贫物资折合 66.05 万元，协调争取各类资金 1431.61 万元，个人捐款捐物折合 105.87 万元，为贫困群众帮办实事 129 件，帮扶贫困学生 291 名，帮扶贫困户 3301 户。

2012 年，随着扶贫工作的启动实施，帮联单位和干部职工为特困群众资助发展资金 221 万元、农资 510 吨，协调落实惠农贷款 2848 万元，引导贫困户新栽苹果 3.5 万亩、核桃 6000 亩，发展设施瓜菜 1.3 万亩，种植中药材 1460 亩。为 0—3 岁儿童捐赠营养包 551 个，开展各类技能培训班 363 期，培训农民 4.6 万人次。

图34-4-1　全县脱贫攻坚大会

第三十五章　科技

20世纪90年代起，全县开展科技创先，企业技术创新，科技成果转化，科技知识普及，科技乡镇达标，科技县争创等活动，"科教兴县"战略全面实施。2002年被国家科技部命名为"全国科技进步先进县"。至2012年，科技对县域经济增长贡献率为50%，农业科技成果推广应用覆盖率达95%，科技已成为全县第一生产力。

第一节　科技机构与人才

1986年，庆阳县科学技术委员会（简称"县科委"）时有工作人员5名。1990年4月成立庆阳县科技综合开发服务中心，隶属县科委。2002年，县科委更名为庆城县科学技术局（简称"县科技局"）。至2012年，县科学技术局编制12名，辖县科技综合开发服务中心，编制5名。

2012年，全县有县农业技术推广中心、瓜菜蚕桑技术指导站、种子管理站、草原技术推广站、畜牧技术推广站、动物疫病预防控制中心、林业技术工作站、苹果试验示范站等科研机构，分别属于县农业局、畜牧局、林业局管辖。

1986年，全县有各类专业技术人员1100人，获得专业技术职称98人；农民科技咨询农艺师职称37人，农民技术员254人。2012年全县有各类专业技术职称科技人员4086人，其中，高级职称2人，副高级职称173人，中级职称1121人，初级职称2597人；农民技术员职称2492人，其中，高级10人，中级977人，初级1505人。

第二节　科技管理

一、政策　措施

1986年，《庆阳县科学技术委员会章程》实施，全县科技工作进入规范化管理。20世纪90年代，县委、县政府相继制订《关于坚持科教兴县战略、加速科学技术进步的实施意见》《庆阳县科教兴县考核办法》《关于开展乡镇科技达标的决定》等文件。由县级领导分工抓点，每人每年联系1—2个科技项目。2001年，成立"科教兴县"领导小组和"科技创先"领导小组，出台《庆阳县科技项目承包管理办法》《关于鼓励农业科技人员服务农业产业化发展的规定》。2006年，县委、县政府制订《庆城县科学技术奖励办法》，设科技功臣奖和科学技术进步奖。科技功臣奖每3—5年评选一次，每次授予1—2人，不分等级，奖金数额为人民币5万元；科学技术进步奖设一等奖、二等奖、三等

图35-2-1　全国科技进步先进县

奖3个等级，每两年评选一次，一等奖5000元，二等奖3000元，三等奖2000元。奖励的评审费和奖励经费均由县财政专项列支。

1986—2012年，县委、县政府制定全县"七五"至"十二五"科技发展计划、规划，指导全县科技工作发展。1988年起，每年从全县财政预算支出中安排1%，作为科技研发及推广等经费。

二、知识产权管理

专利保护 1986—2005年，县内科技工作者开展科技创新和发明70余项。其中，葛崾岘天子村李建郭发明的"数学跳棋"、县水利局薛军舰发明的"电热无极自动温控器"、农机局方永琳"地膜作物精密穴播机"、电力局李仕豪研制的"新型电动机断档保护器"、教育局王虎林发明的"智力电子跳棋"和"多功能点种器"获国家专利。2005年，国家知识产权战略实施。2008年后，全县进一步营造"尊重知识产权、保护知识产权"氛围，通过申报专利，鼓励全社会参与发明创造，加强专利保护成果。2008年，长庆油田采油二厂储备中心、采油工艺研究所申报的"抽油机集中润滑装置"等5项专利，被国家知识产权局受理。2009年，全县申报专利14项，受理11项。2012年，肖栋等人向国家知识产权局申报缓冲齿轮、循环水气发动机、手摇式手工钻、小型拾膜机等专利84项，肖栋获专利申报大户奖励1000元。至2012年底，全县被国家知识产权局受理发明、实用新型、外观设计等各项专利177项，其中46项获国家专利。

表 35-2-1　2007—2012 年全县专利授权一览表

序号	专利名称	申请号	专利权人	专利类型
1	水源井综合控制保护柜	20072312901	长庆石油勘探局水电厂	实用新型
2	汽车油门踏板阻滞机构	20072310516	朱久红	实用新型
3	一种套管抽子	20082C98342	任亚丽	实用新型
4	一种无井架井口装置	20082C98408	任亚丽	实用新型
5	内罩式抽油泵防砂器	20082295953	陈伟	实用新型
6	风轮直线发电机式风力发电装置	20082K05813	韩新华	实用新型
7	电子式井下关井器	20082297889	董福海	实用新型
8	整筒式深井潜水泵	20082D38000	庆阳长庆水电工程有限责任公司	实用新型
9	弹性鞋垫	2009200034996	陈翮	实用新型
10	脚踏式转轮	2011203218359	肖栋	实用新型
11	公用握力器	2011203218448	肖栋	实用新型
12	一种玉米联合播种机	2011203676075	吴胜利	实用新型
13	削皮器	2011202793372	肖栋	实用新型
14	摘果器	2011202793391	肖栋	实用新型
15	变极电闸	2011201993102	肖栋	实用新型
16	卧式可抽式水套加热炉	2011204284201	赵树森	实用新型
17	一种气调负压式马铃薯贮藏窖	2011202758646	葛建军	实用新型
18	一种梳子	2012200048651	刘丽雅	实用新型
19	冲次检测仪和使用该冲次检测仪的游梁式抽油机	2011205269459	李军	实用新型
20	可分离吊瓶支架	2012200456769	肖栋	实用新型
21	锅底黑清洗装置	2012201087884	陈伟	实用新型

序号	专利名称	申请号	专利权人	专利类型
22	一种地埋式垃圾桶	2012201806609	甘肃居立门业有限责任公司	实用新型
23	冲次监测仪和使用该冲次监测仪的游梁式抽油机	2011205269707	李　军	实用新型
24	剪刀式手工锯	2012200458444	肖　栋	实用新型
25	小型混凝土振动器	2012201711350	肖　栋	实用新型
26	一种多功能橱柜	2012200886818	杨彦昌	实用新型
27	撑书架	2012200452880	肖　栋	实用新型
28	一种新型台球杆	2012201913193	肖　栋	实用新型
29	一种动力机	2012202781276	肖　栋	实用新型
30	一种组合床	2012201806295	甘肃居立门业有限责任公司	实用新型
31	小型拾膜机	2012201294850	肖　栋	实用新型
32	一种拆图钉钳子	2012201983088	肖　栋	实用新型
33	一种折叠式晾衣架	2012201295285	肖　栋	实用新型
34	一种可调式核桃钳	2012201902201	肖　栋	实用新型
35	长臂果树修剪刀	2012201510455	肖　栋	实用新型
36	电热切刀	2012200453205	肖　栋	实用新型
37	一种安全门	2012201806469	甘肃居立门业有限责任公司	实用新型
38	一种便捷型多功能台历盒	201220035519X	杨彦昌	实用新型
39	大田覆后地膜回收机	2012203594968	吴胜利	实用新型
40	海浪发电站	2012201902682	肖　栋	实用新型
41	独轮运草车	2011201990316	肖　栋	实用新型
42	门板（通风门）	2012301323878	甘肃居立门业有限责任公司	外观设计
43	门板（福字大门）	2012301323721	甘肃居立门业有限责任公司	外观设计
44	一种羊绒被	2011200764534	邹国栋	实用新型
45	包装箱（令吉安．精品羊绒被）	2011300508336	邹国栋	外观设计
46	一种多功能克氏针定位导向器	2011201190876	刘　峰	实用新型

　　企业技术创新　　2000年起，县域企业开展科技创先和企业技术创新活动。2004年，甘肃居立门业有限责任公司投资180多万元，购买液压机、切角机等高新设备84台（套），引进套色表面处理先进工艺，开发"乐"居、"康"居两大系列产品，年新增产值178.4万元、利税22.2万元；马岭黄酒厂投资80多万元，更新设备20多台（套），年产量提高到1000吨；庆城县隆鑫制袋有限公司投资280多万元改进技术，生产的一次性内黑果食袋畅销省内外，年新增产值180万元、利润24万元。2005年，甘肃泰膳食品有限公司投资48万元，从贵阳引进滚揉设备和技术，加工生产肉食系列产品28吨，新增产值51万元、利税7.3万元；果仁公司投资150万元，从北京、辽宁引进杀菌机、瓜子脱壳设备和技术，年新增产值110万元。2006年，庆阳亨阳土特产公司从英国引进80通道和40通道色选仪2台，立康活性炭公司从太原华新活性炭研究所引进回转炉内部装置生产技术，建成生产线。

　　2007年，庆城县宏旺土特产有限公司、庆阳市广庆果业有限公司建立健全科技开发机构，落

实销售收入 1% 的科技投资，加大新技术、新工艺、新设备、新产品的引进开发力度，提高企业技术创新能力，被评为"全市技术创新示范企业"。2008 年，庆城县碧圣食品有限公司投资 50 万元，从河北引进 GT-1000 号枣仁加工机械设备；庆阳百盛福利土特产有限公司投资 320 万元，引进陕西金工机械厂三色套袋生产设备 12 台。2009 年，庆阳恒盛果汁有限公司引进南京凯米 20 吨超滤机 1 台。至 2012 年底，全县有居立门业、宝源果蔬食品、恒盛果汁、立康活性炭、果仁食品、碧圣食品、亨阳土产、宏旺土特产、泰膳食品、百盛福利土特产、广庆果业、长荣机械设备制造等 12 户企业达到全市创新示范企业标准。

第三节　科技服务

一、科技示范

1986—1990 年，全县以创建科技示范乡镇，建立科技咨询服务部，发展科技联络户为重点，依托农村致富能人和典型，科技示范"近在身边，小字起步"。1986 年，全县建成科技咨询服务部 15 个，发展科技联络户 676 户；1989 年，全县建成科技示范乡 2 个，示范村 22 个，示范户 1250 户。

1991 年起，通过"菜篮子"工程、中药材种植开发、旱地沟播示范、优质果园规模生产、"地膜棉花、芝麻、胡麻栽培试验"、实施国家科委地膜小麦全生育期穴播栽培示范推广、玄马优质梨枣园建设、良种工程、果园综合管理、油豆基地建设、蚕桑机械转盘育苗、紧凑型玉米推广、优质软果生产、良种繁育、地膜洋芋种植、优质农作物推广、四位一体日光温室建设、布尔山羊引种试验等项目的实施，科技示范工作逐步实现由点到面，整体推进。1993 年，全县科技示范户达到 3112 户。其中，种植 1450 户，养殖 880 户，庭院经济 45 户，资源开发 32 户，林果业 677 户，加工业 28 户。同年起，对示范户实行挂牌登记，建档立卡。至 2000 年，全县建成赤城、马岭、太白梁、卅铺、熊家庙、庆城、冰淋岔科技示范乡镇 7 个，建成科技示范村 130 个，典型示范点 38 个，示范户 6000 户。是年，建成太白梁巴山大棚蔬菜、卅铺软果栽植、封家洞蔬菜、驿马太乐苹果、玄马优质大枣、熊家庙黄花菜栽培示范基地。

2005 年起，开展"1 个乡镇、10 个行政村、100 个农户"（简称"一、十、百"）科技示范创建活动。当年，全县科技示范园区达到 27 个，示范面积 4.54 亩，辐射带动农户 6904 户，带动面积 1.81 万亩。全县农业科技覆盖面 97% 以上，农作物优良品种推广率 98.1%。2008 年，开展科技示范乡镇、村创建和科技示范户培育工作。2009 年，县政府聘请中国西部航天育种基地、天水绿鹏农业科技有限公司副总经理、农艺师胡小明，省农科院蔬菜研究所副高级研究员马学军，陇东学院副教授吴健君，市畜牧中心高级畜牧师常宏，市农技中心高级农艺师兰志先为经济科技顾问。至 2012 年底，全县创建科技示范乡镇 8 个、示范村 80 个，培育典型科技示范户 800 户，辐射带动农户 4000 多户。

二、科技培训

1991 年，全县成立星火播种队，由 96 名科技人员组成，承担全县科技培训工作。当年，投资 2.25 万元，举办星火项目培训班 21 期 430 人次，举办科技攻关试验示范项目 17 期 260 人次。1993 年，全县 19 个乡镇均配备专职科技副乡、镇长，配备科技专干 43 人，新建标准化农民技术学校 6 所，全县农民技术学校达到 11 所。1994 年，全县培训科学技术骨干 2500 人，普及科技培训 6.7 万人次，

新增农民科技员 291 人,总数达到 1338 人。

1996—2000 年,采取以会代训、田间说法、外出学习参观等形式,举办良种应用、配方施肥、地膜大秋、作物病虫害防治、果园管理、畜禽饲养、烤烟栽培、地膜小麦、节水灌溉、日光节能温室蔬菜生产、模式化栽培、酸枣接大枣、烤烟栽培、地膜覆盖、蔬菜种植、暖棚养畜、优质果树栽培技术等为内容的普通培训班 2266 期 17.2 万人次,举办骨干培训班 321 期 1.16 万人次。组织 111 人次赴秦安、张掖、山东寿光、省农科院、庆阳师专等地考察、学习蔬菜无土栽培、养猪、日光节能温室等生产技术。

2003 年后,相继邀请甘肃省农科院副院长、研究员宋尚有,甘肃省科学院生物所所长、研究员周建平,全国著名果树专家汪景彦、马恩正,全保果友协会副会长刘全保,甘肃省农科院研究员张永茂,高级农艺师贾建国,日本友人町谷喜市,北京日川果树研究中心主任张显川,庆阳农校高级讲师定光凯等国内外知名专家在县城、驿马、赤城、白马铺、高楼等地举办科技知识讲座或农业技术培训。县政府聘请 30 名省内外及县内知名专家、技术人员组成"庆城县专家顾问团"。其间,县科技部门利用"科技周""三下乡""科技宣传月"电视专栏、网络等形式,印发各类科技知识手册,开展科技培训。

三、科技特派员

2003 年,县政府成立"庆城县科技特派员创业行动"协调领导小组,制订《庆城县科技特派员管理暂行办法》《庆城县科技特派员工作目标责任书》,确定园林、畜牧、瓜菜、农艺、花卉等专业技术人员 18 名,作为科技特派员,深入卅铺高效农业科技示范园、马岭台湾青枣示范园、玄马梨枣示范园、赤城苹果示范区、南庄、庆城药材示范区、白马农业科技示范园、高楼软果示范园、顺发林果示范园、安家寺安惠牛业公司开展工作。2004 年底,全县有科技特派员 47 名,其中,服务草畜产业 9 名、林果 20 名、瓜菜 11 名、中药材和黄花菜 4 名、工业企业 3 名;科技特派员与服务对象建立利益共同体 2 个,有偿服务 15 名。

2005 年,全县科技特派员累计 65 人,甘肃省农科院研究员张永茂被庆阳宝源果蔬食品有限公司聘请为科技特派员。2007 年,全县选拔科技特派员 50 名。其中,6 名以技术承包、资金入股等方式与 4 户业主、2 个农户建立利益共同体,全县科技特派员利益共同体达到 17 个。2010 年,建立科技特派员利益共同体 2 个。至 2012 年,全县累计下派科技特派员 220 人,组织实施科技项目 56 项,引进推广新技术项目 46 项、新品种 196 个,实现产值 940 多万元,建立利益共同体 12 个,创造经济效益累计 2400 万元;建成驿马秸秆生物颗粒饲料加工,马岭蓖麻种植,赤城 SOD 奶蜜苹果生产,卅铺瓜菜栽培,玄马梨枣种植,南庄小尾寒羊养殖等科技示范点 20 个;建成玄马孔桥现代农业种植,驿马南极庙百信养鸡,庆城东山农业产业试验,太白梁豆类新品种引进,高楼王塬种子繁育等示范基地 16 个。

第四节　科技成果

一、农业科技项目及成果

甘肃省花椒防蚜保果增产试验示范　1978 年 5 月至 1986 年 10 月,由县科委负责、县农技站协作完成,在驿马、桐川、赤城、葛崾岘等乡镇的 10 多个植保机防队中推广,在 800 多个农户 11525 棵花椒树上适树喷药,平均每棵树增产 6.5 千克,共实现价值 52 万元,净增加收入 51 万元。1987 年 9 月获庆阳地区科技进步二等奖；1989年9月被评为甘肃省星火科技奖。

塑料大棚蔬菜栽培技术推广　　1994—1997年，由县瓜菜蚕桑技术站负责完成。先后在庆城、马岭、卅铺、玄马、翟河、蔡庙6乡镇30个行政村130多个农户中累计推广2700亩，平均亩产量2787千克，亩均产值334.4元，总产值902.89万元，投入产出比为1：44。1998年10月获庆阳地区农业技术推广奖。

冬小麦地膜覆盖穴播栽培技术示范推广　　由县科委负责，县农业技术推广中心、农机局完成。1994年，先在半山半塬的桐川乡示范15亩成功。1995年将示范面积扩大到540亩获丰收。1996年，在全县山、川、塬乡镇推广示范2万亩，在同等条件下，平均亩增产121.4千克。1999年获国家农业部农牧渔业丰收一等奖。

甘肃省防治冬小麦条锈病3113工程　　1996—1998年，由县种子管理站、县种子公司实施。完成推广96.86万亩，平均亩产260.75千克，每亩增产48.51千克，总增产4698.68万千克，每千克按时价1.20元市场中等价计算，总增加产值5638.42万元。2000年被国家农业部评为丰收一等奖。

玉米全膜双垄沟播技术示范推广　　2009年2月至2010年12月，由县农业技术推广中心实施。累计示范推广总面积3.71万亩，平均亩产584.57千克，年均纯收益率18.74元。2008年被评为庆阳市科技进步二等奖。

重点种子工程项目试验推广　　1990—2008年，县种子公司等单位，先后完成重点种子工程项目试验推广6个：

1.1990—1993年，由县种子公司实施天亚5号胡麻新品种项目试验成功，累计示范推广12.33万亩，总增产201.49万千克、产值322.83万元。1993年获国家农业部丰收计划一等奖。

2.1991—1993年，由县种子公司实施陇糜4号项目试验成功，累计示范推广16.39万亩，总增产粮食647.18万千克，糜草970.77万千克，产值375.36万元。1994年获国家农业部丰收计划一等奖。

1991—1995年，县种子公司实施冬小麦系列抗锈品种试验成功，累计示范推广49.97万亩，总增产小麦1490.11万千克，新增总纯收益2369.47万元。1997获国家农业部丰收计划二等奖。

1991—1995年，由县种子公司实施甘肃省防治冬小麦条锈病3113工程项目成功，累计推广面积51.83万亩，总增产小麦1637.83万千克。2000年获国家农业部丰收一等奖。

1997—1998年，县农技中心主持实施冬小麦优良新品种及配套增产技术示范推广省列国家计划项目成功，完成23.6万亩，增产小麦2065.2万千克。2000年获全国农牧渔业丰收计划二等奖。

2005—2008年，由县种子公司实施国家优质专用小麦良种补贴推广项目试验成功，累计增产小麦1490.39万千克，产值2324.65万元。连续4年获甘肃省农牧厅优秀奖。

中黄大豆新品种引进及高产栽培技术集成试验示范　　2009年2月至2010年12月，由县农业技术推广中心实施。从引进的12个大豆新品种中筛选出适宜陇东黄土高原区种植的中黄30、中黄35、中黄41、中黄43、中黄44。运用集成旱作农业全膜双垄沟播新技术示范推广成功。2011年被评为庆阳市科技进步二等奖。

航天蔬菜新品种引进示范推广　　2008年9月至2010年10月，由县瓜菜蚕桑技术指导站实施。引进航天育种蔬菜新品种15个，进行品比试验，选育适宜品种，提高栽培技术。累计示范推广航天系列蔬菜新品种1000亩，总增产143.6万千克，纯收益388.82万元；平均亩增产1436千克，纯收益3888.2元。2011年被评为庆阳市科技进步二等奖。

"航天菜"新品种引进示范推广 2008—2010年，由县瓜菜蚕桑站实施。先后筛选出适宜县推广种植的航椒4号、5号、7号、12号，航茄3号、1号，航豇2号、太空菜豆3类8个航天蔬菜新品种，示范推广种植面积1000亩，成果达到省内同类项目先进水平。2011年获庆阳市科技进步二等奖。

二、林业科技项目及成果

梨枣引进试验示范科研项目 1995年，庆阳县太白梁林业中学利用学校65亩林场地承担"梨枣引进试验示范"科研项目，获甘肃省林业科学技术进步二等奖。

仁用杏基地建设及丰产栽培技术推广 1990—2000年，由县林业局实施完成。1990年引进兰州、唐汪川等地大接杏接穗2万株，在高楼乡实施毛杏改造项目成功。1991年在熊家庙乡实施甘肃省林业技术推广站主持的"全省十万亩经济林整乡承包协作项目"，建成杏树示范园150亩。1993年，在高楼乡苏店村建成优质标准杏园150亩。1995年，在全县实施毛杏改造40万株。1996年，在高楼、熊家庙等乡镇建立杏树良种基地。1997年，引进美国仁用杏试验示范成功。2000年起，全县每年平均补植杏树1万余亩，用仁用杏接穗改造毛杏20万株，次年11月获甘肃省林业科学技术进步二等奖。

三、畜牧科技项目及成果

河东百万细毛羊杂交改良技术承包 1987—1989年，由县畜牧局在全县实施"河东百万细毛羊杂交改良技术承包"项目成功。至1989年，全县细毛及改良羊存栏50304只，占任务的111.79%；子午岭黑山羊杂交改良技术推广授配母羊81280只，占任务的147.8%；繁活细杂羔羊39958只，引进细毛羊7513只，均占任务的102.9%。细毛羊及改良羊只年均产毛量由1986年的2千克增到3.2千克。由此全县羊群结构改善，绵羊的生产性能和杂种化比例明显提高，养羊生产基地初具规模。1991年，获国家农业部丰收计划二等奖。

甘肃省陇东地区牛瞎眼病病因研究与综合防治 1998—2003年，由县畜牧站实施。查明陇东地区牛瞎眼病病因，并用黄化菜豆早饲喂犊牛成功复制出典型瞎眼犊牛病例。通过在流行区内推广综合防治技术，发病率由1998年的6.99%下降到2003年的0.08%；死亡率由0.24%到完全消失；淘汰率由18.25%下降到14.01%。2004年被评为甘肃省农业科技进步三等奖。

黄牛"猝死病"试验防治及研究 1995年1月至1997年11月，由县畜牧兽医工作站完成。历时3年，查清黄牛"猝死病"病因，防治68707头，累计减少发病478头，减少死亡473头，减少经济损失118.25万元。新增纯收益99.79万元。2004年获庆阳市科技进步三等奖。

四、工业科技项目及成果

钢制联动互锁防盗安全门控制系统 2004年5月至2006年5月，由甘肃居立门业有限公司实施。项目采用编码红外线感应技术，实现进出双向联动互锁、紧急双开（关）、联动报警、防尾随等功能。2011年被评为庆阳市科技进步三等奖。

五、医疗卫生科技项目及成果

胃静脉的实验定位及其低阻抗性的研究应用 1981—1984年，由庆阳县人民医院谢君国主持该科研项目，采用"生理感觉、生物物理的高振动音和抵阻抗"三种方法，经过反复探索和实践，测定出经络线的位置。经临床验证，符合率均在90%以上。1987年获甘肃省科学技术一等奖。

骨盆悬吊牵引法治疗腰椎间盘突出症的临床研究 1984年9月至1993年9月，由县岐伯中医院魏伯林、侯世文负责实施。从腰椎前凸的生理特点出发，自行设计制作简易骨吊腰椎牵引法治疗，治愈率和显效率达86.55%。1995年被评为庆阳地区科技进步三等奖。

庆阳地区活络定痛膏在骨关节痛症状的临床应用研究 由县岐伯中医院实施。制备出活络定痛膏，平均治疗天数10.3天，优良82.5%，总有效率达95%；相比奇正炎痛贴平均治疗天数11.56天，优良率57.7%，总有效率77.5%；临床治疗过程中未见毒副反应发生。2000年获庆阳地区科技进步三等奖。

头电针治疗中风158例临床研究 2002—2006年，由县岐伯中医医院实施。利用头电针疗法治疗中风，取穴少而精，方便实用，疗效确切，对中风有初期促醒及后遗症期疗效明显。2008年被评为庆阳市科技进步二等奖。

围手术期应用止血药物与下肢骨折术后深静脉血栓形成的相关性研究 2001—2008年，由县岐伯中医医院实施。探明围手术期使用止血药物是骨科术后DVT发生的重要危险因素之一。2009年7月被评为庆阳市科技进步二等奖。

骨痛灵酊在骨关节损伤及痛症中临床应用研究 2007—2009年，由县人民医院骨伤科实施。项目对跌打损伤、骨关节疼痛进行分组对照治疗。经研究，应用骨痛灵酊治疗跌打损伤的技术措施，治疗简便、安全有效、费用低廉，便于应用。2009年被评为庆阳市科技进步二等奖。

新生儿窒息与脐血CO2-CP、血糖水平关系的临床研究 2005年6月至2006年12月，由县人民医院儿科实施。通过临床观察，分析研究出新生儿窒息严重程度及并发症的相互关系，为早期确定治疗方案，降低新生儿致残率、病死率提供了可靠实验依据。2009年被评为庆阳市科技进步二等奖。

孕产妇贫血调查研究 2006年1月至2009年9月，由县妇幼保健站实施。项目主要通过问卷和1304份病历调查，探明孕产妇女贫血原因及其可能造成的后果，提出干预措施，对降低孕妇贫血、妊娠并发症、新生儿疾病等发生率等都起到预防作用。2010年被评为庆阳市科技进步二等奖。

铜离子电化学法微创治疗内痔的临床应用 2008年3月至2009年10月，由县人民医院普外科实施。项目对I-III度内痔出血及脱出，应用铜离子电化学法进行研究和治疗，具有微创、快捷、安全、方便，治愈率高等特点，便于基层医院推广应用。2010年7月被评为庆阳市科技进步一等奖。

医护人员产前宣教全程陪伴亲属参与分娩的临床观察 2008年10月至2010年12月，由县妇幼保健站实施。为制定新的分娩模式技术提供临床依据，适宜于各级医院临床推广。2011年被评为庆阳市科技进步二等奖。

肩关节前脱位新复位手法的临床研究 2008—2010年，由县岐伯中医医院实施。通过对129例外伤性肩关节前脱位患者进行观察治疗，总结出理想治疗方法。2011年被评为庆阳市科技进步二等奖。

中药分期组方配合西药终止10—18周妊娠的临床观察 2009年2月至2011年12月，由县岐伯中医院妇产科实施。选题准确，设计合理，结论可靠。2012年被评为庆阳市科技进步二等奖。

中医分期辨证防治骨科术后深静脉血栓形成的临床观察 2010—2011年，由县岐伯中医医院实施。课题可节约医疗成本，降低患者的费用，减少患者痛苦，降低深静脉血栓形成，尤其对于经济落后的基层医院更具应用价值。2012年被评为庆阳市科技进步二等奖。

附：

表 35-4-1 1999—2010 年全县县级科技进步一等奖一览表

序号	项目名称	完成单位	主要完成人员			获奖时间
1	小儿Ⅰ型肺结核X线诊断新征象的研究	庆城县人民医院放射科	邢志成	丁立人	柳科举	1999
2	活络定痛膏在骨关节症中的临床引用研究	庆城县岐伯中医医院	侯世文 金东峰	魏伯林 陈宇宏	陈涛 张建功	2001
3	引进肉用布尔山羊杂交改良试验	庆城县畜牧技术推广站	杨正春 俄志宏	马伟斌 韩冰毅	袁丰涛 马杰	2005
4	玉米双垄面全膜覆盖集雨沟播栽培技术试验示范	庆城县农业技术推广中心	王闯 夏玉华	阎婕妤 范学钧	张会玲 黄丽梅	2009
5	肉牛胚胎移植繁育技术试验	庆城县畜牧技术推广站	袁丰涛 杨正春	俄志宏 杨宏平	马伟斌 杨淑芬	2009
6	大棚西甜瓜嫁接栽培技术试验示范	庆城县瓜菜蚕桑技术指导站	赵淑梅 王海峰	朱天罡 韩秋萍	肖正璐 沈彦刚	2009
7	苹果新品种引进试验	庆城县园艺工作站	徐巨涛 孙雪雁	麻红社 张军民	蔡巧红 董文升	2009
8	颅内血肿微创清除技术的临床应用	庆城县人民医院	杨宝恒 李彦梅	杨明鑫 张飞战	陈晓兰 何乾春	2009
9	全膜双垄一膜多种技术试验示范	庆城县农业技术推广中心	翟富民 李莉	黄丽梅 夏玉华	王闯 范学钧	2011
10	庆城县生物发酵床养猪试验示范	庆城县畜牧技术推广站	袁丰涛 马伟斌	俄志弘 屈春梅	马贵银 梁瑞琴	2011
11	"航天菜"新品种引进示范推广	庆城县瓜菜蚕桑技术指导站	肖正璐 韩秋萍 王海峰	赵淑梅 曹正轩 赵世富	郭怀礼 沈彦刚 杨正峰	2011
12	牧草机械化塑包青贮及豆科饲料加工技术示范	庆城县草原技术推广站	屈彦才 杨文宪	马永平 魏利平	马花岩 蔡丽春	2011
13	庆城县高血压病知晓率、治疗率、控制率的调查研究	庆城县人民医院	韩琼 史小庆	赵宁海 任会萍	王静 赵晓芳	2011
14	名老中医杨积茂学术思想及临床经验整理研究	庆城县岐伯中医医院	侯世文 仝铁甲	杨德祥 邓雪宁	詹正明 张永平	2011

第五节 其他科研机构及成果

一、长庆石油勘探局勘探开发研究院

1978 年 12 月在县城成立，前身为陇东石油勘探筹备处石油科学研究所。1983 年更名为长庆石油勘探局勘探开发研究院。1998 年迁西安市。

1981—1990 年获科技成果奖 192 项。其中：《中国煤成气的开发研究》《中国石油天然气资源评价研究》获国家科技进步一等奖；《水基冻胶压裂低温高效破胶剂》获国家发明四等奖；《陕甘宁盆地上古生界煤成气藏形成条件及勘探方向》获国家攻关奖。《中国北方白垩系划分与对比及油气远景》《陕甘宁及外围盆地油气资源评价》《陕甘宁盆地侏罗系河道砂油气藏分布规律及勘探技术》《陕甘宁盆地西缘地区推覆构造研究及其与油气的关系》等 9 项成果获省部级科技成果一、二、三等奖。

1991—1999 年，完成国家科技攻关、省部级科研项目和长庆石油勘探局科研项目 400 余项，获国家级和省部级科技进步奖 36 项，其中，《陕甘宁盆地亿吨级三角洲油田的形成与勘探》《长庆低渗透注水油田地层结垢机理及防治技术研究》获国家科技进步三等奖，《大中型天然气田形成条件、分布规律和勘探技术研究》获国家科技进步一等奖，参加研究的《沉积实验方法》行业标准、获国家科技进步二等奖。

二、长庆油田勘探局钻采工艺研究院

1973 年 5 月在县城组建，前身为长庆油田会战指挥部规划设计研究院矿机研究所。1991 年更名为长庆油田勘探局钻采工艺研究院。1998 年迁西安市。

1981—1990 年，获国家级科研奖 3 项、省部级科研奖 9 项。其中，"钻井液振动筛的锥状渡槽装置"等 11 项技术获国家专利；研发的 ZPYS 平衡椭圆钻井液振动筛首次应用于石油钻井，填补了国内空白。1991—1999 年，水平井钻井和分段改造技术研究及试验，跨入全国水平井技术先进行列；开发的油井压裂工艺试验，处于国内领先水平。

三、长庆石油勘探局规划设计研究院

1979 年迁驻县城田家城，前身为陇东勘探筹备处设计室。1983 年更名为长庆石油勘探局规划设计研究院。1998 年迁至西安市。

曾获国家级科技成果奖励 7 项，省部级 170 多项、优秀工程奖 6 项、QC 成果奖 108 项、中国企业新纪录 3 项。其中，20 世纪 80 年代，在马岭油田研究试验的单管常温密闭油气集输工艺流程，长期处于国内领先水平。

第六节　气象科技

一、气象观测

县气象局地面气象观测工作始于 1959 年 2 月。驻地庆城镇莲池村西河岭上，人工观测的气象要素有云量云状、能见度、天气现象、雪深雪压、冻土、蒸发、日照等；自动站采集数据有气温、气压、湿度、风向风速、降水、地温等。2003 年 4 月，县气象局开始使用自动雨量计；11 月，建成自动气象观测站，数据采集实现自动化。2005 年 8 月，县气象局建成 CAWS600-RT 型自动站并开始试运行；2006 年实行单轨运行。2007 年 12 月 31 日 20 时正式投入单轨业务运行。至 2012 年，全县建有驿马、桐川、蔡口集、赤城、阜城、玄马、南庄、太白梁、马岭 、翟家河 10 个区域自动气象观测站，观测要素为温度、降水。每日在北京时间 08、14、20 时进行 3 次定时观测，编发 08、14、20 时 3 次的天气加密报，每天 20 时对所有观测项目进行人工对比观测，以自动站资料为准发报。

二、气象预报

短期预报　包括 48 小时内晴、阴、雨雪预报与 24 小时内最低最高气温、风向风速和灾害性天气预报。1986—2005 年，县气象站利用甘肃省气象局印发的小天气图，每日收抄、点绘兰州中心气象台发布的高空和地面图，制作县域范围内的 24—48 小时天气预报；根据庆阳地区气象局分片和单点预报结果，进行补充订正预报或直接发布。2006 年后，县气象局每天发布 0—72 小时天气预报，分 0—24 小时、24—48 小时和 48—72 小时预报，评定、上报 24 小时质量。县内天气预报按一般降水（0.1—49 毫米）、重度降水（大于等于 50.0 毫米）、极端最高气温（大于等于 32 摄氏度）、极端最低温（小于等于－15 摄氏度）和大风、冰雹、霜冻及寒潮的标准进行预报和评定。同时上报 24 小时和 48 小时天气预报质量。

中期预报　定期发布未来 3—5 天和每旬的天气过程及趋势预报，内容包括降水、冷暖、旱涝趋势及大雨、寒潮、霜冻等灾害性天气过程预报。

长期预报　1987—2012 年，长期天气预报固定在 5—9 月，每月发布一次月预报，每年春、夏、秋、冬各发布一次季预报。其间，1985 年，增加了各行业天气预报。1996 年 4 月在全区率先开通"121"气象信息自动答询服务，1998 年 7 月开通电视天气预报节目。

三、气象服务

全县气象科技服务始于 1985 年，服务对象主要有砖瓦生产、石油工业等。2008 年 6 月，建立县级气象灾害防御系统，为科学防范气象灾害、保障人民生命财产安全起到技术支撑作用。

1. 公众气象服务

1986—1996 年，公众气象服务以短期预报为主，主要向农业、林业部门提供农作物气候分析，病虫害防治，气候环境及森林防火分析等。1998 年后，服务领域不断拓宽，涉及水利电力、石油工业、交通运输、旅游出行、工程施工等诸多领域。

2. 决策气象服务

主要针对农业生产，特别是防汛抗旱等气象防灾减灾服务。在农事活动旺季，及时发布意见和建议，积极参与政府决策。

3. 专业与专项气象服务。

(1) 人工影响天气：1992 年 7 月，原庆阳地区气象局在桐川等地开始进行人工增雨和防雹作业；2002—2007 年，县气象局陆续购置 37 毫米高炮 3 门，车载火箭 1 套。2003—2008 年，市、县连续 6 年联合开展人工增雨作业，有效缓解了灾情；2005 年起，县政府每年配拨专项资金 5 万元，根据农业需要进行人工增雨和防雹服务作业达 20 多次（点）。

(2) 防雷服务：县气象局配合市局在汛期（5—9 月）对高层建筑物和电力、通讯设施进行防雷检测和布设防雷带。

4. 土壤肥料监测现代技术应用。

2011 年 7 月，县农技中心在驿马区域站安装了"TSC 型土壤墒情信息采集与远程监控系统"；10 月，在驿马旱情监测站安装了全市阳光气象站（监测高空大气候）。2012 年 6 月，结合马铃薯晚疫病防控项目的实施，在驿马镇安家寺安装美国 Vangtage Pro2 &Plus Vantage Vue 移动气象站。至 2012 年底数字化气象站布设基本覆盖全县，可远程观测空气温度、土壤温度、空气湿度、土壤湿度、辐射总量、风速风向、降雨量，并通过数据分析，绘出折线图、柱形图、区域图等，掌握指导农业生产主动权。

第三十六章　教育

　　1986—2012 年，全县教学条件逐步改善，教师队伍稳定，改革教育制度，创办职业中学，普及初等义务教育，实施素质教育等工作；教育管理在改革中完善，教学质量在发展中提高，为推动全县"两个文明建设"，实施"科教兴县"战略发挥了基础和引导作用。

第一节　机构

　　1986 年，庆阳县教育局设人秘股、教育股、财务股，辖工农教育办公室，有工作人员 11 名。1989 年，成立教学研究室、教育督导室；1990 年成立职教股、审计股；1992 年，设置招生办公室；2002 年 9 月，庆阳县教育局更名为庆城县教育局。2007 年，设立办公室、项目办公室、会考办公室及核算组；2012 年成立安监股。至 2012 年底，庆城县教育局设办公室、人秘股、教育股、核算组、项目办公室、会考办公室、审计股、勤工俭学站、安监股；辖教育督导室、教学研究室、工农教育管理委员会办公室、招生办公室、电化教育管理中心、学生资助管理中心、职业教育中心，有职工 46 人。

第二节　教育体制改革

一、管理体制
（一）县乡分级管理
　　1986—1990 年，乡镇设教育专干，由县教育局和乡镇共同管理教育教学事务。1991 年开始，各乡镇先后设立教育管理委员会（以下简称"教委"），负责各乡镇教育教学管理工作。2000 年始，全县初级中学以上学校改由县教育局直接管理。2007 年 3 月起，改教委为学区，管理人员全部由教育局公开竞聘选拔，办公地点由乡政府迁至中心小学，学区主任兼任中心小学校长，并管理整个学区教育教学工作。
（二）学校内部管理
　　1986 年，县政府制订《庆阳县教育体制改革试点意见》，对全县八年制以下的 383 所学校施行校长负责制和教师聘请制。全县更换小学校长 19 人，解聘教师 23 人。1988 年，全县对 958 名公派教师进行聘任，实际聘任 921 人，落聘 14 人，缓聘 18 人，拒聘 5 人。1989 年 4 月，县教育督导室每年分春秋两季对全县部分薄弱学校、学区进行专项督导、综合督导和随机督查。通过课堂听课、查阅资料、座谈反馈等方式，对教学常规管理提出建议。2002 年 8 月，县政府印发《庆阳县中小学、幼儿园"四制"改革实施方案》，设置、核定全县各中小学校和幼儿园负责人、教职工及教学辅助人员的职责及管理岗位，全县教育系统"校长负责制、岗位责任制、教师聘任制和结构工资制"改革工作启动。中小学校长任期 3 年，任内实行年度考核；对于考核中校内教职工民主测

评信任度未达 50%，或任期内有重大工作失误、社会舆论反响强烈的校长，按照干部管理权限予以免职或解聘。

2007 年 2 月，县委、县政府印发《庆城县中小学、幼儿园第三轮"四制"改革实施方案》，对中小学校长（学区主任）、幼儿园园长任职的学历、工作经验和任职年龄等条件做出明确规定；限定中级以上专业技术职务岗位聘任职数，首次提出适度落聘原则。2009 年，教育"四制"改革内容调整为"校长负责制、岗位责任制、教师聘任制和绩效工资制"。

二、投入体制

（一）国家教育经费投入

1986 年，全县教育总投入 303 万元。至 2012 年，全县累计投资 23660 万元，新（改扩）建学校 231 所、校舍 19.43 万平方米，消除 D 级危房 13.78 万平方米。

2006—2012 年，义务教育阶段学校公用经费由初中 32 元／生、小学 24 元／生，分别增至 700 元／生、小学 500 元／生。2008—2012 年，初中、小学取暖费由 40 元／生，分别增至初中 150 元／生、小学 120 元／生。

附：

表 36-2-1 1986—2012 年全县教育经费投入情况一览表

单位：万元

年份	经费总投入	其中	
		人员经费	公用部分
1986	303	264	39
1987	332	274	58
1988	392	329	63
1989	495	410	85
1990	498	415	83
1991	533	444	89
1992	574	477	97
1993	744	596	148
1994	1079	923	156
1995	1421	1186	235
1996	1769	1468	301
1997	2108	1743	365
1998	3055	2557	498
1999	3441	2903	538
2000	4222	3453	769
2001	5578	4392	1186
2002	6410	4465	1945
2003	7034	4680	2345
2004	7145	4717	2428
2005	7945	5154	2791

续表 36-2-1

年份	经费总投入	其 中	
		人员经费	公用部分
2006	9819	6507	3312
2007	11304	7617	3687
2008	16439	10415	6024
2009	18443	11603	6840
2010	22032	13380	8652
2011	23968	13664	10304
2012	31465	15589	15876

（二）其他教育投入

1. 世界银行贷款第三个贫困地区基础教育发展项目　1996 年启动，2001 年 6 月完成。投资 1139.54 万元，其中世界银行贷款 474.18 万元，内配 665.36 万元。完成校舍建设 2.42 万平方米；为 26 所初级中学、小学按二类标准购置教学仪器设备和图书；为 18 所初级中学、小学按三类标准购置教学仪器设备和图书；添置 5525 单人套课桌椅；培训各类管理及教学人员 851 人次；资助中小学学生 2499 名。

2. 义务教育工程项目　1998 年 3 月启动，2000 年完成，涉及 28 所小学和 3 所初级中学。投资 990.78 万元，其中，中央、省、地项目专款 628.9 万元，县财政配套 103.68 万元，乡镇财政补贴 236.43 万元，康永明、史雄英、闫会成、车建孝、闫相儒等个人捐助共 4.6 万元，单位自筹 17.17 万元，修建校舍 21249 平方米；购置课桌凳 3329 单人套；培训师资 567 人次。

3. "希望工程"项目　1996 年，由长庆石油勘探局捐资 30 万元，建成白马"长庆第一希望小学"；由上海宝钢集团捐资 26 万元，建成桐川"宝钢希望小学"。至 2009 年，全县共建成"希望小学"13 所。其中："兰香希望小学"由全国人大常务委员会原副委员长耿飚夫人赵兰香捐资 50 万元；桐川"振刚希望小学"由魏正刚捐资 74 万元；高楼"八一爱民希望小学"由北海舰队捐资 25 万元；玄马"庆化希望小学"由庆阳石油化工集团捐资 60 万元；桐川"民盟烛光希望小学"由甘肃省民盟捐资 61 万元；蔡口集"庆化希望小学"由庆阳石油化工集团捐资 60 万元；南庄"荣华第十四希望小学"由香港荣华集团捐资 12 万元港币；驿马"荣华第十五希望小学"由香港荣华集团捐资 12 万元港币；蔡口集"槐树庄苗圃希望小学"、蔡口集"伊中之光希望小学"、土桥"王塬村中华苗圃希望小学"均由香港苗圃行动共捐资 78 万元；马岭"北京亿都川第三爱心小学"、土桥"北京亿都川第二爱心小学"均由北京亿都川集团共捐资 50 万元。

三、学校布局调整

1986 年，全县有各类学校 401 所，其中，完全中学 5 所，初级中学 12 所，8 年制学校 6 所，完全小学 169 所，初级小学 23 所，村学 185 所，幼儿园 1 所。1992 年，全县达到小学覆盖村组，初级中学覆盖乡镇，就近上学得到解决。1998 年，由香港邵逸夫捐资 50 万元，在县城南大街建成逸夫小学，使县城小学由 1 所增加到 2 所。2003 年 8 月，全县贯彻落实国家、省、市学校部局调整精神，撤并农村小学 113 所，初步实现了全县小学布局均衡化和教育资源配置合理化。2005 年，由兰州军区捐资 25 万元，在县城北区建成庆华小学，县城小学再增 1 所。2006 年，成立西川中学，马岭中学实现高、初中分离。

2007 年起，全县中小学布局调整步伐加快，坚持"高中阶段学校向县城集中、初中阶段学校向中心乡镇集中，新增教育资源向城镇集中"的原则，许多小学从原来比较偏僻的村庄搬迁到人口相对集中的村庄。2009 年，建成凤城初级中学，使县城初级中学由 1 所增加到 2 所。2010 年春季，驿马初中合并原安家寺初中、驿马中学初中部、夏涝池教学点初中部；建办贾桥寄宿制小学，逐步撤并周边 4 所小学。通过布局调整，至 2012 年底，全县保留教学点 58 个、完全小学 123 所、初级中学 17 所、高中 3 所。

第三节　教育教学

一、教育教学改革

（一）课程教材

1986 年，全县小学开设思想品德、语文、数学、社会、自然、体育、音乐、美术、劳动技术 9 门课程；中学开设语文、数学、外语、政治、历史、地理、物理、化学、生物、生理卫生、体育、音乐、美术 13 门课程。高中部实行文理分科选修，除语文、数学、英语、政治为公共必修外，文科学生必修历史、地理；理科学生必修物理、化学和生物；高考制度恢复后，高中部增加音乐、美术、体育等专业课程。1990 年，在小学各年级语文和数学课程中增加配套练习，初中增加《我爱中华，我爱甘肃》地方教材，供学生课外阅读。1991 年，全省实行高中毕业会考制度，中学课程在原有课程的基础上增加劳动技术、物理、化学和生物实验课。20 世纪 90 年代中期，精减小学各类练习册，保留数学和语文配套练习。

2000 年起，县城小学三年级以上增设英语课。2001 年，全县所有中学及县城小学开设信息技术课。2002 年，农村小学一至五年级全部改用六年制教材。2005 年，逸夫小学贾彩梅编写的《神奇的家乡》《快乐新口算》《趣味识字》教材，在全县各小学普遍使用。2007 年秋季，全县所有完全小学三年级以上开设英语课，有条件的中心小学开设信息技术课。

2012 年，全县小学开设思想品德、语文、数学、英语、体育、音乐、美术、信息技术、科学、国防、安全、写字、卫生保健 13 门课程；初中开设思想品德、语文、数学、外语、科学、生物、物理、化学、历史、地理、体育与健康、音乐、美术、信息技术、写字、心理健康、法制国防、综合实践活动 18 门课程；高中开设语文、英语、数学、物理、化学、生物、地理、历史、政治、体育、音乐、信息技术等课程。

（二）教学方法

1988 年，全县建立"注音识字，提前读写"实验班 6 个。1989 年，开展"jip"和"六因素"教学法为主体的教改实验，举办实验学校校长、任课教师培训班，设教改实验班 28 个。20 世纪 90 年代，陇东中学对教学方法改革提出"定班级、定教师、定科目、定方法、定目标"的要求，并从教师配备、学籍管理、资料供给、场地及设施方面给予充分保证；由韩国定主持的"提示训练教学"课题得到庆阳地区教育处评估验收，在校内得到重点推广，由魏创文推行"异步教学法"实验、袁兆秀推行"说话与作文"研究实验成功。1998 年，特邀"目标教学法"专家武镇北教授来县指导，是年起，全县独立初中和完全小学全部推行"目标教学法"。1999 年，全县开展中小学教师教学基本功"五项全能"竞赛活动，全区高考化学研讨会在县城召开，葛崾岘小学翟晓春主持"优化小学课堂教学设计与研究"课题获成功。

2000 年起，全县确定各类教学方法改革课题 176 项，其中：葛崾岘初级中学张锋和李文娟的《英语六大专题整塑学习方法》研究课题，得到甘肃省教育科学研究所肯定；陇东中学李发文的英语"四位一体"教学方法课题，获国家基础教育优秀研究成果三等奖。2001 年起，全县不断引进新的教学方法，促进教育教学质量提升。确定 7 所学校开展"张思忠外语教学法"；每年组织中小学有关学科教师赴北京、上海、西安等地学习，先后推广"先学后教、当堂训练""七步五联教学新模式"。2003 年，特聘陕西师范大学教授张熊飞作"诱思探究法"学术报告。

二、招生考试改革

（一）小学考试

1986—1996 年，全县小学考试有期中、期末、平时小考、课堂测验、会考、抽考、统考、毕业、竞赛等考试。1997 年，按照国家教育部关于减轻中小学生课业负担相关政策要求，取消了不必要的检测性会考和抽考。2000 年后，全县取消小学毕业考试，实行小学毕业升学划片，免试直升初中。

（二）初、高中考试及高中会考

初中阶段考试，一般分检测性考试和中考。检测性考试包括期中、期末及其他考试；中考属选拔性考试，是衡量初中阶段教学水平的重要指标。高中阶段的考试一般分为检测性考试、会考和高考。1990 年 6 月起，高中会考成绩开始作为评价学校教学质量和学生参加招工、招干、参军等的文化成绩依据。1993 年后，全县开始实行高中毕业会考制度，凡高中毕业会考合格学生都可以参加高考，预选制度随之取消，部分学科试卷分值也由 100 分改为 150 分。

1986—1996 年，文科高考生参加语文、数学、政治、外语、地理和历史 6 项考试；理科高考生参加语文、数学、外语、物理、化学和生物 6 项考试。1997 年以后，高考全部实行"3＋x"考试，文科考生参加语文、数学、外语＋"文综"（政治、历史、地理），理科考生参加语文、数学、外语＋"理综"（物理、化学、生物），试卷也按照考生单双号分为 A 卷和 B 卷。随着高考方式的变化，中学阶段的各类考试也呈现出多样化。

三、教育科研

1986 年，陇东中学张斌参加全国数学联赛取得名次，实现了恢复高考以来全国联赛零突破。1989 年，县政府成立教学研究室，全县各乡镇相继建立小学教师业务进修辅导站，各级各类学校设立教学研究组。县教研室检查指导中小学教学教研工作，组织中小学生参加各类学科竞赛，开展优质课及优秀论文评选活动，组织选荐学科带头人、骨干教师、教学能手和教坛新秀等活动。1996 年，陇东中学成立教学研究室，随后，驿马中学和庆城职业中专先后设立教学研究室。1997 年，实施《庆阳县素质教育实施方案》，确定试点学校 8 所，其中，卅铺初中和阜城小学为全县推行素质教育重点学校。2001 年，全县开始组织"学科带头人""骨干教师""教学能手"和"教坛新秀"评选工作。2003 年，确定乡级实验课题 49 个，校级实验课题 41 个。2006 年，县教研室创办《庆城教育》杂志。至 2012 年，全县评选出省级骨干教师 27 人、青年教学能手 16 人，市级学科带头人 4 人、教学能手 55 人，县级骨干教师 25 人、教学能手 124 人。

第四节　学前教育

一、幼儿教育

1986 年起，全县幼儿教育事业由县妇联划归县教育行政部门管理，实行"地方负责，分级管

理，有关部门分工负责"制。乡镇、村幼儿园分别由乡镇政府、行政村村委会直接管理，县教育局进行业务指导。1988年，县教育局开始对幼儿园教师进行专业技术人员职称评定。1989年起，县教育局组织全县幼儿教师参加全省统一进行的幼儿教师《教材教法合格证书》《专业合格证书》考试。1991年起，全县开始选派教师赴北京、上海、西安、兰州等地参观学习、借鉴经验、转变观念、提升素质。1986—2000年，幼儿园设置音乐、美术、体育、计算、常识、语言6门课程，采用全国统一教材。2001年，改为自然领域、社会领域、语言领域、艺术领域、健康领域5门课程；同时，在园中开展德、智、体、美、劳各项活动，课程与活动相互渗透、有机结合。2006年，幼儿园增设幼儿珠心算，加强幼儿动手动脑能力培养。全县城乡幼儿入园体检率和教师、炊事员、管理员体检率均达到100%。2010年后，全县各幼儿园普遍配备专用校车，幼儿安全教育得到保障。

二、幼儿园

1986—1995年，幼儿教育在县城被广泛重视，个别乡镇虽建有学前班，但受师资力量、思想观念等影响，农村幼儿入园入学率相对较低。加之，民办教育发展滞后，幼儿教育工作相对薄弱。其间，1992年，全县农村小学开设幼儿学前班28个，幼儿入班率82%以上。

1996年，全县第一所民办幼儿园在县城创建。由陕西人王庚投资14.8万元租赁原粮食局院内楼房6间、平房8间，园名为西庆小天鹅艺术幼儿园，有教职工12人，入园幼儿280人。此后，城区内先后由郭海珍出资12万元，在新华书店院内兴办小天鹅艺术幼儿园；李隆出资80万元，在庆城北区兴办清华育园；苏瑾出资40万元，在庆城北区兴办红苹果幼儿园；高慧萍出资200万元兴办精英幼儿园；王会珍出资36万元兴办小天使幼儿园；唐朝喜出资30万元兴办小博士艺术幼儿园。同期，农村出现民办幼儿园。钱静出资55万元，在熊家庙文化站兴办熊家庙幼儿园；朱丽出资80万元，在庆城镇封家洞村兴办金豆艺术幼儿园；曹琼出资45万元，在白马铺乡街道兴办蓝天双语幼儿园；翟好丽出资30万元，在驿马镇东滩村兴办儒林艺术幼儿园；徐燕出资26万元，在驿马镇兴办北街幼儿园；马建利出资20万元，在赤城乡街道兴办金苹果艺术幼儿园；陈丽萍出资10万元，在赤城乡白家窑村兴办阳光幼儿园；孙天宽出资28万元，在卅铺镇阜城街道兴办新希望幼儿园；麻俊霞出资20万元，在高楼乡街道兴办高楼红太阳幼儿园；任丽琼出资13万元，在马岭镇董家滩村兴办红星艺术幼儿园。在民办幼儿园兴办的同时，各乡镇也相继建起公办幼儿园。至2012年，全县有各类幼儿园49所，其中，公办幼儿园13所，民办幼儿园36所；在园幼儿8617名，其中，民办幼儿园在园幼儿4154名；在园教师650名，其中，民办幼儿园教师271名。

附：

幼儿园选介

庆城幼儿园　创建于1958年，占地面积3590平方米，位于县城中街。有教学楼1幢，建筑面积3765平方米。1991年设特殊教育班，招收聋哑儿童2名。1998年晋升为省一类幼儿园。2012年，有教职工68人，在园幼儿468名，教学班12个，每班配备幼儿教师2名，保育员1名。

桐川乡安家寺幼儿园　创建于2010年8月，占地面积8000平方米，建筑面积870平方米，在园幼儿154名，教职工10名，开设5个教学班。2011年，被中央电视台教育频道作为农村特色幼儿园进行采访报道。

庆城县红太阳幼儿园　创建于1999年5月，租用活动场地2600多平方米，在园幼儿382名，教职工35名，开设12个教学班。园长薛银萍为甘肃省第十次共青团代表大会代表、"第六届甘肃省优秀青年"。

长庆童得梦幼儿园　创建于1978年，占地面积5400平方米，属长庆油田公司庆城综合服务处物业公司管理。1996年被评为甘肃省一级一类幼儿园。有幼儿活动室、卧室、盥洗室、舞蹈室、科学实验室、图书阅览室、保健室、办公室等，均安装有冷暖空调；每班配有录音机、液晶电视、钢琴、DVD、电脑、消毒柜等；提供幼儿种植园地、图书角、作品展示园地等。2012年，全园有幼儿300余名，教职工48人，大中小托教学班11个。

第五节　普通教育

一、义务教育

1996年，全县178所窑洞小学全部完成搬迁，实现班班有安架房教室，人人有课桌凳，结束了"土台子、泥孩子"的窑洞学校历史。1997年，全县实行《义务教育通知书》《义务教育合同书》和流失学生报告制度，建立完善0—17周岁人口档案，小学实行学籍统管，开展"希望工程救助"，实施"春蕾计划"，中小学生流失率、普教"四率"控制在标准内。1999年9月，全县达到省颁普及初级中等义务教育标准；同年，取消重点小学称谓。2002年秋季开学，全县农村实施"五·三"学制向"六·三"学制整体过渡，五年级学生50%升入初中，50%升入小学六年级就读，实现义务教育阶段农村小学与城镇小学统一学制。2007年秋季，免除全县农村义务教育阶段学生学杂费、书本费。2008年秋季，免除全部义务教育阶段学生学杂费、书本费，对家庭经济困难的寄宿学生补助生活费（亦称"两免一补"）。2011年秋季学期起，启动农村义务教育学生营养改善计划。是年9月，全县通过甘肃省"两基"（基本普及九年义务教育、基本扫除青壮年文盲）国检预验工作，小学适龄儿童及初中入学率、巩固率、毕业率、15周岁人口初等教育、17周岁人口初级中等教育完成率、"三残"（视障、听障、智障）适龄儿童入学率达到国家标准。2012年，全县所有小学全部实现义务教育阶段免费教育，建成寄宿制小学5所；全县初中在校学生9229名，小学在校学生 16264 名。

附：

部分小学选介

庆城小学　创建于1921年，位于县中街，占地面积1.48万平方米，建筑面积0.75万平方米。建有单面三层全封闭教学楼2幢，双面三层综合办公楼一幢，双面三层框架教学楼一幢。1986年，被庆阳地委、行署评为"全区教育工作先进集体"。1991年，学校少先大队被共青团甘肃省委授予"红领巾之家"称号。2007年，被确定为首批县级示范学校。2012年，有教职工91名、教学班33个，学生1824名。

逸夫小学　创建于1998年，位于县城南大街，占地面积0.55万平方米，以香港邵氏集团董事长邵逸夫先生命名。建有双面四层综合教学楼一幢，建筑面积0.33万平方米。1999年秋季正式开学。学校有艺术体操队、舞蹈队、军乐队、军训班、二胡班、绘画班、提琴班、书法班等多种形式课外活动小组，先后获庆阳市教育系统先进集体、示范小学、文明单位。2012年，有教职工61名，教学班19个，学生790名。

庆华小学　创建于2005年，位于县城北区，占地面积1.05万平方米。建有双面四层教学楼1幢、双面三层框架结构教学楼1幢，建筑面积0.70万平方米。2011年，被庆阳市教育局命名为"庆阳市示范性小学"。2012年，被甘肃省委、省政府评为"全省教育系统先进集体"，当年，有教职

工57名，教学班22个，学生1055名。

　　驿马小学　创建于1941年，位于驿马镇驿马村，占地面积0.73万平方米。建有四层单面教学楼一幢、三层单面办公楼一幢，建筑面积 0.44万平方米。1991年，被评为庆阳地区"教育系统管理有方先进集体"；1995年，被评为全国"女童教育项目先进集体"；2005年，被评为甘肃省"教育系统先进集体"；2000—2006年，连续7年被县委、县政府评为"教育系统先进集体"。2012年，有教职工57名，教学班20个，学生855名。

　　桐川小学　创建于1973年，位于桐川乡党崾岘村，占地面积26亩。建有教学楼1幢、教师办公楼1幢、学生公寓楼1幢、学生食堂18间，建筑面积0.45万平方米。2012年，有教师22名，教学班12个，学生450名，其中住宿生220名。

　　兰香小学　初建于1950年，占地面积0.72万平方米。初名为药王洞村学，位于庆城镇药王洞村，以耿飚夫人赵兰香命名。建有单面三层教学楼1幢，单面三层教师办公楼1幢，单面二层框架结构学生宿舍楼1幢，建筑面积0.21万平方米。2012年，有教师20名，教学班8个，学生196名，其中住宿生98名。

　　贾桥小学　创建于1948年，位于玄马镇贾桥村，占地面积0.53万平方米。原有土木结构瓦房40间、砖混结构单面教学楼1幢，建筑面积0.13万平方米。2010年6月，迁址原长庆油田筑路工程处学校。2012年，有教师28名、教学班10个、学生326名，其中住宿生146名。

　　玄马小学　创建于1949年2月，位于玄马镇玄马村，占地面积10亩。建有砖混结构瓦房18间、砖木结构瓦房32间、3层框架教学楼一幢，建筑面积0.1万平方米。2012年，有教师27名、教学班10个、学生353名，其中住宿生157名。

部分初级中学选介

　　庆城中学　创办于1981年8月，位于县城南大街，占地面积2.11万平方米。1992年，在社会各界人士的资助下，筹资13.66万元，建成第一幢教学楼；2003年，县财政拨款305万元，建成综合教学楼一幢；有原陇东中学礼堂一座；建筑面积1.04万平方米。1998年，学校获"第五届中华圣陶杯中小学生作文大赛优秀组织奖"；2004年获"甘肃省交通安全文明学校"称号。2012年，有教职工123名，教学班30个，学生1539名。

　　凤城初级中学　创办于2008年，位于县城北区，占地面积4.54万平方米。建有双面五层框架结构教学楼、学生公寓楼、综合教学楼和实验楼，建筑面积2.57万平方米。2009年9月建成并首次招生。2012年，有教职工108名、教学班30个、学生1354名。

　　驿马初级中学　创办于1958年，占地面积192.24亩。2009年9月完成新迁并开始招生。原为长庆石油勘探局驿马技工学校，位于驿马镇儒林村。有砖混结构楼房27幢，平房181间，建筑面积3.74万平方米。有园林2处，大型球场两个，绿化面积达到90%以上，是全县教学环境最好的地方。2012年，有职工114名，教学班22个，学生1041名。

　　马岭初级中学　创办于1958年，2006年9月由马岭中学分设，位于马岭镇马岭村，占地面积2.1万平方米。有教学楼3幢，学生宿舍楼1幢，建筑面积0.96万平方米。其中，1号教学楼由县财政拨款24.8万元、马岭镇政府筹资1.5万元、群众集资11万元建成；学生宿舍楼由学校自筹资金170万元建成。2012年，有教职工54名，教学班9个，学生454名。

　　卅铺初级中学　创办于1969年3月，位于卅铺镇三十里铺村，占地面积2.4万平方米。建有平房107间，建筑面积3600平方米。2000年，被评为获"甘肃省教育系统先进集体"。2004年、2005

年获全县初三毕业会考第一名。2012年，有教职工40名，教学班7个，学生282名。

赤城初级中学　创办于1968年，位于赤城乡赤城村，占地面积39.9亩。建有三层教学楼1幢、四层教学楼1幢，建筑面积5200平方米。1997—2000年，连续4年被县委、县政府评为"教育教学先进单位"；2000年，获庆阳地区教育工作先进集体和全国目标教育先进集体。2012年，有教职工57名，教学班13个，学生649名。

南庄初级中学　创办于1976年，位于南庄乡东塬村，占地面积0.93万平方米。建有平房教室24间、教学楼1幢，建筑面积2700平方米。1994年，被庆阳地委、行署授予"全区教育系统先进集体"称号。2012年，有教职工30名，教学班6个，学生238名。

高楼初级中学　创办于1968年，位于高楼乡高楼村，占地面积1.2万平方米。建有教师办公室18间，教学楼1幢，建筑面积3100平方米。2001年，被庆阳地委、行署评为"庆阳地区教育系统先进单位"。2012年，有教职工31名，教学班6个，学生288名。

白马初级中学　创办于1970年，位于白马铺乡白马铺村，占地面积0.84万平方米。建有教学楼2幢，建筑面积3700平方米。1999年，被庆阳地委、行署评为"教育系统先进集体"。2012年，有教职工57名，教学班11个，学生596名。

桐川初级中学　创办于1971年8月，位于桐川乡党崾岘村，占地面积10余亩。建有平房86间、四层教学楼1幢，建筑面积7500平方米。2003年，被市委、市政府评为"庆阳市教育系统先进集体"。2012年，有教职工41名，教学班12个，学生607名。

冰淋岔初级中学　创办于1989年8月，位于冰淋岔乡冰淋岔村，占地面积0.8万平方米。建有平房29间，建筑面积3800平方米。1996年，被甘肃省委、省政府评为"甘肃省教育系统先进集体"。2006年、2007年获全县初中会考第一名。2012年，有教职工41名，教学班12个，学生607名。

二、高中教育

1986年，全县普通中学实行校长负责制。陇东中学校长、党支部书记按正县级干部配备，副校长、副书记按副县级干部配备，学校增设办公室。完全中学设教导处、总务处。1990年起，各校陆续增设政教处、保卫科。1996年后，各校增设教研室、教育信息技术中心，设立党支部和教育工会、共青团委员会、妇女工作委员会、教职工代表大会。1999年，取消重点中学称谓。2004年，陇东中学高、初中部分离。2006年，马岭中学高、初中部分离。2008年起，往届生不参与普通高中升学考核评价。2010年，驿马中学高、初中部分离；全县新一轮普通高中新课程实验启动。至2012年底，全县有全日制高级中学3所，在校高中生4306名，教师366名。

（一）高级中学

陇东中学　是由毛泽东亲笔题写校名的具有革命光荣传统的学校，1940年9月在县城南大街南端旧文庙创办，几经迁徙，现位于县城南大街西侧丁家湾。2012年，学校占地面积116.8亩，总建筑面积2.78万平方米，建有教学楼、科技楼、办公综合楼、实验楼、阶梯教室、学生公寓楼、餐厅各1幢；绿化面积1.39万平方米，体育场地3.33万平方米。有理化生实验室和计算机教室、多媒体教室、音体美用房共51个，多媒体电教总控室、多功能报告厅和会议室、中心机房各1个，10兆光纤接入宽带网，学生用计算机170台，与成都七中合作开展网络直播教学，与天津二十一中、北京四中结为友好学校。有理化生仪器及文体器材904台（件），各类报刊490种，图书1.96万册，电子图书7.72GB。2004年，被庆阳市教育局命名为全市首批示范性高中。先后被评为"全国实践教育活动

先进单位""全国德育工作先进实验学校""甘肃省教育系统先进集体""甘肃省教育工作先进集体""甘肃省文明单位""甘肃省中小学德育工作先进单位""甘肃省国防教育先进单位""甘肃省师德建设先进集体"。2012年，有教职工193名，教学班46个，学生2556名。

驿马中学　创办于1967年，位于驿马镇驿马村，占地面积44亩。建有教学楼2幢、办公楼1幢、科技楼1幢、职工宿舍楼1幢、住宅楼1幢、学生公寓和餐饮中心，建筑面积1.68万平方米。建成多媒体网络教室、电子备课室、多媒体报告厅、校园有线广播及图书室（藏书13600册）、阅览室、仪器室、实验室、医务室、音乐训练室、美术训练室。1994年，被甘肃省委、省政府评为"教育系统先进集体"。2012年，有教职工108名，教学班21个，学生1032名。

西川中学　前身为马岭中学高中部，位于卅铺镇阜城村，2006年8月，利用长庆油建子弟学校旧址建立的县属全日制高中，占地面积2.7万平方米，其中，教学区1.62万平方米，生活区1.08万平方米。校舍建筑20幢，建筑面积1.85万平方米。学校拥有多媒体报告厅1个，微机室1个，新建理化生实验室、仪器室6个，配备校园网络及广播系统。2012年，有教职工65名，教学班12个，学生718名。

（二）教学成果

1991年，陇东中学学生梁海峰考入清华大学。2004年，陇东中学学生张文轩考入北京大学，张旭东考入清华大学。2006年，陇东中学学生张凌童获全省高考文科"状元"，被中国人民大学录取。2007年，陇东中学学生陈垚文考入清华大学。2011年，陇东中学学生田集斌考入清华大学。全县高考二本以上进线率位列全市第一名。

附：

表 36-5-1　1986—2012 年全县大中专录取情况统计表

年份	报考人数	录取人数
1986	505	202
1987	534	184
1988	600	214
1989	553	196
1990	624	204
1991	594	223
1992	615	252
1993	539	346
1994	448	263
1995	402	267
1996	458	226
1997	423	276
1998	424	211
1999	507	261
2000	682	323
2001	754	429

续表 36-5-1

年份	报考人数	录取人数
2002	775	550
2003	1092	707
2004	1386	1038
2005	1957	1196
2006	2330	990
2007	2752	1203
2008	2069	1059
2009	1743	1042
2010	1700	1102
2011	1580	1295
2012	1668	1526

说明：2001年后高中中专停止招生，报名均为大专人数。

三、民办教育

2002年9月，卅铺镇辛家沟村辛广仁创办全县第一所全日寄宿制六年制民办小学，位于卅铺镇三十里铺村，占地13.86亩，建筑面积3260平方米，利用原长庆油田运输三大队学校校舍，招收小学各学龄段适龄儿童，有教师18人，设6个年级，共招生180多名。学生最多时达到200名以上，全封闭式教学管理，2012年停办。

2003年，由鲁建峰投资，在县城商业大厦创办新剑桥少儿英语学校，为全县第一所民办英语学校，有教职工7名。之后，春蕾剑桥少儿英语学校、英华外语学校、剑桥少儿英语学校等7家民办学校在县城相继创办。校外英语学校通用剑桥英语教材，注重英语口语、实用交流，利用周末及节假日给学生上课，实行常年招生。

2004年，庆城县阳光中学成立，是一所全日制私立高级中学，设址县城北大街西侧麻家湾，占地30余亩，建筑面积3100平方米。由陇东中学教师王世长、李相虎、邵拴平、马辉等共同创办。2004年，该校招收学生80名，设教学班2个，招聘教职工14名，实行普通高中教育教学管理。2010年停办。

第六节　中等专业职业技术教育

庆城职业中等专业学校　位于庆城镇丁家湾，始建于1987年8月，占地面积30亩。先后投资1816.99万元，建成教学楼、科技实验楼、实训楼、办公大楼、学生公寓楼等，总建筑面积2.2万平方米，建有多媒体教室、电子电器专业实验室、计算机专业多媒体教室、汽修模拟室等教学设施。开设物理、电子技术应用、计算机应用、幼儿师范、焊接技术、数控技术应用、模具设计与制作等专业和英语教育培训、电工、焊工、饭店服务等农村劳动力转移培训专业。1997年，晋升为省级重点职业学校，被评为全省职业教育先进集体。2001年，晋升为国家级重点职业学校。2010年起，庆城职业中专有校企合作班、高考对口升学班和普通大专班。其中，校企合作班开设的专业有计算机应用、机电技术应用、机械加工技术应用、焊接技术应用、学前教育等专业；高考对口升学班开设

现代农艺技术、营养与保健、机电技术应用、会计电算化、商务英语、音乐、美术等专业；普通大专班开设护理、计算机应用、生物制药、机电技术、园林技术、工程造价、石油化工生产技术等专业。至2012年底，累计举办各类培训班200余期，培训人员15万多人次；为国家输送合格人才11092名；培养学历教育毕业生5058名，各类职业人才就业率达93%；学校有教职工106名、教学班42个、学生2219名。

太白梁林业中学　位于太白梁乡中合铺村，创办于1976年，占地面积15亩。建有教学楼1幢990平方米，教师办公用房、学生宿舍及实验室、仪器室等平房684平方米；有65亩林场一处。1986年，被评为"庆阳地区教育工作先进单位"。1995年，承担"梨枣引进试验示范"科研项目并获甘肃省林业科学技术进步二等奖。2005年获全市职业教育三等奖。普通高中班和职业高中班，参加全国统一高等院校招生考试，录取率累计在30%以上，自谋职业就业率在85%以上。2006年始，先后为苏州中达电子有限公司，常州胜代机械制造有限公司、山东烟台冰科集团和三利集团等知名企业累计输送各类专业人才470多名。2012年，有教职工32名、教学班20个、学生370名。

第七节　其他教育教学

一、农民扫盲教育

1986年初，全县有文盲、半文盲25931名，按照庆阳地区教育处制订的《扫盲和扫盲后继续教育三年规划》和统一编印的《农民识字课本》，当年，全县开办扫盲班422个，参加人员1.60万名，经过考试脱盲1240名。

1991年，农民扫盲坚持"四包两定三落实"责任制，即：乡干部包村、村干部包户、学校包教、乡村干部包组织管理，定任务、定时间，落实文盲底子、落实扫盲措施、落实扫盲责任。全年开办农民扫盲班420个，设包教点1497个，1.15万名参加脱盲学习。1992年，举办集中扫盲班446个，参加扫盲学习1.15万名。1993年，全县1937个半文盲中1480名脱盲，非文盲率达到88.2%，达到"基本扫除文盲县"标准。

1997年，各乡镇政府、村、组成立扫盲领导机构，实行"双线承包"（教育系统承包教学，乡镇村组承包组织管理）责任制，全年举办扫盲班549个，脱盲4030名。次年，各乡镇普遍建立规范的扫盲档案。1998年，全县5850名达到脱盲标准，文盲率降至4.8%。1999年，全县举办扫盲班328个，分散施教点512个，参加扫盲学习9036名，通过国颁扫盲标准省级验收，达到省颁基本扫除青壮年文盲标准。

2003年，全县培训扫盲农民3.6万人次，达到省颁扫除文盲县标准。2006年，实现国颁扫盲标准。

二、成人自学考试

1988年起，县政府制订奖励政策办法，鼓励干部职工参加成人自学考试。办法规定：参考期间，单位给予假期；往返车费、住宿费给予报销；考试合格者报销学费、书本费，并给予奖励。1991年，全县参加自学考试585人次，6名取得大专文凭。1992年，参加大中专自学考试419人次，其中本科17名，大专237名，中专165名，及格科目1591科次，8名取得大专文凭，1名取得中专文凭。

1993年，庆阳县高等教育自学考试委员会成立，负责全县和长庆局、庆化厂自学考生的考试报名及组织工作。1995年，甘肃省高等教育自学考试委员会在县设分考区，考点设在陇东中学。

1997年，县自学考试办公室增加华池县、环县自学考试考生的报名和考试组织工作，设立陇东中学、庆城中学考点；是年，参加自学考试考生 2400 余名，涉及专业 33 个、科目 180 个。1998年，开设成人自学考试 32 个专业，取得单科合格证 653 名，32 名考生取得大中专文凭。1999年，开设成人自学考试专业 33 个，取得单科合格证 581 名，16 名考生取得大中专文凭。

2001年，开设成人自学考试专业 21 个，报考 1507 科次，合格 692 科次。2002年，参加考试 1300 人次，合格 1600 科次，取得学历 40 名，其中本科 6 名、专科 34 名。2003年，参加考试 2100 人次，取得学历 21 名，其中本科 8 名、专科 13 名。2004—2005年，参加成人自学考试 2700 余人次，报考 1362 科次，学科合格率为 32.5%。2006年10月，省高等教育自学考试委员会撤销庆城县分考区，县自学考试办公室负责全县考生报名工作，由庆阳市自学考试办公室在西峰统一设点组织考试。

三、电化教育

1989年，县电教馆在县教育局成立，利用世界银行贷款项目为 8 所小学各配发 1 台电视机和放像机，培训专职电教员 1 名。1991年，县电教馆建起地面卫星接收站，安装第一台地面卫星接收系统，主要接收中央教育电视台节目，转录成录像带发送到全县基层各个播放点供师生观看。

1993年筹建县教育电视台。1994年1月建成正式播出，成为全区 5 个县级教育电视台之一。1999年，摄制的《根植深山写春秋》和《大山深处育苗人》专题片，先后在中国教育电视台播出。2000年，摄制的《山沟里的希望》专题片先后两次在甘肃省电视台播出；专题片《村支书康永明》获庆阳地区"五个一"工程奖。2001年12月，县教育电视台停办。

四、信息技术教育

2007年，县电教馆改称县电化教育管理中心，台址设在县城西大街（县幼儿园院内）负责全县信息技术教育工作。2000—2010年，国家先后投资 2600 万元，在全县中小学建起 67 个计算机网络教室、318 个多媒体教室、6 个电子备课室和 5 个校园局域网。全县 18 所初级中学、2 所职业中学、3 所完全中学和 13 所小学建成校园广播系统，开设信息技术教育课。2006年4月，建成庆城教育网站。至 2012 年，县电教中心举办中小学生电脑操作竞赛 5 届，教师课件制作竞赛 5 届。2009年起，分期对全县所有教师进行信息技术能力培训，并通过考试全部合格结业。

五、长庆油田学校

（一）小学

1986年，县城有长庆一小、长庆二小两所完全小学；马岭有钻二小学、运输二大队学校、采油二厂子弟学校、井下作业处子弟学校、水电厂子弟学校；贾桥有筑路处子弟学校，驿马有石油技校子弟小学，卅铺有油建处子弟学校、运输三大队子弟学校，共有小学 11 所。2002年，全县有长庆一小和长庆二小。2012年，仅存长庆一小。

（二）中学

1986年，全县有庆阳子弟学校和马岭钻二中学两所完全中学，有井下、采油二厂和油建子弟学校 3 所初级中学。1989年，庆阳子弟中学、长庆一小和长庆二小合并成立庆阳子弟总校。1990年后，在庆阳子弟中学和钻二中学新建教学楼、办公楼和学生宿舍楼，按教育部中学一类标准分别配置物理、化学、生物实验设备，建起具有一定规模的图书馆、资料室。

附：

庆阳子弟总校　1989年4月成立，辖长庆一中、第一小学、第二小学，内设综合办公室、教导

处、德育处、团委、教研室、总务处、财务科等科室。1995年，跨入甘肃省重点中学行列；1998年被中国石油天然气总公司评为"石油系统教育先进集体"；2000年起，先后被甘肃省教育厅确定为甘肃省示范性高中，"九五期间国家重点课题德育实验基地""国家基础教育重点科研课题基地""全国中小学德育工作先进集体"。2004年10月，总校移交地方政府管理。2010年9月，所辖长庆一中由庆阳市教育局管理。2011年5月，更名为庆阳长庆中学。2012年，学校有教学班21个，学生1010名，教职工84名；高考二本以上录取率为27.5%，三本以上录取率为47.2%；中考参考97名，被录取79名。

（三）长庆石油技工学校　1979年6月创办，位于驿马镇儒林村，占地260亩。招生对象为初中毕业生，主要培养三级以上中级技术工人。开设电力、通讯、热工、测井、井下、器材、锅炉、内燃、压裂、试修、采油、汽修、管焊13个专业，学制3年，第一期招收学生400名。1981年后，相继撤销马岭钻井二部技校、阜城油建技校、华池采油二厂技校、运输处技校、庆城大修厂技校、研究院技校、泾川地调技校并入该校。1986年，学校建筑面积3.23万平方米，建有电学、力学、化学、水力学、电工、电子等7个实验室，各类实验仪器1363件（套），藏书3万余册；有教职工232名，学生711名。1997年停办，教职工全部迁往陕西省西安市。2008年校产移交地方政府管理。

第八节　教师

一、数量与结构

1986年，全县有教师2047名，其中，公办教师867名，民办教师1180名；公办教师中，本科学历16名，专科学历20名，中专学历162名，高中以下669名。

1988年，全县首次开展教师职称评定工作，共评出中学高级教师18名，一级教师69名，二级教师228名，三级教师68名；评选小学高级教师148名，一级教师182名，二级教师68名。1989年，在民办教师中，评定中学一级教师1名，二级教师8名，三级教师16名；小学高级教师52名，一级教师208名，二级教师258名，三级教师523名。

2012年，全县有教职工3154名，女职工1301名。其中：公办教师2934名，其他人员220名；公办教师中，本科学历948名，专科学历1320名，中专学历380名，高中以下286名。小学教职工1743名，专任教师1612名，小学教师学历达标率为97%，具有小学高级教师职称的3名，中级职称的518名；初、高中教职工1302名，专任教师1220名；职业中学教职工109名，专任教师112名。初中教师学历达标率为96.2%，高中教师学历达标率为75.8%。全县中学（含职业中学）教师具有中学高级教师职称的125名，中学一级教师职称的397名。

二、师资任用

1971年，全县启用社请教师。至1993年，经过4次考试750名社请教师被录用为公派教师。1989年9月，对全县1133名社请教师和45名临时代课教师全部按有关规定评定专业技术职务，并对中教一级和小教高级，中教二级和小教一级，中教三级和小教二级，小教三级分别增加20元、15元、10元、5元的职务工资；每月增发8—12元的生活补助，对中小学担任班主任的社请教师每月增发4—5元的班主任津贴。同时还建立社请教师退休制度，对于年满60周岁的男教师和55周岁的女老师，教龄在30年以上的仍可享受原补助工资，并要求各乡镇在化肥、农药等农用物资的分配上也应对社请教师予以照顾，乡、村不得给社请教师摊派义务工。2006年底，全县有临时代课教师45名。

2001—2002 年，全县共认定符合条件的中、小学教师 3444 名，并全部颁发《教师资格证》。

2005—2012 年，连续 6 次在大中专毕业生中通过考试招录 411 名教师，全部分配乡村基层学校任教。2009 年，录用分配师范类本科毕业生，充实基层教师队伍。2012 年底，全县共有中小学教师 2967 名，其中临时代课教师 6 名。

三、师德教育

1986 年后，按照《中华人民共和国义务教育法》，全县师德教育有章可循，持续开展。1997 年，全县贯彻《中华人民共和国教师法》《中小学教师职业道德规范》，在教师队伍中组织开展以"讲理想、比才干，为建设教育强县做贡献"的职业道德教育和敬业精神教育活动；2003 年，开展"铸师魂、修师德、练师能、树师表"系列学习教育活动。2004 年，全县启动"师德师风建设年"活动，县政府制订《关于加强和改进全县中小学师德师风建设的实施意见》，要求教师做到"六要十八不准"，并设立举报电话、举报箱。2005 年，组织开展"三对照三问"活动，免去不称职校长和学区主任 2 名，聘任初中校长、教务主任、学区主任和学区干事 18 名，清理整顿不安心从教、边教边商、弃教从商、体罚学生教师。2006 年，组织开展"师德大讨论"和"优秀教师选拔培养"活动，清理占编不在岗教师 16 名。

四、师资培训

1986 年，在县城麻家湾创办庆阳县教师进修学校，首次对 20 名在职小学教师进行大专学历培训。此后，每年利用寒暑假对小学教师进行短期培训，累计培训合格教师 1500 名。

2000 年，中小学教师继续教育工作启动。县教育局每年利用寒暑假前 10 天时间，初级中学以上学校和县直小学均以学校为单位，乡镇小学以学区为单位集中组织，学习有关上级部门统一编发的继续教育教材，聘请专人辅导讲解，组织统一考试，颁发继续教育培训资格证书。培训内容包括新课程改革理论与实践、现代教育思想更新与提高等教育理论，以及对新课改和新教法的研究探讨。2002 年起，现代信息技术教育成为教师继续教育重要内容，规定 50 岁以下教师必须学会基本电脑操作技术。至 2012 年，全县中小学教师继续教育培训 15 期，每人累计培训约 1079 课时。

五、教师待遇

1985 年 9 月 10 日，县委、县政府组织召开全县庆祝第一个教师节大会，制作"教师节纪念"讲义夹，表彰优秀教师先进教育工作者和模范班主任，对 30 年以上教龄的教师颁发荣誉证书。之后，每年"教师节"期间，县委、人大、政府、政协领导带队慰问一线教师，看望离退休老教师，召开全县教育工作大会或举行教师座谈会，奖励先进教育工作者、模范班主任、优秀教师。

1986 年，县政府在县城修建知识分子家属楼。1997 年，县政府制订《关于加快教职工住房建设步伐的意见》，提出教师"康居 333 工程"目标，年内动工修建教师住宅 60 户。至 1999 年，教师"康居工程"解决教师住房 311 户，城镇教师人均住房面积达到 6.24 平方米。

1986 年起，县政府根据国家、省、市（地）相关政策规定，对全县大专以上学历在职教师增发生活补贴。1987 年 11 月起，中小学公派教师每人工资标准提高 10%。1988 年底，全县教师全部实行专业技术职称工资。1994 年，县政府实施中小学教师工资改革，调整后全县中学教师工资最高每月 800 元。2007 年，对全县中小学教师工资全面改革，调整后中小学教师月均净增 1011 元，平均 2248 元。2009 年 1 月，县政府按照国家教育部实施义务教育阶段中小学教师绩效工资基本要求，教职工工资分为岗位工资、薪级工资、津补贴工资和绩效工资四部分，其中，奖励性绩效工资按人数下拨，基础性绩效工资按教职工工作业绩发放。2011 年，全县实行校长职务津贴制度。

第三十七章 体育

1986 年起，全县群众体育活动蓬勃发展。随着城乡一体化进程的推进，公共体育活动场地及设施明显改善，全民健身活动内容不断丰富，业余训练逐步规范，各级学生体育达标率大幅度提升，体育彩票销售步入规范化管理。

第一节 机构

1986 年，庆阳县体育运动委员会成立，归口县教育局，有职工 4 人。1997 年，调整为正科级事业单位。2004 年，更名为庆城县体育运动委员会。2008 年，更名为庆城县体育局（简称"县体育局"）。2012 年，县体育局设人秘股、业务股、产业股，职工 16 名。

第二节 体育设施

1986 年，全县有各种类型体育场 344 个，其中有固定看台的灯光球场 2 个；运动场 2 个，小运动场 22 个，篮排球场 320 个（有灯光 17 个）；体育场多分布在学校，学校有体育场 253 个，工矿系统体育场 51 个，绝大部分是长庆油田体育场，地方体育场仅有 2 处；其他机关单位有体育场 21 个。2006 年，全县有各类体育场 321 个，其中标准体育场 201 个，非标准体育场 120 个，累计 52.8 万平方米，200 米以上小运动场 10 个，体育系统小运动场 1 个；篮球场 287 个，其中学校篮球场 232 个，乡镇篮球场 9 个，体委篮球场 8 个；排球场 20 个，足球场 3 个，乒乓球台 264 个，羽毛球场 20 个，健身房 10 个。至 2012 年，全县共有体育场 400 个，各类体校 5 个。

一、城区体育场及设施

1986—1997 年，县城有大型体育场 2 处。其中：县体育场位于北大街，占地 5820 平方米。1990 年，省体委投资 3.5 万元更新改造，可容纳观众 3000—4000 人。1996 年，在场内修建 600 平方米旱冰场 1 处。1997 年 10 月拆除。长庆局体育场位于田家城长庆石油勘探局第二机械厂生活区内，建筑面积 4500 平方米，内设两个灯光球场，两侧为大型水泥看台，可容纳观众 3000 余人，主要供油田职工开展体育训练和竞赛。

2000—2004 年，国家体育总局、省体育局先后为县城调配全民健身工程路径 2 条 20 站、小篮板 3 副；室内全民健身器械 3 套 40 台，室外乒乓球台 4 个，篮球架 6 套。城内先后修建北区广场、中街休闲广场、博物馆广场等群众体育场地；确立南街、中街、北关、北街、北区及田家城晨、晚练点 7 处；开办东壕健身房，占地 200 平方米，设有电动跑步机、综合练习器、按摩机（椅）、健骑机等健身器械 50 余台。2006 年，建成北区广场健身路径 1 处。2008 年，城区建成健身活动室 1 处、羽毛球场 5 个。2010 年，安装北区广场、三岔路口等公共场所体育健身器材 28 台（件）。

二、乡村体育场及设施

1986—2000 年，全县农民文化体育活动场所较少，设施简陋。2000 年后，全县乡村体育活动逐渐兴起。2002 年，全县有 6 个乡镇建有一场一室。2004 年，县域开展"农村体育年"和"体育三下乡"活动，新修驿马、赤城、熊家庙、南庄、卅铺等 5 乡镇标准篮球场。2005 年，省体育局为庆城、玄马、卅铺、马岭、驿马、白马、赤城 7 乡镇捐赠篮球架 7 副。2007—2008 年，全县完成全省"千乡镇农民健身工程"整县推进任务，建起乡镇体育工作站 17 个，建成村级休闲广场及示范篮球场 10 个，扩大农村健身场所面积 6 万余平方米。2009—2010 年，实施"村级农民健身工程"项目，硬化标准篮球场 58 个，安装乒乓球台 112 个。2011 年，玄马镇全民健身中心被省政府列为为民办实事体育建设项目，投资 80 多万元，建成 16 个农民体育场所。2012 年，新建翟家河乡梨树渠、赤城乡老庄、白马铺乡三里店村，驿马镇东滩、儒林、驿马村，葛崾岘办事处高庙村，马岭镇董家滩村，太白梁乡众义村，庆城镇王沟门村共 10 个村级体育活动场地。

至 2012 年底，全县 17 个乡镇（办事处）均建有体育活动广场，其中玄马、卅铺、白马铺等乡镇体育中心被列为甘肃省高标准体育惠民工程；84 个村修建标准硬化篮球场，占全县村级总数的 55%。

第三节　社会体育

一、职工体育

1986—1996 年，城区工矿、机关单位利用节假日举办篮球、象棋、乒乓球、羽毛球、拔河、自行车、广播操、健身操等群众性体育活动，累计参赛 23 万人（次）以上。庆阳石油化工厂、中国工商银行庆阳县支行、县体委先后被评为全省热心支持体育企业和群众体育先进单位。1992 年 8 月，县域及长庆局代表队在西峰参加首届庆阳艺术节职工篮球比赛，获男子组第三名。

1997—2007 年，城区职工体育、健身活动持续蓬勃发展。2008 年，以"全民健身与奥运同行"为主题，举办机关单位乒乓球邀请赛和城区女职工、女学生千人长跑赛，组织参加市"十一运"成人乒乓球邀请赛。2009 年，组队参加全市职工乒乓球邀请赛。2010 年，迎接在庆阳市举办的"甘肃省第十二届运动会"，县委、县政府举行火炬传递活动，15 名火炬手依次经过县域北区路口、庆城宾馆、十字街、钟楼巷等交接点，沿途观众 3 万多人；举行 5000 人参加的"迎元旦、强体质、防甲流"登山活动。2012 年，县城建、公安、教育、环保、电力、人民医院等 17 个县直单位开展乒乓球、篮球、象棋、拔河、跳棋等项目比赛；庆阳市地税系统职工运动会在县城举办。至 2012 年底，全县累计举办各类职工体育比赛活动 130 场次，参加人数 10 万人次以上。

二、农村体育

1986 年，全县有 7 个乡镇举办农民运动会，以田径、篮球、乒乓球、拔河、象棋等传统项目为主，参赛 1468 人次，观众 2.56 万人。1989 年，8 个乡镇成立体育协会；驿马镇建成灯光球场并举办农民运动会，被省体委命名为全省体育先进镇。1993 年，农民企业家文玉龙资助 1 万元，举办首届庆阳县农民运动会。1994 年起，安家寺乡连续 10 年坚持举办农民运动会。2000 年，各乡镇开展"迎十运走进新世纪"百万农民健身活动。2002 年，南庄、赤城乡举办农民运动会，有

3000余人参与。2005年，南庄乡被评为全省元旦春节百万农民健身活动先进单位。2009年，实施"甘肃省体育彩票杯百万农民健身大拜年"和"甘肃丝绸之路体育健身长廊农民系列篮球选拔赛"活动，组队参加庆阳市农民篮球选拔赛。2011、2012年，玄马镇举办"四海之星·永安保险杯"全国城市友好对抗赛（庆阳站）、庆阳市"十佳投资联盟杯"全国钓鱼大奖赛，参与活动1000多人次。1989—2012年，驿马、南庄、安家寺、赤城、翟家河、卅铺等乡镇先后被评为全省、全市群众体育先进单位。

三、社区体育

1997年起，在县城设立南街市场、长庆影剧院广场、长庆水电厂等8处全民健身活动点，每天开展扇子舞、秧歌、广场舞、健美操、太极拳、健身气功等项目锻炼活动。选派社会体育指导员，指定专人负责，开展晨、晚练活动。2003年12月，北街社区群众健身站被评为全省优秀健身站点。2008年，以"全民健身与奥运同行"为主题，开展节庆群众健身活动，县博物馆和部分乡镇举办太极拳、健身操及社会体育爱好者培训班，推广健身项目，参与群众千余人次。2010年，举办历时18天"全民健身龙腾狮跃闹元宵大联欢"活动。2012年，举办体育健身大拜年、龙腾狮跃闹元宵和"体育三下乡"活动，在北区广场举办"春之梦"广场群众健身舞蹈展演。全年累计参赛人数2.8万，参与活动人数11.3万人次，占全县总人口的38%。年内成立武术（跆拳道）、中老年体育协会等组织。至2012年底，全县有体育总会1个、单项协会7个、会员1200多名，累计举办各类单项体育比赛和民间体育赛事20多场次。

四、学校体育

1986年，各中学和部分重点小学均建立学校体育协会或领导小组，制订相关规章制度。各级学校招收新生加试体育，优秀运动员升学降分录取，体育不及格的学生不能评为三好学生，体育不达标的班级不能评为优秀班级。是年，全县有200米跑道田径场的学校7所；各类学校举行运动会56次；按照《国家体育锻炼标准》，各级学校体育达标3111人。1990年，庆城中学新修300米炉渣跑道田径场，全县各级学校学生体育达标率为75%；2002年，全县体育达标率为95%。2004年后，全县中心小学以上各级各类学校学生每天保证1小时以上的体育活动时间，初级中学以上学校每年举办一至两次运动会，体育达标率为93%。2007年，投资300余万元扩建陇东中学400米标准田径体育场。

幼儿体育 1986—2012年，全县各幼儿园均开设幼儿体育活动课，多以唱游方式进行，伴有舞蹈、故事情节。幼儿体育设施逐年增加，城区幼儿园设有滑梯、跷跷板、小木凳、儿童健身长廊、橡胶城堡等儿童体育器械和小皮球、软式篮球、排球、地滚球、橡胶哑铃、橡皮棍、小垫子等常备体育器材；农村幼儿园体育设施相对较少。幼儿体育活动内容随设施增加逐步拓展，一般有体操表演、快速跑、竞走、拾麦穗、小自行车赛、障碍接力赛、跳高、轻物掷远、掷准、钓鱼、套环、抱球赛跑、拔萝卜等。庆城幼儿园每年"六一"儿童节举办规模较大的幼儿运动会，每次比赛项目不少于15个，参赛儿童不少于260人次。

小学体育 1986—1988年，全县各小学按照1—6套广播操图谱做课间操。1988年10月，第七套少年儿童广播体操在全县各小学推广。1997年11月，庆城小学被省体委、省教委命名为全省体育传统项目学校。1998年7月，全县小学实施由教育部颁布的体育韵律操。2000年后，民族化、韵律化、特色化、技巧性体育项目在全县小学开展，各校择机举办呼啦圈、韵律操、广播操等体育比赛。《国家体育锻炼标准》在小学逐渐被《小学生体育合格标准》取代。2007年

9月，全县推广、普及小学校园集体舞。2012年，全县各小学普遍开展各种体育活动项目、举办各类运动会。

中学体育　1986年，全县各中学普遍推行《国家体育锻炼标准》。1988年，全县各中学普遍推广国家第五套中学生广播体操。1990—2012年，全县开展中学"广播操、韵律操、健美操、健身操"比赛，各中学贯彻《学校体育工作条例》，实施《国家体育锻炼标准》，持续开展春季田径运动会和秋季球类运动会。庆城中学、西川中学、驿马初级中学、赤城初级中学先后被省体育局批准为高原人才开发训练网点学校。陇东中学、驿马中学、卅铺初级中学被省、市（地）树立为体育教育先进单位。

五、老年人体育

全县老年体育活动主要项目有太极拳、迪斯科、健美操、象棋、乒乓球、台球、门球、康乐球、麻将等。1988年，随着县老年人体育协会成立，老年人体育活动广泛开展。城区老年人参加体育锻炼多为强身健体，女性居多；乡村老年人多在村文化广场开展以娱乐为主的体育活动。1989年，县上筹资12万元修建老年活动中心；同年，县老年人体育协会组队参加全区大型体育比赛，获老年门球第六名、老年迪斯科团体第四名、射击个人第二名。1998年10月，县老年人代表队在西峰参加全区首届老年人"保健杯"乒乓球比赛。2012年5月，庆城镇凤城苑社区与长庆油田第二采油厂综合服务处联合成立老年大学，购置多功能健身器材，内设阅览角、书画角等文化场所，供老年人健身、学习。2012年6月，县老龄委、体育局举办"夕阳红"老年健身节目展演赛，邀请西峰、环县、华池等29支代表队、1200余名中老年健身爱好者参赛。是年，全县参加体育活动老年人达1.8万名。

六、残疾人体育

1989年，马岭镇残疾人曹志刚参加全省残疾人运动会，获标枪、铅球金牌各1枚。1994年，成立县残疾人体育协会。2010年，县残联选送10名运动员赴天水参加全省第二届特奥会暨第八届残疾人运动会，分获两个第一，两个第二，两个第三名；白马铺乡冉坳村残疾青年李刚在全省第八届残疾人运动会获1枚银牌、1枚铜牌。智残人张栋被省残联选拔参加福州全国特奥会，获1枚金牌、2枚银牌。至2012年底，全县残疾人体育协会有会员135名、体育活动费用30多万元。

七、体育彩票

1990年，第十一届亚运会基金奖券发行部分配全县奖券4000张，每张奖券售价1元，购券者即买即开，中奖当场兑现。一等奖500元，二等奖50元，三等奖10元，四等奖5元，五等奖2元，六等奖1元。县体委组织发售，共发行奖券2.16万元。1995年，全县开始销售即开型体育彩票，销售额400万元。1996年，庆阳县体育彩票销售管理领导小组成立，下设中国体育彩票庆阳县销售站。同年5月，庆阳地区体委与县政府联合组织中国体育彩票规模销售活动，销售体育彩票280万元。

2002年，全县开始实行电脑体育彩票销售，设销售点7个，其中马岭镇2个，卅铺镇1个，庆城镇4个。当年销售额106万元，其中即开型2万元。2008年，新增投注点16个，销售额800余万元。2010年，全县有体彩销售网点42家，年销售额600余万元。2011年5月19日，全县彩民获体育彩票排列五第131期30万元大奖；当年销售额达900万元。2012年，销售额突破1000万元。至2012年底，全县有体育彩票销售点43个，累计销售各种体育彩票达7000万元。

第四节　体育训练

一、体育人才

（一）社会体育指导员

1986—2005年，全县累计培训社会体育指导员260人。2006—2010年，举办社会体育指导员培训班8次，培训三级社会体育指导员234名。2011—2012年，全县参加三级社会体育指导员培训200余人，参加国家级社会体育指导员培训、全省健身气功新功法指导员提高班培训各1人，参加全省一级社会体育指导员培训2人，参加全市二级社会体育指导员培训15人，获得二级社会体育指导员资格证书。至2012年底，全县累计培训社会体育指导员660人，其中一级12人、二级78人、三级570人。

（二）体育专业人才

至2012年，全县累计考入各级各类大专院校体育专业学生286名，为省、市（地）体育运动队输送优秀运动员94名；有体育工作者160人，专职教练22人，等级裁判员146人，其中国家一级6人、二级30人、三级110人；二级运动员2人。

二、业余训练

1986年，县城有业余体校1所，教练3人。全县业余训练项目重点分布在学校，分别为：陇东中学田径、排球、篮球，驿马中学田径、排球，马岭中学田径、篮球，太白梁林中长跑，庆城中学田径、篮球，庆城小学田径等。1988年，全县形成南北两个田径业余训练网，南区的庆城中学、庆城小学、阜城八校、马岭中学以陇东中学为中心；北区的太白梁林中、惠家庙八校、佛寺崾八校以驿马中学为中心。各校长年坚持系统训练，向地区体校输送优秀运动员。至1990年底，全县有10个业余训练点，参加训练运动员248人。

2002年，全县有业余训练开设田径、篮球、自行车、柔道、摔跤等项目，教练12人，在训86人。年内向体育院校输送专业人才19人。2004年，筹建庆城县少儿业余体校，庆城职专、陇东中学、庆城中学、马岭中学及驿马中学均建立业余运动队。2008年，县体委与教育局制订学校业余训练计划，签订业余训练责任书。2009年，全县有业余训练网点学校22所，开展项目13个。至2012年，县域业余训练网点以传统体育项目为主，推动中小学课余体育训练，促进全县体育竞技水平提高。

第五节　赛事

一、重大赛事

1990年7月，首届"庆化杯"全国男子篮球邀请赛在卅铺镇韩湾村庆化体育场举行，全国甲级男篮"八一"队、武警前卫队、解放军济南队和上海队参加比赛。

1992年6月，第二届"庆化杯"全国甲级女子篮球邀请赛在卅铺镇韩湾村庆化体育场举行，北京部队代表队、沈阳部队代表队、河北省代表队、辽宁省代表队参加比赛。

2010年8月，庆城县8名运动员参加省第十二届运动会，获金牌6枚、银牌2枚。

2011年6月，组建"庆城县陇东特委"代表队参加第一届全国红色运动会，获组委会和国家体育总局社会体育指导中心颁发的"红色精神奖"。

二、市级赛事

（一）庆阳市（地区）运动会

1986 年，县体育代表团 49 人参加全区第六届运动会，少年女子排球队获第二名，被评为"精神文明"代表队；女子篮球获第三名；田径获金牌 1 枚、银牌 3 枚、铜牌 7 枚；射击获银牌 1 枚。

1990 年 5 月至 8 月，县体育代表团 79 人参加全区第七届运动会。运动员梁军打破 1 万米竞走地区记录；樊军、陆文军打破 200 米地区纪录，樊军获少年男子乙组决赛第一名；少年男子甲组 100 米获第三名，200 米获第二名；柔道、摔跤获金、银牌各 1 枚。

1995 年 5 月 1 日至 8 月 23 日，县体育代表团 86 人参加全区第八届运动会，获银牌 2 枚、铜牌 9 枚。全区第八届运动会乒乓球比赛由庆城县承办。

1999 年 8 月 2 日至 9 月 20 日，县体育代表团 77 人参加全区第九届运动会，获金牌 1 枚，银牌 2 枚、铜牌 7 枚。运动员胡建军在男子自行车 4000 米场地赛中改写全区纪录。

2003 年 7 月 19 日至 10 月 18 日，县体育代表团 89 人参加全市第十届运动会，自行车队获总分第三名及道德风尚奖，田径获总分第三名；单项获金牌 7 枚、银牌 10 枚、铜牌 8 枚；打破男子 4×100 米接力、男子甲组 400 米全市纪录，团体总分名列全市第三。

2008 年 1 月至 5 月，县体育代表团 105 人参加全市第十一届运动会，获金牌 7 枚、银牌 12 枚、铜牌 16 枚。其中少年女子自行车获总分第一名。是年 10 月，县体育局被国家体育总局评为全国全民健身优秀组织奖。

2012 年 6 月 18 日至 8 月 29 日，县体育代表团 145 人参加全市第十二届运动会，获金牌 10 枚、银牌 12 枚、铜牌 14 枚；少儿武术获团体第二名，少年男子篮球获第三名。

（二）中学生运动会

1992 年 6 月，全县中学生体育代表队参加全区第一届中学生田径运动会。郑雪萍获女子标枪第二名。

1998 年 6 月，全县中学生体育代表队参加全区第二届中学生田径运动会。唐多荣获男子 5000 米第三名，章杰获男子跳高第三名。

2002 年 7 月 14 至 18 日，全县中学生体育代表队参加全区第三届中学生田径运动会。苟文磊获男子跳高第二名、跳远第二名。

2006 年 7 月，全县中学生体育代表队参加全市第一届中学生田径运动会。麻毅胜获初中男子组 400 米第三名。

2012 年，全县中学生体育代表队 120 名学生参加全市第二届中学生运动会。

（三）其他赛事

1986 年 5 月，陇东中学组队参加全区柔道、摔跤比赛，获金牌 3 枚、银牌 5 枚、铜牌 2 枚。

1987 年 4 月，庆阳县域及长庆石油勘探局代表队参加全区第一届伤残人运动会，曹志刚获截肢男子 A4 百米第一名，贾喜平获男子 400 米第二名，李文忠获铅球第二名。全区少年儿童分龄田径比赛，庆城小学打破跳远、400 米接力两项全区纪录。

1988 年 5 月，驿马镇代表队参加全区体育先进乡镇"丰收杯"篮球运动会，获第三名。

1994 年 10 月，庆阳县运动员参加全区少年自行车比赛，贺逢博、冯永强分别获男子 5000 米第一、第二名，贺逢博获男子 2000 米第一名，安建琼获女子 2000 米、1000 米第三名。同月，全县运动员在西峰参加全区少年举重比赛，宇小峰获 56 千克级第二名。

1997 年 5 月，庆阳县代表队参加全区体委举办的"迎回归"中学生篮球赛，获男子组第一名。

三、县级赛事

1986 年，举办全县中学生中长跑比赛。同年，县体委举办庆城地区篮球比赛。

1990 年 3 月，举办庆城地区"三八人口杯"妇女运动会，21 个单位 53 个代表队 398 人参赛。5 月，举办庆城地区"迎亚运·庆五一保险杯"韵律操、健美操、健身操、广播操及乒乓球比赛。30 个单位 51 个代表队 715 人参赛。9 月 28 日至 10 月 5 日，举行庆城地区"迎亚运·庆国庆"篮球、拔河、象棋比赛，21 个单位 35 个代表队 422 人参赛。

2010 年 4 月 23 至 26 日，举办城区男职工篮球邀请赛暨女职工健美操比赛，26 支代表队 400 人参赛。7 月 9 至 12 日，全县举办中学生球类运动会，25 个代表队参赛。

2012 年 5 月，全县举办第二届中学生球类运动会，全县 22 所初级中学 800 多名学生参赛。

图37-5-1　百城徒步赛

第三十八章　医疗卫生

1986 年以来，全县医疗卫生工作坚持以农村为重点，预防为主，中西医并重，依靠科技进步，动员全社会参与，为人民健康服务。不断深化卫生体制改革、医疗制度改革，完善医疗设施，壮大医疗队伍，提高医疗服务水平，有效解决看病难、看病贵问题，卫生事业呈现蓬勃发展的新局面。

第一节　卫生体制改革

一、医疗机构管理改革

（一）县级医疗单位改革

1986 年，全县 21 个医疗单位实行院（站）长负责制和目标管理责任制。各医疗单位在所有制不变的前提下，遵照"两权分离"原则，实行"独立核算、自负盈亏、按劳分配、民主管理"的集体性质的管理。1992 年，全县 23 个医疗单位全部实行院（站）长负责制和浮动工资制，工资浮动比例为 30%；17 个单位实行职工聘任制；12 个单位实行业务挂钩。1993 年，按照全国"保证农村卫生战略重点，保证预防保健战略重点，保证基本医疗服务，特殊服务逐步放开"的卫生改革总体思路，县政府制订《庆阳县等级医院创建规划》。1994 年，县人民医院、中医院、妇幼站、防疫站、中心卫生院采取"以城带乡，以大带小"，实行纵、横向技术联合。1996 年底，经庆阳地区审评验收，县人民医院、中医院分别达到二级丙等综合县级医院、二级丙等县级中医院。

2000 年，全县开展医疗机构分类登记注册工作，登记注册非营利性医疗机构 51 个，营利性医疗机构 38 个；以县直医疗卫生单位为重点，启动实施机构内部人事分配制度、病人选择医生、药品收支两条线管理等改革。2001 年，县政府制订《庆阳县医疗卫生体制改革实施意见》。2005 年，全县医疗机构实行绩效工资制、全员聘任制和临时用工合同制，以岗定责，以岗定人，以人定任务，工资分配向高风险、有突出贡献的技术岗位倾斜。2006 年，县人民医院列入全县事业单位机构改革试点。2007 年，县政府出台《关于进一步加强卫生工作的意见》，对承担公共卫生工作的县疾控中心、妇幼站、卫生监督所及乡镇卫生院 270 名职工工资由差额供给改为全额供给。2008 年、2009 年，县人民医院、县岐伯中医医院（原为县中医院）先后通过"二甲医院"等级评审。2010 年、2011 年，县人民医院、县岐伯中医医院先后被确定为全县公立医院改革试点医院，推行管办分开、政事分开和医药分开制度。

2012 年，县公立医院管理委员会制订全县公立医院改革及补偿机制管理办法，通过政府财政补助、设立医疗服务收费项目和调整医疗服务收费价格等途径补偿实行零差率销售的县级公立医疗机构，县级两院人员工资实行财政全额供给。建立全员聘任，因事设岗，以岗定薪，竞争上岗的用人机制，推行岗位工资绩效考核制度，建立医患纠纷第三方调处机制。

（二）乡镇卫生院改革

1986年，乡（镇）卫生院实行由乡（镇）政府管理。1988年，全区农村卫生组织整建现场会在南庄乡召开，农村医疗机构实行多种形式承包责任制。1990年，乡镇卫生院与30%以上村卫生所实行业务挂钩，农村医疗防疫保健工作得到落实。1997年，驿马中心卫生院被庆阳地区命名为甲级中心卫生院；庆城镇等12所卫生院被县卫生行政主管部门命名为甲级卫生院，安家寺等110所村卫生所被命名为甲级村卫生所。2004年10月起，全县19所乡镇卫生院由县卫生局统一管理。2005年，庆城镇卫生院改制为庆城县第一社区卫生服务中心；6月，冰淋岔、桐川、葛崾岘、赤城、卅铺、庆城、马岭等卫生院实行院长聘任试点。2012年，马岭、驿马、桐川、赤城、卅铺、蔡家庙等6所乡镇卫生院通过甘肃省卫生厅"一级甲等卫生院"等级评审。

二、医疗制度改革

（一）公费医疗

1986年，全县公费医疗制度开始出现弊端，加之县内职工人数骤增，医疗经费超支严重。1987年，参照庆阳地区公费医疗管理有关规定，每人每年按60元定额拨款，由各单位掌握使用，超支部分由个人和单位共同承担。1988年起，公费医疗报销数额开始与职工工龄挂钩，每人每年40—60元不等，拨款与报销差额由单位安排解决；自费药品和非治疗性药品不再报销，个人在医药门店购买的凭定点医疗单位处方报销50%，医疗经费超支现象逐步得到控制。1994—1998年，为解决公费医疗人员待遇差距及就医不方便等问题，以"现有待遇不降低"为原则逐步实施改革，并陆续与城镇职工医疗保险接轨。

（二）农村合作医疗

1986—1996年，全县农村群众看病住院主要靠自费，看病贵和因病返贫等问题日渐突出。1997年，借鉴"开封经验"，确定马岭镇为合作医疗试点乡镇，推行农村合作医疗工作。1998年，合作医疗试点扩大至56个行政村，筹集合作医疗基金3.7万元。

2003年，甘肃省新型农村合作医疗项目启动，庆城县为首批试点县之一。县政府制订《庆城县建立新型农村合作医疗制度实施方案（试行）》。当年，全县21.01万人参加农村合作医疗，筹集资金607.1万元。2003—2005年，全县参合个人补助标准为每人每年30元，其中，中央财政补助10元、省财政补助5元、市财政补助2元、县财政补助3元、个人缴费10元。其间，全县共有6.59万人次享受医疗报销881.08万元。2005年，最高报销额由4000元增至1.2万元，参合农民在县内住院费用由各医疗单位直接报销；2006年，增加9种慢性病的门诊报销。2006年起，补助标准逐年提高，由每人每年45元提高到2011年的240元，其中，2009—2010年，个人每人每年缴费20元，2011年个人缴费30元。至2011年，全县共有175.88万人次享受医疗报销15318.27万元。

2012年，全县实施运用地产中药材、中医适宜技术治疗常见病费用全部报销政策，实行新农合资金监管"一票否决制"。当年，全县参合个人补助标准为每人每年300元，其中，中央财政补助156元、省财政补助74元、市财政补助5元、县财政补助15元、个人缴费50元。全县参加新型农村合作医疗23.3万人，筹集资金7122.85万元。住院报销1.83万人次、4659.42万元；门诊报销39.28万人次、1354.81万元。

第二节　医疗机构 医技队伍

一、医疗机构

（一）县级医院

1. 庆城县人民医院　位于县城南大街，占地面积 2.6 万平方米，建筑面积 7500 平方米，是全县医疗指导及精神病康复中心，二级甲等综合性医院。1986 年，有病床 100 张，职工 95 人，设内、儿、外、妇、中医、精神病、放射、检验、药剂、理疗、针灸等科室。1997 年被世界卫生组织命名为"爱婴医院"。2002 年 10 月，由庆阳县人民医院更名为庆城县人民医院；是年，被评为"全国残疾人康复工作先进集体"。2012 年，县医院拥有固定资产 1000 多万元，开放床位 168 张，职工 139 人。设有内儿、普外、妇产、骨伤、精神、传染、急诊、五官、口腔、肛肠、痔瘘、皮肤性病、理疗及检验、放射、防保、社区服务等临床与功能科室。设儿科、泌尿外科、中医肝胆专科、心血管、糖尿病、精神病等专家门诊。年门诊量 5 万多人次，收治住院病人 3000 余例，业务收入 1035 万元。

2. 庆城县岐伯中医院　位于县城北区，占地面积 3353 平方米，建筑面积 2000 平方米，二级甲等中医医院。1987 年创办，初建于县城中街钟楼巷。时为庆阳县中医医院，有病床 30 张，职工 41 人，设骨伤、妇科、针灸、放射、检验等科室。2002 年 7 月更名为庆阳县岐伯中医医院，2002 年 10 月又更名为庆城县岐伯中医医院。2013 年 9 月，由县城钟楼巷迁至中医大厦，拥有固定资产 1200 多万元，开放床位 100 张，职工 104 人，设 9 个职能科室和内、外、妇、儿、耳鼻喉、针灸、骨伤、口腔、痔瘘、肝胆病、脾胃病、心脑血管病、推拿按摩、中医美容、乳腺病、康复、防保、急诊、CT、放射、超声、检验等业务科室及内儿、外妇两个病区，其中，骨伤专科为全省重点专科，肝胆病为全市重点专科。年接诊门（急）诊病人 5.16 万人次，收治住院病人 2831 例，年业务收入 847 万元。

（二）乡镇卫生院

1986 年，全县有农村卫生院 17 所，床位 94 张，医技人员 173 人。1991—1996 年，累计投资 246 万元，新、改、扩建南庄、庆城、驿马、安家寺、桐川、马岭、土桥、蔡家庙、太白梁、高楼、翟家河、冰淋岔等乡镇卫生院，初步形成以县级医疗卫生机构为中心、乡镇卫生院为枢纽、村卫生所为基础的全县农村医疗保健网络体系。1997 年，建成白马铺、玄马卫生院。

2005—2010 年，蔡家庙、玄马、赤城、土桥卫生院门诊楼，马岭、驿马、桐川中心卫生院医技楼、综合业务楼相继建成并投入使用，新增建筑面积 1.2 万平方米。2012 年，马岭、驿马、桐川、赤城、卅铺、蔡家庙等 6 所乡镇卫生院通过省卫生厅一级甲等卫生院评审验收。2012 年底，全县有乡镇卫生院 17 所，其中中心卫生院 3 所，床位 264 张，卫生技术人员 406 人。

附：

乡镇卫生院选介

驿马中心卫生院

1986 年，建筑面积 1082 平方米，有医务人员 15 名，病床 18 张，配有 30MA 透视机、显微镜、手术床、消毒锅等设备。2000 年，新建砖混结构单面两层门诊楼一幢，新增 500MAX 光机、B 超、半自动生化分析仪等大中型医疗设备。2006 年，新增彩超、洗胃机、心电图机、综合产床等设备。2010 年，建成砖混结构双面三层办公楼一幢，新增德国爱克发 CR 成像系统，购置浙江飞易特医院管理系统。2012 年，有职工 55 人，病床 30 张，年门诊量 1.2 万余人次，收治住院病人 1000 余例。

马岭中心卫生院

1986 年，建筑面积 1050 平方米，有医务人员 15 名，病床 18 张。1990 年扩建为中心卫生院。2006 年，有职工 16 人，病床 20 张，主要设备有 200MAX 光机，电动吸引器、B 超、心电图机、半自动生化分析仪等。2011 年 4 月，迁址原长庆油田钻二职工医院，占地面积 1.33 万平方米，业务用房 4500 平方米。2012 年，有职工 35 人，病床 20 张，年门诊量 1.8 万人次，收治住院病人 428 例；被甘肃省针灸学会确定为甘肃省穴位埋线临床基地。

桐川中心卫生院

1986 年有医务人员 12 人，病床 7 张，配有透视机、心电图机、显微镜等设备。2006 年，设内儿科、妇外科、急诊科、中医门诊、防保室、妇幼室、公卫办公室、卫生监督协管办公室、合作医疗办公室、健康咨询室、中心药库、中西药房、检验室、手术室、放射室、心电图室、B 超室、针灸理疗室、口腔室等职能科室，配有 200MAX 光机、双目显微镜、创新 B 超、综合产床、半自动生化分析仪等医疗设备。2012 年，有职工 24 人，病床 20 张，年门诊量 2.2 万余人次，收治住院病人 400 余例。

卅铺镇卫生院

1986 年，占地面积 721 平方米，有医务人员 7 人，病床 4 张，配有透视机、显微镜、手术床等设备。2010 年，迁址原长庆油田油建公安分处，占地 1000 多平方米，业务用房 4200 平方米，配有 100MAX 光机、心电图机、制氧机、综合产床等设备。2012 年，有职工 23 人，病床 15 张，年门诊量 9700 人次，收治住院病人 178 例。

蔡家庙乡卫生院

1986 年，占地面积 643 平方米，有职工 8 人，病床 5 张。配有 X 光机、显微镜、高压消毒锅等设备。2009 年，台湾慈善协会及国债项目支持建成三层门诊单面楼共 30 间，甘肃省卫生厅配套 300MAX 光机、B 超机、血球分析仪等医疗器械。2010 年，被评为"甘肃省优秀乡镇卫生院"。2012 年，占地面积 2867.9 平方米，建筑面积 2100 平方米，设中西医诊断室、妇产科、放射科、理疗按摩室、B 超、心电图、手术室、治疗室、中西药房、病房等临床科室；有职工 19 人，病床 10 张，年门诊量 1.15 万人次，收治住院病人 85 例。

白马铺乡卫生院

1992 年 7 月建立，有职工 5 人，病床 4 张。2012 年，设有综合门诊、妇产科、中医科、中西药房、收费室、放射科、B 超室、化验室、新农合办公室、公共卫生办公室等职能科室，配有 100MAX 光机、心电图机、双目显微镜、B 超、半自动生化分析仪等医疗设备；有职工 23 人，病床 10 张，年门诊量 2.58 万人次，收治住院病人 135 例。

赤城乡卫生院

1986 年，有职工 14 人，病床 8 张，配备 X 光机、显微镜、高压消毒锅等设备。2012 年，业务用房 1700 平方米，配有 200MAX 光机、全自动尿液分析仪、血细胞分析仪、新生儿培养箱、新生儿保温箱、B 超、心电图、半自动生化分析仪、鼓风干燥箱、隔水式恒温培养箱等大型医疗设备以及 120 急救车、急救抢救箱、洗胃机、简易呼吸机、除颤仪等急救设备；职工 22 人，病床 12 张，年门诊量 1.02 万人次，收治住院病人 320 余例。

（三）社区卫生服务中心

2005 年，全县创建社区卫生服务中心。社区卫生服务中心实行居民小区负责制，引进社区卫生服务档案管理系统，设立健康档案数据管理中心，建立城镇居民健康档案。2009 年，建立家庭档案 1.88 万户，建立个人健康档案 5.29 万人。2010 年，居民健康档案实施电子录入 3.4 万人，公共卫生服务经费人均达到 15 元。2011 年，建成规范化居民健康档案室 18 个。

1. 第一社区卫生服务中心　位于县城西街，占地面积 1210 平方米，建有二层门诊楼及三层住院部大楼各 1 幢。1998 年称庆城镇卫生院，有医护人员 37 人，病床 20 张；设门诊、住院、防保、化验等 10 个业务科室，有心电图机、胎心监护仪、制氧机、300MAX 光机、B 超、脑电图机等医疗设备。2004 年设南街、北街卫生服务站。2005 年改称庆城县第一社区卫生服务中心。2006 年，中心开设中医门诊，设中医病床 4 张、理疗室 1 个。2012 年，有职工 37 人，年门诊量 3.2 万人次。同年，被评为"全省中医医疗示范社区"。

2. 庆北社区卫生服务中心　2011 年 5 月建立，位于县城北区金凤环路，占地 1000 平方米，建筑面积 1140 平方米。承担庆北、凤北、田家城及北关社区 2 万余名居民医疗保健服务工作。2012 年，有职工 25 人，设全科门诊、中医妇科门诊、药房、针灸按摩理疗、预防接种、妇幼保健、输液大厅等职能科室。配有全自动生化分析仪、血细胞分析仪、尿常规仪器、数字式心电图机、黑白 B 超机、微波治疗仪、颈腰椎牵引治疗床、数码中频治疗仪等现代医疗设备。

（四）村卫生室

1986 年，全县有村级卫生组织 245 个，其中村卫生所 176 所、个体诊所 69 所。1987 年，基本实现村村有诊所，所所有医生，防治结合，缓解了山区群众看病、吃药难题。1988 年，开展建设文明村卫生所活动，建成文明村所 62 所。1990 年，核发 181 所村卫生所"开业执照"。

1991—1996 年，全县加强村卫生室基础建设，筹资 75.6 万元收回折价转卖村诊所 25 所、兴办集体村诊所 29 所、扶持新建及恢复村诊所 18 所；建成村卫生所 174 所，其中甲级村诊所 110 所。1998 年，新建村卫生所 9 所，配员 37 名，配发医疗器械 493 台件；全县有甲级村诊所 119 所。2000 年，全县集体和联办的村卫生所 165 所，其中甲级村诊所 120 所。2007—2011 年，累计投资 456 万余元建成 157 所标准化村卫生所；2011 年，村卫生所改称为村卫生室。2012 年，全县 113 所村卫生室建成中医卫生室。

（五）其他医疗机构

1. 长庆石油勘探局职工医院　位于县城北关，建筑面积 14485 平方米。1986 年，分长庆总院、马岭分院、长庆桥分院 3 个医疗场所；有床位 370 余张，医务人员 534 人，其中技术人员 484 人。设内、外、妇、儿、五官、眼、口腔、皮肤、中医、传染、检验、病理、放射、药械、功能、理疗、血库、同位素室、外科麻醉、临床急诊等临床和医技科室。1989 年 12 月，长庆桥分院移交长庆油田机械厂。1995 年 5 月，马岭分院移交长庆油田第二钻井工程处。医院拥有原产德、美、意、瑞士、日本等国的各类先进医疗设备，能开展胎脑移植、断肢再植、腔静脉滤器植入、永久性心脏起搏器安装、先心病房缺封堵术等手术诊疗，有神经内科、心血管内科、心胸外科、肝胆外科、神经外科、泌尿外科、显微外科等特色专业。诊断符合率达 99.90%，治愈率达 93.71%，抢救成功率达 91.58%，满意率达 93.83%。1996 年，被国家卫生部审定为"三级乙等"医院。1997 年，被世界卫生组织命名为"爱婴医院"。2005 年，被国家卫生部命名为"全国百姓放心示范医院"。2007 年，服务范围扩大，新增长庆泾河园分院。2012 年，有职工 859 人，床位 710 张。设临床科室 24 个，医技科室 8 个，基层单位 5 个，专业 34 个。有心血管内科、神经内科、血液内科、内分泌科、消化内科、中毒急救、呼吸内科、肾脏内科、肝胆内科、神经外科、泌尿外科、胸外科、骨科、烧伤科、麻醉手术科、妇产科、皮肤性病科等业务，有介入治疗、腹腔镜、关节置换等特色专业技术。

2. 庆城妇产医院　2008 年 7 月建立，位于县城北区安定路，为一级母婴专科医疗服务机构。医疗技术人员 20 名，床位 19 张，设妇科、产科、新生儿科、妇女预防保健科、检验科、医学影像科、中西药房、合管办、卫生监督办等临床和功能科室。拥有 100MAX 光机、GE 彩超、黑白 B 超、全自动多道分析心电图机、半自动生化分析仪、全自动血球分析仪、心电监护仪、麻醉机、保温箱、母婴电子监护仪、婴儿抢救台等 60 多台（件）诊疗设备及专用救护车 2 辆。2011 年，整体迁址县城北端长庆路 88 号，占地面积 1.5 万平方米，建筑面积 5000 平方米，住院病床增至 36 张，开展产后瑜伽、新生儿游泳抚触等服务。2012 年，有职工 68 人，其中副高职称 2 人，中级职称 4 人，初级职称 34 人，年门诊量 3400 人次，收治住院病人 1300 例。

3. 庆城博爱医院　原名庆城博爱综合门诊部，2009 年 7 月建立，位于长庆路南端，占地 600 平方米，有医技人员 17 名，接诊常见内科、妇科病人。2009 年 12 月设立手术室。引进男性性功能检测仪、多普勒彩超机、体外短波、妇科治疗仪等医疗仪器，开设内科、泌尿外科、妇科、皮肤科、医学影像科、医学检验科。2012 年，有病床 20 张，为以中医及中西结合为特色的综合性医院。

二、医技队伍

（一）总量与结构

1986 年，全县有各级各类卫生技术人员 1071 名，其中中医师 20 名，西医师 98 名，中西医结合高级医师 1 名，护师 8 名，西药师 13 名，检验师 5 名，中医士 51 名，西医士 220 名，护士 205 名，助产士 9 名，中药剂师 20 名，西药剂师 31 名，检验士 39 名，护理员 105 名，中药剂员 21 名，西药剂员 26 名，检验员 15 名，其他技师、技士、中医及初级医技员 184 名；乡村医生和卫生员 448 名，其中女性 93 名；农村接生员 54 人。1987 年 6 月，卫生系统进行专业技术人员管理制度改革，开始实施专业技术职务聘任制。至 1992 年，全县职工中获专业技术职称的医技人员占比 44%，其中高中级医技人员占比 10%。1999 年 5 月，《中华人民共和国执业医师法》颁布。2001 年，全县具备资格的卫生技术人员 248 名，其中执业医师 91 名，助理医师 75 名，注册护士 52 名，药剂人员 17 名，检验人员 13 名；其他技术人员 243 名。2012 年，全县有各级各类卫生技术人员 712 名，其中执业医师 182 名，执业助理医师 70 名，注册护士 153 名，药剂人员 58 名，检验人员 35 名，其他人员 214 名。

（二）管理培训

1986—1997 年，全县通过选送医技人员到省、地级医院进修，大中专卫生技术学校学习和在县级医院临床代训等途径，加强人才培养，累计培训各级各类医技人员 1526 人次。1996 年，全省第三次乡村医生考试，合格率达 84.3%，370 人获得医师（士）证书。2005 年后，以在职学历教育、县内轮训、外派进修、继续医学教育为重点，累计培训医技人员 6000 人次，其中参加在职学历教育 211 人次、县内轮训 3863 人次、外派进修 862 人次、继续医学教育 1200 人次；累计招录、分配 352 名大中专院校毕业生到全县医疗卫生系统工作，引进业务技术人员 50 名。

（三）中医药人才培养

1988 年，县中医院制订《1988—2000 年中医发展规划》。1989 年，开展师带徒工作，乡镇卫生院配备 1—2 名中医人员，村卫生所运用中医中药治疗疾病。1991—1996 年，以培养学科带头人、技术骨干和缺科人员为重点，开展在职医技人员再教育、外派进修等活动。2001 年，承办庆阳地区中医学会和针灸学会年会，中医人员培训率达 100%；推广应用简、便、效、廉、验方和农村适宜技术项目，为每个村卫生所购置中医针灸挂图。2006 年，乡医姬俊秀被评为"市级民间名中医"。

2007 年后，采取县内轮训、网络进修等方式进行培训。2009—2012 年，全县开展"西医学中医，中医学经典"活动，累计举办西医学中医、中医辨证和伤寒论治、养生学及中医药知识等培训班 20 余期，培训 2000 余人次。2011 年 4 月，全县 15 名指导老师和 31 名继承人列选"全市中医药师承教育工程"；8 月，县委、县政府举办"中国庆阳 2011 岐黄文化暨中华中医药学会医史文献分会学术会"，全国各地 241 名中医药界知名专家学者汇聚县城。2012 年，全县开始实施中医药岗位练兵、技术比武和全员中医适宜技术培训，落实中医师带徒工作补助经费每人每年 3000 元。

第三节　医疗服务

一、特色医疗服务

（一）精神病专科

1982 年庆阳县人民医院精神病康复中心创建。2002 年 8 月，被国务院残工委等 6 部委评为"全国残疾人康复工作先进集体"。科室有专业医护人员 6 人，床位 15 张，设有电休克治疗室、胰岛素治疗室、心理咨询室和病员活动室。按照"社会化、综合性、开放式"管理模式，对患者采用药物结合电休克、胰岛素休克、电针、心理疏导等综合方法治疗。先后由朱天赦、李志林、吕小荣等专家执医，主要治疗精神分裂症、情感性精神障碍、抑郁症、焦虑症、失眠症、恐惧症、强迫症、疑病症、神经衰弱、癔症、躯体形式障碍、网络成瘾、酒精及药物依赖、癫痫、顽固性头痛、心因性精神障碍、器质性精神障碍、周期性精神障碍、产后精神障碍、心理障碍等，尤其在治疗抑郁症、失眠症、癔症方面效果显著。至 2012 年底，累计门诊接诊病人 5.59 万人次，收治住院病人 5580 人次。

（二）骨伤科

1987 年 10 月庆阳县中医医院骨伤科创建，1995 年被确定为医院重点专科，开展四肢骨折术及各关节手术。1998 年，开展脊柱骨折脱位减压哈氏、鲁氏棒内固定手术。2002 年，引进"C"形臂及骨科手术床，开展全髋关节置换术及脊柱骨折脱位推弓根内固定术。2003 年，开设骨伤科专科门诊。2004 年 12 月，确定为全市重点专科。2005 年 3 月，被确定为全国中医特色重点专科建设单位。先后由侯世文、魏柏林、陈宇宏等专家执医，主要开展四肢骨折及脊柱骨折内固定术、脊柱钉棒系统内固定及脊髓探查、下肢骨折交锁髓内钉内固定、锁定接骨板内固定及动力髋、动力髁接骨板内固定及皮肤缺损大面积植皮、皮瓣转移治疗。在闭合手法整复，小夹板外用治疗四肢骨折手法治疗筋伤和颈腰痛的诊治方面形成独特体系。至 2012 年底，有床位 20 张，医生 6 人，护士 8 人。累计门诊接诊病人 25.66 万人次，收治住院病人 8.27 万人次。

（三）肝胆病专科

1994 年庆阳县中医医院肝病科创建，2004 年 12 月，被确定为市级中医药重点专病专科。有中医内科副主任医师 3 名，其中杨德祥副主任医师在治疗肝胆病方面有独到见解，提出了治疗肝胆病的"三论学说"即：疏肝升脾论、温阳排毒论、苦寒清胆论。在治疗急、慢性病毒性肝炎方面，制定复方肝炎 I、II 号方，I 号方清热解毒升阳除湿，其特点为方中重用葛根、升麻、柴胡等升阳药；II 号方疏肝健脾活血化瘀，其特点为方中重用白术、茯苓、丹参等健脾活血药。研制院内制剂保肝解毒丸、舒肝降脂丸。在脾胃病治疗方面研制立止胃痛丸。累计门诊接诊病人 36.5 万人次，收治住院病人 13.38 万人次。

二、医疗技术

（一）中医

1988 年，县中医医院开设针灸中医妇产科门诊。1989 年，开设中医痔瘘科；县人民医院建立中医科，设病床 6 张。1991—1997 年，县中医医院相继开展中医急诊和按摩、皮肤等门诊。1997 年 11 月，庆阳县被国家中医药管理局批准为"全国农村中医工作先进县建设单位"。2001 年，县中医医院购置麻醉呼吸机、除颤起搏监护仪等设备，建立急诊科。各中心卫生院设置 1—2 个中医药房，开展 1—2 项中医专病项目；各乡镇卫生院普遍开设中医门诊，设立中药房，中医门诊量占门诊总量的 30%。2010 年，县岐伯中医医院组织征集使用地产中药材及中医药适宜技术治疗农村常见病、多发病单方、验方及协定处方 153 个，整理编辑《庆城县实用中医简、便、验、廉方药荟萃》一书，指导中医药诊治应用。2012 年，县人民医院投资 180 万元建成中医馆，扩建中医病区，中医床位增至 14 张；购置风湿治疗仪、熏蒸机等中医理疗设备，设置药膳、牵引、按摩、刮痧、小针刀以及真气运行等特色科室，开展针灸、推拿、拔火罐等特色治疗。驿马、马岭、赤城、蔡家庙、玄马、太白梁卫生院和南街、庆北社区卫生服务中心均建成中医馆，推广中医药适宜技术。中医参与治疗率达 65%，救治率达 98%，中药消耗量占药品消耗总量的 20%。

（二）西医

1. 内科　　主要对扩张性心肌病、肺心病合并急慢性心衰、肝硬化（中晚期）、各种病因的消化道大出血、2 型糖尿病及其并发症、多发性骨髓瘤、肾病综合征、各型肺结核、各种急慢性中毒及老年抑郁症等疾病的临床诊治，尤其在心脑血管、肝胆、肾、呼吸系统、消化系统、内分泌系统、传染病等疾病治疗方面有较高水平。副主任医师杨积茂擅长中医内科、妇科等疑难杂症治疗，在治疗急、慢性肝炎、萎缩性胃炎、瘫痪、癫痫、子宫肌瘤等方面也有独到之处。

2. 外科　泌尿外科　20 世纪 70 年代初，县医院成立泌尿科，属全区最早开展泌尿外科手术的重点科室之一。开展业务有膀胱镜检查取活检术，肾癌切除术，肾、肾盂、输尿管取石术，前列腺摘除术，前列腺汽化电切术，肾盂成形术，膀胱癌全切除输尿管移植术，膀胱部分切除术，尿道断裂吻合术（会阴部）及尿道会师术，先天性尿道下裂修补术，尿道狭窄成形术。拥有先进的膀胱镜仪器，成功完成泌尿系统、肾肿瘤切除、输尿管结石切开去除术、尿道上裂修补、尿道扩张等手术。中西医结合治疗泌尿系结石效果显著。

（1）男性专科　　是县医院开展的重点业务，对男性性功能障碍，各种男女性疾病，急慢性前列腺炎等进行诊治，开展睾丸切除、附睾切除、精索静脉高位结扎，前列腺摘除术，前列腺扩张术。

（2）神经外科　　成立于 2003 年，是长庆石油勘探局职工医院的重点特色科室之一，拥有呼吸机、心脏除颤肌、血糖仪等多台先进监测急救设备。开展业务有头皮损伤清创缝合术、颅骨凹陷性骨折复位术、开放性颅脑损伤清创术、硬脑膜外血肿清除术、硬脑膜下血肿清除术、颅骨缺损钛板修补术等。高血压脑出血微创穿刺引流术是该科重点特色。

（3）脑科、胸科、普外科　　均为长庆石油勘探局职工医院的特色科室。2003 年完成门癌根治手术，膈疝修补术；2004 年，独立完成首例高血压脑出血开颅减压引流手术；普外科能实施甲状腺大部分切除、乳癌根治术、胃癌根治术、肠吻合、结肠半切除术、胆、脾切除、直肠癌根治术。

3. 妇产科　　1995 年，县医院设立妇产科专科门诊。2003 年成立妇产科病区，设床位 20 张。2008 年床位增至 55 张，有医护人员 43 人。分娩室备有冷暖设备、新生儿抢救处置台、胎儿电子监护仪、多功能心电监护仪，对妇产科常见病、多发病及各种疑难杂症进行诊治。开展有宫颈癌根治术、卵巢癌的综合治疗、阴式子宫切除术、输卵管再通术、新式剖宫产等业务。2009 年，开展宫颈癌及癌前病变、不孕不育症的规范化诊治。

4. 儿科　县医院特色科室之一。2008 年由内儿科分出儿科病区，有副主任医师 2 人，主治医师 1 人，住院医师 3 人。有保温箱、蓝光治疗仪、雾化吸入器等医疗设备。主要开展新生儿疾病及儿童呼吸、消化、循环等诊疗，尤其对新生儿缺氧缺血性脑病、川崎病、手足口病及癫痫等诊治成效明显。

5. 五官科　1982 年，县医院设立口腔科门诊，有主治医师 1 名，医师 1 名，专业技工 1 名。有自动综合治疗仪 2 台，光固化机、洁牙机等设备，开展牙周病、老年牙病诊治和牙齿固定修复、活动金属支架修复、树脂美容修复、正畸、残根残冠的保存与修复。

2000 年，县医院成立耳鼻喉科，有主治医师 1 名，医师 1 名。开展扁桃体剥离术、扁桃体挤切术、电子内窥镜下鼻咽部、鼻道及鼻窦口、喉咽部病变的诊治。施行鼻咽部肿物活检术、鼻中隔偏曲矫正术、鼻窦口扩大引流术、鼻甲肥大部分切除术、鼻息肉摘除术、喉部肿物活检术、鼻内镜手术等。2007 年，县医院成立眼科，有医师 1 名，有裂隙灯、直接检眼镜、指压式眼压计等设备，主要开展眼科常见症诊治、行倒睫术、角膜异物剔除术、眼睑结石剔除术、麦粒肿、囊料肿摘除术及外伤缝合术等业务。

三、医疗救护

（一）医疗急救

1986 年，全县各医疗单位均建立急诊抢救小组，设置急诊室，配备抢救药品器械。1990 年后，实行 24 小时应诊制、首诊负责制和岗位责任制，坚持疑难重症病人会诊转诊制度，做到"组织、人员、药品、器械、制度"五落实，保证挂号、接诊、检查、交费、取药、治疗等环节畅通，快速有效，安全服务，危重病人抢救成功率达 90% 以上。2002 年，成立县"120"急救中心，有医师 4 人，护士 6 人，急诊观察床 6 张，配有人工呼吸机、除颤仪、心电监护仪、心电图机、电动洗胃机等设备及多功能"120"急救车 2 辆，专职司机 2 名。县域全面开通辐射城乡的急救绿色通道，急诊病人全程陪护。2003—2009 年，累计出动急救车 1900 余台次，抢救危重病人 1200 例；应急处置突发公共卫生事件 4 起。

2010 年，全县应急指挥 GPS 分控平台建立。至 2012 年，15 所乡镇卫生院全部配备 120 救护车及常规采样设备，各项卫生应急预案和突发公共卫生事件预警协调机制健全，卫生应急队伍和物资储备能够有效应对各类卫生事件。

（二）医疗援助

1986 年起，县级医疗机构充分协调医疗设备和医护人员帮扶边远贫困地区，解决山区卫生院技术力量薄弱问题。1988 年 7 月，县人民医院派员前往遭受水灾的熊家庙、赤城乡为灾民诊治疾病，诊治患者 74 人。1990 年后，全县开展县级医院 50 岁以下医师下乡巡回医疗活动。1997 年，18 名县直医疗单位技术骨干分组在驿马、太白梁等 8 个乡镇开展巡回医疗服务活动 15 次，义务诊治病人 7000 余人。

2000 年后，县人民医院、县岐伯中医医院与蔡口集、土桥、太白梁、冰淋岔等乡卫生院结对帮扶，投资购置常规器械，选派技术骨干诊治疑难杂症，免费发放医疗咨询资料、培训医技人员，逐步建立完整的医疗服务体系。2005—2009 年，开展千名医生下乡支农活动，抽调县级医院医疗骨干支

援华池、镇原、环县、合水等乡镇卫生院；派出中级以上职称专业技术人员百余人次，先后到南庄、高楼、玄马、翟家河、太白梁等乡镇卫生院巡回医疗，开展学术交流活动，免费培养医技人员，义诊群众4600人次。

（三）医疗用血

1986—1988年，县域医疗用血依靠庆阳地区医疗机构驰援。1989年，县人民医院检验科建立血库，开始承担县域血液管理、供应和采集工作。血库建立献血员档案，实现污物无害化处理，年均发血量约10万毫升。1990年起，县人民医院血库以严密的血液管理、发放制度，及时有效地保障了全县医疗临床用血。2000年，县人民医院血库自采自供业务停止，县域医疗用血由庆阳地区中心血站有偿供应，收取采集、储存、分离、检验等费用。2001—2012年，县域医疗机构加强管理，规范临床用血程序，严格输血操作规程，保证临床输血安全，成分输血达到90%以上。2006年，县人民医院按照省临床检验质控要求，获临床检验和血液质量优秀奖。

（四）医疗事故鉴定

1986—2002年，庆阳县医疗事故技术鉴定委员会负责全县医疗纠纷调解和医疗事故鉴定处理。1987—2002年，共调解医疗纠纷25起，鉴定处理医疗事故5起。2002年7月后，医疗事故鉴定由庆阳市医学会接管，县医疗事故技术鉴定委员会的相关工作终止。

第四节　卫生防疫

一、传染病防治

1986年，全县开展结核病普查，实行传染病旬报告制度，并逐渐形成县、乡、村三级预防保健网络；2001年后，全县实行疫情网络直报，传染病防治体系更加健全。1987年6月，全县冷链开始运转。1988年，全县实施儿童计划免疫，12周岁内儿童接种生物制品6中，80433人份。其中：糖丸2.31万人份，卡介苗接种1.24万人份，百、白、破混合制剂接种2.51万人份，麻疹疫苗接种9216人份，白、破二联接种1807人份，流脑多糖体接种8830人份。1989—1996年，完成三个儿童接种率85%的目标。2003年起，实行新生儿乙肝疫苗全程免费接种。2012年，全县"五苗"（百白破联合疫苗、脊灰疫苗、麻疹疫苗、卡介苗、乙肝疫苗）接种率达98%以上。几种常见传染病防治分述如下：

结核病　1986—1992年，全县查治肺结核病919例，治愈率为73.26%。1993年后，实施世界银行贷款中国结核病控制项目，对肺结核病人及疑似肺结核病人实施免费检查、免费治疗，至2012年，累计接诊疑似肺结核病人9826例，确诊1933例，治愈率达90.1%。

麻疹　1987—1989年，全县接种麻疹疫苗1.76万人次，接种率达89.87%。1990—2000年，总发病率控制在3/10万以内。2001年，麻疹疫苗接种率达99.19%。2005—2006年，接种麻疹疫苗3.93万人次。2008年，庆城镇局部暴发麻疹，发病33例，以4岁以下散居儿童为主。是年，全县麻疹疫苗应急接种适龄儿童6936人，杜绝流行扩散。2010年后，全县再无麻疹发生。

流行性乙型脑炎　1987年，全县接种乙脑疫苗740人份，接种率达92.5%。1987—1988年，接种流脑多糖体4.29万人份，接种率达91.1%；2004年后，保持低发病状态。2005年，全县接种乙脑疫苗5500人，接种流脑疫苗58人，开展A+C流脑疫苗接种。2006—2012年全县无流行性乙型脑炎发生。

脊髓灰质炎　1986—1989年，全县投服糖丸5.79人份，投服率达94.17%。1991—1996年，脊髓灰质炎强化免疫3次6轮投服11.9万余人次，投服率达98%。2005—2006年，脊髓灰质炎疫苗接种2.27万人，接种率达99.2%。2007年，脊髓灰质炎在全县基本消灭。

二、地方病防治

1986年起，全县开始地方病监测、治疗随访及复查，地方病有地方性氟中毒、地方性甲状腺肿（碘缺乏病）、克山病、大骨节病、布鲁氏菌病、麻风病6种。对大骨节患者防治主要是投服碘油丸，1988年，监测大骨节病区儿童727名，查出患病164例；对克山病、大骨节重病区儿童发放亚硒酸钠31万片；药物治疗地方性甲状腺肿患者800名；治疗随访克山病患者17名；复查曾患过麻风病患者19名及其家属217名，并做畸残分级调查。20世纪90年代，持续实施硒碘盐食用和各种地方病访视、监测，开展克山病、地方性氟中毒病、成人大骨节病调查。1994年，县内基本消灭麻风病。

2000年后，根据大骨节病、克山病、地方性甲状腺肿、地方性氟中毒、地方性砷中毒监测方案，6类重点监测的地方病列入国家公共卫生专项资金和国家转移支付地方病防治项目。每年进行疫情监测工作，发现地方病病人、分析、汇总疫情资料、网络直报地方病疫情。2006年，碘盐监测288份，合格率达93.6%；跟踪监测县内克山病17例，免费提供药物治疗。2007年，大骨节、布鲁氏菌病基本控制，碘缺乏病基本消除。2008年，包虫基线病、水氟、水砷筛查、成人大骨节病调查通过省级验收。2012年，庆城县在全市优先将大骨节、克山、布鲁氏菌病、包虫、地方性氟中毒、砷中毒6种地方病纳入新农合大额门诊统筹报销。

第五节　妇幼保健

一、妇女病普查防治

1986年，全县招收妇幼专干11名，县妇幼站对蔡口集、葛崾岘乡1659名妇女"两病"（乳腺癌、宫颈癌）进行普查普治，查出患病者1347名。1987年起，县妇幼保健站和各乡镇每年对1—2个行政村开展以妇女宫颈癌、乳腺癌和性病为重点的普查普治工作。至1990年，累计普查2.43万余人，治疗1.77万余人，其中治疗子宫脱垂966例，宫颈癌20例，尿瘘4例。1991年，庆阳县被列为联合国儿童基金会、人口基金会无偿援助的"妇幼卫生合作项目县"。是年起，全县开展10%人口区域妇女病普查普治；1992年，县级单位女职工列入普查普治范围；1996年，县妇幼保健站在庆城镇莲池村进行社区服务试点，各乡镇卫生院试点1个行政村，至年底累计普查普治妇女病11320例。1997年扩大到每乡镇2个行政村。2001年起，每年对城区女职工及1/5乡镇及其1/5村的已婚育龄妇女进行普查普治。2008—2012年，全县累计查治35—59岁农村育龄妇女5.66万余人，查治率86%；宫颈癌、乳腺癌重点人群筛查率达100%。

二、婴幼儿保健管理

1986年起，县妇幼保健站每年对县城各幼儿园集居儿童和1—2个乡镇的7岁以下散居儿童进行健康检查和免费治疗、矫正指导。1988年，县内推行《孕产妇和七岁内儿童保健合同制度》，全县181个村均配有接生员和接产包。1989年，县妇幼保健站开设儿保门诊。1990年，在庆城、田家城两所幼儿园对集居儿童进行50项智力测试试点。至年底，体检集居儿童260名、散居儿童1.97万名，查治患病儿童4000余名。

1991年起，全县开展10%人口区域儿童病普查普治。1992年，散居儿童智力测试及小儿肺炎、腹泻防治管理工作开始。1996年，10%人口区域儿童病累计查治3580例。同年，全县推广孕产妇、儿童系统管理，实施破伤风类霉素接种，开展5岁以下儿童死亡监测。监测结果显示：1986—1997年，全县5岁以下儿童死亡52例，死亡率16.01‰；婴儿死亡45例，死亡率13.85‰；新生儿死亡37例，死亡率11.39‰；新生儿破伤风发病2例，发病率5‰。1997年，成立母婴保健办公室。县妇幼站初步达到一级甲等妇幼保健院标准，被国家卫生部和世界卫生组织正式命名为"爱婴医院"。

2001年后，县内相继实施"综合妇幼保健""降消""出生缺陷干预"和国家三网监测、农村孕产妇住院分娩补助、农村妇女孕前和孕早期补服叶酸、危重孕妇监测等项目，以及0—7岁贫困听障儿童救治工程。2006年，集、散居儿童生长发育评估开始实施。2010年，实施免费婚前医学检查和出生缺陷防治。至2012年底，投服叶酸4800余人次；享受"降消"项目补助9805人，累计减免救助资金360.62万元；集、散居儿童系统管理率分别为92.71%、84.58%；孕产妇住院分娩率达98.13%；婴儿死亡率控制在11.75‰；婚检率达99.2%；0—7岁贫困听障儿童筛查率达100%。

第六节　爱国卫生运动

一、环境卫生

（一）县城卫生

1986年起，由县爱卫办牵头，县卫生、城建等多个部门配合的县城环境卫生整治开始，以治理脏、乱、差为突破口，落实抓重点、抓死角、抓四化（绿化、美化、净化、硬化）的"三抓"措施，加强卫生治本建设。1987—1988年，县政府建成县城集中供水系统及北关汽车站供水消毒站；新建、维修、清理下水管道5171.9米；整修拓宽、绿化、美化街道，新修柏油路面3.21万平方米，南北主街道铺设人行道1.37万平方米，栽植国槐45棵，建花园235个；修建公厕58个，增设果皮箱36个，设立垃圾集中场4个、垃圾点45个，组建环卫队2个，有专业卫生清洁人员63名，各种车辆28辆（台），卫生监督员52名。1990年后，县城主街两侧人行道及12条小街巷划由84个单位负责，实行"门前三包，门内达标"责任制，制订检查评比制度，实行每月自查，每季度系统查，半年初评，年终总评；形成每日一清扫、周末大扫除、重大节日全面扫除的爱国卫生制度。同时，专业清洁队每日对县城所有街道打扫两次，保洁三次。

1997年，县政府投资1068.04万元，用红色六边形砖块硬化主街两旁人行道，整修、新建人行道护栏700米，拓宽新铺人行道9566平方米，新栽行道树494棵，砌筑混凝土树畦700余个，刷新果皮箱74个，改造沥青混凝土路面1.53万平方米，整修公厕5所。环卫工人增至66名，清扫面积13万平方米。1998年，完成7项市政建设工程、3项排水给水工程，安装路灯12基，修建公厕2处，硬化道路47平方米，新栽行道树1000棵，新修花园花坛25个，新增果皮箱15个，新建人行道护栏700米。2003年后，县城环境卫生管理和保护工作由县城管局负责。各项管理系统化，清洁保洁规范化。2012年，有清运车14台，公厕25座，环卫工人209名，道路清扫保洁面积65万平方米。

（二）乡村卫生

1986年后，全县农村爱国卫生工作贯彻县政府"政府组织、人民动手，科学治理、社会监督"

的方针，积极实施"两管五改"，即：管水、管粪，改良水井、改良厕所、改良畜厩、改良炉灶、改良环境。1990年，全县19个乡镇所在地均建有公厕；绝大部分农户建起了简易厕所。1991年起，全县开始实施"2000年人人享有卫生保健"项目计划。至1996年，全县修建标准化清洁厕所6万余所；马岭、卅铺、太白梁等乡镇开始推广"双瓮漏斗式"卫生厕所。1998年，全县农村改建卫生厕所1.9万所，新建水冲式厕所23所，累计建成卫生厕所3.48万所。1986—2000年，通过实施"驿熊人饮工程"改造，推广净化措施和发放消毒药物，农村饮水安全得到保障。同时，陆续推进太阳能、农村沼气池建设，改灶工作取得进展。2001年8月，庆阳地区农村改厕改水现场会在县城召开。2004年，庆城县被甘肃省爱卫会确定为"农村改厕项目县"。2010年，庆城县被甘肃省卫生厅、甘肃省爱卫办评为"全省农村改厕工作先进县"。至2012年底，全县累计接受项目资金211.5万元，修建农村卫生厕所9200所。

二、灭鼠杀虫

1986—2000年，全县持续开展以灭鼠、灭蚊、灭蝇、灭蟑螂为重点的群众性除"四害"活动。1986年，全县召开灭鼠防病工作会，各乡镇普遍成立灭鼠领导小组，以村为单位举办灭鼠技术培训班，受训1411人。县卫生部门派专人专车分送灭鼠药物到各乡镇、各单位及农户，灭鼠13万余只。县粮食系统采取毒饵诱杀、机械捕杀和烟雾炮熏等方法，使全系统26个单位成为无鼠害单位，庆阳县被省上树立为"四无"粮仓县。1987—1989年，全县发放消毒防疫药品5种1.12万瓶（包）、1300余千克，喷洒145.96万平方米。1994年，城区开展大规模灭蚊灭蝇消毒活动，各机关单位普遍喷施消毒液。1998年，全县组织消毒防疫队5个，喷洒公共场所面积28.48万平方米、厕所面积24.66万平方米；堵塞鼠洞2000多个，设立防鼠板139个，灭鼠9000余只，被地区卫生部门命名为"无鼠害城区"。2001—2012年，随着全县病媒生物防治工作的加强，"四害"密度持续控制在国家标准范围内。

三、创建活动

（一）爱国卫生月活动

1989年起，全县每年4月持续开展"全国爱国卫生运动月"活动。1998年第10个爱国卫生月活动中，全县参加环境治理人员达8.92万人次，出动宣传车7辆，清理重点巷道14条，拆除违章建筑11处，疏通渠道1.56万米，清运垃圾310吨、粪便370吨。2011年第23个爱国卫生月活动中，全县累积清运垃圾2238吨，清理区域路段800千米、清除乱贴乱画3169处、非法设置广告牌匾150面。

（二）文明卫生单位创建

1986年起，全县开展卫生乡镇、村、社区、单位的创建和检查评比活动，促进城乡环境卫生面貌改善。是年，全县建成文明卫生单位56个，文明卫生村镇94个。1987年5月，全区文明卫生城镇建设现场会在县城召开，庆城镇被评为 "全区文明卫生城镇"，县城被评为"全区文明卫生县城"。1996年，县城被评为"省级卫生县城"。1998年，全县创建卫生先进单位934个，行政村74个，卫生先进户1963个，文明村10个，文明户2638个，文明单位9个。

2007年，县城被省建委、省爱卫会评为"甘肃省卫生先进县城"。2008年，卅铺镇、赤城乡范村、玄马镇樊庙村创建为市级卫生乡镇、村。2009年，驿马镇、高楼乡雷家岘子村创建为市级卫生乡镇、村。2012年，全县创建省级卫生单位4个，市级卫生单位5个，乡镇卫生单位2个，村卫生单位3个，凤城园社区被命名为"省级卫生社区"。

（三）全民健康教育

2012年，全县开展健康教育宣传咨询及健康知识问卷调查，聘请专家组成"庆城县健康教育巡讲团"，开展专题讲座6场次。全县卫生系统全面戒烟，庆城县被甘肃省卫生厅确定为2012年中央补助地方"甘肃省健康素养促进运动项目县"。

第七节　医药

一、中药材

（一）收购

1986—2000年，县内中草药收购主要由甘肃省医药总公司庆阳县医药公司负责，以驿马、阜城药材收购站为集散中心，多数中草药收购品以原材料形式销往外地。1986年，县医药公司完成中药材收购15.6万元；1990年，完成中药材收购61万元；1995年，完成中药材收购15.7万元。2000年后，私营企业开始中药材收购。2001—2010年，庆城县兴时土特产有限公司年均收购并初加工杏仁、桃仁、酸枣仁、苪胡等中药材270万千克。2003年，县医药公司改制，更名为庆城县百草医药有限责任公司，主营中药材、中成药、中药饮片，兼营医疗器械、化学原料药、化学药制剂（含第二类精神药品）、抗生素制剂及医疗用毒性药品。

（二）加工

20世纪80年代，县内中草药初加工主要由甘肃省医药总公司庆阳县医药公司负责，中药西制产品主要来自县人民医院制剂室，部分中草药类加工产品来自长庆石油勘探局职工医院制剂室。1988年，药品制剂管理渐趋严格，加之设备简陋，县人民医院制剂室加工的败酱草、野菊花、三草、黄连注射等10余种中药制品停产。至2012年，全县有中药材加工企业3户。

附：

中药材加工企业

庆阳保元药材有限公司　位于驿马镇儒林村，1988年由常庆章创办，时称庆阳县驿马甘草酸铵厂，主要收购甘草并加工甘草酸单铵盐、甜味素等产品。2007年，更名为庆阳保元药材有限公司，法人代表常益林，主要研发和提纯甘草草酸铵、甘草酸单铵盐、甘草酸甲盐等产品，深加工甘草系列产品100多吨。

庆阳市自强中药材有限公司　位于驿马工业园区，占地面积为3300平方米，2003年由何家会创办，2005年，有生产车间511平方米，主营中药饮片加工、批发零售，兼顾中药材种植技术指导及技术咨询。2010年，公司通过国家GMP认证，法人变更为包庭荣。设中药材种植技术推广中心，加工中药饮片520余种，年生产销售量150多万元。2012年，总资产1.75亿元，有中药技师2名、主管药师1名、炮制技工2名、化验员2名，员工38名。年整理加工中药材饮片1000吨，销售收入650万元，工业增加值156万元，实现利税196万元。

庆阳亨阳中药饮片公司　位于白马铺乡新北环路，占地面积9654平方米，2012年创办，法人代表史雄英，是具有独立经营资格的中药饮片批发企业。建有中药饮片生产线1条；有原料库、原料阴凉库、成品库房、检验室；有各类生产设备10台；有职业药师1名、从业药师2名、质量员2名、验收员2名，员工15名。

（三）制剂应用

1987年起，县中医院开始研制并运用中草药制剂进行中医药诊治。1989年，县内中医处方、

病历及中药炮制实现规范化。1993 年，全县开始发展中西医结合，急症用汤剂、丸剂，缓症用蜜丸、水丸，皮肤疾患用膏剂，腔道疾患用栓剂；中医治疗率为 82%，治愈好转率达 98.5%。是年，县中医医院田新志创研的"炒烫法炮制杜仲"受到国内外关注。2001 年，全县 80% 的村卫生所配备 150 种以上中药饮片、30 种以上的中成药。2002—2012 年，县岐伯中医院大力推广自制中药材制剂使用。

二、西药品及药械

（一）采购

1986 年至 20 世纪 90 年代中期，全县西药及医疗用品主要由县医药公司负责组织和采购。药品价格实行城乡差价和地区差价管理。1996 年后，全县各医疗单位实行公开招标采购制度，医院药事委员会集体决定供货单位、数量及价格。2009 年，规范医疗服务价格管理、药品集中招标采购。2010 年，全县医疗机构开始在网上招标采购药品。县医院、县岐伯中医医院通过省网络采购平台统一采购基本药品，统一定价销售。乡镇卫生院、社区卫生服务中心及村卫生所的基本药品开始零差价销售。是年，全县药品经营使用单位 409 户。2012 年，全县网上采购药品 2030.65 万元，非基本药物采购使用量占药品采购总额 15% 以内，实现全县药品零差率销售的全覆盖；全县药品经营使用单位 428 户。

（二）药械

1986 年，全县卫生部门有重要医疗器械 122 台件，其中县医院 37 台（件），县直机构 30 台（件），乡镇 55 台（件），总投资金额 39.95 万元，其中千元以上设备 32.97 万元。县卫生局设专职医疗器械管理人员 1 名，负责全县医疗器械管理、维修工作。1991—1996 年，县政府按照"完善常规设备，配齐配套器械，加强乡镇卫生院，兼顾县级卫生机构"的原则，先后融资 86.5 万元为县中医院配套 B 超、胃镜及 200MAX 光机，为县防疫站购置部分器械和救护车 1 辆，为部分乡镇卫生院配套 B 超、X 光机、心电图机、显微镜等中小型器械设备 2200 余台（件）。1992 年，县卫生局成立药械服务中心，各医疗单位内部实行科室承包，集资购置器械设备。

2000 年后，一次性医疗器械采购需供货单位提供生产和经营许可证，由县药事委员会择优采购。2005—2006 年，全县累计争取甘肃省卫生厅配套医疗设备 171 台件、工作车 2 辆，价值 498.97 万元；县岐伯中医院自筹 100 余万元，购置痔疮吻合器、C 型臂、电子胃镜、电子结肠镜及电刀等新型医疗设备。至 2006 年，全县拥有万元以上器械 83 台件，千元以上设备 260 台件，总价值 1231 万元。2009 年，全县推行医用耗材和医疗器械集中招标采购。2011 年，县医院投资 2000 余万元，引进核磁共振、DR、C 型臂等医疗设备；县岐伯中医院、妇幼站、卫生监督所配备心电图机、X 光机、B 超、快速检测仪等设备，乡镇卫生院及社区卫生服务中心引进 CR、彩超、牙科治疗仪等设备。

附：

庆城县百草医药有限责任公司　位于县城南大街30号，占地面积4706平方米，前身为庆阳县医药公司。2001年11月企业改制，国有资产评估480万，人员分流安置实行一次性买断。2003年更名为庆城县百草医药有限责任公司，是具有独立经营资格的小型药品批发企业，法人代表马艳萍。经营范围：中成药、中药饮片、医疗器械、化学原料药、抗生素制剂、化学药制剂等共1560种药品。2012年，有阴凉库、常温库、特殊药品库、验收养护室，专用送药品车；有职业药师1名、从业药师2名、质量员2名、验收员2名、养护员2名，员工18名。

甘肃省庆阳市佛恩医药有限公司 位于驿马镇，占地面积3000平方米，2004年6月由原县医药公司驿马站改制为独立法人药品批发企业，企业法人代表盖维新。主要经营化学药制剂、抗生素制剂、生物制品、中成药、中药饮片、中药材和医疗器械等1600多个品种。2012年有员工8名。

第八节　监督管理

一、管理机构

1986年，庆阳县卫生局设人秘、业务、财务股，下辖县人民医院、卫生防疫站、妇幼保健站、卫生学校、爱国卫生运动委员会办公室及各乡镇卫生院。局机关职工13人。1987年成立庆阳县中医医院（后更名县岐伯中医医院），隶属县卫生局。1988年，县地方病防治领导小组办公室划转县政府管理，隶属县卫生局。2002年，庆阳县卫生局更名为庆城县卫生局，12月，成立县卫生监督所、县疾病预防控制中心，撤销县卫生防疫站。2006年1月，成立县新型农村合作医疗管理局。2012年，内设人秘、医政、科教中医、防保、法监、财务等股室，下辖县人民医院、岐伯中医医院、地方病防治领导小组办公室、妇幼保健站、爱卫办、疾病预防控制中心、卫生监督所、新型农村合作医疗管理局和各社区卫生服务中心、乡镇卫生院。局机关有职工21名。

二、食品卫生监督

1986年，县爱卫会成立县食品卫生仲裁委员会和食品卫生执法小组，负责监督上市熟食卫生情况；县卫生防疫站设专职食品卫生监督员监督检查食品卫生安全。1987—1994年，全县食品卫生检查近百次，累计销毁处理伪劣、变质食品141种2.26万千克，标值3.57万余元。1996年3月，全县食品卫生监督由县防疫站执法变为卫生行政执法。1997年，县内设立公共卫生监督所2个，有专、兼职食品卫生及公共场所卫生监督员11名，食品检查员19名，初步形成以公共卫生、食品药品管理、医疗机构管理为主体的卫生监督执法体系。2002年，县卫生监督所成立，负责食品卫生量化分级管理及食物中毒查处等卫生监督执法工作。至2008年，全县卫生许可证持证率达97.8%，食品抽（送）检合格率达100%，行政处罚1231户次，其中，销毁处理伪劣、变质食品359户次2.1吨，标值7.84万元，取缔12户，罚款222户次9.3万元。2009年，县食品药品监督管理局开始履行餐饮服务监管职能。

审核发证 1986—1997年，县防疫站累计审核、换办"食品卫生许可证"7051户。2002—2009年，县疾控中心累计审核、换办"食品卫生许可证"4379户；审核、换办"公共场所卫生许可证"582户。2009年7月，县食品药品监督管理局开始发放"餐饮服务许可证"。

从业人员体检 1986年起，全县开始对从事食品生产、经营人员进行体检。1987年，县防疫站体检饮食从业人员1760名，合格率为90%；调离岗位及停业处理传染病患者30名。至1997年，换发健康证15436人次。2001年，全县体检饮食从业人员1771名，发放健康证1752人（本）。2002—2009年，县疾控中心开展餐饮业、学校及建筑工地食堂、保健食品及食品添加剂专项整治，累计体检合格从业人员1.07万人次，合格率达99.7%；换发健康证9792次，其中，公共场所从业人员健康合格证227名。

预防食物中毒 1986年，县内公共、职工食堂均添置简易"三防一消"设备，保障食品卫生安全。1987—2005年，举办全县食品生产经营单位负责人及从业人员学习班、餐饮服务食品安全知识培训班百余期，受训逾万人。2003年全县开始实施食品卫生量化分级管理，至2008年，达标餐饮业

店A级4户，B级7户，C级530户。2009年起，对全县996家餐饮业和36户公共场所住宿业信誉度单位实行量化分级管理。至2012年，全县食品安全连续5年实现无重大食品安全事故、无因食品安全问题致人死亡事件、无群体性食物中毒事件、无因有害食品致病致残事件发生的目标。

三、药政管理

（一）药品管理

1986—2001年，全县药品由县卫生局专管。1988年，庆阳县药品监督检验所负责全县药品监督管理工作。1989年，县政府制订《庆阳县药品管理实施办法》，建立县、乡、村三级药品监督管理网，有县级药品监督员3名，乡级药品检查员19名，村级药品报告员181名。1997年，销毁处理县医药公司积压52种价值12.6万元药品。2001年，查处销毁药品403种，价值6.39万元。1986—1998年，全县累计查处销毁伪劣、过期药品1180种，价值7.8万元。2002年起，全县药品监督管理工作由庆阳市药品监督管理局庆城县分局接管；2009年起，由县食品药品监督管理局监管。2008—2012年，全县销毁过期药品5043盒（瓶），价值2.43万元。

（二）特殊药品管理

1987年，按照国务院《麻醉药品管理办法》，县政府加强全县卫生系统麻醉药品管理工作。规定：在设有病床并具备进行手术和一定医疗条件的卫生院以上医疗单位中，具有医师以上职称、经考核能正确使用麻醉药的医生，方可申请使用麻醉药品。危重病人使用麻醉药品，必须办理"麻醉药品专用卡"，同时持有县以上医疗单位诊断证明书和本人户口证明，方可凭卡取药。最多同时使用两种，限5日量，第二次取药时，要交回原批号的麻醉药品空瓶。对此规定，县内各有关医疗单位都认真执行。2001年，依据修订后的《中华人民共和国药品管理法》，全县对一、二类精神病药品供应加强管理，只在县级医院凭医生处方取药。2005年5月后，特殊药品由县卫生局管理。

第三十九章　旅游

庆城是医祖岐伯桑梓，农耕文化源头，红色革命摇篮，人文、自然旅游资源得天独厚，境内有国家 AAAA 级周祖陵旅游景区、周旧邦木坊、环江翼龙化石出土点、普照寺、慈云寺、鹅池洞、清凉山等旅游景点。至 2012 年底，全县有旅游度假村、乡村农家乐 20 多处，旅行社 5 家，旅游商品 10 余种，年接待旅客 48.64 万人。

第一节　机构

庆阳县旅游局成立于 2002 年 7 月，时属县政府办公室二级单位，编制 7 名，2002 年 10 月更名为庆城县旅游局。2013 年 3 月成立庆城县周祖陵森林公园管理所，隶属县旅游局。2010 年县旅游局从政府办公室析出，为县政府职能部门。辖县周祖陵森林公园管理所，庆阳市管理梦阳旅行社、庆城县周祖生态旅游公司、烽火台北地风情园等旅游机构；是年 8 月，县周祖陵森林公园管理所更名为周祖陵景区管理所。局所共有干部职工 15 名，景点聘用人员 20 名。2012 年底，县旅游局共有干部职工 53 名，其中，局机关 13 名；周祖陵景区管理所 40 名。

第二节　周祖陵景区

周祖陵位于县城东山之巅，与县城一河之隔，为"庆阳府（县）八景"之首，是全市著名人文景观。1994 年开始修缮重建，耗资近 5 亿元，逐步建成周祖农耕文化体验园、岐黄中医药文化生态园、周祖文化区、岐伯胜景区、黄帝内经千家碑林等，成为国家级森林公园、AAAA 级旅游景区、国家中医药文化宣传教育基地，被誉为"华夏周祖第一陵"。

一、周祖文化区

肇周圣祖牌坊　高10米，宽14米，四柱雕有祥龙48盘、凤凰8只。"肇周圣祖"源于明嘉靖初年知府肖海建的题字，重修时由中国人民解放军上将杨成武书写。"钟灵毓秀"，由国家石油化工部原副部长贾庆礼题写。

钟鼓楼　位于牌坊两侧。左为钟楼，悬挂铜钟一口，高2米，最大口径1.5米，重1200千克，由浙江温州于2003年4月铸造。右为鼓楼，悬挂皮鼓一面，直径1.5米，厚0.8米，由陕西省咸阳市杨凌区于2003年4月制作。

肇周圣祖碑和周代世系图碑　"肇周圣祖"由著名书画家范曾书写。碑体长2米，宽1.5米，厚0.3米，为石材。背面记载了逢盛世重修周祖陵的经过；周代世系图碑长2.2米，宽1.2米，厚0.3米，为石材，分别记述了周祖时期、西周、东周的历史源流。

周祖大殿　位于山门子午线尽头，为五转七的明廊单檐庑殿半月台仿古建筑，面阔五间，回廊宽敞，建筑面积353.15平方米。1996年10月，在原周祖庙及地穴庙的遗址上重建。檐枋上为木质结构，下为钢筋水泥料，琉璃脊兽，雕梁画栋，采用大包干定价143万元，由西安古建公司二处承建。1998年10月竣工。大殿有12根内柱和24根明柱。殿内正面彩塑不窋、鞠陶、公刘神像三尊，东西两壁有庆节、皇仆、差弗、毁隃、公非、高圉、亚圉、公叔祖类、古公亶父、季历等周文王以前的十三代先祖像。殿内供桌长9米，为全国之最。正殿柱联是：九万里洪荒自伊以来教民稼穑文明始，八百年江山以此奠基吊民伐罪盛衰终。

周祖教民稼穑农具图 在周祖大殿殿内背面，展示周先祖砍树火耕、整地播种、收割运输、打碾脱粒、加工米食、蒸煮粒食所用的农具和器具。

姜嫄圣母殿 殿名由中国书法家协会副主席邵秉仁题写。殿前御路浮雕图案为麟凤呈祥和兰桂齐芳。殿内共有壁画10幅，上为"麒麟送子"，正中为帝喾元妃姜嫄，下为"兰桂齐芳"，北为"姜嫄不窋命名五谷图"，南为"姜嫄民族图腾徽铭图"。殿内置石制日月灯一对。2010年9月建成。

后稷八蜡殿 位于姜嫄圣母殿的对面。殿前御路的浮雕图案为连年有余和鲤鱼跳龙门。殿内正中塑后稷弃，依次塑造先穑神农、司穑不窋、农官田畯、邮表不畷、蓄障水坊、城隍水庸、虫王鸷猛等。2010年9月建成。

不窋陵墓 位于周祖大殿西侧，为长方覆斗形的青砖围砌土冢。于1994年祭祀重修，重修时出土了大约有200多件的文物，其中明嘉靖十九年（1540年）石碑，正面刻"周不窋之陵"，背面刻有"周先祖不窋终遂卜葬於庆阳东山之巅"字样。

周祖陵碑 位于不窋陵墓亭内。碑高3.76米，宽1.1米，石碑正面"周祖陵"三字由全国人大常委会原副委员长耿飚手书，背面为祭文。碑亭前面有石鼎香炉及石刻卧牛卧羊。1997年6月建成。

八卦亭 八柱重檐的明清仿古建筑，由陕西省西安市古建公司二队承建，1994年至1996年4月建成。由庆阳石油化工集团捐款修建，有碑记。

周祖王殿 三转五的六柱明廊，五开间仿古式歇山青瓦建筑，建筑面积174.41平方米，1996年开工建设，1999年竣工。殿内塑有周文王、周武王以下30多王及周公旦、姜子牙等像共40尊。

周祖王殿碑廊 设于周王殿南北两侧，对称设计，为卷棚仿古长廊，总长48米，有古碑、募捐碑及栖凤亭。1999年10月竣工。

古碑洞 古碑洞有周祖陵原址遗存残碑4块。分别为：明嘉靖十九年陕西按察司张邦教奉旨敬立"周不窋之陵"碑；明嘉靖十九年御史周南、知府何岩立"周祖不窋氏陵"碑；清道光二十九年（1849年）知府步际桐立"周祖不窋之墓"碑；残碑一，碑头仅存"大清"二字，具体立碑人物及时间已不可考。洞内存放柱石、门墩等文物。壁塑明嘉靖皇帝朱厚熜，效仿祖宗朱元璋祭祀历代各个祖陵的故事。1998年10月建成。

帝系王风牌坊 又名九州圣坊，在山下入口处。为九楼四柱全木坊，为西北地区之最。8对石狮蹲卧南北两面，东、西建有青砖黄瓦砖木结构明廊硬山殿宇2座。东为天将殿，内塑李靖、杨戬、哪吒、金吒、木吒、韦乎、雷震子7位天将；西为仙姑颠，内塑杏花、桃花、牡丹、菊花、莲花、槐花7位仙子。帝系王风牌坊由长庆油田出资60万元，县财政出资56万元修建，2004年6月竣工。

二、周祖农耕文化体验园

位于庆城镇药王洞村柴家塬畔，地处周祖陵西北，总规划1500亩。2010年开始修建，一期工

程投资 1 亿元。有祭坛、神道、展览馆等建筑。

（一）周祖祭坛

2010 年开工建设，2011 年完工。投资 1132.47 万元，占地 2757.89 平方米，建筑面积 610.09 平方米，总体采用秦汉风格、取五色土修筑。屋顶形制重檐庑殿，中央开圆形天光，代表"天圆"；广场、祭坛均为正方形，代表"地方"。坛体四面各有洞口 3 个，体现窑洞建筑元素。坛中为六棱柱石碑，铭文展现周先祖不窋教民稼穑、陶复陶穴、畜牧蚕桑、和戎睦邻、修其训典、筑城拓边六大功绩，碑座置六畜五谷等内涵。

（二）神道

通往祭坛的神道宽 13.95 米，长 148 米。两旁为直径 0.9 米、高 5 米的 24 个节气柱，间距均为 12 米，由一级汉白玉浮雕而成。2010 年 7 月开工建设，2011 年 5 月完成。

（三）中国农业博物馆暨庆城分馆

占地 5050 平方米，建筑面积 2012 平方米。2011 年开工建设，2012 年 8 月建成，完成投资 860 万元。展馆分"周人兴起、削土筑城、教民稼穑、殖产兴业、豳地遗风、今日农业"6 大展区、11 个单元、陈设展板 223 块；收存农耕器具 288 件，农作物样本 182 件，其他实物 1489 件。其中，生产器具 393 件、生活用品 561 件、农作物加工工具 37 套、储藏工具 155 件、民俗用品 117 件、其他用品 226 件。

（四）现代农业观光园

2011 年 7 月建成，占地 30 亩，入口设计为"门"字形葡萄架，两边摆放太空万寿菊、太空雪、凤仙、菊花、月季、牡丹等花卉。有日光温室 17 座，每座温室均建有仿古式缓冲间，门窗采用民俗建筑工艺，在缓冲间顶部设计、建造观测亭 4 座。种植航天辣椒、大果番茄、樱桃番茄、彩色甜椒、彩色尖椒、特色西瓜、厚皮甜瓜、水果黄瓜、航天菜豆为主特色蔬菜。套栽太空五彩椒、太空蛋茄、太空特大南瓜、红皮南瓜、观赏南瓜、长丝瓜、太空葫芦、佛手瓜、特色保健蔬菜、蛇豆等稀特观赏蔬菜，并引进立柱式栽培技术、墙体栽培技术、A 架型基质栽培技术、穴盘基质育苗技术、花卉立体摆放装饰技术。园内建有生态餐厅，花园式生态理疗室、小吃一条街、民俗工艺作坊一条街等。

三、岐伯圣景区

岐伯圣景，又称"药王古洞"，位于景区山腰，为纪念国医初祖岐伯而建。2002 年 3 月兴建，次年 5 月竣工，耗资 1200 万元。建有七十二福地生肖台阶，古洞式山门，重檐歇山式岐伯大殿、中华历代十大名医祠、长寿鸿福台、文墨荟萃园等高品位景点十余处，整体建筑体现明清风格，配有园林小品。景区内栽植花木 8112 株，形成牡丹园、芍药园、月季园、玫瑰园等，成为西北地区祭拜国医初祖和中国历代著名医家唯一最全场所，被誉为"华夏岐伯圣景"。

（一）文墨荟萃园

有古今赞颂岐伯的碑刻、岐黄论述的部分录文和捐资奉献的碑记。墙书"岐黄之术、东方明珠"。

（二）长寿台和鸿福台

长寿台占地 99 平方米，壁塑寿星、福星、六十甲子的六十位星宿像。鸿福台占地 99 平方米，壁塑寿星、福星等。

（三）岐伯大殿

为黄瓦红柱、飞檐翘角的三转五重檐歇山明廊建筑，立明柱 16 根。店内，岐伯塑像高 3.88

米。两旁各塑有四尊贴身侍童。男童身旁置有医学、养生、天文、地理、人文等帛卷，双手捧鼎，好似正在熬治汤成药剂；女童身旁堆有物候、风水、乐理、阴阳五行的帛卷，双手捧钵，好似向医祖岐伯敬捧肴馔。月台由望柱、栏板组成，望柱头上分别刻有雄狮、寿桃、葫芦。中间御路刻有两盘升龙环抱《黄帝内经》。

（四）拜师亭

古称拜师洞，黄帝拜岐伯为师之地。为三柱亭，意寓岐伯的元始天尊、赤孙子和中南子三位老师。

（五）十大名医祠

石砌窑洞建筑，共10孔，每孔深3.2米，高3米，阔1.8米，自左至右，依此塑有吴夲、葛洪、董奉、张仲景、扁鹊、邳彤、华佗、皇甫谧、孙思邈、李时珍等中国古代十大名医。

（六）论医亭

为纪念岐伯和轩辕黄帝在此论医而建。为四角亭，寓意东南西北四方、春夏秋冬四季的人们都需要中医药解除病痛。

（七）药王古洞山门

为歇山屋顶宫门古洞建筑。山门两边塑青龙、白虎像。山门前有台阶72级，叫生肖阶，也叫七十二福地。山门顶部造有匾额。匾额正面是"岐伯圣景"，由全国人大委员会原副委员长吴阶平书写，背面"药王古洞"由中国道教协会原会长玉溪道人书写。

四、《黄帝内经》千家碑林景区

2006年4月，由中华中医药学会、甘肃省文学艺术界联合会和甘肃省书法家协会，庆城县委、县政府共同实施《黄帝内经》千家碑林项目建设。项目占地180亩，移动和平衡土方28万立方米，分供排水、土方平衡、道路建设、仿古建筑、石台阶铺设、广场铺装6个标段实施。至2012年，投资3300万元，完成全部项目建设。

（一）《黄帝内经》千家碑林

占地60亩，由西安古建园林设计院设计，2011年8月30日竣工。特邀沈鹏、张海等1088名中国书法家协会会员以及中医名家分段撰写《黄帝内经》原文，是全国唯一以《黄帝内经》为内容、唯一由千名知名书法家和著名中医学家分段书写、唯一石刻版本的专业碑林。为全国爱国主义教育基地、全国中医药文化宣传教育基地、全国大中专院校中医学生的实习基地。

（二）千家碑林牌坊

牌坊位于日月广场，匾额由国家书法家协会原主席沈鹏书写。广场中心由太极阴阳和月亮图案组成；后方左右两侧雕刻"岐伯降生青龙咀""岐伯梦游三坟宫""岐伯学医中南子""甘草王智救岐伯""岐伯巧换老龙眼""黄帝问道于岐伯""医国医民济众生""岐伯养生显神威""《黄帝内经》传万世""岐伯仙居古洞天"等中医药文化景墙。广场通往碑林有两段大理石台阶，依次为365级的"内经"阶和81级"神德"阶。2008年3月建成。

（三）岐伯广场

占地2400平方米。广场中央为汉白玉岐伯雕像，"岐伯"由全国人大委员会原副主任许嘉璐书写。2006年6月建成。

五、岐黄中医药文化生态园

（一）岐黄中医药文化博物馆

位于周祖森林公园周祖大道环形路西北侧，建筑面积9060平方米，投资6500万元。外形采用

仿古建筑，呈"品"字形布局，中间为展览区，两侧为综合服务区。博物馆以岐黄中医药文化为主题，设历史长河、古圣先贤、中华百草、国之瑰宝、杏林轶事、古籍荟萃、仁术集锦、寿世保元、传世绝技、民间瑰宝、艺术走廊等11个展示单元。2012年底完成主体工程。

（二）岐黄百草园

2012年3月动工新建，占地210亩，投资650万元，利用自然地形，采用不同颜色中药栽植成太极八卦图造型。种植中药365种，象征一年365天；分24个景观园，代表二十四节气。

六、其他庙宇及馆阁

（一）周祖陵山牌坊

长23.8米，高13.8米，四柱九楼式。牌坊中"周祖陵山"的题字由原中共中央主席、国家主席、中央军委副主席华国锋书写。柱体雕有药用名花名木，是西北最大的石牌坊。2010年11月建成。

（二）周祖陵石台阶

周祖陵上山石台阶是根据山形地势和周王朝的历史阶段设计，共822个石台阶，全部使用石材质。从上到下依次是：始祖阶14级，台阶长12.9米，宽0.6米。周兴阶76级、中发阶79级、西结阶136级，台阶长5米，宽0.3米。东始阶517级，上部240个台阶，分大小平台5个，代表春秋五霸；下部247个台阶，分大小平台7个，代表战国七雄，全部台阶长2.67米、宽0.3米。归秦阶99级台阶，象征周王朝808年历史结束。1994—1995年建成。

（三）观音殿

观音殿塑白衣观音、送子观音和智慧观音。2000年7月修建。

（四）王母宫

为纪念周穆王西行会见西王母的场景。2001年6月修建。

（五）孝道馆

属窑洞建筑，为一院四洞，左思科设计，陕西扶风近平公司雕塑。其中：二十四孝馆设孔子、周公旦排位，塑虞舜、曾参、闵子、子路、老莱、郯子、文帝、董永、江革、黄香、姜诗、丁兰、法师诚孝、杨香、蔡顺、陆绩、王裒、孟宗、王祥、吴猛、黔娄、寿昌、黄庭坚塑像；邑孝馆，图塑周先祖鞠陶、王孝、涂祥、赵一夔、王良、魏大用、衡铺、高雄、麻永吉、朱宏量、李萃塑像，讲述他们孝老爱亲的故事。忤逆馆图塑明清时期，民间传说的忤逆不孝的故事11起，警示后人明理守孝，端正做人。2000年9月建成。

七、景区设施

至2012年，周祖陵景区有旅游专用公路7千米，山前建成连接县城的迎凤大桥。有停车场3处，硬化面积6000平方米；主要建筑安装有景观灯。景区绿化面积7680亩，绿化覆盖率为76.8%，上山台阶及公路两侧均栽有行道树，并种植绿化带。在公路两侧点缀园林小品、文化看板。主要景观处有亭、台、廊，有旅游休憩凳、椅。景区设置各类信息标识牌88个。设置售、检票厅山上山下各一处，并放置说明牌、票价表、购票须知、项目介绍等服务指南。有厕所7座，垃圾箱40个。景区生活用水用电实现正常化。景区商业综合楼、周祖陵宾馆、游乐园、北地风情区、民俗文化展厅、硬化停车场等一应俱全。

每年农历三月初五（岐伯诞辰日）在周祖陵景区举办大型庙会。时逢三春，百花吐艳，万紫千红，满山芳菲，前来赶会者摩肩接踵，前呼后拥，有摆百货摊的、卖各种小吃的、各种衣物的。节会期间，举行大型陇剧、秦腔剧目演出等相关文化活动及商贸旅游活动，同时举办书画展销、青年歌手大奖赛

等活动。1994 年，周祖陵景区年接待游客 1.5 万人，旅游收入 6.2 万元。2012 年，接待游客 48.64 万人，旅游收入 547 万元。

第三节　其他旅游景区景点

一、自然景观旅游区

（一）鹅池洞

又称"鹅池春水"，曾为"庆阳府八景"之一，位于县城南街路东约 300 米处，古城垣内。洞口石匾为清宣统元年（1909 年）山西绛州河津巨商泰顺成投资重建时镌立。全洞由河卵石箍成拱形，台阶均以巨石铺就，五级一组，层层下延，全长 37 米。下部为多边形平地，3000 多平方米，中有大坑，距地面约 50 多米深，即为鹅池，相传为周先祖不窋养鹅之处。史载唐代知事李克新浚即扩建修葺，主要用于城防汲水，以免发生水荒。洞下有泉与柔远河相通，昔日泉内水波涟漪，清澈见底，四季不涸。洞外春和景明，杨柳成荫，为城内一游览圣地。原有关帝庙、药王庙、文昌阁、鹅池亭等历代建筑及碑刻。下洞长 29 米，由石条箍砌而成，底洞长 15 米，高 8 米，宽 3 米，尽头凿有方形水池一口，池底与东河贯通。底洞南壁现残存有摩崖石刻 7 块，分别为宋仁宗庆历七年（1047 年）经略安抚使施昌言"再浚鹅池洞泉"，宋神宗熙宁元年（1068 年）庆州知事王举亢"鹅池记事"；明武宗正德八年（1513 年）同知府事崔江等"同观鹅池记"，明武宗正德九年（1514 年）兵备副使张澜"重浚鹅池"，明世宗嘉靖五年（1526 年）江都进士萧海"鹅池铭并序"，明世宗嘉靖十一年（1532 年）同知府事白镒"鹅池记事"、王芠"观鹅池诗"。1997 年被批准为佛教活动净地。2000 年，群众自发捐资 6 万多元，计划重建鹅池胜景，只庆州知州建僧房 4 间，窑洞 10 孔，雕塑毗卢佛、滴水观音、送子观音、阿弥陀佛、观音菩萨、大势至菩萨、药师佛、日光菩萨、月光菩萨等佛像。2003 年被列为市级文物保护单位。2008 年，县政府出资 10 万元对鹅池洞内进行维修加固，由山西运城规划设计院设计。

（二）桃花山

又名太和山，曾为"庆阳县八景"之一，称"太和仙境"。位于卅铺镇十五里铺村，国道 211 线东侧，距县城东北约 6 千米。因遍植桃树而得名。昔日，依山建有"三宫"，即，一宫头天门，二宫正殿，三宫南天门，主祀玄天大帝即真武帝（又称无量佛祖），有关公庙、魁星楼、娘娘庙、药王庙等各类庙店 30 余座，塑像 100 多尊，台阶 430 多级。县博物馆收藏的"太和山重修碑记"，记述

图39-3-1　桃花山

了当年盛况。改革开放后，当地群众及社会各界人士筹资投劳近百万元，先后恢复建成真武宝殿、地藏菩萨殿、王灵官殿、黑虎灵官殿、地母楼、关公殿、魁星殿、三才圣母殿、玉皇楼、戏楼等。每年农历三月初一，方圆百里的善男信女纷纷赶来朝拜。登顶远望，环水汤汤，万花绽放，白色杏花、粉色桃花、翠绿麦苗、乳黄柳芽，赏心悦目，景色迷人。

（三）清凉山

俗称菩萨山，曾为"庆阳府八景"之一，称"灵岩滴翠"。位于卅铺镇三十里铺村河西，距县城西北 16 千米处。因祈雨辄应，清代光绪年间御颁"流香飞越"匾额。景区因石凿台，以台建殿，山势耸险，林木荫翳，清泉甘洌。原有普渡桥、保庆寺、文殊菩萨庙等，历来为佛教圣地，香火不断。1996 年后，镇内企事业单位及各界群众捐款捐物，恢复修建文殊菩萨殿等庙宇楼阁。每年农历四月初四，各地香客云集，游人车水马龙，最高峰当日游人可达数万人，为县内重要游览和避暑胜地。

（四）凤凰山

位于马岭镇黄嵝岘自然村，距县城约 50 千米。山上建筑及文物初建于北魏，扩建于盛唐贞观年间，以后在历史的各个时期屡毁屡建，文物仅存唐代山门石狮 2 只、石斗方 6 只、部分石台阶、宋金古石碑数块、龙顶碑头 2 个、"大明"碑 1 尊、圆顶大碑 5 尊、石碑赑屃座 3 尊、虎盘座 1 尊等。改革开放后，社会各界人士和当地群众纷纷捐款捐物，投工投劳。至 2012 年，累计捐资 90.1 万元，修复"三才圣母"

图39-3-2　凤凰山

大殿及东岳黄飞虎、西岳赵公明庙、歇马殿、武神护门庙、狗神庙、显神庙、关帝庙、龙王庙、钟楼、石旗杆、石雕、砖护坡、砖院、山门楼等。绿化面积 90 多亩，种植柏树 600 余株。新建砖铺石台阶、石护栏板、道路、停车场等。景区有"神奇"牡丹 4 株，据传栽植于清光绪年间，1966 年被毁，1986 年重新开放，至今茂盛。景区既为道教文化基地，更有农耕文化传承，每年农历 3 月 18 日、7 月 15 日、10 月 18 日三次集会，游客香客流连忘返，络绎不绝。

二、人文景观旅游区

（一）慈云寺

位于县城南大街钟楼巷，省级文物保护单位。初建于唐代，盛于宋、明，为佛教道教混合寺庙，原有文昌阁、关帝庙、吕祖祠等，规模宏大。现存明代嘉靖年间重修的正殿和钟楼、文翠阁等。钟楼重建于明嘉靖三十九年（1560 年），清代复修；南壁镶嵌"嘉庆三十九年重建"铭记。钟楼高约 15 米，占地 235 平方米；底层基座长 15.5 米，宽 15.1 米，高 3.25 米；二层基座底部为正方形，边长为 6.25 米，高 4.8 米。楼亭高 5.5 米，为歇山顶，木质结构，四根明柱拱托歇山顶式钟楼楼顶，四面空阔无格扇窗棂。挂钟为铁质，铸于金泰和元年（1201 年），高 2.55 米，口径 1.57 米，重约万斤。钟钮以双龙口衔宝珠紧贴钟顶，双龙一体，弓腰造型，以穿铁钮而上悬，顶有五孔，肩饰莲瓣纹，腹部皆为大小不等方格，钟耳八朵，耳上饰弧弦纹，纹角处饰奔马、雄鸡、莲花、牡丹等吉祥图案，铁钟镌刻女真文（或为印度悉昙文）、汉文对照铭记 58 字。

（二）普照寺

位于县城中街，普照寺广场东侧，省级文物保护单位。始建于北宋太平兴国（976—983 年）年间，占地约 1500 平方米，原有三佛殿、五佛殿、钟鼓楼、亭等，砖塔毁于"文革"，现仅存五佛殿。20 世纪 70 年代，庆阳县革命委员会（即县委、县人大）迁驻普照寺院内，五佛殿改作会堂，1997 年停用。2005 年 7 月 8 日，普照寺五佛殿开放，僧俗举行开放典礼暨迎铜佛像法会。2006 年 7 月下旬，新修、维修寺门、正殿、钟楼、鼓楼、斋堂、僧房等，新铸 6000 斤洪钟一口，平整院坪 900 平方米。

（三）府文庙

位于县城西南，与永春门、周旧邦木坊毗邻。经唐、宋、明、清历代修建，渐成规模，尤以明代建筑为盛。现存大成殿一座，砖木结构，坐北向南，面阔五间，青瓦歇山顶，长21米，宽16米，高10.1米，占地350平方米。20世纪40年代为陇东中学所在地。今为庆城中学所在地。

（四）周旧邦木坊

位于县城小南街口。20世纪初，县城由南至北，有木质、石质、砖雕牌坊百余座。后因地震兵燹，20世纪五六十年代人为拆毁，仅存周旧邦木坊一座。木坊建于明代弘治十八年（1505年），由庆阳知府郝镒主持修建，为四柱三楼三进，长12米，高10米。木坊以四根通顶立柱支撑，立柱前后砌人字形辅助支撑石桩一对，主体为五层斗拱叠塞镶砌负托结构，坊顶铺青瓦，饰五脊六兽及花纹等，檐下正中镶匾，匾面楷书"周旧邦"三个大字。虽历经五六百年风雨侵蚀，仍不失庄严大气。

（五）嘉会门

位于县城南，为古城五门之一。史载，县城原有安远（东门）、嘉会（南门）、平定（西门）、德胜（北门）、永春（东南门）五门，后经20世纪60年代人为拆毁，仅东门残存。2005年，县政府投资460万元，恢复重建嘉会门。工程由湖北省楚风园林古建设计院设计并施工，按原貌进行恢复。2006年6月竣工，建成城墙、门洞、重檐城楼、管理房等仿古建筑。青砖灰瓦、古朴庄重，成为古庆州标志。

（六）仰圣亭

位于庆城镇范台子村十里坡中段，庆西公路旁，距原岐伯诞生地青龙咀（今葛崾岘办事处天子村）正东5千米处，仿古小园林建筑群，占地5亩。为八角重檐二层仿古建筑，净高9.9米，直径6.88米，座基石上为中草药浮雕，上部雕梁画栋、金碧辉煌，两旁对称建有碑楼，均为河南产草白玉通体雕琢，碑下为莲花座，碑头为单檐庑顶，亭前为小广场，配有休闲仿木座凳及园林小品。

（七）李梦阳故里碑亭

位于县城嘉会门外1千米处，文笔峰下，环河南岸。2003年新建时定名李梦阳故里碑亭，亭名由国家原文化部部长贺敬之题写，碑文记录李梦阳生平简介。

（八）仿古一条街

南起县城嘉会门内，北至永春门（东南门，也叫小南门）巷口，全长1042.13米，有大小铺面300多个。2012年7月开工建设，次年春建成，建设面积16732.9平方米。

三、红色文化景点

县域有革命遗址44处，其中：重要历史事件和重要机构旧址38处、重要党史事件及人物活动纪念地2处、烈士墓3处、纪念设施1处。被列为各级文物保护单位的12处，县级烈士纪念建筑文物保护单位1处，一般文物点10处。这些革命遗址，从不同侧面见证着庆城新民主主义革命的历史，承载着丰富的红色文化信息，既是物质文化遗产的重要组成部分，更是开展爱国主义教育、发展红色旅游的重要资源。

（一）八路军第一二九师第三八五旅旅部遗址

1937年10月下旬，王维舟、耿飚率八路军第一二九师第三八五旅旅部和第七七〇团由陕西三原到达陇东。旅直部队1400多人进驻庆阳县城，旅部机关原驻刘仲邠家，后移驻田家城西壕。旅部机关驻地有窑洞20余孔、房屋几十间，北侧为旅部首长住所、机关会议室等，南侧为警卫连营房、仓库、油坊、伙房等，城壕中部为操场，占地约20亩。为了解决住宿困难的问题，部队沿田家城、

麻家湾古城墙挖掘窑洞 100 多孔。新挖掘的窑洞经过干燥通风，于 1941 投入使用。这年冬季，旅部由田家城移驻北关城。司令部、参谋部、供给部、卫生处、警备连、特务连、通讯连等驻北关城北门东侧城墙，有窑洞 20 余孔。七七〇团先后驻防驿马、赤城等地，1940 年春移防华池大凤川开展大生产运动；1944 年 11 月七七〇团奉命开赴豫西抗日前线；1945 年 8 月三八五旅奉命离开庆城，前往延安。新中国成立后，这些院落中的大部分房屋、窑洞基本保存完好。在 20 世纪 90 年代为县地税局拆除占用。

（二）陕甘宁边区陇东特委遗址

1937 年 7 月，中共中央决定成立中国共产党陇东特区工作委员会（简称陇东特委）。特委受中共中央直接领导，由从中央红军教导师抽调的 20 多名干部组成，袁国平任书记，后李铁轮任书记，黄段东任副书记兼秘书长。对外以"陕甘宁边区政府驻陇东办事处"的名义领导中共在陇东周围国统区和统战区的党组织。后为陕甘宁边区陇东分区中共最高领导机关。1943 年初，改名为中共陇东地区委员会（简称"陇东地委"），特委及以后的地委机关驻北街箭道巷原冯家大院，今县城北大街政法大礼堂院内。有砖木结构房屋几十间。1938 年春，中共中央批准陇东特委改属陕甘宁边区党委领导；1940 年 4 月，陕甘宁边区党委成立陇东分区特委会（简称"陇东分委"），陇东特委随即自行撤销。现为居民区和办公区，原有建筑已全部被拆毁。

（三）中共甘宁工委遗址

1940 年中共甘肃工委在兰州被破坏后，共产党在甘肃的工作基本处于停顿状态。1942 年 4 月，中共中央决定设立中共甘宁工委，以指导甘宁两省国民党统治区的工作。同年 8 月，中国共产党甘肃宁夏工作委员会（简称甘宁工委）在庆阳城成立，隶属中共中央西北局领导。孙作宾任书记，陈成义、李仰南等为委员。后中共甘宁工委分为中共甘肃工委、中共宁夏工委，后者迁往"三边"地区。机关驻北街箭道巷原冯家大院，今县城北大街政法大礼堂院内。1947 年，中共甘宁工委与陇东分区地委及其他党政机构一起迁往华池县二将川一带。1949 年 8 月，甘宁工委离开华池迁往定西。

第四节　旅游开发与服务

一、产业规划

（一）旅游总体规划

至 2012 年底，县政府依据国家及省、市有关政策，充分利用县域旅游资源，形成《庆城县旅游总体规划》《周祖农耕文化产业园景区总体规划》《庆城县红色旅游总体规划》等。《庆城县旅游总体规划》提出：以庆城县山水格局为依托，以周祖农耕文化为核心，实施产业融合、突出特色、低碳减排、易位竞争、政府主导等战略，调整产业结构、产品结构和产业布局，逐步将庆城县旅游业建设成为全国旅游亮点、省内开发热点、区域效益高点、地方经济支点。分三个阶段实施，即按照"增长极模式"，对周祖陵景区集中投资、重点建设、集聚发展、注重扩散，培育增长极；按照"点轴模式"，沿着马岭镇—卅铺镇—庆城镇—高楼乡和太白梁—桐川乡—驿马镇—白马铺—庆城镇两条交通干线形成旅游走廊，连接一系列旅游景点、景区，推进西部太白梁—桐川—蔡口集乡—土桥乡的云中仙境休闲度假组团、驿马—赤城—白马—高楼乡的陇上行生态农业旅游组团、翟家河—蔡家庙等的高塬奇观特色游览组团、马岭—卅铺的陇上江南山水游览组团和玄马—南庄的豳风传奇历史文化组团发展；在增长极和点轴发展的基础上朝着"网络开发模式"推进，依托旅游集散主、

次中心地和数条交通干线，带动县域旅游资源开发。

（二）周祖陵景区规划

20世纪90年代，庆阳县人民政府编制《周祖陵森林公园总体规划》并实施修建。2008年，由国家林业局西北林业调查规划设计院对景区旅游资源做分类评价，并做出规划。规划期限分两期，近期2009—2015年，远期2016—2020年。规划6个景区、115处景观景点，其中自然景观51处，人文景观64处，投资概算1.4亿元。利用现有山形地貌和山川形态，以河流湖泊、山坡台地和平原沟壑等自然环境为景观，以周祖农耕文化、岐黄中医文化、黄土民俗文化为文化主题，依托地形高差层层展开。以周祖陵园区为景观核心，沿轴线呈同心环状组团布局结构。登山轴和水轴组织串联园内各种景观要素，创造一流生态环境，体现历史人文与自然生态完美融合。生态旅游线路：周祖陵国家森林公园—崆峒山—麦积山—老君山森林公园—仁寿山森林公园—兴隆山森林公园—兰州。历史文化旅游线路：周祖陵森林公园—黄帝陵—耀县药王洞—华山—秦始皇兵马俑—西安。红色旅游线路：中共陕甘宁边区陇东分区特委—华池南梁—延安革命圣地。

（三）历史文化名城创建

2011年，庆城县人民政府制订《庆城县历史文化名城保护法》《庆城县申报国家历史文化名城保护规划》《庆城县古民居古街保护规划》等。提出东山、西山，环江、柔远河和马莲河应以保护为主，适度开发，严格控制人工建设规模与环境容量。利用庆城"人工环境"的"观、用、研"价值，丰富使用功能。在旅游服务设施建设上着力营造具有庆城"人工环境"特色空间氛围，赋予"人工环境"经济附加值。把庆城具有代表性、观赏性和可参与性民间艺术、民俗活动，分门别类地在柔远河流域、环江流域和马莲河流域中进行强化、培植。使人工环境游览和人文特色游览及参与融为一体。

二、旅游服务

（一）宾馆饭店

1. 庆城宾馆　位于县城北街中心位置。占地21.3亩，建筑面积2.3万平方米，设有客房部、餐饮部、商务中心、娱乐中心、洗车服务部等，有客房180套，床位288张，大小会议室5处、大型宴会厅2处，可同时接待900人就餐，制作各派名菜和300多种地方小吃，被评为甘肃省最佳风味饭店。

2. 明珠大厦　位于县城北区，于2004年11月建成，建筑面积1.26万平方米，是集商业、住宿、办公于一体的综合大厦。

3. 农家乐旅游饭庄　至2012年底，周祖陵景区建有不同风格农家乐20余家，规模较大有周祖遗风、河东农家、庄户人家、凤泉山庄、柴塬山庄、张家食府。以窑洞、农家四合院为主要形式，突出黄土风情和田园风光。菜品以当地特色为主。

（二）旅行社

1. 甘肃新中国际旅行社有限公司庆城分公司　2006年5月成立，位于县城商业大厦四楼。主要承担国内国际（入境）旅游、咨询服务，油田职工疗养，石油婚典，举行会议，疗养学习培训班，代订火车票、飞机票，代办护照、港澳通行证。年接待游客平均2000人次。

2. 庆阳市西峰区神瑞旅行社有限公司庆城营业部　2008年11月成立，注册资金30万元，经营国内旅游咨询服务，年平均营业收入5万元。

3. 庆阳市梦阳旅行社有限责任公司　2006年3月成立，注册资金30万元，经营国内多条旅

游线路、旅游咨询，宣传服务等；代订火车票、飞机票，代办护照、港澳通行证。年平均营业收入 56 万元，年均接待游客 2000 人左右。

4. 庆城澳翔旅行社有限责任公司　2011 年 11 月成立，注册资金 40 万元，位于县城商业大厦二楼，主要办理国内、入境旅游业务；代订交通客票、住宿；接受委托办理差旅考察会议等公务。年均营业收入 40 万元，年均接待游客 2000 人左右。

（三）旅游线路

市际：小崆峒、北石窟寺、南佐遗址、周祖陵、庆城博物馆、南梁革命纪念馆 3 日游；小崆峒、北石窟寺、南佐遗址、夏家沟森林公园、合水博物馆、调令关、潜夫山森林公园 4 日游。

县间：仰圣亭、李梦阳故里碑亭、周祖陵景区、普照寺、庆城博物馆、陇东中学旧址等．

（四）旅游商品

1. 打火机　2009 年，庆城县旅游局设计制作，铁质工艺品，规格：6 厘米 ×10 厘米。

2. 银牛　2009 年，庆城县旅游局仿唐代庆州制作的银牛设计制作，银质工艺品，规格：12 厘米 ×6.5 厘米，50 克左右。

3. 水晶纪念品　2009 年，庆城县旅游局设计制作，水晶工艺品，直径为 18 厘米，厚度为 3.5 厘米，底座为 12.5 厘米 ×6 厘米 ×2 厘米。

4.《黄帝内经》名家墨书　纸质工艺品，188 毫米 ×299 毫米线装宣纸古版本，分六册，一函装，函套为六合套，单色印刷，布面左开线装。由中国中医古籍出版社出版，扬州文津阁古籍印务有限公司印刷；2009 年 8 月第 2 版，2010 年 8 月第 2 次印刷。《黄帝内经》集中华中医奠基之作、中国当代书法之最于一体，具有传世收藏价值。

5. 岐黄药枕　2010 年在庆城研制而成，并广泛推广。以手工刺绣、制作为主的一种艺术型枕头，内填各种中药，其味浓厚。普通型多呈长方形，可以预防各种头颈部疾病。治疗型多呈圆柱形，根据人体椎体生理构造，制成适合其特点的造型，可以预防和治疗各类颈椎疾病，深受广大消费者青睐。

（五）旅游特产

1. 苹果　无公害栽培，个体硕大，色泽鲜艳，营养丰富，含糖量高，储存期长，远销海内外。2009 年，通过国家农业部农产品地理标志登记审查。注册有"赤诚"牌苹果。

2. 黄花菜　无公害栽培，颜色金黄，纤细柔韧，淡甜清香，便于保存，含多种维生素、蛋白质、糖分、矿物质等，具有利尿、通乳、平肝止血、消食健胃等特殊药用和保健功能。远销中国香港地区、日本及东南亚、欧美等市场。注册的"蓓蕾"牌黄花菜，被国家外贸部命名为"西北特级金针菜"。

3. 梨枣　无公害栽培，个体硕大，酥甜爽口，营养丰富。2006 年注册有"玄兴"牌梨枣。

（六）特色小吃

1. 臊子面　庆城特色传统名吃。经和面、揉面、饧面环节，手工擀制，庆阳俗语曰："煮在锅里莲花转，挑在筷子打秋千，捞在碗里一条线，吃在嘴里活神仙。"臊子秘制。做臊子汤，配以红、白萝卜丁和豆腐丁、黄花、木耳、菱形鸡蛋薄饼和菠菜等。食用时，汤、面分离，根据食客喜好调食。

2. 灌肠　庆城特色传统名吃，为县城唯一以动物内脏精加工的食品。选新鲜猪肠和猪血，洗净猪肠，将加入荞面和葱花调料猪血灌入猪肠，蒸熟后，分份切块加作料火炒而食。

3. 猪血烩豆腐　庆城特色传统名吃，主要流行于马岭、卅铺西川一带。取适量鲜猪血，加入荞面，兑调成稠稀适中糊状，放入温火铁锅中摊成薄厚均匀圆形片状，再切成菱形或正方形、长方形，然后用猪油、豆腐片、萝卜片或洋芋片，加入菠菜、葱段、姜粉、盐、味精等调料，入锅烩制后而食。

吃起来光滑爽口，麻辣适中，回味绵长。

4. 羊刀炖　庆城独有的传统美食。由羊血经过接、兑、浸、烩而成。羊刀炖一般是边吃边烩，一碗一烩。吃时，把烩好的羊刀炖舀在碗里，加入用羊油熟好的辣椒油、葱花、香菜，配上蒜瓣就可食用。羊刀炖软硬适中，麻辣香俱全，营养丰富。

5. 马岭黄酒　庆城特色饮品，以"吉良"黄酒驰名，主产庆城县马岭镇辖区。马岭黄酒色泽鲜亮，味苦透甘，甜酸适中，涩辣俱有，香气浓郁，醇和鲜爽，回味绵长。具有舒筋活血、清心化瘀、祛风散寒、养颜益肤等功效。

图39-4-1　凤城全景

第四十章 文化

　　庆城县是甘肃历史文化名县，县城为甘肃历史文化名城。境内历史文化遗存丰富，社会文化形态多样。1986—2012年，岐黄中医药文化、周祖农耕文化、红色文化得到逐步开掘和丰富，文化产业逐步形成，文化事业蓬勃发展。

第一节 机构

一、庆城县文化局

　　1986年，庆阳县文化局设人秘股、艺术股、文艺股、财务股，县下辖文化馆、博物馆、图书馆、文工团、电影公司、文化宫、工艺美术公司和17个乡镇文化站，共有干部职工104名。1997年，县局机关核定编制12名，设人秘股、财务股、业务股。同年7月，成立"庆阳县文化市场稽查队"，隶属县文化局管理。2001年11月，撤销"庆阳县工艺美术公司"。2003年庆阳县文化局更名为庆城县文化局；2007年更名为庆城县文化出版局。2012年4月，庆城县文化出版局共有干部职工169名。

二、庆城县广播电影电视局

　　1986年，庆阳县广播电视局与庆阳县广播站合署办公，设人秘、业务、编播、财务4股，辖17个乡镇广播电视站、文家塬广播发射台、刘家庄广播调频台，共有干部职工47名。1995年1月，庆阳县广播站更名为庆阳人民广播电台，成立庆阳县有线电视台。当年11月，文家塬广播发射台改为文家塬广播电视调频台，成立桐川广播电视调频台，撤销刘家庄广播调频台。1997年9月，庆阳人民广播电台、庆阳县有线电视台合并为庆阳县广播电视台。2002年9月，庆阳县广播电视局更名为庆城县广播电视局，庆阳县广播电视台更名为庆城县广播电视台。2007年9月，庆城县电影公司划归县文化出版局管理；撤销文家塬广播电视调频台、桐川广播电视调频转播台，成立庆城县广播电视转播台；庆城县广播电视局更名为庆城县广播电影电视局，设办公室、社会管理室、技术管理室、总编室；辖县广播电视台、县广播电视转播台和15个乡镇、2个办事处广播电视站。2012年4月，庆城县广播电影电视局共有干部职工112名。

三、庆城县文化广播影视局

　　2012年5月，县文化出版局与县广播电影电视局合并，成立庆城县文化广播影视局，6月，成立甘肃省广播电视网络有限公司庆城分公司，广播电视网络与局（台）分离；7月，庆城县文化广播影视局与县广播电视台分设；乡镇广播电视站移交乡政府管辖。是年底，局机关设人秘、广播影视、技术工程、文物非遗、文化艺术、项目、产业、后勤管理7股，辖县广播电视台、广播电视转播台、现代传媒中心、博物馆、图书馆、文化馆、民俗研究所、文化市场综合执法大队、金凤凰演艺公司，共有职工281名。

第二节　群众文化

一、文化馆（站）

（一）庆城县文化馆

1986年，县文化馆位于县城北大街19号，有三层办公大楼一幢，建筑面积1080平方米，建成小剧场、游艺厅和工作室；有展厅17间，占地面积504.9平方米。馆内设美术摄影组、音乐辅导组、戏剧文学组和办公室，有职工14名。1990年，被国家文化部树立为"全国先进文化馆"。2005年11月迁入县城东街文化综合大楼。2012年，设办公室，戏剧舞蹈、音乐器乐、摄影摄像、美术书法、文学创作、非物质文化遗产辅导室，非物质文化遗产陈列展览室等，有职工21名。

1986—1996年，重点辅导农村群众文化活动。其间，1987年，县文化馆院内建成小林园凉亭、水榭、喷水池；1990年，开辟舞厅，成为全区之首；1992年，增修小林园露天舞场。至1996年，县文化馆先后组织灯谜、音乐、歌舞晚会、舞会及周末文艺活动数万场，各类书画及艺术品展览千余次。1997—2007年，重点开展民间文化遗产抢救工作，参与承办周祖公祭大典、庆阳赤城苹果节、香包民俗文化节和农耕文化节等活动。2002年，在首届"中国·庆阳香包民俗文化节"活动中设计制作彩车6辆，分获一、二、三等奖。制作非物质文化遗产电视片，登记8类27个县级保护项目。其中"周祖祭奠""徒手秧歌"申报国家级、省级非物质文化遗产保护项目。2008—2012年，组织实施广场文化活动，开展非遗文化保护工作。美术辅导班创作的书画作品，在第三届全国"飞天杯"少儿书画竞赛中获得金、银、铜奖；普照寺广场健身舞蹈和戏曲自乐自演活动逐渐丰富；编纂《庆城县非物质文化遗产普查成果汇集本》，成立非物质文化遗产传习所3个，申报省级"非物质文化遗产"3项、市级8项、县级28项。

（二）基层文化站（室）

1986年，全县建有乡镇文化站12个，订有报刊182份（册），办各种宣传橱窗、专栏145期，版面542块；举办农村实用技术培训班36期，培训1500余人；建成村文化室88个，文化户34个。1988年7月，赤城乡文化站被评为"全国以文补文先进集体"。

1993年，全县19个乡镇均建成文化站，有乡镇图书阅览室14个、展览室5个、游艺室4个、露天舞场1处、舞台16个。1996年，改扩建驿马、白马、庆城、卅铺、马岭、赤城6个乡镇文化站，建立村文化室67个，建成赤城乡示范文化站和马岭村示范书库。1997年，改扩建桐川、翟河、蔡庙、高楼、玄马5个乡镇文化站，建立村文化室48个。1998年，改扩建安家寺、葛崾岘、南庄、熊庙、太白梁5个乡镇文化站，建立村文化室31个。2002年，乡镇文化站机构改革，划归乡镇政府管理，解聘原文化专干，确定专职干部，落实编制、待遇。

2006年起，全县开始建设乡镇综合文化站，农村公共文化服务体系逐步形成。至2012年，全县有县乡镇文化站17个，每站有图书室、阅览室、游艺室、录像室、展览室、舞厅及露天剧场，配备电视机、录放像机、电影放映机、照相机及乐器、服装等，藏书3000—5000册，订报刊15种以上。主要活动内容有图书借阅、报刊阅览、电视播放、体育比赛、文艺演出、橱窗展览、板报宣传、科技咨询、节日活动、民间工艺品收集展览、民间文学搜集整理等，组织开展皮影、社火、书画展览、农民运动会等综合性群众文化活动。

二、文化设施

1986年，县城主要文化设施有文化宫（人民剧院）、博物馆、图书馆、新华书店、长庆少年宫、

长庆影剧院等。

（一）文化宫

位于县城北街，1958年建成，建筑面积1254平方米，其中舞台300平方米，电影放映室50平方米。观众厅分上下两层，设观众座椅1384座。主厅建筑采用封闭结构，是全县文艺演出和大型群众集会的主要场所。1988年，进行维修，改称县人民剧院。2001年，县财政投资4万元，对剧院幕布、电路、消防设施、座椅、会桌等设施进行维修。2010年拆除。

（二）博物馆

始建于1984年，原设钟楼巷慈云寺院内。2006年10月迁至县城中街，是一座综合型博物馆。展馆为仿古式全框架结构，建筑面积4276平方米，设庆城历史沿革、石雕石刻、岐黄文化、周祖农耕文化、历史文物精华、唐代彩绘陶俑、革命烽火、书画、经济社会发展9个固定展室和多媒体学术交流厅1个。陈列展品886件，馆藏文物4788件，其中国家一级文物24件，国家二级文物53件，国家三级文物250件，藏品主要有历史文物、近现代文物、古生物化石3个部类。2010年被甘肃省委宣传部命名为"甘肃省爱国主义教育基地"；2011年被评为"全省文博系统文化遗产工作先进集体"；2012年被评为"全国文物系统先进集体"。

（三）图书馆

位于县城北吊桥南，1983年11月建成，为三层单面楼，建筑面积794平方米。其中，一楼设报刊阅览室4间，席座60个；二楼设藏书库6间、采编室1间；三楼设农村书库1间、资料库1间。1998年10月，省市配套资金10.5万元，自筹16万元，新建两层图书楼一幢，440平方米。2004年9月被省文化厅评为国家"二级图书馆"。2005年底，设阅览席座200个；接通广电宽带网和文化信息共享工程网，电子阅览室有电脑20台；设采编室、检索室、资料室、电子阅览室、阅览室、少儿阅览室、农村书库和基本书库等。2011年拆除。

（四）新华书店

原址位于北大街39号，1972年建成，时称甘肃省庆阳县新华书店，营业面积500平方米。1995年6月在县城皇城建成办公楼一幢，建筑面积1200平方米。主要经营书刊、杂志、图书、课本、教材、音像出版物。2003年6月更名为甘肃省庆城县新华书店。

（五）长庆少年宫

位于县城北关，1985年建成，占地面积6800平方米，建有人工湖，安装摩天轮、滑梯、飞行转盘等娱乐设施。建有四层综合楼一幢，建筑面积2500平方米，一楼原为舞厅后为健身房；二楼为舞蹈室和培训教室；三楼为乒乓球、台球活动室；四楼为小型活动室和临时展厅。2000年改建，院内有露天舞台1处，临时停车场1处，凉亭2个，剪纸墙2个。

（六）长庆影剧院

位于县城北关，1981年落成，建筑面积3060平方米，设观众席1367个，由长庆石油勘探局建设使用。2012年交付地方政府管理使用。

三、文艺队伍

1986年，全县有业余文艺创作骨干298人，县剧团有演艺人员55名。至2012年底，县文学艺术界联合会有各级各界会员228名；有艺术大师国家级18名、省级58名，市级128名。县演艺公司（文工团）有演职人员57名，其中艺术三级职称2名，艺术正四级22名。

四、文化活动

（一）专题文化活动

公祭周祖典礼

2002年6月8日上午9时50分，首届（壬午年）公祭周祖典礼在周祖陵森林公园举行。公祭周祖典礼由县委、县政府主办，通过鸣炮、撞钟、敬香、献贡及乐舞等告祭仪式，公开纪念周先祖不窋在庆阳"教民稼穑，树艺百谷，削土建城、拓疆立国"开创先周的历史。2005年，公祭周祖典礼被庆阳市政府确定为市级活动，2006年申报核准为省级非物质文化遗产保护项目。至2012年，公祭周祖典礼作为"中国·庆阳香包民俗文化节"重要活动之一连续举办11届。

公祭周祖典礼一般由主祭者、陪祭者和参祭者参加。现场鸣炮13响，击鼓13响，祭奠周王朝13代先祖；撞钟8响，寓意周王朝800年辉煌社稷；鸣磬6响，寓意天地同春，六合同庆；法号6匝，寓意日月星水火风六曜光辉，惠泽万民；大乐3吹，颂扬周先祖开农耕之基，兴蚕桑之业，广畜牧之功；细乐3奏，颂扬周先祖勤政、尊贤、爱民之遗风；大锣3发，祈求政通人和、风调雨顺、五谷丰登。在《祭品敬献曲》中，礼仪小姐依次向周先祖敬献三贡、三饼、三酒、大香、大烛、黄表、玉如意、金元宝、五谷、五果，古装男子敬献全牛、全羊、全猪；上中华昌盛香、庆阳繁荣香、天地人和香，燃风调雨顺烛、物阜民康烛、民族团结烛。在《花篮敬献曲》中，参祭者分组依次向周先祖敬献花篮，行三鞠躬礼；主祭者恭诵祭文；全体参祭者面向周祖祭坛肃立，行鞠躬礼。在《周祖功德颂》中，乐舞告祭仪式开始，乐舞告祭由《诵辉》《春辉》《盛辉》3个乐章构成，分别通过诵文和乐舞等艺术形式，颂扬周先祖重农耕、广畜牧之功德。

"中国·庆阳·赤诚"苹果节

2002年10月3日，首届"中国·庆阳·赤诚"苹果节在赤城乡举行。苹果节由县政府主办，乡政府承办，通过苹果精品展销、专家座谈、果品鉴评、果园观光、地方名优产品展销、商贸交流等活动，提高庆城县苹果知名度、促销度。2003年10月9日，第二届苹果节举行。2005年，赤城乡申请注册"赤城"牌无公害苹果商标。2010年10月，第三届苹果节举行，苹果节上举办苹果种植技术研讨会、果品鉴定会和果品评奖等活动。在每次苹果节开幕式上，都有文艺演出。会期，邀请专业剧团助兴演出，制作介绍、宣传赤城及全县苹果产业发展和栽培技术的专栏、板报、墙报，营造文化氛围，扩大社会影响。

（二）广场文化活动

2005年5月，县财政投入12万元在县城北区广场配备音箱、灯光等设施，每周五、六下午19点至22点，由县委宣传部组织县城机关单位、群团组织、中小学校、厂矿企业、商业门店和乡镇社区的干部职工、居民开展周末文化演出活动。2006年9月16日，为庆祝新中国成立57周年和纪念红军长征胜利70周年，兰州军区战斗文工团来县北区广场开展慰问演出，观看群众达1万余人。2008年4月后，由县委宣传部统一组织安排，每周利用双休日和节假日，由每个县直单位在北区广场轮流组织开展"广场文化周"文艺演出。2009年4月，县文化馆在北区广场举办"庆五一和谐广场舞"群众健身健美舞蹈展演。2010年7月，县文化馆同绿洲琴行在北区广场分别举办"移动杯"青年歌手大赛和2010"仲夏之梦"音乐现场会。至2011年底，北区广场先后由110多个单位举办文化活动，累计50余场、节目500多个，观众达40万人次。2011年4月，省、市、县在普照寺广场开展"全省千台大戏送农村"启动仪式，拉开了全县大戏下乡的序幕。2012年10月，县委、县政府在北区广场举办"喜迎十八大，共筑中国梦"文艺演出，观看群众上万人。在普照寺广场先后组织开展各类文化宣传和文艺演出活动40多场次，累计观看群众8.6万人。

（三）春节文化活动

1986—2012年，全县每年春节坚持举办社火会演、电影戏剧公演、元宵节灯展等文化活动。社火会演既有耍狮子、舞龙灯、跑旱船、踩高跷、扭秧歌等民间传统节目，也有舞蹈、鼓号、彩车、乐队等现代节目。其间，射气球、打靶、钓鱼、杂耍等娱乐节目频频出现，丰富多彩，热闹非凡。春节文化活动，尤以农历正月十五的社火会演为最，县直党政机关、银行、商业、税务、经贸、粮食等各大系统组装彩车，组建秧歌队、花束队、腰鼓队等大型社火队伍。由部分乡镇和文化、卫生、教育、工商、农牧等系统1100余人组成的10多个社火队绵延数百米，11辆彩车从南向北鱼贯而入。沿途设地摊社火21个，演出200多场次、节目190个，观众人头攒动，摩肩接踵。县文工团在城区为群众公演戏剧3天7场，桐川乡业余剧团为当地群众公演戏剧3天。县文化馆主办征灯赛和灯谜活动，县博物馆、图书馆、陇原书画协会均开放展览。2002年后，春节文化活动更具多样性，内容包括春节社火会演、庆新春元宵灯展、焰火晚会、戏曲公演、贺岁片电影展演、迎新春摄影艺术展、文艺演出、卡拉OK大赛、民俗精品展、"观历史、迎新春"展览和读书阅览等活动。尤其是长庆油田各二级、三级单位利用现代科技制作的灯展，千奇百艳，竞相展出。

附：

其他节庆活动

1989年，为庆祝中华人民共和国成立40周年，全县举办少儿书画展，展出200余名小作者书画作品219幅。县文化馆与陇原书画协会联合举办为期7天的全县书画及民间工艺品展览，展出民间作品91幅，馆藏绘画作品48幅、书法作品43幅，观众达5000多人次。

1991年，为庆祝中国共产党诞辰70周年，县委、县政府举办"共产党好"歌咏大赛，参赛机关组队21个、1500余人参演。县文化局等单位在赤城乡举办全县首届农民艺术节，并为该乡赠送"绣花女"雕塑乡标一尊。

1998年，为纪念改革开放20周年，县委宣传部制作"灿烂文化""烽火岁月""英模人物""辉煌20年"等大型宣传牌7面，参观群众5000多人次。县文工团演出历史剧《下河东》《庆州泪》等剧目6场，观众1.23万人次。

2009年，全县先后举办庆祝建党88周年、新中国成立60周年大型文艺演出。演出节目110多个，观众2.4万人次。

2011年，举办"颂伟绩、话发展、赞歌献给党"庆"七一"建党90周年诗朗诵赛和"颂歌献给党"演唱赛，有70多个单位、2000余名干部职工参加活动，观众2.14万人次。

（四）社区文化活动

2003年后，随着城市化进程和小城镇建设的推进，社区内文化设施初具规模，各类社区文化活动渐次增多。县城北区广场、采二机关院内、普照寺广场、北区花园等地，每天早晚有健身操、交谊舞、太极锻炼等集健身、娱乐为一体的活动。社区文化活动多为自发组织，也有为配合相关主题活动而举行的。2009年6月，卅铺镇在社区开展"迎七一、话发展、展风采"联谊会；2010年11月，县文化馆举办自乐班进村进社区辅导培训；2011年3月，县文化馆组织春节文化活动及社区辅导培训。至2012年，全县共有社区业余文化艺术团队9个，开展各种演出、慰问活动1080场次，14个居委会组织开展社区文化活动千余场次。

（五）企事业单位文化活动

全县企事业单位文化活动以长庆油田企业文化活动最为突出。1986—1999年，长庆石油勘探

局及其下属单位，除春节举办元宵烟火晚会、社火表演外，还自上而下组建业余文体协会，把开展小型、多样、群众喜闻乐见的文体活动作为丰富职工业余文化生活、寓教于乐、陶冶情操的重要内容。1993 年，长庆艺术团创作的舞蹈《吉祥天女》获全国石油系统文艺会演一等奖。2000 年后，以井站文化、业余文化、兴趣文化、功能文化、节日文化、安全文化、廉洁文化为载体，坚持送文艺节目、图书报刊、文体用品到基层，文艺活动以基层、业余、自我参与为主，促进企业文化改革发展。2003 年，长庆艺术团创作的小品《抢客》在中央电视台戏曲频道播出。2005 年，著名词作家阎肃、曲作家孟庆云为长庆采油二厂创作《只要用心，就能做好》厂歌。2006 年 11 月，长庆采油二厂获全国企业文化建设优秀单位奖。

1998—2012 年，地方企事业单位创作和排演的作品主要深入各乡镇、企业演出，并参加全市企事业单位文艺会演。县文化部门主动把群众性文化组织与辅导工作深入企业中，企业文化得到扶持。2005 年，县农行举办庆城地区"农行杯"秧歌大赛；2008 年，县地税局举办"税收·发展·民生"文艺晚会，县电力局举办"银线情——庆祝建国 59 周年暨改革开放 30 年文艺演出"，小品《危险行动》在全国电力职工小品大赛中获二等奖。

五、民间文艺

（一）陇剧

1958 年，县秦腔剧团在对陇东道情的继承和发展上，独辟新径，创立陇剧。陇东道情是流传于环县、庆阳一带的民间小曲。曲调刚健清新，既古朴优美，欢快明朗，又低沉哀怨，自由流畅，具有黄土高原的乡土气息。唱腔中最具特色的是曲调尾音的拖腔"嘛簧"，婉转动听，韵味浓厚，烘托气氛，渲染情绪，具有独特的戏曲艺术效果。是年春，县文艺工作者首次排练出道情折子戏《杀庙》，受到观众热烈称赞，《甘肃日报》在头版作报道。7 月，县秦腔剧团排演的道情剧《挡桥》、评剧《刘巧儿》选场，赴省汇报演出，赢得文艺界的肯定和赞誉，受到省文化局的奖励。同年后季，道情剧《新媳妇不见了》和《最后钟声》参加了西北五省（区）在西安举行的文艺调演，引起文艺界的普遍关注，彭德怀观看演出并接见了全体演员，由米惠兰、杨伯铭、于鼎民、钱云霞演出的《新媳妇不见了》被中国唱片社灌制唱片。1959 年，陇东道情被甘肃省委定名为"陇剧"，成为代表甘肃地方戏曲的唯一剧种。当年，马成章、梁仲元创作的陇剧《董志原上的年轻人》由县剧团排演后，参加了全省青年会演。20 世纪 70 年代后，全县编排的陇剧主要有《十环》《支农担》《金桥战歌》《边区人家》《翠花分瓜》《三家春秋》《戎马梢山》（原名《刘志丹》）等。其中，余振东、杨俊清编导、杜君作曲的《戎马梢山》，分别参加全区文艺调演或会演，均获奖；杨俊清创作并排导的小陇剧《十环》，被评为全区第一次现代剧会演优秀节目，代表庆阳地区演出团参加全省纪念毛主席《在延安文艺座谈会上的讲话》发表三十周年文艺调演，剧本被省剧目工作室印发交流。

（二）徒手秧歌

徒手秧歌是发源和流传县域的一种独有传统舞蹈艺术形式。其特点是演员赤手空拳，不拿任何道具，徒手而舞，舞有定式，伴有音乐，演者都不出声，基本动作有甩、抻、跨、拧、缠、绕、转、跳等，靠造型和表演感染人，表演形式难度较大。曾在陕甘宁边区、解放区流行，后来被陕北秧歌所代替。

徒手秧歌的丑公丑婆，为其一景。演员腰中多束红绿彩带，扭动时如花海翻浪，异常耀眼。队形一般有二龙戏珠、燕子穿梭、扎四门、绕四门、拧门槛、内外交叉、前后左右换位、龙摆尾、缠绵花、辫蒜、分门等。1991 年 6 月，受原省文联主席陈光的指派，省舞协秘书长赵拴成来庆城与县文化馆恢复编排的一度失传的"徒手秧歌"，代表甘肃参加"中国·沈阳首届秧歌节暨全国优秀秧歌大

赛", 获集体优胜二等奖, 杨秀、梁平正、高梅获文化部颁发的优秀导演奖, 边琳、张君雁获文化部颁发的"个人优秀表演奖"。2002 年, 首届中国庆阳香包民俗文化节期间, 徒手秧歌名噪一时, 入选市级非物质文化遗产名录。2006 年入选省级非物质文化遗产名录。2008 年, 入选中国第二批国家级非物质文化遗产名录。

六、民间工艺

(一) 剪纸

全县剪纸源远流长, 尤以马岭, 卅铺、庆城、白马、赤城、熊家庙等地流传最为广泛。剪纸取材十分广泛, 有反映传统民俗和民间传统的, 有表达人们热爱劳动, 赞美创造的, 有反映美好爱情生活的等等。剪纸题材包罗万象, 有吉祥寓意题材的福、禄、寿、如意、盘长、鹤寿双全、五福捧寿、吉庆有余、长命富贵、连年有余、世世有余、六合同春等; 有表现动物、植物题材的十二生肖图、生命树、二龙喜珠、孔雀戏牡丹、狮子滚绣球、鱼儿闹莲、刘海散钱、龙凤呈祥、喜上眉梢、抓髻娃娃、五毒葫芦等。剪纸的种类十分繁多, 美化生活环境的有窗花、墙花、顶棚花、烟格子花、喜笺、灯笼花等; 装饰民俗活动的有喜花、寿花、礼花、供花、斗香花等。尤其是马岭镇张秀珍老人剪的《猫》《老猫》等作品被专家称为具有"毕加索艺术特征", 作品被多家专业艺术馆、艺术学校收藏; 本人被中央美术学院邀请讲课。1986 年后, 马岭的安慧玲, 白马的雪秀梅, 赤城的曹瑞珍成为庆阳县剪纸艺术的代表人物, 其作品多次参加省、地、县及全国展览, 有近千幅先后被国内外民间工艺美术研究专家收藏。1987 年, 县文化馆举办王金兰、安惠玲母女民间剪纸联展; 1989 年, 县工艺刺绣厂制作《陇东皮影剪纸头谱》被评为全省工艺美术品"希望杯"百花奖优秀新产品奖。安惠玲的剪纸作品《生命树》在第十一届兰州贸易洽谈会文化博览会上获"百合花"一等奖, 《天地人和》在中国南京国际剪纸艺术展上获银奖; 作品被辽宁美术出版社《陇东民俗剪纸》和北京美术出版社《抓髻娃娃》等专著收录。雪秀梅 40 多年创作剪纸作品上万幅, 其中, 被国内外专家收藏 300 幅、中央美术学院收藏 165 幅。曹瑞珍作品在第二届全国艺术节上获优秀奖, 被第四届全国艺术节组委会特邀参加现场表演。2006 年, 庆城剪纸被文化部公布为第一批国家级非物质文化遗产。2007 年, 中国民间艺术大师曹瑞珍剪纸作品《金猪》获首届中国庆阳端午香包民俗文化产业博览会金奖。2008 年, 庆阳剪纸被列入第一批国家级非物质文化遗产名录扩展项目。2010 年, 雪秀梅剪纸《原生图》获国家农业部、文化部、中国文联联合颁发的首届中国农民艺术节优秀作品奖, 并被中国农业博物馆收藏。庆城镇莲池徐生兰作品分别被中国民俗图片库、中国美术学院收编收藏。其代表作有《锦上添花》《八虎迎春》《喜鹊闹梅》《清明上河图全景》《金陵十二钗》和《巧赞刘巧儿》等, 曾在《甘肃日报》等媒体刊登, 多次在省内外文化作品博览会上展销。2011 年, 徐生兰剪纸作品《包青天》《清正廉洁》参展全国第二届红色运动会。

(二) 香包

香包, 又名荷包, 俗称"绌绌"。县域端午节有制作佩带绌绌的习俗。绌绌原指原始骨针的一种缝制方法, 后借称用布缝制、袋口能松能紧的包袋。传说岐伯曾携一药袋防疫驱瘟、禁蛇毒, 开创熏蒸法, 故此法渐成习俗。妇女们制作各种香包佩戴在儿童肩、背、胸、袖口上, 以祛恶除病。常见的香包有小老虎、小狮子、金鱼、蛇、蟾蜍、蝎子、蜈蚣、蜥蜴、粽子、南瓜、桃等多种形状。香包由彩缎包裹棉花, 棉花蘸上丁香、香草、白芷、细辛、甘松、山艾等炮制的中草药粉剂缝制而成, 垂吊红、绿、青、蓝、紫等各色线穗, 穿上珠子等闪光之物。也有将小荷包串联, 组合为"八仙过海""鱼儿钻莲""狮子滚绣球""艾虎"等造型, 妙趣横生。

1986 年, 县内有工艺美术刺绣厂、赤城民间工艺制品厂批量生产香包产品, 先后在北京、上海等地参加轻工业产品交流展出并多次获奖，赤城乡妇女制作的荷包、背心、人物、花鸟、壁挂等工艺商品，远销日本、法国、英国、美国、中国香港等国家和地区。1988年，中国工艺美术学会、民间工艺美术委员会第五届年会在庆阳县召开。次年，赤城民间工艺制品厂产品在北京参加全国第二届艺术节民间美术展览，获组委会优秀总体设计者奖。1992年，卢森堡举办甘肃民间美术展，庆阳香包刺绣产品复制品占40%，很受当地人民喜爱。2000年后，每年香包节展品制作过程中，县文化馆都组织辅导小组，对香包制作者进行业务辅导，从针法、技巧、色线调配到图案排列，作品规格，都一一进行规范，使得作品设计精巧、图案新颖、独具特色。2006年，庆城县制作的"庆阳香包"绣制被文化部公布为第一批国家级非物质文化遗产；2007—2012年，县民俗艺术研究所创新设计香包刺绣图样、开发新产品上千种，举办香包、刺绣技术培训班百余期，培训人员近万人。2011年，县内民间艺术大师创意设计高7.3米（含

图40-2-1 载入世界吉尼斯纪录的庆阳香包

穗子）、宽3米、厚1.7米、重60千克的庆城县制作的大香包参展西安世界园艺博览会，被联合国国际认证委员会、世界纪录协会首席认证师习操先生现场宣布为"世界之最"。同年，庆城县制作的"庆阳香包"参加中国（浙江）非物质文化遗产博览会并获特别演示奖。

（三）刺绣

刺绣俗称"扎花"，为县域妇女一特技，是传统的民间工艺。庆城刺绣工艺独特，方法多样，种类繁多。姑娘出嫁，必有绣花裙、绣花披肩、绣花枕头、绣花床裙、绣花帘罩、绣花鞋垫等做陪嫁品。婴儿满月，姑、嫂、舅母、外祖母等至亲馈赠亲手制作的虎头帽、虎头鞋、五子登科肚兜、狮枕、鱼儿枕等吉祥玲珑、做工精细的绣品，以示祝贺。2002年以后，随着"香包节"的举办，全县刺绣工艺迅有改进，在传统刺绣工艺的基础上，结合苏绣和湘绣特点及技法，研究、探索出新的刺绣风格，并从用线、配色、针法、框架上都有创新。

2003年，由张志学、冯华设计，117名妇女绣制的巨型屏风《百凤图》，在第二届庆阳香包节评展中获得金奖，创造出独具特色的"凤绣"，被中国民间工艺美术委员会主任靳之林誉为"中国之最"。刺绣作品《平安五戏》《富贵团圆》获全市首届民俗文化节一等奖；《四季平安》获全省"百合花"奖项金奖；《福禄寿禧》《上山虎》获全市第四届民俗文化节一等奖。之后，庆城县制作的大型屏风《富贵图》《祥云吉雨·国色天香》《迎客松》《龙凤合欢瓶》等先后获奖。2006年，陇绣精品《锦绣中华》由县委、县政府赠送北京奥运会组委会收藏。2008年，以岐黄文化、香道文化为特征的保健药枕、腰带，以陇绣为特征的刺绣敦煌壁画人物、书法、梅屏、绣花鞋等新产品成为新亮点。2010年，县政府投资500万在北区建成香包刺绣城，汇集刺绣加工企业及香包生产户30余家，形成公司加农户，农户加基地的产、销、研一体新模式。至2012年底，全县有香包、刺绣生产加工企业60家，专业生产重点户654户，从业人员3万多人，产品8类300多种，年产值逾8000万元。

七、文化市场与管理

1986年，全县仅有县工艺美术公司1家文化经营企业。之后，县文化馆、人民剧院、图书馆、

文工团等单位陆续开始"以文补文",创收增收。与此同时,全县个体文化经营开始出现,并逐步发展。1993年,全县有文化经营实体和摊点237个,从业人员千余人。其中,印刷企业15家,图书报刊经营摊点33个,卡拉OK歌舞厅11个,游乐场3个,录像带出租、零售、放映点17个,录音带批发、零售点20个,字画装裱部18个,电子游戏室23家96台,台球96台桌,气枪射击摊点3个,打字复印门店6家,其他文化个体户10户。1996年,全县有各类文化经营实体和摊点137个,从业人员2300人。2000年,全县有各类文化经营实体和摊点门市154家,从业人员1650多人。2012年,全县有歌舞厅16家,打字复印门店32家,印刷厂10家,字画装裱部22个,音像制品销售门店12家,民间演奏乐队22家,网吧23家。文化市场各类从业人员1820多人。

1987年,县文化局设立文化市场管理股。当年,登记审查全县业余演出团队及民间艺人并颁发演出证,禁演神鬼戏;严格音像市场录像、录音带审批手续;检查整顿县城个体书摊,收缴各种非法出版物179本。1989年,清理整顿全县城乡和长庆油田及其二级单位文化经营场所,清查、销毁各类非法文化制品835件,查处各种违纪违法事件115起。1990年,全县第一家卡拉OK歌厅初次申办,县文化局协助报请、审核磁带,按时签证。

1993年12月,庆阳县社会文化市场管理工作领导小组成立,办公室设在县文化局。管理工作坚持一手抓整顿、一手抓繁荣,文化市场在控制中发展。当年,清查文化经营实体220个,查缴非法书刊5337册(本)、录像带17盘。1996年,成立庆阳县文化市场稽查队,文化市场管理步入正规化。当年,庆阳县被甘肃省社会文化市场管理领导小组评为全省"扫黄打非"工作先进县。1997年,建立歌舞厅新购激光磁盘申报登记制度,实现常规性稽查,开展印刷出版物市场专项整顿和创建文明舞厅活动,长庆石油勘探局少年宫和县文化馆舞厅被庆阳地区命名为"文明舞厅"。1998年,文化市场管理推行执法责任制,执法人员持证上岗。全年开展"扫黄打非"、文化市场经营秩序整顿、取缔经营性电脑游戏机等专项整顿3次,查处违章经营活动15起,依法采取限期停业整顿、经济处罚及没收游戏机、移交公安部门查处等措施。

2000—2012年,收缴非法盗版录像带、录音带、VCD光盘3.79万盘(张);取缔、整顿经营性歌舞厅105家,关闭学校、居民点周边歌舞厅2家;取缔关闭无证经营电脑游戏场所66家,没收电脑、游戏机992台;查处取缔流动书摊9家,违规经营书店4家,没收非法图书、盗版教材2.06万册;取缔无证经营台球摊点500多家,协助查获并追回被盗流失文物38件。2002年,庆城县被评为全省扫黄打非先进集体。2006年,县文化局被甘肃省文化厅评为"全省文化市场管理工作先进集体"。

第三节　文学艺术

一、文学活动与创作

1986—2012年,全县文学创作活动逐渐发展,作者来自各行各业,作品风格各具特色,先后涌现出谷凌云、吴东正、刘秀英等一批新生代本土文学创作者。1989年,庆阳县太白梁林业中学学生梁晓君的小说《平常的故事》,获由甘肃人民广播电台文艺部主办的"西部未来作家"文学大奖赛二等奖。1998年,谷凌云诗歌集《红露珠,曼陀花》获甘肃省首届精神文明建设"五个一工程"奖。1999年,龙行革命斗争系列小说之三《西进追击》由太白文艺出版社出版;土桥乡西掌村残疾农民吴东正小说集《太平日子》由甘肃文化出版社出版,获全区文艺创作三等奖及全县"五个一工程"奖。2002年,吴东正小说集《红太阳下的白土地》由新华出版社出版。2003年,龙行

革命斗争系列小说《陇东枭雄》《城外枪声》由太白文艺出版社出版；县电力局职工高超的长篇小说《坎坷丽人》由中国文史出版社出版；李崇福、李崇锋合著长篇小说《世事沧桑》由甘肃文化出版社出版；柴瑞林诗集《仿蓬出淤》由国际文化出版公司出版。2004年，刘秀英创作长篇纪实文学《平凡人生》印行。2005年，吴东正散文集《上路者》由中国广播电视出版社出版；张凤翼、曹孝民创作的革命历史题材纪实小说《源泉》印行；田治江诗文集《含盐而行》由中国广播电视出版社出版。2008年，龙行散文集《故土乡情》由陕西人民美术出版社出版。2010年，袁永利散文随笔《纸上跳舞》由内蒙古人民出版社出版。2010年，田治江散文随笔《岁月在左　心灵在右》由内蒙古人民出版社出版。2012年，张香琳长篇历史小说《凤城传奇》由甘肃文化出版社出版。

二、戏剧小品活动与创作

1986—1996年，县内戏剧小品创作活动以县文化馆、文工团为主导，各戏校、业余剧团、皮影队为补充，推动文艺创作发展。1986年，全县5个业余剧团、7个皮影队创排各类作品为农民演出。桐川乡业余戏剧学校，由老艺人常庆祥代班传艺，排演大型教学古装戏《杨七娘》《百花公主》，巡回陕甘宁三省区演出；1987年，县文化馆创作小品《生男生女》《三个头头一个兵》，戏曲小品《东门行》获甘肃省首届戏剧舞蹈小品电视大奖赛三等奖；加工整理、重排传统剧《蝴蝶杯》《汉宫秋月》等剧目8本。1988年，县文工团段晓燕表演《百花锄奸》、尚小丽表演《悔路》分获全省首届优秀青少年演员大奖赛二等奖、优秀奖。1990年，县文工团编排演出《红梅赞》《说唱庆阳》。1992年，县文工团《飞犬奇案》获全区戏剧调演"优秀演出团体"称号，杨俊清获优秀导演奖，王增智、王建峰获优秀表演奖，孙守延获优秀舞美奖。1995年7月，尚小丽《白逼宫》、段晓燕《杀仇》均获全区第二届戏曲优秀青年演员大赛表演一等奖，李维峰《借扇》获大赛表演三等奖。1996年，创编大型历史剧《庆州泪》获庆阳地区第二届新创剧目调演优秀剧作奖。

1997—2004年，多元文化市场初步形成，县文工团逐步适应市场竞争，创排表演多种戏剧作品。1997年，尚小丽《白逼宫》、段晓燕《杀仇》获全省青年演员大赛表演一等奖，张永明《庵堂认母》获参赛奖。1999年，由边琳编剧、刘自力导演、杨宏选作曲的现代秦剧《高山情》获甘肃省庆祝新中国成立五十周年暨全省第三届新创剧目调演创作、导演、作曲三等奖，舞美二等奖；地区第三届精神文明建设"五个一"工程奖等。

2005—2012年，全县戏剧小品创作活动日益繁盛。边琳创作编排的《风情雨露》获庆阳市第五届新创剧目调演优秀编剧二等奖，《扭秧歌》获庆阳市戏剧创作贡献奖，《生男生女》获全省现代小戏小品剧本优秀奖。武金龙、李维峰、王建峰小品《危险真情》获全国第四届职工小品大赛表演二等奖；武金龙《赵氏孤儿》、李维峰《盘肠战》获全省生角大赛表演三等奖，李维峰获"金融杯"甘肃省青年演员大赛表演二等奖。2009年，现代剧《留守岁月》获甘肃省庆祝新中国成立60周年暨新创剧目调演编剧、导演、作曲三等奖。边琳创作的小品《危险行动》获"长庆油田杯"第四届全国职工小品比赛二等奖。2010年，县艺术团青年演员李凡获甘肃电视台第六届戏迷大赛冠军。2011年，李维锋《斩姚期》、李海燕《霹棺惊梦》获甘肃第三届戏剧"红梅奖"大赛二等奖。2012年，县文工团表演的《和谐人口赞》获甘肃省人口文化艺术节一等奖，《唢呐声声》《陇上荷花》获二等奖；《悔悟》《洞房花烛》获全市农民文艺调演表演三等奖。

三、音乐歌曲创作

1986—2012年，王天荣创作的儿童歌曲《我爱革命老一辈》获中国音乐家协会创作一等奖；由许兢作词、王天荣作曲的《小雨沙沙》先后获全国首届少儿歌曲创作一等奖、第二届"敦煌文艺

奖"、中宣部第五届"五个一工程"奖；王天荣创作的《格桑花》《国徽，国徽多么美》等作品入选全国中小学音乐教材。田金柱创作的儿童歌曲《好奶奶》获全国优秀少儿歌曲二等奖，《绿色童谣》获全国少年儿童歌曲作品大奖赛优秀奖，《孩子的祝福》入选《新世纪全国校园新歌作品集》，《阿瓦姑娘采春茶》获第五届中国之春·中国民族歌曲演创大赛中国民歌百首金曲奖，入选中国音乐家协会专辑《东方之春·中国民族歌曲选粹（五）》；《黄河口的小浪花》入选音乐专辑《黄河口之恋》；民歌《酸溜溜》入选中国音乐家协会音乐专辑《世界之歌·中国民族歌曲选粹》，田金柱作词、邵小玲作曲完成《美丽的庆城》。田金柱获全国校园优秀曲作家称号，入选《感动中国辉煌五年——全国杰出词曲、音乐风云人物词典》。董富民创作的歌曲《可爱的大中华》入选《新世纪全国校园新歌作品集》，创作的《祭典进行曲》《花篮敬献曲》《祭品敬献曲》被市档案馆收存。刘国华、王天荣创作的歌曲《姑嫂摘针金》《新农村就是一幅画》《金花花、银花花》获中国第三届群众创作歌曲大赛金奖、银、铜奖。刘国华创作的民歌《满地花儿唱家乡》获第七届"世界之春·中国民族民间歌曲原创高端选萃中国民歌精品"金奖，作曲的《苹果飘香》和作词作曲的《春到周祖山》获庆祝中华人民共和国成立60周年"祖国之春"全国民歌金奖和银奖；《打工浪漫曲》入选音乐专辑《世界之春·中国民族歌曲选萃（七）》，并由中国民族民间歌曲演创高端选萃指定为原唱歌曲；《魅力庆阳》获《人民之春》歌曲演创大奖赛"中国民歌十大金曲"金奖，收入《人民之声·中国民族歌曲精粹（十一）》，刘国华个人获中国音协歌曲编辑部颁发"中国民歌名作专家"奖。边琳创作《说唱庆阳新变化》获全区文化下乡调演优秀节目创作二等奖。县文化馆编印出版发行《庆城民歌》。

四、书法创作与活动

1986年，陇原书画协会在县城成立，是全省最早的县级书画协会之一。首批会员300余人，来自北京、西安、兰州、天水等市及省内其他12个县、市（区）。1988年，陕西黄陵博物馆书法家高增安、甘肃书法名人陈伯希、王巨州等先后来县举办书画展，交流作品百余幅。并受邀在庆城小学、长沙少年宫开办书法班，辅导青少年学生60余名。1990年张改琴个人书画展，先后在北京、兰州等地举办，并获甘肃省"敦煌文艺奖"。刘煦书法获全国老同志"神龙杯"纪念奖。1994年，于右任弟子、专职摄影师、台湾书法名人任海平应邀来县，开展为期一周的书法交流。同年，郑墨泉等书法名人也来县开展活动。廖明左、杜望川、李万春、孙蒋贤、张勤等老中青年书法爱好者，执着书坛，默默守望，辛勤耕耘，技艺精进，颇受欢迎。

2005年后，一批可以代表庆城县书法水准的名人、高手及后起之秀，不断涌现。他们或拜学大师、或自耕艺田、或名振域外、或立身本土，热忱书法，刻苦磨砺，或根植传统，放眼当代，如安文丽、张建昕、文华、王立军、张廷祥、岳景浓、田利荣、苏辉、徐怀恩、李世明、万生琦、杏武科、韩征明等等，走出了具有独特个性和境界的书法艺术之路。至2012年，李万春书法作品先后入围中国书法家协会举办的"首届中国西部书法篆刻作品展""首届全国册页书法作品展""第二届全国草书展"，孙蒋贤入展中国书法家协会举办的"全国第六届楹联展"，田利荣作品参加"孔子奖"全国书法展，张勤获甘肃省第三届书法"张芝奖"三等奖。

五、美术创作与活动

1986—2006年，全县美术创作及活动以陇原书画协会为阵地、县文化馆为主导，兴盛勃发，异彩纷呈，涌现出一批具有庆城特色的画家圣手。1988年，县文化馆举办美术培训班，培训业余创作骨干112人。县文化馆与县妇联、教育局等单位联合在陇东中学、庆城小学举办少儿书画展览。1990年，全区老年书画展览在县城举办，展出作品120余件；中顾委常委耿飚、甘肃省政协

副主席王秉祥、庆阳地委副书记马西林等为展览题词。同年，冯宜华国画《泉声》获全国"峨眉杯"书画大赛佳作奖。2000年，冯华书画作品《陇山晨夕》获甘肃省知识分子书画展优秀奖。其间，姜银、朱光明的《牡丹》，苏国发的《麻雀》《松竹梅兰》，李振武《花鸟》，贾渊的《山水》《人物》，王彦川的《山水》，李凤翔（女）的《花鸟》《山水》等享有盛名。贾渊的百米长卷《千里峡江图》和203米的篆书《万寿图》引起轰动。2010年后，陈东茂、曹伟等油画作品陆续参加省市及国内重大画展，并取得较好名次。

2007年后，各类美术展览交流活动经常性开展。县文联、美协联合举办"2007少儿迎春美术展"，参展小画家60余人，参展作品96幅。2008年，县委宣传部、老干局、文联联合举办大型书画交流展，展出作品180幅，特邀西安终南书画学院及北京终南书画学院来县开展书画学术交流活动。2009年，邀请各地书画家来县进行书画交流，举办书画培训交流活动10余次。2011年6月，县文联联合长庆油田综合服务处离退休职工管理科举办"浓墨颂党恩、重彩赞和谐"庆祝建党90周年书画展，参展作品150幅，其中绘画作品67幅。

六、舞蹈创作与活动

1986—2000年，全县舞蹈创作活动以县文工团、县文化馆为主，活动频繁。1989年，杨碧峰代表庆阳地区赴兰参加全省民间音乐舞蹈大赛并获三等奖。1991年，《陇东徒手秧歌》代表甘肃省参加首届中国沈阳秧歌节暨全国优秀秧歌大赛。1994年，县文工团改革演出模式，筹措排导舞蹈类综艺节目。

2000年后，县文工团创排作品涉及民族、古典、现代、民俗等多种舞蹈类型，特别是结合县域文化特色创编民俗唢呐音乐舞蹈《娶亲》，成为民俗文化产品一大亮点。2002年起，先后围绕公祭周祖大典创作《悠悠农耕》《拓土开疆》《凤舞九州》《功德颂》《遗风颂》《盛世颂》等民俗舞蹈。2003年，舞蹈《周祖雄风》获第二届"中国·庆阳香包民俗文化节"展演舞蹈类一等奖。2007年，全县组织举办"恒达杯"第二届徒手秧歌大赛，参赛代表队23个。2009年，县文化局组织创作周祖祭祀活动乐舞告祭节目《龙吟长河·凤耀大地》。2010年，县文工团创编喜剧舞蹈《我要上春晚》被庆阳市电视台选拔参加全市春晚演出。2007—2012年，县文化馆选派专业舞蹈人员在北区广场、普照寺广场组织健身舞蹈，坚持为群众教练领舞。2011年，全县成立非物质文化遗产传习所，徒手秧歌、荷花舞得到继承。2012年10月，惠华、向丽红、刘兴华、马伊萍获庆阳市人民政府举办"大地之约"全市青年声乐、器乐、舞蹈大赛优秀奖。

七、摄影活动与创作

1986—2012年，全县摄影创作活动蓬勃兴起，起步较早的摄影爱好者有冯宜华、马向明、任永华、徐治财、刘国华等。2000年后，随着摄影爱好者的增多，逐渐出现摄影艺术圈，对内互相交流切磋，对外参加各级创作活动。2009年，全县举办"见证国庆60周年庆城发展成就摄影图片展"活动，作品分老照片、发展足迹、庆城古貌和艺术摄影四部分，展出150幅。2010年，举办纪念建党89周年"魅力庆城"摄影图片展，作品分老照片、发展足迹、建设成就、艺术摄影四个板块，展出237幅，展示了庆城县改革开放以来的历史巨变。2011年4月，县博物馆主编，省、市、县级摄影协会会员及摄影爱好者协助拍摄的《魅力庆城》图片摄影集公开发行。2012年，全县举办"岐黄故里行"摄影展，作品分历史印迹、优美风光、淳朴民风、聚焦发展4个板块，展出182幅，评奖10幅，邀请庆阳市摄影家协会展出作品14幅，全面展示了庆城县近10年来的社会新貌。

八、电影电视活动及摄制

1986—2000年，受独特的地域风情、历史人文等因素影响，县域电影电视创作快速兴起。1995年，由甘肃电视台高戈编剧，潇湘电影制片厂陈鲁导演，中央电视台、甘肃电视台和庆阳地委、行署联合拍摄的8集电视连续剧《岁月不流逝》在庆阳县举行开拍仪式。

2001年，甘肃电视台在县内拍摄《扭起秧歌唱庆阳》，节目先后在甘肃电视台庆祝建党80周年文艺晚会、中央电视台第三、第七频道播出。2004年，中央电视台《华夏文明》栏目来县采编，制作播出历史文化系列电视专题片《周祖陵》等。2005年，由吴金辉编剧创作，上海祥盛影视有限责任公司拍摄的电影作品《大山深处的保尔》，被中国电影总公司收购播映。之后，电视剧《梨树沟往事》、电影《凤凰沟的春天》等影视作品在县内拍摄成功并播出，本土影视创作开始兴起。《梨树沟往事》是省内首部由农民投资、自导自拍的乡土题材电视剧，编导樊译遥、樊龙霖。该剧以改革开放30年的陇东山区农村为背景，运用乡土方言叙事手法真实再现陇东3个家庭、两代人的悲欢离合，演绎出当代陇东历史变迁和陇东农民与命运抗争的心路历程，被评为庆阳市第八届精神文明建设"五个一工程"奖暨第三届梦阳文艺奖影视剧片类一等奖；电影《凤凰沟的春天》获甘肃省第七届"敦煌文艺奖"。2008年，庆城电视台拍摄电视纪录片《陇上名县——庆城》在全省播出。2010年，大型文献电视片《中华人民共和国的雏形》摄制组来县拍摄革命遗迹。2012年，王立平的学术专著《记者的使命》由甘肃人民出版社出版，被中国广播电影电视志收录。

九、民间文艺搜集整理

1987年，县文化馆整理编印《庆阳民间文学辑（1—4）》《庆阳民歌选》《庆阳民歌集》《庆阳文史辑》《庆阳名人名胜录》《庆阳皮影集锦》等。1988年，县文化局搜集整理境内民歌39首、谚语2700条、民间故事4册360余篇，编写《庆阳县三民集成》（油印本）、《群文志》《群文大事记》《民间乐器集成》等。1989年，县博物馆王春收集整理编辑《陇东民俗资料汇编》3本。1996年，王光普、张永正搜集整理《岐伯周先祖在庆阳的传说故事》。2000年后，王春《稽古阁民俗初探》、虎瑞祥《陇叶集》、常庆章《周祖陵卦图新解》、杜鸿信《话说马岭》、刘文戈《周祖文化与古庆阳》《庆阳历史文化丛书》《凤城遗俗》《凤城杂谈》、张凤翼《凤城古貌》等作品集出版印行。2012年，县文化馆整理出版《艺林荟萃》《民间文学》《民间歌曲》系列丛书。

十、文学作品选录

（一）山连着山（散文）

陈忠实

大约经过了九转十八弯，汽车终于从塬顶上盘埏下来，进入黄土高原的一道河谷了。两岸黄土山峦，蓝天变成窄窄的一溜儿。汽车贴着山根，顺着河边的公路行驶。一座座被风雨剥蚀得满身沟壑的黄土山，从窗玻璃外面闪过去；闪过去了，迎面又扑来了，仍然是满身沟壑的黄土山。

山连着山……

初看，雄伟，纯朴，庄重；看得多了，就觉得单调，贫瘠，无彩少色，令人感到沉闷和厌倦。

朋友这时告诉我，就是这里——这川道，这山地，这莽莽的黄土高原，曾经是某某将军在陕甘宁边区时代屯垦和练兵的疆场。一时，眼前这连绵不断的黄土山似乎又一下子改变了色彩，变得格外雄浑、肃穆而深沉，像黄河滚滚滔滔的波浪，奔腾着，起伏着，涌向远方……

"井架！"

就在那高高的几乎是光秃秃的黄土山顶上，矗立着一副钻取石油的井架，钢的身架，钢的筋骨，

巍然耸立！

"井架！又一座！"

就在那泛着淡淡的绿色的黄土山的半山腰上，矗立着又一座井架，钢的身架，钢的筋骨，紧紧贴着黄土山的胸脯。

"井架！又……"

就在那被玉米、糜谷覆盖着的郁郁葱葱的河川里，一副钢铁身骨的井架，拔地而起！

这就是长庆油田陕东高原会战区的一隅。

简直是不可思议的事！古老、贫瘠而又艰苦的黄土高原啊！中华民族繁衍、生息的摇篮之地，哺育过中国共产党人、孕育过新中国的红色土地啊！就在这深厚的黄土层下，涌动着炽热的黑色的液浆……

山连着山。井架连着井架。不断地闪过去，又不断地向你扑来。我简直想伸出双臂，去拥抱这黄土山……

离开公路，从小河沟的青石上绕过去，就开始爬山，一条小路通往半山腰的井场。

弯弯的小路，不过二尺来宽。朝右，拐上一道塄坎；朝左，又拐上一道塄坎；弯来拐去，小路就像从天上垂下的一条链带儿，飘落在野草野花中。蓬蓬的野草，把枝枝叶叶扑到小路上来，紫红的马兰花，火红的山丹丹，雪白的野萝卜花，还有挂在藤蔓上的野豆花，拂动着人的裤脚……

这二尺宽的小路，不是用推土机铲出来的，也不是用镢头、铁锹劈出来的，而是用脚踩出来的。是那些工作在半山腰的井架下的钻井工人，在荒山草丛中踏踩出来的。

上山，从草丛中踩过去，上班。

下山，从草丛中踩过来，下班。

清晨，踩着露珠闪闪的草丛……

夜晚，踩着星光迷蒙的草丛……

朝霞，夕阳；雨雪，霜雾；寒冬，酷暑……接班交班、上山下山。路，就这样从草丛中踩踏出来了。

井位确定在哪里，井架就竖立在哪里，弯弯的小路接着就朝哪里延伸。是塄坎，拐上去；见沟壑，翻过去；齐塄立坎，抠出台窝，爬上去！

想想吧！那些朝朝暮暮，日日夜夜，不避雨雪风霜而踩出这条小路的石油工人啊！

就在这叫作野狐沟的沟道里，几十年前，红军战士歼灭过马匪一个精锐骑兵团。黄土里，埋着年轻的红军战士的忠骨；青草上，溅着人民子弟兵的鲜血。现在，就在这经过血与火洗礼的黄土高原上，每天从早晨到夜晚，响着中国石油工人欢快的脚步……

这弯弯曲曲的小路，是一首血与汗写成的诗！

推土机硬是在七十度的陡坡上推出一块平场，井架就贴着山的胸脯竖立起来，好一派钢铁的雄姿，钢铁的质朴，钢铁的硬骨！

机器轰隆，钻杆旋转，脚下的黄土在微微颤动。黄泥浆涌出来，夹裹着钻头在岩石上咬啃下来的碎渣薄片，钻杆向地下掘进。

握着刹把的，是一位留点小胡的卷发青年，安全帽下，一双全神贯注的眼睛，监视着钻杆的转动，那一身工作服，斑斑驳驳，沾满了油渍和泥污，很难辨认出来本的颜色了。他双足叉开，站在井台上，一手操着刹把，一手按着电钮，操纵着当今世界上也许并不算最先进的设备，义无反顾地

向地球开钻、掘进！一派威风凛凛的神气！

那飞旋的钻杆，是他的手臂吗？

那隆隆的声响，是他奋进的呼号吗？

铁丝网筛上簌下的石屑，是他执着的意志的结晶吗？

那荧光镜下含油砂样的光点，是他青春的闪光吗？

这个作业班的七八个工人，全是一帮年轻人，最小的只有 17 岁，顶大的没有超过 30 岁。他们坐在活动板屋里，正在开午餐。送饭的也是一个小青年，从山下的河沟那边，把饭送上井台。他们随便坐在木箱上，蹲在地上，饭盒里盛着豆角炒猪肉，手里攥着三个馒头，吃着谝着。

"你，娶媳妇了没？"我逗身旁一个白脸大眼的小伙儿。

"丈母娘还给我养活着呢！"

于是大伙儿笑起来，17 岁的少年笑得竟然喷出了饭。

"你呢？也是丈母娘养活着吗？"我问一个红脸大个。

"我还不认识丈母娘呢！"他佯装叹口气，"姑娘们都不愿意跟咱钻山哟！"

这确实是他们苦恼的一件心事。我从向导的嘴里得知，这些年轻的石油工人，年年月月，从一个山头钻到另一个山头，从这条沟道转到那条沟道，这儿的条件，很难在恋爱的情书上把姑娘们吸引进来。可是，我看他们虽然玩笑中夹杂着叹息，却绝不会因此而跳崖落井。他们乐哈哈地打诨，又精神抖擞地走上钻台。长年的野外工作，与高山大川为伍，和风雨雪霜结伴，处处洋溢着粗犷豪爽的气魄。

那位 17 岁的少年，是刚刚告别了农家小院，走进这黄土大山中来的。他的父亲，从戈壁的沙漠，到白山黑水的草原，最后转战到大西北的黄土高原上来，是打了一辈子油井的"老石油"，带着光荣和自豪，和井架告别了。17 岁的儿子又走上井台，从头开始……

材料库的保管员，是一位中年人，胖胖的，红红的脸膛，光头，斗截袖衫洗得十分洁净，这是井场上唯一不着工装的干净人。他很会生活，狭窄的料库里摆了一排料架，有条不紊地放着各种零件；顶头安着他的一块床板，活动的余地不过两平方米。他是从玉门转战到这里来的。四十七八岁，倒有三十多年工龄了。他吃在山沟，住在活动板房，春去秋来，一年又一年……

在发电机房工作的，是一位 20 岁出头的姑娘，同样是一身油污的工作服，那发电机却擦拭得明光灿亮；她的两绺短发，用两根皮筋扎着，小辫上别着一朵紫红的马兰花……

这就是我们的石油工人，把黑色的浆液从地腹中解放出来的英雄的工人。当我们可以用石油、而不仅仅依赖农民的猪肉和鸡蛋与外商做生意的时候，想想他们，不正是民族的脊梁吗？

这是一个什么样的油田啊！

从车窗上望出去，展开这样一幅奇异的景象：在那高高的山顶上，远远近近，矗立着一个又一个井架；在那河川的玉米地里，一字排开五六架采油树，高过正在冒长开花的玉米梢，悠然运转；在生产队的饲养场后墙外，竟然有一架抽油机向正在歇息的牛马"点头"调情……

浅蓝色的载重汽车，驮着油罐，装着机械，往来穿梭，尘土飞扬，真像进行着一场紧迫的战争。飞扬的尘土中，大帮大帮的民工正在赶修公路，手扶拖拉机，手拉车，一齐上阵了，使人很容易想到战争年月支前的老乡！现在奔忙的在这块英雄的土地上的，毕竟不是抱枪冲锋的战士了；安全帽代替了军帽，操在手中的也毕竟不是步枪，而是刹把了！然而这景象，这气氛，又何尝不是另一种战斗呢？当地震队从一个一个山头爆破过去，定下井位，钻井队紧跟着在一个一个山头上开钻、攻

坚，直到采油树一架一架运转起来，这才是最后占领的标志。

油田会战指挥部，就设在英雄的385旅旅部的窑院里。现在在这里运筹谋划着的，也是另一种战役……

那些曾经向往胜利的曙光而长眠在黄土高原上的先烈，听到而今这一派轰隆机鸣闹山川的火红景象，看见那一架一架钻机旁生龙活虎的工人，该是怎样的喜悦啊！那些贪馋地追逐着"家庭现代化"的朋友，难道没想到一点什么吗？

山连着山。

过去的战争连接着今天的新的进军。在陕甘宁边区时代那样的困境里争得了革命胜利的中国共产党人，一定能够克服现存的困难而赢得这场新长征的胜利！

（选自《陈忠实文集》人民文学出版社，2016年）

（二）风雨周祖陵（散文）

马步升

清明节的那一天，我登上了位于庆阳城东的周祖陵。难辨向度的厉风卷地而来，亦寒亦暖的雨雪潇潇而下。清明节永远是一个感伤的节日，天空飘着的是雪花，落在地上的却是雨滴，河川地里春雨润物，周祖陵上白雪霏霏。是否，远去的周祖在冥天冥界仍在护佑着他的子民，把寒冷揽入胸怀，将温润赐给后人？子曰："未知生，焉知死"，"祭神如神在"。我只能以一个凡人的见识去猜度一位圣贤的博大胸襟了，我蓦然想起在大雪纷飞天，老爷爷们毫不犹豫地将唯一的皮袄裹在小孙子身上，自己却以苍老的躯体迎击风寒。这实在是人间最普遍的风景。

可是，我却不是来祭祖的。我一向认定，祭祖是无根的游子寻根的一种仪式，或是心无所依者的自我慰藉。我虽曾长时间地远游过，但我远游的目标却是出发地，我的脚板上始终黏结着故乡的泥土。生于斯，长于斯，安身立命于斯，脚下的路是祖先一脚一脚踩踏出来的，安居的土地是祖先披荆斩棘、焚茅断草开垦出来的，赖以果腹的食物也是祖先寻寻觅觅、甄别良莠选育出来留给我们的。走近祖先，扪心自问，祖先真是对后人想得太周全了，血脉精神是祖先所赐，生存手段是祖先所教，连身体的否泰痛恙祖先也无不关怀备至，使多少痛苦的病体重新闪耀生命之光的岐黄医术就是在脚下这片土地上宣告诞生的。风，将祖先数千年镌刻在黄土地上的脚印搜刮而来展现在我的眼前，雨和雪又将祖先数千年的冷暖寒温尽撒在我的四周。一时，我被祖先的博大深厚所淹没，我回环四顾，发现自己只不过是祖茔前的一粒土或一棵小草而已。

大恩不言谢，大德无由报。面对容天括地的祖先功业，我的祭文将何以开头又何以结尾呢？我只有投入祖先的怀抱，演绎祖先的精神血脉，为自己的生命找寻源头活水。

我曾研读过许多载有庆阳人文事迹的史书，试图廓清历史的迷雾，使几千年的庆阳对我袒露无遗。这可是我安身立命之所在，它的过去怎么样，现在怎么样，未来又会怎么样，一种什么样的生存密码在串联着古往今来？我要明明白白地生活在这片土地上，明白我在这块土地上该做什么，能做什么。谁知，所有的史书向我展示的都是：混沌。天苍地茫，历史邈远，足迹杂沓，难分难解；即便是现实的这块土地上，也是川塬交错，水旱互织，古老与现代相伴，落后与文明共处。历史的迷宫还未打开，现实的迷宫又矗立于前。我只有一遍又一遍地怅然曰：这是一片不可思议的土地。然而，人类的思想史告诉过我们一个简单道理：天地万物本来就是人类的知识库，谁偶尔从中捡拾一些，谁就获得了知识。当我登上周祖陵四处眺望之时，我发现，庆阳的一切明明白白写在庆阳的大地上，字迹磊磊分明，而且智愚咸识。

城东是河，城西是河，两条河都一岸护着城，一岸傍着山，庆阳城就是山城水城了。两条河是天然的护城河，两面山是天然的屏障，形同城郭，高大坚固的城墙依两河而筑，便是内城了。两山依河而南走，永远相隔相峙，无有相交相汇之机，而两水却在城南合流了；一片巨大的空缺仰城头展开。可是，两山皆有灵，偏偏就在两水汇流之地留下一座伟岸的孤山，阻南门而独立。这样，庆阳城就四面皆山了。人们都把庆阳城称作凤城，当然，一种绵延已久的称呼自有它特定的内涵和传承的惯性，但我更愿将庆阳城称作龙凤城，既有龙的精神，又有凤的仪态。我有我的道理，人人皆知周王曾斩断了龙脉，无龙又何来龙脉？况且，龙居于水，凤栖于山，庆城两水并围，两山夹辅，龙盘水上而眼望两山，是龙朝凤之象也，龙凤相欢相恰，共同造就了庆阳。以勘探家的眼光看，将庆城比做龙，是其两山两水气势奔腾绵延不绝之象；而比做凤，是城垣缘水而筑，仰山而走，循山水之形而成城之状。鸡头，蛇颈，燕颔，龟背，鱼尾，伫立于周祖陵，庆城宛如一只巨凤栖于平川。

其实，略识中国古文化的人都知道，凤也好，龙也罢，都是一种象征物。那么，"凤"象征什么呢？《论语•微子》云："凤兮凤兮！何德之衰！"后人释之为："知孔子有圣德，故比孔子于凤。"原来，古人将有德操之人喻之为凤。周祖教民稼穑，百姓安康，故古书称周为"凤德"。而龙呢，则象征着王者威仪，唯此是尊。古往今来，称王称帝者可谓多矣，自称龙种凤种的更是数不胜数，但是，将自己的血脉拐弯抹角地攀上龙附上凤，就有了龙之威凤之仪了么？结果都不是为后世积攒了用之不尽的笑料！而周人靠什么从一个偏僻小邦挟北之劲风，南下关中，东取中原，定鼎天下呢？千古一律的回答是："德。"《诗经•大雅•大明》篇是一首周人自述开国历史的诗章，诗中详述了周祖兴起、发展、壮大到剪灭强大的殷商王朝的全过程。我们可以看到，当时殷商是多么的强大，所谓"殷商之旅，其会如林"。而相对弱小的周人又是怎样取得了牧野会战的胜利呢？你看，周人虽然获取了天下，但他们的头脑是多么的清醒，又是多么的明智。诗的开篇即说："明明在下，赫赫在上。天难忱斯，不易维王。天位殷适，使不挟四方。"换成今天的话说就是，有明明的功德在下民，有赫赫的显应在天上。天命是难相信的呀，不容易做的就是王。居帝位的本来是殷王的嫡子，却使他的命令不遍达于四方。殷商失德，虽受命于天做了王，可是人民并不买他的账。那么，周人又如何呢？"乃及王季，维德之行"，"维此文王，小心翼翼。昭示上帝，聿怀多福，厥德不回，以受方国"。意思是说，这个文王呀，只做有德的事情，他为人小心翼翼，明白怎样侍奉上帝，就招来了许多的福。他的德行不坏，因而受到四方诸国的归附。

这些话业已经受了数千年的风雨磨洗。长达数千年的历史过程，自然曾有过无数的沧海桑田，山河改容易形，人文历史上更是大河奔流，今不似昨。可是，这些话却像写在每一页日历上一样，时翻时新，每时每刻都会令人悚然惕然？"维德之行"，一个"德"字，简直就是人类做人治国的绝大机密！龙之威，根源于凤之德；凤之德，又托衬起龙之威。周祖所筑的庆阳城便是龙凤相融相恰、德威并举并重的所在了。

然而周祖去矣，他的英灵高栖东山之上。低眉巡检，庆阳城尽收眼底，城垣雄壮，河水奔流，人烟攘攘，民安其业。周祖数千年从未闭过自己的双眼，于历史，他毕竟只是一个有心的旁观者了。他的德行规范对后人只有谏诚作用，他已无力亲理庶务，为民施德了，他只能将眼前发生的一切都默记于心，于冥冥之中恭行天罚，予有德者以护佑，予失德者以惩戒。

以庆阳城的气势，在冷兵器时代应该算是固若金汤了。可是，遍查人类全部历史，从来没有一座不曾被打破的城池。堡垒最容易从内部攻破，这惊人的论断道出了并不惊人的历史真实：最坚固的堡垒恰恰是最容易被攻破的。为什么？深沟高垒是为了防备他人对自己的颠覆。当一个人、一个

集团需要用外在的包装展现强大的时候，其内在的危机也就同时发生了。当周人尚处弱小的时候，邻近的戎族正值强大，中原的殷商更加强大，周人不但未因弱小而丧亡，反而在强敌环伺之时茁壮成长。唯一支撑周祖首领腰杆的就是"德政"，和沐浴在德政之下众志成城的民众。后来，周人广有天下，相对华夏大地上任何一个集团，都拥有着绝对优势的力量。可是，利器铁军拱卫下的在当时是最严整雄壮的镐京城，却被僻居荒凉陇右的犬戎一马踏破，幽王被杀，平王东迁，威加海内，气吞八荒的西周王朝于此化为历史的尘烟。伟岸的城池变成了一片离时光的巨轮愈来愈模糊的废墟，皇皇钟鼎或者混迹尘埃、永世不得重见天日，或者变成达官贵人把玩的古董，或者让一个又一个的有心人对之一代又一代一遍又一遍地生发冲天浩叹。

由弱小而强大，由强大而丧亡，风云烦琐数百年的西周，归根结底说起来，其中道理竟简约得接近于数学定理，一曰：仁者无敌；一曰：获罪于天，无所祷也。前者是孟子说的，后者是孔子说的。朱子将后者所谓的"天"解释为"理"，我想大概与我们今天所说的"公理"、"人民"可以混用罢。无论是古圣先贤的鸿章巨制，还是平民百姓的心诽口谤，总离不开一个共同的命题：有德则得天下，失德则失天下。一个"德"字如此了得！如果真有一言兴邦、一言丧邦的奇迹存在的话，那么，"德"字在历史的浩茫巨峡中便会脱颖而出，常令世人不得不睁大迷惘的双眼。

立于庆阳城东的周祖陵，在风雪中眺望远天远地，神游古往今来，历史的感伤情绪一再或远或近地奔袭着我的心灵。我无法猜度，安居于东山之上的周祖英魂饱览了数千年的世事更替、兴衰荣枯之后，究竟获得了一些什么样的感受？当他的后代逶迤南迁、前途未卜之时，他的心灵是否也有着长辈目送晚辈出门闯业时的期望和忧虑？当他目睹后人立足关中、风行德教、万民拥戴之时，是否也曾手舞之足蹈之？当他听闻武王出师中原、终于克服殷商之时，是否也曾捻须而乐？当周公吐哺握发、励精图治之时，他是否也曾为后人敬思前贤、不忘传统加额称庆？而当厉王禁谤防民之口、幽王烽火戏诸侯、平王狼狈东窜之日，圣明的周祖又会是什么样的心情？

周祖毕竟已是远离尘嚣纷争之灵魂，后人自有后人的生活态度，每一个人都有为自己负责、为历史负责的权利和义务。即便是手足兄弟，一方要是敢冒天下之大不韪，另一方也是无能为力的。何况，周祖已完成了自己的历史使命，他已定居于东山之上，放飞出去的子孙后代已有了自己的生活天地，他更多的目光，更多的心愿还是投注在眼前这片土地上。

至今让我深深折服的是，周祖选择庆阳这块土地筑城聚族的惊世眼光。弹丸小城，居然可以北控广袤的塞上，南临富饶的关中，东通陕北，西达陇西。一城之筑，北绝两水可杜异族入侵，南循一河可收桑田之利。进可四达，退则自守，攻则长驱直入，守则铜墙铁壁。以天下之大，周祖独选庆阳为进退攻守之所，真可谓心智不凡。加之，矗立于延绵不绝的两山之上的烽火台，一柱柱烽烟冲天而起时，不消半日间，诸侯的旗帜便会远近树起。这真是古代通讯联络方式的一大奇观！事实证明，庆阳果真成就了周祖的宏愿大业。几世积累，几世发展，周人终于完成了主宰华夏大地的王业。然而，四达之地，必是四战之地，得一城而辐射四方，庆阳城就是一座永远不能平静的战场。打开发黄的历史册页，一幕幕惊心动魄的铁血场面蜂拥而来。一朝朝，一代代，不但当立足于中国任何一个方位的王朝在王冠落地之时，庆阳城必有一场浴血纷争，即便在四海晏然之时，庆阳城也常常烽火连天。秦汉唐宋元明清，在如此强盛的大一统时代，萧关古道上北流边关的囚犯也是不绝如缕；同时，给南边报警的狼烟也常常弥漫着晴朗的天空，驿马沉重苍凉的蹄声一次又一次敲碎了沿途居民的平安梦。数千年来，庆阳城头不知变换过多少次旗帜，庆阳城不知掩埋过多少曾经雄壮的生命；城陷城复，筑城的河泥不知更换过多少次，两河之水涨了又落落了又涨不知多少回；河中

殷红的血水不知为谁而流，一切似乎都在历史的册页中，一切似乎又邈不可寻。唯有城东的周祖陵巍然屹立数千载，一面若有若无的旗帜上用血书写着一个大大的而又若隐若现的"德"字，在向世人暗示着千古不移的真理。

日月更替，容纳了数千年历史尘埃的庆阳城已容纳不下正在迅猛积累的现实果实。原有的城墙依然伟岸，但是城内无数生动早已溢出城外，循两川而北上，顺一河而南播，缘两山而超越，庆阳城已泽被四方了。伫立于周祖陵前瞻而后顾，黝黑的依然是城墙，城墙内外的华彩，却是一派现代文明。庆阳城已非四战之地，而是四达之地，深藏于整个鄂尔多斯高原腹腔中的原油源源汇入庆阳，流布四方，催动着无数的车辆活跃于华夏大地。

今天是清明节，我登上了周祖陵。我不是来祭祖的，无须我来祭奠远古的英灵，脚下的奇迹就是活活生动的祭品。奠祭祖先的本来意义就在于向祖先展示后人的勤劳收获。周祖陵上依然刮着风，依然飘着雪，建筑工人正在冒着风雪修缮陵园。我心中怦然一动，我想建议工友们在祖陵的最高处镌刻一个巨大的"德"字，让远远近近的人都能触目惊心。踌躇了许久，我终于没有说，因为周祖当年似乎也没有将这个字挂在嘴上，刻在城头上，他只是用自己执着的脚印刻写出了这个字的笔笔画画。

（选自《飞天》，1996年第7期）

（三）握手（诗歌）

钱 旭

我要和上帝握手，
不管他是否灵验，
今生今世求他保佑。

我要和阎王握手，
虽然我还活着，
但死了以后也请他给我自由。

我要和领袖握手，
因为我敬畏领袖，
他的一句话可使一个民族前进或者落后。

我要和哲人握手，
因为我敬仰哲人，
他能谈透历史，看破春秋。

我要和君子握手，
因为我也是君子，
君子之交如日月长久。

我要和小人握手，
因为我害怕小人，

多少豪杰在小人面前栽了跟头。

我要和乞丐握手，
虽然我还没沦为乞丐，
但谁都有落难的时候。

我要和疯子握手，
虽然我不是疯子，
但我也有呐喊狂奔的时候。

我要和淑女握手，
虽然你嫌我容貌丑陋，
但你会羡慕我精神富有。

我要和荡妇握手，
虽然我反对你行为放浪，
但我欣赏你体态风流。

我要和幸运握手，
虽然幸运不常爱我，
但我懂得珍惜那天赐之筹。

我要和厄运握手，
虽然我曾厄运缠身，
但我从不向厄运低头。

我要和昨天握手，
虽然昨天有太多的辛酸苦辣，
但没有昨天哪来的今天的成就。

我要和明天握手，
明天是希望，明天在召唤，
岁月不让我驻足停留。

（四）庆城赋并序
胡智有

公元二〇〇七年，岁在丁亥，序属清秋。县委、县政府昭碑告竣，托今思昔，逸兴遄飞，列叙时事，因成此赋。

维我庆城，周之旧邦。青山围郭，得地脉之远；两水拱阜，通泾渭之遥。天生万物，五谷丰而宝藏盈；地凝灵秀，俊彩出而古风存。医圣岐伯，创岐黄之术，医国医民；周祖不窋，教稼穑之业，光耀千秋；傅侯介子，斩楼兰之王，彪炳汗青；范公文正，建镇朔之楼，威化边陲；梦阳万钟，冠群伦之才，博洽风流；三八五旅，戍边区之防，鱼水情深。至如忠节义勇、清操自持者，灿若星汉，无可尽数。

盛世之伊，国运大昌。惠政纳贤，聚四方之财力；移山填壑，开北区之新城。造地千亩，筑广厦以安万民；党政合署，踞高远以观全局。旧城维新，扩通衢而植绿茵；胜迹得复，补灵毓而壮大观；廛市栉比，华灯璨而人如潮。周祖遗陵，紫气凝而暮云合；岐伯圣景，芝草盛而鼎炉香。崭山飞虹，连天堑以续龙脉；文笔对峙，砥中流而传风雅；嘉会轩昂，迎旭日而映飞霞。观庆城之古今，觉民风之淳朴；仰风物之繁盛，叹人文之深厚。韶华易逝，常怀骐骥之心；丹凤朝阳，须振凌云之志。历史赐机缘，开放引八方辐辏；时代赋重任，合力铸庆城辉煌。

赞曰：环柔之水兮，浩浩汤汤；青山嘉木兮，为栋为梁；秉先圣之遗风兮，神韵飞扬；构和谐之庆城兮，惠我众苍！

二〇〇七年九月

（五）庆城赞（快板）

张凤翼

庆城县，不平凡，历史悠久数千年。	三皇祠、周祖庙，昼闲堂里是李渊。
县城雄居岗埠上，北地几代是边关。	岐伯庙、太白庙，诸多庙宇建城南。
县北皆属外族地，抵御犯侵是防线。	城内居民数百户，户户都是数世传。
历朝珍重庆阳城，强化设防大修建。	居住宅院更考究，家家都住四合院。
城如凤凰展翅飞，落驻丘陵沟壑间。	进入大门有照壁，上房坐北面朝南。
四山环绕沟纵横，嵯峨起伏山连绵。	厢房角房四面建，院落后边是菜园。
环江滔滔顺川流，东河依势绕城湾。	林木葱茏绿荫蔽，瓜香叶绿种满田。
青山绿水风光好，滋养民生好资源。	大街笔直通四方，商铺门店建两边。
上古庆城叫豳地，秦代设成义渠县。	平房阁楼带后院，货物陈列商品全。
隋为庆州合水县，唐朝曾名顺化郡。	各路客商常交往，相互推销土特产。
遂又改称安化县，此名沿用明清间。	商贸交流很繁荣，推动经济大发展。
到了民国第二年，正式命名庆阳县。	
沿革变换数十遍，如今又叫庆城县。	庆阳史上名人多，光辉业绩人颂传。
古城古貌古文化，各朝都把寺庙建。	中医鼻祖称岐伯，《黄帝内经》传世间。
历代建庙百余座，各路神灵品位全。	中医鼻祖叫岐伯，出生庆阳葛嵯峨。
城北建有马王庙，箭道巷内祐德观。	洞察天地分阴阳，救死扶伤活神仙。
眼观庙、普照寺，钟楼巷里慈云殿。	不窋位在后稷后，率民北奔戎狄间。
王母宫外吕祖庙，靠东就是八仙庵。	斩岗削阜为城池，教民稼穑务农田。
西关庙、善庆寺，县城隍东是考院。	公刘本是不窋孙，承继先祖种粮棉。
庆城府署南文庙，鹅池洞里有神泉。	爱怀百姓心仁慈，变易风俗人称赞。
傅公祠西有名宅，居住名臣范仲淹。	爱国将领傅介子，西汉王朝为军官。

荣当汉使出西域，为壮国威斩楼兰。

西汉名将甘延寿，自幼聪慧把武练。

镇守西域战匈奴，阵诛单于除外患。

文学巨匠李梦阳，为振朝纲上千言。

提学副使在江西，《空同文集》几十卷。

明代名臣米万钟，擅工书画讲清廉。

刚直不阿有骨气，敢斗奸贼魏忠贤。

庆城名人千千万，不能一一全说完。

不谈名人说景观，庆城八景非等闲。

周朝先祖在庆阳，周祖遗陵东山巅。

八百王基自此兴，农耕文化创最先。

县城西北三十里，灵岩滴翠清凉山。

花草茂盛竞绿红，清流穿桥水甘甜。

桃花盛开太和山，诸庙至尊无量殿。

登山石阶四百级，尘缘顿息欲为仙。

普照寺在北街建，七级古塔立后边。

殿左钟声闻数里，幽雅神韵千古传。

鹅池洞在东城边，苍松翠柏罩佛殿。

古人已去鹅群远，叠石洞下有清泉。

鹅池洞口一翠台，绿翠常现大雪天。

驱冻呈暖不知寒，不积毫雪真奇观。

永春门外夜降临，灯火辉煌如昼间。

贸易客商人不断，繁华晚市在城南。

文笔对峙太山庙，与城遥对清水间。

危檐悬崖有奇景，亭阁古塔树参天。

看罢宗庙和景观，再把民俗表一番。

各类习俗有特色，文化丰富有内涵。

正月初一过大年，大家喜拜新纪元。

正月初三焚纸马，接回的神仙都送完。

正月初五填穷坑，家家都吃油搅团。

正月初七"人七日"，夜来红灯挂门前。

正月十五元宵节，夜晚人们把灯观。

正月十六游百病，大街小巷多游串。

正月二十吃煎饼，民间说是为补天。

二十三日夜降临，家家焚柴来燎疳。

二月初二龙抬头，桃棒柳刀挂胸前。

三月初一天回暖，人人跟会桃花山。

三月初三去踏青，大家都吃长擀面。

三月十八乡庙会，娘娘庙上戏闹喧。

四月初四正仲春，人们相聚菩萨山。

四月十五吕祖庙，男女拜神又抽签。

五月初五端阳节，香包粽子甜米饭。

六月初六晒衣箱，绿豆汤水祭祖先。

七月初七乞巧节，姑娘掐绿把巧观。

八月十五中秋节，共吃月饼讲团圆。

九月九日是重阳，敬重老人又登山。

十月一日天已寒，送衣祭祖到坟前。

腊月初八也是节，男女老少吃粥饭。

腊月廿三接灶神，为把吉祥送全年。

婚嫁丧葬跟庙会，习俗大事莫小看。

婚嫁娶亲大喜事，择选吉日来筹办。

新娘乘坐大花轿，鼓乐唢呐走前边。

花轿一到放鞭炮，核桃枣儿洒地面。

拜罢天地入洞房，酬谢宾客摆酒宴。

迎娶媳妇叫红事，人死当作白事办。

人死三天要入殓，院设灵堂来祭奠。

门前出告挂白幡，儿女披孝守灵前。

纸活列摆唢呐吹，亲友携饼来吊唁。

出殡扶棺又扯欠，入葬墓前焚纸钱。

老人生日要贺寿，奉献寿桃吃寿面。

儿孙亲友分辈拜，恭祝老人寿无边。

小儿出生满一月，亲友都把宝宝看。

携带小衣和小鞋，还有喜饼像圆盘。

春秋农间乡庙会，各个庙宇乐酬办。

善男信女来敬神，打卦求签又还愿。

兼有商贸骡马会，还有剧团把戏演。

耍武跳神最好看，孩童最爱把会赶。

说罢民俗讲特产，庆城特产盛名传。

甜蜜果子世少有，满口带香味纯甜。

药葫芦枣很奇特，形似草帽上下圆。

狗牙牙枣小而圆，食之甜中带点酸。

绿瓢梨瓜产南川，里软外脆真香甜。

赤城苹果栽植早，味香脆嫩大又圆。

驰名中外黄花菜，营养丰富味美鲜。

高产干果白瓜子，粒粒油香肉饱满。

优质牧草紫苜蓿，牛羊食之体壮健。
样样特产宝中宝，再说名吃和名宴。
三角子席盛名传，席面丰盛菜样全。
热炒凉拌三角盘，山珍海味甜糕点。
平时百姓家常饭，最香还算臊子面。
猪肉臊子细长面，吃过之后最解馋。
庆华火腿名气大，远销京都和西安。
腿肘入盐久暴晒，清香不腻也不咸。
腊羊腱子更奇特，先选羊腿挂灶间。
年末熟煮即可食，脆香味厚又不膻。
庆城流传羊刀炖，一花奇放独特产。
清香软嫩易消化，补血健体营养全。
猪肉焐茄家常菜，制作起来并不难。
削皮下锅和肉炖，吃时莫忘蘸上蒜。
卤猪肉，清卤鸡，羊肉包子油酥馍。
名优小食品类多，味美好吃广流传。
吃罢名吃有余香，再把民间工艺看。
庆城香包有特色，造型精美色鲜艳。
花样百出香气浓，端阳节时挂胸前。
刺绣艺术品位高，飞针精绣技艺难。
常与苏绣相比美，各具风格有特点。
造型艺术属剪纸，城镇农村广流传。
窗上墙围四处贴，美化生活自乐天。
徒手秧歌是群舞，穿红挂绿扭得欢。
男女老少都参与，又唱又跳喜连天。

说罢古代说现代，庆城历史更灿烂。
公元一九三零年，庆城来了刘志丹。
领导穷人闹革命，"民族英雄"人称赞。
三五年秋十月初，红军长征到陕甘。
打土豪，分田地，农民耕种有其田。
教导师，驻庆阳，省委派来工作团。
发动群众闹革命，反霸平恶又除奸。
县委书记是蔡畅，发动妇女反封建。
剔除陋习禁缠脚，她和妇女心相连。
三八五旅到庆阳，团结群众共抗战。
开荒屯田反摩擦，生产自给渡难关。
旅长本是王维舟，热爱群众心良善。

艰苦奋斗挖窑洞，忠诚革命美名传。
陇东专员马锡五，解民倒悬平冤案。
与民呼吸共忧患，百姓尊他"马青天"。
红军驻守庆阳城，革命生产大开展。
反霸减租搞土改，创建革命新政权。
人民当家做了主，日子过得比蜜甜。
妇女彻底得解放，不遭压迫受可怜。
少年儿童得关注，个个上学把书念。
老人人人都尊敬，满心欢喜度晚年。
翻身不忘共产党，军民一家亲无间。
勤缴公粮送军鞋，支援军队勇当先。
军爱民来民拥军，军民团结肩并肩。
消灭鬼子小日本，全国解放红旗展。

历史飞速推向前，斗转星移乾坤变。
如今庆城更壮观，与时俱进大发展。
高楼林立街宽敞，旧貌飞变换新颜。
净洁有序讲文明，祥和安定人心欢。
市容市貌变化大，往来交通很方便。
住宅条件大改善，小区建得像花园。
推山填沟垫平地，兴建北区新景观。
县委大楼正北建，洋洋大观甚威严。
四围高楼相继建，中间精美大花园。
喷泉出水洒银线，妙装雕塑更美观。
广场开阔又平坦，游乐设施样样全。
周末人聚华灯亮，唱歌跳舞喜连天。
各项事业在突变，经济腾飞大发展。
西北特产金针菜，远销南亚西欧间。
优产优质牛羊肉，产业开发好资源。
马岭黄酒久流传，色浓清亮味香甜。
农副产品加工业，雨后春笋开新面。
名牌产品销四海，经济效益上高线。
旅游事业新飞跃，名胜景点不断添。
招商引资促发展，经济成效更翻番。
庆城各业大推进，飞速发展创新天。
县委领导决策好，群众齐心干劲添。
出谋划策寻财路，同奔小康永向前。

（六）楹联

左思科

望天门三皇五帝周祖名峰群仙聚会
思庆州岐傅李米人杰地灵万众来朝

晨钟警人常励志
暮霭促我惜分阴

烽烟当年惊夜月
鼓角而今颂升平

绝顶始知世外境
凭栏一望古今天

（七）民间故事

1.岐伯降生青龙咀

上古时代，北地曾出了一位奇人，名叫岐伯。他出生于一个山梁下面的土窑洞里。这山梁人们叫它青龙咀。青龙咀的地势很奇特，就像一条负势而下的巨龙。每年春秋季节，青龙咀上长满了各种各样的芳草碧树，从远处看活像青龙身上的鳞甲，美丽极了。山梁下的高台处原长着几棵高大的树木，极像个龙头，龙头靠近河岸，像要伸颈痛饮河水的样子。天然地穴式的土窑洞就在这龙头前段。有人说，这里原来没有这道山梁。有一年夏天，这里电闪雷鸣，暴雨如泼，一连几天不停，天放晴后，人们出门一看多了这道山梁，于是就纷纷传言说这是一条青龙下凡变的。从此，人们就把这山梁叫青龙咀。据传这青龙咀上的草木是无人敢动的，说那是龙的玉鳞，一动龙就发怒，会降恶风暴雨殃及百十里生灵的。

不知何年何月，青龙咀的窑洞住进了一对年轻夫妇，又生了一个胖大小子。孩子出生那天，只见龙头上祥光直射斗牛，数百只吉祥鸟环绕窑洞周围飞鸣不停。远近的人们都惊奇极了，说这一定不是凡人，于是前来探望道贺者络绎不绝，使这个冷清的土窑洞热闹了许多天。

转眼间，孩子过百岁了（一百天称百岁）。按习俗，孩子过百岁就可以给取名，取什么呢？有见识的老人说："这孩子出生地奇，人又长得奇，又是头一个孩子，就叫奇伯！"也有人说"这'奇'字有不好的一面，还是改个字好"。于是，经推敲就改成了"岐伯"。

岐伯百岁过后不久的一天，天降倾盆大雨，冲垮了岐家居住之地，岐伯父母抱上儿子爬出土窑洞，在无法爬上山坡时，便踏上窑洞前倒放着的一棵干枯的大柳树身上，左右瞭望着想办法。霎时间柳树移动了，他们就坐在柳树洞上，眼望着淘水大浪准备逃走，但无能为力地被洪水直冲到莲池滩对岸处，被岸边的柳树群倒挂住了柳树，这时岐父一手怀抱儿子，一手拉着岐母，顺着树枝爬上了对岸。从此，岐伯一家就定居在今药王洞庙台坪旁的窑洞里。岐伯从小也就生活在这里。岐伯任天师后，还专门祭拜了柳树，并祝告柳树的子孙插到哪里哪里活，因此，柳树在北方生长就多，成活率也高。这些惊险的传奇，后来竟然真的使岐伯成为一个奇才，以他的智慧拯救了无数病人，成为国医之祖。

2.岐伯学医于中南子

中南子云游古雍州，发现岐伯生而神灵，长而博知，便有心传医于他。有一天，风和日丽，天晴气爽，岐伯上山采集野果和草药，猛抬头见一老者从山崖上掉了下来，岐伯忙跑过去搭救，只见老者昏迷不醒，仅有一息尚存，右腿已摔坏了。他便把老人背回家，烧了一些姜汤灌下，老人渐渐苏醒过来，一面呻吟一面喊疼。岐伯又给他敷药、按摩，一连折腾了几昼夜，才慢慢平静下来。岐伯问老人是哪里人氏，因何到此。老人答："终南山药翁，采药到此。"老人在岐伯家一住就是几个月，可是岐伯一家无半句不恭的话，只是对他无微不至地关心照顾，直到身体完全康复。老人临走时连句谢话都没说，竟扬长而去。岐伯赶出去，送给他许多盘缠，并陪他走过了几道山梁，才依依不舍地站住看老人一步步远去。忽然，老人返回来，对岐伯说："我是中南子，有意传医于你。今见你厚道谦恭、灵府超人，因此，愿将生平所学授予你，以继我志，悬壶济世，望你好自为之。"说罢，便从袖中取出医书三卷付于岐伯，遂化作五彩云而去。岐伯这时方悟老者为仙人，纳头便拜。从此，岐伯白天识药尝药性，晚间学习天地阴阳、四时运气之理和医术、养生疗疾之法。数月之后，岐伯医学理论精通，治病无不奇验。后来黄帝在崆峒山问道于广成子时，中南子参加了法会，他向黄帝推举了岐伯。黄帝亲自考察、论医问政，后拜岐伯为师。

3.黄帝与岐伯论医

为了搜求人才，集思广益，把部族内治理好，轩辕黄帝不辞劳苦亲巡天下，他曾问道于广成子，询政于风后、封巨，而与岐伯论医更是留于典籍的一段佳话：

一日，轩辕黄帝来到北地雍州，亲自登门造访岐伯，这时岐伯正在药圃中忙碌。两人寒暄一番之后，就到室内入座，饮茶叙谈。黄帝道："先生才识，远近闻名，今日专程造访，请不吝赐教。"

岐伯笑道："乡野之人，何德何能，屈尊寒舍，恐有负厚望！"黄帝问："我所说天以六个甲子日合成为一年，地以九九之法与天相会通，而人也有三百六十五节，与天地之数相结合，这种说法已经听说很久了，但不知是什么道理。"岐伯回答说："这是个很高深的问题，我试着讲讲吧。六六之节和九九之会，是确定天度和气数的。天度，用来确定日月行程、迟速的标准；气数，用来标明万物化生的循环周期。天是阳，地是阴，日是阳，月是阴。日月运行有一定的部位，万物循环也有一定的规律。一般一昼夜日行周天一度，而月行十三度有余，所以有大月小月，合三百六十天为一年，而余气积累，则产生了闰月。那么怎样计算呢？首先确定一年节气的开始，用圭表测量日影的长短变化，矫正一年里的时令节气，然后再推算余闰。这样，天度就可全部计算出来了。"黄帝听后非常高兴地说："以上的我已经听懂了，但夫子说积累余气成为闰月，什么叫气？请启发我的愚昧，解除我的疑惑！"岐伯说："这是上帝所不肯讲，而由我的老师传授给我的。"黄帝道："希望全部讲给我听听。"岐伯说："五天叫作一候；三候成为一个节气；六个节气叫作一时；四时叫作一年。治病就应顺从其当王之气。五行气运，都各有主治之时。一年终了，再从头循环，一年分立四时，四时分布节气，如圆环一样没有端绪。五日一候的推移，也是像这样的。所以说，不知道一年中当王之气的驾临，节气的盛衰，虚实产生的原因，就不能当医生，就不能治国。"黄帝还问了一些治国方略，岐伯都一一做了回答。黄帝称赞道："先生真济世之才啊！轩辕愿以师事之！"岐伯道："枉驾垂询，三生有幸，愿闻驱遣，奔走效力。"两人遂执手大笑，准备启程。

（选自《庆阳县三民集成》）

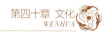

第四节　图书

一、图书发行

甘肃省庆城县新华书店是全县唯一国家图书经营企业，设业务部、财务部、综合部、县城中心图书音像超市及驿马、马岭基层网点。1986年销售图书95万册，其中一般图书44万册、课本51万册。1997年销售图书199万册，其中一般图书111万册、课本88万册。2002年销售图书215万册，其中一般图书107万册、课本108万册。2006年销售图书155万册，其中一般图书66万册、课本89万册。2007年起，向全县各乡镇"农家书屋"工程供应图书200多万元。2009年，公司经营图书、音像制品1万余种，发行3500万册，销售额1072万元。2012年，公司年销售额1100万元，实现利税52万元。先后被评为"全国新华书店双优先进单位""全省新华书店系统先进单位"等。

1986年后，随着市场经济发展，集体所有制及个体书店迅速出现。1990年，由车建孝、车建树兄弟投资30万元，在县城南街创办新知书店，是全县首家私营书店。1992年，长庆局归侨侨眷联合会、长庆局机关工会、马岭石油医院、井下作业区及马岭、卅铺文化站相继创办书店。1996年后，个体书店勃兴，主要销售和租赁图书及报刊，图书种类多为通俗小说及青少年读物。部分个体书店以销售文具和教辅资料起家，兼营图书销售和租赁及印刷业务。2003年，全县各类书店35家。2010年，全县民营书店51家。随着网络普及，图书销售及租赁市场日益萧条。至2012年底，全县各类书店16家，其中城区书店10家，乡镇6家，图书保有量100万余册，年发行图书260万余册。

二、图书馆藏与利用

1984年6月1日，庆阳县图书馆正式开放，时有藏书4万余册。1986年，县图书馆有专业人员5名，藏书近5万册，除必备的政治、经济、科技、文化等书籍外，藏有各类善本966卷（册），其中：尤以《曾文公全集》《曾文公鸣原堂论文》《曾文公奏稿》《四部备要》《五代史》《左文襄公全集》《陆放翁全集》《甘肃忠义录》，尚书、孟子、论语等注疏、校勘等481册（卷）最为珍贵。1993年，县图书馆被甘肃省文化厅确定为公共图书馆评估试点单位。同年，全县开展"向图书馆捐百万册书活动"，社会各界共捐款5000多元，捐赠图书1700多册。1994年县图书馆被评为"三级图书馆"；1995年被评为全省"文明图书馆"。1997年底，藏书6.29万册。其中，政治类图书2100册，社会科学类图书3.36万册，工具图书595册，其他类图书2.67万册。1998年，甘肃省文化厅、广播电视厅、财政厅等单位向县图书馆赠价值2万元图书，其他社会各界捐款4045元、捐赠图书3523册；县图书馆被甘肃省文化厅评为文明图书馆，杨亚梅被评为甘肃省先进图书馆工作者。2002年，省丝绸之路协会，省文化产业协会向县图书馆捐赠图书300册。2004年，接受社会捐赠图书1053册。2005年，馆藏图书总量达8万多册，其中图书6.5万册、刊0.8万册、报0.7万册。2006年底，县图书馆藏书15.49万余册，其中：图书7.17万册，科技资料7万余册，善本书966册，专藏书389册，地方文献474册，报4359合订本，期刊4498合订本，画报1756合订本，电子文献光盘733片。

1986—2010年，县图书馆对报纸实行免费阅读，期刊实行开架阅览，书籍实行持证借阅。坚持每年开放在300天以上，每天在8小时以上，年平均借阅图书在3.4万人次以上。1989年至1996年，设立图书流动站17个，满足边远地区群众读书看报的需求。2004年，县财政投入10万元，

购置电脑20台，接通电讯宽带网，配套、安装卫星接收器及相关软件，建成全市唯一的文化共享工程基层站，电子阅览室启动开放。

第五节　文物　博物

一、古遗迹

庆阳古城　位于庆城镇，为今县城，由凤城、皇城、田城三部分组成，传说周先祖不窋率族人依势斩削而成。又因此城是不窋夏朝来修建的，故为"夏城"。2011年被甘肃省文物局核定公布为省级文物保护单位。

吴家岭遗址　位于玄马镇玄马村吴家岭组公路西侧，遗址平面呈不规则形，占地5万平方米，属仰韶文化庙底沟类型。2003年被甘肃省文物局核定公布为省级文物保护单位。

麻家暖泉遗址　位于庆城镇封家洞村麻家暖泉组，距庆城仅二里。遗址现为农田，绵延分布于麻家暖泉周围三级台地上，文化层厚约1米至3米，占地4.5万平方米，属于仰韶文化庙地沟类型。2003年被甘肃省文物局核定公布为省级文物保护单位。

孔庙大成殿　位于县城南大街庆城中学院内，长21米，宽16米，高10.1米，占地350平方米，明代修建。1940年陕甘宁边区政府创建陇东中学时作为礼堂使用，2003年被甘肃省文物局核定公布为省级文物保护单位。

普照寺大殿　位于县城北大街东侧普照寺内。大殿为一单体古建筑，主体结构为歇山顶式。坐北向南，长23.5米，宽14.4米，高9.5米，建筑面积320平方米，始建于北宋太平兴国年间（公元977—983年），明清时期维修，现存建筑为明代建筑，1993年被甘肃省文物局核定公布为省级文物保护单位。

鹅池洞遗址　位于县城南大街鹅池洞巷内，修建于唐代，是古代城内居民的重要饮水工程。对研究唐代城市规划和建城技术有重大价值，南北最长100米，东西最长50米，占地面积约5000平方米。2003年被庆阳市文物局核定公布为市级文物保护单位。

庆一井　位于马岭镇董家滩村董家滩组许家沟口。1970年9月26日，3208钻井队钻出该井，日产油量36.3立方米，是长庆石油勘探局在陇东马岭油田钻探的第一口具有工业价值的出油井，被誉为长庆油田的功勋井。庆阳市重点文物保护单位。

红花湾遗址　位于蔡家庙乡西王塬村红花湾组刘家沟北侧山坡，东西长430米，南北宽200米，中间一条长200米、宽50米的壕沟把遗址分为东西两部分，分布面积4万平方米，属仰韶文化遗存，庆阳市重点文物保护单位。

半川遗址　位于桐川乡金家川村半川组及九条碥组的半川沟内，分布面积约15万平方米，灰层分布明显，厚度约1.5米至3.5米，初步判断为新石器时代遗存及汉代遗存，庆阳市重点文物保护单位。

二、文物征集

1986年，县博物馆馆藏文物300余件。后经数年征集，至2001年增至3919件。至2012年底，馆藏文物4788件，其中陶器939件（套），瓷器525件（套），铜器447件（套），石器398件（套），铁器108件（套），玉器388件（套），锡器19件（套），木器120件（套），货币1122件（套），雕塑76件（套），竹织绣40件（套），石刻64件（套），文献226件（套），绘画137件（套），化石21件（套），其他158件（套），其中国家级珍贵文物327件。书法作品1200件（套）。

博物馆部分国家级精品文物有：

（一）三孔玉刀

新石器时代齐家文化，1981年8月出土于原庆阳县什社公社永丰大队北门生产队。肩长40厘米，刃长42厘米，灰褐色，背部平列对钻三个圆孔，单面弧刃。国家一级文物。

（二）唐代白玉雕狮

1975年出土于原庆阳县彭原公社赵家沟畎大队新庄生产队。狮子通高13.8厘米，重1020克，为汉白玉作品。躬腰蹲卧，双目圆睁，巨口露齿，形象颇为传神，为唐代玉制品中的佳品。国家一级文物。

（三）汉新莽铜诏版

1982年出土于甘肃合水县定襄乡西庄行政村，同年12月被庆阳县博物馆收藏。1996年经国家文物局专家小组鉴定为国家一级文物。

诏版呈正方形，长、宽均为25厘米，厚0.7厘米，重950克。正面阴刻篆字9行，每行9字，共81字，字长1.8厘米，宽1.5厘米。自右至左依次为：黄帝初祖德沛于虞虞帝始祖德沛于新岁在大梁龙集戊辰直定天命有民据土德受正号即真改正建丑长寿隆崇同律度量衡稽当前人龙在己巳岁次实沉初班天下万国永尊子子孙孙享传亿年。

大意为：远古的轩辕氏黄帝，得土德而王，他的德行传于虞舜帝。王姓有世系可考的远祖虞舜帝，他的恩泽福祉配给"新"朝。当末星运行到大梁之虚时，正是岁次戊辰年（公元8年），建立"新"朝，按天神意志占有国民，据王德终始以土德王，按照"始建国"正当的名号，正式就皇帝位。改正朔，易服色，以农历十二月为岁首，使之长寿高资而尊崇。于是，齐国计长短的长尺，计容积的斛斗、计轻重的斤两等法则，使之与古制相合。在己巳年（公元9年），即始建国元年，当木星运行在实沉之墟时，将诏书颁行天下，愿众多诸侯国遵守，使其世世代代，永久保有。

（四）元代釜罩盘组合式铜火盆

1987年出土于玄马乡林沟村拐子塬。盆通高34厘米，口径48厘米，腹径34.5厘米，重8250克，由盖、釜、火罩、火盆四组组成，盖由圆形下扣、侈口，盖顶中间一小柱手柄，釜敛口，形似钵状，釜沿向下3厘米处有环轮外沿，火罩由三足支立。罩面有连续"X"字纹和方格组成的透铸文饰，火盆三折足，平面凹锅装火。国家一级文物。

（五）元代白釉紫花双耳罐

罐圆形、大口圆唇、鼓腹，高37.8厘米，口径24.5厘米，底径15厘米，两边接近罐口处有两个小环耳，通体灰白色，口沿下有一道蓝色线，鼓腹稍下两道一组，共二组墨线；在蓝线与墨线之间，有蓝、红、黑相间的重叠圆圈，圆圈内密外疏，有散圈滑动感；圆圈之间用大笔随意涂抹的天蓝色叶片。国家一级文物。

（六）汉代笔洗灰陶砚

长20厘米，宽12.5厘米，罐高6.5厘米，砚高5.5厘米，由笔洗和砚盘两部分组成，笔洗为罐形、卷唇、鼓腹、小平底，靠砚盘处罐肩部有一小孔，以利磨墨经水之用，砚盘为椭圆形，砚足为圆柱与洗罐形成三足鼎立。国家一级文物。

（七）马文瑞题劳动英雄匾

1988年征集。长175厘米，宽100厘米，厚4厘米。正面刻原陕甘宁边区陇东分区区委书记

马文瑞行楷"时在中华民国三十三年陕甘宁边区陇东分区首届生产展览会赠给生产模范首席张正才同志劳动英雄",字以黑漆、红漆饰填。国家一级文物。

（八）货币精品——白银锭

县博物馆收藏的几块金代银锭，是1981年10月彭原农民在修庄时挖出的，同年交博物馆收藏。1996年经国家文物局专家小组鉴定为国家珍贵文物。

银锭是烧铸而成的，首尾宽，中间细，呈亚腰形，表面平滑微凹，背面有如蜂房密布，腰和四角均有不规则的文字。其中较大的一件长14厘米，两端宽9.5厘米，腰宽5.5厘米，厚2.5厘米，重1957克。锭面上砸印"宁州范三家煎簿记"、"刘肇王郁八中"、"使司充"、"伍拾两贰钱行人称库李元"等戳记。较小的银锭长12.2厘米，两端宽7厘米，腰宽5厘米，厚1.7厘米，重1000克，锭上砸印"税使司店□"戳记。

（九）唐代彩绘描金武士俑

2001年，县城北区开发时，推开一座唐代墓葬，此墓主人姓穆名泰，陇西天水人氏，例授游击将军上柱国。墓葬武士俑通高120厘米，通体以泥质灰陶烧制而成，头戴尖耳兜鍪，身着金铠甲，立眉虎眼，高鼻上翘。一俑赤脸阔口，一俑牙咬嘴唇，颈附护项，肩部龙首吞口，胸、脐部饰蓝色护镜，紧腰束胸。一臂握拳高举，一臂张指叉腰，袍下裙摆紧贴双膝，足蹬战靴，呈弓步，臀部浑圆硕大，一俑踩羊，一俑踏牛，牛羊屈肢跪卧，更显武士健壮威武，造型生动，十分传神。国家一级文物。

（十）唐代彩绘镇墓兽

2001年4月出土于庆城镇封家洞村赵子沟组穆泰墓。一件是狮面兽身，通高97厘米，另一件是人面兽身，通高102厘米，两件镇墓兽对称置立于墓门内。国家一级文物。

（十一）唐代彩绘参军戏俑

2001年4月出土于庆城镇封家洞村赵子沟组穆泰墓。通高50厘米，头戴西域高顶帽，帽有前后左右四角，前后两角向上卷曲，左右两角向下弯曲，左目圆睁，右眼紧闭，咧嘴大笑，欢笑作滑稽状，颧骨与下颌骨肌肉高凸，两嘴角下陷，身着黄袍，领和前襟边装饰橘黄底色，蓝色花宽边襟从胫部直通袍底边，腰系黑色丝带，带上一黑色小包挎左腰间，足蹬长筒翘头靴，右足外撇，扎立式造型，颇显机警诙谐。国家一级文物。

另有穆泰墓彩绘滑稽戏俑、舞俑、武夫陶俑、贵妇俑、侍女俑、袒胸胡人俑、胡人牵驼俑、牵马俑、文官俑均为国家一级文物。

三、文物保护

（一）馆藏文物保护

县博物馆与110建立协作联动机制，与县武警中队建立安全防范应急体系。定期培训安保人员，加强消防演练。定期进行安全教育和培训干部职工。安装大型卷闸防盗门、钢管防护栏，展览楼周围安装摄像头，治安室配备高压电击器、强光远程探照灯、狼牙棒、橡胶棒等器械，除安防应急灯外，每个展室都放有应急手电筒，增强安全防卫能力。坚持24小时昼夜值班，要求值班人员认真填"一志四簿"，记录每天的安全状况及重要安全事件。安全保卫人员、值班人员每天早、中、晚、凌晨进行四次安全巡查。

县博物馆陈列文物均在密封玻璃橱内展出，透明度大，安全系数高。文物库房收藏着各类文物资料2000余件，专设文物柜分组收藏，对于较为珍贵的文物均真空密封保存。各类文物均登记入账、

编号入库。展厅与库房均安装红外线报警系统及红外线烟雾感应器，并直接与 110 联网，确保文物安全。

（二）田野文物保护

2007 年 11 月—2009 年 10 月，全县开展第三次全国文物普查，踏勘点 687 处，确定野外文物点 185 处。每个文物点确定 1 名野外文物保护员，建立信息，签订责任书，落实保护经费。其中：国家、省、市级 23 处，每人每年 1000 元，县级 162 处，每人每年给予适当补助。

附：

表 40-5-1　全县县级以上文物保护单位一览表

序号	名称	年代	地址	级别
001	周旧邦木坊	明	县城南街水利局北侧	国家级
002	普照寺大殿	宋	县城中街	省级
003	天庆观老子道德经幢	宋	县博物馆内	省级
004	傅介子墓	汉	庆城镇西塬村	省级
005	摹刻黄庭坚云亭宴集诗碑	明	县博物馆内	省级
006	重修范韩二公祠堂碑记	明	县博物馆内	省级
007	吴家岭遗址	新石器	玄马镇吴家岭村	省级
008	慈云寺铁钟	金	县博物馆内	省级
009	麻家暖泉遗址	新石器	庆城镇封家洞村	省级
010	陇东中学礼堂	民国	庆城中学院内	省级
011	庆阳古城	周	县城南门至北皇城	省级
012	红花湾遗址	新石器时代	蔡家庙乡西王塬村	市级
013	庆一井	1970 年	马岭镇董家滩村	市级
014	刘家店显圣庙	民国	蔡家庙乡史家店村	市级
015	半川遗址	汉	桐川乡金家川村	市级
016	北关三八五旅旅部旧址	1941—1947 年	庆城镇北关社区皇城正北城墙南侧	市级
017	巴山石窟遗址	宋	太白梁乡巴山村	市级
018	高庙圣母宫	清	葛崾岘办事处高庙村	市级
019	三十里铺天主教堂	近现代	卅铺镇三十里铺村	市级
020	何家山遗址	新石器	桐川乡郭旗村	市级
021	周祖陵	夏	周祖陵森林公园	市级
022	鹅池洞遗址	唐	县城南街	市级
023	李希沆家族墓	明	玄马镇贾桥村	市级
024	高老庄墓群	唐	庆城镇教子川村	县级
025	十里坪遗址	新石器时代	庆城镇十里坪村	县级
026	六亩地烽火台	明	庆城镇十里坪村	县级
027	高崖坪烽火台	明	庆城镇十里村	县级

序号	名称	年代	地址	级别
028	安庄哨卡遗址	明	庆城镇药王洞村	县级
029	东塬头烽火台	明	庆城镇五里坡村	县级
030	麻家暖泉烽火台	明	庆城镇封家洞村	县级
031	店子坪墓群	明	庆城镇店子坪村	县级
032	三八五旅野战医院旧址	1941—1947 年	庆城镇北关社区麻家湾	县级
033	王家沟门堡址	清	庆城镇北五里坡村	县级
034	张家堡遗址	明	庆城镇田家城社区马莲河西岸	县级
035	钟楼巷民宅	清	庆城镇南大街钟楼巷 9 号	县级
036	梁坪墓群	明	庆城镇莲池村	县级
037	长生桥	清	庆城镇莲池村	县级
038	王家大坟墓群	明、清	庆城镇莲池村	县级
039	西河岭墓群	明、清	庆城镇莲池村	县级
040	万户杨恭墓	元	庆城镇莲池村	县级
041	北关庆阳县政府旧址	1956 年	长庆油田采油二厂机关院内	县级
042	封家洼墓群	汉、唐	庆城镇凤北社区	县级
043	马岭城址	汉、明	马岭镇马岭村	县级
044	水泉墓群	汉	马岭镇纸房村	县级
045	堡子塬烽火台	明	马岭镇纸房村	县级
046	庙台墓群	汉	马岭镇马岭村	县级
047	王旗塬烽火台	明	马岭镇贺旗村	县级
048	安家塬烽火台	明	马岭镇琵琶寨村	县级
049	四咀沟窖子	清	马岭镇石里庙村	县级
050	宋家掌堡址	清	马岭镇琵琶寨村	县级
051	马岭东山烽火台	明	马岭镇马岭村	县级
052	庙山烽火台	明	马岭镇马岭村	县级
053	艾家山烽火台	明	马岭镇黄崾岘村	县级
054	栗家寺堡址	清	马岭镇岳塬村	县级
055	岔上堡址	清	马岭镇岳塬村	县级
056	安坳堡址	清	马岭镇安坳村	县级
057	官亭水库	1970 年	马岭镇官亭村	县级
058	清凉寺遗址	明	马岭镇下午旗村	县级
059	阜城墓群	汉	卅铺镇阜城村	县级
060	白家庄烽火台	明	卅铺镇阜城村	县级
061	王桥菩萨庙遗址	清	卅铺镇土桥村	县级
062	倪家园子龙王庙	清	卅铺镇韩湾村	县级
063	四十里铺烽火台	明	卅铺镇四十里铺村	县级

续表 40-5-1

序号	名称	年代	地址	级别
064	南塬烽火台	明	卅铺镇雷旗村	县级
065	百步寺关帝庙遗址	清	卅铺镇百步寺村	县级
066	南塬堡址	清	卅铺镇百步寺村	县级
067	侯家岭堡址	清	卅铺镇四十里铺村	县级
068	邓家塬菩萨庙石碑	清	卅铺镇四十里铺村	县级
069	三十里铺化石点	更新世晚期	卅铺镇三十里铺村	县级
070	滴水桥	清	卅铺镇三十里铺村	县级
071	张家砭遗址	新石器时代	卅铺镇韩家台子村	县级
072	柳树沟门烽火台	明	卅铺镇二十里铺村	县级
073	陈家洼墓群	宋	熊家庙花园村	县级
074	东卡子哨卡遗址	明	驿马镇东滩村	县级
075	钱畔三圣殿	清	熊家庙钱畔村	县级
076	梁家川遗址	新石器时代	熊家庙米家川村	县级
077	钱旭东墓	清	驿马镇儒林村	县级
078	驿马关城址	明	驿马镇街道南端	县级
079	驿马关战役遗址	民国	驿马镇驿马村	县级
080	广缘寺三佛殿	清	驿马镇佛寺坳村	县级
081	冯塬粮仓	1976 年	驿马镇冯塬村	县级
082	小坡湾遗址	新石器时代	驿马镇苟家渠村	县级
083	黑峁遗址	新石器时代	驿马镇苟家渠村	县级
084	缪家老庄烽火台	明	驿马镇太乐村	县级
085	安家寺堡址	清	驿马镇安家寺村	县级
086	代家畔哨卡遗址	民国	驿马镇安家寺村	县级
087	北湾烽火台	宋	驿马镇马家园子村	县级
088	梨树渠堡址	清	翟家河乡梨树渠村	县级
089	谷家湾堡址	清	翟家河乡梨树渠村	县级
090	路家掌堡址	清	翟家河乡路家掌村	县级
091	南山沟堡址	清	翟家河乡胡家岭村	县级
092	柳树湾遗址	新石器时代	翟家河乡程家河村	县级
093	梨树咀堡址	清	翟家河乡共和村	县级
094	大堡子堡址	清	蔡家庙乡大堡子村	县级
095	王家坡遗址	新石器时代	蔡家庙乡大堡子村	县级
096	蒲崾岘堡址	清	蔡家庙乡西王塬村	县级
097	姬家沟堡址	清	蔡家庙乡樊家塬村	县级
098	二峁山烽火台	明	蔡家庙乡万家庄村	县级
099	清水沟堡址	清	蔡家庙乡土桥子村	县级

续表 40-5-1

序号	名称	年代	地址	级别
100	石沟墓群	汉	蔡家庙乡蔡家庙村	县级
101	二郎山墓群	清	葛崾岘二郎山村	县级
102	庙嘴墓群	汉	葛崾岘村	县级
103	康调元墓	清	葛崾岘村	县级
104	白崾粮仓	1976 年	葛崾岘辛龙口村	县级
105	齐家堡址	清	葛崾岘高庙村	县级
106	水井沟堡址	清	蔡家庙乡徐家新庄村	县级
107	薛家嘴堡址	清	蔡家庙乡齐家沟门村	县级
108	虎家渠烽火台	宋	蔡口集乡虎家渠村	县级
109	崖崾坪堡址	清	蔡口集乡虎家渠村	县级
110	蔡口集烽火台	宋	蔡口集林场	县级
111	白草洼墓群	汉	蔡口集乡蔡口集村	县级
112	石炭城址	战国、宋、明	蔡口集乡蔡口集村	县级
113	创修龙头寺初级小学石碑	民国	蔡口集乡龙头寺村	县级
114	肖塬烽火台	宋	蔡口集乡六合湾村	县级
115	孙家掌烽火台	宋	蔡口集乡高塬村	县级
116	吕家塬遗址	新石器时代	蔡口集乡高塬村	县级
117	石炭城烽火台	明	蔡口集乡蔡口集村	县级
118	傅家山堡址	清	土桥乡西掌村	县级
119	赵湾烽火台	宋	土桥乡新民村	县级
120	马家畔墓群	汉	土桥乡南庄塬村	县级
121	高家山堡址	清	土桥乡王塬村	县级
122	芦子山墓群	汉	土桥乡合丰村	县级
123	大丰台烽火台	宋	土桥乡杨河村	县级
124	堡子烽火台	宋	土桥乡新民村	县级
125	三五九旅战地卫生院旧址	民国	白马铺乡高户村	县级
126	赤城城址	明	赤城乡赤城村	县级
127	麻芋墓群	周、秦、汉	赤城乡赤城村	县级
128	琉璃寺	清	赤城乡万胜堡村	县级
129	万胜堡址	清	赤城乡万胜堡村	县级
130	储仙洞庙	清	赤城乡万胜堡村	县级
131	孙家湾女会贴金石碑	清	卅铺镇四十里铺村	县级
132	重修无量菩萨灵宫钟楼乐楼山门创修二门石桥碑	清	卅铺镇雷旗村	县级
133	胡家庄石马槽	明	庆城镇西塬村	县级
134	增修圣母庙 石碑	清	庆城镇莲池村	县级
135	丁家堡址	清	高楼乡丁堡村	县级

续表 40-5-1

序号	名称	年代	地址	级别
136	左村遗址	新石器时代	高楼乡苏家店村	县级
137	王家堡址	清	高楼乡雷家岘子村	县级
138	王家塬齐天大圣殿	清	高楼乡雷家岘子村	县级
139	吕家塬烽火台	宋	太白梁乡吕家塬村	县级
140	碾子县政府旧址	1946—1949 年	太白梁乡柳树村	县级
141	白草山烽火台	宋	太白梁乡柳树村	县级
142	三合庄油坊	民国	太白梁乡吴家岔村	县级
143	狼齿湾遗址	新石器、汉、宋、元	太白梁乡吴家岔村	县级
144	泰伯庙	清	太白梁乡王渠村	县级
145	贾山城堡址	清	太白梁乡贾山村	县级
146	吴家塬堡址	清	南庄乡何塬村	县级
147	重修双岘大桥石碑	民国	南庄乡东塬村	县级
148	新庄遗址	新石器时代	南庄乡新庄村	县级
149	何里洼戏楼	清	南庄乡新庄村	县级
150	六寸塬墓群	清	南庄乡六寸塬村	县级
151	新庄嶂岘堡址	清	南庄乡六寸塬村	县级
152	樊家庙遗址	清	玄马镇樊家庙村	县级
153	胡洞遗址	新石器时代	玄马镇吴家岭村	县级
154	房里烽火台	明	玄马镇老庄村	县级
155	君王塬烽火台	明	玄马镇桑梨塬村	县级
156	桑梨塬郭氏宗族墓	清	玄马镇桑梨塬村	县级
157	刘家南塬烽火台	明	玄马镇樊家庙村	县级
158	柏树塬贾氏宗族墓	明清	玄马镇柏树村	县级
159	侯家嶂岘战役遗址	民国	玄马镇樊家庙村	县级
160	延庆城址	唐	玄马镇玄马村	县级
161	寺家山烽火台	明	玄马镇孔家桥村	县级
162	尹家桥遗址	新石器时代	玄马镇孔家桥村	县级
163	李洼坡遗址	新石器时代、汉代	玄马镇贾桥村	县级
164	北塬头烽火台	宋	桐川乡北塬头村	县级
165	三合湾烽火台	宋	桐川乡三合湾村	县级
166	李家洼墓群	汉	桐川乡小塬子村	县级
167	李家岔烽火台	汉	桐川乡郭家岔村	县级
168	嵇旗堡址	清	桐川乡郭旗村	县级
169	佛淌遗址	新石器	玄马镇乡贾桥村	县级
170	张家嘴遗址	新石器	高楼乡丁家堡村	县级
171	上店古墓群	汉	蔡家庙乡史家店村	县级

续表 40-5-1

序号	名称	年代	地址	级别
172	慈云寺古建群	明	县城中街	县级
173	十里坪古墓群	明	庆城镇十里坪村	县级
174	万山寺石窟	唐	驿马镇马园子村	县级
175	熊家庙三合寺	明	熊家庙村	县级
176	徐家庄庙	清	高楼乡花村	县级
177	凤凰山圣母庙遗址	明	马岭镇黄嵝岘村	县级
178	西河大桥	近现代	庆城镇莲池村	县级
179	桃花山庙遗址	清	卅铺镇三十里铺村	县级
180	杨渠水电站	1970 年	庆城镇店子坪村	县级
181	三八五旅旅部旧址	1937—1941 年	庆城镇田家城社区	县级
182	三八五旅政治部旧址	1941—1947 年	庆城镇北关社区皇城	县级
183	庆城县烈士陵园	1940 年	县城北关	县级
184	清凉山建筑群	清	卅铺镇雷旗村	县级
185	二干渠	1978 年	马岭镇马岭村、黄嵝岘村	县级
186	田公墓	明	庆城镇教子川孙家山	县级
187	文笔峰遗址	明	庆城镇莲池村	县级
188	飞天圣母庙	清	玄马镇刘巴沟村	县级
189	大咀台古墓群	汉	卅铺镇雷旗村	县级

第六节　电影

一、放映网点

1986 年，全县有放映队 21 个，个体放映队 3 个，放映机 21 台，庆城、桐川影片发行站两个。县城电影放映点主要是县人民剧院和长庆剧院，农村电影放映点主要在各乡镇政府所在地，或人口相对集中的村组或集会场所。1989 年，全县有电影放映单位 27 个，其中，全民所有制放映单位 3 个，集体所有制放映单位 24 家。影片发行有庆城、桐川发行站。20 世纪 90 年代，长庆石油勘探局先后投资百万元，修建、改建长庆石油影剧院、运输处、机械厂、筑路处、油建处、井下二处、采油二厂、钻井二处、水电厂、第二石油机械厂、石油技校电影院 10 座，总座席 10 万多个。庆阳石油化工厂工人俱乐部也开展电影放映工作。

1993 年，驿马镇左治林投资 10 万余元，建成全县首家个体私营电影放映厅，占地面积 100 多平方米。2002 年，县文化宫与电影公司合并。2003 年，购买 16 毫米放映设备 6 套，新组建乡镇电影放映队 6 个。2010 年，县城北区建起首家 3D 数字影剧院。

二、放映活动

1986 年，全县放映电影 2494 场次，观众 190 万人次，收入 8.99 万元，发行收入 2.91 万元，实现利润 0.59 万元。1988 年，35 毫米电影放映进入放映市场，全年完成 451 场次，实现放映收入 4.21 万元、发行收入 2.10 万元，观众上座率 11.63 万人次；16 毫米放映 1995 场次，实现放映收入 4.86

万元、发行收入 1.26 万元，观众上座率 167.8 万人次。1990 年，城镇完成电影放映 414 场次，观众 12.13 万人次；农村完成放映 1775 场次，观众 172.8 万人次。

　　1991 年，全县农村实行电影提成收费普及放映。各乡镇统一规划、收费，定时定点、巡回放映；放映经费从村公益金中提成，或按每人每年提取小麦 2 斤，由粮食部门按议价收购，提成款及粮款交乡镇建专账管理。当年放映 2305 场次，观众 126.71 万人，发行收入 5.17 万元，放映收入 12.2 万元，实现利润 5500 元。1992 年起，电视业兴起，电影市场开始疲软；农村电影提成收费落实不到位，部分放映队陷入瘫痪。1993 年，省电影公司实行片租定额、买断发行和取消以城补乡及对庆阳老区定补政策，同时停止供应 16 毫米影片。县电影公司无力购买拷贝，农村电影放映队歇业 16 个。年内放映 410 余场次，放映收入 3.9 万元，上交地区片租费 1.44 万元。1994 年，全年电影放映 350 多场次，收入 3.34 万元；全县农村 21 个电影放映队全部歇业。1995 年，全县电影放映 77 场次，收入 0.8 万元。1997 年县电影公司为增加收入采取制作海报、提早宣传，增加双场、降低票价，送票上门、停电不停映等多种办法增加放映量，但收效甚微。2000 年，全年放映 120 场次，收入 8000 元。

　　2001 年，全县及长庆石油勘探局电影发行放映公司全部停止业务，县人民剧院停映。电影公司借鉴外地经验，打破传统模式，组织有奖看电影活动，基本激活城区电影市场；全年放映 110 场，收入 7112 元，观众 3.3 万人次。5 月，恢复驿马镇放映队，放映 20 多场。2003 年，开始实施电影放映"2131"工程（21 世纪一村一月放映一场电影），全年在 167 个行政村放映电影 1890 场次。2006 年，向省上争取电影放映车 1 辆。在电影"2131"活动中，卅铺电影队张鹤被省市广电局评为电影放映先进工作者，被国家广电总局评为农村电影放映先进工作者。2008 年后，全县 9 个农村流动放映队归口甘肃省飞天农村数字电影院线有限公司管理，配发流动放映车，设备实现数字化、网络化和 GPS 定位管理。每年 5—10 月巡回在全县 153 个行政村公益放映 1830 场以上，每年观众约达 50 万人次。

第七节　广播电视

一、广播

（一）广播电台

　　1986 年为庆阳县广播站。主要设备有杭州产 GK84-1 型播出控制台 1 台，10 瓦、4 瓦监听器各 1 台，GY-Q8 路调音台，采访录音机 2 台；榆次产 LY653 型录音机 4 台；苏州产遥控器 1 台，语言和音乐话筒各 4 只。1995 年 1 月，经国家广播电影电视部批准，庆阳人民广播电台正式开播，台址位于县城北大街 37 号。城区与周边村镇为有线覆盖，乡镇和农村为调频发射无线覆盖，调频频率 FM92.6 和 FM92.9。自办固定栏目《庆阳新闻》《农村天地》《今日庆阳》《科技与信息》《文艺节目》《戏曲节目》《婚育新风》，

图40-7-1　广播电台播放室

每天播音 3 次，共计 6 小时 10 分钟，其中，转播中央、省台节目 3 小时 10 分钟，自办节目 3 小时，覆盖率达 85%。

2002 年 9 月，更名为庆城县广播电视台，呼号为庆城人民广播电台。年播出节目总量 2342.1 小时，其中，转播中央和省台节目 1429.6 小时，自办节目 912.5 小时。2004 年 4 月，购置 MX1202 型 12 路调音台及 RackMDunt PC-700 型音频工作站各 1 套（台），实现采、录、编、播数字网络化。2010 年开播广播新闻网。除转播中央人民广播电台新闻和报纸摘要节目、新闻纵横节目、全球华语广播网、全国新闻联播、央广新闻晚高峰外，还播出《庆城新闻》《新农村》《新闻播报》《热点透视》《婚育新风》等综合栏目，时间为 30 分钟。

（二）有线广播

1986 年，全县农村有广播线路 546.2 杆千米，安装喇叭 2.27 万只。1991 年，实现全县 19 个乡（镇）全部通广播，广播通播率达 100%。1994 年，县城街道高音喇叭更新为音柱。2002 年，城区架设广播电缆 850 米，改道广播线路 700 米。

（三）调频广播

经国家广电部批准，1985 年 10 月，文家塬调频台在庆城镇西塬村建成，马岭、翟家河、卅铺、玄马、高楼、南庄、葛崾岘 7 乡镇可收到县广播站的广播信号；1986 年 8 月，刘家庄调频台在驿马镇儒林村建成，全县调频广播信号实现全覆盖。1992 年，文家塬、刘家庄调频台的调频广播发射功率增加到 100 瓦，用于转播县广播站的自办节目，调频覆盖率达到 60% 以上。1993 年，文家塬调频台的调频广播功率增加到 300 瓦，县广播站自办节目调频覆盖率达 68%。1997 年建成蔡家庙、熊家庙广播电视发射塔，发射调频广播各 1 套。

2006 年 6 月，采用广播电视信号光缆传输技术，开通城区及光缆通达驿马、白马、庆城、卅铺、玄马 5 乡镇街道公共广播。2007 年 9 月，县广播电视转播台正式开通运行，配备 300 瓦调频发射机，除转播中央人民广播电台第一套节目外，还插播县台自办广播节目，转播时间每天 19 个小时，广播覆盖率 90%。

二、电视

（一）电视台

1982 年初，经国家广播电视部批准组建长庆电视转播台（以下简称"长庆电视台"），开办自办电视节目，转播中央和甘肃、宁夏电视台节目，开通卫星、微波通讯业务，播出节目覆盖庆阳、华池、环县等地，为庆阳地区最早的电视差转台，曾属指挥部工会、测井处管理。1987 年 7 月，经甘肃省广播电视厅批准为长庆有线电视台；11 月开始制作、播出"长庆新闻"。1989 年 8 月，划归报社管理。1993 年后，陆续开办"新闻聚焦""科技大观园""青春年华""生活百叶窗"等品牌栏目。1999 年初，迁至陕西省西安市。

1994 年 1 月，县教育电视台建成并正式开播，成为全区 5 个县级教育电视台之一，有工作人员 3 名，50 瓦电视发射机 1 台。1995 年，有工作人员 8 名，办公及各类用房 140 平方米，摄像机 9 台，录音机 8 台，编辑机 4 套，字幕机 2 套，特技机 2 台，监视器 10 台，磁带 1200 多盘。2001 年 12 月停办。

1995 年 1 月，县有线广播电视台自办节目《庆阳新闻》正式开播。2001 年 10 月，县电视台采编设备由模拟集编更新为数码采编。2002 年 9 月后《庆阳新闻》节目更名为《庆城新闻》，并增设《新闻视点》《金色田野》《周祖文化》等节目。同年，经国家广播电影电视总局批准，允许采用有线与无线相结合的方式传播电视节目，电视台的呼号由庆阳有线广播电视台更名为庆城电视台，台址位于县城北大街 37 号。

（二）有线电视

庆阳县有线电视工程由国家电子工业部宝鸡凌云电器总公司承担，架设主杆直线 6 千米，开通有线电视节目 12 套，主要覆盖城区，用户 1500 多户。1996 年 8 月，经与长庆石油勘探局有线电视站协商，达成共用中央 3、5、6、8 套加密频道解码器的协议，用户增加至 2000 多户。同年，采用微波中继技术手段，接收庆阳地区电视台的节目并在有线网络中传输。1997 年，长庆广播电视转播台停播，甘肃电视台的节目通过微波接收。1998 年 12 月甘肃卫视上星后，购置数字卫星接收机和调制器，节目套数增至 24 套，用户增至 3000 多户。同年，卅铺、马岭、驿马三镇分别自筹资金，依托乡镇广播电视站在各自镇政府所在地建立有线电视前端，发展农村有线电视用户 1100 多户。

图40-7-2　电视演播室

2002 年 8 月至 2003 年 6 月，庆阳市网络中心在全市建设广播电视宽带信息网，完成县域内市网干线改造 1912 千米，贯通光缆沿线驿马、白马、玄马、卅铺、马岭 5 乡镇。2004 年，完成城域网和驿马、白马、玄马、卅铺、马岭 5 乡镇分配网的升级改造工程。2008 年底，全县启动有线电视数字化整体转换，有线电视用户增至 8300 多户。2012 年底，全县累计安装广播电视"户户通"地面卫星接收设施 6.4 万套，建成广播电视"村村通"站（室）145 个，覆盖率达 100%。

（三）无线电视

1989 年 7 月，桐川广播放大站配置设备，转播中央一套电视节目，覆盖桐川乡大部分区域，成为全县系统内首座电视转播站；9 月，马岭镇琵琶寨行政村杨小沟自然村群众集资 1.6 万元建立电视差转台 1 座，覆盖本村 60 多户及附近村 70 多户，可收看中央一、二台和甘肃台的节目。1993 年 6 月，马岭镇官厅行政村李家后沟自然村自筹资金 3 万余元建立电视差转台 1 座，覆盖本村及邻村部分区域。

1994 年 11 月，文家塬调频转播台开始转播中央一套电视节目，插播县电视台自办节目。1995 年 11 月桐川乡广播电视站差转文家塬调频转播台发射的电视节目。1997 年，建成蔡家庙、葛崾岘、高楼、玄马、安家寺乡卫星地面接收站及蔡家庙、熊家庙广播电视发射塔。2003 年 7 月，文家塬调频转播台实现无线覆盖传输。2007 年 9 月，实施甘肃省农村中央广播电视节目无线覆盖工程项目，撤并文家塬和桐川调频转播台，建立庆城县广播电视转播台，2008 年 1 月开通，转播中央一套和中央七套电视节目，覆盖全县 100 多个行政村。

（四）网络电视

2012 年 5 月，甘肃省广播电视网络有限公司庆城县分公司成立。公司内综合办公室、技术工程部、用户管理部、市场开发部，员工 23 人；拥有光缆主干线 200 多千米，电缆分支线路 340 多千米，杆路总长度 270.6 千米；实现传输数字电视节目 123 套，数据广播节目 12 套，调频广播节目 1 套，拥有有线数字电视用户 5050 户。主要覆盖县内及城区周边和公路沿线驿马、白马、玄马、马岭、

卅铺等 5 个乡镇。

第八节　档案

一、档案馆（室）

（一）县档案馆

1986 年，县档案馆与档案局合署办公。档案局设办公室、指导股和管理股，人员编制 12 名。1987 年，省、地、县三级投资 15 万元，在县城西街修建档案馆库楼一座四层，建筑面积 864 平方米，其中库房使用面积 400 余平方米。1988 年 9 月完成搬迁。2007 年，省、市、县投资 300 多万元，在县城北区新修建双面四层框架档案馆库楼 1 幢，建筑面积 2008.54 平方米，实用面积 1406 平方米，其中库房使用面积 840 平方米。至 2012 年底，馆内有密集架 229 节，铁皮档案柜 30 套，电子档案防磁柜 2 个，灭火器 30 个，电子监控设备一套探头 9 枚，烟雾感应自动报警器 72 个，计算机 8 台，激光打印机 3 台，复印机 1 台，扫描仪 1 台，信息化专用设备 1 套，摄像机 1 台，档案软件 3 个，办公桌椅 50 多套。1997 年，县档案馆晋升为省一级档案馆。2011 年晋升为国家综合二级馆。

（二）基层档案室

20 世纪八九十年代，全县各单位档案管理设施比较落后，档案装具一般都是木质档案柜，大多数单位没有专门的档案室，也无专职档案管理人员，档案整理归档工作都是由办公室文秘人员完成。2009 年，市、县投资 70 多万元新建 17 个乡镇（办事处）档案馆，全部配备档案密集架、计算机和档案管理专用软件。至 2012 年底，全县各立档单位有档案室 125 个，有档案管理人员 125 名，其中专职 45 人，兼职 80 人。具体负责本单位文件、资料的收集、整理和归档工作，按规定定期向县综合档案馆移交档案。玄马镇、驿马镇、县检察院档案规范化管理工作达到省一级档案室；县烟草专卖局、蔡家庙乡档案规范化管理达到省二级档案室；县水务局、环保局、凤城园社区达到省三级档案室。全县档案室存档案 2.82 万卷、4.19 万件。

二、馆藏档案

1986 年起，按照接收计划依法接受各基层档案室永久、长期档案入馆，工作人员编目后整理上架。为查找方便，所有档案均建有案卷目录。

（一）文书档案

包括 1949—2010 年间县委、县政府及其各机关、团体、企事业单位、乡镇（办事处）等政权机构和整党办、知青办、生产指挥部等 11 个临时性工作机构以及商业局、安家寺乡等 16 个撤并机构；西峰工商联、西峰镇等 10 个原庆阳县管辖单位。主要内容有：县乡两级党的代表大会、人民代表大会、政治协商会议，工会、共青团、妇女代表大会等各种会议文件材料；中共中央、国务院以及省委、省政府等上级部门下发的贯彻执行的办法、意见、批复、通知、决定等文件材料；各部门、各乡镇（办事处）印发的关于机构成立、职务任免、表彰奖励、工作人员调动、工资晋升的通知、报告、决定、通报等文件、报表、资料等文件。共 125 个全宗，7.52 万卷 5.84 万件；其中永久档案 4.52 万卷 2.57 万件，长期 3 万卷 3.27 万件，档案排架长度 1058 米。

（二）专业档案

包括 1954—2008 年间县纪律检查委员会、监察局，县公安局、城建局、审计局、水务局 5 个单位在社会治安治理、刑事侦查、户籍管理、城市、水利工程资料图纸、组织人事处理、经济责任审计等方

面的档案资料。其中：户籍档案、治安刑事案件、治安事故等档案11类3054卷；城建、质监、建设等档案1463卷；审计档案568卷；纪律处分档案1839卷；水利科技、电力科技、水保科技等档案646卷。

（三）改制企业档案

包括1958—2010年间全县14个基层粮管所、11个基层供销社和27个国有企业的文件材料和会计凭证、账簿、报表等，共9828卷。

（四）声像档案

收存胡耀邦、耿飚、杨静仁、肖华、王兆国、刘景范、张邦英、贾庆礼等中央领导、中顾委委员及国家部委负责人视察本县时的工作照片、题词、录音等。

（五）地方特色档案

收存本县籍参加抗日战争、解放战争、抗美援朝等为中国人民解放事业和社会主义建设事业做出突出贡献的退伍军人的证件、奖章，《陕甘宁边区政报》等48件；国家、省级书法协会、美术协会、作家协会会员的文学作品、书法作品、美术作品39幅，省以上民俗大师的剪纸、刺绣、香包等艺术作品34件；全国抗震救灾英雄徐进仓的获奖证书；《百子全书》、庆城历史文化、民俗文化、红色文化等各类史志书籍100多册；共256件。

三、档案管理

（一）档案管理

1986—2012年，县档案馆档案以全宗管理为主、专题管理为辅，实行人工编目，手工检索。保管人员严格档案管理规程，定期检查库房温湿度，放置防鼠、防虫药剂，确保档案安全。基层档案室建立健全《档案工作人员岗位职责》《档案查阅利用制度》《档案接收归集制度》《档案保管管护制度》《档案统计工作制度》《档案整理归档制度》《档案鉴定销毁制度》，落实防水、防火、防盗、防虫、防高温、防潮、防强光、防尘、防鼠措施。

2003年，实行新《资料归档办法》，县档案馆编制手工检索工具391册。2012年底建成区域网，开通"庆城档案信息网站"，设有局馆概况、档案指南、档案动态、档案法规、业务指导、档案征集、档案查询、特色档案、档案图册、开放档案、现行文件、网上展厅、视频点播等模块，上传开放档案目录1万多条，开放文件目录100多条，累计输入文件级档案目录23万多条、档案全文扫描29万幅，所有文件级目录及图文信息刻录电子光盘上报市档案局和存入县馆防磁柜，并异地备份档案信息化数据三套。

（二）开发利用

1.档案开放

凡持有合法证件（介绍信、工作证、居民身份证）的人均可来馆利用属于开放范围的档案。1987年，县档案馆共接待查档案人员752人次，提供档案6457卷。1994年开放档案775卷，接待查档人员610人次，提供档案2500卷。同年6月，县档案馆提供的原庆阳县革命委员会《关于县运输队基建征用土地的批复》，成功化解北关汽车站土地纠纷，使施工顺利进行。2001年，庆阳一中教师侯良成在县档案馆保存的1956年《庆阳县摊贩申请登记保证书》中找到其父亲的有关原始记录和照片。2008年接待查档人员1231人次，调阅档案2318卷（册），复印档案资料3327页。2010—2012年，全县千余名教师在县档案馆找到所需文件，为办理养老金提供了依据。

2.档案编研

档案馆依据馆藏档案，编写出《庆阳县历届党代会简介》《庆阳县历届人代会简介》《庆阳县计划生育情况资料》《庆阳县机关单位征用土地一览表》《陕甘宁蒙地区庆阳县境内油田地质简况》《庆

阳县各区镇乡公社党组织》《庆阳县各区镇管委会》《庆阳县革命斗争总概况》《抗日救亡运动》《385旅留守陇东》《甘肃省人民委员会、人事局、庆阳行署、县人民委员会、乡政府关于干部职工职务任免、正副主任科员、职称评定文件汇编》等史料性汇编46种。

第九节　地方史志

一、党史资料征编
（一）党史资料征集与研究

1986年后，党史资料征集、整理工作按照《庆阳地区党史资料征集提纲》，由县委党史办具体承担。2008年5月，县委印发《关于进一步改进和加强新时期党史工作的意见》。至2012年，先后征集整理并归档资料129卷213份355万字。其中，新民主主义革命时期资料67卷、130万字，录音带4盘；访问曾在县域战斗、工作、生活过的革命先辈30人次，征集整理文字、口述、实物、图片资料各30份15万字、30份10万字、10件和120张，访问和接待全县、全区内健在的老革命及其家属23位，征集口述资料25份10万字，提供有重要价值的抢救征集线索56条。

撰写《陕甘边初创时期在庆城的兵运工作》《中共甘宁工委》《红军中央教导师进驻庆城》《庆阳人民的反冯斗争》《中共陇东特委的创立及其活动》《三八五旅留守陇东》《庆阳人民的抗美援朝运动》等专题资料12份约30万字。撰写《在抗日烽火中诞生的陇东中学》《陇东分区庆阳县精兵简政工作》《萧劲光与陇东摩擦事件》《抗日战争时期陇东党的建设浅析》《耿飚赵兰香夫妇与庆阳》《浅论新民主主义革命时期的庆阳党史文化》《庆阳在全国红色革命文化领域中应突出五大特色》《马锡五审判方式与新中国民事诉讼制度的发展》《陕甘宁边区土改工作的一次成功实践》等论文和专题33篇约40万字。

（二）党史资料编纂与出版

2004年8月编纂出版《烽火岁月》，约20万字。2009年8月编纂出版《耿飚与庆城》，约3.5万字；《红色足迹——庆城革命遗址名录》约30万字。2012年，编纂出版《三八五旅在庆阳》《陇东革命根据地廉政爱民故事》《中国共产党庆城历史（第一卷）》《中国共产党庆城历史大事记》《蔡畅与庆城》，共约180万字，图片233幅。

二、中共组织史料征编

1989年12月编纂出版《中国共产党甘肃省庆阳县组织史（1936.06—1987.10）》，约35万字。

三、地方志编修
（一）县志编纂

1980年10月，庆阳县委、县人大、县政府作出编修《庆阳县志》决定，成立领导小组，抽调孙百祥、郭文奎、王春等12人为编修人员，于1984年3月完成庆阳县第一部社会主义新方志。全志由序言、凡例、概述、政治、经济、文卫科教、人物、杂记、大事记9部分组成，记述庆阳县1930—1980年50年间之史事，约28万字。

1985年6月至1991年5月，县委、县政府抽调人员编修《庆阳县志（远古—1985）》，1991年12月通过终审，1992年12月由甘肃人民出版社出版发行。该志由郭文奎主编，所记地域范围以1985年初庆阳县行政区划为准。被甘肃省地方史志编纂委员会、甘肃省地方史志学会评为甘肃省地方史志优秀成果（志书类）一等奖，被中国地方志指导小组、中国社会科学院评为1997年全国地方志二等奖。2012年6月，县地方志办公室校勘重印《庆阳县志（远古—1985）》1000册。

2005年，县委、县政府选调人员，着手编纂《庆城县志（远古—2006年）》。后因人事变动停止。

2012年3月，庆城县委常委会议研究决定，编修《庆城县志（1986—2012）》；5月起，成立编纂工作领导小组、编纂委员会、县志编辑部，选调人员，开展资料整理、业务培训和编写工作。2015年完成初稿，2016年通过终审，2018年由甘肃人民出版社出版发行。

（二）旧志整理

历代因府县同治，素无县志，以府志之《附廓》代，偏于一隅，概而不全。民国时期，由张精义等编纂《庆阳县志（远古—1931）》（手抄本），因淞沪会战开始，投寄上海的书稿未能刊印。2003年，原庆阳县政协主席刘文戈整理校点《庆阳县志（远古—1931）》，2004年由甘肃文化出版社出版发行。

（三）部门志、行业史编纂

2002年起，全县陆续开始部门志、行业史编纂工作。至2012年底，公开出版的部门专业志有《庆阳县土地志》，卢化文主编；《庆阳县军事志》，黄建国主编；《庆城县电力志》，袁永录主编；《庆城县教育志》，宋治平主编；《庆城县环境保护志》，陈文宝主编。公开出版的行业史有《庆阳县政协简史》（一、二册），政协庆阳县第五届委员会编；《陇东中学校史（1940—2000）》，袁兆秀主编；《陇东中学校史（1940—2010）》，朱永海主编；《驿马中学校史》，李建新主编。

（四）年鉴编纂

2007年，开始《庆城综合年鉴》编写工作。由县委、县政府主办，县地方志办公室主编，属综合性县情资料图书。至2012年底，每年一鉴，共编印6卷，每卷约30万字。其中：2007—2010卷由贺长庆任主编、高文耀任执行主编；2011、2012卷由高文耀任主编、闫亮任执行主编。

（五）地情资料征编

1998年，县政协主席刘文戈编著《周祖文化与古庆阳》。2000年4月，左思科编著《周祖史考》；是年，刘文戈著的《范仲淹知庆州》一书出版。2003年5月，刘文戈编著《凤城遗俗》。2004年7月，刘文戈、贺长庆主编《庆

图40-9-1 地方志书、年鉴

城史话》。2005年，刘文戈、高文耀、任文章、张志学编著《庆阳历史文化丛书》，全书九卷十册。2007年，刘文戈编著《凤城杂谈》、左思科编著《周祖传闻轶事》。2008年，左思科编著《岐伯圣景》《周祖传文轶事》《庆阳古代明宦述评》。县博物馆编纂出版《庆城文物图片》画册。县地志办、县档案局编印《庆城纪略（1949—2007）》。2009年，县委政法委编著《庆城政法60年》。2012年，县地志办编印《庆阳辑要（1986—1990年）》。

四、家谱选介

《庆阳胡氏家谱》 1981年，由胡景仲搜集整理，记述该族7代人的出身、经历、生卒年月等

资料，历时7年，于1988年完成《庆郡胡氏家族世系谱》的编撰和首版印刷，共41册。1996年由胡景仲、胡景仙主编，对《庆郡胡氏家族世系谱》进行修润增补，添加家族照片（80幅）、序文（3篇）、胡氏家族世系谱（8幅）、传记（15篇）、碑文、祭文（6篇）、胡门略有成就弟子简介（44人）、遗著（大祖父胡庭奎为庆阳各大庙宇所写对联、匾额、诗等33篇）及后记，共122页。记事上溯高祖母田太儒人，下延到曾孙历字辈共八世。从民国元年祖父昆仲兄弟六人分家立户至1997年7月胡门后裔注册75户，人口330人，大多定居在庆阳县境内，其余分布于兰州、西安、中国台湾、加拿大等世界各地。新版家谱于1997年7月1日在中国台湾印制120本。

《马岭徐氏家谱》 由徐治财、徐治义主编，上溯清朝顺治十三年（1656年），下限断至2011年6月，现代语体文记述，沿用欧阳体例，共11章6万余字，附15页珊瑚图，70张图片，分"谱例、族规家训、徐氏源流徐姓解析及迁徙分布、世考、人物志、典章礼制、艺文、祠堂碑文、字辈谱、大事记、附录、编后记"。整谱以马岭徐氏为主，附带记载环县洪德、南庄三地徐族共1600名徐姓人士。2011年6月印制110本，被庆阳市地方志办公室、庆城县地方志办公室、庆城县档案局收存。

《桐川刘氏族谱》 由刘儒鸿主编，上溯清朝光绪十二年（1886年），下限断至2011年6月，整谱以图表形式，记载桐川乡崇家河村百余名刘族人士。共4编2万余字，分"刘氏源流考、男丁传系族谱、女丁嫁适流源、族规字辈后记"，印制11本。

《庆阳韩氏族谱》 由韩彦儒主编，上溯清朝同治十年（1871年），下限断至2013年冬月，现代语体文，分"姓氏源流、家族源流、家族精神、家族习俗、谱序与碑文、历史名人、氏族人物、历代名人诗文选、长寿秘诀、寺庙古迹、世系图、家族名册"。记载庆阳城西韩湾、东韩湾、卅铺韩台子、韩家湾1400名韩姓人士，共3编12章，6万余字。印制出版320本。

《驿马闫氏家谱》 由闫仲麟、闫自治、闫思德、闫才德等人主编，上限溯北魏，下限断至1988年，跨度为1500余年，主要以表格形式记载驿马佛寺坳村、韦老庄村、儒林村三地72户460名闫姓人士。有总谱4册，分谱10余册。收录古代至今闫族职官、画家等人。

《三十铺朱氏族谱》 由朱炯明主编，上溯清乾隆后期（1780年），下限断至2016年4月。主要记载卅铺镇卅铺村、韩台子村、西塬村九大户，九代三百多名朱姓人士。分"谱论、世系图表、族事纪略、荣誉篇、传记著作、碑文寿辞、附录"7章，6万余字。

《夏氏家谱》由夏辉邦主编。以庆城县驿马镇太乐村夏家店夏氏族人为主，全谱10万余字，采取电子排版胶印成书的形式在族内发行。本谱运用图、表、照片和文字侧重记载1850—2012年间夏柱公支系传承发展脉络，配有清末以来15张家族契约照片，记录合户男女201人。收录本支族人在董志原亲历的明永乐移民、清同治年间回民起义、光绪二十七年（1901年）饥馑、民国九年（1920年）海固地震等事件；并收录姓源、迁徙分布、各地班派字辈、夏姓名人等全国范围夏姓资料，与"夏氏宗亲网"公布的《中国夏氏通谱》衔接，以激发各地夏姓族人寻根热情。

《庆阳褚氏家谱》 由褚宪主编，褚良弼辅助。上溯明武宗正德十年（1515年），下限至2012年5月，现代语体文记述。分《立德堂》《厚德堂》《崇德堂》三本，分别寓意立德从善、厚德载物、崇德尚礼，记载现居住庆城县白马铺乡顾旗村、庆城镇莲池与十里坪村、合水县西华池镇等地褚姓人，共计89户328名。每谱基本内容有序、宗谱堂号记、姓氏源流、家传简言、族规家训、族人世系表辈分图、族人派字、族人居住概况、世代族人名人录等内容，约12万字，均系墨笔手抄本。

《庆阳王氏家谱》 由王维耀主编。上溯清光绪十七年（1891年），下限至2009年3月，现代语

体文记述。该谱设有序、姓氏渊源、族规家训、族人所栖图、族人历史与现状、族人堂号辈分图、族人世代录入表等内容。记载该族源起今陕西省宝鸡市岐山县蒲村镇下仁池村，现居住在甘肃省庆城县马岭镇黄嶝岘村老殿塬、麻家岔组，华池县上里塬乡彭家寺村王姓人6世35户154人，为墨笔手抄本，约3.2万字。

《桐川虎氏家谱》 由虎文昌、虎文焕主编，上溯清朝同治年间，下限断至1985年10月，现代语体文记述。整谱以图表形式，记载以桐川乡八虎洼虎氏族人为主的326名人士，有总谱4册，分为《虎氏家谱》《虎氏丁谱》，内容包括虎姓起源谱序、藏头诗赞序、虎族丁谱序、虎族取名派字、男丁传系族谱、女丁出嫁流源。2007年后，族人虎建强将谱序整理制作电子演示版，收集已故先祖和健在人员的珍贵照片，详述族人出生及已故年月、生育子女、儿女婚嫁、繁衍子女情况及世系图表。

《庆阳张氏家谱》 1996年，由庆阳县、华池县张维芳、张清殁主修，张多勇撰写序言。序言考证其先明代神枢营左参将张双泉及庆城张氏三百多年历史。后经2008年、2012年两次续谱，共11册，千余页。族谱记录了分布在庆城县、华池县、合水县、陕西定边县等地的张双泉后裔600多户、2000多人的基本情况。收录张双泉墓碑铭文。

《马岭杜氏家谱》 由杜君、杜岩、杜宏吉编修，全谱共分28章，411页，原庆阳县县长唐风作赞语。上溯清同治二年（1863年），下限断至2016年冬至，采用谱牒记实体，全面记录了分布在马玲地域的杜氏三门十房头一至九世164户1326名杜姓人氏，收录照片23张、题字2幅、序文、家规、家训、家风、凡例、世系次第图、雁行表及个人简历、家族英烈传录、人物传录、名录、敬老尽孝人物录、寿星名录、在党政军及事企业单位任职名录、专业学历及技术职称名录、家族文选、杜氏名人简介、附录、编后记等。

《驿马史氏族谱》 史铭军、史庆骊、史明叙主编，共九章165页。上溯清道光二十四年（1844），下至2015年，驿马史氏486人生平简介。由谱例、家规家训、史史源流、迁徙分布、世考、人物志、典章礼志、艺文字辈、附录、大事记、编后记组成，共九章165页，并服始祖至第九世珊瑚图。对弘扬史族遵法守纪、勤俭为本、耕读传家、礼仪孝道的传统具有重要作用。

五、地方刊物

《梦阳》期刊 2012年11月由县文联创办，内部刊物，免费交流。主要开设"特别推荐""小说天地""散文方阵""诗词星空""雏凤新声""文艺评论""梦阳春秋""书画艺苑"等栏目。每期发行1500册。

《庆城教育》季刊 2006年3月由县教育局创办，刊物为大16K标版，开设"教育论坛""课改交流""教研创新""德育建设""心理诊疗""教学设计""课题研究""生活感悟""域外情深""新闻时讯"等栏目，每期500本。至2012年连续出版24期，县内发行1.4万本。

《陇东教学》及《春苗》 均由陇东中学创办，校内发行。《陇东教学》校刊于1946年10月创办，后因内战停办；1998年11月复刊。2000年9月印制"陇东中学建校60周年"专刊，至2012年，共编印10期2800本。1990年创刊文学小报《春苗》，至1991年编印3期300份停办。

《希望》及《春华》 1982年8月，《春华》校报由驿马中学创办，内部免费交流。1986年停刊，1991年复刊，1993年停刊。2003年《春华》更名为《希望》，为大16开双面胶印，每季度1期，至2012年编印35期3.5万份。2003年，驿马中学创办校刊《希望》。该刊物为小16K标版，开设"教育理论""教学交流""学生习作"等8个栏目，每期300本，至2012年编印20期。

《西川学苑》及《心语》 2010年12月，由西川中学创办校刊《西川学苑》、校报《心语》。《西川学苑》为半年刊，16K四版彩页，文字版48页，内部免费交流。设"管理论坛""高考经纬""文理天地""教育新视点""教育新探索""德育课堂""笃读书吧""诗歌长廊""文苑漫步""校园时讯"等栏目，年印发500本，至2012年编印3期。校报《心语》四开四版，半年刊，年印发500份，至2012年编印4期。

《春雨》及《奋斗》 1995年，庆城中学创办校报《奋斗》，8K双面胶印，每学期1期500份，编印5期后停刊；2007年3月，创办《春雨》校刊，刊物为A4胶印52标准页，每年1期300本，设"管理园地""理论平台""教学时空""文化长廊""资料网站""校园大事记"等栏目，至2012年编印5期。

《光华》及《庆华星语》 2007年4月，庆华小学创办校报《庆华星语》，为4K双面胶印，四版彩页，每期500份。至2012年编印43期2.15万份。2010年11月，该校创办校刊《光华》，为大16K双面胶印54标准页，季刊，设"教育论坛""校园风铃""成长足迹""家校心桥""阳光心理""书画艺苑"等栏目，至2012年编印9期2700本。

《长庆石油报》 1970年12月，兰州军区党委批准长庆油田会战指挥部党委创办《长庆战报》。1971年2月，在宁县长庆桥姜村创刊。1973年10月，迁至庆阳县县城。1984年1月，更名为《长庆石油报》。1999年初，报社与长庆石油勘探局党委宣传部合署办公，迁至陕西省西安市。《长庆石油报》国内统一刊号，四开四版，周三刊（正刊周二刊，副刊周一刊），每期发行量1.5万份。1977年4月，试用胶印机印刷。1978年9月，试印彩照。创刊以来，获省部级以上新闻奖作品280多件（幅），被出版图书收编600多篇。

《庆化通讯》 1989年5月，庆阳石油化工厂创刊企业内部刊物《庆化报》，报纸版面为八开四版。1992年改为四开四版；1998年3月更名为《庆化通讯》；2005年改为对开四版。企业每逢重大节日、重要活动、重大事件，均编印彩色报刊。至2010年办报432期。

第四十一章　人民生活

1986—2012年，全县人民历经解决温饱、稳定解决温饱和向小康迈进三个阶段，城乡居民安居乐业，收入逐年增长，生活水平显著提高，生活环境日益改善，精神面貌变化明显，时尚元素纷繁呈现。城乡群众幸福健康，吃、穿、住、行、用等民生指数出现了巨大变化。

第一节　收入支出

一、农民收入与支出

（一）收入

1986—2012年，全县农民收入总休呈现上升的趋势。1986年农民纯收入为249元，2012年达到4287元，增长17倍之多。

20世纪80年代，全县农民的收入来源主要集中在农业，以乡村企业、集体统一经营、农民家庭为主经营。据对60个固定农户调查资料进行统计分析，全年总收入中，家庭经营收入占97%；在家庭经营收入中，种植、养殖业收入中占据85%以上。1990年，全县农民人均纯收入达到363.61元，比1986年增加114.61元。

20世纪90年代，随着新型经济联合体的增多，集体统一经营减少，农民工进城务工兴起，劳务收入增加。1995年，全县农民人均纯收入为842元，收入在600至800元的户占总户数的21.8%，收入在801至1200元之间的占74%，1200元以上的占4.2%，收入在5000元以上的占总户数的0.7%。1996年，全县农民人均收入为1082元，首次突破千元。1997年，全县农民人均纯收入达到1255.57元，比国家小康标准（1100元）高出155.57元。1999年，全县农民人均纯收入达到1509元，比庆阳地区8县（市）农民平均收入1380元高出129元。

2000年后，由于自然灾害频发，加之结构性矛盾显现，农村出现"增产不增收"难题，农民收入徘徊在低收入状态。2006年起，随着全县取消农业税和国家一系列惠农政策实施，农民收入出现新变化：以建筑业为主的乡镇企业大增，打工收入成为农民收入的主要来源；农业产业结构内部调整，经济作物种植面积快速扩大，农产品收入明显增加；农副产品流通活跃，县内出现大批农副产品收购商和小商小贩，驿马至白马一线农副产品收购加工基地发展壮大，形成了驿马农副产品加工"旱码头"，"白瓜子""苦杏仁""黄花菜"等特色产品开始出口创汇，农村种植业、养殖业、农产品加工业、商贸服务业长足发展，农民收入实现稳定、持续增加。全县农民人均纯收入由2007年的2084元增加到2010年的3173元，2012年达到4287元。据60个农户定点调查结果显示：6年间，人均总收入增加了50%。其中，家庭经营收入占50%左右；外出务工所得收入增加3倍以上，占纯收入的40%左右；转移性收入也有所增加。

（二）支出

1986—2012年，随着收入的增加和消费观念的转变，农村居民支出逐年增加，呈现正比例增长。

据对全县 60 个农户的定点调查，1986 年人均支出为 378 元，2012 年人均支出为 5172.09 元，上涨近 14 倍。

1986 年，60 个定点调查农户全年总支出 11.91 万元，家庭经营费用支出 2.74 万元，缴纳税金 1170 元，上交集体承包费 471 元，购置固定资产支出 2800 元，生活消费支出 8.16 万元。在生活消费中，食品支出 51701 元、衣着 8522 元、燃料 5728 元、住房 2068 元、用品及其他 10528 元、非商品支出 3022 元、其他非生产性支出 5714 元。

20 世纪 90 年代初期，农民生产经营性支出（指种植业、林业、牧业、建筑业、商业服务业、社会服务业、文教卫生业和其他生产支出等，下同）约占总支出的 40%，生活费用支出约占 50%，其他费用约占 10%。20 世纪 90 年代中、后期，由于农业生产资料价格上涨，农民生产经营性支出增大，约占总支出的 50%，生活费用支出约占 30%，其他费用约占 20%。

2000 年，据对 60 个农户设点调查，结果显示，农户人均总支出 1182.70 元，其中，生活消费支出 839.62 元，占总支出的 70.9%，主要用于食品、衣着、居住、家庭设备、用品服务、医疗保健、交通通讯消费、文教娱乐用品及服务、其他商品和服务消费；生产税、村提留、乡统筹在内的税费支出为 11.59 元，占支出的 0.97%。

2007—2012 年，据对 60 个农户设点调查，结果显示，农户人均总支出由 1726.78 元增加到 5691.3 元，增加 3 倍以上。家庭经营费用和生活消费支出占到 85% 以上。其中，交通和通讯费用支出由 232.61 元增加到 528.31 元。

二、城镇居民收入与支出

（一）收入

城镇职工的收入主要由工资构成，辅助经商、投资、理财产品（国债、基金、股票）、存款利息等其他经济方式之收益。

1986 年，全县全民所有制单位人均年平均收入为 1188 元，城镇集体所有制单位职工人均年工资收入为 958 元。1990 年底，全县全民所有制单位职工年平均工资收入为 1894.1 元，其中，从事教育、文化艺术和广播电视事业的年平均工资为 2467.4 元；党政机关、社会团体从业人员工资收入为 1953.4 元；商业、公共饮食业、物资供销业的年平均工资为 1250.7 元。城镇集体所有制单位职工年平均工资收入为 1417 元。

20 世纪 90 年代，全县全民所有制单位职工年平均工资逐年增加，不同行业工资收入不等，中央及省属在县单位增长幅度最大，差距也逐渐拉开。1995 年，全县城镇集体单位干部、职工年平均工资收入达到 4136 元。1999 年，全县城镇集体单位干部、职工年平均工资收入达到 6758 元。2000 年，县属全民所有制单位从业人员年平均工资收入为 7768 元，集体所有制单位从业人员年平均工资收入为 4695 元；中央在县单位从业人员年平均工资收入为 8667 元，省属在县单位从业人员年平均工资收入为 10515.7 元，其中庆化公司达到 11091.7 元。

2001 年，据对 30 户城区住户调查，工资性收入占现金收入的 63%，借贷性收入占现金收入的 30%。2002 年，全县城镇居民人均可支配收入达到 4623.42 元。其中，县属职工人均年工资 12176 元，首次突破万元大关。2004 年，城镇居民人均可支配收入 5581.56 元，县属单位职工人均年工资 12870.5 元。2006 年，城镇居民可支配收入达到 6917 元，县属单位职工人均年工资 15301 元。2009 年，城镇居民可支配收入达到 10933 元，首次突破万元。2011 年达到 15496 元。2012 年，城镇居民可支配收入达到了 19215 元。

（二）支出

1986—1990 年，城镇职工的主要支出为食品、衣着、日用品、文化娱乐品、书报杂志、医疗保健、学杂费、水电费、婚丧费、交通、通讯等，支出比例占总收入的 60% 以上，其余 40% 作为存款。1991—1995 年，随着国家粮油市场、家电市场的放开，职工收入的 70% 用于支出消费。主要用于改善住房条件、购买家电家具、支付学杂费、文化娱乐、交通通讯、美容保健、婚丧、储蓄等方面。1996—2000 年，住房、通讯、家电、储蓄、保险、有价证券等在支出中占到 80% 以上。

2001 年，对城区 30 户职工家庭设点调查资料显示，人均支出为 4333.5 元，占收入的 82%，主要用于食品、衣着、家庭设备购置及服务、医疗保健、交通通讯、文化娱乐、居住、杂项商品和服务等方面。2006 年，对城区 30 户职工家庭设点调查资料显示，人均支出为 9204.99 元，消费支出占 61%（购房及建房支出占消费支出的 49.7%），个人存款占 31%。2007—2012 年，家庭支出逐年加大，消费趋于理性和多元。支出以食品、衣着、交通、通讯、住房为主要方面，其中住房成为居民支出的重点项目。同时存款增幅也从年 1000 多元增加到万元。

第二节　生活质量变化

一、饮食

20 世纪 80 年代中后期，全县农民开始告别"吃了上顿愁下顿"的粮食紧缺年代，农民家庭余粮有的多以吨计。农民吃菜以自种为主，春季辅之苜蓿菜、麦拉拉、苦苦菜等野菜；冬季家家都腌制咸菜，储备足够的大白菜、土豆、粉条等，能买到的海产品主要有干海带。吃肉主要集中在过年，一般打春前杀年猪、做腊肉，可以吃 10 个月左右；鸡肉、牛肉、鱼肉等则吃得极少。山区群众一般吃两顿饭，上午馍馍米汤，下午面食，杂粮吃得较多。水果大多自产自给，主要有桃、李、杏、苹果、梨、西瓜、甜瓜等，既新鲜也丰富。城镇居民的口粮仍然凭票供应，但也基本满足生活需要。城镇居民一般吃三顿饭，品种比农村丰富。冬季，城里人家也都腌制咸菜，储备一定的萝卜、白菜、土豆、粉条等。食肉要在食品公司凭票供应。水果夏季以桃、李、杏为主，冬季一般吃窖藏的苹果、梨等。县城有县饮食服务公司开办的南街、中街、桥头、北关 4 个食堂，位于中街的凤城饭店和北关桥头几个酒店生意最为火爆。县城十字街、北关汽车站门前形成小吃摊集中区，主要卖凉皮、扯面、油泼面等，服务对象以流动人口和进城办事人员为主。

20 世纪 90 年代，随着市场经济体制建立，蔬菜、水果，肉、禽、蛋、奶供应渐趋丰富。县城酒店、饭店猛增，个别餐馆 24 小时营业，供应各种美食、佳肴。各乡镇也办起酒店、羊肉馆、面馆等。外地人在县城北关、中街开起烧烤、麻辣烫等美食摊，生意兴隆。西川沿线，围绕油田职工的饮食业更是发达。

2000 年后，肉、蛋、奶、鸡、鱼、虾已摆上城市普通家庭的餐桌，人们开始追求吃得好，吃得健康，绿色食品，健康食品风行，蔬菜与主粮比例一般达到 4∶6，膳食结构趋于合理。基本实现了家常饭菜汤、节庆有花样、饮食讲营养、鲜嫩早品尝的目标。县内各种新鲜蔬菜，常年敞开供应，时令瓜果四季不断，山珍海鲜充盈市场。蒸馍店、鲜面店、夹肉馍、早餐店、美食店遍布城乡。川菜、湘菜、粤菜、东北菜在县城和建制乡镇都可吃到，德克士、肯德基等洋快餐也入驻县城。城市居民以追求吃新、吃奇、吃特为乐，周祖陵景区的农家乐成为城乡民众休闲度假的好去处。县城形成了鸿财炸酱面、刘记土暖锅、金荣蒸碗、玲芳凉皮、南门刘师羊肉、廖胖子麻辣烫等特色美食。2007

年后，城镇居民多在饭店招待客人；有的饭店、快餐店为方便群众，电话预约，送饭菜上门。2012年起，县城部分酒店提供年夜饭预定，居民开始时尚过年。

二、服饰

20世纪80年代，农村居民大多还没有脱离"新三年，旧三年，缝缝补补又三年"的传统模式，多数是夏季一身单，冬季一身棉，偏远山区农民还穿着带补丁衣服。城乡民众衣着色彩单一，种类较少，男装多为蓝黑灰，女装多为蓝红绿；样式传统普遍；布料以咔叽、的确良为主。多数穿绒布鞋、胶鞋，穿皮鞋的较少。除个别年老者手工缝制衣服外，多数都是城乡裁缝店缝制、成衣店购买，县城有南方人开设的服装店，加工西服。农村集市上专门做成衣、布匹生意的人比较多，货源大多来自西安批发市场。农村也有价格低廉的旧衣市场。男的多戴帽子，女的多围头巾。

20世纪90年代，城乡民众穿衣颜色已经摆脱了绿、蓝、灰，样式已经告别中山装、喇叭裤。缝纫铺遍布城乡，加工衣料。布料种类增加，款式翻新，一步裙、超短裙、夹克衫、牛仔裤、风衣成为青年男女新宠。凤城商场、百货大楼、阜城、驿马、桐川等集市兴盛，布匹品种多、质量好。城镇居民穿鞋突出时令性，以皮鞋为主；农村居民穿鞋突出实用性，以布鞋、棉绒鞋为主。受长庆油田职工前卫的消费观念影响，与周边地区比较，县城人民穿着时尚大胆超前，个性张扬。川塬区经济条件较好的群众出门穿西装、系领带，山区群众出门穿呢子大衣，戴石头眼镜。

2000年后，西服成为男女普遍着装，服装式样更趋多样，男女服装普遍呈现高档化、品牌化、个性化、多元化的特点。2007年后，全国知名品牌专卖店在县城开张，学生专卖品牌落户县城。

三、居住

1986年以来，城乡居民的居住条件逐渐得到改善，由窑洞、地坑院，到厦房、安架房、平顶房，再到新农村、公寓、花园式小区。从人均居住不到6平方米改变为人均居住30平方米以上，居住环境也得到改善。

1990年前，山区群众居住分散，以罗圈庄、半明半暗的崖庄居多，一般正面修有3到7孔窑洞，大多数农户没有院墙（又名敞院子）；塬区一些群众建起土坯房、箍窑，搬出了地坑院；川区群众部分住在崖庄窑内，部分住在普通平房、箍窑内。城镇居民多以公用房或职工宿舍居住为主，少数租住在70年代修建的干打垒平房及城墙周边的窑洞。1985年后，县政府先后在西道坡、干休所巷修建住宅楼3幢239间，安排干部职工居住。

20世纪90年代，塬区、川区群众开始以县乡公路、集镇为中心，大规模建造住宅，修建砖木结构安架房，城郊个别农户还建起小洋楼。山区有的农户则用砖砌崖面，并在院内盖安架房或厦子。1991年，县政府落实国家兴建实用经济房政策，在县城建成百户楼住宅小区；1993—1997年，又相继集资建成二号、三号等经济实用住宅区。

2000年后，农民住宅改造工程如火如荼，土木、砖木、砖混结构房屋纷纷建起，开始出现农家四合院、新农村住宅示范点，绝大多数农民从窑洞搬出，20%的农民在城镇买有商品房、门面房，窑洞成为陇东民俗文化的遗产之一。县城北区陆续建成金凤苑、水岸绿苑、金帝苑、明珠大厦、康馨丽都、二建家园等不同类型商品住宅小区，钟楼巷、贾桥建成两个廉租住房小区，驿马镇也建成3个居民小区。城乡小区内生活、娱乐、健身设施齐全，物业管理、社区服务同步运行，人们实现了住有其居。据城市住户调查资料显示，2007年，全县城镇居民人均居住面积为22.71平方米，2012年为35.14平方米，人均净增加12.43平方米。

四、行旅

1986年前后，山区群众出行主要是步行和骑自行车，个别群众也骑驴、骑骡、骑马；"叫人隔沟喊，走路拉鞭杆"是偏远山区群众出行的典型写照。在西北山区一线，仅有一趟从蔡口集发往西峰的班车，每早5点发车，乘客三、四点就要出门等候。马岭、翟家河等油区群众多乘坐油田职工换班车出行。县城每天汽车站始发和过往班车数量少，间隔时间长，人等车是当时的常态。干部下乡、城乡群众外出办事，大多数是步行，也有骑自行车、搭乘手扶拖拉机的。

20世纪90年代，农用车、摩托车进入农户，成为农村重要交通和运输工具，城乡个体运输从业人员随之增加。个别农户将农用车改造拉客，收费一般在1至5元不等。1991年，县城出现人力三轮车载客服务，后来发展为机动三轮车，票价是1元起步，根据路程长短商议票价。1993年，县城出现私家车3辆，主要承租包车服务。1996年，城区成立公交服务公司，有17座公交车5辆，由私人联合经营，从莲池开往北五里坡；1999年成立出租车公司，起步价3元；2005年，由莲池到北区的2路公交车线路开通，城区公交车更新为24座，每隔10分钟一趟，方便居民出行。

2000年后，城乡一部分群众逐渐拥有私家车，由最初的夏利、QQ、昌河发展到10万元以上的大众系列、一汽系列等，数十万元的路虎、奔驰、宝马等名车也出现了。据调查，2012年城区每百户有汽车22辆。9个乡镇建有汽车站，发放城乡公交车10多辆，覆盖14个乡镇、52个村，解决了群众的出行困难。庆城至西峰、华池、西安以及陕北、宁夏周边县市之间轿车专线数百辆。庆城汽车站发往北京、上海、西安、兰州、深圳等地长途客车数十辆，连接东西南北，承载四方客商，方便群众来往。

五、生活用品

1986年，全县山区绝大部分群众仍然采用煤油灯照明；家庭陈设简单，用具多为本地木工制作的三斗柜、三斗桌。城区绝大多数家庭拥有凤凰、永久、飞鸽牌自行车，红灯牌收音机、上海牌手表、蝴蝶牌缝纫机、南方木工做的沙发等，个别家庭拥有14英寸黑白电视机、盒式收录机。全县仅有电话200多部，均为磁石式"摇把子"。至1990年，洗衣机、彩色电视机进入城镇居民家庭，农村家庭开始购买家电产品、制作新式家具。

20世纪90年代，彩电、冰箱逐步成为人们购买的新宠，城区居民安装固定电话成为时尚。1997年，全县移动电话累计308户，无线寻呼（BP）机825户，农话自动化交换点13个。至2000年，全县移动电话4629户，当年新增2482户；据抽样调查，在60个农户家庭中，有大型家具215件，洗衣机6台，电冰箱2台，热水器1台，电话机3部，彩色电视机45台，黑白电视机16台，影碟机5台，组合音响10台，收录机26台，照相机1架。

2000年后，人们的生活用品标准提高。空调、电脑、太阳能热水器等高档耐用消费品逐步进入家庭，城市居民率先跨入新的消费领域，家具陈设追求高档舒适，电器产品追求自动、智能。背投电视、等离子电视、液晶电视竞相登场，手机、电脑更新换代，电磁炉、微波炉进入家庭。2012年，对城区职工家庭耐用品调查资料显示：每百户有洗衣机107.5台，电冰箱97.5台，彩色电视机105台，家用电脑90台，组合音响45套，照相机35架，微波炉27.5台，取暖器12.5台，电饮具12件，淋雨热水器85台，移动电话247.5部。

第三节　娱乐与时尚

一、娱乐

（一）传统娱乐

20世纪80年代起，各乡镇每年春、夏、秋三季都有庙会活动，举办时间以农历3月1日、4月8日、4月18日居多。每遇庙会，赶庙会者达几千人或上万人，境内规模较大的庙会有驿马镇安家寺，卅铺镇桃花山、清凉山，马岭镇马岭村，周祖陵等，每年定期举行，从未间断。庙会期间，都有秦腔、陇剧、民间杂耍、歌舞团、马戏团等助兴演出，时间3—10天；当地与外地名优产品交流展销，各色小吃纷繁呈现，物产丰饶，种类繁多。

（二）节会娱乐

20世纪80年代，各乡镇利用农闲季节，每年都举行物资交流大会，多请地、县文工团助兴演出，时间一般为5至10天，促进了当地农副产品购销和物资交流。20世纪90年代，随着农村市场的活跃，集日的增多，农村物资交流大会逐渐减少。2002年，赤城乡举办首届"中国·庆阳·赤城苹果节"。

2002年后，社会各界在周祖陵连续举办"公祭周祖活动"，县内及周边县区群众上万人前来参加。同期，每年举办规模不一的"香包节"，文艺会演、香包剪纸展览、学术研讨、重大发展项目签约等一并进行。2003年8月，甘肃省"情系陇原"艺术团应邀来县慰问演出。2006年9月，兰州军区战斗文工团在县城北区中心广场进行公演，观众达2万人。2007—2010年，每年夏季的"广场文化周"活动一度成为县城群众文化节日。

（三）日常娱乐

舞会　1988年后，舞会在城乡渐次兴起，县城最为兴盛，成为群众一项经常性娱乐活动。1990年后，一些机关单位利用会议室举办舞会。1992年后，营业性舞厅出现。县城主要有金桥夜总会、县文化馆舞厅、长庆少年宫舞厅、县招待所舞厅等；马岭、阜城、韩湾、白马、驿马的乡村舞会，成为农村群众一种崭新的娱乐方式。1998年，"蹦迪"成为年轻人的喜好，场所集中在皇城及马岭、卅铺油区一带，普遍装潢新颖，灯光音响设备高档。2010年后，舞会渐次被自由操、健身舞替代。

棋牌　棋牌娱乐是城乡群众主要的消遣方式。闲暇时间，不拘场合，三五闲人，凑摊取乐，主要有扑克、牌九、黑弧、象棋等，玩者以老年人居多。2000年后，县城十字街、北区"金三角"等地始有不少闲人，下棋、玩牌，乐在其中；各乡镇以文化广场为场所，下棋、玩牌的三三两两，人数不多，自娱自乐。一些象棋、纸牌爱好者，则在网上角逐消闲。

2000年前，城乡群众麻将娱乐较为普遍，一般在居民家中，以消遣为主。2000年后，城镇乡村经营性麻将娱乐室纷纷建起，自动麻将机使用普遍，经营者供应茶水，代售香烟、饮料、瓜子等。

音像　1986年，人们选择的音像制品主要为录音带、录像带，产地多为港澳台，县城有专门从事音像制品的门店。20世纪90年代，音像市场延伸到乡镇，录像厅开设较多。特别是物资交流会、人员流动密集场所，都有录像放映，观众以年轻人居多。随着VCD影碟机的出现，录像放映市场逐步萎靡。2006年后，随身听、智能手机逐渐被人们普遍运用，录音带、录像带、放像机随之淘汰。

KTV　20世纪90年代初，集唱歌、跳舞功能的卡拉OK厅在县城出现。一些商业、餐饮门店为招揽顾客，在店门外摆放功放设备，供消费者娱乐。最多时，全县卡拉OK厅达80多家，最有名的是县城的"傣家楼"。2000年左右，发展为带有包厢的KTV歌舞厅，费用按照小时结算，供应小吃、

酒水、饮料，价格比市场上高出几倍。

洗浴中心　洗浴中心由洗澡堂演变而来。20世纪90年代，县城及马岭、卅铺油区一带最早出现。2000年后，装修档次提高，环境舒适整洁，主要有蒸桑拿、搓澡、按摩、洗脚专业服务。2012年，全县有豪华洗浴中心7家。

茶楼、咖啡屋　1996年，茶楼开始在县城出现。主要以听戏为主，规模小，客户少，是戏曲爱好者的聚集场所。2004年后，茶楼生意日趋兴隆，装修苏式风格，典雅精致，消费人群增多。一楼一般为开放式茶座，二楼为雅室。以小时计费，年轻消费者和客商居多。2000年，咖啡屋在县城零星开张，咖啡消费以成品为主。之后，演化成青年人下棋、闲聊、唱歌、跳舞和欣赏音乐的中心。2012年，城区有咖啡屋5家，主要集中在北区广场、皇城，消费人群主要是油田青年职工，是县城谈情说爱，追求浪漫，享受休闲的去处。

二、婚丧

（一）婚礼

1990年前，城乡结婚彩礼一般在千元以内；1990—2000年，彩礼已上升到数千元；2000年后，城乡彩礼持续走高，数万元彩礼已不罕见。结婚用品日渐高档，流行的"三大件"从20世纪80年代的手表、自行车、缝纫机，发展到90年代的电视机、洗衣机、电冰箱。2002年后，结婚"三大件"变成金戒指、金耳环、金项链，个别富裕家庭还有小汽车。有的无房不嫁，要买一套婚房需数十万元。新婚合影也从普通照相馆走向影楼。客人贺喜礼金也由20世纪80年代的几元，逐渐上升到十几元、几十元、百元、数百元，成为城乡居民一项沉重的人情开支负担。

20世纪80年代，新娘多着传统红色服装；90年代，城区新娘逐渐由红装改为白纱；2000年后，城乡新娘全部穿婚纱、化妆。女方嫁妆，80年代一般为被子、鞋等日用品；90年代为家电、皮箱等生活用品；2000年后，有的开始陪嫁现金、轿车、楼房、电脑等。80年代，农村普遍使用自行车、拖拉机，山区甚至用毛驴、骡马娶亲；90年代，在农村多用农用三轮车娶亲，在城区多用小轿车；2005年后，城乡普遍使用小轿车娶亲。在城区，豪华高档、装饰考究，乐队、摄影全程服务。婚礼日，城乡都请婚庆公司协办，农村以地方乐队或戏班子助兴；父母向新人馈赠红包，由数元上升到数百、数千、上万元。婚宴，山、塬区和东川农村一般在席前请客人吃饸饹面，西川则是猪血烩豆腐，经济条件好的人家在酒席后还备有酸汤面；酒席则根据家庭经济条件设置，农村是八跨五或十三花，城镇是八凉八热、九凉九热，个别家庭也设三角席，鱿鱼海参、全鸡全鱼，倾尽所能。2005年后，交通便利的乡村群众，也开始将酒席设在乡镇街道或县城饭店，酒席每桌由二三百元增加到六七百元；县城从每桌四五百元增加到近千元；酒席用烟从红双喜、红兰州变为吉祥兰州、芙蓉王等；用酒主要是彭阳春系列、九龙春系列，有时也根据当年市场主打品牌而定。

（二）丧葬

20世纪80年代，民间丧事礼仪比较简单。一般在人亡后三天出殡，太阳初升之前下葬，当天设宴招待所有吊唁人员。县城则是头天招待客人，次日早晨安葬亡者。20世纪90年代后，农村丧葬逐年恢复旧风俗且变得烦琐。子女着白色孝袍、腰系麻丝、脚穿蒙白布鞋，近亲者穿孝服，远亲者戴孝帽，宾客佩小白花。棺材材质由杨木变为松木或柏木。除隆重举行家祭外，多数家庭杀猪宰羊，搭棚设帐，大摆筵席。祭礼期间，必请当地唢呐乐队班子、戏班子助祭。来宾先祭奠亡灵、上礼金，有的还送花圈或挽幛。城镇居民选择墓园，异地埋葬，墓穴费用昂贵。

三、时尚

（一）网络消费

20世纪90年代后，随着网络设施的完善，电脑、电子游戏机的上市，年轻人开始以网络游戏为时尚。2000年后，电脑逐渐进入群众家庭，上网更为便捷。网上聊天、谈情说爱、玩游戏、看节目、缴费、投资等。网民不仅有年轻人，也有中老年人。2010年以后，网上可预定住宿、餐饮，办理机票、火车票等业务；网上购物逐渐风行，县内物联服务业随之兴起。随着智能手机的普及，上网聊微信、QQ、看电视、打游戏成为社会新时尚。

（二）收藏

县域民间收藏项目主要有：文物包括金、银、铜币、银锭等钱币，古玩具、古器具、香炉、铜镜、佛像、古代农具、器具、生活用具等；艺术品包括名人字画、名人肖像、刺绣、皮影等；古书（古籍原本等）；纸币，票证包括邮票、粮票、布票、副食品票等。其他藏品有火柴盒、香烟盒、毛泽东像章等。收藏品交易点主要集中在县城中街广场，各处收藏爱好者聚集，展示藏品，互通有无。县内收藏农耕文化用具较多较早的有赤城人王某，收藏石刻和红色文化实物较多的有庆城镇李某。

（三）健身 美容

20世纪80年代，城区居民健身活动比较简单，一般早晨做广播体操、散步、跑步，个别结伴登山，以老年人和学生居多。20世纪90年代，晨练队伍扩大，练气功、打太极拳、羽毛球人数增多。2007年后，居民每天早晨或傍晚七八点钟，自发集中在广场或单位院子，用电子音响伴奏，跳迪斯科、健身舞，时间约一至两小时，以妇女与老年人居多。与此同时，舞剑、扇子舞、保健球、网球、竞走、慢跑、佳木斯保健操等保健性晨练兴起；广场周边、小区院落也安装双杠、摇摆器、扭腰盘等健身器材。县城开设瑜伽馆、跆拳道馆等健身房、健身厅，提供健身场地、运动器械，供客户锻炼。2010年后，各乡镇、行政村大多修建文化广场，安装体育健身器材，便利群众健身锻炼。

2000年后，城乡美容、健身活动兴起。县城开设美容院、发廊，开设洗、烫、染、卷、焗油等美发服务和去皱、去痘、去痣、去疤痕、去红血丝、增白、做双眼皮、祛斑、修眉、修鼻梁等美容服务项目。2007年后，美容院规模扩大，美发厅遍布城乡，以南方理发技师引领潮流，成为年轻一族追逐模仿的对象，如温州名剪、尊尼等。

（四）旅游

1990年前，县内外出旅游者甚少。居民旅游主要在县内周祖陵景区、桃花山、清凉山、普照寺、鹅池洞、慈云寺或在周边县区的北石窟、小崆峒、兴隆山、子午岭、调令关等景区景点，以周末休闲游居多。1992年4月，全县50多名农民首次自发组团赴北京等地旅游观光。1999年起，国务院改革休假制度，每年国庆节、春节和"五一"全国放假7天，"黄金周"掀起旅游消费热潮。2000年后，城乡群众旅游持续升温，旅游成为新时尚。夫妻游、朋友结伴游、全家游、个人游渐次兴盛，县内旅行社迅速增多。机关单位职工利用"小长假"纷纷外出。国内游多选北京、上海、西安等大城市，深圳、珠海等开放地区和九寨沟、张家界、峨眉山、泰山、黄山、敦煌等知名景点及香港、澳门、台湾等地区；出国游以越南、新加坡、马来西亚、泰国游居多，韩国、日本、美国也成为庆城人新的旅游地点和目标。

第四节　宗教信仰

一、佛教

1999年，县城佛教活动场所鹅池洞、莲池寺正式开放。2005年，莲池寺迁入普照寺。2012年底，有住寺比丘2人，正式居士300人。

二、道教

2000年，道教信众在周祖陵景区原庆城帽合山（周祖陵处）重建天庆观。2012年底，有住观道士6人，正式居士300多人。

三、天主教

2012年，县内依法登记的天主教堂共有3处，活动点有庆城皇城，卅铺辛家沟、解放沟，高楼王塬，玄马郑塬，共有神甫5人，修女4人，信教群众5000多人。

卅铺天主教堂始建于清光绪初年，占地15亩，建筑面积1300平方米，其中大殿210平方米。玄马刘八沟天主教堂修建于1994年，占地2亩，有教堂3间。驿马龚家塬天主教堂修建于1995年，占地1亩，有教堂3间

四、基督教

2012年，县内依法登记的有庆城基督教堂，活动点有南庄庙花、熊家庙钱畔、驿马上关、驿马范滩，有长老2人，传道员3人，信教群众千余人。

五、伊斯兰教

县内有桐川党崾岘、驿马葛岭清真寺2处。党崾岘清真寺始建于1985年，占地1亩，房屋9间，其中大殿3间，其他用房6间，寺内常住阿訇1人，信教群众167人；葛岭清真寺始建于1993年，占地1亩，房屋9间，其中大殿3间，其他用房6间，寺内常住阿訇1人，信教群众325人。

图41-4-1　住宅小区

第四十二章　人物

本志收录 1986—2012 年本籍副县（处、团）级以上党政军领导干部、副高级以上职称知识分子、知名人士等；对终生在庆城工作，且符合入志标准的外籍人士，亦作记述。《庆阳县志》已载县内人物 292 名，对在限内职务未发生变化者，不再赘述。本章以出生年月排序，共收录立传人物 64 名，简介人物 465 名。

第一节　人物传略

一、副县（团）级以上职务领导干部

蔡　畅（1900—1990）　　女，湖南湘乡县荷叶乡人，1900 年 5 月生。中国共产党最早的党员之一。中国共产党优秀党员，久经考验的忠诚的共产主义战士，杰出的无产阶级革命家，中国妇女运动的先驱和卓越领导者，国际进步妇女运动的著名活动家。1916 年毕业于长沙周南女子师范学校后留校任教。1919 年 10 月和向警予组织湖南女子留法勤工俭学会，同年 12 月赴法勤工俭学。在法国期间，她利用工余时间学习法文，攻读马克思主义著作，并积极参加反抗北洋军阀政府驻法公使勾结法国政府迫害勤工俭学学生的斗争。1924 年到苏联莫斯科东方共产主义劳动大学学习。1925 年 8 月回国，担任中共两广区委妇委副书记，同时担任国民党中央妇女运动讲习所主任，国民革命军总政治部法文翻译，同国民党中央执行部妇女部部长何香凝密切合作，领导两广地区的妇女解放运动，发展广东妇女解放协会，组织参加省港大罢工的女工积极投入国民革命。北伐期间先后担任中共江西省委、湖北省委妇女部部长，建立和发展两省妇女协会，使妇女解放运动得到了蓬勃发展。1927 年大革命失败后，先后在上海、香港任中共中央妇委委员，在中共广东省委妇女部工作。1931 年底进入苏区，先后任中共江西省委组织部部长、白区工作部部长兼妇女部部长，江西省工农检查委员会主席。1934 年 1 月，当选为中华苏维埃共和国中央执行委员会委员。1934 年 10 月参加了二万五千里长征。1935 年到达陕北后，历任中共陕甘省委统战部部长、组织部部长。1937 年 1 月至 3 月任中共庆阳县第一任县委书记。

1937 年元月初，以蔡畅为团长的陕甘宁省委工作团一行 50 多名干部，受中共中央派遣来到庆阳县城，与先期到达的中央红军教导师共同开创新区工作。在蔡畅领导下，陕甘宁省委工作团以建立党组织为核心，发动社会各界人士及广大人民群众开展反帝、反封建、反恶霸斗争。他们采用散发传单、刷写标语、召开各种会议的形式宣传共产党除霸救民得解放的主张；开展统战工作，极力推行国共两党合作，开展抗日救国运动；成立"庆阳民众抗日救国运动指导委员会"，即"中共庆阳县工作委员会"，后改为"中共庆阳县委"，并担任主任。他动员进步人士加入党组织，先后在庆阳城周围成立党支部 6 个，建立城关、卅铺、赤城、高迎、新堡区委党组织 10 个，发展党员 189 名；指导开展"反冯灭霸"斗争取得伟大胜利；倡导婚姻自由、摒弃妇女缠足，倡导妇女入学读书，投身革命。抗日战争时期，任中共中央妇委书记。中国共产党第六次全国代表大会上，当选为候补中

央委员，第七次全国代表大会上，当选为中央委员。解放战争时期她转战东北，兼任中共中央东北局妇委书记。1948 年在第六次全国劳动大会上当选为中华全国总工会执委、常委，任女工部部长。中华人民共和国成立后，任中华全国妇女联合会第一、二、三届主席，第四届名誉主席。中国共产党第八、九、十、十一届中央委员，第一、二、三届全国人民代表大会常务委员会委员，第四、五届全国人民代表大会常务委员会副委员长。1980 年离休。1990 年 9 月 11 日在北京病逝。

朱开铨（1901—1993） 江西省瑞金县人，1901 年 9 月生。1926 年秋参加革命，不久加入中国共产党。1934 年 10 月参加长征。1935 年 11 月至 1936 年 5 月，任陕甘省苏维埃政府副主席、主席。1936 年 5 月，任中共陕甘宁省委常务委员、陕甘宁省苏维埃政府副主席、党团书记兼土地部部长、裁判部部长。1937 年 10 月任陕甘宁边区政府巡视团主任。1938 年 3 月受张国焘打击报复，被调任边区政府民政厅第二科科长。同年 12 月至 1940 年 10 月任边区政府建设厅副厅长，1939 年 4 月兼任边区农业学校校长。1940 年 4 月至 7 月任陇东分区行政督察专员公署副专员兼庆阳县县长。1941 年后，在延安中共中央党校学习，参加整风运动和中共七大。抗日战争胜利后，历任中共陇东地委委员，陕甘宁边区陇东分区行政督察专员公署副专员，陇东分区行署专员、陕甘宁边区高等法院陇东分庭庭长。1949 年 7 月后，历任江西省瑞金专员公署专员、中共瑞金（宁都）分区行政督察专员公署专员兼法院院长、中共宁都地委委员，中共赣西南区委委员，江西省民政厅厅长、省委委员、省民政厅党组书记、省高级人民法院院长、党组书记。"文化大革命"中受迫害。1973 年初，任江西省政法办公室副主任。1979 年 12 月至 1983 年 4 月任江西省第四届政协副主席。1993 年 1 月在南昌病逝。

陆为公（1909—1989） 庆城镇人，1909 年 3 月生。1935 年起，在庆阳县城西街初小、西街完全小学任教。1936 年 12 月，率领师生投身抗日救亡工作，参与组织和领导"反冯灭霸"斗争。同时参与组建庆阳文化慈善事业建设委员会，成立民众教育馆，担任主任和馆长。1937 年 2 月，由蔡畅和任质斌介绍加入中国共产党。先后在延安中央组织部训练班、延安中共中央党校、陕甘宁边区政府政权训练班学习。1940 年 3 月，受陕甘宁边区政府委派，与孙萍筹办陇东中学，任教导主任。1941 年 3 月，当选庆阳县第一任民选县长。1945 年，任陕甘宁边区政府建设厅秘书主任。1947 年 2 月后，带领武工队员作战。1949 年 10 月后，历任中共定西地委委员、定西专署副专员，甘肃省农林厅副厅长、交通厅党委书记兼副厅长等职。他关心家乡，通过争取，在庆阳县城南门外环江上修建了庆阳老区第一座大桥。1954 年 12 月，当选为中共甘肃省委候补委员、甘肃省人民委员会委员，兼任省人委秘书长。1958 年 2 月，因批评"大跃进"中"左"的错误，被降职降级，下放到兰州市第三工程局联合企业公司木材厂等基层单位工作。其间，曾邀请杨景修、贾元吉、陆筱三等人到兰州，主持编撰《庆阳县志》《庆阳金石记》《清末民国初庆阳四家诗选》。1963 年底平反。1964 年 2 月，任甘肃省科学技术委员会第一副主任。"文化大革命"期间，陆为公又一次遭受迫害，失去工作达 11 年之久。1977 年 10 月，重新走上工作岗位，先后担任政协甘肃省委员会秘书长、副主席。1983 年 6 月离休。他把省吃俭用购置的珍贵文物和字画，无偿捐献给国家和家乡文化单位。1989 年 4 月在兰州病逝。

贺玉卿（1912—1994） 高楼乡人，1912 年 10 月生。1936 年参加革命，同年加入中国共产党。历任庆阳县南区苏维埃政府主席，庆阳县农会主任，高楼、赤城、三十铺区区长，庆阳县工农民主政府建设、民教科长等职。1948 年 3 月，任庆阳县河西游击队队长。在敌人四面包围，处处搜查，断粮断水的险恶形势下，开展敌后游击斗争，保护人民群众。新中国成立后，历任西峰市副市长，平凉专区粮食局局长，中共平凉地委常委、平凉专员公署副专员。1958 年 1 月，带领工作组到镇

原县检查生产救灾工作，针对许多地方已经出现饿死人的现象，决定尚欠的100万斤购粮任务停止入库，并批评了该县虚报、冒进的做法。同年4月，因不满虚报浮夸作风被定为严重的右倾机会主义分子，下放筹建平凉电厂。同年7月，该县因粮食问题引发"许国和、张万寿反革命集团"的重大冤案。9月，他顶着巨大压力，多次实事求是的向地委、省委相关领导反映该冤案情况，引起省委高度重视。1960年1月，省、地、县三级党委决定复查此案，并释放许国和等部分被关押人员。1961年1月，调平凉市委协助工作，任工作组组长。时值三年自然灾害，静宁县群众浮肿病严重，看到面黄肌瘦、骨瘦如柴的群众，他召集县委书记、乡长、生产队长等人，命令他们"救人要紧，开仓发粮，一切责任由我来负"。此次开仓放粮救活了万余人，至今传为佳话。同年11月，恢复平凉地委常委、平凉专员公署副专员职务，主要负责庆阳专区的筹建工作。1962年8月，任中共庆阳地委常委、庆阳专员公署副专员。"文化大革命"中遭受迫害。1978年12月，平反冤案，恢复中共庆阳地委常委、地区行政公署副专员职务。1980年9月，任庆阳地区行政公署顾问。1983年5月离休。1994年5月病逝。

李申汉（1913—1994） 卅铺镇十五里铺人，1913年8月生。1929—1935年，给地主拉长工、打短工，1936年，参加中国工农红军，历任陕甘宁边区红三团班长、陕甘宁边关中独立营排长、西北军区联防司令部特务连连长、十九兵团司令部招待所所长、办事处速成小学总务科长、留守处速成中学管理科长、晋中军分区司令部行政经济管理科长。曾获"八一奖章"、三级独立"自由勋章"、三级"解放勋章"、二级"红星功勋荣誉章"。1963年，因病退休。1992年享受地师级待遇。1994年12月在山西榆次病逝。

徐生玉（1914—1997） 马岭镇马岭人，1914年8月生。1936年参加革命，随中国工农红军长征部队参加山城堡战役，后在延安抗日军政大学学习，参加过南泥湾大生产运动、抗日战争和解放战争。新中国成立后，历任甘肃省临泽县税务局局长、县长，张掖地区九公里园艺场场长、农牧处处长等职。1973年离休，享受副地级待遇。1997年11月14日病逝，安葬于临泽县红一方面军烈士陵园。

武占斌（1915—2011） 赤城乡武庄人，1915年1月生。1937年7月参加革命，同年7月加入中国共产党。历任庆阳县赤城区二乡农会主任、党支部书记、赤城区委宣传科长、区委书记、庆阳县委巡视员、高迎区委书记、三十里铺区政府区长、县人民政府一科科长、庆阳县游击大队副政委。1949年9月，任中共海原县委书记。1952年12月后，历任玉门石油管理局技工学校党委书记兼校长、玉门石油管理局生活供应处处长，玉门市副市长，市委委员、党组副书记。1962年1月，任中共酒泉地委常委、专员公署副专员，党组副书记。"文化大革命"期间，受到冲击。1981年12月任甘肃省供销联社顾问。省三届人代会代表。1983年8月离休，享受副省级医疗待遇。2011年4月病逝。

王 统（1915—1995） 马岭镇董家滩人，1915年4月生。1937年10月参加革命，同年加入中国共产党。历任贺旗乡乡长，马岭一乡组织委员，马岭、曲子区委书记，曲子县委组织部副部长、部长、县委书记，华池县委书记，正宁县委书记，庆阳地委组织部长。1960年9月起，历任甘肃省煤炭工业局副局长兼煤田地质勘探公司经理，西北煤田地质局副局长，贺兰山煤炭地质勘探公司党委副书记，代理党委书记。1971年5月任华亭矿区筹建处副组长、组长。1979年，任甘肃省煤炭工业局顾问。1983年7月离休。1995年11月病逝。

鱼文周（1915—1995） 卅铺镇三十里铺人，原籍陕西省长武县，1915年7月生。1937年3月参加革命并加入中国共产党，先后在385旅770团供给处、陇东办事处、利民联合工厂工作。

1947 年 2 月战争爆发后，因组织接头人撤离庆阳，工厂雇佣人员就地分散，迁往南庄六村塬居住。同年 6、7 月间，因敌追查捉拿回到长武老家，1948 年 2 月，在宁县中村以染布度生，其间，为我党执行侦察任务，解救被敌击散的同志。1949 年 6 月回到庆阳。新中国成立后，曾任区委书记、手工业联社支部书记等职。1956 年 5 月至 1958 年 9 月，在平凉地委干校学习。1960 年因反对"大跃进"被错误打击，下放卅铺公社劳动。1965 年后，历任马岭林业工作站站长，卅铺解放沟水管所所长等职。1976 年 6 月离休。离休后，他不忘劳动本色，在三十里铺朱家沟带头创办集体企业，种草种树，发展养殖，带领乡亲们脱贫致富。1984 年 5 月享受副地级待遇。1995 年 8 月病逝。

马汉兴（1916—1996）　　太白梁乡冰淋岔人，1916 年 2 月生。1936 年 10 月参加革命。1939 年 7 月加入中国共产党。历任天池区三乡赤卫队班长、土桥区曹湾乡政府文书、土桥区代区长。任陇东分区党校总务科副科长。1950 年，先后任环县县委宣传部副部长、庆阳地委总务科科长。1951 年 8 月，任庆阳县县长。1956 年 6 月，任中共庆阳县委第一书记。平庆专区合并后，调平凉地区行署工作。1958 年 6 月后，历任平凉专区安口水泥厂、铁厂主任，平凉专区大寨公社书记，华亭县县长。1969 年 3 月，任平凉地区"五七"干校革委会副主任。1970 年 12 月起，历任平凉地区静宁县革委会副主任，平凉地区农办副主任。1976 年 4 月离休，享受地级待遇。1996 年 8 月病逝。

郭生维（1917—2008）　　马岭镇马岭人。1938 年 3 月参加革命，同年加入中国共产党。历任马岭乡文书、乡长、马岭区委组织科长、曲子县委秘书、环县县委秘书、庆阳地委组织部组织干事等职。1950 年起，历任中共平凉县委书记、华亭县委书记、平凉地委农村工作部部长、甘肃省委农村工作部处长、甘肃省山区生产办公室副主任等职。1960 年 6 月任西北研究所所长、党委书记。1965 年 7 月任甘肃省林业局副局长。1983 年离休。2008 年病逝。

吴南山（1919—2001）　　庆城镇北街人，1919 年 5 月生。1934 年就读于西安民立中学。1935 年毕业于平凉师资训练班，在庆阳第一完校任教。1936 年任庆阳县樊家庙小学校长。其间，因经常参加共产党领导的抗日救亡宣传活动，丢掉工作。1940 年春，被国民党特工以"免费上学"名义骗至陕南参加国民党军统局"汉中特训班"第四期受训。5 月，被"提前派出"打入边区庆阳县城"潜伏"。回到老家后，吴南山就主动向时任庆阳县长陆为公、陇东特委书记马文瑞、陇东保卫分处处长李甫山陈述了自己受骗参加军统训练的经过，并上交了相关特情专用器材，受到马文瑞的高度肯定和表扬。10 月，吴南山正式参加革命，担任陇东保安分处情报侦查员。1941 年初，任庆阳县政府教育科长，在搞好教育工作的同时，以特殊身份参与反敌特斗争，三年内发现敌特线索17 条，协助组织破获军统特侦站延安组副组长兼联络员祁三益案，并使祁走上革命道路，破获隐藏在边区机关、要害部门的大批军统特务，被称为延安"反特第一案"。为边区保卫工作做出了重大贡献，受到党中央、毛泽东的赞扬。1944 年，根据组织安排，在革命内部任陇东保安分处庆阳外勤组长，以庆阳县城北街开设文具店为工作据点，以庆阳剧团团长、第一完校校长和县教育科长等身份作掩护。1946 年 9 月，加入中国共产党。1947 年，身份暴露，遭到国民党缉拿，一次被包围在山沟里，吴南山勇敢跳崖，死里逃生后返回老家带领全家上山打游击。1947 年 11 月后，吴南山先后担任华池县柔远区土改工作团秘书、庆阳县政府秘书兼教育科长，继续从事对敌斗争。新中国成立后，历任兰州市公安局治安科长，甘肃省公安厅治安处副处长，兰州市人民委员会副秘书长、秘书长，兰州市物资局长，白银专区社教指挥部后勤组长，平凉专区物资局长等职。"文化大革命"中遭受迫害，平反后任平凉地区农机局副局长、工业局局长、经委顾问等职。1983 年 12 月离休，享受地级待遇，撰写《陆为公与陇东中学创办》《解放战争初期的庆阳统战工作委员会》等回忆录

多篇。2001年在兰州病逝。

徐生顺（1919—1995） 马岭镇马岭人，1919年12月生。大尉军衔。1943年12月参加革命，历任曲子县警卫队战士、副班长，游击大队班长，县保安科侦察员，土桥区武工队班长、游击大队分队副、分队长。1948年7月加入中国共产党。1949年1月，进入山西西北军干校学习，后参加解放西南战役。1950年1月后，历任中国人民解放军工兵十二团一营一连、西南军区工兵司令部警卫营三连、西南军区工兵学校警卫连、十二团警通连政治指导员，其间，参与川康康青公路和成渝铁路建设。1953年1月参加抗美援朝战争，历任中国人民志愿军十二团二营连长、营参谋长、营长，其间受到金日成主席的亲切接见。1958年3月后，历任辽宁省新民县劳动教养院科长，凌源新生钢铁厂科长，抚顺监狱科长、监狱长、老干处处长等职。先后荣获西北军政委员会授予的"一等人民功臣"奖章、全国政协授予的"抗美援朝纪念章"、中国人民赴朝慰问团赠送的"和平万岁"纪念章、中华人民共和国授予的"解放奖章"等勋章28枚。1979年2月离休。离休后回到故乡，始终保持劳动本色和节俭传统，经常深入周围学校进行爱党爱国和革命英雄事迹教育，深受社会各界好评。1995年2月25日在马岭病逝。

韩相君（1920—1986） 卅铺镇韩家湾人，1920年1月生。1939年参加革命。1946年5月加入中国共产党。1942年5月起，先后任曲子县马岭中心小学教员、曲子县木钵中心小学校长、曲子县民教馆馆长。出席陕甘宁边区陇东分区劳动英雄大会。1948年后，历任曲子县合道区委书记，陇东分区地委干校组教科长、校长、党委书记。1954年后，历任庆阳专署秘书主任，环县县委书记，庆阳县委书记。在任庆阳县委书记期间，努力纠正"左倾"行为，积极恢复和发展生产，民间传诵"韩相君座庆阳，生活得改善"。"文化大革命"初期受冲击，停止工作。1969年后，历任合水县革委会副主任、县委副书记，庆阳地委办公室主任，地委组织部长，庆阳地区革委会副主任。1978年12月任庆阳地区行署专员。1979年5月任庆阳地委副书记、行署专员。1983年5月离休。1986年1月病逝。

贾庆礼（1920—1998） 庆城镇霍家寺人，1920年7月生。1936年12月参加 "反冯灭霸"抗日宣传活动。1937年5月加入中国共产党，7月被选派到延安中央党校学习，结业后分配到庆阳县抗战后援会工作。1941年春，任陇东中学总务主任。1944年8月任庆阳县委统战部副部长。解放战争开始后，坚持在庆阳周围开展游击斗争。1948年3月被选派到平东工委做地下工作，任平东工作委员会委员、泾川南部工委书记等职，先后发展共产党员300多名。同时，创建"红村子"、成立两面政权、领导群众开展抗丁、抗粮、抗税等斗争。1949年7月任隆德县委书记，其间，主持创办隆德中学，并兼任校长。1951年任西吉县委书记。1952年9月进入国家石油管理总局兰州俄文培训班学习，结业后走上了石化工业战线新岗位。1953年9月至1971年1月，历任兰州炼油厂财务处处长、党委常委、副厂长、厂长、党委书记等职。兰州炼油厂被评为全国五个"勤俭办企业的红旗单位"之一，受到周恩来总理的接见和表扬。"文化大革命"期间，受到冲击。1971年2月调任国家燃料化学工业部计划司办公室副主任。1974年夏，任国家石油化学工业部基本建设局副局长和引进项目建设指挥部副指挥。1977年8月至1981年8月，先后任吉林化学工业公司党委书记兼经理、国家化学工业部副部长兼中共吉林化学工业公司党委书记。培育出吉化人勤俭节约的"麻袋毛"、乐观进取的"矛盾乐"、敢于担当的"背山"、敢为人先的"登天"精神和"严、细、实、快"的管理模式，把一个"重灾户"，逐步建成全国最大的化工企业集团。1981年9月任国家化学工业部副部长。1984年6月离休，享受正部级待遇。离休后，担任国家化学工业部企业管理咨询委员会主任、化工界政治工作研究会顾问、"吉化人"事迹报告团团长。贾庆礼十分关注家

乡发展。1988年，出资1000元资助霍家寺村小学办学；1990年，自费为该校购买图书、篮球和其他学习用品。同时，积极争取资金和物资，促进家乡经济社会发展。1998年9月在北京病逝。

胡远耀（1920—1999）　玄马镇人，1920年10月生。1933年10月参加红二十六军合水游击队，同年加入中国共产党。后调至陕甘宁边区联防军后勤供给部、第一野战军后勤部工作。1952年转业，历任甘肃省交电公司经理、甘肃省商业厅储运处处长、甘肃省储运公司经理兼党委书记、甘肃省食品公司经理、党委书记等职。1983年离休。1999年12月病逝。

刘克武（1921—1993）　庆城镇人，祖籍山西灵丘，1921年11月生。庆城绅士、陇东分区参议会参议长刘仲邠次子。1938年进入抗日军政大学七分校学习。毕业后，分配到晋西北抗日决死二纵队司令部任侦察参谋、政治部民运干事。1939年参加晋西事变，因负伤留方山县武工大队做政治工作。1941年冬返回延安，在"干部地方化"号召下，回到陕甘宁边区陇东分区从事统战工作。1946年，受陇东地委书记李合邦、统战部长孙作宾指派，先后以李学义、李斌、常三思等化名，秘密潜入敌占区西峰、平凉一带做情报工作。同年，加入中国共产党。1947年后，他秘密潜入国民党西北行辕长官公署，负责西北地区西南线联络和国民党军事情报搜集工作，为中国人民解放军发起的宝鸡战役、邠长战役提供了准确情报，4次立功，受到彭德怀司令员及西北局的物质奖励及通令嘉奖。1949年元月被捕入狱。在狱中，因组织暴动失败，而被转入国民党军统局广武路121号秘密监狱，遭受严刑拷打和非人折磨，但其铁骨铮铮，没有泄露自己的真实身份，直至西北解放，获救出狱。新中国成立后，历任张掖分区干校协理员、兰州房管会代科长，相继在甘肃省公安厅、武威公安处、张掖公安局等单位工作。"三反"时被错误处理，回到庆阳县玄马乡劳动生活。1978年被平反恢复工作，享受县级待遇。1993年5月5日病逝。

田国有（1922—1990）　庆城镇北关人，1922年1月生。1948年11月加入中国共产党。早年时期，曾先后在县城北街恒义和商号当店员，也曾务农种田，纺织做工。1944年4月至1945年，在陕甘宁边区三边公学附设小学当收发兼管理员，在此期间参加革命。1945年11月调三边公学图书馆工作。1946年3月至1949年3月，在延安大学文艺系新闻班学习。其间，任《延安群众日报》社经理部会计。随军转战陇东、三边、绥德、延属、榆横各分区，参加二打榆林。1949年9月调《青海日报》社工作，任会计科长、总务科长。1956年6月任青海印刷厂副厂长。"文化大革命"期间受迫害。1973年恢复职务。1980年11月任青海新华印刷厂第一副厂长、党委委员。1982年4月离休，享受正处级待遇。1990年在西宁病逝。

王文翰（1922—1997）　庆城镇莲池人，1922年4月生。1936年6月加入抗日民族先锋队。1940年毕业于平凉中学。1941年7月任庆阳县第一完全小学校长、县参议会参议员。同年12月，被王维舟、耿飚、陈士渠等人派往平凉国统区从事地下工作。经平凉中学校长介绍，以学生身份进入国民党警官学校兰州一分校学习，从事秘密情报工作。1942年冬，毕业留任实习教官、特警班社会学教官、指导员。1947年潜伏国民党甘肃省保安司令部警保处任第一科上尉。同年6月，营救共产党员、武工队长李道政出狱。1949年初，转入警务处三科任主任科员。新中国成立前夕，脱离国民党，从酒泉到兰州与中共党组织取得联系，被安排在兰州市公安局一科工作。1952年初，任兰州市工商联任文教科长，后来，配合侦破全国性反特重大案件6起。"文化大革命"中受批斗，被取消干部身份，下放兰州锅炉厂劳动改造。中共十三届三中全会后，国家安全部部长严夫指示有关部门为其落实政策，冤案得到平反，恢复工作。1991年7月获一级金盾功勋章和证书。1994年10月起享受地级干部待遇。1997年10月病逝，有遗稿《王文翰自述》。

俄广德（1923—2008）　　玄马镇人，1923年5月生。1937年2月参加革命，历任红军教导师警卫大队战士，三八五旅民众科宣传员、通讯员、副班长、指导员、教导员等职。1941年加入中国共产党。1942年在"大生产"运动中被选为劳动英雄，出席陕甘宁边区劳动英雄大会。1943年在冬季大练兵运动中，荣获陕甘宁边区联防军司令部授予的"朱德射击手""贺龙投弹手"和"刺杀手"的称号。解放战争期间，参加重大战役12次，历经战斗80多次，曾3次负伤。1951年任十一师三十二团干部处副处长兼政治处主任。1952年后，历任西北军区干部文化学校班主任，工程兵泾阳工校政治营政委、校务部副主任，西安工程兵学院三系副政委。1976年任工程兵五十四师副政委、政委。1982年，任中国人民武装警察部队技术学校筹建领导小组副组长、临时常委、党委副书记，1984年任中国人民武装警察部队技术学院副政委。1985年离休。2008年8月病逝。

封云鹤（1923—2002）　　河南省人，1923年11月生。1942年1月参加革命工作。1942年3月入党。曾先后任过八路军、人民解放军班长、排长、营指导员，华池国营马场场长，庆阳县面粉厂厂长、县交通局局长、县总工会主席，庆阳县政府顾问。1987年10月离休，享受副地级待遇。2002年病逝。

严　文（1924—2001）　　玄马镇桑梨塬人，1924年6月生。1940年2月参加革命。1946年11月加入中国共产党。历任庆阳县新堡区长、区委书记，甘肃省委党校、省委监委副处长、处长，武威县、天祝县县委副书记，庆阳地区农业局副局长、地区医院革委会主任、地区纪委副书记，甘肃省纪委监察处处长等职。2001年4月在兰州病逝。

李兴中（1924—2008）　　卅铺镇十五里铺人，1924年8月生。1941年2月参加革命，同年6月加入中国共产党。历任庆阳县政府通讯员、西北野战军护士长、副连长、指导员、大队副政委，机场场长、飞行大队参谋长、空军6大队管理科科长等职。曾参加过李家沟战役、青化砭战役、羊马河战役、蟠龙战役、围攻洛川战役、荔北战役。1950年被授予"人民功臣奖章"，1955年被授予"解放奖章"。1976年6月离休，享受正团职待遇。2008年在武汉病逝。

黄德岐（1925—1993）　　翟家河乡路家堂人，1925年2月生。1942年7月参加革命，任马岭区自卫军班长、基干自卫军排长。1947年加入中国共产党。同年参军，历任连指导员、营副教导员、大队政委。1948年在晋绥军军政干校学习，其间，参加山西临汾战役。1949年10月后，历任庆阳军分区三团五连、三连、一连、干训队和甘肃省军区独立营一连政治指导员。1955年4月获西北军区解放奖章1枚。1956年1月转任公安部队六九团二营副教导员。1960年2月任甘肃民警总队二支队四大队副政委。1962年3月后，历任庆阳专区民警大队政委、宁县武装部政委、宁县革命委员会主任、庆阳地区民政局局长、环县革委会主任、庆阳地区公安处处长。1985年4月离休，享受副地级待遇。1991年，获公安部人民警察二级金盾荣誉章1枚。1993年1月病逝。

田庆儒（1925—2010）　　庆城镇北关人，1925年8月生。1945年8月参加革命，1946年7月加入中国共产党。1945年至1948年，历任庆阳县警卫队、游击队战士、副班长。1948年至1958年，在部队任班长、排长、副连长。其间：1951年参加中国人民志愿军，赴朝作战，1954年在志愿军后方勤务部第二分部军官教导队学习，1955年10月被授予中尉军衔，获解放奖章，1956年在北碚步兵学校学习。1958年10月转业黑龙江预一师农场。1959年3月复员安阳机床厂工作。1960年后，历任三门峡化工厂筹建处科长，河南省化工厅化工安装队党支部书记，河南省第四建筑安装工程公司电气队党支部书记，许昌地区化工配件厂党委副书记、副厂长，许昌地区安装公司党委委员、副经理。1984年11月离休，享受县级待遇。2009年享受副司局级医疗待遇。2010年在许昌病逝。

马永河（1925—2001）　卅铺镇韩湾人，1925 年 9 月生。1940 年考入陇东中学师范班学习。1941 年 7 月加入中国共产党。1942 年 6 月随陇东青年学生观摩团赴延安参观学习，返回后，分配曲子县韩家湾村小学任教。1944 年 3 月调任延安《边区群众报》记者。1945 年 8 月任《解放日报》社编辑。1946 年 12 月调《解放日报》陇东通讯处工作，兼任记者，并在驿马关区参加土改。1947 年 3 月《解放日报》停刊后，任《边区群众报》记者兼任西北新闻社陇东分社、新华社西北总分社陇东支社记者，先后跟随警三旅教导队、陇东地方部队和县游击队转战庆阳、合水、华池、曲子、环县等地进行采访。1948 年 1 月任《群众日报》记者、编辑。1949 年 9 月参与创办《宁夏日报》，历任副总编辑、总编辑。1951 年 4 月至 1953 年 11 月，先后任西北局宣传科、报刊科科长。1953 年 12 月调北京工作，历任中央西北地区工作部研究员、中央书记处第二办公室巡视员、中共中央办公厅研究员。“文化大革命”期间，参加中央办公厅学习班，后下放到中办“五七”干校劳动。1973 年 12 月调任中共中央办公厅信访处副处长，1977 年 10 月任中共中央办公厅信访局副局长、党委副书记。1985 年 11 月离休。2001 年 8 月病逝。

波　涛（1925—2007）　女，原名樊惠兰，庆城镇南街人，1925 年 11 月生。8 岁丧父，与母亲、兄长艰难生活。1937 年春，在庆阳女子学校学习，后赴延安师范学校上学。1940 年 10 月毕业后在庆阳女子学校、庆阳北关学校任教。1941 年 4 月入伍，经王维舟介绍，与八路军一二九师三八五旅七七〇团团长张才千结为夫妻，后任三八五旅卫生部药房调剂员、司药。1945 年 9 月任陕甘宁边区警备第三旅卫生部司药，同年入党。1948 年 9 月任驻晋城第五师留守处司药。1949 年 3 月任江汉军区司令部卫生科司药。新中国成立后，先后在四十四军干部科、南京军区后勤部工作。1956 年转业，任江苏省工人医院办公室副主任。1971 年 4 月恢复军籍，任总参谋部办公厅秘书。1980 年 1 月晋升副师职秘书。同年 3 月任武汉军区司令部管理局副政委。曾获二级独立自由奖章、三级解放勋章。1983 年 1 月离休。1987 年与张才千回乡探亲。2007 年 12 月在北京病逝。

麻　韬（1926—1999）　庆城镇西街人，1926 年 4 月生。1940 年进入陕甘宁边区政府陇东中学学习。1942 年 7 月，陇东中学首届毕业生和陇东分区各县优秀学生代表团共 53 名赴革命圣地延安参观学习，他是代表团中年纪最小的代表。其间，曾受到毛泽东主席等中央领导的亲切接见，并聆听了毛主席的报告，树立起“参加工作是为人民服务的，不是去当官；把群众的事办好了，人民才会拥护你”的座右铭。陇东中学毕业后，他到庆阳县民众教育馆工作，后任馆长。1946 年后季，任庆阳县委秘书。其间，他奉命中共陇东地委决定，参加了毛泽东青年团中央委员会在庆阳县高楼乡的土改试点工作，并组建了陇东地区第二个团支部。1947 年 2 月，国民党胡宗南军队进犯庆阳县，他留在县委跟随县委书记杨安仁打游击。

1948 年 5 月，他奉调到共青团陇东分区任副书记，不久作为陇东分区代表团代表之一参加了在延安召开的陕甘宁行政区团代表大会，并被推选为委员。1950 年 5 月，他调入共青团甘肃省委工作，任团中央委员。1957 年秋，作为共青团中央全体委员，再次受到毛泽东主席及其他中央领导接见。1959 年 9 月，他作为甘肃省少年先锋队工作的领导人之一，参加由共青团中央组织的代表团赴苏联参观访问列宁少年先锋队的工作，学到了许多宝贵经验。“文化大革命”开始后，他受到不应有的批斗。1970 年 4 月至 1977 年 6 月，他作为革命干部被结合，先后任武威地区运输公司党委书记、地区计划委员会主任、地区革命委员会副主任（副专员）等职，并顶着各种风浪，艰难地从事生产工作。1977 年 7 月，他被调回省城任职，不久又调任中共酒泉地委书记。其间，他积极工作，下乡搞调查研究，提出的在农村搞农副产品初加工的建议，发表在 1982 年 11 月 24 日新华社《国内动态清样》

第 2589 期上，时任中共中央总书记胡耀邦看到后，专门写信给甘肃省委书记冯纪新作了充分肯定。

1983 年 2 月起，他先后任甘肃省农牧厅、畜牧厅厅长。从此，他开始关心家乡，先后多次回乡了解情况，帮助从浙江绍兴等地为家乡引进一批长毛兔良种；在他力促下，省财政厅投资办起了庆阳县兔毛纺纱厂。面对石油开发致庆阳县饮水污染的实际，他多次在省上呼吁并经各方努力，终于新建了庆阳县冉河川给水工程，较好地解决了庆阳县城市民吃水问题。1996 年 6 月，他同夫人张秀礼撰写出版了《同耘华集》一书。1999 年 10 月在兰州病逝。

徐正密（1927—2008）　驿马镇冯家塬人。1946 年参加革命，1947 年加入中国共产党。历任警三旅八团电台报务员，陕北军分区二团电台台长，宁夏独立第一师通讯电台队长，内蒙古保安总队通讯队长，中国人民解放军北海舰队通讯处科长，海军第三技术勤务大队副大队长，海军技术勤务二团参谋长、副团长、团长，1983 年任海军技术勤务第二所所长（师级）。曾获中华人民共和国"解放奖章""人民功臣纪念章"等。1984 年离休。2008 年 7 月逝世。

周敦智（1930—2005）　西峰区人。1950 年 8 月参加工作，1952 年 8 月加入中国共产党。曾任华亭县公安局股长、局长，平凉县委副书记，宁县早胜中学校长、县委宣传部长、政法委员会书记。1985 年 1 月起，历任政协庆阳县第一届委员会副主席、党组书记、主席，第二届委员会党组书记、主席。1990 年 12 月退休。2005 年 2 月病逝。

王广玺（1930—2006）　桐川乡安家寺人。1945 年 1 月参加革命，1949 年 7 月加入中国共产党。历任陕甘宁边区庆阳县税务局出纳员、会计，陇东税务分局管理员，甘肃省税务局秘书、人事科长、办公室副主任、主任、副局长。1963 年 7 月调西藏自治区工作，历任自治区财政处税务局副局长，财粮厅厅长，税务局局长，财政金融局副局长、局长。1979 年 8 月任西藏自治区财政厅厅长、党组书记。1983 年 8 月任西藏自治区人民政府秘书长、政府党组成员。1987 年任西藏自治区人民代表大会常务委员会副主任、党组副书记。1994 年 10 月离休。2004 年 5 月享受省级医疗待遇。2006 年 2 月病逝，去世后中共中央总书记、国家主席、中央军委主席胡锦涛发唁电表示哀悼。

贾　实（1932—2004）　庆城镇人，1932 年 5 月生。1945 年 5 月参加革命，1949 年 7 月加入中国共产党。历任庆阳县政府商店保管员，庆阳贸易支公司会计，平凉贸易分公司会计、会计股长。1950 年 6 月起，历任静宁县贸易支公司代经理，平凉市委财贸部干事，平凉地委财贸部副部长，陕西省咸阳百货批发站经理，华亭县工交部部长，平凉地区电厂党委书记，平凉地区工业局副局长，平凉地区物资局副局长等职。1966 年 2 月任甘肃省河西建设规划委员会水利勘探队党委副政委。1969 年 8 月，任甘肃省"五七"干校二连指导员。1970 年 11 月任酒泉钢铁公司选矿厂革委会副主任。1972 年 2 月任嘉峪关市商业局局长、计委主任。1981 年 6 月任中共嘉峪关市委常委、市人民政府常务副市长、市政府党组副书记。1987 年 2 月后，历任政协嘉峪关市委员会第二、三届委员会副主席、党组副书记。甘肃省政协第六届委员会委员。1992 年 1 月离休。2004 年 1 月病逝。

王振斌（1933—1998）　陕西省蓝田县人。1952 年 8 月参加工作，1956 年 3 月加入中国共产党。曾任庆阳县法院审判员、庭长、副院长、院长，县保卫部办事组组长、公社书记和革委会主任，县公安局局长，县革委会副主任，县人民政府副县长。1984 年 1 月至 1985 年 12 月任政协甘肃省庆阳县第一届委员会主席、中共庆阳县政协党组书记。1998 年 7 月病逝。

孟建忠（1934—1999）　甘肃灵台人，1934 年 4 月生。中共党员。1955 年 7 月在静宁中学参加工作。1956 年 9 月至 1957 年 9 月在省委文教部工作，后任庆阳一中团委书记，庆阳县教育局政研室主任等职。期间被评为"模范教师""社会主义建设积极分子"，出席西北社会主义青年建设积极分子

代表大会。1969年后，在庆阳县革命委员会生产指挥部工作，之后任县交通局局长、县卫生局局长、科委主任，县政府调研员等职。主持的《花椒防蚜保果试验和课题》等项目获庆阳地区科技成果二等奖，《草莓引进试验示范》获县科技成果一等奖，组织编印《中医拾零》《花椒栽培技术》，其中《花椒栽培技术》被评为星火技术优秀教材。他在担任县科学技术委员会主任期间，积极推动农村科技试验示范，服务创建科技研发企业，加强企地科技协作，为促进全县科技事业进步发挥了重要作用。1994年4月退休。1999年1月病逝。

张自新（1935—2002）马岭镇人，1935年生，中共党员。1952年参加工作。历任驿马中学副校长、校革委会主任、陇东中学校长，庆阳县委常委、纪委书记，县人大常委会副主任，县政协党组副书记、副主席等职。为人正直，为政清廉，深受群众赞誉。1997退休，2002年10月病逝。

禹克慎（1940—2003）庆城镇人，1940年10月生。1960年入伍，1964年中国人民解放军第十六航校毕业。先后任陕西户县机场通信主任，河南某机场飞行干事，贵阳某机场飞行员通信主任、参谋等职。1978年转业到甘肃临夏回族自治州，历任州农机局局长、书记，州农机学校党委书记等职。2003年4月病逝。

柴世广（1942—2012）卅铺镇雷旗人，1942年3月生。中共党员。1958年8月参加工作。先后在马岭公社信用社、农行白马营业所、人行庆阳县支行工作；1982年4月起历任县人大常委会财经科干事、副科长，县审计局局长、财政局局长。1997年10月任县人大常委会党组成员、副主任。他勤奋敬业，务实清廉，终生奋战在财贸战线。担任县财政局长期间，正值分县设市，财政收入形势严峻，他多方奔走，积极争取，财政收入跨越千万元大关，财政收支实现动态"扭补"；他严格理财，精打细算，每一分钱都用在了"刀刃"上，受到人们的称赞。2002年退休。2012年12月病逝。

齐世祥（1947—1996）蔡口集乡周家塬人，1947年8月生。1962年5月参加工作。1969年3月入伍，同年加入中国共产党。1970年11月起任解放军二十一军六十一师一八二团四连排长、一八一团五连连长、一八二团三营营长。1979年9月后，任六十一师作训科副科长、科长、副参谋长、参谋长。1988年转业，任庆阳地区运管处处长。1992年1月任西峰市委书记。1996年1月任庆阳地委委员。1996年4月病逝。

崔向荣（1950—2003）高楼乡苏家店人，1950年6月生。1968年3月入伍，1969年9月加入中国共产党。历任陆军第六十一师一八二团班长、排长、副连长。1979年11月后，历任吐鲁番地区公安局民警大队参谋、武警新疆总队吐鲁番地区支队参谋、副参谋长、副支队长、支队长。1992年9月任武警新疆总队后勤部部长。1997年4月任武警新疆总队副总队长兼南疆指挥所主任。按照武警总部提出的"飞机能上天，能落在自己机场，初步形成战斗力"的要求，他亲自选场址、建机场、搞设计、抓管理，按时、顺利组建武警部队第一个直升机大队；受到军委、总参、武警总部和自治区领导的表扬，直升机大队荣立集体二等功。他每年有近三分之一的时间在基层蹲点、指导工作。多次指挥捕歼战斗、抗震救灾和重大勤务，为维护南疆地区的社会稳定、推进南疆部队建设做出了贡献。2003年1月7日在出差途中，因冰雪道路不幸牺牲，时年52岁。

二、专家学者、知名人士

王 魁（1900—1982）庆城镇北五里坡人，1900年5月生。庆阳县第九届人民代表大会代表。1978年，他冲破"左倾"思想束缚，敢为人先，带头承包荒山百余亩，在生产条件极其落后的情况下，带领全家老少9口发扬愚公移山精神，用铁锹、镢头开山垦荒，积极开展家庭农业生产，种植高粱、

糜子、荞麦、红小豆等农作物，当年增产粮食万余斤，使他家由过去的缺粮、缺钱、缺柴烧的"三缺户"变成了余粮、余钱、余柴的"三余户"，家庭生产生活状况得到极大改善。他的事迹先后被《陇东报》《甘肃日报》以"王魁包山，当年增产"为题报道，被誉为全省农村包产到户"第一人"，对全省推行农村家庭联产承包责任制发挥了助推作用。1982 年逝世。

杨景修（1907—1986） 字季熊，庆城镇南街人，1907 年 8 月生。幼读古籍，博闻强记。1925 年考入甘肃简师学习，后因时局动乱，荒旱交迫，被迫辍学。1926 年起，先后在合水县郭堡子私学、庆阳西校、北校任教，任校长多年。1935 年西峰镇国民党县党部派员到庆城组织区分部，他所在的小学教职员工集体参加国民党。1936 年冬，中央红军教导师到达庆阳县城，他积极参加各项抗日救国宣传教育活动，作为国民党人员被选为"庆阳县各界抗日救国会"副主任。1938 年底，参加国民党兰州西北训练团。1939 年 5 月，由时任青海省政府委员兼民政厅长郭学礼介绍去青海，先后任青海省国民政府民政厅科员、科长、视察员。新中国成立后返回家乡，任民办小学教师，后因"历史未作结论"被停职。1959 年落户南庄公社六村塬大队百洞生产队从事农业生产。20 世纪 60 年代初搬回县城居住。"文化大革命"初期，又迁至葛崾岘公社辛龙口大队冯嘴生产队居住，劳动之余，笔耕不辍，著有《庆阳金石记》《庆阳农谚》《庆阳县志稿》《庆阳府志续稿》等。1979 年返回县城。晚年，他十分关心国家的统一大业，1981 年向中共中央统战部呈书《关于统一台湾十大建议》。1983 年被聘为《庆阳县志》编纂顾问，参加编修工作，为地方文史建设做出了贡献。1986 年病逝。后人赞其"编史修志，茹苦含辛，半世劬劳，名贯庆阳；为国育才，鞠躬尽瘁，满门桃李，誉彻凤城"。

杨王林（1908—1994） 玄马镇老庄人，1908 年 2 月生。幼年丧母，父兄去世，与幼小的妹妹以拉长工为生。1933 年 9 月参加游击队，1936 年 10 月加入中国共产党。民主革命时期，担任过赤卫队员、地下交通员、乡党支部书记，区委组织科长，出生入死，浴血奋战。新中国成立后，历任区长、区委书记和庆阳专区畜牧兽医站站长等职。1955 年调平凉畜牧局工作。1959 年在北京参加全国群英会，受到毛泽东等党和国家领导人接见。1961 年回庆阳县畜牧兽医站任站长。其间，捐资 1600 元协助开办基层兽医站，11 次被评为省、地先进工作者。1966 年离休。他放弃安逸舒适的离休生活，回到家乡担任大队党支部委员，每天坚持出工，不要报酬，并带头种草种树，在其带领下，全村 28 户，户均 10 亩林草、2.4 头大牲畜、30 只羊，普遍解决温饱。他利用自己的木工和石工技术，义务为乡邻做手推车、架子车和木犁；凿碌碡，锻磨子；为村学修崖面、打窑洞；在村头打水窖、抗干旱；在山后整修 300 多米架子车路，方便群众通行；捐资 2800 多元帮助生产队创办铁业加工厂，造福群众生产。1982 年出资 2000 多元办起家庭兽医站，义务为群众畜禽治病 1200 多例。1984 年出席甘肃省第一次离休老干部代表会议，先后受到庆阳地委、行署和甘肃省委、省政府的表彰奖励。1994 年病逝。

刘宪廷（1909—1990） 山西省灵丘县人，为陕甘宁边区陇东分区参议会议长刘仲邠长子，1934 年随父迁居庆阳。1936 年冬，参加抗日民族统一战线，在庆阳县城创办利民工厂。1945 年在三八五旅和陇东专署支持下，卖掉一部分田产，约集田仰宏等七八个股东，吸收三个机关投资，创办庆兴纺织厂，并与陇东分区贸易公司签订"以布换花"合同；同时用 200 万元资金附设皮坊，制造皮衣 200 件，补偿纺织厂损失；同年秋，附设轧花厂，发展边区生产，支援抗战。事迹多次被《解放日报》《群众日报》报道。1945 年 2 月当选为庆阳县第二届参议会常务议员兼秘书。1947 年所办工厂被国民党军队破坏，在庆城本宅靠画像度日。1949 年任庆阳县第一完小副校长，后任校长。1958 年任庆阳县文化馆副馆长。他工写善画，字以仿宋体为主，双手左右开弓，相互替换，字体

端正大方；画以虎见长，笔法细腻，形态逼真，有不啸自威之感。1970年离休。1990年病逝。

张秀珍（1912—1990） 女，马岭镇马岭人。自幼爱好剪纸，勤学苦练，擅长《四龙捧珠》《人头虎》和《富贵如意》等古老传统炕围剪纸。劳动之余，她广泛传播剪纸技艺，指导邻近妇女从事剪纸活动，成为西川剪纸"义务指导员"，带出徒弟百余名。她72岁时创作的《养鸡》《放牧》剪纸作品，获全国农民新剪纸展览会特等奖，并被誉为"中国剪纸艺术中毕加索式的艺术精粹"。1985年6月，她被中央美术学院邀请进行剪纸表演和讲学，并被接收为中国剪纸研究会会员，增选为名誉理事。1985年11月，作品《神仙洞》《抓髻娃娃》《莲生贵子》入选《中国民间艺术全集（剪纸皮影卷）》。1990年3月病逝。

李玉兴（1918—1988） 南庄乡庙花人，1918年4月生。1937年5月参加革命。1944年1月加入中国共产党。历任南庄乡干事、警备七团团部战士、五团二营班长、排长、连长、车队队长等职。1949年在兰州战役中荣立二等功，获西北军区"人民功臣"勋章。1951年在北京军干校学习，后转业地方工作，任山西省大宁县百货公司经理。1954年调任庆阳县供销社指导员。1961年后，历任庆阳县综合商店党支部书记、农技站站长、财税所所长、财税局副局长等职。1983年6月离休，享受副县级待遇。1988年12月病逝。

田仰宏（1919—2007） 庆城镇田家城人，1919年9月生。甘肃省第一届、第七届人民代表大会代表，政协庆阳市第一届委员会委员。1936年12月，中央红军教导师和陕甘省委工作团先后进驻庆阳县城，在当地进步人士成立的粮秣委员会影响下，他积极动员家人为红军捐献麦子48石、银圆200块。1937年10月，八路军第一二九师三八五旅进驻庆阳县城，他动员其父为部队腾出田家城房子和窑洞45间（孔），送给旱、水菜地26亩，支援部队发展生产。1938年，三八五旅兴办军人合作社和利民工厂，他带头入股并借款资助。1940年，与进步人士刘仲郉等人率先将自家"借、贷、当、买"的全部约据当众销毁，并豁免地租，推动开展减租减息运动。1943年，合股创办庆兴纺织厂，担任厂长（经理），为部队加工皮衣。1947年初，国民党军队占据庆阳县城，他家被抄，并将他抓进监狱关押，后被中共地下党组织设法保释。1948年8月，他转入地下工作，担任国民党凤城镇第六保副保长，借查户口、城门盘查、发通行证等之机，保护中共地下工作人员，搜集重要情报，并设法将被国民党关押的原陕甘宁边区庆阳市长朱光斗、公安处指导员樊海儒保释出狱。1950年起，历任庆阳县人民代表、土改委员、抗美援朝委员、镇反委员和县政府委员、县工商科副科长。其间，他把自家积存的10石小麦捐给城关区贫农户，动员其父把积存的白银500两捐赠给城关乡政府，动员其母为抗美援朝捐献白土布30匹，银首饰40两，衣物40多件。1956年任庆阳县商业局副局长。其间，耐心说服其父献出白银、银圆3700两（元）、黄金500两。在他带动下，庆阳县20多户富裕户献出大烟土100多两，黄金、白银、银圆5000两（元），经兑换购置6辆胶轮大车，创办庆阳县群众运输合作社。1955年10月至1957年，在"肃反运动"中，他被列为肃反对象受到撤职降级处分。1958年，在大办工业中，外出北京、西安等地求援，受到蔡畅、王维舟、习仲勋等中央领导的亲切接见。1967年至1976年，在"文化大革命"中，他被下放到农村劳动改造。1978年，他被平反冤案，恢复公职，任庆阳县燃料公司副经理；1983年任庆阳县政协副主席。其间，曾多次赴兰州、北京，为庆阳老区经济建设奔走呼吁，积极向上争取资金和国家计划内有关指标，为此得到家乡人民的敬慕和爱戴。1988年12月离休。2005年，86岁的田仰宏光荣加入中国共产党，实现了他毕生为之奋斗的夙愿。2007年6月在庆城病逝。

龙　行（1925—2011） 庆城镇钟楼巷人，1925年2月生。中国美术家协会会员。1942年加

入中国共产党，1943年9月参加革命。1944年2月考入延安鲁迅艺术学院美术系学习。1945年11月在陕甘宁边区文协美术委员会工作。1946年8月在陇东分区做备战宣传。1950年2月后，历任西北人民出版社美术科科长、陕西人民出版社出版部副主任兼美术编辑室主任、陕西人民出版社编委兼文艺编辑室主任、陕西人民美术出版社总编。1958年创办《延安画刊》，任主编。策划出版《延安岁月》《美术辞林》，成为现代美术史的珍贵资料。中央宣传部出版的《出版家列传》中载文尊他为"陕西美术出版业创始人"。先后创作散文集《故土乡情》和《破案集》《城外枪声》《西进追击》《陇东枭雄》4部小说真实再现了革命战争年代发生在家乡的重大历史事件，为宣传庆城，弘扬老区精神做出了积极贡献。1985年2月离休。2011年病逝。

李效才（1927—2012） 高楼乡人，1927年2月生。1949年6月，在复旦大学参加二野西南服务团，随二野部队进军西南。先后任重庆龙门浩川东行署民政厅训练大队教育股长、指导员，重庆川东农协驻渝办事处干事，重庆黄桷桠川东各届人民代表协商委员会秘书、四川省政协秘书、联络组组长等职。1983年5月任四川省政协调研室调研员。1984年10月任四川省文史研究馆办公室副主任。1985年任四川省政府参事室、四川文史研究馆编辑室主任，创办《文史杂志》。1989年2月离休。2012年4月13日在成都病逝。

刘文英（1928—2005） 女，庆城镇北关人，1928年2月生，庆城绅士、陇东分区参议会参议长刘仲邠的二女儿。少时，跟随父母长途跋涉，由山西回到庆阳。她目睹父亲给红军捐献余粮，为灾民开仓放粮的身影；跟随大人们参加集会，内心充满对红军和革命的向往。1937年10月，一二九师三八五旅驻防庆阳县城，她家腾出房子给部队居住和生产，更加坚定了她对中国共产党的信仰。1944年，由王维舟夫人马奎宣做女方介绍人，旅部秘书程占彪为男方介绍人，王维舟为主婚人，她与年届30的三八五旅供给部副部长汪运祖结为伉俪。婚后，刘文英跟随丈夫一道积极参与后勤保障工作。1946年2月与汪运祖赴鲁南军区后勤部工作。1952年，新中国进入全面建设后，为了让汪运祖把全部的精力投入社会主义事业建设中，她不计个人得失，毅然辞职在家，专门从事家务和孩子的教育工作。晚年，汪运祖曾满怀深情地说："刘文英人很好，她虽然是大家闺秀，出身殷实之家，但是能吃苦，很节俭。我忙于工作，家里也没有雇保姆，我们的8个儿女靠她一人抚养，家务常靠她一人操持。解放多年了，我当副部长时工资269元，就靠这些钱维持我们一家10口人的生活实在不容易。即使这样，也没有向组织要求过什么。在她的辛勤操劳下，我们家度过了许多困难。"2005年9月5日在南京病逝。

陆大成（1929—2006） 庆城镇南街人，1929年2月生。19岁继承祖传"庆寿堂"悬壶凤城，治愈几例疑难大病，名噪乡里。1951年任庆阳县中西医联合会秘书长。1952年开办迎凤中医卫生所，任中医师，撰写《岐伯乡籍考》，开庆阳岐伯医学文化争鸣之先河。1953年在兰州中医进修学校学习。1954年春，三十里铺乡铁家沟麻疹大流行，合并肺炎，几名小孩死亡，他闻讯急速赶到该村，全力救治，使全村40多名患儿脱险。1956年迎凤卫生所并入庆阳县人民医院，他任中医门诊部负责人。每逢出诊，风雨无阻，随叫随到。患者上门，不论何时即刻诊治，从不懈怠。他善于辨证施治，擅长中医内、妇、儿科，对《内经》"天人相应"、"五运六气"诸论颇有自见。同年11月被评为甘肃省卫生战线先进工作者，任庆阳县政府委员、县卫生工作者协会秘书长。"文化大革命"期间遭受迫害。1974年平反恢复工作。1976年调庆阳地区中医院，对乡下贫弱者，尤能热情诊治；遇到疑难病患者，领到家中精心治疗，分文不取。仅1980年门诊接待病人1.27万人次。同年晋升为主治中医师，筹办《庆阳中医》杂志，撰写和发表《医案及脉诊经验10则》《女科方书大要》《中

医儿科一瞥》《古今中医针灸管窥》《医话举要》等医学论文20多篇，受到医学界的好评。1982年11月，出席甘肃省劳动模范先进集体表彰大会，被省政府授予先进工作者称号，同年加入中国共产党。1988年晋升为副主任中医师，同年退休。著有《修人诗集》《修人词集》《西坡文集》《怀橘对联》《医事微言》，整理校刊其父陆纲遗著《问异诗选》《琐尾文集》等。2006年1月病逝。

倪生俊（1932—2005） 南庄乡丰台人，1932年3月生。幼年酷爱医术，追随祖父倪汉循，在其创办的"经生堂"中药铺记方识药。19岁正式从医，与父倪尚偈在华池县悦乐乡先后开办中医联合诊所、私立药铺和樊庄大队保健站。1970年3月，回乡创办卫生所，担任赤脚医生。其间，为改变农村缺医少药状况，建办丰台大队农村合作医疗站并自种中药材，走出了一条自力更生行医办药的路子，被全县推广学习。他累计救治的患者达9万人次，抢救患者生命近千人，为残疾人和无钱治病患者免去医药费近万元。1993年，他被国家卫生部评为全国优秀乡村医生。1999年9月，被评为中国民间优秀名医，事迹被《中国卫生报》《陇东报》等媒体报道，并入编《中国民间名医大全》《中国现代群英谱》《黄土情》等书刊。他一生失志农村医疗卫生事业，救死扶伤，为民行医55载，高尚的医德使村民有口皆碑。2005年3月病逝。

孙百祥（1932—2006） 驿马镇人。1951年参加中国人民志愿军赴朝作战，历任高炮师文化教员、文学创作组组长、随军记者。其间深入阵地前沿，采写战地新闻和英雄事迹，及时进行宣传和报道。1958年转业，历任《庆阳报社》《平凉报社》记者，甘肃人民出版社陇东写作小组组长、编辑、记者，庆阳地区人民医院秘书、庆阳县熊家庙公社干事、县广播站编辑、站长、广播局副局长、庆阳县政协文史委员会主任等职。40多年间，笔耕不辍，先后撰写大量的新闻报道、诗词、散文和报告文学，主要作品有《谁是凶手》《艾克远东出丑记》《任五斤和他的未婚妻》《一张条桌的故事》《侍卫官日记》等。他学养深厚，热爱家乡，经常深入村庄农户，走访社会名人贤达，广泛调查研究，积累历史知识，抢救、挖掘、整理了大量的文史资料，成为"庆阳活资料"。1980年和1985年，两次出任《庆阳县志》副总编辑兼统稿人，尤其是在1985年的《庆阳县志》编纂工作中，他呕心沥血，涉猎百科，史海寻珍，孜孜以求，与郭文奎、赵志刚、罗继国、王春、徐小平等人共同完成了一部上迄远古，下至1985年的第一部社会主义新方志，为庆阳人民留下了宝贵的精神财富。1992年退休，2006年在西峰病逝。

卢范修（1933—1994年） 陕西省泾阳县人，1933年3月生于江苏南京。1949年7月参加中国人民解放军，并进入西北军政大学学习。1950年起，先后在解放军第一野战军二兵团三军政治宣传部、第一干部学校、第一炮兵预备学校工作。1955年复员。1956年考入兰州大学中文系学习。1960年7月毕业，分配到陇东中学从事语文教学和研究工作。所带六五届高中毕业生，参加高考22人，18人被大学录取，录取比例名列全省前茅。从教35年，始终辛勤工作，任劳任怨，在教研教改方面撰写了10余篇很有指导价值的研究论文。他精通古汉语，在《庆阳县志》编写中，凡涉及古文段章，都邀请他审改和校阅。1983年，他当选为政协庆阳县副主席，历任政协庆阳县第一、二、三、四、五届副主席。1988年被评为中学语文高级教师，1990年被评为甘肃省中学语文特级教师，享受政府特殊津贴。1994年5月病逝。

王光普（1936—2008） 山西省闻喜县人，1936年2月生。1950年随父定居庆阳。1956参加工作，先后任小学教师、《平凉报》美术编辑、小学校长、庆阳县职业中专教师等职。1990年被评为中学高级教师。他注重发掘民间艺术作品，利用教书之余，走访2000多名老艺人，搜集整理民间剪纸、木偶、刺绣、雕刻、脸谱数万件，皮影数千件。1987年11月出席全国民间美术座谈会，被评为全

国抢救、继承和发展民间剪纸工作中成绩显著先进个人。 1988年3月，在家中举办陇东民间美术作品展，中法友协艺术委员会主席吉莱姆一行慕名前来访问。1990年起，他将收集的民间雕塑剪纸等艺术作品，先后捐献给中国美术院、中央美术学院、南京博物院、西安美术学院收藏，被中国剪纸研究会授予挖掘收集整理研究中国剪纸艺术先进工作者，并颁发伯乐奖；被庆阳地委授予首批"拔尖知识分子"。1996年，被联合国教科文组织和中国民间文艺家协会授予"一级民间工艺美术家"。出版的专著有《陇东民俗剪纸》《甘肃明清时期神怪皮影》《甘肃传世明清皮影线谱》《北豳神怪皮影》《民间传世剪纸纹样》《荷包与刺绣》《岐伯周先祖在庆阳的故事》等。1997年退休后，历时3年，抱病刻制《封神演义》《西游记》《三国演义》《红楼梦》《水浒传》古典名著皮影故事专集。2008年病逝。

麻　岗（1937—2012）　庆城镇十里坪人，1937年10月生。初中文化，沈阳农业大学成人函授教育结业。农民高级农艺师。1956—1959年参加中国人民解放军。1961年开始在家乡研究中蜂养殖，总结出的中蜂养殖口诀在《养蜂》杂志上刊登得到中国科学院养蜂研究所认可。20世纪60年代后期，开始从事农业科研活动，70年代参加小麦良种选育，玉米杂交制种，1976年选育出产量高、瓜形正、抗病性强的白黄瓜，在县境内多年种植。80年代初，开始地膜覆盖示范。1983年7月21日，胡耀邦总书记在庆阳考察时吃了他种植的较露地早熟15天的地膜甜瓜，当场给予赞许。1984年试验成功泡桐直截埋根加地膜覆盖育苗技术并得到推广。1986年，开展草莓、桃、葡萄引种试验，筛选出了适应本县的3个草莓品种，11种桃品种，12个葡萄品种。90年代以来，试验成功杜仲育苗，穿地龙、桔梗、秦艽等中药材栽培技术。麻岗热爱农业科研活动，并作出了显著成绩，曾30多次荣获省、地、县表彰奖励。1987年被甘肃省委、省政府评为"农村带领群众勤劳致富先进个人"。2012年4月21日病逝。

董四象（1939—2000）　平凉市崆峒区人，1939年1月生。中共党员。高级工程师，庆阳地区著名果树专家，全国农业科技推广优秀工作者。政协庆阳县第一届委员会委员，中国园艺学会会员，庆阳地区园艺学会理事，庆阳县园艺学会理事长。1960年进入甘肃农业大学果蔬系学习，1964年8月在庆阳县参加工作。曾任庆阳县南门园艺场、马岭苗圃技术员、场长、县园艺站站长、县林业局技术顾问等职。他在林业战线工作35年，为发展庆阳的苹果产业贡献了毕生精力，可谓奠基人之一，先后成功推广了"优质苹果产业技术开发""经济林综合技术管理整乡承包""苹果幼园丰产技术示范""苹果老果园改造"等科技项目13个，其中获省级技术推广奖2项，获地区科技进步奖2项，获地区星火奖1项。多次被地、县授予"科技推广先进个人""优秀知识分子""优秀党员"等称号，有1篇论文被评为省级优秀论文，3篇评为地级优秀论文。他积极实践、勇于探索，对技术精益求精，深受同行敬佩；他勤于教授、诲人不倦，对后辈同行呕心培养；他待人宽厚，忠于事业，淡泊名利，深得广大干部群众敬仰和爱戴。入选《甘肃专家》画册。2000年10月27日病逝。

张问玺（1939—2003）　宁县和盛人，1939年5月生。大学学历，高级农艺师。1964年8月参加工作。曾任庆阳县农技站副站长，政协庆阳县第二、三、四届委员、常委。从事农技推广工作30多年，在农作物病虫害的测报防治中发挥了重要作用，在化肥、农膜、农作物优良品种的推广应用中，做了大量的工作。2003年11月20日病逝。

王天荣（1939—2008）　庆城镇南街人，1939年9月生。全国著名作曲家，中国音乐家协会会员，中国儿童音乐学会会员，中国音乐著作权协会会员，国家二级作曲家，甘肃省音乐家协会理事，庆阳市音乐家协会主席。1954年在庆阳县剧团参加工作。1959年被甘肃独立师选拔到部队文

工团从事文艺工作，其间参加过西藏平叛。1964年在部队演出时负伤，定为三等甲级残废。后转业至庆阳县文化馆、庆阳地区文联工作。王天荣自幼酷爱音乐，自学成才。在庆阳县工作的30年间，他身背手风琴，走遍了全县的乡村、学校，组织开展文艺节目排练，教唱歌曲，培养了数百名音乐爱好者，多数成为音乐教师和词曲作家。王天荣创作题材广泛，内容丰富，发表歌曲2000多首，其中编入国家级歌曲精选专辑的有10余首；在全国发行的教材中选录教学示范歌曲22首；歌曲《小雨沙沙》被罗马尼亚等国选入学校音乐教材。作品曾获全国第五届"五个一"工程歌曲奖，全国"绿色环保首都"征歌奖，全国"世纪之声"歌曲金奖，"敦煌文艺"奖等多项奖励。2001年后，王天荣患病瘫痪卧床不起，妻子也患癌症，家庭生活十分窘迫，但他鼓起生活勇气，以歌曲创作为动力、为寄托，顽强生活，性情乐观，笔耕不辍。歌曲《升国旗，唱国歌》获上海儿童基金会演唱奖；《山里的孩子爱爬山》在《儿童音乐》杂志上发表；《我爱一支快乐歌》获全国优秀新儿歌征集三等奖。2004至2007年，与刘国华合创歌曲20多首，其中《漫起花儿唱家乡》《好一个马岭川》等歌曲获国家音乐协会及省市有关部门表彰，为社会各界更多的了解庆城，宣传庆城做出了贡献。2008年12月病逝。

左思科（1942—2011）　西峰区肖金镇左咀人。1973年4月参加工作，中共党员。历任肖金公社副主任、葛崾岘乡副乡长、乡长、党委书记，庆阳县农业局局长、农委副主任、老区办副主任、林业局局长。在县林业局任职期间，他积极落实县委、县政府"酸枣接大枣"工程，推动塬区苹果生产，为全县农民群众依靠林业脱贫致富，调整农业产业结构发挥了重要作用，荣获"全省造林绿化先进个人"称号，两次被省政府授予"全省造林绿化奖章"。他深入研究庆阳历史文化，提出"重修周祖陵，兴建周祖陵森林公园"的建议，制定规划方案，被县委、县政府采纳和实施。1994年起，他把全部时间和精力投入周祖陵森林公园的建设中，早出晚归，风餐露宿，一丝不苟，精心施工，倾注了大量心血。　2002年7月退休后，被聘请为周祖陵建设项目副指挥长，参与建成周祖文化、岐伯圣境、孝道文化三大景区，被省林业厅、省旅游局授予"全省森林公园建设先进个人"。著述有《周祖史考》《岐伯圣景》《庆阳古代名宦》《周祖传闻轶事》《中华孝道文化》《岐伯传闻故事与黄帝内经》等。2011年7月病逝。

徐　龙（1945—2007）　熊家庙人，1945年生。1982年至1990年，他先后承包荒山420亩，一靠科学技术，二靠非凡毅力，带领全家8口人，栽植各种树木53182株，种草25亩，并且探索出杨树填沟，刺槐缠腰，杏树绕硷，果树围庄的荒山绿化的有益经验，得到地、县林业部门推广。通过种草种树，使他全家的生产生活状况发生了极大改变，也使昔日干旱贫瘠的黄土坡，变得绿茵滴翠、生机勃勃。1984年被地委、行署树立为种草种树多种经营模范户，被甘肃省委、省政府树立为全省种草种树专业户先进典型；1988年被甘肃省委、省政府授予全省植树造林先进个人称号；1989年被国务院授予全国劳动模范。2007年病逝。

方兴汉（1948—2006）　驿马镇驿马人，1948年出生，1978年参加工作。中国民主同盟会会员。第九、十届甘肃省人大代表。曾任学校教导主任、副校长、校长等职。1989年引资1.5万元为太乐小学建起18间教室。1996年，他背着干粮三进省政府，争取"义务教育工程"资金22.57万元，县、乡配套24.97万元，为佛寺坳小学建起砖混单面3层1110平方米的教学楼，修建砖砌围墙180米，硬化道路710平方米，购置课桌93套，使之成为全县的标准化小学。他发动民盟会员，和社会其他人士捐款9600元，对冰淋岔初中、驿马中学和魏老庄小学其31名学生进行救助。担任省人大代表期间，积极走访调查，认真筹备事关庆阳发展的提案建议，大多得到会议采纳和上级领导重视；他广泛宣

传党的人大工作方针政策和省、地、县人大的决定决议，被人们称为"方人大"。2006 年病逝。

第二节 人物简介

一、副县（团）级以上职务领导干部

赵兰香 女，庆城镇药王洞人，1923 年生。1939 年参加革命，在庆阳县女子小学任教。1941 年与耿飚结为夫妻。1944 年加入中国共产党。1950 年后，历任外交部驻外使馆秘书、中央对外联络部部长办公室秘书、中央军委办公厅秘书（副军职）等职。赵兰香十分关心家乡建设。1983 年离休后，她代表耿飚和家人，捐赠现金 2 万元，支持庆阳周祖陵森林公园建设；她将他们夫妇珍藏的字画进行拍卖，将拍卖所得的 350 万元在中国儿童少年基金会设立"赵兰香庆阳女童教育基金"，支助 2766 名贫困女童上学。2006 年 5 月重回故里，出资 50 万元，重修药王洞村小学，该校因之命名为"兰香小学"。

张志廉 庆城西街人，1930 年 2 月生。1944 年 2 月参加工作。1948 年 8 月加入中国共产党。先后在八路军三八五旅、警备三旅、中国人民解放军十一师四军司令部，历任战士、书记、见习参谋、副区队长、参谋等职。参加了解放大西北的主要战役和战斗。新中国成立初，调任中央军委作战部军务局，总参军务部任参谋。后参加了抗美援朝战争，任中国人民志愿军司令部参谋。回国后，任总参装备部海军处参谋。1962 年海军学院毕业。后任中国人民解放军总参装备部海空军处副处长（副师级），发展一处处长（正师级，行政 13 级）。1988 年 8 月经军委批准离休。2010 年 8 月起享受军职医疗待遇。

常庆库 桐川乡安家寺人，1930 年 8 月生。1944 年 9 月参加革命。1948 年 6 月加入中国共产党。历任陕甘宁边区陇东贸易分公司驿马关支公司通讯员、出纳，陇东贸易公司和所属元城贸易站出纳。1949 年 7 月随军参加兰州解放战役。1949 年 9 月起，历任岷县专区贸易分公司会计股股长、财会科副科长、科长，兰州市贸易公司财会科科长，煤建公司、贸易公司副经理，市委财贸部贸易科科长，市糖业糕点公司党支部书记，市商业局党委委员、常委，市食品杂货公司党支部书记，市商业局副局长、党委副书记。1965 年 5 月后，历任甘肃省财政厅事业行政财务处副处长、处长、财政厅副厅长、党组成员。会计师职称。1993 年 5 月离休，享受正地级待遇。

徐明科 南庄乡人，1930 年 8 月生。1946 年参加革命，历任战士、排长、科员、助理员、步兵第十一师仓库主任、甘肃省军区后勤部团级助理员、处长等职。

何志瑛 桐川乡嵇旗村人，1931 年 8 月生。中共党员。1945 年 8 月参加革命。历任八路军三八五旅警备第四团三连当战士、西北野战军第四纵队警备三旅五团排长、中国人民解放军四军步兵十一师三十一团一营二连副连长。1950 年起，历任十一师三十二团二连连长、三营参谋长、团副参谋长兼作训股长，师侦察科科长，三十二团副团长、团长、十一师副师长、师长。1983 年 5 月任北疆军区司令员。1985 年任甘肃省军区副司令员。1988 年 8 月，授少将军衔，获三级解放和胜利荣誉章。1990 年 9 月离休。

刘兴生 西峰区人，1933 年生。中共党员。1951 年 3 月参加抗美援朝战争。回国后，曾任兰州军区武威步兵学校练习营战士、班长、副排长，1957 年复员。历任庆阳县卅铺公社社长、肖金公社党委书记、县民政局局长、县政协副主席等职。1992 年 11 月退休。

张持维 西峰区人，1933 年生。中共党员。1951 年 7 月参加工作。先后任华池县财政科会计，

庆阳县统计局副局长、木器厂厂长、经济计划委员会副主任、县农机局局长、工商局局长、计划委员会主任、县政协副主席等职。1992 年 11 月退休。

秦福寿　陕西合阳人，1935 年 2 月生，中共党员。1952 年 7 月参加工作，1958 年 7 月，任中共平凉地委组织部组织科副科长。1959 年 5 月历任玄马公社革委会副主任、赤城公社党委副书记、什社公社书记，庆阳县第一农机修造厂革委会主任、马岭公社党委书记，县委宣传部长兼统战部长，县教育局局长，县人大常委会副主任等职。1995 年 2 月退休。

张　仁　庆城镇西街人，1935 年 5 月生。中共党员。1951 年 4 月参加工作，历任庆阳县委财贸部、统战部副部长，县委办公室主任，县委常委、组织部、宣传部部长，县政府常务副县长、县委副书记、县人大常委会主任等职。

岳景涵　高楼乡高楼人，1936 年生。中共党员。1956 年 3 月入伍，历任新疆军区某部班长、文书、排长、助理员、股长、副主任、副政委、代政委等职。1983 年 4 月后，历任武警新疆总队第二支队政委、纪委专职委员。1996 年退休。

苏国虎　庆城镇南街人，1937 年 9 月生。中共党员。1956 年参加工作，历任庆阳县二中、马岭中学、驿马中学教师，庆阳县委宣传部干事，庆阳县玄马公社党委副书记，县革委会报道组组长。1971 年调庆阳地区生产指挥部工作。1978 年 11 月起，先后任庆阳地区行署计划委员会秘书科科长、副主任，行署办公室副主任、主任，地区行署秘书长、副地级调研员，地区人大工作委员会副主任等职。1998 年退休。

李士林　宁县人，1937 年 10 月生。中共党员。西北师范大学中文系毕业。1962 年 9 月参加工作，先后在中共宁县县委宣传部、宁县革委会政治部、办公室、庆阳地委秘书科工作，任庆阳地委秘书科副科长、科长。1982 年 4 月至 1988 年 11 月，任庆阳县委副书记、县长、县委书记。1998 年退休。

姚文华　西峰区人，1937 年 11 月生。中共党员，经济师。1956 年 1 月参加工作。1970 年起，曾任肖金公社供销社主任，庆阳县供销社党委副书记兼副主任、党委书记兼主任，县政府调研员等职。1998 年 7 月退休。

田　均（1937—2013）　庆城镇西街人，1937 年 12 月生。中共党员，大学文化程度，管理工程师。历任庆阳一中教导主任，庆阳地区科委副主任、主任，庆阳地区经协委主任，中共庆阳地委副地级调研员，老区建设促进会副会长兼秘书长等职。在地区科委工作期间创建创办科技示范户、示范村，开展黄花菜栽培技术研究，亲自撰写科普书目，筹办飞播沙打旺获得成功。在地区经协委工作期间，提出"东进西出，服务油田，改革发展，振兴庆阳"的工作方略，极力筹办"陕甘川毗邻十二方经济联谊会"，多次组织"西部交易会"，在吉尔吉斯斯坦共和国成功举办"中国庆阳地区商品展销会"，同其三个州分别签订了裘皮、果品加工及塑料彩印等合资项目，受到阿卡耶夫总统亲切接见。退休后，与其他老同志数次上省进京争取中国石油庆阳石化三百万吨炼油建设项目及农村发展养羊项目，并为养羊捐款 4000 元。

张文会　庆城镇人，1938 年 8 月生。中共党员。1955 年参加工作，历任甘肃省人民银行干事、甘肃省人民政府办公厅行政处副科长、保卫处科长、信息处助理调研员等职。1998 年退休。

栗兆先　宁县瓦斜人，1938 年 9 月生。中共党员。1960 年 7 月参加工作。历任太白梁公社党委副书记、书记、革委会主任，温泉公社党委书记，庆阳县林业局局长、民政局局长，县委调研员等职。1998 年 9 月退休。

许志汉　环县人，1938 年生。中共党员。1956 年 5 月参加工作。先后任环县虎洞公社副社长、

书记，县供销社主任、财经工作办公室主任，县委常委、组织部长，县人大常委会副主任等职。1992 年 11 月至 1997 年 10 月，任庆阳县政协副主席。1998 年退休。

　　高文科　环县人，1938 年 12 月生。中共党员。1954 年 10 月参加工作。曾在中国人民解放军 0517 部队服役，平凉财经干部学校学习，庆阳县商业局南关饲养场、共青团县委、县革委会政保股工作。1978 年后，历任庆阳县纪委专职委员、县劳动局人事副局长、县委统战部部长、县人大常委会副主任等职，1997 年退休。著有《家书·怎样做人做事》《平泉三官庙村史》《三字经再读》《民间日用杂志歌》等。

　　闫永年　驿马镇佛寺坳人，1939 年 3 月生。中共党员。高级工程师。1963 年平凉师范专科学校毕业，同年参加工作。历任甘肃省轻工业厅基建处副处长、处长，兰州毛纺三厂厂长、省纺织工业公司副经理、兰州第一毛纺厂厂长，甘肃省物资局副局长等职。1999 年退休。

　　李芝琴　女，镇原县人，1939 年 7 月生。中共党员。中国共产党第十二次代表大会代表。1956 年 3 月参加工作。历任镇原县新集乡副乡长、区妇联主任、上肖公社副社长、党委副书记、书记，镇原县副县长。1982 年 9 月后，历任庆阳县政府副县长，县人大常委会副主任、调研员等职。2000 年退休。

　　田泽民　庆城镇人，1939 年 10 月生。中共党员。1962 年参加工作，一级运动员。历任新疆维吾尔自治区老龄委员会办公室副主任、副秘书长、秘书长等职。1999 年退休。

　　史庆麟　驿马镇儒林人，1939 年 12 月生。中共党员，大专文化，高级农艺师。1960 年考入兰州农学院农专班学习，1962 年辍学回乡，开展农业科学实验，创办农业技术学校，传播农业科技知识。1965 年进兰州农业学校进修，1966 年分配武都地区武都县工作。历任武都县良种场场长、种子公司经理、农牧局副局长、区划办主任、农办主任、白龙江治理总指挥部副部长、县委统战部部长、县政协副主席等职。闲暇之余，发表政论文章及诗词多篇，被有关卷述收录。

　　陈天明　庆城县人，1940 年 2 月生。中共党员。1964 年参加工作，曾任国家商业部五金交化局干事，国家经济贸易委员会处长，国家计划委员会市场流通司处长，国家粮食储备公司华北分公司总经理等职。2000 年退休。

　　陈　秀　白马铺乡王畔人，1940 年 7 月生。中共党员。第十届全国政协委员。1958 年 12 月入伍，历任司务长，股长，团后勤处副处长，师后勤部军事科科长，师后勤部副部长、部长，副师长，新疆军区后勤部副部长，兰州军区后勤部副部长、部长。1997 年 3 月至 2003 年 12 月任兰州军区副司令员。1998 年，晋升为中将军衔。2004 年退役。2008 年 8 月任甘肃省老区建设促进会会长，先后 13 次深入庆阳革命老区各县调研，向国务院起草《关于支持革命老区甘肃省庆阳市发展绒山羊产业的情况报告》，得到时任总理温家宝两次重要批示。2010 年 1 月，事关老区群众脱贫致富的绒山羊产业化扶贫开发工程在庆城县、华池县、环县正式实施。至 2012 年底，多渠道筹措资金 9258.3 万元，扶持贫困户 16860 户，投放绒山羊 76350 只，繁育绒山羊 62473 只，羊存栏累计达到 110 余万只，户均收入 3458.1 元。他所倾注的心血和汗水深受家乡人民敬仰和爱戴。

　　郭广玉　西峰区人，1940 年 8 月生。中共党员。1958 年 12 月服役，1982 年后，曾任甘肃省人民检察院庆阳检察分院森林科科长、刑事检察处副处长、控告申诉处处长。1992 年后，历任庆阳县人民检察院检察长，县人大常委会副主任等职。2000 年 8 月退休。

　　梁启明　卅铺镇韩湾人，1940 年生。中共党员。1956 年 7 月参加工作，历任环县革委会副主任、县委组织部副部长、部长、县委副书记，合水县委副书记、书记，庆阳地区工商局局长，地区人大工委副主任等职。2000年退休。

郑　华　庆城县人，1940年生。中共党员。1958年参军，先后在青海和西藏平叛中任班长，骑二师四团四连排长，陆军二十师五十九团连长、营长、副团长，宁夏吴忠市人武部部长、吴忠市人大常委会副主任等职。2000年退休。

刘明录　白马铺乡三里店人，1941年4月生。中共党员。1963年8月参加工作，先后在庆阳县委及董志、后官寨、彭原公社、甘肃省五七干校、政法干校、水利学校、中国人民银行甘肃省分行工作，历任分行副处长、处长等职。2001年退休。

程秀英　女，赤城乡黄塚子人，1941年生。中共党员。1959年3月参加工作。历任庆阳县什社公社副社长、被服厂革委会副主任、温泉公社党委副书记、手工业管理局副局长、总工会副主席、妇女联合会主任。1986年后，历任西峰市妇女联合会主任、政协西峰市第三届委员会副主席等职。

褚　宪　白马铺乡顾旗人，1942年生。中共党员。1958年参加工作。先后在白马铺庙咀子小学、庆阳县委党校、华池县委党校、庆阳地委党校、庆阳地区五七干校、庆阳地委宣传部工作。1971年7月后，历任庆阳地区电信局政工组组长，庆阳地区农林办公室秘书、科长，温泉公社党委书记，庆阳地委秘书处办公室主任、农村工作部副部长。1988年11月任庆阳县委书记、县人武部党委第一书记。1992年12月庆阳地区行署秘书长、办公室主任。1998年4月任政协庆阳地区工委副主任。2006年退休。

李　栋　南庄乡庙花人，1942年生。中共党员。1963年入伍，1968年退役，先后在庆阳县商业综合公司、保卫部、公安局工作。1981年起，历任庆阳县人民检察院副检察长、人民法院院长、人大常委会副主任等职。

刘宗福　山东省郓城县人，1942年生。中共党员。1964年6月参加工作。1970年后，历任县卫生局副局长，驿马公社党委副书记、革委会副主任，太白梁乡党委书记，县老区办主任兼农委副主任、农业局长，农牧局局长等职。1997年11月任庆阳县政协副主席。2002年1月退休。

冯一心　庆城镇西塬人，1942年6月生。中共党员。1968年参加工作，先后在合水二中、文教卫生局、宣传部工作。1975年起，历任合水县党校副校长，庆阳地区文教局招生办主任、教育科副科长，庆阳地区行署文卫办秘书，地委秘书处办公室副主任，地委保密委副主任，保密局局长，地委副秘书长等职。

李　树　玄马镇林沟人，1942年11月生。中共党员。1962年参加工作，先后在西峰新华书店、庆阳地区文教卫生局工作。1977年起，历任庆阳地区农机局人秘科副科长、办公室主任、人秘科科长、纪检组长、副局长等职。

余占华　庆城县人，1943年2月生。中共党员。1963年6月参加工作，历任庆阳地区行署办公室秘书、外事侨务科科长、庆阳地区行署信访办公室副主任、调研员等职。

刘国耀　庆城镇西街人，1943年生。中共党员。1961年参加工作。历任庆阳县委办公室秘书、副主任，庆阳县志办公室主任，县委副书记，地委宣传部副部长，地区体育局党组书记、主任等职。

张存伍　庆城县人，1943年6月生。中共党员。1968年在铁道部第一工程局工作，历任建筑工程处党委书记兼政治处主任、局政治部副主任、纪委书记兼兰州工程指挥部指挥长，铁道部咸阳基建管理干部学院党委书记、院长等职。

赵克忠　卅铺镇十五里铺人，1943年10月生。中共党员。1963年9月参加工作，历任庆阳县董志公社革委会副主任，卅铺公社革委会副主任、党委副书记、管委会主任，蔡家庙乡党委书记，

玄马乡党委书记、庆阳县经济工作部部长、农委主任兼老区建设办公室主任、县政协副主席等职。

齐进发　西峰区什社人，1943年12月生。中共党员。1965年1月参加工作。1965年1月至1978年2月在西藏部队服役。1978年3月后，历任驿马法庭审判员，马岭法庭庭长，县法院民事审判庭庭长，副院长、院长，县人大常委会副主任等职。2003年12月退休。

何天泰　庆城县人，1944年生。中共党员。1963年参加工作。历任庆阳县马岭公社革委会副主任，甘肃省水利厅人事处副处长，省渔业总公司人事处长、副地级巡视员等职。

张　鹏　庆城镇中街人，1944年6月生。中共党员。1960年参加工作，先后在庆阳县委办公室、县税务局、财税局、财政局工作。1986年后，历任庆阳县糖业烟酒公司副经理，烟草公司经理、烟草专卖局局长、党支部书记，庆阳市烟草专卖局副调研员等职。

王生明　白马铺乡顾旗人，1944年6月生。中共党员。1963年参加工作，历任庆阳地区劳动处劳资科副科长、民政处社会科科长、民政处副处长、双拥办主任兼民政处副处长等职。

杨卫东　桐川乡小园子人，1944年10月生。中共党员，大学文化。1970年8月参加工作，先后在庆城县赤城公社，正宁县农机厂，庆阳县驿马公社，农机二厂，政府财贸办公室工作。1983年5月起，历任庆阳县交通局副局长、经济计划委员会副主任，宁县副县长，庆阳县县长，庆阳地委经济部副部长，庆阳地区环保处处长、党组书记等职。2002年7月退休，享受副地级待遇。

夏志强　驿马镇夏涝池人，1944年11月生。中共党员。1961年7月入伍，历任新疆公安部队副班长、班长，乌鲁木齐军区某连政治指导员、营副政委、团副政委、团党委副书记，昌吉军分区后勤部政委兼党委书记，乌鲁木齐军区守备一师政委兼党委书记，兰州军分区政委兼兰州高炮预备役师政委，兰州市政协副主席等职。

詹正礼　庆城镇药王洞人，1945年2月生。中共党员。1960年11月参加工作，历任庆阳地区行政公署办公室正科级秘书、办公室副主任、行政公署法制处副处长、正县级调研员等职。

赵彩雯　女，1945年3月生，环县人。中共党员。1964年参加工作。中国共产党第十四次全国代表大会代表。先后任环县妇女联合会主任、庆阳县人民政府副县长、县委副书记、庆阳市妇女联合会主席等职。曾获全国优秀妇联干部、全国"三八红旗手"，"优秀领导干部"等称号。

麻　鞿　庆城镇西街人，1945年8月生。中共党员，大学文化，1968年7月参加工作。1981年12月后，历任庆阳县环境保护办公室副主任、统计局局长，环县人民政府副县长，庆阳地区统计处副处长，庆阳县人民政府副县长、县委常委、县人大常委会主任等职。

胡伯年　玄马镇人，1945年8月生，中共党员。1962年7月参军，先后在新疆南疆军区、阿克苏军分区服役。1968年转业，历任兰化公司化工机械厂党委办公室支部副书记，甘肃省人大常委会副处级秘书、正处级秘书，省人大办公厅助理巡视员等职。

邹　勇　驿马镇太乐人，1945年10月生。中共党员。1964年8月参加工作，历任甘肃省劳动局计划处办公室副主任，政策研究室主任，劳动局副局长，省劳动和社会保障厅副厅长兼省社会保险就业服务局局长、党组书记，常务副厅长、巡视员等职。

徐怀恩　南庄乡丰台村人，1945年11月生。中共党员。1969年参加工作，历任天水地区民政局办公室副主任、业务科长、卫生处副处长，天水市计生委主任。1990年后，历任天水市政府秘书长、副市长、常务副市长，甘肃省卫生厅副厅长等职。

郑重京　马岭镇琵琶寨人，1946年1月生。中共党员。1963年参加工作，历任庆阳县委组织部副部长、县委常委、组织部部长、县政协副主席、政协正县级干部等职。

郭锦翰 西峰区人，1946 年 3 月生。中共党员。1968 年 12 月参加工作，曾任庆阳县农机推广站副站长、站长，县科学技术协会主席、县科学技术委员会主任，县委调研员等职。2006 年 5 月退休。

王怀珍 熊家庙瓦窑嘴人，1946 年 7 月生。中共党员。1970 年 3 月参加工作，历任赤城公社党委副书记、桐川乡党委副书记、书记，县城乡建设局局长，县委宣传部长，县委常委、宣传部部长，县人大常委会助理调研员等职。

王天赦 马岭镇人，1946 年 7 月生。中共党员，大校军衔。1970 年参军，先后在陆军、海军等部队服役。曾任总参谋部装备部参谋、副局长、中央军委军品贸易办公室局长等职。

帅　旗 驿马镇南极庙人，1946 年 10 月生。中共党员。1969 年 10 月参加工作。历任庆阳县董志乡副乡长，西峰市南街办副主任兼市委整党办副主任、西峰市市委组织部组织员、副部长、市委常委、组织部长，市人大常委会主任，西峰区人大调研员等职。

田惠萍 女，庆城镇人，1946 年 11 月生。中共党员。1969 年 5 月参加工作。历任肖金公社革委会副主任、县计划生育委员会副主任、主任，环县政协副主席，庆阳县人大常委会副主任等职。

禹克明 庆城镇人，1946 年 12 月生。中共党员。1970 年 8 月参加工作，曾任天水地区标准计量局局长，技术监督局局长、党委书记，天水市体改委常务副主任，天水市档案局局长等职。

刘文戈 庆城镇中街人，1946 年生。中共党员，大学文化。1969 年 7 月参加工作，历任庆阳县农办副主任、农村工作部副部长，庆阳县政府副县长，庆阳地区司法处副处长，庆阳县政协副主席，主席、党组书记等职。退休后，潜心研究地方历史文化，担任中国范仲淹研究会常务理事兼副秘书长、庆阳范仲淹研究会会长，甘肃省历史学会常务理事，甘肃省延安精神研究会庆阳分会副会长，陇东学院兼职教授，陇东学院历史文化研究中心特邀研究员，庆阳市党史专家、文史馆员。著有《庆阳历史文化丛书》《周祖文化与古庆阳》《范仲淹知庆州》《范仲淹戍边》《凤城遗俗》《凤城杂谈》《庆阳革命史略》《庆阳是我的家乡——红色热土》《宋金时期庆阳职官辑补及其他》等。主编有《庆城史话》《范仲淹与庆阳》二辑、《范仲淹的担当精神与地方治绩》《庆阳县文史资料》多辑等。抢救出版了民国《庆阳县志》《清末民初庆阳四家诗选》《庆防纪略》《续庆防纪略》等珍贵史料。

徐长流 南庄乡庙花人，1947 年 1 月生。中共党员。1969 年参加工作，历任庆阳地区计划委员会副科长、审计处副处长，西峰市委副书记，地区老干部处处长，地区纪委副书记等职。

路志龙 驿马镇上关人，1947 年 3 月生。中共党员，大学文化。1969 年 7 月参加工作。历任嘉峪关市委办公室秘书、副秘书长、计委副主任、统计局局长、物价委员会主任、计委主任，市政府秘书长、市长助理，市委常委、市委宣传部部长、市政府常务副市长、市政协主席等职。甘肃省第十次党代会代表，政协甘肃省第九届委员会委员。出版作品《漫漫人生》。

赵永发 高楼乡丁堡人，1947 年 5 月生。中共党员，大学文化。1969 参加工作，历任庆阳地区司法处副处长、公安处副处长、地区中级法院副院长、院长等职。

王　勤 庆城县人，1947 年 6 月生。中共党员，1964 年 12 月参加工作。1964 年 12 月至1978 年 9 月在部队服役。1986 年 2 月后，历任西峰市委组织部副部长、统战部部长，西峰市政协兼职副主席等职。

南玉印 白马铺乡白马人，1947 年 8 月生。中共党员，大学文化，高级政工师。1969 年 7 月参加工作。历任兰州钢厂组织部组织科长、小型轧钢厂分厂党委副书记、书记，兰钢集团公司党委副书记、工会主席等职。主要著述有《李梦阳古文评论》等。

李岁来 南庄乡庙花人，1947 年 8 月生。中共党员。1968 年 11 月参加工作。历任庆阳县工

交局副局长、经贸委主任，人事劳动局局长，人大常委会副主任等职。

卢　武　庆城镇教子川人，1947年8月生。中共党员。1970年参加工作，历任庆阳地区行署办公室科级秘书、庆阳行署经委副主任、经贸处副处长、庆阳市人大常委会财经工委副主任、调研员等职。

魏立道　玄马镇人，1947年11月生。中共党员。1971年3月参加工作，历任合水县公安局刑警队队长、治安股股长、政保股股长，西华池派出所所长，吉岘乡党委副书记、乡长、书记，宁县公安局局长、党委书记、副县级侦察员，庆阳市公安局副县级侦察员等职。

贾　敏　赤城乡人，1948年生。中共党员。1967年11月服役。转业后，历任合水县人民检察院行政检察科科长、起诉科科长，庆阳地区检察院检察员、正科级检察员、副处级检察员等职。

李景阳　庆城镇西街人，1948年生。中共党员。1968年参加工作，历任庆阳县委办公室副主任、主任兼保密委主任、机要室主任、县粮食局局长，庆阳县人大常委会副主任、人大常委会正县级干部等职。

杜永俭　西峰区人，1948年生。中共党员。1972年10月参加工作，历任庆阳县马岭镇副镇长、赤城乡党委副书记、熊家庙乡经委主任、马岭镇镇长、驿马镇党委书记，县农委主任，老区办主任，人大常委会副主任等职。2008年退休。

卢德有　卅铺镇人，1948年8月生。中共党员。1968年3月入伍，历任兰州军区司令部机要科正营职副科长、副团职科长，兰州军区后勤部拱星墩第二干休所正团职政委、党委书记，西北民族学院监察处副处长，西北民族大学离退休干部处处长、调研员等职。

张改琴　女，玄马镇柏塬人，1948年9月生。中共党员。甘肃省优秀专家。中国美术家协会会员。1969年参加工作，曾任庆阳地区文联副主席、主席，甘肃省文联副主席、书协主席、省政协常委，中国书协副主席等职。先后获"敦煌文艺奖""甘肃省突出贡献奖"。书法、国画作品多次参加并入选国际、国内大展，出版了《张改琴书画》《走进黄土地的脚步·张改琴书画集》《塬上风·张改琴书画集》等。

张　宣　庆城镇人，1948年生。中共党员。庆阳地区书法协会主席。1974年参加工作。历任庆阳地委宣传部秘书、办公室主任、文化处副处长等职。

胡庆银　合水县人，1948年10月生。中共党员。1968年参加工作。历任合水县法院副院长、县委整党办公室主任、县政府办公室主任，合水县人大常委会副主任，庆阳县检察院检察长、县人大副主任、县政府调研员等职。2008年10月退休。

王彩慧　女，庆城镇人，1948年12月生。1970年后历任庆阳县太白梁公社妇联主任、革委会常委、副主任，西峰塑化长副厂长，西峰镇副镇长兼经委主任，西峰市计划生育委员会副主任，庆阳地区经贸委纪委书记等职。

张正海　南庄乡人，1949年3月生。中共党员。1968年3月入伍，1971年3月转业到长庆油田工作，历任二机厂团委书记，长庆油田纪委干事，油建工程处纪委书记，勘察设计研究院纪委书记、工会主席、党委副书记、监事会主席等职。

张建忠　正宁县人，1949年12月生。中共党员。1972年6月参加工作，历任庆城镇副镇长、卅铺镇镇长、党委书记，庆城县纪委副书记、监察局局长，县政协副主席等职。2009年退休。

孙　力　蔡家庙乡百岔沟人，1949年3月生。中共党员。1968年入伍，1975年转业。历任庆阳地委办公室秘书，行政公署办公室副科长、科长，粮食处副处长，西峰市人民政府副市长，地

区粮食处处长、经济贸易委员会主任等职。

张震合 正宁县人，1949 年 10 月生。中共党员，大学文化。1970 年 5 月参加工作。1975 年 9 月起，历任庆阳地区计划委员会副科长、企业整顿办公室副主任、体改委主任等职。1991 年 3 月至 1997 年 10 月，任庆阳县人民政府县长、县委书记。后任庆阳地区行署副专员、庆阳市副市长、市人大常委会副主任等职。

杜 峰 女，马岭镇马岭人，1949 年 11 月生。中共党员。1970 年 4 月参加工作。历任庆阳地区计划委员会副科长、科长、助理调研员等职。

李曙光 庆城县人，1950 年 3 月生。中共党员。1969 年 1 月参加工作，历任城建开发管理处处长，城乡规划土地管理局副局长、局长，兰州市人民政府副秘书长、办公厅主任，兰州市统计局局长等职。

张 哲 庆城县人，1950 年 3 月生。会计师。1968 年入伍，历任甘肃省军区某部后勤科长，甘肃省机械设备成套局监察室助理调研员、后勤服务中心副主任等职。

王积龙 蔡家庙乡人，1950 年 4 月生。中共党员。1966 年 6 月参加工作，历任窑街矿务局办公室副主任、纪监处副处级监察员等职。

谷含棋 卅铺镇韩台子人，1950 年 5 月生。中共党员。1970 年 6 月参加工作。历任庆阳县蔡家庙乡党委书记、县物价委员会主任、计划委员会主任，陇东中学副校长，县委常委、宣传部长，县人大常委会副主任等职。

张祖贡 玄马镇柏树人，1950 年 12 月生。中共党员，大学文化。1968 年 3 月参军入藏，1970 年 8 月至 1974 年 7 月在北京大学东方语言系学习，曾任成都军区第三局一处参谋助理调研员、第三部一处副科长、技术侦查局一处副政委。1989 年 10 月后，历任庆阳县委常委、纪委书记，华池县委副书记，华池县委常委、人大常委会主任，庆城县委常委、人大常委会主任等职。

俄文岐 庆城县人，1950 年生。中共党员。1967 年参加工作。先后在庆阳地区工业局、庆阳石油化工厂、地区行政公署经济计划委员会、环境保护处工作。曾任正宁县副县长、庆阳地区工商管理局副局长等职。

王吉泰 宁县人，1951 年 2 月生。中共党员，大学文化。1968 年 4 月入伍。转业后，曾任庆阳地区公安处、地委农村工作部副科长，华池县温台乡乡长，合水县政府副县长、常务副县长，庆阳县政府常务副县长，庆阳县委副书记，庆阳县政府县长等职。后任镇原县委书记、庆阳市人大常委会秘书长、甘肃农垦集团有限责任公司党委副书记等职。

闫建民 驿马镇佛寺坳人，1951 年 2 月生。中共党员。1969 年入伍，历任某部军需股长、后勤处副处长、处长，后勤部副部长、部长，兰州军区兰州企业管理局局长，联勤部军需部副部长、军需物资油料部副部长等职。

张振强 庆城镇封家洞人，1951 年 7 月生。中共党员。1970 年参加工作，历任庆阳县计划委员会副主任，庆阳地区行政公署经济计划处公交科科长、综合科科长、计划处副主任兼项目中心主任，庆阳市发改委党组书记、主任，庆阳市人大常委会副主任、党组副书记等职。

孙 笑 驿马镇人，1951 年 11 月生。中共党员，大学文化。1969 年 1 月参加工作，历任庆阳县乡镇企业管理局局长，县政府办公室主任，庆城镇党委书记，陇东中学副校长，西峰市副市长，庆阳地区行署体制改革委员会副主任，庆阳地区商业管理局局长，庆阳市商务局局长等职。2011 年 11 月退休，享受副地级待遇。

贾兴勤 赤城乡老庄人，1951 年 12 月生。中共党员。1969 年 4 月参加工作。历任庆阳县财

政局副局长，县委办公室副主任、主任，统战部部长，政协副主席，县委常委、纪委书记，县委副书记，政协主席、党组书记等职。

张文德（1951—2007） 西峰区人，1951年生。中共党员。1972年2月参加工作。曾任县计委副主任，县委组织部副部长兼机关党委书记，县委统战部部长，县政协副主席，县政协副主席等职。

王 晓 玄马镇玄马人，1952年2月生。中共党员。1972年3月参加工作，历任庆阳县马岭镇党委副书记、书记，庆阳地区肖金砖瓦厂厂长、党委书记，彭阳春酒厂党委书记，彭阳春酒业公司董事长等职。

李芳伦 庆城镇封家洞人，1952年2月生。中共党员。1970年11月参加工作。历任赤城乡副乡长，白马铺乡副乡长，县纪委监察局主任，县委组织部副部长，陇东中学副校长，政协副县级干部等职。

史俊录 马岭镇下午旗人，1952年5月生。中共党员。1970年4月参加工作，历任庆阳县劳动局副局长、劳动人事局局长，庆阳地区行署人事处秘书科长、干部科长、副处长，庆阳地区行署人事处处长，庆阳市人事局局长，市人大常委会党组成员、副秘书长等职。

王积聪 宁县人，1952年9月生。中共党员。1975年10月参加工作，历任庆阳地区秘书处秘书、正科级秘书，宁县人民政府副县长，庆阳县委副书记，县人民政府县长等职。2000年5月后任庆阳地区行署审计处处长、庆阳市政府审计局局长、庆阳市政协副主席等职。

李星明 高楼乡高楼人，1952年10月生。中共党员，主任统计师。1971年10月参加工作，历任庆阳地区行署统计处副科长、副处长，庆阳市档案局局长、党组书记。2010年8月退休，享受副地级待遇。编著《经济社会统计基础知识问答》《庆阳大事纪略（1949—2009）》等。

徐明义 环县人，1952年11月生。中共党员。1972年8月参加工作，历任环县检察院副检察长、检察长，庆阳县法院院长等职，庆城县委正县级干部。2012年退休。

麻新文 庆城镇十里坪人，1952年生。中共党员。1973年参加工作，历任庆阳地区肖金砖瓦厂科长、副厂长，庆阳县政府副县长、常务副县长、县委副书记，庆阳市商务局副局长、市酒管局局长等职

李 峰 庆城镇莲池人，1953年4月生。中共党员。1974年8月参加工作，曾任共青团庆阳地委秘书、副书记、书记，宁县县委副书记，镇原县政府县长、县委书记，西峰市委书记。1997年后，历任庆阳地委委员、陇南地委副书记、行署专员，陇南市委副书记、市长，甘肃省劳动厅党组书记、厅长，省人力资源和社会保障厅党组书记、副厅长，省人大常委会代表工作委员会主任等职。

赵声明 庆城镇西塬人，1953年7月生。中共党员。高级工程师。1970年12月入伍，历任连长、副主任、主任，84248部队参谋长，兰州军区后勤部油料供应处处长、保障处处长，二十六分部油料处处长，兰州军区油料部供油处处长、装备部副部长等职。5次荣立三等功，中央军委总后勤部表彰嘉奖1次、兰州军区表彰嘉奖6次。

苏俊林 蔡家庙乡人，1953年8月生。中共党员。大校军衔，副主任医师。1970年12月入伍，历任兰州军区后勤部第二十六分部机关卫生所所长、卫生处处长，解放军第六医院副院长，解放军第三医院副院长等职。

安向峰 庆城镇安塬人，1953年10月生。中共党员，经济师，高级政工师。1969年11月应征入伍，曾任班长、代理排长等职，1974年转业上学。1976年9月，分配到甘肃省农业科学院工作，历任宣传部副科长、院办公室秘书、旱地农业研究所办公室副主任、主任、工会副主席等职。1993年7月，调入甘肃建工集团总公司，历任党委工作部副部长、纪委监察室副主任、主任等职。先后

在省部级以上报刊发表新闻稿件和理论文章36篇，其中3篇被收编入《中国当代社科研究文库》。采写的"我国第一座沙生植物园"报道被《人民日报》副刊登载，首次向国内和国际介绍了民勤治沙的成果和经验。

徐步京　卅铺镇十五里铺人，1953年11月生。中共党员，高级经济师，国家一级注册建造师。1970年10月参加工作，历任长庆油田公司机械制造总厂党委书记兼厂长、纪委书记、工会主席，西安长庆油气实业公司董事长，宁夏长庆石油机械制造有限责任公司董事长等职。

黄彦翼　卅铺镇三十里铺人，1954年生。中共党员。国家二级高级法官。1970年12月入伍，1976年9月转业。历任庆阳县公安局秘书股股长、县法院办公室主任、副院长，环县法院党组书记、院长，庆阳市中级人民法院副院长、党组副书记。

闫相儒　驿马镇佛寺坳人，1954年3月生。中共党员。1969年4月入伍，1973年12月转业。历任庆阳县赤城乡武装部副部长，驿马镇武装部部长、政府副镇长，卅铺镇政府镇长，高楼乡党委书记，县民政局副局长、局长，县政协副主席、调研员等职。

康志君　驿马镇太乐人，1954年4月生。中共党员。1972年参加工作。历任庆阳地区旅游局旅行社经理、行业管理科科长、办公室主任、旅游协会秘书长、副县级调研员等职。

姚莉芳　女，西峰区人，1954年5月生。中共党员。1976年10月参加工作，历任庆阳县妇联主任、老龄委主任、县政协副主席、调研员等职。2009年5月退休。

俄有勋　卅铺镇百步寺人，1954年8月生。中共党员。1972年3月入伍。转业后，历任兰州市委组织部干部处处长、职工办副主任、兰州市人事局副局长等职。

孙效东　土桥乡王塬人，1954年12月生。中共党员。1974年8月参加工作，曾任庆阳地区文教局副科长，宁县师范学校副校长，庆阳地区行署办公室副主任，正宁县委副书记、书记。1995年5月后，任庆阳地委副书记、行署专员、地委书记，白银市委书记、市人大常委会主任。2005年1月后，历任甘肃省委副秘书长、秘书长，省总工会常务副主席、主席、党组书记，省人大常委会副主任等职。2002年，当选中共十六大代表。

周天佑　卅铺镇韩湾人，1955年1月生。中共党员。1977年12月参加工作，历任庆阳县委宣传部副部长、党史办主任、县委办副主任，县委常委、宣传部部长，环县县委副书记，庆阳行政公署办公室副主任，环县县委书记，甘南州副州长，甘南州委常委、组织部长，州委副书记，甘肃省科学院党委书记，省政协科教文体委员会副主任，省直机关工委副书记等职。

刘彩兰　女，西峰区人，1955年3月生。中共党员。1974年12月参加工作，历任庆阳县检察院刑检科副科长、起诉科科长、副检察长，县人大常委会副主任等职。2010年3月退休。

张　瑞　庆城县人，1955年5月生。中共党员。政工师。1974年入伍，转业后历任保险公司甘肃分公司检查室主任、人事处长，中国人寿保险公司兰州分公司党委书记兼总经理等职。

刘秉宁　宁县人，1955年8月生。中共党员。1974年参加工作。曾任地委组织部青年干部科副科长、共青团庆阳地委副书记、书记，历任庆阳县委副书记、县长、县委书记。2000年5月后任庆阳地委副秘书长、庆阳市委副秘书长、办公室主任，庆阳市政府秘书长、副市长，市人大常委会副主任、党组副书记等职。

宋治平　白马铺乡三里店人，1955年8月生。中共党员。1974年10月参加工作，历任县委组织部组织员、县人事劳动局副局长兼任人才交流中心主任、县科技局局长、教育局局长，县政协副主席等职。

张金萍　女，卅铺镇四十铺人，1955 年 9 月生。中共党员。三级警监。1974 年 3 月参加工作，历任平凉地区公安处政治处副主任、主任，甘肃省公安厅政治部教育处副处长、人事处调研员、人事处处长、政治部副主任等职。

吴定军　庆城镇西街人，1955 年 10 月生。中共党员。1973 年在平凉县安国公社插队。1975 年参加工作。历任平凉地委党校教务科副科长、副校长、华亭县委副书记、常务副县长、县长、县委书记，中共平凉地委委员、政法委书记，兼公安处党委书记、公安处长，中共平凉市委常委、市委政法委书记，中共甘肃省委党校副校长等职。

徐效义　太白梁乡小河咀人，1955 年 10 月生。中共党员。1981 年 1 月参加工作，历任太白梁乡党委副书记、书记，县人民医院党支部书记，县纪委副书记，县卫生局局长，陇东中学党支部副书记等职。

贺志军　庆城镇北关人，1955 年 7 月生。中共党员。1974 年 2 月参加工作，历任县经济计划委员会副主任、主任，庆城镇镇长、党委书记，县计划委员会主任，县委统战部部长、政协副主席、人大常委会副主任等职。

王兴海　庆城镇莲池人，1955 年 11 月生。中共党员。物证鉴定高级工程师，三级警监。1974 年参加工作，历任合水县西华池公社师家庄大队党支部委员、革委会副主任、民兵连长，西峰市公安局副局长、局长，庆阳地区公安处副处长，庆阳市公安局副局长、正处级侦察员等职。

郑满明　马岭镇琵琶寨人，1955 年生。中共党员。1971 年 10 月参加工作。历任庆阳县庆城镇党委副书记、高楼乡乡长、卅铺镇党委书记，县委常委、县纪律检查委员会书记，环县县委常委、县政府常务副县长，庆阳市农牧局局长、市建设局局长、安全生产管理局局长等职。

文连科　庆城镇西塬人，1955 年生。中共党员。1974 年 1 月参加工作，历任庆阳地区行署计划委员会副科长、科长，庆阳市扶贫开发办公室副主任，农业扶贫小康办公室副主任、主任，市房管局局长、房改办主任等职。

牛瑞芹　女，马岭镇人，1955 年生。中共党员。1975 年 1 月参加工作，历任庆阳县么马公社革委会副主任，马岭公社革委会副主任，南庄乡妇联主任，合水县人民法院审判员、检察院起诉科科长、纪检组长、副县级检察员等职。

王仲乾　庆城镇北五里坡人，1955 年 12 月生。中共党员。1974 年 1 月参加工作，历任庆城镇北五里坡大队副主任，庆城镇革委会主任，庆阳地区路线教育温泉公社巨塬大队工作组组长，庆阳县人民法院副院长，县委政法委书记，县政协副主席、人大常委会副主任等职。

熊迎春　西峰区人，1955 年生。中共党员。1978 年 8 月参加工作，历任县水利工作队副队长、副局长兼西川水管站站长、水务局局长，县直机关工委书记、县政协副主席等职。

卢耀南　太白梁乡吕塬人，1955 年 12 月生。中共党员。1984 年 12 月参加工作。1989 年 8 月起，历任冰淋岔乡政府副乡长，蔡口集乡党委书记，太白梁乡党委书记、县农牧局局长、人事劳动局局长，县人大常委会副主任、调研员等职。

李　富　庆城镇莲池人，1956 年 1 月生。中共党员。1975 年参加工作，历任庆阳县委办公室副主任、县委宣传部副部长兼报道组组长，庆阳行政公署办公室秘书、秘书科长、办公室副主任，甘肃省委办公厅综合处副处秘书、正处调研员、处长，省委办公厅副巡视员、副主任，省委副秘书长兼省委保密办主任等职。著有《爱在心底》《跨越的轨迹》《爱情悄悄话》等。

邹　忠　驿马镇安家寺人，1956 年 3 月生。1979 年 7 月参加工作，历任庆阳地区建设局第二

工程队安技科科长、队长，地区建筑公司经理助理，地区建筑管理站总工程师，庆阳市建设局副局长兼房改办、住房公积金管理委员会办公室主任，房管局局长，庆阳市国防动员委员会交通战备办公室主任等职。2009年7月退休，享受副厅级待遇。

钱　旭　驿马镇上关人，1956年6月生。中共党员。1972年参加工作，先后在南庄中学、赤城中学、庆阳县教育局、庆阳地区教育处工作，历任甘肃省教委政策研究室副主任、政策法规处处长，甘肃省地方史志办公室副主任等职。国家城市语言文字工作评估专家组成员。出版《新世纪的甘肃教育》《语言文字评估方法》《九日诗选》等。

左保华　西峰区肖金人，1956年7月生。中共党员。1975年4月参加工作，历任县计划委员会副主任、西川开发区管理委员会办公室主任，西川经济示范园区管理委员会副主任，县人大副县级干部等职。

曹义武　卅铺镇三十里铺人，1956年10月生。中共党员。1974年12月入伍。历任甘肃省卫生厅人事处副主任科员、政策法规处副县级调研员、副处长、基层卫生与妇幼保健处处长、农村卫生管理处处长、疾病控制处处长、省卫生厅副巡视员等职。

朱治晖　西峰区人，1956年8月生。中共党员，大学文化。曾任华池县上里塬公社革委会副主任、主任、上里塬乡乡长、党委书记，悦乐镇党委书记，县委副书记、县长。历任庆阳县政府县长、县委书记，中共庆城县委书记。后任庆阳市委常委、统战部长、市政协副主席等职。

贺占斌　高楼乡人，1956年生。中共党员。1974年12月入伍。历任庆阳军分区司令部军务参谋、政治部协理员，环县人武部副部长，合水县人武部副部长，庆阳地区行政公署法制处副处长，市人民政府法制办副主任等职。

张　莉　女，庆城镇人，1956年生。中共党员。1973年11月参加工作，历任庆阳地区审计处纪检科副科长、行政事业科科长、市农机局纪检组组长等职。

郑　贵　玄马镇人，1956年生。中共党员。1972年1月参加工作，历任庆阳市妇幼保健站站长、市地病办党组书记、主任等职。

肖有功　南庄乡东塬人，1956年生。中共党员。三级警监。1974年10月入伍。历任庆阳地区武警支队直属二中队政治指导员、宁县县中队政治指导员、武警甘肃总队后勤部基地正营职教导员，庆阳地区中级人民法院执行庭助理审判员、办公室主任、行政装备处处长、法警支队支队长等职。

韩　文　卅铺镇韩台人，1956年生。中共党员。1974年入伍。历任甘肃省独立师副连长，守备二师连长、副营长，省军区一条山农场正营职参谋，红古农场副团职厂长，镇原县人武部部长、纪委书记，兰州卷烟厂行政科科长，甘肃烟草西固仓库主任，甘肃烟草瑞丰公司副经理等职。

徐慧琴　女，庆城县人，1957年生。中共党员。1976年1月参加工作。历任西峰市妇女联合会副主任、主任，西峰区政协副主席、政协副县级干部。甘肃省第十届代表大会代表。

赵　毅　西峰区彭原人，1957年4月生。中共党员。1981年7月参加工作。历任庆阳县农村工作部副部长，马岭镇副书记、镇长，县计划生育委员会主任、人口和计划生育局局长，庆阳市计划生育协会副会长，县政府副县级干部等职。

慕　萍　女，环县人，1957年5月生。中共党员。1975年3月参加工作。历任庆阳县妇联副主席、主席，县政协副主席、县人大副主任等职。2012年5月退休。

刘建民　正宁县人，1957年9月生。中共党员。1978年12月参加工作。曾任正宁县委经济部副部长，宫河镇镇长、党委书记，华池县委常委、政府副县长，历任庆城县委副书记、西川经济

示范园区管理委员会主任，县人大常委会主任等职。

俄振江　南庄乡何塬人，1957年10月生。中共党员，大学文化。1981年参加工作，历任甘肃省委宣传部部长秘书，党教处副处级组织员、副处长，理论处正处级组织员，农村宣传处处长，纪律检查处处长，省委宣传部纪检组长，甘肃省委正厅级巡视专员等职。

刘凤江　南庄乡何塬人，1957年12月生。中共党员。1982年2月参加工作，历任庆阳县委办公室秘书、政研室副主任、办公室副主任，县政府办公室副主任兼外事办主任，庆城镇镇长、党委书记，庆阳县委办公室主任兼机要室主任，西川开发区管理委员会副主任，庆阳市项目中心副主任、市发改委纪检组长等职。

朱文骞　驿马镇夏涝池人，1958年4月生。中共党员。1977年8月参加工作。历任庆阳县委组织部组织员、县政协办公室副主任、主任、南庄乡党委书记，庆城县商业局局长、县农业办公室主任、县扶贫开发办公室主任、县人大副主任等职。

南玉璞　白马铺乡白马人，1958年8月生。中共党员。1978年6月参加工作，历任庆阳县政府办公室秘书、农委副主任兼老区建设办公室副主任、庆城镇镇长，庆阳地区行署办公室秘书科长，地区计生委副主任、党委书记、主任，庆阳市委副秘书长，农村工作部部长等职。

李崇福　庆城镇十里坪人，1958年9月生。中共党员，武警中校。1968年入伍，历任庆阳市消防支队参谋长、副支队长等职。出版《消防科普知识丛书》和长篇小说《世事沧桑》。

李　鑫　庆城镇莲池人，1958年10月生。中共党员。1979年参加工作，历任庆阳县教育局人秘股干事，建行长庆石油专业支行人事科长、纪检组长、副行长、行长，建设银行甘肃省分行国际业务部总经理、南关支行、广场支行行长，农村信用社联合社副主任、主任，甘肃银行党委书记、行长、董事长等职。

麻　旭　庆城镇西塬人，1958年10月生。中共党员。1982年8月参加工作，历任庆阳县药检所所长、中医院副院长、卫生局副局长、药品监督管理局局长、食品药品监督管理局局长，庆阳市食品药品监督管理局纪检组长、副局长等职。

袁效谦　西峰区人，1958年11月生。中共党员。1982年7月参加工作。历任甘肃省庆阳县农村抽样调查大队副队长、熊家庙乡党委副书记、书记，县直机关工委副书记、书记，庆城县经贸委主任、县经贸（商务）局局长、县工业和信息化局局长，县政协副主席等职。

李德峰　卅铺镇十五里铺人，1958年生。中共党员。1976年入伍，历任中国人民解放军基建工程兵第六十一支队司令部电台台长，中国人民武装警察部队水电第一总队司令部警通连连长、卫星地面站站长、通信处参谋，庆阳地区商业处人事科副科长、业务科科长，庆阳市酒类商品管理局副局长等职。

赵　明　庆城人，1958年生。中共党员。1973年6月参加工作，历任庆阳市委党校办公室副主任、主任，校务委员、副校长等职。

田学明　庆城镇田家城人，1959年6月生。中共党员。1976年12月入伍，历任炮兵四师侦察连指导员、炮兵第一旅后勤部战勤科副营参谋、兰州军区司令部作战部二处正营参谋、副团参谋、正团参谋。1998年9月转业，历任甘肃省人民政府办公厅印刷厂副厂长、厂长，文电处调研员，机要交通文印服务中心主任，兰州饭店总经理等职。

田宏峰　南庄丰台人，1959年9月生。中共党员。1976年1月参加工作。先后在华池一中、庆阳地区集体经济办公室、行署劳动人事处等单位工作。历任庆阳地区锅炉检验所所长、行署物价处人秘科科长、农调队副队长，庆阳市物价局副局长、调研员等职。

杨献忠 华池县人，1959年10月生。中共党员。1980年7月参加工作。历任华池县财政局副局长、局长，庆阳地区信托投资公司经理，华池县委常委、政府副县长。2004年12月至2008年6月任庆城县政府县长。2008年7月后任庆阳市建设局党委副书记、书记、局长，庆阳市住房和城乡建设局党委书记、局长，政协庆阳市第三届委员会副主席等职。

安定文 庆城镇安塬人，1959年12月生。中共党员。全国劳动模范。1976年12月入伍，历任步兵六十一师班长、排长、连长、副营长、营长、副团长、军务科长、师副参谋长等职。1985年10月参加对越自卫反击战。2001年9月转业。历任天水市政府办公室副主任、副秘书长、金融办主任，市委统战部副部长、常务副部长等职。

史文邦 蔡家庙乡史家店人，1960年9月生。中共党员。三级警督。1978年3月入伍。历任兰州军区后勤部办公室秘书、军事医学研究所副所长，甘肃省公安厅禁毒处助理调研员、调研员、禁毒办副主任等职。

吕立峰 驿马镇夏涝池人，1960年生。中共党员。一级警督。1979年12月参加工作，历任庆阳市公安局刑侦科副科长、刑警支队政委、涉油犯罪侦查支队长、治安支队长等职。

贺桂祥 马岭镇黄嶂岘人，1960年11月生。中共党员。1977年3月参加工作。历任县人大常委会财经工委副主任，南庄乡乡长、冰淋岔乡党委书记、太白梁乡党委书记，县水务局局长，县政协副主席等职。

肖生有 土桥乡杨河人，1960年生。中共党员。1977年2月参加工作，历任蔡口集乡纪委书记、马岭镇副镇长、南庄乡计生委主任，庆阳地区政协正科级秘书、经济委员会办公室主任、提案委员会办公室主任，提案和法制委员会副主任、主任等职。

贾广正 庆城镇霍家寺人，1961年3月生。中共党员，1970年7月参加工作，历任庆阳县南庄乡副乡长、商业局副局长、马岭镇经委主任、县财政局副局长、地方税务局局长等职，庆阳市地方税务局助理调研员等职。

王全禄 翟家河乡路家掌人，1961年7月生。中共党员。县政府副县级干部。1981年1月参加工作，历任马岭镇党委副书记、书记，县审计局局长，发改局局长、西川经济示范园区管理委员会副主任等职。

夏 华 庆城县人，1961年10月生。中共党员。1981年8月参加工作。历任华池林业总场山庄林场副场长、场长、生产科副科长、科长，湘乐林业总场副场长、场长，庆阳市林业局副局长、绿化办主任等职。

曹炳生 卅铺镇三十里铺人，1961年11月生。中共党员。1982年参加工作。历任庆阳县政府办公室秘书、驿马镇党委副书记、桐川乡乡长、县国土资源管理局副局长、局长，庆阳市国土资源局副调研员等职。

陈克恭 兰州市人，1961年12月生。中共党员。1985年参加工作，历任中科院兰州冰川冻土研究所副所长、中科院寒区旱区环境与工程研究所副所长、研究员。2000年4月至8月任庆阳县委书记；2000年8月至2001年5月任庆阳地委副书记、行署副专员、庆阳县委书记。2002年9月后任庆阳市委副书记、副市长，甘肃省政府副秘书长、办公厅主任，省商务厅厅长，张掖市委书记、市人大常委会主任，西北师范大学党委书记等职。

赵彦文 马岭镇官亭人，1962年1月生。中共党员。1982年7月参加工作，历任县委组织员、

水利局副局长、庆城镇政府镇长、党委书记，县城乡建设局局长、财政局局长，县人大常委会副主任等职。

曹复兴 庆城县人，1962年2月生。中共党员。1993年2月起，历任共青团庆阳地委副书记、书记，合水县委副书记、县委政法委书记，镇原县政府县长，平凉市崇信县委书记、庄浪县委书记，平凉市人民政府副市长等职。

徐广林 南庄乡东塬人，1962年3月生。中共党员。县委副县级干部。1981年7月参加工作，历任庆阳县经济计划委员会副主任、经委主任，庆阳地区经贸委生产科科长、经济运行科科长，庆阳市驿马出口创汇园区管委会副主任等职。

代晓峰 高楼乡高楼人，1962年3月生。中共党员。一级警督。1978年3月入伍。1980年12月后，历任庆阳县公安局纪检书记、副局长，公路运输管理所副所长，检察院纪检委员，公安局副局长兼马岭公安分局局长，合水县公安局政委、局长、县政府党组成员等职。

蒋　斌 卅铺镇四十铺人，1962年5月生。中共党员。一级警督。1981年入伍。历任兰州军区后勤部汽车营政治教导员，兰州军需仓库政治处主任，省公安厅办公室副调研员、信访处副调研员等职。

刘洪涛 玄马镇樊家庙人，1962年6月生。中共党员。1982年7月参加工作，历任庆阳地委组织部组织员、干部科副科长、干部审查监督科科长，环县县委副书记，宁县县政府县长，正宁县委书记，庆阳市委政法委常务副书记、综治办主任、市人大常委会副主任等职。

陈建学 土桥乡王塬人，1962年7月生。中共党员。1981年2月参加工作，历任庆阳县政府办公室秘书、副主任兼外事办主任、主任，县委办公室主任、县政府副县长，庆阳市审计局副局长，市财政局纪检组长等职。

徐西宁 驿马镇驿马人，1962年8月生。中共党员。1982年8月参加工作，历任陕西陆军预备役高炮师第二团政治处主任，陕西省麟游县委常委、县人武部政委、部长等职。

李存旺 卅铺镇十五里铺人，1962年9月生。中共党员。1979年10月参加工作。历任武警兰州市支队政治处副主任，酒泉地区武警支队副政委，临夏州武警支队副政委，甘肃省人大常委会代表工作委员会综合处副处长、机关党委专职副书记，省纪委派驻甘肃省政协机关纪检组长等职。

李仕忠（1962—2006）　卅铺镇人，祖籍河南淮滨，1962年10月生。中共党员。1984年8月参加工作，历任甘肃省委办公厅秘书二处、一处办事员、科员、主任科员，副处级秘书。1993年9月后，历任通渭县人民政府县长助理、副县长，渭源县委副书记、县长、县委书记，庄浪县委书记，平凉市委常委、秘书长等职。

贾鑫元 玄马镇柏塬人，1962年10月生。中共党员。1981年7月参加工作。历任庆阳县委办公室副主任、卅铺镇镇长、县委讲师组组长、宣传部副部长，庆阳地委党校科长、副处级组织员，市委文明办副主任、市政府应急管理办公室主任等职。

白云祥 西峰区人，1962年11月生。中共党员。1982年7月参加工作。历任县统计局副局长，白马铺乡乡长、党委书记，县城建局局长、新区办主任，县政协副主席等职。

麻兴隆 庆城镇南街人，1962年11月生。中共党员。三级警监。1979年10月参加工作。历任武警甘肃总队指导员、副主任、参谋，甘肃省公安厅一处助理调研员，榆中县公安局副局长、副调研员等职。

闫晓峰 宁县人，1962年11月生。中共党员，大学文化。1982年7月参加工作，历任庆阳

地区农机局农机科副科长、科长、行署研究室正科级秘书，西峰市政府副市长、西峰区政府区长、华池县委书记等职。2009年1月至2011年9月任庆城县委书记。2011年10月后任庆阳市委常委、统战部长、市总工会主席。

黄继宗　马岭镇黄崾岘人，1962年12月生。中共党员。1983年8月参加工作，历任华池县委报道组副组长、县委办公室副主任、主任，正宁县副县长、常务副县长、县委副书记、县长、县委书记。2007年2月起，历任庆阳市政府市长助理、市政府秘书长，市政府副市长。

俄向军　南庄乡何塬人，1962年12月生。中共党员。大学文化，会计师。1985年7月参加工作，历任地委组织部组织员、党政干部科副科长、干审科科长、干部一科科长，庆阳市财政局副局长、总会计师等职。

李　银　庆城镇莲池人，1963年1月生。中共党员。1983年8月参加工作，历任庆阳县政府办公室秘书、副主任、体改委主任、县委办公室主任兼机要室主任，华池县政府副县长、县长、县委书记。2004年8月起，历任庆阳市委常委、市委秘书长，市政府常务副市长，市政协主席等职。

樊秀鹤　蔡家庙乡蔡家庙人，1963年1月生。中共党员。1981年10月入伍。历任兰州市人民检察院助理检察员，甘肃省政法委执法督导处副处长、处长等职。

柴　春　卅铺镇韩湾人，1963年2月生。中共党员。全国优秀县委书记。1982年7月参加工作。历任庆阳县玄马乡党委副书记、马岭镇镇长、县委办公室主任，正宁县政府副县长、宁县常务副县长，合水县政府县长、县委书记，环县县委书记等职。

黄正军　驿马镇夏涝池人，1963年3月生。中共党员。1983年7月参加工作。历任马岭镇党委副书记，庆阳地委农村部副科长、科长，华池县政府副县长，宁县县政府县长、县委书记。2006年12月起，历任庆阳市委常委、统战部部长兼市总工会主席，市委常委、宣传部部长等职。

刘晓春　女，卅铺镇雷旗人，1963年5月生。中共党员。主任医师。1984年8月参加工作。历任庆城县人民医院副院长、院长，县政协副主席、县人大常委会副主任等职。甘肃省第十、十一次党代会代表。

骆　杰　庆城镇西街人，1963年5月生。中共党员。一级警督。1985年10月参加工作。历任庆阳县公安局政保股副股长、卅铺镇派出所所长，庆阳地区国内安全保卫局刑侦科科长、纪检书记等职。

侯宝林　庆城镇南街人，1963年6月生。中共党员。三级警监。1981年6月入伍，参加对越防御作战。2001年转业，历任甘肃省公安厅副处级纪检员、纪委办公室主任、正处级纪检员等职。

何骁玲　女，西峰区人，1963年6月生。中共党员。1982年7月参加工作。历任庆阳地区纪委副科级、正科级纪检监察员，庆阳市纪委宣教室主任、信访室主任。2010年12月起，历任庆城县委常委、纪委书记，政协党组书记、主席等职。

徐亚梅　女，卅铺镇十五里铺人，1963年6月生。中共党员。甘肃省延安精神研究会庆阳分会副会长兼秘书长。1979年11月参加工作。历任庆阳市委宣传部《庆阳开发与建设》副科级编辑、市社科联正科级秘书、市委宣传部文改科科长、副调研员等职。

何巧荣　女，驿马镇安家寺人，1963年6月生。中共党员。1981年7月参加工作，历任庆阳县纪委办公室副主任，庆阳市双拥办副主任，市民政局优抚安置科科长、副局长等职。

王积岐　蔡家庙乡大堡子人，1963年7月生。中共党员。1979年12月入伍。历任武警甘肃总队机动支队八中队政治指导员、后勤部办公室主任、战勤处处长，甘肃省委巡视工作办公室处长，

副厅级巡视专员。

杨俊锋　庆城镇店子坪人，1963 年 8 月生。中共党员。1983 年 7 月参加工作。历任庆阳地区行署公安处内保科副科长、治安科科长，庆阳市公安局治安支队支队长、政治部主任、公安局副局长等职。

任鹏飞　庆城镇药王洞人，1963 年 10 月生。中共党员。1983 年 7 月参加工作。历任庆阳县检察院办公室副主任，中国人民银行庆阳地区分行经管科副科长、计划科副科长、宣传群工部部长、后勤服务中心主任、人事科科长，副行长兼国家外汇管理局庆阳市中心支局副局长等职。

傅良君　驿马镇韦老庄人，1963 年 11 月生。中共党员。1984 年 8 月参加工作。历任甘肃省委政策研究室文化处副处长，民勤县委副书记，甘肃省委政策研究室正县级调研员、文化处处长等职。

郑宗敏　马岭镇琵琶寨人，1963 年 12 月生。中共党员。一级警督。1980 年 12 月入伍。历任武警甘肃总队第四支队副支队长，兰州市公安局禁毒处副调研员等职。

李振昱　卅铺镇十五里铺人，1963 年 12 月出生。中共党员。1984 年 8 月参加工作，曾任庆阳县委报道组副组长、组长、宣传部副部长，赤城乡党委书记，县发展改革局局长，历任华池县委常委、纪委书记，合水县委常委、政府常务副县长，庆阳市安监局局长、党组书记等职。

闫焕智　驿马镇佛寺坳人，1964 年 1 月生。中共党员。1986 年 7 月参加工作，历任庆阳地区体改委人秘科副科长、科长，宁县县委常委组织部长，正宁县委副书记、县委常委政法委书记，华池县委副书记、南梁红色景区建设管理局局长，庆阳市水保局局长等职。

谈润祥　土桥乡新民人，1964 年 4 月生。中共党员。1985 年 12 月参加工作，历任庆城县交警大队马岭中队指导员，庆阳市交警支队车管所副所长、所长、交警支队副支队长等职。

王　超　女，正宁县人，1964 年 6 月生。中共党员。1983 年 7 月参加工作，曾任庆阳地区经济贸易委员会计财科副科长、审计科科长。2002 年 10 月起，历任庆城县副县长，县委常委纪委书记，县政协主席、党组书记。

苟爱仁　赤城乡武庄人，1964 年 8 月生。中共党员。1982 年 7 月参加工作，历任庆阳县委组织部组织员、组织部副部长，县委办公室主任、机要局局长，庆城县政府副县长，县委常委宣传部长，县人大常委会主任。党组书记等职。

马立鹏　驿马镇上关村人，1964 年 8 月生。中共党员。高级工程师。1983 年 7 月在甘肃省林业调查规划院参加工作。历任甘肃省林业厅防沙办公室副主任、三北防护林建设局调研员，副局长等职。

高铁军　熊家庙高沟畔人，1964 年 10 月生。中共党员。1983 年入伍。历任武警北京市总队十一支队副中队长、指导员，武警甘肃总队警卫中队指导员，甘肃省总工会科长、总工会法律援助中心、信访办公室副主任等职。

刘兴立　庆城镇封家洞人，1964 年 12 月生。中共党员。1983 年入伍，历任武警陕西总队西安支队户县中队副指导员，武警陕西总队司令部办公室副主任、主任，直属工作处处长，商洛支队支队长，西安支队支队长等职。

麻仁炜　驿马镇人，1964 年 12 月生。中共党员。大校军衔。1981 年 10 月入伍，历任排长、连长、营长、师炮兵指挥部副主任、团参谋长、副团长、团长，某集团军司令部炮兵指挥部主任等职。

李永洲　南庄乡东塬村人，1965 年 1 月生。中共党员。1984 年 8 月参加工作，历任庆阳县委组织部组织员、副部长兼党建办主任、组织部副部长兼人事劳动保障局局长，县政府办公室主任，

县委办公室主任，庆阳市政府办公室副主任、副秘书长兼应急办主任，市委宣传部副部长，广电局党组书记、局长兼广播电视台台长，市文广局党组书记、局长，市委宣传部常务副部长等职。

吴丽华　女，赤城乡老庄人，1965年3月生。中共党员。1984年7月参加工作，历任庆阳地区妇联秘书、庆阳地委组织部组织科副科长，华池县委副书记，庆阳市委组织副部长、市委企业党建办主任，环县人民政府县长，正宁县委书记，庆阳市政府副市长等职。

周彩南　蔡口集乡周塬人，1965年3月生。中共党员。高级政工师。1988年7月参加工作，历任中国人民银行庆城县支行副行长、行长，中国人民银行庆阳市中心支行党委组织部部长、副行长等职。

任志峰　驿马镇南极庙人，1965年4月生。中共党员。1985年7月参加工作。历任县律师事务所律师，庆阳地区政法委监督科副科长、科长，庆阳市公安局政治部主任等职，正县级侦察员。

郑久瑞　土桥乡佛店湾人，1965年5月生。中共党员，大学文化。1990年1月参加工作。历任甘肃省驻海南办事处驻琼企事业管理科科长，省经贸委政策法规处副处长、调研员，西峰区常委副区长（挂职）等职。

葛　宏　西峰区人，1965年7月生。中共党员。1984年7月参加工作，历任共青团华池县委副书记、书记，共青团庆阳地委副书记、共青团庆阳市委书记，合水县委副书记，市委组织部副部长、市人社局党组书记、局长等职。2011年9月起任中共庆城县委书记。

钱文科　熊家庙人，1965年7月生。中共党员，大学文化。1989年7月参加工作，历任庆阳地区政法委秘书科副科长、科长，庆阳市维稳办副主任、主任、市委政法委委员，市中级人民法院副院长，市委组织部副部长等职。

刘永升　驿马镇人，1965年9月出生。中共党员。一级警督警衔。1985年9月，在西安陆军学校学习。1986年7月后，历任陆军第63师排长、政治指导员、副营长、团作训股股长、营教导员、团政治处副主任、副团长，固原市公安局看守所教导员，副处级侦查员等职。

李崇暄　高楼乡人，1965年11月生。中共党员，大学文化。1988年7月参加工作，曾任庆阳县审计局副局长、玄马乡乡长、党委书记，马岭镇党委书记，历任合水县委常委组织部长、县委副书记，庆城县常委副县长、县委副书记，镇原县政府县长、县委书记等职。

岳毓莱　高楼乡高楼人，1965年12月生。中共党员。会计师职称。武警中校警衔。1983年10月入伍，历任武警新疆总队第三支队后勤处副处长、处长，石河子支队副支队长等职。

张　铜　蔡家庙乡史家店人，1965年12月生。中共党员。1987年7月参加工作，历任庆阳县委办公室督查室主任、县委办公室副主任，庆阳市信访局信访一室副主任、市委机关党委书记等职。

宇　军　高楼乡花村人，1965年12月生。中共党员，大学文化。律师，高级法官。1984年6月参加工作，曾任庆阳县律师事务所副主任、南庄乡乡长、翟家河乡党委书记，历任镇原县人民法院院长、环县人民政府副县长、常务副县长，庆阳市残联副理事长、理事长等职。

祁焕能　女，驿马镇东滩人，1966年2月生。中共党员。1986年7月参加工作，历任庆阳县法院行政庭庭长，桐川乡党委书记，庆阳市人民检察院政治部主任，环县县委常委统战部长，庆阳市中级人民法院政治部副主任、审判委员会委员等职。

何晓峰　驿马镇葛岭人，1966年2月生。中共党员。中国人民解放军总参谋部政治部处长，正团职干部。

张改英　女，庆城镇北街人，1966年6月生。中共党员。1983年7月参加工作，历任共青团

庆阳县委副书记，华池县委宣传部副部长兼国防办主任，庆阳市委宣传部文教科长，市卫生监督所副所长，庆阳市红十字会党组书记、常务副会长等职。

李　聪　庆城镇莲池人，1966 年 6 月生。中共党员。1988 年 7 月参加工作，历任西峰市精神文明办公室副主任、宣传部副部长、西峰区人口和计划生育局局长，庆阳市人口和计划生育委员会纪检组长，环县人民政府副县长、常务副县长等职。

梁世刚　甘肃省环县人，1966 年 9 月生。中共党员，研究生学历。1984 年 7 月参加工作。历任环县县委办公室秘书，庆阳地委秘书处秘书、秘书处科长，华池县政府副县长，正宁县委常委、副县长、副书记，庆阳市司法局党组书记、局长，庆城县政府县长等职。

樊广森　卅铺镇柳树湾人，1966 年 10 月生。中共党员。1984 年 7 月参加工作。历任庆阳地委宣传部秘书科副科长、理论科科长，地委组织部正科级组织员、秘书科副科长、办公室主任，庆阳市委办公室副主任，西峰区委常委政法委书记，市委政法委副书记、市委防教办主任等职。

李崇峰　庆城镇十里坪人，1966 年 10 月生。中共党员。会计师。1987 年 7 月参加工作。历任庆阳地区行政公署审计处副科长、科长，庆阳市审计局副局长等职。

申怀吉　葛崾岘人，1966 年 12 月出生，中共党员，大学文化。二级高级法官。1989 年参加工作。先后任甘肃省人大法制工作委员会、环境资源保护委员会、办公厅副主任科员、主任科员、正科级副处级秘书。2001 年后，历任甘肃省高级人民法院办公室副主任、主任、政治部副主任、审委会委员，金昌市、白银市中级人民法院党组书记、院长等职。

何　奎　玄马镇老庄人，1966 年 12 月生。无党派。1989 年 7 月参加工作，历任庆阳县监察局副局长，镇原县人民政府副县长，庆阳市工商联常务副主席等职。

朱天罡　马岭镇人，1966 年 12 月生。无党派。1991 年 6 月参加工作，历任县瓜菜蚕桑站副站长、站长、农牧局副局长、科协主席、县政协副主席等职。

闫炯智　驿马镇佛寺坳人，1967 年 5 月生。中共党员。博士、会计师。1988 年 7 月参加工作，先后在国务院经济技术发展研究中心、中国国际信托投资公司工作，历任中信兴业信托投资公司财务处贸易清算组组长、项目经理、华美建设开发公司财务部副经理，中信实业银行总行信用审查部调研员、资产保全部副总经理、郑州分行行长助理，华夏银行资产保全部副总经理、总经理、行长助理等职。

李含荣　驿马镇冯塬人，1955 年 1 月生。中共党员。1974 年 9 月入伍，1978 年 9 月转业。历任甘肃省教育厅基础教育处主任科员、职业技术教育处副处长、师范教育处副处长，省政府教育督导团办公室副主任，省教育厅思想政治工作处处长，甘肃省教育厅副巡视员等职。

蔡文辉　高楼乡高楼人，1967 年 10 月生。中共党员。1982 年入伍。转业后，历任共青团庆阳县委副书记、书记，卅铺镇镇长，庆城镇党委书记，宁县县委常委、宣传部长、组织部长，西峰区委常委、组织部长，正宁县委常委、县政府常务副县长等职。

辛少波　女，静宁县人，1967 年 12 月生。中共党员，大学文化。1988 年 7 月参加工作，曾任共青团西峰市委副书记、书记，正宁县委副书记，市委统战部常务副部长、民族宗教局局长，庆城县政府县长等职。

肖建军　庆城镇北五里坡人，1968 年 2 月生。中共党员，大学文化。1991 年 8 月参加工作，历任庆阳县政法委防教办副主任、综治办副主任，庆阳市委政法委综治基层建设指导科科长，市公安局政治部副主任等职。

邢鸿铭 女，庆城镇西街人，1968年3月生。中共党员，大学文化。1988年7月参加工作，历任西峰区妇联妇儿工委办公室主任、妇联副主席，庆阳市妇联办公室主任，市水务局副局长等职。

边 桃 马岭镇马岭人，1968年3月生。中共党员，大学文化。历任庆阳县政府办公室秘书、县法制局副局长、农牧局副局长，玄马乡乡长、玄马镇镇长、党委书记，庆城镇党委书记，宁县政府副县长等职。

贾永宏 白马铺乡白马人，1968年7月生。中共党员。一级警督。1991年7月参加工作，历任庆阳县公安局城关派出所所长、公安局副局长，华池县县长助理、公安局长，庆阳市公安局副局长兼西峰公安分局局长等职。

闫黎明 驿马镇佛寺坳人，1968年7月生。中共党员，大学文化。1989年参加工作。历任庆阳地委宣传部宣传科副科长、科长，庆阳市委讲师团副团长等职。

王金龙 赤城乡范村人，1968年9月生。中共党员，大学文化。1991年8月参加工作。历任县委办公室秘书、督查室副主任、庆城镇计生委主任，庆阳市建设局办公室主任，市住房和城乡建设局副调研员、副局长等职。主持编纂《庆阳建设志》。

郭艺峰 女，赤城乡赤城人，1968年10月生。无党派。1986年7月参加工作，历任西峰区教研室副主任、教育局副局长、文化局局长，庆城县政府副县长，市经济合作局局长等职。

张效江 白马铺乡白马人。1968年12月生。中共党员。1987年10月入伍，历任新疆军区某油库主任，奎屯油料供应站副站长、站长，联勤第二十九分部司令部直属工作科长、军交运输处副团职助理员、乌苏综合仓库业务处处长，克拉玛依市乌尔禾区武装部政治委员兼政工科科长，市信访局副局长等职。

王志华 驿马镇人，1970年2月生。中共党员，大学文化。曾在甘肃预备役师工作，历任预备役师三团装备处处长、师政治部秘书科科长、二团政治处主任等职。

朱锦波 葛崾岘天子人，1970年3月生。中共党员。高级政工师，上校军衔。1990年入伍，历任海军航空兵某团连长、副营长、营长，海军航空兵某师装备部主任，北海舰队航空兵装备部副处长等职。

安广君 玄马镇老庄人，1970年3月生。中共党员。1984年9月参加工作。历任庆阳县政协办公室副主任、主任，庆阳市政协办公室联络科科长、副主任等职。

解 平 环县人，1970年4月生。中共党员。1990年7月参加工作。曾任庆阳林校团委副书记、学生科副科长、团委书记，共青团庆阳市委副书记、书记，环县县委副书记。2008年6月至2011年9月，任庆城县政府县长。

夏彦广 驿马镇太乐人，1970年9月生。中共党员。1994年7月参加工作。历任甘肃省健康教育所办公室副主任，甘肃省卫生厅规划财务处主任科员、副处长，甘肃省第二人民医院党委书记，甘肃省卫生计生委审计处处长等职。

徐彦辉 马岭镇马岭人，1970年10月生。中共党员。中校军衔。1990年3月入伍。历任驻香港部队正营职助理员、副团职助理员、装备部副部长。2004年1月和2007年1月，先后在深圳基地、香港驻军营区，分别受到中共中央总书记、国家主席、中央军委主席江泽民、胡锦涛接见并合影。

聂建军 高楼乡庞塬人，1971年2月生。中共党员。大学文化。1989年3月入伍，2002年4月转业。历任甘肃省纪律检查委员会派驻省住房和建设厅纪检组监察室副主任科员、主任科员，甘

肃省住房和建设厅机关副处级纪检监察员、专职副书记、书记等职。

李　勇　驿马镇太乐人，1971年3月生。中共党员。1986年12月入伍，曾任兰州军区坦克营教导员，坦克车长、一级射手。2002年部队转业，历任国家审计署驻兰州特派员办事处企业处办公室副主任，服务中心主任等职。

武进赟　赤城乡武庄人，1971年生。中共党员，上校军衔。1987年10月入伍，历任陕西武警总队后勤部副团职副主任、正团职副主任等职。

王金璇　高楼乡人，1971年生。中共党员。1996年8月参加工作，历任中铁一局三处项目总工、副总经理、经理，中铁七局五公司副总经理，华刚矿业公司（非洲）基建部副部长等职。

李志峰　高楼乡人，1972年8月生。中共党员。中校军衔。1990年12月入伍，历任武警北京市第二总队战勤参谋、政治指导员，第二支队一大队教导员、支队副参谋长，总队三师副团职干部等职。

孟金泰　南庄乡何塬人，1972年9月生。中共党员。高级工程师。1994年7月参加工作，历任甘肃省公安厅行动技术总队副科长、科长，藏区处副处长等职。

王富鹏　玄马镇玄马人，1972年9月生。中共党员。历任庆阳市人力资源和社会保障局职称管理科科长、人力资源市场办公室主任、副局长等职。

安世厚　太白梁乡杨湾人，1972年12月生。中共党员，大学文化。1993年7月参加工作，历任庆阳师范学校团委副书记，庆阳市委宣传部人事秘书科副科长、理论教育科科长，市委市政府机关事务局副局长等职。

樊良柱　土桥乡佛殿湾人，1972年4月生。中共党员。上校军衔。1990年12月入伍，历任武警北京总队中队副指导员、指导员，师政治部宣传科副科长、组织科科长，政治部宣传处副处长、秘书群联处处长，第十九支队政治委员，政治部干部处处长等职。出版作品《忠诚铸就平安》《为了祖国的荣誉》。

王清贤　白马铺乡人，1973年4月生。中共党员，大学文化。1997年在总装备部装甲兵工程学院政治部参加工作。2006年后在中央组织部干部一局工作。先后荣立三等功2次，获总装备部"优秀共青团干部"、中央组织部"优秀共产党员"等荣誉称号。

乔进文　卅铺镇三十里铺人，1973年5月生。中共党员，大学文化。1990年12月入伍，历任武警北京总队某支队副参谋长、副支队长等职，荣立个人三等功6次。

王　坤　驿马镇安家寺人，1973年10月生。中共党员，大学文化。1990年12月入伍，历任武警北京市总队二师司令部综治办主任，支队副参谋长、参谋长等职。

韩　超　卅铺镇韩台人，1974年12月生。中共党员，大学文化。1994年7月参加工作，历任庆城县政府办公室秘书、副主任，县委办副主任、信息化工作办公室主任，庆阳市委政策研究室城市经济研究科科长、市委政研室副主任等职。

肖正明　白马铺乡白马人，1976年10月生。中共党员。1996年7月参加工作，历任兰州市七里河区委组织部组织员、电教中心主任、区委办公室副主任、阿干镇党委副书记、镇长，城关区政府副区长等职。

张乃丹　女，庆城镇人，1977年3月生。中共党员。1997年9月参加工作。历任西峰区少先大队总辅导员、共青团庆阳市委副科长、办公室主任、市青年联合会主席，庆城县政府副县长等职。

闫雨峰　驿马镇人佛寺坳人，1977年5月生。中共党员，大学文化。1993年9月参加工作，

历任庆阳地区行署办公室行政科副科长、财务科副科长，庆阳市机关事务管理局财务科长、副局长等职。

    韩永富 卅铺镇韩湾人，1977 年 7 月生。中共党员。1998 年 8 月参加工作。历任庆城县政府办公室秘书，庆阳市政府研究室副科长、综合科科长、副调研员等职。

二、劳动模范、专家学者

（一）全国劳动模范

    徐　龙 熊家庙人，1944 年 2 月生。1989 年 10 月，被评为"全国劳动模范"。

    王养心 泾川县人，1928 年 6 月生。大学文化，高级教师。1951 年参加抗美援朝战争。1956 年分配到陇东中学工作。全国优秀教育工作者，曾获"甘肃省园丁奖"。1990 年，被全国总工会授予全国"五一劳动奖章"。1992 年 11 月退休。

    王维江 熊家庙人，1957 年 8 月生。熊家庙干鲜果品加工厂厂长，甘肃省"优秀乡镇企业家"，"甘肃省劳动模范"。2005 年 5 月，被全国总工会授予"全国劳动模范"称号。

    徐进仓 南庄乡丰台人，1956 年生。2008 年四川"5·12"地震后，辗转北川县、广元市、青川县、安县等重灾区开展救援活动。甘肃省首届助人为乐道德模范。同年 10 月，被中共中央、国务院、中央军委联合授予"全国抗震救灾模范"称号。

    赵树森 2012 年获"全国五一劳动奖"（详见知名人士）。

（二）专家学者

    杨积茂 庆城镇西街人，1935 年 3 月生。甘肃省近代十大名中医之一杨建春先生第四代中医世家传人，副主任医师。1956 年参加工作，从事中医临床工作 60 余年，擅长中医内科杂病的治疗；发表学术论文 13 篇、专著 3 部。其中出版《岐伯与庆阳》岐黄文化研究专著 1 部、论文 3 篇。1987 年至 2002 年任庆城（庆阳）县中医院、岐伯中医院院长兼党支部书记，2003 年起任庆城县岐伯中医院名誉院长。1999 年起被甘肃省卫生厅、人事厅确定为第二、三、四批"甘肃省名老中医药专家学术经验继承指导老师"，带徒出师 6 人。曾任甘肃省中医学会理事、庆阳市（地区）岐黄研究会（中医学会）常务理事、庆阳县中医分会理事长；庆阳县第九、十、十一、十二、十三、十四届常务委员会委员；中共甘肃省第九届代表大会代表。先后荣获国家卫生部、人事部、国家中医药管理局颁发的"全国卫生系统先进工作者"，甘肃省人民政府授予"卫生战线先进工作者""全省名中医"等称号。

    张永详 会宁县人，1936 年 8 月生。中共党员，高级农艺师。1958 年 8 月在庆阳县参加工作，曾任县农技站副站长、站长，农技中心主任等职。1965 年引种 K 字棉，维尔 156 双杂交玉米良种，碧蚂 1 号、平原 50 号、钱交麦等小麦品种；20 世纪 70 年代，引进红薯薯种；在川区示范种植丰产田，开展地下害虫防治，有效控制了小麦红矮病的发生蔓延。20 世纪 80 年代，组织农民植保机防队，创建农民科技咨询服务部；示范推广地膜瓜菜、玉米、高粱、花生、红芋等种植技术；主持参与全县"中低产田改造"、高额丰产田、吨粮田建设等项目 50 多个，在玄马镇贾桥自然村示范成功了冬小麦套种高粱、麦茬复种黄豆，亩产达到 2031 斤的高产纪录，地膜玉米丰产示范项目获甘肃省人民政府荣誉奖，西瓜丰产栽培技术推广获 1989 年甘肃省科技星火二等奖。1996 年退休。

    田新志 庆城镇东街人，1936 年 8 月出生。主管中药师。1956 年 2 月起从事中药工作，曾任县岐伯中医院药剂科副科长。其间，系统掌握中药切片、炮制、制剂、鉴定等专业技能，配制各种药膏、丸、散剂中成药，炮制配制的中药品多次获奖，尤其对"砂烫法炮制杜仲"有独到见地，论

文《砂烫法炮制杜仲》被《甘肃中医》《中国中医药优秀学术成果文库》等杂志和书籍收录。

张凤翼　庆城镇北街人，1937年生。中共党员。讲师，庆阳市政府教育督学。曾任玄马中学校长，庆阳师范学校教导主任、副校长、校长等职。1990年获甘肃省"园丁奖"。著《医圣岐伯》《农耕圣祖》《长庆之源》《张凤翼诗选》《张凤翼书画集》《凤城古貌》《健康乐》《庆阳历史名人绣像图》等，与他人合著长篇小说《源泉》，刻有凤城古貌沙盘等。

耿　介　镇原县人，1937年7月生。特级教师。1961年参加工作。甘肃省第六届人大代表。1962年调入陇东中学，后任副校长。甘肃省优秀教师。1990年起享受政府特殊津贴。1997年7月退休。

陈智民　马岭镇人，1938年1月生。国家级民间工艺美术大师，中国艺术研究院美术学部委员，国家一级书画师。作品获第一届全国农民书画大赛三等奖、甘肃省对外交流卢森堡展二等奖、第十五届西部经济贸易会金奖。

冯宜华　上海市人，1938年6月生。副研究员。1956年参加工作，曾任庆阳县文化馆馆长等职。1989年10月，被文化部授予"第二届中国艺术节民间美术展览优秀组织工作者"。1993年，作品荣获甘肃省首届敦煌文艺奖。1998年6月退休。

张维亮　陕西省长安区人，1938年11月生。中共党员。中学高级教师。1962年参加工作，曾任陇东中学教务主任、庆阳县教育局副局长、陇东中学副校长、校长等职。全国优秀教育工作者。1998年11月退休。

方兴浒　驿马镇驿马人，1939年2月生。中共党员。1961年参加工作，庆阳师范附属小学教师。曾任庆阳三中办公室主任，庆阳师范附属中学教导主任、办公室主任、副处级调研员兼工会主席等职。

曹景文　庆城县人，1939年12月生。中共党员。高级会计师，1957年参加工作，曾任人民银行白银市支行记账员、兰州市支行白银区办事处会计、庆阳县支行股长、庆阳地区分行副行长等职。

杨天荣　西峰区人，1940年5月生。中共党员。高级兽医师。甘肃农业大学兽医系毕业，中国畜牧兽医协会养犬学分会会员。1961年5月参加中国人民解放军。1968年4月退役，先后在庆阳县畜牧兽医站、县食品公司工作，从事畜牧兽医科技推广和动物疫病防治。完成试验推广项目5项，发表论文和科普文章23篇，编著《犬病防治》《犬常用药及新特药手册》等科普书籍。2000年退休。

张华炽　庆城县人，1940年生。中共党员。高级畜牧师。1964年8月参加工作，曾任甘肃省畜牧厅家畜改良处副处长、种草饲料处处长、饲草料处处长、草原处处长等职。国家农业部"全国青贮饲料技术推广先进个人"。

韩世荣　卅铺镇韩台人，1940年生。甘肃省农村应用技术广播学校种植业理论学习结业，中国农函大种植系北方作物种植业学习结业，《甘肃农民报》通讯员，高级农民农艺师。庆阳县第十届人大代表，政协庆阳县第六届委员。曾任民办教师10年，1969年后长期从事农技推广工作。1984年，率先引进P2西瓜，并成为一代主栽品种，面积由2亩发展到全镇的3000亩。曾获中国科协"全国科技致富能手"，甘肃省农业厅授予"种瓜能手"等称号。

杨三省　环县人，1941年1月生。高级兽医师，甘肃省优秀专家。1967年7月参加工作，曾任庆阳县畜牧兽医站副站长、站长，县政府办公室副主任等职。1993年享受政府特殊津贴。曾被国家农业部评为"农业技术推广先进个人"。2001年12月退休。

苏国发　庆城镇南街人，1942年4月生。中共党员，副研究员。甘肃美术协会会员、庆城县书画协会主席。1963年3月参加工作，曾任县博物馆副馆长、馆长等职。国画造诣深厚，作品先后被省、地报刊登载，个人事迹被载入《中国当代美术家名人录》《中国当代美术家名人大辞典》等。

　　赵邦南　庆城镇人，1942年9月生。剧作家。中国电视剧作家协会会员、甘肃省电视作家协会理事。1963年参加工作。曾任省歌舞团演员、甘肃人民出版社文艺编辑、甘肃省政协文史编辑兼甘肃省欧亚友谊促进会副会长。编著剧本《格萨尔王》，获1991年西北"陶玉杯"一等奖。著有《邦南文集》等。

　　闫果智　驿马镇佛寺坳人，1943年11月生。副教授。1967年参加工作，曾任华池县白马中学副校长，庆阳师专写作教研室主任、中文系副主任、主任、校党委宣传部长、统战部长等职。所撰《文章结构与客观事物发展规律》获甘肃省写作学会科研成果奖。

　　徐思彦　西峰区肖金镇人，1944年2月生。中共党员，高级农艺师。1968年12月参加工作，曾任县种子公司经理、种子管理站站长，县农牧局主任科员等职。先后主持参与试验示范、推广项目50多个，获奖22项，其中部级奖4项，省厅级奖1项，地级奖1项，县级奖11项。2004年退休。

　　李种德　驿马镇人，1944年3月生。1967年8月参加工作。中共党员。高级讲师。曾任庆阳一中办公室副主任、团委书记，庆阳东方红学校副校长，庆阳地区教育处办公室主任、机关党支部书记，庆阳师范学校副校长、校长。编著《背着爸爸上学的李勇》。

　　王仕民　庆城县人，1944年3月生。1962年参加中国人民解放军，1987年转业，历任营长、团长等职。后任敦煌研究院办公室主任等职。

　　柴瑞林　女，庆城镇药王洞人，1944年生。中国诗词协会会员，中国作家协会陕西分会会员，世界作家协会中文总部副主席。出版《柴瑞林童话集》、诗集《爱的果实》《灵魂跋涉》、中篇小说《仿蓬出淤》《哀思》、长篇小说《无缘相逢》《野山茫茫》《野马梁》等。

　　禹建忠　白马铺乡人，1944年12月生。中共党员，大学文化，中学高级教师。1970年分配环县二中任教，曾任副校长、校长等职。

　　韩彦君　熊家庙人，1945年5月生。中共党员。农民高级农艺师。任政协庆阳县第二至第五届委员，第三、第四届常委，庆阳县第九届人大代表，庆阳市第一届人大代表。1969年开始从事农业实验活动，1993年11月招聘为乡镇农技干部，先后任蔡家庙、安家寺乡农技站站长等职。先后完成地、县级30多个示范推广项目，其中，"花椒防蚜保果增产技术"项目获省科技星火奖。"熊选一号"冬小麦品种在全区推广应用。曾被中国科协授予"全国科技致富能手"，被省委、省政府授予"全省科技开发先进个人"等称号。

　　梁彩芳　女，卅铺镇人，1945年10月生。中共党员。特级教师。1968年参加工作，长期从事小学数学教学工作，曾任庆城小学教务主任、副校长等职。

　　许　维　庆城镇北街人，1945年生，中共党员。1970年2月参加工作，高级记者、编辑。中国作家协会会员，甘肃省文联委员，省作协理事，当代文学研究会常务理事，丝绸之路协会常务理事。历任《甘肃日报》社专刊部主任、总编辑等职。先后编辑《春风》《春雨》《百花》副刊。出版小说《敦煌传奇》《莫高残梦》等。

　　魏伯林　蔡家庙乡人，1946年3月生。中共党员。副主任医师，庆阳市名中医。曾任县岐伯中医医院副院长、院长等职。自行设计"骨盆悬吊腰椎牵引床"、研制膏（丸）洗剂8种，完成科研项目5项。

　　杨照清　庆城镇人，1946年4月生。中共党员。高级编辑。1969年参加工作，曾任平凉地区科学技术协会副主席，《平凉日报》社副总编辑等职。

　　张永顺　玄马镇贾桥人，1947年1月生。高级农艺师。20世纪60年代开始从事农技推广工作，

1990 年 4 月被省政府评为"全省农业科技推广先进个人"。1991 年引进示范梨枣栽培技术，获省农业厅科技进步一等奖。

张素贞 女，庆城县人，1948 年月生。中共党员。1968 年参加工作，曾任甘肃省人事厅侨务办科长、外事办副处长、处长等职，研究课题曾获甘肃省科技成果二等奖。

路建学 太白梁乡人，1950 年 2 月生。中共党员。大学文化，副高级工程师。1974 年 11 月参加工作。历任园艺站副站长、站长等职。主持或参与国家、省及县列项目 16 个。其中，《大果鲜食枣引进筛选与示范推广》项目获甘肃省农牧渔业丰收一等奖。曾获全县科技项目承包先进个人、全市优秀科技人才、全省果业技术推广先进工作者等称号。

胡月望 西峰区人，1950 年 7 月生。甘肃省特级教师。1975 年在陇东中学工作，曾任教研室主任、县政协副主席。曾获"全国优秀教师""甘肃省优秀教师标兵"等称号。2010 年 7 月退休。

赵志忠 庆城镇人，1950 年 10 月生。中共党员。高级农艺师。1974 年 6 月参加工作。曾任县林业局、农牧局副局长，县农技中心主任等职。组织参与农业科技试验和推广 60 多项，获省部级奖励 4 项。发表论文、科普文章 20 篇。1999 年 4 月，获"亚龙杯"亚洲农业贡献奖。

宋志峰 白马铺乡人，1952 年 2 月生。中共党员。高级农艺师，庆阳地区跨世纪学术带头人。1976 年 9 月参加工作，曾任县种子公司经理、种子管理站站长等职。组织参与农业科技试验示范推广 70 余项，获奖 22 项，其中部级 1 项。

冯 巍 葛崾岘辛龙口人，1952 年 9 月生。农学学士，高级兽医师。1978 年 9 月参加工作，先后在县养兔站、种草站、畜牧兽医站、动物卫生监管所、动物疫病预防控制中心工作。发表论文 4 篇，其中获全国优秀学术成果二等奖 1 项。曾被省农牧厅评为全省动物检疫监管先进个人。

张如清 卅铺镇齐塬人，1952 年 11 月生。中共党员。副教授。1975 年参加工作，曾任庆阳农校学生科副科长、工会主席等职，后在陇东学院农学院从事农业教学、科研工作。参加完成庆阳市科技项目 2 项，获二等奖 2 项。在国家级刊物发表科技论文 2 篇，省级刊物发表科技论文 16 篇。

谢君国 卅铺镇人，1952 年生。主任医师，享受政府特殊津贴。甘肃省优秀专家，国家卫生部"边远地区优秀医学科技工作者"。1979 年参加工作，曾任庆阳县中医医院副院长、庆阳地区中医院副院长、院长等职。主持完成的《胃经隐性循经感传线的定位及其低阻抗实验研究》《胃经静脉的实验定位及其低阻抗特性的研究》均获甘肃省科技成果一等奖。主编《中老年医学要旨》。

田伟生 庆城镇田家城人，1953 年 4 月生。民盟盟员。博士生导师，享受国务院特殊津贴。中科院上海有机化学研究所研究员，美国明尼苏达大学化学系和蒙大拿州立大学化学系博士后，上海市政协委员。1988 年回国，1991 年建立独立的研究小组。1998 年担任天然有机化学研究室主任。主要从事资源化学和甾体化学研究工作，培养博士后 7 名，博士 16 名，硕士 12 名。申请专利 40 多项，授权 10 余项，实施 1 项。

白如科 卅铺镇王桥村人，1953 年 6 月生。中国科学院博士，教授，博士生导师。主持国家自然科学基金项目和高等学校博士点基金科研项目 3 项。1995 年获安徽省科技进步二等奖，1998 年获国家技术发明四等奖。参与编写本科教材《高分子化学》《硕士研究生入学考试化学类科目考试纲要》等。

张友民 庆城镇钟楼巷人，1954 年 4 月生。中共党员。高级工程师，教授。1971 年 10 月参加工作，曾任铁道部第一工程局新运处劳动人事科副科长、科长、纪委委员、兰新复线铺架工程副指挥长、大古铁路工程指挥部常务指挥长、运输处工会主席、党委委员等职。1998 年 5 月后，历任铁道部咸阳管理干部学院副院长、党委委员，院长。

李万春　西峰区人，1954年6月23日生。中书协会员、甘肃省书协发展委员会、庆阳市书协理事、庆阳市老年书协理事、岐黄书画院常务理事、庆阳画院特聘书画家、庆阳市老年大学特聘教师、庆阳市青年书协顾问。曾任县体委主任、县文联党组织书记、县书协主席、县政协书画室主任、县副县级调研员，政协庆城县第四、五、六、七、八、九届委员。从小苦练书法，擅长楷、隶、篆、行、草榜书，尤以行草见长。作品入选全国首届西部书法篆刻作品展、首届全国册页展、全国第二届草书展，获庆阳市"五个一工程"书法奖等。在毛主席纪念堂、广州博物馆、甘肃省人大和市、县博物馆及海内外个人书法爱好者均有收藏。

袁兆秀　西峰区人，1954年9月生。1976年参加工作。甘肃省特级教师。全国百名德育科研专家。庆阳地区首届知识分子拔尖人才。参与编著《陇东中学校史（1940—2000）》《庆城县电力志》《庆城县教育志》《庆城县环境保护志》等。

王正文　马岭镇人，1954年10月生。中共党员。大学文化，工程师。1975年在中国科学院兰州冰川冻土研究所研究室参加工作。曾任研究所人教处副处长、处长等职。中国科学院兰州冰川冻土研究所研究员、中国科学院研究生教育学会常务理事、地球科学专业委员会副主任。曾获"中国科学院优秀管理干部""全国优秀博士后管理工作者"等称号，受到国务院总理温家宝、国家副主席曾庆红等领导的接见。

张永亮　玄马镇贾桥人，1954年10月生。高级工程师。1975年2月在原中国科学院兰州冰川冻土沙漠研究所工作。先后获甘肃省祁连山"人工调节冰雪消融"、中国科学院"托木尔峰地区的太阳辐射和冰川气象"科学技术研究二等奖。研究制作的BZXJ超轻型冰岩芯钻机，打破国内技术空白。3次参加中国南极科考组，分别在珠穆朗玛峰海拔6500米以上、希夏邦玛峰和慕士塔格峰海拔7000米以上成功钻取冰芯，被誉为"亚洲一流的冰芯钻探专家"。

王治仓　翟家河乡西掌人，1957年2月生。中共党员。小学高级教师。中国首届"希望工程园丁奖"获得者。1975年3月参加工作。曾任翟家河乡西掌小学、路掌小学校长，田家城小学总务主任，其事迹被甘肃电视台录制成专题片《拥抱明天的希望》播出。

张廷军　驿马镇儒林人，1957年7月生。物理学博士，教授，高原气象研究员。1996年起，在美国科罗拉多大学工作，任美国国家冰雪数据中心资深研究员、科罗拉多大学综合环境科学研究院学术理事。回国后，历任中国气象局高原大气研究所所长、兰州大学资源与环境学院院长等职。

杨德祥　庆城镇西街人，1957年11月生。中共党员。中医副主任医师。庆阳市岐黄研究会理事，甘肃省中医学会第五届理事会理事，庆阳市第三次党代会代表。1974年3月参加工作。历任县人民医院副院长、院长，县岐伯中医院院长、书记，县岐黄中医养生研究所所长等职。从事中医临床工作30多年，发表《康肝散治疗肝炎肝硬化365例临床研究》《艾附暖宫丸治疗雷诺氏病》等学术论文20余篇，其中获庆阳市科技进步二等奖3项。主编《岐伯与庆阳》《杨积茂临证辑要》《庆城县中小学岐黄中医药文化地方教材》《杨建春中医世家医论医案荟萃》等著作。曾获"全省优秀医务工作者""全省医德医风先进个人""甘肃省基层名中医""中医世家传人""庆阳十大名中医"等称号。

方文琳　驿马镇夏涝池人，1957年11月生。中共党员。主任记者。庆阳市新闻工作者协会主席。1975年10月在玉门石油管理局机械厂参加工作。历任庆阳县委报道组干事、西峰市广播站编辑、《陇东日报》社编辑、记者、编辑部主任、副总编、副社长、总编辑等职。

折鸿君　熊家庙瓦窑咀人，1958 年 7 月生。文学学士，教授。英国谢菲尔德大学访问学者，陇东学院外语学院院长。从事英语语言学、跨文化交际、英语词典学等方面的研究，发表论文 30 多篇，出版《英语词典研究》专著。主持并完成国家级科研项目、省厅级科研项目及英国海外志愿服务社资助项目。

杨正春　太白梁乡人，1958 年 10 月生。中共党员，大学文化，高级兽医师，1979 年 8 月参加工作，曾任县畜牧站副站长、站长。先后在国家和省级专业刊物发表论文 15 篇，完成畜牧兽医科技项目 15 项，获得农业部、省、地、县科技成果奖 13 项，荣获省、地、县荣誉奖 13 次。庆阳地区跨世纪学术带头人，"185 人才工程"首批人选，曾获农业部中华农业科技基金会 2004 年度神农基金农技推广奖。

冯　华　字曼翁，桐川乡人，1959 年 1 月生。中国民间工艺大师，甘肃省美术家协会会员，庆阳市著名画家，庆城县美协主席。曾任县文化馆副馆长、县政协文史资料委员会副主任等职。早年曾在中央美术学院国画系学习深造，师从贾又福、姚有多、王文芳、黄润华、韩国臻、田黎明等先生。百余幅作品被香港、台湾及东南亚等地人士收藏。

傅光荣　西峰区人，1959 年 9 月生。中共党员，大学文化。中学高级教师，曾担任庆阳市高级职称评委会委员。1980 年 8 月参加工作，历任陇东中学办公室副主任、教务处副主任、政教处主任、工会主席，庆阳长庆中学副校长等职。

孔光辉　蔡家庙乡人，1960 年生。中共党员。高级建筑师、国家一级注册建筑师。1982 年 8 月参加工作，历任庆阳地区建筑设计院设计一室副主任、主任、院总工程师、副院长、院长等职。设计和主持设计工程 300 多项，4 项获甘肃省优秀设计奖。

马双成　庆城人，1961 年 4 月生。大学文化，中国民主促进会会员。1984 年参加工作。历任庆阳一中教研室主任，兼任中国民主促进会庆阳市工作委员会副主任，庆阳二中副校长等职。

杨富民　驿马镇人，1961 年 12 月生。中共党员。教授，博士生导师。1983 年 6 月参加工作，甘肃农业大学食品科学与工程学院副院长。主要从事农畜产品加工方面的教学科研工作。主持和参加完成 17 项课题，其中，获全国食品工业科技进步优秀奖 1 项，甘肃省科技进步一等奖 1 项。有国家发明专利 2 项。编著、合编《现代绿色食品管理与生产技术》《绿色食品生产原理》《现代中国养羊》等。

王辅民　马岭镇人，1961 年生。中共党员。大学学历，中国美术家协会会员，国家一级美术师。1982 年毕业于西北师范大学美术系。历任兰州画院院长、兰州市文学艺术界联合会副主席、中国国家画院对外联络处主任、研究员。作品曾多次参加全国各类展览，获第八届全国美展优秀作品，第三届全国画院优秀作品奖，世界华人美术作品展三等奖，甘肃省首届、二届、三届敦煌文艺奖。

徐浩艇　庆城县人，1962 年生。教授。中国美术家协会会员，广东肇庆学院美术学院院长。曾承担全国教育科学"十五"规划教育部规划课题研究，参与全国中等艺术师范中等师范美术专业教材《素描》编写。

张五承　驿马镇安家寺人，1962 年 4 月生。中共党员。1982 年 7 月参加工作，历任宁县师范学校政教处副主任，庆阳电大教师进修学校副科长、团委书记，庆阳市招生委员会办公室副主任，庆阳六中副校长，市政府教育督导室副主任等职。

陈兴鹏　马岭镇人，1962 年 5 月生。1989 年参加工作。中国科学院博士后，博士生导师。曾任甘肃省政协常委，兰州大学国土与区域规划研究院、旅游规划设计研究院院长等职。出版《中美

西北地区城市发展比较》等专著。主持完成世界银行、国家环保部、国家科技部、国务院发展研究中心、国家自然、社会科学基金及省重大项目、市州规划等 30 余项。

杭小平 熊家庙人，1962 年 7 月生。中共党员。主任医师。1985 年参加工作，历任庆阳地区卫生防疫站副科长、办公室副主任、主任，市疾病预防控制中心副主任等职。

方百江 土桥乡西掌人，1962 年 7 月生。中共党员。1981 年 9 月参加工作，历任庆阳县职业中学校长，陇东中学副校长、校长，庆阳三中党总支书记，庆阳市西峰职业中等专业学校党总支书记、校长等职。

安文丽 女，马岭镇马岭人，1962 年 8 月生。中国书法家协会会员、甘肃省书法家协会副主席、庆阳市文联专职副主席。1975 年 6 月参加工作，曾任庆阳地区建筑公司办公室副主任，庆阳市建设局人秘科、人事劳资科副科长、科长等职。作品多次参加并入选国际、国内大展，被中国美术馆、中国文字博物馆、甘肃美术馆收藏，出版《墨象梦真——安文丽书法作品集》。

李　福 庆城镇莲池人，中共党员。1986 年参加工作，1997 年后，历任省农业厅农业生产处副处长，省农牧厅种植业管理处调研员、副处长、省农业技术推广总站站长等职。曾被农业部评为全国粮食生产先进工作者。发表论文 3 篇，参与编写书籍 2 部 。

夏志勇 驿马镇夏涝池人，1963 年 1 月生。教授。1986 年在兰州大学参加工作，《视野》杂志执行编辑，编辑室主任、主编。

刘兴芳 西峰区人，1963 年 4 月生。中共党员。中学高级教师。1982 年 8 月参加工作，历任陇东中学团委副书记、总务处主任，庆城中学校长，庆城职业中专党支部书记，庆阳长庆中学副校长等职。

闫淳冰 驿马镇佛寺坳人，1963 年 9 月生。副教授。1987 年 7 月参加工作，历任陇东学院评建办副主任、高等教育研究所所长等职。甘肃省"园丁奖"获得者。

张如力 卅铺镇西塬人，1963 年 9 月生。中国民主同盟会会员。副教授，硕士生导师。1986 年 7 月分配到甘肃农业大学林学院从教。2002 年 10 月至 2004 年 7 月，受埃塞俄比亚国农业部邀请，在该国的阿色拉、阿嘎伐和阿拉戈农业职业技术培训教育学院任教，两次受到该国农业部的奖励。主编、合编教材 2 部，取得个人专利 3 项。主持或参与主持科研项目 10 项，其中，获甘肃省科技进步三等奖 2 项。发表学术论文 20 余篇。自筹经费，深入甘肃各地采集绢蝶标本，进行生态和分类学研究，为甘肃绢蝶物种的保护做出了贡献。

苏生瑞 驿马镇安家寺人，1963 年生。教授，博士生导师。1987 参加工作。历任国土资源部岩土工程开放研究实验室副主任，长安大学环境地质研究所副所长等职。中国地矿经济学会环境经济专业委员会委员，陕西省地质学会旅游地学专业委员会理事。主持和参加完成国家自然科学基金项目、国际合作项目、省（部）级科研项目及横向科研项目 20 余项，出版《渭河盆地活动断裂与地质灾害》《复杂地质公路隧道动态设计施工技术》等专著以及《地质实习教程》《岩石力学》等教材。

苏润身 庆城镇教子川人，1963 年 4 月生。中共党员。中学高级教师。1983 年参加工作，历任陇东中学教务副主任、主任，副校长，党支部书记，庆阳长庆中学校长兼党支部书记等职。

袁丰涛 西峰区人，1963 年 5 月生。1984 年 7 月参加工作，高级畜牧师。庆阳市羊产业发展专家组成员，全县科技人才工程人才。先后 4 次荣获"全省畜牧科技推广先进个人"称号，主持和参与实施省、市、县列畜牧科技项目 21 项，其中《陇东山羊杂交改良技术推广项目》获农业部"丰收"三等奖；《陇东绒山羊新品种培育及推广应用项目》省政府科技进步三等奖；省农牧厅"丰收"

一等奖 1 次；在多种专业期刊发表论文 14 篇，参与编写《绒山羊产业化扶贫农民读本》《驴产业化养殖技术农民培训读本》《农民养殖实用技术读本》等农民养殖技术读本 5 种；参与审定《庆阳驴饲养技术规范》《养猪发酵床制作》《绒山羊标准化舍饲养殖技术规范》等养殖技术规范 5 种。

李学才　熊家庙人，1963 年 6 月生。副研究员。1985 年 6 月起，在甘肃农业大学农学院任教。主要从事作物遗传育种、马铃薯组培快繁、种薯生产及农业技术推广等方面的教学和科研工作。发表的论文曾获甘肃省科技进步二等奖、三等奖，甘肃省高校科技进步一等奖。

耿智隆　庆城镇人，1963 年 7 月生。医学博士。1989 年参加工作。兰州军区总医院麻醉科主任医师，兰州军区卫生系统高级职称评审委员会委员。

李玉瑾　驿马镇驿马人，1963 年 9 月生。工学硕士，高级工程师。1984 年参加工作，历任中国煤炭科工集团北京华宇工程有限公司煤矿机械和电气工程研究员、副总工程师等职。出版专著《多绳摩擦提升系统的动力学研究与工程设计》《矿井提升系统基础理论》等。

陈正武　驿马镇安家寺人，1964 年 2 月生。中共党员。教授。历任庆阳师专成人教育处副处长，陇东学院人事处处长兼离退休人员管理处处长，合作师专副校长，兰州商学院校长助理，甘肃民族师范学院党委委员、副院长等职。国家教育部西北高等学校师资培训研究会副理事长。

黄燕鹏　女，卅铺镇三十铺人，1963 年 4 月生。中共党员。高级工程师。1984 年在铁道第一勘察设计院参加工作，后调入兰州交通大学信息中心。历任电算所室主任、副所长、所长、开普公司总经理，参加铁道部九五科技重大项目"铁路勘测设计一体化、智能化研究"多个子项目的研究开发及"CAD 工程规范"等标准的制定，曾获中国铁路建筑总公司科技进步一等奖、国家"优秀设计"三等奖。

贾彩梅　女，南庄乡庙花人，1964 年 6 月生。中共党员。小学特级教师。甘肃省优秀教师，全省首届学科带头人。1982 年 8 月参加工作，历任县逸夫小学教务主任、庆华小学校长等职。研编《神奇的家乡》《龙神凤韵溢庆华》等教材、丛书，出版《莫让花儿流泪》《绿色作文导引》《烛光华彩》等。获"巾帼建功标兵""全国德育科研工作先进教师""全国优秀校长"等称号。

车满宝　驿马镇佛寺坳人，1964 年 7 月生。中共党员。副编审。1985 年 7 月参加工作，历任兰州大学出版社编辑室主任、策划部主任，甘肃文化出版社编辑部主任、社长助理、副总编辑等职。策划出版《世界市场经济体制模式丛书》《甘肃史话丛书》《回族典藏全书》，获国家及省部级优秀图书奖 10 多项。

杨占明　庆城县人，1964 年 7 月生。教授。1988 年参加工作。陇东学院体育学院院长，国家田径一级裁判。出版专著 3 部。

胡凯基　白马铺乡人，1964 年 8 月生。教授，博士生导师。1988 年参加工作。1993 年后赴加拿大温哥华西蒙费雷泽大学生物系攻读博士，后在该校从事教学研究工作。在国际刊物发表论文 10 余篇。

李生君　土桥乡合丰人，1964 年 8 月生。中共党员。副研究员。历任兰州大学人事处副处长、校长办公室副主任，兰大科技开发公司副总经理等职。

许　海　玄马镇人，1964 年 8 月生。中共党员。高级教师。1985 年 7 月参加工作，历任庆阳一中政教处副主任、主任、党委副书记、副校长等职。

王本辉　熊家庙花园人，1964 年 8 月生。1987 年 8 月在县种子公司参加工作。中共党员。高级农艺师。历任县瓜菜蚕桑技术站副站长、庆城县农技中心副主任职务。先后主持和参加农业技术

推广项目 9 项。编著《蔬菜病虫害诊断与防治图解口诀》《粮食作物病虫害诊断与防治技术口诀》《经济作物病虫害诊断与防治技术口诀》，发表专业论文 60 多篇。曾获庆阳地区科教先进工作者、庆阳市科技明星、全县十大青年精英人才、庆阳市优秀科技特派员、甘肃省农技推广先进工作者等称号。

方　铭　桐川乡郭旗人，1964 年 12 月生。教授，博士生导师。北京语言大学学术委员会委员。1994 参加工作，中国政法大学讲师，北京语言大学中华文化研究所所长、人文学院中国文学研究所所长，中国屈原学会会长，兼任《中国楚辞学》主编。著有《战国文学史》《中华文学发展史》等，主编、合编《中国儒学文化大观》等。

张晓成　驿马镇人，1965 年 8 月生。高级酿酒技师，工程师。主持研发的"彭阳春牌"白酒获甘肃名牌产品，"铁人"酒获甘肃省著名商标，研制开发的彭阳春特曲获"甘肃名牌"，个人获首届全国"枝江杯"白酒品评大赛优秀奖，获"甘肃省技术能手"称号。

赵正委　赤城乡范村人，1965 年 9 月生。中共党员。甘肃省特级教师，省级骨干教师。1984 年 7 月参加工作。历任陇东中学政教处副主任、教务处主任、副校长，庆阳长庆中学副校长等职。

王　鸿　女，卅铺镇二十铺人，1965 年 9 月生。中共党员。高级农艺师。1988 年 7 月参加工作。先后主持和参与完成了科技项目 36 个，其中，参与实施的《陇东旱塬雨养农业区小麦优良新品种及配套增产技术》项目，获农牧渔业部丰收二等奖。发表论文 30 多篇。先后获甘肃省农业厅农业科技先进工作者，全市农村科普工作先进个人等称号。

景怀亮　驿马镇韦老庄人，1965 年 10 月生。硕士，副教授。青岛大学法学院国际关系教研室主任。曾获首届"青岛律师奖"。

党宏发　宁县早胜镇人，1965 年 10 月生。中共党员。副高级工程师。庆阳市园艺学会会员、市林学会会员。1987 年 8 月参加工作。县林技站副站长。主持完成实验研究项目 9 个，科技示范推广项目 17 个。编著《枣树优质丰产栽培技术》。曾获全国新世纪优秀人才等称号。

苏　刚　驿马镇人，1966 年 4 月生。中共党员。中科院物理学博士后，教授。享受国务院特殊津贴。历任中国科学院研究生院物理学副主任、主任、物理科学院常务副院长、研究生院院长助理兼教务处长等职，从事凝聚态理论和统计物理及计算材料等方面研究，承担国家自然科学基金重大项目多项研究课题。

张　延　女，庆城西街人，1966 年 5 月生于北京。北京大学经济学学士、国际金融硕士、西方经济学博士，教授、博士生导师。发表学术论文 30 多篇，出版学术专、译著 10 部，。获教学科研奖 18 项，承担国家社科基金项目和省部级课题 8 项。

杏　东　镇原县人，1966 年 5 月生。中共党员。高级农艺师。1987 年 7 月在县农牧局参加工作。历任县种子公司副经理、小康办副主任、种子管理站副站长、站长等职。主持、参与重点农业科技试验、示范、推广等项目 70 多项，获国家、省、市各类奖 22 项。发表专业论文 16 篇。曾被评为甘肃省种子管理工作先进工作者等称号。

方创琳　驿马镇夏涝池人，1966 年 9 月生。研究员、教授、博士生导师。历任中国科学院地理科学与资源研究所城市地理与城市发展研究室主任，区域与城市规划设计研究中心执行主任等职。主要从事城市经济发展、城市规划、产业园区建设研究工作，主持完成国家重大科研项目 90 余项。与他人合编、合著《中国城市群可持续发展理论与实践》《城市化过程与生态环境效应》《区域规划与空间管治论》等，获国际地理联合会"优秀青年科技奖"、中国科学院"优秀研究生导师奖"等。

张勇杰　庆城镇药王洞人，1966 年 11 月生。中学高级教师。1988 年 7 月参加工作，历任陇东中学团委副书记、团委书记、办公室主任、陇东中学副校长、校长等职。

马　杰　镇原县人，1966 年 11 月生。中共党员。农学学士，高级畜牧师，历任县畜牧站副站长、站长、动物疫病预防疾控中心主任等职。1990 年 9 月参加工作。主持和参加完成的畜牧兽医科技试验、示范、推广项目 13 个，其中有 6 项获得了地级科技成果奖励；发表学术论文 18 篇，其中国家级刊物 9 篇，省级 9 篇。曾获全省畜牧科技推广工作先进个人、全省先进兽医工作者，庆阳地区"三下乡"活动先进个人，全县十佳优秀人才等称号。

韩　琼　女，卅铺镇人，1967 年 8 月生。中共党员。大学学历，主任医师。1991 年 7 月参加工作，历任县人民医院内儿科主任、副院长，县岐伯中医院副院长、院长，甘肃省心血管学会会员、庆阳市心血管学会主任委员、神经病学会主任委员。先后参与完成《庆阳市胃癌临床流行病学调查》、主持完成《头电针治疗中风 158 例临床研究》《低分子肝素联合肠溶阿司匹林治疗不稳定型心绞痛临床研究》《庆城县高血压病知晓率治疗率控制率的调查研究项目》，分别获庆阳市科技进步一等、二等奖，庆城县科技进步三等、一等奖。在国家、省级学术期刊发表论文 10 篇，其中有 6 篇获奖。被授予"全县优秀人才""全市优秀医务工作者"等称号。获全市第二届"十大杰出青年"提名奖称号。

高文耀　环县人，1967 年 8 月生。中共党员。1988 年 7 月参加工作，曾任玄马乡党委委员、副乡长，县政府法制局（办）副局长（副主任），县地方志办公室副主任、主任等职。参加《庆阳市志》《庆城史话》《庆阳民间艺术瑰宝》《庆阳历史文化丛书》《庆城政法 60 周年》编写，合著《陇原金凤》。主编《庆城综合年鉴》《庆阳辑要》《庆城县志（1986—2012）》。甘肃省史志学会会员，政协庆阳市第四届委员会委员，政协庆城县第八届、第九届委员会委员。

张武德　驿马镇夏涝池人，1967 年 10 月生。中共党员。中学高级教师。1991 年参加工作。历任庆阳一中政教处主任、庆阳六中副校长等职。

李崇辉　高楼乡高楼人，1967 年 10 月生。中共党员。高级工程师。1988 年参加工作。中国工商银行数据中心资深经理（处长）、工商银行全行机房管理团队负责人，参与人民银行、建设银行、国家开发银行、中核集团、国家体育总局体彩中心、国电集团等多家单位数据中心机房建设项目方案设计、评审。发表论文 30 余篇。

赵淑梅　女，镇原县人，1968 年 2 月生。中共党员。大学文化，高级农艺师。1994 年 7 月在参加工作，县瓜菜蚕桑技术指导站站长。庆阳市第三次党代会代表。承担市、县科技项目 30 多个，发表专业论文 15 篇，推广适用技术 10 多项。主持的《西甜瓜嫁接栽培技术试验示范》项目，填补本县设施西甜瓜嫁接栽培技术的空白，并被大面积推广应用。曾获"全省经济作物技术推广先进工作者""庆阳市三八红旗手"等称号。

徐巨涛　马岭镇董家滩人，1968 年 9 月生。中共党员。农学学士，高级工程师。甘肃省苹果产业体系指导专家。1992 年 7 月参加工作，历任县林技站副站长、果业局副局长、庆城县苹果试验示范站常务副站长等职。推广实用新技术 30 多项，引进新品种 140 多个。主持和参与各类科技项目 26 个，其中，《甘肃苹果创新型栽培技术体系研究示范》获甘肃省科技进步二等奖，《大果鲜食枣引进筛选与示范推广》获甘肃省农牧渔业丰收一等奖。发表专业论文 8 篇，参与编写《陇东苹果标准化生产技术》《矮化苹果栽培技术手册》《苹果郁闭园间伐改造技术》等。获全国三农科技服务"金桥奖"。

王秀君 女，陕西旬邑县人，1968年11月生。民盟盟员。农学学士，县农牧局总农艺师，高级农艺师。1992年6月参加工作。主持或参与农业科技试验和推广项目20多个，其中，获省级二等奖2项、三等奖1项。发表专业论文10余篇。首届全国"三农科技服务金桥奖先进个人"。甘肃省第十一届、第十二届人大代表，庆阳市第三届人大代表。

李崇霄 高楼乡高楼人，1968年12月生。中共党员。高级农艺师。1990年7月，在甘肃省农业生态环境保护管理站参加工作，后任副站长，期间曾赴日本大分县研修环境保全型农业。主要从事农业资源环境保护科研与管理工作，编制《甘肃省无公害农产品质量标准》等3个地方标准，参与起草《甘肃省农业生态环境保护条例》《甘肃省废旧农膜回收利用条例》。先后被评为农业部全国生态农业建设先进工作者，全国农业资源环境监测先进个人。曾获甘肃省科技进步二等奖3项，与他人合作出版专著2部，中国科技核心期刊《农业资源与环境学报》编委。

韩国文 卅铺镇韩湾人，1968年生。武汉大学博士，副教授。曾在以色列巴伊兰大学从事博士后和访问研究，曾主编《演化经济学视野下的金融创新》《创业学》《金融市场学》等教材和专著。

闫晓茹 女，庆城县人，1969年生。副教授。1991年在陇东学院英语系任教，主要发表省级论文10余篇。

郑国臣 卅铺镇辛家沟人，1969年10月生。中共党员。中学化学高级教师。1988年7月参加工作。历任陇东中学教务处副主任、教研室主任，庆阳第七中学教务处主任、副校长。

谢学旗 驿马镇安家寺人，1969年12月生。中共党员。副教授。1992年在陇东学院政法学院任教。主持或参与完成校级以上教学科研项目7项，在省级以上刊物发表学术论文60余篇。

许波 玄马镇人，1970年生。中共党员。高级会计师。1991年8月参加工作，历任陕西省邮电管理局财务处财务会计，陕西移动公司财务部会计、主任会计师、副经理、经理，陕西移动铜川分公司总经理、党委书记等职。

谢叙祎 女，1970年10月生，庆城县人。博士，注册土地估价师，注册房地产经纪人。1991年在甘肃农业大学资源环境学院参加工作。先后在上海大学房地产学院、经济学院任教。主要从事区域经济学、城市经济学、房地产经济学研究。著有《房地产估价》《房地产开发与经营》等教材。

闫天灵 驿马镇韦老庄人，1971年3月生。博士。先后在兰州大学历史系、中南民族大学民族学与社会学学院任教。著有《汉族移民与近代内蒙古社会变迁研究》。

常淑芳 女，太白梁乡王渠人，1972年3月生。医学博士，主任医师，教授。1994年9月参加工作。在重庆医科大学从教，重庆医科大学附属第二医院妇产科主任医师。出版《新婚男女必修课》《实用妇产科学》等专著。

韩永峰 女，庆城镇十里坪人，1972年3月生。中共党员。大学文化程度，高级经济师。1994年6月在甘肃省盐锅峡化工总厂参加工作，历任该总厂劳动人事科科员、副科长，甘肃中天化工有限公司行政管理部副部长，宁夏英力特化工股份有限公司人力资源部薪资专责、人力资源部副主任、主任、党委组织部主任兼人力资源部主任等职。

张岁玲 女，马岭镇宗旗人，1973年2月生。中共党员。副教授。历任甘肃省农业大学团委副书记、图书馆党总支书记等职。甘肃省心理学会常务理事，曾获"全国优秀共青团干部""甘肃省优秀思想政治工作者"等称号。

朱振东 卅铺镇韩台人，1973年4月生。西安交通大学硕士。1997年加入华为公司研发部。历任华为南京分公司副经理，华为市场部副部长、部长、北美总部部长等职。

板俊荣　驿马镇上关人，1973年4月生。教授。1996年参加工作，先后任教于徐州师范大学、加拿大布兰登大学、南京晓庄学院。主要从事明清小曲曲牌及词谱研究。著有《陶行知音乐教学活动研究》等。曾与瑞士籍教师海伦·瓦莉曼女士为驿马中学捐赠价值3000元图书；捐款5900元，资助35名学生完成学业。

梁海峰　庆城县人，1974年生。1991年考入清华大学，对外经济贸易大学工商管理学硕士，中国地质大学地球科学与资源学院博士。1996年起，先后在天津化工研究设计院、中国北方工业公司工作。

刘生瑶　卅铺镇雷旗人，1974年10月生。中共党员。高级工程师。1998年参加工作，历任中国石油天然气集团公司环境工程技术中心综合办公室副主任、技术支持办公室主任，工会主席，中国石油安全环保技术研究院科研管理处副处长、总工程师办公室副主任、党委组织部部长、人事处处长等职。与他人合著《石油环保技术进展》《石油石化清洁生产培训教程》《石油勘探开发清洁生产》等。

杨国锋　庆城镇人，1977年7月生。中共党员。博士。2006年起，先后在甘肃农业大学、青岛农业大学生命科学学院从教。

文富平　庆城县人，1978年1月生。兰州大学学士。2000年8月后在中国原子能科学院参加工作，历任研究室副主任、主任等职。

第宝锋　桐川乡唐崾岘人，祖籍陕西咸阳，1978年4月生。副教授、硕士生导师。四川大学建筑与环境学院任教，主要从事生态保护、环境灾害、区域可持续发展等领域的教学和科研工作。曾在美国加州大学、德国亚琛工业大学做访问学者。独立申请和主持国家级科研课题10余项，2008年获"中国水土流失与生态安全综合考察工作突出个人"称号。

麻宝成　庆城镇人，1978年10月生。中国科学院理学博士，工程师。2006年在中国人民银行印制科学技术研究所工作，主要从事生物分子构象变化、相互作用及检测方面的研究。

方　冉　庆城镇人，1979年生。理学博士。2009年任兰州大学化学化工学院讲师，从事无机化学、结构化学、量子化学的研究工作，主持和参与的科研项目曾获2006年甘肃省高等学校科技进步二等奖。

贺倩茹　女，庆城镇北关人，1982年5月生。苏州大学医学博士。2012年8月任南通大学神经再生重点实验室副研究员。参与研究的"修复周围神经缺损的新技术及其应用"项目获得国家科技发明二等奖。

李圭源　庆城镇人，1983年3月生。中共党员。工学博士。在北京军区空军某师工作，后调入空军装备部工作。

魏荷芳　女，庆城县人。1983年7月生。四川美术学院影视艺术动画学士，法国炮提叶动画学校博士，取得欧洲导演职业认证，主要作品有《路过》《大桥日记》《贵妃醉酒》等。

赵亮东　庆城镇药王洞人，1983年8月生。俄罗斯莫斯科大学沉积学硕士，中国地质大学（北京）矿物岩石矿床学博士，地球物理学博士后。在中国石油勘探开发研究院工作。

李紫娟　女，葛崾岘高庙人，1983年11月生。北京语言大学思想政治教育专业硕士，中国政法大学马克思主义中国化专业博士，曾获中国政法大学科研创新二等奖。与他人合译《发达工业社会的文化转型》。

安　栋　庆城镇安源人，1984年1月生于兰州。中共党员，工程师，国家注册一级建造师。

2006 年 8 月参加工作，先后任陕西建工第八建设集团有限公司工程施工一线混凝土工长、钢筋工长、技术负责、项目经理、生产经理、第十建筑工程公司副总经理等职。曾被陕西建工集团总公司评为"青年突击手""优秀青年知识分子""十佳项目经理"等。

孙天文　驿马镇南极庙人，1984 年生。中共党员。北京大学化学院博士。

杨海水　南庄乡何塬人，1985 年 7 月生。博士。南京农业大学讲师。

李圭泉　庆城镇人，1985 年 9 月生。中共党员。西安交通大学博士。南开大学商学院人力资源管理系讲师。曾在美国哥伦比亚大学访问学习，任心理学系行政助理；西交利物浦大学领导与教育前沿研究院研究员。

张文轩　庆城镇人，1985 年生。北京大学医学部药学院博士。

何庆华　庆城县人，1986 年生。兰州大学核科学与技术学院博士。

张凌童　女，玄马镇人，1986 年生。甘肃省 2005 年"文科状元"。

曹旭东　庆城县人，1986 年生。清华大学航空航天学院学士、经济学院学士。2005 年获全国大学生物理竞赛一等奖。2010 年 3 月为索尼中国研究院实习生。

张　苗　女，玄马镇孔桥人，1988 年生。中国科学院与比利时根特大学联合培养博士。2012 年 6 月在中科院寒旱所从事黑河生态水温遥感实验研究工作。

陈垚文　白马铺乡人，祖籍镇原县，1990 年 5 月生。清华大学计算机专业学士，中国人民解放军军事医学科学院硕博连读生。

三、知名人士

常庆章　驿马镇儒林人，1932 年 9 月生。工程师，甘肃省优秀乡镇企业家。1986 年创办庆阳县甘草开发研究所及实验工厂，承担庆阳地区"甘草资源综合开发利用星火项目"课题，获国家科委"全国七五星火项目特别荣誉奖"。1988 年创建驿马甘草酸铵厂，并利用甘草废渣开辟蘑菇生产项目，带动乡亲致富。1993 年 9 月，原政协全国委员会副主席马文瑞视察该厂，并题写"发展乡镇企业是农村致富的必由之路"。1994 年 7 月联合 8 户村民，筹资 32 万元，创办庆阳县保元生物化工厂，以生产甘草酸、钾盐、铵盐、浸膏为主并附设中药材加工分厂。1998 年退休。

王维义　西峰人，1936 年 7 月生。中共党员。中学高级教师。1958 年参加工作，先后在华亭二中、驿马中学任教。1998 年退休后自费在县城创办"百姓读书栏"2 处，深受群众欢迎，并被多家新闻媒体报道。先后获"甘肃省百名基层优秀禁毒工作者""庆阳市人民政府老有所为奉献奖""感动庆阳十佳人物""庆阳市优秀共产党员"等称号。

杜鸿信　马岭镇马岭人，1939 年 11 月生。中共党员。甘肃省民间文艺家协会会员。1963 年参加工作，曾任庆阳县粮食局业务股股长、纪检书记，县广电局支部书记等职。1999 年退休。出版文集《话说马岭》《马岭杂谈》。

侯维元　庆城镇麻家湾人，1944 年 3 月生。早年因家庭成分问题，下放玄马公社落户，从事集体建筑业。20 世纪 80 年代，他积极响应党的改革开放号召，说服两个儿子丢掉"铁饭碗"成为个体户，全家 9 口人在县城北关创办"大众饭馆"，从事餐饮服务业。后相继开设烟酒副食、成衣鞋帽等个体门店，至 2012 年累计缴纳各类税费十余万元。他积极动员、帮助赵金凤、王和平、赵飞等百人从事个体工商业，使他们走上致富路，并成为有名的非公企业家。曾任庆阳（庆城）县第二、三、四、五届个体劳动者协会会长、副会长，政协庆城县第六届常委，庆阳（地区）市个体劳动者协会副会长、甘肃省个体劳动者协会常务理事、副会长；庆阳县工商联合会常委、甘肃省工商联合

会执委等职。曾被甘肃省个体劳动者协会授予全省个体劳动先进工作者荣誉称号；1991 年 4 月出席全国个体劳动者第二次代表大会，受到国务院总理李鹏、田纪云等党和国家领导人的亲切接见并合影。晚年精心侍奉老母，深受邻里称赞，2003 年被庆阳市老龄委评为全市"敬老好儿女"先进个人。其先进事迹曾数次被《甘肃日报》《甘肃工商报》《陇东报》等多家新闻媒体报道。

赵金凤　女，高台县人，1947 年 7 月生。庆城县凤荣超市经理，庆城县工商联副主任，民间商会副会长。庆阳市人大代表，曾获"优秀女企业家""全省百强个体户""全省文明五好家庭标兵""感动庆阳十佳人物""全国光彩之星"等称号。2003 年，她先后为华池县列宁小学资助 5000 元、为环县贫困学生资助 5000 元、为桐川小学资助桌凳 60 套。2004 年，出资 63 万元，在玄马镇柏塬村架起两座"便民"桥，受到当地群众的爱戴和崇敬；帮助周兴庆等 8 名下岗职工开办商店，资助崔道富等 6 名贫困大学生完成学业。同年起，她在桐川乡设立赵金凤助学奖励基金会，资助桐川初中 20 名贫困生和 10 名贫困女童。她帮助失去丈夫的农妇黄巧玲及其 3 个孩子 10 年之久，使她一家过上幸福生活。赵金凤累计捐款 185 万多元，救助 68 名贫困学生重返校园，帮助 360 多名下岗职工和贫困农民就业，扶持和带动周边地区近千人经商致富。

柴　浩　卅铺镇韩湾人，1941 年 12 月生。小学高级教师。先后独立创办三所村学，1996 年 12 月获曾宪梓"全国教育基金民办教师一等奖"。

李明轩　庆城镇封家洞人，1946 年 2 月生。中共党员。中国民间绘画、设计艺术大师。曾任庆阳县文化馆副馆长。获奖作品有《万象更新》《三羊开泰》《福禄寿禧图》《人兴财旺》及塑有岐伯像等。

贺凤英　女，庆城镇人，1946 年 8 月生。中国民间艺术大师，擅长剪纸、刺绣。代表作品有《青蛙背五毒·吊十二生肖》《鱼背五毒》《吉祥如意·蝴蝶飞舞》等。

李世明　庆城镇十里坪人，1952 年 5 月生。中共党员。经济师。曾任甘肃粮食局景家店粮库主任兼党委书记、董事长兼党委书记，甘肃省粮食厅粮油贸易总公司巡视员等职。

赵树森　河南省洛阳市人，1948 年 2 月生。工程师。庆阳市人大代表。1965 年参军。1971 年转业后在长庆油田原第二机械厂工作。2001 年创办企业。2006 年组建庆阳长荣机械设备制造有限公司，任总经理。年产值逾亿元，上缴税金 500 万元以上，为庆阳市装备制造龙头企业。参与全县公益事业，累计捐款 40 多万元，组织全厂员工无偿献血 2 万多毫升。多次受到市、县的表彰奖励。

丁玉莲　女，回族，桐川乡党嶂岘人，1948 年 7 月生。乡村医生。第九届甘肃省人大代表。

雪秀梅　女，白马铺乡高户人，1949 年 2 月生。国家级民间艺术大师，擅长剪纸和刺绣。有 300 多幅剪纸作品被国内外专家收藏，165 幅剪纸作品被中央美术学院收藏。代表作品有《莲里生子》《花瓶》《过渡图》等。

王聪明　女，庆城镇人，1951 年 3 月生。1993 年丈夫因生意赔本外出打工，一去杳无音信，她一人肩负起伺候七旬婆婆，抚育两个孩子的重任。2004 年，儿子张文轩以 669 分考入北京大学。2005 年 10 月被授予全国"为国教子、以德育人"好家长称号。

周喜娥　女，赤城乡赤城人，1953 年 3 月生。中共党员。庆阳市第一届人大代表。1986 年开始果品运销，带动乡亲致富，曾获全国"双学双比"活动女能手、全省"巾帼致富带头人"等称号。

张永柏　玄马镇柏塬人，1955 年 5 月生。庆城县市政建筑工程有限责任公司董事长兼总经理，庆城县工商联常务副会长，庆阳市第二届人大代表。先后慈善捐款 20 多万元。

龙光明　庆城镇钟楼巷人，1956 年 2 月生。中共党员。1974 年参加工作，历任庆阳石油化工

厂空分车间主任、化肥厂副厂长，庆化集团公司动力厂副厂长、厂长，天然气办公室主任，三利实业公司副总经理，甘肃省金汉伯药业有限公司副总经理。

徐治平 庆城镇药王洞人，1956 年 3 月生。中共党员。高级工程师。1975 年至 1980 年在甘肃省军区服役。复员后，历任庆城镇建材厂厂长，县建筑公司第一项目部项目经理等职。1999 年 5 月创办庆阳县恒达建筑安装工程有限责任公司，累计向国家交纳各种利税 9700 多万元，各种社会福利事业捐助资金近 700 万元。曾任省工商联常委，市（地）光彩事业促进会副会长，市、县政协常委，省、市人大代表，市、县工商联副主席等职。先后获甘肃省建筑业联合会"优秀企业经营者"，甘肃省第七届"乡镇企业家"，庆阳市"十佳企业家"，"全省发展非公有制先进企业家""全国关爱员工优秀民营企业家""甘肃省优秀中国特色社会主义事业建设者"等称号，甘肃省总工会"五一劳动奖章"获得者。

余文成 马岭镇董家滩人，1956 年生。1976 年在武汉空军部队服役，1982 年转业，历任马岭镇董家滩村委会副主任、党支部书记，翟家河乡人大主席等职。甘肃省第八届人大代表。

张秀珍 女，庆城县人，1958 年 1 月生。中国民间艺术大师。主要刺绣作品有《拖鞋》《太平有象》《五娃闹虎》等。

闫会成 驿马镇佛寺坳人，1958 年 3 月生。中共党员。甘肃省劳动模范，庆城县政协副主席，庆城县果仁食品有限公司总经理。先后获"捐资助学先进个人""甘肃省优秀乡镇企业家"等称号。

孙蒋贤 卅铺镇阜城人，1958 年 10 月生。甘肃省书法家协会会员。作品入选"全国第四届书法展""全国第二届草书展"。

宋　华 女，河南省通许县人，1959 年生。1977 年 1 月在卅铺镇韩台子村插队，1980 年 10 月在庆阳县商业局参加工作。第八届甘肃省人大代表。

王建平 驿马儒林人，1959 年 3 月生。国家级民间艺术大师。1976 年至 1981 年在陈云警卫中队服役。复员后创办庆阳县民间工艺美术制品厂，设计制作的壁挂系列，十二生肖系列、旅游挎包等 18 种产品分别获国家、省部级优质产品奖，《葫芦面具》被第二届中国艺术组委会收藏。被国家劳动人事部、文化部表彰为"全国文化系统先进个人"。

时立峰 白马铺乡王畔人，1959 年 10 月生。中共党员。高级工程师。庆阳市酒业协会副会长、市工商联常委、市企业家协会副会长、市光彩事业促进会副会长，西峰区政协委员。先后创办甘肃陇香源实业发展有限公司、时代明珠酒店管理有限公司、晟伟园林绿化工程有限公司。参股创办庆阳市泰信农村资金互助社，庆阳市德信能源公司等企业。曾获甘肃省非公经济"优秀企业家"，庆阳市"优秀企业家"等称号。

温锡坚 赤城乡黄家人，1962 年 6 月生。中共党员。庆阳市正霖工贸有限公司董事长兼总经理。1979 年 10 月参军。复员后安排在庆阳县供销社工作，先后担任保管、营业员、副经理等职务。2000 年后，下海从事个体经营，创办的庆阳市正霖工贸有限公司，公司被国家商务部评为"万村千乡优秀试点企业"。

车建孝 驿马镇佛寺坳人，1962 年 8 月生。1990 年在庆城县县城创办新知书店，2004 年开辟印刷业务。2006 年组建新知工贸有限公司，任经理。先后获省、市"优秀创业青年""捐资助学先进个人"等称号。

曹瑞珍 女，赤城乡赤城人，1962 年 10 月生。中国民间工艺美术大师。甘肃省农村实用文化人才。6 岁时学剪窗花，剪纸作品在第二届全国艺术节上获优秀奖。1994 年被全国艺术组委会特邀

现场表演，代表作品有《放牛娃》《富贵有余》《花鸟天堂》《百狗图》等。

马明星　卅铺镇韩湾人，1962 年生。政协庆城县第七、八届委员会委员。1996 年创办西川综合服务公司，2004 年获"中国公益事业"奖章，2010 年获甘肃省首届"创业明星奖"。

姜　银　庆城镇药王洞人，祖籍江苏，1963 年生。中国书画研究会、中国硬笔书法家协会会员。当代实力派中青年书画家，北京荣宝斋签约画家，西安中国画研究院副院长、国际美术家联合会常务理事，东方书画联艺网特邀理事。全国十佳牡丹画家，曾获"世纪末艺术成就"奖，作品收入《当代书画家作品选》。

张志学　玄马镇柏塬人，1964 年 1 月生。中国民间艺术大师。1982 年 6 月参加工作。历任县文化馆副馆长、民俗研究所所长、县文广局副局长等职。刺绣壁挂《吉庆有余》获甘肃省轻工业产品奖，大型龙凤合欢瓶《体乾润物·与国咸宁》，大型刺绣屏风《百凤图》《富贵图》《吉祥云雨·国色天香》《迎客松》《龙凤娃》分别获第十五届中国西部商品交易会暨届中国庆阳民俗文化节金奖和特别奖。

岳祥龙　高楼乡高楼人，1964 年 4 月生。中共党员。第一、第二届庆阳市人大代表，市政协委员。创办祥龙果业合作社，普及和宣传苹果种植技术，带领群众脱贫致富。曾获"全国科普惠农带头人""全国绿色小康户""甘肃省优秀党务工作者""甘肃省百优青年农民"等称号。

吴金辉　玄马镇玄马人，1964 年 6 月生。甘肃电影家协会会员，庆阳市电影电视家协会副主席。创作的电影《大山深处的保尔》获全国精神文明建设"五个一工程"优秀作品奖、甘肃电影锦鸡奖优秀编剧奖。创作的《凤凰沟的春天》在 CCTV-6 上映，获甘肃省建党 90 周年献礼优秀电影奖、敦煌文艺奖。创作的电影剧本有《叶子红了》《厚土》等。

石丽峰　女，葛崾岘二郎山人，1964 年 7 月生。中共党员。中国民间刺绣艺术大师。刺绣作品《虎头鞋》荣获首届中国民间工艺品博览会优秀奖，创办庆阳市丽峰岐黄养生刺绣有限责任公司，任经理，公司从业人员 400 多人，年生产香包刺绣产品 2 万件。代表作品有《立体绣鞋》《针扎》等。

虎瑞祥　桐川乡张旗人，1965 年 2 月生。甘肃省民间文艺家协会会员，庆阳市作家协会会员、戏剧家协会会员。乡村作家，躬耕之余，笔耕不辍，著有《吸毒泪》《虎瑞祥诗文集》等。

栾雪焕　马岭镇北庄人，1965 年 8 月生。创办胡家岭香包刺绣工艺厂，组织拍摄反映当代农村题材的电视剧《梨树沟往事》。投资创办庆城县大秀坊民俗文化产业开发公司。

李广贤　卅铺镇阜城人，1965 年 10 月生。中共党员。1983 年 1 月入伍，任某部二连班长。1985 年参加赴滇作战，冒着生命危险冲出"猫儿洞"扑灭烈火，保护弹药库，守住哨所，荣立一等功。1987 年 11 月复员回家乡工作。

张纹福　庆城镇封家洞人，1965 年 11 月生。中共党员。二等伤残军人，1982 年 10 月入伍，任连电台报务员。1985 年参加赴滇作战。1986 年 4 月 28 日，冒着炮火架设天线，身负重伤，28 颗弹片打入体内，确保了前沿阵地与指挥所的联络，荣立一等功。1987 年 11 月复员回家乡工作。

张海龙　驿马镇上关人，1966 年 5 月生。第十届甘肃省人大代表。1992 年成立驿马钢门钢窗厂，后改建为庆阳县居立门业有限责任公司，任总经理。热心公益事业，先后帮扶 6 名中学生、大学生完成学业，捐资 15 万元帮助环县洪德乡新建"张崾岘居立希望小学"。

安惠玲　女，马岭镇人，1967 年 2 月生。中国民间剪纸艺术大师。作品收入《陇东民俗剪纸》。其传略载入《中国现代艺术人才大集》《中国民间名人录》《中国书画作品收藏宝典》等书。

夏殿邦　驿马镇太乐人，1967 年 9 月生。中共党员。甘肃省中小企业联合会副会长。创办庆阳市恒盛土特产有限公司，后更名庆阳市恒盛果汁有限公司，任总经理，为甘肃省农业产业化重点

龙头企业，直接带动苹果种植基地规模 10 万亩，辐射 6 个县区 30 万人。热爱公益事业，各类捐款累计 30 多万元。曾获"中国优秀民营企业家"称号。

黄金聪　卅铺镇人，1968 年 1 月生。国家级民间艺术大师。代表作品有《戏剧脸谱》《群英荟萃脸谱》等。

曹爱玲　女，卅铺镇人，1968 年 7 月生。中国民间工艺美术大师。庆城县"爱玲刺绣公司"法人代表。代表作品有《农家一角》《五福临门》《国色天香》等。

赵金水　女，赤城乡范村人，1969 年 11 月生。中国民间工艺大师。创办金源刺绣公司，任经理。代表作品主要有《吉祥如意》《连年有余》《龙凤福娃》等。

李维锋　马岭镇人，1970 年 1 月生。国家三级演员，甘肃省戏剧协会会员。主攻丑、须生，代表剧目有《盘肠战》《危险行动》《太庙惊魂》等。

道锦萍　女，马岭镇人，1970 年生。中国民间刺绣艺术大师。代表作品有《千里共婵娟》《孔雀戏牡丹》等。

段晓燕　女，驿马镇人，1971 年 9 月生。国家三级演员，甘肃省戏剧协会会员。主攻刀马旦兼小旦。代表剧目有《杀仇》《杨七娘》《百花公主》《斩秦英》等。

张海兰　女，河北省秦皇岛市人，1972 年 6 月生。1992 年 11 月来高楼看望一等伤残军人崔道华，被他的事迹感动，落户高楼与其成家。群众誉为"秦皇岛飞来的爱情鸟"。第九届全国人大代表，"甘肃省青年五四奖章"获得者。

吴东正　土桥乡西掌人，1976 年 2 月出生。甘肃省作家协会会员、中国残疾人作家协会会员，政协庆阳市第四届委员会委员，庆阳市残疾人就业中心职工。7 岁时，不慎触电，双手致残。1995 年开始文学创作，先后出版小说集《太平日子》《红太阳下的白土地》，散文集《上路者》、报告文学集《接上维纳斯的双臂》。长篇小说《地厚天高》获全国首届"浩然文学奖"三等奖；散文《生命的重量》获甘肃省首届残疾人诗歌散文有奖征文大赛一等奖；诗歌《行走》（组诗）获甘肃省第二届残疾人小说诗歌散文有奖征文大赛一等奖，散文《阳光普照》获散文类二等奖；摄影作品获第四届全省残疾人职业技能竞赛"封面摄影"项目第一名、第五届全国残疾人职业技能竞赛"封面摄影"项目第二名，摄影作品《光明的向往》获第五届全省残疾人书法绘画摄影大赛二等奖，《载誉归来1》获三等奖。被国家人社部授予"全国技术能手"称号，两次被省人社厅授予"甘肃省技术能手"称号。作为中国选手之一，前往法国波尔多市参加了第九届国际残疾人职业技能竞赛。

刘雅蓉　女，庆城镇北大街人，1977 年 12 月生。中共党员。正团职，上校军衔。1996 年在长庆石油勘探局艺术团参加工作。2001 年入伍，历任内蒙古军区文工团独唱演员、总政治部军乐团独唱演员及节目主持人等。

张庆龙　庆城镇封家洞人，1987 年 2 月生。庆城县电力局农电工，甘肃省见义勇为英雄。2007 年 3 月 18 日，路遇歹徒劫财伤人，挺身缉凶，被刺 6 刀，幸被力救脱险。甘肃省道德模范，获"全国见义勇为道德模范"提名奖。

第三节 人物名表

表 42-3-1　1986—2012 年庆城（庆阳）县获得省部级以上奖励人士名表

姓名	获奖名称	时间	授奖单位
吕荣德	全国人民调解工作先进工作者	1986 年	国家司法部
杨义清	甘肃省新长征突击手	1986 年	省委、省政府
赵振西	全国百万千米安全无事故先进个人	1987 年	国家劳动部、交通部
韩彦君	全国科技致富能手	1987 年	国家科委
郭锦翰	全国农村青年星火带头人	1988 年	共青团中央、国家科委
李明亮	全国优秀教师	1989 年	教育部
樊广义	全国生育节育抽样调查先进工作者	1989 年	国家计生委
田慧萍	全国人口和计划生育先进工作者	1989 年	国家计生委
杨三省	全国农业技术推广先进个人	1989 年	农业部
罗总邦	全国优秀教师	1989 年	教育部
张　发	全国百万千米安全无事故先进个人	1989 年	国家劳动部、交通部
林仲伦	全国农业科技推广先进工作者	1990 年	农业部
王养心	全国优秀教育工作者	1990 年	教育部
党王宏	全国农村青年星火带头人	1990 年	共青团中央、国家科委
孙世昌	全国金融系统文明优质服务标兵	1990 年	中国人民银行
安军义	全国金融系统文明优质服务标兵	1991 年	中国人民银行
史明立	全国农村青年星火带头人	1991 年	共青团中央、国家科委
曹　琏	全国优秀教师	1992 年	教育部
张晓明	全国物价系统农产品成本调查先进工作者	1992 年	国家物价局
任和庭	全国税务系统思想政治工作先进个人	1992 年	国家税务总局
胡月望	全国优秀教师奖	1993 年	教育部
王治仓	全国希望工程园丁奖	1993 年	教育部
魏国玺	全国老年体育先进工作者	1993 年	国家体育总局
张绍芬	全国城市规划管理先进个人	1994 年	建设部
边　鹏	全国希望工程园丁奖	1994 年	教育部
王仲锋	全国农村青年星火带头人	1994 年	共青团中央、国家科委
吕治湖	全国农业科技推广先进工作者	1995 年	人事部
李崇斌	全国人民群众见义勇为与犯罪分子作斗争先进分子	1995 年	公安部
朱景雪	全国物价系统农产品成本调查先进个人	1995 年	国家物价局
方永林	全国农业科技推广先进个人	1996 年	农业部

续表 42-3-1

姓名	获奖名称	时间	授奖单位
道千文	全国希望工程园丁奖	1996 年	教育部
史庆骊	全国促进贫困地区女童教育项目先进工作者	1996 年	教育部
张芙莉	全国公安机要通信系统先进个人	1996 年	公安部
李巧梅	全国妇幼卫生先进工作者	1996 年	卫生部
郑有福	全国物价系统先进个人	1997 年	国家计划委员会
郭锦翰	全国科技扶贫先进个人	1997 年	国家科委
王正域	全国希望工程园丁奖	1997 年	教育部
任维龙	全国宗教活动场所登记工作先进个人	1998 年	国家宗教局
王宏涛	全国农村青年星火带头人	1998 年	共青团中央、国家科委
董四象	全国农业科技推广先进工作者	1998 年	农业部
王忠文	全国劳动技术教育先进工作者	1998 年	教育部
王正域	全国劳动技术教育先进工作者	1998 年	人事部
杨积茂	全国卫生战线先进工作者	2000 年	卫生部、人事部
吕治湖	全国节水增产重点县建设先进个人	2001 年	水利部
王 岩	全国水利系统水资源管理先进个人	2001 年	水利部
梁得志	全国档案工作目标管理突出贡献奖	2002 年	国家档案局
栗凤琴	全国计划生育协会工作先进个人	2003 年	国家计划生育协会
李彦平	全国人口和计划生育工作先进个人	2003 年	国家计生委
肖生池	全国优秀婚姻登记员	2003 年	民政部
贺建军	全国整治油气田及输油气管道生产治安秩序专项行动先进个人	2004 年	公安部等八部委
康永明	全国"五好文明家庭"	2004 年	全国妇联
刘英东	全国农村统计调查系统先进个人	2004 年	国家统计局
何天龙	全国林木种苗工作先进个人	2005 年	国家林业局
郭汉兴	全国优秀教研员	2005 年	教育部
苗成仓	全国第一次农业普查先进个人	2005 年	国家统计局
刘勤仁	全国检察机关集中处理涉检信访问题专项活动先进个人	2006 年	最高人民检察院
贾彩梅	全国巾帼建功标兵	2007 年	全国妇联
张晓峰	全国公安机关优秀法制民警	2007 年	公安部
王根远	全国整治油气田及输油气管道生产治安秩序专项行动先进个人	2007 年	公安部等十一部委
李生渊	全国第二次农业普查先进个人	2008 年	国家统计局
谢晓琴	全国农经统计先进工作者	2008 年	农业部
徐 红	全国优秀社区民警	2008 年	公安部
李崇芳	全国第二次农业普查先进个人	2008 年	国家统计局

续表 42-3-1

姓名	获奖名称	时间	授奖单位
苗成仓	全国第二次农业普查先进个人	2008 年	国家统计局
闫 亮	优秀教师十佳人物	2009 年	教育部
王文刚	全国征兵工作先进个人	2009 年	国防部
苏彦芳	全国优秀教师	2009 年	教育部
徐多忠	国家电网公司生产技能专家	2011 年	国家电网公司
金国荣	全国婚育新风进万家活动先进个人	2011 年	中宣部
梁忠录	全国人大信访先进工作者	2011 年	全国人大办公厅
李景瑞	安全生产监管监察先进个人	2012 年	国家安全生产监督管理局 国家煤矿安全监察局
任国君	抗震救灾模范	2008 年	四川省委
杨义清	甘肃省新长征突击手	1986 年	省委、省政府
王养心	甘肃省"园丁奖"	1986 年	省委、省政府
李明亮	甘肃省"园丁奖"	1986 年	省委、省政府
樊生海	甘肃省"园丁奖"	1986 年	省委、省政府
韩志杰	全省党政机关信访工作先进个人	1986 年	省委、省政府
陈广锦	全省优秀乡镇长	1987 年	省委、省政府
马富昶	全省优秀乡镇长	1987 年	省委、省政府
夏治宸	甘肃省"园丁奖"	1988 年	省委、省政府
李韵天	甘肃省"园丁奖"	1988 年	省委、省政府
曹健阳	甘肃省"园丁奖"	1988 年	省委、省政府
李德沛	甘肃省劳动模范	1989 年	省委、省政府
孙世昌	甘肃省劳动模范	1989 年	省委、省政府
李树荣	甘肃省"园丁奖"	1989 年	省委、省政府
贾建林	甘肃省"园丁奖"	1989 年	省委、省政府
张金鼎	甘肃省"园丁奖"	1989 年	省委、省政府
刘德福	全省拥军优属先进个人	1990 年	省委、省政府
左永仁	全省农村形势教育、基层建设先进个人	1990 年	省委、省政府
李俊杰	全省扫除文盲先进个人	1990 年	省委、省政府
杨 源	全省政法系统先进工作者	1990 年	省委、省政府
钱进步	甘肃省"园丁奖"	1991 年	省委、省政府
杨 智	甘肃省"园丁奖"	1991 年	省委、省政府
张国忠	甘肃省"园丁奖"	1991 年	省委、省政府
高天定	甘肃省"园丁奖"	1991 年	省委、省政府
李建国	全省社会治安综合治理先进工作者	1991 年	省委、省政府

续表 42-3-1

姓名	获奖名称	时间	授奖单位
刘生海	全省计划生育先进工作者	1991 年	省委、省政府
辛连海	全省计划生育先进工作者	1991 年	省委、省政府
徐生智	全省信访工作先进个人	1992 年	省委、省政府
张应珠	甘肃省"园丁奖"	1992 年	省委、省政府
吴孝才	甘肃省"园丁奖"	1992 年	省委、省政府
曹 琏	甘肃省"园丁奖"	1992 年	省委、省政府
康志军	全省优秀乡镇企业家	1993 年	省委、省政府
王维江	全省优秀乡镇企业家	1993 年	省委、省政府
常庆章	全省优秀乡镇企业家	1993 年	省委、省政府
刘凤鸣	甘肃省"园丁奖"	1993 年	省委、省政府
张 雄	甘肃省"园丁奖"	1993 年	省委、省政府
胡金龙	甘肃省劳动模范	1994 年	省委、省政府
任和庭	甘肃省劳动模范	1994 年	省委、省政府
罗仁怀	甘肃省劳动模范	1994 年	省委、省政府
马崇信	全省民族团结进步模范个人	1994 年	省委、省政府
麻万奎	全省维护社会治安见义勇为勇士	1994 年	省委、省政府
刘明玺	全省维护社会治安见义勇为勇士	1994 年	省委、省政府
李崇斌	甘肃省见义勇为勇士	1994 年	省委、省政府
张明科	甘肃省"园丁奖"	1994 年	省委、省政府
方百江	甘肃省"园丁奖"	1994 年	省委、省政府
韦秀琴	甘肃省"园丁奖"	1994 年	省委、省政府
郭汉兴	甘肃省"园丁奖"	1994 年	省委、省政府
冯生英	甘肃省"园丁奖"	1995 年	省委、省政府
何雪峰	全省计划生育先进工作者标兵	1995 年	省委、省政府
赵 毅	全省计划生育先进工作者	1995 年	省委、省政府
李世邦	甘肃省"园丁奖"	1996 年	省委、省政府
燕宏秀	全省优秀村委会主任	1996 年	省委、省政府
张仲清	全省政法系统先进工作者	1997 年	省委、省政府
夏增义	甘肃省"园丁奖"	1997 年	省委、省政府
王世虎	甘肃省"园丁奖"	1997 年	省委、省政府
刘生华	甘肃省"园丁奖"	1997 年	省委、省政府
吴文钊	全省"121"雨水集流工程建设先进个人	1997 年	省委、省政府
赵凤英	甘肃省"园丁奖"	1998 年	省委、省政府
齐会芳	甘肃省"园丁奖"	1998 年	省委、省政府

姓名	获奖名称	时间	授奖单位
安万林	甘肃省"园丁奖"	1998年	省委、省政府
王军武	甘肃省"园丁奖"	1998年	省委、省政府
张海兰	甘肃省青年五四奖章	1999年	省委、省政府
王维江	甘肃省劳动模范	1999年	省委、省政府
贾居镇	甘肃省"园丁奖"	1999年	省委、省政府
罗晓霞	全省先进档案工作者	2000年	省委、省政府
戴兰兴	甘肃省"园丁奖"	2000年	省委、省政府
刘国华	全省优秀党务工作者	2001年	省委、省政府
徐志明	全省国土绿化先进个人	2001年	省委、省政府
庞 杰	全省扶贫开发工作先进个人	2001年	省委、省政府
康永明	全省扶贫开发工作先进个人	2001年	省委、省政府
徐治财	全省优秀政工干部	2001年	省军区
贾彩梅	甘肃省"园丁奖"	2002年	省委、省政府
杨建仁	甘肃省"园丁奖"	2002年	省委、省政府
赵廷璧	甘肃省"园丁奖"	2002年	省委、省政府
赵正委	甘肃省"园丁奖"	2004年	省委、省政府
张仲明	甘肃省"园丁奖"	2004年	省委、省政府
闫会成	甘肃省劳动模范	2005年	省委、省政府
袁 骋	甘肃省"园丁奖"	2006年	省委、省政府
贺学颢	甘肃省"园丁奖"	2006年	省委、省政府
王廷督	甘肃省见义勇为英雄和先进分子	2006年	省委、省政府
杨永勤	甘肃省五一劳动奖章	2007年	省委、省政府
杨德瑞	甘肃省五一劳动奖章	2008年	省委、省政府
徐进艇	甘肃省"园丁奖"	2008年	省委、省政府
周 能	甘肃省"园丁奖"	2008年	省委、省政府
车满锋	甘肃省劳动模范	2010年	省委、省政府
孙立邦	甘肃省劳动模范	2010年	省委、省政府
侯占存	甘肃省"园丁奖"	2010年	省委、省政府
贾庆礼	全省精神文明建设先进工作者	2011年	省委、省政府
罗继国	甘肃省"园丁奖"	2012年	省委、省政府
贾 钊	全省优秀党务工作者	1989年	省委
齐凤英	全省优秀共产党员	1991年	省委
田丰梅	甘肃省"星星火炬奖"	1998年	省委
王正域	甘肃省"星星火炬奖"	2003年	省委

续表 42-3-1

姓名	获奖名称	时间	授奖单位
马 玮	全省优秀青年卫士	2004 年	省委
任维龙	全省统一战线工作先进个人	2006 年	省委
岳祥龙	全省优秀党务工作者	2006 年	省委
刘金诚	全省优秀共产党员	2011 年	省委
李润梅	全省计划生育先进个人	1986 年	省政府
蔡小琴	全省扶贫扶优工作先进个人	1986 年	省政府
徐龙庆	全省植树绿化先进个人	1988 年	省政府
安定仁	全省集资办学先进个人	1990 年	省政府
王树胜	全省两西建设扶贫开发先进个人	1992 年	省政府
赵克忠	全省两西建设扶贫开发先进个人	1992 年	省政府
鲁凤义	全省民族团结进步事业先进个人	1992 年	省政府
杨永国	全省捐资助学先进个人	1993 年	省政府
徐志民	全省国土绿化先进个人	2001 年	省政府
徐小平	全省再就业先进工作者	2005 年	省政府
王巧惠	全省再就业先进工作者	2005 年	省政府
王 峰	甘肃省绿化奖章	2006 年	省政府
张红兵	全省劳务经济先进工作者	2007 年	省政府
王海峰	全省科技特派员工作先进个人	2007 年	省政府
赵乾暾	全省劳务经济工作先进者	2007 年	省政府
何天龙	甘肃省绿化奖章	2007 年	省政府
张 敏	全省科学技术进步奖	2009 年	省政府
郑浩斌	全省招商引资先进个人	2011 年	省政府

表 42-3-2　庆城籍参加对越自卫反击战部分立功人员名表

姓名	籍贯	政治面貌	出生年月	入伍时间	立功情况
邢志强	庆城镇	中共党员	1961 年 2 月	1982 年 10 月	一等功
张纹福	庆城镇	中共党员	1965 年 11 月	1982 年 10 月	一等功
李广贤	卅铺镇	中共党员	1965 年 10 月	1983 年 1 月	一等功
郭前进	蔡家庙乡	中共党员	1965 年 9 月	1983 年 1 月	二等功
樊建存	蔡家庙乡	中共党员	1963 年 3 月	1983 年	二等功
方寿泰	驿马镇	中共党员	1963 年 3 月	1983 年 1 月	二等功
封广州	庆城镇	中共党员	1964 年 1 月	1983 年 1 月	二等功
张普伟	卅铺镇	中共党员	1966 年 11 月	1983 年 1 月	二等功

续表 42-3-2

姓名	籍贯	政治面貌	出生年月	入伍时间	立功情况
麻成德	高楼乡	中共党员	1965 年 7 月	1983 年 1 月	二等功
李正权	卅铺镇	中共党员	1965 年 8 月	1985 年 1 月	二等功
宋　宏	庆城镇	中共党员	1964 年 10 月	1982 年 10 月	二等功
孙永青	庆城镇	中共党员	1965 年 10 月	1984 年 11 月	二等功
李锦鹏	卅铺镇	中共党员	1967 年	1984 年 11 月	二等功
安定文	庆城镇	中共党员	1957 年 10 月	1977 年 1 月	二等功
田学明	庆城镇	中共党员	1959 年 5 月	1977 年 1 月	二等功
朱广栋	卅铺镇	中共党员	1967 年 1 月	1984 年 10 月	二等功

表 42-3-3　个人捐资助学名表

单位：万元

姓名	所在单位	数量	时间
张吉利	庆城县二建三队	1	1992 年
安银文	马岭镇	1.2	1995 年
王文邦	马岭镇	1	1995 年
念　鹏	马岭镇	1	1995 年
贺国强	马岭镇	1	1995 年
岳曹思武	通济技术公司	5	1995 年、2006 年
张金尚	卅铺镇滴水沟门村	2.1	1997 年
邵逸夫	香港邵氏集团	50	1998 年
康永明	翟家河乡胡家岭村	4.1	1999 年
张永柏	庆城县市政公司	1.6	2003—2004 年
赵金凤	凤荣超市	2.26	2003—2007 年
曹　发	亮亮建材有限公司	2.5	2003—2007 年
魏正刚	华池县城建局	64	2004 年
海　伦	南京晓庄学员外籍教师	1.5	2004 年
郑博翰	长庆钻井二处	2.6	2004 年
冯　华	盐池县武装部	1	2005 年
安定仁	庆城镇药王洞	3	2006 年
王永庆	台塑集团	40	2006 年
刘　源	休闲美食娱乐城	2.08	2006 年
戴明学	翟家河乡店户村	9.14	2006 年
赵兰香	北京市	5.65	2006—2007 年
杨清涛	太白梁乡高山村教师	1.5	2007 年
王亚平	庆城县莲池村	600	2011 年

表 42-3-4 国民党参加抗日战争阵亡烈士名表

姓名	籍贯	军衔	阵亡地点
张发科	甘肃庆阳	一等兵	内蒙古·包头
马占吉	甘肃庆阳	中士	河北·大卡伦
张应堂	甘肃庆阳	一等兵	河北·撤河桥
王学魁	甘肃庆阳	少校营长	湖南
马维英	甘肃庆阳	少校团副	山西·万泉
张天云	甘肃庆阳	二等兵晋上等兵	江苏·广福
程学海	甘肃庆阳	一等兵晋上等兵	河北·保定
赵西泉	甘肃庆阳	一等兵晋上等兵	河北·保定
张占奎	甘肃庆阳	一等兵晋上等兵	河北·保定
张国祯	甘肃庆阳	少尉排长晋中尉	江西·瑞昌
姓　名	籍　贯	军　衔	阵亡地点
年占喜	甘肃庆阳	一等兵晋上等兵	江苏·常熟
何富善	甘肃庆阳	一等兵	山西·平陆
李逸迪	甘肃庆阳	中士	山西·娘子关
孙绍文	甘肃庆阳	中士	湖北·沔阳

注：此表来源于中国第二历史档案馆，含今西峰区人员。

附 录

一、碑石文存

重修周祖陵碑记

庆阳城东山之巅，筑有周祖不窋陵寝。不窋为帝尧时后稷弃之子，稷卒，不窋继为农官。夏太康失政，不窋去官，奔戎狄间，即今庆阳。与子鞠陶、孙公刘，复修后稷之业，鼎新农耕文化，开创周邦伟业。史载："周道之兴自此始，故诗人歌乐思其德。"庆阳为周祖发祥之地，故周王室立国之后建祠庙及行宫于此，祭祀不绝。嗣后，历代亦曾多有建筑，后均毁于地震与兵燹，唯周祖古冢与青山同在。

庆城既为历史文化名城，又是新兴石油工业基地，属国家旅游开发区。东山为省级森林公园。为重现古城风貌，弘扬周祖文化，庆阳县党政组织社会各界人士决定重建周祖陵寝，兴修"周祖森林公园"。筹建领导小组会同社会贤达研订方案，委托西安古建筑规划设计院暨长安古建筑队承担设计施工。其总体规划以周祖陵为主体，依山就势，自下而上，分层布景，次序为攻桥、牌坊门、名人祠堂、岐伯庙、药王洞、善清寺、周祖陵寝等六大部分。

一九九四年清明，县党政领导及各界人士破土奠基，并修复周祖陵寝。翌年，县上投资六十万元，建成碑亭、八卦亭、览凤亭、周祖陵寝、重修周祖陵记碑、周代世系图碑。今年，县上拨款及各界捐资约百万元，续修周祖庙、肇周圣祖牌坊及登山石阶。重修周祖陵寝，乃千古盛事。此议一出，社会各界踊跃赞助。或积极组织，或奔走募捐，或殚精施工，此情此举，感人至深。现修建已初具规模，但因规划恢宏，工程众多，耗资巨大，若求其全备，更非易事，以期后人，继往开来，终成宏愿。为不没各界仁人志士之壮举，特刻石铭记之，以彰后世。

中国共产党庆阳县委员会　庆阳县人民代表大会常务委员会
庆 阳 县 人 民 政 府　中国人民政治协商会议庆阳县委员会

正气碑记

一九九〇年元月六日八名歹徒手持凶器公然在此劫财害民高楼乡村民闻讯怒不可遏当即有十五名青年自动联合起来见义勇为追捕罪犯他们疾恶如仇穷追不舍达十七千米之遥终将歹徒截住经过一场殊死搏斗勇擒歹徒甘肃省委省政府授予他们的组织者甘肃省社会治安见义勇为勇士称号

中华正气一贯古今老区精神代有继承老区土地岂容匪类横行英雄人民乃是铜墙铁壁为匡扶正气切除邪恶特树此碑以志昭示

中共庆城县委员会

庆城县人民政府

一九九四年八月六日

祭周祖陵碑文

维公元一九九六年清明之际，中国共产党庆阳地区委员会，庆阳地区行政公署，中国共产党庆阳县委员会，庆阳县人民代表大会常务委员会，庆阳县人民政府，中国人民政治协商委员会议庆阳县委员会，长庆石油勘探局暨各界代表咸集于凤城东山之巅，以鲜花束帛之仪，致祭于我中华民族先祖不窋之陵，文曰：

呜呼！赫赫先祖，不窋贤良，太康失政，迁居庆阳，复稷之业，史著昭彰。奠农耕初基，启戎狄洪荒。鞠陶、公刘，三代嗣响，时序其德，祖业弘扬。陶复陶穴，文明肇创，教民稼穑，励精农桑。构筑城池，拓土开疆，革除陋俗，九州崇尚。以天为宗，以德为上，以祖为宗，孝友为纲，修其训典，泽被四方。奉以忠信，敦笃启昌，朝夕恪勤，万民敬仰，弈世载德，不忝先王。周道之兴，始于旧邦，周礼美德，源远流长。亘千秋而愈烈，历万世而益芳。时逢盛世，修葺陵堂，以示后人，秉承发祥。敬告先祖，以慰灵光。尚飨！

中国共产党庆阳县委员会 书记 张震合

庆阳县人民政府 县长 王吉泰

庆阳县冉河川供水工程碑记

庆城人饮水源，始于东河，民自古汲而饮之。延及本世纪七十年代，污染渐秽，人饮乃止。县政府遂于亨泉沟开掘大井汲引至城，启运数岁，水源淤塞，既废。八十年代初，县政府与长庆局联袂筹资百余万元，筑就教子川供水站，历十余载，水源渐枯，每遇干旱，几于断流。近年尤甚。九五至九七年夏酷暑如炙，城区断水辄逾半月，民以渴为害，四处奔走，运水济急，水贩络绎于道，每担鬻价一元而供不应求，民渴之状，目击心恻，县委，县政府决意兴水，遂招贤纳睿，勘察论证，议定牵冉河水至城以解民困。冉河发端于子午岭，流域面积七十四平方千米，人稀草茂，山高水清，少有污染，地表径流及地下潜水日均流量五千余立方米。然工程宏大，耗资甚巨，经具文审告省、地计委立项，在省庆籍麻韬等老同志雅意斡旋，戮力促成；邀庆阳行署水利处规化设计、省水利厅核批；蒙省计委以工代赈三百万，预算内基建资金一百万，长庆局投资二百万，余由县财政筹集包干完成。工程由庆阳地区安装公司施工，公元一九九七年六月十八日破土兴建，戴雨披霜，攻水琢石，民力维艰；省、地、县领导数莅工地，察工拙勤惰、核项目亏缺，调集资金、以弥其隙；县计

委牵头督饬、凡出入经费，购用材料、审慎其微，无一糜费。经岁之不惮辛劳，筑拦洪坝、上水站于冉河川前庄，铺设管道十余千米到教子川水厂。公元一九九八年六月十日工遂告竣。

庆阳为干旱山区，兴水改土乃兴县富民之大计，泽被后世之盛事，为褒彰其兴水业绩，垂戒斯民护源惜水，物立此碑，以资铭志。

庆阳县人民政府

公元一九九八年六月二十日谨立

重修周祖大殿碑记

周先祖不窋，乃轩辕苗裔，帝喾嫡孙。其父姬弃，精于农耕。尧舜之世，举为农师，号曰后稷。禹夏之时，后稷卒，不窋立。太康政衰，疏于稼穑，不窋失其官守，徙居今之庆阳。时邑荒蛮，教化不行。不窋兴先圣之业，顺天理物，善德化民。时播百谷，以易游牧；作屋筑室，以避寒暑；养蚕为丝，始代毛革；劈山通道，削土营城；务修礼乐，涤除陋俗；敦睦本族，合和四方。不窋既殁，葬于此山。子鞠陶、孙公刘蒙其业，光其德；劝农桑，重畜牧；尚武备，崇礼节；行地宜，取材用。德泽洋溢，施乎外方，百姓怀之，民多归附，周道之兴自此始。

延及后世，文王笃于仁义，修不窋遗道；武王追念先祖，首重祭礼；穆王颂其德，谥先世圣王，敕造周祎行宫于凤城，且于城内建庙，陵山立祠，岁祭遣使，三年大祀，旨在继孝思，笃人伦，醇风俗，进而隆国运，开太平也。周祖陵庙遂香烟鼎盛，千秋不衰。历代显要，捐资重修，帝王将相谒陵立碑者时亦有之。后地震兵燹，陵荒庙毁，然民心不泯，智者伤之。今逢盛世，政事粗举。为弘扬古风，承传美德，内遂民愿，外结侨情，兹重修大殿，再塑先圣金身，务令其登堂入室者，肃然面对先圣先贤，油然生其敬祖先爱同胞之深情焉。大殿兴工于公元一九九六年十月二十日，落成于一九九八年十月二十日。特勒石为记。

中国共产党庆阳县委员会　书记　刘秉宁

庆阳县人民政府　　　　　　县长　王积聪

补修普照寺正殿碑记

普照寺，始创于宋太平兴国年间，原有五佛殿（即正殿）、三佛殿、钟楼、寺塔、石人石兽等，布设宏伟，气势磅礴，道路迂回，翠柏森立。明成化元年铸一大钟，建楼而悬，晨击暮撞，声闻数十里，"普照昏钟"为庆阳八景之一。历代驻庆官佐及地方显要数度集资修缮。民国九年冬，地大震，寺内楼亭、庙祠皆毁，唯寺塔、正殿犹存。县政府曾于公元一九五六年组织维修，公元一九五八年大炼钢铁大钟被毁，"文革"中寺塔被废，正殿文物流失殆尽，公元一九八五年改置为政府机关会堂。

延及二十世纪末，风摧雨蚀，壁瓦腐坏，丹垩剥落，梁栋倾侧。为补旧邦之灵毓，扬庆城之文明，公元两千年夏，县政府纠工备材，戮力修葺，自内而外，凡瓴瓦、望板、墙垣、栋柱、斗拱、门楣，皆易腐蠹，补废缺，扶正校倾，饰文绘彩，且游廊植草，登砌建门，宏慈光照，神韵严肃，粗具正殿当年之旧貌。修缮工程始于公元二〇〇〇年七月十五日，同年十月一日告竣，特勒石为记。

胡智有

重修岐伯圣景碑记

　　庆城东山，有一山焉，遥而望之，苍苍然，郁郁然，上宿周祖陵寝，香烟鼎盛，千秋不衰；下有药王古洞，世人膜拜，以求吉安；今建岐伯圣景，溯源正本，彰显岐黄。岐伯，乃华夏国医初祖，轩辕黄帝之臣，诞于古之北地，即今之庆阳，生而神明，精医术脉理，帝以医术养生之道咨之，伯乃上及天纪，下穷地理，中悉人事，凡阴阳五行，音律象数，脏腹经络，草木昆虫，四时运气，莫不毕指而缕列，且原诊以知政，论病以及国，黄帝以师示之。岐黄论医，开医学先河，成千古之经典，创初始方技，润九万里苍生。《黄帝内经》涵《素问》、《灵枢》，各九卷八十一篇，史称绝世巨著。后世杰出医家，莫不以《内经》为宗，发幽索微，探求临证，荟萃群说，妙发玄机，先贤明哲之论，趋于至善，救死扶伤之术，惠及黎庶。庆城为岐伯故里，光大医祖美德，承传岐黄遗风责无旁贷，当此国运升平，政事初举，县委、县政府悉考史典，挹县内前代医祖庙貌精华，集社会各界之力，重修医祖大殿，十大名医祠，拜师论医厅，兼以山门十二生肖，通天门文墨荟萃，两景台长寿鸿福。登山则良木森森，气蒸芳兰；鸟瞰则青山如黛，碧水长流；入门则宇殿宏丽，药草留香。把酒临风，追慕先贤，俯仰之间，思越千年，斯诚敬祖广德，旅游观光之圣景。工程于公元二〇〇二年三月十八日兴工，翌年五月二十八日告竣。特勒石记之。

中共庆城县委书记　朱治晖

立李梦阳碑记

　　李梦阳，字天赐，又字献吉，号空同子，谥景文，庆阳人。生于公元一四七三年，卒于一五三〇年，明弘治七年进士，官至户部郎中，江西提学副使。以刚直建言名闻当世，数度遭贬而清节不改。梦阳之成就，在于文学。力倡超汉魏，崇盛唐，及真诗在民间，为明前七子领袖，开一代文风，影响及于后来。著《空同集》六十六卷，明史有传。为弘扬先贤德言事功，激励后人勤勉有为，造福桑梓。时值首届中国庆阳香包民俗文化节，庆阳各界会同全国各地文士近万人敬立此碑，以志纪念。

庆阳县人民政府
公元二〇〇二年六月八日

周祖晨钟铭

　　盛世隆庆，修造瑞物祥器以致祝福，为民族千年不朽之传统。是年，适万人公祭周祖大典，为补旧邦之灵毓，扬庆城之文明，有识之士共倡，铸周祖晨钟、建楼以悬，暮击晨撞，扬祖德，颂太平，补缺憾，壮大观。铸钟公告即出，应者云集，捐资两万有余，为彰显捐铸者美德，特铭文以昭来兹。

胡智有

重修嘉会门碑记

　　庆城为周之旧邦，陇东名邑。城因阜而筑，青山围郭，襟带两河，雉堞森列，金汤险固。周阔十里，旧设四门，东曰安远，西曰平定，北曰德胜，南曰永春。永春虽曰南门，实居巽位。明万历庚申，郡守废永春而辟正南门，左右筑炮台，颇为雄壮。清乾隆间易名嘉会，后因舆情所致，数经废置。爰至上世纪六十年代，祸逆迁延，旧迹荡然，从此衡阳雁去，风流散佚。世纪开元，国运大昌，县委、县政府从士民之议，乃重修嘉会门，增其旧制，成就大观。登斯楼也，遥则崭山飞虹、文笔耸立，俯则马莲迤逦，柔水凝碧。既念地脉拢聚，方期天缘荟萃，特撰文勒石，以昭来兹。

庆城县人民政府县长　杨献忠撰文书丹
公元二○○六年　立

十里坪古墓葬群记碑

　　庆城之南十里处，有一高阜焉。东与南庄原相连，西有马莲河环绕，地平如砥，面积甚大，环境优美，风水俱佳，人称十里坪。早在新石器时代，此即为古人类居住之地，考古出土有遗迹。炎宋以后，此地为堪舆者首选，多葬达官贵人。宋有贾元帅墓，葬钤辖贾岩。路东即明朝南京刑部尚书李桢墓。隆庆年间进士，万历二年官山西泽州高平县知县，十年光禄寺丞，又官湖广巡抚，二十四年任兵部右侍郎。碑题"大明资政大夫、太子少保、南京刑部尚书、前兵部右侍郎、都察院左副都御史克奄李公神道"。墓道口原有石坊一，书"帝臣封兆"，墓侧有石人四，石虎、石狮、石羊各一对，全佚。路西有明代御史杨纶墓，弘治年间官都察院右副都御史，子参议朝凤从葬，有谕祭文碑，今存县博物馆。墓道原有石坊一，书"帝臣封兆"，墓道两侧有石虎、石鹅、石马、石羊各一对，今佚。明正德年间户部侍郎韩鼎墓，子金事守愚从葬，有谕祭文碑，今佚。韩封君杰墓，明正德年间以子鼎贵，赠通议大夫、通政使，妻兰氏封淑人，夫妇合葬墓。有石坊一，石人、石虎、石羊、石马各一对，工部尚书宁都董越、吏部尚书河南刘健均作有墓志，勒碑上，全佚。明周王府教授、赠承德郎、户部山东司主事、加赠奉直大夫、户部贵州司员外郎李正夫妇合葬墓，为子江西提学副使李梦阳所营，后出土李梦阳为其母撰写的墓志铭，今存县博物馆。总兵刘文墓在路东，明嘉靖八年官镇守陕西挂印总兵官，十六年挂平羌将军印镇守甘肃总兵官，碑题"特赠光禄大夫、上柱国、右军都督府左都督、太子太保、谥武襄刘公神道墓"。 墓道原有石坊一，两侧有石人、石羊、石鹅、石马各一对，嘉靖年间，赐祭数次，有谕祭文碑，今佚。按察使傅学礼墓，路西，碑题"通议大夫、湖广按察使、前刑科给事中彭原傅公墓"。傅学礼于明嘉靖三十六年主修《庆阳府志》二十卷、三十万字。参将张双泉墓，官神枢营左参将。明万历三十七年前碾伯守备、子：子乾、庆阳卫军政掌印指挥、孙：秉衡立碑。按察佥事王健斋墓，路西，碑题"奉直大夫、山西按察佥事、前大理寺副使健斋王公墓"。另有明户部清吏司主事阜山孙公墓，桐柏县知县贾公墓，山西平阳府绛州知州钱仁宇墓，河南怀庆府河内县儒学训导曹应昌墓，四川荣昌县县丞曹文学墓，总兵刘文之祖刘封君墓，右副都御史杨纶之父杨封君冕墓，山西按察佥事杨愈茂之父杨封君仲臣等坟墓，散布坪上。现墓冢全平，墓道尽毁。为昭示后世，特勒碑以记。铭曰：

凤城之南　　高阜沃衍

背依青山　　绿水绕环

风水佳地　　堪舆首选

山高水长　　子孙绵延

原庆阳县人民政府副县长、县政协主席
西北师大中文系学士、陇东学院兼职教授　　刘文戈撰文

公元二〇〇九年（岁次己丑）九月一日谷旦

周祖祭坛铭

一

荡荡周祖	圣德莫名
世为后稷	主司百谷
唯勤桑麻	农德自重
孔甲乱夏	不窋去官
奔于戎狄	始居北豳
周之旧邦	其命维新
复修祖业	教民稼穑
相地阴阳	辨其寒温
观其流泉	行地之宜
黍稷菽麦	各得其理
择种薅草	耒耜耘耕
引领天下	民皆则之
百谷丰登	豳民归心
周道之兴	爱始于庆

二

豳居允荒	厚土高天
川原广布	黄壤漫衍
戎狄与夏	散处崖岩
采集畜牧	民生多难
不窋居豳	仁厚为心
笃爱斯土	哀民之艰
洞察地理	辨土之宜
陶复陶穴	名曰窑洞
鳞次栉比	窟舍俨然
既避风雨	复调温寒
事去千年	民赖之安
德侔有巢	泽被苍黔
窑洞民居	华夏颂忭
周祖遗风	流韵万年

三

伟哉周祖	三世积德
豳民怀之	徙而保归
祖业既修	百谷茂猗
居戎狄间	乃重其俗
三百为群	九十其犉
牛羊盈野	六畜蕃息
言造其曹	执豕于牢
言私其豵	献豜于公
春日载阳	养蚕植桑
染绩制衣	唯玄朱黄
福佑苍生	民赖其庆
服畴食德	悠悠古风
唯朴唯勤	豳风流韵
至德无上	民无能名

五

大哉周祖	三代居庆
体仁育物	厚德化民
修其训典	朝夕恪勤
天地山川	祖宗百神
扫地而祭	新菜以荐
豳雅豳颂	寒暑以迎
禴祠蒸尝	明德惟馨
为此春酒	称彼兕觥
婚嫁立俗	有仪有程
礼重丧祭	士笃文德
俗勤稼穑	人敦忠信
三礼攸自	风化俗淳
奕世载德	不忝前人
泽被豳民	庆流子孙

四

桥山莽莽	环江汤汤
大原之野	郁郁苍苍
不窋居之	大道无疆
夏道衰矣	周德方隆
虽之蛮貊	亦何惧忧
德睦戎狄	礼乐化民
道通天地	义感戎乡
教之稼穑	黍稷稻粱
衣食丰足	千仓万箱
于貉为裘	载缵武功
农耕狩猎	相得益彰
福泽洪荒	豳民同享
丕显周祖	烈烈其光
遗风泱泱	山高水长

六

不窋播迁	戎狄之间
群山环拱	二水东南
龙蟠凤翥	原隰阻险
岗阜峭然	池深如泉
不劳版筑	削土斩山
天开形胜	锁钥关陕
皇城是名	巍然严关
既筑其城	复拓其边
弓矢斯张	干戈威扬
乃裹糇粮	其军三单
拓疆千里	怀柔安远
先王旧地	开基煌然
王气苍苍	庙貌巍巍
肇周八百	豆登万年

陇东学院　　齐社祥

二〇一一年

《黄帝内经》千家碑林后记

立碑刻字于公于私，古来均以盛大庄严之事待之。原因不外乎：坚石不朽，人事亦不朽。然而，不朽之人事，非惟刻石立碑而不朽，是其功德本身不朽，又托付于坚石，标榜于天地间，向德向善之人效而访知，景而从之，教化之功，代代彰显，绵绵不绝，于是，碑石不朽，人事亦不朽。

清代学者龚自珍认为，古人在九种情形之下才可立碑刻字，主要包括帝王出行、国家征伐、重大政令颁布、大型国防城池及水利设施的修筑、重点学术典籍的整理刊布等。那么，立碑刻字的价值指向何在？清代另一学者叶昌炽归结为四种，即述德、铭功、纪事、纂言。可见，立碑刻字从来都是要紧事，用龚自珍的话说，此乃国之大政，史之大支。

《黄帝内经》千家碑林工程的启动，正是为了立足岐黄文化之乡，着力打造岐黄故里文化品牌，深入挖掘本土人文资源，弘扬中医药文化，扩大庆城知名度。依照古人的立碑标准，诸项功能兼而备之。标准不可谓不高，体现于实施过程，亦是高标准、严要求。立意新颖、和谐环保、打造精品、统筹兼顾、分期实施，为其整体规划必须遵循的基本原则；岐黄论医、日月同辉，为其重点突出的文化主题；对接性、传承性、趣味性，为其着力凸显的时代特色。

才如潮涌立意奇，文似鲲鹏着眼大。碑林一经建成，便获全国"三个唯一"之盛誉，即以《黄帝内经》为内容修建碑林在全国是唯一的；以一千名全国书协会员以上的知名书法家和中医名家，分段书写《黄帝内经》全文在全国是唯一的；以专业碑林形式展示中医药文化在全国是唯一的。

庆城岐伯，开创中医，造福人类，功在千秋；庆城人民，敬仰乡贤，树碑立德，以期继往开来，续写辉煌。

中共庆城县委书记　闫晓峰
庆城县人民政府县长　解　平
二〇一一年八月

《黄帝内经》千家碑林弁言

《黄帝内经》是我国现有文献中成书最早，最完善的一部医学典籍，为中国医学理论及中医文明的奠基之作，其创制者为岐伯，庆城人。

庆城县地处黄土高原黄河流域泾河上游，高天厚土，人文繁盛，其地古为禹贡雍州之地，秦汉设北地郡，治马岭（今庆城县马岭），隋唐置庆州，唐玄宗天宝元年，改弘化县为安化县，宋复置庆州，宋徽宗改庆州为庆阳，此名沿用至公元2002年，更名庆城县。庆城博物馆藏有一块石碑，上沏：普庆阳春，咸安化日。妙置庆城曾经的两个称谓于其中，而庆城之文明久远，亦涌动于古碑笔意间。

岐伯故里在庆城，有史实为证。南宋郑樵《通志》云："古有岐伯，为黄帝师，望出安化"；清乾隆年间修纂之《庆阳县志》称："岐伯，北地人，生而精明，精医术脉理，黄帝以师视之，著《内经》行于世，为医学之宗。"官修史籍与大地留存相印证，在庆城民间，有关岐伯事迹代有流传，诸如"岐伯降生青龙咀"，"岐伯学医终南山"，"甘草救岐伯"，"岐伯巧换环江老龙睛"等等，不一而足。

《黄帝内经》分《素问》《灵枢》两部分，各为八十一篇，计一百六十二篇。该著从人体生理、病理、诊断、养生、防治和药理方面入手，在理论上建立了中医学上的"阴阳五行说"，"脉象学说"，"藏象学说"，"经络学说"，"病因学说"，"病机学说"，"病症"，"诊法"，"论治"及"养生学"，"运气学"等学说，几千年来一直被视为中医理论研究和临床实践的圭臬绳墨。唐代王冰尊之为"至道之宗，奉生之始"，是为至论。

医圣巨献，可谓上穷天纪，下极地理，救死扶伤，克服民瘼，在天，夺天之功，在地，尽地之情，而天造地设，无不遗爱于生民。旷世医典，早已煌煌成帙，风行于庙堂民间，而泐石以铭，使之与天地共荣，却难觅其踪。身在医圣故里，庆城人责无旁贷。时在新世纪，庆城县委、县政府以挖掘博大精深之岐伯中医文化，弘扬医圣功德为己职任，筹措资金，科学论证，启动《黄帝内经》千家碑林工程，诚邀一千多名当代书家及中医名家，分章节书写《黄帝内经》原文，刻石树碑，汇碑成林，借此传承医学经典，再现人文魅力。

盛举自有盛赞，国家中医药管理局、中国书法家协会为之攘臂以助，士农工商捐资抱碑，中国书协副主席张改琴女士，情系桑梓，雅意斡旋，一时，海内名家手泽，连篇荟萃于庆城。而今，徜徉碑林间，碑文乃千古医学宝典，字体乃名家手宝，双宝相映，古今同辉，所谓文明承绪，泊乎此焉。

中 共 庆 城 县 委
庆 城 县 人 民 政 府
二〇一一年八月

公祭岐伯与周祖不窋陵文

一、公祭岐伯文

惟公元二〇〇五年岁次乙酉端阳来临之际，风和日丽，草木浓郁，香包溢彩，角黍飘香。莅临全国中医药文化传承与发展学术研讨会暨岐伯与《黄帝内经》专题论坛的国家、省、市县各级领导，中医药界专家、学者及民众数百人，谨以束帛香烛、饼果羹酒、鲜花雅乐之仪，献于我中华医学鼻祖岐伯灵前，恭敬致祭，文曰：

安化古郡，人杰地灵；史志代传，岐伯首名。

生之青龙，长于凤城；禀赋聪慧，性情谦恭。

通易精道，始创医经；拯救黎厄，惠及民众。

洞察阴阳，善运五行；脏象经络，朴素立论。

音律象数，五运六气；针砭药石，无所不通。

药性气味，脏腑归经；六气七情，详阐病困。

未病先防，明辨标本；创制方剂，普救生灵。

注重真气，触类旁通；天人合一，调摄养生。

明堂之上，君臣对问；上穷天文，下极地理。

远取诸物，近取诸身；更相问难，始生《内经》。

传世宝典，奉之三坟；言简意博，理奥趣深。

黄帝天师，至道之宗；医学鼻祖，代相称颂。

命世奇傑，斯由此生；千秋永祭，圣德长存。

庙貌堂堂，陵山巍巍；廖呈祝词，献于先宗。

仰先医圣，佑我庶民；华夏衍昌，共吉至臻。

大礼先成，伏维尚飨！

二、公祭周祖不窋陵文

惟公元二〇〇二年六月八日，岁在壬午。节临端阳，村舍荷包，秀而溢彩，川塬小麦熟且飘香。值此，首届中国庆阳香包民俗文化节举办之际，庆阳地区行政公署、庆阳县人民政府暨各界人士，谨以鲜花雅乐，恭祀于周祖不窋陵曰：

懿惟先祖，功德泱泱。兴周奠基，启豳晓光。

夏代率族，奔徙戎乡。占称北豳，今为庆阳。

鞠陶公刘，三代显扬。重振稷业，艰辛备尝。

和睦戎狄，德润西羌。陶穴以居，制裘为裳。

筑城建邑，豳土划疆。教民稼穑，励精农桑。

疏水灌田，畜禽驯养。施行教化，文明四万。

修其训典，国制开创。朝夕恪勤，奋力图强。

敦笃忠信，九州崇仰。周道之兴，始于庆阳。

周礼美德，源远流长。惠我中华，农耕弘扬。

治我豳地，民风淳良。地厚载物，德合无疆。

钟灵毓秀，地久天长。今逢盛世，改革开放。

振兴桑梓，百业兴旺。政通人和，举国欢畅。

开发西部，宏图昭彰。与时俱进，民志昂扬。

借此机遇，再创辉煌。群峰环绕，两水腾骧。

东山祖陵，万道祥光。伟哉先祖，遗风弥彰。

后辈祝告，永志不忘。祀典已成，伏维尚飨。

三、祭周祖文

（一）

惟公元二〇〇三年九月二十九日，岁在癸未，节临重阳，天朗气清，惠风和畅，适逢第十五届中国西部商品交易会暨第二届中国庆阳香包民俗文化节举办之际，庆城县人民政府暨社会各界人士，谨以鲜花素果雅乐正声之仪，致祭于我中华民族农耕文化先驱周先祖不窋之陵前：

时逢盛世，节届重阳。金菊吐蕊，翠柏凝光。

巍巍祖陵，虎踞龙骧。群山拱卫，翠色苍苍。

两河环护，水流汤汤。殿宇巍峨，雄居中央。

晨钟暮鼓，左右列厢。气势恢宏，金碧辉煌。

莅临圣土，心事浩茫。

献百花之芬芳，奠五谷之琼浆。

奏九制之雅乐，闻余音之绕梁。

念我周祖，晔晔其光。夏后政衰，奔徙庆阳。

披荆斩棘，拓土开疆。教民稼穑，仁泽洪荒。

厚德载物，和睦戎乡。自强不息，兆民咸仰。

淳化鱼虫鸟兽，时播百谷蚕桑。

开农耕之先河，启文明之晓光。

亘千秋而愈烈，历万世而益芳。

民族复兴，重焕曙光。商贾精英，荟萃庆阳。

陇原儿女，慨当以慷。纳贤通流，共赴小康。

肇周旧邦，瑞霭轻扬。敞开胸怀，博采众长。

励精图治，奋发图强。念兹在兹，惠我众苍。

祭礼告成，伏惟尚飨！

（二）

维公元二〇〇四年六月十八日，时逢盛世，岁在甲申。节届端阳，惠风融融。值此第三届中国庆阳香包民俗文化节举办之际，庆阳各界人士会聚于庆城东山之巅、马莲之滨，谨以鲜花素果、雅乐正声之仪，告祭于我华夏农耕文化先驱周先祖不窋之陵前曰：

赫赫先祖，功德何隆！太康失政，徙居狄戎。

披荆斩棘，削土营城。树艺五谷，养我百姓。

修其训典，尚武崇文。守以敦笃，和睦四邻。

遵修其绪，朝夕恪勤。励精图治，民赖其庆。

立王道之初基，建中原之鼎定。

开农耕之先河，传德治之遗风。

周秦以降，爰至今世。立庙以祀，德风永存。

改革开放，除旧图新。西部开发，国步龙腾。

古邑庆州，气象清明。物阜民丰，百业繁荣。

山川秀美，瑞聚祥凝。今临圣土，聊表微忱。

奠五谷之琼浆，献百花之芳馨。

仰吾祖之英灵，致兆民于富殷。

陵山苍苍，柔水汤汤；周祖德泽，山高水长。

祭礼大成，伏惟尚飨！

四、民祭周祖陵文

惟公元二〇〇五年十月十日岁在乙酉，惠风和畅，瓜果飘香，社会各界人士及广大人民群众咸集于凤城东山之巅，以鲜花素果雅乐之仪，致祭于我中华民族农耕文化先驱周先祖不窋之陵，文曰：

懿惟先祖，功德泱泱。兴周奠基，启豳晓光。夏代率族，奔徙庆阳。披荆斩棘，拓土开疆。教民稼穑，励精农桑。疏水灌田，畜禽驯养。修其训典，国制开创。施行教化，文明四方。朝夕恪勤，万民敬仰。敦笃忠信，九州崇仰。周道之兴，始于庆阳日。周祖美德，源远流长。惠我中华，农耕弘扬。治我豳地，民风淳良。厚德载物，和睦戎乡。自强不息，兆民咸仰。开农耕之先河，启文明之晓光。

亘千秋而愈烈，历万世而益芳。今逢盛世，改革开放。振兴桑梓，百业兴旺。政通人和，宏图昭彰。敞开胸怀，博采众长。励精图治，奋发图强。东山祖陵，万道祥光。伟哉先祖，遗风弥彰。后辈祝告，永志不忘。祀典已成，伏惟尚飨！

二、文史辑览

范仲淹知庆州的历史功绩

范仲淹于宋仁宗庆历元年（1041 年）五月，以龙图阁直学士、户部郎中知庆州，监管环庆路都部署司事，时年 53 岁。庆历二年（1042 年）十一月，任陕西四路都部署、经略安抚兼沿边招讨使，与任同职的韩琦共同开府泾州，监管环庆路之事，多次来往庆州，过问庆州的战事。庆历三年（1043 年）四月调回京城开封，先任枢密副使，后任参知政事，才算离开了庆州。庆历四年（1044 年），他宣抚陕西、河东，曾讨论过在环庆路与泾原路之间修筑古细腰城，以断属羌明珠尔、灭藏、康奴三族之间联系的事。庆历五年（1045 年）正月，范仲淹的参知政事被罢，又以知邠州兼陕西四路沿边安抚使的职务，多次巡边到过庆州。因此，范仲淹在庆州的活动，大约有四年多的时间。这段时间，正是他一生黄金时期，无论是政治主张或者是军事思想，都非常成熟。庆州成为他施展才华、实践主张的舞台：他安抚诸羌，调整军民关系；兴利除弊，整肃军队；增修城堡，巩固边防；实行军屯，发展生产；兴办仁政，惠及于民。他竭尽全力，上为朝廷尽忠，下为黎民免灾，用自己的具体行动，实践"后天下而乐"的誓言。他在庆州任上，用自己不平凡的一生重重写下了光辉的一笔。

（一）调整关系，团结诸羌，化消极因素为积极因素

庆州，即现在的庆阳县，在延州（今延安）之西、渭州（今平凉）之东，是宋王朝防御西夏中路入侵的军事要地，历来都派军政要员驻守。这里与西夏主要组成民族——羌民相靠近，情况复杂，战事纷争。正如在好水川战死、曾任环庆路副都部署兼知庆州的任福上言："庆州去蕃族不远，愿勒兵境上，按亭堡、谨斥堠，因经略所过山川道路，以为缓急攻守之备。"范仲淹也在《书环州马岭镇夫子庙碑阴》一文中说道："庆历二年春正月，予领环庆之师，出按边部，过马岭镇，四望族落，皆镇之属羌，而戍城之中，有夫子庙貌。"文中说的马岭镇，在今庆阳县城西北四十千米处，属今庆阳县管辖。上面两段话中，"庆州去藩不远"、"过马岭镇，四族望落，皆镇之属羌"都说明，在庆州的周围尽是与西夏同为一族的属羌，这些属羌的归附，是巩固边防的一件大事。正如《续资治通鉴》卷四十三"五月壬申"条云："初，元昊反，阴诱属羌为助，环庆酋长六百人约与贼为乡导，后虽首露，犹怀去就。"这段话的意思非常明白，就是西夏主赵元昊暗地里引诱属羌帮助他进攻宋王朝，在环庆一路就有六百名酋长与赵元昊相约，愿作他们的"乡导"，以后虽然这种密约暴露了，但这些酋长仍然暗怀投靠赵元昊的意向。对于这种情况，范仲淹心中十分清楚。因此，他到庆州任后的第一件事，"即奏行边，以诏书犒赏诸羌，阅其人马，为立条约：'若仇已和断，辄私报之及伤人者，罚羊百、马二，已杀者斩；负债争讼听告官为理，辄质缚平人者，罚羊五十、马一。贼马人界追集，不赴随本族，每户罚羊二，质其首领；贼大入，老幼入保本砦，官为给食；即不入砦，本家罚羊二，全族不至，质其首领。'诸羌皆受命，自是始为汉用矣。"这段记述，反映出范仲淹在争取属羌归附上采取了三种办法，一是"以诏书犒赏诸羌"，用皇帝的恩赐吸引诸羌的归附；二是"阅其人马"，了解和掌握他们的军事虚实；三是"立条约"，就是用规章制度约束他们的行为。他与诸羌的酋长订立的条约可分两部分：一是针对属羌之间的矛盾订立的。在环庆之间，就有

属羌六百多个部落，这些部落并非铁板一块，而是矛盾重重，经常发生争斗。为了使自己部落能在争斗中占据上风，就在外寻找靠山。西夏瞄准了这一点，引诱属羌投靠自己，利用他们来对付宋王朝。因此，范仲淹就是先从消除属羌之间的矛盾着手，团结他们、争取他们，化消极因素为积极因素。在条约中明确规定：如果两个部落的争斗已经和解，但还有人私下里搞报复并伤了人的，就交罚羊一百只、马两匹；如果因私人搞报复杀了对方的人，那私报仇并杀了人的人就得被斩首。因为债务问题引起的争执，得到宋朝官府中去申告，由政府官员判决，如果不经官随便私自绑缚对方人员作为人质，就会被罚交羊五十只、马一匹。二是针对西夏入侵后属羌的背向订立的。条约规定：西夏军队部分入侵，有人私自追随其中而不回到本部落去，这一部落每户罚交羊二只，并将本部落的首领交宋军作为人质；西夏军队大规模入侵，各部落的男女老幼全部入保本寨，官府可以供给食物，如果一人不入保本寨，这家人要罚交羊二只，如果全部落人不入保本寨，要将这一部落的首领扣押起来作为人质。这些条约简明而且有理，羌民听后都同意执行，从此以后，环庆路内的六百多个部落的羌民都忠于宋王朝，为宋朝所用，大大削弱了西夏的军事势力。

为了进一步联络属羌，他奏请朝廷准许枢密院及宣微院给宣头空名者各百道，根据战事的急缓书填，以劝赏战功及招降蕃部，朝廷答应了他的请求。后来，他又奏徙深得羌民人心的种世衡知环州，以其信义和威望镇抚属羌。他屡次命其属僚为蕃户解决耕田牛具，按口借给蕃户粟米，解决其阙食问题。他在为种世衡写的墓志铭中说："庆历二年春，予按巡环州，患属羌之多而素不为用，与夏戎潜连，助为边患，及召蕃官慕恩与诸酋长仅八百人犒于麾下，与之衣物缯綵，以悦其意。又采忠顺者，赠银带马绂（音 fú，系印的丝带。）以旌之，然后谕以好恶立约束四，俾之遵向。"

范仲淹就是采用这些措施，将沿边大部分羌民蕃户争取过来，不但除灭了敌对势力的帮凶，而且和睦了汉羌之间的关系，稳定了边疆的社会秩序。这对于巩固宋王朝的边防、发展庆州的经济所起的作用是相当大的，这也是羌族人民亲热地把范仲淹称为"龙图老子"，并为他建立生祠的原因之一。

（二）兴利除弊，整肃军队，提高了宋军的战斗力

在范仲淹知延州的前后，就发生了宋军与西夏军的三川口、好水川等战斗，都以宋军损兵折将、一败涂地而告终。针对宋军这种软弱无力、边备废弛、武将无能、士兵散漫、很难克敌制胜的状况，范仲淹首先在知延州的任上，下决心从兵制上开刀，厉行改革。他将延州的一万八千士兵，分隶六将，每将各三千人。六将统帅所属佐校，平时负责训练士卒，战时则估计来敌的强弱而轮流迎战和策应，改变了过去兵将不相识的状况和官卑者先出的旧规。在整顿军队的过程中，又注意招募当地人充当士兵，替换从内地调来的已经腐化的禁军（即东兵），提高了军队的素质和战斗力。范仲淹对军队的这种整顿效果很明显，周围诸路也多仿效取法，因此在短期内，就取得了一些军事上的胜利，边界的形势有所改观。如宋仁宗康定元年（1040 年）九月八日，仲淹遣殿直狄青、侍禁黄世宁攻西界芦子平，大破之；"环庆副都部署任福等攻西夏白豹城，克之，军还，贼遣百骑袭其后，守神林北路都巡检开封范全设伏崖险，贼半渡，邀击之，斩首四百级，生获七千余人。"因此，夏人相戒曰："无以延州为意，今小范老子腹中自有数万甲兵，不比大范老子可欺也。"大范老子是指范仲淹的前任范雍。范仲淹的这种整肃军队的办法，在其创始之初，我们推测，与延州相邻的庆州可能认真学习借鉴了；后来，他知庆州，我们肯定，他对这种办法必然进行了完善和发展。

范仲淹深知良将的作用，对于选拔良将，特别留意。首先他了解到修筑青涧城的种世衡有一

种别将未有的长处，即素得羌心，立即保举他知环州。又识拔狄青于诸将中。据《续资治通鉴（卷四十三·仁宗）》康定元年十一月丁卯条云：青每临敌，披发，面铜具，出入贼中，皆披靡，无敢当者。尹洙为经略判官，与青谈兵，善之，荐于副使韩琦、范仲淹曰："此良将才也。"二人一见奇之，待遇甚厚。仲淹以《左氏春秋》授之曰："将不知古今，匹夫勇耳。"青折节读书，悉通秦、汉以来将帅兵术，由是益知名。狄青后来功业显赫，成为一代名将，这与范仲淹的识拔和栽培不无关系。范仲淹不仅注意选拔汉族良将，而且对蕃将如赵明、范全等也重用之。他在选拔良将的同时，又十分重视对将领才能的培养。如其《奏乞指挥国子监保明武学生令经略部署司讲说兵书》云："臣窃见边上，甚有弓马精强、谙知边事之人，则未曾习学兵书，不知为将之体，所以未堪拔擢。欲乞指挥陕西路、河东逐路经略司，于将佐及使臣军员中，挑选识文字的有机智武勇、久远可以为将者，取三五人，令经略部署司参谋官员等，密与讲说兵马，讨论胜策。"

他对于士卒，赏罚分明、恩威兼施，以此提高官兵的斗志。他在其《奏论陕西兵马利害》云：臣窃知陕西禁军、厢军，不下二十万，防秋在近，必须养育训练，以期成功。在乎丰以衣食，使壮其力；积以金帛，示有厚赏。牛酒以悦之，律罚以威之，如此则兵有斗志，将以增气。又《奏乞急定战功赏格》劄子云："臣等窃见用兵以来，战阵行赏，逐处起请，所见各异。……欲乞朝廷将元定赏格，并诸处起请条贯，重行定夺，颁下诸路，所贵军中知信，第赏无差。"

在当时，兵士有黥（音 qíng）面的陋习，就是在兵士脸上黥字刺黑作为记号，以防逃跑。这种陋习始于后五代朱梁时期，宋初因袭了这种办法。如此士兵一进了兵营，就如签了终身合同，不得逃脱，于是士兵都丧失了自尊心和自由，人民以当兵为耻，怕黥面而四处逃亡，兵源越来越不足。仁宗时，"西师屡衄（音 nù，战败），正兵不足，乃籍陕西之民，三丁选一以为乡弓手。"范仲淹针对这种陋习，改黥面为仅刺其手，这样战时过后，兵士可以恢复平民之身。对于这件事，与范仲淹同时代的富弼撰《范文正公墓志铭》云："时朝廷以戍卒屡衄、议黥，乡人惧甚，窜匿不愿黥。公改命，但刺其手，非校战，请农于家。后罢兵，独环庆路乡军得复为民，民德公，至于今不忘。"

庆州戍卒，多是从内地调来，戍卒三年不能回家，也不得休息，日久生怨，削弱了战斗力。范仲淹体察士情，改为轮换戍守，以一年为限。范仲淹赏罚分明，爱兵如子，在兵士之间树立起了崇高的威望，兵士也乐为其用，官兵一体，自然战斗力大大加强，成为抗击西夏的一支劲旅。时边上谣曰："军中有一韩，西贼闻之心骨寒；军中有一范，西贼闻之惊破胆。"

（三）以守为主，增修城堡，巩固了边防

范仲淹在同西夏军对垒的实践中，反复权衡宋夏双方的实力对比，认识到：宋军人数虽多，但因长久的体制问题，造成缺乏应有的强将精兵，战斗力不强；而夏军人数虽少，但人擅骑射，兵精马劲，飘忽不定。宋王朝国土虽大，但在其北部面对辽夏两个强敌，防守任务大，首尾难以相顾，使宋王朝穷以应付，很难集中强大兵力攻击西夏，而且如若兴兵攻击，粮草辎重运输，绵延百里，很容易遭受敌骑的截击；而西夏国土虽小，但他们结好于辽国，专门对付宋王朝，且境内山川险恶，又多沙漠，其都城远在黄河以北，倚远而险，不易攻取。宋王朝国大且富足，能持久打算，而西夏经济力量薄弱，粮食不足，绢帛、瓷器、茶叶都赖于从宋王朝输入，成为他们的致命弱点，只能搞速战速决，很难作长久的计议。基于这种认识，范仲淹主张对西夏采取守势，不做进攻的打算。具体是：对内修固边城，精练士卒；对外坚壁清野，不与大战。如若西夏军大攻，就闭垒以待隙；小攻则扼险以制胜；同时，实行经济封锁，两三年内西夏自然会困弱下去。这本来是一个符合客观事

实的很好的战略决策，但并未被朝廷和其他人士所认识，把这个战略决策斥之为怯懦的表现，就连与他交往很深的韩琦也不能理解。他说："屯二十万重兵，只守界壕，不敢与敌，中夏之弱，自古未有。又未闻臣僚坚执守议以为必胜之术者。臣恐春失数寨，秋陷数堡，边障日虚，士气日丧，贼志乘此，则有吞陕右之心。"但范仲淹不为其所动，毅然决然地执行以防为主的对西夏的军事策略，直至取得了显著的效果。范仲淹在执行自己的主张时，采取了三方面的措施：

一是顶住各种压力，不参与主动攻击西夏的行为，为宋王朝保存军事有生力量。宋仁宗庆历元年（1041 年）正月，宋仁宗命韩琦与范仲淹合谋，应机乘便，出师征讨西夏。但韩范二人攻守的意见不合，范仲淹深感事情重大，连上三表，反复说明主动出击的危险，但都无效，只好请求留下鄜延一路作为牵制和招纳西夏之用，宋仁宗勉强答应了。但事情还未完，作为陕西主帅夏竦按照朝廷出兵征讨的意见又派尹洙去延州劝说范仲淹出兵，范仲淹仍然执意不肯。尹洙见他坚持己见，不禁叹息道："公于此乃不及韩公也。韩公尝云：'大凡用兵，当先置胜败于度外。'今公乃区区过慎，此所以不及韩公也。"范仲淹听了此言，立即反驳说："大军一动，万命所悬，而乃置之度外，仲淹未见其可。"韩琦知劝不动范仲淹，便贸然决定泾原一路自行出讨。他调集镇戎军的全部人马，又临时招募了一万八千壮士，全交给能征惯战、时任环庆路副都部署的任福率领，出兵西夏。任福与诸将贪功冒进，为一小股西夏兵引诱，脱离原定的行军路线长途追击，行至六盘山南麓的好水川口时，突然鼓角声大作，伏兵四起，人困马乏的宋军陷入西夏军的包围圈中，经过血战，任福与诸将战死，阵亡的士卒达六千多人。韩琦率领残兵败将撤退回来时，只见数千名阵亡将士的家属拥在韩琦的马前放声大哭说："汝昔从招讨出征，今招讨归而汝死矣！汝之魂识，亦能从招讨以归乎？"哀声震动山野，韩琦满面惭色，不禁潸然泪下。范仲淹听到败讯，叹息说："当是时，难置胜败于度外也。"（以上几段引文见《东轩笔录》卷七）好水川惨败的事实，教训了韩琦和朝廷中主张速战速决的大臣，充分证明了范仲淹的主张的正确。仁宗也放弃了进攻的方针，改而采取守策。范仲淹的主张虽然是正确的，但朝廷仍然借故其他之事，将范仲淹由大郡延州的知州贬为小郡耀州的知州，后又升任为军事要地——庆州的知州。范仲淹在庆州，始终如一地执行了以守为主的策略，所以从史料中看，未见范仲淹在庆州任上有大的军事进攻行动的记载。

二是修筑城堡，派兵驻守。修筑城堡，最早是在延州的任上。范仲淹首先采用种世衡的建议，修建了青涧城，占据了西夏军队入侵的要冲，扼制了西夏的侵犯；以后又建议朝廷修复了承平、永平等寨，对招还流亡，防守西夏，起了很大的作用。延州的经验被推广到各路，尤以庆州为最。这是因为范仲淹的军事思想是以守为主，加之他又直接任庆州的元帅，更加强化了这方面的工作。最出名的是他率军修筑了大顺城。《宋史列传七十二·范仲淹传》中说："庆之西北马铺砦，当后桥川口，在贼腹中。仲淹欲城之，度贼必争，密遣子纯祐与蕃将赵明先据其地，引兵随之，诸将不知所向。行至柔远，始号令之，版筑皆具，旬日而城，即大顺城是也。贼觉，以骑三万来战，佯北，仲淹戒勿追，已而果有伏。大顺城既成，而白豹、金汤皆不敢犯，环庆自此寇益少。"大顺城名由宋仁宗亲自起，宋朝大思想家张载专门写了一篇词文，进行了歌颂。说大顺城"老不累日，池埠以万。深矣如泉，岿焉如山。百万雄师，莫可以前"。范仲淹这种利用建筑修寨进行防守的思想，一直贯穿于他对西夏战略决策的始终。就在他离开庆州，在朝廷任参知政事和庆历四年（1044 年）宣抚陕西、河东时，曾讨论在环庆路与泾原路之间修筑古细腰城和葫芦泉诸寨，以断属羌明珠尔、灭藏、康奴三族之间联系的事，可见他对城堡寨垒在防御西夏中所起作用的重视。据《庆阳县志》记载，范仲淹在环庆一路，修筑城寨 28 座，烽火台 44 个。这些城台，在环庆路北部竖起了一排排屏障，构筑了强大的防御体系，有效地加强了宋军的防守能力，保障了庆环两州人民的生命财产安全。

三是上奏攻守之策，全面阐述防御西夏入侵的基本方略。经过一段与西夏用兵的实践，范仲淹较确切地了解了敌我双方的态势，掌握了对敌斗争的策略。他将自己的认识和主张汇集起来，写成了《攻守议》《再议攻守》之策，于宋仁宗庆历元年（1041 年）十一月上奏朝廷，希望朝廷采纳。他的攻守之策的核心思想是以守为主，兼之进讨，将固守与进讨有机结合了起来。他认为：西夏"兵马精劲"是他们的长处，而且居住在"绝漠之外，长河之北，依边面险，未易可取"。因此，他反对远距离进讨。其理由是："臣谓攻远而害者，如诸路深入，则将无素谋，士无素勇，或风沙失道，或雨雪弥旬，进则困大河绝漠之限，退则有乘危扼险之忧。"他主张近攻，将深入宋王朝界内的城寨派兵攻取、留兵固守，这样可以使宋王朝的疆界连成一片，相互应援，更好的固守。他对攻守的看法是："盖攻其远者则害必至，攻其近者则利相随。守以土，兵则安，守以东，兵则危。""用攻宜取其近而兵势不危，用守则必图其远而民力不匮。"他反对随意举兵，劝解宋仁宗学习汉文帝的和乐做法，使"百姓无内外之徭，得息肩于田亩"，达到"天下富实，鸡鸣犬吠，烟火万里"的境界。范仲淹的《攻守议》与《再议攻守》两文，基本确立了对西夏的方略，也逐渐为宋王朝所认识，得到很好的贯彻执行，使宋夏边界出现了一段长时间的稳定和安宁。

（四）实行军屯，强兵富民，发展了当地农业生产

作为有识之士的范仲淹充分注意到了军屯的巨大作用，并竭力实施了这项措施。首先他在延州任上，发现了种世衡在青涧城实行军屯，当年收获万石粮食，保证了驻军的需要，就毫不犹豫地支持了他，并向其他地方进行了推广。他到庆州的任上，自然也实施了这项措施，并且在《攻守议》与《再议攻守》两篇奏折上对实施军屯的好处进行了充分证明。他说："臣现今之边塞，皆可使弓手士兵以守之，因置营田，据亩定课，兵获余羡，中粜出官，人乐其勤，公收其利，则转输之患，久而自息矣。且使其兵徙家塞下，重田利，习地势，顾父母妻子而坚其守，比之东兵，不重田利，不习地势，复无怀恋者，功相远矣。倘朝廷许行此道，则委臣举择官员，约古之义，酌今之宜，行于边陲，庶几守愈久，而备愈充，虽戎狄时为边患，不能困我中国。此臣所以言假士兵弓手之力，以置屯田为守之利也。"

这段话将实行军屯的作用讲述得非常明白。如果实施"因置营田，据亩定课"的军屯，那么，既可以"兵获余羡"、"人乐其勤"，又可以"中粜于官"、"公收其利"，同时，还可以免除黎民百姓由内地转输军粮的困苦。他还主张将兵士的家属徙来塞下，让他们同兵士一道垦荒务农，这不但使士兵获得更大的利益，而且也使他们因顾全父母妻儿的安全而忠实守卫边疆。他请求：倘若朝廷同意实施这项策略，那么他就推举和选择能吏干员，取法古代实行军屯的经验，结合现今和当地的实际情况，在边关大力推行这种措施。最后他断言：这种策略在边界上实行的愈长久，那么边防粮草储备就愈充实，虽然西夏一再侵犯，都不能动摇我们国家。为了敦促朝廷同意他的主张，他还列举了历史上汉代赵充国、三国时魏武曹操等实行军屯取得巨大成功的事例，说明他的主张的正确性。宋王朝同意了范仲淹的主张，在庆历元年（1041 年）后季，宋仁宗下诏书："诏令逐路都部署司经置营田以助边费。"

在庆州大面积实施军屯，促进了庆州的农业发展；而且，范仲淹在实施军屯的同时，也对庆州的农业发展给予了充分的关注。一是范仲淹历来重视发展农业，他在泰州任上坚持修复捍海堤，在苏州任上疏通淤塞的河道等等，都是为了竭力发展当地农业生产。他在以后任参知政事时大力推行

庆历新政，把"厚农桑"作为《十事疏》的第六条予以充分表述。他说：《书》曰："德惟善政，政在养民。"此言圣人之德，惟在善政。善政之要，惟在养民。养民之政，必先务农。农政既修，则衣食足，衣食足则爱肤体，爱肤体则畏刑罚，畏刑罚则寇自息。祸乱不兴，是圣人之德，发于善政，天下之化，起于农亩。

因此，他主张由政府帮助农民兴利除弊，发展农业。他进一步要求政府："每岁之秋，降敕（皇帝的诏书）下诸路转运司，令辖下州军吏民，各言农桑之间，可兴之利，可去之害，或合开河渠，或筑堤堰陂（池的意思）塘之类，并委本州军选官，计定工料，每岁于二月间兴役，半月而罢，仍具功绩闻奏。如此不绝，数年之间，农利大兴。"（《十事疏》之六"厚农桑"）在庆州任上，作为一州之长，必然把发展农业作为一件大事来抓，这是毫无疑义的。二是他在庆州的任上留下了一首《劝农》诗，表达了他劝诫当地黎民百姓要重视农业发展的心情。诗云：

烹葵剥枣古年丰，莫管时殊俗自同。

太守劝农农勉听，从今再愿调豳风。

范仲淹认为：尽管周先民所处的时代与现在所处的时代不相同了，但重视农业、发展农业的习惯应该是一样的。因此，他希望周先民在那样困难的条件下大力发展农业的做法和风气在庆州应该继续发扬光大。范仲淹在庆州大力推进和重视农业，必然带来了庆州经济的繁荣，实现了他一贯追求的强兵富民的目的。

（五）免赋惩贪，兴办仁政，使庆民受益匪浅

范仲淹自小接受儒学教育，所以他的儒家思想根深蒂固。他处处时时为民着想，一切政事以利民为其着眼点，因此他奏请朝廷免除关中支移二税，以苏民困；他严厉惩罚贪官污吏，保护人民利益；他推行军屯，也是为了发展当地生产，起到强兵富民的作用。他兴办仁政，惠爱及民，使庆民受益匪浅。他这种体恤民苦的做法，赢得了民心，这也是庆州人民为他建立生祠的原因之一。

他多次向朝廷写奏折，要求减免包括庆州在内的陕西边民的科税。如其《奏乞免关中支移二税却乞于次边入中斛斗》劄子云："臣窃见陕西数年以来，科率百端，民力大困，州县督责，不能存济。兵间最为民患者，是支移税赋，转般斛斗。赴延州保安军，山坡险恶，一路食物草料，常时踊贵，人户往彼输纳，比别路所贵三倍，比本处州县送纳所费五倍，害民若此，实非久计。臣等欲乞朝廷指挥，都转运司体量。关铺今来灾旱，民力困乏，如边储有备，其二税与免支移。并边上入中斛斗，大段价高，出却京师见钱银绢万数浩瀚，亦令相度。权于次边州军入中所贵，减得官中贵价。既次边有备，则每遇事宜稍慢，可以退那军马于次边，就食粮草，既稍苏民瘵，又不误军期，如此守边，庶为得策。"

文中所说的"支移"，是一种变相的徭役，要农民将应缴的物资运送到指定的地点交纳。《宋史》说："其输有常处而以有余补不足，则移此输远，谓之支移。"这是最为害民的负担，因此他首先请求朝廷免除。其次，他又请求对于遭受天灾打击的农民也予以救济，其《奏乞救济陕西饥民劄》云："臣等窃见陕西永兴军，同耀、华州陕府等处，今夏灾旱，得雨最晚，民间秋稼，甚无所望，官中仓廪，亦无积贮，若不作擘画，即百姓大段流移，殍亡者众，兼军食阙绝，临时转漕不及。臣等乞朝廷，速降指挥，委本路都转运使孙沔，速相度上件州军向去救济饥民，及办给军食，有何次第。如难为擘画，即便于黄河内搬輦，自京以来斛斗，往彼应副，仍速行相度沿路如何计纲，即不艰阻。事状闻奏，候到，乞朝廷早赐施行。"

救民于水火的那种急切心情，跃然纸上，不能不令人动容。奏折递上去不久，宋仁宗于庆历元年十一月甲子下诏"蠲陕西来年夏租十之二"。包括庆州在内的陕西军民，要交纳战争的一切费用

和负担转输支移的徭役，加之旱灾，已是困苦不堪，但还有些贪官污吏横征暴敛、借机邀功，更使庆民雪上加霜。范仲淹得知后，立即予以纠正。在庆阳县城内，原有宋仁宗嘉祐五年（1060年）知州周沆立的《范文正公祠堂记碑》，在其碑阴记文中记载了这么一件事。文中说："凤翔府天兴令，持监司符檄来摄州事，以刍粮数百万计，暴加于民，促图己功，沸若羹鼎，至有力不堪弊，群窜他邦，甚者断肮绝胫，死以期免。公是时方经略四路，请留延安，民闻之，亟相提挈，驰告麾下。公即日走符檄，放天兴令者还任，凡百苛敛，一切罢去。未几，公即受命专本路之师，窜者还，危者安，里巷相保，卒如平时之乐。"是范仲淹为庆民赶走了贪官酷吏，是范仲淹为庆民罢免了苛政暴敛，是范仲淹使庆民"窜者还，危者安"，安居乐业。范仲淹对庆民恩莫大焉！不仅如此，在《范文正公祠堂记碑》的碑阴记文中还记述了这么两件事。

第一件是：先是，贼炎狂炽，日虞窃发，增屯士马，殆十数倍，民坊佛庙，皆得而止之。公恤其非便，乃环视内外，得州之北隅，拓城树宇，分列营校。工兴之日，有畚（用草做的盛器）锸（锹）发及枯骸者，询之，即昔之废垄焉。公命索其所余，以俸金买近阜民田，聚而葬之，丧具祭品，必亲视而后给。是岁久旱，已而后雨，佥谓公之阴德，故天报之。

从这段记文中，我们得知了以下四个情况：一是为了抵御西夏，在庆州的驻军多于以往数十倍，仲淹为了防止扰民，不在民家和寺院驻军，决定在庆州城之北，修建营寨。二是在修城建营过程中，发现了许多无主骸骨，范仲淹命人收集到一起，掩埋了他们。三是掩埋无主骸骨的费用是从自己俸金中拿出来的。四是范仲淹的这一仁举，感动了上苍，久旱得雨，故天报之。

第二件是：郡以处高，艰于井饮旧矣。公至，乃以地势迹之，命匠氏直城之西北，凿及甘泉，凡百余井。人无一金之费，日用一足。

范仲淹命人开凿的这百眼井，既解除了故军围城后断水道的危机，又保证了居民平时用水之便，谁能说这不是好事？

范仲淹为庆州人民做了这么多的好事，受到了庆州人民的拥护和爱戴，这是毫不奇怪的，也是理所当然的。但是范仲淹的最大功绩，是他在北宋贫弱不堪的局势下，还能以局部的力量，阻挡西夏进攻的凶焰，使边境人民免受战争之苦，保证了社会的相对安定。获得这样的成就，显然是很不容易的。罗从彦《遵尧录》卷六中说道：范仲淹为将务持重，不急近功小利。在延州时，筑青涧城，垦营田，复承平、永平废寨，熟羌（《宋史》卷191"兵志"中说："西北边羌戎，种落不相统一，保塞者谓之熟户，余谓之生户。"熟户即熟羌。）归业者数万户。在庆州时，城大顺以据要害，夺贼地而耕之，又隳城细腰、葫芦，于是明珠、灭臧等大族，皆去贼为中国用。自边制久隳（毁坏）至兵与将常不相识，仲淹始分延州为六将，训练齐整，诸路皆用以为法。方元昊窥边，其主谋张元辈闻朝廷命将若韩琦等，但嬉笑而已，独闻范仲淹至，则相顾有忧声。

叶梦得也对范仲淹的戍边作了这样的评语："元昊叛，议者争言用兵伐叛，虽韩魏公亦力主其说。然官军连大败者三：初围延州，执刘平、石元孙于川口，康定元年也；明年，败任福于好水川，福死之，庆历元年也；又明年，寇镇戎军，败葛怀敏于定川寨，执怀敏，丧师皆无虑十余万。中间惟任福袭白豹城，能破其四十一族尔。范文正欲力持守策，以岁月经营困之，无速成功，故无大胜，亦无大败。"这两段话是对范仲淹守边、也是知庆州的功绩的赞扬和肯定，甚为公允。

范仲淹非常热心教育事业。有人说：在封建王朝，范仲淹是继孔子之后，第二个重视兴办学校的儒家。据《庆阳县志》记载："范仲淹旧宅：在旧府治东，仲淹为环庆路经略安抚时所居。后为庆储库，今废。"范仲淹旧宅之东，清初为凤城书院。

范仲淹知庆州，造福于当地，深受人民的热爱和敬重。当他去世的那天，"四方闻者，皆为叹息。"庆州的羌民，数百人来到生前为他建立的祠堂痛哭哀悼，斋戒三日才离去。

（摘自刘文戈《范仲淹知庆州》，甘肃人民出版社，2002 年，有删节）

庆王西来　先住庆阳
白述礼

明太祖朱元璋在位时，为了防范功臣们作乱篡位，确定了"以同姓治异姓"的封皇子皇孙为藩王的基本国策，并规定了一整套严格的封藩制度，这一制度，成为明王朝历代帝王遵从不变的祖训。为巩固朱家王朝，朱元璋一方面大力推行中央集权制度，同时又实行与中央集权制度相矛盾的政策，分封诸皇子为王，用他们"屏藩王室"。

（一）太祖封藩　二十五王

朱元璋共有二十六子，除长子朱标封为太子，另一个皇子出生不久即死外，先后三次分封二十四子为王，又分封一个从孙为王，共有二十五王，让他们出镇全国各地，而且各有领地各拥军队。

第一次封藩王：洪武三年（1370 年）夏四月乙丑，封了九个皇子和一个从孙为亲王。第二次：洪武十一年（1378 年），也就是庆王朱㮵诞生的那一年，春正月甲戌，册封了五个皇子为亲王。第三次：洪武二十四年（1391 年）夏四月十三日，封十个皇子为亲王。封 16 皇子朱㮵为庆王，庆即庆阳，后藩国宁夏。史书记载二代庆王朱秩煃，末代庆王也就是十一代庆王叫朱倬漼，庆藩王府也到此结束，庆王府没有了。

（二）茅土之封　金册金印

洪武二十四年，夏四月十三日，明太祖朱元璋一次就封其十个皇子为亲王。他们中就有刚满 13 岁的第 16 皇子朱㮵封为庆王，又称庆靖王。

洪武二十四年五月戊戌，按照明太阻的御诏，刚刚"受茅土之封"册封为庆王的 14 岁的朱㮵，便与汉王、卫王、谷王、宁王、岷王六亲王一起，练兵于临清，"训练军士，各置护卫"，其中"庆王宁夏护卫"，"各王所过处所，军民官不必进见，随侍将士务其约束，勿使扰民，违者罪之"。

洪武三十一年（1398 年）三月，庆王朱㮵 21 岁上，父皇明太祖朱元璋患病，曾经"召庆王来朝"，到了南京，当年润五月，明太祖朱元璋驾崩。

朱㮵册封为庆王，先封庆阳，后封韦州，再后藩国宁夏（今银川）。《明史》记载：庆王朱㮵"洪武二十四年封。洪武二十六年就藩宁夏。以饷未敷，令驻庆阳北古韦州城，就延安、绥、宁租赋"。庆王朱㮵有自己的中护卫，其中有护卫甲士五千六百人，庆王王府仪卫司，有校尉一千一百二十人，内使长史司，有甲军五十人，工正所，有匠作三百六十人，群牧所，有专为王府搞畜牧业的牧养官军一千一百二十人，加上其他王府各类官员、甲军、侍从、差役以及乐工二十七户等，军队总数约一万人。

明太祖朱元璋册封自己的第十六皇子朱㮵为"庆王"的时候，也按明制钦赐金铸王印一枚，上书"庆王之宝"四个大字。同时，御赐金册。明太祖册封朱㮵为庆王的金册册文如下：

维洪武二十四年，岁次辛未，四月戊午朔十三日庚午，父皇制曰：昔君天下者，禄及有德，贵子必王，此人事耳。然居位受福，国于一方，尤简在帝心。第十六子㮵：今命尔为"庆王"。分茅胙土，岂易事哉。朕起自农民，与群雄并驱，难苦百端，志在奉天地，飨神祇，张皇师旅，伐罪救民，时刻弗怠，以成大业。今尔固其国者，当敬天地在心，不可逾礼，以祀其宗社山川，依时飨之。谨兵卫，恤下民，必尽其道。于戏，勤民奉天，藩辅帝室，允执厥中，则永膺多福。体朕训言，尚其慎之。

朱元璋在给庆王受封的金册册文中，告诫庆王朱栴：当一个合格的"受茅土之封"的藩王，绝对不是件容易的事情。你要守好封给你的藩国，就必须"敬天地"和"祀其宗社山川"，要"谨兵卫，恤下民，必尽其道"。目的就是要皇子朱栴"勤民奉天，藩辅帝室，允执厥中，则永膺多福"。最后，明太祖朱元璋还再三嘱咐小皇子一定要注意听父皇的训言，谨慎从事，"体朕训言，尚其慎之"。我们从庆王朱栴就藩45年的经历来看，朱栴一生可以说是不折不扣地按照父皇训言，始终把握"谨慎"，一生谨守职分。

据统计，庆王府先后封亲王11人，10世，封郡王42人。另据《万历朔方新志》不完全统计，庆府封镇、辅、尉爵者，多达251人。

庆王朱栴有正王妃孙氏，次妃汤氏（在孙氏去世以后扶为正妃）和妃魏氏，还有夫人刘氏、何氏等。次王妃汤氏于永乐十三年（1415年）为庆王朱栴生养了朱秩煃，定为嫡长子，后来又被封为世子，正统四年（1439年）袭封庆王，在位30年，于成化五年（1469年）薨。谥号康王。子怀王邃㙉袭封。

三、初封弘化　王住庆阳

为什么朱栴封王被封为"庆王"，这"庆"字，就是指古代的庆州，明朝时的庆阳府（今甘肃庆阳市庆城县）。根据《明史·朱栴传》（《明史》卷117《诸王传》）中记载，在明太祖洪武二十四年（1391年）四月十三日，朱元璋封其第16子刚满13岁的朱栴为庆王，历史上称为庆靖王，满15岁到封地，封地应该是庆阳。理由是：

第一，时封庆阳，故国名"庆"：朱栴的八世孙朱永斋在《重刻宁夏志序》中写道："予始祖靖王（即指庆靖王朱栴），初封弘化，已而移宁夏。"查弘化即弘化郡，秦朝为北地郡，隋朝为庆州、弘州、弘化郡，据此，朱栴是"初封弘化"，也就是先封于庆阳。《续文献通考》卷208封建三也记载：洪武皇帝第16子朱栴"时封庆阳，故国名'庆'"，这条记载再次证明了，明太祖朱元璋最先封朱栴为藩王的时候其封地在庆阳，因此，称朱栴为"庆王"。朱永斋说的"已而移宁夏"，"移"字非常说明问题，应该说明朱栴是先封在弘化，后来才由弘化迁"移"到宁夏的，如果不去庆阳，怎么会有"移"呢？

第二，《明史》记载庆阳建庆王府：《明史》卷42《地理三》记载："庆阳府……洪武二十四年四月，建庆王府。"这段记载，明确地说明，朱栴洪武二十四年四月封王于庆阳（弘化），而且，朝廷给他在这年四月在庆阳府（治所安化县即弘化，今庆城）建筑了庆王府。

第三，庆靖王本人证明他在庆阳居住过：《明实录·宣宗章皇帝（宣德）实录》卷10记载，朱栴本人提供了更加完全明确的肯定的证据，无须再找其他任何证据的证据，即他自己明确地肯定地说，他是由庆阳"徙居"韦州，然后再由韦州"移居"到宁夏（今银川市）的。请看《明实录·卷10》的记载："洪熙元年（1425年）十月甲午，庆王栴奏：'洪武中，自庆阳徙居韦州，洪武三十四年（即建文三年，1401年）十二月，复令移居宁夏。宁夏卑湿，土碱水咸，请仍居韦州'。"朱栴说他自己"自庆阳徙居韦州"，这说明庆王先在庆阳居住，然后由庆阳迁徙到韦州居住，后来再迁移到宁夏（今银川市）居住的。如果没有去过庆阳并在庆阳居住过，家不在庆阳，那怎么会自庆阳"徙居"韦州，从庆阳搬家到韦州？答案是十分明确的，朱栴洪武二十四年刚满13岁的时候，封庆王，享藩47年。洪武二十六年（1393年）15岁的朱栴"受命西来"，是走的三步、三站：第一步、第一站：由南京先到他的封地庆阳；第二步、第二站：由庆阳迁徙到韦州，"居之九年"；第三步、

第三站：由韦州迁移到宁夏（今银川市），居之 36 年，而在宁夏总共居住 45 年。

第四，《万历朔方新志》的补正。《万历朔方新志》卷 1《城池》记载："韦州群牧所……洪武间，庆靖王猎于此，见罗山秀丽，遂宫室，居之九年，移宁夏。""洪武间"与"洪武中"应该是一个时间。这条记载说明庆王在建藩国于韦州之前，曾经来过韦州罗山行猎。那么，他从什么地方来韦州行猎呢？不可能是从南京直接来韦州吧，合理的解释，只能是从庆阳王府来韦州。这就为庆王自己说居住过庆阳做了补正。再者，《嘉靖宁夏新志》载："韦州驿（站），在东关内……属庆阳府，俱迁环县民夫当之。"说明当时的韦州驿站归庆阳管，庆阳与韦州有着密切的一定的隶属关系。庆王事先由庆阳去藩国韦州看看，这不是偶然的，他总要去看看他和他的王府要居住的是个什么样的地方，所以，后来庆王在迁藩国到宁夏城之前，也曾经去过宁夏城。庆阳到韦州 300 余里，韦州到宁夏城距离也是 300 余里，路程差不多。能事先去宁夏，也完全可以事先去韦州，何况去韦州还是行猎这样使人愉快的旅行。

《明史·朱㮵传》记载朱㮵是洪武二十六年（1393 年）正月，15 岁，"受命西来"先到庆阳居住，然后，在同年冬，"令住庆阳北古韦州城"。据此推断，朱㮵在庆阳居住的时间不太久，应该不超过一年，就在洪武二十六年，年初到庆阳，年末到韦州。总之，朱㮵是由南京先到封地庆阳，在庆阳居住过，这一点应该是肯定的。

（四）古城庆阳　北关皇城

今为庆阳市庆城县的古庆州，是个山清水秀的好地方。据庆阳地方资料记载，庆城县一个奇特之处，是城外有城，城城相连。庆城县德胜门外有北关城，与起凤桥（俗名北吊桥）相连。北关城又称皇城，传说，明代庆王朱㮵就在庆阳府弘化城（庆城县）北关建立了庆王王府。明太祖朱元璋封其第 16 子朱㮵为庆靖王，又名庆王，在此建有王宫，故名皇城。北关城从东到西有城门三座，依次为"宣化""安远""便门"；北关城外有田家城，另名"驸马城"，与"皇城"相对应。东南"永春门"外有南关城，规模较小，有城门两座，南名"宜阳"，北名"保障"。

庆靖王朱㮵的后代也相继世袭封为庆王，他们是庆康王（朱秩煃）、庆怀王（朱邃欸）—庆庄王（朱邃塀）—庆恭王（朱寘錼）—庆定王（朱台浤）—庆惠王（朱鼒枋）—庆端王（朱倪贵）—庆宪王（朱伸域）—庆王（朱帅锌）—庆王（朱倬纮）等十代亲王，连同庆王朱㮵是 11 代庆王。后十代亲王逝世以后，也都和朱㮵一起埋葬在韦州明王陵。庆王庶出的第四子，名叫朱秩炵，在明成祖永乐十七年（1419 年）被封为安化王。安化王的藩名即取庆阳府安化县（庆城县）。他的孙子藩袭郡王爵，在明武宗朱厚照正德五年（1510 年）起兵反叛，被游击将军仇钺（镇原人）设计擒拿，被赐死，藩封撤销。

总结庆王在庆阳王府居住，不到一年的时间，主要有四件大事：第一，洪武二十六年正月，庆王由南京奉诏之国到封地庆阳王府；第二，九月，庆王㮵、代王桂、肃王楧、辽王植、宁王权五亲王，奉诏至京师，觐见父皇明太祖；第三，是年秋，庆王行猎于韦州，"喜见罗山秀丽，遂宫室"；第四，是年冬，庆王"自庆阳徙居韦州"。

（白述礼，宁夏大学教授，陕西三原县人。1958 年毕业于北京大学历史系。在宁夏从事教育工作，研究世界史、回族史、宁夏地方史。出版专著《大唐灵州镇将》。选编时，此文略有改动）

胡耀邦视察庆阳

1983 年 7 月 20 日，晴空万里，阳光灿烂。8 点 47 分，中共中央总书记胡耀邦的专机徐徐降落庆阳机场。胡耀邦与全国政协副主席、中共中央统战部部长、国家民委副主任杨静仁，共青团中央第一书记王兆国及陪同的甘肃省委书记李子奇、兰州军区第一政委肖华等走出机舱。庆阳地委书记李生洲、行署专员赵连升、地委顾问云尚秀及长庆油田总指挥张云清等与总书记握手问好。胡耀邦精神抖擞地说：“这次来是看看老区，看看油田，看看高原钻井和采油，看看大家。”在庆阳地区党、政负责人引导下，胡耀邦健步走进机场候机室作短暂休息。他简要询问了庆阳地区现有人口、面积等基本情况和长庆油田生产情况，行署专员赵连升、长庆油田总指挥张云清分别作了回答。休息片刻后，胡总书记起身和大家乘坐白色空调中巴，前往 100 多千米处的庆阳县马岭镇，视察长庆油田生产区。

车辆行至长庆石油勘探局指挥部门前时，油田领导请胡总书记进去休息一会儿，他挥挥手说："不进去了，先到油田现场看看。"中巴加快速度往西川驰去。因路面年久失修，坑洼不平，车辆有些颠簸，但总书记一点都不在意。他问油田发展，问技术装备，问油品质量，问创业队伍……特别关切地问："工人能不能吃上肉，是猪肉还是羊肉？"当他知道当地肉、菜、水果供应充足，价格也低时，放心地点了点头。他接着问："这里的冬天冷不冷，烧煤和吃水是怎样解决的？"油田负责人一一作答。当了解到油田基地所在的庆城一带水质含碱超量、水味发苦等问题时，总书记沉默了半晌问道："国内外对黄土高原上水的问题有无人研究，怎样才能解决好？"他一边思考一边和车上的同志探讨，叮嘱说："应该研究一下，把水分开，用管线把好水引出来，要让工人和当地人吃上好水。"

胡总书记对油田充满了浓厚的兴趣，详细地询问了油田的生产规模和远景规划。油田指挥部领导汇报说："经过 10 多年的奋战，年产量已达到 130 多万吨。"总书记高兴地说："产油 100 多万吨，不错啊！"车辆经过庆阳化工厂门前时，李子奇说："总书记您看，这个厂子是油田投资建设起来的，生产规模很大。油田对地方支持真是不小。"油田领导接着说："发展自己，振兴国家，支持地方，这是石油人应该做的。"总书记看到这一切，听到这些话，高兴地说："我们要学习石油工人的崇高品质，学习他们无私的奉献精神！"

胡耀邦来到长庆油田主产区马岭油田，走向采油站 19 号井，望了一下四周光秃秃的山岭，对油田负责人说："你们辛苦了。"总书记走近抽油机，亲切地问一个工人："这个（指马岭）油田能出多少油？"工人回答："年产 70 万吨。""哦，主要产油在这里？"这位工人连连点头。总书记叮嘱道："你们要开发好这个油田，党和人民都会感谢你们的！"在山沟里摸爬滚打的工人们，做梦也不会想到能和总书记在这里面对面地说话。总书记的话像一股暖流流进了工人的心田。总书记话音一落，周围响起了一片热烈的掌声。当油田负责人介绍当年"三块石头支口锅，三顶帐篷一个家"的艰难创业情景和石油工人不畏艰苦挑战困难、攻坚嘴硬、建设油田事迹时，胡总书记边听边点头。得知长庆油田已名列全国十大油田的第九位时，总书记惊讶地说："你们已经超过了玉门、江汉、江苏等油田，好呀！"油田负责人介绍他们计划到 2000 年原油产量将达到 500 万吨。总书记举目看了看周围说："你们油田是鸡窝油田，能不能产这么多？"听到了肯定的答复，总书记高兴地笑了。

回到长庆石油指挥部机关后，胡总书记接见了在此迎候的庆阳县委书记周特祥、县长王维、县

委副书记范机昌、县人大副主任安生才、王生荣和县政府副县长张仁、李芝琴、文武志及县委顾问吴宗尧、团县委副书记张举等，随后与他们一起合影留念。

胡耀邦总书记在视察长庆油田和接见庆阳负责人时，明确指示不要设宴招待。下午1时，他在长庆油田指挥部的窑洞招待所和大家吃了一顿便饭。2时许，忙碌了一天的总书记就要离开庆阳县了，人们围在面包车周围，依依不舍地和总书记握手道别。大家感慨地说："胡总书记真是一位极为随和的领导者，平易近人的领袖。"

在返回庆阳地区机关所在地西峰镇途中，胡总书记与陪同视察的赵连升专员亲切交谈，询问庆阳地区所辖7个县的人口、土地面积、农业生产、畜牧业发展、植树造林和农民生活等基本情况以及赵专员个人的情况。路过驿马公社时，胡总书记走到田间看了看茁壮生长的玉米等大秋作物和农民劳动的情景。下午4时许抵达西峰。

耿飚回访庆阳记

1991年7月19日下午，耿飚、赵兰香夫妇冒着酷暑，带领子女回到阔别50多年的故乡——庆阳县城，受到庆阳县委、县政府和各界人士及亲朋好友的真诚欢迎与接待。

据赵兰香回忆：这次回访故里，恰值他们结婚50周年。1941年7月5日，时任八路军第一二九师第三八五旅副旅长兼参谋长的耿飚与庆阳县女子小学（今为庆城中学）教员赵兰香结为革命伉俪。7月20日上午8点整，他们不顾昨天的劳顿，正式接见了庆阳县委、人大、政府、政协、人武部五大班子负责同志，认真听取县上工作汇报，详细询问当地群众的生产生活情况。在其后的三四天里，他们早出晚归，先后视察了庆阳县的经济建设和文化、教育、卫生等各项事业的发展状况，长庆油田的开发与建设，看望和慰问了当地的老红军、老八路、老长辈，并与他们进行亲切恳谈。

他们专程前往当年三八五旅旅部机关驻地——庆阳县城的田家城，耿老深情地说：当年，部队在这里开挖100多孔窑洞自己住，完全是遵照毛主席"自力更生、艰苦奋斗"的指示去做的。这样做既不扰民，又解决了部队和广大指战员的住宿困难，更重要的是培养了部队战士的吃苦耐劳和克服困难的优良精神。我们就是靠这种精神，按照党中央和毛主席提出的"自己动手，丰衣足食"号召，度过了抗日战争最困难的时期。现在我们的生活条件发生了很大变化，但养成的良好传统不能丢啊！在县城钟楼巷参观县博物馆时，耿老惊讶地发现那块由他题名、用隶书刻写的"同乐"石碑。他说：这块石碑是在1940年题刻的，那时，陕甘宁边区政府经济十分困难，但为了纪念抗日阵亡将士，我们还是筹集资金，在庆阳县城北大街靠西首修建了三层四面的纪念塔，起名叫"抗日阵亡烈士纪念塔"。在紧靠纪念塔的南面修建了能容纳上千人、东西走向的大礼堂。这两个建筑物都是由我负责设计、施工的。在砌筑大礼堂的后墙时，我们将"同乐"这块石碑镶嵌进去。现在，纪念塔与大礼堂虽然早已拆除，但这块"同乐"石碑作为革命文物却保存下来，实属不易啊！耿老亲睹故物，感慨万千，于是，他令人铺纸研墨，挥毫书写了"古风犹存"四个大字。

耿飚这次回访庆阳，住在县宾馆北院的106房间。据赵兰香老人回忆："一天晚上，县宾馆外人声鼎沸，耿飚叫小女儿耿焱出去看看是怎么回事，女儿回来报告说，外面黑压压来了一群老百姓，很多人是来看热闹的，但也有相当一部分是来告状的。尽管保卫人员多方劝阻，但群众还是不愿离开。"

"离开庆阳那天早晨，耿飚接见县里所有主要负责同志，到场的还有甘肃省顾委的领导同志，他的心情十分沉重。讲述了一件往事："50 年前，我们三八五旅在这里驻防时，部队的一个战士，犯了严重损害当地人民利益的错误，旅部决定按纪律将这个战士枪毙。当我们在操场上集合了队伍准备执行枪决的时候，来了一大群老百姓，替那个违反纪律的战士求情。我要坚决执行纪律，但连那个受害女青年的父母也来求情。我决不能允许人民军队的战士欺压百姓，所以仍然要执行纪律。这时候受害女青年的父母跪倒在地上向我求情，紧接着一操场的群众全都跪倒，哭着说，共产党都是好人啊！请饶了这个战士，让他戴罪立功吧！我反复向群众说明我们八路军的纪律，可群众说什么都不起来。最后我们流着泪接受了群众的要求。'说到这里，他大声激动地说："现在，我要问问今天在座的你们这些人，不管哪一个，如果做错了事，老百姓还会不会替你们求情？'这时全场鸦雀无声，只有他的话音在回荡。耿老讲这件事用意十分深远。作为老一辈无产阶级革命家，他最关心的是党群关系。因为党群关系是我们党立党之基础、是事业成败之关键。他告诫地方领导，一定要处理好党群关系。"

三、文件辑存

中华人民共和国国务院

国函〔2002〕55 号

国务院关于同意甘肃省撤销
庆阳地区设立地级庆阳市的批复

甘肃省人民政府：

你省《关于撤销庆阳地区设立地级庆阳市的请示》（甘政发〔2002〕29 号）收悉。现批复如下：

一、同意撤销庆阳地区和县级西峰市，设立地级庆阳市。市人民政府驻新设立的西峰区长庆北路。

二、庆阳市设立西峰区，以原县级西峰市的行政区域为西峰区的行政区域。区人民政府驻九龙南路。

三、庆阳县更名为庆城县。

四、庆阳市辖原庆阳地区的镇原县、环县、华池县、合水县、宁县、正宁县和新更名的庆城县以及新设立的西峰区。

庆阳市的各类机构要按照"精简、效能"的原则设置，所需经费和人员编制由你省自行解决。

中华人民共和国国务院

二〇〇二年六月二十二日

特 急

甘 肃 省 人 民 政 府

甘政函〔2002〕88 号

甘肃省人民政府转发
国务院关于同意甘肃省撤销
庆阳地区设立地级庆阳市的批复的通知

庆阳地区行政公署：

现将《国务院关于同意甘肃省撤销庆阳地区设立地级庆阳市的批复》（国函〔2002〕55 号）转发给你们，请你们根据国务院批复精神，按照精简、效能的原则和有关法定程序，抓紧做好撤地设市工作，并将工作情况及时报告省政府。

设立地级庆阳市所需工作经费由你地区自行解决。

二〇〇二年七月十八日

甘肃省庆阳地区行政公署文件

庆行署发〔2002〕73号

庆阳地区行政公署
关于转发《甘肃省人民政府转发国务院
关于同意甘肃省撤销庆阳地区设立地级庆阳市
的批复的通知》的通知

各县市人民政府，地直各部门，中省驻庆各单位：

现将《甘肃省人民政府转发国务院关于同意甘肃省撤销庆阳地区设立地级庆阳市的批复的通知》予以转发，请各县市和各部门按照地委、行署的部署和安排，认真做好各项工作，确保我区撤地设市的顺利进行。

二○○二年八月十六日

庆阳市地方志编纂委员会文件

庆志委发[2016]3号

庆阳市地方志编纂委员会

关于《庆城县志（1986~2012）》出版的批复

庆城县人民政府：

　　你县《关于申请终审〈庆城县志（1986~2012）〉的报告》收悉。经市地方志编纂委员会2016年9月8日组织会议终审。批准该志书出版，公开发行。

　　此复

庆阳市地方志编纂委员会

2016 年 12 月 26 日

四、前志补遗

（一）北宋时庆州知州任职表

姓名	籍贯 职务	出身	任职时间	年限	从何而来	到何而去	备注
姚内斌	平州卢龙人。庆州刺史，兼青白两池榷盐制置使	军人	宋太祖建隆元年至开宝七年（960—974）	15年	由契丹归降后从虢州调任	暴得疾，卒于治所，年64岁	
田仁朗	大名元城人。庆州知州（刺史改名知州）	军人	开宝七年至宋太宗太平兴国二年（974—977）	4年	由西头供奉官选知庆州		沉厚有谋，雅好音律。
慕容德丰	字日新，太原人。庆州知州，兼邠宁都巡检	荫职	太平兴国二年至雍熙二年（977—985）	9年	由蔚州刺史调任	调登、莱后又回任，俄改灵州	以简静为治，边境安之。
王延德	大名人。庆州知州。	太宗晋邸旧人	雍熙三年至淳化二年（986—991）	6年	由崇仪使、掌御厨调任	回朝廷，监折博仓	攀附得官，倾险好进，时人恶之。
刘文质	字士彬。保州保塞人，庆州知州	皇戚	淳化二年（991）	几个月	由西头供奉官调入	徙知泾州	简穆皇后从孙。性刚。
李继	不详			个把月			
马知节	字子元。幽州蓟人。庆州知州	将家子	淳化二年至四年（991—993）	2年	由深州移知	迁西京作坊使，旋知梓州	好读书，友儒正直。
程德玄	字禹锡。郑州荥泽人。庆州知州	太宗旧人，医生	淳化五年至宋真宗咸平四年（994—1001）	8年	由凤州调任	入朝，后出知并、代知州	攀附得官，两知环州。
郑惟吉	庆州知州。《宋史》未有传		咸平五年至六年（1002—1003）	1年多			见《宋史·梁鼎传》。
杜彦钧	定州安喜人。庆州知州	皇戚	咸平六年（1003）	不足1年	由邠州调任	调往延州	昭宪皇太后兄杜审琦从子
闫日新	新宿州临涣人。庆州知州，兼环庆路都监	真宗为寿王时旧人	景德元年至大中祥符二年（1004—1009）	6年	由泾州调任	转供备库使知环州	两知环州。原说任庆州九年，误。
孙正辞	庆州知州。《宋史》未有传。		大中祥符八年任（1009）	任期不到1年			见《宋史·侍其曙传》
待考			大中祥符三年至七年（1010—1014）	5年			
康继谟	知州。《宋史》未有传。		大中祥符八年至九年（1015—1016）				见现存《庆州老子道德经幢》文。
李余懿	知州。《宋史》未有传。		天禧元年至三年（1017—1019）				同上。
卢鉴	金陵人。庆州知州，环庆路都监	进士未中，授三班奉职	天禧元年至三年（1017—1019）				李余懿与卢鉴任职难划分。
张舜臣	庆州知州。《宋史》未有传。		天禧四、五年至乾兴元年（1020—1022）	3年			见李焘《续资治通鉴长编》下简称《长编》。
康德舆	字世基。河南洛阳人。庆州知州，兼兵马钤辖	荫祖功授职	宋仁宗天圣元年至九年（1023—1031）	9年	由原州调入	调往益州	

姓名	籍贯　职务	出身	任职时间	年限	从何而来	到何而去	备注
李 渭	字师望。其先河西人，后家河阳。庆州知州。	进士	待考		由原、环州调入	调任益、利路兵马钤辖	
史 方	字正臣。开封人。庆州知州。兼环庆路兵马钤辖	周易学究不中，授二班殿侍。	待考		由环州调入	又调环州、秦州	
赵 振	字仲威。雄州归信人。庆州知州，兼沿边都巡检使	军人	明道元年至二年、景祐元年至四年、宝元元年（1032—1038）	6年	不详	调泾原都监、知环州、延州等	
高继嵩	庆州知州。《宋史》未有传。		宝元元年九月至二年五月（1038—1039）	9个月			见《长编》宝元元年九月甲戌
张崇俊	庆州知州。《宋史》未有传。		宝元二年八月至康定元年（1039—1040）	10个月			同上。宝元二年五月丙午
任 福	字佑之。其先河东人（山西），后徙开封，知州，兼环庆路副部署。	军人	康定二年六月至庆历元年二月（1040—1041年）	8个月	由鄜州副部署、州团练使调入	战死在好水川	
张 奎	字仲野，临濮人。知州兼环庆路经略安抚招讨使。	进士	庆历元年二月至五月（1041）	3个月	由户部副使调入	调陕西都转运使	原无此人，根据《宋史》补入。
范仲淹	字希文。江苏吴县人。庆州知州，兼环庆路经略安抚招讨使。	进士	庆历元年五月至二年十月（1041—1042）	1年6个月	由延州、耀州知州调入	调往泾州	
滕宗谅	字子京。洛阳人。知州，兼环庆路经略安抚招讨使。	进士	庆历二年十月至三年八月（1042—1043）	11个月	由泾州知州调入	先扣押审查后调虢州、岳州知州	
王仲宝	字器之。密州高密人。庆州知州，兼环庆路经略安抚招讨副使。	军人	庆历二年十月至三年八月（1042—1043）		泾原路兵马副总管，由好水川战斗生还调入	调往代州	与滕宗谅在同一时间但不知先后
田 况	字符均，冀州信都人。权知庆州。	进士	庆历三年（1043）	时间很短	陕西经略判官、知制诰	陕西宣抚副使	因滕宗谅受审察，暂代知州。
孙 沔	字符规，越州会稽人。环庆路总管，经略安抚使兼庆州知州	进士	庆历三年至庆历四年五月（1043—1044）	7个月	陕西都转运使	知渭州	四知庆州
尹 洙	字师鲁，河南洛阳人。庆州知州。兼环庆路经略安抚招讨使。	进士	庆历四年五月（1044）	月余	知渭州兼泾原路经略公事	知晋州、潞州。	内则外和，博学有识度。古文大家。
孙 沔	字符规，越州会稽人。庆州知州，兼环庆路总管，经略安抚使	进士	庆历四年六月至庆历五年七月（1044—1045）	13个月	渭州知州	河东转运使	
沈 邈	字子山，信州弋阳人。庆州知州，兼环庆路经略安抚使。	进士	庆历五年八月至十一月（1045）	4个月	河北都转运使加按察使	延州知州	

姓名	籍贯 职务	出身	任职时间	年限	从何而来	到何而去	备注
施昌言	字正臣，通州静海人。庆州知州，兼环庆路经略安抚使。	进士	庆历五年十二月至庆历七年三月（1045—1047）	1年5个月	河北转运使	在州所为不法降知华州	鹅池洞有施的修洞碑文。博物馆存有庆历六年修城碑。
孙沔	见前	进士	庆历七年三月至庆历八年二月（1047—1048）	11个月	河东转运使	徙知成都府	
杜杞	字伟长。庆州知州，兼环庆路经略安抚使。	因父杜镐荫恩得官	庆历八年三月至皇祐二年六月（1048—1050）	2年零1个月	河北转运使	卒于庆州官所	强敏有才，通阴阳数术之学。
张升	字杲卿，韩城人。庆州知州，兼环庆路经略安抚使	进士	皇祐二年六月至皇祐四年十一月（1050—1052）	2年零5个月	开封府知府	知秦州	后官至丞相，年86岁薨。
何中立	字公南，许州长社人。庆州知州，兼环庆路经略安抚使	进士	皇祐四年十一月至至和元年二月（1052—1054）	2年零4个月	秦州知州	还朝判大常寺	
崔峄	字子才，京兆长安人。庆州知州，兼环庆路经略安抚使	进士	至和元年二月至嘉祐二年八月（1054—1057）	2年零9个月	给事中	同州知州	所至贪奸，以老益甚。
傅求	字命之，考城人。庆州知州，兼环庆路经略安抚使	进士	嘉祐二年八月至嘉祐三年三月（1057—1058）	8个月	陕西都转运使	入判大常寺权发遣开封府	
刘湜（音shi）	字子正，徐州彭城人，庆州知州，兼环庆路经略安抚使	进士	嘉祐三年三月至八月（1058）	4个月	郓州知州	改知密州，病卒于任所	嗜酒，执法少恕。
周沆	字子真，青州益都人，庆州知州，兼环庆路经略安抚使	进士	嘉祐三年八月至嘉祐五年（1058—1060）	1年10个月	河东都转运使	入朝知通进银台司	修建范文正公祠。
韩绛	字子华，开封雍丘人，庆州知州，兼环庆路经略安抚使	进士	嘉祐五年至嘉祐八年正月（1060—1063）	2年7个月	此年五月知蔡州未数月转知庆州	知成都府	不久为丞相，封康国公。
孙长卿	字次公，扬州人。庆州知州，兼环庆路经略安抚使	荫外祖功得官	嘉祐八年二月至英宗治平二年五月（1063—1065）	3个年头，实1年9个月	陕西都转运使	河东都转运使	无文学长于政事，为能臣，性廉洁。
孙沔	庆州知州，兼环庆路经略安抚使	进士	治平二年五月至治平三年正月（1065—1066）	8个月	河中府	在延州任上卒	第四次任庆州知州
蔡挺	字子政，宋城人，庆州知州，兼环庆路经略安抚使	进士	治平三年至治平四年（1066—1067）	7个月	陕西转运副使	知渭州	后官至枢密副使，谥"敏肃"。
李肃之	字公仪，庆州知州，兼环庆路经略安抚使。	荫伯父李迪功得官	治平四年至神宗熙宁元年（1067—1068）	不到1年	右谏议大夫	知瀛州	年82岁卒，一门忠孝。

姓名	籍贯　职务	出身	任职时间	年限	从何而来	到何而去	备注
李复圭	字审言，庆州知州，兼环庆路经略安抚使。	不详	神宗熙宁元年至熙宁三年八月（1068—1070）	3个年头，近2年	成都转运使	谪保静军节度副使	贪边功，遣李信夜袭西夏，败还，斩信以自解。
王广渊	字才成，大名成安人，庆州知州，兼环庆路经略安抚使。	进士	熙宁三年八月至熙宁五年十一月（1070—1072）	2年零7个月	河东转运使	知渭州	任内发生"庆州兵变"。
楚建中	字正叔，洛阳人。庆州知州，兼环庆路经略安抚使。	进士	熙宁五年十一月至熙宁七年九月（1072—1074）	1年零10个月	陕西转运使	知江宁	年81岁卒，任内庆州大旱
范纯仁	字尧夫，江苏吴县人。范仲淹第二子。庆州知州，兼环庆路经略安抚使。	进士	熙宁七年十月至熙宁十年八月（1074—1077）	4个年头，实2年零10个月	邢州知州	责降齐州	先斩后奏，开仓放粮，救济灾民，实现"全活"
高遵裕	字公绰。英宗宣仁高皇后叔。庆州知州，兼环庆路经略安抚使。	皇戚	熙宁十年八月至元丰元年八月（1077—1078）	1年	颍州知州	坐事黜知淮阳军	
俞　充	字公达，明州鄞人。庆州知州，兼环庆路经略安抚使。	进士	元丰元年八月至元丰四年六月（1078—1081）	4个年头，实2年零10个月	提举京城市易	卒于庆州任所	上书要求举兵伐夏。
高遵裕	见前。	见前	元丰四年六月至元丰四年十二月（1081）	6个月	代州知州	贬郢州团练副使。	举庆州兵参与五路伐夏，大败，死伤惨重。
曾　布	字子宣，南丰人。庆州知州，兼环庆路经略安抚使。	与兄同登进士第	元丰四年十二月至元丰五年十月（1081—1082）	10个月	蔡州知州	迁户部尚书	后官至丞相，实行王安石变法。谥"文肃"。
赵　禼	字公才，邛州依政人。庆州知州，兼环庆路经略安抚使	进士	元丰五年十月至元丰八年四月（1082—1085）	4个年头，实2年零8个月	知淮阳军	复知延州	
范纯仁	见前，庆州知州，兼环庆路经略安抚使。	见前	元丰八年四月至十月（1085）	6个月	河中府	召任右谏议大夫	第二次知庆州，后官至丞相
范纯粹	字德儒，江苏吴县人。范仲淹第四子。代兄任庆州知州，兼环庆路经略安抚使。	以父荫得官	元丰八年十一月至哲宗元祐六年二月（1085—1091）	7个年头，实5年4个月	京东转运使	召户部侍郎	沉毅有干略，才应时须。在庆州，无为而治，汉羌皆安。
章　楶（音jie）	字质夫，建州浦城人。庆州知州，兼环庆路经略安抚使。	以祖与叔荫而得官	元祐六年二月至元祐八年正月（1091—1093）	3个年头，实2年	吏部右司员外郎	改知渭州1月召为户部侍郎	立功为西方之最，后官至同知枢密院事，谥"庄简"。
孙　览	字傅师，庆州知州，兼环庆路经略安抚使。	进士	元祐八年正月至二月（1093）	1个月	桂州知州	知渭州	
范子奇	字中济。范雍孙。庆州知州，兼环庆路经略安抚使。	以祖荫恩得官	元祐八年三月至绍圣元年二月（1093—1094）	1年	权户部侍郎	入为吏部侍郎	

姓名	籍贯 职务	出身	任职时间	年限	从何而来	到何而去	备注
穆衍	字昌叔，河内人。庆州知州，兼环庆路经略安抚使。	进士	绍圣元年二月至绍圣二年六月（1094—1095）	1年4个月	陕西转运使	知延安	曾任华池县令，巧断割牛舌案。
孙路	字正甫，开封人。庆州知州，兼环庆路经略安抚使。	进士	绍圣二年六月至哲宗元符元年八月（1095—1098）	4个年头，实3年	以礼部员外郎侍进徐王府	知熙州泾源	曾官兵部尚书。
胡宗回	字醇夫，胡宿从子。庆州知州，兼环庆路经略安抚使。	用荫登第	元符元年八月至元符二年八月（1098—1099）	1年	秦州知州	知熙州	
高宗惠	字子育。英宗宣仁高皇后叔。庆州知州，兼环庆路经略安抚使。	以荫得官	元符二年八月至十二月（1099）	4个月	户部侍郎	卒于庆州任上，享年58岁	以法管家族事务，躬表率之，人无间言。
蒋之奇	字颖叔，常州宜兴人。庆州知州，兼环庆路经略安抚使。	以伯父荫恩得官	元符二年十二月至元符三年三月（1099—1100）	4个月	知汝州	拜同知枢密院事	修鹅池洞，建临川阁。
孔平仲	字义甫，临江新喻人。庆州知州，兼环庆路经略安抚使。	进士	元符三年三月至徽宗建中靖国元年（1100—1101）	8个月	帅鄜延路	主管兖州景灵宫	长史学，工文辞，著续《世说》。
苗履	潞州人。"庄敏"公苗授子。庆州知州，兼环庆路经略安抚使。	以荫得官	徽宗建中靖国元年（1101）	几个月	成州团练使	知渭州	
胡宗回	见前	见前	徽宗建中靖国元年（1101）	仅几个月	待制	知渭州	第二次知庆州。
曾孝序	字逢原。泉州晋江人。庆州知州，兼环庆路经略安抚使。	以荫得官	徽宗崇宁元年至三年（1102—1104）	3年	不清	不清	传记中说累官至环庆路经略安抚使。抗金死，谥"威愍"。
郑仅	字彦能，徐州彭城人。庆州知州，兼环庆路经略安抚使。	进士	崇宁四年（1105）	多半年	陕西都转运使	徙秦州	传记上为改知宁州，误，应为庆州。谥"修敏"。
钱即	字中道。吴越王诸孙。庆州知州，兼环庆路经略安抚使。	进士	崇宁四年至大观四年（1105—1110）	5个年头，实4年多	陕西转运判官	知延安府	赠光禄大夫，谥"忠定"。
薛嗣昌	"恭敏"公薛向子。庆州知州，兼环庆路经略安抚使。	以荫得官	政和元年（1111）	1年	渭州知州	责安化军节度副使，安置郢州	
侯临	无传记。《忠惠集》："陕西转运使陈遘知庆州，直龙图阁知庆州侯临知延州，同制。"		政和二年（1112）	1年		知延州	
陈遘	字亨伯。江宁徙永州。庆州知州，兼环庆路经略安抚使。	进士	政和三年（1113）	1年	陕西转运使	召还京师	力主抗金，为部下所害。

姓名	籍贯 职务	出身	任职时间	年限	从何而来	到何而去	备注
姚古	姚兕子，五原人。庆州知州，兼环庆路经略安抚使。政和七年，升庆州为庆阳军；宣和元年，升庆州为庆阳府。	军人	政和四年至七年、重和元年、宣和元年至三年（1114—1121）	8年	靖康年前无传记，不详	不详	《十朝纲要》：政和七年九月"知庆州姚古破夏成德，辛丑，加少保。"
宇文虚中	字叔通，成都华阳人。庆阳府知府，兼环庆路经略安抚使。	进士	宣和四年（1122）	1年	不详	不详	宣和中，奏改范文正公祠为"忠烈庙"。
种师中	字端孺，种世衡孙。庆阳府知府，兼环庆路经略安抚使。	军人	宣和五年至七年（1123—1125）	3年	环州、邠州知州	知秦州	
王似	无传记。庆阳府知府，兼环庆路经略安抚使。		钦宗靖康元年（1126）	1年			这年北宋亡，但王似仍任庆阳府知府至南宋。

（二）南宋时庆阳府、庆州任职表

姓名	职务	出身	任职时间	年限	从何而来	到何而去	备注
王似	庆阳知府兼环庆经略安抚使，后改兼陕西制置使	不详	宋高宗建炎元年至建炎四年二月（1127—1130）	4年个年头，实3年多	北宋末年就任庆阳府知府兼环庆经略安抚使	知成都府	《宋史》无传记。（清）毕沅《续资治通鉴》及庆城出土碑文有记载。
赵哲	庆阳知府兼环庆经略安抚使	军人	建炎三年十月先任环庆路经略安抚使，建炎四年二月兼任庆阳府知府至九月（1129—1130）	任环庆路经略安抚使10个月，任庆阳府知府7个月	宋宣抚处置使张浚派赵哲任	建炎四年九月宋金富平会战，宋师败绩，赵哲被追责而杀	《宋史》无传记。（清）毕沅《续资治通鉴》有记载。
孙恂	代理环庆经略安抚使	军人	建炎四年九月（1130）	时间很短	宋宣抚处置使张浚派赵哲任	秦凤路经略使	《宋史》无传记。（清）毕沅《续资治通鉴》有记载。
杨可升	驻守庆阳府城	军人	建炎四年十月至宋高宗绍兴元年二月（1130—1131）	5个月	不详	城被金与叛将赵彬攻破，不知去向	同上
杨政	字直夫。原州临泾人。环庆路马步军副都总管兼庆阳府知府	军人	宋高宗绍兴元年二月（1131）	庆阳已为金军占领，职务徒有虚名			《宋史》有传记。（清）毕沅《续资治通鉴》有记载。
赵彬	大金庆州知州兼环庆经略安抚使	宋叛将	宋高宗绍兴元年二月、金天会九年至宋绍兴九年正月、金天眷二年（1131—1139）	8年	原为环庆路经略安抚使司帐下将领，叛宋，引金军攻下庆阳城后任	庆阳属金后被赐伪齐刘豫管理，刘改庆阳府为庆州。绍兴七年、金天会十五年，金废刘豫，由金直接管理，仍为庆州知州。	《宋史》无传记。（清）毕沅《续资治通鉴》有记载。

姓名	职务	出身	任职时间	年限	从何而来	到何而去	备注
赵彬	南宋庆阳知府兼环庆经略安抚使	同上	宋绍兴九年正月、金天眷二年至绍兴十年四月、金天眷三年（1139—1140）	1年零4个月	大金庆州知州兼环庆经略安抚使	入宋朝廷任兵部侍郎	大金将河南、陕西地赠予宋。宋朝廷采纳宋万年言，将叛将张中孚、张中彦、赵彬等调离原任所，入京任职。
范踪	庆阳知府兼环庆经略安抚使	不详	绍兴十年四月、金天眷三年至？（1140）	范、宋共任7个月	不详	不详	《宋史》无传记。（清）毕沅《续资治通鉴》有记载。
宋万年	庆阳知府兼环庆经略安抚使	不详	至绍兴十年十一月、金天眷三年（1140）	同上	秦凤路提点刑狱公事	大金第二次攻下庆阳城，宋万年降。庆阳从此退出南宋朝，归为大金国属地	同上。

注：此资料取之于刘文戈著作《宋金时期庆阳职官辑补及其他》一书。

（三）大金时庆州知府任职表

姓名	职务	出身	任职时间	年限	从何而来	到何而去	备注
郑建充	字仲宝，其先京兆人，落户鄜州。环庆路经略安抚使兼庆州知州（伪齐刘豫改庆阳府为庆州）	宋降将，军人。《金史》有传	金天眷三年十一月（1140）至？	不详	原为宋环庆路安抚副使兼知宁州	从金帅破甘谷后为平凉府知府。	从金第二次取庆阳后任职情况。
李三锡	字怀邦，锦州安昌人。安国军节度使兼庆州知州。（金废环庆路在庆阳设安国军节度使）	不详。《金史》有传	不详	不详	武胜军节度使	除河北西路转运使	有疑。
李用和	龙虎卫上将军，开国公。庆原兵马总管兼庆阳府知府（金在熙宗皇统二年在庆阳设庆原路兵马总管府）	《金史》无传记	皇统二年七月一日至五年六月三日（1142—1145）	4个年头	不详	同知燕京留守	据杨谷碑记载（下同）。
完颜丙	龙虎卫上将军，开国公。庆原兵马总管兼庆阳府知府	《金史》无传记	皇统六年二月二十六日至七月二十日（1146）	5个月	不详	加光禄大夫	
庞迪	字仲由，延安人。安远公，将军。庆原兵马总管兼庆阳府知府	宋降将，军人《金史》有传。	皇统六年十月九日至完颜亮正隆元年（1146—1156）	10个年头	博州团练使特授定远大将军	迁凤翔府知府	在庆时，历三考不易，以治闻，诏书褒美，西人荣之。
姓名不详	龙虎卫上将军。庆原兵马总管兼庆阳府知府	不详。	正隆元年六月至七月二日（1156）	1个月	不详	改凤翔府知府	

姓名	职务	出身	任职时间	年限	从何而来	到何而去	备注
张中彦	字才甫。庆原兵马总管兼庆阳府知府	宋降将。《金史》有传	正隆元年八月二十六日至四年二月二日（1156—1159）	4个年头	凤翔尹（知府）	彰德军节度使	很有才干，对民有小惠，但父死于金而其降于金，污点也。
完颜思	本名撒改押，懒河人，光禄大夫，庆原兵马总管兼庆阳府知府	军人，《金史》有传	正隆四年三月二十日至世宗大定二年二月七日（1159—1162）	4个年头	益都尹	西京路招讨使（《传记》为西南路招讨使）	《金史》为完颜思敬，实为一人。
乌延蒲家奴	速频路星显河人。银耷荣禄大夫，庆原兵马总管兼庆阳府知府。	军人，《金史》有传	大定二年七月至三年七月二十七日（1162—1163）	1年	归德尹、神策军总管	在庆阳府奉诏出兵，卒于军	《金史》为乌延辖奴。
颜盏门都	隆州帕里山人。金吾卫上将军，庆原兵马总管兼庆阳府知府。	军人，《金史》有传	大定五年四月十八日至六年正月二十九日（1165—1166）	不到1年	金吾上将军、通远军节度使	卒于庆阳官邸	
仆散浑坦	蒲与路挟懑人。光禄大夫，庆原兵马总管兼庆阳府知府。	军人，《金史》有传	大定八年四月十八至九月十二日（1168）	5个月	显德军节度使	致仕	杨谷碑文"浑坦"二字失落，以《金史·仆散浑坦传》补。
萧简	金吾上将军，庆原兵马总管兼庆阳府知府。	军人，《金史》无传	大定十一年至十四年三月八日（1171—1174）	4个年头	不详	绛阳军节度使	
蒲察河胡德	辅国上将军，庆原兵马总管兼庆阳府知府。	军人，《金史》无传	大定十五年三月二日至十九年四月八日（1175—1179）	5个年头	不详	不详	
温迪痕□□	□□使，庆原兵马总管兼庆阳府知府。	《金史》无传	大定二十三年闰十一月二十九日至二十八年正月十八日（1183—1188）	6个年头	不详	不详	
徒单怀	庆原兵马总管兼庆阳府知府。	《金史》无传	大定二十九年二月一日至章宗明昌元年九月二日（1189—1190）	2个年头	□□路兵马都总管	不详	
诸思克忠	辅国上将军。庆原兵马总管兼庆阳府知府。	《金史》无传	明昌五年至明昌六年七月十五日（1194—1195）	1个年头	河南知府	凤翔知府	
乌古论公说	驸马都尉，荣禄大夫。庆原兵马总管兼庆阳府知府。	《金史》无传	明昌六年八月十四日至章宗承安四年十一月八日（1195—1199）	5个年头	临洮路兵马总管	□南知府	

姓名	职务	出身	任职时间	年限	从何而来	到何而去	备注
石敦思忠	奉国上将军。庆原兵马总管兼庆阳府知府。	《金史》无传	承安五年六月二十八日至章宗泰和三年五月八日（1200—1203）	4个年头	镇西军节度使	赴阙（调入朝廷）	至今留存的大铁钟铸于其人任内
完颜崇敏	内族，虎龙卫上将军，庆原兵马总管兼庆阳府知府。	《金史》无传	泰和四年九月二日至完颜永济大安元年八月二十八日（1204—1209）	6个年头	陕西路统军使	赴阙，改授同签□□睦亲府事。	
徒单汴河	骠骑卫上将军，庆原兵马总管兼庆阳府知府。	《金史》无传	大安元年十一月（1209）		蒲速路总管		未到任，卒。
蒲察守文（郑留）	字文叔。通议大夫。庆原兵马总管兼庆阳府知府。	《金史》有蒲察郑留传，二人任职时间相同	大安二年九月二十八日至完颜永济至宁元年八月二十八日（1210—1213）	4个年头	安国军节度使	平凉府知府	石碑上蒲察守文与《金史》上蒲察郑留疑为同一人。
□璘	光禄大夫。庆原兵马总管兼庆阳府知府。	《金史》无传	宣宗贞祐元年八月二十二日至二年六月二十六日（1213—1214）	2个年头，实为1年	保大军节度使	盖州军节度使	
庆山奴（承立）	名承立，字献甫。殿前都点检，元帅右都监。庆原兵马总管兼庆阳府知府。	军人，《金史》有传	贞祐四年至宣宗兴定元年（1216—1217）	1年多不到2年	殿前都点检，元帅右都监	以功进元帅左都监兼保大军节度使行帅府事于鄜州	石碑未列，据《金史·庆山奴传》补入。
移剌不塔也	东此路猛安人。银青荣禄大夫。庆原兵马总管兼庆阳府知府。	《金史》有传	兴定元年至兴定三年（1217—1219）	2年多	劝农事兼知平凉府事	元帅左都监，卒。	石碑未列，据《金史·移剌不塔也传》补入。
阿不罕	荣禄公，即银青荣禄大夫。庆原兵马总管兼庆阳府知府。	《金史》无传	哀宗正大三年十一月至？（1226—？）	不详	临洮总管拜金定军节度使	不详	杨谷石碑记载至此
乌古论镐	本名栲栲，东北路招讨司人。庆原兵马总管兼庆阳府知府。	《金史》有传	？至哀宗天兴初（？—1232）	不详	不详	天兴初离开庆阳，追随哀宗到蔡州，天兴三年金亡。	据《金史·乌古论镐传》补入

（四）神宗熙宁四年的庆州兵变

编者按：发生在宋神宗熙宁四年（1071年）的庆州兵变（乱），是北宋时期的一件大事。现据南宋李焘《续资治通鉴长编》辑录如下。

（二月）庚辰，庆州兵乱。初，韩绛宣抚陕西，奏王文谅为指使。文谅本夏国用事臣讹庞家奴，得罪自归延州，累官右侍禁。王安石荐其才，加阁门祗候。绛先遣文谅专节制督蕃将赵余庆等西讨。文谅与余庆约会于金汤川结明萨庄，不至者斩。及期文谅至金汤故寨，去结明萨庄尚二十余里，文

谅已见贼人马即引归，及余庆率兵往，不见文谅，使人候望，知文谅已归，乃返。文谅恐余庆发其事，遂诬余庆失期，绛因余庆于狱。上手敕绛释余庆，责后效。绛执奏久之，乃以诏释之。绛又遣文谅出界，凡官军斩级，多夺与蕃兵，至掘冢戮尸为级。邠宁广锐都虞侯吴逵尝与文谅争买马，文谅怨之。是役也，逵率众力战，用铁连枷杀贼首领，文谅使部曲夺之，诬以夜至野侬，会与贼斗，呼逵不至及扇摇军士。宣抚司追逵，送庆州狱四十余日。绛至庆州，将斩逵，部卒喧呼，欲剚刃于绛。知庆州王广渊入白之，乃复送狱。

绛离庆州数日，贼攻啰兀城甚急，绛命庆州出兵牵制，兵亟出，人不堪命，将授甲，广锐两指挥军士谋拥逵为乱，约抚手而发，会雨作不授甲，乃止。是夕遂焚北城，大噪纵掠，斩关而出，其众二千。逵所以反，由文谅激之也。王广渊亟召五营屯兵御贼，北路都巡检林广守南城，贼据北城，广自楼上望其众进退不一，广曰："是不举兵乱也。"乃挺身缒城出其后，说以逆顺，多投降者。时逵已拥众出，余党三百人犹在城下，广谕降者曰："乱首去矣，尔曹本非同恶，且听我，听我不惟得活，且有功。"因集得百余人，入其营，坐军校厅事，激励约束，授以兵器，令反攻。城下兵禽戮皆尽，北城遂平。《王广渊传》云：吴逵领众二千斩关以出。《林广传》云：乱兵三百人出城去，广收集听命者百余人，攻城下兵，禽戮殆尽。《实录》云：斩获二百，余众拥吴逵出安西门。今以诸书参考，吴逵拥众出安西门，《王广渊传》所云二千人是也。《林广传》所云乱兵三百人出城去，此三百人，盖非逵所领以出安西门者，特其余党耳。虽不从逵去，亦不投降，故犹在城下。林广授投降者兵，尽攻杀之，即《实录》所称斩获二百余人也。《林广传》误以城下所禽戮为拥吴逵以去者，故兵数多少不同。其实，吴逵领众二千斩关以出；据北城者，犹四百余人，林广招集得百余人，禽戮几三百人，《实录》但云二百余人耳。

柔远、三都戍卒闻难，欲应贼，不果。广渊阳劳之，遣归旧戍，潜戒赵余庆，以所部蕃兵八千闲道邀袭，尽戮之。叛兵初谋入据州城，东路都巡检姚兕以亲兵守西门，贼不得入，乃散保耀之石门山，兕追及贼，谕以大义，贼感泣罗拜，誓不复为乱。林广与贼遇，语贼曰："速降尚可全。"贼不听，广曰："是将夜走"分两将扼其先路，纵兵尾击之。贼迫邃，乃诣两将降。广曰："不从吾言，今窘就死，非降也。"至朝天驿，皆斩之。此据《姚兕传》及《林广传》附见。按张玉以杀降责官，而林广独见，不知何故。又姚兕所追贼，盖与广同至石门山，兕独受贼降，而广杀之，所不可晓。兼张玉所杀降卒，亦在朝天驿，不知与广有无同事，皆所未详。

（四月）戊子，上巳假，上召二府对资政殿，出陕西转运使奏庆州军乱示之，上深以用兵为忧。文彦博曰："朝廷施为，务合人心，以静重为先。凡事当兼采众论，不宜有所偏听。陛下即位以来，励精求治，而人情未安，盖更张之过也。祖宗以来法制，未必皆不可行，但有废坠不举之处耳。"上曰："三代圣王之法，固亦有弊，国家承平百年，安得不小有更张？"王安石曰："朝廷但求民害者去之，有何不可？万事颓堕如西晋之风，兹益乱也。"吴充曰："朝廷举事，每欲便民，而州县奉行之吏多不能体陛下意，或成劳扰。至于救敝，亦宜以渐。"上颔之。

《旧纪书》：戊子，庆州广锐军叛，己丑，诏叛兵归首免罪，惟首恶不赦。辛丑，诏得叛兵降者赏如斩级。《新纪》但书：庆州广锐卒叛，乙未平之。

己丑，遣内侍李舜举往环庆路诏经略司曰："两营军士必非尽同谋，父兄子弟难尽监守，宜止推究首谋者家属处置，其余父子兄弟毋得监守，其务安存慰谕之。应被胁从如能归首皆免其罪，如能执杀元结连之人，当议厚赏。其已擒获即具得贼之人驰驿以闻，当于例外行赏。"

命龙神卫四厢都指挥使、昭州防御使、泾原副都总管张玉陕西招捉贼盗，入内副都知、宣政使、陵州团练使张若水副之，应会合捕盗官并听节制。若水至陕西，则叛兵已溃散，玉亦归泾原矣。贼已溃散，玉归本路，此据《御集》。

乙未，降工部郎中、宝文阁待制王广渊为度支员外郎，依旧职知庆州，右司谏、直龙图阁赵卨复权发遣延州。上既罢广渊，用郭逵判永兴，而宣抚司亦先命陕西转运使毋沇权延州，促赵卨往延州，令广渊须卨到交割讫，于乾州听旨。会广渊奏叛兵随定，上称广渊所奏允当，亟诏广渊、卨未得依宣抚司指挥，又欲徙逵延州，别选重臣镇永兴。王安石曰："请降广渊官或职，留治庆，卨治延，逵治永兴，皆勿徙"且言："今两州帅臣皆客寄，上下不相保信非便，宜速定，使上下相安，无苟且意。"上从之。故广渊止坐贼发所部夺两官，行至奉天复还。初，命逵兼四路安抚使，安石以为不便，寝之。《实录》云：庆州兵乱，徙广渊永兴，及叛兵随定，广渊止坐降官，复领庆州。按：广渊徙永兴，乃二月七日，此时庆州兵未尝乱，《实录》误也。《广渊附传》及《本传》皆误，今按《御集》并日录删修。

天章阁待制、知渭州蔡挺加龙图阁直学士，赐手诏曰："庆州兵叛，至猖獗，泾原之力也。"

丁酉，降殿前都虞侯、邕州观察使、鄜宁环庆副都总管窦舜卿为康州防御使。广锐兵叛，舜卿失察故也。

庄宅副使、蕃部都巡检赵余庆为西京左藏库使，右骐骥副使、蕃部都巡检赵余德为文思使，各赐金带、锦袍；三班借职、都总管司指挥戴嗣良，三班差使、殿侍、押队康瞻各迁三官，仍锡银绢，以环庆路经略司上余庆等力战斩捕庆州叛卒功也。其后，王安石言庆卒之变，微余德、余庆讨定柔远，则应者必众，其功宜蒙厚赏以劝后。上亦以前赏为薄，欲俟走马归厚赐之。文彦博、冯京皆以为蕃官不宜过厚。安石曰："唐太宗所用黑齿常之之类，皆蕃将也。立贤无方，苟有功于朝廷，恐不应分异蕃汉，且庆州以此两人为扞蔽，厚赐之钱物，使足以役其将吏谍知敌人情状，非特赏功而已。"上以为然。

环庆路走马承受李元凯言，逃散军贼解吉等六百余人尚在乾、耀州界。诏泾原、环庆路遣将官招捕，毋得贪功务杀；招降一人，依获一级酬奖，及令泾原路速相度将官之可减者追还。

又诏："庆州叛兵亲属缘坐者，令环庆路经略司检勘服纪、年甲。应元谋反手杀都监、县尉，捕杀获者，其亲属当绞者论如法；没官为奴婢者，其老、疾、幼及妇女配京东、西，许人请为奴婢，余配江南、两浙、福建为奴；流者决配荆湖路牢城。非元谋而尝与官军斗敌，捕杀获者，父子并刺配京东、西牢城；老、疾者配本路为奴。诸为奴婢者，男刺左手，女右手；余亲属皆释之。"叛军家属皆诛者，凡九指挥。李清臣谓韩绛："军士谋叛，初不告妻子，宜用恩州故事，配隶为奴婢。"绛奏从其言，故有是诏。此据清臣诏旨内附《传》。

壬寅，诏以庆州兵叛斩戮甚多，人命至重，恻然可伤，权罢春燕。此据《御集》

丙午，度支员外郎、知制诰吕大防落职，夺两官，知临江军；《旧纪书》韩绛坐宣抚失律，降知蔡州，判官吕大防落知制诰，知临江军。《新纪》但书绛罢，不着因由，亦不及大防。礼部郎中、集贤殿修撰张问落职，知光化军；刑部郎中、直史馆陈汝羲落职，知南康军；皇城副使种谔责授汝州团练副使，潭州安置。大防以预辟宣抚司败事，问、汝羲为河东转运使调发劳民，谔以抚宁堡失守也。

初，上议大防等罪，王安石曰："大防所谓色取仁而行违者，专务诡随，以害国事。如荒堆斩人，其不致变者特幸尔！"上亦言大防几致变，王中正至以毡自裹以避众军喧悖。安石曰："大防岂不知寨不可立，其意殆欲使众人弃之，然后言弃之者非我，我欲留之；留之则为利，以盖其初计之失。"上又论谔以为与李复圭同罪，安石曰："复圭罪薄，西事之兴，自绥德始，亦谔之罪也。

且绥德不画界，则西人自然未肯休兵，况已屡奏夏人点集之后，庆州乃始违诏旨侵入其地，则致寇非复圭也。"上又言谔罪亦使之者过也。文彦博曰："谔非能用兵，怀宁之战，其胜者亦幸尔。"上曰："谔能胜西人，自是其善战，人共服之，非幸。但任之过分，所以至此。"安石曰："谔前后诡妄，致误韩绛，其败坏两路，皆谔之由，谔实罪首，恐不可但言使之者过也"彦博曰："人好功名必为害，孰不好功名，又当体国。"上曰："好功名人自不可得。"安石曰："好功名，固先王所不废，然先王奖人以义为主，苟违义而好名则反为害。"上曰："诚如此。"王安石等以德音引咎上表待罪，诏释之。

丁未，吏部侍郎、平章事、昭文馆大学士韩绛罢相，以本官知邓州。制词责绛云："听用匪人，违戾初诏。统制亡状，绥怀寡谋。暴兴征师，矾入荒域。卒伍骇扰，横罹转战之伤，丁壮驰驱，重疲赍饷之役。边书旁午，朝听震惊。"翰林学士元绛辞也。绛词据《玉堂集》。

（以上廷对，可以了解神宗皇帝与几位执政大臣对熙宁年间发生的与庆州兵乱有牵连的几件事件和几位当事人如李复圭、种谔、韩绛的看法，又助于我们认识这些事件。笔者加。）

邠州言："石门山耀州界尚有军贼三四百人聚集。本州岛见严兵马，候再见的实，前往讨杀。"诏："前后张皇贼势，不审虚实，尽自邠州，致惊近里州军，民人拖拽，逐毁兵马，极为非便。宜令张靖审问的实事状施行。民方安帖，自今无更轻妄，复致徐扰。"

（五月），环庆路都钤辖亓赟、秦凤路钤辖刘舜卿、永兴军路钤辖刘斌专管勾训练陕西权驻泊军马，赟驻邠州，供备库副使郭需副之；舜卿驻泾州，西京左藏库副使白玉副之；斌驻河中，内殿承制郝旻副之。时环庆新经兵变，且西夏未庭，故遣赟等训兵万五千人分屯要郡。

丙寅，环庆路经略使王广渊言："昨庆州兵变，臣以权宜牓谕，应缘坐家属皆特免罪。今准朝旨，具人数、军分、姓名，窃虑别有处置，欲望少假臣阃外之权。"诏："柔远寨作过军士缘坐骨肉，依广渊所奏。其庆州叛军已就戮，同居骨肉配充奴婢，及年二十已上刺配京西者令勘会，内有服纪于法不当缘坐即释之，充军者给公据，已隶军而配湖北者更不改配。"

权庆州北路都巡检崔昭用，柔远寨主孙宗信、都监木信之各降两官，坐所部蕃落盗器甲，开城门欲应庆州叛军，而昭用等不能禁。诏德音特责之。

西作坊副使、知宁州田諲迁皇城副使、諲尝与西贼战有功，又招安庆州叛兵为多故也。

（李焘《续资治通鉴长编》）

（五）楚翘履甘事迹

庆阳为古北豳地，号周旧邦。城东原有不窋墓，碑石巍然；城北数里有公刘庄遗址；北关厢土人称皇城。相传为姬周王业策源地。秦汉以后，代为边郡。宋范文正公率兵拒西夏，驻节于此，忠宣公继之。旧府署尚有二范旧治匾额一方，梁上书"宋熙宁某年范纯仁重修并书"，字迹犹鲜明可爱。元明清均为大府治，安化辖州一、县四、分县一。民国裁府改今名，将董志分县并入，面积益宽，地接陕边，民气刚劲，素号难治云。举目斯世，求一生有至性、朴素无华、实心为民、忠于职守者，盖难。其选我庆阳前县长江先生，其庶几焉！

先生名毓芬，号楚翘，安徽潜山人也。安徽优级师范理化选科最优等毕业。清学部复试，仍取最优等。奏奖师范科举人，以部司务用，改授七品小京官，学部专门司行走。

民国三年，应中央政府第三届知事试验，获甲等。 先生到甘时，方欧战，中国尚守中立。四年三月，河州马提督安良，查有土耳其人赛韩斯在河州一带向回民募捐欠钱，认为暗济军饷，违反中立，报之省。省报北京统率办事处，奉电令遴选干员，解文鄂省转交德领，妥为交涉。因土耳其归德国保护也，巡按使张公广建初委某，辞；改委某，又辞；继续委先生。

先生慨然任，同年友咸以任大责重，为先生虑。先生曰："此正报称时也。"不意到鄂交接后，德领忽来文称，赛韩斯在途遗失银钱珠宝若干，委员保护未周，应由中国政府赔偿损失。为掩护违反中立张本，即违反中立，着实也可诈取金钱。异族狡谋，深感痛恨，鄂大吏疑虑莫胜。

先生毅然以一身任之，电请豫陕甘当道，希将赛韩斯前往河州经过地方情形确切查明，以资佐证。无如鄂甘道远，往返需时，鄂地苦无能识阿拉伯语言文字之人，亦须由甘选派阿洪到鄂翻译，迟至七月，证件齐全，始与德领公开谈判。先生援约据理辩论，佐以人证物证，令对方无可逃遁。赛词穷，德领亦无从袒护。旋议结，德领来文道歉，请将原案注销，赛韩斯送回本国管束。如许绊纷，一经折衡，公理立时伸张，强权竟能屈服，微特出数省大吏意想之外，亦德领初衷所不及料也。交涉始末印有专册，尤足令中外识者同知此案交涉苦心。为外交界增一光荣事迹。

鄂督段公拟调先生归鄂用，未允。过陕，吕巡按使留，亦辞。肯署回甘销差。奉批嘉奖，识与不识争接言色。旋奉委署理庆阳县事，兼警备队司令。维时，甘省举办验契及各种新税，民智未开，官吏办理不善，激成民变，陇东十七县戕官围城之案，竟至十三县之多，庆亦与焉。前官张大其词，希图卸责任，造民册某最要、某次要，不下数百人。省峰不明真相，群主按名严办，不可姑息。先生面省座详陈："民变主因不在民而在官，自古无不可教化之民，首要已多惩办，余可宽免。若遽信前官所报非虚，一律严办，则某不敢受命。"省座察先生意诚，遂许之。下车，告民曰："官与民犹一家，然官视民如子弟，当以待子弟之心待民；民视官若家长，当以服从家长之指导服从于官。"是时距围城事变甫三阅月，人心浮动，谣啄繁兴。或传围城案紧，到城即要拘办；或传省发大兵到庆，征剿城中官吏；又疑乡民造反，遇有公事无敢下乡。互存疑虑讹传，几有大乱将发岌岌不可终日之势。微持县令不可出城门，即城乡贸易亦几停顿。先生鉴此形势，一面布告安民，不咎既往；一面轻车简从，亲往各乡开绅民全体大会，宣示验契及各种新税章程。公反复解释，期于民，晓词未毕，绅民伏地请罪，曰："前官误我，我亦自误，今幸得慈父母矣。"一时四境欢然，城乡之隔阂始通，官民之情意乃洽。亲事不及三月，验契比额数万元，征足解省。省峰嘉之，保奖五等金质单鹤章。

五年，举办省选。力争选民由一千几百增至三万余，选竣，得省议员。一三四年旱，五年春夏又旱，豆麦无收，秋粮复难播种。先生自惭才德不胜，斋戒三日，虔祷上苍，往来步行六十里，祈求雨泽。因是天心好转，大沛甘霖，枯者苏，生者实，此非先生至诚感神，上格穹苍之明验欤？连年苦旱，粮价飞腾，绅民集议，请曰："应征五成本色之粮，愿照市价纳钱，俟谷贱再实仓，或照通省征粮办法办理。"先生未可其议，遂力陈民间疾苦与征本色不便，书再上。奉令米麦豆每担准照定价银一两二钱，一律折征，自后不征本色。一面将折征定案布告城乡，一面严饬经征员吏，务照定价，不准浮收总期。实惠及民，上下两利。分乡编练民团、城镇编练团，平时守望相助，有警互相转报，扼要防堵，以守为攻。故五年九月张匪九才率大股由西而东，环县失守，至庆西原，被邀击之，夺获骡马刀枪旗帜多件，庆乃无恙。

六年六月，陕匪郭坚率悍匪，由东而西至庆东川，被侧击溃窜，庆城幸保，宁县又被郭匪攻破矣。庆城三面临水，一面连山，形胜所在，得之，足以东控陕边，南控邻凤，西控平泾，北控宁夏，故陕甘股匪时窥伺而垂涎之。赖先生坐镇其间，所保全者大矣。特加军法科科长衔，以重职权而资震摄。考核属吏，成绩著，特举案内得考胆识兼优、才长应变，奖给五等嘉禾章。

七年，荐补庆阳县知事，实缺奉，有任命状。旋因亲老多病，呈请辞职终养。奉批："移孝作忠。"古有明训：毋明退志。有厚望焉。是年，举办参众两院议员选举，力争选民，选竣，得众议员二。王道尹绍函云："棠治多才，鱼与熊掌并蓄兼收，可喜可贺。"庆阳民权得以伸张，先生力也。十一月，悍匪卢占魁等率马步万余人，由蒙边陕边而来，图庆为根据地。先生得报，飞电请兵，并电请设临时军事支应所，作正开支。某统兵思欲中伤，按兵不进，报称给养运输，县置不理，贻误戎机，谁任其咎。镇使不察，据报到省。省座因县设支应所之电请示在先，指斥某统兵所报不实，虽无羌，然实危矣险矣。军事三越月，以一县城郭之力，办理数万人马给养运输，条理分明，无误无扰，卢匪肃清。案内得奖五等文虎章，年终举劾属吏，案内得考文武兼备、才堪任重，晋给四等嘉禾章。军事甫竣，请改军事支应所为筹赈事务所，抚恤匪区，惟民捐廉俸五百两，以为倡省内外官。不旬日，捐集数千金，会民及绅三面监放，不假手胥吏，滴滴实惠均沾。事竣，王道尹报省云："得此良吏，造福无穷。"省批："似此关心民瘼，实属难能可贵。"得奖一等金质奖章。

八年夏，先生鉴于东川一带毗连陕边，零匪出没无常，民难安枕。军队每以林密山深，不敢深入，且军队一到，不论匪之能剿与否，官民办差供应先受其殃。乃召集八团，各选团丁十人，选派干警二十名，合百人编成一队、两分队，遴派办事切实、地道熟悉之正绅，以总其成。晓以大义，明定赏罚，优给获匪奖金，入山搜剿。其余警团作为防堵截击之用。时未逾月，即告肃清，计先后格毙悍匪二十余名，生擒十七名。讯明，呈请法办，谕曰："纵尔殃民，实不敢，求尔生，法又不许。余职责所在，惟奉行国法已耳。"自是东川一带几若桃源矣。年终举劾属吏，案内得考悉心抚字，舆论翕然，晋给三等嘉禾奖。

九年四月，惨丁父忧，电请辞职，奉电令："慰留，准假五十日。"在任守制假满，再辞，仍未邀请。九月，陇东各县大地震，房屋倒塌，压毙人民牲畜难以数计，有全家覆没者，全市荡然者，庆阳衙署监墙震塌殆尽，四面洞开，藩篱全失。先生适先期下乡，监犯互相戒曰："官待我辈甚厚，不可逃走累官。"比平日尤安静。天下事每有出常情所不及料者，讵不信欤？欧阳公纵囚一论，持论虽正，未免刻矣。先生一面捐俸千元，抚恤灾民及修城垣之用，一面呈报灾情。请将是年未完银粮概准缓征。批曰：可殊他县，专事。请赈，批：着就地妥筹。终不济事。迨援庆阳缓征案，请缓征，期又已过矣。地震后，县西南隅有穷民赵某，利用时机敛钱，私置一铜佛于废寺，扬言铜佛由西方飞来，夜梦告曰："某月日，地复大震，十人要死八九，来此敬香者，可免于难。"一时愚夫愚妇惊于霹雳，奔往敬香者络绎于途，因讹传讹，民心若狂，乱象已现。先生饬吏取铜佛与赵某来，佯言讯佛，招四民观庭，诘再三，赵某俯首请罪，薄责之，勉为善。判曰："铜佛不灭，谣言不歇，立碎之。有祸祸余，不干民事。"群悟其非，人心乃定。年终举劾属吏，案内得考久任边隅、循声卓著，奉大总统令，准以简任职，交国务院存记升用。

先生卷查起自清宣统三年，迄民国九年底，历年因灾缓征，未完正银一万余两、正粮一万余石，实欠在民。上催按年带征，下以民力未行，仍以缓请办理。稍一不善，第饱胥吏。况震灾其重，民困益深。专案呈请概于豁免："藉使民团，在公家，似有告无，等沧海一粟；在小民，久经灾难，点滴皆春。"奉令特准豁免。先生兼理司法，未置承审，亲任审检职务。视事后，革除一切陋规，清查旧案多起。获犯羁押竟至五六年七八年之久，官经六七任，仍未判决。围城案内，羁押前清优贡大通县教谕胡廷魁等，是何罪名，微特未成，信谶，并无案牍可稽。揆之，国家设官立法精意，讵得谓平？逐一分别讯判，专案报结，其他民刑案件，随到、随批、随传，传到即讯，不限时间，总以案情大白，双方输服为终止。援笔立判，朗读。听庆民虽悍而健讼，然始终无一翻案之上诉者，审判公平可概见。吾乡因故构讼，经时累月不得一讯，讯又不判，双方伺官意以作伪，别生枝节，以图拖讼，愈久情愈难，讯不实结，更难。胥吏因缘为奸，中保，于中取利，一案未了，中人之产荡然。先生力袪此弊，尤以滥押为戒，命盗重案，无论风雨霜雪，路途远近，立时亲往复勘，严饬缉凶。用能，无案不破，无案不结。庆有比国美国男女教士，各设教堂，教民每藉教士势，欺压平民。寻隙诉讼，教士即到县，理说或情托，历任因碍教士情面，兼为省事起见，教民总占便宜，平民终难得直。积久，民教之间势若水火。先生乃与教士约："教民在信教范围内事件，教士主之；在信教范围外事件，由县主之。应与平民一律看待，教民仍为中国国民也，民教相安，贯教之信仰自笃。"教士韪之，教民嚣张之气为之顿杀。终先生任，民教间未发生事故者，职是故耳。

层峰知先生勤求民隐，听断详明，凡遇旧府属各县上控，或事实疑难不明，发回更审。案件辄委侦查，或划规审理。如环县疑似命案；宁县仓粮交代历任互讦案；正宁县守城池卷宗公款损案；合水县管狱员渎职案，科员诈财案，警佐滥用职权案，李管狱员诉高审分厅许携事受贿案，杨知事挟嫌逮捕劝学所长下狱、激成罢市罢学、官绅互讦案。又如合水县谋害两命含冤莫伸案，悬八年，未决案。先生亲履墓地，启棺依法蒸骨检验，验得一只轻微不致命伤，委系因病身死；一系落水溺毙，并无别故。案情顿时大白，冤狱得以平反。关于行政及灾赈事项，宁正环合等县，先生岁必几经，实不啻兼理各县事。先后得奖加俸晋级，注册金质堂荫章，记大功二次，记功七次。

庆处甘边，教育进化很缓，仅有小学教所。先生极力提倡指导改良，增至三十余所，前后捐俸及因案拨允者五千余金。县道历年饬修宽平不亚公路，行道树连年增植，多已成材。"官柳拂成阴"之句，大堪咏以志之，召伯甘棠难以专美矣。

先生履庆七载，始终未晋省请谒，未上镇道衙门，兢兢焉惟事民事，不取地方半文钱，不受绅民一钱物。因公下乡，食用概行自备，不受供应。遇耕者，教其如何耕；遇读者，教其如何读。申明约法，最为善良，蔼蔼然若家人父子，毫无官僚习气。但疾恶如仇，执法严当，绝请拖之门，防走私之弊，禁赌禁烟，禁演小戏，厉行剪发放足，财政一切公开，银价由会议定，因公与绅民约，从未失信。皖甘相距较远，交通梗，气候寒，未迎养，未迎眷，身边仅一贤弟，昔有某公告老还乡，御赐诗云"半生惟独宿，一世不谈钱"，不啻为先生写实耳。尝语绅民曰："官是百姓的头目，职居民上，责在达民意、通民隐，受长官付托之重任，责在推行庶政，绥靖地方，人才之学谁不如我，兢兢应时，恐有未尽或尽而未当。惟一颗清白之心差堪对天地，质鬼神而无愧，知足知止，老子已有明言。"

十年五月，托称病重，请假就医。奉批呈悉："查该知事任职五年以上，于一切行政诸务，类不能辞，忧劳况瘁，措置裕如，本省长正庆得人。兹选据呈，称旧疾触发，请假就医，并请遴员接替前来，情辞恳挚，自未便强予挽留。除遴员接替，并分令行知外，仰候新任到县，迅将交代事项结清，回省再图良晤。"观者疑别有企图，志在升任省中。大小吏亦以是相期殊，先生不然。交代完结后，绕三边经宁夏绥远至北平，竟直回皖。当时宁夏马镇守使鸿宾挽留，推贤能最。绥远马都统福祥赠诗云："小试弦歌树植棠，久钦治绩媲龚黄。清风亮节矜顽懦，遗爱丰碑寰宇香。"炯锦分为部民，受知最久，凡兹事实，身受而习见熟闻矣。哲嗣，健予世兄，事首都，家学渊源，才高知练，稔知先生。解组后入山，唯恐不深淡泊，自甘吟风映雪。试观前后庆者，或高谈治理，北辙南辕；或专事铺张，敷衍表面；或才不足济，其奸政倒持，藏污纳垢。觐求如先生清廉勤慎、平民化军事化者殊不多。觐求如先生急流勇退、不以禄位为荣者，寥若星辰。庆民食德厚矣，未仰瞻先生道范已二十年，时愈久，思愈深；思之深，报之切。金属叙述政绩，用彰去后思。锦愧不文，授之鸿发，鸿发拜而读之，不禁起敬。曰："循吏也，亦干城也。先生治处，适鸿发参谋陇东镇署，

知之已详。今君所述者，正鄙怀所欲吐者也。先生善政多矣，略呈梗概，俾异日修国史者有所考尔。"

前任甘肃省政府委员兼教育厅现任监察院委员　田炯锦

前任甘肃省政府委员兼建设厅厅长魏鸿发　　敬撰

中华民国三十年一月

五、限外籍要

2013 年

1月

3日　下午5时许，县城商业大厦"金凤凰珠宝"发生失窃案，729件黄金首饰及5万元现金被盗，经济损失201.41万元。

5日　省委常委、统战部长泽巴足调研桐川乡党崾岘回民村新农村建设。

10日　省长刘伟平来县调研，并在驿马镇慰问困难群众王德智、韦好江。

是日　政协庆城县第八届委员会第四次会议在县城召开。

11日　庆城县第十七届人民代表大会第二次会议在县城召开。

2月

22日　省军区政治部副主任王军营、庆阳军分区司令员张志升来县调研顺发养殖农民专业合作社种羊场运营情况。

28日　国家发改委、铁道部一行52人，现场踏勘银西铁路庆城段。

3月

19日　省老促会会长、兰州军区原副司令员陈秀中将来县调研绒山羊产业化扶贫项目实施情况。

22日　《庆城县志（1986—2012）》编纂动员暨业务培训大会召开。县委常委、纪委书记何骁玲，副县长苟爱仁出席会议并讲话。来自全县乡镇、县直及省、市驻庆单位的分管领导、资料报送员近400人参加。《庆阳地区志》副主编傅鸿民、《庆阳市志》副主编张芹鹤、庆阳市政协文史工委原主任潘正东、县政协原主席刘文戈等市、县专家学者，对与会人员进行了业务辅导。本次修志是根据国家及省、市安排，启动编修的全县第二轮修志，也是原庆阳县分设、更名后的第一次编修县志。

28日　副省长王玺玉来县调研群众用水困难情况。

30日　国家防汛抗旱总指挥部灌排中心总工程师韩振中来县调研、指导抗旱工作。

31日　省委常委、省委宣传部长连辑来县调研周祖农耕文化产业开发情况。

4月

7—9日　省政协副主席张世珍来县调研抗旱春耕生产及双联工作。

11日　台湾知名人士李正言来县考察。

13日　省政协副主席栗振亚来县考察。

21日　"美丽中国·村官先行"全国大学生村官来县参观考察。

24日　县直部门向四川雅安地震灾区捐款仪式在县委县政府统办楼前举行，现场捐款人民币40753元。

27日　著名作家、学者陈仲义、叶延滨、谢克强、冯秋子、陈旭光、萧融、高凯一行12人前往周祖陵景区进行采风活动。

5月

2日　中石油庆化集团公司原厂区土地资产移交签字仪式在庆城宾馆举行。庆化集团公司向县政府移交建设土地1117.44亩及其他项权利证书。

6日　中央统战部六局局长王永庆带领全国新的社会阶层人士考察团一行22人来县考察城乡一体化建设。

8日　原农业部常务副部长、党组副书记、全国人大农业与农村委员会副主任委员万宝瑞一行4人来县调研旱作节水农业发展情况。

16日　全国关心下一代基金会项目组组长马刚一行，来县考察寄宿制小学建设情况。

30日　省委第三巡视组组长白明一行来县督查工作。

6月

12日　西北师范大学传媒学院在省内创建的首家"大学生实践实训基地"在县广播电视台建立。

20日　庆城县招商引资重点项目推介会在兰州宁卧庄宾馆举行。成功签约山东寿光坤隆石油机械设备有限公司、陕西中成石油工程技术有限公司、东营华润坤泰石油科技开发有限公司等重大投资项目6个，签约总金额34亿元。

25日　南梁荞麦产业园投资开发股份公司在驿马镇成立。这是中国荞麦（庆阳）产业基地成立的首家公司，由驿马工业集中区与广东省甘肃商会合作投资71.63亿元共建。

7月

1日　省军区参谋长李林一行来县调研人武工作。

10日　全省双联行动第一次大督查庆城县通报会暨业务工作会议在县委机关第一会议室召开。

15日　由中联部组织的第三批老挝司局级领导干部培训班成员一行34人来县参观考察。

28日　省政协副主席张世珍一行来县开展双联工作。

是月　全县连续出现强降雨过程，累计降雨量达238.5毫米，暴雨引发大面积的洪涝灾害，全县17个乡镇、办事处不同程度受灾，部分道路、粮田被淹没冲毁。灾情发生后，县上紧急调拨帐篷214顶，下拨救济金210万元。

8月

6日　省长助理、市委书记夏红民督查全县新建重大项目。

13日　中共庆城县委三届七次全委扩大会议召开。县委首次提出"厚德、赤诚、包容、创新"为内容的新时期"庆城精神"。

19日　国务院扶贫办产业开发指导司司长海波和省老促会会长、兰州军区原副司令员中将陈秀等来县调研扶贫开发工作，并赴蔡口集乡龙头寺村查看绒山羊养殖情况。

29日　全国政协委员、省人大常委、民建省委主委宁崇瑞等来县调研驿马镇南极庙村整村推进工作。

30日　国家苹果产业技术体系育种与资源利用研究室甘肃庆阳苹果资源考察团来县参观调研苗木繁育及资源利用情况。

是日　北海舰队92196部队政治部主任于华启一行回访高楼"八一"爱民希望小学，并为该校捐赠10万元。

9月

5日　由《中美邮报》《中日新报》《华星报》《世界华人周刊》等新闻媒体组成的主题采访团一行32人，来县华夏文明传承创新区建设进行专题采访。

11日　国家水利部黄河水利委员会水土保持调研组一行调研南庄乡梯田建设工程。

23日　省政协副主席黄选平来县调研文化产业发展情况。

24日　中国农业博物馆庆阳分馆、岐黄中医药文化博物馆举行开馆仪式。农业部原部长陈耀邦揭牌。

29日　庆城县政府政务大厅落成并正式入驻工作人员。大厅位于西大街县人力资源大厦，工商、招商、质检、城建、药监、规划、国土、环保、文广等单位在政务大厅设立45个政务窗口。

10月

14日　中央督导组来县督查指导工作。

22日　省政协副主席刘立军一行调研翟家河乡路家掌村"双联"工作。

29日　全省第二批省级农村创业和技能带头人培训班在白马铺乡举行。

11月

5日　湖北省蕲春县县委书记徐和木带领考察团一行8人来县学习考察。

10日　副省长李荣灿来县调研商贸流通及旅游开发工作。

11日　省委、省政府第二督查组督查指导桐川乡金家川村基层组织建设工作。

20日　雷家角—西峰高速公路零时起正式通车试运营。该路在县内过境34千米，是全县唯一首条高速路段。

12月

10日　县法学会成立暨第一次会员代表大会召开。

17日　省地方史志办公室主任李虎一行6人来县考核地方史志工作。

28日　国家卫生和计划生育委员会法制司副司长陈宁姗一行来县调研。

2014年

2月

22日　全县党的群众路线教育实践活动动员部署大会召开。

25—27日　政协庆城县第八届委员会第四次会议在县城召开。

27日　庆城县第十七届人民代表大会第三次会议在县城召开。

3月

3日　全县组织开展"下基层，接地气，察民情，知民意"主题实践活动。活动于年底结束，是全县"党的群众路线教育实践活动"的重要内容。

17日　省邮政银行行长周巨龙一行来县调研金融工作。

27日　庆阳石化公司老厂区场地污染修复实施方案审查会在兰州召开。

4月

9日　省政协副主席张世珍来县开展双联活动。

10日　省政协副主席李沛文一行来县调研。

13日　省人大常委会副主任、省委第十一督导组组长周多明督查全县群众路线教育实践活动。

28日　县文化馆在北区广场举办"唱响主旋律、传递正能量、践行党的群众路线"文艺晚会。

5月

7日　省林业厅厅长石卫东视察县苗木产业培育工作。

10日　中央第五巡回督导组组长李传卿一行来县督查群众路线教育实践活动。

12日　省民族事务委员会主任沙拜次力赴桐川乡督查指导民族宗教工作。

16日　庆阳岐黄中医药文化博物馆开馆仪式暨四级中医药师承教育拜师大会在庆城县岐黄中医药文化博物馆门前广场举行，国家卫计委副主任兼中医药管理局局长王国强，省卫计委主任刘维忠、省中医药管理局局长甘培尚及市、县出席。

21日　省长刘伟平来县检查指导工作。

22日　省政协副主席张津梁来县调研。

6月

23日　庆阳2014"亮剑行动"反暴恐实战拉动演练在县内举行。省委政法委督查组一行观摩演练。

27日　甘肃银行行长李鑫来县调研金融工作。

7月

8日　全市苹果产业工作现场会在县城召开。与会人员前往西北农林科技大学庆城苹果试验站、蔡家庙乡优质苗木繁育基地、白马铺乡三里店村标准化矮化密植示范园和郁闭园间伐改造示范园进行实地观摩。

12日　省人大常委会副主任周多明一行来县调研农民收入情况。

16日　卫生部原副部长朱庆生一行来县考察调研卫生和中医药工作。

23日　庆城省级农业科技园区获得批准，规划面积36万亩，其中核心区1万亩，示范区5万亩，辐射区30万亩。这是全省获批的7个省级农业科技园区之一，也是庆阳市首个省级农业科技园区。

30日　省委副书记欧阳坚来县调研。

8月

2日　副省长王玺玉来县调研苹果产业。

11日　国家民委文化宣传司司长武琴来县调研。

9月

2日　省政协副主席张世珍带领省、市联村联户单位负责人观摩全县双联工作。

12日　九三学社甘肃省委员会主委刘晓梅一行来县调研农村村级债务情况。

28日　省委常委、组织部长吴德刚看望慰问莲池村91岁老党员张明义。

30日　全县干部群众在烈士陵园开展"烈士纪念日"公祭活动。

10月

16日　全市"人大之家"创建现场推进会在县城召开。

22日　全省计划生育利益导向现场会在县城召开。省卫计委党组书记、主任刘维忠，省政府副秘书长张正峰及省直各厅局各市（州）县（区）政府分管领导共150余人出席会议。

11月

14日　法国护理专家杰奎琳女士在县政府机关第一会议室举办护理知识专题讲座，全市500余名医务人员到会聆听。

15—16 日　　全市赛羊大会在驿马镇召开。兰州军区原副司令员、省老促会会长陈秀中将出席大会并讲话，市委副书记、市政府党组书记负建民主持。

20 日　　省政协副主席张世珍来县调研督查驿马、蔡家庙等乡镇"双联"工作。

27 日　　全市苗林结合培育工作现场会在县城召开，市委、市人大、市政府主要领导参加。

12 月

1 日　　省政法委副书记牛纪南来县指导工作。

11 日　　省委督导组刘晓和一行来县督查落实中央八项规定、省委双十条情况。

18 日　　庆城县第十七届人大常委会第十六次会议在县委县政府机关第一会议室召开，会议选举秦亚军、孙文江为庆城县人民政府副县长。

29 日　　甘肃省中小学（幼儿园）教师信息技术应用能力提升工程在庆城县试点。

2015 年

1 月

1 日　　凤城国际民生广场正式开业。该广场位于县城北街，是在原县人民文化宫、体育场、剧场旧址上修建的一个大型综合型商住街区。历时 3 年建设，总投资 1.4 亿元，建成标志性商品楼 2 幢，楼高 82.7 米。

12 日　　政协庆城县第八届委员会第五次会议在县城召开。

13—15 日　　庆城县第十七届人民代表大会第四次会议在县城召开。

2 月

12 日　　《庆城县公安志》首发仪式在县委机关第二会议室举行。

3 月

3 日　　全县春节乡镇社火大赛在北区广场举行。全县 17 个乡镇（办事处）选送 34 个社火节目参加比赛，蔡家庙乡《雄狮闹春高低台争霸》、玄马镇《舞狮》、白马铺乡《扭起秧歌贺新春》获一等奖；南庄乡《弘武风》等 6 个节目分别获得二等奖；庆城镇《红红的中国》等 9 个节目分别获得三等奖。

10 日　　副省长黄强来县调研全县农村道路建设。

23—24 日　　省政协副主席张世珍来县调研双联工作。并在县委政府第一会议室召开双联行动推进会，省政协副秘书长钟进良主持会议。省人社厅外专局局长缑维藩、省政协人资环委纪检组长李存旺、省政协人资环委副主任侯文彬、省农牧厅副巡视员程浩明等出席会议。

4 月

9 日　　省卫计委副主任、省医改办副主任金中杰一行 7 人，来县督导公立医院综合改革、基本药物制度实施及健康促进模式改革等卫生工作进展情况。

10 日　　中国残联副理事长陈凯来县调研。

12—13 日　　世界华人精英联合会会长管必红率领世界华人精英联合会"一带一路"投资投智考察团来县考察。

5 月

8 日　　兰州大学第一医院与县人民医院签约开展医师多点执业技术合作协议。

12日　甘肃银行董事长李鑫来县调研。

13—16日　省政府义务教育均衡发展第三督导评估组组长、天水市政府教育督导室主任王晓东一行7人，来县督导评估义务教育均衡发展工作。

22日　新华社、中央人民广播电台、中国国际广播电台、《中国体育报》《中国工人日报》、华奥星空、中国新闻社、凤凰网、腾讯体育、《甘肃日报》、甘肃电视台、甘肃广播电台、陇东报等媒体采访玄马镇全民健身场地建设及活动开展情况。

是日　首届庆阳周祖"岐黄杯"登山比赛在县周祖陵景区举行。来自全市八县（区）32支代表队，550名运动员参加。李保林、田嘉鑫、郭红霞、李婷分获男子中年组、男子青年组、女子中年组、女子青年组第一名。

28日　全国苹果首席专家赵振阳教授来县查看矮化果树生长管理。

28—30日　庆城电视台创作的城市形象片《福源之地——庆城》获2015年度全国城市形象片和公益广告、公益专题片及节目创优金奖，城市形象片《金色庆城》、公益性电视纪录片《好人赵金凤》分获银奖。这是庆城台开播20年来获得的国家级最高奖项，也是甘肃省唯一获得金奖的广播电视台。

29日　市长贠建民看望慰问葛崾岘小学师生，并向学校送去价值10万元的教学设备和书包、图书等。

6月

4日　省人大常委会副主任、党组副书记孙效东，省人大常委会秘书长、机关党组书记张绪胜带领各市（州）、县人大常委会主任、副主任一行300多人来县视察指导"人大代表之家"建设。

11日　全国政协常委、提案委员会副主任、九三学社中央副主席赖明率九三学社中央和九三学社甘肃省委调研组一行16人，前往驿马镇调研"黄土高原固沟保塬，建设黄土高原生态文明示范区"课题。

17日　原法国旅行家协会秘书长、世界联合旅行协会总秘书长、法国高级专家组织志愿者、经济旅游学博士克里斯汀·里克特，来县开展为期13天的"引智促振兴——外国专家周祖行"活动。

18日　"台湾多党联合拜祭伏羲甘肃行"参访团一行49人，来县参观访问。

30日　省委政策研究室副主任郭耀庭一行来县调研。

7月

1日　省委第三督导组缑维藩一行检查指导全县"双联"工作。

是日起，庆城县范围内新设立的个体工商户和农民专业合作社，直接到辖区工商所可一次性领取加载有营业执照号、组织机构代码证和税务登记证"三证合一"营业执照。

2日　县体育局国家一级社会体育指导员李琼获得第二届全国社会体育指导员素质大赛北部分赛区二等奖。本次大赛由国家体育总局社会体育指导员中心、中国社会体育指导员协会、内蒙古自治区体育局、呼和浩特市人民政府主办，呼和浩特市体育局承办，16个省市200多名队员参加。

7—8日　国家亚行委托国家农学院武建平教授一行，对本县实施的1095公顷经济林苹果栽植和60公顷的生态林建设项目进行经济、社会效益检测评估。

18日　兰州军区某野训部队由环县途经本县前往陕西富县。同日，中国华夏文化遗产基金会，庆阳市委、市政府，庆城县委、县政府在县博物馆举行耿飚将军铜像落成揭幕仪式。

是日　下午2时许，县境内出现强降雨，部分乡镇境内伴有冰雹，粒径10—40毫米，最长时间持续30分钟以上。驿马、白马铺、赤城、蔡口集4乡镇5481户24153人受灾，全县农作物受灾

面积 2843.8 公顷，成灾面积 1759.3 公顷，绝收面积 309.8 公顷，因灾死亡家禽 60 只。灾害造成直接经济损失 5725 万元。

24 日　国家督学、省政府总督学李晶一行督查调研义务教育均衡发展工作。

28—29 日　庆城县第十七届人民代表大会第五次会议在县城召开，会议选举梁世刚为县人民政府县长。

8月

4 日　省国土资源厅、省高级人民法院、省人民检察院、省公安厅联合督查组来县督查工作。

5 日　上海开南投资控股集团公司副总经理曾国才、投资总监李朋辉等一行 6 人来县考察。

6 日　全省"百名法学家百场报告会"在县城举办。西北师范大学法学院院长、教授杜睿哲作专题辅导。同日，北京大学口腔医学院牙体牙髓科主任医师王泽泗一行在庆城县人民医院进行社会实践。

6—7 日　西北农林科技大学原校长孙武学，西北农林科技大学推广处副处长王亚平一行 6 人，来县考察苹果产业发展及苹果试验示范站建设情况。

5—8 日　甘肃省知名中医何天有、王元昭、谢君国、杨积茂、赵海龙、刘鹏等在庆阳岐黄中医药文化博物馆开展义诊活动。

13 日　省委第五巡视组巡视庆城县工作动员会在县政府机关第一会议室召开，巡视组组长李存文出席会议并讲话。

20 日　省农牧厅副厅长阎奋民一行督查精准扶贫富民产业培育工作。是日晚，庆阳农耕文化产业园区管理局等单位在周祖陵景区岐伯广场举办第三届"'凤凰之恋'·七夕万人相亲交友大会"。

27 日　省政协副主席张世珍一行 50 余人，来县调研精准扶贫工作。

是月　庆城县陇上印象民俗生态休闲旅游山庄被国家旅游局评为"中国乡村旅游模范户"，窑洞风情山庄、红宇休闲度假山庄、福泉山庄、陇上人家被国家旅游局评为"中国乡村旅游金牌农家乐"；李怀宝、柴相楠、王晓英被国家旅游局评为"中国乡村旅游致富带头人"。

9月

1 日　中国国际交流促进会秘书长孙治国一行来县考察。

3 日　台湾台利康有限责任公司董事长、中华工商文化经贸促进协会理事长王龄娇女士带领"台湾陇东经贸交流考察团"一行 35 人来县考察。

13—14 日　国家督学、经济师、宁夏回族自治区人民政府教育督导室专职副主任衡鸣一行 6 人，来县评估认定义务教育均衡发展工作。

14 日　甘肃天兆猪业 1600 方大型隧道式沼气工程在驿马镇上关村建成并投入使用。

19 日　省人大常委会副主任罗笑虎一行来县验收"六五"普法"法律进宗教场所"工作。

23 日　甘肃省博物馆"红色甘肃——走向 1949"流动展览在庆城县北区广场举行。全县200 多人观看展览。

24 日　省水利水电勘测设计研究院正高级总工程师熊焰一行，现场调研庆城县茨子沟水库施工。

10月

13 日　2015 中国（庆阳）农耕文化节招商引资项目洽谈会暨签约仪式在庆阳宾馆举行。本县分别与陕西西安市投资商、宁夏银川投资商、庆阳北国春农业发展有限公司、四川成都市富瑞达生物技术有限公司、陕西欧美亚健康控股有限公司等签订合作意向或项目合同，签约总金额达 6.74 亿元。

14 日　全国政协委员、中华全国供销合作总社原副主任、中国果品流通协会会长赵显人一行来县调研。

是日　庆城广播电视台与甘肃广播电视总台手机 APP"牛肉面"客户端与手机新媒体用户见面。这是全省首家基层台在甘肃广播电视总台新媒体上传播电视节目的媒体。

15 日　农业部农机化司李伟国司长来县调研。

18—20 日　由甘肃煤炭地质勘查院组织实施的本县第一口页岩气调查井取得成功，发现三层含气页岩，经过现场解吸气点火试验，页岩含气量较大，其中甲烷占 70% 左右，以总深 2238 米终孔封井。

28 日　省委第五巡视组向庆城县反馈巡视情况，组长李存文代表巡视组向庆城县领导班子进行反馈。

是月　庆城县 21 支代表队 58 种苹果在 2015 中国庆阳农耕文化节赛果大会上，获得 3 项金奖、6 项银奖。

11月

2 日　庆城县与大连医科大学附一院对口帮扶合作协议签署暨第一期培训学员在大连医科大学附一院举行开班仪式。

10 日　庆城县凤城园社区文化艺术界联合会成立，这是全县乃至全市首家社区文联组织。

11 日　国家卫生计生委综合监督局副局长段冬梅一行来县督导检查工作。

17 日　国家林业局场圃总站副总站长杨连清一行来县验收国有林场改革试点工作。

25 日　庆城县被确定为 2015 年 12 月至 2017 年 12 月国家传统知识产权保护试点县。

12月

1 日　"11315"全国企业征信系统庆城服务中心启动会议暨庆城县首届"立信单位"授牌仪式在县宾馆召开。

4 日　国家地病中心克山病防治所孙树秋所长一行来县检查工作。

15 日　甘肃省高级人民法院党组书记、院长梁明远一行调研法院工作。

19 日　甘肃岐黄中医药研究院挂牌仪式暨岐黄中医文化产业发展座谈会在县城举行。省卫计委副主任蒋新贵为研究院揭牌。

24 日　清华大学中国画高研班主讲导师、教授刘怀勇带领 15 名书画家到卅铺镇开展送文化下乡活动。

25 日　陇剧《王维舟在庆阳》在县义顺园国际酒店进行专场汇报演出。该剧曾获全市第七届新创剧目调演综合一等奖，第四届甘肃戏剧红梅一等奖。

是年　7—12 月，县委、县政府先后主持召开专题会议 10 次，对创建历史文化名城进行保护规划和设计。9 月，南门原单位和住户率先动迁，以古城墙保护、梦阳文化区、周礼广场、药王洞养生小镇为主的一系列建设拉开序幕。

2016 年 8 月庆城县委、人大、政府、政协领导班子名表

名　称	职　务	姓　名	籍　贯
中共庆城县委	书　记	葛　宏	华池
	副书记	梁世刚	环县
		毛鸿博	西峰
		尚文斌（挂职）	甘肃通渭
	常务委员	郑万年	环县
		贾　麟	镇原
		朱耀文	环县
		苟爱仁	庆城
		张晓龙	正宁
		张同焕	宁县
庆城县人大常委会	主　任	刘建民	正宁
	副主任	杨生东	环县
		赵彦文	庆城
		朱文骞	庆城
		刘晓春（女）	庆城
庆城县人民政府	县　长	梁世刚	环县
	副县长	秦亚军	正宁
		张乃丹（女）	庆城
		孙文江	合水
		李　存	华池
		孙　强（挂职）	甘肃兰州
		盖　轲（挂职）	西峰
政协庆城县委员会	主　席	何骁玲（女）	西峰
	副主席	袁效谦	西峰
		白云祥	西峰
		贺桂祥	庆城
		朱天罡	庆城

2016 年 12 月庆城县委、人大、政府、政协领导班子名表

名　称	职　务	姓　名	籍　贯
中共庆城县委	书　记	葛　宏	华池
	副书记	梁世刚	环县
		毛鸿博	西峰
		尚文斌（挂职）	甘肃通渭
	常务委员	云晓野	河南杞县
		朱耀文	环县
		秦亚军	正宁
		姚振杰	甘肃灵台
		张乃丹（女）	庆城
		孙文江	合水
		门杜娟（女）	陕西扶风
庆城县人大常委会	主　任	苟爱仁	庆城
	副主任	朱天罡	庆城
		赵彦文	庆城
		田　佑	庆城
		吴　宏（女）	河南内乡
庆城县人民政府	县　长	梁世刚	环县
	副县长	姚振杰	甘肃灵台
		张乃丹（女）	庆城
		徐俊智	环县
		常文洲	环县
		盖　轲（挂职）	西峰
政协庆城县委员会	主　席	何骁玲（女）	西峰
	副主席	白云祥	西峰
		贺桂祥	庆城
		田庆林	西峰
		王盛麟	庆城

后记

　　《庆城县志（1986—2012）》编纂工作始于2012年3月。2016年9月经过庆阳市地方志委员会终审，2018年12月付梓。历时六载，九易其稿，大致经历了以下几个阶段。

　　一、筹建机构，组织发动。2012年3月19日，县委三届四次常委会议决定编修《庆城县志（1986—2012）》。会议同时决定成立由县委书记葛宏任组长，县人大、政府、政协主要领导任副组长，县委其他常委、政府所有副县长为成员的县志编纂工作领导小组。成立由政府县长辛少波任主任，县委、县政府分管领导任副主任，县委办、政府办、人大办、政协办等20个部门负责人为成员的县志编纂委员会。县志编纂领导小组和编委会均设办公室，办公地点设在县地方志办公室。编委会同时成立县志编辑部，编辑人员以县地方志办公室工作人员为主，先后抽调乡镇、学校3名同志，聘请退休老同志刘文戈任顾问、褚斌任副主编参与日常工作，编辑人员共13名。

　　二、培训人员，开展初写。县志编辑部采取先学一步的方式，对入门新手采取派出去学的方式，先后有30人次参加省、市及中指组组织的业务培训会，基本做到每名编辑参加过两次及以上的县志编纂技能培训。2013年5月9日，县委、县政府召开《县志》编纂动员暨培训会，会议由县志编委会副主任、县委常委、纪委书记何骁玲主持，县志编委会副主任、县政府副县长苟爱仁作动员讲话。会上，印发《庆城县志编纂实施方案》，何骁玲与各乡镇、县直各部门及省市驻庆单位签订资料报送责任书，下发《编目大纲》《编纂手册》及《庆阳县志》；邀请傅鸿民、潘正东、刘文戈、张芹鹤等市县专家进行业务辅导。6月起，各乡镇及部门按照《实施方案》的要求，成立机构，选调人员，查阅档案，搜集资料，开展县志报送资料的初写、试写工作。

　　三、加强指导，完成长编。县志编辑部建立资料员QQ群，编印"庆城修志动态"简报，及时开展服务和指导。2013年9月，根据编委会意见，县志编辑人员对所有供稿单位逐一进行专访和督查。10月底，县委、县政府召开了县志编纂工作推进会。会议通报了供稿单位工作进展，白马铺乡、县计生局、气象局等单位介绍了编志经验，县委、县政府分管领导先后讲话，肯定成绩，表扬先进，督促后进，推动工作。至年底，全县120多个协作单位有90%开展了部门资料的初写、试写，共同完成县志资料约800万字。

　　四、编辑审核，修改完善。2014年，针对部门志稿资料，各编辑对照编目大纲，逐章进行审核修改。对于自然和地理部类，编辑人员参照最新勘测成果，对山脉、河流、资源、环境等资料进行了认真审查。对于政治部类，编辑人员根据新形势、新要求，突出改革、稳定，科学删减，及时增补。对于经济部类，编辑人员根据新变化、新业态，突出发展第一要务，适当调整，合理补充。对于社会部类，编辑人员根据新情况、新需要，突出民生改善，详近略远，展示时代变迁。对于文化部类，编辑人员放眼长远，广征博引，着力体现庆城的传统优势和时代特点。县志编辑部充分发挥顾问的作用，每月召开两次评稿会，全体编辑、供稿人员集体参加，集思广益，反复酝酿，使部门志在原有的基础上逐步有了改观。至年底，形成县志一稿，约300万字。

　　五、精雕细凿，力求完备。2015年，针对一稿中缺项、断限、交叉重复、不够翔实等问题，着重开展了四项工作。一是走出去仔细查。县志编辑进驻县档案馆，查阅各部门重要档案万余册，复印整理出《庆阳辑要（1986—2006）》5卷，对县志一稿进行了大量的补充和完善。二是走出去实地探。县志编辑先后勘察境内主要河流、部分退耕还林工程、种植养殖基地、道路建设工程及部分民营企业。三是走出去真实看。县志编辑先后对全县17个乡镇（办事处）的80多个行政村开展了社会调查，田、林、路、水、电、房、吃、穿、用、收、支、行等10多个方面制作调查表，逐一摸清实情，弄明真相。四是走出去耐心访。庆城县是个老区县，在外工作的老同志众多，离家久远，杳无音讯，编辑人员对照《庆阳县志》反复探访，不遗余力。对于个别符合入志条件，又推脱自谦的，通过上门拜访、电话寻访、网络查访、书信联访等形式，征集资料，最大限度地做到无偏颇、少遗漏。在省城兰州工作的老同志关心有加，大力支持，提供人物线索、交通出行等方便，县志人物资料更加丰富和真实。8月，县志编辑部邀请县志顾问，利用一个月时间，闭门会商，逐章讨论修订。至9月底，形成县志二稿约200万字。10月，分送县志编委会成员及单位、县上老同志、部分专家审阅。同时，制作部门征求意见书，由各编辑送达所有供稿单位主要领导征求意见，签名确认。11月起，由县志主编、副主编、分志编辑参加，结合各部门意见，集中逐章修订完善，集中统稿，于2016年6月完成县志三稿约100万字。

六、集思广益，终成一志。2016年7月，县志编委会致函市方志编纂委员会申请终审。庆阳市领导和专家安定祥、郭文奎、潘正东、马啸、乔孝堂、王立明等不畏酷暑，逐章进行审阅，提出修改意见。省史志办副主任钱旭专程参加终审会议。县志编辑利用1个月时间，逐项修订完善。10月底，县志修正工作结束，12月报请县委常委会审定。2018年12月由甘肃人民出版社出版发行。

《庆城县志》编纂工作始终坚持以习近平新时代中国特色社会主义思想为指引，始终坚持"为党立言，为政存绩，为民立传，为时代树碑"的宗旨和众手成志、开门修志的原则。得益于省、市主管部门的10余次督促检查和指导。省史志办主任张军利在兰专门听取了县志编纂有关情况汇报，省县（区）志指导处贺红梅、陈谦处长对县志终审稿提出了书面意见，庆阳市地方志办公室原主任张玺、主任彭晓峰多次来县指导县志编修。得益于县委、县政府的大力支持。县委书记葛宏亲自审订了《编目大纲》，审阅插图照片并作出重要指示。政府原县长辛少波、县长梁世刚多次听取汇报，提出具体意见，拨出专项经费。县委、县政府历任分管领导，何骁玲、毛鸿博、苟爱仁、孙文江、张乃丹、门杜娟、常文洲先后协调解决借调人员、办公场地、办公设施等具体困难和问题，组织指导县级初审、复审终审及制版印刷等工作。得益于各部门的高度重视和积极配合，以及社会各界人士的大力协助。在兰州工作的李峰、李富、李鑫、周天佑，在西峰工作的李银、陈建学等对县志编纂给予了大力支持。得益于各位编辑辛勤努力，顽强拼搏，戮力同心。真可谓筚路蓝缕、坚韧不拔、千淘万漉、一丝不苟。褚斌、闫亮完成了政治部类的分纂工作，武志鸿、曹晓华完成了经济部类的分纂工作，姜宏涛、魏惠萍完成了社会和文化部类的分纂工作，姜冰、米婷、李富娟完成了自然地理、大事记的编纂工作，王晓军、赵伟完成了人物的编纂工作，农牧业由赵志忠撰写，地方工业由冯志斐撰写，葛宏国协助完成经济、社会和文化部分，夏辉邦统审政法部分，刘文戈审阅全稿。全志由高文耀总纂、主编，并完成概述、附录、后记等。

六年修志路，梦想始成真。在此，谨向所有为《庆城县志（1986—2012）》作出贡献的领导和同志们表示衷心感谢。当然，由于编者水平有限，其中难免纰漏、缺憾，恳请有识之士见宥并批评指正。

高文耀

二〇一八年十二月

附：

资料提供人员名录

孙朝辉	夏辉邦	邢翠莉	范丽萍
谢满发	安世针	刘 武	张永超
孙明川	李文科	武 婧	王 维
张 岩	田红刚	李 健	孙 栎
张 波	樊佳昕	何社会	樊小丽
念 涛	贾文福	张元鸣	张社红
贺小东	余东宁	付俊杰	贾社明
张宏祥	徐宏兵	程丽梅	赵永明
黄欢明	屈双双	栗向东	鱼自然
杨 青	费 雯	齐 飞	刘 永
韩 毅	李春红	黄松柏	杜 伟
刘建军	蔡庆红	方爱荣	樊旭深
袁一鸣	李世文	张庆玲	席 祜
陈应德	李兴嘉	李一博	徐 菁
穆婷婷	薛云霞	张隆中	强 明
赵 霞	樊治权	魏 涛	孙秉辉
王柔娜	樊俊妮	田宜鑫	吴生勇
徐玉峰	杨 静	韩 博	梁小庆
安 蕾	孙彦强	冯彦生	武文东
杨建龙	朱宏博	俄克旭	王 瑛
朱学博	赵宝明	李建春	周碧莲
汪转丽	郑春雷	杨乂前	慕旭东
赵亚妮	杜 瑛	辛郑民	尚 丹
俄 雅	肖亚菁	张永新	刘凤梅
徐胜玉	张勃勃	郭晓悦	关军权
杨宏伟	范仲选	蔡生杰	贺 妮
雷 芳	姜晓峰	张想峰	徐铁成
曹聚霞	杨三勇	王海刚	王 军
王 龙	张松柏	冯 俊	王盛麟
王海成	韩 彬	齐庆林	肖寅年
吴正刚			